东营年鉴

DONGYING YEARBOOK

2009

东营市人民政府主办
东营市史志办公室编

中华书局

东营市地方史志编纂委员会

名誉主任 张秋波

主　　任 张建华

副 主 任 王吉能　杨梦斌

委　　员 张传胜　李友丰　许玉德　李寿凯　郑云国
柴玉宝　贾文昌　王延亮　张　敏　巴学军
侯岱印　谢光同　陈安忠　张洪生　孙　波
李俊峰　张寿华　尚观华　宋国忠　张利华
曹明刚　马洪军　张乃行　张　卫　贾瑞霭
武林中　田和友　韩利学　李延成　万云波
袁明道　王　新　杜金华

《东营年鉴》(2009卷)编审人员

主　　审 王吉能

副 主 审 张　敏

主　　编 杜金华

副 主 编 朱　蔚　李德辉　李中华　刘曙光　黄学桂

执行主编 朱　蔚

执行副主编 刘曙光

编　　辑 (以姓氏笔画为序)
朱　蔚　刘曙光　李中华　李德辉　张　涛　黄学桂　董春玲

特邀编辑 王正友

编　　务 孙和国　马向萍　王园园　孙丹丹　李　香

英文翻译 李久为

编 辑 说 明

一、《东营年鉴》是东营市人民政府主办、东营市史志办公室承编的大型地方性综合年刊。旨在全面、准确、及时地记述东营市的基本情况，反映东营市在改革开放和社会主义现代化建设中的新成就、新进展、新问题，为各级领导科学决策提供依据，为国内外各界人士了解东营、研究东营提供权威的市情信息，也为编修社会主义新方志积累资料。

二、《东营年鉴》2009卷，以马列主义、毛泽东思想、邓小平理论和“三个代表”重要思想为指导，深入贯彻落实科学发展观，坚持为建设富裕文明和谐幸福的新东营服务。

三、本卷年鉴主要记载东营市2008年各行各业基本情况，特殊情况适当上溯或下延。根据全市经济社会发展情况，新设旅游、信息化建设栏目。共分29个栏目：特载、大事记、东营概貌、政党政务、群众团体、军事、司法、改革开放、旅游、综合经济管理、农业、工业、交通邮政电力、信息化建设、城建环保、国内贸易、财政税务、金融保险、科学、教育、文化体育、卫生、社会生活、黄河河务、石油、区县概况、人物、附录、索引。

四、为突出年度特点，本卷年鉴特载栏目选登2008年在全市有重大影响的重要文献和创建中国优秀旅游城市、为民办实事等重大活动专文。结合黄河三角洲开发建设进入国家战略层面的新形势，选取相关小知识作为栏目末“补白”，增强年鉴的可读性。

五、为丰富年鉴的信息含量，卷内设反映全市重大事件和发展成就的彩色图片专辑，首设“数字东营”直观反映东营的发展变化；内容记述中增设有关的实用信息表格。

六、本卷年鉴主体内容设栏目、分目、条目3个层次，少数条目下设子目。条目为年鉴内容的基本单位，其标题用黑体加【】。

七、本卷年鉴检索系统：卷首设中、英文目录；卷中设栏目标题页，并列有提示性小标题；对部分交叉重复内容，在文中设括号注释参见体系；卷末设按汉语拼音顺序排列的主题分析索引。

八、本卷年鉴中有关全市国民经济和社会发展的主要数据，以市统计局公布的统计数字为准。

九、本卷年鉴稿件由东营市各区县、市直各部门、各单位及辖区内中直、省直单位供稿，并经各供稿单位领导审阅。市史志办负责总纂，主要内容由市政府主管领导审定。为示负责，撰稿人署名于条目或分目之后。

十、本卷年鉴是各级领导和广大编者通力合作的成果，谨向所有为年鉴编辑出版付出辛勤劳动、给予热情支持的单位和个人深表谢意。由于水平所限，错讹和疏漏之处在所难免，恳请广大读者批评指正。

2009年8月

东营市政区图

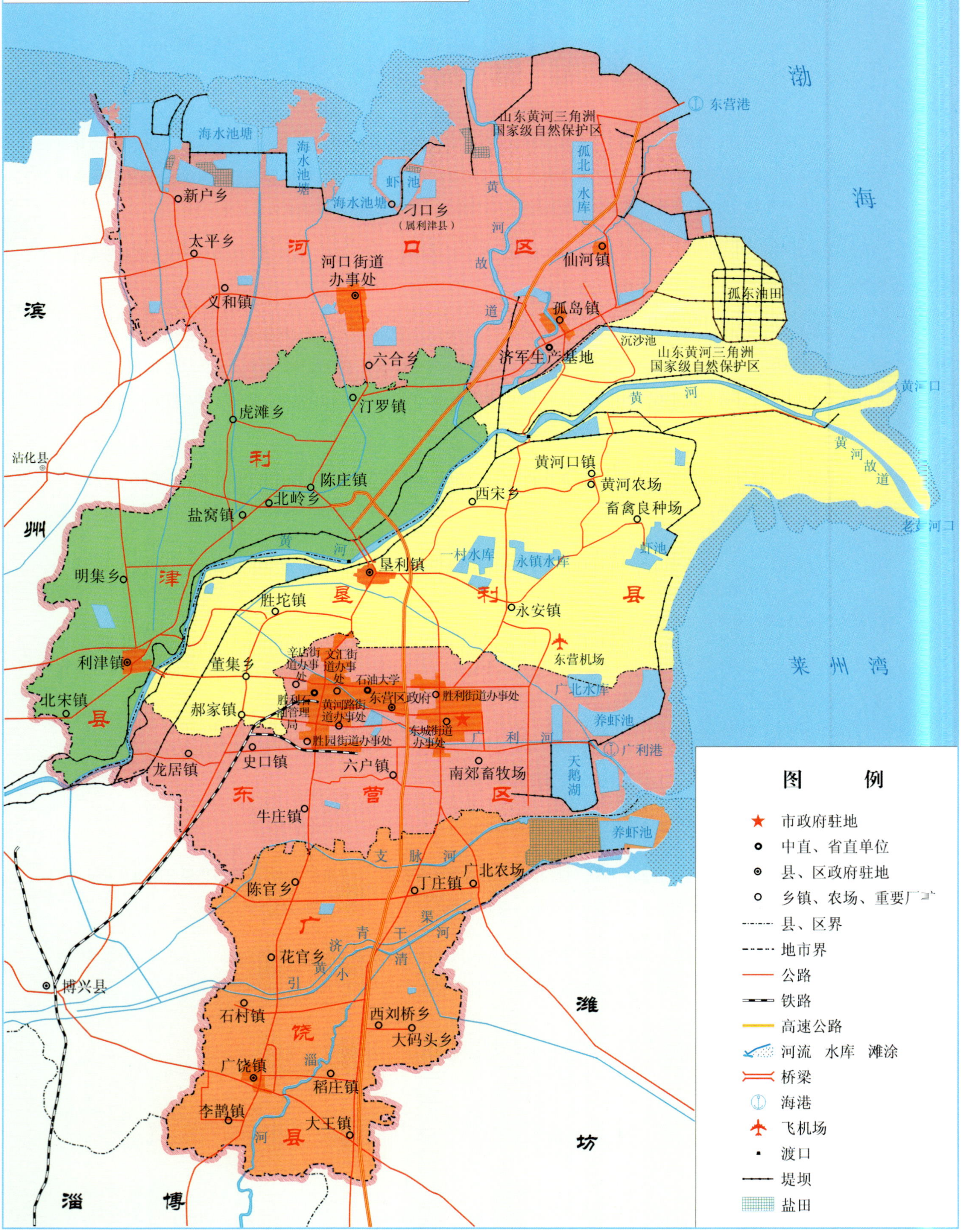
渤
海
莱州湾
东营港
山东黄河三角洲
国家级自然保护区
海水池塘
海水池塘
虾池
孤北水库
刁口乡
（属利津县）
新户乡
太平乡
河口区
河口街道
办事处
仙河镇
孤东油田
文和镇
孤岛镇
黄河故道
沉沙池
济军生产基地
六合乡
汀罗镇
虎滩乡
黄河口
黄河
黄河故道
黄河口
黄河口镇
黄河农场
西宋乡
畜禽良种场
陈庄镇
北岭乡
盐窝镇
利津县
明集乡
虾池
一村水库
永镇水库
垦利镇
垦利县
永安镇
胜坨镇
东营机场
利津镇
北宋镇
董集乡
辛店街道办事处
文汇街道办事处
石油大学
东营区政府
胜利街道办事处
广北水库
郝家镇
胜利石油管理局
黄河路街道办事处
东城街道办事处
胜园街道办事处
广利河
养虾池
广利港
天鹅湖
龙居镇
史口镇
六户镇
南郊畜牧场
东营区
牛庄镇
养虾池
支脉河
广北农场
陈官乡
丁庄镇
广饶县
青干渠河
济青干渠
花官乡
引黄小清河
博兴县
石村镇
西刘桥乡
大码头乡
广饶镇
淄河
稻庄镇
李鹊镇
大王镇
滨州
沾化县
潍坊
淄博
图例
市政府驻地
中直、省直单位
县、区政府驻地
乡镇、农场、重要厂矿
县、区界
地市界
公路
铁路
高速公路
河流 水库 滩涂
桥梁
海港
飞机场
渡口
堤坝
盐田

数字东营

东营市是黄河三角洲的中心城市和中国第二大油田——胜利油田所在地，是国家卫生城市、国家环境保护模范城市、国家水土保持生态环境建设示范城市、国家双拥模范城市、国家技术创新工程示范城市。中华民族的母亲河——黄河在东营流入渤海。

作为一个年轻的城市，建市25年来，东营的经济社会发展实现了大跨越。

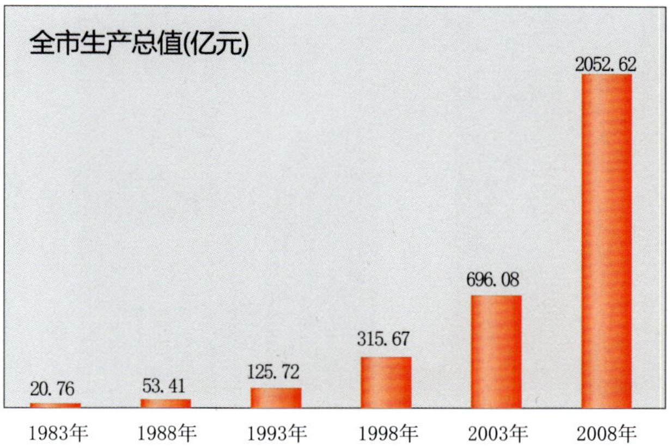

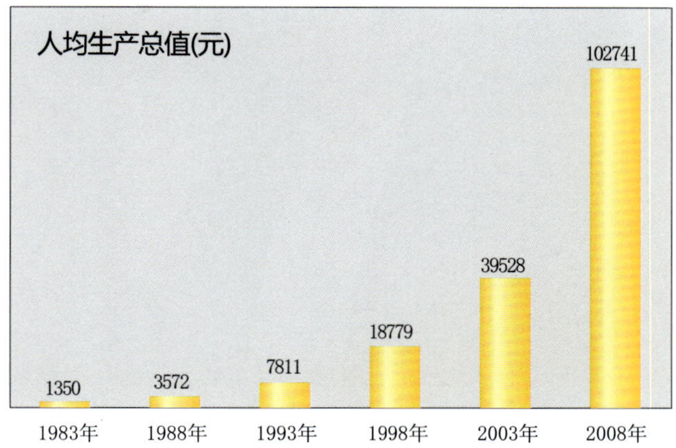

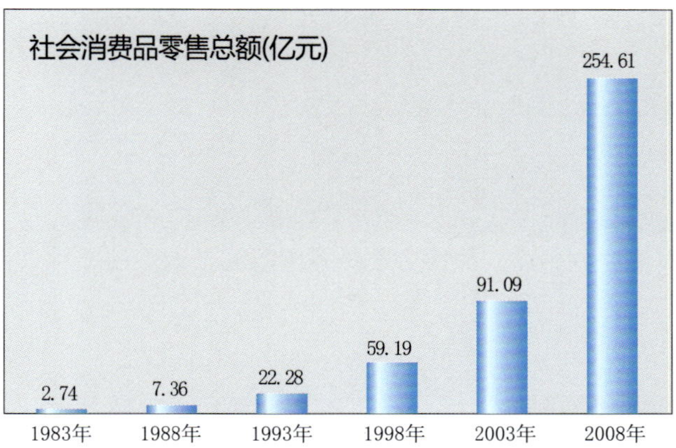

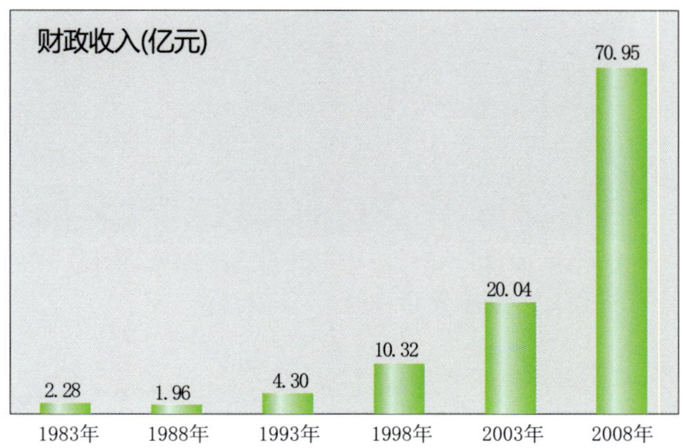

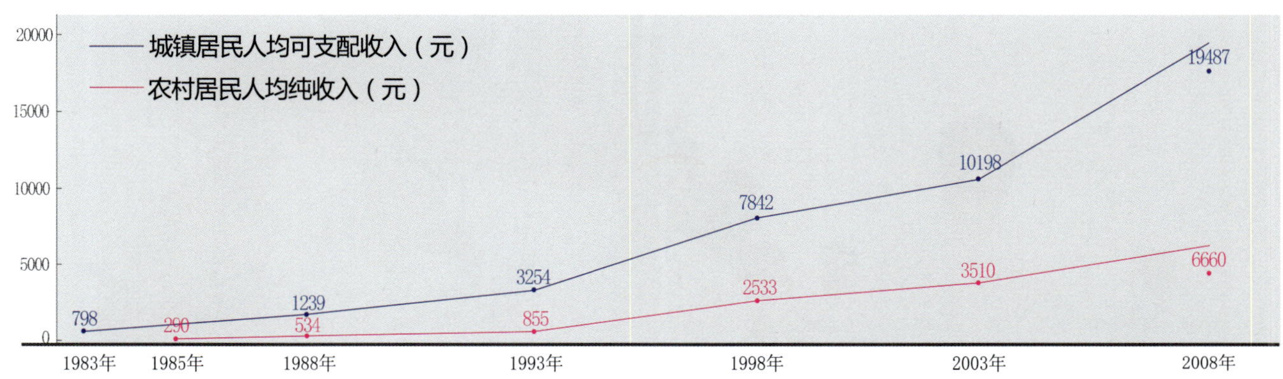

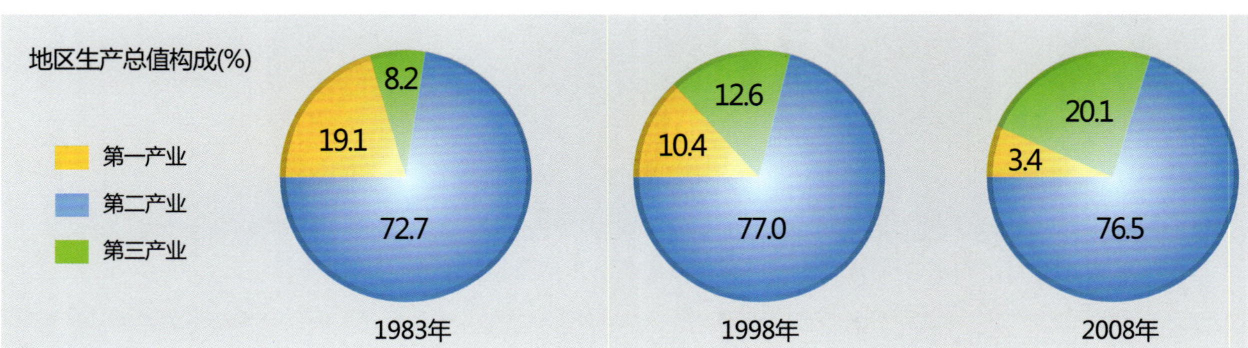

2008年10月1～3日，中共中央原政治局委员、中央军委原副主席、原国务委员兼国防部长迟浩田上将(右二)来东营市视察　(延智摄)

2008年9月5～6日，山东省委书记姜异康(前中)来东营市检查指导工作　(黄利平摄)

市委书记、市人大常委会主任张秋波(左二)到帮扶村慰问困难群众 (市委办供稿)

市委副书记、市长张建华(前左二)到东营经济开发区指导工作 (市府办供稿)

市委副书记刘曙光（右二）到利津县指导“三网绿化”工作　(市委办供稿)

市政协主席于树健（前中）到东营市宏远纺织有限公司视察工作　(市政协办公室供稿)

2008年1月4～8日，东营市六届人大一次会议召开 （刘文忠摄）

2008年1月3～7日，东营市政协六届一次会议召开 （延智摄）

2008年12月12日，东营市召开全市“实践科学发展观，争当黄河三角洲开发建设排头兵”活动总结大会　(延智摄)

2008年4月14日，东营市召开创建中国优秀旅游城市动员大会　(市旅游局供稿)

2008年11月12～14日，2008中国（东营）国际石油装备与技术展览会在东营举办 (延智摄)

2008年11月13日，东营市与休斯敦市双边能源合作协议签字仪式在东营宾馆举行 (市外侨办供稿)

2008年9月4日，东营市政府与中海石油炼化有限责任公司在东营举行“发展石油化工产业合作协议”签字仪式 (刘文忠摄)

2008年6月29日，山东鸿基机械科技有限公司年产1000套高精度子午胎活络模具投产暨科研大厦奠基仪式在东营经济开发区举行 (东营经济开发区供稿)

2008年10月11日，“科达杯”第一届黄河口马拉松全国邀请赛在东营举行 (刘文忠摄)

2008年10月15日，东营市举办纪念改革开放30周年暨庆祝东营建市25周年文艺晚会 (刘文忠摄)

重点工程
ZHONG DIAN GONG CHENG

农村中小学校舍改造　(刘文忠摄)

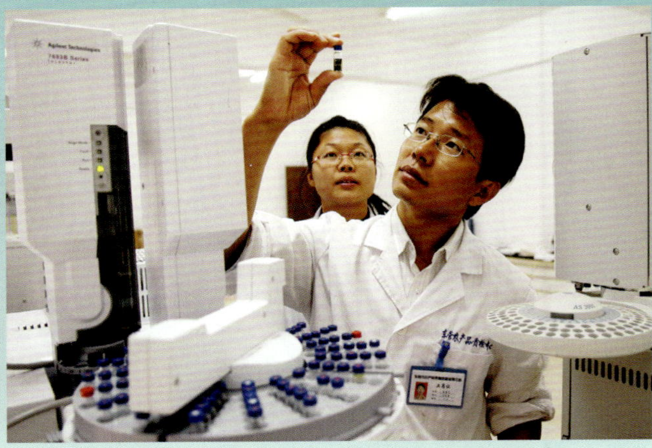

农产品安全检测　(延智摄)

计生指导服务站建设　(刘文忠摄)

黄大铁路（黄河特大桥）工程奠基　(刘文忠摄)

东营港建设 （刘文忠摄）

农村危桥改造 （徐兆鹏摄）

广利河治理 （市政局供稿）

建设中的黄河国际论坛中心 （刘文忠摄）

“三网”绿化 （徐兆鹏摄）

东营飞机场改造 （延智摄）

胜利油田再次荣获“全国企业文化示范基地”称号 （王英春摄）

为奥运加油，为油田贡献 （何翔摄）

胜利油田

SHENG LI YOU TIAN

对口支援四川灾区物资抵达大邑 （赵汝国摄）

河50区块会战 （王英春摄）

在胜利广场举办大型社会活动（孙光明摄）

海上勘探 （王英春摄）

油田职工住宅建设 （何翔摄）

海上消防演习 （王英春摄）

4月1日，教育部党组成员、副部长李卫红到石油大学视察

中国石油大学

ZHONG GUO SHI YOU DA XUE

10月2日，中国石油大学举行建校55周年庆祝大会暨董事会第三次工作会议

9月30日，国际高等教育与能源学术论坛在中国石油大学举行

12月25日，中国石油大学召开纪念改革开放30周年座谈会

12月27日，中国石油大学男排夺取2008～2009中国大学生排球甲级联赛（CUVA）冠军

（中国石油大学供稿）

中国人民解放军济南军区

ZHONG GUO REN MIN JIE FANG JUN JI NAN JUN QU

中共中央原政治局委员、中央军委原副主席、原国务委员兼国防部长迟浩田（左四）在济南军区政委刘冬冬（左五）、联勤部政委穆振河（左二）陪同下视察济军生产基地

中国人民解放军济南军区黄河三角洲生产基地（以下简称“济军生产基地”）位于东营市北部黄河入海口附近，北临渤海、南跨黄河，南北长70公里，东西宽25公里，版图总面积790平方公里，折合118万亩，占黄河三角洲总面积的14.6%。行政区划在河口区和垦利县。胜利石油管理局所属孤岛、桩西、河口、孤东、海洋采油厂和渤海钻井总公司及孤岛社区、仙河社区地处生产基地境内，东港高速公路纵贯全境。

济军生产基地前身是济南军区军马场，成立于1963年12月，曾一度是全军第二大军马场。1992年12月，经中央军委批准，济南军区黄河三角洲生产基地正式成立，济军生产基地机关位于河口区孤岛镇。经过40多年的建设和发展，由以种植、养殖、食品加工等为主的产业结构，已逐步转变成走第一、二、三产业并举的新路子，拥有华东地区最大的以刺槐为主的平原人工林区。曾先后被评为东营市、山东省、济南军区和全国绿化工作先进单位，全国绿化“三百佳”单位，被中国消费者协会推介为“绿色食品生产基地”。

济军生产基地为师级单位，机关设办公室、政治部、财务劳资审计处、农林处、土地管理处、油区工作处、环保绿化管理中心、营房物业开发中心8个处室和7个直属单位，辖4个生产团。

2008年，面对国内外经济环境发生复杂深刻的变化，基地发展建设受到多种不利因素的严重影响，在上级党委的正确领导下，生产基地各级党组织认真贯彻党的十七大和十七届三中全会精神，按照科学发展观的要求，围绕年初确定的关注全局把方向、紧贴实际抓效益、依法治军保安全、深化改革促发展的总体思路，统一思想，凝心聚力，干事创业，全面建设继续保持稳步发展的良好局面。

济南军区副司令员冯兆举视察济军生产基地

济南军区副司令员张鹤田视察济军生产基地

黄河三角洲生产基地

HUANG HE SAN JIAO ZHOU SHENG CHAN JI DI

团结务实的领导班子

为弘扬“老马场”精神，济军生产基地制作了“开拓者”雕塑

市委书记、市人大常委会主任张秋波到济军生产基地慰问困难职工

市委副书记、市长张建华到济军生产基地看望全体官兵

济军生产基地主任翟建平到基层调研

济军生产基地政委原华到基层调研

东营军分区 DONG YING JUN FEN QU

东营军分区司令员　叶益民

中共东营市委常委、东营军分区政治委员　万会标

叶益民　东营军分区司令员，大校军衔。生于1958年2月，汉族，安徽桐城人，研究生学历。1974年12月~1981年1月，任大钦守备司令部警卫排战士、管理科书记；1981年2月~1988年5月，任济南军区守备7师管理科书记、炮兵营加农炮连副连长、作训科参谋；1988年6月~2002年7月，任济南军区海防1团作训股股长、副参谋长、参谋长、团长；2002年8月~2009年1月，任济宁军分区参谋长、副司令员；2009年2月起，任现职。

万会标　中共东营市委常委、东营军分区政治委员，大校军衔。生于1957年6月，汉族，山东新泰人，研究生学历。1974年12月~1979年10月，任炮兵第639团战士、排长、副指导员；1979年11月~1985年10月，任69师政治部组织科干事、团宣传股副股长；1985年11月~1993年1月，任高炮兵第十旅秘书、教导员、宣传科科长；1993年2月~1997年12月，任67集团军高炮旅政治部副主任、主任；1998年1月~2002年5月，任防化学兵第十三团政委；2002年6月~2005年7月，任东营军分区政治部主任；2005年8月~2009年1月，任山东省军区教导大队政委；2009年2月起，任现职。

团结奋进　求真务实的领导班子

济南军区司令员范长龙到东营军分区检查指导工作

济南军区副政委杜恒岩到东营军分区检查指导工作

省军区司令员谈文虎、政委南兵军陪同军区政治部副主任刘勇在胜利油田民兵综合训练基地视察

军分区人武部全体机关干部在滨州参观

2008年，东营军分区坚持以科学发展观为指导，推进改革创新，狠抓工作落实，确保了以军事斗争准备为重点的各项任务圆满完成，有力推动和促进了分区部队民兵预备役全面建设科学发展。

思想政治建设不断加强。扎实抓好中国特色社会主义理论体系武装；认真抓好弘扬抗震救灾伟大精神教育，踊跃捐款、捐物支援汶川抗震救灾活动；政治工作信息化建设、新闻报道、计划生育等工作富有成效。

军事斗争准备整体跃升。组织分区带人武部的“东卫—2008”城市联合防空袭战术演习。重点进行防汛抢险等非战争行动课目联训联演。胜利油田民兵高炮连赴潍北进行实弹战术演习取得优异成绩。直招士官工作成效明显。

基层全面建设稳步推进。圆满承办了全省企业民兵预备役政治工作会议、省军区基层文化建设暨新闻报道工作会议。在军区“郑州会议”上，胜利石油管理局武装部介绍了经验，市委书记张秋波、胜利采油厂民兵高炮连分别受到了表彰。

综合保障能力不断增强。组织分区、人武部清理国有资产，对资产限额标准进行重新修订调整。积极改善分区机关官兵、职工的生活，及时为职工增加工资。扎实开展“文明卫生军营”达标创先活动。军分区被省军区表彰为“综合预算执行先进单位”。

安全稳定工作富有成效。制定《东营军分区开展“四项整治”实施意见》，调整武器装备储存保管格局，升级改造武器仓库监控和报警系统。完善《车辆派遣管理规定》，安装GPS车辆定位管理系统。

党委班子建设进步明显。扎实开展思想作风纪律教育整顿，坚持公平、公正、公开原则推荐使用干部。广饶县人武部党委被省军区表彰为先进党委。东营区人武部工作被省军区表彰为先进人武部。

双拥共建工作扎实有效。协调市委召开常委议军会议，制定《关于进一步加强驻东营部队随军家属就业安置的意见》《关于进一步加强争创全国双拥模范城（县）的意见》等，东营市再次被评为全国“双拥模范城”。

组织机关干部进行非战争军事行动授课

组织“东卫-2008”反空袭网上作战演习

山东省企业民兵预备役政治工作会议在东营召开

组织民兵应急分队进行维稳反恐演练

组织民兵进行黄河防汛演练

胜利油田民兵高炮连赴潍北靶场参加实弹考核

东营市经济贸易委员会

DONG YING SHI JING JI MAO YI WEI YUAN HUI

市经贸委主任、党工委书记 陈安忠

我市与中海石油合作建设东营港签字仪式

我市被授予“中国石油装备制造业基地”

东城银座银座购物广场开业

2008年，在国际金融危机影响加剧、国内经济发展压力增大的严峻形势下，市经贸委紧紧围绕黄河三角洲开发建设大局，加快转变经济发展方式，积极推进结构调整和技术创新，狠抓项目建设、资金保障和电力供应，深入开展节能攻坚，强化现代流通体系建设，扎实做好经济运行调度，全市工业和商贸流通经济实现了平稳较快发展。全市规模以上工业完成增加值1676.5亿元、主营业务收入4205.9亿元、利税1239.1亿元、利润752.7亿元，分别居全省第三位、第五位、第一位和第一位，同比分别增长14.5%、34.2%、56.1%和38.1%。技术改造和节能工作受到省政府表彰奖励。全市流通业实现增加值111.3亿元，同比增长16.4％，社会消费品零售总额254.6亿元，增长23.3%。在机关建设上，以“三学三找三创”为统领开展的委“争当排头兵”活动取得显著成效，被评为全市“争当排头兵”活动先进单位；抗震救灾和社会稳定工作成绩突出，分别被市委、市政府授予“支援四川抗震救灾先进集体”和“维护稳定安全‘百日行动’先进单位”。市经贸委荣获2008年度目标管理考核一等奖。

目　录

特　载

大 事 记

东营概貌

政党 政务

司　法

改革开放

旅　游

综合经济管理

农　业

工 业

交通 邮政 电力

信息化建设

城建　环保

国内贸易

财政 税务

金融 保险

科 学

教 育

文化 体育

卫 生

社会生活

黄河河务

石　油

区县概况

人　物

附　录

索　引

补　白

CONTENTS

Special Records

Chronicle of Events

General Situation of Dongying

Parties and Government Affairs

People Organizations

Military Affairs

Legal System

Reforming and Opening

Tourism

Comprehensive Economic Administration

Agriculture

Industry

Traffic, Post, Communications and Power Industry

Information Construction

Construction and Environmental Protection

Inland Trade

Finance and Taxation Affairs

Banking and Insurance

Science

Education

Culture and Physical Culture

Hygiene

Social Life

Yellow River Administration

Petroleum

Brief Introduction to Districts and Counties

Figures

Appendix

Index

特载

- 市委书记张秋波在市委工作会议上的讲话
- 政府工作报告
- 2008中国(东营)国际石油装备与技术展览会
- 为民办实事和重点项目建设

张秋波同志在市委工作会议上的讲话

（2008 年 8 月 5 日）

同志们：

这次市委工作会议的主要任务是，认真学习贯彻省委工作会议精神，总结上半年的工作，安排部署下半年和今后一个时期的任务，按照省委关于建设经济文化强省的决策部署，动员全市广大党员干部群众，解放思想，改革创新，加快推进黄河三角洲开发建设，努力开创东营经济社会发展的新局面。下面，根据市委常委扩大会议研究的意见，我讲三个问题。

一、深入学习领会省委工作会议精神，切实把思想认识高度统一到省委的决策部署上来

7 月 26 日至 28 日召开的省委工作会议，是在我省经济社会发展进入关键阶段召开的一次极为重要的会议。姜异康书记的重要讲话，从战略和全局的高度，就进一步解放思想、改革创新，加快推进经济文化强省建设作了深刻阐述，明确提出了建设经济文化强省的总体要求、目标任务和工作着力点，是指导当前和今后一个时期山东发展的纲领性文件。姜大明省长的重要讲话，全面总结了我省上半年的工作，科学分析了当前经济形势，安排部署了下半年的任务，完全符合中央的决策部署和山东实际。两位领导的讲话，充分体现了党的十七大精神和科学发展观的要求，充分体现了胡锦涛总书记对山东的殷切期望，充分体现了对发展规律和山东省情的准确把握，充分反映了山东人民的共同意愿。我们一定要认真学习，深刻领会，切实把思想认识高度统一到省委的决策部署上来。

第一，深刻认识推进经济文化强省建设的重大意义。省委工作会议作出建设经济文化强省的战略部署，意义重大而深远。建设经济文化强省，是全面贯彻落实科学发展观的必然要求，是把中央的方针政策与山东实际相结合的一项战略任务，是顺应经济文化一体化发展趋势的战略抉择，是与省委多年来作出的工作部署和要求一脉相承、与时俱进的重要决策，保持了工作的连续性和稳定性。从省第八次党代会提出建设"大而强、富而美"社会主义新山东，到省第九次党代会提出在新起点上实现富民强省新跨越，再到这次省委工作会议提出建设经济文化强省，反映了省委对省情和发展规律认识的不断深化，特别是把经济与文化有机结合、一体推进，既着力增强经济硬实力，又着力提升文化软实力，从整体上增强山东的综合竞争力，这一重大战略决策，对于推动山东由经济大省向经济强省跨越，由文化资源大省向文化强省跨越，对于山东的长远发展必将产生重大而深远的影响。

第二，深刻认识建设经济文化强省的总体要求和工作着力点。省委工作会议对建设经济文化强省作了全面部署，总的要求就是全面贯彻党的十七大精神，以邓小平理论和"三个代表"重要思想为指导，按照胡锦涛总书记对山东工作的总要求和省第九次党代会的部署，加快工作指导转变，大力推进社会主义核心价值体系建设，以解放思想为先导，以提高核心竞争力为目标，以改革创新为动力，以转变发展方式为根本途径，以营造良好环境为保障，推进科学发展、和谐发展、率先发展，努力建设经济文化强省，实现富民强省新跨越。要求将实现由经济文化大省向经济文化强省跨越作为一项长期任务，正确把握和处理好与快的关系，正确把握经济社会发展的趋势和规律，按照中国特色社会主义事业总体布局，统筹协调发展，创造性地开展工作。推进经济文化强省的着力点是六大方面，即"转变发展方式、强化农业基础、繁荣发展文化、注重改善民生、培育造就人才、实施科学领导"。这一系列的论述，就是建设经济文化强省的深刻内涵和本质要求。我们一定要用心领会、用心把握，把省委提出的目标任务和工作要求落到实处。

第三，深刻认识东营在推进经济文化强省建设中肩负的重大责任。建设经济文化强省，是当前和今后一个时期全省的战略目标和战略任务，是全省人民的共同历史使命。省委工作会议明确提

出，着重抓好"一体两翼"和海洋经济发展战略的实施，南北"两翼"要重点开发，落实政策，完善机制，加快区域一体化进程，努力成为新的经济增长带。东营作为黄河三角洲的主体和中心城市，作为"一体两翼"战略布局中北翼的核心，在推进经济文化强省建设中处于特殊重要的位置，肩负着特别重大的责任。我们一定要不负省委的重托，加快建设黄河三角洲生态高效经济区，培育成为全省重要的经济增长极，为推进经济文化强省建设发挥重要作用、做出应有的贡献。

第四，深刻认识当前经济形势及应对困难和挑战的措施。省委工作会议对当前经济形势作了深刻分析，提出了应对挑战、保持又好又快发展的重要举措。概括起来，就是"稳增长、控物价、调结构、增效益、促民生、保稳定"六句话十八个字的总体部署。这些重要举措，对促进全省经济又好又快发展具有重要的指导作用。应当讲，今年是一个特殊的年份，也是经济发展遇到困难最多的一年。面对众多的困难和矛盾，全市上下认真贯彻党的十七大精神，深入落实科学发展观，积极实施黄河三角洲开发总战略，特别是进入5月份以来，坚持一手抓抗震救灾，一手抓经济社会发展，支援抗震救灾取得重要阶段性成果，经济平稳较快发展，社会和谐稳定，各项工作取得新的成绩。但必须清醒地看到，当前经济发展面临严峻挑战，矛盾很多、困难极大、压力巨大。除了受国际因素影响以外，国内煤电油运紧张，全面通胀压力增大，财政金融紧缩，加之我市结构性矛盾突出，部分行业特别是中小企业经营困难，固定资产投资回落较大，拉动经济增长乏力，控制经济下行难度很大。面对这些矛盾和困难，我们必须把思想认识高度统一到中央和省对经济形势的科学判断上来，坚决落实好省委工作会议提出的一系列重大举措，确保完成今年经济社会发展的各项任务。

二、按照建设经济文化强省的部署要求，加快推进黄河三角洲开发建设

自2006年底以来，我们在历届工作的基础上，经过深入探索研究，确立全面实施黄河三角洲开发总战略。近两年来，我们的各项工作紧紧围绕这个总战略展开，以这个总战略牵动全局，迈出了重要步伐，取得了初步成效。贯彻落实省委工作会议精神，最重要的就是按照建设经济文化强省的决策部署，认真实践科学发展观，加快推进黄河三角洲开发建设，建设新型的生态高效经济区，培育形成全省重要的经济增长极。要着重把握好以下八个重大问题：

（一）深入推进解放思想。解放思想是党的思想路线的本质要求，是在马克思主义指导下研究新情况、解决新问题、开拓新局面的强大思想武器。改革开放30年的伟大实践证明，解放思想是发展中国特色社会主义的一大法宝，我们在实践上的每一个重大发展、理论上的每一个重大突破、工作上的每一个重大进步，都离不开解放思想。解放思想是一个永无止境的历史过程。当前，经济社会发展进入了关键阶段，我们面临着众多的矛盾和挑战，在这种情况下，解放思想更为重要、更为迫切。继续解放思想，这是我们应对各种挑战、实现科学发展、加快推进黄河三角洲开发建设的重要法宝。去年以来，我们先后开展了两次以实践科学发展观为主题的解放思想活动，取得了明显成效。我们要在前段活动的基础上，结合贯彻省委工作会议精神，把"实践科学发展观，争当黄河三角洲开发建设排头兵"活动进一步引向深入，兴起解放思想的新高潮。在推进解放思想的过程中，要着重解决好三个方面的问题。一是面对挑战，增强机遇意识，坚定不移抓发展。当前，我们确实遇到了很多困难和挑战，对这些困难和挑战怎样认识、怎样对待?这是摆在我们面前急需回答和解决的重大问题。必须清醒而坚定地认识到，挑战是机遇，困难也是机遇，我们的责任和本事，就在于变困难为机遇，变挑战为机遇，变压力为动力，紧紧抓好发展这个第一要务，坚定不移地抓发展、促发展。谁能在这个关键时刻冲上去、杀出一条血路，谁就抓住了机遇，开拓出发展的新道路，步入一片新天地。我们一定要认准这个真理，不为任何困难所惧，不为任何风险所惧，咬定发展不放松，在困境中求得又好又快发展。二是面对挑战，增强创新意识，勇于创新促发展。我们强调在困难挑战面前，要解放思想、抢抓机遇，很重要的一点，就是要弘扬改革创新精神，冲破因循守旧的思想约束，用改革的办法克服困难，用创新手段促进发展。而决不能沿袭过去的、不合时宜的、不符合科学发展观的办法解决新矛盾、新问题。比如，目前煤电油运紧张，就必须加强技术进步，狠抓节能降耗，不能再上高耗能的项目；金融政策紧缩，企业融资困难，就必须优化投资结构，选准投资方向，上好项目，上国家鼓励发展的项目；人民币升值，出口效益下滑，就必须调整出口产品结构，学会运用汇率，以进补出，规避风险，增加效率，等等。对面临的这些困难和挑战，都要靠创新去解决、去应对。*三是面对挑战，增强争先意识，勇站排头争发展。*狭路相逢勇者胜，危难之际敢亮剑，这是战斗规律，也是市场规律。市场竞争就是优胜劣汰，谁争先一步，抢占了制高点，谁就赢得了主动，拓展了发展空间；反之，就会错失良机，被动落后。全市上下一定要自我加压，奋力争先，率先发展，都来争当黄河三角洲开发建设的排头兵，争当又好又快发展的排头兵。

（二）*着力转变发展方式*。转变经济发展方式，推动产业结构优化升级，是党的十七大提出的关系国民经济全局紧迫而重大的战略任务，是黄河三角洲开发建设的必由之路，是应对困难和挑战的生死抉择，这也是省委工作会议提出的建设经济文化强省的第一个着力点。特别在当前遇到众多矛盾和困难的情况下，出路就在于发展方式的转变，在于结构的调整优化，在于现代产业体系的构筑。我们要有壮士断腕的精神，敢于挑战自我，敢于脱胎换骨，在转变、改造、提升中获得新生。着力抓好五点：*一是要立足现有基础改造提升传统产业*。重点改造石化、轮胎、造纸、纺织四大产业，突出做好整合的文章。石化产业要重点推进与中海油的合作，抓紧启动液体化工码头、百万吨原油和成品油仓储基地建设。石油装备制造业要积极推进与美国休斯敦市的战略合作，尽快做大做强，打造石油装备制造业基地。轮胎产业要实行错位发展，形成整体竞争力。造纸产业重点加大科技投入，提升技术装备水平，扶持发展核心龙头企业。纺织产业着力推进向下游延伸，开发高端产品，打造知名品牌。对改造提升传统产业，各级一定要解放思想，开阔胸襟、放开视野，积极推进战略重组，集中力量改造提升，使之早日焕发出新的活力和生机。*二是要着眼未来发展新型高端产业*。重点依托东营经济开发区，发展高新技术产业和先进制造业，打造一批新型战略性核心产业，带动提升产业发展层次，构筑起现代产业体系，增强支撑力和竞争力。今年以来，东营经济开发区引进了 17 个过亿元的大项目、好项目，呈现出六大产业链的发展格局，势头强劲，令人振奋，一定要乘势而上，抓紧推进，并要围绕现代产业体系构筑，再抓一批好项目。*三是要强力推进固定资产投资*。不论改造提升传统产业，还是发展高端产业，都离不开投入，没有投入就没有结构调整，没有大的投入，就没有大的调整，就没有可持续发展的后劲。特别是对东营来讲，黄河三角洲开发建设刚刚起步，没有大规模的投入，就不可能实现大规模的开发。我们的地方经济还很薄弱，工业化水平还很低，还远远没有完成原始积累，加大固定资产投资显得尤为重要。今年上半年，全省投资继续保持较快增长，而我市地方固定资产投资却持续走低，全市地方完成投资 311.24 亿元，同比增长 13.2%，比全省平均水平低 8.3 个百分点，比去年同期回落了 15 个百分点，比烟台、威海、潍坊、滨州分别低 10.3、13.7、7.1、4.1 个百分点。这是一个非常危险的信号。这说明，全市投资乏力，发展后劲不足。必须明确，对于我们这样一个处于发展中的城市，三大需求拉动，投资需求拉动仍然是第一位的，而且要持续很长时期。即使是经济发达的深圳，最近明确提出，下半年的第一项任务是强力推进固定资产投资，拉动经济快速健康发展。我们更应当高度重视，加大投资力度。还必须明确，我们强调强力推进固定资产投资，并不是要违背国家宏观调控政策，盲目扩大投资规模，搞低水平重复建设，而是要坚决执行宏观调控政策，按照区别对待、有保有压的方针，调整优化投资结构，国家控制限制的项目一个不能上，不符合黄河三角洲开发建设产业规划的项目坚决不能上。要着力投向传统产业的技术改造，投向高新技术和先进制造业，投向农业和现代服务业，投向重大基础设施。全市上下要瞄准投资方向，着眼于构筑现代产业体系和可持续发展，千方百计抓一批高水平的项目，加速投入，提高投效，以此拉动结构调整，推动发展方式转变。*四是要大力推进自主创新*。积极推进大学科技园和可持续发展研究院建设，抓好软件园、软件大厦建设，努力把高新区打造成为高端产业的聚集区和自主创新的先导区。企业是研发投入的主体、创新活动的主体和成果应用的主体，要健全以企业为主体的产学研创新机制，有关政策要向企业倾斜，支撑创新的要素要向企业聚集，努力培育一批竞争力强的创新型企业。整合区域创新资源，深化油地校科技合作，推动科技成果加快向现实生产力转化。完善支持自主创新的政策环境，积极发展创业投资和风险投资，促进创新成果与金融资本的融合，形成多元化的投入机制。五是要扎实抓好节能减排。低消耗、低排放是经济结构优化的重要标志。要作为硬指标、硬任务，强化工程减排、结构减排、管理减排，重点加强源头控制，淘汰落后产能，增加技改投入，发展循环经济，抓好重点流域、重点领域、重点企业的治理，广泛开展全民节能行动，全面落实节能减排责任制，确保实现全年的目标任务。

（三）紧紧抓住三大突破点。主体产业区、重大基础设施、生态环境建设，是黄河三角洲开发建设的三大突破点，必须紧紧抓住不放，集中全力突破。“四区一城”是黄河三角洲开发建设的主战场，是构筑现代产业体系的主要平台。当前和今后一个时期的主要任务，是尽快落地建设一批大项目，以此为主体，立起产业框架，打造产业集群。临港产业区，要加紧推进与中海油的合作，及早开工建设大唐电厂，同时引进一批战略合作伙伴。东营经济开发区，要加快推进大规模集成电路、太阳能电池、吉盛汽车等大项目建设，争取明年竣工投产。生态旅游区，要尽快完成详规编制，精心策划规划招商，今年抓紧开工建设黄河口旅游港、旅客中心、黄河口汽车野营地，快速启动黄河口旅游。生态渔业畜牧区，要加快推进已引进的几个大项目建设，并继续抓好项目招商和配套设施建设。黄河水城，今年要完成“三园一区一岸线”建设，重点抓好会展中心、“水城雪莲”剧院建设，明年完善配套，深度开发沿广利河服务业产业带。“三路两港一场”是黄河三角洲开发建设的战略工程、基础工程，要集中力量向前推进，坚决完成今年的工程任务，尽早构筑起立体交通体系，为长远发展提供强有力支撑。生态环境建设是黄河三角洲开发建设的鲜明特色和重要保障。要以中心城区和县区驻地为重点，加强城镇基础设施建设，完善功能配套，搞好环境综合整治，提升城镇品位，展示新的形象。要把“三网”绿化工程作为生态环境建设的重大任务，科学规划，严格标准，精心实施，确保质量，力争再用三年时间基本实现农田林网化、路域林荫化、水系风景化，打造黄河绿洲。

（四）统筹经济文化融合发展。当今世界，文化与经济的联系越来越紧密，文化因素渗透到经济活动的各个领域，物质产品艺术化、物质经济文化化的趋势不断加强；文化生产逐渐趋向商品化和产业化，精神产品大量涌向市场，文化经济化的趋势日益明显，文化创造成为经济增长的推动力。必须顺应时代潮流，跳出就经济抓经济、就文化抓文化的思维定势，树立经济文化一体化发展的新理念新思路。应当明确的是，我们推进黄河三角洲开发建设，就是按照经济文化一体化发展的思想来谋划和推进的。在产业培育上，我们把文化旅游业作为一个重要的主导产业来培植，作为推进开发建设的突破口和切入点来抓。在环境建设上，我们着力打造以“黄河水城”和“三网”绿化工程为标志的生态家园，其中文化元素具有不可替代的重要作用。我们还把文化作为推进开发建设的强大动力，制定出台了《关于推动文化大发展大繁荣的意见》，努力发挥文化在开发建设中的引领和支撑作用。按照建设经济文化强省的部署要求，我们要深入研究经济文化融合发展问题，努力做强经济硬实力和文化软实力，提升综合实力。一是加强思想道德建设，坚定经济文化融合发展的正确方向。牢牢把握社会主义先进文化前进方向，坚持马克思主义在意识形态领域的指导地位，努力在全社会形成统一的指导思想、共同的理想信念、强大的精神支柱和基本的道德规范，筑牢人民群众团结奋斗的共同思想基础。当前要大力弘扬伟大的抗震救灾精神，使之转化为激励全市人民自力更生、艰苦奋斗的坚定意志，转化为推动科学发展、促进社会和谐的强大力量。要加强社会公德、职业道德、家庭美德和个人品德建设，推进社会信用体系建设，形成诚信为本、守信光荣的社会氛围。二是打造黄河口文化品牌，突出东营经济文化融合发展的特色。品牌就是形象，就是特色，就是竞争力。东营历史文化深厚，文化资源丰富，特别是拥有独特的生态文化。在自然条件上，拥有丰富的湿地资源，保持着最具生机与活力的原始生态，构成了人水和谐的自然画卷。在开发建设的进程中，黄河三角洲从荒凉落后到初步繁荣，演绎了一场从依赖自然、到敬畏自然、到改造自然、再到取法自然的波澜壮阔的历史活剧，可以说，黄河三角洲开发建设的历程就是促进和实现人与自然和谐相处的过程，集中体现了天人合一的文化内核。在开发建设的战略定位上，我们要打造生态文明示范区，建设生态家园。因此，黄河口文化的核心是生态文化。要深刻把握黄河口文化的内涵，推出一批文化精品力作，建设一批文化标志工程，打造一批文化传播平台，努力把价值巨大、潜力无限的黄河口文化打造成世界品牌。三是着力发展以现代服务业为代表的特色产业，培育经济文化融合发展的载体。突出做好文化旅游结合的文章，大力发展生态文化旅游、石油文化旅游、孙子文化旅游，推动文化旅游业发展实现大的突破。集中力量抓好大平台、大活动、大集团三大载体建设。要建设大平台汇集文化要素。重点抓好黄河国际论坛、会展中心、文化艺术中心、“水城雪莲”剧院建设，使各种文化要素在这里汇集。同时抓好县乡村和社区文化设施建设，健全覆盖全社会的公共文化服务体系。要开展大活动拉动文化发展。继续办好黄河国际论坛、黄河口文博会、黄河口文化旅游节，争取举办首届黄河口马拉松邀请赛等有影响、创品牌的活动，聚集人气，汇集人才，拉动文化发展。要组建大集团带动文化产业。推进文化体制改革，着手组建出版集团、报业集团、广电集团、演艺集团，整合文化资源，促进文化产业发展。

（五）加快发展县域经济。县域经济是黄河三角洲开发建设的重要组成部分。目前，我市县域经济呈现出又好又快发展的良好势头，占全市经济总量的比重达到40.6%，占地方经济的比重达到63.6%，越来越成为推进开发建设的重要力量。但是跳出东营看东营，我们与先进地区相比还有很大差距。各级各部门特别是五个县区要切实增强责任感和紧迫感，以更大的气魄、更有力的措施，加快提升县域经济的整体实力和水平。一要提升目标，奋力赶超。发展就要有比较，比较关键看位次。我们不压指标、但要有目标，不搞攀比、但要有比较，不能浮躁、但要有紧迫感。一个县区的位次排名，代表的是发展水平，体现的是思想境界，反映的是工作力度。面对新一轮发展的竞争，不进则退，慢进也是退。争先进位不是片面追求速度，而是要好字当头，好中求快，又好又快。各县区要正确处理好与快的关系，在确保好的前提下，能搞多快就搞多快，盯紧各自的赶超目标，拼搏进取，奋力赶超，争先进位。二要发挥优势，跨越突破。实现跨越突破，就必须突破传统的发展模式，发挥优势创特色，狠抓项目打造支柱产业。龙口市在全国百强县中位次不断前移，去年位居第13位，主要是靠能源、铝制品、汽车零部件等六大产业集群。去年，龙口市实现高新技术产业产值413.2亿元，其中六大产业集群占到80%。肥城市着力打造全球最大的甲酸生产基地，全国最大的纤维素、锚杆钢材、酒精设备、工程机械车桥、PET瓶坯生产基地，去年跃居全国百强县第50位。无棣县原来是全省30个欠发达县之一，靠发展电力、化工、海盐三大产业，不断进位提升，在全省140个县市区中跃居62位。费县抓住电厂、新时代药业和香谷坊花生油三个大项目，极大地提高了发展层次和水平。国电费县电厂项目总投资350亿元，一期工程投资50亿元，去年实现当年投产当年赢利，利税达到1.85亿元。各县区都要发挥各自优势，走特色发展的路子，以培植经济园区为载体，以培育特色乡镇、专业村为依托，以招商引资为动力，以发展民营经济为基础，集中力量抓项目，努力打造自己的支柱产业，增强县域经济的支撑力和综合实力。三要加强统筹，协调发展。县域经济是统筹城乡发展、解决“三农”问题的主要载体。要高度重视“三农”工作，放在重中之重的位置，坚定不移地推进新农村建设。要认真落实支农惠农政策，加大公共财政向“三农”倾斜力度，推进新农村建设不断取得新的进步。高度重视粮食生产，加快农业结构调整，深化农业产业化经营，推进现代农业建设，提高农业效益。大力发展农村二、三产业，加快农村劳动力转移，多渠道增加农民收入。加强农村基础设施建设，抓好村庄环境综合整治，改善农村居住环境。全面推进城乡发展规划、产业布局、基础设施、公共服务、社会管理的一体化。四要改革创新，增强活力。发挥县域灵活的优势，统筹推进各项改革，不断创新管理体制和运行机制。特别要深化农村改革，增强农业和农村经济发展活力。在稳定完善土地承包关系的基础上，本着依法自愿有偿的原则，积极探索土地流转的合理方式，发展多种形式的适度规模经营。深化农村产权制度改革，大力发展农民专业合作组织，积极探索社区股份合作、集体资产股份合作、农村土地股份合作等集体经济的有效实现形式。扎实推进集体林权制度改革，为“三网”绿化工程建设提供体制动力。探索建立新型农村管理体制，以中心村为载体，建立新型农村社区。今年适当时机，要召开发展县域经济工作会议，进一步作出部署，加大推进力度。

（六）高度重视改善民生。这里强调重视民生问题，是要同志们从全局的高度认识和对待民生问题。民生问题至关重要，它首先是个政治问题，实现、维护和发展人民群众的根本利益，是我们执政为民的本质要求。民生问题又是个发展问题，发展的目的是为了人民，要让人民群众不断享受到改革发展的成果，同时解决好民生问题，人民群众的生活和消费水平提高了，又是拉动经济增长的重要动力。民生问题还是个社会稳定问题，许多矛盾纠纷甚至群体性事件，都是民生问题没有解决好而引发的。因此，民生问题是个关系改革发展稳定全局的根本性问题，必须放在各项工作的首位来抓。各个地方基础条件、发展水平不同，民生问题的表现形式不一样，必须从实际出发来研究解决。解决民生问题要根据发展水平和财政承受能力，在量力而行的基础上尽力而为，并根据发展的新成果和人民群众的新期待，不断提高解决民生问题的水平。一是努力促进就业。继续实施积极的就业政策，完善就业培训、再就业援助等服务体系，坚持以创业带就业，落实发展民营经济、扶持发展中小企业的政策措施，努力增加就业岗位。特别注重做好零就业家庭、高校毕业生、转业军人等群体的就业援助工作。二是加快完善覆盖城乡的社会保障网络。巩固“五保五救助”成果，协调推进城乡社会保障体系建设，重点推进农村卫生服务体系和新型农村合作医疗制度建设，解决被征地农民的社会保险问题，特别关注城乡困难群众和弱势群体，切实保障他们的基本生活。加大困难群众住房救助力度，各县区都要建立廉租住房制度，建设面向低收入家庭的经济适用房，努力实现住有所居。三是切实解决关系群众切身利益的问题。认真解决安全生产、食品安全、环境安全、拖欠农民工工资等群众反映强烈的问题，坚决查处土地征用、城镇房屋拆迁、企业重组改制、企业用工、土地承包经营等方面损害群众利益的突出问题，切实办好今年确定的便民实事，把群众的合理诉求解决好，把群众的情绪理顺好，把群众的利益维护好。

（七）努力破解发展难题。当前和今后一个时期，围绕破解发展难题，着重抓好五个方面工作。一是调控物价。突出抓好粮食、猪肉、食用油等重要商品生产供应，完善储备制度，确保生活必需品的供应不断档、不脱销。加强价格动态监测预警，落实好临时价格干预措施，加强市场监管，维护正常的市场价格秩序。完善和落实最低生活保障与物价上涨联动机制，对城乡低保家庭给予救助补贴，保障低收入群众基本生活。二是全力保电。胜利电厂和企业自备电厂都要加大煤炭调运力度，增加电煤储备，精心组织生产，确保满发稳供。供电部门要加强电网调度，积极争取省里支持，尽最大努力保障居民和企业用电。要在全社会开展以节约用电为重点的节能行动，缓和用电紧张状况。三是帮扶企业。目前，部分行业特别是中小企业生产经营遇到很大困难，仅中小企业流动资金缺口就达50亿元，有的已步履维艰，面临资金链断裂的危险。各级政府及部门要把支持帮扶企业发展作为重要任务，进一步强化服务，完善政策措施，帮助企业排忧解难，与企业共渡难关。要加强银企合作，健全完善担保体系，千方百计为企业融筹资金，保证企业资金链不出问题。要引导企业强化内部管理，增强成本控制能力，大力节支降耗，消化增支减收因素，保持企业正常运营。四是促进增收。目前，各种农业生产资料价格上涨，农民增产不增收的问题比较突出，必须引起高度重视。要采取有效措施，进一步加强农业和农村工作，在切实抓好粮食生产的同时，深化农业产业化经营，大力发展农村二、三产业，不断拓宽农民增收渠道。五是推进改革。特别要抓住影响经济社会发展的体制机制问题，积极推进各项改革，靠改革破难题、促发展。对市委、市政府确定的重点改革事项，市级分管领导和职能部门，要尽快拿出方案，抓紧向前推进。

（八）积极实施人才强市战略。加快推进黄河三角洲开发建设，迫切需要强大的人力资源作支撑。目前，我市人才总量少、结构不合理、总体层次低的问题十分突出，特别是现代农业、新型工业、现代服务业、外经外贸等专业人才短缺，科研学术带头人、高级经营管理人才和高技能人才匮乏。加快建设一支规模宏大、结构合理、素质优良的人才队伍，已成为十分紧迫的重大任务。必须把人才资源作为第一资源来对待，把人才建设作为紧迫课题来研究，把人才强市作为重大战略来实施。今后一个时期，要采取以下措施抓好人才队伍建设。一是由市委组织部、市人事局负责，研究培养人才、引进人才的政策措施，对我市各方面紧缺的高层次人才，要制定特殊的引进政策，并抓好兑现落实。二是在东营经济开发区结合科技园建设，抓紧规划建设院士工作站，吸引一批院士来我市研发创业。三是市里选派一批优秀年轻干部到县区、企业挂职锻炼，从县乡选拔一批优秀年轻干部到市直部门挂职。四是适当时候，面向全省公开考选一批年纪较轻、层次和专业水平较高的副县级领导干部。五是选派一批年轻县乡领导干部到江浙发达县市挂职学习。

三、切实加强和改进领导，不断提高推进开发建设的能力

贯彻省委建设经济文化强省的决策部署，加快推进黄河三角洲开发建设，关键在人，关键在干部，关键在各级领导班子。必须以改革创新精神抓好领导班子和干部队伍建设，提高领导科学发展、推进开发建设的能力和水平。

*一要坚定正确的政治方向。*提高科学领导的水平，首要的是保持政治上的清醒与坚定，自觉同以胡锦涛同志为总书记的党中央保持高度一致，坚定不移地走中国特色社会主义道路。各级领导干部要严格遵守党的政治纪律，坚决贯彻党的路线方针政策及各项决策部署，善于从政治上和全局上观察和处理问题，在事关方向、事关原则的问题上立场坚定，在大是大非面前和关键时刻旗帜鲜明，确保政令畅通。面对当前纷繁复杂的形势，面对前所未有的困难和压力，面对严峻的挑战和考验，各级领导干部必须更加坚定地讲党性、讲大局、讲团结。各级领导班子、全市上下、方方面面，都要精诚团结，真诚共事，坦诚相待。只要我们团结一致、万众一心、和衷共济，就没有克服不了的困难，就没有战胜不了的艰险，就一定能够开创新的局面。

*二要保持良好的精神状态。*人是要有一点精神的。越是在困难的时候，越需要有好的精神状态。衡量一个领导干部有没有良好的精神状态，主要看三点：一看对事业有没有高尚的追求，是不是一切以事业为重，始终保持饱满的创业激情，总是不负重托，不辱使命，干就干出一流成绩，干就干出一番事业。二看对工作是不是敢于负责、独立负责，碰到难事不回避，遇到矛盾不绕过，总是不畏艰险，勇挑重担，勇往直前。三看自身的表率作用，是不是身先士卒，率先垂范，亲历亲为，以昂扬的斗志、拼搏的精神，带动班子、影响队伍。希望每一位领导同志都要在这三方面加强锤炼，以良好的精神状态树立良好的形象。

*三要求真务实狠抓工作落实。*黄河三角洲开发建设的目标任务已经明确、战略部署已经展开，关键在于抓推进抓落实。要弘扬求真务实精神，坚决克服形式主义、官僚主义，坚决克服粗放、浮躁习气，铺下身子，埋头苦干。对重大任务、重要部署、重点工作，要亲自抓，抓到位，抓到底。要切实改进领导方式和工作方法，善于总揽全局，统筹推进各项工作；深入实际，开展调查研究，解决实际问题；注重分类指导，不搞一刀切，学会做好结合文章，创造性地开展工作。要进一步完善干部考核评价体系，积极鼓励和大胆使用富有开拓创新精神、扎实苦干、善于领导科学发展的干部，特别注重在基层一线培养锻炼干部，在重大任务和关键时刻识别、考察、选用干部，激励各级干部干事创业。

*四要加强反腐倡廉建设。*抓好反腐倡廉建设，创造风清气正的环境，是推进黄河三角洲开发建设的重要保证。要认真贯彻中央《建立健全惩治和预防腐败体系 2008-2012 年工作规划》和省委《实施办法》，落实好市委制定的《分工方案》，完善惩治和预防腐败体系，加强对领导干部的教育、管理和监督，在坚决查处违纪违法案件的同时，更加注重治本，更加注重预防，更加注重制度建设，通过创新制度管好人、管好事、管好权。要发扬艰苦奋斗、勤俭节约的优良传统，坚持勤俭办一切事业，自觉抵制拜金主义、享乐主义和奢靡之风。各级领导干部要讲党性、重品行、做表率，严格执行廉洁自律各项规定，秉公用权，廉洁从政，始终保持共产党人的政治本色和革命气节，干干净净为党和人民工作。

当前，全市经济社会发展进入新的阶段，支援抗震救灾处于关键时期，奥运安保和维护稳定安全处于紧要关头，形势严峻，任务艰巨。各级要统筹推进各项工作，扎实做好对口支援坝底乡灾后恢复重建工作，帮助灾区群众重建家园，圆满完成上级交给的任务；集中精力组织好经济运行，保持平稳健康发展的良好势头，确保完成全年的任务目标；全力以赴做好以奥运安保为中心的维护稳定安全工作，扎实抓好维护稳定安全“百日行动”，全面落实防范管控措施，坚决防止发生影响稳定安全的重大事件，为奥运会成功举办、为全市改革发展、为人民群众安居乐业创造良好环境。

同志们，建设经济文化强省，加快推进黄河三角洲开发建设，是历史赋予我们的神圣使命和重大责任。让我们更加紧密地团结在以胡锦涛同志为总书记的党中央周围，高举中国特色社会主义

伟大旗帜，深入贯彻落实科学发展观，解放思想，改革创新，求真务实，奋发进取，为谱写黄河三角洲开发建设新篇章、实现富民强市新跨越、建设富裕文明和谐幸福社会主义新东营而努力奋斗！

政府工作报告

—2009年1月10日于东营市第六届人民代表大会第二次会议

东营市市长 张建华

各位代表：

现在，我代表市人民政府向大会作政府工作报告，请予审议，并请市政协委员和其他列席会议的同志提出意见。

一、2008年政府工作回顾

过去的一年是极不寻常、极不平凡的一年。一年来，在党中央、国务院、省委、省政府和市委的正确领导下，全市上下全面贯彻党的十七大和十七届三中全会精神，深入贯彻落实科学发展观，积极应对国内外复杂多变的经济形势，齐心协力克服困难，奋力开拓扎实工作，黄河三角洲开发建设取得重要进展，经济社会实现了又好又快发展。初步统计，2008年全市实现生产总值2065亿元，比上年增长13.7%；规模以上工业增加值1680亿元，增长14.8%；全社会固定资产投资868亿元，增长24.2%；社会消费品零售总额254亿元，增长23.1%；地方财政收入70.95亿元，增长18%；金融机构各项存款余额1032.8亿元，比年初增加188.3亿元，贷款余额695.9亿元，比年初增加100.6亿元。万元生产总值能耗、二氧化硫和化学需氧量排放继续下降。全面完成了年初确定的各项任务指标。

一年来，我们深入实施黄河三角洲开发建设总战略，着力发展经济，深化改革开放，保障改善民生，促进社会和谐，做了大量富有成效的工作。

（一）积极应对挑战，经济保持平稳较快发展。去年是经济形势复杂多变的一年。年初，国家实行“双防”调控政策，严把土地、信贷闸门和市场准入门槛。进入二季度，又面临煤电油运紧张、流动资金短缺、市场物价波动“三大挑战”。进入十月份以来，国际金融危机对我市经济造成了严重冲击，经济运行面临严重困难和巨大考验。面对煤电油运紧张，油地联手争取增加了15%的用电负荷，积极调运电煤，支持发电企业生产，保障了电煤供应，地方工业用电量增长了13.4%。面对流动资金短缺，召开了两次政银企对接洽谈会，签约贷款金额372亿元，有效缓解了企业资金困难问题。面对市场物价波动，加强物价监管，实行价格临时干预措施，拿出专项资金，搞好群众生活必需品储备，有效地保证了市场供给、价格平稳。面对投资下滑趋势，在全市开展了三次项目集中开工月活动，共开工投资5000万元以上项目119个，总投资529亿元，有效地拉动了经济增长。面对国际金融危机的严重冲击，我们积极应对，快速出手，实行“三个确保、三个加快”，出台了14条政策措施。成立了扩大内需和项目投资工作综合协调领导小组、工业经济运行指挥部，集中帮助企业解决资金、市场等问题，筛选上报了一批重点项目，已经争取到国家和省无偿投资9130万元。由于应对及时，措施超前，使全市经济在困难局面下保持了平稳较快发展。

（二）全力实施突破，迅速拉开黄河三角洲开发建设的框架。去年，在宏观环境趋紧、制约因素增多、困难压力极大的情况下，全市上下凝心聚力，坚定不移地抓推进、求突破，黄河三角洲开发建设取得了良好开局。一是，“四区一城三网”建设取得重大进展。临港产业区，与中海油签订了全面合作协议；港口建设一期工程完工，二期工程前期工作顺利推进，港区配套工程加快实施，一批大项目先后落地。生态旅游区，被评为国家4A级景区，游客中心、游船码头、汽车营地等项目已经开工。现代渔业示范区，4.1万亩起步区基础工程全面展开。高端产业区，生态工业园、软件园和“生态谷”建设快速推进，一批科技含量高、带动力强的大项目先后开工。黄河水城，重点实施了“三园一区一岸线”工程，济南路桥基本建成，会展中心主体工程完工，文化公园广场基础工程基本完成，清风湖景区河湖贯通、广利河岸线改造等工程完成年度任务。“三网”绿化，去年完成投资7.6亿元，绿化面积28万亩，取得明显成效。二是，“三路两港一场”建设加快推进。威乌高速公路建成通车，黄大铁路已开工建设，德龙烟铁路前期工作进展顺利，今年开工。东营港引桥和2个3万吨散杂货泊位建成，2个5万吨液体化工泊位完成立项，今年上半年开工。广利港建设前期准备工作加快推进。东营机场跑道改扩建完工，新的航站楼即将开工建设。三是，大政策争取工作取得突破性进展。黄河三角洲高效生态经济区建设已经上升为国家战略，具体实施规划国家发改委正在论证审批。土地管理改革试点城市、资源型城市可持续发展试点示范城市、生态用水指标、黄河标准化堤防建设等争取工作取得重大进展，正待国家批复。省委、省政府出台了黄河三角洲高效生态经济区发展规划和34条政策措施，并批准东营为发展高效生态经济改革试点市。

（三）大力调整经济结构，产业层次明显提升。加快推进工业结构调整，重点抓了“一突破两优化”。“一突破”，就是突破高新技术产业。发挥东营经济开发区的龙头作用，新上了大规模集成电路、LED、汽车制造等一批项目，现有企业技术改造也取得重要进展，全市高新技术产业产值达到850亿元，增长40%。“两优化”，就是优化提升石化产业，引进中海油整合石化企业，不仅保证了油源，而且为企业技术提升、规模扩大、产业链条拉长创造了条件；优化提升石油装备制造业，举办了中国（东营）国际石油装备与技术展览会，与美国休斯敦市签订了合作协议，搭建起了合作发展平台。大力发展服务业，重点突破文化旅游业，积极争创中国优秀旅游城市并顺利通过验收。现代物流、科技信息等生产性服务业加快起步，商贸餐饮等生活性服务业进一步提升，服务业增加值增长15%。努力改善区域经济结构，推动市属经济与县域经济协调发展，地方经济实力进一步壮大。

（四）着力加强“三农”工作，新农村建设扎实推进。围绕农民增收，大力推进农业产业化，加快构建农业“三次产业”联动发展的格局。粮棉获得丰收，渔业、畜牧业等优势产业加快发展，水产品和肉蛋奶产量分别增长6%和12%。积极发展新兴农业，休闲观光农业园（点）发展到40个。扶持农业龙头企业发展，新增省级以上龙头企业11家。加大农产品品牌培育和推介促销力度，黄河口大闸蟹跻身山东省十大渔业品牌。着力提高农民科技素质，免费培训农民11.3万人。加强农业和农村基础设施建设，实施了一批节水改造和河道治理工程，改造中低产田11.7万亩，中心渔港一期工程完工；新建农村水质检测中心6处，修复改造农村危桥40座，新建农村沼气池7000个，农村生产生活条件进一步改善。

（五）深化改革开放，体制机制创新迈出新步伐。改革投融资体制，“四区一城”全部搭建起了融资平台，市场化运作水平进一步提高；2家企业在海外成功上市。扎实推进农村综合改革，林权制度改革试点进展顺利，强农惠农政策全面落实。深化企业改革，支持油田存续企业改制。金融、价格及社会领域的改革全面推进。不断拓宽对外开放的广度和深度，外经外贸平稳发展，实现进出口总值41.2亿美元，增长55.3%，其中出口19.7亿美元，增长40.7%；吸收外商直接投资1.8亿美元，增长15%。

（六）加大解决民生问题的力度，群众生活进一步改善。千方百计增加城乡居民收入，城镇居民人均可支配收入达到19300元，增长14.6%；农民人均纯收入达到6600元，增长12.5%。加强就业再就业工作，新增城镇就业4.1万人，城镇登记失业率为1.88%。开展城镇居民基本医疗保险试点，参保率达到90%，居全省第一位。建立了物价上涨与提高保障标准联动机制，实行城乡低保人员生活补贴，增加了困难群体冬季供暖补贴；提高了城乡低保、农村五保集中供养、残疾人救助等补助标准。扎实解决困难群众住房问题，新建农村安居房685户，落实廉租房200套，廉租住房货币化补贴410户，建成经济适用房2436套，油田职工住房建设加快推进。支持利津县加快发展，扶持黄河南展区房台建设。加大环保工作力度，推进城乡环境综合整治，人居环境进一步改善。加强食品药品监管，保障了群众饮食用药安全。高度重视手足口病和问题奶粉事件，快速反应，科学防控，对患病婴幼儿采取免费筛查治疗等有力措施，使这两起突发事件在我市得到有效处置。农产品和食品药品安全系统建设、居民小区改造、西城交通环境整治等十件便民实事全部完成。去年，市财政用于民生支出3.3亿元，其中近1亿元用于新增加的民生项目。

（七）切实加强社会建设，保持了社会和谐稳定。加快发展教育事业，完善义务教育经费保障机制，首期农村中小学低标准校舍改造全部完成。实施素质教育，促进基础教育、职业教育协调发展，教育质量进一步提高。加强医疗卫生服务体系建设，建设完善了一批城乡卫生服务设施，方便了群众就医。积极发展文化体育事业，加强城乡文化设施建设，推出了《黄河入海流》等一批文化精品，群众性文化活动蓬勃开展，成功举办了首届黄河口马拉松全国邀请赛和市第八届运动会。毫不放松地抓好人口和计划生育工作，全市人口自然增长率为4.2‰。国防教育、人民防空、民兵预备役和双拥工作进一步加强，外事侨务、民族宗教、对台、档案、统计、史志、无线电管理等工作取得新成绩，妇女儿童、老年人、残疾人权益得到保障，新闻出版、广播电视、红十字会、气象、地震、防灾减灾、社科研究等各项社会事业取得新进步。切实加强精神文明和民主法制建设，思想道德教育、创建文明城市、普法和依法治理等工作深入开展。全面清理行政审批事项，依法行政水平不断提高。扎实开展了维护稳定“百日行动”，圆满完成了北京奥运会和残奥会安保任务。大力推进平安东营建设，全面深化社会治安综合治理，深入开展“打黑除恶”专项斗争，集中开展重点领域专项整治和社会治安综合整治冬季行动，加强出租房屋和流动人口管理，强化基层单位内部安保工作，维护了社会稳定。集中开展了道路交通秩序综合整治，取得了明显成效。强化安全生产监管，开展安全生产大检查，落实整改措施，保持了安全生产形势持续稳定。完善应急管理体系，突发事件应急处置能力进一步提高。

（八）全力支援抗震救灾，取得了重要阶段性成果。四川特大地震发生后，全市上下坚决贯彻党中央、国务院的决策部署和省委、省政府的工作要求，高度重视，迅速行动，全力以赴支援四川抗震救灾。累计捐款捐物1.27亿元，向灾区派出救援队伍635人次，建设过渡性板房1702套，抗震救灾及对口援建支出6967万元。扎实做好对口援建坝底乡工作，编制完成了坝底乡灾后重建规划，确定了援建项目和实施方案，首批项目正在组织实施。

（九）加强油地军校团结合作，形成了团结发展的良好局面。油地军校精诚团结、真诚支持、坦诚相待，一个目标、一条心、一股劲，齐心协力共建美好家园。胜利油田、石油大学、济军生产基地积极参与全市经济社会发展和黄河三角洲开发建设，作出了重要贡献。油地军校深入融合、团结发展，凝聚起无坚不摧的强大合力。

回顾2008年，我们充满自豪。今天的东营，已经成为黄河三角洲开发建设的主战场，正在向着现代化的黄河三角洲中心城市大步迈进。既然，我们能够在风雨中展开腾飞的翅膀，那么，任何困难也阻挡不住我们继续前进的脚步。只要全市上下、油地军校艰苦奋斗，团结包容，百折不挠，拼搏进取，我们的目标就一定能够实现，明天的东营，必将成为黄河三角洲上一颗璀璨的明珠!

各位代表、同志们!过去一年的成绩，是在克服重重困难，经受严峻考验的情况下取得的，来之不易。这是省委、省政府和市委正确领导的结果，是市人大及其常委会监督支持、人民政协和各民主党派参政议政的结果，是全市上下、油地军校、社会各界共同努力的结果。在此，我代表市人民政府向全市人民和社会各界，向所有为东营的建设和发展作出贡献的同志们，向海内外所有关心、支持黄河三角洲开发建设的朋友们，表示衷心的感谢并致以崇高的敬意!

在充分肯定成绩的同时，也要清醒地看到，发展中还存在不少矛盾和问题。主要是，产业结构不够合理，调整优化的任务仍然很重；节能减排形势严峻，环境保护的压力仍然很大；改革创新力度不够，经济运行和社会管理中体制性机制性矛盾非常突出；一些民生问题还没有得到很好解决，部分群众生活仍然比较困难；影响社会和谐的因素较多，维护稳定的任务十分艰巨；有些政府部门效率低下、服务不到位，政府自身建设仍需加强。在今后的工作中，我们一定要高度重视这些问题，加大力度，认真解决。

二、面临的形势和2009年政府工作的任务

2009年，形势严峻，压力巨大，对此我们必须有充分的估计。目前，这场上世纪大萧条以来最严重的国际金融危机还在扩散和蔓延，对全球实体经济的影响仍在进一步加深，其严重后果还会进一步显现。受其影响，我市经济运行中的压力明显加大。企业运行遇到空前困难，市场萎缩，出口受阻，效益下降，有些企业出现了停产半停产；财政减收增支因素大大增加，收支矛盾异常突出；企业减员待工人员不断增加，城镇新增劳动力规模扩大，就业形势十分严峻；农产品价格全面回落，农民工回流，对农民增收造成很大影响。

我们既要充分看到困难，也要坚定信心，充分看到发展面临的机遇和有利条件。一是，国家实施积极的财政政策和适度宽松的货币政策，扩大内需，拉动经济增长，而我们实施的黄河三角洲开发建设的重大工程，完全符合国家的投资方向，并且项目已经开工，恰逢其时，这为我们争取国家财政支持提供了机遇。二是，我市投资环境有了很大改善，特别是立体大交通框架的初步构建，为大投入、大开发、大开放创造了有利条件。三是，经过25年的发展，我市的综合实力明显增强，企业的装备水平不断提升，产业形成了一定规模，保持经济平稳较快增长的基础比较牢固。因此，我们务必坚定必胜信心，扎实做好工作，迎接各种挑战，化危为机，迎难而上，在困难中开拓新的发展空间。

今年是推进“十一五”规划顺利实施的关键一年，也是加快黄河三角洲开发建设的重要一年。做好今年的工作，对于有效应对国际金融危机冲击，维护改革发展稳定大局，顺利实现黄河三角洲开发建设第一步战略目标至关重要。**我们要全面贯彻党的十七大和十七届三中全会精神，深入贯彻落实科学发展观，立足扩大投资保持经济平稳较快增长，全力推进黄河三角洲开发建设，加快经济结构调整，转变发展方式，深化改革开放，着力改善民生，促进社会和谐稳定，推动经济社会又好又快发展。**

今年经济社会发展的主要目标是：

——*经济保持平稳较快增长*。全市生产总值增长11%，地方财政收入增长8%。保运行、保增长的措施有效落实。一批重大项目开工建设，全社会固定资产投资增长20%。

——*黄河三角洲开发建设实现新的突破*。四大主体产业区基础设施配套加快推进，项目进区实现重大进展；黄河水城主体工程基本完成；“三网”绿化拉开主体框架，形成明显的生态景观；立体交通体系初步形成；大政策争取工作取得更大突破。

——*经济结构更加优化*。大力引进战略合作伙伴，整合提升传统产业。高新技术产业和服务业比重进一步提高。渔业、畜牧业等优势产业规模进一步扩大，农产品加工增值率明显提高。

——*发展的协调性增强*。经济与文化融合发展，文化旅游业发展实现新的突破。坚持陆海统筹，海洋经济取得新发展。城乡统筹发展，农村改革发展的力度加大。经济与社会协调发展，社会事业全面加强。人与自然和谐发展，人口自然增长率控制在6.5‰以内，万元生产总值能耗降低5.74%，二氧化硫排放量削减15%，化学需氧量排放量削减5%。扩大内需与对外开放相互促进，社会消费品零售总额增长16%，外贸进出口增长10%，吸收外商直接投资增长8%，对外合作迈出新的步伐。

——*民生得到进一步改善*。就业形势基本稳定，社会保障体系更加完善。城镇居民人均可支配收入增长7%，农民人均纯收入增长7%，城镇登记失业率控制在2.4%以内，居民消费价格总水平涨幅控制在4%以内。同时，做好对口支援坝底乡灾后重建工作，完成上级安排的援建任务。

面对当前形势，实现今年的发展目标，必须更加深入地贯彻落实科学发展观，认真执行国家宏观调控政策，把保增长、扩内需、调结构、重民生、促和谐更好地结合起来；必须更加准确地把握形势，超前预测，积极应对，不断提高驾驭能力和水平，在克服困难中实现新的发展；必须更加自觉地维护大局，加强团结，充分调动方方面面的积极性，形成攻坚破难的强大力量。只要全市上下积极作为，沉着应对，科学务实，共克时艰，我们就一定能克服一切艰难险阻，夺取全市经济社会发展的新胜利！

三、努力保持经济平稳持续发展

应对今年的经济形势，必须打好扩大投资的突破战、企业运行的保卫战、结构调整的攻坚战“三大战役”。打好这“三大战役”，就能保持全市经济平稳持续发展。

（一）打好扩大投资的突破战，拉动全市经济平稳较快增长。扩大投资是本轮国家宏观调控的核心，是当前拉动经济增长的主要动力，是加快推进黄河三角洲开发建设的迫切需要，必须紧紧抓住这个“牛鼻子”。今年全市固定资产投资确保突破1000亿元。一是突出抓好重大项目建设。加快推进已开工项目建设，尤其对34个中央投资项目，要落实配套资金，倒排工期，加快推进，确保今年3月底前形成实物工作量。继续做好项目争取工作，把筛选出的37个重大项目作为重点，加大争取力度，力争有更多的项目列入国家支持计划。同时，积极做好其他各类项目的争取工作。二是切实把握好投资方向。重点投向重大基础设施、“三农”、高新技

术产业、现代服务业、民生工程、节能减排、生态保护等重点领域和薄弱环节。三是广开融资渠道，构建多元化的融资体系。积极做好国债资金争取工作，并努力争取省里的支持。扩大财政投资规模，引导企业和社会加大投资。强化金融保障，鼓励金融机构创新信贷方式，增加信贷规模，扩大信贷投放。四是加强投资管理。规范项目运作，严格控制"两高"和产能过剩行业投资，坚决防止低水平重复建设和盲目投资。严格资金监管，坚决防止浪费建设资金，切实提高投资质量和效益。

（二）打好企业运行的保卫战，支持企业保生存、渡难关、求发展。企业是经济之源、发展之本。必须把保持企业健康运行作为最现实、最重要、最紧迫的任务，千方百计帮助企业解决困难，努力争取资金不断链、生产不停工、市场不丢失、职工不下岗，奋力渡过难关。要加大对企业的扶持力度，重点在企业融资、市场开拓、技术改造、减轻负担方面做好工作、搞好服务。市县财政出资设立中小企业互助资金，完善中小企业信用担保体系，搞好小额贷款公司试点工作，提高中小企业信贷资金比重，解决企业资金困难。安排专项资金支持中小企业开拓市场，提高中小企业产品的政府采购比重。落实企业税收优惠政策，全面清理和规范各种收费，对困难企业最大限度地实行"减、免、缓"，严厉查处乱检查、乱收费、乱罚款、乱摊派等行为，切实减轻企业负担。引导企业树立应对困难和挑战的坚定信心，苦练内功，加快科技创新，优化产品结构，提高产品质量，改革营销方式，降低生产成本，提高市场竞争力和抗风险能力。

（三）打好结构调整的攻坚战，加快构建现代产业体系。结构调整是提高经济竞争力的关键举措，也是应对国内外环境变化、实现可持续发展的根本出路。必须加大力度，实现更大突破。一是以机械电子和新能源产业为突破口，大力发展高新技术产业。加快推进大规模集成电路、汽车制造等项目建设，膨胀机械电子产业规模。加快推进太阳能电池、LED、风电和燃气发电装备制造等项目建设，带动新能源产业实现突破。同时，积极发展新材料、生物医药等产业。重点培育30家骨干高新技术企业。二是以提升技术装备水平为突破口，大力改造传统产业。引导企业用好国家增值税转型等政策，积极引进新技术、新工艺、新设备，加强技术改造，推动转型升级，提高竞争力。设立专项资金，扶持企业技术改造，全市企业技改投入要占到工业投入的50%以上。继续推进石油化工、石油装备、橡胶轮胎、纺织服装等传统产业的整合，重点推动中海油加快石化产业整合步伐，力争在石油装备制造业和橡胶轮胎业整合上取得明显进展。三是以文化旅游业为突破口，大力发展服务业。旅游业以"一区一带五湖十园"为重点，配套完善基础设施，整合现有旅游资源，推出一批精品旅游线路。制定文化产业发展规划，扶持优势项目建设，壮大文化产业规模，加快文化与旅游产业的融合。加快发展现代物流业，加强物流园区建设，引进和培育一批物流企业。积极发展服务外包业，加快软件服务平台建设，引进一批软件企业。促进房地产业健康发展，鼓励居民购房，引导和支持房地产企业积极应对市场变化，保持合理的房地产开发规模。同时，加快商贸餐饮、社区服务等产业发展。把发展服务业与扩大消费结合起来，努力消除制约消费的制度和政策障碍，改善居民消费预期，引导和促进居民扩大消费需求。四是以培育特色产业为突破口，大力发展县域经济。支持县区发挥优势，以经济园区为载体，突出产业特色，着力打造支柱产业。制定完善促进县域经济发展的政策措施，加大"突破利津"力度，壮大县域经济实力。

在当前严峻的经济形势下，节能减排工作不能有丝毫放松。要大力推进节能降耗，严格新上项目节能评估和审查，落实差别电价和超耗能加价政策，淘汰落后产能，加快发展循环经济。集中开展国有土地清理整顿，提高土地集约节约利用水平。加强小清河、广利河等重点流域和化工企业集中区等重点区域污染治理，强化重点企业污染治理，在全市石化、盐化行业全面实施污水深度处理和资源利用工程。加大环境执法监察和监测力度，严肃查处环境违法行为。

四、加快推进黄河三角洲开发建设

黄河三角洲开发建设，由于我们不等不靠，快速启动，以干促批，引起了各方面高度重视和广泛认可，已经上升为国家战略。我们必须坚定不移，乘势而上，加快推进。黄河三角洲开发建设虽然是一项长期的任务，但必须树立强烈的紧迫感和使命感，以时不我待、只争朝夕的精神，快干快突，努力形成快速崛起之势。在新的一年里，我们必须继续牢牢抓住这个总战略、总抓手,努力实现新的更大的突破。

(一)在“四区一城三网”建设上实现新突破。四大主体产业区是构建东营现代产业体系最重要的支撑平台,今年的主要任务是尽快落地建设一批大项目,拉开产业框架,打造产业集群。临港产业区,推动中海油加快建设原油储备基地、成品油仓储区、物流园区和中海油工业园。加大投入,推进基础设施配套建设,尽快提高承载能力。完善政策措施,推动“工业北移”,重点推动化工产业向港区聚集。生态旅游区,年内建成游客中心、游船码头、汽车营地等旅游服务项目,规划建设黄河口湿地公园,适时启动黄河口休闲旅游度假区建设,全力打造山东生态旅游龙头景区。现代渔业示范区,加快配套完善基础设施,完成起步区基础骨干工程,建设研发中心,引进大型加工龙头企业,建设高标准养殖示范基地,尽快形成规模。高端产业区,重点推进生态工业园建设,规划建设东营国际新能源产品及装备制造基地。加大在建项目的推进力度,确保早投产、早见效;加大招商力度,加快引进落地一批大项目、好项目;加大投融资力度,增强自我发展能力;加大自主创新力度,尽快把东营经济开发区打造成黄河三角洲高端产业的聚集区。黄河水城,今年是实施广利河综合治理三年规划的最后一年,要加快进度,基本完成预期目标。建成会展中心并投入使用,加快清风湖改造,完成老广蒲河、五六干合排综合治理。加大控制性详规编制和城市设计力度,实现中心城近期建设用地控规全覆盖。加快完善供水供热供气、污水及垃圾处理等市政公用设施。加快完善城市公交体系,积极开展中心城轻轨交通前期工作。同时,加强县城和小城镇规划建设,深入开展城乡环境综合整治,改善城乡面貌。“三网”绿化,突出抓好威乌高速公路等22条路域绿化,全市主要交通干线基本实现全路域绿化,确保完成绿化面积16万亩。

(二)在“三路两港一场”等重大基础设施建设上实现新突破。加快黄大铁路建设进度,开工建设德龙烟铁路,规划论证建设东营港疏港铁路、东营经济开发区铁路和兴广铁路至黄大铁路连接线。开工建设东营港2个5万吨液体化工泊位,力争2010年底前投入使用;口岸联检机构进驻港区办公,实现开港通航。加快推进广利港前期准备工作,确保防沙堤、航道疏浚、码头及水电路讯等各项工程全面开工。加快飞机场航站楼及配套工程建设,上半年完成飞行区工程。加快公路建设,开工建设飞机场至自然保护区一级公路,积极做好疏港公路、东滨高速公路前期规划论证工作。建成东营区段防潮堤,开工建设东营港经济开发区防潮堤。加强黄河入海流路治理,实施清八治理工程。加强能源建设,重点实施大唐国际火电、东营经济开发区热电、胜利电厂扩建和一批风电项目,完善电网设施。深入推进“数字化东营”建设,提高信息化水平。

(三)在大政策争取上实现新突破。努力做好工作,争取国家尽快把我市列为土地管理改革试点城市和资源型城市可持续发展试点示范城市,争取把东营经济开发区升格为国家级经济技术开发区,争取国家批准设立黄河三角洲开发基金、黄河三角洲发展银行、黄河三角洲开发担保公司。继续做好省委、省政府出台的34项政策措施的争取工作,力争取得最大成效。同时,用足用好各项优惠政策,为黄河三角洲开发建设提供强大的政策支持。

五、加快农村改革发展步伐

农业、农村、农民问题,始终是关系经济社会发展的根本性问题,必须作为全部工作的重中之重,按照党的十七届三中全会部署,坚持工业反哺农业、城市支持农村和多予少取放活方针,加大统筹城乡发展的力度,促进农业增产、农民增收、农村繁荣。

(一)大力发展现代农业。按照高产、优质、高效、生态、安全的要求,在稳定粮食生产的同时,大力培植五大主导产业,集中建设一批优势农产品基地。突出发展渔业和畜牧业。搞好黄河口大闸蟹核心生产基地建设,实施海水养殖池塘开发和“上农下渔”池塘整理项目。规划建设黄河三角洲生态畜牧业基地,完善提升十大畜牧龙头养殖园区,新建提升标准化畜牧养殖小区100个。积极发展休闲观光农业,重点建设15个基地。加快培育农业龙头企业,重点支持成长性好、带动能力强的龙头企业发展,拉长产业链条,促进农产品转化增值。培育壮大农村专业合作经济组织,新建一批农民专业合作社,提升农业产业化水平。加强农产品品牌培育和宣传推介,加快农副产品综合批发市场建设,完善农产品流通体系,构建营销网络,提高竞争力。充分发挥政府在农资价格监管和农产品销售中的调控作用,努力减小市场波动对农民收入的不利影响。同时，大力发展农村二三产业，拓宽农民增收渠道。加大农技推广力度，重点推广10项农业技术，强化农业科技信息服务。加强农民科技培训，提高农民科技素质。继续实施放心农资网络工程。加强农业标准化和农产品质量安全工作，建设一批放心农产品基地，强化农产品质量检验检测。加强动植物疫病防控。

（二）改善农村生产生活条件。推进农田水利基本建设，实施宫家闸等引黄工程建设改造，搞好麻湾总干等3条灌渠节水改造，建设一批农田节水工程，治理神仙沟等6条排河，除险加固水库2座，改造中低产田12万亩。实施利北和淄河中游风沙片综合治理。推进农村电网建设，新建改造农村变电站16座。建设改造农村公路300公里。加强农村清洁能源建设，新增沼气用户8000户。实施农村饮水巩固工程，解决8.4万农村人口饮水安全问题。扩大“万村千乡”市场工程和“两进”工程覆盖面，实施放心粮油食品工程和农户科学储粮工程。加强村庄规划改造，改善农村面貌。

（三）深化农村改革。要赋予农民更加充分而有保障的土地承包经营权，加强土地承包经营权流转管理和服务，允许农民按照依法自愿有偿原则，发展多种形式的土地规模经营。深化农村产权制度改革，积极探索农村集体经济的有效实现形式。全面启动林权制度改革，加快建立现代林业发展机制。推进农村金融体制改革和创新，加快培育农村金融体系，鼓励更多的信贷资金投向农业和农村。加快推进农场改革，增强发展活力。全面落实各项强农惠农政策，减轻农民负担，调动农民的生产积极性。加大对“三农”的财政支持力度，建立财政投入稳定增长机制。

六、大力推进改革开放和科技创新

深化改革、扩大开放、科技创新是保增长促开发的三大动力，必须加大推进力度，着力突破体制性机制性障碍，破解发展难题，增创发展新优势。

加快推进各项改革。一是全面启动发展高效生态经济改革试点工作。选择部分重点区域和县区率先开展试点。二是深化投融资体制改革。完善政府投资体制，加快推行代建制。完善“四区一城”融资平台运营机制，拓宽融资渠道，提高融资能力。推进金融改革，组建农村商业银行，吸引股份制银行到我市设立分支机构，争取设立村镇银行。支持发展保险业务。三是积极推进财税体制改革。加快建设公共财政，努力增收节支，强化税收和非税收入征管，大力压减一般性支出，集中财力办大事。完善部门预算、国库集中收付、政府采购等制度，提高财政精细化管理水平。全面实施增值税转型改革，认真贯彻新修订的增值税以及营业税、消费税暂行条例。四是加快行政管理体制改革。推进政府机构改革，切实转变政府职能。深化行政审批制度改革，扩大县级政府经济社会管理权限。推进事业单位综合配套改革。五是积极推进公用事业改革。加快城市供气、供热、公交、污水和垃圾处理等领域市场化改革的步伐，形成合理的市场价格机制。六是加快推进城市管理体制改革。坚持条块结合，重心下移，统筹协调，合理分工，提高城市管理水平。七是继续推进企业改革。推动优质企业上市。增强民营经济发展活力，促进民营经济发展壮大。支持油田存续企业改制，积极争取解决改制企业的土地产权问题。

进一步扩大对外开放。加大外经外贸外资工作力度，提高开放型经济水平。大力开展产业招商、专业招商，围绕“四区一城”和经济结构调整，引进一批“大、高、外”项目。帮助企业克服国际金融危机对出口的影响，调整出口产品结构，培育出口自主品牌，保持出口稳定增长。实施出口市场多元化战略，千方百计巩固老市场，积极开拓新市场。落实促进外贸发展的政策，加强对橡胶轮胎、石油装备、纺织服装、农产品等重点出口企业的扶持。积极扩大进口，增加急需的先进技术、关键设备、重要能源原材料进口。引导有条件的企业积极寻求海外投资机遇，加快“走出去”步伐。加强区域经济合作，积极参与环渤海经济圈和半岛城市群的合作，加强与周边城市的合作与交流。

提高科技创新能力。加大投入，加快建设高效生态经济技术创新示范区、大学科技园高新技术园、可持续发展研究院，打造区域科技创新龙头。健全以市场为导向、企业为主体、产学研相结合的技术创新体系，重点支持企业研发中心建设，大力开发拥有自主知识产权的产品和技术，加快科技成果的转化应用。年内新建省级以上研发机构10家，转化重大科技成果50项。争创国家知识产权示范城市。深入实施人才强市战略，加大人才引进、培养、使用力度。积极引进一批高层次创新创业人才，规划建设院士工作站，吸引院士来我市研发创业；用好职业技术教育资源，搞好校企合作，加快培养培训一批高技能人才；努力创造人尽其才、才尽其用的良好环境。

七、改善民生促进社会和谐

民生问题事关改革发展稳定全局，越是在经济困难的时候，越要高度关注民生，不断改善民生，促进社会和谐。

（一）着力保障和改善民生。就业是民生之本。面对严峻的就业形势，必须采取积极有效的措施，在保证经济健康运行的基础上，努力实现全市就业形势基本稳定。高度重视企业职工待工、下岗问题，政府要发挥好职能作用，全面落实积极的就业政策，进一步完善再就业帮扶机制和就业服务体系，更好地发挥人力资源市场的作用，扩大就业规模；企业要积极履行社会责任，努力做到限产不裁员；加强对放假待工人员的培训，政府给予补贴。统筹做好各类群体的就业工作，实行政府购买公益性岗位安置就业困难人员。鼓励自谋职业和自主创业。完善社会保障救助体系，做好城乡弱势群体、困难群众基本生活的保障工作。扩大城镇居民医疗保险覆盖面，完善农民医疗保险办法和新型农村养老保险制度，提高企业退休人员基本养老金水平，提高优抚对象等人员抚恤和生活救助标准。积极发展社会福利和慈善事业。扩大保障性安居工程建设规模，年内开工建设廉租住房500套、经济适用住房1700套，发放廉租住房货币化补贴1800户，支持油田职工住房建设。继续实施黄河南展区房台建设，新建农村困难群众安居房1200户。加快城市旧住宅小区和棚户区改造。实施提高农民医疗保险水平、改善城市居民饮用水水质等十件便民实事，确保按期完成。

（二）加快发展教育卫生等社会事业。坚持教育优先发展战略，以义务教育为重点，促进各级各类教育协调发展。加大投入改善办学条件，实施中小学校舍抗震安全改造、教学仪器更新和“两热一暖一改”试点工程，加快城区义务教育阶段学校建设，推进实施市技术学院迁建改造，完成东营职业学院教学楼建设。深化教育改革，推进素质教育。加强教师队伍建设。完善以政府投入为主的义务教育经费保障机制。以人人享有基本医疗卫生服务为目标，加强城乡医疗卫生服务体系建设。建成并启用市人民医院病房楼，推行政府购买城市社区公共卫生服务，实行社区100种常用药品“零差率”销售，建成11处城市社区卫生服务中心、35处城市社区卫生服务站。加强乡村卫生设施和医疗队伍建设，搞好县级医院和11处乡镇卫生院建设改造；从今年起利用3年时间，实施600所村卫生室业务用房整修、基本设备配置和乡村医生培训，全面提升农村卫生机构服务能力。加强医德医风建设，提高医疗服务质量。抓紧抓好人口与计划生育工作，切实稳定低生育水平。加强国防教育，抓好民兵预备役建设，巩固扩大双拥共建成果。大力发展残疾人事业，积极创建全国残疾人工作示范城市。关心支持妇女儿童事业，做好老龄工作。进一步做好外事侨务、民族宗教、人民防空、无线电管理、档案、气象、对台、地名、史志、红十字会、防震和减灾救灾等工作。

（三）加强和谐文化和民主法制建设。文化是城市软实力的集中体现。要以打造黄河口文化品牌为目标，以建设和谐文化为着力点，大力发展文化事业和文化产业，推进文化创新发展。尽快建成一批标志性文化设施，加快建设广电中心大楼。加强社区和乡村群众文化体育场所建设，着力推进广播电视户户通、基层综合文化站、农家书屋建设，继续开展电影下乡工作。加强文艺精品创作。深化文化体制改革，培育文化龙头企业，激发文化发展活力。加强文化市场监管，规范文化市场秩序。举办第二届黄河口旅游文化博览会、马拉松全国邀请赛，承办好第十一届全国运动会有关赛事。加强社会主义核心价值体系建设，广泛开展群众性精神文明创建活动，深入推进“文明城市”创建，提高全社会文明程度。大力推进依法治市，深入开展普法教育，提高全民法律素质。各级政府要自觉接受人大及其常委会的监督，认真执行人大及其常委会的决议决定，支持人民政协履行职能，认真办理人大代表建议和政协提案。加强与各民主党派、工商联、人民团体和社会各界的联系。扩大基层民主，保障群众依法行使民主权利。

（四）切实加强社会管理。采取综合措施，标本兼治，建立完善维护和谐稳定的长效机制。加强城乡社区建设，打牢社会管理的基层基础。进一步加强出租房屋和流动人口综合管理。完善社会矛盾纠纷排查调处和防范化解机制，加强和改进信访工作，切实做好重信重访等突出信访问题的化解工作，妥善处理人民内部矛盾。深入开展以“打黑除恶”为龙头的严打整治斗争，加强油区治安综合治理，推进“平安城市”基础项目建设，加快城乡警务室建设，提高基层单位内部安全保卫能力，配套完善居民小区物防、技防设施和保安巡防力量，积极推行农村治安保险，广泛开展平安创建活动，努力维护良好的社会治安秩序，保障人民群众生命财产安全。切实加强安全生产，严格落实安全生产责任制，突出重点领域，加大安全投入，加强安全教育，强化监督检查和隐患排查整改，坚决遏制重特大安全事故的发生。高度重视食品药品安全工作，加强生产、加工、流通等各个环节的安全监管，严厉打击制假售假行为。健全应急管理体制机制，提高应对突发事件和风险的能力，保障公共安全。

八、进一步加强政府自身建设

面对严峻的形势和挑战，必须进一步加强政府自身建设，着力提高政府的创新力、执行力和公信力，为促进经济平稳较快发展、加快推进黄河三角洲开发建设提供坚强保障。

（一）坚持解放思想，开拓创新。解放思想是克难制胜的法宝，越是在困难的时候越要解放思想、开拓创新、勇于进取，闯出一片新天地。要始终保持良好的精神状态，坚定信心，勇于面对困难，勇于面对挑战，敢于迎难而上，拼搏进取，奋发有为。善于洞察和把握国内外发展大势，未雨绸缪，善于危中寻机，抢占先机，赢得主动。必须切实提高驾驭复杂局面的能力、破解难题的能力、科学运作的能力，以创新的精神和改革的办法，奋力突破困境，推动发展。认真开展深入学习实践科学发展观活动，务必在转变思想观念、提高创新能力、解决突出问题、推动科学发展上取得实效。

（二）坚持维护大局，形成合力。严峻的形势和艰巨的任务，不仅是对意志和智慧的考验，而且是对我们整体凝聚力的考验。在事关生存和发展的重要关头，我们必须更加自觉地维护大局，以大局统一思想、指导行动，集中精力谋发展，一心一意干事业。政府各部门要牢固树立全市“一盘棋”的思想，正确处理局部与全局的关系，站在大局思考问题，围绕大局干好工作，加强配合，协调联动，坚决克服各自为政、推诿扯皮等问题。要倍加珍视团结，齐心协力，共渡难关。要严明纪律，切实做到有令必行，有禁必止，确保政令畅通。

（三）坚持求真务实，狠抓落实。克服困难要靠艰苦奋斗，推进黄河三角洲开发建设要靠真抓实干。全市上下务必弘扬求真务实的精神，求科学发展之真，务东营发展之实；求形势变化之真，务克服困难之实；求黄河三角洲开发建设之真，务加快推进之实。进一步改进工作作风，深入实际、深入基层、深入群众，做到问政于民、问需于民，尊重群众，顺应民意。进一步改进会风文风，减少应酬性活动，集中精力抓好工作落实。完善目标责任制，加强督查考核，确保各项工作落到实处。加快建立行政问责制，有责必问，有错必究，努力建设责任政府。

（四）坚持执政为民，廉洁勤政。我们的政府是人民的政府，执政为民是各级政府的崇高使命。全体政府工作人员要时刻把人民群众的冷暖安危放在心上，努力为群众办实事、解难题。大力推进依法行政，实行科学民主决策，深化政务公开，提高行政效率，为人民掌好权、服好务。大力提倡艰苦奋斗，坚决反对奢侈浪费。加大专项治理力度，重点解决环境保护、食品药品安全、安全生产、土地征收征用和房屋拆迁等方面群众反映强烈的问题，坚决纠正损害群众利益的不正之风。把反腐倡廉建设放在更加突出的位置，完善惩治和预防腐败体系，着重加强对建筑工程招投标、土地使用权交易、政府采购、政府投资项目管理等重点领域的监管。严肃查处各类违法违纪案件，依法严惩腐败分子。

各位代表、同志们！油地军校团结结合始终是东营的巨大优势，始终是推进黄河三角洲开发建设的强大力量。合则强大，和则成功。在任何时候、任何情况下，都必须高举油地军校团结发展的旗帜，牢固树立大市民观念，同呼吸共命运、一条心一股劲，并肩携手，和衷共济，推进改革，谋求发展，共同建设我们美好的家园，共同开创黄河三角洲美好的未来！

各位代表、同志们！困难激励斗志，开拓必有收获。让我们更加紧密地团结在以胡锦涛同志为总书记的党中央周围，坚持以邓小平理论和“三个代表”重要思想为指导，深入贯彻落实科学发展观，在省委、省政府和市委的坚强领导下，进一步解放思想，抢抓机遇，克服困难，勇往直前，奋力谱写黄河三角洲开发建设的新篇章，以优异成绩迎接新中国成立60周年！

“实践科学发展观，争当黄河三角洲开发建设排头兵”活动

2008年，市委根据新形势新任务的要求，为深入贯彻党的十七大精神，全面落实科学发展观，加快推进黄河三角洲开发建设，决定在全市组织开展“实践科学发展观，争当黄河三角洲开发建设排头兵”活动。4月1日，市委印发《关于在全市深入开展“实践科学发展观争当黄河三角洲开发建设排头兵”活动的实施意见》。

4月3日，全市“实践科学发展观，争当黄河三角洲开发建设排头兵”活动动员大会召开。活动总的指导思想是，高举中国特色社会主义伟大旗帜，以邓小平理论和“三个代表”重要思想为指导，用党的十七大精神和科学发展观武装头脑，指导黄河三角洲开发建设实践，以解放思想为先导，以实践为主题，以争当排头兵为目标，以改革创新精神破解发展难题，开辟发展新路，增创发展优势，争创发展佳绩，切实把党的十七大确定的各项任务、省委省政府和市委市政府的决策部署落到实处，奋力开创黄河三角洲开发建设的新局面，夺取全面建设小康社会的新胜利。活动的目标要求是，解放思想、提升境界；创新机制、优化环境；改进作风、争先创业；推动发展、跨越突破。活动的基本原则：一是围绕主题，把握导向；二是面向社会，突出重点；三是联系实际，分类指导；四是注重实践，确保实效。

活动面向全市广大干部群众，以各级党政机关、领导干部为重点。分宣传动员、集中活动、总结评估三个阶段。开展“四项专题活动”：一是在全市开展“争当排头兵，争先做贡献”大讨论活动；二是开展专题调研活动；三是在全市党政机关开展“办实事、抓落实、促发展”实践活动；四是分层次开展汇报交流活动。

12月12日，全市“实践科学发展观，争当黄河三角洲开发建设排头兵”活动总结大会召开，表彰全市“争当排头兵”活动先进单位52个，广饶县委、东营经济开发区管委会、市发改委、华泰集团作大会发言。

活动取得明显成效。一是思想境界得到新提升。各级干部加深了对科学发展观的理解，加深了对东营现阶段发展特征的认识，思想观念和思维方式更符合科学发展观的要求。各级各部门内树排头兵标准，外树赶超标杆，确立发展新目标，谋划发展新思路，为黄河三角洲开发建设增添了新的动力。二是干部作风有了新转变。各级各部门深入开展主题实践活动，把良好作风体现在真抓实干、推动发展上，体现在关注民生、为民解忧上，体现在改进服务、树立形象上，达到了“发展上水平、干部受教育、群众得实惠”的目标。三是改革创新取得新进展。各级各部门围绕创新机制，积极探索运用改革的办法和市场的手段，破解影响和制约科学发展的难题，为开发建设提供体制动力和发展活力。四是开发建设开创新局面。各级各部门以争当排头兵的实际行动推进黄河三角洲开发建设的重大工作，“四区一城”建设全面展开，“三路两港一场”建设取得重大进展，“三网”绿化工程加快推进，初步构筑起高效生态经济区的框架。五是科学发展呈现新气象。在国际金融危机持续蔓延、经济发展面临严峻挑战的情况下，各级各部门贯彻市委、市政府的决策部署，坚定信心，积极应对，全市经济保持持续平稳较快发展。

2008中国(东营)国际石油装备与技术展览会

2008年11月12日，2008中国(东营)国际石油装备与技术展览会在东营汽车交易市场开幕。本次展览会由山东省人民政府、国家贸促会主办，东营市人民政府、山东省贸促会、胜利石油管理局承办。

中国贸促会会务部部长于晓东，美国国会众议员罗玲，美国休斯敦市副市长阿德里安·加西亚，中共东营市委书记、市人大常委会主任张秋波先后向大会致辞。省委常委、副省长王军民宣布大会开幕。市委副书记、市长张建华主持开幕式。国家有关部委、行业协会领导，中海油、中石化、中石油有关领导，省直有关部门领导，部分外国政府高级官员、驻华使节，来自43个国家和地区、国内16个省市及各大油田客商，市几大班子领导，胜利石油管理局、石油大学领导等参加开幕式。

展览会设国际、科研成果、特装、室外设备4个展区，总面积1.3万平方米，折合标准展位1450个。参展单位300个，参展企业593家，参展人员1000余人。展品涉及8大类、3000多个品种，集中展示了一大批国际国内先进的石油装备与技术。3000多名客商到会，其中境外客商

1209名，参观人次突破1.5万人次。美国休斯敦市政府、美国美中商会、拉美石油协会、美国石油协会等一批国外政府机构和商协组织代表，壳牌、斯伦贝榭、哈利伯顿、美国通用公司、英国ITE集团等一批国际知名企业高层代表，美国、英国、利比亚、玻利维亚等28国驻华使馆高级官员，国内16个省市及中石油、中石化、中海油和大庆油田、胜利油田、辽河油田、中原油田、江汉油田组团到会参观采购。

期间，组织举办了石油装备与技术展览、东营市—休斯敦市双边能源合作协议签字仪式、黄河三角洲开发投资政策说明会、2008中国国际石油天然气大会、国际石油石化新技术新工艺新设备推介会、中国石油装备制造业基地授牌仪式、“精彩中国、魅力东营”大型文艺晚会、深圳发展银行供应链贸易融资研讨会等活动。

会上，东营市与美国休斯敦市签订双边能源、环境保护合作协议和医疗合作备忘录，成立东营市—休斯敦市企业家联谊会，建立东营市—休斯敦市企业公共信息平台，达成双边高层企业代表互访协议；山东石油装备商会分别与美国美中商会、英国ITE集团达成长期合作伙伴关系和国际性展览、会议代理协议。与198家国内外企业签订投资和贸易合作项目，其中签订投资类项目24个，投资总额13.68亿美元，有合同项目11个、4.2亿美元，协议项目13个、9.48亿美元；签订对外贸易合同及协议52个、出口额35.3亿美元，国内销售合同及协议4个、成交额5.8亿元。较大的项目有：光伏太阳能公司与美国休斯敦市达成贸易协议20亿美元，深圳发展银行分别与科瑞、胜机、光伏、荣利4家企业签订融资合同7亿元，科瑞集团签订出口合同1.5亿美元。

本届展览会历时3天，11月14日闭幕。

创建文明城市

东营市创建文明城市工作始于2004年4月。2005年东营市成为首批省级文明城市、全国创建文明城市工作先进城市。此后，市委、市政府着力建立创建文明城市工作长效机制，制定《东营市2006~2008年文明城市建设总体规划》和11个专项规划，2008年4月15日市委、市政府印发《关于创建文明城市的决定》，明确创建工作以提升市民素质、政府效能、城市形象、生态环境为重点，全面提升城市整体文明水平。

通过3年多的不懈努力，2009年1月20日，在全国精神文明建设工作表彰大会上，东营市再次获得全国创建文明城市工作先进城市荣誉称号。广饶县城、垦利县胜坨镇获得全国文明村镇称号，市中级人民法院、市地税局获得全国文明单位称号，河口区河口街道李坨村、利津县利津镇枣园村获得全国创建文明村镇工作先进村镇称号，市财政局、垦利县国土资源局、广饶农村合作银行、东营区供电公司获得全国精神文明建设工作先进单位称号。

2006~2008年，东营市创建文明城市工作取得重要成果。一是城乡环境和秩序得到改善。通过开展市容环境、市场秩序、社会秩序、交通秩序等综合整治活动，修补了破损道路，清理了卫生死角，维护了公共设施，规范了交通行为。二是促进市民文明行为的养成。通过广泛开展文明礼仪宣传教育、交通“四让”、倡树道德模范等活动，在全社会营造了知荣辱、讲正气、促和谐的文明风尚。三是促进城市功能完善。实现科技展览中心、图书馆、体育馆等13处文体设施油地共享联用；促进广利河综合治理和重大文化体育设施的建设等，推动了城市功能的完善。四是凝聚了力量。通过创建文明城市工作，油地军校、全市上下形成并发扬同心同德、众志成城的大局精神，攻坚克难、争创一流的进取精神，吃苦耐劳、连续作战的拼搏精神，不计名利、无私奉献的牺牲精神，一丝不苟、精益求精的严细精神，真督实查、务求实效的敬业精神，成为创建文明城市活动的根本保障。

创建中国优秀旅游城市

2007年3月，东营市被国家旅游局列入全国创建中国优秀旅游城市名录。2008年4月14日，东营市组织召开创建中国优秀旅游城市动员大会，市委书记、市人大常委会主任张秋波主持会议并讲话，省旅游局局长于冲、中国旅游报社原总编邵春分别作辅导报告，省旅游局纪检书记周嘉禄就创建工作提出指导性意见和建议，市委副书记、市长张建华讲话。市政府与垦利县、市旅游局、自然保护区管理局等单位分别签订创建责任状，并下发《东营市创建中国优秀旅游城市实施方案》，明确创建中国优秀旅游城市的思路和任务，即：以推进旅游业又好又快发展为目标，以开发旅游精品、打造旅游品牌为重点，广泛动员,全民参与,推动全市旅游业全面上水平,力争尽快把东营市建设成为特色鲜明、要素完善、产品丰富、服务规范、环境优美的中国优秀旅游城市。

动员大会之后,东营市创建中国优秀旅游城市工作全面展开,在政策扶持、规划编制、项目建设、市场培育、资金投入等方面制定优惠政策,为全市旅游业发展提供保障。景区开发和旅游服务水平进一步提高,按照"一区一带五湖十园"的发展思路,以黄河口生态旅游区为龙头,加快旅游景区开发建设,积极创建A级景区,增强全市旅游景区的吸引力和竞争力。加强城市公共信息服务系统、旅游服务设施和公共服务设施等方面的建设。加大旅游产品整合开发力度,黄河口湿地生态之旅、石油文化之旅和孙子兵法文化之旅等旅游线路成为重要的旅游产品,旅游企业逐渐做大做强,涌现出蓝海集团、东胜大厦、毓龙航空旅行社等一批龙头骨干旅游企业,提升了全市旅游接待服务水平。

在中央电视台一套、四套品牌栏目黄金时段播放东营的城市形象宣传片,在中央电视台十套《探索·发现》栏目播出大型系列纪录片《黄河入海流》,在中央人民广播电台、《中国旅游报》等主流媒体进行东营旅游宣传促销,东营旅游的知名度进一步提升。在京津等重要客源地多次组织参加各种旅游说明会、博览会、交易会,东营旅游的影响力不断提升。2008年,全市接待游客人数突破410万人次,实现旅游总收入28亿元,同比分别增长25%和38%;接待入境游客1.6万人,实现创汇950万美元,比上年增长35%和46%。

7月22~25日,东营市创建中国优秀旅游城市工作通过省旅游局检查组的初审。12月25~27日,东营市创建中国优秀旅游城市工作通过国家旅游局检查组的验收。

为民办实事和重点项目建设

2008年2月,市委、市政府以加快经济社会发展和改善人民群众生活为出发点,在广泛征求意见、充分论证的基础上,研究确定为民办10件实事和重点建设10个项目。至年底,10件实事和10个项目全部达到或超额完成年度任务。

一、为民办10件实事

1.全市农产品和食品药品安全系统建设。(1)农产品安全系统建设,投资400万元。一是农产品质量检验检测体系建设。完成市农产品质检中心、南里蔬菜批发市场、北岭蔬菜批发市场、鲁北畜产批发市场、西苑水产品批发市场检测点仪器设备安装;市农产品质检中心通过省质监局考核;完成市水生动物病害防治中心设备安装;县区均成立农产品质量监督检测中心,达到省级实验室资质认定条件。二是农产品质量安全监测。监测4次,抽检蔬菜、畜产品和水产品838个样品,检测数据13799个。三是放心蔬菜工程。新建放心蔬菜基地11个,面积9140亩。新建放心蔬菜专营店2个;认证无公害蔬菜产品52个,取得无公害蔬菜产地认证5180亩;认证有机蔬菜产品8个、AA级绿色产品8个,面积700亩;认证良好农业操作规范产品6个,面积1200亩;制定、推广34项无公害、10项绿色蔬菜标准化生产技术规程。四是农产品质量安全执法。查处种子、化肥、农药等案件422起,货值91.48万元,挽回经济损失153万元。(2)食品药品安全系统,投资663万元。对466家涉药单位进行软件安装,385家入网单位实现数据信息实时传输。

2.计划生育家庭幸福指导站建设。投资400万元,全市30个村级计划生育家庭幸福指导站全部建成。其中,东营区5个、河口区4个、广饶县8个、垦利县6个、利津县7个。

3."放心农资"连锁配送经营服务网络建设。投资1.6亿元,建设改造完成38家乡镇农资中心超市和380家村级农资便民店;完成市级龙头农资连锁配送公司注册。

4.西城交通环境整治和居民小区改造完善。(1)西城交通环境整治。投资9470万元,完成云门山路(南一路至南二路)、庐山路(北一路—北二路)、庐山路泵站、锦华西区道路、黄河路(西四路以西247米)续建等工程。(2)居民小区改造完善。投资500万元,重点改造海河小区南区,对海河小区北区、辽河小区、清风小区、明月小区进行维修改造。

5.帮助贫困白内障患者复明。投资120万元,帮助1000名贫困白内障患者重见光明。其中,东营区300名、河口区30名、广饶县150名、垦利县120名、利津县200名、市直200名。

6.农村危桥修复改造。投资969.9万元,修复改造危桥40座。其中,东营区修复3座,改建5

座;河口区修复8座,改建1座;广饶县修复2座,改建4座;垦利县修复3座,改建4座;利津县修复7座,改建3座。

7.首期农村中小学低标准建材校舍改造。投资11595.51万元,全市拆除农村中小学低标准建材校舍122090平方米,新建校舍89344平方米,维修校舍73369平方米。

8.改善黄河南展宽区居民生产生活条件。投资5351万元,完成土方1029万立方米。其中,投资822万元,完成东营区2处房台土方158万立方米;投资4529万元,完成垦利县16处房台土方871万立方米。

9.解决偏远地区居民就医难问题。投资1420万元,改造完善广饶县丁庄中心卫生院广北分院和利津县北岭乡卫生院等2处乡镇卫生院;新建47处、改扩建28处农村(农场)社区卫生服务站。其中,东营区新建4处、改建6处;河口区新建8处、改建2处;广饶县新建16处、改建7处;垦利县新建9处、改建5处;利津县新建10处、改建8处。

10.实施城乡居民住房保障。(1)农村特困群众安居房建设。投资2050万元,新建农村特困群众安居房685套。其中,市政府投资1050万元,建设350套;油田支援1000万元,建设335套。(2)廉租房建设。中心城完成100套廉租房整修,河口区完成90套廉租房建设,广饶县新建30套廉租房,垦利县对100户保障对象实行廉租房货币补贴,给24户发放保障许可证;利津县完成60套廉租房。(2)经济适用房建设。东营区二期规划选址完成,施工总平面图和建筑单体方案通过审查;河口区二期进行征地、拆迁,储备土地63亩;广饶县一期规划建设17.5万平方米完工;垦利县采取货币补贴保障500户,发放购房补贴许可证;利津县完成经济适用房的二层主体建筑。(4)油田职工住宅建设。完成锦华一期沿街商业房方案审查;完成锦华南区、锦华西区一期住宅项目规划许可手续;锦华西区二期住宅项目建设工程规划许可证办理完毕;现河采油厂职工住宅区油田单位用地规划许可证办理完毕;南苑新区二期设计方案通过规划审查;胜北社区设计方案在修改;物资供应处住宅规划选址和设计方案完成。

二、10个重点建设项目

1.东营机场扩建。投资8545万元。其中,投资839万元,道面注浆工程完成注浆面积18.4万平方米;投资2781万元,完成沥青混凝土盖被工程;投资1489万元,完成土方工程面积66.6万立方米;投资1251万元,实施飞行区水泥面工程、道肩加宽工程、附属工程、站坪、消防等工程;投资1680万元,实施飞行区助航灯光、变电站及站坪照明工程;投资505万元,实施排水工程。

2.东营港液体化工码头及化工园区。(1)液体化工码头建设。与中海油签订《东营港码头库区工程及炼化一体化项目合作协议》,中海石油炼化山东有限责任公司注册资本1亿元;2个5千吨级液体化工码头和陆域堆场、114万方陆域罐区等工程报批所需评价报告的编制工作完成;2×5万吨级液体化工码头初步设计公开招标;中海油项目陆域罐区、堆场、2×5千吨级液体化工码头环境影响报告书正在编制。(2)化工园区建设。中海油项目选址纳入土地利用总体规划调整范围,调整部分建设用地。调整后的区域环境影响报告书经省环保局批复。投资1662万元,在中海油化工园区内完成267万平方米的吹填,完成土方360万立方米。

3.黄大铁路和德龙烟铁路。(1)黄大铁路。国家发改委批复立项,可研报告通过评审。完成铁路全线定测和黄河特大桥流量评审。项目申请报告通过国家发改委组织的评估,项目申请报告报国家发改委核准。东营铁路公司完成注册,黄河铁路大桥12月5日开工。(2)德龙烟铁路。项目可研报告上报国家发改委,完成项目初测工作,山东省计划2009年开工建设。

4.黄河水城建设。投资7.77亿元。(1)体育公园,投资8285万元。其中,济南路桥工程投资5876万元;滨河景观工程的淄博路至济南路段投资1092万元,济南路至北一路段投资863万元;体育公园改造工程投资454万元。(2)文化公园,投资4.24亿元。其中,会展中心投资3.5亿元;五星级大酒店投资2620万元;大剧院投资170万元;广场和配套设施投资4645万元。(3)科技公园,投资1.42亿元。其中,软件大厦投资6000万元;软件园道路建设投资1173万元;运动公园投资7000万元。(4)清风湖景区,投资2152万元。其中,环流泵站建设工程投资395万元;明月湖河湖贯通工程投资1070万元;明月湖橡胶坝工程投资200万元;明月湖防洪墙工程投资487万元。(5)广利河岸线,投资5669万元。其中,广利河明泓闸至黄河路段岸线工程投资2999万元;广利河东二路至东四路段岸线工程投资2670万元。(6)广利河河道治理及上游段水利配套工程，投资5153万元。其中，东青高速至东二路段工程投资3583万元；东七路至东八路段工程投资927万元；上游配套建筑物工程投资643万元。

5.“三网”绿化工程。投资8.1亿元，动用土石方11994.41万方，完成绿化面积27.85万亩，植树2806.26万株，分别完成年度计划的151.82%、165.89%、164.31%和102.35%；建设林带2922.27公里。

6.黄河国际论坛中心及东营市文化艺术中心。投资4.24亿元。(1)会展中心项目，投资3.5亿元。完成土建、钢结构主体工程。(2)五星级大酒店项目，投资2620万元。完成土地挂牌出让，方案设计通过市规划委员会审查，完成场地平整和地质勘探。(3)大剧院项目，投资170万元。建筑方案经市规划联席会议批准，填筑土方7.4万立方米。(4)广场和配套设施项目，投资4645万元。庐山路、香山路、滨河路完成主路沥青罩面，黄河路辅路完成雨污水管线和路基，完成3座入口桥桩基、广场驳岸衬砌、桥梁灌注桩、雨水管道及绿化、铺装等基础工程。

7.广利港改建。编制完成《东营港广利港区总体规划》(报批稿)、改建工程可行性研究报告，拟组建广利港开发建设有限责任公司。地质勘察完成钻孔103个，水深地形测量完成海域测量486平方公里、陆地测量102平方公里。

8.黄河口生态旅游区。投资960万元。委托同济大学设计黄河口旅游港主体建筑，规划设计方案经市旅游规划委员会研究通过，完成工程招标、监理招标、放线定位、三通一平、地质勘探等工作。全国旅游景区质量等级评定委员会批准黄河口生态旅游区晋升为国家4A级旅游景区。成立市黄河口旅游公司，并正常运营。

9.生态高效渔业区。编制现代渔业示范区总体规划和起步区详规。成立东营市黄河口渔业有限责任公司，注册资金4100万元，其中垦利县政府2100万元，市政府2000万元。起步区办公区、主体淡水管线和主体高压线路以及道路建设、三网绿化和沟渠配套的土方工程完成，两泵站主体工程完成。完成土方300万立方米，制作砼板23万板，投资7000万元。争取国家农业生产发展资金750万元，用于起步区建设。与2家公司签订租赁合同，投资3800万元，租赁土地2.1万亩。其中大连有德集团投资2800万元，租赁土地1.4万亩，开发建设高标准海参池塘；华隆集团投资1000万元，租赁土地7000亩，建设海参池塘和盐田。

10.东营经济开发区软件园。投资1.42亿元。(1)软件大厦建设，投资6000万元。完成6座楼的主体封顶。(2)软件园道路建设，投资1173万元。完成广州路、沂河路工程。(3)运动公园建设，投资7000万元。清理河道淤泥30万立方米，挖掘土方40万立方米，堆积岛屿土方80万立方米，换土15万立方米，施工围堰完成3200米，浇筑池墙3200米，衬砌1500米。

自然地理概念的黄河三角洲

自然地理概念的黄河三角洲可分为古代黄河三角洲、近代黄河三角洲和现代黄河三角洲。古代黄河三角洲，是以河南省巩县为顶点，北起天津附近，南达徐淮的一个庞大的三角洲体系，面积达25万平方公里。近代黄河三角洲，指1855年黄河于河南省铜瓦厢决口北夺大清河入渤海后冲积而成的三角洲，其范围是以垦利县宁海为顶点，北起套尔河口，南至淄脉沟口的扇形淤积地区，陆地面积约5400平方公里。其中5200平方公里属今东营市域，占总面积的96%。现代黄河三角洲，指1934年黄河分流点下移，开始建造的以垦利县渔洼为顶点的三角洲，北起挑河湾，南至宋春荣沟口，面积约2200平方公里。现在通常所称的黄河三角洲，主要指近代黄河三角洲，包括现代黄河三角洲。

大事记

■ 开展“实践科学发展观，争当黄河三角洲开发建设排头兵”活动

■ 东营市获“中国石油装备制造业基地”称号

■ 大型纪录片《黄河入海流》在中央电视台十套《探索·发现》栏目播出

■ 东营市举办纪念改革开放 30 周年暨庆祝建市 25 周年大型成就展

1 月

1日 即日起，全市失业保险金标准上调，由每人每月295元调整为每人每月360元，为全省最高水平。

2日 市委召开民主协商会议。向全市各民主党派、工商联负责人、无党派代表人士和市级人民团体负责人通报市六届人大一次会议、市政协六届一次会议有关情况，进行民主协商，听取意见和建议。

2日 市委副书记、市长张建华代表市政府与中国海洋石油总公司炼化公司副总经理李茂林在济南山东大厦签署合作协议。标志着东营市与中海油战略合作全面展开。省领导李建国、姜大明、王仁元、王敏，中海油党组书记、总经理傅成玉，省政府秘书长周齐，市委书记、市人大常委会主任张秋波等出席签字仪式。

2日 全市首家桑蚕协会成立。该协会由三县两区的12个乡镇的农业技术服务中心和1500户蚕农共同发起成立。

3~7日 市政协六届一次会议召开。听取并审议五届市政协常委会工作报告和提案工作情况报告。选举于树健为政协第六届东营市委员会主席，倪胜希、陈胜、王少飞、王景春、张作龙、王新红、张惠、王秀华为政协第六届东营市委员会副主席。

4~8日 市六届人大一次会议召开。听取和审议市人大常委会、市政府、市中级人民法院、市人民检察院的工作报告，审查和批准东营市国民经济和社会发展计划及财政预算。选举张秋波为市六届人大常委会主任，周燕明、杨士民、郭丰璞、崔兆武、温晓杰为市六届人大常委会副主任；选举张建华为市人民政府市长，王玉君、曹连杰、吕雪萍、李金昆、陈兴銮、王吉能、宗承敏为市人民政府副市长；选举王少南为市中级人民法院院长，马英川为市人民检察院检察长。

5日 东营市再次荣获“全国双拥模范城”称号。

5日 东营黄河公路大桥获2007年度中国建筑工程“鲁班”奖，全省共有7项工程获此奖。

6日 市野生动物救护中心揭牌仪式在天鹅湖公园举行。

9日 国家环保总局华东督查中心副主任刘国才率国家环保督查组来东营检查指导工作。

9日 市委书记、市人大常委会主任张秋波在东营宾馆会见韩国凯必肯公司董事长林镐承一行。

14日 东营市召开油地军校领导座谈会。交流通报一年来的工作，商讨深化油地军校结合的措施，推动油地军校结合迈出新的步伐，取得更大成效。

15日 市领导张秋波、张建华、刘曙光、王玉君、曹连杰、田振玉、马登雨、刘赞杰、吕雪萍、李金昆等分别走访慰问城乡困难群众。

16日 市委召开常委扩大会议。传达全省文化建设工作会议、全省农村工作会议、全省政法工作会议及平安山东建设工作会议精神，研究贯彻落实意见。

16日 市委、市政府召开市直老干部情况通报会。向离退休老干部通报2007年全市经济社会发展情况和2008年工作安排。

17日 全市公交系统“工人先锋号”授牌仪式在市公交公司举行。

18日 东营市召开平安东营建设大会。深入贯彻全国、全省政法工作会议和平安山东建设大会精神，总结上年工作，安排部署全年的工作任务。

18日 市委副书记、市长张建华主持召开市政府常务会议。研究安排当前全市物价、春节前后安全生产和一季度经济运行等有关事宜。

18日 东营市召开2007年度最具成长性“十佳”中小企业新闻发布会，公布山东圣光化工有限公司等10家入选中小企业。

20日 东营“家电下乡”工程全面启动。

21日 市红十字会开展“温暖送千家、博爱在东营”救助活动。

21日 市委常委、副市长王玉君在东营宾馆会见美国康卓尔工业公司总裁瑞克一行。

23日 省政府督查组来东营检查指导农民工工资支付情况。

24日 省农业厅“三下乡”建设科技书屋活动在利津县举办。

25日 全市农村工作会议召开。传达学习全省农村工作会议精神，总结2007年全市农业农村工作，研究部署当前和今后一个时期的工作任务。

26日 市宪法学研究会成立。推举姜振邦为名誉会长，选举李长君为会长。

26日 市华泰集团和垦利石化被中国企业联合会、中国企业家协会联合授予“2007年度中国优秀诚信企业”称号。

28日 “黄河国际论坛中心”桩基工程开工。

29日　市委、市政府召开各界人士迎新春茶话会。市委书记、市人大常委会主任张秋波主持并讲话，市委副书记、市长张建华通报2007年全市经济社会发展情况和2008年工作安排。

29日　市委书记、市人大常委会主任张秋波到帮扶联系点利津县后张村走访慰问。

29日　市商业银行广饶支行开业，为市商业银行设立的首家县域支行。

29~30日　中国侨联副主席林淑娘来东营考察工作。

30日　省军区副政委南兵军、副参谋长谭保平来东营走访慰问。市委书记、市人大常委会主任张秋波会见南兵军一行。

30日　中国邮政储蓄银行东营市分行揭牌成立。

30日　在法国举行的博世全球制动器采购会议上，东营信义汽车配件有限公司被认定为博世公司中国本地刹车片唯一一家供应商。

31日　市委召开常委扩大会议。传达省十一届人大一次会议、省政协十届一次会议、省纪委九届三次全会、全省人口和计划生育目标管理责任奖惩兑现大会及工作会议、全国全省处理信访突出问题及群体性事件电视电话会议精神，研究贯彻落实意见；讨论市委2008年工作要点；研究安排春节前后全市工作。

31日　市领导张秋波、张建华、刘曙光、王玉君、田振玉、田青云、杨士民、宗承敏、倪胜希等走访慰问东营驻军、驻警。

31日　市启动困难党员救助基金。向85名困难党员发放首批救助基金10万元。

2　月

1日　省委常委、宣传部长李群来东营走访慰问困难职工、群众和老党员。

1日　市纪委四届二次全体会议召开。传达学习中央纪委十七届二次全会和省纪委九届三次全会精神，总结上年反腐倡廉工作，安排部署今年党风廉政建设和反腐败工作任务。

3日　年产1000万平方米膜材料制造基地项目落户东营经济开发区。

3~6日　东营市开展向南方灾区“送温暖、献爱心”捐助活动。市五大班子领导参加启动仪式并带头捐款。全市共募集善款523.92万元。

4~5日　市委、市政府领导走访慰问春节期间坚守工作岗位的一线职工和公安干警。

6日　市长张建华向全市人民致2008年春节贺词。

12日　市在新世纪人才市场举行新春首场人才招聘会。

13日　市委召开常委扩大会议。安排部署当前有关工作，抓好一季度经济运行；要求抓住关键和重点，加快推进黄河三角洲开发建设；强调高度关注民生，抓好平安建设，维护社会稳定；提出搞好主题教育实践活动，加强领导班子和干部队伍思想作风建设。

14日　广饶县800万元重奖2007年为全县经济社会发展做出突出贡献的企业。

15日　全市首家水质检测中心在垦利县投入使用。

18日　副市长吕雪萍到麻湾、曹店和胜利引黄闸等工程现场了解水情，安排调度春灌工作。

20日　市委召开常委扩大会议。传达省委九届五次全会精神和全省对外开放工作会议精神，研究贯彻落实意见。

20日　市委常委、副市长王玉君在东营经济开发区会见恩德公司董事会主席施密特一行。

21日　市委举行四届四次全体会议。对市政府秘书长及市政府部分组成部门正职拟任人选、推荐人选进行审议和投票表决，对当前工作进行研究部署。

24日　市市政工程设施养护管理处负责管养的北一路路灯工程被中国市政工程协会评审委员会评为2007年度全国“市政金杯示范工程”奖。

24~26日　新疆喀什地区党政代表团及歌舞团来东营参观考察、慰问演出。

25日　2008年党风廉政建设和反腐败工作任务分工会议召开。

25日　利津县中小重点农业企业贷款联合担保组织成立，这是市首家农业企业贷款联保组织。

26日　市委、市政府召开2007年度人口和计划生育目标责任奖惩兑现暨工作会议。学习贯彻全省人口和计划生育工作会议精神，安排部署统筹解决人口问题的各项工作。

26日　市中级人民法院东营经济开发区审判庭成立。

26日　市人民医院查体中心转至北院开诊。

26日　市史志办在全省史志系统首次开展的“八个一”优秀评选中，荣获唯一综合奖“优秀史志工作单位”称号。

27日　全市服务业发展工

作会议召开。贯彻落实全省服务业发展工作会议精神，研究部署当前和今后一个时期东营市服务业发展工作。

27 日　沙特阿拉伯拉瓦比控股公司来东营考察。市委书记、市人大常委会主任张秋波，市委副书记、市长张建华在蓝海国际大饭店分别会见公司董事局主席谢赫·阿卜杜拉齐兹·阿里·阿尔特基一行。

28~29 日　市六届人大常委会举行第一次会议。讨论通过市人大常委会 2008 年工作要点和关于加强自身建设的决定，依法任命 32 名市政府组成人员和 7 名检察人员。市委书记、市人大常委会主任张秋波向被任命的新一届市政府组成人员颁发任命书并讲话。市委常委、组织部部长刘赞杰作关于市政府组成人员人选提名情况的说明。

28 日　市欢送李建华等全国人大代表赴京参会。

28 日　东营电网实现连续安全生产 6000 天，安全生产记录位居全国同类型供电企业第一。

29 日　市中级人民法院未成年人案件综合审判庭揭牌。

3　月

1 日　黄河三角洲城镇体系规划编制组来东营调研。

3 日　市委党校举行 2008 年春季开学典礼。

3 日　副市长王吉能会见美国国家工程院院士、中国工程院外籍院士、国际著名桥梁建设工程大师邓文中博士一行。

4 日　市志愿者协会召开第一次代表大会。

5 日　市举行节能产品推介会。

5 日　市首届“十大”经济人物评选活动启动。

5 日　市首例同侧人工髋关节置换手术在中心医院获得成功。

9 日　全市“三网”绿化工程春季详规通过市“三网”办组织的专家审核。

10~12 日　宁夏回族自治区中卫市党政代表团来东营参观考察。

10 日　全市 2008 年度小麦种植面积核定工作结束，核定小麦种植面积 688056.75 亩，种粮农民 143886 户。

11 日　省委常委、青岛市委书记阎启俊带领青岛市考察团来东营考察。

11 日　副省长郭兆信来东营调研城镇居民基本医疗保险试点、敬老院建设等工作。

11 日　山东省参加首届全国气象行业重要天气预报技能竞赛总结表彰大会在东营召开，市选手张洪卫在竞赛中获冠军。

12 日　副省长李兆前带领省政府小清河流域水污染防治调研组来东营调研。

12 日　市组织 120 多个部门、单位的 3000 余名干部职工到广利河两岸开展植树造林活动。

12 日　全市 58.62 万元政策性农业保险财政补贴拨付到位。

12 日　胜利发电厂举行建厂 20 周年庆祝大会。

13~14 日　省委常委、常务副省长王仁元来东营进行工作调研。

14 日　团市委、市综治办、市中级人民法院、市教育局联合主办的东营市“12315 在行动”青少年模拟法庭大赛在东营区法院举行。

16 日　东营区六户镇武王片 2.7 万亩国家级土地整理项目开工。

17 日　市委书记、市人大常委会主任张秋波到东营区就发展服务业等工作进行调研。

18 日　全市“三网”绿化工程建设座谈会召开。总结交流前段建设情况，研究又好又快推进措施。

18 日　市西郊铁路物流中心建设工程在东营区史口镇开工。

18 日　市首座 500 千伏输变电工程在东营区六户镇开工。

20 日　市委召开常委扩大会议。传达第十一届全国人民代表大会第一次会议精神。

21 日　全市领导干部会议召开。市委书记、市人大常委会主任张秋波主持会议并讲话，全国人大代表、市委副书记、市长张建华传达第十一届全国人民代表大会第一次会议精神。

22 日　市启动世界水日、中国水周宣传活动。

23 日　2008 年东营市招考公务员考试开始，1.3 万余人参加考试。

24~25 日　省监察厅副厅长宋卫国带领省政府生态省建设市长目标责任书考核组来东营检查指导工作。

24~27 日　省民政厅巡视员齐炳文带领省委农村工作督导组来东营调研贯彻落实中央、省委两个 1 号文件及减轻农民负担情况。

23 日　农业部 2008 年度农机化创新示范工程——水稻育插秧机械化项目在东营市垦利县开工，这是山东省承担的全国唯一的水稻育插秧机械化创新示范项目。

24日　市举办第三次全国文物普查培训班。

26~27日　全省纪检监察宣传教育工作座谈会在东营市召开。省纪委副书记崔瑛、市委副书记刘曙光参加会议并讲话。

26日　东营经济开发区生态工业园项目开工。

26日　东营奥林匹克花园奠基仪式在东营经济开发区中央商务区举行。

27日　胜动燃气发电装备生产基地开工仪式举行。

28日　市委召开常委扩大会议。传达学习胡锦涛总书记在参加第十一届全国人民代表大会第一次会议山东代表团审议时的讲话精神,研究贯彻落实意见。

28日　“黄河三角洲生态高效经济区垦利示范基地”建设启动。

28日　重庆市8名县级领导干部来东营挂职。

28日　东营经济开发区首个石油化工项目——东营亚通石化有限公司奠基。

31日　2007年度全市综合考核表彰新闻发布会召开。表彰2007年度考核先进县区和市直先进单位。

31日　副省长黄胜来东营调研文化建设、素质教育和第十一届全运会筹备工作。

31日　东营华业新材料有限公司暨国家“863”高新技术示范园揭牌仪式在东营经济开发区举行。

4　月

1日　全市对外开放工作会议召开。

2日　全市创建全国双拥模范城总结表彰大会召开。传达贯彻全国、全省大会精神,研究部署全市双拥工作任务。

2日　市直90多个部门的700余名干部到牛庄烈士祠祭奠先烈。

3日　全市“实践科学发展观,争当黄河三角洲开发建设排头兵”活动动员大会召开。动员全市各级及广大干部群众积极投身这一活动,以争当排头兵的实际行动,更加自觉地实践科学发展观,共同推进黄河三角洲开发建设这项伟大事业,推动东营在新起点上实现富民强市新跨越。

4日　全市农民技术骨干进高校培训工作结束,200人参加培训。

8日　市委书记、市人大常委会主任张秋波调研市重点项目“三路两港一场”建设情况。

8日　市政协新任委员学习培训班在市委党校开班。

8日　中国邮政储蓄银行东营市府前街支行挂牌成立,为全省第一个挂牌成立的二级支行。

8日　东营迎来春季第一次大范围降水。即日20时至9日13时,全市平均降雨量7.4毫米。

10日　全市创建文明城市工作会议召开。对年内全市创建文明城市工作进行动员部署。

11日　省交通厅厅长贾学英来东营调研港航业发展情况。

12日　“中医中药中国行”东营站大型科普宣传活动启动。

13日　市委理论学习中心组举行专题集中学习。听取著名宏观经济问题专家、中央党校经济学部副主任、博士生导师赵振华所作的宏观经济形势辅导报告。与会人员联系东营实际和各自工作,围绕加快推进黄河三角洲开发建设进行讨论交流。

13日　市委书记、市人大常委会主任张秋波在市委党校为第33期县级干部进修班上,作党风廉政建设专题辅导报告。

14日　东营市创建中国优秀旅游城市宣讲指导暨动员大会召开。会上,市委书记、市人大常委会主任张秋波,市委副书记、市长张建华分别作动员讲话;省旅游局局长于冲、中国旅游报社原总编邵春分别作辅导报告;省旅游局纪检书记周嘉禄就创建工作提出指导性意见和建议;市委常委、副市长王玉君代表市政府与垦利县、市旅游局、自然保护区管理局负责人签订创建责任状。下发《东营市创建中国优秀旅游城市实施方案》。

15日　水利部纪检组长张印忠一行来东营考察。

15日　市新一届人大代表首期培训班在市委党校开班。

17~18日　枣庄市委书记、市人大常委会主任刘玉祥,市委副书记、市长陈伟率领枣庄市党政考察团来东营参观考察。

20日　东营北大附属实验学校开始招生。

21日　全市领导干部会议召开。传达贯彻全省领导干部会议精神,安排部署全市维护稳定工作。

23日　市人大常委会举办法律知识讲座。

23日　市科技局举办建设黄河三角洲高效生态经济技术创新示范区科技报告会。

25日　市委副书记、市长张建华就“黄河水城”重点建设项目进行现场办公。

25 日 东营经济开发区(苏州)投资环境说明会在苏州举办。

25 日 东营日报开辟《"争当排头兵,争先做贡献"大家谈》栏目。

26~27 日 市工会第五次代表大会召开。

26 日 市动漫艺术协会成立。有个人会员 34 人,团体会员 23 家。

26 日 市一中被中国作家协会《诗刊》社授予"山东省诗意校园"称号。

26 日 东营广发上海大众汽车 4S 店开业。

27~28 日 全省城镇园林绿化暨风景名胜区工作会在东营召开。

29 日 市残疾人联合会第五次代表大会召开。

29 日 市"放歌黄河口"广场群众文化活动在金辰辉煌广场启动。

29 日 大唐国际东营风力发电项目获省发改委核准。

30 日 全市庆"五一"暨先模表彰大会召开。表彰为东营市改革开放和现代化建设做出突出贡献的先进集体和先进个人。

30 日 庆祝奥运会倒计时 100 天暨全民健身月活动在金瀚文化中心广场启动。

5 月

1~3 日 全市共接待国内游客 11.89 万人次,实现旅游收入 3291.29 万元。

4 日 全市共春灌引水 3.7 亿立方米,灌溉农田 219.02 万亩。

4 日 市建委公布第一批新型墙体材料、建筑节能技术与产品登记名单。

5 日 市委书记、市人大常委会主任张秋波就全市维护社会稳定和安全工作进行调研。

7 日 市委理论学习中心组成员集中收听收看由中央宣传部、中央政法委、司法部和中国法学会组织举办的"百名法学家百场报告会"山东专场报告会。

7~8 日 副省长才利民来东营调研创建中国优秀旅游城市、外经贸、土地开发整理和开发区工作。

8 日 济南军区副政委杜恒岩来东营调研民兵预备役工作。

8 日 市委书记、市人大常委会主任张秋波会见中国海洋石油总公司副总经理吴振芳一行。

8 日 市"2008 红十字博爱周"活动在市育才学校启动。

9 日 东营日报开辟《"放眼看东营"深度系列报道》栏目。

10 日 市"志愿奉献文明城,青年争当排头兵"活动在新世纪广场启动。

12 日 省防汛检查团来东营检查指导工作。

13~14 日 省人大常委会副主任鲍志强率领省人大立法调研组来东营就《山东省黄河河道管理条例(修正案草案)》进行立法调研。

14 日 市委召开常委扩大会议。传达中央和省委、省政府关于抗震救灾工作指示精神,研究贯彻落实意见。会议要求全市各级各部门坚决贯彻中央、国务院和省委、省政府的决策部署,把支援四川抗震救灾作为当前一项重大而紧迫的任务,摆上重要议事日程,发扬一方有难、八方支援的精神,全力以赴支援灾区人民。

14 日 市启动"慈心一日捐"暨向四川地震灾区捐赠活动。市几大班子领导参加启动仪式并带头捐款,全市社会各界踊跃向灾区捐款捐物献爱心。至 5 月 31 日,全市各级民政部门、慈善组织、红十字会共接收捐款捐物折合资金 6438.11 万元。

14 日 由 9 名医务人员 4 辆急救车组成的市首批赴四川抗震救援医疗车队启程。

14~15 日 全国工商联党组书记、第一副主席全哲洙来东营调研各级工商联和民营企业落实科学发展观情况。市委书记、市人大常委会主任张秋波会见全哲洙一行。

14~16 日 省政协副主席、党组副书记乔延春率领省政协调研组来东营调研深化林权制度改革情况。

15 日 山东中凯风电设备制造有限公司 3 万吨风电塔筒项目投产,该项目填补东营行业空白。

16 日 中国驻德国原大使、中国人民外交学会名誉会长、第十届全国政协委员卢秋田应邀来东营作题为《东西方文化差异》的报告。

17 日 由省委宣传部、省科技厅等省直部门、单位及东营市政府共同主办,2008 年山东省科技活动周开幕式暨山东"211"高校支持黄河三角洲生态高效经济技术创新示范区(东营)建设行动启动仪式在东营市举行。副省长李兆前参加开幕式并讲话。

18 日 市委办、市府办下发通知,落实"5 月 19~21 日为全国哀悼日"的国务院公告要求。

18 日 全市共产党员响应中共中央组织部号召,自愿交纳"特殊党费"支援抗震救灾。至 5

月31日,37144名党员交纳抗震救灾“特殊党费”1066万元。

19日　下午14时28分,全市人民向四川汶川大地震遇难者集体默哀。

19日　市领导干部科学发展观高级研修班在清华大学举办。

20日　全市支援四川抗震救灾工作会议召开。市委副书记、市长张建华参加会议并讲话。

21日　市委书记、市人大常委会主任张秋波主持会议研究支援灾区活动板房工作。

21日　市府办下发通知,将市区防空警报试鸣时间由每年的10月29日上午10时30分,改为9月18日上午11时30分。

22日　全市宣传思想工作会议召开。传达贯彻全省宣传思想工作会议精神，安排部署全年的工作任务。

22日　东营市妇女第五次代表大会开幕。

22日　市支援四川地震灾区抗震救灾工作协调领导小组扩大会议召开。总结前段东营市支援四川灾区抗震救灾工作，安排部署下一步工作任务。

22日　全市“争当排头兵”活动工作交流会召开。总结交流集中活动阶段工作情况，安排部署专题调研活动任务，动员全市扎实开展“四比四争四创”,进一步掀起比学赶超热潮，推动活动深入开展。

22~23日　省政协副主席、省工商联主席王乃静带领省政协调研组来东营调研整合经济社会政策、统筹解决人口问题。

23日　全国文化共享工作会议现场观摩会在东营召开。

23日　市人大常委会组织部分企业界人大代表再次捐款，支援地震灾区，现场捐款126.1万元。

23日　全省首家农电服务公司——利津三为农电服务公司挂牌营业。

24日　市创建文明城市工作领导小组办公室主办的“文明之旅”启动仪式在新世纪广场举行。首批150名市民到青岛和在本市考察。

24日　市公路局、市青年联合会、市青年书法家协会共同举办“公路杯”东营市首届青少年书法展,收到作品218件。

25日　市委书记、市人大常委会主任张秋波主持召开会议，专题研究整治中心城区交通秩序、加强城市交通安全管理工作。

26日　市委副书记、市长张建华在东营宾馆会见大唐国际发电股份有限公司党组书记、总经理曹景山一行。

26日　省政府安全生产百日督查组来东营督查工作。

27日　全市基层修志工作现场会在垦利县胜坨镇召开,全市乡镇修志工作全面启动。省史志办主任刘秋增出席会议。

27日　即日起,在中心城区开展为期3个月的交通秩序综合整治行动。

27日　由山东金达源集团与光明家居集团共同投资创立的“美亿家家居建材广场”招商推介会在东营蓝海国际大饭店举行。

28日　东营出现较大范围的沙尘天气。

29日　市政府放心粮油食品工程启动仪式暨现场会议在垦利县举行。

30日　东营市支援四川抗震救灾工作协调领导小组成员会议召开。传达山东省在绵阳召开的对口援建北川工作会议精神，研究部署下一步全市支援四川抗震救灾工作。

30日　省节能减排专项督查组来东营检查指导工作。

31日　天津市宝坻区考察团在区委副书记贾凤山带领下来东营考察。

6　月

1日　齐鲁美食文化节暨鲁菜创新发展高峰论坛在东营源通宾馆开幕。

2日　全省企业民兵预备役政治工作会议在东营市召开。济南军区政治部副主任刘勇，省委常委、省军区司令员谈文虎,省军区政委南兵军，省政府副省长李兆前参加会议并讲话。

3~4日　黑龙江山东商会会长贺朝贤一行来东营学习考察。

4日　市援建四川地震灾区前线联合指挥部成立。

5日　市委书记、市人大常委会主任张秋波接见部分抗震救灾归来人员。

6日　市政府发布加强中心城区道路交通管理的通告。

6日　山东海科化工集团东营港工业园项目开工建设。

9日　全市小麦开镰收割；至18日,68.81万亩小麦全部收获完毕。

11日　市第一期党外科级干部进修班在市委党校开班。

11~16日　受市委书记、市人大常委会主任张秋波，市委副书记、市长张建华委托,市委副书记刘曙光,市委常委、组织部部长刘赞杰带领有关部门负责人到新疆疏勒县看望慰问东营市援疆干部和援疆教师。

12 日 市华泰纸业股份有限公司的“华泰”品牌继 2006 年之后，第二次被评定为中国行业标志性品牌。

12 日 全市夏蝗防治工作全面展开，至 19 日完成夏蝗防治面积 21 万亩。

13 日 2008·海内外华商促进环渤海经济发展大会在东营市召开。由中国侨联和山东省政府联合主办。中国侨联副主席林淑娘，中国侨联副主席、上海市侨联主席杨玉环，中国侨联经济科技部部长陈桦，省侨联主席梁波，市委常委、副市长曹连杰等参加会议。

13 日 东营市被中国石油和石油化工设备工业协会授予“中国石油装备制造业基地”称号。

13 日 山东省大唐国际东营风电场一期工程开工。

14 日 《山东省东营市国家现代林业示范市实施规划》通过省林业局组织的专家评审。

15 日 市委召开全市领导干部会议，传达胡锦涛总书记、温家宝总理在省区市和中央部门主要负责同志会议上的重要讲话，进一步统一思想，提高认识，坚定信心，全力做好支援抗震救灾、经济社会发展和奥运会安全保卫工作，努力保持全市改革发展稳定的大好局面。

15 日 市委书记、市人大常委会主任张秋波在东营宾馆会见全国人大常委会委员、外事委员会主任委员，前外交部部长李肇星一行。

15 日 市节能宣传周活动启动。16 日在市、县两级政府机关单位开展“能源短缺体验日”活动。

16 日 黄渤海伏季休渔期开始，市 973 艘渔船进港。

17 日 山东大学、中国石油大学、中国海洋大学与东营市政府共同签署《共建黄河三角洲生态高效经济技术创新示范区（东营）协议书》。

18 日 六届市政协《提案追踪》宣传报道在市食品药品监督管理局启动。

19 日 市和胜利石油管理局领导张秋波、刘曙光、王玉君、田振玉、田青云、王吉能、李玉卿等分别督查创建文明城市进展情况。

19 日 市委书记、市人大常委会主任张秋波检查中心城区交通秩序综合整治情况。市领导王玉君、田振玉及市直有关部门主要负责人陪同检查。

20 日 市委召开全市领导干部会议。学习贯彻全省领导干部会议精神，分析当前形势，结合东营市实际，对支援抗震救灾、做好当前经济工作及维护社会稳定、奥运安全保卫等作出安排部署。

24 日 市委副书记、市长张建华检查部署黄河防汛和城市防汛工作。市领导王玉君、吕雪萍及市直有关部门、单位负责人陪同检查。

24 日 中华全国总工会书记处书记、经费审查委员会主任张秋俭，中华全国总工会经费审查委员会办公室主任屈增国，山东省总工会经费审查委员会主任宫祥宏等一行到东营检查指导工会工作。

25 日 市“迎奥运文明出行，共创安全有序畅通的交通环境”大型交通安全主题宣教活动在新世纪广场举行。

25~28 日 市委书记、市人大常委会主任张秋波赴四川，考察东营市对口支援北川县坝底乡工作，看望慰问奋战在抗震救灾一线的东营市工作人员。

26 日 市人民检察院“民生检察服务热线”——96699 开通。

26 日 环渤海西南海岸唯一海运学校——东营胜利海运学校在东营港经济开发区奠基。

27 日 东营市召开维护稳定安全“百日行动”电视电话会议。动员油地军校、全市上下打一场保奥运、保安全、保稳定、促和谐的攻坚战、保卫战。

28 日 全省卫生系统赴四川抗震救灾英模事迹报告团到东营，作首场巡回报告。

28 日 中心城农副产品综合批发市场奠基。

30 日 东营港扩建工程引桥工程全面竣工，具备通车条件。

7 月

1 日 东营市庆祝建党 87 周年暨“七一”综合表彰大会召开。对全市各条战线涌现出的先进基层党组织、优秀共产党员、优秀党务工作者和农村党的建设“三级联创”活动先进集体进行表彰，动员全市各级党组织和广大党员干部团结奋斗，为加快黄河三角洲开发建设、实现经济社会又好又快发展作出新的更大贡献。

1 日 市委、市政府举行欢送会，为第六批援疆干部送行。

1 日 16 时 22 分，首趟东营至杭州旅客列车开通。

2 日 东营移动客户突破 150 万大关。

3 日 市和胜利石油管理局

在利津县崔家探导工程现场举行黄河防汛联合演习。

3日 市首家大蒜加工流通协会——广饶县花官乡大蒜加工流通协会成立。

3~4日 济南军区司令员范长龙来东营检查指导工作。济南军区联勤部政委穆振河，省委常委、省军区司令员谈文虎随同。市和东营军分区、济军生产基地领导张秋波、张建华、王玉君、田振玉、成育进、李金昆、刘新科、翟建平、原华等先后陪同。

3~4日 全省法院信息化工作会议在东营市召开。省高级人民法院院长周玉华参加会议并讲话，省高级人民法院副院长李勇主持会议，市委副书记刘曙光到会致辞。

4日 市委召开常委扩大会议。听取2008年黄河水城重点建设工程情况汇报，传达学习济南军区司令员范长龙在东营市视察时的重要讲话精神，讨论通过市委、市政府关于推动文化大发展大繁荣的意见。

5~6日 省质量技术监督局副局长王华带领省文明城市测评组对东营市创建文明城市工作进行测评验收。市委书记、市人大常委会主任张秋波主持汇报会，市委副书记刘曙光作工作汇报。

6日 市赴青岛清理浒苔的10艘渔船返回，打捞浒苔600余吨。

8日 市委、市政府召开黄河水城重点工程推进动员会议。对2008年度广利河改造重点工程建设进行动员部署。市委书记、市人大常委会主任张秋波向有关责任单位颁发责任状，市委副书记、市长张建华讲话，市委常委、副市长王玉君主持会议。

8日 市第五批援疆干部回到东营。

8日 国家奥运空气质量保障督查组来东营检查工作。

9日 市台湾同胞投资企业协会成立。

10日 全市法院工作会议召开。分析法院工作面临的形势，研究部署当前和今后一个时期任务。

10日 中国万达集团投资建设的5万吨/年MBS二期工程投产。该集团成为亚洲产能最大的MBS塑料抗冲剂生产商。

10日 清风湖风景区暨广利河岸线工程建设启动。

11日 全市组织工作会议召开。学习贯彻全国、全省组织工作会议和组织系统支援抗震救灾工作座谈会精神，研究部署当前和今后一个时期全市党的建设和组织工作。

11日 市科技公园在东营经济开发区开工建设。

11~21日 省老领导苏毅然、赵志浩、李振、陆懋曾、谭福德、董凤基、王克玉等来东营检查指导工作。市领导张秋波、张建华、刘曙光、于树健、周燕明、田振玉、马登雨、刘赞杰、赵豪志、崔兆武等陪同。

11日 全市第一家蜜蜂专业合作社——利津县香悦蜜蜂专业合作社在利津县北岭乡成立。

15日 市第八届运动会开幕，至17日闭幕。参加运动员3000余人，共决出金牌405枚、银牌202枚、铜牌176枚，广饶县获金牌数、总成绩“双第一”。

15日 市委副书记、市长张建华主持召开市政府专题会议，研究东营机场改扩建工程规划建设问题。

15日 东营日报社实践教学基地接收中国石油大学(华东)首批18名实习生。

16日 市委理论学习中心组举行石油能源形势专题报告会。研究探讨石油资源型城市如何应对国际国内石油资源形势，努力保持经济安全平稳健康发展。

16日 东营市举行“黄河2008”反恐怖综合演练。省维护社会稳定督导组组长、省人事厅纪检组长刘玉宝，市和东营军分区领导刘曙光、王玉君、张秀香、刘新科、常宗伟等观摩演练。

16~17日 副省长王随莲来东营调研食品药品监管和卫生工作。

16~21日 省民主党派、工商联负责人暑休研讨活动暨全省统战部长座谈会在东营市举行。省委副书记刘伟，省政协副主席、省委统战部部长张传林参加会议并讲话，省委统战部常务副部长张心骥主持会议。

17日 市沿海防护林体系建设工程方案编制工作启动。

18日 市委召开常委扩大会议。传达全省维护社会稳定工作会议精神，安排部署东营市奥运安保和维护稳定安全工作。

18日 东营汽车总站开始运营。

19日 省委副书记刘伟来东营检查指导奥运会安全保卫工作。市领导张秋波、刘曙光、王玉君、张秀香、田振玉等陪同检查。

19日 市委宣传部、市经贸委、市旅游局主办的东营市“众成杯”首届旅游商品展评会在众成都市广场举行。

21~22日 台湾农渔业产销联盟发展协会理事长马爱珍率团

来东营考察。

22~24 日 全省人大农业与农村工作座谈会在东营市召开。省人大常委会副主任鲍志强参加会议并讲话,省人大常委会委员、省人大农业与农村委员会主任委员班开庆、副主任委员宋继峰分别主持会议。市委书记、市人大常委会主任张秋波到会致辞并介绍东营市经济社会发展情况。

22 日 市委副书记、市长张建华在蓝海国际大饭店会见省农村信用联社党委书记、理事长宋继瑄一行。

22~25 日 省旅游局纪检书记周嘉禄带领检查组来东营就创建中国优秀旅游城市工作进行初审。

23 日 市委、市政府召开老干部上半年经济社会发展情况通报会。市委书记、市人大常委会主任张秋波主持会议,市委副书记、市长张建华通报东营市上半年经济社会发展情况。

23 日 油地军校领导联席会议召开。通报上半年油地军校工作情况,深化团结发展共识,加强协调沟通配合,共同谋划推进区域发展的重大问题。市委书记、市人大常委会主任张秋波主持会议并讲话。市和胜利石油管理局、中国石油大学、济军生产基地领导参加会议。

24 日 市统计局发布东营市第二次农业普查主要数据公报。

25 日 市委召开常委议军会议。听取东营军分区党管武装工作情况汇报,研究新形势下进一步加强党管武装工作。市委书记、市人大常委会主任、东营军分区党委第一书记张秋波主持会议并讲话。

25 日 中国石油装备产业基地在东营区揭牌。

28 日 都邦财产保险股份有限公司东营中心支公司开业。

28 日 市政府下发《关于推动文化大发展大繁荣的若干政策的通知》。

29 日 省“千户无障碍家庭创建活动”在东营开展。

30 日 市总工会、市劳动和社会保障局、市建委组织的为农民工“送清凉、送政策、送安全、送知识、送健康”活动启动。

31 日 中央电视台与东营市联合拍摄的大型纪录片《黄河入海流》首播式在东营宾馆举行。中央电视台军事站站长、《黄河入海流》总编导彭山大校,市和胜利石油管理局领导张秋波、周燕明、田振玉、田青云、吕雪萍、王吉能、陈胜、李玉卿等参加首播式。

8 月

1 日 中国(东营)知识产权维权援助中心成立。东营成为全省唯一设立该中心的地级市。

1~3 日 中国水产科学研究院资源与环境研究中心副主任樊恩源带领由环保部、农业部、国家林业局等七部委组织的专家评估组来东营全面评估自然保护区管理工作。

3 日 五集电视纪录片《黄河入海流》在中央电视台十套《探索·发现》栏目首播。

3~4 日 中共中央组织部原部长张全景来东营参观考察。市和胜利石油管理局领导张秋波、刘曙光、田振玉、刘赞杰、赵豪志、郭长玉、杨昌江等陪同考察。

4 日 东营市支援抗震救灾表彰大会召开。表彰在支援抗震救灾工作中作出突出贡献的先进集体和先进个人。

5 日 省对外贸易经济合作厅厅长吕在模来东营调研。

5~6 日 山东省政府与中国工程院在东营市举办“黄河三角洲院士专家行”活动。中国工程院 10 位院士、23 位专家参加此活动。市委副书记、市长张建华会见各位院士及专家。

7 日 市委副书记、市长张建华主持召开市政府常务会议。研究部署加强节能、电力保障、金融运行等工作。

8 日 全市干部群众庆奥运盛会,观看奥运盛况。

11 日 东营鹏杰色织有限公司的股票在新加坡证券交易所上市。

12 日 全市百场法制报告会启动。清华大学公共管理学院公共政策研究所副所长、中国行政管理学会理事彭宗超应邀到东营,作以公共应急管理为主要内容的首场报告。

12 日 市开始社会保障卡信息采集工作。

13 日 市政协主席于树健就贯彻落实《中共中央关于加强人民政协工作的意见》等情况到河口区调研。

14 日 东营光伏太阳能有限公司的股票在欧交所创业板上市。

16 日 首届中国黄河口大闸蟹天清湖美食文化节在东城天河酒店举办。

18 日 市委理论学习中心组举行金融形势报告会。邀请中国人民银行济南分行行长杨子强作金融形势专题辅导报告。

18 日 德州市委书记、市人大常委会主任雷建国,市委副书记、市长吴翠云带领德州市党政考察团来东营参观考察。

19日 滨州市委书记、市人大常委会主任邓向阳，市委副书记、市长张光峰带领滨州市党政考察团来东营参观考察。

20日 全市休闲观光农业现场会在垦利县召开。

20日 “黄河从这里入海·东营”专用邮资图邮资信封在东营宾馆发行。

21日 由中国政治学会、山东省科学社会主义学会、山东省政治学研究会主办的改革开放30年与中国特色社会主义、改革开放与中国政治学30年学术研讨会在东营召开。

22日 市人大常委会作出加强中心城环境污染综合治理、加强国有土地管理的决议。

22日 中国国民党革命委员会东营市筹备委员会成立。

22日 2008’黄河三角洲开发论坛暨山东省东营经济开发区招商说明会在上海举行。

23日 市委召开全市领导干部会议。对进一步加强反腐倡廉建设作出部署。

25日 市委副书记、市长张建华主持召开市政府常务会议。传达全省县域经济发展工作会议精神，研究贯彻落实意见。

25~26日 省人大常委会副主任时立军、省建设厅副厅长吴英等来东营就《山东省物业管理条例(草案)》进行立法调研。

26日 东营市现代渔业示范区起步区在垦利县开工建设。省海洋与渔业厅副厅长鲁小兵，市领导刘曙光、杨士民、吕雪萍、王秀华等参加开工仪式并剪彩。

27日 市发放“情暖学子，金秋助学”活动助学金，94名学生获得资助。

28日 2008’黄河三角洲开发建设与金融支持论坛暨政银企合作洽谈会在东营宾馆举行。会上，签署政银企合作项目147个，金额237.9亿元。市委副书记、市长张建华致辞，市委常委、副市长曹连杰主持会议。中国人民银行济南分行行长杨子强，省金融办副主任郭永利等参加会议。

28日~9月1日 市委举办理论学习中心组读书会。读书会分两个阶段。第一阶段，与会人员分散自学，学习党的十七大报告、中央和省委领导的一系列重要讲话和省委、市委工作会议精神；第二阶段，邀请国务院发展研究中心宏观经济研究部研究员张立群、中国纪检监察学院筹备办公室主任刘森作专题辅导报告，组织与会人员赴潍坊市考察学习并分组讨论。

29日 全市人口计划生育形势分析会召开。省人口计生委主任盖国强应邀作全省人口计划生育形势报告，市委书记、市人大常委会主任张秋波主持会议，市委副书记刘曙光讲话。市领导温晓杰、王吉能等参加会议。

29日 中国外运山东有限公司业务恳谈会在东营举行。

30日 市农村民俗文化研究会成立。

31日 市对口支援四川坝底乡灾后重建规划通过中国城市规划设计研究院专家组评审。

9 月

1日 市物价局、市房管局联合公布《中心城区物业服务收费指导标准》和《东营市物业服务收费管理实施细则》，自即日起施行。

3日 市政府发布《东营市旅游景区建设管理办法》。

4日 市政府与中海石油炼化公司合作建设东营港暨山东中海化工股权转让协议签字仪式举行。市委副书记、市长张建华代表市政府与中海石油炼化公司签署《东营港码头库区工程及炼化一体化项目合作协议》；河口区政府、山东中海化工公司分别与中海石油炼化公司签署《关于加快东营市河口区石化产业发展的合作协议》《中海石油炼化有限责任公司与山东中海石油化工有限公司股权转让协议》。

4日 新修订的《东营市科学技术奖励办法》发布实施。

5~6日 省委书记姜异康来东营视察调研工作。省委常委、秘书长王敏，省委副秘书长、政研室主任孙建功，省发改委主任费云良，省交通厅厅长贾学英等随同调研。市和胜利石油管理局领导张秋波、张建华、田振玉、赵豪志、李金昆、王立新、郭长玉等先后陪同调研。

6日 首届“东营十大女杰”和“感动东营十大女性”评选活动开始。

6日 建筑面积6.5万平方米的东营银座东城店开业。

8日 市委常委、东营军分区政委成育进到市委党校作国防教育报告。

9日 省加快黄河三角洲高效生态经济区发展座谈会在东营市召开。省委常委、常务副省长王仁元参加会议并讲话，省政府副秘书长韩金峰主持会议。省发改委主任费云良就《黄河三角洲高效生态经济区发展规划》的主要特点、《省委、省政府关于支持黄河三角洲高效生态经济区又好又快发展的意见》的制定过程和主要内容作说明。东营、烟台、潍坊、滨州等4市市长作大会发言。市和胜利石油管理局领导张秋波、张建华、王玉君、王立新,省直有关部门、黄河三角洲区域各市县主要负责人参加座谈会。

9日　全国石油城市人大工作研讨会在东营市举行。省人大常委会副主任崔曰臣到会祝贺并讲话。市委副书记刘曙光,胜利石油管理局党委副书记李玉卿致辞并分别介绍市和油田发展情况,市人大常委会第一副主任周燕明主持会议。天津市大港区,河北省任丘市,辽宁省盘锦市,吉林省松原市,黑龙江省大庆市,河南省濮阳市、南阳市,湖北省潜江市,甘肃省庆阳市,新疆克拉玛依市、库尔勒市及东营市人大常委会有关领导参加会议。

10日　市领导分别到学校走访慰问,向全市教职员工致以节日问候。

10日　市委副书记、市长张建华主持召开市政府常务会议。研究全市教育工作和中心城区供热有关问题,听取"科达杯"第一届黄河口马拉松全国邀请赛筹备情况汇报。

10日　市政协委员民主评议市直有关部门单位重点工作试点启动。

11日　市举行港澳台侨胞中秋联谊会。

15日　市水稻良种补贴种植面积核定工作结束,核定水稻种植面积80380.82亩。按每亩15元的补贴标准,通过财政涉农"一本通"把补贴资金发给稻农。

16日　按照中央要求和省委部署,省委第五巡视组来东营开展巡视工作。17日,东营市召开领导干部通报会,省委巡视办主任孙奉锦,省委第五巡视组副组长、巡视专员张永青分别讲话,市委书记、市人大常委会主任张秋波主持会议并就贯彻省委巡视工作部署提出要求。

18日　市在东营宾馆举办黄河口大闸蟹产业发展研讨会。

19日　市建设委员会、市建筑业联合会发布《2007年度东营市建筑工程质量"金洲杯"奖(市优质工程)》公告。

19日　第四届中国广饶·孙子国际文化节新闻发布会在济南举行。

20日　市委书记、市人大常委会主任张秋波,市委副书记刘曙光,市委常委、秘书长田振玉一行到莱芜市考察学习推进城乡一体化发展工作情况。

19~20日　省政府督查组来东营专项督查产品质量和食品安全工作。

22~25日　省委原副书记、省纪委原书记赵春兰来东营参观考察。

23日　在河北保定召开的首届中国枣业大会暨第一届国际枣属植物研讨会上,"黄河口"冬枣获唯一鲜食枣金奖产品。

23日　市首家日本独资企业——东营田岛金属表面改质有限公司投产。

24日　市委、市政府召开全市婴幼儿奶粉事件处置工作调度会。传达中央办公厅、国务院办公厅《关于三鹿牌婴幼儿奶粉事件的情况通报》,调度东营市婴幼儿奶粉事件处置情况,安排部署下一步工作。

24~30日　以"观黄河口风光,品大闸蟹美味"为主题的"2008黄河口大闸蟹美食周"活动在济南、烟台、东营三市同时举行。

25日　最高人民法院党组副书记、常务副院长沈德咏来东营视察法院工作。省高级人民法院党组书记、院长周玉华,市领导张秋波、刘曙光、张秀香、王少南等陪同视察。

26~27日　全国法院学习宣传"东营经验"现场会在东营市召开。最高人民法院党组副书记、常务副院长沈德咏讲话,最高人民法院政治部主任李克主持会议。省委副书记刘伟,省人大常委会常务副主任高新亭,省委常委、政法委书记柏继民,省高级人民法院党组书记、院长周玉华,省委副秘书长、省信访局局长于晓明,最高人民法院政治部副主任于厚森,市领导张秋波、郭丰璞、王少南等参加会议。

27日　在济南国际会展中心举行的2008山东文化产业博览会上,市委书记、市人大常委会主任张秋波,市委常委、宣传部长田青云陪同中央及省领导参观东营展区。

27日　中国石油大学国家大学科技园高新技术园区"生态谷"项目开工建设。

27~28日　省委常委、副省长王军民来东营调研,并参加市委常委民主生活会。市和胜利石油管理局领导张秋波、刘曙光、曹连杰、田振玉、温晓杰、王立新等陪同调研。

27日　中国社会科学院副院长、中国地方志指导小组常务副组长朱佳木一行来东营调研史志工作,副市长王吉能等陪同调研。

28日　上午10时30分,国

家高速公路重点工程——荣乌高速公路新河至辛庄子段建成通车。至此，荣乌高速公路东营境内全部贯通。

28日 市举行纪念建国59周年电影晚会。

28日 万达集团举行成立20周年庆典。

30日~10月1日 新疆喀什地委书记史大刚率领喀什地区党政代表团来东营参观考察。省委副秘书长唐传喜，市领导张秋波、刘曙光、李玉卿、王玉君、田振玉、刘赞杰、杨士民等陪同考察。

10 月

1日 东营美亿家家居精品广场开业。

1~3日 原中共中央政治局委员、中央军委副主席、国务委员兼国防部长迟浩田上将来东营视察。济南军区政委刘冬冬上将、联勤部政委穆振河少将，省政府特邀咨询张昭福，省军区政治部副主任王学章，市和东营军分区领导张秋波、刘曙光、李玉卿、王玉君、田振玉、赵豪志、成育进、马志良等分别陪同。

7日 市一中召开庆祝建校20周年大会。中国人民解放军国防大学原副校长张兴业中将，济南军区原副司令员闫琢中将、原副参谋长杨希振少将，省政协原副主席李殿魁，省教育厅副厅长陈光华等到会祝贺。市委副书记刘曙光参加庆典并讲话。市领导田振玉、田青云、温晓杰、王吉能、陈胜等参加庆典。

9日 东营日报开辟《2008年度便民实事和重点建设项目摄影系列报道》栏目。

11日 "科达杯"第一届黄河口马拉松全国邀请赛在东营市举行。来自全国的18只代表队310名选手参赛。内蒙古选手张振龙、陕西选手孙腊梅分获全程马拉松男子组、女子组冠军。

13日 市总工会主办的全市职工大合唱歌咏比赛颁奖晚会在黄河影剧院举行。全市20只合唱队2500多名干部职工参加比赛。

13~15日 齐鲁环保世纪行记者团来东营采访。

14日 广饶县成为东营市首个新农村电气化建设县。

14日 全市销售黄河口大闸蟹3000吨，实现销售收入2.4亿元。

15日 市委、市政府举行庆祝建市25周年招待会。市委书记、市人大常委会主任张秋波致辞，市委副书记刘曙光主持会议。

15日 东营市举行纪念改革开放30周年暨庆祝建市25周年大型文艺演出及焰火晚会。

15日 市委"争当排头兵"活动领导小组召开会议。研究总结评估"争当排头兵"活动的有关问题，讨论《关于加强领导班子和干部队伍执行力建设的意见》《东营市"黄河三角洲开发建设排头兵"集体和个人评选暂行办法》《市委"争当排头兵"活动总结评估办法》3个文件，安排部署学习实践科学发展观活动筹备工作。

15~17日 省政协副主席、省委统战部部长张传林率驻鲁全国政协委员来东营视察黄河三角洲高效生态经济区开发建设情况。市领导张秋波、刘曙光、于树健、曹连杰、温晓杰、吕雪萍、倪胜希、张惠等分别陪同视察。

15~19日 市组团参加在北京举办的第六届中国国际农产品交易会，签订合同、协议近1.2亿元，现场交易额30万元。

16日 市召开维护稳定安全"百日行动"总结表彰大会。

16日 市药品实时监控系统启用。

18日 东营国际新能源产品及装备制造基地新闻发布会在北京人民大会堂举行。

18日 全国政协常委、国家京剧院院长吴江率全国政协戏曲理论研究考察团来东营考察。

18日 第四届中国广饶·孙子国际文化节在广饶开幕，19日结束。期间，举办了第九届雕刻艺术节暨首届孙子文化雕塑展、第五届孙子国际论坛；组织了经贸招商活动，达成合作项目30个，涉及金额23亿元；举行了广饶县第三届农民文化艺术节、丁庄冬枣采摘节等活动。

19日 市胜坨镇、大王镇入围中国综合实力、投资潜力500强，

20~21日 利津县主办的"2008利津发展论坛"在利津宾馆举行。期间，举办了项目投资合作说明会暨签约仪式、改革发展论坛展、民间文艺表演和发展论坛等大型活动。市委副书记刘曙光宣布开幕并致辞。

20~23日 市委书记、市人大常委会主任张秋波率东营市党政考察团到烟台、威海、青岛考察学习三市发展县域经济的先进经验。市领导于树健、周燕明、王玉君、田振玉、赵豪志、李金昆等参加考察学习。

21~23日 2008年环渤海七省市自治区记协协作会议在东营召开。省委宣传部副部长刘保聚，市委副书记刘曙光分别致辞。省新闻工作者协会主席、省新闻学会会

长高挺先主持会议。市委常委、宣传部部长田青云参加会议。

21日 市举办首期应急管理培训班。

28日 市委召开常委会议。听取全市前三季度经济运行情况及第四季度工作建议、全市“三网”绿化工程进展情况及下步打算、2008中国(东营)国际石油装备与技术展览会筹备情况汇报，对有关工作进行研究部署。

28日 全市向四川汶川地震灾区捐赠衣被。

30日 市委召开全市领导班子思想政治建设和干部教育培训工作会议。学习贯彻全省领导班子思想政治建设和干部教育培训工作会议精神，安排部署当前和今后一个时期东营市领导班子思想政治建设和干部教育培训工作任务。

30日 甘肃省庆阳市党政考察团来东营考察石油资源开发及油地协作、城市建设管理等情况。市领导刘曙光、于树健、赵豪志、杨士民、吕雪萍、李金昆、张惠等分别陪同考察。

30日 市流通领域食品安全管理控制系统启用。

30日 市发布公开推选市直与县(区)乡镇、企业之间交流挂职干部公告。

30日 市应急管理网站开通运行。网址为http://dyemo.dongying.gov.cn。

31日 2008中国(东营)国际石油装备与技术展览会新闻发布会在北京举行。

31日 市房产管理局主办的“2008东营秋季房地产交易展示会”在西城嬉水公园开幕。

31日 全市秋灌引水工作结束，共引水1.04亿立方米，灌溉农田46万亩。

11 月

3日 市委书记、市人大常委会主任张秋波在东营宾馆会见四川省人大常委会副主任郭永祥一行。

3~5日 省经济运行督查组来东营检查指导工作。

4日 市委副书记、市长张建华主持召开市政府常务会议。研究民生问题，决定提高部分社会保障项目补助标准，审议并通过《东营市行政审批监督管理办法》。

5日 全市2008~2009年度“三网”绿化工程建设动员大会召开。动员全市上下抓住冬春造林的有利时机，再掀“三网”绿化工程建设新高潮。市委书记、市人大常委会主任张秋波，市委副书记刘曙光参加会议并讲话，市委常委、副市长曹连杰主持会议。

5~6日 烟台市委书记、市人大常委会主任孙永春率烟台市党政考察团来东营参观考察。市和胜利石油管理局领导张秋波、张建华、刘曙光、于树健、周燕明、王玉君、田振玉、赵豪志、杨士民、李金昆、倪胜希、郭长玉等先后陪同考察。

6日 市林业科学研究所成立。

6~7日 全国第四次地方志工作会议在北京召开，东营市作为全国唯一地级市应邀参加会议并作经验介绍。

7日 市委书记、市人大常委会主任张秋波到广利河综合治理工程部分重要节点建设现场调研。

9日 山东省地震应急实兵拉动演练在东营市举行。副省长王随莲，省政府副秘书长马越男率省防震减灾领导小组，检阅各部门抢险救援队伍和应急救援装备情况。

10日 全市社会治安综合整治冬季行动动员大会召开。

10日 由市委组织部和市委党校联合举办的党的十七届三中全会精神轮训班开班。

11日 省委常委、副省长王军民在东营召开经济运行座谈会。听取东营有关部门、部分金融机构和企业负责人汇报，就做好今后经济工作提出要求。

12~14日 2008中国(东营)国际石油装备与技术展览会在东营市举行。

13~15日 河北省政协副主席王玉梅率考察团来东营参观考察。

14日 《东营市行政审批监督管理办法》施行。

17日 市委召开全市领导干部会议，传达贯彻全省领导干部会议精神，就贯彻落实党中央、国务院和省委、省政府关于进一步扩大内需、促进经济增长的政策措施作出安排部署，动员全市上下迅速行动，争分夺秒，扎实工作，积极有效地应对金融危机影响和挑战，全力促进全市经济平稳较快发展。

17日 全市落实党风廉政建设责任制工作会议召开。通报前段时间党风廉政建设责任制检查情况，安排部署当前和今后一个时期落实党风廉政建设责任制的任务。

19日 市委副书记、市长张建华主持召开市政府常务会议。审议《关于进一步扩大内需促进经济平稳较快发展的意见》。

19日 市政府召开新闻发

布会，通报全市经济1~10月经济运行情况。

20日 商务部党组成员、部长助理鲁建华来东营调研。

20日 黄河水利委员会副主任徐乘、赵勇率黄河水利委员会调研组来东营调研。

22日 市委理论学习中心组读书会召开。学习贯彻党的十七届三中全会精神，结合东营实际研究推进农村改革发展的政策措施。邀请中央政策研究室农村局副局长冯海发作专题辅导报告。

26日 全市经济运行调度会议召开。分析全市经济运行情况，研究措施，动员各级各部门统一思想，共克时艰，确保完成全年的各项目标任务，促进全市经济平稳较快发展。

27日 市首家土地流转服务中心——广饶县大王镇土地流转服务中心成立。

28日 市委副书记、市长张建华主持召开加快文化旅游业发展座谈会。听取市政协关于加快黄河口文化产业发展的建议，研究全市文化旅游业发展措施。

29日 全市基层信访干部业务培训班在市委党校开班。

12 月

1日 市召开会议，部署创建全国残疾人工作示范城市工作。

1日 《东营市烟草制品零售点合理布局规定》发布执行。

3日 黄河三角洲(中国·东营)特优农产品展示暨重点农业项目推介会在香港举行。市委副书记刘曙光到会介绍市情和黄河三角洲特优农产品发展情况。

4日 市家庭教育指导中心成立。

5日 国家重点工程黄大铁路跨黄河特大桥奠基仪式在利津县北宋镇举行。省委常委、常务副省长王仁元，神华集团董事长陈必亭，省政府副秘书长张超超，省发改委主任费云良，市和油田领导张秋波、张建华、于树健、王玉君、杨士民、李中树，潍坊市、滨州市及河北省有关部门负责人参加奠基仪式。

9日 市委宣传部、东营日报社联合举办“纪念改革开放30周年暨庆祝建市25周年”知识竞赛活动。

9日 省人口和计划生育目标责任制考核组在省人口和计划生育委员会副主任宋新强带领下来东营检查考核工作。

11日 济南军区黄河三角洲生产基地举行“纪念改革开放30周年暨生产基地成立45周年”庆典。

12日 全市“实践科学发展观，争当黄河三角洲开发建设排头兵”活动总结大会召开。全面总结活动开展情况，通报表彰活动先进单位。

12日 科技部党组成员、副部长张来武来东营调研农村信息化建设工作。

12日 广饶县丁庄镇获“国家卫生镇”称号。

12日 全省首个“自邮一族”服务系统在东营启动。

15日 市委召开有市委农村工作领导小组部分成员单位，县区、乡镇代表，农民代表和民主党派代表参加的座谈会，征求对《中共东营市委关于深入贯彻落实党的十七届三中全会精神加快推进全市农村改革发展的实施意见》的意见。

18日 市委书记、市人大常委会主任张秋波到东营科英激光电子有限公司、东营方圆有色金属有限公司和市人力资源市场调研。

19日 东营市召开纪念改革开放30周年暨庆祝建市25周年理论研讨会。

24日 中央综治办督导室副主任崔红星率国家检查组来东营检查2008年油区和“三电”专项整治行动开展情况。

25日 市委、市政府举行纪念改革开放30周年暨庆祝建市25周年大会。回顾改革开放30年的光辉历程，总结建市25年来经济社会取得的巨大成就和创造的宝贵经验，展望黄河三角洲开发建设的美好前景，动员全市党员干部群众高举旗帜、深入贯彻落实科学发展观，在新的历史起点上推动经济社会又好又快发展，把改革开放伟大事业继续推向前进，努力开创黄河三角洲开发建设的新局面。

25~27日 受国家旅游局委托，省旅游局党组成员、纪检组长周嘉禄，带领创建中国优秀旅游城市验收组来东营，检查验收东营市创建中国优秀旅游城市工作情况。

26~27日 市委举行四届五次全会。深入学习贯彻党的十七届三中全会和省委九届六次全会精神，就东营市贯彻落实工作作出部署；听取和审议市委常委会工作报告；审议通过《中共东营市委关于深入贯彻落实党的十七届三中全会精神加快推进农村改革发展的意见》；评议2008年度干部选拔任用工作。

27日 市城乡规划协会成立。市规划局局长孙庆荣当选协会首任理事长。

28 日 全市经济工作会议召开。

29 日 东营市举办纪念改革开放 30 周年暨庆祝建市 25 周年大型成就展。

29 日 东营市在黄河影剧院举办 2009 新年音乐会。市几大班子领导，胜利石油管理局、石油大学、济军生产基地领导，部分市级老领导，全市各行各业代表、市民群众观看演出。

29 日 东营机场飞行区工程通过华东民航局质监站与山东监管办的验收。

黄河三角洲高效生态经济的功能定位

1.全国重要的高效生态经济示范区。高效利用区域优势资源，推进资源型城市可持续发展，加强以国家级湿地、黄河入海口为核心的生态建设与保护，实现经济社会发展和生态环境保护的有机统一，为全国生态经济发展探索新路径、积累新经验。

2.全国重要的特色产业基地。遵循循环经济发展理念，大力推进清洁生产，突破制约产业转型升级的关键技术，培育一批特色优势产业集群，构筑现代生态产业体系，建成全国重要的高效生态农业基地和循环经济示范基地。

3. 全国重要的后备土地资源开发区。发挥盐碱地和滩涂资源丰富的优势，统筹规划土地资源开发利用，合理划分农业、建设和生态用地，探索土地利用管理新模式，推进土地集约高效开发，为环渤海地区拓展发展空间提供有力的土地资源保障。

4.环渤海地区新的增长极。充分利用两个市场、两种资源，扩大对内对外开放，重点加强与环渤海地区和东北亚各国的经济技术交流合作，提升综合实力和竞争力，经济社会发展和生态文明建设协调推进，成为环渤海地区具有高效生态经济特色的新增长极。

东营概貌

- 东营市辖 2 区 3 县、23 个镇、13 个乡、7 个街道办事处
- 2008 年全市生产总值 2052.62 亿元，比上年增长 13.7%
- 机构与领导人

建置区划

【位置面积】 东营市位于山东省北部黄河三角洲地区，中华民族的母亲河——黄河，在东营市境流入渤海。东营市地理位置为北纬36°55′~38°10′，东经118°07′~119°10′。东、北临渤海，西与滨州市毗邻，南与淄博市、潍坊市接壤。南北最大纵距123公里，东西最大横距74公里，总面积7923平方公里。

【建置】 东营市建市前的历史主要沿广饶、利津、垦利3县历史追溯。位于市域南部的广饶县历史悠久，五千多年前就有人类居住，西汉高祖六年(公元前201年)置县；位于市境西部的利津县金明昌三年十二月(1193年1月)以永利镇升置利津县；位于市境北部的垦利县境大部系黄河新淤地，1943年在中共垦区抗日民主政权的基础上建立垦利县。至建市前，3县的建置、隶属迭次变更。

1961年4月，华北石油勘探处在原广饶县辛店公社东营村附近打成第一口勘探井——华八井，获日产8.1吨工业油流。从此，拉开华北石油会战的序幕。1962年9月23日，在东营构造上打的营2井获日产555吨油流，为当时全国日产量最高的油井。为纪念打出这一高产油井之日，胜利油田始称“九二三厂”。随着石油勘探开发会战的深入发展，东营村一带逐步形成了由会战指挥部和一些二级单位机关及后勤单位组成的矿区城镇，人们称之为“基地”。1965年3月，为支援石油会战，经中共山东省委批准，惠民地委决定成立县级工作机构——中共惠民地区东营工作委员会和东营办事处，并组建一批为矿区服务的商业、金融、邮电等机构。1971年6月11日，九二三厂更名为“胜利油田”。为适应胜利油田发展和开发建设黄河三角洲的需要，1982年8月山东省政府向国务院请示成立省辖地级市——东营市，同年11月10日国务院以[82]国函字249号文件批复了省政府请示，划原惠民地区的垦利、利津2县，广饶县的4个公社，沾化县的4个公社，博兴县的1个公社和3个大队，成立省辖地级东营市。1983年8月30日，国务院以[83]国函字175号文件批复了山东省政府请示，把广饶县划归东营市。1983年10月15日，召开东营市成立庆祝大会，东营市正式挂牌。

【区划】 建市初，全市划为东营、牛庄、河口3个区，广饶、利津、垦利3个县，3个镇、55个人民公社，1780个生产大队。1984年撤社改乡、撤队改村。1987年6月，牛庄区与东营区合并为东营区。此后多次进行乡镇规模调整，撤、并了一些乡镇。至2008年底，东营市辖东营、河口2个区，广饶、利津、垦利3个县，23个镇、13个乡、7个街道办事处，1781个村民委员会。

人口　民族

【人口】 2008年全市人口小幅增长。据1%人口抽样数据推算，年末全市常住人口200.48万人，增加1.39万人。城镇化率57.77%，比上年提高0.67个百分点。年末公安部门统计的户籍数58.44万户，人口为183.97万人，增长0.5%，其中：男性人口93.05万人，女性人口90.92万人。全市人口出生率8.59‰、死亡率4.86‰、自然增长率3.73‰；出生人口性别比为107。

【民族】 2008年底，全市共有36个少数民族成份，4530人（常住人口），占全市总人口的0.3%；人口最多的是回族，共2136人，占全市少数民族人口的47.5%，其他百人以上的有满族、壮族、蒙古族、土家族、苗族、白族。其中，胜利油田有26个少数民族成份，3691人；石油大学有9个少数民族成份，52人；地方有28个少数民族成份787人。全市少数民族散居的自然村154个。

自然环境

【地质】 东营市地处华北坳陷区之济阳坳陷东端，地层自老至新有太古界泰山岩群，古生界寒武系、奥陶系、石炭系和二叠系，中生界侏罗系、白垩系，新生界第三系、第四系；缺失元古界，古生界上奥陶统、志留系、泥盆系、下古炭统及中生界三叠系。凹陷和凸起自北而南主要有：埕子口凸起(东端)、车镇凹陷(东部)、义和庄凸起(东部)、沾化凹陷(东部)、陈家庄凸起、东营凹陷(东半部)、广饶凸起(部分)等。

【地貌】 地势沿黄河走向自西南向东北倾斜。西南部最高高程为28米(大沽高程，下同)，东北部最低高程1米，自然比降为1/8000~1/12000；西部最高高程为

11米,东部最低高程1米,自然比降为1/7000。黄河穿境而过,背河方向近河高、远河低,背河自然比降为1/7000,河滩地高于背河地2~4米,形成“地上悬河”。全市微地貌有5种类型:古河滩高地,占全市总面积的4.15%,主要分布于黄河决口扇面上游;河滩高地,占全市总面积的3.58%,主要分布于黄河河道至大堤之间;微斜平地,占全市总面积的54.54%,是岗、洼过渡地带;浅平洼地,占全市总面积的10.68%,小清河以南主要分布于古河滩高地之间,小清河以北主要分布于微斜平地之中、缓岗之间和黄河故道低洼处;海滩地,占全市总面积的27.05%,与海岸线平行呈带状分布。 (史 言)

【气候】 东营市地处中纬度,背陆面海,受亚欧大陆和西太平洋共同影响,属暖温带大陆性季风气候,基本气候特征为冬寒夏热,四季分明。春季,干旱多风,早春冷暖无常,常有倒春寒出现,晚春回暖迅速,常发生春旱;夏季,炎热多雨,温高湿大,有时受台风侵袭;秋季,气温下降,雨水骤减,天高气爽;冬季,天气干冷,寒风频吹,雨雪稀少,多刮北风、西北风。主要气象灾害有霜冻、干热风、大风、冰雹、干旱、涝灾、风暴潮灾等。境内南北气候差异不明显。多年平均气温12.8℃,无霜期长达206天,≥10℃的积温约4300℃,可满足农作物的两年三熟。年平均降水量555.9毫米,多集中在夏季,占全年降水量的65%,降水量年际变化大,易形成旱、涝灾害。

2008年全市年平均气温13.6℃,较常年偏高0.8℃;年降水量410.1毫米,较常年略偏少26.2%;光照时数2456.2小时,接近常年偏少7.6%。总的气候特点是:冬季冷暖变化幅度大,前期暖,后期冷,降水量接近常年略少;春季气温起伏明显且冷暖交替频繁,降水量偏多,降水过程主要集中于4~5月份;夏季气温适宜,高温天气出现频次少,降水偏少且时空分布不均,南部降水量明显多于北部,雷暴、冰雹、暴雨等强对流天气时有出现;秋季气温以偏高为主,降水量接近常年略少。 (信志红)

【河流】 黄河东营段上起滨州界,自西南向东北贯穿东营市全境,在垦利县东北部注入渤海,全长138公里。黄河水径流量年际变化大,年内分配不均,含沙量大。据利津水文站1950~2001年实测资料,黄河年均径流量332.6亿立方米,最大973.1亿立方米(1964年),最小18.8亿立方米(1997年);最大流量为10400立方米每秒(1958年7月),最小流量为断流干河;年均输沙量8.36亿吨,最大21亿吨(1958年),最小0.15亿吨(1997年)。

20世纪90年代以来黄河年径流量减少,经常出现断流。1999年后,黄河水利委员会加大对沿黄地区引水的管理力度,断流现象趋缓,2000~2008年实现不断流。2008年,黄河利津站径流量147亿立方米(报汛值),比常年少59%,来沙0.8亿吨,比常年少91%。

全市除黄河外共有骨干排水河道30条。以黄河为分界线,黄河以南属淮河流域,有小清河及其支流淄河、阳河、泥河子、预备河,支脉河及其支流小河子、武家大沟、广蒲河、五干排,广利河及其支流溢洪河、东营河、老广蒲河、五六干合排、六干排,永丰河及其支流三排沟,张镇河、小岛河20条河流;黄河以北属海河流域,有潮河及其支流褚官河、太平河,马新河,沾利河,草桥沟,草桥沟东干流,挑河,神仙沟及其支流新卫东河10条河流。

【海域】 东营市海岸线北起顺江沟河口,南至淄脉沟口,全长412.67公里,约占山东省海岸线的1/9。“0”米至岸线滩涂面积10.19万公顷。负10米等深线以内浅海面积4800平方公里。沿岸海底较为平坦,浅海底质泥质粉砂占77.8%,沙质粉砂占22.2%。海水透明度为32~55厘米。海水温度、盐度受大陆气候和黄河径流的影响较大。冬季沿岸有2个月冰期,海水流冰范围为0~5海里,盐度在35‰左右;春季海水温度为12℃~20℃,盐度多为22‰~31‰;夏季海水温度为24℃~28℃,盐度为21‰~30‰;黄河入海口附近常年存在低温低盐水舌。东营海域为半封闭型,大部岸段的潮汐属不规则半日潮,每日2次,每日出现的高低潮差一般为0.2~2米,大潮多发生于3~4月和7~11月,潮位最高超过5米。易发生风暴潮灾,近百年来发生潮位高于3.5米的风暴潮灾7次。近海在黄河及其它河流作用下,含盐度低,含氧量高,有机质多,饵料丰富,适宜多种鱼虾类索饵、繁殖、洄游。

自然资源

【土地资源】 全市土地总面积1188.49万亩,人均占有土地6.72亩,是山东省人均占有土地的2.6倍。其中,农用地面积564.46万亩,占全市土地总面积的47.49%;建设用地面积168.19万亩,占全市土地总面积的14.16%;未利用地面积为455.84万亩,占全市土地面积的38.35%。1855~1985年,黄河平均每年淤地造陆3~4万亩;1985年后,因黄河来水量减少,造陆速度趋缓。

【水资源】 年平均水资源量5.32亿立方米,其中地表水资源量为4.47亿立方米,多集中在夏季,大部分排入海洋,利用率较低。地下淡水资源为0.85亿立方米,主要分布在小清河以南地区,其北为咸水区。黄河是境内主要客水水源,多年平均径流量为358亿立方米,年际间丰枯变化较大,近几年年均引水量10亿立方米左右,2008年共引黄河水7.26亿立方米,基本满足区域工农业生产用水和生态用水需要。小清河多年平均入境径流量为5.82亿立方米,支脉河多年平均入境流量为2.82亿立方米。

2008年,东营市总供水量93349万立方米,其中,地表水源供水量83226万立方米,地下水源供水量10123万立方米。

【矿产资源】 主要有石油、天然气、卤水、煤、地热、粘土、贝壳等。至2008年底,胜利油田共发现不同类型油气田75个,累计探明石油地质储量48.34亿吨,探明天然气地质储量2299.95亿立方米。沿海浅层卤水储量2亿多立方米,深层盐矿、卤水资源主要分布在东营凹陷地带,推算储量达1000多亿吨。煤的发育面积约630平方公里,主要分布于广饶县东北部、河口区西部,因埋藏较深,尚未开发利用。地热资源主要分布在渤海湾南新户、太平、义和、孤岛、五号桩地区及广饶、利津部分地区,地热异常区1150平方公里,热水资源总量逾1.27×10^{10}立方米,热能储量超过3.83×10^{15}千焦耳,折合标准煤1.30×10^{8}吨。

【生物资源】 农作物品种数百个,木本植物44科、79属、179种(含变种),其中用材树种主要有刺槐、毛白杨、旱柳、国槐、白榆等,经济树种主要有苹果、梨、枣等;草场类植物有35科、84属、93种;中草药类植物300余种,其中有采集价值的近70种;有浮游植物116种,蕨类植物4种。畜禽类约11科20余种40多个品种,主要有猪、牛、羊、鸡、家兔等;鸟类48科270种,其中国家一类保护鸟类7种,二级保护鸟类33种;水生动物有641种,其中有淡水鱼类108种、海洋鱼类85种;主要经济鱼品种有草鱼、刀鲚、鲫鱼、鲤鱼、鲈鱼、刀鱼等。(史 言)

国民经济与社会发展综述

2008年,全市经济保持较快增长,各项社会事业协调发展。全市生产总值2052.62亿元,比上年增长13.7%。第一产业增加值70.08亿元,增长5.0%,对GDP的贡献率1.2%;第二产业增加值1570.93亿元,增长13.2%,对GDP的贡献率74.3%;第三产业增加值411.61亿元,增长17.2%,对GDP的贡献率24.5%。经济结构保持“二三一”的格局。三次产业结构为3.4∶76.5∶20.1。

农业生产形势良好。全市粮食总产量72.92万吨,增长1.6%。粮食播种面积161.89万亩,与上年持平。全年粮食平均亩产450.5公斤,增长1.6%。棉花播种面积172.7万亩,增长1.5%,总产量13.63万吨,增长17.8%,单产78.9公斤,增长16%。蔬菜产量216.38万吨,增长1.5%;瓜类产量12.39万吨,增长15.0%。“三网”绿化工程投资8.1亿元,动用土石方11994.41万立方米,建设林带2922.27公里,植树2806.26万株,完成造林面积8.78万亩,增长200%;新建农田林网控制面积18.2万亩,增长70%。肉蛋奶总产量46.61万吨,增长12.2%。全市水产品产量41.82万吨,增长5.0%。全市水产养殖面积145.41万亩,增长9.6%。全市农村用电量4.38亿千瓦时,增长3.5%。化肥施用折纯量11.45万吨,下降12.59%。农业机械总动力210.02万千瓦,增长3.8%。加强农田水利建设,有效灌溉面积239.7万亩。新建和改造农村公路611公里,新增沼气用户7000户。

工业生产增速放缓。前9个月全市工业经济快速增长,10月后受全球金融危机影响,工业经济困难逐渐显现。全年规模以上工业实现增加值1676.48亿元，增长14.5%，回落2.4个百分点，其中地方工业增加值776.48亿元，增长20.1%，回落16个百分点。规模以上工业实现主营业务收入4205.88亿元，增长34.2%；利润752.66亿元，增长38.1%；利税1239.11亿元，增长56.1%。工业经济效益综合指数610.8。总资产贡献率58.1%，资本保值增值率136.8%，资产负债率37.2%，流动资产周转率5.3次，全员劳动生产率536258元/人，产品销售率98.72%。建筑业稳步发展。资质以上建筑业企业完成产值175.38亿元，增长1.4%；全员劳动生产率15.39万元/人，增长5.6%。建筑业实现增加值70.93亿元，增长14.2%。

固定资产投资规模扩大、结构优化。全年完成固定资产投资873.81亿元，增长25.1%，其中地方完成固定资产投资692.15亿元，增长23.2%。第一产业完成投资34.79亿元，增长48.8%；第二产业完成投资572.77亿元，增长15.5%；第三产业完成投资266.25亿元，增长48.4%。房地产开发投资完成67.99亿元，增长7.1%。商品房施工面积727.6万平方米，增长2.0%；竣工面积229.5万平方米，下降7.2%。商品房销售面积244.5万平方米，增长5.3%，商品房销售额61.52亿元，增长1.7%。

消费品市场繁荣。全市实现社会消费品零售总额254.61亿元，增长23.3%。全年实现外贸进出口总额411932万美元，增长55.3%，其中出口197233万美元，增长40.7%。全年新批外商直接投资项目25个，合同外资18475万美元，增长6.0%。实际到账外资金额17961万美元，增长15.0%。全年新签对外劳务合同33份，合同额23468万美元，完成营业额16748万美元；派出劳务人数808人，年末在外务工人员898人。

交通运输能力提高。全年道路货运总量6634万吨，增长6.0%，其中营业性6262万吨，增长25.6%；货物周转量84.87亿吨公里，增长8.0%，其中营业性81.51亿吨公里，增长25%；全年道路客运总量2629万人，增长1.1%，其中营业性951万人，增长8.6%；客运周转量18.42亿人公里，增长1.0%，其中营业性13.78亿人公里，增长8.2%。

邮电通信业平稳增长。全年完成邮电业务总量30.79亿元，增长4.6%。年末固定电话交换机容量52.74万门；移动电话交换机容量374.3万门；固定电话用户数67.68万户；移动电话用户数226.9万户，新增51.64万户；互联网用户数33.01万户；光缆总长度22.4万芯公里。

旅游业加快发展。黄河口生态旅游区跻身国家4A级旅游景区。全年共接待海内外游客429.22万人次，增长30.1%，其中入境游客1.67万人，增长46.5%。旅游总收入28.66亿元，增长39.8%，其中旅游外汇收入1530万美元，增长128.9%。

财政收支快速增长。实现全口径财政收入413.86亿元，增长20.9%，其中地方一般预算收入70.95亿元，增长18.0%。地方财政支出89.72亿元，增长17.6%。

金融保险运行平稳。年末全市金融机构各项存款余额1032.78亿元，比年初增加188.34亿元。金融机构各项贷款余额695.87亿元，比年初增加100.55亿元。保险行业全年保费收入31.49亿元，增长13.8%。全年赔款支出5.52亿元，增长15.1%。

教育事业健康发展。全市有普通高校5所，在校生50186人，增长12.5%；普通中学104所，在校学生114968人，下降1.0%；中等职业学校11所，其他学院（校）附设中专部5处，在校学生23226人，增长1.5%；小学185所，在校学生145077人，下降0.1%；特殊教育学校2所，在校学生411人，增长10.5%；幼儿园524所，在园幼儿59711人，增长5.3%。适龄儿童入学率100%，巩固率100%。

科技事业取得较大进展。27家企业被认定为高新技术企业，7项产品被评为国家重点新产品，14项产品列入省自主创新产品目录，48项产品被评为省级高新技术产品。技术市场签订技术合同2150份，成交额12.17亿元，增长15%。专利申请量2944件，授权专利量1836件。

高新技术产业加快发展。规模以上工业高新技术产业实现产值812.26亿元，增长34.4%。高新技术产业产值占规模以上工业总产值的比重19.2%，比年初提高0.5个百分点。

文体事业协调发展。年末全市共有艺术表演团体5个，群众艺术馆1个，文化馆5个，公共图书馆6个，博物馆1个，电影放映单位32个。广播电台5个，广播发射台6个，广播综合人口覆盖率100%；电视台6个，电视综合人口覆盖率100%；不含油田有线电视用户达27.2万户。竞技体育工作实现新发展，参加全省青少年锦标赛获得22枚金牌、14枚银牌、15枚铜牌；推进第十一届全国运动会东营赛区筹备工作；举办东营市第八届运动会及第一届黄河口马拉松全国邀请赛；实施全民健身工程；全年体育彩票销售额7000万元。

卫生事业健康发展。全市有各级各类医疗机构775家，其中医院69家，卫生院35家，疾病预防控制机构6家，卫生监督机构6家。卫生机构床位9972张。卫生技术人员10922人，其中医院7603人，卫生院1633人；执业医师3898人，执业助理医师693人，注册护士3857人，乡村医生卫生员2239人。

城市基础设施建设大力推进。“黄河水城”建设顺利实施。实施明泓闸至黄河路段、东二路至东四路段岸线建设及东二路至登州路段治理，投资7920万元。明潭公园工程投资4980万元。秋月湖公园工程一期投资1000万元。老广蒲河截污导污工程投资3000万元。东城污水管线改线工程投资2700万元。实施西城交通环境整治项目。国家环保模范城复审项目进展顺利。市污水处理厂改扩建工程投资1.4亿元，垃圾处理场整治扩建工程投资2700万元。

环境质量持续改善。当年完成限期治理项目39项，环境污染治理完成投资26170万元，全市建成7个烟尘控制区，面积126.8平方公里；噪声达标区11个，面积89.6平方公里。城市污水集中处理率70%。工业废水排放总量10620万吨；工业废气排放总量592亿标立方米；工业粉尘排放量2600吨。

人口小幅增长。据1%人口抽样数据推算，2008年末全市常住人口200.48万人，增加1.39万人。城镇化率57.77%，比上年提高0.67个百分点。年末公安部门统计户籍数58.44万户，人口183.97万人，增长0.5%，其中男性93.05万人。全市人口出生率8.59‰、死亡率4.86‰、自然增长率3.73‰；合法生育率98.9%；出生人口性别比为107。

城乡居民生活水平得到提高。城市居民人均可支配收入19487元，增长15.0%。城市居民人均消费性支出12416元，增长14.2%。城市居民恩格尔系数29.0%，人均住房建筑面积32.9平方米。农民人均纯收入6660元，增长13.5%。农民生活消费支出4160元，增长7.2%。农民恩格尔系数38.0%，农民人均居住面积33.5平方米。

就业保持总体稳定。年末城镇单位在岗职工36.83万人，增长4.1%；平均工资33145元，增长10%，其中地方27661元，增长7.0%。新增城镇就业4.1万人，城镇登记失业率1.88%。

社会保障进一步完善。开展城镇居民基本医疗保险试点，参保率90%。建立物价上涨与提高保障标准联动机制，实行城乡低保人员生活补贴，增加困难群体冬季供暖补贴；提高城乡低保、农村五保集中供养、残疾人救助等补助标准。新建农村安居房685户，落实廉租房200套，建成经济适用房2436套。

居民消费价格涨幅回落。随着各项调控物价政策的出台，粮油肉菜等农产品价格逐步下降，居民消费价格指数较快回落。全年居民消费价格各月同比涨幅依次为7.4%、6.4%、6.3%、5.7%、4.0%、3.9%、3.5%、2.5%、2.3%、1.0%、0.1%、-0.8%，形成了一条前高后低的曲线，12月份价格为负增长，降至全年最低水平。全年消费价格累计涨幅达到3.5%，比前三季度、上半年和一季度累计涨幅分别回落1.0、2.1和3.2个百分点。

名牌战略和标准化建设取得新进展。年末，全市共有中国名牌产品5个；山东名牌产品82个，其中新增16个；山东省服务名牌11个，其中新增4个。黄河口文蛤通过国家地理标志产品保护专家评审会评审，成为东营市第一个地理标志保护产品，黄河口大闸蟹地理标志保护已经国家质检总局受理并公示。共参与制定国家标准8项、行业标准34项、地方标准2项、农业地方规范14项。

安全生产形势稳定。全年共发生各类事故1390起、死亡212人、受伤1339人、直接经济损失617.68万元，事故起数、死亡人数、受伤人数、直接经济损失分别下降34.28%、5.36%、34.97%、16.22%。

2008年全省及各市主要经济指标表

	地区生产总值(亿元)	规模以上工业增加值(亿元)	工业利税总额(亿元)	房地产开发投资(亿元)	消费品零售额(亿元)	进出口总值(亿美元)	地方财政收入(亿元	粮食总产量(万吨)	棉花总产量(万吨)	肉类总产量(万吨)	水产品产量(万吨)	城镇居民人均可支配收入(元)	农民人均纯收入(元)
全　省	31072.06	16718.75	6430.46	1975.60	10381.20	1581.45	1956.87	4260.50	104.06	660.31	749.07	16305	5641
济南市	3017.42	1094.96	361.89	274.12	1356.68	80.27	186.02	281.50	3.54	36.20	4.09	20802	7180
青岛市	4436.18	2018.96	577.71	373.14	1464.77	536.52	342.44	333.66	0.42	51.54	105.74	20464	8509
淄博市	2316.78	1433.10	450.65	121.37	729.62	56.93	114.69	157.74	1.77	12.93	2.91	17629	7364
枣庄市	1092.83	594.65	272.76	38.88	297.60	6.69	52.73	180.03	0.37	21.03	4.27	14320	5723
东营市	**2052.62**	**1676.48**	**1239.11**	**67.99**	**254.61**	**41.19**	**70.95**	**72.92**	**13.63**	**20.97**	**41.82**	**19487**	**6660**
烟台市	3434.19	2005.73	709.82	263.69	1023.44	350.31	166.17	240.72	0.01	40.23	184.04	19350	7935
潍坊市	2491.81	1343.46	447.08	196.44	830.30	83.79	131.96	491.20	5.16	103.70	46.20	15691	7072
济宁市	2122.16	1047.70	417.80	68.56	728.34	32.68	119.45	416.94	16.56	65.29	30.36	16246	5965
泰安市	1513.30	800.57	308.58	43.07	466.84	15.08	76.40	290.68	1.24	32.74	6.94	16095	6046
威海市	1780.35	1003.26	293.87	150.22	483.62	118.05	93.67	100.13	0.00	10.80	205.64	18537	8495
日照市	773.14	369.57	149.53	54.09	212.36	92.68	36.33	106.35	0.13	14.31	46.47	14409	6038
莱芜市	455.79	304.19	89.88	12.84	135.60	27.63	30.25	27.38	0.12	5.60	0.34	17224	6646
临沂市	1958.21	884.17	260.59	119.00	816.94	39.89	80.23	432.47	1.25	57.34	11.60	17136	5382
德州市	1400.91	695.08	304.39	63.80	476.29	15.48	47.10	572.48	25.06	52.02	7.28	14545	5659
聊城市	1252.67	674.37	248.49	33.13	396.73	29.06	48.93	459.92	9.74	43.28	32.61	14559	5108
滨州市	1236.83	660.55	210.91	50.67	302.62	45.28	70.37	276.96	16.11	34.73	6.34	15960	5661
菏泽市	821.79	352.39	128.51	44.60	404.85	9.94	50.48	505.02	28.87	52.45	12.44	11581	4584

2008年全市分县区主要经济指标表

	单位	东营市		东营区		河口区		垦利县		利津县		广饶县	
		2008年	比上年增长（%）	2008年	比上年增长（%）	2008年	比上年增长（%）	2008年	比上年增长（%）	2008年	比上年增长（%）	2008年	比上年增长（%）
年末总人口	万人	183.97	0.5	61.8	0.3	21.3	0.5	21.8	0.5	29.7	0.3	49.3	0.6
地区生产总值	亿元	2052.6	13.7	180.2	20.0	84.5	20.3	160.1	20.3	100.0	15.6	322.3	19.2
第一产业	亿元	70.1	5.0	9.7	5.7	7.2	6.5	11.1	5.3	16.4	5.9	24.8	5.6
第二产业	亿元	1570.9	13.2	92.4	20.7	51.2	23.7	116.9	22.2	59.0	16.7	238.0	21.4
第三产业	亿元	411.6	17.2	78.1	21.0	26.0	17.4	32.1	17.7	24.6	20.4	59.5	17.0
人均国内生产总值	元	102741	12.9	74167	19.4	82981	19.5	73537	19.5	33724	14.9	66666	18.6
规模以上固定资产投资额	亿元	873.8	25.1	155.9	24.3	99.0	25.7	104.6	25.4	54.0	20.6	160.5	25.5
地方财政收入	万元	709531	18.0	128800	22.0	53293	18.0	59518	20.2	33616	20.1	109000	20.2
地方财政支出	万元	897236	17.6	144321	20.9	68104	26.8	84008	20.6	73882	19.0	162114	28.8
粮食总产量	万吨	72.9	1.5	6.5	22.6	1.7	21.4	7.0	4.5	8.1	-20.6	47.9	2.1
社会消费品零售总额	亿元	254.6	23.3	146.2	23.4	17.6	24.2	13.0	24.1	18.9	22.5	33.3	24.1
海关进出口总值	万美元	411932	55.3	44046	46.2	4452	15.2	23213	2.5	47730	156.8	178162	39.1
实际利用外资金额	万美元	17961	15.0	4821	18.6	1407	17.3	991	15.2	1450	17.0	2958	18.1
农民人均纯收入	元	6660	13.5	6738	14.1	6489	14.0	6485	14.0	6257	11.3	6985	14.1
在岗职工平均工资	元	33757	12.0	27281	5.1	27622	15.4	24605	8.8	23887	23.2	27773	12.1

东营市建市以来部分年份社会经济主要指标表

	单位	1983年	1985年	1990年	1995年	2000年	2005年	2007年	2008年
年末总人口	万人	136.74	143.46	156.93	164.11	172.1	180.50	183.09	183.97
全市生产总值	亿元	20.76	61.92	65.74	229.26	465.11	1166.14	1658.42	2052.62
粮食总产量	万吨	45.65	50.01	62.51	88.56	80.94	64.94	71.79	72.93
农业总产值	亿元	5.36	6.89	12.32	48.7	51.94	92.32	119.44	138.06
工业总产值	亿元	20.95	65.11	92.3	291.45	653	1734	3264.09	4221.51
固定资产投资额	亿元	8.51	31.79	46.11	97.78	197.44	605.7	698.60	873.81
社会消费品零售总额	亿元	2.74	4.47	9.05	35.03	68.11	149.0	206.54	254.61
地方财政收入	万元	22809	14342	25523	52856	152019	385412	601218	709531
地方财政支出	万元	2555	11810	34294	74655	175533	505039	762909	897236
各项存款余额	亿元	2.91	7.96	28.37	81.57	274.55	651.6	844.43	1032.78
居民储蓄余额	亿元	1.2	2.66	15.08	73.28	171.54	384.5	440.72	554.07
城镇居民人均可支配收入	元	—	789	1569	6174	8597	14939	18626	19487
农民人均纯收入	元	290	381	569	1636	2784	4602.7	5869	6660
在岗职工平均工资	元	979	1545	2766	6859	15325	26231	30132	33757
居民消费价格指数（以上年度为100%）	%	—	99.5	95.6	113.8	103.7	100.4	103.8	103.5
商品零售价格指数（以上年度为100%）	%	—	99.3	99.1	111	98.7	99.2	102.3	103.2

（陈京涛）

机构与领导人

（截止时间：2009 年 3 月）

一、市级领导班子

中共东营市委员会

书　记：张秋波

副书记：张建华　刘曙光

常　委：李玉卿　王玉君　张秀香(女)　曹连杰　田振玉　马登雨　刘赞杰　赵豪志　成育进　田青云　陈泽浦

委　员：于树健　马英川　王少南　王秀华　巴洪斌　田和友　田治颖　吕雪萍(女)　任思坤　闫树信　孙　波　李友丰　李中树　李延成　李金昆　张　惠(女)　张传胜　张俊海　张洪生　武林中　周燕明　郑建军　赵国芳(女)　赵福恩　姜振邦　聂建军　倪胜希　盖金香(女)

候补委员：巩洪波　刘云华　杨同柱　温龙亭　李俊峰　陈安忠　王西峰　纪梅英(女)

秘书长：田振玉

副秘书长：李友丰　郑子华　杨树行　郭学兰(女)　谢恩明　许玉德　李寿凯　武林中　徐　峰　刘斯杰　禹金春　李明安

东营市人民代表大会常务委员会

主　任：张秋波

副主任：周燕明(正厅)　杨士民　郭丰璞　崔兆武　温晓杰(女)

常　委：于世河　王观花(女)　王志国　王建伟　王春爱(女)　冯立军　巩洪波　任思坤　许本让　杨桂楠　李友丰　李建华　李胜昌　宋金兰　陈宜亮　郑云国　赵淑萍(女)　赵福恩　段长溪　耿振东　贾锡坤　徐广荣　徐小林　高连昌　曹金声　崔佃忠　盖金香(女)　薄万坤　魏瑞霞(女)

秘书长：孙三民

副秘书长：郑云国　冯立军　王志国

东营市人民政府

市　长：张建华

副市长：王玉君　曹连杰　吕雪萍(女)　李金昆　李中树　王吉能　宗承敏　闫树信

市长助理：张俊海　温龙亭　巴洪斌

秘书长：杨梦斌

副秘书长：谢　毅　贾文昌(兼)　王西峰　王玉宝(兼)　刘美海　高　雳　张宝华　陈荫鲁　王延亮　柴德民　张　敏(女)　陈延星　肖献玲(挂职)

政协东营市委员会常务委员会

主　席：于树健

副主席：倪胜希　陈　胜　王少飞　王景春　张作龙　王新红　张　惠(女)　王秀华

秘书长：柴玉宝

副秘书长：徐荣华　齐立信　万永山　孙家恩

常　委：丁群宗　马　俊(女)　王玉文　王旬果　王志刚　王志安　王秀花(女)　王进河　王新明　方向正　尹文昌　尹芳田　生钦勇　任勤林　刘云华　刘安明　刘汝彬　刘树亮　刘晓东　杨云山　李孟发　李明英(女)　李明选　李榕桦(女)　时宝华　邱新德　沈彦明　宋心仿　宋艳云(女)　宋继亮　张　卫　张开兴　张兆明　张河辉　张俊林　陈建平　尚凡太　胡立新　郝桂玉(女)　赵有亮　段　鸿(女)　贾祥伦　徐广铭　徐凤擎　徐冬梅(女)　郭方明　高　峰　董树平　董春梅(女)　蔡祖奇　黎逢国

中共东营市纪律检查委员会

书　记：马登雨

副书记：李桂华　王　川

常　委：魏光青　郭立安　陈立福　许建洲　冯玉峰　于锡富(兼)

委　员：王观花(女)　王传祥　王建民　王建国　王春爱(女)

王培林　成希琴(女)
曲同德　任爱玲(女)
安　立　许冬霞(女)
李在忠　李胜昌
李道明　杨云山
初　晓　张玉岐
张永生　张寿华
张春良　顾修迅
柴玉宝　徐梅清
栾庆恩　黄凤云(女)
曹明刚　盖士珍(女)
秘书长:许建洲

二、东营市中级人民法院 东营市人民检察院

东营市中级人民法院

院　长:王少南
副院长:徐　飞(正县)
郑少锋(正县)
冯俊海(正县)
薄其红(女,正县)
胡友泉(正县)
纪检组长:马建国
执行局局长:孙洪武
政治部主任:张焕强
工会主席:张承文
正县级审判员:邢建华
副县级审判员:耿振勇
纪　勇　牛金臣
宋子美(女)　岳新民
来庆云(女)　黄龙照
李道华　王文献
宋学民
副县级执行员:张学山

东营市人民检察院

检察长:马英川
副检察长:陈建林(正县)
魏玉民(正县)
赵友明(正县)
李砺生(正县)
反贪局局长:李金强
纪检组长:鞠允和
党组成员、正县级检察员:
陈　凌(女)
党组成员:巴会东　李金宝
政治部主任:赵建民
党组成员、副县级检察员:
张东霞(女)
工会主席:刘学农
正县级检察员:盖文华
岳方顺　张新德
副县级检察员:刘传华
梁金城　王荣昌
杨克明　周博生
张金成　李辉华
张　军　张　彬
高义尧　任海涛

三、市委工作机构及部门管理机构

中共东营市纪律检查委员会机关、东营市监察局

副书记:李桂华　王　川
监察局局长:王　川
监察局副局长:魏光青
张开兴(正县)　郭立安
办公室主任:张和森
干部室主任:许冬霞(女)
监察综合室主任:张　鹏
宣传教育室主任:康　伟(女)
案件审理室主任:张俊琦
信访室主任:黄凤云(女)
党风廉政建设室主任:
尹会朋
市政府纠风办主任:
任爱玲(女)
纪检监察二室主任:张玉岐
调研员:魏光青　张继同
正县级检查员:陈立福
副县级检查员:郑秀红(女)
陈　金
副调研员:孙玉昌

中共东营市委办公室

主　任:李友丰
副主任:张国忠　陈慧丽(女)
张凤峨　王文明
市保密局(办)局长(主任):
郭学兰(女)
市委机要局局长:张国忠
市委督查考核办公室主任:
刘庆亮(副县)
调研员:杨树行　谢恩明
徐　峰
副调研员:朱君增　张建明
张维岭

中共东营市委组织部

部　长:刘赞杰
副部长:张寿华
巴学军(常务)
徐梅清(正县)
王　毅　梁海伟
市委组员办主任:石循刚
副调研员:王圣锋
市委干部监督工作督查员:
袁永鹏(副县)

中共东营市委宣传部

部　长:田青云
副部长:张乃行　侯岱印
马洪军　崔相国(正县)
张连福
市文明办主任:侯岱印
市文明办副主任:
岳翠峰(女)
市委外宣办(市政府新闻办公室)主任:任增庆
副调研员:徐教连　崔建国

中共东营市委统一战线工作部

部　长:王秀华
副部长:杨云山(常务)
蔡　华(正县)
周秀荣(女,正县)　王延生
副调研员:刘剑辉　陈宏伟
张俊芳(女)

中共东营市委台湾工作办公室(东营市人民政府台湾事务办公室)

主　任:李明选

副主任、调研员:王　平

中共东营市委政法委、东营市社会治安综合治理委员会办公室

书　记:张秀香(女)

副书记:谢光同(常务)

郭瑞祥　马新华(正县)

盖九志　张俊臣(正县)

综治办主任:郭瑞祥

市出租房屋与流动人口综合管理办公室主任:张月南

政治处主任:王广兴(副县)

副调研员:任　杰　高建国

中共东营市委政策研究室

主　任:李寿凯

副主任:缪恩庆　何宏强

调研员、市委农村工作领导小组办公室主任:缪恩庆

副调研员:臧民杰　徐福生

中共东营市委市直机关工作委员会

副书记:耿振东(常务)

王培林　张永生

胡永平

纪工委书记:李如彬

调研员:吴汝华

副调研员:扈春雷

中共东营市委、东营市人民政府信访局

局　长:李明安

副局长:侯建波　王克杰

张晓彬(女)

纪检组长:王家亮

正县级信访检查员:刘书校

副县级信访检查员:宋加鹏

中共东营市委老干部局

局　长:王　毅

副局长:宋明春　彭宝德

副调研员:李春兰(女)

东营市610办公室

主　任:盖九志

副主任:鞠效贵

调研员:郭金星

四、市直群团组织

东营市总工会

主　席:王少飞(兼)

副主席:徐庚祥(常务)

侯敏玉　刘　童(女)

孟庆文

经费审查委员会主任:朱文平

调研员:王秀娥(女)

副调研员:任永青(女)

张光月

共青团东营市委

书　记:巩洪波

副书记:阎　霞(女)

赵东良　陈伟颂

东营市妇女联合会

主　席:赵国芳(女)

副主席:贾玉娟(女)

高立燕(女)　王增玲(女)

调研员:刘永华(女)

妇女儿童工作委员会办公室主任:李　静(女,副县)

东营市科学技术协会

副主席:高树森　任建全

副调研员:马兰学

东营市归国华侨联合会

党组书记:张建平

副调研员:马玉兰(女)

东营市文学艺术界联合会

主　席:任勤林

副主席:王家志　西文丽(女)

东营市社会科学界联合会(东营市社会科学院)

主　席:张　卫

副主席:杨国明

东营市工商业联合会

主　席:王景春(兼)

副主席:王延生(常务)

张建军

秘书长:张学胜

副调研员:王安秋

王景华(女)

东营市残疾人联合会执行理事会

理事长:魏玉玲(女)

副理事长:许建仁

聂丽英(女)　郭玉成(兼)

调研员:尹方奎

副调研员:张广城

中国国际贸易促进委员会东营市委员会

会　长:许其杰

副会长:王俊义　张守娟(女)

秘书长:王俊义

东营市红十字会

会　长:陈　胜(兼)

副会长:李玉莲(女,常务,正县)

五、市级民主党派

民盟东营市委员会机关

主　委:王新红

副主委、秘书长:郭方明

民建东营市委员会机关

主　委:宋心仿

九三学社东营市委员会机关

主　委：陈　胜
副主委、秘书长：李榕桦(女)

六、东营市人大机关、政协机关

东营市人大机关

党组书记：孙三民
党组副书记：王建伟
　郑云国　冯立军
办公室主任：冯立军
副主任：魏汉森　董希涧
调研员：常连军
离退休干部工作处处长：
　毕玲绪(女)
信访室主任：谢永峰
人事代表工作室主任：
　王志国
副主任：蒋　炜
副调研员：孙广凤(女)
研究室主任：郑云国
副主任：朱晓东(女)
财政经济委主任委员：
　杨士民(兼)
副主任委员：王建伟(正县)
　杨桂楠(正县)
　任思坤(正县)
内务司法委主任委员：
　郭丰璞(兼)
副主任委员：高连昌(正县)
　李胜昌(正县)
　王春爱(女，正县)
副调研员：孙革新
城乡建设与环境资源保护委
主任委员：郭丰璞(兼)
副主任委员：徐广荣(正县)
　段长溪(正县)
　王观花(女，正县)
副调研员：张会祥
农业与农村委主任委员：
　崔兆武(兼)
副主任委员：许本让(正县)
　曹金声(正县)
教育科学文化卫生委主任委员：温晓杰(女，兼)
副主任委员：宋金兰(正县)
　薄万坤(正县)
副调研员：马爱国
民族侨务外事委主任委员：
　杨士民(兼)
副主任委员：
　盖金香(女，正县)
　周华芝
调研员：周华芝

东营市政协机关

党组书记：柴玉宝
党组副书记：徐荣华
办公室主任：徐荣华
副主任：李全稳　王新民
调研员：郑怀德　刘宪义
　万永山
副调研员：姜建华(女)
　李淑敏(女)
提案委主任：时宝华
副主任：刘安明(正县)
　刘云华(正县)　刘　晖(女)
经济委主任：董树平
副主任：张吉利(正县)
　刘锡森(正县)
副调研员：韩广强
科教文卫体委主任：李孟发
副主任：赵宏儒(正县)
　张秀香(正县)
副调研员：刘金保
港澳台侨和外事委主任：
　徐广铭
副主任：刘宪义
　李建业(正县)
社会法制委主任：黎逢国
副主任：尹文昌(正县)
　张振文(正县)　魏金民
文史资料委主任：刘汝彬
副主任：尚凡太(正县)
　王相溪(正县)　王殿军
委员活动工作室主任：
　房崇岭
副主任：鞠效祥
研究室副主任：孙家恩

七、市政府工作部门、部门管理机构、议事协调机构、办事机构、派出机构

东营市人民政府办公室

党组书记：杨梦斌
党组副书记、主任：谢　毅
副主任：李梦来　曾　勇
　赵永刚(援疆)
纪检组长：张光莹
市政府应急管理办公室主任：扈新安
市政府督查考核办公室主任：王德岳(副县)
调研员：张宝华　陈荫鲁
副调研员：刘春瑞　尚茂中
　贾　晖　刘志利
　谢宝柱

东营市人民政府法制办公室

主　任：李竹辉
副主任：马保文　尹玉增

东营市人民防空办公室

主　任：李志成
副主任：高吉荣　曹永湖

东营市民族宗教事务办公室

主　任：杨振福
副主任：张炎炜

东营市发展和改革委员会

主　任：张传胜
副主任：王相举　王延德
　马庆华　李宗洲
　王海舰　刘洪华
纪检组长：丛培田
党组成员、环渤海地区经济联合市长联席会东营市市长特派员：黄建新(正县)

开发性金融合作办公室主任：张传胜
开发性金融合作办公室副主任：高　琼
副调研员：孙书元

东营市物价局
局　长：李福杰
副局长：刘云峰　刘金锋
纪检组长：薄其田
党组成员：张俊贤
副调研员：张福生

东营市经济贸易委员会
主　任：陈安忠
副主任：王泮青　王建国
龙　舰　蔡印松
伍其东
工会主席：王光乐
纪工委书记：伍其东
市口岸办公室主任：许钦增
市政府节约能源办公室主任：张玉明(副县)
调研员：门新国　王曰舜
祁曰玲(女)
副调研员：耿佃发　杜树杰
刘文峰　颜　敏(女)
刘贻伦

东营市教育局
局　长：张洪生
副局长：刘晋伦
李从涛(正县)　张义泉
马立怀
工会主席：孟昭亮
纪委书记：李殿义
正县级督学：张义泉
曲作彬
副县级督学：刘德强
副调研员：王明华

东营市科学技术局
局　长：孙　波
副局长：罗守玉　张兆明
李树坤　陈泽郊
宋建业
纪检组长：张良政

东营市公安局
局　长：张俊海(副市级)
政　委：高桂亭　赵　喆
副局长：刘庆志(正县)
王相海(正县)
商　巍(正县)　周海林
党委委员：王春亭　牟兴泉
纪委书记、警务督察部督察长：石　磊
指挥中心主任：于克强
政治部主任：张艳春(女)
工会主席：张玉国
国内安全保卫支队支队长：贾永杰
国内安全保卫支队政委：张云江
刑事侦查支队支队长：聂建春
刑事侦查支队政委：焦振龙
刑事侦查支队副调研员：李　伟
治安警察支队支队长：逯学树
治安警察支队政委：王安忠
经济犯罪侦查支队支队长：蒋庆刚
经济犯罪侦查支队政委：于　波
特警支队支队长：李广俊
特警支队政委：孙连国
交警支队支队长、党委书记：王春亭
交警支队政委、党委副书记：牟兴泉
交警支队副支队长：李保华
高　华　孙中才
刘卫忠
交警支队纪委书记：黄　峰(女)
交警支队副调研员：王　强
王学斌
东营分局局长、党委书记：燕纪光
东营分局政委：王克德
河口分局局长、党委书记：陈　军
河口分局政委：尚其华
正县级侦察员：李湘兵
调研员：王春亭
副调研员：尹　莉(女)
张建邦　侯　强
王　刚
副县级侦察员：崔兆鹏
张怀明

东营市民政局
局　长：纪梅英(女)
调研员、党组副书记：杨建民(女)
副局长：张吉旺　岳希安
纪检组长：李兴民
市民间组织管理办公室主任：张吉旺
市双拥办副主任：张兴军
调研员：刘锡汉
副调研员：王守业　台德林
李维新

东营市司法局
局　长：吴国华
副局长：耿丽霞(女)　马占峰
纪检组长：崔立纪
市渤海公证处主任：于志臣
调研员：于绍源
副调研员：杜宝亭　李春章
刘明芳　荀振光

东营市财政局
局　长：李俊峰
副局长：倪文华　李中元
薛在山　隋振明

党组成员:崔希尧
纪检组长:盖士珍(女)
国资办主任:巩春波
政府采购中心主任:
袭祥珠(副县)
调研员:倪文华
副调研员:高良文 田树雨
薄立新(女) 崔卫国

东营市人事局、东营市机构编制委员会办公室

局长、编办主任:张寿华
副局长:胡英之(正县)
徐鲁平(正县) 李全民
郑新民
纪检组长:孙葆春
编办副主任:李全民
市外国专家办公室主任:
崔 华
副调研员:田成杰
王梅英(女) 王晓军
王桂华(女)

东营市劳动和社会保障局

局 长:温龙亭
党组副书记、调研员:高维忠
副局长:李新良 王福军
于学友
纪检组长:夏清波(女)
调研员:徐天华

东营市建设委员会

主 任:崔建华
党工委副书记:
苏冠群(正县) 阎继方
副主任:薛炳勤(正县)
张春栋 杨立亮
纪工委书记:陈步科
工会主席:侯湘华
总工程师:胡建设
副调研员:贾相学 曹立民
徐信楼

东营市房产管理局

局 长:常淮诚
副局长:由立志
郑其田(挂职)
调研员:刘建廷
副调研员:张永强 王 健

东营市规划局

局 长:孙庆荣
副局长:张兰海(正县)
副调研员:郭新民

东营市交通局

局 长:李兆君
党委副书记:郑月成
副局长:赵兰海 韩雪峰
燕渭泽 韩宏伟
纪委书记:杨继红(女)
工会主席:王爱军
调研员:曹阳明
副调研员:刘天华

东营市水利局

局 长:黄梅芳
副局长:宋金相 李永军
荆长安
纪检组长:魏兆荣
工会主席:郑炜东
总工程师:耿沛华
党组成员:郭兰昌
调研员:王少明 兰光明
副调研员:魏星明 曾宪锋
齐万让

东营市农业局(东营市农业综合开发办公室)

局长(主任):尚观华
副局长:牛永昌 于伙政
迟法波 柳宝旺
纪检组长:柳永杰
工会主席:段秀林(女)
市农开办副主任:陈 强
鞠明庆
市农场办主任:张兴峰
市农机办主任:王武军
调研员:郝立刚
副调研员:娄维佐 万栋才
周天志

东营市林业局

局 长:纪葆东
副局长:李召法 苟祥臣
董守城 李全鸿
纪检组长:马立村
总工程师:李春庆
副调研员:乔来秋 王玉祥
张长岱

东营市海洋与渔业局

局 长:杨同更
副局长:张兆坦 吴炳礼
郭东升
纪检组长:孙习能
党组成员:孙家祥 刘永然
调研员:孙家祥
副调研员:刘玉华(女)
王进河

东营市对外贸易经济合作局

局 长:宋国忠
副局长:许其杰 刘志军
孙建坤
纪检组长:于金明
招商促进办公室主任:
王 新(副县)
调研员:徐宏云(女)
副调研员:季光华 张义英
周 斌 万福胜

东营市粮食局(东营市粮油企业集团总公司)

局 长(经理):薄官和
副局长:燕立志 缪钦然
杨忠起
纪委书记:胥和堂
工会主席:许钦勇

副调研员：刘兴文 彭 刚
张建军

东营市文化体育局（东营市新闻出版局、版权局）

局 长：张利华
副局长：刘金千 周剑平
李 艳(女) 杨玉华(女)
纪检组长：孟庆璟
市新闻出版局副局长：刘金千
副调研员：赵树茂 常光兴

东营市卫生局

局 长：孙庆九
副局长：韩志东 马友范
李英亮 王春红(女)
成军华
纪委书记：苏江平
医务工会主席：毕平安
副调研员：宋 勇

东营市人口和计划生育委员会

主 任：刘美华(女)
市计生协会常务副会长：
耿锡亮
副主任：张 丽(女) 张 健
巴沾红(女)
纪检组长：张宪生
副调研员：高清法

东营市审计局

局 长：曲同德
党组成员、调研员：李玉平
副局长：张树芹(女) 耿考青
纪检组长：王国军
总审计师：成志强
市经济责任审计办公室主
任：冯培勤
市政府投资审计办公室主
任：李志山
副调研员：李建华 任德海
李华敏(女)

东营市环境保护局

局 长：李永元
副局长：王相和 周爱文
王秀凤(女)
党组成员、调研员：房 伟
总工程师：毕乃东
纪检组长：邵小龙
调研员：牛荣奎
副调研员：吕洪孝

东营市统计局

局 长：曹明刚
副局长：孙者耕 刘永明
刘文山
纪检组长：张 虎
总统计师：孙 峰
副调研员：吴翠荣(女)

东营市旅游局

局 长：杜延明
副局长：陈际锦 盖云飞
韩松林
纪检组长：戴昶昱
副调研员：柳进叶(女)
刘秀华(女)

东营市人民政府外事与侨务办公室

主 任：陈广风
党组副书记、调研员：李景武
副主任：陈延秋 连明杰
程爱华(女)
纪检组长：穆清军
副调研员：张世昌 殷长海

东营市油区工作办公室

主 任：王西峰
党组成员、调研员：晋军(女)
副主任：徐华强 陈贵才
宋联升
纪检组长：曹瑞森
党组成员：盖双河
副调研员：许守朋 赵阅丰
王光让

东营市城市管理行政执法局

局 长：魏秀明
副局长：李希杰 张京连
刘国光
纪检组长：李宝峰
副调研员：吕江浩

东营市安全生产监督管理局

局 长：李 辉
副局长：张树芳 刘相永
陈登山
党组成员、调研员：高兰霞
纪检组长：陈德成
副调研员：邢金书

东营经济开发区管理委员会

主 任：李金昆(兼)
东营高新技术产业开发区管
委会主任：李本军
党工委副书记：李本军
霰景亮 丁卫东
副主任：丁卫东 张春明
温晓杰(女) 马忠堂
纪工委书记：郭兴建
工会工委主任：薄传友
调研员：商照华
副调研员：张建立 周洪光

东营港经济开发区管理委员会

主 任：巴洪斌
党工委副书记：宋迎章
荆向辉
副主任：宋迎章 李卫国
曹国华 李景东
陈安军
纪工委书记：王新文
工会工委主任：刘志奋
副调研员：刘汝勇

八、市直正县级以上事业单位

中共东营市委党校（东营行政学院）

校　长：张秋波
常务副校长：赵福恩(副厅)
副校长：西曰德　王舜增
行政学院院长：赵福恩
行政学院副院长：
胡英之(正县)
办公室主任：牟春辉
教务处处长：王光辉
行政处处长：郭玉良
干部业余教育处处长：
周云华
科研处处长：顾玉珍(女)
党史党建教研室主任：
李寿峰
法学教研室主任：张英俊
政治理论教研室主任：
徐三朋
经济学教研室主任：张志国
管理学教研室主任：种效博
调研员：吕桂庆　巴素英(女)
副调研员：苑国锋　刘绪柱

东营市经济发展环境建设管理办公室（东营市外来投资者投诉中心办公室）

主　任：郭立安
副主任：姜士海　陈令军

中共东营市委党史研究室

副主任：陈金亮　綦俊霞(女)
副调研员：丁月照

东营日报社

社长、党委书记、编委会主任：张乃行
副总编辑：黄功霖　杨荣寅
岳清峰
副社长：刘柱坤
尚保三(聘任)
副调研员：何绍华

东营市档案馆(东营市档案局)

馆(局)长：许玉德
副馆(局)长：张淑民　张鸿文

东营宾馆(东营市接待处)

经　理(处长)：宋振生
副经理(副处长)：杨清林

山东省法官培训学院东营分院

院　长：王少南(兼)
副院长：魏大阳

东营市行政审批中心办公室

主　任：高　雳
副主任：李红燕(女)
李仁刚

东营市招商局

局长：郭顺先
副局长：高申廉　李友堂
纪检组长：张培斌

东营职业学院（东营市广播电视大学）

党委书记：聂肇正
院　　长：杜金亮
党委副书记、纪委书记：
解本功
副院长：巩汝训　郭宗诚
张松叶(女)
工会主席：徐纪尊
工会副主席：任宝明
团委书记：王振华
团委副书记：聂雪奎
党办(院办)主任、招生就业处处长：任典云
党办(院办)副主任：高　磊
赵华君
组织人事处处长：李广坤
组织人事处副处长：成洪琨
教务处处长：郭宗诚(兼)
教务处副处长：尹铁林
学生工作处副处长：郑金光
杨登山
学生工作处调研员：李如茂
招生就业处副处长：张汝山
总务处副处长：张建平
成国强
文法系副主任：王玉新
刘立国
文法系党总支副书记：
王玉新　呼立花(女)
计算机系副主任：杨欣斌
栾昌海
计算机系党总支副书记：
聂仁凯
教师教育系主任、党总支书记：巩汝训(兼)
教师教育系副主任、党总支副书记：李维金
教师教育系党总支副书记：
李汝中
工业工程系副主任：李　勇
程素娟(女)
工业工程系党总支副书记：
李　勇　张国勇
经济系副主任：张银亭
经济系党总支副书记：
徐云祥　张银亭
农业工程系副主任、党总支副书记：娄金华
艺体系主任、党总支书记：
郭喜忱
艺体系副主任：宣立华
中专部主任、党总支书记、成教处处长：张广城
中专部副主任：王洪水
中专部党总支副书记：
王洪水　商松志
基础部副主任：曹丽芳(女)
成教处副处长：郭学岩
孙士铸
科研处副处长：鞠荣祥
现代教育技术中心副主任：
刘成新
基建处副处长：董其国
农科所所长：刘玉新
农科所副所长：孙玉江

东营市技术学院（东营市劳动就业训练中心）

党委书记：单连仁
院　　长：杨国利
党委副书记、纪委书记：刘秀清(女)
副院长：张增国
院长助理(副县)：郭　琳　王荣三　魏一江　巩曰随
工会副主席：组　良(副县)
调研员：吴梅村
副调研员：刘文国　徐生悦

东营市市政公用事业管理局

局　长：段作亮
副局长：董志辉　李英杰　张大中
纪检组长：刘俊华
总工程师：聂绍果
副调研员：成德金

东营市畜牧局

局　长：黄人运
副局长：许其成　葛怀舟　张建民
纪检组长：缪新军
总畜牧师：于景花(女)
副调研员：赵长征

东营市人民政府调查研究室

主　任：王延亮
副主任：王建明　张学全
副调研员：张月锐　苏保乾　宋宝辉

东营仲裁委员会办公室

主　任：裴秀峰
副主任：张俊国　马英华

东营市信息产业局（东营市信息化办公室)

局长(主任)：李士勇
副局长：生钦勇(正县)　王守武　孙景山　王　峰
纪检组长：孙树志
总工程师：王志安
副调研员：任和庭

东营市广播电视局

局　长：马洪军
党组副书记、调研员：王振寰
副局长：李德发　郑福华　孙乐春
党组成员：韩祥明
纪检组长：于龙田
总工程师：马勤建

东营市推进黄河三角洲高效生态经济区建设领导小组办公室

主　任：王玉君(兼)
常务副主任：张传胜
副主任：薛荣建　姜正广

东营市重点项目办公室（东营市铁路建设管理办公室)

主　任：王延德
副主任：朱建坤　高　琼　杨　周

东营市建设投资公司

经　理：王相举

东营市城市建设投资发展有限责任公司

董事长、总经理：王海舰
副总经理：李永峰　孙香凤(女)

东营市地震局

局　长：朱明芝
副局长：辛文山

东营市第一中学

校　长：刘晋伦
副校长：张振峰　付贞祥　田效方
纪委书记、工会主席：张利波

东营市第二中学

校　长：刘桂华
副校长：王学理　孙青山　古爱兵
纪委书记：赵可旺

东营市实验中学

校　长：陈召华
副校长：李家军　刘向华　薄启晨
纪委书记、工会主席：张德刚

东营市胜利教育管理中心

主　任：金家民
党委副书记、纪委书记：杨志高
副主任：刘志春　马海雁　张贤云　刚宪军
工会主席：赵汝升
总会计师：张贤云
副调研员：诸葛绪成

东营市胜利第一中学

校　长：刘志春
副校长：史本泉　甄　熹
纪委书记、工会主席：徐惠东
副调研员：张克举

东营市老龄工作委员会办公室

主　任：付守华
副主任：张宝德
副调研员：苏德奎　刘光耀

东营市财政信用投资公司

经　理：崔希尧

东营市非税收入征收管理局

局　长：吴立岩
副局长：吕连岭

刘建忠(女) 孟宪台

东营市自来水公司
党委书记:段作亮
副经理:雒安国 孟庆军
张士信

东营市公路管理局
党委书记:李祥义
局 长:许维智
副局长:赵学强 岳新华
王方明 张尊剑
纪委书记:门金民
工会主席:董安林
总工程师:李德月
总会计师:白继新
副调研员:丁立兴
薛乐梅(女)

东营港航管理局
局 长:李兆君
副局长:毛 浩
副调研员:张建武

山东黄河三角洲国家级自然保护区管理局
局 长:孙继续
副局长:于江荣 李龙杰
赵 岩(女,兼) 吕成修
纪检组长:王 洁
总工程师:刘月良
副调研员:赵景文 隋效章

东营市人民医院
院 长:马友范
副院长:薄成收 刘丛华
陈士远
纪委书记、工会主席:薄成收
副调研员:赵德芳

东营市疾病预防控制中心
主 任:李英亮
副主任:黄继东 郭乃利

东营市体育运动学校
党委书记:张利华
校 长:高 雷
副校长:任成江 崔学文

东营市住房公积金管理中心
主 任:王建军
副主任:崔玉海 金凤霞(女)
纪检组长:马文谦
副调研员:赵连春

东营市知识产权局
局 长:刘仁豪
副局长:刘志坚 商志孝

东营市、胜利石油管理局、石油大学油地校结合办公室
主 任:贾文昌 王西峰
王玉宝
副主任:王跃平

中国石油大学国家大学科技园管理委员会办公室(东营市科技成果转化促进中心)
主 任:孙 波
副主任:杨长军
刘更民(兼)

东营市供销合作社联合社
理事会主任:马保峰
理事会副主任:陈志强
刘怀民
监事会副主任:潘翠芬(女)

九、市直副县级事业单位

中共东营市委机关服务中心
主 任:陈慧丽(女)

东营市老干部活动中心(东营市老年大学、东营市老年人活动中心)
主任(校长):马洪增

东营市对台经贸促进中心(东营市台胞接待站)
主任(站长):周长虹(女)

东营市人大机关服务中心
主 任:王跃彬

东营市人民政府机关服务中心
主 任:杨学义

东营市史志办公室
主 任:杜金华

东营市服务业办公室
主 任:邵杰光

东营市企业职工培训中心
主 任:刘梅兰(女)

东营市育才学校
校 长:李宝明

东营市胜利第二中学
校 长:王 涛

东营市教育科学研究院
院 长:牟光明

东营市人民警察培训学校
校 长:刘炳禄

东营市科学技术情报研究所
所 长:徐自文

东营市财政投资评审中心
主 任:王树合

东营市财政集中支付中心
主 任:隋振明

东营市人才服务中心
主 任:宋 涛

东营市事业单位登记管理局
局　长:田兵兵

东营市机关事业单位社会保险事业处
主　任:燕书斌

东营市社会劳动保险事业处
主　任:田振力

东营市劳动就业办公室
主　任:辛雁冰

东营市医疗保险事业处
主　任:郭晓峰

东营市农村社会养老保险事业处
主　任:孙怀亮

东营市城市规划设计研究院
院　长:李延庆

东营市房地产综合开发公司
经　理:董建华

东营市建筑设计研究院
院　长:韩春刚

东营市勘察测绘院
副调研员:薄荫槐

东营市公共交通汽车公司
经　理:韩宏伟

东营市交通稽查支队
支队长:刘毅刚
政　委:李振兴
副调研员:李建设

东营市道路运输管理处
处　长:李希俊

东营市公路勘察设计院
院　长:孙文圃

山东省公路桥梁检测中心
主　任:李德月

东营市公路管理局公路工程处(东营市公路工程总公司)
处长(经理):阎国强
党总支书记:聂江山

东营高速公路管理处
处　长:孙庆明
副调研员:陈增圣

东营市公路管理局路政管理支队
支队长:孙运军

东营市水利局灌溉管理处
处　长:郭兰昌

东营市水土保持委员会办公室(东营市水土保持监督管理站)
主任(站长):燕海云(女)

山东省农业广播电视学校东营市分校(东营市农村科技教育培训中心)
校　长:郑竹民

东营市渔政监督管理处
处　长:刘永然

东营市艺术团
团　长:王江勇

东营市图书馆
馆　长:赵国防

东营电视台
台长、总编辑:韩祥明

东营人民广播电台
台　长:郑福华

东营市卫生监督执法局
局　长:张立民

东营市第二人民医院
院长、党委书记:颜培光

东营市妇幼保健院
院　长:刘安平

东营市爱国卫生运动委员会办公室
主　任:李忠学

东营市环境监测站(东营市环境保护科学研究所)
站长(所长):姜　华(女)
副调研员:王炳杰

东营市环境监察支队
支队长:贾文泽

东营市企业调查队
队　长:朱秀辉

东营市农村社会经济调查队
队　长:赵晓民

东营民用航空管理站
站　长:宋清华

东营市油田物资稽查支队
支队长:盖双河

东营市安全生产执法监察支队
支队长:刁洪军

东营市市政工程公司
经　理:唐永国

东营市供热管理处
处　长:马光山

东营市园林绿化处

处　长：王海生

东营经济开发区投资促进中心

主　任：张善英

东营经济开发区行政审批服务中心

主　任：孙军田

东营经济开发区国有资产运营有限公司

总经理：李宗福

十、市属其它有关单位

东营市人民政府驻北京联络处

主　任：宋守强

副主任：王克杰　张兆印

东营市人民政府驻济南办事处

副主任：刘明辉　侯建波

东营市商业银行

董事长：石子强

监事长：袁学军

行　长：高树松

副行长：邢　发

纪委书记：王乃军

工会主席：王丽莎(女，副县级)

市委、市政府对口支援坝底灾后恢复重建工作领导小组办公室

主　任：李宗洲(正县级)

副主任：张春栋(正县级)

市坝底工作指挥部副总指挥兼坝底工作指挥部办公室主任，市坝底工作指挥部党委副书记：

张春栋（正县级）

市坝底工作指挥部办公室副主任，市坝底工作指挥部党委委员：王青(副县级)

东营市物资总公司

总经理、党委书记：刘传玉

黄河农场

场　长：盖乃焕

副场长：信泽春

东营市广北农场

副场长、党委副书记：

王建东(主持工作)

副场长：张加光

东营市畜禽良种场

场　长：张茂林

东营市历史博物馆

馆　长：付建森

副调研员：张万春

山东省无线电管理办公室东营管理处(东营市无线电管理处)

调研员：周爱峰

副调研员：周荣义

经济区概念的黄河三角洲

作为经济区概念的黄河三角洲，山东省在 2008 年 3 月编制的《黄河三角洲高效生态经济区发展规划》中界定为：包括东营和滨州两市全部，以及与其相毗邻，自然环境条件相似的潍坊、德州、淄博和烟台的部分地区，共涉及 6 个设区市的 19 个县(市、区)，总面积 2.65 万平方公里，占全省的六分之一。对黄河三角洲高效生态经济区的范围，早在 2001 年，国家发改委在“十五”计划纲要的解释中特别指出：“高效生态经济建设的规划范围为东营市行政区，陆域面积 8053 平方公里，浅海面积 4800 平方公里。”

党政政务

- 市委办公室工作
- 市人大常委会
- 市政府办公室工作
- 市政协

中国共产党东营市委员会

【概况】 2008年，东营市委团结带领全市广大党员、干部和群众，深入贯彻落实科学发展观，积极推进解放思想，加快改革开放，全力实施黄河三角洲开发建设总战略，促进经济社会又好又快发展，各项工作取得新进展，黄河三角洲开发建设迈出坚实步伐。

一、突出落实科学发展观主题，深入开展实践活动。利用7个月时间，在全市开展“实践科学发展观，争当黄河三角洲开发建设排头兵”活动。突出“实践”主题，通过组织开展大讨论、专题调研、办实事、“四比四争四创”等专题活动，动员全市各级及广大干部群众以争当排头兵的实际行动具体实践科学发展观，努力在推动科学发展上取得新成效，在推进黄河三角洲开发建设上实现新突破。通过活动各级干部思想境界得到新提升，干部作风有了新转变，改革创新取得新进展，开发建设开创新局面，科学发展呈现新气象，在面临严重困难和严峻挑战的情况下，全市经济保持平稳、较快发展的良好势头。

二、实施黄河三角洲开发建设总战略，拉开大开发大建设格局。市委按照省委建设经济文化强省的决策部署，结合东营实际，对加快推进开发建设作了研究安排，明确发展思路、任务目标和工作着力点。以主体产业区建设、重大基础设施建设、生态环境建设等“三大建设”为突破点，拉开大开发大建设格局。一是主体产业区建设全面启动。“四区一城”建设取得重大进展，与中海油的合作全面展开，炼化企业重组、港口转让已签协议，各项合作加快推进；高端产业区引进一大批高新技术项目，发展势头良好；生态旅游区、生态高效农业区编制完成规划，基础设施加紧建设，一批项目正在实施；黄河水城建设取得重大进展，广利河“三园一区一岸线”工程进展顺利。二是重大基础设施建设加快推进。“三路两港一场”建设进展顺利，威乌高速公路建成通车，黄大铁路正式开工，德龙烟铁路前期工作进展顺利；东营港引桥及2×3万吨级码头已建成，2×5万吨级液体化工码头立项，广利港建设前期准备加快推进；东营机场跑道改扩建工程完成，正在建设新航站楼。三是生态环境建设取得重大进展。“三网”绿化工程加快推进，2008年投资7.58亿元，完成绿化面积28万亩，植树3037万株，初步构建“三网”绿化工程的主体框架。原生态湿地系统、“三网”绿化工程和黄河水城，构成东营生态环境的鲜明特色。四是体制机制创新和政策争取工作实现新突破。设立黄河三角洲开发建设推进办公室，“四区一城”分别由一名市领导和主要部门靠上推进。组建东营经济开发区和东营港经济开发区国有资产运营公司、黄河水城管理公司、黄河口渔业公司，搭建起市场化融资平台，吸收金融资本和社会资本进入，形成强有力的融资功能和推进力量。政策争取工作成效显著，资源型城市可持续发展试点示范城市、土地改革创新试点城市争取工作取得重大进展，省政府批准东营为山东省综合配套改革试点市，自然保护区生态用水、黄河标准化堤防建设获批准。

三、以转变经济发展方式为主要任务，推动经济又好又快发展。2008年，面对国际金融危机加剧，其影响和冲击严重的新情况，贯彻落实中央和省委、省政府扩大内需、促进经济增长的政策措施，经济保持平稳、较快、健康发展。全市实现生产总值2052.62亿元，比上年增长13.7%；财政总收入413.86亿元，其中地方财政收入70.95亿元，增长18%；城镇居民人均可支配收入19487元，增长15%；农民人均纯收入6660元，增长13.5%。一是抓投资、保增长。落实中央宏观调控政策，注重从东营实际出发，做到区别对待、有保有压，促进经济平稳较快增长。7月以来，提出把投资作为经济增长的第一拉动力，推进固定资产投资，优化投资结构，防止经济下行。中央和省里制定出台扩大内需、促进经济增长的政策措施后，东营迅速展开各项工作。成立扩大内需和项目投资工作综合协调领导小组及工业经济运行指挥部，编制提报75个项目，积极向上争取支持，全市在建和拟新建亿元以上项目119个。规模以上固定资产投资873.81亿元，增长25.1%，高新技术产业投资增长63.3%，农业投资增长48.8%，服务业投资增长48.4%。全力以赴帮扶企业，建立领导干部和职能部门联系企业制度，推动政银企合作，采取设立担保资金、中小企业市场开拓基金、企业互保资金等措施，保障资金供应，帮助企业渡过难关。二是加快调整经济结构。加大产业结构调整力度，改造提升传统产业，与中海油合作改造炼化企业进入实质推进阶段；发展石油装备制造业，举办国际石油装备与技术展览会，签约一批项目。集中精力抓大项目，实施投资过亿元的技改项目99个，完成投资165.6亿元。召开全市服务业发展工作会议，制定出台加快服务业发展的政策措施，推进文化旅游业、现代物流业、科技与信息服务业三大产业发展，建设中央商务区，加快打造广利河服务业产业带，重点突破黄河口生态旅游。启动创建中国优秀旅游城市工作，带动服务业发展。全市服务业增加值增长17.2%，高出GDP增速3.5个百分点。发展现代农业，培植渔业、畜牧等优势产业，发展休闲观光农业，扶持龙头企业发展，农业产业化水平进一步提高，新增省级以上农业龙头企业11家。调整区域经济结构，坚持市属经济和县域经济一起抓，加快发展地方经济，地方经济占全市经济的比重达到53%。市属经济加快发展，东营经济开发区在全省省级开发区综合评比中居第六位；县域经济竞相发展，各县区经济增长在20%以上，广饶县在全国百强县排名中居第77位，比上年前移4个位次。三是突出抓好节能减排。发展循环经济，加快培育“林纸一体化”等8个循环经济链条，推进25个循环经济项目，抓好50户重点企业节能降耗。全市万元生产总值能耗、二氧化硫排放量、化学需氧量排放量都实现控制目标。四是加大自主创新力度。推进产学研结合，推进区域创新体系建设，规划建设国家大学科技园和可持续发展研究院。全市高新技术产业产值达到812.26亿元，比上年增长34.4%。五是扩大对外开放。召开全市对外开放工作会议，实施全面开放战略，把开放放在牵动全局的位置，推进产业招商和专业招商，转变外贸增长方式，提高开放水平。全市实际利用外资1.79亿美元，比上年增长15%；实现进出口总额41.2亿美元，增长55.3%，其中出口19.7亿美元，增长40.7%。

四、把握执政为民的本质要求，保障和改善民生。把民生问题作为关系改革发展稳定全局的大事，解决群众最关心、最直接、最现实的利益问题，改善人民群众的生活质量和水平。努力促进就业，坚持以创业带就业，重点推进就业服务体系建设。全市新增城镇就业4.1万人，转移农村劳动力5.9万人，城镇登记失业率1.88%，企业最低工资标准达到760元。完善社会保障体系，巩固城乡“五保五救助”成果，不断扩大社会保障覆盖面，从11月1日起提高城乡居民最低生活保障、五保老人供养和残疾人救助标准。提高困难群众冬季供暖补贴标准。开展城镇居民基本医疗保险试点，参保率处于全省领先水平。建立最低生活保障与物价上涨联动机制，城市低保人员每月补贴30元，农村补贴20元。在解决“住有所居”方面，落实廉租房165套，新开工400套，农村建设安居房685套。解决黄河南展区居民住房问题，投资7799万元，拓展村房台18处，开工24处。发展社会事业，农村中小学全部达到省级规范化学校二类以上标准，新建75个农村社区卫生服务站。年初确定的农产品和食品药品安全系统建设、解决偏远地区居民就医难问题、城乡居民住房保障等10件便民实事全面完成。解决关系群众切身利益的问题，做好手足口病防疫、婴幼儿奶粉事件处置工作，解决安全生产、食品药品安全、环境安全等群众反映强烈的问题，坚决纠正土地征收征用、城镇房屋拆迁、企业重组改制和破产等工作中损害群众利益的问题，维护群众合法权益。

五、协调推进民主政治和先进文化建设，促进社会文明进步。坚持以民主政治建设凝聚力量，以先进文化引领社会风尚，以油地军校团结发展促进社会和谐。一是推进民主政治建设。支持人大及其常委会依法履行监督权、重大事项决定权和选举任免权，支持人民政协履行政治协商、民主监督、参政议政职能，加强与民主党派、工商联和各界人士的团结合作，发挥工会、共青团、妇联等人民团体联系群众的桥梁和纽带作用，加强人民法院、人民检察院工作。落实党务公开、政务公开、厂务公开、村务公开、社区事务公开，推进基层民主政治建设。贯彻落实济南军区“郑州会议”精神，抓好党管武装工作，加强民兵预备役建设，开展双拥共建活动。二是加强文化建设。把握社会主义先进文化前进方向，坚持马克思主义在意识形态领域的指导地位，加强社会主义核心价值体系建设，开展精神文明创建活动和群众文化活动，促进了全社会文明程度的提高，东营市被评为全省文明城市、全国创建文明城市工作先进城市。坚持团结稳定鼓劲、正面宣传为主，组织开展抗震救灾宣传、北京奥运会宣传、纪念改革开放30周年暨庆祝建市25周年等重大宣传活动，唱响主旋律，打好主动仗，有效引导社会舆论，加强对新闻媒体的管理，掌握舆论主动权。树立经济文化一体化发展的新理念新思路，以现代服务业为代表的特色产业为载体,统筹经济文化融合发展,努力做强经济硬实力和文化软实力,提升综合实力。立足东营文化资源优势,以生态文化为核心,着力打造黄河口特色文化品牌。制作、推出大型电视纪录片《黄河入海流》,对传播弘扬黄河口文化、扩大东营知名度、加快黄河三角洲开发建设产生有力推动作用。加快发展文化事业和文化产业,建设大平台汇集文化要素,集中规划建设重大场馆,会展中心主体工程完工,文化公园广场基础工程基本完成,“水城雪莲”剧院开始动工,在高端产业区规划建设8平方公里的科技公园,完成软件大厦主体工程。开展大活动拉动文化发展,举办首届黄河口马拉松全国邀请赛、第四届孙子国际文化节。推动组建大集团带动文化产业,加快推进文化体制改革,初步制定出版、报业、广电、演艺行业改革方案。三是促进油地军校团结发展。健全油地军校联席会议制度,召开2次油地军校联席会议,共同研究解决区域发展中的重大问题。各级党委和政府支持胜利油田、石油大学、济军生产基地的改革发展,特别是支持油田解决住房问题,抓好油区治安治理,营造油地军校团结发展的良好环境。

六、维护稳定安全,营造良好社会环境。市委把维护稳定安全放在压倒一切的位置,全面落实防范和管控措施。奥运会期间,组织开展维护稳定安全“百日行动”,取得奥运会安全保卫的全面胜利。围绕强化基层基础建设,推进和加强基层单位内部安全保卫工作,把基层单位建设成为维护稳定安全的坚强堡垒。针对中心城区交通秩序中存在的问题,实施交通秩序综合整治。针对东营市情和社会环境,开展“打黑除恶”斗争,深入开展社会治安综合整治“冬季行动”。“两抢”案件起数比上年下降25.5%,涉命、绑架案件分别下降2.9%、25%,群众对社会治安比较满意,安全感明显增强。搞好矛盾纠纷排查化解,实行市、县、乡三级领导干部公开接访制度,开展县区委书记公开大接访活动,适时集中开展矛盾纠纷排查化解活动,解决群众反映的突出问题,没有发生影响重大的群体性事件。来市、到省、进京上访起数比上年分别下降16.5%、23.8%、20.8%。抓好安全生产,严格落实安全生产责任制,集中开展专项整治,没有发生重特大安全生产事故。

七、以改革创新精神推进党的建设,为事业发展提供有力保证。抓住执政能力建设和先进性建设这条主线,全面推进党的思想、组织、作风和制度建设,为各项工作提供政治保证和组织保证。一是加强思想政治建设。把学习贯彻党的十七大精神作为首要政治任务,召开系列会议传达贯彻,作出《关于深入学习贯彻党的十七大精神的决议》,在全市兴起学习贯彻十七大精神的热潮。十七届三中全会召开后,市委常委会议立即传达学习,并召开市委四届五次全会对农村改革发展作出全面部署,制定出台《关于深入贯彻落实党的十七届三中全会精神加快推进农村改革发展的意见》。对贯彻落实中央宏观调控政策、支援南方抗击雨雪冰冻灾害、支援四川抗震救灾、奥运安保等重大决策部署和省委、省政府的指示要求,作为重大任务认真研究措施,坚决抓好落实。采取选派干部赴高校培训、举办形势报告会、专家讲座等形式,开展大规模培训干部工作,提高各级干部的理论素养,提高贯彻落实科学发展观的能力。举办各类学习班、培训班778期次,培训干部4.54万人次。二是加强基层组织建设。落实党建工作责任制,探索推行基层党组织书记抓党建工作专题述职制度。完善农村、城市社区、“两新”组织的党组织设置模式,扩大党的工作覆盖面。建立困难党员救助基金,加大党内关怀和帮扶力度。推进“远程教育入户”和“一体化网络”建设,发挥远程教育的综合效益。完善帮扶工作机制,下派帮扶工作取得明显成效。三是推进人才队伍建设。坚持党管人才原则,创新人才工作机制,加大人才引进、培养、使用力度,加强党政人才、企业经营管理人才、专业技术人才和高技能人才、农村实用人才队伍建设,推进社会工作人才队伍建设试点工作,为推动经济发展提供人才支撑。四是推进反腐倡廉建设。落实党风廉政建设责任制,制定完善惩治和预防腐败体系《分工方案》,推进反腐倡廉任务的落实。坚决惩治腐败的同时,注重治本、预防和制度建设。加强反腐倡廉教育,通过领导干部会议及集中上党课等方式,教育党员干部牢记廉政是第一保证、第一形象、第一责任。加强领导干部廉洁自律工作,健全完善监督制度,重点加强对党政“一把手”和关键岗位、重点工程的监督,坚决清理“小金库”和违规多占住房,增强了监督实效。推进体制机制创新,完善财政集中收付、工程招投标、土地招拍挂等制度,推进源头治理。坚决查处违纪违法案件，严惩腐败分子。全市立案查处违纪违法案件180件，给予156人党纪政纪处分。

八、贯彻党的干部路线方针政策，树立正确的用人导向。执行《干部任用条例》等政策规定，坚持走群众路线，扩大干部工作中的民主，完善干部选拔任用机制，提高选人用人公信度，得到广大党员群众的认可。一是按照标准选拔任用干部。坚持干部队伍“四化”方针和德才兼备原则，按照“八个坚持选用、八个坚决不用”的标准，根据工作实绩评价干部，按照事业需要选用干部，用扩大民主、尊重民意的办法进行干部调整，树立正确用人导向。提拔县级干部120人，其中正县级干部44人，副县级干部76人；因年龄原因改任非领导职务33人、免职27人。二是扩大干部工作中的民主。完善民主推荐、民主测评、民意调查制度，实行选拔任用干部考察预告、实绩公示、任前公示制度。开展以“两公开四差额”为主要内容的规范初始提名、差额选任干部试点工作，在各县区普遍推行，在市直部门单位进行副职初始提名试点，取得明显成效。坚持实行市委常委会审定干部考察方案制度和讨论决定干部任免票决制度，全面推行市、县区委全委会票决地方党政正职和重要部门、单位正职。推出“1+X”模式的干部人事制度改革总体思路，完善干部选拔任用的制度办法。普遍推行市直部门中层干部竞争上岗制度，对事业单位的中层干部普遍实行聘任制。推进公开考选，在市直和县区、乡镇、企业之间公开考选45名科级干部进行交流挂职。三是完善激励约束机制。完善体现科学发展观要求的综合考核评价体系，制定出台《县区经济社会综合评价和考核暂行办法》和《市直部门目标管理考核暂行办法》，树立科学发展的正确导向。强化考核结果使用，对2007年度考核存在问题的2个县级领导班子、9名县级干部进行跟踪管理，改任非领导职务并调离工作岗位3人。四是营造风清气正的选人用人环境。加强教育引导，把思想政治工作贯穿干部调整全过程。严明组织人事纪律，坚决防止跑官要官、买官卖官和“带病提拔”、“带病上岗”。加强监督检查，对县区贯彻执行《干部任用条例》情况进行集中检查，突出加强对违反程序选任干部、超职数配备领导干部等的检查。严格落实干部选拔任用工作责任制，推行干部选拔任用全程记实制度，建立组织部门列席下一级党委常委会及同级部门、单位党组(党委)讨论干部任免会议制度，实行新任职干部试用评价制度，推行市直部门单位选拔任用科级干部审批备案和县区选拔任用科级干部事前报告制度，加强对干部选拔任用工作的监督。

九、抓好市委常委班子自身建设。坚持“把握方向、谋划全局、提出战略、制定政策、营造环境”的职责定位，发挥总揽全局、协调各方的作用，加强对各级各方面的领导。贯彻执行民主集中制这一根本的组织制度和领导制度，完善和规范议事决策程序，每月召开3~4次常委会或常委扩大会，集体研究决定重大决策、重大项目安排、大额度资金使用、干部任免。对涉及全局性以及群众关心关注的重大问题，提前调查研究，进行反复论证，广泛征求专家、群众和社会各界的意见。召开以“学习和实践科学发展观”为主题的民主生活会，认真解决班子自身存在的问题。常委做到精诚团结、真诚共事、坦诚相待，形成团结协调的坚强领导集体。实行明确严格的常委分工负责制，常委分工明确、各负其责、独立负责，形成推进工作的合力。坚持理论学习制度，市委理论学习中心组安排8个专题，邀请专家进行辅导，集中举办市委理论学习中心组读书会，提高了常委班子的政治理论素养，带动各级干部形成学习讨论的良好风气。常委弘扬求真务实精神，深入实际开展调查研究，了解真实情况，指导解决问题，推进工作落实。在“实践科学发展观，争当黄河三角洲开发建设排头兵”活动中，常委以身作则，带头开展实践活动，带头推进重大工作，作出表率。常委高度重视反腐倡廉建设，落实党风廉政建设责任制，带头践行廉政承诺，自觉遵守廉洁自律规定，树立为民、务实、清廉的良好形象。

【市委重要会议提要】 1月18日，市委召开平安东营建设大会。深入贯彻全国、全省政法工作会议和平安山东建设大会精神，总结2007年工作，安排部署2008年任务。市委书记、市人大常委会主任张秋波参加会议并讲话，市委副书记、市长张建华主持会议。市委、市人大常委会、市政府、市政协、市法院、市检察院、胜利石油管理局、中国石油大学、济军生产基地有关领导及各县区委书记、市直有关部门负责人参加会议。各县区、乡镇(街道)设分会场。

2月21日，市委举行四届四次全会。对市政府秘书长及市政府部分组成部门正职拟任人选、推荐人选进行审议和投票表决，对当前工作进行研究部署。

2月27日，全市服务业发展工作会议召开。贯彻落实全省服务业发展工作会议精神，研究部署当前和今后一个时期全市服务业发展工作。市委书记、市人大常委会主任张秋波主持会议并讲话，市委副书记、市长张建华对服务业发展工作作具体部署。市委常委，市人大常委会、市政府、市政协有关领导，各县区委书记、县区长、宣传部长、分管副县区长，市直各部门、单位主要负责人，市部分服务业企业负责人参加会议。

3月21日，全市领导干部会议召开。市委书记、市人大常委会主任张秋波主持会议并讲话，全国人大代表、市委副书记、市长张建华传达第十一届全国人民代表大会第一次会议精神。市领导刘曙光、周燕明、王玉君、曹连杰、田振玉、马登雨、刘赞杰、田青云等参加会议。

4月1日，全市对外开放工作会议召开。贯彻全省对外开放工作会议精神，分析全市对外开放面临的形势，安排部署下一步对外开放工作。市委书记、市人大常委会主任张秋波主持会议并讲话，市委副书记、市长张建华讲话。市和胜利石油管理局、济军生产基地领导于树健、周燕明、张秀香、曹连杰、田振玉、马登雨、刘赞杰、田青云、吕雪萍、李金昆、宗承敏、王少南、马英川、张煜、杜立民等参加会议。

4月3日，全市“实践科学发展观，争当黄河三角洲开发建设排头兵”活动动员大会召开。动员全市各级及广大干部群众积极投身这一活动，以争当排头兵的实际行动，更加自觉地实践科学发展观，共同推进黄河三角洲开发建设这项伟大事业，推动东营在新起点上实现富民强市新跨越。市委书记、市人大常委会主任张秋波参加会议并讲话，市委副书记、市长张建华主持会议。市几大班子领导，市法院院长、市检察院检察长，各县区委书记、县区长，市直各部门、单位主要负责人参加会议。胜利石油管理局、中国石油大学、济军生产基地有关领导应邀参加会议。

4月21日，全市领导干部会议召开。传达贯彻全省领导干部会议精神，安排部署全市维护稳定工作。市委副书记、市长张建华参加会议并讲话，市委副书记刘曙光主持会议。市委常委，市人大常委会党组副书记，市政府副市长，市政协党组书记、副书记，市法院院长、市检察院检察长，市人大常委会、市政府、市政协秘书长，各县区委书记、县区长，市直有关部门、单位主要负责人参加会议。

5月29日，全市基层单位内部安全保卫工作会议召开。分析当前维护稳定工作面临的形势，动员全市上下统一思想，迅速行动，加强和改进基层单位内部安全保卫工作，形成社会安全稳定工作全民参与、群防群治的良好局面，夯实社会治安稳定的根基。市委书记、市人大常委会主任张秋波，市委副书记刘曙光参加会议并讲话。市委常委、政法委书记张秀香主持会议。市和胜利石油管理局、济军生产基地领导田振玉、郭丰璞、王吉能、张惠、李忠华、尚登贤，中国石油大学有关部门负责人，各县区委副书记、政法委书记、综治办主任、公安局长，市直各部门、单位主要负责人，中心城区部分企业负责人参加会议。

5月30日，全市经济工作会议召开。总结2008年以来全市经济运行情况，研究部署下一步经济工作。市委副书记、市长张建华参加会议并讲话，市委常委、副市长王玉君主持会议。市领导曹连杰、吕雪萍、李金昆、王吉能等参加会议。

6月15日，全市领导干部会议召开。传达胡锦涛总书记、温家宝总理在省区市和中央部门主要负责人会议上的重要讲话，进一步统一思想，提高认识，坚定信心，全力做好支援抗震救灾、经济社会发展和奥运会安全保卫工作，努力保持全市改革发展稳定的大好局面。市委书记、市人大常委会主任张秋波参加会议并讲话，市委副书记、市长张建华主持会议。市几大班子领导，各县区委书记、县区长及市直各部门、单位主要负责人参加会议。

6月20日，全市领导干部会议召开。深入学习贯彻全省领导干部会议精神，分析当前形势，结合东营市实际，对支援抗震救灾、做好当前经济工作及维护社会稳定、奥运安全保卫等作出安排部署。市委书记、市人大常委会主任张秋波，市委副书记、市长张建华参加会议并讲话，市委副书记刘曙光主持会议。市几大班子领导，各县区委书记、县区长及市直各部门、单位主要负责人参加会议。

6月27日，召开维护稳定安全“百日行动”电视电话会议。动员油地军校、全市上下打一场保奥运、保安全、保稳定、促和谐的攻坚战、保卫战，为奥运会的成功举办，为全市人民群众安居乐业、为黄河三角洲开发建设营造更加和谐稳定的社会环境。市委副书记刘曙光参加会议并讲话，市委常委、政法委书记张秀香主持会议。市和胜利石油管理局、中国石油大学领导郭丰璞、王吉能、马英川、张惠、李忠华、纪效田等参加会议。

7月1日，东营市庆祝建党87周年暨“七一”综合表彰大会召开。对全市各条战线涌现出的先进基层党组织、优秀共产党员、优秀党务工作者和农村党的建设“三级联创”活动先进集体进行表彰，动员全市各级党组织和广大党员干部团结奋斗，为加快黄河三角洲开发建设、实现经济社会又好又快发展作出新的更大贡献。市委书记、市人大常委会主任张秋波参加会议并讲话，市委副书记、市长张建华主持会议。市几大班子领导，受表彰的先进集体、先进个人，各县区和市直各部门、单位有关负责人参加会议。

7月8日，市委、市政府召开“黄河水城”重点工程推进动员会议。对2008年度广利河改造重点工程建设进行动员部署。市委书记、市人大常委会主任张秋波向有关责任单位颁发责任状，市委副书记、市长张建华讲话，市委常委、副市长王玉君主持会议。市领导于树健、周燕明、马登雨、李金昆等参加会议。

8月4日，全市支援抗震救灾表彰大会召开。表彰在支援抗震救灾工作中作出突出贡献的先进集体和先进个人，弘扬伟大的抗震救灾精神，激励全市广大干部群众顽强拼搏，开拓进取，努力夺取支援抗震救灾和经济社会发展的新胜利，奋力开创黄河三角洲开发建设的新局面。市委书记、市人大常委会主任张秋波参加会议并讲话，市委副书记、市长张建华主持会议。市领导周燕明、曹连杰、田振玉、成育进、王吉能、王少飞等参加会议。

8月5日，市委工作会议召开。学习和贯彻省委工作会议精神，总结上半年工作，安排部署下半年和今后一个时期的任务，按照省委关于建设经济文化强省的决策部署，动员全市广大党员干部群众，解放思想，改革创新，加快推进黄河三角洲开发建设，努力开创东营经济社会发展的新局面。市委书记、市人大常委会主任张秋波主持会议并讲话，市委副书记、市长张建华讲话。市委常委，市人大常委会、市政府、市政协领导，市法院院长、市检察院检察长，市长助理，市各大班子秘书长，市纪委副书记，各县区委书记、县区长，市委、市政府副秘书长，市人大常委会、市政协各专门委员会主任，市直各部门、单位主要负责人及部分经济综合部门班子成员，全市30家重点企业负责人等参加会议。

8月28日至9月1日，市委举办理论学习中心组读书会。围绕贯彻落实省委、市委工作会议精神，应对面临的困难和挑战，加快推进黄河三角洲开发建设进行学习和研讨。读书会分两个阶段。第一阶段，与会人员分散自学，认真学习党的十七大报告、中央和省委领导的一系列重要讲话和省委、市委工作会议精神；第二阶段，分别邀请国务院发展研究中心宏观经济研究部研究员张立群、中国纪检监察学院筹备办公室主任刘森作专题辅导报告，组织与会人员赴潍坊市考察学习并分组讨论，最后，市委书记、市人大常委会主任张秋波讲话，市委副书记、市长张建华主持会议并讲话。

9月17日，市委召开领导干部通报会。16日，按照中央要求和省委部署，省委第五巡视组来东营市开展巡视工作。在通报会上，省委巡视办主任孙奉锦，省委第五巡视组副组长、巡视专员张永青分别讲话，市委书记、市人大常委会主任张秋波主持会议并就贯彻省委巡视工作部署提出要求。市委、市人大常委会、市政府、市政协领导班子成员，市法院院长、市检察院检察长，市纪委常委，市委组织部副部长，市直各部门、单位主要负责人，各民主党派主要负责人，中央和省驻东营县处级以上单位主要负责人，2006年以来退下来的市级老领导，各县区委书记、县区长，不在上述范围的市委委员、市委候补委员参加会议。

9月24日，市委、市政府召开全市婴幼儿奶粉事件处置工作调度会。传达中央办公厅、国务院办公厅《关于三鹿牌婴幼儿奶粉事件的情况通报》，调度全市婴幼儿奶粉事件处置情况，对下一步工作进行安排部署。市委书记、市人大常委会主任张秋波主持会议并讲话。市领导王玉君、曹连杰、田青云、王吉能，市直有关部门、单位主要负责人及各县区分管领导参加会议。

11月5日，全市2008~2009年度“三网”绿化工程建设动员大会召开。总结2007年以来“三网”绿化工程建设情况，动员全市上下抓住当前冬春造林的有利时机，再掀“三网”绿化工程建设新高潮。市委书记、市人大常委会主任张秋波，市委副书记刘曙光参加会议并讲话，市委常委、副市长曹连杰主持会议。市和胜利石油管理局领导赵豪志、赵金洲，各县区委书记及分管副县区长，市直有关部门、单位主要负责人，胜利油田、济军生产基地有关部门负责人参加会议。

11月10日，全市社会治安综合整治冬季行动动员大会召开。动员全市上下、油地军校自即日起到2009年2月底，深入开展社会治安综合整治冬季行动，集中解决社会治安突出问题，维护社会大局平安稳定，为人民群众安居乐业，为经济社会又好又快发展，为加快推进黄河三角洲开发建设创造良好的社会环境。市委书记、市人大常委会主任张秋波作动员讲话，市委副书记、市长张建华主持会议并讲话，市委副书记刘曙光对冬季行动作具体安排和部署。市委常委，市政协主席，市人大常委会第一副主任，胜利石油管理局、中国石油大学、济军生产基地分管领导，各县区委书记，市直各部门、单位主要负责人以及有关部门领导班子成员参加会议。各县区、乡镇(街道)，胜利石油管理局机关和驻东营二级、三级单位，中国石油大学、济军生产基地设分会场。

11月12~14日，2008中国(东营)国际石油装备与技术展览会在东营市举行。(参见“特载”18页)

11月17日，全市领导干部会议召开。传达贯彻全省领导干部会议精神，就贯彻落实党中央、国务院和省委、省政府关于进一步扩大内需、促进经济增长的政策措施作出安排部署，动员全市上下迅速行动，争分夺秒，扎实工作，积极有效应对金融危机影响和挑战，全力促进全市经济平稳较快发展。市委书记、市人大常委会主任张秋波主持会议并讲话，市委副书记、市长张建华讲话，市委副书记刘曙光传达全省领导干部会议精神。市委常委，市人大常委会、市政府、市政协领导，市法院院长、市检察院检察长，市长助理，市人大常委会、市政府、市政协秘书长，市纪委常委，各县区委书记、县区长，市委、市政府副秘书长，市人大常委会、市政协各专门委员会负责人，市直各部门、单位主要负责人，各县区发改局、经贸局、财政局、国土资源局、建设局、外经贸局、环保局主要负责人，全市重点调度的30家工业企业主要负责人参加会议。

12月12日，全市“实践科学发展观，争当黄河三角洲开发建设排头兵”活动总结大会召开。全面总结活动开展情况，通报表彰活动先进单位，动员全市上下深入学习实践科学发展观，大力弘扬排头兵精神，加快推进黄河三角洲开发建设，为促进全市经济社会又好又快发展做出新的贡献。市委书记、市人大常委会主任张秋波讲话，市委副书记、市长张建华主持会议，市委副书记刘曙光宣读《关于表彰全市“争当排头兵”活动先进单位的通报》。市委常委，市人大常委会、市政府、市政协领导，胜利石油管理局、中国石油大学、济军生产基地领导，各县区委书记、副书记、纪委书记、组织部部长、宣传部部长，市直各部门、单位主要负责人，市委“争当排头兵”活动领导小组成员参加会议。

12月25日，市委、市政府举行纪念改革开放30周年暨庆祝建市25周年大会。回顾改革开放30年的光辉历程，总结建市25年来经济社会取得的巨大成就和创造的宝贵经验，展望黄河三角洲开发建设的美好前景，进一步动员全市广大党员、干部、群众高举旗帜，继往开来，深入贯彻落实科学发展观，在新的历史起点上推动经济社会又好又快发展，把改革开放伟大事业继续推向前进，努力开创黄河三角洲开发建设的新局面。市委书记、市人大常委会主任张秋波作重要讲话，市委副书记、市长张建华主持会议。市委常委，市人大常委会、市政府、市政协领导，市法院院长、市检察院检察长，胜利石油管理局、中国石油大学、东营军分区、济军生产基地领导，各县区委书记、县区长，担任过副市级以上领导职务的离退休老干部及全国、省、市劳模代表，市直部门干部职工代表、群众代表共700多人参加大会。

12月26~27日，市委举行四届五次全会。深入学习贯彻党的十七届三中全会和省委九届六次全会精神，就全市贯彻落实工作作出部署；听取和审议市委常委会工作报告；审议通过《中共东营市委关于深入贯彻落实党的十七届三中全会精神加快推进农村改革发展的意见》；评议2008年度干部选拔任用工作。市委书记张秋波作重要讲话。市委常委主持会议，市委委员、市委候补委员出席会议。市纪委常委和有关方面负责人列席会议。

12月28日，全市经济工作会议召开。深入学习贯彻中央和全省经济工作会议精神，认真分析形势，总结2008年经济工作，部署2009年工作任务。市委书记、市人大常委会主任张秋波,市委副书记、市长张建华参加会议并讲话。市委常委，市人大常委会、市政府、市政协领导,市法院院长、市检察院检察长,胜利石油管理局、中国石油大学、济军生产基地领导，各县区委书记、县区长，市直各部门、单位主要负责人,市重点调度的30强企业主要负责人参加会议。

（市委办　王　健）

【重要文件选辑】　3月7日,市委、市政府发出《关于切实加强农业基础建设进一步促进农业发展农民增收的意见》(东发〔2008〕1号)。

3月27日,市委、市政府发出《关于进一步加强新时期信访工作的意见》(东发〔2008〕5号)。

4月4日,市委、市政府发出《关于进一步加快服务业发展的若干意见》(东发〔2008〕7号)。

4月15日,市委、市政府发出《关于创建文明城市的决定》(东发〔2008〕8号)。

5月8日,市委、市政府发出《关于进一步加强节能减排工作的实施意见》(东发〔2008〕9号)。

7月18日,市委、市政府发出《关于推动文化大发展大繁荣的意见》(东发〔2008〕13号)。

11月24日,市委、市政府发出《关于进一步扩大内需促进经济平稳较快发展的意见》(东发〔2008〕16号)。

11月30日,市委、市政府发出《关于进一步抓好人口和计划生育工作的意见》(东发〔2008〕17号)。

12月27日，中国共产党东营市第四届委员会第五次全体会议通过《关于深入贯彻落实党的十七届三中全会精神加快推进农村改革发展的意见》(东发〔2008〕18号)。

2月20日，市委办公室、市政府办公室发出《关于公布2008年度10件便民实事和10项重点建设项目的通知》(东办发〔2008〕3号)。

8月8日,市委办公室、市政府办公室发出《关于进一步做好农民负担监督管理工作的意见》(东办发〔2008〕13号)。

11月28日,市委办公室、市政府办公室发出《关于进一步加强全市因公出国(境)管理的实施意见》(东办发〔2008〕16号)。

（市委办　刘　磊）

【重要活动】　5月14日,市委召开常委扩大会议。传达中央和省委、省政府关于抗震救灾工作指示精神,研究贯彻落实意见。会议要求全市各级各部门坚决贯彻中央、国务院和省委、省政府的决策部署，把支援四川抗震救灾作为当前一项重大而紧迫的任务,摆上重要议事日程,发扬一方有难、八方支援的精神，全力以赴支援灾区人民。市委书记、市人大常委会主任张秋波主持会议。市委常委,市人大常委会、市政府、市政协有关领导参加会议。同日,东营市启动“慈心一日捐”暨向四川地震灾区捐赠活动。市几大班子领导参加启动仪式并带头捐款,全市社会各界踊跃向灾区捐款捐物献爱心。至5月31日,全市各级民政部门、慈善组织、红十字会共接收捐款捐物合计6438.11万元。

6月25~28日,市委书记、市人大常委会主任张秋波赴四川考察本市对口支援北川县坝底乡工作，看望慰问奋战在抗震救灾一线的本市工作人员。市领导田振玉及市直有关部门负责人陪同考察。

9月4日，市政府与中海石油炼化公司合作建设东营港暨山东中海化工股权转让协议签字仪式举行。市委书记、市人大常委会主任张秋波，中国海洋石油总公司党组成员、副总经理、中海石油炼化公司董事长吴振芳分别致辞。市委副书记、市长张建华代表市政府与中海石油炼化公司签署《东营港码头库区工程及炼化一体化项目合作协议》。河口区政府、山东中海化工公司分别与中海石油炼化公司签署《关于加快东营市河口区石化产业发展的合作协议》《中海石油炼化有限责任公司与山东中海石油化工有限公司股权转让协议》。市委常委、副市长王玉君主持签字仪式。中国海洋石油总公司、中海石油炼化公司主要部门负责人，海洋石油工程股份有限公司、中国海洋石油总公司销售分公司及市直有关部门、山东中海化工公司主要负责人参加签字仪式。

9月5~6日，省委书记姜异康来东营市视察调研工作。省委常委、秘书长王敏，省委副秘书长、政研室主任孙建功,省发改委主任费云良，省交通厅厅长贾学英等随同调研。东营市和胜利石油管理局领导张秋波、张建华、田振玉、赵豪志、李金昆、王立新、郭长玉等先后陪同调研。

10月1~3日,原中共中央政治局委员、中央军委副主席、国务委员兼国防部长迟浩田上将来东营市视察。济南军区政委刘冬冬上将、联勤部政委穆振河少将,省政府特邀咨询张昭福，省军区政治部副主任王学章，市和东营军分区领导张秋波、刘曙光、李玉卿、王玉君、田振玉、赵豪志、成育进、马志良等分别陪同活动。

10月11日，“科达杯”第一届黄河口马拉松全国邀请赛在东营市举行。比赛设置男、女马拉松和男、女半程马拉松等竞赛项目，来自全国各省、自治区、直辖市的18只代表队310名选手报名参赛。同时设全民参与的5公里健身跑群众体育项目，全市有2526名选手参与。国家体育总局竞技体育司副司长李大正，省体育总会专职副主席徐大义，市和胜利石油管理局、中国石油大学领导张秋波、刘曙光、于树健、周燕明、王玉君、田青云、李中树、王吉能、孙海峰等参加邀请赛开幕式。

12月5日，国家重点工程黄大铁路跨黄河特大桥在利津县北宋镇奠基。省委常委、常务副省长王仁元，神华集团董事长陈必亭，省政府副秘书长张超超，省发改委主任费云良，东营市和胜利油田领导张秋波、张建华、于树健、王玉君、杨士民、李中树，潍坊市、滨州市及河北省有关部门负责人参加奠基仪式。

（市委办　隆　冰）

【市委办公室工作】 文字综合工作。牢固树立精品意识，坚持高标准、严要求，努力提高文稿的思想性、针对性、指导性。全市共起草、修改各类文稿500多篇220多万字，其中市委领导在市委四届五次全会上的讲话，全市“实践科学发展观，争当黄河三角洲开发建设排头兵”活动动员大会上的讲话，纪念改革开放30周年暨庆祝建市25周年大会上的讲话，全市经济工作会议上的讲话，全市社会治安综合整治冬季行动动员大会上的讲话，油地军校秘书长办公室主任座谈会上的讲话，全市党委系统办公室主任座谈会上的讲话等重要文稿，得到市委领导肯定和社会各界好评。围绕全市工作大局和重点热点问题，深入开展调查研究，完成《关于完善区域创新体系的调查与思考》《关于我市农业产业化经营发展情况的调查与思考》《发挥资源优势打造黄河口文化品牌》《关于深圳、郑州、苏州等地农业农村改革发展情况的考察报告》等调研报告，承担《中共东营市委关于深入贯彻落实党的十七届三中全会精神加快推进农村改革发展的意见》等重要文件的起草任务，较好发挥了参谋助手作用。

信息工作。关注热点、剖析难点、捕捉亮点，坚持“短平快”，及时、准确、全面地收集报送各类信息。年内，宣传全市重点亮点工作，报省工作情况交流文稿12篇、信息1025条，其中加快推进石油资源型城市转型等100多篇信息被省委办公厅采用，采用量居全省前列。围绕市委中心工作，提升信息质量，编发《东营信息》275期，《要情信息》33期，市领导批示165人次。加大信息调研力度，围绕国际金融危机对东营市有关行业的影响等热点问题编发《信息调研》14期。按月编发《大事记》。办好专刊信息，把“四区一城”建设、“三网”绿化工程等10多项重点工作纳入信息调度范围，每月汇总整理进展情况。在抗震救灾、北京奥运、问题奶粉处置等特殊敏感时期，实行24小时值班，每天向市委领导和省委办公厅报送工作开展情况，为领导科学决策、指导全局工作提供参考。

督查工作。强化督查职能，完善考核体系，努力提高督查实效。对全市经济工作会议、市委工作会议及市委、市政府作出的重大决策部署，及时立项督查；对“三路两港一场”等重点工程进行实地督查；对市委确定的阶段性重点工作和市委常委会议确定的重点事项，抓好跟踪督查。加强督查调研，编报督查专报41期，其它综合材料6篇；编发《东营督查》12期，《领导参阅》28期，较好发挥了宣传、引导和督促作用。严格按照“批必查、查必清、清必果、果必报”的要求，认真做好批件办理工作，办理领导批示件246件，请示报告124件，督办市政协委员提案49件，办结率、答复率全部为100%。牵头组织全市2007年度综合检查考核工作，审核下达市委督查考核序列部门2008年度主要工作考核目标。

文秘工作。坚持严细认真、科学规范、快捷高效。全年共起草、制发各类公文489件，编发《工作情况交流》8期，《东办通报》48期，市委常委会议纪要42期，市委专题办公会议纪要12期。严格文件管理，采取以会代训等形式对文件管理员进行轮训，保证文件安全保密。严格执行文件收发、传阅、清退制度，收发上级文件及内部刊物1700余件2万余份，机要信件4000余件，办理领导批示200余件，网上传文400余件，清退中央、省委文件1.2万余份，接收省委及办公厅电子公文90件。做好文件发放，全年共上报、下发市委及办公室各类文件436件5万余份。完成全市大型会议的材料收集、分发任务。做好刊物征订工作，完成上级安排的相关任务。

值班办会工作。发挥窗口和枢纽作用，严格遵守值班纪律和值班制度，坚持24小时不离岗，保证上传下达渠道畅通。做好会务服务工作，做到会前调度得当、布置科学，会中服务到位、周密细致。下达各类会议通知、组织会务服务300多次，计3.4万余人次。发挥组织协调作用，加强与上级部门沟通，协助做好重要活动的组织工作。服务领导走访及调研活动40多次，传阅来宾报告单、邀请领导活动申报单和电话记录650余件，收集编发《市委领导今日活动》256期。

人事党务工作。突出“内部管理、协调调度、统筹服务”三个重点，组织开展“争当排头兵”、“两好一高”等主题教育实践活动，组织筹备秘书长、办公室主任联席会，领导班子民主生活会等会议20多次，起草领导讲话、理论文章等材料50多篇20多万字。遵守组织人事纪律，做好人员任免、调配、退休等工作，组织开展办公室科级正副职竞争上岗，稳妥推进事业单位编制实名制和岗位设置，做好工资管理、日常考勤、干部考核等工作。开展机关党务工作，调整充实机关党委、纪委组成人员和党支部班子，培养入党积极分子1名，发展预备党员1名，4名预备党员按期转正。做好机关工会、妇女、计生等工作，组织参加市首届马拉松健身跑、慈心一日捐、缴纳“特殊党费”等活动，参与创建文明城市、市级文明单位复查等工作。市委办公室被评为市级文明单位、市直机关党建工作先进单位。

财务工作。立足“大财务、大管理、大服务”的职能定位，严格执行财务制度，加强预算管理，努力增收节支，保障办公室和市委系统有关单位工作任务的完成。健全完善财务管理制度，严格执行三支笔签字、重大开支主任办公会议决定等制度，规范各项支出，每项支出做到正确、公开、透明。加强会计基础规范化建设，准确办理各类业务，审核报销各类原始发票4.2万余张，登记电算账务2.3万余笔，为办公室和市委系统有关单位规范办理政府采购25次，完成养老保险金、医疗保险金的缴纳，“小灵通”清理、产权登记、资产清查、固定资产统计及2005~2007年办公室人员财政供养信息系统建设等工作，做到零差错、零失误。推进节约型机关建设，降低行政运行成本，按照年度预算节约办公经费60余万元。

安全保卫工作。落实安全保卫工作防范措施，严格大楼出入人员登记管理，维护市委、市政府办公区的良好秩序。坚持夜间、节假日值班制度，把握信访工作规律，配合信访、公安等部门，做好群众信访工作，劝阻接待群众上访186起4523人次。完成全国、全省、全市“两会”和市委、市政府重要会议活动期间的安全保卫。组织重大节日期间的升国旗仪式。开展“五五”普法宣传，抓好办公室社会治安综合治理工作，参与全市维护稳定安全“百日行动”，办公室在社会治安综合治理检查评比中名列前茅，被评为全市维护稳定安全“百日行动”先进单位。加强后勤保障工作，改善武警警卫班和联防队员的生活条件，调动大家的工作积极性。

接待工作。坚持“热情、周到、细致”的原则，突出“精细化、个性化、特色化”服务，圆满完成各类接待820余批8000余人次，其中省部级以上领导60人次；协助其他部门单位接待200余批2200余人次；接待大型考察(视察)团组16批600余人次。特别是在迟浩田上将、省委姜异康书记、省级老领导等来东营市视察接待以及东营市党政考察团外出考察、省委巡视组活动服务等工作，赢得各级领导的肯定。严格执行《关于进一步规范党政机关公务接待管理工作的实施意见》和建设节约型机关规定，健全完善礼品使用登记、接待费用日清事清、照片冲印管理等制度，提高工作规范化水平。加强联络协调，探索形成上下左右一盘棋的“大接待”工作机制，接待服务水平有新提高。

机要工作。围绕“两个确保”的目标，提高装备水平和服务能力，做到安全有序、精益求精，发挥生命线、指挥线、保障线的作用。加强机要值班工作，24小时密不离人，保证密码通信安全畅通和紧急重要电报及时办理。做好电报译传办理，提高办报质量，收发电报1872份，送阅2956人次。加强对县区密码工作的检查指导，加强密码干部教育培养，健全完善应急预案。发挥技术优势，拓宽服务领域，开设办公室“争当排头兵”活动网页，搭建活动交流平台。与上级党委系统信息化建设对接，及时更新办公室网络内容，提高运行质量，采编内网信息2100余条，采编新闻、会议等视频节目540余小时，调试、安装、维护设备线路570余台次，保证了办公室网络办公系统正常运行。市委机要局被评为全省密码工作先进单位。

机关服务工作。及时有效完成日常后勤保障。组织义务植树、春节走访慰问等活动；推进节约型机关建设，做好办公用品购置发放管理，仓库清理和整理，办公场所调整修缮及包村组后勤保障，保障机关健康运行。严格执行规定标准，做好会议食宿安排、接待费用报表结算审核等工作。开展交通安全集中整顿活动，严格执行各项制度，狠抓内部管理，建立健全车队管理规范运行工作流程表，完善考核办法，强化安全教育，搞好车辆调度，安全行驶73.5万多公里，保证市委领导及办公室工作用车。打印装订各类材料200多万份1亿多字，文印质量和装订水平进一步提高。

包村帮扶工作。帮助郑家村规划建设“三个基地、一个园区”，其中蔬菜种植基地59个冬暖式蔬菜大棚取得良好经济效益，淡水养殖基地规模扩大，畜牧养殖园区建成投产鸡棚、猪舍18个，发展经济林400亩，拓宽农民增收渠道。投资33万元修建1.2公里进村柏油路；投资91万元整理2000亩荒碱地。举办蔬菜、淡水养殖等培训班，培训农民300余人次。坚持“联、帮、扶”三位一体，开展“党建帮扶”活动，每个支部结对帮扶一户困难党员家庭，为帮扶村配备文体设施，捐建“农村党员书屋”、“农民网吧”，对村10个贫困户进行集中慰问救助。郑家村党支部被评为利津县“五好”支部，成为全县农村基层组织建设示范点。市委办公室包村帮扶工作得到省委巡视组、市委领导及利津县的肯定。

【政策研究工作】 2008年，市委政策研究室围绕市委中心工作，立足出大主意、当大参谋，努力在谋全局、议大事、超前服务上下功夫，创造性开展工作，服务能力和服务水平进一步提高，各项工作取得新成效。

文字综合工作。一是在超前研究上下功夫，努力提高文稿的思想性、指导性和针对性，高质量完成各项任务。全年起草市委领导讲话、发言材料、理论文章等420多篇，约210万字。其中，起草的市委主要领导在市委四届四次全会上的讲话、在市纪委四届二次全体会议上的讲话、在全市服务业发展工作会议上的讲话、在全市对外开放工作会议上的讲话、在全市“实践科学发展观、争当黄河三角洲开发建设排头兵”活动动员大会上的讲话等文稿，得到市委领导的肯定和社会各界的好评。二是以科学发展观为指导，做好上级指示精神和东营实际结合文章，主动研究有东营特色的政策措施。全年起草政策性文稿10余篇，主要有：市委常委会2008年工作要点，市委、市政府关于切实加强农业基础建设进一步促进农业发展农民增收的若干意见，市委关于深入贯彻落实党的十七届三中全会精神加快推进全市农村改革发展的意见，全市调研工作要点，市委办公室、市政府办公室关于进一步加强农民负担监督管理工作的意见等。

调查研究工作。贴近领导、贴近决策，围绕制约全市发展的突出矛盾和市委、市政府的重大工作部署，开展调查研究。一是突出时效性，围绕市委、市政府正在研究确定的重点工作开展调研。形成对东营市改革开放的回顾与思考，全市县域经济发展情况调查，全市农村改革发展情况综合调研报告，关于全市农村市场建设情况调研报告，加快生态旅游区开发需要重点解决的几个问题，关于潍坊、滨州、莱州三地港区发展情况考察报告，人民币升值对东营市对外贸易影响，东营市镇域经济发展情况调查报告等。二是突出前瞻性，针对涉及黄河三角洲开发建设的重大问题，深入思考，超前研究。围绕创建“全国生态文明示范区”、生态旅游区建设、建设国家石油储备基地、休闲观光农业、文化产业发展等方面开展调研。三是突出指导性，对全市经济社会建设中涌现的好经验、好做法及时挖掘、总结。对市中级人民法院、蓝海集团的管理经验及丁庄镇丁庄村实行“四个一”村务管理工作法等情况进行总结，为基层单位提供示范指导。全年开展调查研究24项，形成调研报告24篇，得到市委、市政府领导批示22篇次，多数以《工作情况交流》《东办通报》《领导参阅》等形式印发，其中一批报告在《山东通讯》《调查与研究》《东营日报》等报刊交流。加强对全市调研工作的组织协调。配合“争当排头兵”领导小组办公室组织开展专题调研活动，根据黄河三角洲开发建设确定8个方面36项调研重点，明确牵头单位和承办单位，进行重点攻关调研。加强具体指导和调度，促进专题调研活动的开展。

市委农工办工作。研究推进农村改革发展的思路措施，全年完成各类文稿85篇，承担7项政协提案的办理工作，3项创建文明城市以城带乡方面的工作，其中得到市委领导批示的文稿13篇、活动2项，在省、市级报刊发稿7篇。一是做好协调督导。印发《市委农村工作领导小组2008年工作要点》《市直有关部门单位

2008年度涉农工作计划汇编》，加大全市涉农工作进展情况的调度督查力度，组织16个市直部门分别对县区贯彻落实中央、省委和市委三个1号文件精神及减轻农民负担情况进行督导调研，向各县区反馈。二是做好调查研究。开展调研8项，形成调研报告8篇，其中根据市委常委会的决定，形成的《全市农村改革发展情况综合调研报告》，为制定市委《关于深入贯彻落实党的十七届三中全会精神加快推进全市农村改革发展的意见》提供了重要依据。三是搞好政策研究。代市委、市政府制订《关于切实加强农业基础建设进一步促进农业发展农民增收的意见》《关于深入贯彻落实党的十七届三中全会精神加快推进全市农村改革发展的意见》等5个政策性文件。四是做好示范带动。抓好市里确定的10个示范乡镇、100个示范村的创建工作，协调市直部门抓好50个农村试点社区建设和村庄环境综合整治试点村建设，增强示范、试点村的带动作用。五是做好政务服务。起草领导讲话、汇报材料、上报材料等综合文稿58篇，参与4个全市大型会议的筹备，参与省委工作督查调研组和内蒙古鄂尔多斯市、安徽巢湖市、新疆克拉玛依市等考察组来东营市的接待，完成2007年度全市社会主义新农村建设专项督查考核，促进全市农村改革发展。 （戴昊育）

【组织工作】 *农村基层组织建设*。创新农村基层党组织设置模式。以党的基层组织建设与经济建设结合为目标，探索“支部+协会”“支部+合作经济组织”“支部+产业”等模式，建立跨村联合党组织，设立市场信息、致富示范党小组，构建农村基层党组织体系。年内，全市建立产业党组织28个，联合党组织82个，产业链点党小组74个。与市农业局、教育局实施以集中专学历教育、基层组织建设、职业技能培训于一体的农村党员干部素质提升工程，重点对村“两委”成员、农村优秀党员免费学历培训，力争5年完成4000名培训对象的中专学历教育。年内启动农村党建和现代乡村综合管理2个专业，培训学员300人。按照《全市农村改革发展情况调研方案》部署，组织开展农村基层组织建设调研，调研报告获“全市农村改革发展”调研活动一等奖。推进村级组织活动场所建设。加大投入、拓展功能、综合利用、完善管理，把村级组织活动场所建设成为集党员活动、村务管理、村民议事等一体化农村基层组织活动阵地。

社区党建工作。在河口街道开展创建特色党支部试点，根据党员的兴趣、爱好、特长等因素，组建33个特色党支部，重构社区党组织运作框架，优化组织设置模式。强化社区党员管理。推行在职党员“双向联系卡”、流动党员“信息登记卡”、离退休党员“奉献积分卡”、下岗失业党员“就业服务卡”、“两新”组织党员“情况沟通卡”等社区党员管理“五卡”制度。推行共驻共建。以社区党建为龙头，调动驻区单位党组织、行业党员参与、指导、奉献社区的积极性，开展“红色家园”共驻共建活动，实现基层党组织建设与和谐社区建设的共同进步。年内，全市有15个社区党组织与132家驻区单位党组织“结对共建”。

新经济、新社会组织的党建工作。新经济组织方面，把握党建工作与企业发展的结合点，建立健全党建工作台账，通过源头抓组建、内容抓规范、活动抓载体、管理抓创新等措施，提高规模以上非公有制企业党建工作水平。年内，全市360家规模以上非公有制企业全部建立党组织。东营市提升非公有制企业党建工作水平的做法被《党员干部之友》第11期刊载。新社会组织方面，以加强和改进律师行业党的建设为切入点，健全律师行业党建工作台账，出台《关于进一步加强和改进律师行业党的建设工作的通知》，加强对律师党员教育管理。至年底，全市有律师协会1家，律师事务所27家，符合建立党组织条件的全部建立党组织。

推进基层组织建设工作创新。一是开展“加强理想信念教育和思想道德建设，争当实践社会主义核心价值体系模范”活动试点工作。在全市选取1个县区、7个市直单位，开展活动试点。活动围绕理想信念、思想道德、精神动力、能力素养四个方面设置教育内容，开展“四讲一讨论”（领导讲党课、专家讲理论、先进讲事迹、党员讲体会，社会主义核心价值体系大讨论）活动；利用网络平台、党员干部教育基地、党建示范点三个载体，开展“四围绕”、“三结合”主题实践活动；实行对党员干部“奉献积分”评定办法，对党员进行理想信念和思想道德建设教育。活动期间，各试点单位聘请专家授课210余场次，举办事迹报告会50余场次，集中收看远程教育课件240余场次，培训党员干部1.2万余人次。《山东省基层组织建设工作情况通报》刊载推介了东营市这一作法。二是加强

和改进党内民主制度建设。学习贯彻《中国共产党全国代表大会和地方各级代表大会代表任期制暂行条例》，探索建立代表提议，代表联系党组织和党员群众，代表视察调研，代表列席会议，代表提案工作等制度，制定《暂行条例》的实施细则。探索全委会发挥作用的新途径。在东营区开展试点，下发《党委常委会向全委会报告工作并接受监督的指导意见》，对全委会闭会期间党委常委会向全委会报告工作的形式、内容、程序等提出要求。指导东营区委组织部制定《区委常委会向全委会报告工作并接受监督的暂行办法》。三是落实党内激励、关怀、帮扶机制。制定《关于建立健全党内帮扶机制的实施意见》，健全关怀慰问、激励引导、教育培训、政策帮扶、帮扶基金、结对帮扶6项制度；对生活困难党员进行“思想上扶志、生活上扶困、经营上扶技”；成立“困难党员互助互济会”，设立“生活困难党员救助基金”。东营市积极构建党内关怀服务长效机制的做法被《山东组工信息》《山东省基层组织建设工作情况通报》报道。提高建国前入党的无固定收入老党员生活补贴，分别把抗日战争时期入党、解放战争时期入党的老党员生活补贴由120元/人·月、80元/人·月，提高到240元/人·月、160元/人·月；对农村生活困难的党员、下岗失业职工中生活困难的党员等进行救济。2008年，全市各级党组织出资350余万元帮扶救助生活困难党员和老党员。四是完善村级组织经费保障。制定《关于建立健全村级组织经费保障机制的实施意见》，健全财政投入机制，确保对村级转移支付资金达到对乡村两级转移支付资金总额的20%以上；按照每名农村党员不低于本县区上年度农民人均纯收入的1%的标准配备农村基层组织建设工作经费；每年从市、县留存党费中拿出20%，对村级活动场所建设、党建工作示范点建设等进行补助。健全激励保障机制，推行村干部报酬绩效奖励制，提高绩效补贴比例；探索推行在职村干部养老保险和离任村干部生活补贴制度，解决村干部后顾之忧。完善经费管理机制，下发《关于做好对村级财政转移支付资金管理使用工作的意见》，健全落实“村财民理乡代管”、使用情况报告和资金审计制度。

组织开展建党87周年庆祝活动。一是组织推荐申报省级先进。通过基层推荐，组织部门与纪检、检察、综治、信访、计生等部门审查把关，市委常委会专题研究上报。全市有2个县区、3个基层党组织、4名党员、1名党务工作者、2名乡镇（街道）党（工）委书记受省委表彰。二是组织召开东营市纪念建党87周年暨“七一”综合表彰大会，对各条战线涌现的先进集体、先进个人进行表彰奖励。三是“党建帮扶”活动成效明显。在全市帮扶村开展以“缔结一组互助对子、开展一轮教育培训、完善一个活动阵地、培育一项主导产业、健全一套规章制度”为重点的党建帮扶活动。各单位与帮扶村共缔结各类帮扶对子1400余个，共联合召开党建座谈会、恳谈会124次，民主生活会24次，各类主题党日活动200多次，机关党组织负责人带头为帮扶村党员上党课80多次，培训农村党员群众2000多人，有66个帮扶村成为县区、乡镇党建示范点。在《东营日报》、市电视台、市广播电台开设《基层党建巡礼》等栏目，宣传报道先进典型事迹，营造争先创优的浓厚氛围。

支援抗震救灾工作。做好抗震救灾“特殊党费”收缴。尊重和鼓励党员通过交纳“特殊党费”支援抗震救灾。全市有59483名党员交纳抗震救灾“特殊党费”14500245.23元，全部及时足额上交。做好抗震救灾“特殊党费”的收据发放，开具发放中组部千元以上收据4537张，开具发放省委组织部千元以下收据54946张。做好抗震救灾一线党组织组建和党员发展工作，成立临时党委1个，6个临时党支部，1个临时党小组，新发展党员23名，7人确定为发展对象。做好支援抗震救灾表彰工作，召开支援抗震救灾先进基层党组织和优秀共产党员表彰大会，对17个基层党组织、29名党员进行表彰，对60名党员进行通报表扬。4个基层党组织和4名个人受到省委组织部表彰。

基层党建先进县区考核及迎接省委复核工作。制定《考核验收工作方案》《考核验收千分制评价表》，对5个县区的创建情况进行考核验收，确定广饶县、东营区作为全省党建先进县区推荐对象。指导2个县区做好迎接复核工作。东营区和广饶县全部通过省委考核组检查验收，被评为“山东省基层党建先进县区”。

开展治安后进村集中整治。按照《关于对全市政法综治重点工作任务进行分解立项督查的通知》要求，以参战维护社会稳定安全“百日行动”、执行奥运安全保卫任务为重点，组织县区、部门对14个治安后进村进行集中整治，改善治安后进村面貌，维护了农村安定。

干部教育培训。出台《探索开展“组合式”培训,大力提高干部培训质量实施方案》,采取“2+1”“三段式”“党校+高校” 等模式,完善干部教育培训的内容、渠道和方法。在县处级干部进修班实行“2+1”培训模式,即2个月党校学习和1个月调查研究。其间,有针对性安排外出考察。4月16~18日,组织第33期县处级干部进修班61名学员赴天津滨海新区、河北曹妃甸等地考察。学员撰写的《开阔思路科学发展,在高起点高定位上实现经济增长极》报告,市委书记张秋波做出批示,《东营日报》全文刊载。9月25~30日,组织第34期县处级领导干部进修班49名学员赴中国井冈山干部学院学习培训。形成《赴井冈山干部学院学习培训情况总结》,张秋波书记作出批示,市委《领导参阅》全文印发。在第16期中青年干部培训班中实行“军训+党校学习+X”培训模式。9月4~12日,组织学员进行军训。10月27~29日,组织学员赴江苏华西村、浙江杭民村实地考察,考察报告经市委领导批示后,被市委《工作情况交流》印发。在外出培训班实行“党校+高校”培训模式,即在赴国内外高校培训结束后,在市委党校安排3~5天的集中研讨,巩固和深化培训效果。5月19日~6月13日,组织47名县级干部赴清华大学参加领导干部科学发展观高级研修班。学员形成心得体会、课题报告、培训总结53篇。中组部调研组对东营市“组合式”培训的做法给予肯定。

常规班次培训。抓好党的十七届三中全会精神轮训。协调市委党校组织骨干教师到中央党校和省委党校集中学习。将十七届三中全会精神纳入党校教学内容,在第34期县处级领导干部进修班和第16期中青年干部培训班中安排学习。举办5期学习贯彻党的十七届三中全会精神轮训班,培训县处级领导干部927名。选调160名干部参加中组部、财政部、省委组织部、省经贸委、省环保局、省司法厅等60期省以上班次培训,其中调训厅级干部43人,县级干部103人,科级干部14人。配合省委党校做好研究生班招生,推荐37名优秀青年干部参加党政干部研究生班、专业理论研究生班考试,7人被录取。重点办好主体班次。在市委党校举办第33、34期县处级干部进修班,第17期科级干部培训班和第16期中青年干部培训班,培训县级干部106人,科级干部98人。开展专题培训,举办乡镇党委书记党的十七大精神专题研讨班、乡镇长专题研讨班、黄河三角洲开发建设专题研讨班3期,培训县级干部28名,科级干部73名。围绕实施黄河三角洲开发建设战略,开展“千名高级企业经营管理人才培养工程”,组织38名企业经营管理人员到哈尔滨工业大学培训,选派11名企业高层管理人员赴欧盟学习,提高了企业经营管理人员的综合素质。举办财会、节能降耗、市场营销等专题培训班5期,聘请北京大学、清华大学、山东大学等高校知名教授授课,培训人员986名。加强组工干部培训。11月30日~12月7日,选派46名组工干部参加组织工作创新专题培训班,收到良好效果。

提高干部教育培训规范化水平。对2007年科室档案分类整理,整理装订档案20卷。落实“双三个一”制度,2月和8月形成清华大学领导干部公共管理高级研修班、科学发展观高级研修班学员体会文集《走进清华》和《科学发展观的学习与思考》。坚持县级干部理论考试制度,联合市委宣传部编制2008年度县级干部理论考试试题,组织984名县级干部参加考试。加强对参训干部的管理。在市委党校主体班次和清华大学科学发展观高级研修班,选派7名部机关干部跟班学习,提高培训质量。组织第33、34期县处级干部进修班及第16期中青班学员到职业学院进行心理测试。坚持干部培训情况反馈制度,对第32、33、34期县处级干部进修班172名学员的综合成绩进行反馈。坚持办班审批备案制度,对市委统战部、市人大、市政协、市国土资源局等6个部门的培训班次审批备案。8月23日,在全省领导班子思想政治建设和干部教育培训工作会议上,市委常委、组织部长刘赞杰代表市委作《立足发展,科学培训,全力助推黄河三角洲开发建设》的典型发言。

(市委组织部研究室)

干部下派工作。自2006年10月至2008年11月,市委、市政府部署为期两年的市直机关第十四批下派工作,市直262名机关干部分别进驻河口区、垦利县和利津县的84个欠发达村开展下派帮扶。第十四批下派干部为群众办实事、好事3602件,完成重点帮扶项目380个,累计协调投入折合资金1.12亿元,30个帮扶村创建为市级小康文明村。11月14日,召开市直机关第十五批下派干部选派工作会。帮扶区域覆盖5个县区、10多个乡镇的

115 个村，将全市所有市直部门、单位和中央、省驻东营单位纳入下派帮扶体系，选派下派干部282名，帮扶单位115个，做到“应帮尽帮、应派尽派”。

重庆市和天津市选派干部来东营市挂职。重庆市8名县级领导干部、天津市大港区4名区直机关干部和宝坻区6名区直机关干部来东营市挂职。开展“三个一”活动，即请外来挂职干部作一次报告，学习外地好经验、好做法；组织一次走访慰问，了解挂职干部需求；开展一次市内考察，展示全市经济社会发展成果。

市直机关第四批到上级机关挂职工作取得阶段性成果。第四批到上级机关挂职干部共30人，分别到2个国家部委、25个省级机关和石油大学挂职锻炼。自2008年7月起，时间一年半。挂职干部严格自律，克服困难，扎实工作，赢得上级机关的高度评价。年内，挂职干部独立起草或参与起草重要文件98份，参与上级部门组织的检查、验收、审计、调研等33次，协助争取各类上级扶持资金3491万元。

“村企结对、爱心帮扶”活动开局良好。市委组织部与市经贸委、市工商联下发《关于在全市大中型企业中开展“村企结对、爱心帮扶”活动的倡议书》，本着企业自主自愿的原则，采取灵活多样的帮扶形式，将村企结对帮扶纳入市委、市政府帮扶体系，由市委组织部统一督导管理。年内，全市有银座、大海集团等10家企业参与。

下派工作综合调研活动。在全市开展自干部下派工作实施20多年来最大规模的一次综合调研活动，按市直机关派出单位、被帮扶单位（县区、乡镇、村）、下派干部和基层干部群众4个层面，发放调查问卷1649份，召开座谈会12次，走访基层干部群众289人，形成《关于市直机关下派帮扶工作情况的调查报告》。市委书记张秋波和市委组织部长刘赟杰都作了重要批示。从提升下派帮扶综合效益、助推新农村建设、加强帮扶村基层组织建设等方面进行专题调研，分别形成子报告。

（市委组织部下派办　赵绍青）

【宣传工作】 *理论武装工作*。结合黄河三角洲开发建设，推进理论学习、研究和宣传。实施“新世纪强素质读书计划”，以县处级领导干部为重点，以党委理论学习中心组为主要形式，设计重点学习专题，以理论学习的系统化、制度化推动各级领导干部理论素养和驾驭全局能力的提升。市委中心组学习突出宏观经济形势、石油能源形势、旅游业发展、金融业发展、文化建设等10大专题，邀请中央机关和省内领导、专家、学者作辅导报告。以课题招标为载体，推进应用性理论研究。围绕关系东营市改革发展的重大理论和实践问题，确定《黄河三角洲经济文化一体化发展研究》《东营市县域经济发展对策研究》等10项重点社科研究课题，面向社会公开招标。组织新闻媒体加强对十七届三中全会精神、“争当排头兵”活动、黄河三角洲开发建设等方面的理论阐释，开展社科普及周、“齐鲁讲坛”东营分坛等理论宣传活动，组织理论骨干深入农村、企业、学校开展宣讲110多场次，取得较好效果。

新闻宣传和舆论引导工作。坚持团结稳定鼓劲、正面宣传为主，提高舆论引导能力，营造良好舆论环境。突出主题，搞好市内宣传。围绕“实践科学发展观，争当黄河三角洲开发建设排头兵”活动，策划集中宣传活动，宣传中央和省委、市委的决策部署，宣传全市加快推进黄河三角洲开发建设的新举措、新进展，宣传各级贯彻落实科学发展观、推动经济社会又好又快发展的生动实践和典型经验，为黄河三角洲开发建设提供舆论支持。创新形式，强化对外宣传。立足上大报、上大台、发重稿，组织在省以上主要新闻媒体刊播稿件4100多篇，在主要涉外和海外媒体刊发600多篇，在重点新闻网站和商业网站刊发5700余篇。配合中央电视台《探索·发现》栏目推出五集大型电视纪录片《黄河入海流》，提高东营的知名度。参与组织中国（东营）国际石油装备与技术展览会等重大活动的新闻发布，树立东营品牌。拓宽思路，提出增强政治、大局、责任、整体“四种意识”，做好贴近、策划、创新“三篇文章”，建立学习培训、竞争激励、廉洁管理“三个机制”，指导报社、电台、电视台建立新闻阅评制度，新闻宣传质量明显提高。转变工作思路，建立健全舆论风险预警、外来媒体采访管理等工作制度，变被动为主动，实现由事后化解到提前介入的转变。加强对突发性、群体性事件和社会热点难点问题的舆论引导，坚持24小时值班制度，强化网上舆情信息监控工作和评论员队伍建设，维护东营良好的对外形象。

开展精神文明创建活动。提出由市文明办与相关部门共同运作，实行联创联建，把评选过程变成创建过程的工作思路，扩大社

会影响。推进农村文明示范区建设。着力建设新环境，培育新农民，繁荣新文化，倡树新风尚，巩固438个小康文明村创建成果，抓好全市9个重点片的创建，农村条件呈现可喜变化。巩固文明城市创建成果。组织开展城市环境、交通秩序、市场秩序、文化市场等集中整治活动，开展"文明共建，从我做起"系列教育活动，城市面貌发生较大变化，东营市获"省级文明城市"称号，东营区、河口区和利津县分别获"省级文明县(区)""省级创建文明城市工作先进县(区)"称号。探索建立长效机制，加强对重点环节、部位的管理，开展经常性的领导视察和日常督查活动，积极创建全国文明城市。开展文明单位、文明行业创建活动。拓展文明单位创建工作的覆盖面，突出创建过程，强化动态管理，全国、省级、市级文明单位分别达到9个、113个、277个。文明行业创建以窗口单位和服务人员为重点，组织开展"十佳文明示范窗口""十佳文明服务标兵"等评选活动，全市涌现出一批优质服务品牌。评选表彰东营市第十三届"十佳文明市民""十佳文明新事"，组织开展"文明新风大讨论""迎奥运讲文明树新风"礼仪知识竞赛、"公益广告展播"等活动，讲文明、促和谐蔚成风气。

思想道德建设。坚持把弘扬东营精神与弘扬民族精神、时代精神相结合，引领主旋律。开展思想道德教育活动。组织纪念改革开放30周年暨建市25周年活动，通过组织成就展、理论研讨会、文艺演出、歌咏比赛、编辑系列丛书等形式，展现东营市25年取得的巨大成就。组织开展"我们的节日"主题文化活动，挖掘传统节日和革命纪念日的思想道德内涵，深化爱国主义和革命传统教育。以"做一个有道德的人"为主题，协同有关部门开展"十大孝星"、"十佳少年"、"十大女杰"等评选活动，通过电视媒体公示，提高社会文明程度。组织开展企业"六重一创"活动，涌现出利华益"人和、无私、自主、自觉"，万达"精、竞、和、合""同向四驱"等一批全省知名的企业文化建设品牌。加强和改进未成年人思想道德建设，办好11件实事，为青少年创造健康成长的良好环境。组织评选2007~2008年度全市思想政治工作先进单位和优秀工作者，评选第三届全市思想政治工作创新奖。组织参加全省企业思想政治工作"双十佳"及"五优"评选，全市有10家企业、10名个人受到表彰。开展"百城万店无假货"活动，市百货大楼被评为第六批全国"百城万店无假货"活动示范店。实施典型宣传品牌战略，规范评选推介程序，推出一批不同层面、不同行业、在全省有影响力的先进典型。挖掘整理建市25年来各条战线涌现出的典型，编辑出版《乘风弄潮黄河口》，再现黄河口人干事创业、无私奉献的可贵精神。

完善公共文化服务体系。建设汇集文化要素的平台，满足群众精神文化需求。参与塑造东营文化形象的重大项目和重点工程，黄河国际论坛、文化艺术中心、"水城雪莲"剧院等文化设施建设稳步推进。推进县区文化设施建设，新建或改建一批大型文化体育场馆。广饶县投资7000万元、建筑面积1.26万平方米的文体中心和河口区建筑面积9000平方米的广电大厦开工，垦利县文体中心、利津县博物馆进展顺利，东营区文体中心规划设计方案正式批复。实施"五大文化惠民工程"。建全以县区为中心、乡镇为依托、服务农户的农村广播电视公共服务覆盖网络，全市有线电视通村率、入户率分别达99.6%、79%。完善覆盖城乡的文化信息资源共享体系，提高综合服务功能力，广饶县、河口区获"山东省文化信息资源共享工程示范县(区)"称号。全市有15个乡镇建成高标准的综合文化站，完成17100场农村电影放映、215个农家书屋建设的任务。开展公益性文化活动。启动"文化下乡进万家"活动，组织全市各类文艺团体下乡演出80多场。探索社会化、市场化的运作路子，组织举办大型广场文化活动23场，丰富市民的业余文化生活。开展"全民健身与奥运、全运同行"主题活动，群众参与热情高涨。鼓励和扶持业余艺术团体、庄户剧团发展壮大，花官梨园剧团被中宣部、文化部等部门授予"全国服务农民服务基层文化建设工作先进集体"称号。

繁荣文化产业。坚持高起点，着力抓规划，推动文化产业实现从增量起步到增效提升的跨越。出台推动文化大发展、大繁荣的《意见》和《若干政策规定》。重点做好5个方面的工作。增加文化企业数量。抓好项目招商，征集49个文化产业项目录入《山东省重点文化产业项目数据库》，面向全国宣传推介。组织15家文化企业参加2008山东文化产业博览会，8个文化产业项目达成合作意向，协议金额1.1亿元；签订项目合作合同5个，金额6889.2万元;现场销售额16.5万元,签订产品购销合同8项,金额89万元。发展大企业,扶持其快速发展。围绕组建报业、广电、出版、演艺“四大集团”,制定组建方案。办好大活动,提升层次,扩大影响。协调举办首届黄河口马拉松全国邀请赛,来自18个省市自治区的325名选手参赛,为建市以来体育赛事之最,其品牌效应初步显现。指导参与孙子文化节、吕剧文化节、利津发展论坛等大型文化活动,围绕重大节日组织纪念改革开放30周年暨庆祝建市25周年文艺晚会、焰火晚会及“精彩中国·魅力东营”展览会演唱会等大型文化活动,提升了文化活动的层次和水平。组织选送20多件作品参评首届“泰山文艺奖”,吕剧《潮涌黄河口》、歌曲《中华玫瑰》等4件作品入选,获奖作品数量居全省前列。组织参加全省第八届精神文明建设“精品工程”,电视剧《黄河口之恋》、戏剧《孙武》等9件作品获奖,东营市连续四届获组织工作奖。组织评选全市第七届“精品工程”,制定下发精品生产目标责任制,进行重点门类作品的创作。突出黄河口文化特色,创作生产反映吕剧传承的大型吕剧《乡人俚曲》,扩大黄河口优秀文化的影响力,申报吕剧和短穗花鼓舞列入第二批国家级非物质文化遗产名录,东营区牛庄镇中心小学、广饶县陈官乡中心小学获“山东省非物质文化遗产教育传承基地”称号。打造一部体现地域风情、反映时代风貌的精品舞台剧,年底形成初步设计方案。扶持和引进各类演出公司,启动文化消费市场。加强与市外高水平演出公司的沟通联系,提升本地艺术团体的演出水平,满足群众高档次的文化消费。

*舆情信息调研工作。*坚持围绕大局、关注大事,健全机制、拓宽渠道,突出重点、提高实效,提高舆情信息工作质量和水平。调整完善考核奖励办法,健全舆情汇集和分析机制,强化工作类、经验类信息的收集和报送,全年被省委宣传部采用舆情信息500多篇,在《山东宣传工作》《山东宣传信息》等刊发65篇,在全省名列前茅。围绕宣传思想工作面临的新情况新问题,确定宣传文化系统重点调研课题,把如何在解放思想提升境界、提高宣传工作质量、深化文化体制改革、精神文明创建等方面实现突破作为调研重点,形成一批有价值的调研成果。宣传部主办的《思想》杂志全新改版,知识性、可读性进一步增强。

(荆向民)

【统战工作】 *落实多党合作和政治协商制度。*一是支持民主党派、工商联和无党派人士履行职责。2008年,市民主党派主要负责人参加各类民主协商会、小范围谈心会、通报会、座谈会8次,市委主要领导与民主党派市级组织负责人开展谈心交流活动4次,3名民主党派成员被市纪委确定为特邀监察员。二是协助民主党派加强自身建设。举办市民主党派、工商联负责人、无党派代表人士读书班和各级民主党派组织负责人培训班,协助九三学社、民盟市委会组织开展内部培训,提高民主党派成员素质。协助各民主党派组织做好组织发展工作,加强基层组织建设。2008年7月25日,中国民主促进会东营市总支部成立;8月4日,中国农工民主党东营支部成立;8月22日,中国国民党革命委员会东营市筹备委员会成立。三是开展纪念“五一口号”发布60周年活动,通过召开座谈会、开展征文活动等形式,宣传多党合作和政治协商制度。四是指导民主党派开展并完成政治交接学习教育活动,召开全市民主党派政治交接学习教育活动经验交流会,协助各民主党派组织丰富活动载体,举办专题报告会、开展社情教育、进行专项调研等,促进活动开展。五是支持民主党派建言献策。会同市政府部门提出开展32个方面调研的指导意见,为民主党派调查研究、建言献策提供指导。在市政协确定的2008年10件重点提案中,民主党派人士提案占6件;在“我为黄河三角洲开发建设建言献策”活动中,各民主党派、工商联和无党派代表人士提报“金点子”45件,有1篇获全市优秀建议奖。六是引导民主党派开展结对资助贫困学子、送医下乡等社会服务工作。

*加强党外干部和党外知识分子工作。*一是做好党外干部培养、推荐、选拔工作,至2008年底,全市副县级以上党外干部61名。二是落实对口联系制度,市教育局与民进东营总支建立对口联系,拓宽参政议政和民主监督的渠道。三是做好党外知识分子工作,完成全市“无党派人士”身份确认,建立一支高素质、高层次的无党派人士队伍。全市社会新阶层无党派人士政治交接主题教育活动完成,东营市做法得到省委统战部的肯定。四是加强统一战线培训,强化与市人大、市政协的协作,对47名新任党外市人大代表和168名新任市政协委员进行培训。举行社会主义学院挂牌仪式,社会主义学院在统一战线培训中

的作用得到强化。安排全市首期党外科级干部进修班、首期社会新阶层党外人士培训班等培训班9个,培训统一战线代表人士726人。五是研究留学人员统战工作的思路与对策,推荐2名归国留学人员赴省参加培训。

新社会阶层人士统战工作和海外联谊工作。一是发挥市工商联、市民营企业发展促进会的作用,组织非公有制企业参加各类经贸活动15次,培训企业骨干人才300多人次。组建市民营企业发展促进会互助担保专业委员会,发起基金达1000万元,累计为会员企业提供资金支持2亿多元,帮助会员贷款4000余万元,支持60余家企业的发展。指导市民营企业发展促进会对会员企业进行培训,依托有关院校建立东营市非公有制企业管理人才培训基地。二是重视抓好代表人士工作,1名非公有制经济人士被推荐为省工商联副会长人选,开展第二届市“优秀中国特色社会主义事业建设者”评选表彰活动,完善非公有制经济代表人士综合评价工作,选派组织市工商联5名非公有制经济人士副主席到省社会主义学院进修。三是依托海联会组织网络,联系海内外朋友,引进总投资2.2亿美元的美国格林环保公司农业垃圾及农作物秸秆综合利用项目。推荐东营市2名企业家为省海外联谊会理事,为民营企业对外交流搭建新平台。

民族宗教工作领域和谐稳定。一是发挥牵头协调作用,加强部门协作,完善工作机制,维护奥运会、残奥会等期间全市统一战线的安全稳定。围绕宗教界人士培养、宗教界参与社会服务与公益事业等重点、难点问题,进行深入调研,掌握情况,研究对策。开展与宗教界人士交朋友活动,联系宗教界人士百余人次,协助宗教团体加强自身建设,强化对宗教界代表人士的培训,与市民宗办举办全市民族宗教系统政策法规培训班,160人参加培训。二是开展第八次民族团结进步宣传月活动,组织实施七项主题活动。组织对全市民族宗教工作情况进行视察;陪同市委、市政府分管领导带队走访慰问少数民族困难群众;召开少数民族代表人士座谈会和全市发展民族经济工作经验交流会;举办民族宗教形势专题报告;会同有关部门对全市清真食品市场进行全面检查;通过广播、电视、电台、报刊等宣传党的民族政策、法律法规、民族基本常识,促进民族工作知识的普及。

统战理论调研、宣传和信息工作。开展统战理论调研宣传优秀成果“四新工程”评选,进行综合调研2次,专项调研20多次,形成一批既有理论概括,又有工作实践的调研成果,市委统战部获全省统战理论调研宣传“四新工程”组织奖。组织开展纪念改革开放30周年、“五一口号”发布60周年、建市25周年系列宣传活动和学习十七大精神征文活动,市委统战部在全省统一战线学习十七大精神理论研讨会上做典型发言。市委统战部与市委宣传部、市外宣办就统一战线新闻宣传中若干问题提出具体意见,维护了统战宣传工作安全。开通“东营统一战线”网站,市委统战部获全省统战宣传刊物工作二等奖。编报统战信息100余条,印制简报25期,信息质量进一步提高,市委统战部被授予“全省统战信息工作先进单位”称号。

在支援四川抗震救灾捐助活动中,全市统一战线捐款捐物、交纳特殊党费3420万元。

(姜 涛)

【对台工作】 对台经济工作。一是成立台资企业协会,搭建对台经济工作平台。应东营市台商的要求,经省台办批准,7月9日,东营市台湾同胞投资企业协会成立,全国台湾同胞投资企业联谊会副会长庄福池等台商协会负责人以及常驻东营台商共104人参加成立大会。二是推动台湾园区建设,凸显台商投资集聚效应。落实市农业考察团赴台与台湾农渔业产销联盟发展协会达成的协议,邀请台湾农渔业产销联盟发展协会理事长马爱珍率团来东营考察。省级“东台农业开发示范区”建设取得突破进展。三是延伸鲁台会平台作用,以会招商。9月25~28日,市委常委、副市长曹连杰率团赴潍坊参加第十四届鲁台经贸洽谈会。市台办组织125人参会,14家企业参展,布展14个展位。签约16个项目,总投资3.68亿美元。邀请以台湾顺集工业(股)公司董事长洪尤男为团长的台湾工业区厂商联合会总会考察团,参加东营市投资环境说明会。向台商宣传黄河三角洲开发建设规划及东营市优良的投资环境和优惠的招商政策,推介对外招商项目。四是邀请台湾客商来东营考察。邀请全国台企联副会长庄福池,国民党中央委员、台湾农渔业产销联盟发展协会理事长马爱珍,台湾磐石会会长、顺天建设有限公司董事长柯兴树,台湾工商建研会副理事长雷祖纲,台湾前“立法委员”、台湾华隆集团农林公司董事长苏火灯,海南省台资企业协会副会长廖怡诚，福州台协会会长翁金标等台湾知名人士率团来东营市参访考察。2008年，全市新增台资企业2家，总投资575万美元。2家台资企业追加投资107.7万美元。

对台交往交流工作。一是东(营)台(湾)交流活动日趋活跃。规划实施一批有政治内涵、有实质合作、有社会影响、有发展前景的双向交流活动，促进东台经济技术交流与合作。邀请台湾美和技术学院校长刘显达来东营市参观考察，东营职业学院和东营技术学院与台湾美和技术学院签订合作协议书，为东台间教育交流建立长效机制。邀请台湾高苑科技大学的16名师生和中国石油大学(华东)的10名师生参加"海峡两岸大学生黄河文化夏令营"活动，该项活动被评为山东省重点交流项目，受到国台办、教育部资助。邀请台湾"中华战略学会"8名退役将军参加"第五届孙子国际论坛"，3名退役将军作学术报告。在邀请台胞到东营市参访的同时，推动相关交流团组入岛交流。市人大副主任温晓杰、市政协副主席张惠率团入岛交流，拜会"中华工商经贸科技发展协会""中华民国工商建设研究会"中华全球石油股份有限公司、台塑集团等台湾知名企业、协会和有关人士，推介东营的历史文化、经济社会发展、投资环境和优惠政策，并进行相关交流项目的合作洽谈。组织山东大王金泰考察团4批15人次赴台进行技术培训。二是赴台交流管理进一步规范。印发《关于报送2008年赴台交流项目的通知》，对全市赴台交流项目进行统计。与市纪委、市委组织部、市公安局、市监察局、市旅游局联合印发《关于严禁党员、干部违规赴台旅游和交流的通知》，严肃赴台纪律，杜绝违规赴台旅游和交流事件的发生。组织全市旅行社召开会议，严禁旅行社办理经第三地赴台业务，确保对台交流工作健康发展。三是交流渠道进一步拓宽。密切与市医学会、建筑协会、科学技术联合会、省台属联谊会、海峡两岸经济文化促进中心等行业团体及台湾"中华工商经济科技发展协会""中华两岸产经文化交流协会""中国民主和平统一策进会"等行业公会和台湾一批中介组织的联系，培植交流资源，拓宽交流渠道。2008年，来东营市台胞持续增加，呈现参访团组多、经贸人士多、知名人士多、公职人员多的特点。年内，全市共接待台胞640人次，其中工商经济界人士396人次，科教文卫界人士102人次，接待团组45批525人次，应邀赴台11批41人次。

对台宣传和涉台教育工作。加大涉台宣传教育力度，多形式、多渠道开展涉台宣传教育活动，营造有利于对台工作的舆论环境，市台办及三县二区台办均被评为全省对台宣传和涉台教育工作先进单位。一是精心策划对台宣传项目。开辟新的入岛宣传渠道，利用"华夏经纬"、"山东与台湾"、"你好台湾"、"海峡时空"等网站、刊物刊登稿件和信息，年内在媒体上发稿25篇。11月，邀请台湾中天电视台《台湾脚逛大陆》栏目组来东营市拍摄《迷人的黄河入海口》电视专题片，重点采访东营市的特色景观和地方美食，12月25日在台湾中天电视台播出，使台湾同胞了解黄河入海口风情。二是加大与有关部门合作力度，做好涉台教育。在市委党校开办的干部培训班、各县区领导干部培训班上做台湾形势报告5场；举办"一个中国和平发展—两岸关系与鲁台交流合作图片展览"；组织动员全市干部群众参与纪念《告台湾同胞书》发表30周年征文活动，收到征文30多篇；向县区及市直有关部门发放《台湾问题基础知识问答》读本200多册。三是做好奥运会期间台湾记者的管理工作。按照省台办的部署要求，积极与外宣部门沟通，督促县区台办，抓好工作落实，确保奥运期间的舆论安全。奥运舆论安全工作被评为省先进单位。

台属工作。加强台属联谊会的组织建设。按时组织召开常务理事会议，对全市台属工作进行总结和安排。指导台属联谊会加大与全省部分市台属联谊会的相互交流，多次到威海、临沂、济南、滨州等市的台属联谊会交流学习。加强对台属的教育引导，增强台属做好台湾同胞工作的意识和信心。在春节、中秋节、元旦等节日期间，发动台属向在台亲人寄一张贺卡，增加台胞对家乡的认同感和向心力，吸引台胞来东营投资兴业。推动台属致富工程，带动和引导全市台属经济的发展。至年底，全市有台属15000多人，台属企业及个体工商户300多家。其中规模以上台属企业21家，员工人数8300多人，年销售额23.5亿元，出口创汇1000多万美元。全省资产过亿元的台属企业16家，其中东营市3家。继兴源集团和台联橡胶有限公司被评为全省"十大"台属企业后，兴源集团又被评为全省"十佳"台属企业。

(渠红霞)

【市直机关工委工作】 党员教育。一是创新学习载体。创立"黄河口机关讲坛",邀请省内外专家教授为机关党员干部做专题报告。年内围绕"创建机关服务品牌""创建服务型政府""奥运知识""当前经济形势"等内容举办4次专题讲座,参加人数2000多人次。2008年"黄河口机关讲坛"被评为"全省机关理论学习成果奖"。二是丰富学习内容。为基层党组织和市直机关离退休党员征订《支部生活》《党员干部之友》《机关党建》等刊物,为市直机关党员征订10000余册辅导读物。三是改进学习方式。5月组织30余名机关党务干部到广东、浙江和江苏等地学习考察"解放思想,争当排头兵活动"和创建机关服务品牌工作等经验做法。市建委、发改委、农业局等部门采取高校培训、专家辅导、机关论坛等方式,开展思想教育活动。四是抓好党建宣传。发挥市直机关党建网站的作用,搭建学习交流的工作平台;宣传市直机关先进基层党组织、优秀共产党员的先进事迹,用身边的典型教育身边的党员;组织协调市直部门单位向新闻媒体投稿,工委推荐的稿件100余件,多数被采用。工委在市级以上新闻媒体发稿36篇。市直机关工委被评为"全省机关党建宣传报道先进单位"。

基层组织建设。一是加强基层党组织领导班子和党员队伍建设。指导市检察院、市地税局、市统计局、自然保护区管理局等14个机关党组织进行换届改选,调整党务干部70余人。全年发展中共预备党员142名,为122名预备期满、经考察合格的预备党员办理转正手续。举办入党积极分子培训班,培训入党积极分子292名。二是做好市直机关支援抗震救灾工作。"5.12"汶川地震发生后,发出《团结共济,众志成城——致市直机关基层党组织和全体共产党员的一封信》,动员基层党组织和党员全力做好支援抗震救灾工作,组织开展"支援灾区重建家园"党员签名活动。党员在捐款捐物的同时,以交纳抗震救灾"特殊党费"的形式支援灾区。工委所属4483名党员为地震灾区交纳"特殊党费"260多万元,其中交纳1000元以上的党员1244人。在抗震救灾工作中,批准成立赴地震灾区水利抢险队临时党支部,批准2名表现特别突出的积极分子入党。对在抗震救灾工作中涌现出来的先进基层党组织和优秀党员进行表彰,推荐的一批先进组织和个人分别受到省、市委组织部门表彰。三是做好市直机关党务目标考评。年初修订《市直机关党务工作目标考核办法》。"七一"前组成6个考核组,采取听汇报、查资料、看现场和调查问卷等形式,对94个部门单位机关党务工作进行考核,向省委、市委推荐一批先进基层党组织、优秀共产党员和优秀党务工作者。举办首届市直机关"七一"表彰新闻发布会,对22个机关党建工作先进单位、74个先进基层党组织、154名优秀共产党员和40名优秀机关党务工作者进行通报表彰。四是救助、帮扶困难党员和基层党员。拨救助金12000元,救助困难党员;筹资5万多元,走访慰问市直机关下派党员干部。

机关作风建设。一是推进机关服务品牌创建。年初印发《关于在市直机关开展创建服务品牌工作的意见》,制定《机关服务品牌管理办法》等规范性文件。5月组织召开市直机关创建服务品牌工作现场推进会,推广市残联、东营经济开发区、市环卫处等单位的创建经验广。9月召开市直机关首批服务品牌新闻发布会,发布首批21个机关服务品牌,至年底,有42个市直部门、单位创出服务品牌。其中,市供电公司的"电力彩虹"、市残联的"同创美好生活"服务品牌已在国家工商局注册,东营经济开发区的"开发无限、服务永远"和市环卫处的"橘红舞动,城市洁净"服务品牌被评为"全省优质服务品牌"。创建机关服务品牌工作被评为"全省机关党建工作创新奖"。二是增强服务意识,营造良好发展环境。3月对"群众满意的基层站所(窗口)单位"创建活动进行初审和复审。市直机关参与创建的部门、单位有56个,基层站所(窗口单位)256个,被表彰命名的基层站所(窗口单位)194个。三是组织开展社会评议。围绕全局意识、群众观念、服务质量、办事效率、廉洁守纪和工作业绩六个方面,组织市直96个单位的298名县级、科级和一般干部及在职市级领导干部对市直各部门单位进行评议,机关作风得到改进。

党风廉政建设。一是抓学习教育,增强党员干部的反腐倡廉意识。开展纪念党的纪律检查机关恢复重建30周年活动,组织开展征集书画作品暨廉政公益广告作品活动,征集作品12幅。组织开展建立健全惩治和预防腐败体系《工作规划》和《实施办法》电视知识问答大赛活动,市直代表队获全市第一名,并代表东营市参加全省比赛。开展廉政文化进机关活动，营造机关廉政文化氛围，全市有50个部门和单位建立廉政文化领导机构和工作机构。二是抓责任制落实，促进市直机关的党风廉政建设。制定下发《关于2008年市直机关党风廉政建设和反腐败工作的实施意见》。参与指导市直25个部门领导班子民主生活会，加大对党员领导干部的监督力度。落实全市党风廉政责任制成员部门职责，参与全市党风廉政建设责任制落实情况考核工作，规范市直部门单位的从政行为。三是严格执纪执法，树立市直机关良好形象。把信访工作作为重要工作，全年处理人民来信来访多起，处结率100%。立案调查受贿案件1起，给予当事人开除党籍、留党察看一年的处分。

文明创建工作。一是开展社会公德、职业道德、家庭美德、个人品德和文明礼仪教育活动。学习《市直机关工作人员日常行为规范》，从自身做起，从点滴做起，革除陋习，倡树新风。二是组织开展纪念建党87周年、纪念改革开放30周年暨庆祝建市25周年系列活动。"七一"前夕，举行市直机关新党员入党集体宣誓仪式，动员基层党组织开展活动。参与全市纪念改革开放30周年暨庆祝建市25周年大型文艺晚会和中国(东营)国际石油装备与技术展览会等重大活动的组织，举办市直机关"改革开放话发展，青春建功新东营"演讲比赛，激发党员干部立足本职、建功立业的积极性。三是围绕奥运安全保卫目标，做好安全稳定。与市直部门签订《2008年度防范和处理邪教工作目标责任书》，严格落实敏感期和重大节日值班制度。做好维护稳定安全"百日行动"督导工作，督导35个部门单位的安全稳定工作。抓好市直机关民兵队伍建设，为部队输送合格新兵60余名。四是做好创城宣传教育。印发《关于进一步做好宣传教育工作的通知》，对市直部门单位创城宣传教育工作提出明确要求。开展"创建文明城市，党员争当旗帜"活动，发挥基层党组织在创城中的战斗堡垒作用，领导干部的带头作用和全体党员的先锋模范作用，为通过创城复核验收做出贡献。五是加强革命传统教育。清明节期间，组织市直机关700多名党员干部祭扫革命烈士陵墓；国庆节期间，组织市直机关1000余名党员干部举行向垦区革命烈士纪念碑敬献花篮活动。六是组织开展多种文体活动。与市直部门联合举办以"歌唱祖国、歌唱东营"为主题的大型歌咏比赛，组织市直机关干部职工参加"科达杯"第一届黄河口马拉松邀请赛和2009新年音乐会等文体活动等，全年组织各类文体活动20余场次，参加人数近万人。

群团工作。组建"市直机关困难职工帮扶中心"，动员基层工会组织为灾区捐款捐物近100万元，为残疾人捐款20余万元，为困难职工捐款8万多元，开展为困难职工"送温暖、献爱心"活动。组织举办"迎奥运、庆'五一'"健身操比赛、市直机关广播体操比赛、"三人制"篮球赛、职工趣味运动会等文体活动。组队参加"山东网通杯"全省机关第二届乒乓球赛，获优秀组织奖。共青团组织以服务机关青年为出发点，加强团组织建设，提升市直机关志愿服务水平。8月，与东营电视周刊策划举办"2008东营首届相亲大会"，800多人报名参加。组织举办为贫困孤寡老人"送温暖"活动，市直机关庆"三八"演讲比赛，《妇女权益保障法》知识竞赛，"节能减排进家庭、进社区，建设绿色新家园"等活动，增强了机关活力。 (杨道忠)

【党校工作】 教学工作。全年开设各类主体班次18期；培训学员1740人次。围绕学习、宣传党的十七大、十七届三中全会精神，联系黄河三角洲开发建设的重大理论与现实问题，把市委、市政府重大决策部署纳入党校教学内容，开设60多个新专题。举办"争当排头兵"专题研讨班。举办5期学习党的十七届三中全会精神轮训班，全市950余名在职县处级领导干部和88名乡镇党政正职全部参加轮训。创新教学方式方法，探索实施"组合式"培训，县级班采取"2+X"培训模式，中青班采取"三段式"培训模式，实施"开门办学"，增强教学的实效性和吸引力，得到省委党校的肯定。县级班、中青班学员撰写的赴外地学习考察报告，分别被市委书记张秋波和市委常委、市委组织部部长刘赞杰批示。实行"四位一体"学员管理制度，联合市委组织部出台《关于对参加教育培训干部进行考察的实施办法(试行)》，得到中组部和省委组织部的肯定。干部业余教育新招收学员415人，被省委党校表彰为"函授招生工作先进单位"。其中研究生班录取71人，为历年之最。与山东师范大学联合举办公共管理硕士(MPA)办学点，探索党校教育资源优势的可持续利用。

科研工作。组织参加全省党校系统改革开放30年与中国特色社会主义理论研讨会等8次大的理论研讨活动和省委党校、市社科联组织的科研成果评奖，论文获奖34项。会同市委宣传部、市社科联、市委党史研究室，举办全市纪念改革开放30周年暨庆祝建市25周年理论研讨活动，选送的15篇文章全部获奖，其中一等奖4篇，占一等奖总数的30%。组织申报立项全省党校系统2008年度科研课题2项，全省党校系统社会调研课题1项，并结项。参与市社科联重点课题竞标，立项课题4项，9项全市党校系统重点研究课题结项。开展“黄河三角洲开发建设战略研究”专题调研，完成7个子课题4万多字的调研报告并转化为教学专题，得到市委领导肯定。市党校撰写的“突破利津”2篇调研报告，被利津县委、县政府指导实际工作。科研服务决策水平不断提高，有3项调研成果被省、市领导批示，市党校参与的《提高领导干部知识产权能力，推进知识产权战略实施》课题被省长姜大明批示。2008年，市委党校获全省党校系统科研工作组织奖和“图书馆数字化建设先进单位”称号。

队伍建设。选派3人参加市委“争当排头兵”活动领导小组办公室工作，组织骨干教师深入市直部门、单位和县区、乡镇、企业讲课70多场次。在全省率先召开全市党校工作会议。承办全省党校系统第六届优秀教学奖评选和课堂教学观摩竞赛活动，得到市委书记张秋波、省委党校领导和与会代表的好评。省委组织部“干部教育培训体制改革问题”调研组到市委党校听取工作汇报给予充分肯定。招考2名研究生学历的专职教师，举办全市党校系统师资培训暨教学竞赛观摩活动，选派3名教师到清华大学和省委党校参加培训。选派12名教师到乡镇进行挂职锻炼。参与市直干部下派工作，选派1名县级干部担任驻县区工作队长，1名科级干部担任支教组长，圆满完成任务。1名教师被省委宣传部授予“全省优秀理论教育工作者”称号；1人被市委组织部、市教育局表彰为“支教工作先进个人”，1人被市直机关工委表彰为“优秀共产党员”。1名教师获全省党校系统优秀课堂教学观摩竞赛一等奖，实现建校以来参加全省教学竞赛的新突破。（刘秀峰）

【信访工作】　2008年，市信访局共受理群众来信743件，接待群众来访420起6738人次，起数和人次同比分别下降19.5%、3.5%，其中集体访221起5682人次，起数和人次同比分别下降6.8%、8.7%。到省上访起数和人次同比分别下降23.8%和17.6%，进京异常上访起数和人次同比下降18%和16%。

坚持重心下移关口前移。一是健全完善信访组织网络。全市1700多个村(居)配备专职信访信息员，工资报酬由县、乡财政负担。全市46个乡镇(办事处)统一配备专职副科级信访办主任，并作为党政联席会议的参加人员，提升了基层信访部门的工作权威和排查化解矛盾纠纷的能力。各县区普遍建立矛盾纠纷排查化解中心，实行有关部门、单位联合接访，降低群众的信访成本，增强工作实效。加强市、县直部门单位信访机构的规范化建设，充实工作力量，逐步健全信访工作业务科室。全市形成市、县、乡、村四级上下联动、分级负责、运转高效、齐抓共管的信访工作体系。二是综合运用排查手段。坚持自上而下与自下而上排查、基层单位自查与县乡普查、定期排查与集中排查相结合，坚持重点问题集中排查，共性问题联合排查，突出问题专项排查，对排查出的矛盾和问题，及时落实“四定四包”领导包案措施，将矛盾和问题化解在基层。年内全市排查不稳定因素1801件起。三是做好初信初访工作。对群众反映的问题，落实首问或首办责任制，在第一时间、第一地点把问题解决到位，矛盾化解到位。县区信访部门接待群众来访829起6561人次，市直部门单位接待群众来访635起4724人次。

畅通民意诉求表达渠道。一是坚持市、县、乡领导干部公开接访制度。3月出台《关于在市、县、乡三级建立领导干部定期公开接待群众来访制度的意见》，市级领导干部坚持每月15日在市人民来访接待中心接待群众，当场答复群众反映的问题。年内市级领导接待来访群众51起642余人次，现场答复率100%；各县区县级领导接待群众上访497起2160人次，当场答复案件357起。二是开展县(区)委书记大接访活动。提前向社会公布接访领导、范围、时间、地点、程序，推动县区委书记大接访活动开展。将大接访范围延伸至乡镇党委书记、乡镇长，横向延伸至同级五大班子成员和有关市、县区直部门。县级党政领导接待群众112起583人次，85%以上的问题现场得到答复，96%以上得到妥善解决。三是实行领导干部带案下访。11月实行市、县、乡三级领导干部带案下访制度。每月由市信访局排查梳理已发生的信访问题，将重点案件交办责任单位，由各级领导干部带案下访。至年底，市级领导带案下访案件15起，县级领导带案下访17起，全部办结。深化群众来信“绿色邮政”，开通“网上信访”，网上信访的案件办结率和回复率均为100%。全年受理“绿色邮政”133件，占直接受理来信的53.8%。

规范信访工作秩序。一是坚持“双教育双规范”。完善办信、接访、督查等工作规程，强化“第一时间”，只要发生来市集体上访，第一时间掌握信息、接待群众、报告领导、协调现场接访；强化案件督导，对受理案件实行一案一督，对重要案件实行“挂牌督办”，确保信访人的合理诉求得到妥善解决。依法规范信访行为。教育引导群众依法有序反映合理诉求。二是开展重复信访和非正常上访专项治理活动。4月开展为期3个月的重复信访和非正常上访专项治理活动，对排查出的重复信访和非正常上访案件，集中交办、集中力量、集中化解，逐一落实“四定四包”领导责任制。对反映集中、问题突出的138起突出信访问题，将办理责任落实到县区和相关部门，安排专人负责跟踪督办；对长期积累、久拖不决的32起信访问题，由市委、市政府督查室实行挂牌督办；对涉及跨地区、跨行业、跨部门的14起疑难复杂信访案件，实行市级领导包案。“百日行动”期间，175起重大信访问题得到妥善解决。

做好全国“两会”、奥运会等重要敏感时期的信访保卫。一是强化基层稳控。按照“属地管理、分级负责”的原则，采取谈心引导、致富培训、帮扶解困等措施，对重点人员实施稳控。二是加强信访值班。细化分工，严格各项值班制度，组建信访值班工作组，实行带队领导统一指挥、全体人员统一调度、值班岗点统一划分、值班车辆统一管理的“四统一”制度。保持了全国“两会”、奥运会等敏感时期的信访稳定。

从源头预防和减少信访突出问题及群体性事件。一是发挥各级信访信息员的作用，掌握各类信访信息，对带有苗头性、倾向性的信访信息，及时分析动态趋势，及早化解苗头性问题。二是将信访群众的社情民意，以及易引发群体性信访的问题，形成专题调研报告和来访快报，及时向市委、市政府和有关方面报告预警信息，妥善化解一大批信访突出事件及群访事件。年内向市级领导呈报《来访快报》85份，重点信访问题专题分析报告18份。三是坚持源头预防。在出台涉及群众切身利益的政策、措施时，听取群众意见和建议，考虑群众的承受能力，实施科学决策，从源头上减少矛盾和问题，减少不和谐因素。

构建大信访格局。一是市委、市政府高度重视信访工作。市委常委会和市政府常务会议多次听取汇报，对加强新时期信访工作进行部署。市委书记张秋波、市长张建华对信访工作批示164件次，阅批信访案件达75件；分管领导亲自到现场接访，跟踪督办；其他领导坚持“一岗双责”，做好分管范围内的信访工作。二是明确部门职责，增强政治责任。严格落实信访协调责任制、分级处访责任制、信访治安责任制和责任追究制，做到应受理的及时受理，已受理的及时处理，不该受理的做好解释疏导，防止将部门职责内的问题推给党委、政府，将系统内的问题推向社会。三是严格责任追究制。市信访工作领导小组制定《来访处访百分考核办法》，加大对集体上访、重复上访、异常上访以及领导接访情况的考核，推动信访问题及时有效化解。

2008年，市信访局被市委、市政府记集体二等功，授予“全市维护稳定安全‘百日行动’先进单位”、“实践科学发展观，争当黄河三角洲开发建设排头兵先进单位”等称号。　（信访局）

【保密工作】　2008年，全市保密工作坚持依法治密、依法行政，实施警钟长鸣、查漏补缺、网络安全三项工程，严厉打击窃密泄密犯罪行为，为全市经济社会发展发挥保障作用。召开10次保密工作会议，下发24个文件，对保密工作进行部署，与130多个部门和各县区签订责任书。组织开展纪念《保密法》颁布20周年知识竞赛等活动，播放警示教育片40余场次，举办各类培训班44期，培训1100余人次。编发各类稿件1600余件，被国家保密局采用1条，被省保密局采用量居全省前列。加强计算机监控，突出要害部门、要害部位保密管理，落实人防物防技防措施。加快涉密载体销毁中心建设，开展涉密载体集中清理工作。加大执法督查力度，组织7项大检查，对苗头性问题早发现、早处置，确保党和国家秘密绝对安全。

推进保密技术建设。加大保密技术经费投入和设备配备力度，重点建设完善“两个中心、一个专网”。一是建设市涉密计算机非法外联监控中心，将全市涉密

和内部计算机纳入监控范围。发现并阻断违规外联行为为53起，为各级党政机关内部办公构筑安全屏障。二是建设市涉密载体销毁中心。市委办公室、市政府办公室下发《东营市涉密载体回收销毁管理暂行办法》。市保密局统一制作涉密文件销毁专用袋，对单位负责人员进行业务培训，对需销毁的涉密载体实行统一回收、清点、登记、审批、销毁，制止国家秘密载体私自销毁、随意销毁、非法捐赠出售等现象。三是抓好党政专用通信网建设管理。市保密局加强组织协调，做到专网机房改造、专网设备统一配置维护、专网话务人员按标准配备、专用通信保密话机安装“四个到位”，提高专网通信服务质量，通过省业务主管部门的检查验收。四是抓好保密技术设备强制配备。对核心保密技术装备实行统一标准、采购、维护。市委统战部、市台办、市外经贸局等部门拿出专项资金配备保密技术设备。年内，全市60多个重点部门、单位配备保密技术检查和防范设备，全市保密部门全部配齐网络安全的技术设备，为保密技术检查和服务提供保障。

加强保密监督检查。一是组织开展“五五”保密法制宣传教育规划中期督导检查。对5个县区和40个市直部门、单位进行检查。二是搞好国家统一考试的保密检查。重点抓好中高考、国家司法考试、卫生系统资格考试的保密管理。高考期间，联合教育、公安等部门对县区和胜利教育管理中心6个考区10个考点555个考场组织检查验收，对试卷保密室和运送交接等环节进行重点监督检查，确保国家统一考试安全保密、公平公正。三是加强对互联网的保密管理。对全市的政府网站、个人网站、综合服务性网站、商业网站等进行重新统计。横向对所有在册网站检查，纵向对每个网站发布的信息浏览，确保对国家秘密信息上网发现及时、处理快速。在各级“两会”、北京奥运会等重大活动期间，与公安、信息产业等部门联合，对全市门户网站、重点论坛等实施24小时监控。四是加强政府信息公开中的保密审查工作。五是开展涉密载体统一清理。下发《关于在全市组织开展涉密载体统一清理工作的通知》，对各级党政机关和涉密单位在岗、离岗人员个人持有的涉密载体进行集中清理。清理纸质机密级以上文件1163份、秘密级文件945份，磁介质30个，杜绝个人违规持有国家秘密载体的现象。六是加强无线网络和设备使用情况的保密检查。下发《关于严禁在党政机关办公区域和其他涉密场所违规使用无线网络及设备的通知》，要求单位消除隐患，确保办公安全。七是组织开展计算机及移动存储介质和印刷复印行业复制国家秘密载体情况大检查。检查132个部门、单位，249个印刷、复印企业(点)，9个局域网络，4500余台计算机，1100余个移动存储介质。八是加大泄密事件查处力度。对发现的涉嫌泄密事件，组织力量进行查处，对存在泄密隐患的36个单位进行通报，对37名相关责任人员作出严肃处理。

开展保密宣传教育。一是开展纪念《保密法》颁布20周年宣传活动。与市烟草公司、东营日报社联合组织开展纪念《保密法》颁布20周年暨迎奥运保密知识竞赛活动；组织开展保密知识网上答题活动，全市1.5万人参加。组织开展保密征文活动，全市征集稿件200余篇，选出67篇稿件报省，稿件数量、质量居全省前列。二是突出抓好领导干部、涉密人员和保密干部的保密教育。发挥党校保密教育主阵地作用，市、县两级党校完成45个班次、180个课时的保密课教学。市保密局到县区和市直部门、单位讲授保密课11次，播放《警钟长鸣》等保密警示教育片和保密技术专题演示片40场次。三是开展社会层面的保密宣传教育。各级领导发表署名文章20多篇，举办保密展览、知识竞赛、上街宣传等保密宣传教育活动50多场次，发放和张贴保密宣传教育材料3万余份。集中1个月在市、县电视台黄金时段播放保密知识。四是办好内部刊物和网站。市、县区保密部门编发保密工作简报50多期60余万字，各级保密网站及时增设栏目、更新内容，扩大了宣传教育的覆盖面和影响力。

加强保密队伍建设。一是加强对全市专兼职保密干部的管理。健全保密干部持证上岗制度，定期对保密干部进行政治业务考评，不称职的及时调整，对新上任的干部进行岗前培训。完善协作组制度，以协作组为单位开展业务培训、专项检查等活动，发挥保密干部的积极性、主动性。二是组织开展以“学专业、练技能、强素质、树形象”为主题的岗位大练兵活动。市、县两级举办各类保密干部培训班38期，培训专(兼)职保密干部800余人次；举办网络管理人员培训班6期，培训网络管理人员300余人次。 (刘 兵)

【党史研究】 2008年,市委党史研究室以党史编写为重点,开展党史研究工作。一是地方党史撰写工作。按照省、市党史工作五年规划"1978年之前有建制的市、县(市、区)2009年全部完成地方党史第二卷的编写"的要求,广饶、垦利、利津三个县全部完成编写任务,市委党史研究室对书稿进行审定。二是党史资料征集出版工作。完成《中共山东年鉴》东营市承编任务,完成《中共东营市委纪事》(2008卷)的征编出版工作,完成三卷专题资料集《崛起的脚步》的征集出版工作。三是编辑出版《高扬党旗写华章》,收集先进典型200个。四是加大对重大事件、重要人物档案资料及口述史、回忆录的征集力度。征集南下干部相关材料,编辑《南下的足迹》。

*开辟资政工作新途径。*开展专题研究,撰写的调研报告《关于保护和利用好我市革命文化资源的思考和建议》得到市委分管领导的肯定。开展党史纪念地和革命遗址遗迹、纪念场馆调查活动,对全市革命遗址进行登记。征集红色旅游资源资料,编辑出版《东营市红色旅游概览》一书。对东营区"牛庄烈士祠"的改造重建工作和利津县烈士陵园的布展工作进行指导。

*拓展宣传教育新领域。*一是组织改革开放30周年暨建市25周年的纪念活动。面向全市副市级以上领导干部及离退休老干部征集党史资料。与市委宣传部、党校、社科联共同组织征文活动,其中,《加强村级基层党组织建设是农村致富奔小康的基础和关键》被推荐参加全国党史系统理论研讨会交流,《从三十年农村改革的三阶段看新农村建设》被评为东营市纪念改革开放30周年暨建市25周年征文一等奖,在省委宣传部和华东七省市党史系统理论研讨会交流。二是加强对党史人物的研究。配合省党史研究室《中共山东党史人物大典》和《山东党史人物传》第八集编撰出版工作,完成2万余字的《丁莱夫传记》。配合北京八路军山东抗日根据地研究会编辑《中共渤海区党史人物》,提供67名抗日战争时期县团级以上干部的资料。三是"走出去"上党课,年内为市公务员培训班、中青班等班次讲授党课16课时。四是办好"东营党史"网站和《东营党史》刊物,增强网站和刊物的可读性、知识性和信息量,促进党史成果转化。

*做好联系村帮扶工作。*帮助河口区太平乡仁义村理清发展思路,发展多种经营,联系外输劳务60人。协调资金10万元,完成自来水入户工程,解决村民吃水难问题。投资2万元,架设路灯20盏,铺设电线2000米,解决村民夜间出行难问题。开展节日走访慰问、"连民心送温暖"活动,组织干部职工慰问困难群众6次,捐款捐物2万余元。

2008年,市委党史研究室编写的《中共东营市委纪事》《高扬党旗写华章》被评为山东省党史优秀成果二等奖。撰写的《正确处理新时期的人民内部矛盾》获市社科成果评选二等奖,多项作品获优秀奖。撰写的《深入挖掘革命文化资源 营造黄河口红色产业》获"我为黄河三角洲开发建设建言献策"征文活动优秀建议奖。市委党史研究室获"全省党史系统先进集体"称号。

(市委党史研究室)

【老干部工作】 2008年,市委老干部局落实老干部的各项政策待遇,解决老干部工作遇到的重点、难点问题,老干部的满意度得到提升。市委老干部局被省委、省政府评为"全省老干部工作先进集体",被省委老干部局评为"全省老干部工作宣传调研先进单位",局机关党支部被市直机关工委评为"市直机关优秀基层党组织"。广饶县大王镇、垦利县胜坨镇、河口区和利津县的4个老干部活动中心,被评为"省级示范老干部活动中心"。

*落实老干部的政治待遇。*一是组织政治理论学习,组织老干部学习科学发展观、中央和省、市委重要会议和文件精神。全市老干部工作部门举办学习辅导班、读书班、座谈会122期,举办专题辅导报告60余场次,参加集中学习的老干部5300人次,为420余名行动不便的老干部上门送去学习资料和进行专题辅导。二是组织参观考察。4月和9月,组织市级老干部及家属到海南、广州、山西、陕西及济南、烟台等地参观考察和健康疗养。组织老干部到利津县、东营区、东营经济开发区、东营港管委会等地参观工农业生产。三是组织参加重要会议和活动。召开党代会、人代会、政协会有老干部代表参加和受邀请列席。定期向老干部通报情况,在考察任用干部、出台重要政策、建设重大工程前征求老干部的意见和建议。组织老干部参加市委组织的2次老干部情况通报会、4次考察推荐干部征求意见活动和3次座谈会,组织老干部参加石油装备制造业博览会、纪念改革开放30周年和庆祝建市25周年等活动。四是加强老干部党建工

作。优化老干部党组织设置,建立健全“三会一课”、组织生活、民主评议、党员管理、党费使用留成等制度。调整充实38个老干部党支部班子,选拔责任心强的在职党员担任老干部党支部联络员,帮助老干部党支部定期开展活动。市公路局老干部党支部、市人大机关老干部党支部等分别受到省委、市委的表彰。五是发挥老干部作用。组织全市离退休干部开展“我为加快黄河三角洲开发建设建言献策”活动,共建言献策1500余条,部分有价值的意见建议被采纳。汶川大地震发生后,全市离退休干部缴纳特殊党费182万元,通过慈善总会捐款175万元,通过红十字会捐款3.7万元,累计捐款360.7万元。

落实老干部的生活待遇。一是健全完善“三个机制”和困难离休干部帮扶机制。加强离休干部离休费保障机制、医药费保障机制和财政支持机制的建设。2008年,市直170余名企业离休干部报销医药费260余万元。年底,又争取医药费专项资金50万元,帮助困难县区及困难企业离休干部解决医药费,全市离休干部医药费做到实报实销,没有拖欠。二是落实提高离休干部生活待遇有关政策。6月,老干部局参照省直、济南市的做法,争取市委、市政府的支持,比照同级在职人员增长水平提高离休干部生活补贴,离休干部人均月增资1000余元。三是加强破产关停、改制重组企业和易地安置离休干部管理服务工作。协调市财政将离休干部的特需经费、公用经费和困难企业离休干部医药费专项资金及时拨付到位,确保这部分离休干部待遇落实。对省外易地安置离休干部进行走访慰问,为每人送去慰问信和1000元慰问金。四是探索建立“双高期”离休干部综合服务保障体系。制定出台《关于加强“双高期”老干部社区管理服务工作的意见》。确定一批设施条件较好、离休干部居住相对集中的乡镇、社区,挂牌成立社区老干部服务站,建立完善规章制度,成立医疗保健、家政服务、特需服务等服务小分队,就近为老干部提供日常服务,方便“双高期”老干部晚年生活。五是深化亲情服务。坚持和完善联系老干部工作制度,定期与老干部沟通交流,针对性地开展思想政治工作。国庆、中秋、老人节、春节等重大节庆日,对全市离休干部进行走访慰问。全市老干部队伍保持稳定,全年没发生一起因政策待遇落实不到位而引起的老干部来信来访事件。

丰富老干部精神文化生活。一是开展老干部文体活动。老干部局举办老年大学学员迎奥运书画展,纪念改革开放30周年暨建市25周年全市离退休干部书画展,全市老干部迎奥运健身操比赛。组队参加全省老干部迎奥运健身操比赛,获一等奖和组织奖。选送50幅老干部摄影图片参加“全省老干部看改革开放成就”摄影展,22幅图片分获一、二、三等奖和优秀奖。组织开展门球、地掷球、太极拳、舞蹈等文体活动。二是老年教育工作取得新进展。投资780余万元,建设市老年大学二期工程。投资40余万元,购置部分教学设施和教学仪器,老年大学的功能和设施更加完善。扩大老年大学招生规模,开设书画、舞蹈、医疗保健、声乐、微机、摄影等15个专业27个教学班,在校学员达750余人。聘请市内专家学者为学员授课,利用多媒体、网络、远程教育等现代化的教学手段开展教学。组建130余人的老年大学艺术团,活跃学员的文体生活。

加强调研信息宣传工作。全市老干部工作部门围绕落实中组部10号文件精神,老干部共享改革发展成果,离退休干部党支部建设,建立困难离休干部扶助机制,深化“双高期”老干部管理服务,离退休干部政治思想建设等重点课题进行调研,形成调研文章9篇,被省委老干部局采用5篇;20余篇稿件被省委老干部局《情况反映》《老干部工作通讯》采用,3篇稿件被《中国老年报》采用,13篇稿件被《东营日报》采用,8篇稿件被东营电视台、广播电台播放。定期编发《东营老干部工作》简报,交流工作情况、反映工作动态。 (白高云)

中国共产党东营市纪律检查委员会

【重要会议及活动】 2月6日,中共东营市纪委四届二次全体会议在东营宾馆召开。会议传达学习中央纪委十七届二次全会、省纪委九届三次全会精神,总结回顾2007年全市反腐倡廉工作,研究部署2008年党风廉政建设和反腐败工作任务。市委书记、市人大常委会主任张秋波出席会议并讲话,市委常委、市纪委书记马登雨代表市纪委常委会作工作报告。市纪委常委会主持会议,市纪委委员出席会议。市委副书记、市长张建华、市委各常委、市人大党组副书记、市政协党组书记、党员副市长、市法院院长、市检察院检察长参加了会议。市直各部门单位党组(党委)书记、纪检组(纪委书记),市直各纪工委书记、市纪委机关各室负责人列席会议。

3月24日,全省纪检监察宣传教育工作座谈会在东营召开。会议总结交流2007年全省纪检监察宣传教育工作情况,安排部署2008年工作任务。省纪委副书记崔瑛出席座谈会,省纪委常委刘凤岐出席座谈会并主持,市委副书记刘曙光到会致辞,市委常委、市纪委书记马登雨讲话。省纪委宣教室主任王同君、全省各市纪委分管副书记、宣教室主任共140余人参加座谈会。

12月29日,纪念党的纪律检查机关恢复重建30周年暨东营市党的纪律检查机关恢复重建25周年座谈会召开。市委书记、市人大常委会主任张秋波,市委副书记、市长张建华发来贺信,市委副书记刘曙光与与会人员合影,市委常委、市纪委书记马登雨出席会议并讲话。

【领导干部廉洁自律工作】 坚持"点面结合,重点突破"的思路,以专项清理为载体,规范领导干部从政行为。一是开展多占住房专项清理。全市共清理干部职工违规多占住房150套,其中县处级领导干部45套,按规定一律清退。二是开展"小金库"专项清理。会同有关部门开展"小金库"专项检查,清理违规管理使用财政资金5000余万元,责令整改到位。督促有关部门提出整改措施,规范国有资产收益管理,从源头上预防私设"小金库"问题。三是开展个人"小灵通"捆绑单位办公电话专项清理。共清理捆绑单位办公电话和使用公款支付的个人"小灵通"895部,纠正金额35763元,每年可节省资金4万余元。四是开展公务用车挂公安牌照专项清理。清理公务用车挂公安牌照车辆172辆,全部更换通用牌照,整顿了交通秩序。对市直部门单位公务用车情况进行统计分析,就加强市级机关公务用车定编配备管理提出意见和建议。

【查办案件工作】 严肃惩治腐败,发挥查办案件的治本功效。加强信访举报工作,全市各级纪检监察机关共受理信访举报1167件次,初信、初访一次结案率98%以上。市纪委监察局被评为全省纪检监察信访举报工作先进单位,两县区分别被评为全国、全省纪检监察信访举报工作先进基层单位。查办案件力度进一步加大,全市纪检监察机关共立查违法违纪案件202件,其中大要案48件,挽回直接经济损失41.78万元。健全完善办案机制,制定出台《市纪委监察局机关自办案件回访暂行规定》《全市案件统计工作考核办法》等制度。创新办案措施,不用或慎用"两规"措施突破案件的做法得到省纪委领导的肯定。坚持"一案三报告"制度,发挥查办案件的治本功效。派出一名室主任参与省纪委查办段义和案件工作组,圆满完成省纪委交办的任务,荣立三等功。强化案件审理工作,采取提前介入、乡案县审、内部助辩等方法,提高案件审理质量。全市审结案件202件,处分202人,责任追究36人,对3名县处级领导干部进行严肃处理。

【纠风工作】 加大纠风工作力度,督促主管部门切实担负药品招标采购、教育收费、农民负担、安全生产、环境治理等方面的监管责任,切实纠正损害群众利益的问题。查处涉农收费案件2起、教育乱收费案件5起、公路"三乱"案件2起。组织播出"行风热线"64期,答复或解决群众咨询求助投诉类问题603个。

【预防和治理腐败】 以党风廉政建设责任制为总抓手,加强组织协调,狠抓教育、制度、监督、纠风、改革、惩处6项任务的落实,推进惩治和预防腐败体系建设。中央《工作规划》和省委《实施办法》颁布后,及时组织召开全市贯彻落实会议,市委主要领导出席会议并作重要讲话,对今后五年的惩防体系建设任务作出部署。协助市委制定《东营市贯彻落实〈山东省建立健全惩治和预防腐败体系2008~2012年实施办法〉分工方案》,成立市直部门预防腐败工作联席会议,将《工作规划》《实施办法》确定的任务分解为31类124项,落实到市直65个部门单位,明确牵头和责任部门的责任。11月2~7日,8名市级领导带队分8个组对各县区和有关部门落实责任制情况进行检查,组织召开全市落实党风廉政建设责任制工作会议,通报检查情况,督促落实整改措施,促进党风廉政建设责任制的落实。

【党风廉政建设】 坚持把党风廉政教育纳入全党宣传思想工作大局中谋划和部署,纳入干部教育培训计划,纳入党风廉政建设责任制考核,促进廉政教育长效机制建设。一是加强廉政教育。开展"作勤廉表率,促科学发展"主题教育活动。全市累计讲授党课500多场次，其中县级以上200多场次。举办较大型廉政报告会20多场次，组织现场警示教育240多批次。市委书记张秋波在市委党校主讲《牢记“三个第一”，做廉洁从政的表率》的党课，主体班次学员和市纪委、市委组织部全体干部共150多人接受了教育。邀请中国纪检监察学院筹备办公室主任为全市领导干部作反腐倡廉形势报告，反响很大。二是加强廉政宣传。全市纪检监察机关被各级新闻媒体采用稿件1720余篇，其中国家级136篇，省级468篇。专题报道《东营市健全机制让权力在阳光下运行》被中央纪委评为第五届“党风廉政建设好新闻”三等奖，是全省获奖的两篇稿件之一。《充分发挥教育的“源泉”作用》在全省纪念党的纪律检查机关恢复重建30周年理论研讨活动中获特等奖。纪检监察信息工作实现位次前移，全市被中纪委采用信息8条，被省纪委采用信息130余条。三是加强廉政文化建设。全市建设廉政教育基地7个，廉政文化示范点103个，河口区廉政教育基地入选第一批山东省廉政教育示范基地。组织参加全省《工作规划》电视知识竞赛、基层廉政文艺创作展演、廉政公益广告创作展播评选等活动，均取得好成绩。组织召开纪念党的纪律检查机关恢复重建30周年座谈会，听取纪检监察战线老领导老同志艰苦创业的历史回顾，受到教育与启发。举办廉政教育大型书画展，展出全国、省、市书画名家专题创作的作品126幅，有4600余人参观书画展，作品在东营日报刊载；举办廉政教育大型京剧晚会，730余人现场观看，并多次在东营电视台转播。加强廉政文化研究，市纪委机关承担的东营市廉政文化建设对策研究课题被评为市社会科学优秀成果一等奖。

【执法监察工作】 发挥监督检查职能，督促各级各部门落实中央、省、市重大决策部署。一是加强对抗震救灾资金物资管理使用情况的监督，组织开展抗震救灾资金物资管理使用情况专项检查，派专人参加援川前方指挥部，加强全过程监管，保障抗震救灾款物的规范使用。二是加强对物价调控政策执行情况的监督，查处价格违法案件117件。三是加强对节能减排任务落实情况的监督检查，会同有关部门查处环境违法行为70余起，整治违法排污企业39家，保障节能减排约束性指标的实现。四是加强对固定资产投资政策执行情况的监督检查，围绕黄河三角洲开发，加强对“四区一城三网”、“三路两港一场”等重点工程建设项目的监督检查，督促整改各类问题11个。五是加强对房地产市场调控政策执行情况的监督检查，会同有关部门开展全市房地产市场秩序专项整治，查处违法违规行为52起，处理违规中介机构8家。六是加强对扩大内需政策落实情况的监督检查，成立以委主要领导为组长的发展环境监督小组，对扩大内需的有关项目编报、重大投资、工程实施等进行全程监督，推动经济平稳较快增长。

【源头治理腐败】 突出对重点岗位、重要领域和关键环节的监督，加强对领导干部权力行使的监督，构建覆盖权力运行全过程的监督制约体系。加强干部日常监督，16名市级领导和9名市纪委常委分别与130名县处级领导干部进行廉政谈话。强化信访监督，对有苗头性问题的31名县处级领导干部进行廉政函询。加强干部提拔和评先树优的监督，共审核拟提拔使用干部151名，审核评先树优单位和人员578个(人)，有6个先进集体、1名优秀共产党员、1名先进个人的拟表彰决定被否决。建立反腐倡廉情况通报制度，定期向人大代表、政协委员、各民主党派及特邀监察员通报全市反腐倡廉工作情况，征求意见建议。发挥人大监督、政协民主监督、审计监督、舆论监督的作用，形成监督合力。推进体制机制改革和制度创新，拓宽从源头上防治腐败工作领域。推进行政审批制度改革等改革，推行行政许可审批集中办理，规范行政审批行为，加快建设电子政务和电子监察系统。完善制度载体，深化行政审批中心、财政集中收(支)付中心、招投标中心、土地交易中心建设。推进政务公开、厂务公开、村务公开和公共企事业单位办事公开，做好省级政务公开示范点各项工作，命名一批市级政务公开示范点。加强农村基层党风廉政建设，做好基层信访工作，维护基层稳定、社会和谐、经济发展。加强对农村小型工程招投标活动的监督，累计举行农村小型工程招投标187场次，节约资金553万元。

【经济发展环境工作】 加强发展环境建设，促进机关作风转变。深入推进发展环境建设，组织召开全市优化发展环境工作会议，制定出台《关于进一步优化发展环境建设的意见》。督促部门建立并落实承诺制、问责制、公开制、督查制和追究制等5项制度，市直72个部门单位通过报纸、电视台等媒体向社会作出公开承诺，接受群众监督。做好发展环境监测点工作，走访和电话采访企业监测点54个，征求意见建议33条，发现影响发展环境的个性问题53个。对各级行政审批服务大厅进行集中检查，对部分重点岗位进行暗访，对发现的问题及时督促整改。受理查处影响发展环境的各类投诉583件，给予行政处分3人，通报批评3件，写出书面检查3件，限期整改21件。

【机关自身建设】 一是领导班子建设。加强常委会自身建设，落实各项议事规则；坚持民主集中制原则，班子成员既分工负责，又相互支持，维护班子团结，形成集体智慧；加强组织协调能力建设，注重工作谋划、运筹与操作，增强驾驭和领导反腐倡廉工作的能力；加强调查研究，市纪委书记、常委三次带队深入基层调研，征求意见建议70余条。二是纪检监察干部队伍建设。注重加强政治理论学习、纪检监察业务知识学习和经济、文化、金融、现代科技等知识的学习，提高做好反腐倡廉工作的能力和水平。选派49名纪检监察干部参加各类业务培训，2次组织全体干部职工到济南钢铁厂等地进行实地观摩，开阔眼界；组织开展市纪委委员反腐倡廉理论研讨活动，形成理论文章40余篇并结集出版。落实机关工作日志制度和带薪休假制度，促进机关工作效率的提高。健全完善机关党组织建设，重新组建机关13个党支部，市纪委监察局机关党委被评为全市优秀基层党组织。“七一”期间组织全体党员干部赴莱芜纪念馆参观，举行重温入党誓词仪式，接受革命传统教育。三是加强精神文明建设。开展精神文明创建活动，开展群众性文化体育活动，倡导移风易俗。开展社会治安综合治理，参加全市交通秩序集中整治、维护社会安全稳定“百日行动”、社会治安综合整治冬季行动等活动，市纪委被市委、市政府评为维护社会安全稳定先进集体，有4人分别受到通报表彰、记三等功和嘉奖。全市纪检监察干部职工捐款捐物价值40多万元，被市委、市政府评为支援抗震救灾捐赠先进集体。抓好下派帮扶工作，将所包的灶一村与周边的灶二村、灶北村实行一体帮扶，增强其自主“造血”功能，实现共同富裕。加强帮扶村党组织建设，在三个村的基础上成立党总支。

（市纪委办公室）

东营市人民代表大会及其常务委员会

【市六届人大一次会议】 2008年1月4~8日，在东城黄河影院召开。大会应到代表308名，出席303名。会议听取并审议了市长张建华所作的政府工作报告；审议了市发展和改革委员会主任闫树信受市政府委托所作的东营市2007年国民经济和社会发展计划执行情况与2008年国民经济和社会发展计划（草案）的报告，市财政局局长李俊峰受市政府委托所作的东营市2007年财政预算执行情况和2008年财政预算（草案）的报告，听取并审议了市人大常委会副主任姜振邦所作的市人大常务委员会工作报告，市中级人民法院院长王少南所作的市中级人民法院工作报告，市人民检察院检察长马英川所作的市人民检察院工作报告。大会对6个报告分别作出决议。

大会选举张秋波为东营市第六届人民代表大会常务委员会主任，周燕明、杨士民、郭丰璞、崔兆武、温晓杰（女）为副主任，孙三民为秘书长；大会选举张建华为东营市市长，王玉君、曹连杰、吕雪萍（女）、李金昆、陈兴銮、王吉能、宗承敏为副市长；选举王少南为东营市中级人民法院院长，马英川为东营市人民检察院检察长。

大会选举姜大明、李春亭、莫振奎、李新泰、吕明辰、费云良、王孟梅、田和友、田治颖、毕义泉、吕幸端、刘中云、刘其靖、闫树信、李延成、李忠华、张建华、张秋波、周燕明、赵国芳（女）、聂建军、阎子峰、董秀杰（女）、窦有奎、燕海云（女）为东营市出席山东省第十一届人民代表大会代表。

大会表决通过东营市第六届人民代表大会各专门委员会组成人员。杨士民兼任市人大财政经济委员会主任委员，王建伟、杨桂楠为副主任委员，石子强、卢国筠、刘学智、岳隆杰、崔佃忠、董秀杰（女）为委员；郭丰璞兼任市人大内务司法委员会主任委员，高连昌、李胜昌、王春爱（女）为副主任委员，巩洪波、杨新莲（女）、尚吉永、赵福恩、崔志祥、韩卫东为委员；郭丰璞兼任市人大城乡建设环境保护委员会主任委员，徐广荣、段长溪为副主任委员，闫万刚、李建华、张春良、赵风华为委员；崔兆武兼任市人大农业与农村委员会主任委员，许本让、曹金声为副主任委员，马波、许兰祥、李寿年、陈卫奎、徐金波、薛松亮为委员；温晓杰(女)兼任市人大教育科学文化卫生委员会主任委员，宋金兰、薄万坤为副主任委员，丁慧芳(女)、王学理、曲作彬、李涛江、杨桂海、颜培光为委员；杨士民兼任市人大民族侨务外事委员会主任委员，盖金香(女)、周华芝为副主任委员，王跃庆、孙海君、赵恒才、耿振东、钱卫忠为委员。

【市人大常委会会议】 2008年，市六届人大常委会共举行7次全体会议。

市六届人大常委会第一次会议。2月28~29日召开。会议表决通过市人大常委会2008年工作要点和关于加强自身建设的决定，通过有关人事任免事项。市委书记、市人大常委会主任张秋波向被任命的新一届市政府组成人员颁发任命书并作重要讲话。

市六届人大常委会第二次会议。4月24日召开。会议审议了市政府关于市五届人大常委会第39次会议审议意见办理情况的报告；听取审议了市政府关于全市公共文化服务体系建设情况的报告、关于贯彻实施《中华人民共和国仲裁法》情况的报告；印发了关于东营市2007~2008年度全市人大换届选举工作情况的报告；通过了有关人事任免事项。

市六届人大常委会第三次会议。6月23日召开。会议听取审议了市政府关于市六届人大常委会第二次会议审议意见办理情况的报告，关于全市支援四川抗震救灾工作情况的报告，关于贯彻实施《中华人民共和国森林法》情况的报告，关于2007年市级财政决算草案的报告，关于2007年市级财政预算执行和其他财政收支的审计工作报告，审查批准了2007年市级财政决算，表决通过了《东营市人民代表大会代表守则》和《东营市人民代表大会常务委员会组成人员守则》，表决通过了有关人事任免事项。

市六届人大常委会第四次会议。8月22日召开。会议听取审议了市政府关于市六届人大常委会第三次会议审议意见办理情况的报告，关于2008年上半年国民经济和社会发展计划执行情况的报告，关于2008年上半年财政预算执行情况的报告，关于全市公安机关"三基工程"建设工作情况的报告，关于中心城环境污染综合治理情况的报告，关于国有土地管理使用情况的报告，关于东营机场扩建工程项目筹资方案及财政专项资金回购的报告，分别作出关于加强中心城环境污染综合治理、关于国有土地管理使用、关于批准《东营市人民政府关于东营机场扩建工程项目筹资方案及财政专项资金回购的议案》三项决议；审议通过《东营市人民代表大会常务委员会关于强化监督推进重点工作的意见》，作出关于同意市人民检察院对市六届人大代表陈兴銮采取强制措施的决定，表决通过有关人事任免事项。

市六届人大常委会第五次会议。10月24日召开。会议听取审议了市政府关于市六届人大常委会第四次会议审议意见办理情况的报告，关于全市旅游工作情况的报告，关于气象工作情况的报告；审议了市政府关于广利河流域综合治理配套建设工程筹资方案及财政专项资金回购的议案，并作出批准的决议；审议通过《东营市人民代表大会常务委员会市级预算审查监督办法》。

市六届人大常委会第六次会议。12月10~11日召开。会议听取审议了市政府关于市六届人大常委会第五次会议审议意见办理情况的报告，关于2007年度市级预算执行和其他财政收支审计查出问题整改情况的报告，关于全市当前经济运行情况的报告，关于贯彻实施《中华人民共和国职业教育法》情况的报告，关于贯彻实施《中华人民共和国城市房地产管理法》情况的报告；对市政府关于节能降耗、城乡低保、中心城环境污染综合整治、新型农村合作医疗、林业、旅游六项重点工作进行了评议，通过人事任免事项。会议决定东营市第六届人民代表大会第二次会议2009年1月10日召开。

市六届人大常委会第七次会议。12月23日召开。会议通过市人大常委会关于同意东营市公安局对1名市六届人大代表采取强制措施的决定。

【人事任免】 2008年，市人大常委会任命国家机关领导成员和工作人员49人，免职4人，接受辞职1人。

市六届人大常委会第一次会议于2月29日，根据市人大常委会主任会议的提请，通过东营市第六届人民代表大会常务委员会代表资格审查委员会组成人员。主任委员：崔兆武；副主任委员：孙三民、王志国；委员：王建伟、许本让、宋金兰、徐广荣、高连昌、盖金香(女)。根据张建华市长的提请，决定任命李中树为东营市人民政府副市长，杨梦斌为东营市人民政府秘书长，闫树信为东营市发展和改革委员会主任，陈安忠为东营市经济贸易委员会主任，张洪生为东营市教育局局长，孙波为东营市科学技术局局长，张俊海为东营市公安局局长，王川为东营市监察局局长，纪梅英为东营市民政局局长，吴国华为东营市司法局局长，李俊峰为东营市财政局局长，张寿华为东营市人事局局长，温龙亭为东营市劳动和社会保障局局长，郝吉虎为东营市国土资源局局长，崔建华为东营市建设委员会主任，杨同柱为东营市交通局局长，黄梅芳为东营市水利局局长，尚观华为东营市农业局局长，纪葆东为东营市林业局局长，杨同更为东营市海洋与渔业局局长，宋国忠为东营市对外贸易经济合作局局长，张利华为东营市文化体育局局长，孙庆九为东营市卫生局局长，刘美华为东营市人口和计划生育委员会主任，曲同德为东营市审计局局长，李永元为东营市环保局局长，曹明刚为东营市统计局局长，杜延明为东营市旅游局局长，陈广风为东营市人民政府外事与侨务办公室主任，王西峰为东营市油区工作办公室主任，魏秀明为东营市城市管理行政执法局局长，李辉为东营市安全生产监督管理局局长。根据市人大常委会主任会议的提请，决定免去陈广风的东营市人大常委会副秘书长职务。根据市中级人民法院王少南院长的提请，决定免去李胜昌的东营市中级人民法院副院长、审判委员会委员职务。根据市人民检察院马英川检察长的提请，决定免去王春爱的东营市人民检察院副检察长、检察委员会委员职务，任命马洪军、阎金石、孙立新、孙庆芳、燕同芳、邱军、李荣强为东营市人民检察院检察员。

市六届人大常委会第二次会议于4月24日，决定接受岳隆杰辞去东营市第六届人民代表大会常务委员会委员、东营市第六届人民代表大会财政经济委员会委员职务的请求；根据张建华市长的提请，决定任命李兆君为东营市交通局局长，免去杨同柱的东营市交通局局长职务；根据马英川检察长的提请，免去田国兴的东营市人民检察院副检察长、检察委员会委员职务。

市六届人大常委会第三次会议于6月23日，根据市人民检察院马英川检察长的提请，决定免去张新德、刘传华的东营市人民检察院检察委员会委员职务；任命赵有明为东营市人民检察院检察员、检察委员会委员，梁金城、周博生、张金成、李辉华为东营市人民检察院检察委员会委员。

市六届人大常委会第四次会议于8月22日，根据市人民检察院马英川检察长的提请，任命赵有明为东营市人民检察院副检察长。

市六届人大常委会第六次会议于12月11日，根据市中级人民法院王少南院长的提请，决定任命胡友泉为东营市中级人民法院副院长。

【代表工作】 2008年，市人大常委会不断创新思路，拓宽渠道，加强代表联系，发挥代表作用。

代表变动情况。东营市第六届人民代表大会代表名额313名。市六届人大一次会议时实有308名，之后，刘中云、岳隆杰、李卫东代表调离东营市，代表资格自行终止。有关选举单位补选王观花（女）、任思坤、徐小林、杨同柱、韩利学为东营市第六届人民代表大会代表。

代表活动开展。针对换届后代表构成的新特点，举办两期培训班，组织220名新任市人大代表对人民代表大会制度和宪法、地方组织法、代表法进行系统学习；集中对驻基层的105名市人大代表普遍进行走访，通报有关情况，征求意见建议；每次常委会会议和重大活动都根据确定的内容，邀请有关方面的代表参加；制定市人大代表守则，对出席会议、参加活动、履行职责提出明确要求。根据便于活动原则，及时对代表进行编组，制定印发代表小组活动指导意见。各代表小组围绕“四区一城三网”、“三路两港一场”、金融危机对实体经济的影响等重大问题，开展视察调研，提出许多高质量的意见和建议。组织驻东营市的全国和省人大代表开展集中视察，委托各区县人大常委会组织市人大代表进行就地视察，为参加代表大会、审议各项报告作准备。四川汶川地震发生后，组织企业界人大代表捐款仪式，以个人和企业的名义累计捐款1700多万元。重视加强油地军校人大代表的联系，通过召开座谈会、组织油地工作视察等方式，加强团结，凝聚合力，构建和谐东营。

代表建议办理。市六届人大一次会议期间，共收到代表议案建议106件，全部转建议办理。3月14日，市人大常委会召开市人大代表建议办理工作会议，并采取多种方式加强催办督办，专门听取审议市政府办理情况的报告。制定代表建议重点督办办法，

选择6件建议，由各专门委员会会同提出建议的代表，深入承办部门和有关方面进行集中重点督办。市政府高度重视，采取常务会议推动、与承办部门签订责任状、列入政务督查考核三项新举措，加快办理速度，提高了办理质量。代表所提建议全部办结，并答复了代表。

【重要视察调研】 2008年，市人大常委会围绕经济社会发展和人民群众关注的重大问题开展多项大型视察调研。

3月3~7日，市人大常委会第一副主任周燕明先后到垦利县、利津县、东营区、河口区就经济社会发展和换届后人大工作开展情况进行调研，重点就新一届人大如何理清思路、贴近中心、依法履职、创新发展提出要求。

5月26日，市人大常委会第一副主任周燕明、副主任郭丰璞带领部分市人大代表视察东营市围城企业污染治理情况。视察组先后察看东营裕丰食品公司、东营人造板厂、胜利发电厂、华泰化工集团、胜利油田东奥化工有限责任公司等企业的环保治理情况，察看市垃圾处理厂、沙营污水处理厂运营状况，并就围城企业污染治理提出意见建议。

8月27日，市人大常委会第一副主任周燕明、副主任杨士民、秘书长孙三民以及部分驻会常委会组成人员和市人大代表，在副市长李金昆等陪同下，对东营经济开发区的建设发展情况进行视察。对开发区所取得的成绩给予充分肯定和高度评价，对下一步如何加快发展、努力打造现代化新型开发区提出意见和建议。

10月22日，市人大常委会组织驻会委员视察黄河水城重点建设项目进展情况。市委常委、组织部长刘赞杰，市人大常委会副主任郭丰璞参加视察活动。

12月5~6日，市人大常委会组织驻东营市的全国、省人大代表进行会前视察，深入地方和油田部分单位、企业了解生产发展情况，并听取了关于全市经济社会发展、依法行政和公正司法情况的汇报。市人大常委会第一副主任周燕明，胜利石油管理局党委副书记、工会主席李忠华等省人大代表，市政协副主席、胜利石油管理局副总工程师、民盟东营市主委王新红，市人大常委会委员、华泰纸业股份有限公司董事长李建华等全国人大代表参加视察。市委常委、广饶县委书记赵豪志，市人大常委会副主任崔兆武，副市长王吉能陪同视察。

【人大信访】 2008年，市人大常委会按照市委关于创建"平安东营"、构建"和谐东营"、维护社会稳定、促进新农村建设的部署要求，高度重视信访工作，不断加大处信接访力度。利用人大信访"窗口"，了解社情民意，化解各种矛盾，维护民权民利，重和谐保稳定。多次召开协调会议，研究处理信访措施，督办落实有关案件。坚持每月15日驻会副主任轮流公开接访制度，切实做到以情接访，依法处访。全年共受理人民群众来信来访、申诉控告1583件次，均及时按有关法律和政策规定进行转办处理。

【专门委员会主要工作】 2008年，市人大6个专门委员会围绕市人大常委会年度工作要点安排，立足本职，依法履职，主动开展各项工作。

市人大财政经济委员会。探索计划、财政预决算监督的新路子，代常委会起草《东营市人大常委会市级预算审查监督办法》，在市六届人大常委会第五次会议上一审通过。依法按程序深化监督，在重点问题上提前沟通介入，突出对重大项目、重点支出和收入征管的监督落实。在全面加强经济工作监督、重点工作推进及代表建议督办的同时，围绕"四区一城"建设，加强开发区建设发展、金融税收、中小企业发展、节能降耗、安全生产、信息产业发展、油田存续企业改制等工作的监督推动。抓住群众关心关注的热点问题，开展对物价、粮食、住房公积金、放心农资、食品安全特别是"问题奶粉"查处等工作的执法检查和专题调研，形成有价值的调查视察报告，为常委会搞好审议，科学决策提供了可靠依据。

市人大内务司法委员会。先后对全市第九届村委会换届选举、"五五"普法、公安机关"三基"工程建设、中心城区道路交通安全设施、中心城区居民小区保安设置、仲裁法贯彻实施、老年人和残疾人权益保障、城乡低保、劳动就业、市中级人民法院执行工作、市人民检察院申诉检察工作等进行专题调查，形成高质量的调查报告，提出许多意见建议。配合省人大执法检查组对东营市贯彻实施未成年人保护法、法官法、检察官法情况进行执法检查，配合省人大法制委员会立法调研组对东营市就山东省实施道路交通安全法和山东省农村公路条例进行立法调研，修订了《东营市人大内务司法委员会议事规则》《东营市人大内务司法委员会与相关部门联系办法》。

市人大城乡建设环境保护委员会。围绕黄河三角洲开发建设大局和事关人民群众切身利益的热点、难点问题,就中心城环境污染综合整治和国有土地管理使用工作进行深入调研，为常委会作出《关于加强中心城环境污染综合整治的决议》《关于加强国有土地管理使用的决议》做了大量基础工作。就“黄河水城”建设进行专题视察,就全市交通工作情况、城市管理工作情况、油区工作情况及《中华人民共和国城市房地产管理法》《城市规划法》《人民防空法》贯彻实施情况进行调研。配合省人大就《山东省物业管理条例(草案)》进行立法调研。以“促进节能减排,建设生态文明”为主题,开展油城环保世纪行活动,推动全市城建环保工作的开展。

市人大农业与农村委员会。围绕全市农业与农村工作中心，建议常委会听取审议市政府“三网”绿化工程实施和气象工作情况汇报。对垦利东部沿海生态河建设和胜利油田有关单位长期使用农村集体土地、“三网”绿化工程实施等情况进行调研。就关于强化农产品质量安全工作的议案转建议进行重点督办。配合省人大对《山东省黄河河道管理条例修正案(草案)》搞好立法调研,争取有关条款修改，维护东营市利益。借全省人大农业与农村工作座谈会在东营市召开之际，总结展示东营市“三农”工作取得的成绩。采取多种形式加强监督支持,促进全市农村经济社会健康协调发展。

市人大教科文卫委员会。坚持科学发展,围绕教育、科技、文化等中心工作做好监督。坚持以人为本,围绕地震、卫生应急体系建设、红十字会、农民医疗保险、食品药品安全等民生问题开展调研。圆满完成常委会及省人大交办的建议督办、代表小组活动、走访联系代表、重点工作评议、《山东省计划生育条例》立法调研及《山东省药品使用条例》执法检查等工作。通过开展视察、调研、执法检查等围绕 15 项议题进行监督，深入三县两区 20 多个乡镇 100 多个村和基层单位调研,有针对性的提出建议 46 条,推进全市教科文卫工作的开展。

市人大民族侨务外事委员会。把握“共同团结奋斗、共同繁荣发展”这个主题和爱国守法、依法管理这条主线，听取市民宗办工作情况汇报，监督推动政府依法管理宗教活动，防止有较大影响民族宗教事件的发生,促进“和谐东营”建设。围绕大局,加强外事侨务工作监督促开放，开展调研活动，督促政府部门建立学习宣传侨法的网络体系，健全依法护侨的统筹协调机制，在农村实行五保供养，在城市纳入最低生活保障范围，实现涉侨案件的零申诉和零上访。加强对旅游工作调研,形成有价值的调研报告,并将创建全国优秀旅游城市工作作为常委会重点督办事项，进行跟踪推进,取得显著成效。

【全国、省人大领导莅临指导】 2008 年,上级人大常委会领导多次来东营市视察检查、立法调研。

4 月 21~23 日，省人大常委会委员、省人大财政经济委员会副主任委员杨金镜一行来东营市就《山东省消费者权益保护条例(草案)》进行立法调研。市人大常委会副主任杨士民陪同调研。

5 月 13~14 日，省人大常委会副主任鲍志强率省人大立法调研组,来东营市就《山东省黄河河道管理条例(修正案草案)》进行立法调研。省人大常委会委员、农业与农村委员会主任委员班开庆,省人大常委会委员、农业与农村委员会副主任委员宋继峰,省人大农业与农村委员会副巡视员郝传义，山东黄河河务局副局长郝金之随同调研。市人大常委会副主任杨士民,副市长吕雪萍、宗承敏分别陪同调研。

6 月 12~13 日，省人大常委会委员、副秘书长、内司委副主任委员毛春智带领省人大检查组来东营市检查《中华人民共和国未成年人保护法》贯彻实施情况。市人大常委会副主任郭丰璞、副市长王吉能陪同。

6 月 14~15 日，全国人大常委会委员、外事委员会主任委员李肇星一行到东营视察。市委书记、市人大常委会主任张秋波会见视察组一行，并介绍东营市经济社会发展情况，李肇星对东营市近年来所取得的成绩给予肯定。市委常委、副市长曹连杰,市委常委、秘书长田振玉,市人大常委会副主任郭丰璞参加会见并陪同视察。

7 月 22~24 日，全省人大农业与农村工作座谈会在东营市召开。省人大常委会副主任鲍志强出席会议并讲话,市委书记、市人大常委会主任张秋波致辞，并介绍东营市经济社会发展情况,市人大常委会第一副主任周燕明，市委常委、广饶县委书记赵豪志，市人大常委会副主任崔兆武等参加会议并陪同考察。

8 月 5~6 日，省人大常委会在广饶县举办第三期省人大代表培训班。来自全省各市的200余名初任省人大代表参加学习培训。省人大常委会人事代表工作室主任傅新元主持开班仪式,市人大常委会第一副主任周燕明,市委常委、广饶县委书记赵豪志到会祝贺并致辞。

8月7~8日,齐鲁环保世纪行情况交流会(鲁北片)在东营市召开,省人大城环资委副主任委员郭庆惠等出席会议,东营、烟台、潍坊、泰安、威海、滨州六市人大城环委负责人参加会议。市人大常委会副主任崔兆武到会祝贺。

8月25~26日,省人大常委会副主任时立军、省建设厅副厅长吴英一行来东营市就《山东省物业管理条例(草案)》进行立法调研。市委常委、副市长曹连杰,市人大常委会副主任郭丰璞陪同调研。

8月28~31日,省人大常委会委员、省人大财政经济委员会副主任委员杨金镜一行来东营市就《山东省财政监督条例(草案)》进行立法调研。市人大常委会副主任杨士民陪同调研。

8月28日,省人大法制委员会副主任委员李建军、法制工作委员会副主任刘卿,省交通厅副厅长任明英,省公安厅交警总队政委田玉国一行,来东营市就《山东省实施<中华人民共和国交通安全法>办法(草案修改稿)》《山东省农村公路条例(草案修改稿)》进行立法调研。市人大常委会副主任郭丰璞陪同。

9月7~9日,全国石油城市人大工作研讨会第十四次会议在辽宁省盘锦市和山东省东营市召开。会议在盘锦市开幕,在东营市闭幕。天津市大港区,河北省任丘市,辽宁省盘锦市,吉林省松原市,黑龙江省大庆市,山东省东营市,河南省濮阳市、南阳市,湖北省潜江市,甘肃省庆阳市,新疆克拉玛依市、库尔勒市人大常委会主任或副主任及有关人员共60余人参加会议。辽宁省人大常委会副主任宋勇、山东省人大常委会副主任崔曰臣到会祝贺并讲话。盘锦市委、市政府和辽河油田,东营市委、市政府和胜利石油管理局主要领导到会致辞,并分别介绍市情和油田发展情况。会议围绕油城人大及其常委会如何更好地坚持科学发展观,促进资源型城市转型,实现油城经济社会可持续发展等方面进行研讨交流。

9月8日,省人大常委会委员、内司委主任委员陈明甫带领执法检查组来东营市就《法官法》《检察官法》贯彻实施情况进行执法检查。市人大常委会副主任崔兆武、市中级人民法院院长王少南、市人民检察院检察长马英川等出席汇报会。

10月8日,省人大法工委副主任姚潜讯等一行5人,到东营市就《山东省物业管理条例(草案)》修改情况进行立法调研。市人大常委会副主任郭丰璞陪同调研。

10月12~14日,省市人大常委会老领导联谊会在东营市举行。省人大常委会原副主任王道玉、全省各市人大常委会原主持工作的领导等参加联谊会。市委书记、市人大常委会主任张秋波,市人大常委会第一副主任周燕明、副主任崔兆武,市人大常委会原第一副主任姜振邦等参加会议并陪同考察。

10月13~15日,齐鲁环保世纪行记者团在省人大城环资委副主任委员郭庆惠、齐鲁环保世纪行执委会副主任杨亚光的带领下,来东营市考察、采访海洋环境保护工作。市人大常委会副主任郭丰璞主持报告会,副市长吕雪萍及胜利油田有关负责人介绍情况并回答记者提问。

【其它重要活动】 1月29日,市人大常委会召开主任扩大会议,传达学习省十一届人大一次会议精神。市人大常委会第一副主任周燕明主持会议并讲话。

4月2日,市委宣传部、市人大常委研究室组织开展东营市2007年度宣传人民代表大会制度先进单位、先进个人、好新闻评选活动。共评出先进单位9个,先进个人10名,好新闻作品22件。

4月15~18日,市人大常委会在市委党校分两期对驻基层的200余名新任市人大代表进行集中培训。邀请原省人大常委会法制工作委员会副主任、人事代表工作室主任杜忠臣,原省人大常委会人事代表工作室副主任刘本举及市委党校的专家教授讲课。市人大常委会第一副主任周燕明在开班仪式上作动员讲话,市人大常委会副主任杨士民在培训结束时作总结讲话。

4月23日,市人大常委会举办法律知识讲座,邀请全国人大常委会法制工作委员会原副主任张春生作关于《宪法与人民代表大会制度》的辅导报告。市人大常委会第一副主任周燕明主持讲座并讲话。

5月23日,组织部分企业界市人大代表举行捐款仪式,40多位代表分别以集体和个人的名义现场捐款126.1万元。

6月19日,市人大常委会组织收看全省各级人大常委会《监督法》集体学习会。市人大常委会第一副主任周燕明,副主任杨士民、郭丰璞、崔兆武、温晓杰,秘书长孙三民及常委会各委员、市直部门负责人、市人大机关科级以上干部参加市直组织的学习会,各县区组织收看。市人大常委会第一副主任周燕明对贯彻落实监督法提出具体要求。

7月10日至11日,市人大常委会举办全市人大乡镇干部培训班。市人大常委会第一副主任周燕明出席开班仪式并讲话,市人大常委会副主任崔兆武主持会议。

7月28日,全市人大工作会议在垦利县召开。传达贯彻学习全省人大工作会议精神,交流县区人大工作情况和经验,研究做好新形势下人大工作的措施。市人大常委会第一副主任周燕明,副主任杨士民、郭丰璞、崔兆武、温晓杰,秘书长孙三民及市人大机关、各县区人大常委会主要负责人50余人出席会议。市人大第一副主任周燕明出席会议并讲话。

10月7日,驻东营市的省人大代表第一小组开展视察活动。听取黄河三角洲(东营)高效生态经济区重点区域规划及推进实施情况和东营市上半年经济运行情况汇报,省人大代表就高效生态经济区建设和东营市经济发展提出许多针对性、可操作性强的意见建议。市人大常委会第一副主任周燕明参加活动并讲话。

11月20日,市人大常委会召开重点工作评议动员会议,安排部署对全市节能降耗、城乡低保、中心城环境综合整治、新型农村合作医疗、林业、旅游等6项重点工作的评议。

(郑云国　王仕刚)

东营市人民政府

【市政府常务会议提要】 2008年,市政府召开常务会议共15次。

1.第6—1次,1月9日召开。研究市政府领导工作分工,并对加强政府自身建设提出要求,安排部署当前工作。

2. 第6—2次,1月18日召开。研究当前物价有关情况,春节前后安全生产情况,一季度经济运行情况及下步对策建议,安排部署当前工作。

3. 第6—3次,2月14日召开。研究市政府领导工作分工,2008年10件便民实事和10项重点建设项目责任领导和责任单位情况,安排部署当前工作。

4. 第6—4次,5月23日召开。研究支援四川抗震救灾工作情况,1—4月份经济运行情况及做好上半年经济工作建议,全市防汛工作情况。

5.第6—5次,7月2日召开。研究2008年黄河水城重点建设工程规划设计情况及工程投资安排、职责分工和进度要求等有关情况,国家环保模范城复核整改情况,推动文化大发展大繁荣意见和若干政策规定。

6.第6—6次,8月7日召开。研究全市节能工作情况,全市电力保障工作情况,当前金融形势及下一步工作情况,县区规范公务员津贴补贴工作情况,全市国有土地管理使用情况,中心城区物业服务收费指导标准有关情况。

7. 第6—7次,8月25日召开。研究全省县域经济发展工作会议精神及贯彻落实意见,2008中国(东营)国际石油装备与技术展览会筹备情况,《东营市旅游景区建设管理办法》,《东营市科学技术奖励办法》,安排部署当前工作。

8.第6—8次,9月4日召开。研究市政府与中海炼化合作有关问题。

9. 第6—9次,9月10日召开。研究全市教育工作有关问题,"科达杯"第一届黄河口马拉松全国邀请赛筹办情况,中心城区供暖财政补贴和中心城热力专项规划有关问题。

10. 第6—10次,10月24日召开。研究全市前三季度经济运行情况及第四季度工作建议,落实省委省政府支持黄河三角洲高效生态经济区建设政策工作情况,全市人口和计划生育工作情况。

11.第6—11次,11月4日召开。研究2008年度便民实事进展情况,提高部分社会保障补助标准,全省铁路建设工作会议等会议精神,市级行政审批事项清理规范情况。

12. 第6—12次,11月15日召开。研究传达学习全省领导干部会议精神,研究贯彻落实省会议精神有关情况,分析当前经济形势,部署下一步确保全市经济平稳较快发展的措施。

13. 第6—13次,11月19日召开。研究制定《进一步扩大内需促进经济平稳较快发展的意见》有关情况,决定给予连兴民行政撤职处分。

14. 第6—14次,12月10日召开。研究中国(东营)国际石油装备与技术展览会有关情况，全省重点投资项目管理基础工作电视会议精神及市贯彻落实意见，全省加快重点水利工程建设电视会议及市贯彻落实意见，2009年度便民实事有关情况。

15. 第6—15次，12月23日召开。研究拟提交市六届人大二次会议审议的《政府工作报告》(讨论稿)，全省经济工作会议精神及贯彻落实建议，2008年全市经济社会发展情况和2009年计划初步安排意见，2008年财政预算执行情况和2009年市级财政预算安排意见。　(任文学)

【市政府专题会议提要】　2008年，市政府召开专题会议97次。

1.研究加强与中海油总公司合作有关问题；

2.研究胜利油田非全日制用工小时工资标准调整有关问题；

3.研究建立食用油储备有关问题；

4.研究推进大唐东营风电场项目建设有关问题；

5.研究物价稳定工作；

6.研究加快全市电网工程建设有关问题；

7.研究黄河水城建设有关问题；

8.研究全市交通重点工程建设有关问题；

9. 研究土地审批等有关问题；

10. 研究胜利油田电力总公司220KV万九Ⅰ.Ⅱ线改造工程有关问题；

11.研究建设口2008年重点工作；

12. 研究市人防指挥所建设有关问题；

13. 研究提高全市城乡低保补助水平问题；

14. 研究广利港改建有关问题；

15. 研究东营市人民政府与中海油关于合作发展石油化工产业问题；

16. 研究中心商务区场馆项目当前和今后一段时间的建设工作；

17. 研究东营港建设项目资金等问题；

18. 研究加强出租车管理有关问题；

19. 研究永安机场至黄河口镇段高等级公路建设有关问题；

20. 研究城市公安分局管理体制理顺有关问题；

21. 研究在东营经济开发区内设立东营区工业园及海科化工集团项目建设有关问题；

22. 研究自然保护区管理体制理顺有关问题；

23.研究东营“平安城市”基础项目建设问题；

24. 研究广利港区改建有关问题；

25. 研究市美达灯具有限公司土地补偿有关问题；

26.研究土地审批有关问题；

27. 研究中国石油大学国家大学科技园高新技术园区“生态谷”项目建设有关问题；

28. 研究大唐国际东营风电场一期项目建设有关问题；

29. 研究博新路永安机场至黄河口段高等级公路有关问题；

30. 研究广利港区改建工程有关问题；

31.研究北二路改造(西二路至东二路段)初步设计方案问题；

32. 研究市城市资产经营有限公司有关问题；

33. 研究胜利油田职工住房建设有关问题；

34. 研究黄河水城建设有关问题；

35. 研究垦利县永安镇二十二村部分群众上访问题；

36.研究土地审批、土地出让金滞纳金收缴等有关问题；

37. 研究广利河综合治理工程有关问题；

38.研究2008年度全市农村特困群众安居工程建设有关问题；

39. 研究垦利县永安镇二十二村部分群众上访问题；

40. 研究市直安居工程居住区物业管理工作有关问题；

41. 研究市高速公路闯岗逃费车辆综合整治有关问题；

42. 研究中心城农副产品综合批发市场项目建设有关问题；

43. 研究广利港扩建工程有关问题；

44. 研究东营机场扩建工程有关问题；

45. 研究开展中心城区交通秩序综合整治行动有关问题；

46.研究加快炼化企业整合，推进与中海合作有关问题；

47. 研究市直安居工程居住区市政公用设施及其养护管理移交有关问题；

48. 研究自然保护区管理体制理顺有关问题；

49.研究土地审批，2008年度土地利用年度计划指标分配，土地利用总体规划局部修改等有关问题；

50. 研究垦利县永安镇二十二村部分群众上访问题；

51.研究审议2008年黄河水城重点建设工程规划问题；

52.研究“四区一城”融资平台建设有关问题；

53. 研究黄河水城建设和城市生活垃圾综合处理厂规划选址有关问题；

54. 研究黄河水城文化公园油田设施改造有关问题；

55. 研究加快推进大唐国际东营风电场一期工程开工建设有关问题；

56. 研究东营机场改扩建工程规划建设等问题；

57. 研究东营区辛镇村村居改造方案，土地处置，地热资源开发利用等有关问题；

58. 研究关于东营区商贸园三期工程拆迁有关问题；

59. 研究广利港海城综合整治等问题；

60. 研究部分企业污染物改排和沙营污水处理厂中水回用有关问题；

61. 研究三中心项目加快建设有关问题；

62. 研究锦华小区小学建设有关问题；

63. 研究土地审批等有关问题；

64. 研究东城北一路以北新建小区冬季取暖有关问题；

65. 研究婴幼儿奶粉事件处置有关问题；

66. 研究部分重点工作经费安排有关问题；

67. 研究稳定奶业生产有关问题；

68. 研究推进中海油港区项目建设有关问题；

69. 研究东营港联检机构进驻港区办公有关问题；

70.研究 2008 中国(东营)国际石油装备与技术展览会筹备工作有关问题；

71. 研究东营经济开发区建设有关问题；

72.研究 2008 年中心城区困难群众冬季采暖有关问题；

73. 研究市直经济适用住房建设等有关问题；

74. 研究市二中老家属院和大昌工贸住宅区冬季供暖问题；

75. 研究中国石油大学国家大学科技园建设管理有关问题；

76. 研究部署 2008 年中国(东营)国际石油装备与技术展览会有关问题；

77. 研究东营机场扩建工程有关问题；

78.研究明潭公园、水城国际等项目建设有关问题；

79. 研究中心城区供暖财政补贴工作运作程序的问题；

80. 研究审议东营机场航站楼设计方案，黄河口生态旅游区游船码头概念方案和东营会展中心配套五星级酒店建筑方案等问题；

81. 研究市直安居工程居住区物业管理问题；

82. 研究将郭金贵等三名农场退休医务人员移交县区管理的问题；

83.研究落实国务院“十项措施”有关问题；

84. 研究土地审批等有关问题；

85. 研究山东北部沿海高等级公路路线方案有关问题；

86.研究部署全市 36 个重点项目国债争取工作和明后两年重点项目的筛选提报工作；

87. 研究部署小火电机组拆除工作；

88. 研究市直安居工程开发代建企业资金清算问题；

89. 研究解除清风湖公园委托建设、经营、管理权有关问题；

90. 研究黄河河口物理模型试验基地建设暨黄河口治理有关问题；

91. 研究黄大铁路开工建设有关问题；

92. 研究东营协发化工有限公司等 4 家企业排污管线建设有关问题；

93. 研究东营火车站改造有关问题；

94. 研究河口区六合乡东崔村与利津县汀罗镇罗家村土地争议处理有关问题；

95. 研究公用停车场乱收费问题；

96. 研究推进东营港经济开发区建设发展有关问题；

97. 研究督促市安居开发代建企业尽快缴清开发代建资金有关问题。 (来小荣)

【政令辑要】 2008 年 2 月 20 日，市政府发出《关于促进服务外包产业发展的意见》(东政发〔2008〕2 号)。

2008 年 3 月 27 日，市政府发出《关于加快供销社改革发展服务社会主义新农村建设的实施意见》(东政发〔2008〕3 号)。

2008 年 4 月 10 日，市政府发出《关于进一步加强依法行政工作的意见》(东政发〔2008〕7 号)。

2008 年 4 月 10 日，市政府发出《关于深化改革加强基层农业技术推广体系建设的实施意见》(东政发〔2008〕9 号)。

2008 年 6 月 10 日，市政府发出《关于进一步深化政务公开工作的意见》(东政发〔2008〕14 号)。

2008 年 7 月 11 日，市政府发出《关于推进企业上市融资工作的意见》(东政发〔2008〕16

东营市总工会

DONG YING SHI ZONG GONG HUI

领导班子

市政协副主席、市总工会主席王少飞在劳动用工洽谈会上

2008年，在市委和省总工会的正确领导下，市总工会团结带领全市各级工会组织，紧紧围绕市委、市政府的中心工作，秉承“务实高效创佳绩，团结奋进争一流”的工会工作精神，突出重点，筑牢亮点，脚踏实地，开拓创新，圆满完成了年初制定的工作目标，在围绕中心，服务大局，依法维护职工群众合法权益，努力推动黄河三角洲开发建设上发挥了积极作用，工会整体工作水平得到有效提升，主要工作走在了全省的前列。一年来，市总工会先后获得全国工会帮扶中心工作先进集体、全国工会维护农民工合法权益工作先进集体、全国市级工会财务工作先进单位等荣誉称号，创建劳动关系和谐企业、“创建学习型组织，争做知识型职工”活动、“安康杯”竞赛、财务工作、经审工作、职工技协工作、调研及信息工作、迎奥运健身月等方面工作受到省总工会的表彰。

2009年，市总工会将围绕全市工作大局，充分发挥作用，切实履行职责，实施“1126”工程，即突出一个主题，牢固树立主动、科学、依法维权的工会维权观，忠实履行维护劳动者权益的神圣职责，加强维权制度和机制建设，坚决维护职工的合法权益。打造一个亮点，深入开展以职工培训和就业服务为主要内容的“造血行动”，强化职工技能素质培训，提高职工就业能力，协助党委政府做好就业工作，促进社会和谐稳定。完善两个机制，一是建立完善全系统、全方位的工作考核机制，加大工作督查力度，对各级工会工作的开展和落实、取得的经验和效果等进行督查和考核；二是建立工作分类指导机制，部署工作、下发文件、召开会议，要针对县区、产业（系统）和基层工会实行不同的工作指导方法，推进工会体制创新和机制创新，形成重点突出、规范有序的工作格局，使工会工作焕发生机，充满活力，确保各级工会组织在自身建设上取得实实在在的效果，努力在强化工会工作基础、群众性建功立业活动、促进社会主义新型劳动关系的建立、维护职工队伍稳定、提升职工队伍整体素质、提高工会服务科学发展和职工群众的能力和水平等六个方面实现突破。

东营市工会第五次代表大会

“歌唱祖国、歌唱东营”全市职工大合唱

“放歌黄河口”庆“五一”专场

为农民工“送清凉、送政策、送安全、送知识、送健康”活动启动仪式

助学金发放仪式

全市争当“创建劳动关系和谐企业排头兵”工作会议

东营市公安局

DONG YING SHI GONG AN JU

市公安局党委书记、局长 张俊海

张俊海 辽宁省东港市人，1959年1月出生，中共党员，大学学历，1976年11月参加工作。先后任青岛市公安局交通大队科员、班长，交通管理处交通科科员、政工科科员、团委书记，青岛市公安局交通警察支队团委书记、副支队长，青岛市公安局治安管理处处长、治安警察支队支队长；2005年6月，任青岛市公安局党委委员、副局长；2006年12月，任东营市副市级干部、市公安局党委书记；2007年1月，任市公安局局长；2007年3月，任武警东营市支队第一政治委员；2007年9月，任滨海公安局第一政委、党委副书记；2007年11月至今，任武警东营市支队第一政治委员、东营市副市级干部、市长助理，市政府党组成员，东营市公安局党委书记、局长，滨海公安局第一政委、党委副书记。

省委副书记刘伟（右一）检查指导东营公安工作

东营市委书记张秋波(左四)检查指导公安工作

东营市委副书记、市长张建华(左二)检查指导公安工作

东营市公安局内设20个职能处、中心、支队，另设机关党委、机关团委、纪委、警务督察部；下设8个直属机构、6个派出机构，下属东营市交通安全教育中心、东营市人民警察培训学校、东营市警民保安服务中心3个事业单位。

2008年，东营公安机关以奥运安保为中心，以“打黑除恶”、维护稳定安全“百日行动”“三基”工程建设、交通秩序综合整治、社会治安综合整治冬季行动为着力点，全警动员、全力以赴，迎难而上、连续作战，出色地完成了各项工作任务，有力地维护了全市社会政治稳定和治安安定。有135个先进集体、213名先进个人受到市级以上记功或表彰奖励，“奥运安保”“打黑除恶”、维护社会稳定安全“百日行动”等工作受到了市委、市政府和上级公安机关的隆重表彰。年底，在省公安厅组织的随机抽样调查中，人民群众对全市公安工作的满意率为87.11％，位列全省前茅。

东营市公安局党委副书记、政委赵喆深入基层检查指导工作

社会治安综合整治行动

应急处置演练

大练兵

群众身边的110

东营市警察协会成立

安全守护

心系灾区同胞

出入境管理服务

黄河三角洲开发建设的龙头—

HUANG HE SAN JIAO ZHOU KAI FA JIAN SHE DE LONG TOU

DPEDA

启航东营 扬帆世界

东营港经济开发区是2006年4月份经省政府批准设立的省级经济开发区，是黄河三角洲开发建设的龙头，是全市经济发展新的载体和平台，起步区102平方公里，远景发展区466平方公里，主要发展化工、电力能源、机械装备制造、现代物流四大主导产业。

东营港是国家一类开放口岸，是黄河三角洲对外开放的桥头堡，鲁、晋、冀部分地区的最佳出海通道。2005年以来，东营港实施一期扩建，建成7020米引桥及2个3万吨级散杂货码头，并投入使用。今年将由中海油扩建2个5千吨级、2个5万吨级液体化工码头，逐步实现集装箱、煤、矿石和油品的装运。

东营港经济开发区的发展定位是：立足黄河三角洲，面向环渤海经济圈，服务鲁北及晋冀，建设能源储备基地、石油化工基地、加工制造业基地，打造环渤海经济圈重要的物流节点、鲁北及晋冀区域性物流中心和重要物资集散地。发展思路是：以港带区，港区一体，港城联动，协调推进。发展目标是：将东营港建成港区工业、物流、仓储配套的综合型、多功能深水大港，将东营港经济开发区建成环渤海地区重要的高效生态重化工业聚集区和高效清洁能源供给基地，建成现代化的滨海新城区。

东营港经济开发区建设三年来，以港口建设为龙头，以推进大项目为主线，以园区规划建设为重点，以招商引资为生命线，实现了又好又快发展。一是东营港散杂货码头实现通航。2个3万吨级散杂货码头及7020米引桥工程均被省交通厅评为优良工程，累计完成投资15亿元。2个3万吨级散杂货码头顺利通航，结束了东营“有海无港、有港无航”的历史，实现了全市人民“启航东营，扬帆世界”的夙愿。二是与中海油合作取得重大突破。中海油计划在港区投资450亿元，运营管理2个3万吨级散杂货码头，建设2个5千吨级、2个5万吨级液体化工码头和114万方原油、14万方成品油仓储罐区及物流园区，建设1200万吨大炼油和100万吨乙烯项目，建设中海油工业园，打造炼化一体化基地、精细化工基地以及渤海油田专业服务和海洋工程基地。三是液体化工码头扩建通过立项批复。四是大唐国际火电项目加快推进，实现了一期项目立项核准工作的重大突破。大唐国际火电项目总投资220亿元、一期投资83亿元，已完成了土方吹填、地质实验，实现了通水通电，落实了办公地点。目前，该项目已上报国家发改委。五是园区规划建设稳步推进。东港新区总体规划、石化产业发展规划近期编制完成。完成基础设施配套投资4.6亿元。六是招商引资成效初显。全区已投产或在建项目10个，计划总投资50多亿元。分别为有关县区规划了港区工业园，东营区工业园已有了良好开端。投资43亿元的海科化工、投资7.8亿元亚通石化项目，晋鑫煤炭、永顺物流、荣能工贸等物流项目相继落户港区。

东营港经济开发区全体干部职工在远离城区100公里的荒碱盐滩上建成了黄河三角洲第一个地区性重要港口，引进了黄河三角洲投资最大的战略合作伙伴，建设了黄河三角洲第一个区域性物流中心，打破了黄河三角洲开发建设的海上交通瓶颈，突出了东营的区位和经济优势。昔日被人遗忘的这片土地，正在从沉睡走向崛起，从荒凉走向繁荣，一个充满活力、富有朝气、潜力巨大的新港、新区、新城正逐步呈现在世人面前。

省领导李建国到东营港开发区指导工作

省领导姜异康到东营港开发区指导工作

省领导姜大明到东营港开发区指导工作

—东营港经济开发区

DONG YING GANG JING JI KAI FA QU

中海石油炼化有限责任公司与市政府签署合作协议

东营港2×3万吨级散杂货码头通航

中国石油（东营港）产业区揭牌

东营港引桥

东营港3万吨级码头门机

国家发改委副主任杜鹰到东营港开发区指导工作

市委书记张秋波到东营港开发区指导工作

市长张建华到东营港开发区指导工作

东营市、胜利石油管局、石油大学油地校结合办公室

DONG YING SHI SHENG LI SHI YOU GUAN LI JU SHI YOU DA XUE YOU DI XIAO JIE HE BAN GONG SHI

市政府副秘书长、市油区办主任、油地校结合办主任王西峰走访贫困户

为实现黄河三角洲经济社会事业的快速稳定健康发展，切实加强对油地结合工作的组织领导，经第八次油地领导联席会议研究，东营市、胜利石油管理局于1998年3月共同组建东营市、胜利石油管理局油地结合办公室（简称油地结合办公室）。1999年7月，石油大学加入，油地结合办公室更名为东营市、胜利石油管理局、石油大学油地校结合办公室（简称油地校结合办公室）。油地校结合办公室为市政府、胜利石油管理局、石油大学共同管理的监督管理类事业单位，正县级建制，下设综合科、调研科、督查信息科三个科。

作为油地校领导联席会议的日常办事机构，油地校结合办公室主要工作职责是研究提出油地校结合发展的规划、政策和措施的初步意见;承办油地校领导联席会议的会务工作，对会议确定的事项及共建项目进行督促检查和落实;负责油地经济运行各专业组的联系、协调，并检查指导下级油地结合办公室的工作，了解掌握油地共建项目的进展、经营及存在的问题情况，向油地双方领导反馈信息;负责油田帮扶乡镇的日常工作等。

油地校结合办情系贫困学子

在市委、市政府和胜利石油管理局、石油大学的正确领导下，近十年来，油地校三方实施投资额100万元以上的结合项目369项，总投资110亿元。东青高速公路、防潮大堤、黄河水城工程等一大批事关区域经济全局的重点设施、骨干项目和富民工程相继建成投入使用，有效地促进了东营经济和社会事业的飞速发展，使我市的城市面貌发生了巨大变化。1998年10月，经市与油田协商，由油地校结合办公室牵头组织实施了油田部分单位帮扶我市乡镇特别是贫困乡镇工作。目前，油田帮扶乡镇工作已开展3轮5批次,共对全市26个乡镇进行了帮扶,共实施帮扶项目300余个。2005年至2008年，协调油田出资建设油区农村特困群众安居住房1835套，受助群众达5000多名。油地校结合办公室还积极向市委、市政府、胜利石油管理局、石油大学提供有参考价值的信息及调研报告。报发油地校结合信息300余期，撰写调研报告25篇，其中市领导批示5期。

学习实践科学发展观活动

全市农村特困群众安居工程总结表彰会议暨入住仪式

全市油地结合工作会议

东营市建设委员会

DONG YING SHI JIAN SHE WEI YUAN HUI

省委常委、常务副省长王仁元视察黄河水城建设工程

6月25～28日，市委书记、市人大常委会主任张秋波赴四川灾区察看指导工作，并与省建设厅厅长杨焕彩交流援建情况

市建委主任崔建华、市建设工会主席侯湘华在四川灾区

市建委召开体育公园推进大会

2008年，市建委干部职工在市委、市政府的正确领导下，以科学发展观为指导，以“争当排头兵”活动为动力，进一步解放思想、开拓创新，圆满完成黄河水城“体育公园”项目建设的年度目标任务；先后组织4名班子成员、400多名干部职工和企业人员赴川援建过渡性安置房的援建任务，提前16天完成省下达的1702套任务；建筑业产值完成178亿元，创历史新高；完成村镇建设投资24.7亿元，基础设施投资4.8亿元，全市城镇化率达57.7%；规范城市规划区内建筑工程施工许可管理、胜利油田工程质量监督和竣工验收备案管理工作，改进、简化工程招标程序，进一步规范基本建设程序；继续深化住宅工程质量通病专项治理，深化推行住宅工程质量分户验收，不断强化工程质量检测，工程质量稳中有升，7项工程获省“泰山杯”奖、31项工程获市“金洲杯”奖，126项工程被评为东营市“质量诚信、用户满意”示范工程。

市建委先后被省委、省政府授予“全省抗震救灾英雄集体”，被市委、市政府授予“支援四川抗震救灾先进集体”、“2008年度目标管理考核三等奖”等60余项省、市荣誉称号，并有160多人次受到省、市立功嘉奖。

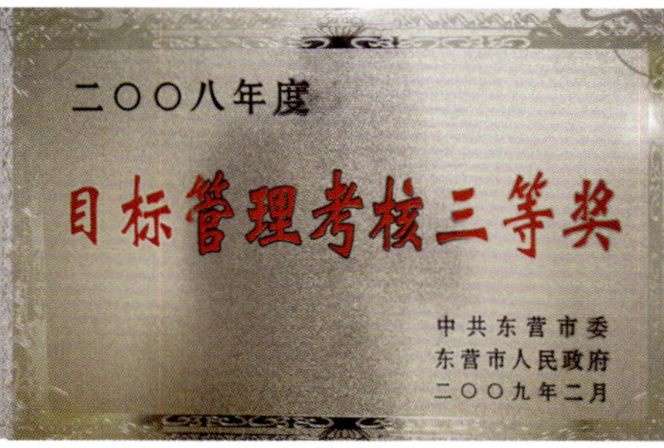

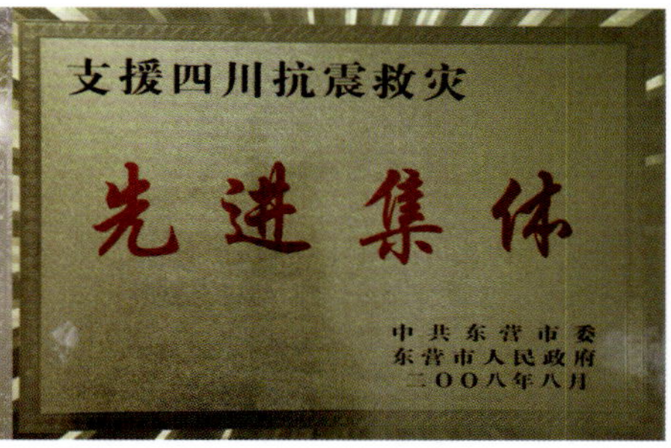

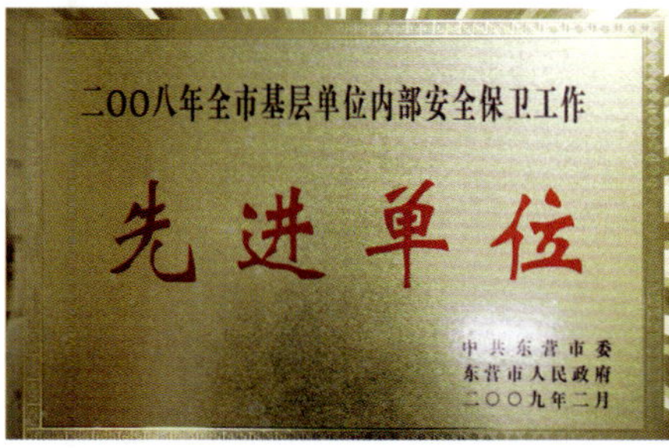

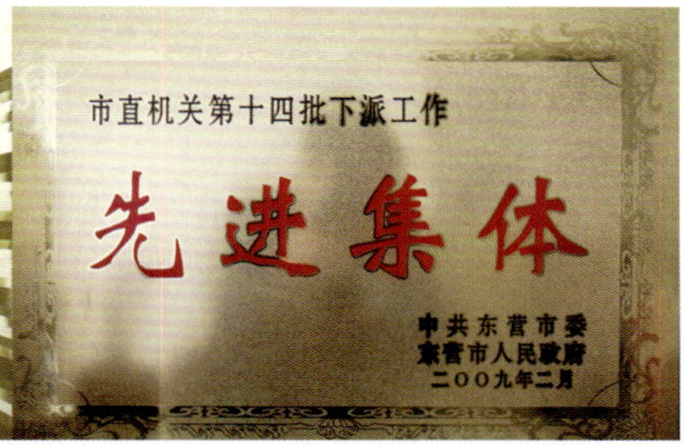

广饶县丁庄镇李沧村农民乐园

广利河济南路桥第一段钢箱梁吊装成功

东营市房产管理局

DONG YING SHI FANG CHAN GUAN LI JU

东营市房产管理局是市政府主管全市房产工作的工作部门，挂市住房公积金管理委员会办公室牌子，主要负责全市城市住房保障、房地产开发经营、房屋产权产籍、房产交易、房屋拆迁、物业管理、住房置业担保、房产评估测绘、直管公有住房等方面的管理和服务工作。近年来，随着国家一系列促进房地产业发展政策的逐步完善，以及东营市城市化进程和住房建设步伐的不断加快，住宅与房地产业已成为拉动经济增长、促进居民消费的支柱产业之一。

2008年，市房管局深入开展“实践科学发展观，争当黄河三角洲开发建设排头兵”活动，紧紧围绕全市中心工作，突出民生保障，强化行业管理，加强自身建设，提高服务水平，全市住宅与房地产业持续稳定健康发展，为全市社会经济发展作出了积极贡献，先后被授予全市“实践科学发展观，争当黄河三角洲开发建设排头兵”活动先进单位、维护稳定安全“百日行动”先进单位、“平安东营”建设先进集体、创建机关服务品牌工作先进单位、下派工作先进单位、依法行政工作先进单位等荣誉称号。

省人大副主任石立军一行来我市调研

市人大副主任郭丰璞视察西城交易市场

省住房保障督导组组长金正军与廉租房业主亲切交谈

举办房地产高峰论坛

房屋鉴定队奔赴灾区

两批鉴定队圆满完成工作任务

在今后的工作中，市房管局将以学习贯彻党的十七大精神为动力，深入学习实践科学发展观，紧紧围绕全市中心工作，进一步解放思想、开拓进取、奋发有为、真抓实干，在完善住房保障体系、解决城市低收入家庭住房困难，规范住宅小区物业管理、改善居民居住生活环境，优化房产交易服务功能、提升管理服务水平，加强房地产行业监管、规范房地产市场秩序等方面加大工作力度，不断促进全市住宅与房地产业持续稳定健康发展，为东营经济社会又好又快发展，为黄河三角洲开发建设做出新的更大的贡献。

西城房产交易市场开业仪式

旧小区维修改造路面施工现场

市直二期经济适用住房选房大会

安居物业工作人员维修电路

组织乒乓球比赛

走上街头宣传政策法规

安居物业巡逻车队

市直廉租住房建设工地

市直二期经济适用住房一角

东营市规划局

DONG YING SHI GUI HUA JU

孙庆荣　1967年11月生，山东邹平人，1989年7月参加工作，中共党员，同济大学博士研究生。历任东营市规划管理处副科长、科长、副处长，东营市规划局调研员、总规划师、副局长，现任东营市规划局局长。

局长　孙庆荣

局长孙庆荣在清风湖风景区和广利河岸线建设誓师大会上做动员报告

市委书记、市人大常委会主任张秋波视察黄河水城建设

局领导现场办公，为符合条件的建设单位送证上门

市委副书记、市长张建华和市委常委、组织部长刘赞杰视察黄河水城建设

黄河水城特色专家研讨会现场

清风湖风景区鸟瞰图

文化公园西北方向鸟瞰图

胜利大街桥设计方案

人水相依，城水共融

东营街景

规划的多处城市公园成了孩子们了解家乡接触自然的好去处

河湖贯通工程施工现场

东营市规划局是主管全市城市规划工作的正县级行政单位。近年来，在市委、市政府的正确领导和高度重视下，市规划局紧紧围绕全市经济发展大局，进一步树立和强化科学发展观，确保规划的科学性，充分发挥了规划的指导和调控作用。单位先后被评为全省建设系统先进单位、全市政务督查考核先进单位、市级文明单位、行政审批工作先进单位，招商引资等工作多次得到市政府的表彰，在社会上树立勤廉高效、奋发有为的良好形象。

在规划编制中，市规划局高起点编制和实施城市规划，先后编制完成120余项各类规划，城市规划体系不断完善，为城市全面、协调和可持续发展构建起了宏伟框架；积极开展规划研究，当好市委、市政府的参谋助手，为东营经济社会发展献计献策；坚持人与自然和谐发展，积极推进“黄河水城”建设，以建设“宜居、宜业、宜游”的生态城市为目标，重点进行系统的规划编制、研究和设计，提炼塑造了“大水面、大绿地、大空间”的城市特色，推出了胜利大街桥、黄河口大剧院等一批地标性精品设计；创新规划管理机制，寓管理于服务之中，倡导“感动服务”；积极推行“阳光规划”，开展批前批后公示，公众参与城市规划的保障机制日益完善；坚持三级会议审批制度，完善专家咨询委员会制度，保证了规划决策的民主化、科学化、法制化。

科学规划引领科学发展，科学发展铸就美好未来。在推进黄河三角洲开发建设的进程中，市规划局全体干部职工弘扬优良作风，推进工作落实，以高度的历史使命感和责任感为城市的未来描绘着美好的蓝图，引领着东营的城市建设高潮迭起，异彩纷呈，正迅速把一幅幅规划蓝图变成令人惊叹的现实。

黄河口大剧院透视图

东营市油区工作办公室

DONG YING SHI YOU QU GONG ZUO BAN GONG SHI

市政府副秘书长、市油区办党组书记、主任　王西峰

王西峰　1975年8月，在广饶县辛集公社从事教育工作，历任辛集公社陈庄联中校长、辛集公社教育组业务组长；1984年3月，在东营区西范乡任党委副书记，期间（1985年9月至1987年[illegible]月）在东营市委党校脱产学习；1988年4月，任东营区龙居乡党委副书记、乡长、党委书记；1991年11月，任东营区委办公室主任；1992年12月，任东营区委常委、区委办公室主任；1995年1[illegible]月任东营区人民政府副区长；1998年3月，任东营市人民政府副秘书长、油地校结合办主任、东营区人民政府副区长、胜利石油管理局局办副主任、石油大学校办副主任；2000年4月，任东营市人民政府副秘书长、油地校结合办公室主任、胜利石油管理局局办副主任、石油大学校办副主任；2001年4月至今，任东营市人民政府副秘书长、油区工作办公室主任、油地校结合办公室主任、胜利石油管理局局办副主任、石油大学校办副主任。

现场协调工农关系

交纳特殊党费

开展军地双拥共建活动

为强化油区管理，稳定油区秩序，1988年10月，经市委、市政府研究决定，东营市油区工作办公室正式成立，1997年列入市政府工作部门。目前，东营市油区办下设4个科室(办公室、工农科、综合管理科、财务科)，3个事业单位—东营市油田物资稽查支队（副县级）、东营市油区办东营经济开发区管理站和东营市油区办东营港经济开发区管理站（均为正科级）。市油区办的主要职责是协调油田和地方以及有关方面的关系，组织开展工农共建，维护油区治安秩序，搞好全市能源管理以及油品、油料、油田物资器材的外运管理，对各县区的油区工作机构在业务上进行指导。

多年来，在市委、市政府的正确领导下，市油区办按照省委“团结、开发、建设”的指示精神，紧紧围绕油地改革、发展、稳定这一大局，始终坚持“油区治安重中之重”的方针，全力维护油区治安秩序；积极协调油地关系，化解工农矛盾；严格落实各级关于全市能源管理的政策，把东营油区建设成了全国一流油区，为市和油田的共同发展做出了重要贡献。国家检查组多次到东营检查指导工作，评价东营油区是全国最好的油区之一，是全国的一面旗帜。东营市油区办连年被评为全省油区工作先进集体，多次被评为省、市油区专项整治先进集体、社会治安综合整治一类单位等荣誉称号。

深入油区进行法制宣传

整装待发的油区稽查干警

东营市地方税务局

DONG YING SHI DI FANG SHUI WU JU

党组书记、局长　张洪起

东营市地税局组建于1994年7月，下辖5个县区局、2个开发区分局和33个基层分局。市局机关内设13个职能科室，设置直属、派出和事业单位各2个。现有在职干部职工605人，其中党员412名，占69%，大专以上学历569人，占95%，担负着全市45060户企业和个体工商业户的地方税收征管工作。2008年，东营市地税局全面学习实践科学发展观，深入贯彻落实市委、市政府和省局党组的各项重大决策，坚持以组织收入为中心，以服务全市经济建设、构建和谐东营为己任，以“建一流班子，带一流队伍，创一流业绩，树一流形象”为目标，全面推进依法治税，切实强化税收管理，不断加强队伍建设，大力组织税收收入，圆满完成了市委、市政府安排部署的各项任务，各项工作取得了优异成绩。全市各级地税部门组织收入593194万元，比上年同期增收65881万元，增长12.71％。其中，中央级收入53812万元，比上年同期增收2404万元,增长4.68％；省级收入96515万元，比上年同期减收3996万元，下降3.98％；市级以下收入442867万元，比上年同期增收68473万元，增长18.29％；市本级收入240660万元，比上年同期增收38[illegible]6万元，增长19.16％，占同级财政收入的比重达75%以上；连续15年超额完成了各级政府下达的税收任务，为全市经济建设和社会稳定做出了突出贡献。

市委副书记、市长张建华到市地税局走访慰问

党组书记、局长张洪起到利津县后邢村慰问

宝剑锋从磨砺出，梅花香自苦寒来。2008年市地税全面推行“质效年”活动，深化规范化、科学化和精细化管理。积极开展了争创“六好基层单位”、青年文明号、巾帼建功示范岗、服务明星等争先创优活动，积极参与包村扶贫、救灾捐助、救助失学儿童等各项社会公益活动，经常性地开展丰富多彩的全民健身、文体娱乐活动，以活动促活力，以活力促发展，凝聚了人心，振奋了精神。全系统先后涌现出省级青年文明号17个，国家级青年文明号1个，国家级巾帼文明岗2个，全国“五四”红旗团支部1个，1个单位被授予山东省富民兴鲁奖状。系统内单位受市委、市政府以上表彰69次，230多人次受到省以上表彰奖励。市地税局先后获富民兴鲁劳动奖状、全国税务系统信息化建设先进单位和全国民营科技发展贡献奖等荣誉称号；被省地税局评为全省地税系统目标管理考核优秀单位，成为全省地税系统中唯一一个实现年度考核“十连冠”的单位；被山东省综治委表彰为平安山东建设先进单位，被省政府表彰为全省政风行风建设先进单位，被中央文明委表彰为全国文明单位。

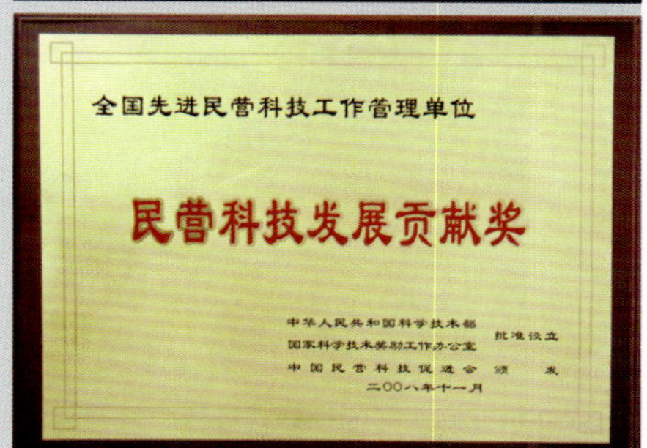

市地税局“争当排头兵”活动总结评估大会

2008年全市目标管理考核工作汇报会议

全市社会综合治税工作会议

全市地税系统“五清查”工作全面启动

聘请社会各界人士担任特邀监察员，定期召开座谈会

广大村民深情送别包村帮扶工作组

东营市环境保护局

DONG YING SHI HUAN JING BAO HU JU

省环保局领导检查市垃圾处理场

市环保局在所帮扶村现场办公，谋划发展思路

环境执法人员现场采集证据

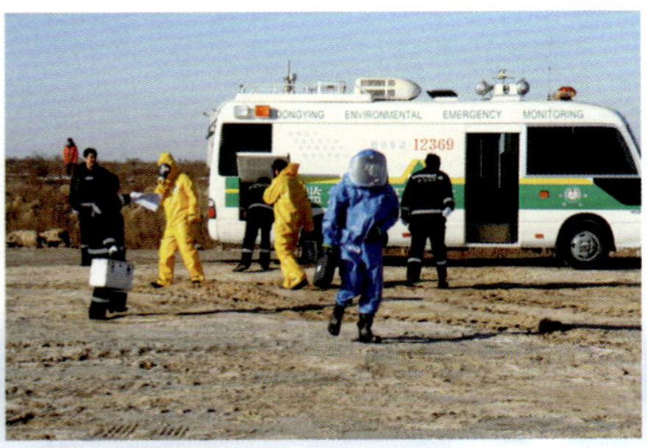

环境应急监测队伍及能力得到进一步加强

东营市环境保护局坚持以科学发展观为统领，以争当黄河三角洲开发建设“排头兵”为动力，切实维护群众的环境利益，全面推进区域环境质量根本好转。2008年，全市环境空气质量优良率达到95.8%，城市生活污水集中处理率达85%以上，城市生活垃圾无害化处理率达100%，城市饮用水源地水质达标率保持100%。以污染减排为突破口，切实推动区域环境质量改善，全年实施治污项目50多个，实现化学需氧量和二氧化硫同比双下降6%以上；以解决异味扰民为突破口，全面整治中心城环境质量，取缔围城企业1家、关闭停产4家，使长期污染中心城空气的化工异味问题得到有效控制；以加强城市环境基础设施建设为突破口，全力备战国家环境保护模范城市复核，沙营污水处理厂三期工程、市垃圾处理场改扩建工程及渗滤液处理系统、胜利发电厂脱硫工程、市医疗废物处置中心升级改造工程等一系列重大工程相继建成投运；以解决群众关心的热点难点环境问题为突破口，继续开展“整治违法排污企业保障群众健康”环保专项行动，检查企业8000余家次，立案查处各类环境违法行为149起。根据国家环保部发布的全国城市环境综合整治考核最新结果，东营为全国6个公众满意率超90%的城市之一。

华泰集团污水处理厂全貌

东营市工商行政管理局

DONG YING SHI GONG SHANG XING ZHENG GUAN LI JU

党组书记、局长 安立

东营市工商局是市政府主管市场监管和行政执法的职能部门，下设东营、河口、经济开发区、东营港经济开发区4个分局和广饶、垦利、利津3个县工商局，设置44个工商所，现有干部职工827人。近年来，市工商局在市委、市政府和省工商局的正确领导下，深入贯彻落实科学发展观，紧紧围绕黄河三角洲开发建设的中心任务，创新企业登记方式，放宽企业登记条件，简化登记程序，提高工作效率，降低市场主体准入门槛；大力实施红盾帮扶工程，引导企业实施品牌发展战略，重商标，创品牌，守合同，重信用；大力整顿和规范市场经济秩序，查办一大批扰乱市场经济秩序，侵害消费者合法权益的违法违章案件；大力加强机关规范化建设和干部队伍建设，进一步树立起东营工商规范高效、文明廉洁、依法行政、热情服务的良好形象；创新体制机制，大力培育工作“亮点”。在全国工商系统率先通过ISO9001质量管理体系认证、率先开发建设“经济户口”移动监管信息网络系统和流通领域食品电子台账系统，在全省系统率先推行行政效能监察制，在全省率先启动农产品检测工程。自2001年以来，市工商局连年被评为全省工商系统先进单位和行风建设先进单位；自2003年以来，连年保持省级文明机关称号，并荣获国家工商总局、人事部联合授予的全国工商系统先进单位称号。

团结奋进的领导班子

省工商局党组书记、局长李华理视察东营工作

市委副书记、市长张建华到市工商局视察工作

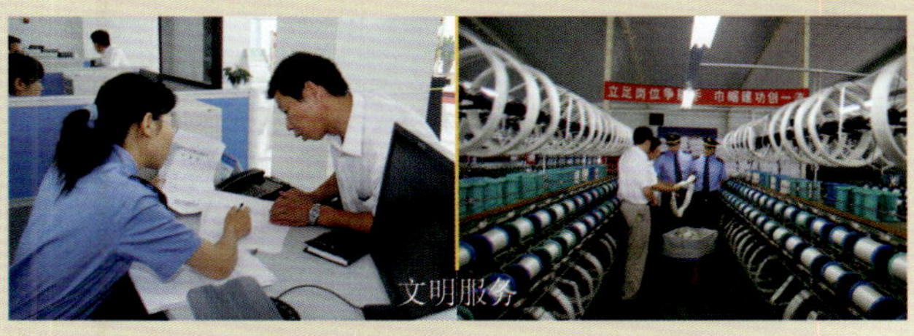

文明服务

开展丰富多彩的活动

东营职业学院

DONG YING ZHI YE XUE YUAN

党委书记　聂肇正

院长 杜金亮

聂肇正 东营职业学院党委书记，研究员。1951年10月出生，汉族，山东广饶人。1983年3月~1995年8月，先后在东营市委任研究室办事员、研究室综合科副科长、科长、市委办公室副主任、市委副秘书长、市信访局局长、市委党史委主任等职务；1995年8月~2002年1月，先后在东营市政府任副秘书长、办公室主任、市长助理、市职业学院筹建处主任等职务。2002年1月起，任现职。

杜金亮 东营职业学院党委副书记、院长，教授，硕士研究生导师。1949年11月出生，汉族，山东东营人。1971年2月~1973年7月在山东大学政治系学习；1973年8月~2002年1月，先后在石油大学（原华东石油学院）任机械系学生辅导员、机械系学生党支部书记、石油大学团委书记、党委办公室主任、社科系（现政法系）主任、社科系党总支书记等职务；2002年1月起，任现职。

定期举办大型供需见面会拓宽毕业生就业平台

举办大型人才招聘会拓宽毕业生就业平台

东营职业学院是东营市人民政府举办的一所全日制普通高等专科学校。学院占地面积近3000亩，已有建筑面积34.2万平方米，教学仪器设备总值5468万元。学院设有文法、经济、教育、艺体、计算机、工业工程、农业工程7个系、1个中专部和1个农业科学研究所，现有教职工810人，全日制在校生13721人，各类成人教育学员2000余人。2004年，在省人事厅、省教育厅组织的全省高校毕业生就业工作评估中，学院被评为优秀等次。2005年，省教育厅对全省高职高专院校的人才培养工作水平进行评估，学院获得优秀等次。2006年，学院被省教育厅授予山东省依法治校示范校荣誉称号。2008年，学院获东营市社会治安综合治理先进单位荣誉称号。

学院实施“人才强校”战略，坚持“充实、调整、提高、完善”的工作方针和“外部引进与自主培养并重”的指导思想，不断加强教师队伍建设，促进了教师队伍整体素质的提高。现有专任教师668人，副高级以上职称200人，具有硕士以上学位人员316人。学院从省内外其他高校和生产科研一线选聘了100余名专家学者和高级工程技术人员作兼职教师。教师队伍专兼结合、学历职称结构合理，为学院发展奠定了坚实的人才基础。教师科研水平不断提高，建院至今，教职工公开发表学术论文2960篇，出版专著和教材180部，主持和参与包括国家863项目、国家级星火项目在内的市级以上科研项目165项，获得市级以上科研奖励19项，获得国家专利7项。

学院招生范围覆盖10多个省区，生源数量和质量逐年提高，录取分数线和新生报到率列全省同类院校前茅。学院坚持不懈地抓好毕业生就业工作，出台了一系列促进学生就业的制度和办法，每年举办多次毕业生就业供需见面会，为毕业生搭建了良好的就业平台，毕业生总体就业率保持在95%以上。

签订校企合作协议

市教育局副局长，市一中党委书记、校长 刘晋伦

刘晋伦 东营市利津人，中共党员。1978年考入山东师范大学数学系，毕业后在利津一中任教。1984年任利津县教育局副局长，1987年开始任利津二中校长；1991年任利津县教育局局长，1995年6月任东营市财经学校副校长。自1998年起担任东营市第一中学校长、党委书记，2001年4月兼任东营市教育局副局长、党委副书记职务。曾获全国优秀教师、全国援藏教育工作先进个人、山东省富民兴鲁劳动奖章、东营市第二批专业技术拔尖人才、东营市模范校长等荣誉称号。

东营市一中

DONG YING SHI YI ZHONG

网上学籍管理系统

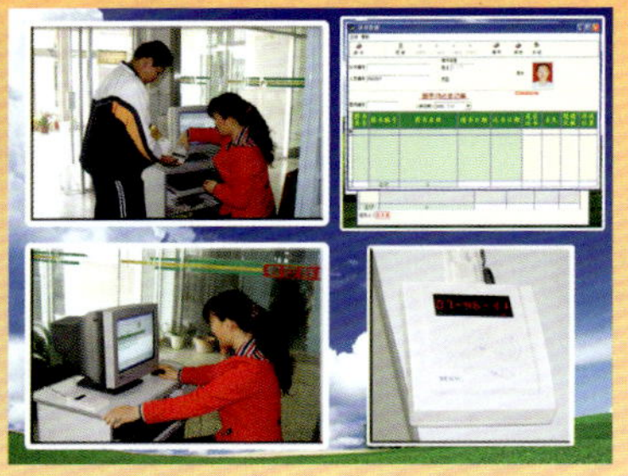

网上图书管理系统

网上考勤系统

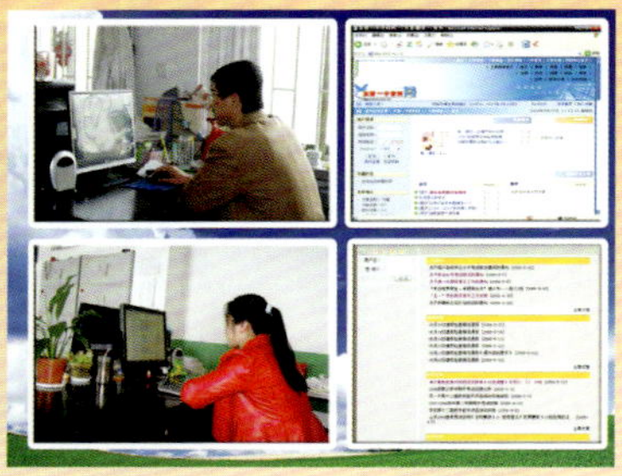

网上备课与级部通知

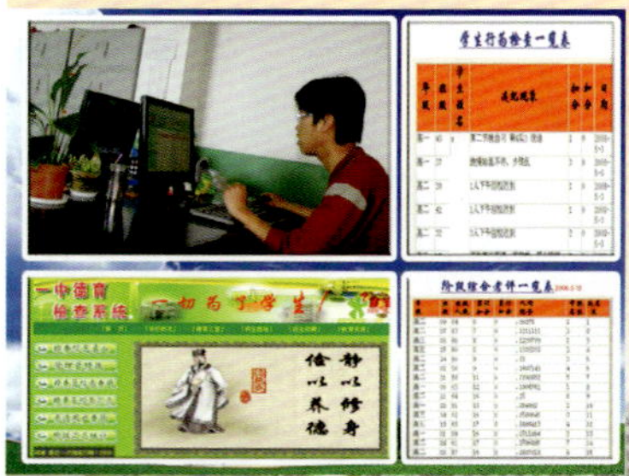

网上德育检查系统

食堂网上财务管理系统

东营市一中教育现代化飞速发展

“办人民群众满意的教育”需要有一流的硬件设施和现代化的教育技术环境。在近短短的10年间，东营市一中在对原有校舍进行改造和扩建的基础上，学校新建了高标准的体育馆、阅览室、科技实验大楼、学生宿舍楼、专家公寓、天象馆、塑胶体育场地等，并对校园环境及时进行了绿化美化。目前，学校总建筑面积达11万平方米，为全体师生提供了宽敞、明亮、优越的居住和办公条件。在加强基本建设的同时，学校加快信息化建设步伐。自2001年起建成了覆盖全校的校园网、闭路电视网、智能广播网、教学监控网，为150个教学班配备了多媒体投影设备，学校的管理、教学、后勤服务等活动全部采用了信息化手段。目前，学校已从98年的18个教学班、1000名在校生，发展到150个教学班、7800名在校生的规模，总资产增加到两个亿。一所美丽的、现代化的中心城区学校展现在世人面前。

市委书记张秋波与广大教师共度全国第24个教师节

市长张建华到市一中指导工作

素质教育助推学校新发展

秉承“以人为本，全面发展”的办学理念，多角度、全方位提升学生的综合素质，为每一位学生搭建全面发展的平台，为每一位学生奠定终生发展的坚实基础。

随着新课程改革的不断深化，学校注重以新理念指导德育。学工、学农、学军等综合实践活动课的开发，为学校课程改革开拓出全新的领域和空间，也成为学校德育工作的全新增长点。丰富多彩的社会实践活动，让学生亲近生活，了解社会，提升责任意识，形成了开放的视野，为自己的青春记忆留下了一抹亮丽的色彩。

十八岁成人宣誓仪式

外国朋友和同学们正在交流

“我爱黄河口”系列社会实践活动

“春天送您一首诗”大型诗歌朗诵会

2004年张瑞同学获得山东省高考理科状元

2007年闫聪同学获得山东省高考文科状元

2005年藏族学生索朗措姆（左一）获得山东省同类考生理科状元

2007年藏族学生格桑罗布并列获得山东省同类考生理科状元

2007年藏族学生拉珠并列获得同类考生理科状元

局长 张利华

东营市文化体育局

DONG YING SHI WEN HUA TI YU JU

2008年，在市委、市政府的正确领导下，市文化体育局紧紧围绕建设经济文化强省，坚持把文化体育新闻出版工作放在黄河三角洲开发建设这个大格局中把握，立足实现和保障群众的文化体育权益，推进公共文化体育服务体系建设，组织形式多样的群众文体活动，城乡群众文化生活丰富多彩，强化艺术精品生产，完成大型吕剧《乡人俚曲》剧本创作，形成《走笔黄河口》《黄河之水天上来》舞台精品设计方案，文学艺术日益繁荣。稳步推进文物普查，非物质文化遗产保护利用取得新进展。成功举办东营市第八届运动会和第一届黄河口马拉松全国邀请赛，体育事业实现新发展。年内多项工作受到上级表彰奖励。其中获国家级奖励4项，被国家体育总局小球运动管理中心和中国掷球协会评为“指弹球运动先进单位”，市文化市场稽查队被国家版权局授予“查处侵权盗版案件有功集体”三等奖，花官梨园剧团被中宣部、文化部、广电总局、新闻出版总署表彰为“全国服务农民服务基层文化建设工作先进集体”，获国家体育总局健身气功管理中心“全国百大公园健身气功交流展示活动”最佳展示奖；获省部级奖励8项，获文化部全国首届“新农村、新文化、新风貌”小品展演优秀组织奖，获全省基层廉政文艺创作展演优秀组织奖、全省文化市场行政执法先进单位，记集体二等功、全省文化市场网络监管先进单位和全省文化市场政策法规知识竞赛先进单位等；市级奖励2项，被市委、市政府授予全市维护稳定安全“百日行动”工作先进单位，被市精神文明建设委员会评为2008年度市级文明单位。

文化下乡进万家启动仪式

东营市第八届运动会篮球比赛

东营市第四届吕剧演唱大赛

举办大型京剧晚会

东营市创建中国优秀旅游城市文艺晚会

东营市信息产业局

DONG YING SHI XIN XI CHAN YE JU

市信息产业局党组书记、局长 李士勇

李士勇 男，1959年1月生，大学学历，中共党员，1977年3月参加工作，现任东营市信息产业局党组书记、局长，市信息化办公室主任。历任共青团广饶县委常委、组织部长；颜徐乡党委副书记、乡长、党委书记；广饶县委常委、宣传部长；广北农场党委书记、场长；市乡镇企业局党组书记、局长；市经贸委党委副书记、副主任。先后被市政府、省人事厅和省信息产业厅记二等功；连续三年获市级科技进步奖；多次被评为全省宣传、农垦、信息产业系统先进工作者。

市委书记张秋波视察“数字东营”中心机房

科技部副部长张来武视察东营信息化工作

全市信息化暨信息产业工作会议召开

东营市信息产业局（东营市信息化办公室）主管全市信息化和信息产业管理工作，承担市信息化工作领导小组办公室和市“信用东营”建设领导小组办公室日常工作。

2008年，在市委、市政府的正确领导下，以党的十七大精神为指导，全面落实科学发展观，求真务实，干事创业，各项工作齐头并进，实现了“占据一个新的制高点，继续走在全国前列”的工作目标。原国信办、国家信息产业部对全国301个中小城市的信息化水平进行了综合排名，东营市列佛山、苏州、珠海之后，居全国第4位。市局被省政府评为全省信息化工作先进单位、全省信息产业先进单位，国家工信部确定东营市为全国信息化行业代表，通过《中华人民共和国国情咨询》刊载信息化建设经验。政府网站建设成效显著，连续第5年获得全省优秀政府网站称号，五县区政府网站在全省140个市、县中均位居前20名。信息产业发展实现新突破，电子产品制造业、软件业、信息服务业销售收入达到102.8亿元，同比增长17.2%，发展增幅位居全省第2，总量排名大幅上升；争取国家“倍增计划”和省电子信息产业资金扶持项目总数、总投资额、贷款额、贴息额均居全省各地市首位。

中国社会科学院国情调研组调研东营农村信息化建设

市信息产业局深入开展“争当排头兵”活动

东营市农业局

DONG YING SHI NONG YE JU

农业局党组书记、局长 尚观华

尚观华 山东省广饶县人，1957年2月出生，中共党员，研究生学历。1978年1月参加工作，历任广饶县稻庄公社团委书记、党委宣传委员，西营乡党委副书记、乡长，西刘桥乡党委书记，广饶县人民政府副县长，东营市农业综合开发办公室主任，市海洋与渔业局局长，2007年1月任东营市农业局党组书记、局长、市农业综合开发办公室主任。

东营市农业局是主管全市农业与农村经济发展的市政府组成部门，内设13个科室和12个直属事业单位。在职干部职工171人，其中县级干部16人，科级干部54人，具有正高职称的6人，副高职称的24人。近年来，市农业局深入贯彻落实科学发展观，认真贯彻中央、省委、市委关于加强“三农”工作的各项政策措施，紧紧围绕黄河三角洲开发建设这一中心，以农业增效、农民增收和农村经济发展为目标，加快现代农业建设步伐，全市农业和农村经济保持了持续快速健康发展的良好态势。

2008年全市实现第一产业增加值70.08亿元，农民人均纯收入6660元。全年粮食总产72.92万吨，平均单产450.5公斤，创历史最高水平；棉花种植面积172.7万亩、总产13.63万吨。蔬菜种植面积49.8万亩，总产216.38万吨。大力实施 “三网”绿化工程，全市已完成投资10.78亿元，动用土石方15367万方，建设林带3872公里，完成绿化面积33万亩，植树3525万株，初步构建起“三网绿化”主体框架。农业产业化经营持续深化，全市农业龙头企业达到468家，其中国家、省重点农业龙头企业分别达到3家和24家，实现年销售收入135亿元，带动70%的农户进入产业链经营。农产品质量安全体系加快完善，市农产品质检中心取得省级计量认证并被最高人民法院认定为全国农业事故鉴定机构，5个县区农产品质检中心全部达到省级实验室计量标准。市农业局先后获全省“双学双比”先进集体、全省农产品质量安全认证工作先进集体、全省农业产业化先进集体、全省保护母亲河行动先进集体、全市信访工作先进单位、全市“三八”红旗先进集体、全市机关党建先进单位、市级文明单位等荣誉称号。在全市“黄河三角洲开发建设排头兵”评选活动中，被评为“排头兵”集体。

“三网”绿化

蔬菜加工车间

副省长贾万志、省农业厅长战树毅、市长张建华视察治蝗工作

先进的农产品检测设备

优质粮棉生产基地

标准化蔬菜生产基地

东营市海洋与渔业局

DONG YING SHI HAI YANG YU YU YE JU

国家发改委调研组到市现代渔业示范区调研

市委书记张秋波陪同副省长贾万志考察黄河口大闸蟹

东营市海洋与渔业局是主管全市海洋事务和渔业行政的市政府组成部门，下设4个科室和7个直属事业单位，共有干部职工168人。其中，县级干部9人，科级干部35人，具有正高职称的3人、副高职称的7人，具有大学以上学历的55人。

近年来，全市海洋与渔业系统在市委、市政府的正确领导下，深入贯彻落实科学发展观，围绕渔业增效、渔民增收和可持续发展目标，坚持“生态、高效、品牌”三大理念，突出“质量、安全、效益”三个重点，加快推进渔业结构调整，加大浅海、滩涂、荒碱地三大资源开发力度，扎实推进现代渔业示范区建设，努力培植渔业龙头企业，大力发展现代渔业，强化海洋与渔业执法管理，海洋与渔业工作取得显著成效。2008年，全市实现水产品总产量41.82万吨，实现渔业总产值54.77亿元，全市农民人均渔业纯收入达到1800元，同比分别增长5%、12.51%和15.9%。市海洋与渔业局先后被省海洋与渔业厅授予全省海洋执法监察先进集体、全省渔业工作先进集体、全省渔业安全先进集体，被市委、市政府授予年度目标管理考核二等奖、全市政务信息工作先进单位、全市安全生产目标管理先进单位，被省文明委授予省级文明单位等荣誉称号。

黄河口大闸蟹美食周启动仪式

市现代渔业示范区开工仪式

东营市海洋与渔业局办公大楼

市委书记张秋波检查黄河水城治理工程

市委副书记、市长张建华检查防汛工作

东营市水利局

DONG YING SHI SHUI LI JU

市水利局党组书记、局长　黄梅芳

近年来，在市委、市政府的正确领导下，东营市水利局按照“黄河有水引得出，蓄得多，灌能送得到，涝能排得出，碱能改的了，人民群众喝上清洁水，实现良好生态环境”的目标，建设了较为完善的水利工程框架，促进了水资源的有效利用，全市水利工作取得显著成效，有力地推动了经济社会可持续发展。建成万亩以上引黄灌区17处、引黄闸8座，引提黄河水能力达每秒514立方米，总设计灌溉面积326万亩，全市输水供水框架日臻完善。先后衬砌改造王庄、胜利、麻湾、宫家、双河等灌区渠道383公里，有效提高了水资源的综合利用率。建成各类平原水库658座，一次性蓄水能力达8.31亿立方米，水资源的时空调蓄能力显著增强。大力推进农村集中供水工程建设，全市铺设自来水主管线3267公里，农村自来水普及率达97.7%，入户率达93%。建成并综合治理骨干排水河道30条、981公里，防洪除涝能力显著提高。建成200公里标准化海堤，为我市发展沿海产业经济带和胜利油田开发提供了安全屏障。市水利局先后获得全国水利工作先进单位、省级文明机关、山东富民兴鲁劳动奖状等50余项荣誉称号及奖励。

农田水利基本建设

灌溉试验站育苗基地

支脉河绿色长廊

引黄闸引水

东营市林业局

DONG YING SHI LIN YE JU

市林业局党组书记、局长 纪葆东

纪葆东 男，1958年6月生，中共党员，大学学历。历任共青团广饶县委书记，广饶县花官乡党委书记，利津县副县长，东营区区委常委、副区长，东营市交通局党委副书记、副局长，东营港务局党组书记、局长；2006年3月至今任东营市林业局党组书记、局长。

东营市林业局成立于1983年10月，为市政府主管全市林业工作的职能部门，下设6个行政科室、6个业务站和林业苗圃，现有干部职工82人。

2008年，在市委、市政府的正确领导下，市林业局坚持以改善生态环境、增加农民收入为中心，以“三网”绿化等林业重点工程建设为总抓手，抢抓机遇，开拓创新，强化措施，狠抓落实，全年完成造林合格面积8.8万亩，实现林业总产值12.3亿元，年内有17项工作受到上级业务部门的表彰或推广。东营市被国家林业局确定为全国首批“国家现代林业示范市”；东营市林业局被国家林业局表彰为全国沿海防护林建设先进单位。

今后，我们将依托“国家现代林业示范市”这个平台，积极争取上级支持，全力推进“三网”绿化工程、沿海防护林体系建设工程、林权制度改革、林业产业发展、林业资源保护管理等林业重点工程和重点工作，努力实现全市林业又好又快发展，为黄河三角洲高效生态经济区建设做出积极贡献。

市委书记张秋波视察“三网”绿化工程

省林业局局长贾崇福在副市长吕雪萍陪同下视察市“三网”绿化工程

花卉标准化生产

东营市粮食局

DONG YING SHI LIANG SHI JU

市粮食局党委书记、局长　薄官和

薄官和　男，1958年2月生，大学学历，中共党员，1981年参加工作，现任东营市粮食局党委书记、局长。历任利津县北岭乡团委书记、党委组织委员；利津县大赵乡党委副书记、乡长；利津县虎滩乡党委书记；利津县陈庄镇党委书记；东营市海洋与水产局党组成员、副局长；东营市海洋与渔业局党组副书记、副局长；东营市海洋与水产局党组副书记、调研员。

先后被市委、市政府授予招商引资工作先进个人，农水会战先进个人等荣誉称号。

中国粮食行业协会会长白美清在东营市粮食储备库调研

山东省粮食局局长孟庆秀调研东营市“市政府放心早餐工程”建设情况

山东省粮食局局长孟庆秀在利津县放心粮油食品店调研

全市政府放心粮油食品工程启动仪式暨现场会

东营市农户科技储粮示范仓现场推介会

2008年，全市粮食流通系统在市委、市政府的正确领导下，深入贯彻落实科学发展观，紧紧围绕构筑“六大体系”、推进“八项工作”、强化“六项措施”、实现“一个确保”的总体工作思路，抢抓机遇，创新发展，进一步完善了粮食安全保障体系，确保了全市粮食安全。政府放心粮油食品工程建设实现新突破，高标准、高质量建成了76家城乡放心粮油食品示范店；地方粮油储备体系进一步完善，在全省率先完成了小包装成品粮油应急储备，扩建市级储备仓容3万吨，代存国家储备糖达到8万吨；农户科学储粮试点工作取得新进展，全市1000个农户科学储粮示范仓全部发放到户并储备新粮；粮食行政执法工作得到进一步强化，组织开展夏粮收购、粮食统计、节日整治等专项监督检查活动，建立粮油质量卫生检测中心，通过了省级计量资格认证；政府放心早餐工程建设取得新成效，设置放心早餐网点35个，为城镇居民提供了放心安全的饮食环境；粮食产业化发展再上新水平，市级及以上粮油产业化龙头企业达到7家；粮食行业建设进一步加强，围绕创建“六型”机关，建立健全了制度约束、考核激励、科学运行“三大机制”，积极开展“实践科学发展观、争当黄河三角洲开发建设排头兵”活动，扎实推进“民食为天”服务品牌创建工作，提升了粮食行业形象。先后获得全省粮食调控、粮食行政执法、粮食仓储管理、粮食质量监管先进单位和市级文明单位、创建机关服务品牌工作先进单位等荣誉称号。

东营市城市管理行政执法局

DONG YING SHI CHENG SHI GUAN LI XING ZHENG ZHI FA JU

伴随着改革开放的步伐，东营市城市管理行政执法局走过了五年的光辉历程。作为市政府主管城市管理的综合执法部门，行使市容环境卫生、城市规划、城市绿化、市政管理方面法律、法规、规章规定的全部行政处罚权及环境保护、工商行政管理、公安交通管理方面法律、法规、规章规定的部分行政处罚权，履行省、市人民政府规定的其他有关职责。

在市委、市政府的正确领导下，局党组团结带领全局干部职工，齐心协力，牢固树立和落实科学发展观，坚持以人为本，依法履行职责，构建和谐执法模式，加强规范化建设，加大城乡环境综合整治力度，锻造了一支“政治合格、作风过硬、纪律严明、业务精通、廉洁高效”的执法队伍，依法行政水平不断提高，城市品位不断提升，叫响了“城市卫士”服务品牌，形成了独具特色的城市管理“东营模式”，为黄河三角洲开发建设做出了积极贡献。市局先后获省级文明单位、全省建设系统规范化管理先进单位、全省建设系统法制工作先进单位、全省爱国卫生先进单位、全省建设系统行风建设示范单位等10余项省级荣誉称号。市委、市政府给予市局记集体二等功两次；有50余人先后受到省、市表彰。

党组书记、局长 魏秀明

资助困难行政相对人

“红黄单”联动治理乱停乱放

和谐执法

威武之师、文明之师

东营银监分局

DONG YING YIN JIAN FEN JU

局长刘兆胜深入天信纺织公司调研

局长刘兆胜深入金融机构调研

局长刘兆胜上线行风热线为金融消费者解困

东营银监分局内设7个科室，在辖内三县设监管办事处，员工44人。

2008年，分局在复杂艰巨的形势任务面前，围绕宏观调控基调从“防过热”到“保增长”的较大变化，以科学发展观为指导，将审慎监管要求与银行业和地方经济发展实际相结合，积极寻找应对策略，实现了银政企多赢。一是通过召开会议、下发监管提示等多种有效途径，加强监管政策传导；二是开辟新思路，变堵为疏，推动银行综合运用多种表外金融工具，努力防范企业资金链断裂风险。此举得到省政府领导批示，并派员考察推广东营模式；三是强化真实性监管，推进不良贷款科学压降；四是精心规划辖区银行业改革，城商行跨区域设置机构进入实质运作阶段，广饶农村商业银行组建工作完成了可行性论证，新型农村金融机构试点工作被纳入到全省未来三年规划之中，与多家股份制银行省分行达成分支机构设立意向；五是高度关注金融发展中的民生问题，召开全市小企业贷款推进会，推动各机构小企业专营化建设。畅通监管举报渠道，积极参加地方开展的“行风热线”和“网上民生”，实施“阳光监管”；六是实施银行业“4.10”工程（优质服务网点、优质服务标兵、风险管理规范示范点、风险管控培养客户），在全市银行、企业界树立了一批服务和风险管控方面的标杆，银行风险防范体系进一步夯实，服务及履行社会责任意识进一步强化。

启动东营银行业“4.10”工程创建活动

东营银监分局系列举措的推出，促使自身基础监管工作更加扎实，辖内银行业发展更具活力，整体保持了高质量运行。截止2008年末，全市本外币各项存款余额1015亿元，较年初增加181亿元；各项贷款余额716亿元，较年初增加94亿元；不良贷款整体实现双下降。7家银行业机构被省银监局评为良好银行。东营分局被市委、市政府评为“实践科学发展观　争当黄河三角洲开发建设排头兵”先进单位，保持银监会级文明单位的荣誉称号。

深入被监管机构，组织实施现场检查

召开银行业机构主要负责人联席会议

召开全市银行业小企业贷款工作推进会

召开2008年全市银企合作洽谈暨金融新产品推介会

东营市食品药品监督管理局

DONG YING SHI SHI PIN YAO PIN JIAN DU GUAN LI JU

副省长王随莲到东营指导食品药品监管和卫生工作

省食品药品监管局局长李民视察垦利县药品实时监控系统

市委副书记刘曙光到市食品药品监管局指导工作

东营市食品药品监督管理局成立于2000年4月，主要承担全市药品科研、生产、经营、使用各环节的监督管理和食品安全的综合监督、组织协调及依法组织对重大食品安全事故查处职能，辖广饶、垦利、利津、河口区、东营区5个县级局和市药品检验所1个直属事业单位，机关内设9个科室、队，全系统共有干部职工157人。

2008年以来，在市委、市政府和省食品药品监督管理局的正确领导下，全市食品药品监管系统牢固树立和实践科学监管理念，创新监管载体，丰富监管手段，提升科学监管水平，有效保障了人民群众饮食用药安全，促进了全市经济社会又好又快发展。连续八年全市无重大食品药品安全事故。在食品综合监管方面，努力构建“政府负总责、监管部门各负其责、企业是第一责任人”的食品安全责任体系，全力做好奥运食品安全保障工作,组织开展元旦、春节、中秋、国庆等重要节日期间的食品市场集中整治活动。在药品全程监管上，不断强化药品日常监管工作，全面完成市委、市政府10件便民实事之一——药品实时监控系统建设。扎实开展兴奋剂专项治理，确保了奥运期间全市不发生药源性兴奋剂事件。2003年至2006年，市局连续获全省食品药品监管系统先进集体荣誉称号，2007年获全省食品药品监管系统目标管理先进单位称号，2008年获全省食品药品监管系统先进集体荣誉称号，先后获省级文明机关、市级文明单位等省、市表彰60余项。

“提升执行力，争当排头兵”演讲比赛

“争当排头兵”活动辅导报告

药品实时监控系统启动仪式

兴奋剂专项治理宣传活动

东营市对外贸易经济合作局

DONG YING SHI DUI WAI MAO YI JING JI HE ZUO JU

全市对外开放工作会议

山东省外经贸厅厅长吕在模调研

东营市外经贸局是主管全市对外贸易与经济合作的市政府组成部门，现有11个科室（事业单位），在职干部职工46人。近年来，市外经贸局坚持以科学发展观为统领，按照市委、市政府决策部署，着力转变外贸发展方式，保持对外贸易稳定增长，着力优化外资结构，不断提高利用外资质量，着力实施“走出去”战略，实现对外经济合作较快发展，着力发挥园区优势，推动产业集聚和发展，为黄河三角洲开发建设做出了积极贡献。2008年，全市完成进出口41.2亿美元，同比增长55.3％，其中出口19.7亿美元，增长40.7%；进口21.5亿美元，增长71.6％。进出口、出口和进口增幅分别高于全省平均增幅26.3、16.9和34.5个百分点，总值分列全省第9位、第10位和第7位。新批外商直接投资项目 25个，实际到帐外资1.8亿美元，增长15%。新签对外承包劳务合同额2.34亿美元，完成营业额1.67亿美元；外派劳务808 人次，年末在外务工人员898人；批准境外投资企业11家，中方协议投资额1039.8万美元。全市7个省级经济开发区累计完成固定资产投入439.2亿元，业务总收入2424.5亿元，实际利用外商直接投资1.25亿美元，进出口25.3亿美元。东营经济开发区经省政府批准，成为全省首批12个‘省级服务外包示范园区”之一。市局被市委市政府授予“全市文明单位”称号，被省厅表彰为全省对外贸易工作先进市。

“争当排头兵”活动动员大会

2009年，全市外经贸工作将全面贯彻党的十七大和十七届三中全会精神，深入学习实践科学发展观，积极应对国际金融危机，力争完成进出口总值45亿美元，增长10%；实际利用外资1.94亿美元，增长8%。

香港投资说明会

中国橡胶轮胎出口基地命名授牌大会

东營賓館
DONGYING
HOTEL
★★★★

东营宾馆

DONG YING BIN GUAN

东营宾馆宴会厅

总统套房

贵宾楼休闲厅

东营宾馆建于1988年，隶属于市委、市政府，位于东营市东城东三路180号，占地15万平方米，建筑面积6万平方米，拥有资产2.4亿元，建有迎宾楼、谊宾楼、贵宾楼、综合服务楼等多种风格的多个楼区，设有可招待100-600人的大型功能厅、100—500人的大宴会厅、10-70人的中餐宴会包间及自助餐厅、西餐厅、零点厅等各类餐厅30多个，共设餐位2300多个，可提供鲁菜、川菜、粤菜、淮扬菜等各大菜系及海鲜、西餐等多种风味菜品佳肴，为东营市首屈一指的高档餐饮场所。东营宾馆拥有不同类型的客房215间、各类会议室20多个及温泉游泳馆、内部商场、康乐中心等配套设施，功能齐全，集住宿、餐饮、娱乐、购物、旅游于一体，是东营市规模最大的综合性园林式四星级旅游酒店。

多年来，东营宾馆坚持“诚信经营、以人为本、以客为先”的经营理念，顺利完成了各项重大接待任务。曾成功接待温家宝、朱镕基、曾庆红、吴官正等多位党和国家领导人，并被授予中华餐饮名店、全国青年文明号、全国“金叶级”绿色饭店、全省服务业先进单位、全省优秀星级饭店、全省餐饮百强企业、省级花园式单位、全省“三八”红旗集体、全省消费者满意单位等荣誉称号。

地　址：山东省东营市东城东三路180号

邮　编：257091

总　机：（0546）8062999

传　真：（0546）8332790

网　址：http://www.dongyinghotel.com

室外温泉浴场

东营宾馆外景

东营市社会科学界联合会

DONG YING SHI SHE HUI KE XUE JIE LIAN HE HUI

市委副书记刘曙光出席“纪念改革开放30周年暨庆祝建市25周年理论研讨会”并作重要讲话

市委常委、宣传部长田青云出席“社科界为黄河三角洲开发建设建言献策座谈会”并作重要讲话

推进黄河三角洲经济文化一体化发展座谈会

2008年，市社科联紧紧围绕市委、市政府的中心工作，创新工作方法，树立科学的工作理念，找准工作定位，构建工作机制，推动社科事业的繁荣发展。先后荣获“山东省精神文明建设精品工程”等13项荣誉称号；所作工作得到市委书记张秋波等市委领导的5次重要批示；组织开展“纪念改革开放30周年暨庆祝建市25周年理论研讨会”等6次大型研讨活动；工作经验被省社科联以鲁社科联字[2008]58号文件在全省社科系统宣传推广。

社会科学研究工作成功走出了为现实应用服务的路子。顺利完成2008年的课题立项。全年立项课题22项，其中重点课题10项，年度课题12项；组织2006年和2007年课题的鉴定，全年鉴定结项课题15项。结项的《东营市海洋经济发展战略研究》《东营市生态旅游深度发展对策研究》两个研究课题，市委书记张秋波分别做出重要批示，给予充分肯定，并责成有关单位认真研究落实；调研报告《黄河三角洲文化产业发展资源优势及对策建议》荣获全省宣传系统优秀调研报告一等奖。

社会科学普及不断拓展新途径。积极推进“齐鲁讲坛”与社科普及周两大品牌的有机结合，广泛普及科学知识、科学方法、科学精神、科学思想。以“弘扬齐鲁文化，规划职业人生”为主题，以“齐鲁讲坛”的形式，精心组织“2008年社会科学普及周”，取得良好的社会效益。结合中心工作，充分发挥理论带动作用，与市委宣传部、市委党校、市委党史研究室、东营职业学院、市残联、市委农工办、市农业局联合组织“纪念改革开放30周年暨庆祝建市25周年理论研讨会”等6次理论研讨活动。

社科成果评价奖励体制更加完善。顺利完成东营市第十七次社会科学优秀成果奖评选工作，较好体现了社会科学优秀成果评奖服务大局的原则和目的。有114项成果获奖，其中特等奖3项，一等奖11项，二等奖60项，内部探讨优秀奖40项。

《黄河口社会科学》阵地作用凸显。坚持“站在思想前沿、坚守理论阵地、开展学术交流”的办刊宗旨，开设了“实践科学发展观，争当黄河三角洲开发建设排头兵”“社科界为黄河三角洲开发建设建言献策”“领导论坛”等特色专栏，办刊质量、知名度、影响力和可读性进一步提高，较好发挥了理论武装和社科普及的作用。

学会工作向前推进。2008年，在全市社科学会广泛开展“创建学习型组织”活动，学会在理论研究、学术交流、社科普及、人才培养等方面的作用逐步显现。同时指导各学会举办论坛，进行科普活动。市继续教育协会、市国际税收研究会、市检察官协会被评为全国大中城市先进社科学会。

东营市2008年社科研究课题公开招标答辩会

东营市第十七次社会科学优秀成果奖评选会议

社科联联系点利津县汀罗镇曹家村两委送锦旗

同创美好生活

东营市残疾人联合会

DONG YING SHI CAN JI REN LIAN HE HUI

全市共有各类残疾人12.1万人，占全市总人口的6.65%。近年来，市委、市政府十分重视残疾人工作，出台一系列促进残疾人事业发展的政策法规，形成涵盖康复、扶贫、教育、就业、医疗、住房等残疾人救助和权益保障格局。东营在全国率先设立残疾人救助金、建立残疾人长效救助机制，是第一个获得无障碍设施建设先进城市的地级市；东营在全省率先实施农村残疾人危房改造、建立农村残疾人康复员队伍、设立农村残疾人服务代表室，是第一个实施残疾人家庭无障碍的城市。全国无障碍设施建设工作现场经验交流会、全省残疾人扶贫工作现场交流会、全省残疾人康复工作现场经验交流会、全省残疾人基层组织建设工作经验交流会和全省“千户无障碍家庭创建”现场会先后在东营市召开。2006年，东营市获全国无障碍建设先进城市称号，市残联先后获全省残联系统先进集体、市级文明单位、市级先进基层党组织等30余项荣誉称号。2006年10月，全国政协副主席、中国残联名誉主席邓朴方来东营视察工作，对东营的残疾人工作给予高度评价。

2008年，东营市被中残联批准开展创建“全国残疾人工作示范城市”工作，成为全省唯一的创建城市。今后，东营市残疾人工作将以创建“全国残疾人工作示范城市”为总抓手，深入贯彻落实科学发展观，积极打响“同创美好生活”服务品牌，紧紧围绕“全面改善残疾人状况、全面保障残疾人权益”这个主题，致力于解决残疾人最关心、最直接、最现实的利益问题，力争2-3年把东营市打造成“全国残疾人工作示范城市”，积极争当全国残疾人工作排头兵，坚持融入大局、服务大局，努力实现全市残疾人事业又好又快发展。

全国政协副主席、中国残联名誉主席邓朴方在东营调研

省委书记、省人大常委会主任姜异康在市残疾人康复培训中心调研

省残联党组书记、理事长仉兴玉在河口区残疾人托养中心调研

市委书记、市人大常委会主任张秋波在市特校调研

中国人民武装警察部队东营市支队

ZHONG GUO REN MIN WU ZHUANG JING CHA BU DUI DONG YING SHI ZHI DUI

支队长　王宁

政治委员　潘文海

王宁 1963年4月出生，山东文登人，中共党员，研究生学历。历任战士、班长、学员、教员、参谋、秘书、总队训练处副处长、处长，现任武警东营市支队支队长。1985年12月、2005年12月、2006年12月、2007年12月荣立三等功各一次，2008年被全军表彰为“爱军精武”标兵。

潘文海 1964年10月出生，山东临朐人，中共党员，大学学历。历任战士、学员、排长、副政治指导员、干事、股长、政治教导员、政治处主任，现任武警东营市支队政治委员。1990年12月、1993年12月、2008年12月荣立三等功各一次。

总队政委张洪运到支队检查工作

市委书记张秋波会见总队政委张洪运

现场指挥

为地震灾区捐款

出席市双拥表彰大会

军事体育运动会

反恐演习

深切悼念遇难同胞

黄河防汛演练

支队二届五次党委扩大会议

2008年，支队党委在总队党委和东营市委、市政府的正确领导下，坚持以邓小平理论和“三个代表”重要思想为指导，深入贯彻落实科学发展观，按照总体工作思路和支队党委工作部署，着眼有效履行职能使命，解放思想，振奋精神，务实作风，扎实抓建，部队全面建设保持了又好又快发展势头。思想政治建设稳步发展，十七大精神教育和优良传统教育效果明显，官兵政治信念更加牢固。执勤处突能力明显增强，精心组织了“庆八一、迎奥运”军事课目演示，圆满完成中心任务和临时任务，特别是奥运期间，支队出动40名兵力担负青岛奥帆赛安保任务，为平安奥运做出了积极贡献。基层建设步伐明显加快，按纲建队质量不断提升。扎实做好双拥工作，支队被东营市表彰为拥政爱民先进单位，政委潘文海被表彰为拥政爱民模范。认真学习贯彻总队“四项设施建设”现场会会议精神，综合保障能力不断增强。严密组织黄河防汛演练、2008黄河反恐联合演习，圆满完成市“两会”、省委书记姜异康视察东营、中央军委原副主席迟浩田视察东营、广饶孙子文化节、建市25周年、2008中国（东营）国际石油装备与技术展览会等安保勤务，树立了武警部队的良好形象。深入研究精细化管理教育的思路和方法，部队安全稳定、工作规范有序，实现了连续16年“三无”，被武警总队表彰为基层建设先进支队。

支队掠影

东营市公安消防支队

DONG YING SHI GONG AN XIAO FANG ZHI DUI

团结奋进的支队领导班子

2008年，东营市公安消防支队在市委、市政府、市公安局和省消防总队的领导下，深入学习实践科学发展观，紧紧围绕全市经济建设和社会发展的大局，锐意进取，开拓创新，圆满完成各项消防安全保卫任务，为全市经济社会又好又快发展创造了良好的消防安全环境。消防支队先后被评为全市文明单位、全市安全生产先进单位，被消防总队评为全省公安消防部队“三基”工程建设先进集体、奥运消防安保工作先进支队。

坚持严密防控，打造全市良好消防安全环境。以奥运保卫为工作重点，发挥行业监管作用，加强消防宣传教育，深入开展消防安全检查和专项治理，有效减少和杜绝了重特大火灾事故的发生。全年共检查单位4799个，下发《责令限期改正通知书》1383份，当场督促整改火灾隐患和消防违法行为2543处，查处消防违法行为55起，责令停产停业51家，全市消防安全环境进一步改善。2008年共发生火灾235起，死亡0人，受伤0人，直接财产损失110余万元，杜绝了群死群伤火灾事故的发生。坚持苦练精兵，部队攻坚打赢能力显著提升。根据油区火灾特点，广泛组织开展不同业务、不同岗位的技能培训和多种形式的比武竞赛活

训练消防搜救犬

深入开展消防安全宣传教育

市委副书记刘曙光看望消防官兵

市委政法委书记张秀香慰问消防官兵

动，官兵素质逐步提高。加强警务实战化建设，严格落实战备值班备勤制度，部队灭火救援能力显著提升。2008年，全市消防部队共出动警力19789人次，保护财产8589万元，抢救遇难群众239人，广大官兵赴汤蹈火、浴血奋战，为保卫国家和人民生命财产安全作出了积极贡献。坚持从严治警，部队保持高度稳定。深入开展大队、中队班子建设达标创优和争创先进班子、争当好主官活动，开展基层党组织、党员公开承诺、争创基层党建示范点等活动，各级党组织的创造力、凝聚力和战斗力不断增强。牢固树立安全发展理念，加强安全管理教育，严格落实制度，加大督导检查，官兵遵章守纪意识明显增强，全年没有发生一起行政责任事故和违纪违法案件。坚持固本强基，基础设施建设和装备建设再上新水平。积极争取各级党委、政府和社会各界支持，全年累计投入资金450余万元，新购置高效能压缩空气泡沫车、曲臂登高车、细水雾消防车各1台、消防装备275件套，为5个基层大队配备了火场勘查车。适应形势发展，建成全省第一支消防搜救犬训练基地，开工建设了支队战勤保障中队、开发区大队消防站、开发区特勤消防站，全市公共消防基础设施建设取得突破性进展。

积极抢救国家和人民生命财产

加强消防监督 消除火灾隐患

船艇大队

船艇大队在青岛奥帆赛安保一线执勤

东营市公安边防支队

DONG YING SHI GONG AN BIAN FANG ZHI DUI

东营市公安边防支队担负着全市412.67公里海岸线及近海海域的边防保卫任务。

2008年以来，支队在省公安边防总队和市委、市政府、市公安局的正确领导下，以党的十七大精神和科学发展观为指导，牢牢把握奥运安保、爱民固边战略等重点，抢抓机遇，乘势而上，积极作为，圆满完成了各项工作任务，为黄河三角洲开发建设做出了应有的贡献。以奥运安保为抓手，进一步加大治安管控力度，稳控辖区治安局势，为奥运会的顺利举办创造了安定和谐的外部环境；同时，安排4艘船艇、2台车辆、20名官兵赴青岛执勤，确保了奥帆赛的圆满成功。一年来，共查处各类案件350余起，打击处理违法犯罪嫌疑人242人，化解矛盾纠纷462起，处置群体性事件28起，消除上访隐患18起。加强船艇大队建设，积极开展海上辖区巡逻防控工作，共出海巡逻389次，航程18670余海里，航时2300余小时，检查违规船舶300余艘。全体官兵牢记全心全意为人民服务的宗旨，不断深化爱民固边战略，积极开展走访群众、创建爱民固边模范村、警官兼村官和关爱困难儿童活动，全力服务、保障民生，先后走访群众9100余户次、21300余人次，创建爱民固边模范村（企）10个，结对帮扶困难儿童13名，为群众做好事、解难事280余件，救助遇险群众319人积极开展拥政爱民活动，先后召开警民座谈会5次，参加植树等义务劳动3次，组织优秀士兵观摩经济建设成果展2次为支援地震灾区，支队先后组织捐款4次，筹款7万余元。年内，支队先后有15人次、3个基层单位受到上级表彰；支队被山东省委、省政府、省军区表彰为拥政爱民模范单位，被省总队和东营市委、市政府表彰为信息化建设先进单位、花园式单位、市级精神文明先进单位；支队长梁海华被公安部等11部委授予“整治油气田及输油气管道生产治安秩序专项行动先进个人”，被山东省委、省政府表彰为“平安山东建设先进个人”、并记个人一等功；政委徐卫海被东营市委、市政府、市军分区表彰为拥政爱先进个人，并记个人二等功被省公安厅表彰为三基工程建设先进个人；被东营市委、市政府授予2008年度平安东营建设先进个人、并记个人二等功；支队2个基层单位被公安部边防局记集体三等功，1人被省公安厅评为全省优秀人民警察，1人被省总队评为优秀党务工作者，2人被省总队评为优秀共产党员，2人被市公安局评为优秀青年民警，1人被评为全市“十佳”文明市民。

支队机关办公楼

支队组织处置营区突发事件演练

东营市公安局交通警察支队

DONG YING SHI GONG AN JU JIAO TONG JING CHA ZHI DUI

支队班子通过电视监控分析中心城区巡逻管控情况

现代化的指挥中心

严阵以待

2008年，全市各级公安交警部门在市委、市政府和市公安局党委的正确领导下，坚持以构建和谐交通环境为目标，以交通秩序综合整治行动为载体，以加强交警队伍建设为保障，按照市委书记张秋波提出的30字方针（即“上设施、强科技，明法纪、严管理，抓重点、打黑恶，重治本、求长效，抓中心、带县区”）要求，上下一心，凝聚合力，挖潜增效，奋发作为，求实创新，有效稳定了全市交通安全形势，确保了队伍大局稳定，圆满完成了上级交办的各项工作任务。全市共发生一般以上道路交通事故1149起，死亡201人，受伤1326人，直接经济损失287万元，与上年相比，分别下降37.2%、8.6%、35.3%和34.1%，实现了年初确定的工作目标。在市统计局组织的社会调查中，社会公众对交通秩序综合整治活动的满意度高达85.8%；市委、市政府主要领导多次作出重要批示，充分肯定公安交警部门所做的工作；省公安厅专门下发通报，在全省推广东营市的做法。

雪中执勤

美观实用的交通设施

科技强警

路面巡逻

东营市人民政府外事与侨务办公室

DONG YING SHI REN MIN ZHENG FU WAI SHI YU QIAO WU BAN GONG SHI

东营市政府外事与侨务办公室党组书记、主任 陈广风

东营市人民政府外事办公室、侨务办公室成立于1983年10月1日，2001年机构改革时更名为东营市人民政府外事与侨务办公室，是东营市对外开放的窗口和主管外事、侨务工作的职能部门，内设9个科室：秘书科、涉外管理科、侨政科、经济联络科、综合科、国际交流科、友协办公室、翻译事务所、外事侨务服务中心。

自成立以来，在市委、市政府的正确领导下，在省外办和省侨办的直接指导下，坚持秉承为国家总体外交服务、为地方经济建设服务的宗旨，紧紧围绕市委、市政府的中心工作，不断开拓对外联络渠道，积极为全市对外开放铺路搭桥，为全市经济社会发展构建平台。努力做好因公出国管理工作，不断加强国际交流、拓宽合作渠道，先后与美国米德兰市、韩国三陟市和法国东比利牛斯省建立了友好城市关系，与11个国家对等城市开展了友好交往和经贸考察等活动。与各县区（开发区）政府办公室及市区25家聘用外国人的单位和企业签订了《共同管理责任书》，加强了对常驻我市外国人的管理。积极开展与联合国工发组织中国投资促进处（简称UNIDO）的合作，达成“UNIDO支持黄河三角洲经济可持续发展项目合作协定”和“建设绿色产业示范区协议书”。2008年，通过联合国工发组织成功引荐一名外商在我市经济开发区注册成立了山东宝力通信科技有限公司，吸引外资达12亿元人民币。该项目被国际绿色产业专家委员会命名为绿色科技园区，被联合国工发组织列为08-09年度重点支持项目名录。不断夯实侨务基础工作，深入贯彻党的侨务政策，整合侨务资源，努力维护海外侨胞和归侨侨眷的合法权益。在全省率先发起成立30多家侨资企业参加的侨资企业联谊会，进一步完善为侨资企业服务的工作机制。积极开展侨法进企业、进学校试点工作，大力营造全社会尊侨爱侨的浓厚氛围。2008年市外侨办获省级文明单位、下派工作先进集体、巾帼文明岗、先进基层党支部、市直机关妇女工作先进集体、信用东营建设先进单位等荣誉称号，东营绿色产业示范区连续三次被联合国工发组织中国投资促进处授予“先进绿色产业示范区”称号。

市委书记张秋波会见全国人大外事委员会主任委员、原外交部部长李肇星

市委书记张秋波会见原中国驻德国大使、中国人民外交学会荣誉会长卢秋田

省侨办主任王琳为市侨资企业服务联系点授牌

市外侨办主任陈广风为韩国三陟市研修生颁发结业证书

东营市与法国东比利牛斯省正式建立友好城市关系协议书签字仪式

休斯敦代表团参观东米友谊塔

东营市与休斯敦市双边能源合作协议签字仪式

中共东营市委台湾工作办公室
东营市人民政府台湾事务办公室
ZHONG GONG DONG YING SHI WEI TAI WAN GONG ZUO BAN GONG SHI

主任 李明选

李明选 1975年7月参加工作，历任办事员、县计委副主任、垦利县炼油厂党总支书记；1992年6月，任东营市石化局副局长、党组成员；1995年5月，任东营市石化局局长、党组书记，市石化集团总公司董事长、总经理、党委书记，兼任华亚（东营）塑胶有限公司副董事长；2001年4月，任东营市经贸委副主任、党工委委员、党工委副书记；2007年2月至今，任中共东营市委台湾工作办公室（市政府台湾事务办公室）主任，市六届政协常委。

近年来，市台办在市委、市政府的正确领导下，认真贯彻落实中央对台大政方针和战略部署，围绕黄河三角洲开发建设，积极作为、扎实工作，在推动东台交流合作、服务台胞台企、对台宣传和涉台教育等方面都取得了新的成绩。对台经贸合作成绩显著，截止目前，全市累计批准台资企业94家，总投资额2.9亿美元；华亚（东营）塑胶有限公司被评为全省“突出贡献台资企业”；省台办正式批准在东营市建设黄河三角洲台湾现代农业示范区，争取批准设立国家级台湾现代农业示范区的筹备工作顺利推进。东台双向交流日益增多，累计接待入境台胞1.2万人次，近5年来台湾同胞来东营市人数以年均10%的速度递增；全市累计有97个团组，536人次赴台进行交流；“海峡两岸大学生黄河文化夏令营”活动连续三年被评为全省优秀交流项目。服务台胞台企工作取得新成效，成立了台湾同胞投资企业协会，开通了24小时台胞服务电话，及时为台胞提供咨询服务；在处理涉台事件中，坚持提前介入，超前服务，依法维护台胞的正当权益。对台宣传和涉台教育开辟了新渠道，邀请台湾中天电视台来东营拍摄了《迷人的黄河入海口》电视专题片，在岛内宣传推介东营；举办了“一个中国，和平发展——两岸关系与鲁台交流合作图片展览”，组织3000多名机关干部和在校师生参观；市台办连续9年被评为全省涉台宣传教育工作先进单位。

市委书记张秋波陪同省台办领导到台资企业调研

东营市与台湾奶农渔业产销联盟发展协会签订合作协议

市委常委、副市长曹连杰率团参加鲁台经贸洽谈会

成立东营市台湾同胞投资企业协会

华亚（东营）塑胶有限公司为灾区捐款

参加黄河文化夏令营活动的台湾大学生在黄河入海口合影

山东省农村信用社联合社东营办事处

SHAN DONG SHENG NONG CUN

东营市农村信用社辖3家农村合作银行、2家县联社，营业网点170处，员工1726人。2008年，全市农村信用社、农村合作银行认真贯彻落实“一二三四六”的发展目标，坚持以人为本、务实管理、科学发展，各项业务实现稳健发展。截止2008年底，全市农村信用社各项存款余额168.80亿元，各项贷款余额132.02亿元，资产利润率4.21%，资本充足率10.21%，拨备充足率181.10%。

全市农村信用社始终坚持“四个面向”的市场定位，创新和丰富信贷品种，加大贷款营销力度，有力地支持了当地经济发展。积极推广“村大联保体”贷款模式，着力解决贷款担保难问题，年内共建立村大联保体14个，成员户数达541个，授信金额2356万元。推广实施中小企业信用联盟模式，配套制定、印发了《东营市农村信用社中小企业联盟和利率定价管理办法》，年内共建立企业信用联盟13个，授信金额41280万元。同时，还积极开办小企业仓单质押、海域使用权质押、林权质押等新型抵质押贷款品种，推出社团贷款模式，着力解决大额流动资金贷款超资本金比例问题。2008年，累计对108家中小企业发放贷款23.54亿元，累计发放农业贷款158.31亿元。

积极开展社会公益活动，履行社会责任。开展“帮扶贫困村、促进社会主义新农村建设”活动，在全市确定5个贫困村作为帮扶对象，通过员工捐款、提供信贷支持，扶持帮扶村农民发展生产，加快致富步伐。2008年，向帮扶村捐款60余万元，发放帮扶贷款130万元。积极开展向四川灾区捐款活动，全市农村信用社累计通过各种形式向灾区捐款203万元。

领导团队

东营市农村信用社是全省新一代银行核心业务系统试点单位

东营市农村信用社开展帮扶贫困村活动

办事处主任帖晓鹏深入村户了解农民资金需求

对外向型企业提供外汇存贷及结算业务

XIN YONG SHE LIAN HE SHE DONG YING BAN SHI CHU

省联社理事长宋文瑄到东营指导工作

市委书记张秋波到省联社东营办事处指导工作

多种措施支持个体工商业户

千方百计了解企业金融需求

组建信用联盟，扩大支持范围

推行村大联保体贷款模式，支持农民增收致富

党委书记、董事长　石子强

东营市商业银行

DONG YING SHI SHANG YE YIN HANG

石子强　男，1965年1月出生，中共党员，研究生学历，高级会计师，现任东营市商业银行党委书记、董事长。历任东营市财政局综合计划科副科长、科长、文教行政科科长；东营市城市信用社中心社党组成员、纪检组长、主任助理；东营市城市信用社党组成员、纪检组长、主任助理；东营市城市信用社党组成员、主任；东营市城市信用社党组书记、主任。

2008年，东营市商业银行紧紧围绕建设“符合上市要求的精品银行、特色银行、和谐银行”的战略目标，坚定不移地推进内部改革，强化工作创新，优化体制机制，完善方式方法，丰富业务产品，增强内部和谐，总体工作实现又好又快发展。截止2008年末，资产达到 142.8亿元，较年初增加16.9亿元，增长13.43%；存款余额达到118.48亿元，增加16.08亿元，增长15.71%；贷款余额86.33亿元，增加11.02亿元，增长14.63%。不良贷款余额8949万元，减少22万元，不良贷款率1.04%，下降0.15个百分点，取得不良贷款绝对额和不良贷款占比双下降。全年实现经营利润30173万元，同比增加4586万元；贷款风险准备金余额18223万元，增加4080万元，增长28.85%，拨备覆盖率203.65%，提高46个百分点。资本充足率12.31%，核心资本充足率10.81%。落实“立足地方”的发展定位，充分发挥地方银行的机制体制优势，积极投身黄河三角洲开发建设，2008年累计投放信贷资金181亿元，同比增加22亿元，增长13.8%，全年平均存贷比达到73.28%，做到了资金的应放尽放。创新思维，积极探索服务地方建设和支持企业发展的新途径，大力支持中小企业发展，开发多项适合小企业客户融资特点的信贷产品，引进国际先进的小企业信贷技术，积极开展小额贷款业务，拓宽小型经济实体融资渠道，切实解决成长型企业融资难的问题。加快机构网点建设步伐，广饶、垦利、利津3家县域支行顺利开业，实现营业网点对行政区划的全面覆盖，进一步延伸金融服务辐射范围，为东营社会经济事业的全面繁荣做出重要贡献。

广饶支行开业

垦利支行开业

利津支行开业

全面开展业务培训

企业文化建设——上岗仪式

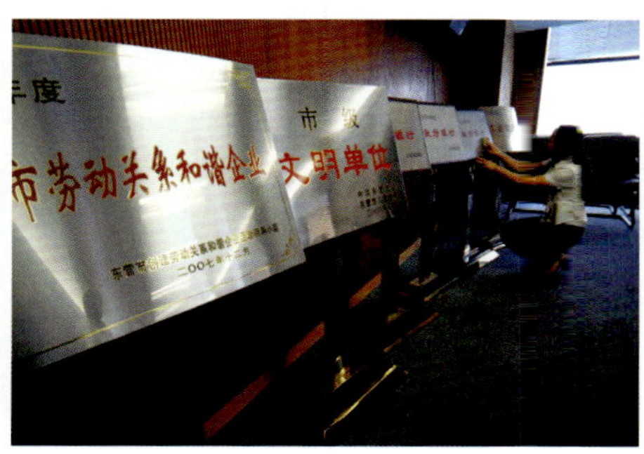

荣誉满载

中国农业银行东营市分行

ZHONG GUO NONG YE YIN HANG
DONG YING SHI FEN HANG

中国农业银行东营市分行办公楼夜景

中国农业银行东营市分行行长 翟世勇

中国农业银行东营市分行成立于1983年11月。现辖8个支行级单位，60个综合营业机构，员工856人，是一家功能齐全、设施先进、服务一流的现代化商业银行。能够为企事业单位和个人客户提供存贷汇款、转账结算、银行卡、电子银行、理财业务、国际业务等几十种金融服务。至2008年12月底，全行本外币各项存款余额174.7亿元,较年初增加39.66亿元；各项贷款余额134.5亿元，较年初增加22.71亿元。在省行2008年综合绩效考核中，东营分行取得了综合得分、进步得分“双第一”的佳绩；连续4年被省银监局评为“良好银行”。先后获全市两个文明建设先进单位、支持全市经济发展先进单位、“实践科学发展观，支持黄河三角洲开发建设先进单位”、山东省思想政治工作最佳企业、全国农行精神文明建设先进单位等荣誉称号。

荣获中国银行业文明规范服务示范单位称号

举办政银企战略合作签约仪式

庆祝建党87周年暨机关建设会议

东营市人民医院

DONG YING SHI REN MIN YI YUAN

党委书记、院长　马友范

市领导观看医院文化建设情况

获得省级服务名牌暨全市质量管理先进单位

东营市人民医院位于渤海之滨，黄河岸边，是黄河三角洲上的一所新兴医院。医院于1992年5月1日正式开诊。目前，医院包括总院、北院和老年乐园三部分，占地面积9.3万平方米，建筑面积15.6万平方米，固定资产2.3亿元，2008年门诊量42万人次，住院病人1.75万人次。医院设有“东营为民法医司法鉴定中心、东营市残疾人康复指导站”等机构，被省卫生厅确定为滨州医学院教学医院，与北京医科大学附院、解放军301医院、北京安贞医院、山东大学齐鲁医院建立协作关系，是黄河三角洲地区一所集医疗、教学、科研、预防、急救为一体的地市级现代化综合医院。

医院功能齐全。设有35个临床医技科室，25个行政后勤科室，开放床位629张，设有内、外、妇、产、儿科、急诊、五官、皮肤、中医、保健（健康查体）、麻醉科（手术室）等专业科室及检验、放射、超声、CT、特检、药剂、病理等医技科室。医院整体布局合理，建筑宾馆式设计，标识美观明显，病房温馨舒适，就医方便快捷，能为群众提供良好的就医环境和医疗服务。

医院设备先进。拥有64排128层容积VCT、数字平板血管造影系统、日立磁共振(MRI)、瓦里安直线加速器、DR、彩超、X—刀等万元以上大型设备320余台件。医院通讯、电力、冷暖、供氧等设备齐全，设有ICU、CCU监护病房，能为患者诊断治疗提供可靠的技术和后勤保障。

医院技术精湛。现有在职职工870多人，其中正高级职称21人，副高级职称117人，中级职称171人。博士、硕士研究生50多人，初步形成了一支思想素质好、业务技术精、学术造诣深，具有团结拼搏和奉献精神的人才梯队。医院不断加强业务和学科建设，心脑血管、骨外科、妇产科、神经外科、肿瘤科等学科迅猛发展，诊疗技术水平不断提高，每年开展新技术、新业务80多项，有些填补了东营地区空白，有的位居全省先进行列，有100多项科研成果通过省、市级鉴定，1项获省科技进步三等奖，78项获市科技进步一、二、三等奖。主编、参编医学专著49部，获国家专利78项，在省级以上医学杂志发表学术论文2000多篇。

医院收费合理。严格执行国家、省、市医疗收费项目和收费标准，以精细的成本核算降低患者的医疗费用，根据患者病情需要，合理检查、合理用药、合理收费，让患者明明白白看病，放心满意消费。

医院声誉良好。医院注重医德医风建设，不断改善服务态度，净化就医风气，患者满意率长期保持在96%以上，先后被推荐为国家级“诚信单位”，被评为“全国百姓放心示范医院”，被授予“省级文明单位、全省服务业先进单位、全省百姓口碑最佳服务单位、全省卫生行业文明单位、全省医德医风示范医院”等荣誉称号200多项，社会信任度和美誉度全面提高，综合服务水平得到社会各界认可。

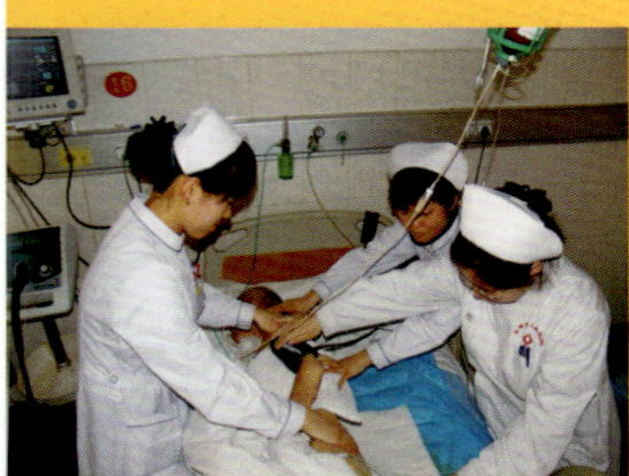
精心照料“三无”病人

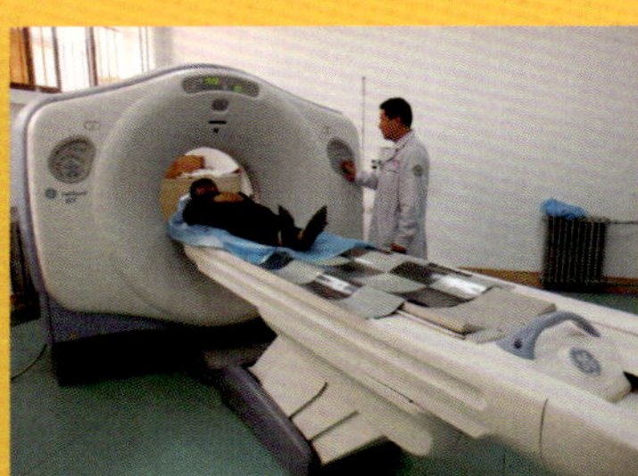
64排128层容积VCT

开展深入学习科学发展观活动

第二届健康文化节启动仪式

东营市实验中学

DONG YING SHI SHI YAN ZHONG XUE

校长 陈召华

东营市实验中学党委书记、校长，中学高级教师
全国优秀教师、山东省特级教师、
山东省教学能手、山东省教育创新人物（校长）提名奖
东营市劳动模范、东营市专业技术拔尖人才

市委书记张秋波到校视察

学校教科研活动

生物教学实践活动

2009新年音乐会

校足球队勇夺全市桂冠

东营市实验中学创建于1994年9月，学校占地7万平方米，建筑面积42000多平方米。学校现有初中教学班72个，在校生3396人；教职工266人，其中：专任教师222人，中高级职称的151人，齐鲁名师建设工程人选1人，山东省特级教师3人，全国优秀教师3人，省级教学能手7人，市级教学能手31人。

学校建有校园网络系统和信息化教育平台，专任教师每人一台微机，班级实现了多媒体教学，实验室、图书馆、微机室、体育场等教学设施不断完善，校园布局合理，环境优美。

学校先后获全国体育卫生工作先进单位、山东省规范化学校、山东省校本培训示范学校、山东省教学示范学校、山东省电化教学示范学校、山东省心理健康教育示范学校、山东省思想政治工作先进单位、山东省科普示范学校、山东省民主管理先进单位、山东省示范家长学校、东营市“十佳”初中、东营市文明单位等荣誉称号，成为黄河三角洲地区最具吸引力的学校之一。

美丽的校园

华泰集团 HUATAI GROUP

全球最大的新闻纸生产基地

李建华

华泰集团董事长，省工商联副主席。先后被评为中国创业企业家、全国关爱员工优秀企业家等，荣获全国劳动模范、全国质量管理先进个人等多项荣誉，连续三届当选全国人大代表，并享受国务院政府特殊津贴。

■集团概况

华泰集团是集造纸、化工、印刷、热电、林业、物流、商贸服务于一体的全国500强企业，全球最大的新闻纸生产基地；首届全国大企业集团竞争力500强排名第3位，全省纳税百强排名第29位，造纸业上市公司综合排名第1位；建设有国家级企业技术中心、实验室、泰山学者岗和博士后工作站四大科研平台；通过IS09001、IS014001认证；先后荣获"全国五一劳动奖状"、"全国守合同重信用企业"、"全国质量管理先进企业"、"国家级重点高新技术企业"等多项荣誉。

集团现有员工1万余人，总资产150亿元，新闻纸、文化纸等年生产能力200万吨，化工及造纸助剂100万吨，年承接印刷能力50万色令，日印刷800万对开张。"华泰"商标是中国驰名商标、中国最有价值商标、行业标志性品牌，产品遍布全国各地，远销美国、英国、德国、东盟等世界几十个国家和地区。2008年集团实现销售收入138亿元，利税15.2亿元。

全球最大、国际领先的年产45万吨同一平台新概念新闻纸机

华泰实力

- 高档彩印新闻纸单厂产能居世界第1位
- 荣获全国同行业第1个"中国驰名商标"
- 山东省造纸行业第1家实现A股上市
- 同行业第1家挂牌博士后科研工作站
- 中国最有价值商标工业纸业排名第1位
- 建立行业第1家一关三检企业直通场站
- 全省第1家企业投资建设地方铁路
- 全国造纸业上市公司综合排名第1位
- 人均利税、综合经济效益居行业第1位
- 新闻纸出口创汇居全国第1位

胡锦涛总书记在十一届全国人代会上看望山东团代表，并与李建华董事长亲切交谈。

中央政治局常委，全国人大常委会委员长、党组书记吴邦国与李建华亲切交谈。

中央政治局委员、国务院副总理王岐山与李建华董事长亲切交谈。

全国人大常委会副委员长、九三学社中央主席韩启德在华泰集团视察工作。

全国人大常委会副委员长、秘书长李建国在华泰工业园视察指导工作。

曾庆红同志在华泰集团视察，并对华泰集团取得的巨大成就给予了高度评价和赞扬。

吴官正同志先后五次到华泰集团视察指导工作，对华泰又好又快发展给予了高度评价。

地址：山东．东营．广饶
邮编：257335
电话：0546-6888808
传真：0546-6888018
网址：http://www.huatai.com

正和集团党委书记、总裁 姜文祥

中国化工集团党委书记杜国盛来公司调研

商务部部长助理鲁建华来公司调研

中国银行为公司新增授信签字仪式

CHEMCHINA 中国化工

正和集团

ZHENG HE JI TUAN

正和集团始建于1972年，是经国家工商行政管理总局核准设立的规范的企业集团,是全国化工五百强企业、山东省百强企业、山东省工业企业（集团）100强、改革开放三十年山东省优秀企业、山东省200户重点企业集团之一。2005年，集团公司与中国化工集团重组，成为中国化工集团控股企业。

正和集团的核心企业为正和集团股份有限公司，拥有全国规模最大的高档纤维板生产基地——东营正和木业有限公司、山东省高新技术企业——正和钢塑型材有限公司、正和热电有限公司、正和丙烯酸公司、广饶县化工原料厂等多个子公司和一个省级技术研发中心，是集石油化工、精细化工、绿色环保建材、热电联产等产业于一体的大型股份制企业集团。

正和集团现有资产40亿元，主要生产装置有500万吨/年常减压、140万吨/年DCC、100万吨/年重油催化、80万吨/年气体分馏、100万吨/年联合加氢、120万吨/年焦化、12万吨/年丙烯酸及酯、3万吨/年硫磺、20万立方米/年高档密度板、5万吨/年钢塑共挤型材、8万KW热电联产等20多套生产装置及生产线。主要生产柴油、基础油，车用清洁汽油、MTBE，丙烯酸及酯，各种燃料油、焦碳，液化石油气、丙烯、硫磺、芳烃油以及钢塑共挤型材、钢塑门窗、高档纤维板等上百种产品，各种产品畅销国内外市场。

目前，正和集团已经通过IS09001、IS014001、IS010012国际质量、环境和计量检测等三大体系认证。并获全国设备管理优秀单位、全国化工清洁文明工厂、石油和化工行业节能先进单位、全国石油加工及炼焦业纳税百强企业、中国化工企业文化建设先进单位、中国化工思想政治工作优秀企业、中国化工集团科技创新先进单位、山东省文明单位、山东省管理示范企业、山东省安全生产先进企业、山东省资源节约先进单位、山东省工业污染源达标排放单位、山东省清洁生产示范企业、省级环境友好企业、东营市劳动奖状等荣誉称号。

九州华夏，正通人和，复兴宏业，源远流长。放眼未来，正和人将发扬“团结奋进、诚信创新”的企业精神，以“正道和众、永为民生”为使命，借助优势，发挥合力，按照打牢“三大基石”“做大油头、做强化工”的总体部署，突出发展石油化工、精细化工及化工新材料产业，重点考虑自有知识产权创新与国外先进技术结合，建设有规模、上档次，有市场、竞争力强的化工项目，努力建成山东省现代化工业基地和创新型和谐企业。

山东省劳动模范、正和集团党委书记、总裁姜文祥偕公司全体员工诚招海内外各界朋友共创伟业、同铸辉煌!

总部地址：中国·山东·东营　　邮编：257342
电　话：（0546）6261072　　传真：（0546）6261016

公司员工为四川地震灾区捐款

公司与山东省电视台生活帮栏目合办消夏晚会

装置雄姿

建设中的140万吨年DCC项目

生产区夜景

东营交通运输集团有限公司

DONG YING JIAO TONG YUN SHU JI TUAN YOU XIAN GONG SI

客户服务热线:7095666

东营交通运输集团有限公司是东营市从事公路客货运输唯一的中型(一)专业运输企业，主要经营：公路客、货运输、旅游、出租客运、汽车修理、驾驶员培训、房地产开发、物业管理、制作发布广告、汽车销售、轮胎销售、成品油零售、建材批发等业务,是集公路客、货运、房地产、物业、商贸、旅游、出租客运为一体的企业集团，具有国家客、货运二级经营资质，通过了ISO9001质量管理体系认证。

公司资产总额4.2亿元，注册资本金4000万元，在册职工1600余人，设总部职能部室12个，辖汽车分公司6个、汽车站12个、全资、控股、参股子公司及实体单位10个，分布于全市两区三县。客运线路163条，客运班车428台，日发班次1200余个，日均旅客发送量13000余人次，线路直达北京、上海、天津、杭州、哈尔滨等14个省外城市及省内各地市，营运里程达12500千米；货运车辆177台，货物运输通达全国各地。

2008年7月18日东营汽车总站建成启用，为东营市一级公路客运站，是集客运、旅游、出租、车队、餐饮、住宿、货物快递、商贸为一体的现代化综合汽车客运站。

2008年行驶总里程7926万千米，发送旅客409.27万人次，集团公司总收入达2.25亿元，实现利税722万元,上缴各项规费1800万元。

企业品牌：快乐旅程

企业使命：客户快乐、职工快乐、社会满意！

企业精神：艰苦创业，自强不息，和谐共生，发展共荣。

企业愿景：致力行业领先，追求时代领先。

宣传用语：以诚信相交，展宏图好运！

副省长王仁元在市委书记张秋波陪同下到集团公司视察工作

市委书记张秋波到集团公司视察工作

市委副书记刘曙光到集团公司检查指导工作

省运管局副局长牛兵检查汽车总站春运工作

送温暖、献爱心活动

市交通运输OK\服务礼仪培训

创建文明城市暨中国优秀旅游城市知识竞赛

南方雪灾返程班车胜利归来

集团公司办公楼

黄河高速班车整装待发

号)。

2008年9月3日,市政府发出《关于贯彻鲁政发〔2008〕58号文件精神进一步做好促进就业工作的通知》(东政发〔2008〕19号)。

2008年11月27日,市政府发出《关于加快发展城市社区卫生服务的实施意见》(东政发〔2008〕20号)。

2008年7月28日,市政府办公室发出《关于推动文化大发展大繁荣的若干政策的通知》(东政办发〔2008〕27号)。

2008年8月9日,市政府办公室发出《关于加强企业工资宏观调控健全职工工资正常增长机制的通知》(东政办发〔2008〕28号)。

2008年10月10日,市政府办公室发出《关于进一步完善城乡居民最低生活保障体系的通知》(东政办发〔2008〕35号)。

2008年11月24日,市政府办公室发出《关于加强防震减灾工作的意见》(东政办发〔2008〕40号)。 (聂国栋)

【市政府办公室工作】 2008年,市政府办公室突出优质服务这个中心,牢固树立争创"四个一流"的总体目标,把握"高、严、细、实、快"的总体要求,圆满完成各项目标任务,有4项业务工作受到省级表彰,12项业务工作受到市级表彰。

*加强对各项重大工作、重大活动的组织协调。*一是协助市政府领导,推动重点工作。组织协调有关部门、单位,加强电煤调度,组织召开政银企对接洽谈会,落实价格干预措施,组织开展3次项目集中开工月活动;针对国际金融危机的严重冲击,深入调研,制定出台14条政策措施;加大对"四区一城三网"、"三路两港一场"、大政策争取等重点项目、重点工作的协调调度和督促落实,推动了黄河三角洲开发建设。二是协调解决群众关心关注的问题。10件便民实事全部完成;市直安居工程物业管理等老大难问题得到初步有效解决;妥善处置中心城供暖问题、3.18出租车司机上访、7.26围堵汽车总站等上访事件;协调做好问题奶粉事件处置工作;圆满完成奥运安保工作,受到市委、市政府通报表彰。三是圆满完成重大活动承办任务。中国(东营)国际石油装备与技术展览会,纪念建市25周年焰火晚会,黄河口全国马拉松邀请赛等活动取得圆满成功。

*突出政务服务,发挥参谋助手作用。*一是抓综合协调,各项工作规范高效运行。全年组织筹备市政府常务会议15次,专题会议97次,综合性、专业性会议636次。做好应急管理工作,制定出台应急体系建设规划及实施意见;在全省17市中第一个开通市政府应急管理网站;全市各级各类应急预案达3446件,组织、指导有关部门开展应急演练76次;全年发布预警预报信息68次,有效处置突发事件12起。加强日常值班和应急值守工作,保障信息畅通和工作高效运转。注重加强与各大班子办公室的沟通和衔接,促进各方面工作的协调开展。二是综合文字水平进一步提高。全年起草领导讲话、工作汇报等文字材料1600余篇,约500万字;制发各类红头文件375件,编发《政府公报》12期,收签、分发、传阅、办理上级文件801件。三是信息调研,针对性、实效性不断增强。全年编辑各类信息1050期,市委、市政府领导批示信息27期,其中市委主要领导批示1期,市政府主要领导批示18期。上报信息在全省名列前茅,国务院、省政府领导批示东营市上报信息11期。市政府主要领导专门批示,对政务信息工作给予肯定。加强电子政务建设,保证网上办公系统正常高效运转。围绕中心工作和领导关注的问题,扎实开展调查研究,全年形成调研报告45篇,为领导决策提供参考。四是抓政务督查,推动工作落实。对全市经济工作会议,政府工作报告确定的全年工作任务,便民实事,重点工程项目等纳入年度政务督查考核,进行跟踪督查;对领导批示件进行专项督查,实行催办单制度,全年办理领导批示事项255件;对市政府决定的重要事项和市政府常务会议部署的工作任务,进行立项督查,定期通报落实情况;对市政府专业性会议、专题会议确定的任务,由相关秘书长、主任及科室列清单进行督查落实,重要事项由督查考核办公室统一办理。派员参加市推进办、扩大内需办公室、土地清理整顿办公室等领导小组办事机构的工作,协调推动重点工作落实。做好人大代表建议、政协提案办理工作,所有建议和提案全部按时办结,代表满意率为100%,委员满意率为98.9%。

*加强事务服务,提高后勤保障能力。*一是政务接待工作。按照热情、周到、规范、节俭的要求,修订完善接待工作规范、来宾报告单办理程序,推进精细化、规范化管理。二是机关事务管理工作。组织各类会议,搞好会务服务;加强

固定资产管理，严格落实台账管理制度；抓好办公大楼日常维护管理，改进机关食堂管理模式，加强文印工作管理，机关保障和服务水平有新的提高。三是财务管理工作。严格执行财务制度，坚持公开透明、科学理财，从严控制各项支出，勤俭办事，提高资金的使用效益。四是车队管理工作。围绕安全文明驾驶，开展办公室机关公务用车管理集中整顿活动，实行“三会一课”、“三交一封”等制度，加强驾驶员教育培训和车辆管理。组织人事、离退休干部管理等工作取得新成绩。

各职能单位开创工作新局面。一是打击走私工作。坚持“打防结合、综合治理、突出重点、常抓不懈”的方针，加强反走私信息网络建设，开展打击走私专项斗争和联合行动，规范企业进出口经营行为，反走私综合治理工作取得新的成效。二是行政审批工作。以打造“公开、便民、高效、廉洁”的政务服务平台为目标，清理精简行政审批事项，加强收费监管，实行“重大项目审批直通车”等工作制度，压缩办理时限，提高审批效率，为社会提供优质高效的行政审批服务。全年接待办事群众10万余人次，办理业务近5万件，实现“零投诉”目标。三是驻外机构工作。加强与驻地党政部门和有关单位的联系，协助有关部门争取项目和资金支持，加强信息传递，认真搞好接待服务，宣传推介东营，扎实做好信访等工作，工作水平有新提高。

发挥职能优势，改善发展环境。一是开展经济发展环境建设活动。制定出台活动实施方案，梳理影响发展环境的问题，制定整改措施，落实责任领导、责任人和时限要求，建立检查调度制度，将落实情况列入共性工作考核的内容。二是依法规范行政行为。通过政务督查、受理市长公开电话、办理领导批示等方式，督促市政府有关部门依法行政，自觉纠正不规范行为。推行政务公开，利用《政府公报》、新闻发布会、政务网站、《东营日报》等载体，对外公布市政府的规范性文件和市政府重大举措。发挥行政审批中心作用，规范审批行为，提高审批效率，为企业和群众提供方便快捷的服务。三是坚持优质文明服务。制定落实承诺制度、问责制度、公开制度、监督检查等制度，对到办公室联系工作和办事的干部群众，热情接待，严格依法依规办事，提高服务效率和水平。四是办理群众诉求。设立群众投诉箱，公布投诉电话，安排专人负责市长公开电话、市长信箱，畅通群众诉求渠道。全年共受理市长公开电话654个，其中转交市直部门、单位和县区办理548个，直接督办、催办106个，办理省长信箱、市长信箱328件，回复率100%。

提高干部队伍素质，机关建设迈上新台阶。一是突出抓好领导班子和干部队伍建设。坚持分工负责与民主集中相结合，凡是重大问题和重要事项，一律集体研究决定；凡是规定明确的事项，由各分管领导抓好落实，促进科学决策和提高工作效率。建立秘书长主任例会、科室长例会等四项管理制度。二是加强精神文明建设。积极参与“文明城市”创建活动。做好计划生育工作，机关计划生育率、晚婚晚育率均达100%。参与“平安东营”建设，社会治安综合治理和安全生产目标责任得到全面落实。三是加强机关党的建设。结合“争当排头兵”活动，组织开展了系列学习教育活动，更新党员信息数据库，加强对入党申请人、入党积极分子、党员发展对象和预备党员的培养教育，全年新发展预备党员4名，确定入党积极分子4名。制定《关于进一步加强支部工作的意见》，认真落实“三会一课”制度，广大党员按时参加组织活动，领导干部带头过双重组织生活。2008年办公室被评为市直机关党建工作先进单位，有4人被评为市直机关优秀共产党员。四是党风廉政建设。开展廉政教育活动，组织党员干部参观革命纪念馆、观看警示教育影片；开展“迎奥运、赞盛世、倡廉风”书画展活动，促进了办公室廉政文化建设。廉政建设由办公室主要领导负总责，办公室党组成员实行“一岗双责”，与各分管科室、单位签订党风廉政建设责任书。每名县级干部签订廉洁从政承诺书，接受群众监督。制定2008年度《关于加强党风廉政建设和反腐败工作的实施意见》。落实领导干部民主生活会制度、述职述廉制度、个人重大事项报告制度，健全完善办公室内部廉政制度。严格办公室财务管理制度，所有开支一律实行财务负责人、纪检组长、分管秘书长“三支笔”审批。落实公务员工资津贴补贴制度改革政策，坚决杜绝乱发钱物行为。规范公务接待、公务用车、印刷经费等管理，严格执行政府集中采购制度。加强对重点岗位人员的管理，落实领导秘书、司机管理制度，规范言行，维护市政府及办公室的良好形象。严格按照《党政领导干部选拔任用条例》推荐、选拔任用干部。五是抗震救灾工作。办公室干部职工累计向汶川地震灾区捐款31.5万余元，组织党员缴纳“特殊党费”12.8万元。六是做好包村扶贫工作。筹资200余万元，加强包扶村农业生产设施、文化大院建设，援建冬枣大棚示范基地30亩；捐赠各类图书3000余册，计算机8台，成立农民科技网吧；开展党建帮扶工作，提高帮扶成效。（张立斌）

【政府调研】 *推进黄河三角洲开发进入国家战略决策*。黄河三角洲高效生态经济区建设先后被列入国家“十五”和“十一五”规划纲要。2008年，面对国家新一轮战略布局调整，调研室抓住机遇，到国务院发展研究中心、国务院研究室、中科院、中国农科院、国家发改委国土研究所等部门走访、汇报，就如何将黄河三角洲开发推向国家战略决策和纳入国家“十二五”规划等工作，进行探讨，争取支持，并与国务院发展研究中心等部门达成战略合作意向，计划用一年左右时间完成前期研究工作，为做好进一步争取工作提供依据。调研室的做法得到市领导的肯定。

政务服务取得新成绩。一是参与政务文稿的起草工作。牵头完成《政府工作报告》及市政府部分综合文稿的起草任务。二是围绕市政府主要领导关注的问题和安排的重点工作，开展调查研究，为领导决策提供参考。6月，围绕市领导关注的黄河三角洲开发、环保及节能减排问题，组织开展两次专题调研，形成《建市以来黄河三角洲开发的历史回顾和新阶段发展的战略思考》《全市环境保护与节能减排工作基本情况》。其中，《建市以来黄河三角洲开发的历史回顾和新阶段发展的战略思考》得到市委书记张秋波和副书记刘曙光的批示，并印发市领导参阅。11月，完成市委、市政府确定的13项改革事项中教育资源整合和市政公用事业市场化改革的调研报告，提出改革意见。12月，完成《我市经济发展形势分析及对策建议》，分析当前国内外形势对东营市经济发展影响及反映出的问题，提出确保全市经济健康平稳发展的对策建议。完成《关于调整与规范市内行政区划有关问题的调研报告》。三是发挥职能优势，通过撰写领导署名文章、理论文章的方式，对全市的重要部署、重点工作进行理性总结和提炼升华，扩大东营市对外宣传和影响。6月，完成《山东经济战略研究》“黄河三角洲开发”专栏的组稿工作，刊发市、油田及县区领导署名文章3篇，从不同侧面宣传反映黄河三角洲开发的新经验和新成果。7月，与市政府办公室共同完成市政府主要领导系列署名文章的撰写起草工作。

重大调研新成果。一是围绕黄河三角洲开发，开展重大问题的调研。2008年上半年，市政府调研室与市推进办会同市直有关部门组成两个调研组，分别赴深圳、江苏和福建等地，就深圳产业转移和“飞地”经济问题进行调研，形成《关于抓住机遇积极承接深圳产业转移的调研报告》。报告客观分析了深圳企业外迁的情况及原因，立足黄河三角洲开发实际，提出东营市承接产业转移的措施建议，市委书记张秋波、市长张建华和常务副市长王玉君均对报告做出重要批示，要求各县区及市直有关部门高度重视抓好落实，并通过市委办公室《领导参阅》印发。常务副市长王玉君和副市长曹连杰对《关于用飞地经济模式促进临港产业区发展的调研报告》做出重要批示，要求有关部门按照报告所提意见，加快推进速度，把东营市“飞地”经济搞好。二是围绕争取省和国家支持，促进主体产业区发展，开展政策研究。省政府决定制定支持黄河三角洲开发建设的有关政策后，市政府调研室与市推进办牵头，立即组织有关部门开展研究，形成《推进黄河三角洲高效生态经济区建设恳请省和国家支持的相关政策建议》，并多次到省政府调研室跟踪了解情况，反映东营市意见建议。省委、省政府9月出台的《关于支持黄河三角洲高效生态经济区又好又快发展的意见》吸纳了东营市意见。三是完成市领导安排部署的调研任务。根据市委主要领导安排，会同市委政策研究室对全市县域经济发展情况进行调查，并形成调研报告，市委书记张秋波批示，“县域经济发展情况调查报告很好，分析比较透彻，所提建议很有指导性”。根据市委理论中心组学习读书会确定的调研课题，调研室对农村贫困化问题进行调研，形成剖析农村贫困原因，提出符合东营实际的对策建议的调研报告。

整合政府系统调研资源。一是搞好重点课题调度。围绕黄河三角洲开发主线，研究确定突出主体产业区建设、生态文明建设等6个重点领域的40项重点课题，在年度全市政府系统调研工作会议上进行安排部署，将课题落实到相关责任单位，并实行定期调度制度。至年底，调研课题全部完成，大部分内容被纳入各级各部门决策。“争当排头兵”活动期间，调研室对2008年以来政府

系统形成的调研报告进行整理筛选，编印《黄河三角洲研究》特刊，刊发调研报告31篇、13万字。二是开展联合调研。联合五个县区开展县域经济发展问题调研，市长张建华和副市长王玉君对《我市县域经济发展问题调研报告》作出批示，并要求转发县区及有关部门参阅。与垦利县政府合作开展县域经济发展战略研究，对其战略目标、战略定位、战略重点进行研究谋划；与市外经贸局共同开展全市对外开放情况的调研。三是构筑专家网络。邀请吸收高层专家学者参与重大问题研究，与国务院研究室宏观经济司合作，共同对东营市农村金融问题进行调研。（庄会江）

【人事工作】 实施《公务员法》进展顺利。一是按照严格标准条件、从严掌握范围、统一标准、综合平衡的要求，稳步推进市、县事业单位参照管理工作，省批准东营市参照管理事业单位市直41个，县区82个。做好参照《公务员法》管理事业单位人员登记审核和资格考试工作，全市共登记参照管理人员1541人，其中在职登记1401人，提前离岗登记140人。二是做好公务员考录工作。2008年全市共面向社会考试录用公务员134名，笔试报名13054人，平均报考比例为1∶97.4，列全省第一。坚持公平公正、阳光操作，实行面试考官异地交流制度、责任承诺制度、公务回避制度和全过程监督制度，确保考录工作的科学规范、公开透明，得到社会认可。三是贯彻实施《公务员法》及其配套法规。严格执行公务员考核、奖惩、任免等有关政策规定，继续推行中层干部竞争上岗和交流制度，指导28个市直部门开展竞争上岗工作。深化公务员四类培训，举办公务员更新知识培训班、初任培训班和通用能力培训班，选调23名处级公务员参加省级各类培训，提高公务员队伍素质。

人才队伍建设。适应黄河三角洲开发建设需要，实施人才强市战略，配合组织部门梳理全市人才政策，研究拟定《关于加强人才工作深入推进黄河三角洲开发建设的意见》。编制发布《东营市2008年度人才需求目录》，增强了人才引进的针对性和实效性。加大高层次人才培养选拔力度，做好2008年度享受国务院政府特殊津贴和山东省有突出贡献中青年专家的推荐选拔工作。发展博士后事业，新申报设立东辰集团、信义集团两处博士后工作站。加强老专家工作站建设，建立完善专家信息库。加快实施“653”工程，举办各类专业性培训班92个，高级研修班3个，培训专业技术人员24525人次。深化职称制度改革，做好专业技术职称评聘工作，接收参评材料1674份，评审通过824人。规范执业资格管理，对全市80个职业资格类别，164129名从业人员进行清理检查。加大引智力度，引进实施国外专家项目20个，新批准设立省级引智成果示范推广基地1处，千村引智示范项目示范村2处，组织参加省第五届海内外高端人才交流暨经贸项目洽谈会。落实省人事厅《关于做好2008年度黄河三角洲地区引进发展急需人才项目申报工作的通知》（鲁人办发〔2008〕132号），争取项目资助120万元。发挥山东加工制造业人才市场的辐射带动作用，规范市场管理，拓展服务领域，促进区域人才资源的开发利用。共举办各类人才招聘会176场，进场招聘单位3560家，求职人数近4万人次，实施人事代理1796人，人才派遣2000多人，托管人事档案8000多份，发挥了人才市场的基础配置作用。

人事制度和机构改革稳步推进。一是围绕大部门体制改革，按照精简统一效能的原则，深化行政管理体制改革。调整理顺公安、物价管理体制；围绕黄河三角洲开发建设优势，突出重点，完善“四大主体产业区”投融资管理体制，规范设置自然保护区、国家大学科技园等发展载体；对理顺中心城管理体制进行调研，拟定市区事权划分方案，为黄河三角洲开发建设提供了体制机制保障。二是加快事业单位人事制度改革。按照全省统一部署，坚持“先易后难，积极稳慎”的原则，稳步推进事业单位岗位设置管理工作，重点指导教育、卫生等有明确行业指导标准的事业单位先行试点。全面推行事业单位人员聘用和公开招聘制度，除政策性安置外，新进事业单位工作人员全部面向社会公开招聘。全年市直和县区公开招聘工作人员651名。三是严格机构编制管理，提请市委、市政府出台《东营市行政机构设置和编制管理办法》《东营市事业机构设置和编制管理办法》，研究制定《市直机关事业单位临时工作人员管理暂行办法》，实行机构编制实名制，实现机构编制和人员计划管理的科学化、规范化。加强事业单位登记管理，对全市500家事业单位进行法人年检，建立事业单位征信制度，进一步规范事业单位管理。

其他各项人事工作统筹发展。加强高校毕业生就业指导和服务。继续实施“三支一扶”计划，研究制定《关于进一步加强和完善“三支一扶”大学生管理服务工作的意见》，新招募38名毕业生充实基层。搭建高校毕业生就业平台，承办“山东省2008年大中专毕业生半岛制造业就业市场”。加强毕业生就业信息网建设，提高服务效能，降低择业成本，全市有843个单位在网上开户，2008年鉴证就业协议5975份。做好军转安置工作，巩固完善企业军转干部稳定和解困的长效工作机制，维护全市和谐稳定大局。严格执行工资福利政策，研究制定《机关事业单位工作人员带薪年休假实施意见》，进一步明确休假的审批备案程序，确保休假制度的落实。加强人事考试制度建设，进一步严肃考风考纪，树立人事考试公平公正的社会品牌。全年组织报名56次，报名考试人数41402人次。加快人事法制建设，完善人事执法责任制和人事争议仲裁制度。推行电子政务，投资210多万元，建立人事编制信息系统，提高人事信息化建设水平。

（市人事局办公室）

【政府法制工作】 2008年，市政府法制办围绕市委、市政府中心工作，筛选文件项目，科学编制规范性文件年度制定计划。全年审核市政府规范性文件18件，为保障经济社会发展提供法制保障。注重时效性，适时废止、修订不适宜经济社会发展的规范性文件，确保政府制度建设与经济社会发展相匹配。围绕建设“黄河水城”、交通秩序综合整治等重点工作，审查出台《东营市人民政府关于实施“黄河水城”建设工程的通告》《东营市人民政府关于加强中心城区道路交通管理的通告》等市政府通告及征地公告9件。

清理规范行政审批事项，推进行政管理体制改革。法制办会同有关部门对全市56个市级行政审批实施机关申报的972项行政审批事项进行清理。查阅有关法律、法规、规章及规范性文件3960余部（件），召开专题座谈会16次，经依法审核确认，全市现行市级合法、有效的行政审批事项426项，其中，市级具有审批权的300项，初审、转报需上级审批的126项，分别占70.42%和29.58%。将清理规范后的行政审批事项全部纳入《东营市市级行政审批事项目录》，以市政府公告发布施行。要求行政机关实施行政审批，一律以《目录》为准，不得实施《目录》之外的项目；必须严格遵循《目录》载明的事项要求，不得擅自增加行政审批条件及申请材料，不得无故拖延审批期限，不得违法收费和审验。以市政府令发布《东营市行政审批监督管理办法》，实行行政审批目录化动态管理，健全投诉举报、监督检查、法律救济等制度，建起行政审批监管的长效机制，改善了全市经济社会发展环境。省政府法制办在《贯彻国务院〈全面推进依法行政实施纲要〉简报》及省政府法制办网站进行宣传。

强化政府法制监督，提高行政执法水平。一是推行行政处罚自由裁量权基准制度。2008年9月，对全市56个市级行政执法机关实施行政处罚的604部（件）执法依据进行梳理。将执法依据中带有自由裁量幅度的2042个行政处罚条款，按照不同的适用范围、行使条件、裁量幅度和实现种类，细化分解为8951个条目，形成《市级行政处罚实施机关行政处罚自由裁量基准》，从执行和操作层面上对执法者给予明确指导和有效规范，在源头上防范行政执法人员滥用自由裁量权，避免行政执法过程中可能出现的行政处罚不当或畸轻畸重等显失公平情况的发生，建立起严格的行政处罚内控机制，改善了行政执法环境，提高了依法行政水平。二是严格执法证件管理和行政执法人员考试考核。以全省统一换发IC卡式行政执法证件为契机，严格规范执法证件申领、考试、年检及日常管理工作。10月组织开展“全市申领《山东省行政执法证》公共法律知识考试”，各县区及市直部门单位1047名行政执法人员参加，902名考试合格者领取新式《山东省行政执法证》，在规定的执法区域上岗执法。将全市7800余名行政执法人员的姓名、年龄、单位、执法证编号及执法区域等信息全部纳入电子信息档案，在东营政府法制信息网公开，接受社会监督。三是开展行政执法案卷评查活动。10月在全市组织开展行政执法案卷评查活动，对县区政府和30多个市直部门报送的68宗行政处罚、行政许可卷宗进行评查，评选优秀案卷21宗。四是加强规范性文件备案审查。严格执行规范性文件备案审查的有关规定，市政府出台的规范性文件全部向省政府及市人大备案，均符合法律、法规、规章的规定。县区政府及市政府部门向市政府备案规范性文件19件，全部经过审查。

开展行政复议应诉工作，化解社会矛盾。2008年，审理涉及行政处罚、行政征收、劳动工伤认定等方面的行政复议案件28件，结案率100%。改变审理行政复议案件仅作书面审查的单一模式，大胆尝试当面审理、实地调查、公开听证等审查方式，运用和解、调解等手段，化解矛盾，平衡利益，促进了当事人与行政机关的相互理解和信任，最大限度减少行政争议的负面影响，实现法律效果和社会效果的统一。发挥职能优势，承办法律事务，2008年代理涉及市政府利益的重大行政、民事诉讼案件9件，代理市政府行政复议案件2件。市政府法制办加强与法院沟通联系，不再仅当原、被告委托代理人代政府出庭应诉，而是主动与法院建立联席会议制度，对疑难案件讨论协商，妥善解决有关行政争议，对行政执法中的共性问题分析研究，及时向部门提出法律建议和整改措施。

加大法制宣传力度，创造依法行政良好氛围。一是结合全市“争当排头兵”活动，围绕工作重点，开展政府法制宣传月活动。二是加大“东营政府法制信息网”建设投入，发挥网络优势，增强工作透明度，提高群众满意度。2008年法制信息网群众点击3万余次，成为群众了解政府法制工作的窗口，执法人员学法用法的平台，百姓申请行政复议、进行行政执法投诉的快速通道。三是将宣传任务责任到人。全年在国务院法制办、省政府法制办、市政府等网站及报纸、电台、电视台等新闻媒体发表调研文章、法制工作信息97篇。

积极为经济社会发展出谋献策。将政府法制工作融入经济社会发展全局，发挥为市委、市政府决策提供法律服务的职能作用，对不符合法律强制性规定，并存在重大法律风险的问题，敢于说“不”，维护法律尊严和政府形象；对改革创新实践中与现行政策规定不完全一致的情形，在法律法规允许的最大限度内提出建设性意见，善于说“行”，用法律手段支持和保障领导意图和群众利益的实现。2008年，对涉及优化经济发展环境、加快服务业发展、“三网”绿化工程、创建中国优秀旅游城市等方面的56件非规范性文件进行合法性审查，从法律和实践的角度提出建议和意见，保障了相关工作的开展。对涉及市政府与中海油合作、东营港码头库区工程、清风湖公园收回等方面的5个重大经济合同进行充分法律论证，避免潜在的法律风险，维护市政府的重大利益。对征求本市意见的《山东省黄河河道管理条例》《山东省石油天然气管道设施保护办法》等9件省地方性法规、规章草案，从东营实际提出修改意见和建议。其中，《山东省黄河河道管理条例》草案中有关河口管理等内容直接影响东营市黄河三角洲开发建设的大局，市政府法制办从黄河口范围的界定、行政审批的权限、沿黄居民生产生活的保障等3个方面提出12条法律意见，先后3次向省人大汇报，省人大采纳东营市的意见，避免黄河三角洲开发建设的法律障碍，为黄河三角洲开发建设争取法规政策支持。

加强工作指导与考核，促进依法行政。一是贯彻落实国务院《全面推进依法行政实施纲要》《关于加强市县政府依法行政的决定》，加强对改革、发展、稳定中重大法律问题的前瞻性、系统性研究，市政府下发《关于进一步加强依法行政工作的意见》，从完善行政决策机制，推进依法、科学和民主决策，规范行政执法行为、提高行政执法水平，化解社会矛盾、建设和谐社会，推进政务公开、强化行政行为监督，加强组织领导、保障依法行政等方面作出规定。二是根据依法行政工作的新形势，充实考核内容，科学界定考核范围和类别，完善考核体系和机制，对县区政府和市政府各部门单位依法决策、行政执法、行政救济、依法行政保障等方面进行量化考核，推进全市依法行政进程。

(陈艳利)

【油地校结合工作】 三方共建工作。市油地校结合办发挥桥梁纽带作用，与有关单位部门沟通协调，推广项目联办、资金联股、设施联建、人才联用的“四联”结合形式，整合区域内资金、技术、人才等资源，推动油地校三方结合项目的实施。初步统计，2008年油地双方共实施大型结合项目53个，总投资32亿元。城市基础设施项目方面：油地共建18个，广利河综合治理工程完成投资近8亿元，其中油田投入资金和物料、机械折款5亿元。城市道路建设方面：黄河路续建工程、云门山路工程、庐山路工程、锦华西区道路配套工程油地共同投资15870万元。农村道路养护方面：油田投入250余万元。工业结合方面：胜利方圆化工工业园、三森石油科技园、大明工业园均落户经济开发区，投资分别达3.8亿元、1.5亿元、1.44亿元，为东营市经济发展注入活力。

油田帮扶乡镇工作。至2008年3月，第三轮油田帮扶乡镇工作基本结束。本轮帮扶工作油地双方共实施帮扶项目41个,总投资7800万元,其中油田投资(含物料、机械折款)4500万元。部分油田帮扶二级单位开展计算机操作、电气焊技术等技能培训,为帮扶乡镇培训外出农民工2000余人,推动了被帮扶乡镇脱贫致富奔小康的进程。3月中旬,油地校结合办公室会同油田和市委组织部门对15个油田帮扶工作组进行考核验收,评选先进集体和先进个人。

油田帮扶油区农村特困群众建设安居工程。年初,市与油田商定继续共同建设油区农村特困群众安居住房。油地校结合办共协调油田建设资金1000万元,建设安居住房335套,近1000名被救助群众搬入新居,当地特困群众的住房条件得到改善。

调研、信息工作。2008年,油地校结合办调研信息工作进入全市信息工作前列。通过定期参加油田晨会,深入基层及油田相关单位进行调查研究等措施,多渠道搜集、掌握石油大学、油田重点工作动态,及时向市委、市政府提供有参考价值的信息及调查报告。年内,油地校结合办共参加油田晨会52次,采编油地校结合信息39期,完成调研报告2篇,为油地校三方领导了解掌握情况及科学决策提供了参考依据。

(孙鸿鹏)

【油区工作】 *油区综合治理*。全市油区系统以奥运安保为主线,坚持“油区治安重中之重”的方针,开展油区治安综合治理,维护了油区治安大局的稳定,促进了油田增储上产,支援了国家的经济建设。市油区办被省油气田及输油气管道安全保护工作联席会议授予“全省整治油气田及输油气管道生产治安秩序专项行动先进集体”,被省油区办表彰为“整治非法收购原油专项行动先进单位”,被市委、市政府表彰为“维护稳定安全‘百日行动’先进集体”和2008年度平安东营建设先进单位。一是实施油区联合执法。5月7日,组织召开东营市油区联合执法检查办公室第二次全体成员会议,回顾总结实施联合执法以来的工作情况,对2008年油区联合执法的重点和任务进行安排部署。围绕全年的目标任务,联合执法办公室创新机制,凝聚力量,整合优势,推进实施油区联合执法,推动油区整治活动健康开展。在查处油田“内倒原油”车辆私卖原油案、丰收村私收原油窝点案等案件中,有关成员部门积极参与,对涉油不法行为实施有效打击。二是开展整治行动,保持对涉油不法行为的高压态势。年初,在全市组织开展春季油区治安秩序集中整治行动。开展整治非法收购原油专项行动和维护稳定安全“百日行动”。11月中旬开展新一轮的油区治安专项整治行动。年内,共没收原油3500余袋,整治涉油化工企业29家,取缔非法收油点14处,推平净化油池30个,取缔小土炼油2处,取缔高耗能、高污染厂点12家,打掉涉油团伙4个,抓获各类涉油犯罪嫌疑人26人,依法拘留16人,逮捕12人,判刑8人。

工农服务工作。2008年前10个月,国际石油价格飞速飙升,全市油田的施工工程量大,涉及面广,涉油纠纷多;而接近年底时国际油价急剧下降,油田出现压缩生产成本,减少工程数量,施工工程补偿不及时的新情况。全市油区系统坚持“超前服务、跟踪服务、善后服务”的工作原则,对油田物探施工、变电线路架设、管线铺设等投资大、补赔偿多、施工密集、工农关系复杂的重点项目,实行专人全程服务,现场办公解决问题。加大协调工作力度,协调和动员各方力量,为施工单位排忧解难,为油田生产保驾护航。年内,全市油区系统共走访油田单位802家次,召开工农座谈会178次,协助油田较大施工项目639项,新上油井719口,办理施工作业核准证1601份,解决各类工农纠纷454起。全年没发生因工农关系调处不当而引发的群体上访事件。

能源管理工作。2008年,全市油区能源工作以有利区域经济社会长远发展为目标,从全面理顺能源管理机制入手,加强协调,稳妥处理各种关系和矛盾,促进能源管理工作规范、有序开展,综合管理水平有新提升。尤其是下半年美国次贷危机引发的金融危机,严重影响石油化工行业的发展。全市油区能源工作者在用足、用好、用活政策上下功夫,积极进取,实现油区能源工作健康发展。

(苟国强)

【史志工作】 2008年,全市史志工作全面发展、整体推进,取得明显成效。9月27日,中国社会科学院副院长、中国地方志指导小组常务副组长朱佳木到东营考察,对东营史志工作和东营史志队伍给予充分肯定。11月6~7日,东营市史志办作为唯一特邀代表,赴京参加第四次全国地方志工作会议,并作史志工作经验介绍。2月26日,在省政府召开的全省地方史志工作会议上，市史志办获全省史志系统首次开展的“八个一优秀”评选中唯一综合奖——“优秀史志工作单位”称号。东营市作为先进代表全省17个地级市在大会上发言。

依法修志工作实现新突破。贯彻落实国务院《地方志工作条例》和《山东省地方史志工作条例》，在全市依法组织开展修志工作。根据省、市“十一五”修志工作规划，市史志办做好续修东营市志前的准备工作，指导市直部门和县区修志工作。年内，《东营市妇女联合会志》《东营市粮食志》《东营市畜牧志》等市直部门志出版发行；县区续修志书工作进度位居全省前列。垦利、利津、广饶3县的续修志书全部出版；续修东营区志形成最终稿，准备印刷出版；续修河口区志按计划集中修改志稿。基层志书编修工作实现整体推进。5月27日，全市基层修志工作现场会在垦利县胜坨镇召开。省史志办主任刘秋增、副市长王吉能到会讲话，垦利县政府、垦利县胜坨镇、东营区史口镇刘营村等基层修志先进单位作经验介绍，各县区分管县(区)长、各乡镇(街道办)分管领导、部分村居负责人共90多人参加会议。至年底，全市43个乡(镇)、办事处全部开展志书编修工作，成为全省基层修志工作的一大亮点。

年鉴工作取得新进展。按照年鉴编纂“有创新、求特色、出精品”的总体要求，组织开展《东营年鉴》2008卷编纂工作。年初下发编纂方案开展资料征集工作，3月完成年鉴资料的征集，5月底形成年鉴初稿，6~7月对年鉴初稿集中修改、补充和完善，8月该卷年鉴由中华书局出版。全书设特载、大事记、东营概貌等28个栏目，92万字。该卷年鉴的部分栏目有所调整，条目编写质量有新提高，内文采用双色印刷，各栏目均设提示性小标题，选取“奥运小知识”作为栏目“补白”，增强了年鉴的可读性。县区全部坚持编纂出版年鉴，整体质量各有新提高。

创新服务工作又出新成果。一是做好《多彩东营》发行工作。2月该书由中国艺术家出版社出版。首次在市主要涉外宾馆、酒店摆放，成为人们了解、认识东营的一个新窗口，得到外地客商的广泛好评。二是编纂出版《东营市情知识读本》。3月开始组织编纂，6月出版发行。该书突出宏观与特色，兼顾历史与现实，侧重经济、社会和城市发展。设市情概况、机构与领导人、经济状况等12个部类，文字量12.8万字。三是完成《山东省历史文化村镇》东营分册的编纂工作。按照省史志办的统一部署，做好东营分册文字和图片的资料补充、修改、完善工作，年底前完成定稿。东营分册共收录全市13个乡镇和54个村的相关资料，文字量13.8万字，图片118幅。

扎实推进地情网站建设。年内，先后制发《东营市地情网站管理办法》《东营市情网站管理细则》，加强全市地情网站的规范化运转；对市情网站的部分栏目进行调整，充实市情资料，丰富市情网站的容量。至年底，东营市情网站的文字资料达到3000余万字，图片资料500余幅，音像资料1.3万秒。各县区也对地情网站进行了不同程度的完善。（史　言）

中国人民政治协商会议东营市委员会

【政协第六届东营市委员会第一次会议】 2008年1月3~7日在黄河影院召开。会议应到委员300名，实到委员293名。会议听取并审议了市政协主席陈锡山代表五届市政协常务委员会所作的工作报告，听取并审议了市政协副主席王福昌代表五届市政协常务委员会所作的提案工作情况报告；列席市六届人大一次会议，听取并讨论市长张建华所作的政府工作报告及其它报告。选举产生新一届政协领导班子，于树健当选为政协主席，倪胜希、陈胜、王少飞、王景春、张作龙、王新红、张惠、王秀华当选为副主席，柴玉宝当选为秘书长。会议审议并通过市政协六届一次会议决议。

【市政协常务委员会会议】 2008年，政协第六届东营市委员会常务委员会共召开5次会议。

六届一次常委会议。1月29日召开。会议传达了省“两会”精神，通报六届市政协主席、副主席工作分工，审议通过市政协2008年工作要点和常务委员会工作规则、专门委员会通则，审议通过政协第六届东营市委员会各专门委员会设置的决定及其主任、副主任名单，决定政协第六届东营市委员会设置提案委员会、经济委员会（人口资源环境委员会）、科教文卫体委员会、台港澳侨外事委员会、社会法制委员会、文史资料委员会，审议通过关于增设委员活动工作室的决定及其主任、副主任名单，审议通过政协第六届东营市委员会副秘书长名单，决定徐荣华、李忠信、齐立信任六届市政协副秘书长。市政协主席于树健作重要讲话。

六届二次常委会议。3月29日召开。会议传达全国政协十一届一次会议精神，书面传达第十一届全国人民代表大会第一次会议精神。会议审议通过关于台港澳侨外事委员会更名的决定，审议通过市政协主席、副主席联系常委，市政协联系委员实施办法(试行)，审议通过关于市政协委员参加活动履行职责的有关规定(试行)。市委书记、市人大常委会主任张秋波出席会议并作重要讲话，市委常委、副市长王玉君通报全市经济社会发展情况及下步工作重点，市政协主席于树健就落实各项工作任务提出要求。

六届三次常委会议。6月30日召开。会议听取并讨论了市委常委、副市长曹连杰代表市政府所作的关于东营市上半年经济社会发展情况，支援四川地震灾区抗震救灾情况及下半年工作安排的通报，围绕全市文化发展课题进行专题议政，审议并原则通过《关于加快黄河口文化产业发展的建议案》，审议通过政协第六届东营市委员会新任副秘书长名单。市政协主席于树健作重要讲话。

六届四次常委会议。10月31日召开。会议听取市政协秘书长柴玉宝关于市政协委员民主评议市直部门单位重点工作试点的说明，听取市教育局、市人口计生委和市残联关于有关重点工作进展情况的汇报和各评议组评议汇报，部分常委就评议的重点工作作大会发言，与会常委以投票的方式对汇报的重点工作进行民主评议。会议还听取国家海洋局海洋战略发展研究所海洋经济与科技研究室主任刘容子关于海洋经济发展形势与任务的专题辅导报告。市政协主席于树健作重要讲话。

六届五次常委会议。12月29日召开。会议听取副市长李金昆关于提交市六届人大二次会议审议的《政府工作报告》(征求意见稿)起草情况的说明，并就《政府工作报告》(征求意见稿) 进行讨论；审议通过政协第六届东营市委员会常务委员会工作报告，并推举政协主席于树健为报告人；审议通过政协第六届东营市委员会常务委员会关于六届一次会议以来提案工作情况的报告，并推举政协副主席倪胜希为报告人；传达中共东营市委四届五次全体会议精神和全市经济工作会议精神；协商通过关于召开政协第六届东营市委员会第二次会议的决定；审议市政协六届二次会议议程(草案)和日程(草案)及筹备工作；审议通过增补的六届市政协委员和补选六届市政协常委建议人选名单；会议决定，政协第六届东营市委员会第二次会议将于2009年1月9~12日在东城召开，会期4天。

【提案工作】 市政协六届一次会议以来共收到提案402件，经审查立案382件，其中委员提案366件，民主党派提案14件，界别提案2件。3月7日市政协召开提案交办会，全部提案交由市委、市政府、胜利石油管理局、中国石油大学等所属的73个承办部门和单位办理。至年底基本办复。提案所提问题已经解决或基本解决的274件，占提案总数的71.7%；正在解决或已列入计划准备解决的80件，占20.9 %；因条件限制暂时不能解决或留作参考，承办部门对此作了说明的28件，占7.4%。委员们对提案办复满意率99%。提出10件提案作为重点提案，进行重点督办。制定六届市政协《提案追踪》宣传报道工作实施方案，2008年开展3期提案追踪宣传报道活动。

【协商监督工作】 坚持把关系群众切身利益问题作为协商监督的工作重点。开展民主评议活动，采取集中与分散、明察与暗访、分析与评议相结合的方式，分3个专题小组对市委、市政府确定的2008年便民实事中的首期农村中小学低标准建材校舍改造，计划生育家庭幸福指导站建设，帮助贫困白内障患者复明等3项民生工作进行民主评议。创办《社情民意》信息内刊，直报市委、市政府主要领导参阅，成为信息“直通车”，得到党政领导的重视并多次批示。40多名政协委员受聘担任十几个党政部门、单位的社会监督员或联络员，履行监督职责，坦诚提出意见建议，促进部门党风政风行风的转变。

【调研视察工作】 2008年，市政协组织委员就黄河口文化产业发展、中心城社区建设与管理、海洋渔业、政务环境建设、防震减灾、油区社会治安综合治理、外资企业发展、文物古迹保护与利用、学前三年教育工作、“三网” 绿化等方面进行视察调研，形成11份调研视察报告。其中，形成常委会议建议案1份、主席会议建议案1份。

4~6月，市政协副主席陈胜、

张作龙带领部分市政协委员就黄河口文化产业发展进行调研视察。听取市文体局、市旅游局、市发改委等11个市直部门、单位关于文化产业发展情况的汇报，委员就全市文化产业发展提出意见和建议。市政协六届三次常委会进行专题议政，形成《关于加快黄河口文化产业发展的建议案》，得到市委、市政府的高度重视，市政府召开座谈会，专题研究落实意见。

4月，市政协副主席张惠带领部分委员就油区社会治安综合治理工作情况进行视察，形成《关于我市油区社会治安综合治理情况的视察报告》，市委主要领导作了重要批示。

4月中旬至7月，市政协副主席王少飞组织部分政协委员和有关部门、单位负责人，就本市中心城社区管理情况开展调研，形成《关于我市中心城社区建设与管理情况的调研报告》，市委常委、副市长曹连杰作了批示。

5~8月，市政协副主席王秀华带领部分经济界政协委员就本市海洋与渔业发展情况开展调研，形成《关于我市海洋与渔业发展情况的调研报告》，市委常委、副市长王玉君作了批示。

5月中旬至6月底，市政协副主席张惠带领部分政协委员就本市政务环境建设开展调研，形成《关于我市政务环境建设情况的调研报告》，市委常委、副市长王玉君作了批示。

6月初至7月中旬，市政协副主席陈胜组织部分委员围绕防震避灾、震时减灾和完善公共安全保障体系建设进行调研，经市政协六届四次主席会议审议讨论，形成《关于加强我市防震减灾工作完善公共安全保障体系的建议案》，市委主要领导作了重要批示。

7月，市政协副主席王景春、张惠带领部分政协委员就本市外资企业发展情况进行视察，形成《关于我市外资企业发展情况的视察报告》，市委常委、副市长曹连杰作了批示。

9月，市政协副主席王少飞、张惠带领部分政协委员，就全市文物保护与利用情况进行视察，形成《关于我市文物古迹保护与利用情况的视察报告》，副市长王吉能作了批示。

9月，在市政协副主席王景春、张惠的带领下，社会法制委组织部分委员就全市民族宗教工作情况进行视察，并形成视察报告。

11月，在市政协副主席王秀华带领下，市政协经济委组织部分委员就全市"三网"绿化工程进行视察。

12月，市政协科教文卫体委员会组织部分委员就全市学前三年教育工作落实情况进行视察，形成《关于全市学前三年教育工作情况的视察报告》。

【联谊工作】 9月11日，市政协港澳台侨和外事委员会联合市台办、市外侨办、市侨联共同举办市港澳台侨胞中秋联谊会。全市港澳同胞、台湾同胞和海外侨胞代表欢聚一堂，共庆佳节，共谋发展。市委副书记刘曙光、市政协主席于树健，市委常委、副市长曹连杰，市政协副主席倪胜希、陈胜、王少飞、王景春、张惠、王秀华，市政协秘书长柴玉宝及有关单位、部门负责人参加联谊会。与宁夏中卫市政协建立友好协作关系并开展联谊交流活动；年内接待全国、省及其他市政协调研、视察和考察活动60多批次。12月11日，成立市政协书画研究会，参加全省17市政协书画联谊及作品展览。

【学习宣传文史工作】 市政协坚持把学习科学发展观同学习中共十七届三中全会精神、当前形势政策、人民政协理论相结合，加强集体学习与个人自学，抓好政协委员学习培训、常委会集体学习。4月、11月分别举行政协委员培训班。全年利用外出学习和党校培训干部43人次，其中参加全国政协培训班4批4人次。

实施宣传人民政协新闻工程，全年在市级以上报刊发表稿件89篇，其中省级以上报刊发表稿件55篇。在全市开展宣传人民政协好新闻评选活动。与市级新闻媒体加强联系，对市政协重要会议和活动进行宣传报道。组织市级3家新闻媒体开展提案追踪宣传报道活动。改进和完善市政协网站，补充完善《图文信息》《全委会专题》等栏目。编发《东营政协》刊物3期，与全国30多个地市政协进行交流。编发《东营政协信息》46期。

发挥文史资料团结育人、存史资政的作用，制定文史资料征编5年规划，选聘20名文史专员，建立文史资料征集研究队伍。做好文史资料的征集工作，征集资料20余万字。

【其他重大事项】 4月8日，市政协举办新任政协委员学习培训班，省政协研究室主任、联合日报社社长李鲁烟就人民政协基本理论作专题讲座。市政协主席于树健出席并讲话。

5月22日，省政协副主席王乃静率领调研组一行11人，就整合经济社会政策、统筹解决人口问题来东营市开展专题调研。市政协主席于树健、副主席王秀华分别陪同调研。

9月22日，市政协在垦利县召开全市县区政协主席座谈会，交流换届以来县区政协工作，研究探讨关于贯彻落实中发〔2006〕5号文件的有关配套制度措施。市政协主席于树健出席会议并讲话。

9月24~26日，省政协视察组在省政协常委、社会法制委员会主任惠菽林的带领下来东营市视察农村社会治安工作，市政协副主席王景春、张惠分别陪同视察。

10月9~10日，全省十七市政协秘书长联谊会在东营市召开。市政协主席于树健出席会议并讲话，省政协研究室主任、联合日报社社长李鲁烟等出席会议。

10月15~17日，省政协副主席、省委统战部部长张传林率住鲁全国政协委员来东营市视察黄河三角洲高效生态经济区开发建设情况。市委书记、市人大常委会主任张秋波，市委副书记刘曙光，市政协主席于树健，市委常委、副市长曹连杰，市人大常委会副主任温晓杰，副市长吕雪萍，市政协副主席倪胜希、张惠分别陪同视察。

10月18日，全国政协常委、国家京剧院院长吴江率领全国政协戏曲理论研究考察团来东营市考察。市政协主席于树健，市委常委、宣传部长田青云，副市长王吉能，市政协副主席倪胜希、陈胜分别陪同考察并参加座谈。

11月13日，河北省政协副主席王玉梅率考察团来东营市参观考察。市政协主席于树健，副主席倪胜希陪同考察。

11月14日，组织市政协常委视察黄河水城建设。市政协主席于树健，副主席倪胜希、陈胜、张作龙、王新红、张惠、王秀华，秘书长柴玉宝等参加视察。市委常委、组织部长刘赞杰陪同视察。

11月29~30日，省政协副主席齐乃贵带领省政协经济委员会一行13人来东营市考察。市委书记、市人大常委会主任张秋波，胜利石油管理局党委书记郭长玉，市政协主席于树健，副主席倪胜希、王秀华分别陪同考察。

12月10~12日，省政协原副主席王裕晏来东营市就石油炼化企业发展情况进行调研。市委书记、市人大常委会主任张秋波，市政协主席于树健，副主席倪胜希，市政协老领导赵立祥等分别陪同调研。 （李淑敏 成全国）

中国民主同盟东营市委员会

【参政议政】 反映社情民意，积极建言献策。在市政协六届一次会议上，提出个人提案《关于推动东营动漫产业发展的建议》《关于设立曲艺创作基金的提案》《关于东营新华书店建设的几点建议》等32件，联名提出《取消公务员任职年龄过渡政策，最大限度降低行政成本》《发挥城市基础设施配套费作用，杜绝开发商价外加价收取“开口费”》等8件提案，民盟市委会集体提出提案3件。所有提案均得到有关单位的高度重视，取得良好社会反响。5名盟员被市政协评为“优秀政协委员”。

参加市政协组织的各类专项调研、座谈、视察活动。参加全市文物保护与利用调研，全市首期农村中小学低标准建材校舍改造视察评议，市政协反映社情民意座谈会，东营区行政执法软环境视察，黄河水城建设，市“三网”绿化建设视察及海洋经济、国家安全辅导报告等活动。对东营市的文物保护、文化市场、群众文化发展、发展黄河口旅游事业进行深入视察、调研。积极建言献策，呼吁政府加大支持力度，增加教育资金投入，提出“再版印刷东营市行政区划图”等多条建议。应邀民主评议市直96个部门单位。应邀旁听市法院典型案件审判。组织盟内教育界的盟员在市教育局参加“市教育局对口联系民盟市委座谈会”，双方互相通报工作情况，并就全市教育现状、素质教育、学生减负等问题进行座谈。

【社会服务】 民盟市委会带领盟员围绕发展做实事，发挥特长优势，为社会积极做奉献。年初，民盟市委会西城一支部到东营区六户镇敬老院看望21位老人，送去捐款2000元。河口区委统战部与民盟河口支部投资10万元，共同发起建设“挚友林”。3月11日在河口区太平乡举行“挚友林”揭牌仪式。“挚友林”占地280亩，种植速生杨42000余株。南方遭遇冰雪灾害后，盟员捐款24万余元。四川汶川地震后，盟员捐款10万元，捐助价值20万元食品。盟市委在全省民盟率先发出缴纳“特殊盟费”捐款倡议，交纳“特殊盟费”捐款近5万元。组织黄河口书画研究会11位书画家，由原政协主席陈锡山带队，到广饶县大王镇王东村进行送文化下乡活动。参与市文联组织的著名书画家捐献活动，组织盟员书画家现场为四川地震灾区捐献多幅作品。“东营市著名书画家抗震救灾作品捐赠暨迎奥运颜炳选先生百米长卷展”在东营书画院举行。盟员颜炳选历时一年半，从黄河源头写生启笔，到黄河入海口行程数万公里，创作完成300米长卷《万马奔腾图》，在全国巡展后拍卖，部分款项捐给四川地震灾区。民盟东营市委与民盟潍坊市委青州总支委员会在青州博物馆联合举行“庆八一 迎奥运”书画展，组织东营书画家作品10余幅参加展览。

参与纪念建市25周年和改革开放30周年书画展览活动，组织盟员书画家创作作品10余幅参加展览。书画界盟员先后组织举办了黄河口文化侃谈会、黄河口书画艺术研究会一届五次理事会及书画展览、陈锡山书法艺术滕州展、万达集团书画展览交流、市人大书画家笔会、市政协书画研究会等活动，为大王镇金秋书画邀请展、河口区廉政书画展、东营电视台建台20周年书画展创作并征集作品。

【自身建设】 2008年，中国民主同盟东营市委会开展理论学习、交流联谊等盟务活动，自身建设得到加强。召开主委会议6次，召开全委(扩大)会议2次。在市委统战部组织开展的调研活动中，民盟盟员撰写调研文章4篇；在为黄河三角洲发展建言献策活动中，民盟盟员提出建议6条。发展盟员11人，其中高级职称4人，中级职称7人，发展率5.2%。组织近60名盟员到日照考察。在民盟山东省委2008年盟务工作考核评比中，民盟东营市委会被评为先进集体，2名盟员被评为先进个人，5个支部委员会被评为先进基层组织，25名盟员被评为优秀盟员。

加强政治理论学习，提高自身素质。开展以坚持走中国特色社会主义道路为主题的政治交接学习教育活动，学习中共十七大、十七届三中全会，民盟十大、十届二中全会，中共东营市委工作会议等重要会议精神，及党派、统战理论知识。民盟东营市委在山东省社会主义学院组织举办基层组织负责人培训班，民盟市委会成员，各支部主委、副主委、委员共27人参加学习。山东省人大副主任、民盟山东省委主委温孚江给予高度评价。东营民盟市委主要负责人、机关驻会副主委参加市委统战部组织的全市民主党派工商联负责人无党派代表人士读书班，民盟2007年新任秘书长、副主委分别参加省委统战部组织的第七、八期民主党派领导干部培训班，机关主要负责人在市委党校参加市委组织部举办的第一期全市领导干部学习贯彻党的十七届三中全会精神轮训班。在民盟省委组织的纪念“五一口号”发布60周年征文活动中，组织盟员撰写征文，民盟市委会获优秀组织奖，2篇文章获二等奖，1篇文章获三等奖，3篇文章获优秀奖。在民盟中央组织的纪念改革开放30周年征文活动中，1篇文章被民盟中央采用。

做好基层组织建设交流活动。5月，民盟山东省委八届六次常委(扩大)会议暨基层组织建设现场观摩会在东营市召开。民盟省委常委、各地市主委及民盟省委机关60余人到会，参观东城、滨海、河口等支部建设情况，盟省委在全省推广东营经验。10月中旬在威海召开的民盟山东省盟务工作会议暨八届七次常委(扩大)会议上，民盟东营市委就基层组织建设作典型发言。民盟省委在八届三次全委会上向全省推广东营经验，号召把基层组织办成盟员之家。

(民盟东营市委)

中国民主建国会东营市委员会

【开展学习教育活动】 2008年，根据民建中央、省委的部署，民建东营市委会对政治交接主题学习教育活动精心部署，对会员进行多党合作优良传统教育，召开政治交接主题学习教育活动经验交流会。为纪念中共中央发布“五一口号”60周年，纪念改革开放30周年和迎接北京奥运会召开座谈会及征文活动，组织会员参加民建省委举办的迎奥运·纪念改革开放30周年书画摄影展，8幅作品参展。

市委提出“实践科学发展观，争当黄河三角洲开发建设排头兵”活动后，民建东营市委召开会议进行部署。在市委组织的征集“金点子”活动中，民建征集“金点子”5条，发送调研报告5篇。其中一条“金点子”被市教育活动办公室评为“优秀建议”，主委宋心仿所提建议获“争当排头兵优秀建议奖”。

【参政议政】 2008年人大、政协进行换届，市民建有1人当选全国人大代表，18人当选市、县(区)人大代表或政协委员。在全国“百会”期间，主委宋心仿提交27件建议案，其中2件议案被大会秘书处选为传阅件。在市“两会”期间，市民建人大代表、政协委员履行参政议政职能，提交个人提案26件，集体提案6件。在市政协确定的10件重点提案中，主委宋心仿提交的《搞好农作物秸秆利用，促进农业高产增效》和委员张安义提交的《建设绿色环保城市，加快生态文明步伐》两件提案被列为重点提案，占市政协重点提案的20%。

开展民主监督。市民建共参加市和县（区）政协组织的调研50余人次，组织旁听法院审理案件10余次，参加有关单位组织的政风、行风评议和监督活动10余次。

为更好地参政议政，给会员搭建活动平台，开阔思路。9月市民建组织市委委员、支部主任、人大代表和政协委员到黄河口自然保护区和东营港开发区进行考察。10月组织市委委员、支部主任到沂蒙革命老区进行考察。

【社会服务】 四川汶川大地震发生后，民建市委积极参与支援抗震救灾工作。全市会员向四川灾区捐助款物25万余元。会员牛效强赴四川进行3个月的援建工作，会员高颖组织志愿者队伍赴川援助，民建市委委员李金顺免费为灾区培训医务工作者。

【自身建设】 抓思想建设。利用各种会议和活动，有针对性地开展理论学习宣传活动，坚定会员走中国特色社会主义道路，发展社会主义民主政治的信念。创新形式，拓宽渠道，增强民建组织的活力。组织市委委员、支部主任和部分会员参加各类培训班10余次。加大新闻宣传和理论宣传工作力度，在市级媒体发表统战理论文章8篇，在省级媒体发表文章10篇，在中央媒体发表文章5篇，新闻宣传在全省排名跃居为第六。会员发展工作规范有序。全年发展新会员4名，平均年龄41.75岁。 （王 芳）

九三学社东营市委员会

【政治交接学习教育活动】 2008年，组织开展以坚持走中国特色社会主义发展道路为主题的政治交接学习教育活动。以领导班子和骨干社员为重点，召开2次社市委会、1次全委扩大会议，学习中共十七大文献。制订活动方案，明确开展活动的指导思想、目标要求、重点工作和具体步骤。在年轻社员中开展思想调查问卷、走访和座谈活动，摸清全市社员尤其是中青年社员的思想状况，有针对性地开展活动。确定民主党派的政治交接作为当年重点理论研究课题，形成6000余字的理论文章《浅论民主党派的政治交接及其在现实中的实现》。

加强社员学习培训工作。一是开展骨干社员培训，聘请市委党校教师和统战部领导举行专题讲座，重点培训包括在各级人大、政府、政协任职的社员和基层组织的负责人，主要学习胡锦涛在中共十七大上的报告，及关于爱国统一战线和民主党派性质、地位和作用的论述。二是组织新社员培训。请老社员给新社员讲九三学社发展简史、九三学社在东营的发展史。三是以基层组织为单位开展向王选、闵乃本、蔡秋芳学习活动。年内，共组织问卷调查2次，座谈会3次，走访社员17人次，举办大型讲座3次，组织谈心会2次。在统战部组织的政治交接学习教育活动座谈会上，九三学社驻会副主委作《如何做好党派机关工作》的发言，得到好评。

【参政议政】 2008年九三学社市委组织开展专题调研4次，就中考制度改革、民办幼儿园的生存发展、水产养殖等方面深入基层，了解实情，形成7份调研报告或提案，市政协六届二次会议全部立案。6月，驻会副主委撰写论文《认真把握参政议政的重要性及其规律，不断开创参政议政工作新局面》在齐鲁社刊和九三学社山东省委网站、政治交接学习教育活动专刊上发表。社员撰写的社情民意信息上报九三学社山东省委社20余件。在市政协召开的社情民意信息座谈会上，社市委驻会副主委作题为《积极履行参政党职能，认真做好反应社情民意信息工作 》的发言，受到市政协领导的高度评价，并在《东营政协》发表。在《联合日报》专门刊发了介绍东营九三学社社情民意工作的文章。5月在九三学社山东省委召开的工作会议上，东营社市委副主委李榕桦被表彰为优秀宣传工作者。在省委统战部组织的“四新工程”理论调研活动中，副主委李榕桦撰写论文《中国政党制度的特点及成因探寻》。在5月1日市委统战部组织的纪念“五一口号”发表60周年座谈会上，副主委李榕桦作题为《风雨同舟的历史，光辉灿烂的未来》的发言，得到与会人员的认可。社内各级政协委员，积极参与市政协组织的白内障复明工程、黄河口水城建设、幼儿园建设等调研视察。社市委参与全市信息诚信单位评审活动，对医药系统、通信系统、城建系统30余个单位进行诚信认定，参与“三网”绿化评估，对三县两区“三网”绿化工程进行实地考察，作出公正评价。

【社会服务】 “5·12”汶川大地震发生后，市委会组织捐献“特殊社费”，援助灾区重建，共捐款5万余元。年底，市委会领导赴利津县利津镇走访慰问贫困家庭，送去面粉、食用油等生活用品，组织部分知名书画家为村民书写春联，受到群众欢迎。

(九三学社东营市委)

发展黄河三角洲高效生态经济的战略意义

促进黄河三角洲高效生态经济发展，有利于实现开发建设与生态保护的有机统一，开创高效生态经济发展新模式，为国内其他地区提供有益借鉴；有利于增创区域发展新优势，加快环渤海地区一体化发展，完善全国沿海经济布局；有利于加快培育接续替代产业，为我国资源型城市和地区的可持续发展积累经验；有利于拓展发展空间，为我国应对国际金融危机，实现保增长、扩内需的宏观调控目标发挥重要作用，不仅是这一地区实现科学发展、和谐发展、加快发展的迫切需要，也是国家推进发展方式转变、促进区域协调发展和培育新的增长极的重要举措。

群众团体

■ 举办“歌唱祖国、歌唱东营”全市职工大合唱

■ 开展青春和谐行动

■ 维护妇女权益

■ 加强工商联商会组织建设

东营市总工会

【概况】 2008年，市总工会团结带领全市各级工会组织，秉承"务实高效创佳绩，团结奋进争一流"的工会工作精神，突出重点，筑牢亮点，完成年初制定的工作目标，整体工作水平得到有效提升，主要工作走在全省前列。市总工会先后获全国工会帮扶中心工作先进集体、全国工会维护农民工合法权益工作先进集体、全国市级工会财务工作先进单位等称号，创建劳动关系和谐企业、"创建学习型组织，争做知识型职工"活动、"安康杯"竞赛、财务工作、经审工作、职工技协工作、调研及信息工作、迎奥运健身月等方面工作受到省总工会表彰。

2008年，全市新增基层工会委员会283个，新增基层工会组织529个，发展会员48982人，分别增长15.4%、15%、18.8%。至年底，全市基层工会委员会2120个，基层工会组织4091个，会员30.9万人。建立基层工会女职工组织2005个，同比增加304个。

【东营市总工会第五次代表大会】 4月26~27日，东营市总工会第五次代表大会召开。省总工会副主席、省工会干部管理学院院长王祝玉，市委副书记刘曙光，市政协主席于树健，市人大常委会副主任周燕明，市委常委、市纪委书记马登雨，副市长宗承敏，市政协副主席、市总工会主席王少飞，东营军分区副司令员赵有亮等出席开幕式。王少飞代表市总工会第四届委员会作《以科学发展观为统领，团结动员广大职工为加快推进黄河三角洲开发建设而努力奋斗》的工作报告。会议选举产生东营市总工会第五届委员会和第五届经费审查委员会；选举产生市总工会第五届委员会主席、常务副主席、副主席、常委，王少飞当选为主席，徐庚祥当选为常务副主席，侯敏玉、刘童、孟庆文当选为副主席；王秀娥、朱文平、任永青、宋新群当选为常委；选举产生市总工会第五届经费审查委员会主任、副主任，朱文平当选为主任，李志山当选为副主任。

【举办"歌唱祖国、歌唱东营"全市职工大合唱】 为纪念改革开放30周年和庆祝建市25周年，市总工会在全市工会系统组织开展"歌唱祖国、歌唱东营"全市职工大合唱活动。全市各级工会共组成合唱队917个，参加合唱干部职工达16万余人，演唱曲目344首。活动深入车间、班组、学校、社区，调动了广大职工群众爱岗敬业、拼搏奉献、干事创业的工作热情。大合唱比赛预赛在各县区赛区和市直赛区分别进行，市直赛区的8支合唱队和各县区赛区选拔的12支合唱队进入决赛。10月8日、9日晚，举办"歌唱祖国、歌唱东营"全市职工大合唱歌咏比赛决赛，共有20支合唱队2500多名干部职工参加。10月13日晚，举行"歌唱祖国、歌唱东营"全市职工大合唱歌咏比赛颁奖晚会。同时，成立由14个基层单位职工合唱队组成的"东营市职工合唱团"。

【"四促"活动】 为推进厂务公开民主管理工作，市总工会组织开展以"建言献策促发展，民主评议促进取，监督约束促自律，厂务公开促和谐"为内容的深化厂务公开民主管理活动（简称"四促"活动），建立健全职工代表大会制度，构建以职工代表大会为基本形式的民主管理平台，落实职工群众的参与权，教育引导广大职工为企业发展建言献策；建立健全民主评议制度，落实职工群众的表达权，在企业内部形成开拓创新、锐意进取的良好氛围；建立健全民主监督制度，落实职工群众的监督权，促进企业廉政文化体系的建立；通过建立健全厂务公开制度，落实职工群众的知情权，建立和谐稳定的劳动关系，努力推进基层民主，保障职工享有更多的民主权利，使企业认可并获发展，职工满意并得实惠。年内，全市实行厂务公开的单位1128家，覆盖职工20.4万人，其中国有、集体及其控股企业公开122家，教育、卫生及其它事业单位公开303家，公开率100%，基本规范率达到85%以上。

【技能竞赛、技能练兵、技能培训】 为实施职工素质提升工程，推动"技能竞赛、技能练兵、技能培训"活动开展，建立完善竞赛选拔技能人才和技能晋级的有效机制，市总工会举办东营市"华泰杯"通用工种技能竞赛。全市共有12支代表队105名选手报名参赛。9月24~25日，全市通用工种技能竞赛决赛在市技术学院进行，对参加"华泰杯"技能竞赛各工种前3名的12名选手，授予"东营市技术能手"称号，给予每人1000元的物质奖励。协调市劳动技能鉴定中心，为参加通用工种技能竞赛的选手破格晋升中级工和高级工。组织重点工程劳动竞赛，号召荣乌线新河至辛庄子高速公路东营市境内的参建单位，围绕安全、质量、进度、廉政、创新五个主题，全面动员，全员参赛，参加立功竞赛活动。科达集团股份有限公司荣乌线新河至辛庄子段高速公路第十合同段项目经理部被授予“立功竞赛活动先进集体”。年内，全市各级工会举办各类技能培训39场次，培训职工达27000余人次；举办计算机、消防、电工、钳工、焊工、化验、纺织等各类工种技能比赛28场次，参赛职工3300余人。（巩天兵）

共青团东营市委员会

【概况】 2008年，团市委以青少年思想道德教育为主线，以青春和谐行动为统揽，以团的自身建设为保障，开展系列特色活动，圆满完成各项工作任务。团市委被团中央、全国绿化委员会等八部门联合表彰为全国保护母亲河行动先进集体，荣获全国乡村青年文化节10周年组织奖，被团省委表彰为全省红旗团委、全省大中专学生志愿者暑期“三下乡”社会实践活动优秀组织单位、服务农村青年增收成才奖、抗震优秀志愿服务集体。

至年底，全市共有14~35岁青年46万人，14~28岁青年31万人，共青团员17.2万人。全市共有基层团委340个，团工委17个，团总支243个，团支部4958个，专职团干部773人。

【青春和谐行动】 青春惠农工程。深化青春建功新农村行动。推进“百千万农村青年创业计划”，扶持“农村青年致富能手”、“农村青年小老板”、“农村青年企业家”等项目29个，发放贷款1810.5万元。深化“大联保体”贷款模式，至年底，全市已发展20个“大联保体”，共扶持农村青年创业项目58个，发放贷款3045万元，培养农村青年致富能手33个，农村青年小老板17个，农村青年企业家8个。深化农村青年科技培训工程。争取政府部门支持，开展手工编织、蔬菜种植、农产品加工等就业创业技能培训班20多期，培训农村青年890余人次。深化农村青年转移就业计划。完善“先培训、再就业、后缴费”的模式，抓好“订单式”培训，帮助520余名农村青年实现转移就业。“五四”期间，开展迎“五四”农村青年双向选择洽谈会6场次，提供各类就业工作岗位2200多个，1300余人达成就业意向，其中近200名农村青年直接推荐就业。开展乡村文化节活动。广泛开展科技文化卫生“三下乡”、“乡村大舞台”、“青春飞扬，相约桃园”、“迎奥运，展风采”等深受农村青年喜爱的群众文体活动，丰富农村青年的精神文化生活。

青春绿化工程。大力开展“兴建青年林，保护母亲河”主题植树活动。结合“三网”绿化工程总体规划，选定适宜地点，选好合作单位，通过捐植纪念林、青年林等方式，组织动员广大青少年开展种植青年林活动。全年新建青年林4处，植树11.7万余株。加强青少年绿化基地建设。年内，新建省级青少年绿化基地1处——东营市广北农场青少年绿化基地，绿化面积900亩，植树11万余株。至年底，全市已建设青少年绿化基地11处，其中省级青少年绿化基地3处。广泛开展青少年生态环保实践活动。在全市开展兴建青年林、争当植绿护绿小卫士、“我与小树共成长”等活动，通过纪念林捐植、绿地认养等方式，让广大青少年在参与生态环保活动实践中接受教育。年内，全市各级团组织开展各类保护母亲河、植绿护绿、节约增效活动317次，参与青少年近20万人次。

青春志愿工程。健全组织领导体系。召开东营市志愿者协会第一次代表大会，选举产生协会第一届领导机构。在协会指导下，全市建立起志愿者协会、志愿者指导中心、志愿服务站、志愿服务队的组织网络体系。加强志愿者注册及队伍建设。至年底，全市城区注册志愿者达7.8万人，占城市人口的9.42%；全市有志愿服务队378支，参与志愿者122484人。广泛开展志愿服务活动。开展“志愿者集中服务月”活动，全市近万名志愿者参加活动，服务群众5万余人次，印发各类宣传材料2万多份，捐赠各类慰问品、慰问金7万余元，结成“一助一”、“多助一”长期服务对子500多对。组织开展“志愿奉献文明城，青年争当排头兵”、志愿服务进社区等系列活动，共组织志愿者8000余人，为群众提供志愿服务17000余次。奥运期间，开展“青春志愿行，奉献大交通”活动。

青春维权工程。加强12355青少年服务台建设。整合资源，建设联动机制，通过12355热线和网站为广大青少年提供心理健康、法律咨询、侵权投诉等服务。年内，市12355青少年服务台总访问量达到608人次，提供一对一服务170人次，受理个案220余起，制作播出青少年心理热线54期。举行青少年模拟法庭大赛、高考减压营、援灾特别行动、12355校园行等“12355在行动”系列活动，全市15万青少年受益。开展维权专项行动。开展第五批市级优秀“青少年维权岗”评选工作，命名23个优秀青少年维权岗。开展“社区青少年远离毒品”行动、青少年自护教育活动、“青少年文明上网工程”，配合有关部门，对影响青少年健康成长的突出问题进行集中整治。实施“为了明天—预防青少年违法犯罪工程”。与人大、政协有关部门建立经常性工作联系的相关机制，共同推动青少年法制建设和预防青少年违法犯罪工作。加强社区青少年法律学校建设和中小学法制副校长、法制辅导员队伍建设，全市社区法律学校建设率达90%以上，中小学校法制副校长、法制辅导员配备率均为100%。

【青少年思想道德教育】 2008年，通过举办座谈会、专题研讨会、学习班等，帮助青少年领会、把握中国特色社会主义理论体系。先后开展十七大和十七届三中全会精神“进机关、进企业、进学校、进社区、进农村”“五进”活动、“立足新起点，创造新业绩”主题活动。结合青少年实际，开展全市思想道德教育、青少年科技创新教育、黄河口少年儿童书信文化大赛等系列主题教育活动，引导青少年坚定中国特色社会主义共同理想，坚定不移地跟党走中国特色社会主义伟大道路。开展古诗文唱诵、纪念建团86周年暨“五四”运动89周年系列活动、“手拉手”、大中学生“三下乡”、“知荣明耻、青年先行”等实践教育活动，用民族精神、时代精神和社会主义荣辱观教育青少年。开展了平安红领巾行动、“青春红丝带”预防艾滋病、青少年普法行动等具有时代特色的道德实践活动，引导青少年逐步养成与和谐社会相适应的道德观念和行为规范。举办首届黄河口青年讲坛。为纪念改革开放30周年和建市25周年，组织开展“改革开放话发展，青春建功新东营”演讲比赛，近万名青少年参与。

【团的建设】 “争当排头兵”活动。将活动定位为“四提”：提神，争当科学发展先锋队；提气，吹响服务大局集结号；提素，建设素质全面生力军；提速，打造事业发展动车组。组织开展“黄河三角洲开发，团员青年怎么办？”大讨论，通过多种形式、渠道征集建议200余条，团市委党组成员完成调研报告4篇，各级团组织为青少年办实事、好事600余件。通过实践活动，全市团组织领导班子建设得到加强，团干部队伍作风有切实转变。

基层组织建设和基层工作。落实全团加强基层组织建设和基层工作电视电话会议精神，实施基层团建基础工程，开展基层团组织调研月活动，召开非公有制企业团建现场会和社区团建现场推进会。全市符合建团条件的规模以上非公有制企业517个，已建团487个，建团率达94%。开展全市团情普查和县域共青团工作整合试点。

【团的各项事业】 一是积极投入到抗震救灾工作中。在第一时间开展“交特殊团费，献真诚爱心”活动，共收到“特殊团费”130余万元，全部及时汇往灾区支援抗震救灾；选拔4名心理咨询师随山东省“12355青少年心理康复专家志愿团”赴四川汶川开展心理志愿服务；在青少年中开展“牵手灾区儿童”等活动。二是抓好青少年的爱国主义教育。组织青少年观看抗震救灾英模报告会，将青少年的爱国热情转化为持久的强国行动；启动“平安东营”青少年自护行动，开展青少年自护知识教育和自护知识培训，编印《“平安东营”青少年自护手册》，全市中小学生每人一本。

学校团队工作。全市农村学校和城市学校建队率均为100%；拥有标准的队室、规范的鼓号队、固定的宣传阵地，城市达标率100%，农村达标率90%；共有道德实践基地和体验教育基地32处；大队辅导员、中队辅导员配备率均为100%。推进“民族精神代代传”主题教育活动、“平安东营”红领巾行动、“手拉手”行动、“雏鹰争章”等品牌活动，发挥少先队在加强未成年人思想道德建设中的重要作用。

青联、学联等青年团体及青年自组织建设。召开市青联四届一次会议和市学联第三次代表大会，选出新一届领导班子。开展全市青年自组织发展状况专题调研活动，在运用网络手段实现对青年自组织的有效联系、积极引导、开展活动等方面进行有益探索。

希望工程。实施“希望存款”爱心活动、网上助学活动、圆梦大学行动、“爱心助成长”活动、“交纳特殊团费，关爱灾区贫困学生”捐资助学活动，加大对希望工程新项目的宣传力度。年内，共募集资金93万元，援建希望小学2所，救助贫困学生600余名。

青年文明号创建。开展“青年文明号与创建文明城市同行”、“青年文明号信用示范行动”、“营造良好发展环境，青年文明号当先锋”等活动，实行青年文明号动态管理。至年底,全市有国家级青年文明号14个,省级青年文明号134个,市级青年文明号198个,动员近20万青年参与促进经济发展环境建设。

宣传信息调研工作。召开全市团的宣传信息调研工作座谈会,评选表彰全市团的优秀宣传信息员。以“构建和谐社会与青年参与”为主题,开展东营市共青团调研奖评选活动,评选优秀调研文章30余篇。启用新版东营共青团网站。年内,在《中国青年报》《中国共青团》《大众日报》《山东青年报》《山东共青团》等国家级、省级报刊发表反映东营市青少年工作的稿件400余篇(条)。

(张小兵)

东营市妇女联合会

【概况】 2008年,全市各级妇联组织团结带领全市妇女参与科学发展、和谐发展、率先发展,取得显著成效。市妇联先后获全国农村妇女“双学双比”活动先进集体、《中国妇女报》宣传推广工作先进单位,省“双学双比”竞赛活动先进集体、省“春蕾计划”工作先进集体、省优秀妇女维权岗、省“幸福进家”活动先进市、省抗震救灾先进妇联组织等称号。

【组织妇女参与经济建设】 一是开展信贷助推农村妇女创业行动,为妇女创业提供资金扶持。结合农村妇女创业实际,围绕标准化蔬菜大棚种植、畜牧养殖、水产养殖、旅游农业、农村合作组织建设、农产品加工销售等六大系列项目,协调有关部门为31名农村创业妇女发放贷款246万元,帮助解决生产发展中的资金困难。扶持培育一批起点高、效益好的“妇”字号示范基地,带动大批妇女进入产业化经营,在农村妇女中掀起“学科技、创新业,争当致富排头兵”活动热潮。全市涌现出一批“巾帼科技致富标兵”、“巾帼创业标兵”、“巾帼创业科技示范基地”。二是实施“万名新型女农民培训计划”,增强农村妇女致富能力。利用农村远程教育网络、女子农函校等,扩大培训规模,拓展培训内容,共举办培训班120余期;开展“巾帼科技周”活动,共组织106个单位、2227名专业技术人员,开展送科技下乡活动171场次,制作宣传展板69块,提供农资物品、药品价值3万余元,受益妇女19827人次。三是搭建就业平台,多渠道提供就业岗位。与市劳动和社会保障局联合下发《关于宣传贯彻<就业促进法>,深入开展“春风送岗位”活动的通知》,先后与新世纪劳务市场、新世纪人才市场联合举办3期女性人才专场招聘会,共有181家用人单位、4700余名妇女参加,共提供就业岗位4400个,达成用工意向1600人次。四是开展“巾帼文明岗”创建活动,引导城镇女职工岗位建功成才。以推进创新、提高效益、节能降耗为重点,在城镇女职工中开展“巾帼文明岗”创建、“巾帼建功标兵”评选等活动。加强对“巾帼文明岗”的管理,修订完善“巾帼文明岗”评选条件和动态管理机制,增强工作品牌的社会影响力。

【引领妇女参与和谐文明建设】 一是围绕生态城市建设,开展“节能减排进家庭、进社区,建设绿色新家园”系列活动。在东营电视台举办“环保在我家,益智60分”专题节目,开展“节能环保家庭”、“十佳节能环保家庭”评选表彰活动;开展“喜迎奥运,倡导绿色,做时代公民”社区环保主题实践活动,引领妇女和家庭增强节约意识,树立环保理念,改善生活环境,为建设资源节约、环境友好型社会做贡献。二是围绕文明城市建设,开展“文明家庭创建”活动;以“弘扬家庭美德、建设家庭文化、美化生活环境、创造富裕生活”为目标,开展“文明家庭大家谈”、“文明新风进万家”等活动和各类特色家庭创建、优秀家庭角色评选活动,全市有区级以上文明家庭80767户,占家庭总户数的28.7%。三是围绕优秀旅游城市创建,开展“岗位竞赛”活动。下发《市妇联创建中国优秀旅游城市实施方案》,在旅游业和相关经营单位中开展以提高妇女素质、提高职业道德水平、提高工作效率、提高服务质量、提高经济效益、多为社会奉献为主要内容的“岗位竞赛”活动。四是围绕提高妇女的文明素质,发展壮大文明创建队伍。采取宣传发动、典型示范、骨干培训等多种形式,扩大社会影响,提高队伍组建率,全市有巾帼文明队1700多支。五是结合“百日行动”,开展“文明交通进家庭”宣传教育活动;举办启动仪式,开展道路交通安全知识教育培训、“文明出行”大讨论、有奖知识竞赛等活动。六是开展家庭道德教育实践月活动。“六一”期间,与“黄河水城”办公室、市教育局联合举办“黄河水城迎奥运,快乐福娃庆六一”有奖知识竞赛活动,评出一、二、三等奖和组织奖,并进行表彰。

【维护妇女儿童权益】 一是完善

社会化维权机制。协调公检法司等19个部门成立综治委维护妇女权益工作领导小组，设立东营市“家庭暴力致伤鉴定中心”,成立东营市首家妇女维权法律服务站，维护妇女儿童权益的社会保障机制进一步完善。信访工作不断加强。全年共接待妇女来信来访129起,处结率达100%。二是开展“三八”维权周活动。通过开办讲座、在电视台开辟案例说法栏目、现场咨询解答等方式,重点宣传《婚姻法》、新修订的《山东省妇女权益保障法》等法律法规,集中解决一批妇女在婚姻家庭、劳动就业、土地承包等方面的问题。三是做好流动妇女儿童工作。制定下发《关于做好流动妇女儿童平安创建工作的实施意见》《关于做好农村留守流动儿童工作的意见》,营造关注、关心、关爱流动妇女儿童的良好氛围。四是开展救助贫困妇女儿童活动。对全市贫困女童进行调查摸底、健全档案，募集“春蕾计划”资金6万余元，捐助贫困女童381名；汶川大地震后,市妇联捐款8万元,全市妇联系统捐款20余万元,支援抗震救灾。

【家庭教育工作】 开展“双合格”家庭教育示范基地创建活动,成立东营市家庭教育指导中心和家庭教育咨询站,推进家庭教育“进家庭、进社区”。开办“农村父母课堂”,借助农村党员干部远程教育网络，组织家长按时集中收看《更新家庭教育观念》系列讲座，引导家长树立现代家庭教育观念,掌握科学教育方法。

【宣传信息调研工作】 在《中国妇女报》开办“黄河三角洲女性风采”栏目,集中宣传东营妇女和妇女工作，展示东营妇女事业取得的成就。对东营妇女网站进行改版,加强更新和维护,增强宣传服务功能。在东营电视台开辟“巾帼风采”专栏，报道科技致富女能手、妇代会主任、巾帼建功标兵等6名先进典型的事迹;在《东营日报》开设专版,宣传“十佳优秀家政服务员”;评选表彰“十佳军人好妻子”、“十佳军人好母亲”。与市委宣传部、市文明办联合举办“凤起杯”首届“东营十大女杰”、“感动东营十大女性”评选活动。市妇联编印《妇工信息》13期。在《两纲通讯》、中国妇女网等国家级媒体发稿90篇；在《山东妇女》、山东妇女网等省级媒体发稿33篇。

【妇联自身建设】 *加强组织建设*。一是召开东营市妇女第五次代表大会，选举产生新一届领导班子。二是基层妇女组织网络健全。制定下发《以科学发展观为指导，进一步加强党建带妇建工作的意见》,12月26日，市委组织部、市妇联召开全市基层党建带妇建工作会议进行部署，全市基本形成统筹城乡、纵横交错、条块结合的妇联基层组织网络。三是开展基层妇女组织示范点创建工作。制定下发《关于2008年全市基层妇女组织建设示范点创建计划的通知》，在综合考评的基础上,命名表彰40个基层妇女组织建设示范点。在全省市妇联主席工作会议上,东营市作题为《抓示范、树标杆,带动基层妇女组织建设整体上水平》的经验介绍。

加强队伍建设。一是召开“实践科学发展观,巾帼争当排头兵”活动动员会，在妇联干部中开展“什么是排头兵精神”、“为何要开展争当排头兵活动”、“争当排头兵,我该怎么办”等大讨论活动,制定市妇联比学赶超标杆。二是开展“素质提升年”活动,着力提升妇联干部的“四种素质”(政治素质、思想素质、业务素质、作风素质)、“五种能力”(围绕中心、服务大局的能力,统筹规划、协调推动的能力,深入基层、调查研究的能力，面向社会、宣传动员的能力,整合资源、团结协作的能力)。完成市妇联中层干部竞争上岗工作,促进各项工作的开展。

加强机制建设。一是建立社会化工作机制。初步构建起党政领导、部门支持、妇联协调、社会各界广泛参与的工作格局。二是建立市场化运作机制。探索运用市场化运作方式开展妇女工作，壮大妇联事业，增强服务妇女的能力。三是建立品牌化效能机制。深化“巾帼文明岗”等工作品牌，确定“与妇女同行,与时代同步”机关服务品牌。四是建立科学化管理机制。修订完善各项制度,形成涵盖机关人员行为规范、会议、督查、日常办公、行政管理、财务管理、党务管理等7大类36项内容的制度规范，为争创一流业绩提供制度保障。

加强阵地建设。市妇女儿童活动中心强化师资培训，突出教学特色,教育、教学和管理水平不断提高。中心幼儿园通过市教育局的审查和验收，升级为市级一类幼儿园。 （李 静）

东营市工商业联合会

【概况】 2008年,东营市工商业联合会贯彻落实科学发展观，发挥工商联统战性、经济性、民间性的特点，整体工作迈上新台阶，为促进市民营经济健康发展和非公有制经济人士健康成长做出贡献。年内，新发展工商联会员307个，其中发展企业会员203个，全市工商联会员总数达到4281个，超额完成省工商联下达的年度发展会员任务。市工商联被省人事厅、省工商联表彰为“山东省工商联系统2008年度先进集体”；被省委统战部、省工商联表彰为“山东省非公有制经济人士思想政治工作先进单位”；被省工商联表彰为“山东省工商联系统宣传工作先进单位”和“山东省工商联系统数据库统计工作先进单位”。

【召开市工商联五届二次执委会】 3月12日，市工商联五届二次执委会议召开。会议传达学习了全国工商联“十大”和省工商联执委会议精神，表彰了2007年全市工商联系统优秀会员单位，听取市委对如何做好工商联工作提出的新要求；总结2007年工作，研究部署2008年的工作任务。市委统战部副部长，市工商联党组书记、常务副主席王延生主持会议；市政协副主席、市工商联主席王景春在会上作工作报告；市政协副主席、市委统战部部长王秀华出席会议并讲话。

【商会组织建设】 2008年，市工商联把抓好组织建设，扩大会员队伍作为夯实工商联工作的基础，会员结构不断优化，发挥作用更加明显。年内，新成立“东营市工商联江西商会”、“东营区工商联中小企业担保互助协会”、“河口区工商联企业信用联盟互助会”等3家商会，异地商会和行业商会发展到27家。其中，市工商联直属商会6家。乡镇(街道)基层组织43个。

【开展调研工作】 一是积极参政议政。组织工商联界人大代表、政协委员在人大、政协会议上，报提案、议案共54份，立案率、回复率均达100%。二是加大调查研究力度。围绕全市经济发展和构建和谐社会、大力发展民营经济等，形成调研报告22篇，有8篇在市级以上刊物发表。其中，市工商联的《关于全市非公有制经济人士思想政治工作情况的调查报告》、广饶县工商联的《关于全县私营业主思想状况的调查分析及建议》、河口区工商联的《关于河口区未建党组织企业的调查报告》等调研成果，得到了各级党委的高度重视，并转发和采用。

【为会员服务】 一是为民营企业构建用人平台。全年共组织人才招聘活动183场(次)，接待各类用人单位11015家(次)，接待求职者21万多人（次），实现就业3.3万多人次，直接推荐就业3100人（次）；完成技能培训92人，安全培训870人；派遣出国留学生23人；6月，与市劳动部门等联合举办民营企业招聘周活动，138家用人单位提供了3500多个就业岗位，3200多人实现就业或达成就业意向。二是为会员融资服务。协调金融部门帮助会员企业贷款累计达5亿多元。三是为会员企业提供法律咨询和法律援助。共举办法律培训班8期，培训800余人；依法帮助会员企业解决法律纠纷38起，挽回经济损失6500多万元；市工商联与市发展环境办公室协商增设各直属商会为发展环境监测点。四是组织培训活动。举办各类培训班16期，共培训各类人员3800多人(次)；9月25~26日，在市委党校举办全市县区工商联企业家副主席培训班，20名企业家副主席参加培训；9月24日，东营区中小企业上网工程启动，信息化培训班开班仪式在东营区网络培训中心举行；12月9日，市工商联在东城源通宾馆举办“破冬而行—企业冬天持续赢利5大秘诀”培训班，重点培训市工商联和各县区工商联执委以上会员企业的决策者和管理者，内容以分析世界金融危机，民营企业面临的挑战、机遇、赢利、生存、发展等为重点，有针对性地探讨民营企业应对金融危机的“五大秘诀”，300多名企业管理人员参加培训。

【加强经济联络工作】 一是积极参加联络活动。先后组织会员参加境外展销会、交易会，“立足香港，迈向国际”介绍会、“装备制造业国际融资论坛及项目洽谈会”、“中国纺织市场品牌企业对接会”和“湖南投资合作洽谈会”等8次活动。二是加强与兄弟省市的沟通学习与交流。先后组队赴山西太原市工商联、厦门市工商联和青州市工商联进行学习考察，接待外省市和兄弟地市工商联的来访，达成多项合作协议和意向。三是保持和发展对外联络。与港、澳、台及国外侨胞的工商社团及工商界代表人士保持密切联系；发展与日本、韩国、美国、澳大利亚等5个国家的工商社团间的友好商会关系，全年共接待来访商团9家38人次。

【开展表彰活动】 以开展评先树优活动为载体，宣传和树立会员的良好形象。10月30日，河口区工商联、广饶县工商联的刘春香被全国工商联分别表彰为全国工商联系统先进单位、先进工作者；在11月6日召开的全省非公有制经济人士思想政治工作会议和12月1日召开的全省工商联系统工作会议上，市工商联分别作典型发言，全市工商联系统有4人分别被省人事厅、省工商联记二等功和三等功。12月29日在省工商联执委会上，刘双珉、刘福海被省工商联、大众日报社表彰为“改革开放30年山东民营经济最具影响力人物”，王秀生、杨献平为“山东省优秀民营企业家”。“优秀建设者”表彰纳入市委、市政府的表彰序列。

【组织会员参加抗震救灾活动】市工商联组织广大民营企业投身社会公益事业，开展“支援南方抗击雨雪冰冻灾害”、“支援四川汶川地区抗震救灾”等扶贫济困、奉献爱心活动。全市工商联会员支援四川抗震救灾捐款捐物达3038万元，为社会公益事业投资1亿多元。市工商联为四川地震灾区捐款16400元、缴纳特殊党费6700元。

12月23日，在省工商联十一届三次执委会议上，华泰集团有限公司、万达控股集团有限公司、胜利油田高原石油装备有限责任公司、山东万通石油化工集团有限公司等4家企业被省工商联表彰为“全省抗震救灾先进集体”；山东金岭化工集团股份有限公司董事长赵曰岭，山东仙河药业有限公司党委书记、董事长、总经理李保国，山东大海集团有限公司总经理刘德杰，垦利石油化工有限公司董事长王敏等4名企业家被省工商联表彰为“全省抗震救灾先进个人”。

【全国工商联领导来东营调研】4月24~25日，全国工商联扶贫和社会事业部副部长王钢治一行，在省工商联副主席栾文通陪同下，来东营对民营企业参与社会主义新农村建设进行调研。调研组先后到广饶县西水集团和驰中集团考察，并召开调研座谈会，听取市工商联组织“民企帮村”活动和相关企业的工作汇报。

5月14~15日，全国工商联党组书记、第一副主席全哲洙在全国工商联有关部门负责人，省政协副主席、省工商联主席王乃静，省委统战部副部长、省工商联党组书记孙传宏的陪同下，来东营就各级工商联和民营企业落实科学发展观情况进行考察调研。市委书记张秋波会见全哲洙一行。市委副书记刘曙光，市委常委、秘书长田振玉，市政协副主席、市委统战部部长王秀华陪同会见。考察期间，召开调研座谈会，听取市工商联、河口区工商联的工作汇报，并到科达集团、大海集团和华泰集团等企业进行考察。 （刘奇国）

东营市归国华侨联合会

【为侨服务】 开展“真情为侨”服务品牌创建活动，提升为侨服务水平。通过开展创建品牌，达到真心爱侨、科学护侨、真情暖侨、凝力聚侨的目标。春节、中秋节等节日期间，走访慰问归侨侨眷、侨资企业等120余户；定期走访生活贫困、生病住院、年事已高的归侨侨眷，及时帮助解决困难，送去党和政府的温暖关怀。开展以“抓好一项大的活动、建立一个联系点、服务一个侨资企业、开展一次学习活动、开展一项温暖侨心活动”为主要内容的“办实事、抓落实、促发展”专题活动。

做好为留学生服务工作。以南京欧帆教育咨询公司为平台，为出国留学提供咨询服务。年内，有2名学生参加报名，其中1名被录取并获新加坡政府奖学金。组织对市留学生情况进行调研，初步建立留学生及其眷属信息库。4月，召开留学生眷属座谈会，征求意见和建议。11月，成立东营市侨联留学生眷属联谊会。与市政协港澳台侨和外事委员会、市外侨办、市台办共同举办全市“三胞”眷属迎中秋联谊会。

【服务经济建设】 6月13~14日，“2008·海内外华商促进环渤海经济发展(山东·东营)大会”在东营举行。海内外60多名华商参加大会。会上，山东德合有限公司与华商签订2份合作意向；山东三角洲农牧有限公司董事长于琏海，与省发改委领导共同考察了东营市畜牧业发展情况，并与有关企业进行合作洽谈。

为侨资企业服务。深入开展调研活动，帮助企业解难题。组队到印尼侨商投资企业大洋生物饲料有限公司进行调研，宣传市旅游发展前景，为公司发展生态旅游出谋划策，帮助协调土地承包问题；为东营市华侨橡塑有限公司协调落实环保、资金等问题。澳籍华人逯高清博士，是澳大利亚总理顾问团技术顾问，被东营市政府聘为科技顾问，并在石油大学科技园设立逯高清工作室。

市侨联党组书记张建平参加政协港澳台侨和外事委员会组织的外资企业发展情况专题调研，撰写形成《加快推进我市旅游业发展的建议》《构建和谐社区的建议》《推进大洋生物公司发展生态旅游业调研报告》。

【参政议政】 发挥侨界人大代表、政协委员的作用，围绕社会发展的重大问题，写提案、提建议。全市“两会”期间，侨界人大代表、政协委员共提出建议、提案12项，其中市侨联党组书记张建平与其他8名侨联界委员联名提交的《关于扶持贫困归侨侨眷子女自主创业的建议》提案，被市委、市政府列为重点督办提案。

【文化交流和宣传工作】 10月1日，与石油大学联合举办“石油大学校友第二故乡行”活动，近百名石大校友参加活动，组织参观了市容市貌以及黄河入海口。组织干部职工到济宁市侨联进行工作交流，学习举办孔子国际文化节的经验做法；到济南市侨联学习留学生眷属联谊会工作模式及为留学生服务经验做法。加大宣传力度，年内，在中国侨网发稿2篇，省侨联网站发报道14篇，《山东侨联信息》发稿2篇，《齐鲁乡情》刊发《垦利——黄河入海的地方》《“垦区延安”——八大组》《黄河口大闸蟹奥运期间成新宠》等3篇文章，《东营日报》《胜利日报》各发表新闻报道1篇。

（张希军）

黄河三角洲高效生态经济的发展原则

1.坚持生态优先，实现区域可持续发展。牢固树立生态文明观念，在保护中开发，科学确定区域功能定位和产业空间布局，大力发展园区经济、高附加值产业和高端产品，促进渤海湾和黄河下游流域生态平衡。

2.坚持统筹兼顾，促进区域一体化发展。实行区域发展统一规划、陆地海洋统一布局、重要资源统一管理、重大基础设施建设统一推进，促进生产要素合理配置，推动区域优势互补、良性互动、错位发展。

3.坚持互利共赢，提升区域合作层次和水平。加快与京津冀都市圈、辽宁沿海经济带及山东半岛在重大基础设施建设、产业发展、企业合作等方面的全面对接，促进环渤海地区实现共同发展。

4.坚持改革开放，增强区域发展动力和活力。着力构建有利于高效生态经济发展的体制机制，全方位拓展对外开放的广度和深度，为区域可持续发展提供制度保障和市场空间。

军事

■ 东营市再次被评为“全国双拥模范城”

■ 济军生产基地成立45周年

■ 人防工程建设

东营军分区

【思想政治工作】 坚持把深刻理解、全面贯彻十七大精神作为重大政治任务，采取“参加上级培训、远程同步培训、地方党校培训、党委中心组学习”相结合的方法，增强学习教育的针对性、实效性。结合纪念改革开放三十周年，集中组织“坚定中国特色社会主义理论、有效履行我军历史使命”的主题教育；结合学习贯彻党的十七届三中全会精神，开展中国特色社会主义发展史教育；抓好弘扬抗震救灾伟大精神教育，踊跃捐款、捐物支援抗震救灾活动；扎实开展党纪条规、警示性法纪专题教育；奥运安保和经常性教育等成效明显。举办形式多样的文体活动，丰富官兵文化生活，信息化建设、新闻报道、计划生育等工作富有成效。

【战备训练】 坚持把完成多样化军事任务，提高非战争行动能力作为军事训练的主要内容，严格落实党委议训管训制度。4月上旬，派出3名通信分队教练员到聊城军分区参加通信分队教练员集训。中旬，全区民兵教练员集训在军分区训练基地统一实施。5月，派出6名基层武装部长参加省军区组织的基层武装部长集训，派出3人参加全省民兵预备役防空分队专业骨干集训。通过参加各类集训，全区专武干部、民兵教练员明确了目标任务，夯实了军事和业务基础，增强了履职尽职能力。把民兵应急分队、防空分队、对口专业分队三支队伍作为民兵训练的重点，突出应用训练、注重在用兵中练兵强兵，努力提高民兵队伍遂行多样化军事任务的能力。6月，在全省企业民兵政治工作会议课目表演上，检验了军分区抓好胜利油田民兵应急分队、防空分队、电子战分队、高炮分队战术行动等训练的成效，得到各级首长和与会代表的肯定。加大非战争军事行动课题训练，完善防汛、奥运安保和处突维稳应急预案，先后安排10余天时间，采取理论授课、现地勘察、演练演习等形式，组织兵力700多人，重点进行防汛抢险、抗震救灾和反恐维稳等非战争行动课目联训联演，有效提高了民兵处置突发事件和遂行多样化军事任务的能力。7月上旬，组织东营市、胜利油田综合防汛演练，配套完善防汛基础设施，增强了综合防护能力。广泛开展信息化条件下岗位练兵。10月，组织分区带人武部举行“东卫-2008”城市联合防空袭战术演习。胜利油田民兵高炮连第五次赴潍北进行实弹战术演习，成绩优异，被省军区评为优胜单位。军事志编纂成果明显，分区本级志书进行6次大的调整和修改，县区志书共审阅4部，完成了上级交给的审阅郑州等4个地市军事志任务。分区编写志书及评审办法被各地市所采用；军分区是全省第一家报送省军区进行终审单位。

【民兵预备役工作】 贯彻落实《山东省后备力量建设发展“十一五”规划》，调整全市基干民兵组建规模，拓展编组方向，改进编组方法，形成以国有和国有控股大型企业为骨干，以街道、社区等为依托的组织建设布局。规范民兵队伍组建秩序，建立优先保障机制，实施归口建设、管理和使用，提高了国防后备兵员的整体素质。结合民兵整组，重点抓了反“台独”应急动员任务分队编组落实，各专业分队对口率达到80%。认真贯彻落实军区《推进基层建设科学发展三年规划》要求，进一步巩固军分区、人武部达标建设成果，推进达标活动向基层延伸工作，企业民兵预备役政治工作等受到了上级领导机关的充分肯定，并在全军军分区系统政委培训班上介绍了经验。组织召开全市民兵预备役基层政治工作和市国防动员委员会第六次会议，有效推进民兵预备役基层工作的落实。8月上旬，首次完成从高等院校毕业生中直接招收士官工作。冬季征兵工作围绕提高兵员质量，切实把“一个调整，两个优先”(征集主体调整，优先征集高文化素质，优先征集应届毕业生)落到实处，所征集新兵质量均高于往年。实现连续24年无责任退兵。

【部队管理】 贯彻落实军区依法从严治军和省军区“济宁会议”精神，加大对人员、武器弹药、防间保密和车辆安全的管理力度，制定《东营军分区开展“四项整治”实施意见》《民兵武器装备仓库管理规定》，调整武器装备储存保管格局，升级改造武器仓库监控和报警系统，实现对重要目标的监控，提高了信息化防控水平。3月通过法规辅导、观看录像和理论考核等形式，组织驾驶员队伍安全教育和作风纪律整顿。4月开展兵员清理整治，完成清理兵员交接，健全兵员管理的长效机制。制定《车辆维修管理规定》《油料使用管理规定》等规章制度，建立车辆动态一览表，严格车辆技术状况检查，落实安全行车责任和值班汇报制度。完善《车辆派遣管理规定》，安装GPS车辆定位管理系统，对所有车辆实行统一管理、责任到人。下发《军分区私家车管理意见》,规范私家车的使用管理。坚持依法治密、从严治网,筑牢信息安全“防火墙”,严格区分和规范指挥自动化三期网、军事综合信息网、分区局域网和国际互联网的使用范围。

【综合保障能力】 根据担负的战备任务和后勤保障工作特点,修订完善后勤保障方案。落实制度规定，成立市国民经济动员办公室，迎接军区工作组对市经济动员工作的检查。加强财务管理，提高经费的使用效益。组织分区、人武部清理国有资产，对资产限额标准进行重新修订调整。加大投入,改善分区机关官兵、职工的工作生活环境。及时为职工增加工资；协调市人事、劳动保障部门，完成职工晋级考试报名及各种保险金缴纳工作；对空余房地产进行清理和开发论证工作;组织开展“文明卫生军营”达标创先活动;做好卫生防病工作;完成干部新式冬装、战士新式夏装的申领发放。军分区党委严格落实理财制度,统筹配置财力资源,提高了经费的使用效率。军分区被省军区表彰为“综合预算执行先进单位”。

【国防教育】 全市各级把国防教育纳入社区、乡村、企业等各种文化建设，构建起行之有效的新平台，推进全民国防教育向纵深发展。全市有23个社区建立了国防教育活动中心,有15个社区国防教育宣传团，常年坚持开展国防宣讲活动;全市120多个大、中、小院校开展学生军训，受训学生达2万多人次,协助石油大学(华东)培养国防生近800人。全市各级在抓好国有企业国防教育融入企业文化建设的同时，探索国防教育向非公有制企业延伸，在符合条件要求的12个非公有制企业成立相应的国防教育组织领导机构，开展国防教育活动。军分区、市妇联和市民政局联合开展“十佳军嫂、十佳兵妈妈”评选活动，深化国防教育进家庭教育活动。各级利用国防教育资源,丰富教育载体和教育形式，促进国防教育的开展。完善国防教育联席会议、情况通报、信息交流等制度,军地之间、单位部门之间形成通力协作、共同筹划、共同实施的整体合力。6月上旬,承办了全省企业民兵预备役政治工作会议、省军区基层文化建设暨新闻报道工作会议和全市民兵预备役基层政治工作会议,在全省反响强烈。

【双拥工作】 探索研究具有东营特点的军民融合发展和双拥共建共赢路子，较好实现了由感情拥军向政策拥军、领导拥军向群众拥军的转变。协调市委召开常委议军会,制定出台《关于进一步加强驻东营部队随军家属就业安置的意见》和《关于进一步加强争创全国双拥模范城(县)的意见》等。把退休干部移交、转业干部接收、随军家属就业、退役士兵返乡和军人家属优抚作为工作的重点，对因客观因素未安置工作的及待安置的随军家属，由市县财政每人每月发800元的生活补助。协调地方领导慰问来东营驻训的部队官兵及参加抗震救灾的东营籍官兵家庭，双拥共建的水平不断提高。2008年,东营市再次被评为全国“双拥模范城”。

（毕岩辉　杜　剑）

武警东营市支队

【思想政治建设】 以学习贯彻十七大精神为主线，抓好总队政治工作会议精神的贯彻落实，开展“坚定理想信念，忠实履行使命，永远做党和人民的忠诚卫士”主题教育，提高了官兵忠实履行职责使命的自觉性和责任感。落实《思想政治教育大纲》，注重发挥“三互”、“双四一”、与四种类型士兵交朋友等载体作用，经常性思想工作针对性、实效性进一步增强。做好奥运安保等重大任务中的政治工作，服务保证作用发挥明显。参加总队“四会”政治教员授课比赛，参赛选手被评为优秀政治教员。坚持文化建警方针,稳步推进政治环境建设，举办丰富多彩的文体活动和比赛，形成积极向上的文化氛围。多方协调,完成2名老干部移交任务。做好双拥工作，支队被东营市表彰为拥政爱民先进单位，支队政委潘文海被表彰为拥政爱民模范。学历教育、新闻报道成效明显。以各类座谈会、解难帮困等活动为载体，大力推进和谐警营建设，凝聚军心士气。先后对20名官兵给予2万余元的困难补助。发动向地震灾区献爱心活动,官兵捐款14万多元。年内,有20名个人受到记功奖励，支队长王宁被表彰为全军“爱军精武”标兵。

【完成中心任务】 贯彻落实“十六字”执勤工作思路,树立“中心”意识。开展“勤务治理月”、“执勤隐患专项整治”活动,执勤隐患得到有效治理。召开执勤现场会，规范监门哨情况处置动作，统一标准。汲取兄弟单位执勤事故教训，搞好勤务教育，官兵忧患和责任意识明显增强。落实省武警执勤目标安全工作电视会议精神，率先在全省完成“四防一体化”改革任务，实现3个100%的目标。规范组勤程序，明确处置方法，开展勤务网上演练，提高了干部组勤、指挥和哨兵执勤、应急情况处置能力。坚持以奥运安保牵引遂行任务能力提升，圆满完成青岛奥帆赛、残奥帆赛期间武装巡逻任务。

【处突反恐力量建设】 坚持以任务为牵引，紧贴奥运砺精兵，狠抓反恐处突力量建设。着眼“首战用我，用我必胜”的使命要求和“人人是精兵、整体是拳头”的训练目标，突出抓好勤训轮换、“四手”训练、突击行动小组训练、预提指挥士官集训，全年轮训官兵210余名。反恐突击行动小组和狙击手集训在总队考核中名列第一。参加东营2008黄河反恐联合演习，组织“庆八一、迎奥运”军事课目演示，展示了警威，树立了形象。立足反恐处突需要和东营地域特点，科学谋划，构建4个层次的反恐处突力量布局，规范“三员一兵一组”情况处置，贯通全市的反恐处突力量体系形成。狠抓教练员队伍建设，教学质量整体上升，教导队队长江坤被总部评为优秀教练员。开展网上“六小活动”，每季度组织开展一次军事比武竞赛活动，提高了部队训练质量。搞好首长机关训练，严格落实军事业务学习和体能训练制度，开展首长机关室内作业，多次组织网上处突、反恐演练和实兵紧急拉动演习，提高了机关临战指挥能力。

【正规化建设】 以条令条例为依据，以精细管理为抓手，以“百日安全竞赛”活动为主线，坚持在打基础抓落实上下功夫，部队安全稳定，连续16年实现“三无”。认真组织“条令条例学习月”、“我为奥运添光彩、我为祖国做贡献”作风纪律教育整顿，官兵的纪律观念和工作作风明显增强。按照“精细”要求，制定完善规定和实施细则，做到有法可依、管之有据。开展“百日安全竞赛”活动，贯彻总队“九个不准”要求，奥运期间部队高度安全稳定。坚持标本兼治，群策群防，跟踪抓好隐患治理整改。建立行政督查机制，加强对重大节日、重点时期部队的管控，提高部队安全系数。实施《士官量化管理细则》，开展“十佳”优秀士官评选活动，调动士官队伍履职尽责的积极性。坚持科技创安，为所有军械库、兵器室安装远程门禁指纹控制系统，为执勤分队配备智能枪柜，确保了车辆和枪弹安全运行系数。严密组织补选退工作，82名复退老兵安全返乡。

【基层建设】 坚持把提高党支部“三个能力”作为抓基层打基础的关键环节紧抓不放。分两批对党委、支部书记、委员进行《纲要》培训，利用按纲建队检查、讲评、“三日”等时机搞好传帮带，提高基层干部按纲抓建能力。开展揭短亮丑活动，树立“反骄破满不护短、求真务实促发展”的意识。落实支部班子考察帮建工作《实施意见》，统筹兼顾，推进党支部建设水平的整体提高。每季度开展一次党课教育，有效强化党性观念和党性锻炼。做好党委机关下基层蹲点调研帮建工作，部队建设质量整体提升。直属大队，直属大队二中队、广饶县中队、利津县中队分别被总队表彰为先进大队和先进中队，利津县中队荣立集体三等功。广饶县中队中队长王蓬勃、政治指导员郑喜涛被总队表彰为“一对好主官”，直属大队二中队指导员王新杰被表彰为基层建设干部标兵。

【提高综合保障能力】 贯彻落实总队“四项设施建设”现场会精神，完善四项设施建设计划，明确建设方向，争取地方支持。加强应急保障训练，完成奥运火炬传递、奥运安保和援川重建等保障任务。坚持依法管理，修订细化后勤规章制度，确保经常性后勤保障工作顺利开展。加强后勤队伍建设，先后组织各类人员80人次参加专业培训。积极协调，争取地方财政支持，基层中队的地方预算经费由5万~8万元提高到15万元。严格伙食管理制度，官兵满意率达90%以上。落实总队军械工作会议精神，形成人防、物防和技防的有机结合，确保枪弹的绝对安全。严格落实车辆管理制度，所有车辆全部安装“GPS”管理系统，提高了行车安全系数。开展为官兵送医送药活动，加大到基层巡诊和心理咨询力度，保证官兵的健康。 （孙玉华）

济军生产基地

【概况】 中国人民解放军济南军区黄河三角洲生产基地（以下简称“生产基地”）位于东营市北部黄河入海口附近，北临渤海、南跨黄河，南北长70公里，东西宽25公里，版图总面积790平方公里，折合118万亩，位于河口区和垦利县，东港高速公路纵贯全境。胜利石油管理局所属孤岛、桩西、河口、孤东、海洋采油厂和渤海钻井总公司、孤岛社区、仙河社区地处生产基地境内。生产基地为师级单位，机关设办公室、政治部、财务劳资审计处、农林处、土地管理处、油区工作处、环保绿化管理中心、营房物业开发中心8个处室和7个直属单位，辖4个生产团。

2008年，生产基地各级党组织按照科学发展观的要求，围绕年初确定的"关注全局把方向、紧贴实际抓效益、依法治军保安全、深化改革促发展"的总体思路，统一思想，凝心聚力，干事创业，生产基地的全面建设继续保持稳步发展的良好局面。

【经济建设】 生产基地加快融入驻地区域经济一体化进程，加大土地、农业、畜牧业开发力度，走一、二、三产业并举的新路子，经济效益有较大提高。借助国家"三农"政策和开发黄河三角洲地区总体战略的有利条件，积极争取各方支持，建立完善符合实际的经营体制和综合目标责任激励机制，增强内部活力，调动了官兵职工的积极性和创造性。

2008年，所属各单位克服困难，圆满完成年度指标任务。一是农林业生产建设。投入500余万元开发荒碱地5180亩、改造中低产田3000亩，实施沃土工程3000亩；投入400余万元进行蓄水和排涝工程建设；投资123万元进行调水，保障了生产用水；推行棉花良种良法配套管理，建立抗虫棉示范基地，发展棉花良种繁育3000亩；扩大经济作物间作套种1100亩；建立"三网"绿化工程苗木良种繁育基地，植树造林3290亩；发展周氏啮小蜂生态生物防控美国白蛾中心，并成为全省最大的培育基地。二是发展副业。一团机关兴办了小型榨油厂，二团机砖厂生猪养殖稳步发展，三团十二分场探索尝试大棚食用菌生产等项目。三是工业上项目、增设备。四团酒厂投资80万元扩建制曲车间、新上配套净化水加工项目；生产基地及二团共投资370万元，为供应库更新面粉加工设备，新建面条生产车间；冷藏厂自筹资金50万元，新上制冰设备；机械厂面向油田和地方搞好配件加工服务，取得较好效益。

【思想政治工作】 各级党组织和广大官兵职工贯彻落实上级党委首长指示要求，发挥思想政治工作优势，服务经济发展的健康运行，圆满完成各项任务。

把学习贯彻党的十七大精神作为首要的政治任务，紧贴形势任务，加大思想政治工作力度，确保官兵职工政治合格，思想道德纯洁，促进了生产基地思想政治建设。注重用党的创新理论理清发展思路，党委中心组先后四次组织专题学习，结合黄河三角洲开发，围绕更新观念、拓宽思路、加快发展等问题，研究对策办法，初步形成了搭车乘船、融入发展的思路。汶川大地震发生后，及时将抗震救灾情况编辑整理成专题片，并组织收看；邀请联勤部抗震救灾先进事迹报告团来生产基地作巡回报告，增强了集体荣誉感和社会责任感，官兵职工为灾区捐款45万元。通过"迎奥运"活动激励士气，组织长跑比赛、篮球赛、拔河赛等文体活动，丰富文化生活。

2008年12月11日，召开纪念改革开放30周年暨生产基地成立45周年庆祝大会，油地军校主要领导参加庆祝大会。开展以传承弘扬"老马场"精神为主题的系列庆祝活动，制作"开拓者"雕塑、编纂史志、整修史馆、组织文艺演出、创作电视片、出版征文集等，有效提高了生产基地的影响力，激发了广大官兵职工的自豪感。

【干部队伍建设】 一是加强素质能力培训。先后组织64名团(处)以上干部参加军区和联勤部举办的理论学习远程培训，选送9名团和分场主官参加东营市委党校领导干部培训，组织26名分场以上干部到临淄、安丘等7个地市参观，启发思路，开阔视野，提升素质。二是对部分团班子进行调整，改善干部队伍结构。三是开展学习实践活动。集中14天时间，在分场以上领导干部和团以上机关组织开展"讲党性、重品行、作表率"教育实践活动，制定《进一步加强领导干部作风建设的意见》，探讨生产基地建设发展的一些重点难点问题，达到改造思想、改进作风、推动工作的目的。四是加强经济责任审计。对3名领导干部进行经济责任审计，对21项竣工工程进行结算审计，对9项招标工程进行标的审计，提高了投资效益。

【内部管理】 落实上级安全管理会议精神和领导指示要求，逐级签订安全管理目标责任书，年内，组织召开三次安全教育整顿大会，进行安全知识宣传教育，查找薄弱环节，严肃查纠问题，确保人员管理正规有序。坚持驾驶员教育经常化，严格落实“一包三集中”和“一支笔”派车制度，安装电视监控网络，规范军车号牌使用和管理。生产基地中学开展创建“平安校园”活动，重视安全教育，加强学校警卫力度，确保学校教学活动安全。“奥运”期间，多次召开安全形势分析会，查找安全隐患，修订安全措施，杜绝各种问题发生。加强财务监管，严格两级联审会签制度，落实《四费开支管理规定》，38个独立核算单位均严格执行财务预决算制度，定期组织财务大检查，提高经费开支监督管理层次。做好保密工作，制定并落实《计算机上网管理规定》，停止领导机关办公计算机接入国际互联网，与家庭上网用户逐级签订安全责任书，防止失泄密问题发生。

【基层建设】 按照“政治合格、经济高效、管理严格、内外和谐、职工富裕”的总体标准，实施困难单位定点挂钩帮扶活动，帮建团处级单位6个，基层单位35个，对重点突破的6个基层单位落实蹲点帮抓责任制，在帮助实现创新发展上有新突破。年底，二团党委被联勤部党委表彰为“先进旅团党委”，四团和油区工作处被联勤部表彰为“全面建设先进团单位”，一团被东营市委市政府表彰为“拥政爱民先进单位”，四团政工科被联勤部表彰为“先进政治机关”，十二分场党支部被联勤部党委表彰为“先进基层党组织”。

【民生事业】 各级树立人本思想，为职工解难题、办实事，全年投入7416万元改善民生。一是解决和提高生活待遇，改善生活环境。全额为职工缴纳“五大”保险，年递增186万元；为在职职工人均月增资200元；住房补贴提高5%。适度开发经济适用房，建成经济适用房178套；为2004年以前的离退休人员、遗属发放各项住房补贴，共兑现4400万元；为在职职工和离退休职工年发放住房补贴520万元；为在职职工年储存住房公积金308万元；为医院购置CT机和生化分析仪，改造门诊和病房楼，改善职工群众的医疗保障条件；为中学更新微机、新建操场，优化学校的教学条件。二是支持帮扶发展生产。为农工生活田优先安排调水灌溉，组织农业技术培训，邀请专家进行技术指导。帮助销售农产品，各单位落实“帮扶”和“结对”任务，扶助农工发展生产。三是做好救困助残工作。走访慰问特困职工和离退休职工，发放救济金和慰问品，为特困家庭申办低保和副食品补贴，为重度残疾人申请补助，为3600余名干部职工和离退休老同志进行健康查体。

（周洪明）

人民防空

【概况】 2008年，全市人防系统量化工作目标，创造性地完成各项工作任务。应急准备扎实有效，信息化建设步伐加快，人防工程稳步推进，准军事化建设成效显著，执法水平不断提高，宣传教育力度加大，多项工作进入全省先进行列。城区音响覆盖率达到100%；防空警报设备完好率达到100%；人防工程质量合格率、完好率均为100%，自建工程的建设速度走在全省前列，城市地方人口人均人防工程面积达0.48平方米；人防政策性收费突破5000万元大关，人防费的征收进入全省前列。

【组织指挥工作】 一是建设人防应急指挥系统。市人防应急指挥中心被市政府确定为市突发公共事件应急指挥备份中心，设计开发《东营市“两防一体化”电子地理信息系统》，信息化手段进一步提高。东营市人防指挥中心2008年10月开工建设，该工程预算投资4500万元，2009年底可完成主体及安装工程，2010年可投入使用。市人防基本指挥所9月开工建设，完成基坑支护和基坑开挖、防水、垫层施工。机动指挥所经国家人防办批准立项，完成方案设计、评审和设备考察等前期准备工作。二是完善防空袭方案体系。修订出台《东营市人民防空袭方案》《东营市人民防空防灾应急预案》《东营市人民防空应急准备实施计划》。三是开展疏散地域建设。确定市级机关战时人口疏散基地，着手建设基地办公室，制定东营市城市人口疏散安置方案。进行疏散安置社会资源调查和重要经济目标普查，为防空防灾奠定基础。广饶县大王镇被确定为省级人防重点镇，实现了人防工作在乡镇的突破。

【通信警报工作】 一是加强日常防空警报设备的维护管理。全年共出动68人次，检查防空警报器204台次，为市区52台警报器逐一张贴标签，注明责任单位、责任人、联系电话，明确管理人的责任义务，防空警报设备完好率达到100%。加大警报器的安装密度，音响覆盖率达到100%。二是拓宽警报信号信息发放渠道。警报信号信息的发放实现固定与移动、电动电声与手动相结合，警报器发放与电台、电视台发放相同步，与报纸、网络、手机发放警报信息相呼应的多渠道发放模式。三是人防通信网络规模不断扩大。实现短波单边带无线电台与省办和全省各市人防无线电台的互联互通，与军分区电话、网络和视频会议的互联互通，移动指挥车载电台在野外实施无线电互联互通，有线通信与党政军机关、主要部门之间的互联互通。

【应急能力增强】 一是扩充人防专业队伍。在原来7支人防专业队伍的基础上，又组建伪装设障、引偏诱爆、信息防护3支新型人防专业队伍。二是建立人防战备物资库。购置军用帐篷、锹、镐、雨衣、棉被等战备物资，以备应急救援急需。三是开展应急训练。8月参与组织“黄河防汛演练”，9月参加风暴潮袭击人员疏散演练，11月参加全省地震应急实兵拉动演练，通过演练，增强了队伍应急服务能力。

【人防工程建设】 2008年，东营市城市地方人口人均占有人防工程面积0.48平方米，同比增长20%，是增速最快的一年。新批建人防工程19处，面积11.04万平方米。一是规范人防工程的报建审批程序。实行建设、规划、消防部门把关、规划审批联席会议审查、建设单位报建、人防主管部门审批的人防工程报建程序，实现人防把关前移。编制《东营市人防建设规划》并纳入城市总体规划，成为城市总体规划的专项规划之一；编制并评审通过《东营市城市地下空间开发利用规划》。普查防护工程逐一登记造册建档。二是严把人防工程质量关。年内，办理工程质量监督手续10家，下达工程批复16件，完成6处工程的主体验收和4处工程的竣工验收，全市人防工程合格率100%。三是提高人防工程管护、开发、使用水平。在工程建设的同时，按照管护规范标准维护人防工程2万平方米，并逐一进行防火、防灾等方面的安全检查，明确39个防护工程使用单位的安全管理责任，确保防空地下室的安全使用，实现连续12年无重大安全事故。投资1000多万元，完成“0401”工程的安装和口部改造施工，对东城银座商城人防工程进行竣工备案，两个自建的大型工程均达到开发使用条件。对全市已建人防工程进行市场化开发，至年底，全市人防工程平战结合率95.25%，为社会提供就业岗位250个。

【依法行政】 一是完善执法程序。规范完善执法文书53项；制定公示执法人员行为规范和听证、复议案件处理流程。针对当事人拖、欠、推等不符合法律程序的难点问题，探索自动履行期、催办期、强制执行期三段工作方法，推动人防执法工作的落实。二是优化执法环境。出台《东营市人民防空建设费征收管理办法》《东营市人民防空办公室具体处罚细化标准》等7个政策文件，为人防工作创造良好的法制环境。三是加大执法力度。全年共检查当事人86家，取证46家，送达人防费缴纳决定书33份，强制执行追缴人防费1200多万元。依法催建人防工程13400平方米，向法院申请强制执行案件9件，全部结案，维护了人防执法的权威性。市本级共收取人防易地建设费5046万元。四是开展人性化执法服务。在城中村改造中，执法人员上门为10个村居改造村开展人性化执法服务，村居改造工程项目全部自觉履行人防义务。

【人防宣传】 一是创新方式，开展对领导干部的宣传教育。将人防宣传教育进党校和列入普法内容，对各级领导干部进行人防教育；通过邀请领导视察、请示汇报工作、呈送文件材料等方式，向领导宣传人防知识，争取领导对人防工作的支持。二是普及防空防灾知识。印发4万册《人民防空知识读本》，与关工委等部门联合印发1万本《青少年自护手册》。与春晖小学签订《青少年自护行动协议》，定期讲授人防课；与教育部门合作，在全市3所高校、所有初中和部分小学开设人防课程。三是开展社会宣教活动。“9.18”防空警报日期间，共悬挂条幅26幅，刊播宣传信息18条，发放明白纸2万份，发送手机短信200余万人次。在东城街道办选择19个社区开展人防教育进社区活动，编印发放《人防民防知识》13.5万册。结合纪念全省人防民防改革开放30周年活动，举办“五个一”工程（一次书画展、一次成果展、一台戏、一本书、一场演讲报告）的人防宣传活动，制作《奋起直追的东营人防》电视专题片在东营电视台播放，创编《东营人防之歌》在人防员工中传唱，举办人防工作成就图片展等。

【东营银座商城人员掩蔽及物资库工程建成投入使用】 东营银座商城人员掩蔽及物资库工程是人防办投资建设的公共人防工程。该工程于2005年8月开工建设,2008年5月工程全部完工并交付使用。工程总投资4732.1万元,建筑面积19933平方米,是东营市已开发利用的人防平战结合工程中规模最大的工程。

【鸣响防空警报哀悼大地震遇难同胞】 根据国务院关于5月19~21日为全国哀悼日的公告和国家人民防空办公室“关于认真组织全国哀悼日人民防空警报发放的通知”要求,经市政府批准,市人防办于5月19日14时28分至31分,在全市城区进行了3分钟的防空警报鸣响,深切哀悼汶川大地震遇难同胞。这是建市以来第一次全市防空警报鸣响。

(高基荣 宋绍胜)

黄河三角洲高效生态经济区的空间布局

依据总体功能定位和资源环境承载能力,统筹考虑生态保护、经济布局和人口分布,优化空间结构,形成集约开发区、控制开发区和核心保护区合理分布的总体框架。

1.集约开发区。主要包括陆域沿海防潮大堤内以盐碱、荒滩地为主的成块连片未利用地和各类开发区、城镇建设用地,是集聚经济、人口的重要区域和推进工业化、城镇化的重点开发空间。

2.控制开发区。主要包括沿海岸线的浅海滩涂和高效生态农业区。综合开发利用滩涂资源,因地制宜发展农副产品生产和加工、观光休闲农业等产业,在资源环境承载能力相对较强的特定区域,适度发展低消耗、可循环、少排放的生态工业。

3.核心保护区。主要包括自然保护区、水源地保护区和海岸线自然保护带。要严格限制各类开发建设活动,稳定生态系统结构,维持生物多样性等生态服务功能,构筑生态安全屏障。

司 法

- 开展维护稳定安全“百日行动”
- 完成奥运安保任务
- 全市共立查各类职务犯罪案件 68 件 90 人
- 全国法院学习宣传“东营经验”现场会在东营召开

综　述

【维护稳定安全“百日行动”】2008年6月，市委、市政府决定在全市开展维护稳定安全“百日行动”，围绕“平安奥运”的总体目标，整合各方力量，对各类犯罪活动实施集中打击，对各种稳定安全隐患组织集中整治，对各种社会矛盾进行集中化解。6月27日，召开动员大会。开展对非法组织、信访秩序、内部安全、社会治安、安全生产、舆论安全“六大集中整治”，强化内部稳控、边界查堵、北京值班“三道防线”，完善应急处置、安全教育、形势研判、基层工作“四大体系”，健全责任落实、工作运行、督导检查、责任查究、综合保障“五大机制”，维护稳定工作取得阶段性重大成果。奥运会期间，全市进京信访总量同比下降25%，是全省没发生进京非正常访的两个市之一；基层内保水平明显提高，重点要害部位的安保措施明显加强，整体防控能力实现重大突破；社会治安秩序持续稳定，7~8月杀人、绑架等严重暴力犯罪案件同比分别下降20%和50%，特别是严重影响群众安全感的抢劫、抢夺案件，同比分别下降43.5%和80%；安全生产形势持续好转，社会政治大局稳定。

【矛盾纠纷排查、调处与涉法涉诉】 整合社会力量，推动构建人民调解、行政调解和司法调解紧密衔接的社会矛盾纠纷“大调解”工作格局，各级人民调解组织共排查矛盾纠纷3732起，成功调处3567起，调解成功率95.6%；全市法院刑事附带民事案件、民商事案件、行政诉讼案件的调解率和执行案件和解率达到历年最高水平。

整合基层综治力量，推动建立乡镇综治职能部门联合办公、一个窗口对外的民生服务中心，受理群众民生诉求，提高为民排忧解难、化解矛盾纠纷的质量和效率。

整合政法机关力量，坚持“五长”联合接访制度，市和县区两级共接待群众涉法涉诉信访案件752件、2600多人次，答复化解727件、2486人次；组织开展集中排查化解涉法涉诉重信重访案件活动，召开重点案件协调调度会46场次、现场协调督办27件次，将中央交办东营市的2批16起涉法涉诉重信重访案件和市级排查清理的82起重点信访案件全部妥善化解，工作进展情况在全省地级市名列前茅。

建立市级涉法涉诉案件救助资金，制定实施《市级涉法涉诉救助金管理办法》，向有关案件当事人发放救助资金92万元，维护当事人的合法权益，促进案结事了和社会和谐。

【社会治安综合治理】 推动以“打黑除恶”为龙头的严打斗争，保持对黑恶势力犯罪的凌厉攻势，全力侦破各类命案，突出打击影响群众安全感的多发性侵财犯罪，遏制严重刑事犯罪高发势头。1~11月，全市涉命、绑架案件同比分别下降8.5%、25%。

组织开展道路交通、油区、建筑市场、公共娱乐场所、治安后进村、城乡结合部、烟草市场、电力通信设施、校园周边等领域的“九大集中整治”，取得明显阶段性成果。11月10日，市委、市政府与胜利油田、济军生产基地、石油大学联合部署，开展为期3个月的社会治安综合整治“冬季行动”，以建筑市场、公共娱乐场所、油区治安、出租房屋和暂住流动人口、农村和城乡结合部、信访秩序等集中整治为重点。

推行以巡警、交警、派出所民警为主，以武警、机关民警为辅，多警联动的路面巡逻防控机制，中心城区每天路面巡控警力800多人，启动规划建设“平安城市”基础项目，增强治安防控能力。

实施“警务室进农村”战略，推广义务联防、治安承包、治安保险等农村治安防范模式，提升农村治安防控整体水平。全市街面可防性犯罪起数同比下降3.5%，“两抢”案件同比下降22.8%。

加强对流动人口、出租房屋和枪支弹药、剧毒危险物品的管理。组织开展出租房屋和流动人口综合管理工作“基层基础年”活动，管理机构网络、信息系统和制度规范化建设加快发展。省综治办在东营市召开部分县市流动人口管理服务工作现场经验观摩会。

【共建平安油区】 高举团结共建的旗帜，密切加强油地军校沟通协作，联合部署、共同推进平安建设、奥运安保、涉法涉诉重信重访案件化解、油区治安整治、出租房屋和流动人口综合管理、社会治安综合整治冬季行动等事关区域稳定大局的重点工作，形成“大联动、大综治、大稳定”的工作格局。维护油区安定，市和油田综治办联合组建常设性的油区治安整治办公室，形成一套油区治安整治长效机制。开展有针对性的油区治安专项整治，共破获各类涉油案件426起，打掉涉油犯罪团伙102个，抓获团伙成员319名，追捕涉油逃犯58名。东营油区打孔盗油案件同比下降72.7%，涉油刑事案件同比下降65%，保持油区治安的持续稳定，中央部际联席会议检查组给予高度评价。

【基层综治工作规范化建设】 加强村(居)综治工作"六个规范化"建设，推广东营区在镇(街道)组建平安服务中心、广饶县在乡镇设立民生服务中心等做法。

5月29日，市委、市政府与胜利石油管理局、济军生产基地、石油大学联合组织召开全市基层单位内部安全保卫工作会议，出台《关于进一步加强基层单位内部安全保卫工作的意见》，分类分级制定落实工作标准、实施内保工作规范化建设、派驻工作督导组，全市基层单位内部安全保卫实现突破。

组织实施"五五"普法规划和法律"五进"活动，社会法治化水平不断提高；见义勇为管理、预防青少年犯罪、刑释解教人员安置帮教等工作取得新成绩。

【服务经济建设】 在政法机关开展"服务效能建设年"活动，发挥政法机关职能作用，落实经济发展环境建设管理措施，应对金融危机带来的冲击和影响，为保障经济平稳较快发展创造良好环境。深化社会治安综合治理、维护治安大局安定。开展"打黑除恶"专项斗争，集中打掉一批严重破坏和扰乱经济发展环境的黑恶势力、霸痞势力；开展"九大整治"，集中解决一批影响经济发展环境的突出治安问题；开展打击重点经济犯罪等专项行动，维护经济安全和群众利益；开展反贪污贿赂，重点查办商业贿赂案件和职务犯罪案件，促进公平竞争和建立正常的交易秩序。全市法院服务改革发展、促进企业健康发展的意见，检察机关营造干事创业良好环境的规定，公安机关19条便民利民服务措施等举措，在服务经济发展中发挥了积极作用。

【政法队伍建设】 组织开展学习《社会主义法治理念教育以案析理专刊》活动，以典型教育和影响政法干警自觉践行社会主义法治理念。开展"实践科学发展观、争当黄河三角洲开发建设排头兵"活动，市公、检、法部门均被授予市"争当排头兵活动"先进单位。结合纪念改革开放30周年和庆祝建市25周年，政法机关开展纪念改革开放或恢复重建活动。全市政法系统开展第二届"十佳政法干警"等评选活动。市中级人民法院近年来形成的"服务大局维稳定、司法为民促和谐、与时俱进创一流"的经验，被确定为全国法院系统"大学习、大讨论"活动的唯一先进典型，最高人民法院在东营市召开学习"东营经验"现场会。组织党委政法委和政法部门领导班子成员全部建立基层工作联系点，开展"一联一"活动，面对面地指导工作、解决问题，促进领导干部作风转变和基层工作上水平。

【政法委机关建设】 组织机关干部职工学习党的十七大精神、科学发展观、社会主义法治理念、十七届三中全会精神等内容，为政法稳定工作科学发展提供坚实的理论保障。组织思想道德教育，通过参观学习、主题实践等活动，提高干部职工思想道德素质。加强政法委领导班子的廉洁执政能力建设，增强号召力、凝聚力。加强机关规范化建设，增强规范化管理水平和服务效能。市委政法委被省委政法委表彰为全省政法调研、信息工作先进单位，被省妇联、省综治办等部门联合命名为"山东省优秀妇女维权岗"，被市委、市政府授予平安东营建设先进集体、维护稳定安全"百日行动"先进单位、打黑除恶专项斗争集体三等功、信访工作先进单位、人口与计划生育目标管理责任制执行情况先进单位一等奖，被市纪委等3部门表彰为全市纪检信访监察举报工作先进单位，被市文明委表彰为市级文明单位；有26人次受到省、市部门表彰，多项重点工作得到市委、市政府领导的肯定。 （田治宏）

公 安

【概况】 2008年，全市公安机关以奥运安保为中心，以打黑除恶、维护稳定安全"百日行动"、"三基"工程建设、交通秩序综合整治、社会治安综合整治冬季行动为着力点，全警动员、连续作战，完成各项工作任务，维护了全市社会政治稳定和治安安定。培养选树以利津县看守所和王富杰、乔聚祥、杨晓云为代表的全省乃至全国有重大影响的先进典型，展示了东营公安的良好形象。年内，全市公安机关有135个先进集体、213名先进个人受到市级以上部门的记功或表彰。奥运安保、打黑除恶、维护社会稳定安全"百日行动"等工作受到市委、市政府和上级公安机关的表彰。年底在省公安厅组织的随机抽样调查中，群众对全市公安工作满意率87.11%，位列全省前茅。

【奥运安保】 奥运安保是2008年公安机关的首要政治任务。全市公安机关坚持“八条战线”(情报信息、反恐怖和严打整治斗争、社会面防控、内部单位安全防范、道路交通管理、信访工作、队伍管理和督察、后勤保障)分线作战，开展维护稳定安全“百日行动”，推行油地军警联合治安大巡逻，组织开展“黄河2008”反恐怖综合演练，向重点要害单位派驻奥运安保联络员，圆满完成各项奥运安保任务。组织100余名警力到青岛，协助做好奥运火炬传递、奥运会交通管理及外事服务工作，为青岛奥帆赛的成功举办做出贡献。

【“打黑除恶”专项斗争】 全市公安机关对黑恶势力犯罪和严重暴力犯罪、多发性侵财犯罪进行严厉打击，破获各类刑事案件3550起，其中隐积案1342起，抓获犯罪嫌疑人1703人；打掉各类犯罪团伙118个、成员498人，其中，涉黑犯罪团伙2个、成员25人，恶势力犯罪团伙14个、成员76人；追回各类在逃人员627人，缴获赃款及赃物折款3000余万元；破获涉命案件34起，一批有影响的大要案件如河口区“12.16”持枪杀人案、东营区“8.5”鸿港医院持枪杀人案、卞法业系列抢劫强奸案以及中心城区“10.17”灭门案均及时破获，取得命案全破的重大战果，稳定了社会治安局势。

【基层基础建设】 实施“一二三四五”工程，按“完善市级、推进县级”的基本思路，健全完善以指挥中心为龙头的统一指挥、跨警种部门合成作战的实战指挥平台，警务调度更加规范高效；本着“警力跟着警情走”的基本要求，以110警情分析研判为基础，对巡逻路线和警力进行动态调整、网格化布警，形成“守点、巡线、管面”相结合的巡防工作新格局，城区治安防控更严密；按照省公安厅“一河三圈”和市公安局“四道防线”规划，在进出市境的主干道和中心城区主要出入口建设22个警务工作站，在中心城区主要街道、重点部位设立14处流动警务室，在全市社区和农村规划176个警务室，配备社区和驻村民警443名，将社会治安防控工作前移，警务实战效能更加明显。2008年，全市“两抢”案件与上年同比下降36.5%，群众安全感明显增强。

以“百十一”练兵和“三考”活动为载体，开展苦练基本功活动，提高公安民警驾驭社会治安和处置复杂问题的能力。全市公安机关累计举办各类培训班151期，培训民警4906人次；开展计算机基本技能比武、基本法律知识考试、岗位技能和特长比武等比武竞赛48场次，公安民警的政治、业务、技能、体能、心理素质得到增强。

【从优待警】 理顺城市公安分局管理体制，调整市公安局内部机构设置和2个城区分局所属基层派出所设置；精简调整县级公安机关内设机构，建立科学、高效的公安运行机制。在市局和分局开展科级干部竞争上岗，441人走上科级干部岗位。组织“关爱民警工程”，实施《民警交流轮岗意见》，对在条件艰苦、工作任务相对繁重的岗位上，工作时间较长、成绩突出的民警进行岗位交流。全市公安机关轮岗交流民警805人，占民警总数的40.3%；坚持解决思想与实际问题相结合，为身患重大疾病、家庭特别困难的民警及因公牺牲的民警家属提供适当经济援助，救助资金70余万元；成立东营市警察协会，在推进公安理论研究、促进警民关系和谐、丰富民警文化生活等方面发挥积极作用。

【治安行政管理】 年内，共查处治安案件6743起、处理4378人(其中包括警告264人、罚款317人、治安拘留1096人、其他处罚2701人)，调解纠纷1456起，办理治安部门管辖刑事案件55起(其中刑拘47人、批捕7人、取保42人、劳教1人，转治安处罚25人，其他处理5人)。

安全保卫。组织研究工作方案30个，调动值勤警力13000余人次、值勤车辆1780余辆次，开展安检搜爆35次、治安安全检查29次，消除各类治安隐患68处，圆满完成三级“两会”、北京奥运会、“科达杯”全国马拉松邀请赛、纪念改革开放30周年暨庆祝建市25周年、中国(东营)国际石油装备与技术展览会等重大活动及春节、元宵节、端午节、五一、十一黄金周等节假日的安全保卫，确保全市社会治安秩序持续稳定。

集中整治行动。在全市开展公共娱乐服务场所、油区、校园周边治安秩序、流动人口及出租房屋、缉枪治爆专项行动等社会治安秩序集中整治行动；组织全市社会治安整治冬季行动，以全市“六项整治”为载体，开展集中整治行动。至年底，全市收缴各类枪支62支、子弹19枚、管制刀具130余把、弩2把、雷管4000枚、导火索1900米；取缔非法生产烟花爆竹作坊27家，收缴半成品鞭炮3570余盘、烟花爆竹226箱，礼花弹16800多个；查缴销毁火药（含制成的炸药）1900多公斤、剧毒化学品101公斤；摸排暂住流动人口75499人，摸排重点场所、部位18951处，办理暂住证73494个；发现违法线索328条，抓获违法犯罪嫌疑人262人；共查破涉油案件18起，打掉涉油团伙3个，查扣涉案车辆24部，收缴原油42吨；检查公共场所和重点部位3082处，盘查可疑人员6219余人次、可疑车辆6061余辆次，发现并排除安全隐患493处，查破案件408起，查处违法犯罪嫌疑人604名。

“大巡防”活动。8月5日开始，市公安局联合滨海公安局、油田武装部组织800余名公安民警、武警现役官兵和民兵预备役人员，在中心城区实行24小时不间断“网格化”治安巡逻，形成社会治安油地军警大巡防格局，提高社会治安控制力。期间，市和油田公安民警、武警现役官兵、民兵预备役人员累计出动37377人次、车辆5013台次，现场抓获盗窃嫌疑人15名、抢劫嫌疑人5名、网上逃犯5名、故意伤害嫌疑人2名；现场查获非法拉运油田物资车辆1台，抓获犯罪嫌疑人2名，缴获非法拉运的油田物资3吨；发现并查处盗油案件1起，缴获被盗袋装原油68袋；协助处理交通事故94起，接受群众救助872起。

警务工作站和治安检查站建设。投资近600万元，在进出东营市的主干道建成9处警务工作站；投资近400万元，在中心城区外围及县区之间，建设治安检查站12处，设有办公室、备勤室，外观标识总体与公安派出所协调对应。警务工作站和治安检查站都实行多警种联合执勤，配备交通通讯工具、武器警械、堵截设施、电视监控设备和安全防护器材，实行24小时勤务制度，对过往车辆、人员实施24小时监控。有查堵任务时，5分钟内封堵公路，能有效掌控进出东营的人员车辆，及时处置突发事件，初步形成集查缉堵截一体的防控圈。

社区和农村警务建设。制定下发《关于创新警务机制的实施意见》《东营市社区和农村警务工作规范（试行）》和《东营市社区和农村警务室民警考核办法（试行）》。全市已建警务室176个，其中社区警务室57个、农村警务室119个，配备民警443名，警务室民警占派出所总警力的62.13%；警务室达到“四个统一”（统一外观标识、内部配置、工作制度、工作台账）的要求。年内，社区和农村民警共指导建立治保会2451个，治安联防组织6087个，为公安机关提供线索819条，抓获违法犯罪嫌疑人155人，调解纠纷790余起，为群众做好事1330余件，挽回经济损失274万元。

打击“黄赌毒”违法犯罪活动。全市共进行区域性集中清查行动86次，出动警力4800余人次，检查娱乐场所823余家，其他公共场所765余家，提出并责令整改隐患544条；打掉卖淫嫖娼窝点26个、聚众赌博窝点18个，查破黄赌毒案件135起，查处违法犯罪人员377人（其中逮捕7人、刑事拘留12人、劳动教养1人、治安拘留144人、治安处罚215人），收缴淫秽光盘684盘、赌博性游戏机电路板56块。

农村社会治安混乱地区和突出治安问题排查整治。全市整治治安混乱重点区域73处，其中治安混乱村庄39个，城郊接合部6处，案件多发路段28处；整治治安混乱场所698个，其中，存放危险物品场所51个，集贸市场47个，出租屋289处，小旅店200个，小洗浴24个，歌舞厅10个，网吧55个，其他6个；破获各类案件49起，抓获、处理各类重点人员29人；解决各类矛盾纠纷214起，农村治安状况明显好转。

校园周边环境安全管理。出动警力17731余人次，向中小学校和幼儿园选派法制副校长或法制辅导员660余名，举办法制辅导班363期，向学校、幼儿园派驻保安员400名，组织开展各类检查470余次，维护校园及周边治安秩序。

【交通管理】 组织开展道路交通秩序综合整治行动，全市纠正各类交通违法行为90余万起，处罚356071起，扣留机动车14320辆次，对891名无证驾驶、醉酒驾驶机动车等交通违法行为人处以治安拘留；全市发生一般以上道路交通事故1149起，死亡201人，受伤1326人，直接经济损失2873967元，与上年相比分别下降37.2%、8.6%、35.3%和34.1%。公众对交通秩序综合整治活动的满意度85.8%；省公安厅在全省推广东营做法。

路面交通秩序整治。坚持全警动员、全员上路，抽调机关3/5警力充实巡逻一线，对中心城区65条主干道路实行“网格化”管理，落实24小时巡逻检查勤务机制，提高路面管控率。开展对大货车交通违法行为、出租车交通违法行为、“四小”机动车、酒后驾车、高速公路交通秩序、校车及运输危化品车辆的专项整治，机动车假牌假证、挪套号牌等的专项整治，采取便衣巡逻与公开查控、流动检查与定点检查相结合等方式，严厉查处无牌无证、酒后驾驶、超载超速、冲闯红灯等交通违法行为。加大大货车整治力度，查处货运车辆交通违法行为7538起，其中改型车辆60辆、拼装车辆46辆、报废车辆70辆，对查扣的89辆报废、拼装车辆公开拆解，为27辆恢复原貌、符合条件的改型大货车办理挂牌办证手续。实行严重交通违法行为抄告制度，对行政拘留人员涉及国家公职人员、中共党员及油田职工分别告诉市委组织部、市纪委及油田党办，按规定进行处理。对群众反映公安专用号牌车辆存在特权问题，将全市280辆公安专用号牌车辆更换为民用号牌。

交通安全宣传教育。在《东营日报》开辟道路交通安全管理时讯、交通安全法律法规连载和“交通安全大家谈”三个专栏，每日在东营电视台、胜利电视台滚动播出交通安全公益广告，在东营广播电台滚动播出温馨提示。全年在市级以上新闻媒体发稿3620余篇(条)，营造浓厚宣传氛围。与市妇联组织开展“文明交通进家庭”活动，实现社会教育网络的覆盖。组织开展“文明行车、走路指数调查”和“交通安全体验周”系列活动，增强交通参与者的自主意识和参与意识。开展各类“五进”活动1920余场次，发放宣传材料20余万份，制作各类展板1220余块，悬挂横幅3500余条。加强违法驾驶人培训教育，举办交通违法记分驾驶员培训班20期，培训年度记分满12分的驾驶员1247名及漏审驾驶员1773名。

交通安全设施建设。加大科技投入，配套完善交通设施，新建39处路口信号灯，在黄河路、西四路、西二路三条主干道建设中心隔离护栏24.8公里，建置交通标志牌323套，渠化路口101处，施划交通标线83.6公里，调整21个路口的禁令交通标志牌；对中心城区黄河路、西四路、济南路交通安全设施改造，完成道路全程监控建设方案及“平安东营”基础项目建设方案。

执法管理。推行网上办案系统。解决群众关心的热点、难点问题，排查问题70余个。加强督察，严查严纠各类执法不规范、服务态度不文明、服务质量不高等问题。加强交通事故处理，成立专门追逃中队，完善交通事故肇事逃逸案件侦破预案，加大交通肇事逃逸案件侦破力度。发生交通肇事逃逸案件256起（其中重大交通肇事逃逸案39起），侦破217起，侦破率85%。加强机动车及驾驶人规范化管理，受理新车挂牌30159辆，检审车辆94363辆，新增驾驶人38596名，审验驾驶人42331名。

便民利民服务。改进机动车查验照片采集工作程序，缩短群众办事时间。在全市驾驶人培训单位推行信息预录入系统，对初学、增驾的申领人信息进行预录入，实行资料装订、考试预约、档案管理、打印证件工作服务；为来东营投资的台胞和假期回国的留学生开辟绿色通道，及时办理外籍换证业务；对因网络设备等特殊原因而当天不能办结的业务，待业务办结后再通知当事人，对集体办理驾驶人业务的单位，实行电话预约，安排专人集中办理；在履行前期提出的考试合格后一个工作日内制证，两个工作日内发证承诺基础上，与邮政部门推出驾驶证邮政快递业务，驾驶证申领人可自由选择发证方式。

【出入境管理】　公民出国(境)受理审批。全市批准公民因私出国(境)11953人次，比上年同期增长16.5%。其中批准公民出国7307人次，批准公民赴港澳4502人次，批准公民赴台144人次。接收国家工作人员报备34042人；法定不批准出境人员通报备案887人。

境外人员管理。全市办理外国人签证证件376件，其中外国人居留许可197件，签证179件。办理台湾居民签注42件，其中来往大陆签注31件，居留签注11件。全年，共查处涉外案(事)件10起11人。其中，查处外国人非法就业案件2起2人、外国人非法居留案件6起7人、台湾居民非法居留2起2人。

集中清理“三非”外国人专项行动。5月5日至5月底，在全市开展集中清理“三非”外国人专项行动，查处非法入境朝鲜人1名。

国家工作人员登记备案、法定不批准出境人员通报备案工作。东营市及胜利油田、各县区的登记备案工作全部完成，接收登记备案单位576个（东营市直127个、胜利油田63个、县区386个），登记备案人员34042人(东营市直13521人、胜利油田11052人、县区9469人)。完成法定不批准出境人员报备数据清理，新增法定不批准出境人员报备数据852条，撤销法定不批准出境人员数据35条。

【边防保卫】 奥运边防保卫。加大巡逻防控力度，确定巡逻重点、时段和路线，将辖区油田主要生产区、管线密集区、居民聚集区、复杂公共场所纳入巡视范围，保持对违法犯罪活动的严打高压态势。年内出动警力5500余人次，组织巡逻976次。安排4艘船艇、2台车辆、20名官兵赴青岛奥帆赛一线执勤。探索建立矛盾纠纷排查、调处长效机制和联动机制，与渔政、土地、司法等部门协作，妥善处理矛盾纠纷，排查矛盾纠纷隐患106起、群体性事件苗头18起，全部及时妥善处置。整治群众反映强烈的治安热点、难点问题，查处各类案件35起，打击处理违法犯罪嫌疑人67人。开展反走私反偷渡，鼓励群众主动反映情况、举报可疑人员。开展治安清查32次，对辖区租赁房屋及暂住流动人口进行调查登记。联合渔政、船检等部门加强辖区船舶管理，开展海上巡逻监视。出动宣传车86台次，张贴反走私、反偷渡标语900余份，印发宣传材料近万份，清查各类场所173处、外来人员7000余人次，审查、排除嫌疑人员56人。

爱民固边战略。制定市公安边防支队下基层参与走访工作计划、工作规范，分8批安排8名机关干部到基层单位走访。年内，机关干部共走访群众1562户3891人，为群众做好事50余件。基层单位深化走访长效机制建设，尝试驻村走访、错时走访、预约走访等方法，组织民警全员额、高密度开展走访活动，密切警民关系。共走访群众9100余户次、21300余人次，为群众做好事、解难事280余件，救助遇险群众319人，化解矛盾纠纷462起，处置群体性事件28起，消除上访隐患18起。调整建立群防群治组织24个，充实治安人员49名，解决突出治安问题22个。派出驻村工作组10个，帮助建设饮水、修路等项目2个。结对帮扶5户贫困群众，协调成立人力资源介绍中心，为11名无业人员解决就业。

基层业务工作。加强船舶和渔船民证件办理、审验，开展海上治安秩序整治、船舶检查、渔船民教育，加大船舶和渔船民管理力度，船舶列管率100%。列管各类船舶1680艘、出海渔船民5730人；开展渔船民教育17次、分散教育150余次，发放宣传材料10000余份；检查船舶累计2700艘次、渔船民16000余人次，处理各类违法违规船舶61艘、渔船民79人，责令限期整改302艘。

船艇大队建设。加强海上技能战术训练，2次组织海陆联合“处突”演练，提高海上防控和打击能力。与各边防派出所和胜利油田海巡队配合，开展联合执法和集中整治活动，净化海上治安环境。年内，船艇大队出海巡逻389次，航程18670余海里，航时2340余小时，检查违规船舶300余艘。

【户政管理】 实有人口管理。以贯彻《山东省门楼牌管理办法》和换发第二代居民身份证为契机，全年共变更、更正各类户口登记项目30余万项，新编制安装门楼牌87万余个。针对油田存在大量人户分离现状，协调油田18个社区居委会对人户分离人员进行协管，同时清理迁户2980余人。加强各类重点人口的管理控制，健全重点人口档案，细化社区民警工作责任制，通过民警入户调查、信息比对等手段，使重点人口列管及时，“两劳”释放人员的列管率达100%。

暂住流动人口管理。组织县级以上清查活动60余次，破获刑事案件46起，抓获犯罪嫌疑人101人；查处治安案件145起，抓获犯罪嫌疑人295人。建立油地协商机制，建立委托管理机制，提高流动人口管控率。启用新版暂住流动人口网络通报协查系统，实现网上函查20000余次。年内，全市共出动警力11225人（次）、社会力量15890人(次)，清理租赁房屋24538套、旅馆招待所1273个、娱乐场所2316个、建筑工地665个，清查流动人口125607人，发现违法犯罪线索707条，抓获违法犯罪嫌疑人510人、网上逃犯21人。

网上办理户口业务。年内，全市通过网上办理户口迁移37836人，关键项目变更更正4976人，一般项目变更更正261864项，各类户籍业务审批35672余件。

户籍管理制度改革。一是放宽购房落户条件；二是集中解决大中专毕业生持证未落户问题，共办理大中专毕业落户8126余人；三是对外流返籍人员情况进行调查和解决，共调查出外流返籍人员124户289人，并根据不同情况给予解决。

开展“户籍热线”服务。2006年5月26日起在全市开通“户籍热线”，全方位接受群众有关户籍业务咨询、求助、投诉等业务。收到有关户籍业务的咨询、求助电话662个，均作出答复。

【消防管理】 2008年,全市共发生火灾235起,死亡0人,受伤0人,直接财产损失1102777元。与上年相比,火灾起数下降16.4%,死亡、受伤人数持平,直接财产损失下降25.2%。全市消防部队接警出动1455起,出动车辆3041辆,出动警力19789人,抢救被困人员239人,疏散被困人员2213人,抢救财产价值8598万元。

岗位练兵。举办各类培训班7期,对班长、战斗员、驾驶员等进行专业培训,部分专业获职业技能鉴定证书。建立支队全勤指挥部、全市战勤保障仓库和战勤保障中队。与胜利油田消防支队建立接出警联动机制。成立东营市灭火救援专家组,制定《灭火救援专家组管理规定》。加强灭火救援基础,修订灭火救援预案485份,开展灭火救援演练503次,"六熟悉"单位600余家。举办全市消防部队春季体育比武、"万人百项"岗位练兵阶段性比武和业务技能大比武等比武竞赛活动;开展水上救生演练、高速公路交通事故处置演练、人员密集场所灭火逃生演练、危险化学品应急救援演练、东营市南北战区拉动演练、反恐演习等练兵活动,增强部队战斗力。

奥运消防保卫。开展围剿火灾隐患行动,联合14个单位组织专项检查12次,对全市重点单位、重要场所进行监督检查,对重点单位、隐患部位部署专人跟踪督办,派人全天候蹲守,协调职能部门督促整改,确保奥运期间安全稳定。年内,共检查单位4799个,下发《责令限期改正通知书》1383份,当场督促整改火灾隐患和消防违法行为2543处,查处消防违法行为55起,责令停产停业、停止使用、停止施工51家,罚款28.4万元。 (黄沈阳)

检　察

【查办职务犯罪工作】 2008年,共立查各类职务犯罪案件68件90人,起诉50件69人(含积存)。法院作出有罪判决43件64人(含积存)。

反贪污贿赂工作。立查贪污、贿赂等职务犯罪案件43件57人,已提起公诉37件50人,法院已作出有罪判决36件53人(含积存)。集中查办有震动、有影响的大案要案,立查大案要案32件46人。较典型的案件,广饶县交警大队三中队原中队长王某某涉嫌受贿大案,县交通局稽查大队原大队长万某涉嫌受贿大案,胜利资产调剂中心原主任郭某某等两人涉嫌挪用公款大要案等。办案领域实现新拓展,立查交通、国土资源、教育、医疗卫生等部门工作人员受贿案件11件11人。开展治理商业贿赂专项工作,深入工程建设、产权交易、医药购销等行业和领域,依法查办商业贿赂案件16件19人。开展查办涉农职务犯罪专项工作,立查此类案件14件14人。

反渎职侵权工作。立查渎职侵权犯罪案件25件33人,其中特大案件10件14人,重大案件4件7人,要案1件1人。已提起公诉13件19人,法院作出有罪判决7件11人。严厉查办破坏能源资源和生态环境渎职犯罪案件,查办该类案件14人。立查河口区柽柳林场管理科科长兼河口区林业局林政股股长杜某违法发放林木采伐许可证、受贿重大案件。依法查处司法人员渎职犯罪,立查广饶县法院原审判员崔某某涉嫌滥用职权、贪污、受贿案。查办危害民生民权渎职侵权犯罪案件,立查国家机关工作人员非法拘禁、受贿案件3件5人,立查东营区教育局局长商某某、副局长宋某某及垦利县教育系统工作人员等9人涉嫌故意泄露国家秘密、贪污、受贿窝案,促进国家机关工作人员依法行政。

【严厉打击刑事犯罪】 侦查监督。坚持打击与保护并重,依法做好审查批捕。严格审查犯罪事实和证据,坚决打击危害国家安全、损害群众利益、影响社会稳定和破坏经济秩序的刑事犯罪。受理各类移送审查批捕案件960件1629人,批准逮捕849件1392人,分别占受案数的88.4%和88.5%。严格逮捕标准,确保办案质量。加强与侦查机关的联系沟通,通过提前介入、提出侦查建议等方式引导侦查取证,加快办案进程,形成打击合力。推行捕后说理制度,对公安机关定性不准确的案件、犯罪嫌疑人不认罪的案件、未成年人犯罪案件、捕后不服逮捕决定可能启动人民监督员程序的自侦案件,及时向犯罪嫌疑人进行释法说理。进一步规范审查逮捕程序,探索实施《听取犯罪嫌疑人意见书》制度。其工作经验被最高人民检察院和省检察院分别以简报和现场会形式推广。

公诉工作。受理移送审查起诉案件1197件2096人,经审查依法提起公诉1040件1656人。法院作出判决1292人,其中判处十年以上有期徒刑、无期徒刑、死刑的共112人。坚持"严打"方针,依法严惩抢劫、抢夺、盗窃等多发性侵财犯罪。参加打黑除恶专项斗争，严厉打击黑社会性质组织犯罪和严重暴力犯罪。参加整顿和规范市场经济秩序工作，加大对金融诈骗、合同诈骗以及生产、销售假冒伪劣产品等严重破坏市场经济秩序犯罪的打击力度。起诉严重暴力犯罪234件317人，侵犯财产型犯罪396件730人，经济犯罪案件29件35人，审查起诉黑社会性质组织犯罪2件28人，提起公诉1件12人。坚持以提高办案质量为核心，严格证据规则，严把案件事实关、证据关和法律适用关。注重发挥同步录音录像和多媒体示证系统的作用，强化法庭举证效果，提高指控犯罪能力，确保稳、准、狠打击犯罪。

参与维护稳定安全“百日行动”，全力维护奥运会期间的社会稳定。负责东营区社会稳定安全督导工作，指导整改突出问题，督促落实稳定措施，督导工作的经验做法被市委推广。市检察院被评为全市维护稳定安全“百日行动”先进单位。

【民事行政检察】 全市受理民事行政申诉案件62件，对认为基层法院裁判错误的14件案件，依法向市中级人民法院提出抗诉，法院再审后作出判决19件（含积存），其中撤销和改变原判决13件，调解或调解终结程序4件，调解或调解终结程序的案件，当事人利益均得到实质性救济。探索对执行案件的监督，对一起因对执行不满上访案件依法提出执行监督检察建议，法院采纳并将案件执行，化解了社会矛盾。强化对抗诉案件的跟踪问效，对抗诉后长期没有结果的案件，督促法院及时作出判决，减少当事人讼累。对认为法院裁判正确的42件案件，做好申诉人的服判息诉，维护国家法律的统一正确实施。

【监所检察】 监督纠正监管违法行为24人次，开展安全防范检察742次，提出检察建议53次，督促有关部门建立帮教组织8个，监督纠正监外执行违法行为20人次，保障被监管人员的合法权益，确保刑事诉讼顺利进行。办理劳教审批监督案件6件9人，审查逮捕缓刑、假释罪犯又犯罪案件12件17人，审查起诉11件23人，提出抗诉1件1人。全市5个驻看守所检察室被最高人民检察院评为全国规范化检察室，其中河口区检察院驻看守所检察室被评为全国一级规范化检察室。

【诉讼监督】 刑事立案监督。对应当立案而不立案的，督促侦查机关立案46人；对不应当立案而立案的，依法监督撤案1人；对应当逮捕而未提请逮捕的，依法追捕102人；对应当起诉而未移送起诉的，依法追诉57人；贯彻宽严相济的刑事政策，依法不批准逮捕237人、不起诉1人。

刑事审判监督。对刑事判决、裁定提出抗诉9件，法院已改判1件，发回重审1件。

控告申诉检察工作。受理来信来访709件次，其中群众来信409件，接待群众来访185次，受理电话和网络举报咨询115件次，全部依法妥善处理。开展以“关注民生、体察民情”为主题的“检察长大接访”活动，两级检察院检察长接访203天，接待处理上访98人次。开展排查化解涉检重信重访工作和到省进京非正常上访专项治理活动，做到案结事了、息诉罢访。开展涉检信访联系点工作，坚持关口前移，重心下移，把矛盾纠纷处理在基层，化解在萌芽状态。自2008年6月起，市检察院开通民生检察服务热线96699，实行24小时专人值班，随时受理群众举报和提供法律咨询。通过热线受理群众举报10件，解答法律咨询109次。市检察院控申举报接待室被最高人民检察院评为全国检察机关“文明接待示范窗口”。河口区检察院、东营区检察院控申举报接待室被评为全国检察机关“文明接待室”，广饶县检察院、垦利县检察院控申举报接待室被评为全省检察机关“文明接待室”。市检察院被市委、市政府表彰为全市信访工作先进单位。

检察技术工作。办理各类技术案件481件，正确率100%。出具证据材料485份。为办案提供证据183件，提供侦查方向298件。通过法医检验纠正、补充、改变鉴定结论10件。加强信息化应用，市检察院被市信息化领导小组表彰为全市信息化工作先进单位。

【职务犯罪预防工作】 坚持惩防并举、标本兼治，开展职务犯罪预防。多次组织党员干部和国有企业管理人员参观市县两级检察机关预防职务犯罪教育基地，实现警示教育的经常化。深化个案预防、专项预防和系统预防，深入企业、机关、学校，举办法制讲座和警示报告会243场次，受教育干部职工3.5万余人次。联合有关部门在重大公共投资和重点工程建设项目中开展犯罪预防。做好案前、案中和案后预防，向发案单位提出检察建议85件，帮助落实预防整改措施675项。向社会提供行贿犯罪档案查询，受理行贿档案查询221件，被查询单位517个，被查询个人124人。在东营日报开辟预防职务犯罪宣传专栏，印制宣传手册20000余册，扩大社会预防效果。

【典型案例】 1、黄爱东受贿案。该案由东营市检察院于2007年3月30日以涉嫌受贿罪立案侦查，2007年9月13日侦查终结并移送审查起诉，2008年3月26日提起公诉，2008年7月7日东营市中级人民法院对其作出一审判决，判处其有期徒刑10年，黄爱东不服，提出上诉。2008年9月5日，山东省高级人民法院作出终审判决：驳回上诉，维持原判。

犯罪嫌疑人黄爱东，男，1957年8月8日出生，汉族，山东省安丘市人，大学文化，中共党员，山东省农村信用社联合社东营办事处原主任（正处级）。2004年中秋节至2007年春节期间，黄爱东在担任山东省农村信用社联合社驻东营办事处主任期间，利用职务上的便利，先后多次收受他人所送的财物59.4万元，美元5000元，并为其谋取利益。法院判决书认定：黄爱东犯公司、企业人员受贿罪，判处其有期徒刑10年，并处没收个人财产40万元。

2、宋志军诈骗案。被告人宋志军，男，1971年6月15日出生，山东省临朐县人，汉族，初中文化，东营市子璇商贸有限公司经理。2007年8月13日因涉嫌犯诈骗罪被逮捕。2008年4月17日提起公诉。

被告人宋志军以非法占有为目的，通过隐瞒真相、虚构事实等方法诈骗被害人钱款288.3422万元，数额特别巨大，并将所骗钱款用于个人挥霍和偿还所借高利贷，在被害人追要欠款时潜逃，其行为已构成诈骗罪。2008年6月18日东营市中级人民法院对其作出判决：宋志军犯诈骗罪，判处无期徒刑，剥夺政治权利终身，并处没收个人全部财产。

（张丰乐　燕同芳）

审　判

【概况】 2008年，全市法院受理各类诉讼、执行案件18465件，审、执结18493件，标的额23.84亿元，同比分别增长13.37%、13.46%、10.68%。其中，市中级人民法院受理各类诉讼、执行案件1622件，审、执结1631件（含旧存），结案标的额10.16亿元，收、结案分别比上年增长13.43%、13.98%。

市中级人民法院获全国文明单位、全国法院执行工作、调研工作先进单位等5项国家级荣誉，山东省爱国拥军模范单位、全省法院先进集体等16项省级荣誉，黄河三角洲开发建设排头兵等37项市级荣誉，20余次在国家、省、市会议上作典型发言，105人次立功受奖。6月，市中级人民法院被中央宣传部、中央政法委确定为全国政法系统“大学习、大讨论”活动的先进典型（全国法院唯一的单位）进行宣传。9月18日，最高人民法院下发《关于开展学习宣传“东营经验”活动的通知》，把“东营经验”概括为“服务大局维稳定、司法为民促和谐、与时俱进创一流的新时代好法院”。中央政治局常委、中央政法委书记周永康，最高人民法院院长、首席大法官王胜俊，省委书记、省人大常委会主任姜异康，省委副书记刘伟，省人大常务副主任高新亭，省委常委、政法委书记柏继民，省法院院长、大法官周玉华，市委书记、市人大常委会主任张秋波，市委副书记、市长张建华，市委副书记刘曙光，市人大常委会第一副主任周燕明，市委常委、政法委书记张秀香，市委常委、纪委书记马登雨等领导先后作出重要批示。最高人民法院、山东省委政法委、省高级人民法院、东营市委先后作出学习“东营经验”的决定。9月26~27日，全国法院学习宣传“东营经验”现场会在东营召开。

【刑事审判】 与公安、检察机关协作配合，开展打黑除恶、维护稳定安全“百日行动”、社会治安综合整治冬季行动等专项斗争。受理一、二审刑事案件176件，审结175件（全市法院受理1149件，审结1149件）。突出大案要案的审判。依法从重判处社会关注的“12·26”郭颂等4人聚众斗殴案，张新刚涉及7条人命的特大故意杀人案，王德乾等12人黑社会犯罪案，吕胜利等11人重大贩毒案件等。生效案件中，判处十年以上有期徒刑、无期徒刑、死刑（含死缓）的74名，占处刑人数的59.2%，保持了严打力度。突出破坏经济犯罪案件的审判。依法审理原东营农信社主任黄爱东受贿、李志强利用合同诈骗328万元等一批有影响的贪污、渎职、强迫交易、非法经营等经济犯罪案件。通过判决没收财产、追缴赃款赃物，为国家和集体挽回经济损失429万元。突出“涉油”犯罪案件的审判。全市法院依法审理

201起破坏易燃易爆设备、盗窃油田物资等犯罪案件。12月25日，根据最高人民法院下达的死刑核准命令，依法对全国首起特大海底盗油犯罪案件的2名首犯、主犯执行死刑，对其他8名罪犯判处重刑，震慑了犯罪，维护了油区生产秩序。

【民商事审判】 2008年，审结各类民商事案件953件，标的额5.62亿元（全市法院审结11649件，标的额15.47亿元）。贯彻十七届三中全会精神，全市法院依法审理471起农村承包、农副产品加工销售等纠纷案件，保障农村改革发展。加强对物权法、新劳动合同法等法律适用的研究，全市法院依法审理207件城建拆迁、房屋买卖等纠纷案件，维护当事人的合法财产不受侵犯；审理410起劳动合同、劳动争议案件，维护劳动者和用人单位的合法权益。应对经济发展中出现的新情况，全市法院依法审理3579起银行贷款、融资租赁、民间借贷、证券、票据等案件，涉及金额7.87亿元；处理29起因经济困难出现的公司破产、股权转让、剩余财产分配等案件，最大限度地保护职工、债权人和股东的合法权益。围绕石油装备制造基地建设，强化知识产权保护。经最高法院批准，中院2008年7月获专利管辖权。审结专利、商标等知识产权案件65件。通过判决，司法认定驰名商标2件，增强企业的创新能力。依法保护特殊人群的合法权益，遵循"诉内维权、诉外服务、双拥共建"的做法，调处35起涉及军人、军属和驻军单位的纠纷案件，融洽了军民关系；公正裁决8起一方当事人为外国人的纠纷案件，维护中外投资者的合法权益。派出东营经济开发区审判庭，发挥审判、协调、服务职能，审理经济纠纷案件25件，金额2.17亿元，回收土地700余亩，审查合同、提供法律咨询56件次。

【行政审判】 依法化解"官民"矛盾，支持和促进政府依法行政。规范行政机关的执法行为。受理一、二审涉及城建、土地、治安、工商等12个类别的行政诉讼案件162件，同比上升218%，审结161件（全市法院受理552件，审结551件）。已审结案件中，对行政机关程序合法、适用法律正确，维持的为74.53%；对程序违法、适用法律错误，作撤销或变更处理的为13.66%，其他处理的占11.81%。建议市法制办把行政首长出庭应诉、败诉率纳入政务考核，提高行政机关的执法水平。配合资源型城市税费改革试点，依法审结4起涉及环保、交通、市政等规费收取的案件，涉及金额2.11亿元。根据行政机关申请，对21起非诉行政案件依法强制执行，标的额1.15亿元，保障执法机关政令的严肃性。

【立案工作】 坚持司法便民利民护民，保障群众实现合理诉求。完善审判流程管理，做好分案、排期、公告、送达、审限管理、统计报表和卷宗归档工作。全年审查立案1622件；审理管辖权异议案件107件；依法办理诉讼保全案件40件，保全标的额2.17亿元；办理委托执行案件108件、委托送达案件24件；庭前调解一审民商事案件10件。推行预约立案、巡回办案、诉讼引导和风险提示等措施，为当事人提供诉讼便利；加大司法救助力度，对10名弱势群体当事人缓减免诉讼费4.87万元，确保经济确有困难的当事人打得起官司。

【执行工作】 从完善工作机制入手，化解"执行难"问题。开展未执行案件集中清理行动。受理执行案件328件，执结325件，结案标的额4.46亿元，同比分别增长6.49%、4.79%、2.29%（全市受理执行案件5144件，执结5102件，结案标的额7.95亿元）。围绕"黄河水城"建设，配合政府部门对进入司法程序的207起案件、涉及10余万平方米的违章建筑依法拆除，保障重点工程的实施。与28个部门建立联动、威慑、奖惩机制。对有偿付能力而拒不履行义务的被执行人在置业、贷款、消费、出境等方面进行限制或公开曝光。中院与县区法院对233名妨碍执行的当事人予以罚款或司法拘留。对构成犯罪的依法追究刑事责任。深化执行工作"管案、管事、管人"机制的改革，整合资源，激发内部活力。中央政法委文件肯定中级法院的改革模式。

【信访和审判监督工作】 解决好涉诉信访案件。建立信访案件台账，把涉诉信访纳入审判流程管理，制定《涉诉信访案件操作规程》，与人大、政法委、信访局等对重点信访案件逐案听证，共同做好信访工作。与市民政局联合出台《涉诉信访案件救助金使用管理办法》，解决信访当事人的实际困难。围绕做好奥运会安全保卫，开展涉诉信访案件集中排查活动，对重访、群访、越级访和上访老户4类重点案件进行集中排查，对中央、省市交办案件及全市法院排查出的重大涉诉信访案件,妥善做好稳控工作,上级交办案件均息诉罢访,奥运会期间无一起涉诉信访人员进京上访滋事事件发生。中院涉诉信访案件在全省法院中最少,执行案件上访率连续两年保持零记录。强化审判监督的纠错功能。对省检察院提起抗诉的14起案件,另行组成合议庭审理,审判委员会逐件研究。审结15件(含旧存),维持11件,改判3件,调解1件。对当事人申请进入再审的6起案件,依法作出处理。

【社会治安综合治理】 开展法官进社区、企业、农村、学校、军营"五进"活动,以电台、电视台、互联网站等媒体拓宽法律宣传和服务范围,预防和减少违法犯罪的发生,促进自觉学法用法守法的社会氛围。实施青少年犯罪预防和矫治工程,中院和基层法院成立未成年人案件综合审判庭,联合关工委、团委、妇联、学校,对失足青少年落实"教育、感化、挽救"的方针,寓教于审。通过实施社会调查员制度、提供心理咨询、加强社区矫正等措施,促进未成年罪犯的转化改造。中院审结34件涉及未成年人的刑事、民事案件。针对劳动争议纠纷增多的实际,与市劳动和社会保障局在部分规模以上企业建立劳动争议纠纷调解员制度,解决劳动争议1512起,维护企业、职工双方的合法权益。针对审理过程中发现的问题,向党委、政府和有关部门提出完善大调解格局、加强劳动争议案件调解、化解金融风险、搞好农村青少年普法教育等司法建议,防患于未然。

【典型案例】 1、东营中院审结涉及7条人命的张新刚故意杀人、抢劫、强奸、盗窃特大案件。2008年11月12日,东营中院一审审结被告人张新刚故意杀人、抢劫、强奸、盗窃案。经审理查明:被告人张新刚自2001年至2007年间,先后9次实施抢劫、故意杀人、强奸及盗窃犯罪行为,致7人死亡,1人重伤,1人轻伤。东营中院以故意杀人罪、抢劫罪、强奸罪、盗窃罪依法判决被告人张新刚死刑,剥夺政治权利终身,并处没收个人全部财产。张新刚服判未上诉。

2、东营中院审结"12.26"郭颂等4人故意杀人、聚众斗殴特大恶性案件。2008年11月20日,东营中院一审审结被告人郭颂、刘营、马兵团、吴洪臣故意杀人、聚众斗殴案。经审理查明:因赌博,马兵团向耿文涛借下巨额高利贷。马兵团怀疑柴元峰、孙超在赌博的扑克上使诈,遂以利益许诺权二抗、周伟光等人,以求其帮助将高利贷欠条收回。2006年12月26日,马兵团纠集权二抗、周伟光等人将孙超等骗至金华凯悦酒店后挟持。寇纯利得知孙超被挟持后,遂纠集了郭颂、吴洪臣、刘营以及张林、王小伟、姚旭东(上述3人在逃)等人,至黄河路东城开发区溢洪桥东100米处与马兵团、周伟光(持猎枪)等进行斗殴,斗殴中开枪,周伟光头部受重伤并死亡,多人受伤。东营中院结合案件事实、情节和各被告人悔罪表现,以故意杀人、聚众斗殴罪分别判处被告人郭颂、刘营、马兵团、吴洪臣有期徒刑十五年、七年、六年、六年。

3、东营法院审结全市首起涉黑案件。2008年7月29日,河口区法院一审审结王德乾等12人的黑社会性质犯罪组织案件。经审理查明:自2004年以来,被告人王德乾、叶勇为达到非法目的,发展组织成员,形成了以王德乾、叶勇为组织者和领导者,以被告人张海涛、刘军志、刘海涛、佐守成等人为骨干成员,以被告人牛小伟、高国辉、马岩虎、崔海峰、崔象阳等人为成员的黑社会性质犯罪组织。在该犯罪组织中,王德乾、叶勇共同进行组织领导、日常管理和违法犯罪活动的部署,确定组织成员的分工、办事程序,先后通过敲诈勒索、插手民事纠纷、垄断沙石料市场和夜市啤酒供应、投资企业生产等方式聚敛财富,获取非法利益,用于该组织的违法犯罪活动及日常消费,并购买管制刀具、交通工具等作案工具,为实施违法犯罪活动提供经济保障。该犯罪组织大肆进行敲诈勒索、寻衅滋事、故意伤害、故意毁坏财物、非法拘禁等违法犯罪活动,成为称霸一方的黑恶势力,在广饶县工程承包、沙石料运输、夜市啤酒供应等方面形成非法控制,造成恶劣影响,严重破坏了广饶县正常的经济秩序、社会秩序和治安秩序。被告人王德乾、叶勇、佐守成等12名被告人共参与敲诈勒索作案25次,敲诈勒索数额达30.918万元;参与寻衅滋事作案6次;参与故意伤害作案6次,致6人轻伤;参与故意毁坏财物作案3次,财物被损毁共造成损失18870元;参与强迫交易作案1次;参与非法拘禁作案1次。河口区法院根据各被告人犯罪的事实、性质、情节及对社会的危害程度,以组织、领导、参加黑社会性质组织,敲诈勒索,寻衅滋事,故意伤害,故意毁坏财物等7

种罪名判处王德乾、叶勇等12名被告人十三年零六个月至一年零三个月不等的刑罚。东营中院二审予以维持。

4、东营法院依法审结标的额逾2亿元的市政行政征收诉讼案件。2008年10月，东营中院依法审结胜利石油管理局供水公司诉东营市市政公用事业管理局污水处理费和公用事业用水附加费行政征收案，标的额达21031.12万元。经审理查明：2007年9月5日，东营市市政公用事业管理局以胜利石油管理局供水公司未将其代征的2002年4月至2007年7月期间城市污水处理费14500.35万元和公用事业用水附加费6530.77万元予以上缴为由，向其发出缴纳通知书。收到通知后，供水公司向东营市政府提出行政复议，市政府作出决定，维持了市政局作出的缴纳通知。供水公司不服，向东营中院提起诉讼，中院依法指定垦利县法院审理。垦利县法院经审理认为，供水公司不属于自备水厂性质，不符合免征上述费用的条件。供水公司依法应将其代征的污水处理费和公用事业用水附加费上缴地方国库。东营市市政局作出的两缴费通知书，在行政主体、行政权限、事实根据和法律依据方面合法，依法应予维持。2008年6月25日，垦利县法院判决维持了两缴费通知。供水公司不服上诉至东营中院，二审予以维持。

（延　颜）

司法行政

【概况】 2008年，市司法局组织开展普法依法治理工作，推进社会法制化进程，确保基层社会稳定，维护全市城乡稳定；规范执业行为，拓宽服务领域，提高全市法律服务质量；开展法律援助工作，促进社会公平、公正。市司法局获全省司法行政系统奥运安保工作集体二等功、全省司法行政工作先进集体、全省司法行政系统办公室工作先进单位、平安东营建设先进单位等称号，23人被表彰为先进个人。

【普法依法治理】 实施“五五”普法规划和依法治市规划，围绕平安东营建设、奥运安保“百日行动”、社会治安综合整治“冬季行动”开展法制宣传，组织全市40余个普法成员单位，开展平安东营建设法制宣传月、“百场”法制报告会和“12.4”法制宣传日活动，发放宣传材料15万份、解答群众咨询5000余人次、举办各类法制宣讲活动600多场次、开展“送法下乡”活动24次、受教育群众50余万人次。开展“法律五进”活动。先后组织开展“机关学法用法、依法行政”、建设法制校园、选配村级法律顾问，依法治企和社区法制宣传阵地建设等活动；5月全市“法律五进”工作现场会在广饶县召开。10月市普法办组成评估小组，到各县区、市直单位就“五五”普法规划落实情况进行中期评估检查，推动普法依法治理工作措施的落实。开展“民主法治村”创建活动，全市有国家级民主法治示范村2个，省级14个，市级116个，创建村居覆盖面40%，全市基层组织依法管理水平不断提高。

【基层司法工作】 深化基层司法所、人民调解组织规范化建设。全市已形成村(居)有调解人员、管区有调解站、乡镇有调解中心、县区有联席会议的调解工作格局。全市有44个乡镇(街道)司法所达到省级规范化建设标准；有基层调委会2346个、人民调解员6873名。2008年共排查矛盾纠纷3732起，调处成功3567起，调处成功率95.6%。

强化刑释解教人员帮教安置措施，督促县区健全安置帮教组织机构和人员，对1084名刑释解教人员摸排登记，实行跟踪管理、跟踪服务，确保对刑释解教人员不脱管、不漏管、不失控，重犯罪率控制在2‰以内。

推进社区矫正试点工作。垦利县垦利镇、胜坨镇两个试点单位接受社区矫正对象34名，各项社区矫正试点工作措施全面落实。

【法律服务工作】 依法规范律师事务所组织形式，全市14家合作制律师事务所中有13家改制为合伙所，注销1家；实施全市公证质量全面管理建设工程，完成公证管理信息平台建设任务，组织开展“公证质量巡诊”活动，提高公证质量和社会公信力；深化司法行政机关与行业协会“两结合”的管理体制改革，加强法律服务队伍建设，整顿法律服务市场秩序，全市法律服务组织和人员实现零违规违纪。引导全市法律服务工作者拓宽服务领域，选派100名律师、公证员和基层法律服务人员深入100个重点项目、重点工程和重点企业提供优质法律服务；组织法律服务机构与乡村、社区结对子11个，有15家律师事务所在15家农业龙头企业设置办事处。建立农村法律服务顾问制度，指派法律服务工作者及司法行政人员担任村级法律顾问,定期到村(居)宣讲法律知识,办理法律事务;组织律师等法律服务人员参与“五长联合接访”、处理涉法涉诉案件、信访部门值班接访等工作,参与市领导调度的重点案件7起,预防和化解集体上访、越级上访案件80余件。2008年,全市公证机关办理公证业务6625件,无错假证发生;全市律师事务所办理各类法律事务5006件,解答群众咨询6515人次,避免和挽回经济损失3300余万元。

【司法鉴定】 在全市开展“司法鉴定质量年”活动。市司法局组织对鉴定机构的资质条件、技术能力和执业行为进行专项检查;举办全市司法鉴定工作经验交流会议,学习交流好的做法;完善人员培训、审核登记、建章立制、检查考评等管理制度;创建司法鉴定信息数据库,司法鉴定管理进一步规范,鉴定质量不断提高。全市设立司法鉴定机构11个,司法鉴定人110名。2008年,全市司法鉴定机构共受理鉴定事项893例,鉴定结论被采信率98%以上,全年无涉及司法鉴定管理方面的投诉、信访案件发生,鉴定质量得到社会肯定。

【法律援助】 落实申请绿色通道、畅通法律援助专线电话等11项便民利民措施。实施千名残疾人法律援助工程,为全市60岁以上特困老年人和70岁以上老年人发放法律援助联系卡等,健全弱势群体资料库;对下岗职工、农民工等重点人群实施专项法律援助等,保障弱势群体就近就快获得法律援助。开展“温暖法援、服务万家”品牌创建活动,健全完善工作制度,明确申请、受理、指派、办案、归档等环节的工作标准和操作规程,推进法律援助规范化建设,提高法律援助工作质量。2008年,全市法律援助机构办理法律援助案件296件,为受援人减免代理费69.7万元,挽回经济损失170多万元;“12348”法律服务热线解答群众咨询2860人次。

【司法考试】 2008年,全市司法考试报名人数930人,参加考试806人,合格184人,合格率22.8%。

全市律师事务所查询表

序号	单位名称	地　址	法定代表人	联系电话
1	山东地义律师事务所	东营市东赵经济园区鲁能方大建材商城A座四楼	王读文	8525692
2	山东鲁北律师事务所	东营市北一路747号东赵大厦6楼	郝建光	8559720
3	山东众旭律师事务所	东营市东营区西四路361号胜利饭店3楼	王中祥	7878598
4	山东黄河口律师事务所	东营市东营区胶州路105号	高天玉	8339807
5	山东达洋律师事务所	西城西三路26－1号众成时代中心502室	孙瑞玺	7365850
6	山东齐征律师事务所	东营市东城南一路齐征律师楼3楼	李秀峰	7768098
7	山东天地恒律师事务所	东营市西二路191－32－D号	马长生	7782529
8	山东正义之光律师事务所	东营市黄河路369号	李成银	7789290
9	山东爱智律师事务所	东营区西四路长安广场12楼207室	冯晓娟	13864717109
10	山东法瀚律师事务所	东营市东城胶州路103号	马志远	13081411067
11	山东百祥律师事务所	东营市东营区经济园区鸿基大厦A座三楼	李文	8260292
12	山东领先律师事务所	东营市黄河路48号	胡加强	8238589
13	山东东胜律师事务所	东营市东营区448号	郭树进	7767938
14	山东恒岳律师事务所	东营市东城府前大街89号	孙伟	8334789
15	山东德文律师事务所	西二路蓝海新悦大饭店七楼	刘伟忠	8213999
16	胜利油田公司律师事务部	济南路258号	殷寿先	8714370
17	山东城合律师事务所	东营市西二路101号	崔守星	8235019

续表

序号	单位名称	地　　址	法定代表人	联系电话
18	山东崇义律师事务所	东营市济南路333号鸿宇大厦四楼	赵高培	7852398
19	山东高格律师事务所	东营市东城辽河路西首320号	张光春	8330710
20	山东龙合律师事务所	山东省东营市东三路111号都市中心写字楼A座	崔强	7766166
21	山东胜东律师事务所	东营市东营区胜利工业园灵威大厦三楼	蒋泽军	7789160
22	山东平等律师事务所	东营市东营区西三路15号天成恒信科技大厦A座北区	李振才	8777528
23	山东广道律师事务所	东城胜利大街66号金瀚文化中心二楼	徐波	8227885
24	山东广胜律师事务所	广饶县府前街43号	聂士善	6441083
25	山东鼎旭律师事务所	广饶县城兵圣路189号	燕林广	6441239
26	山东玉辉律师事务所	广饶县广饶镇十九村	吴宝玉	6446038
27	山东恒源盛律师事务所	东营市河口区河滨路21号	王育奇	3663536
28	山东益权律师事务所	东营市河口区渤海路西首	娄安蕃	13001569937
29	山东利顺律师事务所	垦利县振兴路62号	臧成文	2560358
30	山东诚正勤律师事务所	利津县城津三路中段	王希国	5621903
31	山东津城律师事务所	利津县津三路308号	扈荣华	5625977

（李维国　袁建梅）

仲　裁

【概况】 2008年，东营仲裁办受理各类案件345起，涉案标的额2.35亿元；案件数增长72%，涉案标的额增长96%；审结案件315起，审结率91.3%；平均结案时间31天；案件的调解和解率、快速结案率和自动履行率分别达到53.97%、91.5%和85.4%。

9月28日，研发的东营仲裁委办案流程管理系统开通。加强仲裁组织网络建设，仙河、广饶、东营区3个办事处和国土资源局、胜利工业园区2个联络处成立；增聘仲裁员142名；组建专家委员会，调整首席仲裁员队伍。4月24日，首次向市人大常委会汇报仲裁工作。11月7日，东营仲裁委员会举办第一次仲裁沙龙。

【案件审理】 加强队伍建设，提高办案能力。市仲裁办聘请25名专家成立专家委员会。确定由52名仲裁员组成的首席仲裁员队伍。增聘142名仲裁员，对新聘任仲裁员进行3次任职培训。

狠抓办案质量，提高仲裁公信力。以仲裁秘书、仲裁员、仲裁庭、分管领导、专家委员会“五关”的审核程序为核心，健全制度，强化措施，确保仲裁案件程序和实体的公正性和合法性。实行立案后案卷移交接收制、案件转办单制，组庭后仲裁员公正声明和承诺制、承办案件告知单制、案件超期督办制，结案后仲裁秘书、当事人评议仲裁员制度。邀请市内外专家学者，对部分疑难案件进行3次研讨，确保审理案件经起法律和历史的考验；对案件卷宗进行评比检查，统一、规范文书案卷。

以审限制度为基础，提高仲裁快捷性。坚持进度能快则快、程序能简则简的工作原则，对172起案件适用简易程序，占受理案件数的49.1%，有30起案件当天立案当天结案，实现零时限结案。在案件到期前5天实行案件督办单制，利用新开发的案件管理系统实时调度案件进程，保证仲裁案件快速审结。

降低收费标准，减轻当事人经济负担。年内，仲裁案件受理费标准在物价部门核准的范围内下调30%，为当事人减少受理费用30余万元。对涉及特困企业和下岗职工等弱势群体的仲裁案件费用给予照顾，采取减、缓、免等措施进行办理。全年，共为此类当事人减免案件办理费用80余万元。

【法律法规宣传】 2008年，全市仲裁部门在各类报刊发表宣传文章21篇。在东营日报、胜利日报分别设立“和谐仲裁在东营”和“和谐仲裁在油城”系列报道。全年在中国商事仲裁网发布信息19条，东营政务网发布信息15条；东营仲裁网更新发表涉及仲裁工作动态、案例和法规的信息430条。在《东营年鉴》《2008邮政黄页号码簿》《中邮广告》刊登介绍仲裁工作。利用法制宣传月、“3.15”消费者权益保护日等宣传仲裁知识，发放宣传资料1.1万份，组织基层村干部法律培训班、企业家联谊会等仲裁宣传推介会4场次。通过网通公司发送仲裁信息短信14万条；联合市直机关党工委开展《仲裁法》知识竞赛活动。编辑发行《东营仲裁》期刊4期1.05万份。（左　鹏）

黄河三角洲高效生态经济区四大临港产业区

1.东营临港产业区。位于东营市东北部和东部临海地区，主要为国有荒滩盐碱地，起步区1000平方公里。发挥高效生态经济区建设的龙头带动作用，重点发展精细化工、能源工业，大力发展高技术产业、生态旅游业和高效生态农业，打造全国重要的石油装备制造基地，建设区域物流中心和产品集散中心。

2.滨州临港产业区。位于滨州市无棣、沾化北部沿海地区，起步区800平方公里。建成国家级循环经济示范区、环渤海地区物流中心和油盐化工、船舶制造、清洁能源、生物制药等产业聚集区。

3.潍坊北部临港产业区。位于潍坊市寒亭、寿光、昌邑的北部沿海地区，起步区800平方公里。依托潍坊滨海经济开发区打造船舶发动机和汽车制造、科技兴贸创新和全国最大的海洋化工生产基地，建成国家级循环经济示范区。

4.莱州临港产业区。位于莱州北部沿海，起步区300平方公里。积极发展现代物流，建成电力、冶金、精细化工、机械制造、滨海旅游、生物育种等产业聚集区。

改革开放

- 金融体制改革
- 2008 年全市完成进出口总额 41.19 亿美元，同比增长 55.3%
- 东营国际新能源产品及装备制造基地建设启动
- 东营市与中海油合作取得重大突破
- 实施“侨爱工程”

体制改革

【发展与改革试点工作】 2008年10月16日,省委、省政府以鲁发〔2008〕19号文件《山东省委省政府关于开展深化经济体制改革试点工作的意见》批复东营市为发展高效生态经济改革试点市,并提出改革试点的主要任务。据此,市发改委在广泛调研、征求意见基础上,完成《黄河三角洲生态高效经济区综合配套改革试点方案的思考和建议》的调研报告;编写完成《东营市发展高效生态经济区改革试点总体方案》(初稿),并着手编制黄河三角洲生态高效经济区东营市1300平方公里区划方案。

5月15日河口区孤岛镇被国家发改委批准为第二批全国发展和改革试点镇。

【金融体制改革】 一是东营城市商业银行完成引进战略投资者前期准备工作,拟聘请专业机构和专职律师对整体经营情况进行评估,发布招股说明书,面向全国征集战略合作伙伴。二是完成组建广饶农村商业银行的可行性研究工作,并取得山东银监局对改革工作的支持。三是关注省内村镇银行试点进展情况,辖内部分地方法人金融机构表示了对参与组建村镇银行的意愿。四是浦发银行、招商银行及华夏银行省行向总行正式提出在东营设立分支机构的意向申请,项目已进入各家商业银行总行的研究、审批阶段。

【推进市场化投、融资平台建设】 一是做好建设融资平台工作。完善城市资产经营有限公司运行机制,扩大融资规模,支持推进企业上市融资,推动东营经济开发区和东营港经济开发区组建城市资产经营有限公司。二是建设投资主体平台。完成黄河水城管理有限公司注册,组建黄河口旅游开发总公司,着手启动黄河口旅游港、游客中心建设。市区连接旅游区高等级公路列入省级道路建设计划,重点景点景区建设和50平方公里的休闲度假区正在进行规划设计。东营市黄河口渔业有限责任公司协调相关部门做好注册工作。

【旅游管理体制改革】 一是理顺天鹅湖管理体制。二是整合旅行社,组建有实力的旅游集团公司。起草的两项改革方案均提报市政府,市政府已做出安排,正按要求推进。

【油田存续改制企业发展】 年初组织对59家油田存续改制企业进行调研,起草《支持油田存续企业加快改制发展的意见》,市政府以东政发〔2008〕8号文件下发。该《意见》将任务分解细化到有关部门,列入专项督查。至11月底,59家改制企业实现销售收入176.45亿元,利润7.23亿元,上缴税收7.56亿元,同比分别增长26.2%、15.4%、18.5%。

【企业上市及证券工作】 支持企业上市融资。起草并提请市政府出台《关于推进企业上市融资工作的意见》等指导性政策文件,多次举办企业上市座谈会和企业上市联席会议,推动企业上市。制定企业上市考核办法,调动县区和部门支持企业上市的积极性。督促企业提前做好准备,抢在证券市场低迷之前发行上市,有效规避金融危机带来的风险和影响。2008年全市企业上市取得新突破,鹏杰色织、东营光伏太阳能等2家企业分别在新加坡证券交易所、法国欧交所上市,募集资金4.6亿元。市上市企业数量占全省的11%,成为超额完成任务的两个市之一。培育上市后备资源,有1家企业已向中国证监会提报上市申请材料并获反馈意见;有3家企业准备提报上市申请,有5家企业与中介机构签署上市辅导协议。指导辖区内证券期货营业部做好规范发展工作,协助证券监管部门做好市场监管工作,维护证券期货市场稳定。(李文波)

招商引资

【概况】 2008年,市招商局确定在高新技术、先进加工制造业、现代服务业领域实现突破为工作目标。具体工作中,努力搭建好“两个平台”,做到“四个结合”。两个平台:一是搭建信息平台,即将市招商局多年来积累的信息资源进行梳理,建立客商信息库和项目信息库,与各产业招商、专业招商部门共享共用,促进全市对外招商联络渠道的开拓;二是搭建联络平台,即利用掌握的信息资源,结合全市招商重点产业和区域进行广泛联络,与各招商载体单位共同洽谈推进项目。四个结合:一是与“四城一区”的结合,重点引进符合全市产业规划的高新技术、先进加工制造业、现代服务业项目,推动市属经济发展;二是与各产业招商责任部门的结合,发挥好两个平台优势,密切协作,联手招商；三是与企业的结合，以企业的投资计划和发展方向为重点，寻找结合点，促进本地企业对外合资合作；四是与各县区的结合，拓宽项目的承载面，形成专业招商的合力，将适合县区需要的项目重点向县区引进。

2008年，全市16家产业招商、专业招商责任单位共呈报2008年度引进项目40个；符合招商任务要求且已落地的项目26个，计划总投资189亿元以上；其中，有6个项目投产，20个项目在建。26个项目中有3个外资项目，实际利用境外资金3040万美元；23个已经落地的内资项目固定资产20.5亿元。

【组建招商队伍】 市招商局聘用、组建一支20人的专业招商队伍。一是在青岛、烟台、威海、无锡、昆山等地开发区，选择招商业绩优秀的人员聘为招商代理。二是根据东营市产业规划，在北京、上海、广州等大城市，选择知名会计师事务所建立合作关系，聘请负责经济事务的工作人员为招商代理。三是聘请招商业绩显著的社会招商人员，利用社会资源开展招商。四是在韩国、日本、东南亚等国家和地区，选择知名商会、华人商务机构，建立长期合作关系，实行委托招商。五是聘请大学毕业两年以上、有企业工作经验、会外语、善谈判的人员，充实到招商局各科室。

【完善招商工作机制】 市招商局建立"四步走"的招商工作机制。第一步，对各类招商信息、招商项目进行认真分析，反复论证，在此基础上制定切实可行的项目引进工作方案；第二步，对重点合同、协议项目，提出洽谈推进方案，实行分管市领导主持的联席会议制度，加快推进落实；第三步，对确定的建设项目，明确责任部门、责任人员盯上靠上，搞好服务；第四步，对已投产企业做好跟踪服务，帮助其解决生产经营中遇到的困难和问题，为企业创造良好的发展条件。

【洽谈引进项目】 围绕黄河三角洲高效生态经济区开发和"四区一城"建设，以两个市属经济开发区为载体，重点引进临港化工、先进加工制造业、高新技术和现代服务业项目。先后与韩国LG化学、SK能源、乐天百货、希杰集团、韩国高尔夫艺术村株式会社、日本三菱化学株式会社、香港路劲集团、宝力集团、中国汉能控股集团、浙江新世纪集团、现代联合控股集团、重庆大学软件基地等建立密切联系。在谈项目涉及高新技术、现代服务业、先进加工制造业等重点领域。项目落地范围既有市属经济园区，也有县区经济区。总投资12亿元的高科技项目——山东宝力科技工业园落户东营经济开发区，一期工程已投产，2009年预计完成汽车电子产品出口订单5亿元。总投资8亿元的中心城农副产品批发市场项目、投资3亿元的安诺其纺织材料项目均完成立项、土地出让、环保等手续，2009年第一季度可开工建设。

【重点项目简介】 山东宝力科技工业园：位于东营经济开发区，用地约44公顷，总投资12亿元。一期项目用地约20公顷，投资5亿元。主要生产汽车电子、无线通信、高温超导滤波器、多媒体数字电视、笔记本电脑、手机等产品。一期工程已投产。

中心城农副产品综合批发市场项目：位于南二路南、东二路西，一期用地面积约22公顷，二期用地面积约24.7公顷，总投资8亿元左右。建设集交易中心、信息中心、运输中心、仓储中心、配送中心、转运中心及配套服务于一体的大型农副产品综合批发市场。2009年上半年开工建设。

安诺其纺织材料有限公司项目：上海安诺其纺织化工有限公司投资，注册成立东营安诺其纺织材料有限公司，落户河口区经济开发区，总投资3亿元，占地20公顷。主要从事高档纺织服装染料研发、生产和销售。一期投资额1.2亿元，2008年8月8日举行开工仪式，完成立项、土地出让、环保等手续。 (市招商局)

对外经贸

【概况】 2008年，面对国际金融危机影响加剧，国际经济环境复杂多变的严峻形势，东营市加大基地建设和市场开拓力度，创新招商引资方式，加快企业"走出去"步伐，对外经贸各项指标保持平稳较快增长。全年累计完成进出口总额41.19亿美元，同比增长55.3%，其中出口19.72亿美元，同比增长40.7%；进口21.47亿美元，同比增长71.6%。合同利用外资1.85亿美元，同比增长6%，利用外商直接投资1.79亿美元，同比增长15%。对外工程承包完成营业额1.67亿美元，派出劳务808人，年末在外人数898人。全年设立境外企业11家，中方协议投资额1039.8万美元。

【培植传统产业出口集群】 打造“中国橡胶轮胎出口基地”、“中国石油装备产业基地”和“中国精细化工出口基地”,膨胀对外贸易规模。全年累计实现橡胶轮胎出口77498万美元,增长54.3%;石油机械装备出口51771万美元,增长134.7%,分别占全市出口总额的39%和26%。

【实施科技兴贸和品牌战略】 依靠科技进步和自主创新,提高出口商品的科技含量和附加值,优化出口结构。鼓励企业注册境外商标和开展国际质量体系认证,加大自有商标产品出口,支持具备条件的企业申报“中国出口名牌”和“山东省出口名牌”,推动有条件的园区申报“山东省科技兴贸出口创新基地”。信义汽配、万达宝通等10多家企业获得“山东省出口名牌”。全年累计高新技术产品进出口22452万美元,同比增长133.7%。

【扩大国际贸易】 先后组织企业参加广交会、华交会、山东日本(大阪)出口商品交易会、美国休斯敦石油装备展等境内外展会29次,促进出口市场多元化,优化出口市场结构。引导企业用足用好国家鼓励进口的有关政策,引进先进技术和关键设备,促进东营市主导产业优化升级。加大天然橡胶、原料铜、成品油等能源、资源性产品进口,保障经济发展需求。全年累计进口铜及铜材累计41329万美元,同比增长81.5%;进口成品油38785万美元,同比增长283.7%;进口天然橡胶24134万美元,同比增长65.3%。配合东营区筹备和举办首届中国(东营)国际石油装备与技术展览会,取得成功。

【拓展企业境外发展空间】 一是推动胜利油田改制企业开拓境外承包工程和劳务市场,特别是承揽国外油田开发,开展国际能源开发合作。二是围绕东营市资源消耗型产业,鼓励企业采取战略投资、跨国并购、联合开发等多种形式,以石油、天然橡胶、铜矿、木材等资源为重点,逐步在境外建立稳定的原材料供应基地,为全市经济发展提供资源保障。西水集团在老挝投资开发的橡胶园项目,种植面积8000公顷,育苗基地建成面积4万公顷。三是鼓励支持东营市有实力、有条件的企业开展境外投资,引导企业到国家和省境外经贸合作区聚集发展,有效规避国际贸易壁垒,拓展发展空间,提高国际化经营水平。万达电缆公司在印尼建设的电缆加工项目,总投资340万美元。胜利油田高原石油装备有限公司在美国和香港投资设立分公司。山东科瑞控股集团有限公司在阿拉伯联合酋长国独资设立中东石油技术有限公司等项目进展顺利。四是抓好外派劳务工作,加强垦利县、利津县外派劳务基地建设,推动获权企业拓展业务,构筑多元化的对外劳务合作格局。

【利用外资】 2008年,新批外资项目25个,合同外资1.85亿美元,同比增长6%,实际利用外资1.8亿美元,同比增长15%。

从行业看,外资结构进一步优化,服务业利用外资明显增加。新批项目质量进一步提高,新批企业中80%属于国家鼓励的项目或高科技项目。利津环海污水处理有限公司是外商首次进入东营市市政环保行业。新批服务业项目4个,占总数的21%,合同外资2321万美元,占总数的15%,实际到位1361万美元,占总数的13%,较往年有大幅提高。项目规模明显扩大,质量档次进一步提高。新批项目单体平均规模1167万美元,较上年增加26个百分点。

增资、并购和境外上市成为东营市利用外资的主要方式。2008年,有十几家外资企业增资,增资合同外资超过总量的30%;并购项目6个,合同外资1806万美元(并购值2589万美元),占总量的12%。8月,鹏杰色织和光伏太阳能项目分别在新加坡和欧交所上市,共融资2300万美元,已到位2300万美元。新进私募股权投资(PE)1家,增资1家,合同外资1458万美元(并购值2240万美元),实际到位2240万美元。

【对外贸易】 从贸易方式看,一般贸易出口增长较快。一般贸易出口92613万美元,增长75.3%;加工贸易出口99612万美元,增长21.1%;其他贸易出口5008万美元,下降0.8%。

从出口市场情况看,对北美洲和非洲出口增长较快。对亚洲地区出口75652万美元,同比增长17.5%,比重由上年的45.9%下降为38.3%。对欧盟出口22921万美元,增长29.5%;对北美出口52729万美元,增长101.8%;对大洋洲出口5280万美元,增长29%;对非洲出口16587万美元,增长55.8%。

从大类产品出口情况看,橡胶轮胎、医药品、汽车配件、机械设备及高新技术产品等出口增长较快。橡胶轮胎出口77498万美元,增长54.3%;高新技术产品出口8858万美元,增长798.4%;石油机械设备出口51771万美元,增长134.7%;农产品出口3722万美元,增长3.5%。出口下降幅度比较大的产品有:纸张出口9145万美元,下降33.2%;家具出口4709万美元,下降3.6%;纺织服装出口10995万美元,下降38.3%。

2008年全市利用外资情况表

金额单位:万美元

县(市、区)	外商直接投资						县(市、区)	外商直接投资					
	项目数		合同外		实际使用			项目数		合同外		实际使用	
	个数	增长%	金额	增长%	金额	增长%		个数	增长%	金额	增长%	金额	增长%
合　计	25	-34.2	18475.2	6.0	17913.2	15.1	利津县	3	200.0	2567.0	80.4	1450.0	17.0
东营区	4	-69.2	6129.9	-30.0	4820.7	18.6	垦利县	1	-83.3	108.2	-93.0	991.0	15.2
河口区	2	-60.0	1379.0	-22.7	1406.5	17.3	东营经济开发区	8	-20.0	5159.6	270.0	4150.0	9.0
广饶县	7	133.3	3131.5	45.2	2958.0	18.1	东营港开发区	0		0		857	7.6

2008年全市出口额500万美元以上商品情况表

金额单位:万美元

序号	产品	出口额	增长(%)	序号	产品	出口额	增长(%)
1	橡胶轮胎	77498	54.30	9	运输工具	5850	46.30
2	钢材	41611	206.10	10	家具	4709	3.60
3	机械及设备	21996	105.80	11	汽车配件	4693	63.20
4	化工产品	11283	14.60	12	农产品	3722	3.50
5	纺织品	10003	-10.00	13	医药品	2786	21.90
6	纸张	9145	-33.20	14	金属制品	2363	14.70
7	高新技术产品	8858	798.40	15	服装	992	-85.20
8	激光头	7349	59.30	16	塑料制品	891	4.50

2008年全市进口额1000万美元以上商品情况表

金额单位:万美元

商品名称	累 计		商品名称	累 计		商品名称	累 计	
	本 期	同比%		本 期	同比%		本 期	同比%
合计	177257	58.8	机械及设备	13446	-27.2	纸浆	2707	37.1
铜及铜材	41329	81.5	电器及电子产品	7671	-1.3	塑料原料	1991	6
成品油	38785	283.7	棉花	5786	49.4	合成橡胶	1139	92.4
废纸	32594	48.5	仪器仪表	4058	4.2	纺织品	1110	-10
天然橡胶	24134	65.3						

2008年全市进出口商品主要市场情况表

金额单位：万美元

国别(地区)	出口累计	同比%	进口累计	同比%	国别(地区)	出口累计	同比%	进口累计	同比%
合计	197235	40.7	214696	71.6	欧盟	22921	29.5	12161	-21.5
亚洲	75652	17.5	67698	55.5	英国	3800	39.7	3164	155.6
香港	3714	-49.7	1945	-40.4	德意志联邦共和国	4228	88.1	5530	-30.5
台湾	997	-32.8	582	-25.9	法国	855	-3.1	349	-32.5
日本	3643	28.6	7192	-24.2	意大利	2363	11	648	-58.3
韩国	3332	17.4	2275	38.6	独联体及东欧	4598	-33	33815	268.4
东盟	17802	64.2	49634	94.4	俄罗斯	3591	-42.5	33789	268.1
马来西亚	2650	-36.3	22064	65.3	南美洲	18521	90.2	48210	98.1
南亚	15893	3.1	2202	48.3	巴西	4282	310.9	5	-85.3
印度	12601	11.8	2138	48.3	北美洲	52729	101.8	48536	61.6
中近东	21766	53.4	519	-53.7	美国	47612	100.4	46348	60.6
非洲	16587	55.8	3168	542.6	加拿大	5117	116.5	2188	85.4
南非	2454	97.1	31	416.7	大洋洲	5280	29	788	-4.3
欧洲	28466	13.1	46296	78.9	澳大利亚	4367	24.5	633	-9.2

2008年全市出口过1000万美元企业表

金额单位：万美元

序号	企业名称	出口额	序号	企业名称	出口额
1	胜利油田高原石油装备有限责任公司	22195	20	胜利油田胜机石油装备有限公司	2738
2	山东恒丰橡塑有限公司	12223	21	东营嘉扬精密金属有限公司	2660
3	山东永泰化工集团有限公司	11724	22	三阳纺织有限公司	2562
4	山东永盛橡胶集团有限公司	10146	23	胜利油田高原石油装备有限责任公司	2528
5	兴源轮胎集团有限公司	9348	24	东营信义汽车配件有限公司	2422
6	山东金宇轮胎有限公司	7840	25	山东新发进出口有限公司	1941
7	东营科英激光电子有限公司	7349	26	东营市东方国际贸易有限公司	1700
8	山东兴达轮胎有限公司	7220	27	东营兰锐石油装备有限公司	1608
9	山东万达轮胎有限公司	6368	28	东营市天信纺织有限公司	1545
10	山东华泰纸业股份有限公司	5379	29	胜利油田孚瑞特石油装备有限责任公司	1493
11	山东盛泰橡胶集团有限公司	5337	30	山东恒达橡胶有限责任公司	1272
12	山东科瑞石油装备有限公司	5118	31	东营振宇进出口贸易有限公司	1204
13	中国石化集团胜利石油管理局	4032	32	东营黄河口家具实业有限公司	1184
14	山东斯道拉恩索华泰纸业有限公司	3771	33	胜利油田孚瑞特石油装备有限责任公司	1164
15	华锐石油钢管有限公司	3452	34	山东宏盛橡胶有限公司	1137
16	山东石大胜华化工股份有限公司	3172	35	山东俊富无纺布有限公司	1113
17	胜利油田孚瑞特石油钢管有限公司	3089	36	山东万得福国际贸易有限公司	1100
18	山东兴源国际贸易有限公司	3043	37	东营市华誉进出口贸易有限公司	1001
19	东营市胜辉木业有限公司	2851			

（田国庆　李鹏）

经济开发区

【东营经济开发区】 东营经济开发区(高新区)位于东营市中心城区，是经山东省政府批准设立的省级经济开发区和省级高新技术产业园区（以下简称东营经济开发区)，是全市对外开放的窗口,高新技术的基地,市属经济的载体,产业集群的龙头。

2008 年全区实现业务总收入 430 亿元,增长 30.3%;实现生产总值 130 亿元,增长 24.3%;规模以上工业企业实现工业总产值 345.5 亿元，主营业务收入 344.4 亿元,工业增加值 117 亿元,利税 36.1 亿元,利润 24.1 亿元,分别增长 31.6%、31.8%、29.7%、40.3%和 20.2%;完成地方一般预算内财政收入 3.37 亿元，增长 34.8%;完成进出口总额 10.84 亿美元，其中出口 3.45 亿美元,进口 7.39 亿美元，分别增长 90%、99.8%和 85.8%。实际利用外资 4150 万美元。

加强经济运行调度，帮助企业克服困难。为解决企业资金问题,加大银企对接力度,成立东营市鑫桥有限公司,设立 4000 万元的贷款互助资金，全年组织银政企洽谈会 6 次，为企业协调贷款 49.6 亿元,提供财政扶持资金 1.6 亿元,办理退税 1.36 亿元。帮助企业向上争取政策，争取各级各类无偿资金 3634 万元,创建区以来新高。为应对国际金融危机带来的影响，实行重点企业旬调度制度和班子成员联系骨干企业制度,组织开展为期一个半月的“搞服务、办实事、解难题”活动,走访企业 100 余家，解决问题 50 余件。

搭建高端产业发展框架。一是“四园区、一基地”建设取得重要进展。滨海新材料园全年完成固定资产投资 32 亿元;生态工业园,软件大厦主体工程完工,被列为“山东省软件产业园”、“山东省电子信息产业示范园”和“山东省国际服务外包示范基地”;油田工业园，新引进石油装备制造项目 7 个，完成固定资产投资 20.5 亿元;中心商务区,奥林匹克花园项目启动建设；国际新能源产品及装备制造基地整体策划工作顺利推进。二是项目引进建设实现突破。确定 2008 年为“高端产业项目引进建设年”。成立投资促进工作领导小组和 8 个产业招商小组,建立信息宣传推介、项目信息搜集交流、项目洽谈、项目联审、项目推进“五个平台”,抽调 18 名机关干部到新入区项目挂实职，开展“项目开工月”和“外出招商月”活动,取得明显成效。新引进过亿元的项目 20 个,总投资 248 亿元。吉盛汽车、睿迪汽车、光伏太阳能等一批大项目、好项目落户开发区,大规模集成电路、华泰化工离子膜烧碱、高原第四工业园、天圆铜业等项目快速推进,方圆第三工业园、泰克拓普 LED、中凯风电塔筒、龙玺石油大口径钢管等 19 个项目建成投产。三是产业提升的步伐加快。组织实施骨干企业扶持计划和成长型中小企业扶持计划。区内销售收入过亿元的企业达到 19 家，企业新建、续建项目 56 个,完成投资 79 亿元。高新技术企业达到 39 家，实现高新技术产业产值 153 亿元，占全区规模以上工业总产值的 45.5%。新增省级以上工程技术中心 2 家，市级企业技术中心 3 家。“天信”和“天丰”商标被认定为中国驰名商标,“天丰太阳能”和“胜利高原”商标被评为山东省著名商标,5 家企业的 6 个产品获得山东名牌产品称号。推动企业开展对外战略合作,高原、科利达、胜动燃气、孚瑞特等公司与国外企业达成合作协议，涉及金额 3 亿元。

五大支撑体系建设取得明显成效。一是规划体系建设。聘请中国城市规划设计院编制空间战略发展研究方案；编修开发区总体规划和滨海新材料园分区规划；完成科技公园控制性详细规划、滨海新材料园综合服务区控制性详细规划、“邻里社区”地块控制性详细规划、企业集中办公区修建性详细规划、高新技术走廊概念规划等编制和报批。二是人才支撑体系建设。聘请中国人民大学进行人力资源管理课题研究，制定出台《关于支持区内企业人才培训及引进工作的实施意见》;与东营职业学院、市技术学院等院校签订合作协议，为企业提供培训和高素质劳动力输入平台。三是技术支撑体系建设。产学研结合更加深入,“生态谷”项目全面启动，黄河三角洲可持续发展研究列入省政府与科技部省部会商议题。四是投融资体系建设方面,成立国有资产运营公司,运作成立投资公司和置业公司，初步构建管理运营框架。五是基础设施和城区建设。完成基础设施投资 3 亿元，实施污水处理厂、水厂、变电站、路桥、热力、绿化、雨污泵站、土方回填等“十大工程”,开工建设道路 9 条,桥梁 5 座,雨水泵站 1 座，回填土方 583 万立方米，新增绿化面积 4.3 万平方米。广利河改造工程完成市政府下达的年度任务。加大新城区建设力度，居住、商业、休闲、娱乐等城市功能得到完善。加强城区环境综合整治，完成省级文明城市复审和中国优秀旅游城市创建承担的任务。加大障碍物清理和油田管线拆迁协调力度，保障了重点项目的建设。

生态文明建设取得新进展。启动创建国家生态工业示范园区工作。狠抓节能减排，制定循环经济方案和企业节能奖励办法，实施六大循环经济工程，完成市政府下达的节能减排任务。华泰化工集团、市人造板厂获“山东省中小企业循环经济示范企业”称号。加强环境保护，组织开展第一次污染源普查清查，建立环境监测站和大气监测中心，形成集监测、监察、服务、治理于一体的新型工作体系。完成滨海新材料园战略环评和区域环评工作。坚持集约集聚发展方向，按照工厂社区发展模式，规划建设东凯高科园，启动生活社区的规划建设。组织开展土地清理清查活动，制定节约集约利用土地的意见，编制土地供应计划和项目供地方案，为土地集约利用提供保障。

开发区商标、名牌工作取得明显成效。2008年，东营市天信纺织有限公司的“天信”商标和山东天丰太阳能制品有限公司的“天丰”商标经司法程序认定为中国驰名商标，山东协发化工有限公司生产的“华泰牌”烧碱，胜利油田高原石油装备有限责任公司生产的“高原牌”石油钻机系列产品和抽油泵，山东陆宇塑胶工业有限公司生产的“陆宇牌”塑料管材系列产品，胜利油田新大管业科技发展有限责任公司生产的“新大牌”高压玻璃钢管道，山东俊富无纺布有限公司生产的“俊富(JOFO)牌”薄型防粘法非织造布等5家企业的6个产品获山东名牌产品称号。至年底，东营经济开发区拥有中国名牌产品2个，国家免检产品5个，山东名牌产品16个，山东省服务名牌1个，注册商标166件，著名商标6件，驰名商标2件。

保持社会安全稳定。推进“平安开发区”建设，组织开展维护稳定安全“百日行动”、社会治安综合整治冬季行动和夜间联合执法行动，加大“打黑除恶”力度，集中整治建筑工地、公共娱乐场所等重点区域，加强出租房屋与流动人口管理，规范企业内部安全管理。全年破获刑事案件92起，查处治安案件373起，打掉犯罪团伙4个，追回赃款赃物2000余万元。加强道路交通环境建设，投资387万元，在主要路口设置交通信号灯和监控探头，在黄河路安装道路隔离带。开展社会矛盾纠纷大排查、大调处活动，圆满完成奥运安全保卫任务。强化法制建设，开发区审判庭受理各类民商事案件35件，审结处理34件，结案标的额2.17亿元。强化安全生产监管，推进安全生产隐患治理年活动，保持安全生产形势持续稳定。加强应急管理体系建设，制定突发事件总体应急预案，加强日常演练，应急处置能力有新提高。

加强干部队伍建设。开展“实践科学发展观，争当黄河三角洲开发建设排头兵”活动，开发区被市委授予全市“争当排头兵”活动先进集体。开发区审判庭、检察室、审计分局、交巡警大队先后成立，工作职能进一步完善。出台《关于进一步改进服务提高效率的意见》和实施细则，梳理审批服务事项，优化审批服务流程，升级行政审批服务系统，开通“服务110热线”和“服务监督热线”，服务质量和水平得到提升。加强党风廉政建设，制定《财务管理规章制度》《预算外资金管理办法》《财政及国有投资工程建设管理办法》《工程建设管理暂行规定》等规章制度，开展廉政谈话和警示教育，实行干部轮岗，从社会和企业聘请15名廉政建设监督员，党风廉政责任制得到有效落实。做好支援四川抗震救灾工作，全区捐款250余万元。

“四园区”建设取得重大突破。按照高端产业发展要求，东营经济开发区规划建设滨海新材料园、生态工业园、油田工业园和中心商务区四个区中园，重点摆布高新技术产业、先进装备制造业和现代服务业。2008年，“四园区”建设取得重大突破。1.滨海新材料园，完成固定资产投资32亿元，方圆集团氧气底吹造锍捕金新工艺示范项目投产，华泰化工集团50万吨离子膜烧碱项目进展顺利。园区全年新签约项目4个，计划投资37亿元。2.生态工业园，软件大厦主体工程完工，LED项目、大规模集成电路项目、广利河改造工程等项目顺利推进，园区被列为“山东省软件产业园”、“山东省电子信息产业示范园”和“山东省国际服务外包示范基地”。3.油田工业园，新引进高原第四工业园、胜利方圆亿通电源、利丰石油节能作业设备、龙玺石油大口径钢管、胜动燃气咨询及龙玺风塔基础、大明油管修复等7个项目，项目总投资达14亿元，入园项目达到46个，总投资95亿元，完成固定资产投资20.5亿元。4.中心商务区，奥林匹克花园项目启动建设。

方圆氧气底吹造锍捕金新工艺示范项目投产。2008年12月16日，具有中国自主知识产权的“氧气底吹造锍捕金新工艺”国家级示范工程项目在山东方圆有色金属集团一次投产成功，运行良好，达到预期目标。该项目是山东方圆有色金属集团与中国有色工程设计研究总院共同研制，联合开发的，具有工艺先进、技术领先、设备安全可靠、节能环保、资源综合回收率高、原料适应性强、作业环境优良、投资省等优点。它的投产成功，打破了国外技术垄断格局，为中国有色金属产业提供了一流的多金属复杂矿冶炼新工艺和新装备，填补了中国有色冶金领域空白，解决了国家有色金属和贵金属综合提取问题，对国家战略资源储备、推动有色金属产业技术进步具有重大的里程碑意义。

东营国际新能源产品及装备制造基地建设正式启动。10月18日，东营国际新能源产品及装备制造基地新闻发布会在人民大会堂举行，标志着基地建设进入实质运作阶段。东营经济开发区成立由行业专家、企业高管、知名媒体等组成的顾问团和评审团，面向全球组织开展策划招标，选定罗兰·贝格国际管理咨询（上海）有限公司的策划方案。东营国际新能源产品及装备制造基地规划占地30平方公里，重点建设产业研发与检测，高端技术人才和基础技术工人培训，金融与现代服务业，新能源产品推广四大平台和太阳能、风能、综合节能、清洁技术四大产业区。通过平台和产业区建设，吸引跨国公司、国内外知名企业集聚，打造新能源产业、技术、人才和市场聚集区，成为黄河三角洲乃至整个环渤海地区经济发展的一个战略支撑点。

吉盛汽车制造项目落户开发区。东营吉盛汽车有限公司是由浙江吉奥集团2008年在东营经济开发区注册成立的一家集皮卡、微型面包、SUV整车及汽车配件生产的企业。公司投资建设的吉盛汽车生产项目，总投资24亿元，占地66.4公顷，年产15万辆皮卡、SUV及汽车配件项目，建筑面积68万平方米，采用国内最先进的工艺水平和工艺装备。一期产量为5万辆，二期产量为15万辆。2008年公司完成一期工程的总装车间、试制车间、焊装车间、二栋宿舍楼、一栋餐厅及厂区内市政工程的建设，建筑面积达8万平方米。总装车间的设备全部安装完成。2008年3月18日项目开工建设，年内完成固定资产投资5亿元，其中基建投资3.5亿元，设备投资1.5亿元。预计2009年3月第一辆汽车下线。

（东营经济开发区管委会）

【东营港经济开发区】 东营港经济开发区地处东营市以北100公里处的渤海湾西南海岸，2006年4月经省政府批准设立为省级经济开发区，起步区102平方公里，远景发展区466平方公里。东营港经济开发区是黄河三角洲开发建设的龙头和重点突破区，是全市经济发展新的载体和平台，主要发展化工、电力能源、机械装备制造、现代物流四大主导产业。2008年，港区实现国内生产总值1.2亿元，完成市政府调度计划的101%，同比增长237.1%。实现社会固定资产投资5.2亿元，完成市政府调度计划的104%，同比增长21.5%。实现财政一般预算收入3080万元，同比增长51.5%。

东营港一期工程全线交工，实现全市大型基础设施建设的重大突破。2个3万吨级散杂货码头及7020米引桥工程通过验收，均被省交通厅评为优良工程；1号码头3台门机安装到位，码头综合楼、供电设备、航标设施等配套工程全部完成，累计实现投资14.4亿元。港口运营筹备全面展开，中海油制定试运行计划。联检机构达到进驻条件。

2个5万吨级液体化工码头扩建工程获得立项，实现全市石化产业加快发展的重大突破。建设液体化工码头事关黄河三角洲开发建设的进程，也是东营港解决资金瓶颈和拓展发展空间的需要，关系全市石化产业规模化发展，可为石化企业节约大量运输成本。

与中海油合作取得全面成功，实现全市引进战略合作伙伴和市场化运作的重大突破。中海油与东营市签订《东营港码头库区工程及炼化一体化项目合作协议》，计划总投资450亿元，收购东营港已建成的2个3万吨级散杂货码头，投资建设2个5千吨级、2个5万吨级液体化工码头，并在港区建设100万立方米原油、14万立方米成品油仓储罐区和物流园区，建设1200万吨大炼油项目和100万吨乙烯项目，建设中海油工业园，打造炼化一体化基地、精细化工基地以及渤海油田专业服务和海洋工程基地。年内，中海石油炼化山东有限责任公司完成工商注册，10平方公里仓储物流园和工业园已划定，2个5万吨级、2个5千吨级液体化工码头及陆域库区和堆场等项目计划2009年开工建设。中海油进驻港区，实现市委、市政府通过市场化模式建设港口的战略意图，成为建市以来引进投资最大的项目。

大唐国际火电项目加快推进，实现一期立项核准工作的重大突破。该项目总投资220亿元，一期投资83亿元，完成土方吹填和桩基试验，实现通水通电，满足开工前期配套需求。项目筹建处落实办公地点，项目立项提报国家发改委能源局。大唐国际承建的疏港铁路前期工作取得重大进展，将进入立项程序。

规划建设稳步推进，实现在荒碱盐滩建设滨海新城的重大突破。委托中国城市规划设计研究院编制东港新区总体规划，委托上海罗昂建筑设计咨询公司编制起步区控规和修建性详规，委托中国石油和化学规划设计院编制石化产业发展规划。港区建成并通车道路19公里，铺设雨水管线39公里，污水管线37公里，给水管线15公里，实现投资4.1亿元。开发区区域环评获得省环保局批复。

招商引资成效初显，实现全市产业集聚发展的重大突破。全年新引进亚通石化、海科工业园、胜利海运学校、胜宏化工等项目，完成招商引资项目固定资产投资5.42亿元，其中，工业项目完成投资3.6亿元，超额完成市政府调度考核任务的414%；物流项目完成投资1.82亿元，超额完成市政府调度考核任务的160%。至年底，全区已投产或在建项目达到10个，计划总投资50多亿元，联系有投资意向项目30多个。把握全市“产业北移”机遇，为有关县区规划港区工业园，其中东营区工业园开端良好。亚通石化总投资7.8亿元的化工项目即将投产。山东海科集团东营港工业园一期投资6.9亿元的化工项目已完成厂区填土和路基建设，部分设备已定购。投资1.2亿元，区内建设海运学校的教学楼，已完成一层主体建设。物流项目引进实现重大突破，晋鑫煤炭、永顺物流、荣能工贸等物流企业相继落户港区。 (巴海峰)

口 岸

【海关】 2008年，东营海关共监管进出口货物167万吨，与上年持平；进出口货值12.5亿美元，增长30%；监管进出口集装箱15.3万标箱，增长2%；审核报关单20178票，增长38 %；查验进出口货物3767票，增长23%；征收税款5.44亿元，增长152%；审批减免税款1.1亿元；审批加工贸易备案合同889份，备案总值5.17亿美元，增长8%和58%；核销合同1040份，增长33%。自1997年12月开关11年以来，共为地方企业审批减免税款25亿元，保税货物免征税款50亿元，累计为地方经济发展扶持资金75亿元。

坚持量质并举，业务工作成效明显。一是征收税款创历史新高。全年征收税款5.44亿元，同比增长152%。二是通关监管更加严密高效。严格落实处、科级领导带班、值班制度，发挥视频监控和电子地磅等技术手段，确保各个环节在监控内，确保进出口货物既“通得快”，又“管得住”。三是加工贸易保持良性发展。实施保税加工监管作业流程改革，推广电子化手册，为加工贸易企业提供更大便利。四是统计工作水平继续提高。每月及时向青岛海关和地方政府部门报送贸易统计分析报告，为上级领导和地方党政进行外经贸决策提供依据。

坚持促进发展，服务企业效果显现。一是积极促进企业加工贸易转型升级。实行手册电子化改革，简化备案、内销审批业务手续，方便加工贸易企业办理通关业务。通过召开23家主要加工贸易企业座谈会和到企业实地调研的方法，及时了解金融危机给加工贸易企业带来的不利影响，并就企业反映的问题，采取6项措施，帮助企业度过难关。二是完善企业分类管理，让守法企业享受“守法便利”的好处。为应对国际金融危机给实体经济造成的严重危害，海关积极落实国家政策，对A类、AA类企业开展允许类和限制类商品加工贸易恢复实行保证金台账空转，此项可为东营市企业节省流动资金约2亿元。三是帮助企业用足用好国家减免税优惠政策。落实减免税优惠政策，对重大项目引进的设备，提前介入，及时办理减免税审批手续。全年共为企业办理项目备案44份，审批减免税业务159份，减免税款1.13亿元，支持了地方重大工业项目的建设。四是利用海关直通场站通关现场优势，提高服务企业的能力。依托监管场站，加快通关速度，通关时间缩短1~2天，仅华泰集团4年累计节约资金上亿元。在应对国际金融危机的挑战过程中，海关直通场站发挥自身优势，搭建一条高速物流通关“快车道”，降低了企业的物流成本和通关费用。五是批设保税仓库，帮助纺织、橡胶、电子行业增强抵御全球金融风暴的影响。主动送政策上门，为符合条件的山东盛运物流和大海集团分别批设了1家公用型保税仓库和1家备料型保税仓库。保税仓库一年可为企业带来直接利润1200多万元,间接经济效益2000多万元。

坚持综合协调，服务保障水平提高。加强与地方党政有关部门的联络，建立较为融洽的外部关系，树立东营海关良好的外部形象。内部综合保障水平继续提高,精神文明建设取得较好成果。2008年,海关先后获青岛海关奥运安保先进集体、山东省青年文明号、市直机关“五四”红旗团支部、市直机共青团工作先进集体等称号,有10人次受到青岛海关和地方部门的表彰。

（燕华农）

【出入境检验检疫】 2008年,东营出入境检验检疫局共检验检疫出入境货物31295批，货值252966万美元，同比分别增长31.65%和64.98%。其中，出境26399批，货值162114万美元，同比分别增长35.52%和77.65%；入境4896批，货值90852万美元，同比分别增长27.14%和46.35%。检验检疫不合格197批（全部为入境货物),货值3059万美元，同比分别增长33.11%和116.77%，发现动植物疫情5种类,37种次。检验检疫集装箱99382标箱，检出问题915标箱,同比分别下降15.16%和18.45%。

全市共签发普惠制证书1279份,货值5178.11万美元,同比分别下降0.93%和0.42%;一般原产地证165份,货值1000.41万美元,同比分别增长66.67%和161.53%；区域性贸易证书515份,货值2886.87万美元,同比分别增长39.95%和126.47%。

开展专项整治。3月起,组织开展出口食品农产品和部分重点工业品专项整治行动。检验检疫局成立专项整治行动领导小组，制定《出口食品农产品和重点产品质量安全专项整治实施方案》和出口食品农产品、进出口木制品及木家具、进出口服装、进出口汽车配件和进口废物原料等5个专项整治实施细则，加强对专项整治行动的督导检查及与地方政府、相关部门的配合协调,完成出口食品农产品“8个100%”和重点工业产品“4个100%”的专项整治目标要求。

提高工作质量。制定《关于加强检验检疫业务管理的若干规定》,完善产品质量突发事件应急处理机制，对风险评估机制进行规范。完善监管链条。对出口食品农产品的监管，从基地备案入手抓种植养殖源头,1~10月备案蔬菜种植基地73个、2161.7公顷，活禽备案养殖场10个,年出栏活禽600余万只；从分类管理入手抓原辅料，根据产品出口国别实施对原料来源的分类监控，对基地原料实现核销监装，对基地无保障、原料来源不明确的产品不予放行出口;制定实施监控计划，抓疫病疫情和农兽药残留监控，共抽取微生物样品230个，农药残留样品190个，兽药残留样品120个。健全管理长效机制。推行出口食品“公司+基地+标准化”的生产管理模式,建立以“一个模式、十项制度”为主要内容的出口食品安全管理体系；帮助辖区内出口日本食品企业建立食品安全防护体系。加强出口食品农产品区域化治理。与广饶县政府共同制定《关于加强出口食品农产品质量安全区域化建设的意见》;树立典型,推广视频监管,在东营利富得食品有限公司、山东驰中集团2家企业安装运行视频监控系统。开展出口工业品全过程检验检疫监管模式改革，与山东省标准化研究院合作开发“出口轮胎全生命周期电子监控追溯系统”，初步建立出口轮胎全过程监管体系,在万达和金宇企业进行试点。

严格执法。强化涉及安全、卫生、健康、环保的重点敏感商品的检验检疫监管工作，加大行政执法力度，对发现的违反检验检疫法律法规的行为,一查到底,全年共立案查处11起案件。加强检验检疫秩序管理，加大内部稽查和对代理报检单位的监督管理力度。对首次报检的商品和援外物资、旧机电、双边协议、特殊检测项目、委托检验检疫等特殊检验检疫情况进行审核和风险评估，制定风险控制措施，保证了执法质量。

主动开展服务。2008年,市检验检疫局落实以质取胜战略，实施扶优扶强措施。发挥检验检疫技术、信息等优势，加大对轮胎、管材等大宗出口产品重点帮扶力度，在全部轮胎企业推行电子数据监管模式，对大型出口企业优先实施出口免验、绿色通道、分类管理、便捷服务措施等检验检疫的优惠政策,促进产品出口。强化注册和认证认可。帮助凯银食品有限公司获得罐头和速冻方便食品卫生注册资格，帮助东营玉峰水产有限公司获得出口韩国水生动物注册资格。指导5家企业进行各类管理体系认证,其中,质量管理体系1家,HACCP体系

2家,实验室质量管理体系2家。探索建立促进出口合作机制。与河口区政府建立促进水产品出口合作机制,与广饶县政府建立促进农副产品和轮胎出口合作机制。帮助企业打破国外技术壁垒,促进产品顺利出口。对输日食品、输美轮胎等出口产品,组织专业人员研究日本肯定类表制度和美国新的联邦机动车辆安全标准(FMVSS139)等国外技术壁垒规则,加强企业人员培训,帮助企业研究应对措施,有效规避国外技术壁垒,确保输日食品和输美轮胎实现大幅增长。推动原产地政策运用。采取加强优惠原产地政策宣传和产地证审领员培训等措施,产地证签证量快速增长。1~10月,产地证注册企业181家,签证国家50余个,共签发各类优惠原产地证书1657份,8030.31万美元,同比分别增长21.66%和52.47%。

技术保障。加强业务人才引进和培养。招考公务员2名,招考事业编制人员2名,聘用合同制大专以上学历的不同层次技术人员7名。投资近130万元用于食品实验室改造和化矿实验室建设,争取省局、地方政府支持的300余万元检测设备,增强了食品和化矿产品检测能力。食品实验室通过CNAS评审组现场扩项评审,实验室获认可的项目覆盖微生物检测、普通理化检测和农药残留检测3个领域,近20个项目,实验室检测项目、检测批次分别实现增长46%和25%。(徐静)

【海上安全】 2008年,海事处共办理船舶审批定期签证377艘次,航次签证11337艘次;海船舶安全检查77艘次,复查船舶104艘次,安全检查中发现缺陷1323项;滞留船舶6艘,滞留率8.1%;办理危险货物申报审批262艘次;发布航行通(警)告16份;协助查找逃逸船舶47艘次;接收大风警报79次,落实船舶避风计划79次;接收海上险情报警14次,处置海上险情14次,救助遇险船员118人,没有发生负有海事责任的水上交通、船舶污染事故;巡航3次,共135海里,出动船艇3艘次,出动执法人员8人次;实施行政处罚15起,共117900元;举办船员培训148期,船员考试4386人次;规费收入263万元。

完成4项专题调研活动。2008年,海事处先后完成《东营辖区溢油能力建设水平调研》《黄河口旅游船舶管理工作调研》辖区船员教育培训情况调研》和《海上搜救应急机制调研》,掌握辖区内现有资源,整顿海上安全秩序,服务港航经济发展。

保障水上生命财产安全。海事处采取措施推进海上搜救工作。一是对《东营市海上搜救应急预案》进行修订、完善;二是改造搜救中心办公室;三是派员到烟台参加2008年度山东省骨干社会搜救力量海上搜救业务培训班;四是加大与地方相关职能部门的联系沟通;五是与联通、移动公司签订手机定位协议,实现资源共享。年内共实施海上救援14次,共救援船员118人。

加强内河浮桥和旅游船舶管理,保障水上施工作业安全。一是与东营市港航管理处联合开展“安全文明浮桥”创建活动;二是与东营市交通局对黄河口旅游船舶进行联合整治;三是与东营港建有关施工作业单位共同签订《水上施工船舶安全监督管理协议》,加强东营沿海水域水上水下施工作业的安全管理,共建海上安全生产防线。

开展“隐患治理年”、“砂石运输、施工作业船专项整治”活动。成立督查组,开展以检查各项隐患为主要内容的“百日安全生产督查专项行动”。重点对从事海上运输和施工作业的“三无”船舶、内河船舶进行综合治理;对水上水下施工作业是否办理水工作业许可证,施工作业是否超出许可作业范围,是否按规定做好安全和防污染工作等情况进行集中检查;对船舶遵守航行值班制度、雾航规定、安全通信值守、航行安全信息接收、海图配备及导航设备信号等进行专项检查,共查出隐患1213项,及时落实整改措施。

组建远程溢油应急后援队,圆满完成奥帆赛保障任务。7月中旬,根据交通运输部《2008年奥帆赛海上交通安全与应急保障方案》及上级海事局精神,东营海事处组织由胜利石油溢油应急中心为主的远程溢油应急后援队伍,调集围油栏2680米,溢油回收船2条,清洗车4辆,收油机6台,圆满完成指定区域的海上保障任务。东营海事处获交通运输部海上交通安全与应急保障工作领导小组和第二十九届奥林匹克运动会组织委员会帆船委员会颁发的荣誉证书。

2008年东营海域海上搜救情况表

序号	船名	船舶种类	船籍港	总吨	船长（米）	遇险时间	险情种类	险情位置	遇险人数	获救人数
1	上源	干货船	天津	499	52.8	2008.1.20	翻沉	38°15′N、118°59′E	9	2
2	鲁沾渔6026	渔船	滨州			2008.3.17	触碰	38°06′N、118°58′E	8	8
3	鲁垦渔31604	渔船	东营		12	2008.3.18	机械故障	广利港	4	4
4	聚鑫	干货船	东营	499	53.3	2008.4.27	沉没	37°51′N、119°12′E	9	9
5	鲁沾渔0525	渔船	东营			2008.5.31	货舱进水	南防坡堤附近	4	4
6	顺安88	散货船	芜湖	2599	87.8	2008.6.7	翻沉	37°43′N、119°29′E	9	9
7	鲁东渔0557	渔船	东营		26.5	2008.7.23	搁浅	38°05′N、118°58′E	8	8
8	施工渔船	渔船	东营			2008.8.14	风灾	南防坡堤附近	17	17
9	鲁河渔3111	渔船	东营			2008.8.15	风灾	38°06′N、118°58′E	3	3
10	中大1号	驳船	威海	4388	85	2008.8.15	走锚	38°04′N、118°59′E	22	22
11	渝安818	货船	涪陵	1933	86.8	2008.8.16	风灾搁浅	“索特66”轮附近	12	12
12	冀丰渔5249	渔船	河北			2008.9.16	风灾	38°05′N、118°58′E	6	6
13	皖鸿远2458	货船	巢湖			2008.10.3	搁浅	38°05′N、118°59′E	6	6
14	聚鑫	干货船	东营	499	53.3	2008.12.10	坐底沉没	37°51′N、119°13′E	8	8
15	总计								125	118

（向修岩）

【边防检查】 开展岗位练兵，提高队伍整体素质。以深化大练兵、开展“百十一”练兵活动为载体，推行群众性岗位练兵活动，巩固立足岗位、贴近实战的经常性练兵机制，实现练兵工作化、练战一体化。全年官兵参训率达97.5%，较好完成各项军事训练任务，70%以上训练科目成绩达优秀，官兵的军事业务技能和岗位工作能力取得明显进步。抽调2名机关干部到中队任职，建立领导带班和跟班制度，中队的日常管理教育得到加强；落实奥运期间战备要求，制定严密的战备方案，开展临战训练，从实战出发，5次组织开展处置突发事件演练，每周组织一次紧急集合拉练，强化官兵处突应急意识，培养团结、紧张的作风，提高部队指挥、快速反应和综合保障能力，增强执行命令的坚定性和完成任务的灵活性。参与重点时期的安全保卫5次，圆满完成任务。开展多种形式的双拥共建活动，建立和谐的警政、警民关系，新增共建单位6个，推动了地方经济社会发展和部队建设的共同发展。与广饶县花官乡敬老院结成帮扶对子，组织官兵到敬老院看望老人，组织义务劳动和就诊活动。组织官兵向慈善事业和贫困儿童捐款近8000元，组织官兵、党员向地震灾区捐款和缴纳特殊党费9400元，以单位和个人名义参与地方赈灾捐款5.4万元。年内组织官兵为东营海关、胜采武装部军训职工1000余人，提高地方和油田单位员工的国防意识和军事素养。2008年，东营边防检查站被评为市级文明单位，被市委、市政府表彰为拥政爱民先进集体，1人被表彰为先进个人，并记二等功。

加强部队管理，提升部队正规化管理水平。以学习贯彻《解放军安全条例》为契机，突出抓好车辆事故预防、计算机网络安全和“五条禁令”的贯彻执行。组织开展“百日安全无事故”、集中教育整顿等活动。2008年奥运安保期间，严格落实公安部边防局、总队关于奥运安保和部队“两防”工作会议精神，逐级签订安全责任状，将安全责任分解到每个岗位和每名官兵，形成“险情有人报，苗头有人抓，漏洞有人补，违纪有人纠”的安全管理氛围，年内未发生安全责任事故。

落实从优待警政策，营造干事创业氛围。边防检查站坚持从“待遇留人、事业留人”着手，落实从优待警政策，提高官兵物质待遇。2008年，为2名家庭困难官兵争取1万元的救助金，为3名困难官兵每人发放3000元的救济金。通过法律援助中心，为一名战士家庭解决司法诉讼难点问题，依法保护战士家庭的合法权益。从地方院校聘请教师，利用业余时间对战士进行文化辅导，鼓励官兵在职学习。2名战士参加地方组织的函授学习,2名干部获法律本科毕业文凭。

(刘明忠)

外事侨务

【友好交流】 东营市与法国东比利牛斯省正式结为友好城市,这是东营市与国外政府缔结的第三个友好城市，填补了欧洲友城的空白。与美国米德兰市共同设立友好教育基金，美国米德兰市米东姊妹城协会已为该基金拨款2000美元。圆满完成与韩国三陟市公务员互派交流项目。与韩国京畿道杨州市、德国巴伐利亚州巴特基辛根市、日本千叶县木更津市达成建立友好交往城市关系意向。接待韩国、日本、美国、比利时、法国、老挝等国家政府代表团来访，接待由美国德克萨斯州参议员罗德里·艾里斯和美国休斯敦市副市长阿德里安·加西亚率领的休斯敦市政府代表团。组织东营市19名青少年学生赴日本交流、访问。

【重要出访活动】 2008年4月，东营市长张建华率团赴美国、巴西、委内瑞拉进行经贸考察。期间，张建华参加了世界能源城市伙伴组织年度大会，参观了美国国际石油、天然气展览会,并与美国石油工程协会、OTC组织在石油装备制造业领域的投资、贸易和技术方面的问题进行探讨和合作。考察了巴西、委内瑞拉两国的对外贸易政策，探讨与美国和拉美地区石油装备产业领域的合作。

4月，东营市委书记张秋波率团赴加拿大、奥地利考察访问。重点考察两国知名城市建设规划及旅游项目开发的政策措施,学习两国旅游业发展的经验和做法，探讨东营市与两国在城市规划、旅游景点建设等方面的交流与合作。

4月，副市长曹连杰率团赴比利时，与世界500强企业苏威集团公司就双氧水项目进行洽谈并签约。

5月，市人大常委会副主任周燕明率团赴南非、埃及,考察两国地方议会选举情况，以及议会监督地方法律和各项政策法规的执行情况。举办招商推介会,推动东营市西水橡胶集团、兴源轮胎集团和永泰化工集团与南非协力轮胎公司和埃及标准营销公司的项目合作。

5月，副市长李金昆率团访问美国。宣传东营市的优势资源和良好的投资环境，并就吸引美资企业入驻东营经济开发区进行实地考察。

11月,市人大常委会原副主任姜振邦率团访问法国。与法国东比利牛斯省签署友好城市关系协议书，东营市与东比利牛斯省正式结为友好城市。双方在开展公务员交流培训、向佩比尼昂大学选派留学生、劳务输出、环保和机械制造等方面达成合作意向。

12月,市委副书记刘曙光率团赴香港参加黄河三角洲(中国·东营)特优农产品(香港)推介会暨重点农业项目招商会。开展产品宣传推介、专案洽谈、商务考察等活动,加强了与港、澳、台客商及国内外工商企业的交流与合作，提高了黄河三角洲特优农产品的国际知名度。

【重要来访活动】 2008年4月14日,韩国京畿道杨州市副市长俞政仁一行3人来东营市进行友好访问。访问加深了两市的了解，增进了两市人民的友谊，促进了文化及经贸领域的广泛合作与交流，并达成在条件成熟时缔结友好城市关系的意向。

4月18日,美国米德兰市公务员Trevor Best代表米德兰市来东营市进行参观交流。参观了广饶县孙武祠、历史博物馆和黄河入海口，观摩了市体校武术表演等。

5月15日,原中国驻德国大使、中国人民外交学会荣誉会长卢秋田来东营考察指导工作。期间在东营宾馆作《东西方文化差异》的报告会,各县区和市直各部门的代表参加会议。

6月15日,全国人大外事委员会主任委员、原外交部部长李肇星一行来东营考察指导工作。

7月18日,老挝老共中央政治局委员、丰沙里省委书记、省长坎山·苏翁一行11人来东营市进行商务考察。与西水集团洽谈老挝橡胶园开发建设项目，并现场考察西水集团运营情况。

7月20日,比利时青田同乡会常务副会长、中文学校校长傅伯弟考察团一行5人来东营市考察访问。考察团参观访问了华泰集团和东营经济开发区，双方就如何开展房地产方面合作进行了探讨。

【外事管理】 严格因公出国(境)审批。市外侨办起草出台《关于进一步加强全市因公出国管理工作有关问题的意见》《东营市党政机关事业单位工作人员因公出国(境)审核审批补充规定》,严格控制因公出访国家、人员、时间,注重督促落实出访实效,有效防止公款出国旅游现象的发生。2008年共办理因公出国团组118批473人次,与上年比减少21批22人次,批数和人次同比分别下降15.1%和4.4%。

加强涉外管理工作。与县区政府办公室、开发区及辖区25家聘用外国人的企业、学校签订《东营市外事与侨务办公室与外国人所在单位共同管理责任书》,明确涉外单位对外国人的服务管理责任和应遵守的外事纪律,建立安全事项报告和责任追究制度,保证东营市涉外安全和稳定。会同有关部门起草《东营市涉外突发事件应急预案》,加强对因公出国护照的管理工作,对全市的因公护照进行集中清理,东营市的公务护照和普通护照收缴率均达100%。

做好服务奥运工作,强化外国记者管理。外侨办牵头组织成立由市直有关部门组成的"东营市北京奥运期间外国记者采访管理工作联席会议",确定新闻发言人并安排培训。北京奥运期间,全市未发生有负面影响的涉外事件。

服务大型涉外活动。2008中国(东营)国际石油装备与技术展览会期间,外侨办承担大会翻译服务、全程接待休斯敦市政府代表团和组织双边能源合作协议签字仪式。展览会期间,与休斯敦市签署双边能源合作协定、环保培训项目协议和医疗合作备忘录。

【侨务工作】 开展侨法进企业、进学校试点。选定中国石油大学、方圆铜业有色金属有限公司、东营华侨橡塑有限公司为先行试点单位,召开试点工作动员会议,组织对有关人员进行培训,指导、帮助各试点单位制定具体实施方案,制作宣传栏和橱窗,建立企业侨务工作站,定期开展侨务法规知识培训。组织侨法知识竞赛,召开颁奖大会。在石油大学建立全国第一个大学"侨法宣传角"。

搞好为侨服务。中秋节前夕外侨办与市政协、市侨联共同举办"话中秋、谋发展"联谊会。协助侨资企业联谊会与青岛市侨商总会签订友好关系协议。2008年共接待来信、来访38人次,就侨界群众反映的子女升学、就业、生活补助、身份确认等问题,均依照规定妥善处理,办结率100%。坚持走访慰问归侨侨眷,走访慰问归侨侨眷124户。做好"侨益助学中心"工作,资助贫困学生8名;倡导侨资企业资助贫困归侨侨眷子女4名,资助金额2万余元。

【实施"侨爱工程"】 开展支援"抗震救灾"活动,号召东营籍的海外华侨、归侨侨眷和在东营市的侨商支援灾区建设,共募集捐款299.95万元,其中个人捐款67.98万元。开展"侨爱工程——万侨助万村"活动,全市各级侨办系统与7个乡村结成帮扶对子,有19家侨资企业与23个村庄结成帮扶对子,累计投资313万元。

【引进UNIDO项目】 在联合国工发组织中国投资促进处首席代表胡援东引荐和市外侨办推动下,1位外商投资12亿元在市经济开发区注册成立山东宝力通信科技有限公司。公司主要生产高科技门锁、汽车防盗系列产品以及超导光纤电子通讯产品。占地面积40余公顷。公司所在园区被国际绿色产业专家委员会命名为绿色科技园区,项目被联合国工发组织列为2008~2009年度重点支持项目名录。联合国工业发展组织与东营市签订绿色产业示范区延期至2010年合作协议,并第3次授予东营市外侨办"绿色产业建设先进单位"荣誉称号。

(殷长海　商力森)

旅游

- 创建中国优秀旅游城市
- 旅游线路与景点
- 黄河口生态旅游区创建为全市第一家国家 4A 级景区
- 实施鸟类栖息地保护工程

综　述

【创建中国优秀旅游城市】 2008年,市委、市政府高度重视东营市创建中国优秀旅游城市创优工作，把这项工作作为全面提升旅游业发展水平、推动经济社会协调快速发展的一项重要措施。2008年4月14日，召开全市创建中国优秀旅游城市动员大会，推动全市创优工作深入开展。创优工作取得丰硕成果（详见“特载”19页）。

【旅游业实现长足发展】 巩固旅游业作为全市新经济增长点的地位，旅游资源优势向经济优势和产业优势的转化速度明显加快，“政府主导、社会参与、市场化运作、多元化投入”的发展和运行机制逐步确立，旅游产业规模不断扩大,产业体系逐步完善,旅游综合接待能力明显提高。至年底，全市有旅游星级饭店25家,其中五星级饭店2家，四星级饭店4家,三星级饭店11家,二星级饭店8家;旅行社64家,其中国际旅行社7家，国内旅行社57家,全国百强旅行社1家;旅游A级景区13处,其中国家4A级景区1处、3A级景区4处、2A级景区8处。

2008年,东营市把旅游业作为服务业的核心产业、区域经济的龙头产业、撬动黄河三角洲开发建设的支点产业重点培育发展，以创建中国优秀旅游城市为总抓手，促进旅游业又好又快发展。全年接待游客人数突破429万人次,实现旅游总收入28.5亿元,同比分别增长30.2%和39%,增幅位居全省前列；接待入境游客达到16000多人，实现创汇950万美元，分别比上年增长35%和46%；旅游收入占GDP 3.05%。创建中国优秀旅游城市工作通过国家旅游局验收。

旅游项目与基础设施建设

【A级景区建设】 2008年,为整合全市旅游资源，对景区景点进行提升改造和合理引导，有效促进景区规划建设上水平。市政府成立“东营市旅游规划委员会”,统一组织全市旅游规划的编制和评审,制定出台《东营市旅游景区建设管理办法》,聘请专家编制提升东营市旅游总体规划。

景区建设实现整体突破。针对全市景区景点的实际，提出并确定以“一区一带五湖十园”为重点的发展思路,开展A级景区建设，增强全市旅游景区景点的吸引力和竞争力。黄河口生态旅游区创建为国家4A级景区，揽翠湖等4个景区创建为国家3A级景区，渤海垦区革命纪念馆等8个景区创建为国家2A级景区，清风湖被评为省级风景名胜区。全市A级景区已达到13家。

【旅游“县镇村”创建工作】 垦利县创建“旅游强县”成效明显,县旅游产业规模、旅游经济总量、旅游基础设施水平、旅游服务质量等得到全面提升，基本达到省级“旅游强县”水平。2008年,龙居乡、西宋乡被命名为山东省“旅游强乡镇”;东营区小麻湾村等4个村被命名为山东省“旅游特色村”；正汉海洋食品有限公司、垦利县白石温泉生态园等6个单位被命名为山东省工、农业旅游示范点。

【配套完善旅游基础设施】 一是初步建成立体便捷的旅游交通体系。全市实施重大交通设施建设项目,“三路两港一场”建设进展顺利,荣乌高速公路全线贯通，黄大铁路开工建设，德龙烟铁路正在推进,东营港、广利港建设按计划进行，东营机场4D级改造工程启动。二是旅游环境得到改善。东营创建为全国环保模范城，人居环境明显改善。三是提高城市绿化、亮化、美化水平。实施林网、路网、水网合一的“三网”绿化工程，全年投资10.53亿元,完成绿化面积68.94万亩，植树3480.68万株，建设林网化农田88.49万亩，绿化路域1446.67公里,绿化水系680.05公里,基本实现全市农田林网化、路域林荫化、水系风景化。四是“黄河水城”建设成效显著。广利河综合治理工程,已完成河道治理、上游段水利配套工程及岸线工程,初现水清、岸绿、景美的靓丽景色,“黄河水城”品牌的影响力日益扩大。五是推进重点文化旅游工程建设。在中心城区规划建设文化公园、体育公园、科技公园、黄河口大剧院、会展中心等重点文化旅游工程，初步形成有地方文化特色的现代化旅游城市。

【完善城市旅游功能】 一是旅游厕所建设。在市区主要街道、通往景区景点的道路上新建、改建25处旅游厕所，规范旅游厕所公共信息图形符号，增设残疾人无障碍设施。二是城市公共信息服务系统建设。在城市主干道及通往景区景点的道路，设立中英文对照交通指示牌251块,在火车站、长途汽车站、飞机场等16处安装旅游地图广告牌，设立规范的旅游咨询服务中心、中英文对照说明及公共信息图形符号；完善汽车总站游客集散中心功能，配备电脑、触摸屏等设备及各种旅游宣传品；在机场醒目位置设外币兑换点,有当日外汇牌价公告。三是旅游服务设施建设。规划建设“运河路霓虹灯一条街”，实现夜间美化、亮化;建成众成旅游购物一条街和东城银座购物一条街；以首届旅游商品展示会为契机，整合包装佛头黑陶、齐笔、黄河口水产等一批优秀旅游商品，提高其精细包装水平和艺术设计水准；整改提高沂河路特色餐饮一条街,培育“金辰美食一条街”,出台优惠政策吸引餐饮商户入驻，至年底,已进驻商户38家;新建和改造一批公用电话亭、邮政报刊亭等,确保外观完好,规范经营;增设旅游专线车、观光巴士,并正式运营。四是丰富城市旅游文化娱乐活动。增加新世纪广场东侧环城水系的晚间水上娱乐项目，规范和完善城市晚间游览、娱乐项目、景区晚间固定接待旅游团队的旅游项目；提高黄河口生态旅游区、南国风情园、白石温泉生态园表演档次、增强艺术性;组织编排出一台富有浓郁黄河口风情的文艺项目——《河风海韵》。

市场开发

【旅游形象宣传】 一是在央视一套、四套品牌栏目黄金时段播放东营市城市形象宣传片，宣传效果十分明显；二是8月3~7日在央视十套《探索·发现》栏目播出大型系列纪录片《黄河入海流》，全景展示黄河口自然景观、风土人情以及黄河安澜30多年来东营市经济社会发展的历程；三是在东营日报社、电台、电视台均开设“创优”活动专题专栏;四是在中央人民广播电台、《中国旅游报》等市外媒体发表市“创优”宣传稿件50多篇条。2008年,全市用于旅游形象宣传资金达1200万元，由市旅游局支付的专项宣传促销经费达360万元。

【旅游促销活动】 一是加大京津等重要客源地的宣传营销，在北京、上海、大连等地大量投放旅游宣传广告。组织参加2008第十届北京旅游咨询展等重要展会活动，重点推出黄河口湿地生态之旅、石油文化之旅和孙子兵家文化之旅等3条旅游线路。二是依据东营旅游资源特色,协调淄博、滨州、莱芜形成四市旅游联盟,共同推行旅游年卡活动，提升景区的长年收益。四是以“节”促旅游。举办中国(东营)国际石油装备与技术展览会、第四届孙子国际文化节、首届黄河口马拉松邀请赛等,提升了东营旅游的影响力。五是参加省旅游局组织的“捆绑营销”工作,利用红墙媒体在北京、上海、大连的25座电视屏幕墙每天进行15秒循环播放,有效提升东营市的旅游知名度。

行业管理

【旅游餐饮企业发展】 全市旅游星级饭店达到25家，旅游星级餐馆达到13家,其中,五星级饭店2家、四星级饭店4家,拥有四星级以上饭店位居全省同级城市第二位。蓝海国际大饭店被评为五星级旅游饭店，大明大厦晋升为四星级旅游饭店；蓝海酒店集团被列为全省重点扶持龙头旅游饭店企业，综合实力列全省旅游餐饮集团第1位。

【旅行社发展】 2008年,全市旅行社达到64家,其中,国际(分)社达到7家。全市国际(组团)社数量列全省同级城市第3位;东营市被授予全省第二批具有出境组团旅游审核权的城市；鲵龙航空旅行社、黄河口国际旅行社被列为全省旅行社行业重点扶持对象;鲵龙航空旅行社进入全省“十强”和全国“百强”,实现了东营全国“百强”旅行社零的突破;“黄河口旅游”被认定为山东省著名商标，全市旅游业服务名牌达到2个。

【旅游商品开发】 7月,市旅游局牵头组织举办市首届旅游商品展评会，全市共有130家旅游商品开发和生产企业参展，评出各类旅游商品金银铜奖30个。积极推介重点旅游商品进超市、进星级饭店。

【加强导游人员的管理和培训】 制定出台《东营市导游人员管理办法》等,建立导游人员年审和岗前培训制度，举办导游人员业务培训班，进一步提高了导游人员的综合素质和业务技能，全市导游队伍发展到1200多名。2008年全市共有301人参加导游资格考试，有34人参加中级导游考试，东营市被评为全省导游资格考试优秀考点。

【行业精神文明建设】 东胜大厦被授予“全国巾帼文明示范岗”、国家级“青年文明号”称号;东营宾馆被授予省级“青年文明号”。至年底，全市旅游行业共有国家级“青年文明号”3家、省级5家，国家级青年文明号数量位列全省同级城市第1位。利丰国际旅行社、毓龙航空旅行社等6家旅游企业被评为市级文明单位。

【开展旅游市场秩序专项治理活动】 开展旅游市场秩序专项整治活动，严厉打击无证经营、恶性竞争、超范围经营等非法行为。8月对全市64家旅行社进行拉网式检查，针对初检中发现的问题进行集中整改，对经营管理不善的12家单位给予暂缓通过处理，及时受理各类旅游质量投诉8件，办结率100%，维护游客的合法权益。规范整改“东营一日游”经营，编制东营一日游线路，组织举办5次“东营一日游”导游培训，提高导游人员的服务水平。高度重视旅游安全工作，建立健全紧急救援机构，完善旅游保险，规范黄河口游船的经营管理，确保安全。

东营市星级饭店一览表

序号	饭店名称	地　址	星　级	电　话
1	东胜大厦	东营市西四路616号	五星	8687777
2	蓝海国际大饭店	东营市新区黄河路与庐山路交汇处	五星	8266666
3	东营宾馆	东营市东三路104号	四星	8062999
4	新悦大酒店	东营市济南路1号	四星	7667777
5	华泰大厦	东营市广饶县大王镇	四星	6888800
6	大明大厦	东营市济南路172号	四星	7888888
7	蓝海大酒店	东营市府前街158号	三星	8081588
8	聚丰大酒店	东营市西三路41号	三星	8501888
9	黄河饭店	东营市济南路256号	三星	8813888
10	西城宾馆	东营市淄博路200号	三星	7669999
11	蓝海汇州大酒店	垦利县民风路	三星	2891155
12	广饶宾馆	东营市广饶县迎宾路	三星	6680060
13	桩西宾馆	东营市河口区仙河镇	三星	8487091
14	河口宾馆	河口区海宁路285号	三星	3888888
15	大王宾馆	东营市广饶县大王镇	三星	6881008
16	利津宾馆	利津县利一路112号	三星	5621315
17	东营大酒店	东营市商河路166号	二星	8224777
18	东方俱乐部	东营市府前街127号	二星	8835738
19	金岛宾馆	东营市河口区孤岛镇	二星	8886829
20	丽晶大酒店	东营市济南路43号	二星	8224568
21	白云饭店	东营市北一路188号	二星	8716888
22	天鹅湖度假村	东营市南二路东首	二星	8832152
23	海星宾馆	东营市河口区仙河镇	二星	3982999
24	富丽华大酒店	东营市广饶县孙武路95号	二星	7723333

东营市旅游星级餐馆一览表

序号	店名	餐馆地址	星级	电话
1	仙桥饭店	河口区仙河镇滨港路81号	三星	3982768
2	福临楼	河口区和平路56号	三星	3995888
3	福大名轩海鲜酒楼	河口区海盛路62号	三星	8672666
4	顺风肥牛海鲜城	河口区德盛街	三星	8671777
5	益生园火锅食府	利津县利三路328号	三星	5681676
6	黄河故道新发饭店	利津县陈庄镇滨港路310省道南	三星	5153665
7	天外天酒楼	利津县利四路152号	三星	5622652
8	白石温泉生态园	西城北二路8号(郝家工业园)	三星	8810888
9	齐禧顺风餐饮连锁	广饶县月河路292号	三星	6450000
10	华茂生态美食园	广饶县开发区北800米辛河路西	三星	6263888
11	阿瓦山寨风情食府	河口区德盛街	二星	8662968
12	食为天食府	河口区海康路73号	二星	3650588
13	季家羊肉馆	利津县黄家集贸城	二星	7703338

东营市旅行社基本信息表

序号	单　位	电　话	地　址	序号	单　位	电　话	地　址
1	东营利丰国际旅行社	8227676	市西三路41号	19	市黄河三角洲旅行社	8221191	市济南路
2	山东省黄河口国际旅行社	8220788	市西四路440号	20	市金色假日旅行社	8777111	市西四路377号
3	香港中旅东营分公司	8330666	市府前街105号	21	市环球旅行社	7773851	垦利中兴路51号
4	东营市国际旅行社	8339833	市府前街103号	22	东营金星旅行社	6925666	广饶县南环路
5	油田青年国际旅行社	8556405	市西三路395号	23	山东旅游公司东营分公司	8701322	市淄博路109号
6	山东省中国旅行社东营分社	7778880	市淄博路西首	24	东营平安旅行社	8787738	市西三路127号
7	山东蓝海国际旅行社	8151886	市黄河路与庐山路交汇处	25	东营天海假日旅行社	8663555	河口海康路8号
8	东营工益假日旅行社	8776766	市济南路196号	26	东营胜利旅行社	8789000	市北一路63号
9	东营耀华旅行社	6923333	广饶县	27	东营瀛宝旅行社	8211111	市北一路223号
10	油田豪威旅行社	8554553	市西三路8号	28	东营一鸣旅行社	6922222	广饶兵圣路2号
11	市青年旅行社	8228898	市淄博路27号	29	东营市九州旅行社	7788133	东营区淄博路
12	市交通旅行社	8202345	市济南路232号	30	东营市乐安旅行社	6925688	广饶踊跃路6号
13	油田白云旅行社	7660588	市北一路188号	31	东营市天地行旅行社	7862726	市西四路377号
14	胜中明珠旅行社	8797751	市西一路231号	32	东营市凤凰旅行社	5685777	利津二路187号
15	东营大明旅行社	7888666	市济南路172号	33	东营市阳光旅行社	8226767	市北一路227号
16	市毓龙航空旅行社	8251277	市淄博路1号	34	东营联合假日旅行社	7781598	市济南路270号
17	油田天鹅湖旅行社	8227789	市北二路318号	35	东营市中力假日旅行社	8710228	市济南路248号
18	油田盛运旅行社	7788333	市西四路269号	36	东营市康辉旅行社	8259446	市淄博路92号

续表

序号	单位	电话	地址	序号	单位	电话	地址
37	东营市天一旅行社	8336625	市曹州路	52	东营市隆程旅行社	3996666	河口区德胜街49号
38	东营山水旅行社	8309575	市沂河路	53	东营市江川旅行社	8021115	市东三路115号
39	东营蓝天旅行社	8320303	市胶州路	54	东营市蔚蓝旅行社	8086768	市商贸城海关园6号
40	油田长安旅行社	7662366	市西四路248号	55	东营市国泰旅行社	5628678	利津县利二路1号
41	市世拓旅行社	8200200	市西四路377号	56	东营市环宇旅行社	2527500	垦利县黄河路9号
42	东营华旅假日旅行社	7777770	市淄博路西首	57	东营市锦华旅行社	8916669	市淄博路38号
43	市交运旅行社	7761298	市长途西站	58	东营大元旅行社	8631881	市沙河路2号
44	东营天驰旅行社	8782998	市北二路133号	59	东营市海天假期旅行社	7697699	垦利县中兴路15－2号
45	市胜华旅行社	8539222	市西二路华安街169号	60	东营市金海岸旅行社	2880168	垦利县黄河路汽配城
46	市飞扬旅行社	8671788	河口区黄河路62号	61	东营市一诺旅行社	7708061	利津县利三西路148号
47	市冲亚旅行社	6878996	大王潍高路1号	62	东营市春秋旅行社	7713256	河口区海康路39号
48	胜利油田集兴旅行社	8718777	市五台山路西37号	63	东营市名仁旅行社	8550536	市济南路196号
49	市四方旅行社	2986096	市西三路西108－25号	64	东营市鲁风旅行社	7685128	东营宾馆院内
50	东营信威旅行社	8702020	市黄河路127号	65	东营市金秋旅行社	8055655	垦利县永兴路商贸楼
51	东营黄河水城旅行社	8918110	市济南路131号				

重点旅游线路与主要旅游景点

【旅游线路】

生态旅游线路：

A线：揽翠湖休闲度假区—黄河口湿地博物馆—黄河口生态旅游区

B线：黄河入海口农业观光园—黄河口万尔生态园—黄河口生态旅游区

红色旅游线路：

A线：东营市历史博物馆(孙武祠)—张太恒将军纪念馆—中共刘集支部旧址纪念馆—渤海垦区革命纪念馆

B线：渤海垦区革命纪念馆—天鹅湖休闲度假区—中共刘集支部旧址纪念馆

农业旅游线路：黄河入海口农业观光园—黄河口万尔生态园—军马场农博园—南国风情园

工业旅游线路：油田科技展览中心—孤东油田—围海长堤—海上钻井平台—仙河镇

保健旅游线路：

A线：揽翠湖休闲度假区—天鹅湖休闲度假区—清风湖休闲度假区—民丰湖休闲度假区

B线：天鹅湖休闲度假区—孙武湖休闲度假区—揽翠湖休闲度假区

乡村旅游线路：

A线：丁庄冬枣采摘园—南国风情园—白石温泉生态园

B线：黄河入海口农业观光园—黄河口万尔生态园—白石温泉生态园

城市风光旅游线：

A线：新世纪广场—明月湖城市湿地公园—胜利广场—黄河公园

B线：清风湖公园—明月湖城市湿地公园—黄河公园—民丰湖休闲度假区

【景点简介】

黄河口生态旅游区：位于东营市东北部的黄河入海口，总面积15.3万公顷，是以保护新生湿地生态系统和珍稀、濒危鸟类为主体的湿地类型保护区。区内生态环境独特，动植物资源丰富。共有动植物1900多种，其中属国家重点保护的有江豚、斑海豹等，属国家一级重点保护鸟类有丹顶鹤、东方白鹳等9种。该区以独特的生态环境，得天独厚的自然条件，造就了“新、奇、特、旷、野”的美学特征，形成了以黄河入海口、天然苇荡、沼泽湿地、浅海滩涂、野生鸟类等丰富而又独具特色的自然景观。黄河三角洲湿地是全球十九大湿地之一，也是全世界增长最快、中国最大的新生湿地。被国内外生态专家誉为中国暖温带保存最完整、最广阔、最年轻的湿地生态系统，是东北亚内陆和环西太平洋鸟类迁徙重要的中转站、越冬栖息地和繁殖地，是研究生物衍化及演变规律的“基因库”。

胜利天鹅湖旅游风景区：是山东省“十佳”水体风光类景区、国家AAA级旅游风景区、国家水利风景区。胜利天鹅湖是亚洲最大的平原人工湖，总面积63平方公里，是杭州西湖面积的8倍。胜利天鹅湖作为黄河三角洲生态保护区的组成部分，保持了暖温带湿地生态环境特征，这里鸟类品种繁多，常年栖息在此的鸟类有300余种，其中珍禽有白天鹅、黑天鹅、丹顶鹤等，尤以国家二级保护动物天鹅著名，每年十一月至次年四月都有成千上万只天鹅相约而至，景色壮观美丽，“天鹅湖”由此得名。湖区自然风光迷人，人文景观独特，一山七岛，借水筑园、步步有景、如临大海，似进仙界。景区以“大水面、大空间”为主要特色，因“七岛、六景、五特、两鲜”的特点而闻名。其中“七岛”为：北岛、太阳岛、南岛、卧佛岛与三个鸟岛，从空中俯视如北斗七星映射地面；“六景”为：日月山、太阳岛、天涯海角、胜利天鹅湖动物园、卧佛岛、爱国主义教育基地六大景点；“五特”为：地热资源特别丰富、候鸟特别多、大水面环境特别好、湖鲜特别好和地理位置特殊五个特点；“两鲜”为：空气特别新鲜、湖区鱼类和野菜特别鲜。

东营市历史博物馆：始建于1993年，原为广饶县博物馆，馆址位于广饶县城月河路东侧、文化广场北面。新馆于2002年1月开工建设，2003年10月建成，占地面积4万多平方米，总建筑面积6812平方米，全框架结构，外观庄重大方，地上三层，地下一层，陈列总面积3500平方米。有基本陈列9个：一楼为史前文化展、馆藏文物精品展、石刻造像展、历史名人、地方革命史、齐风古韵古乐器展；二楼为馆藏书画精品展、广饶民俗风情展、吕剧起源与发展专题展；三楼是发展成就展览。馆藏文物5000余件，其中国家三级以上文物320余件，包括全国重点文物保护单位—傅家遗址出土的史前（5000年前）中国最早的开颅术例证以及自龙山文化迄明清时期各类文物精品、石造像、碑刻等文物，还有国内现存最早的中文译本《共产党宣言》。博物馆馆藏丰富，文物珍贵，备受媒体关注，是当前鲁北最大的区域性博物馆。

胜利油田科技展览中心：地处东营市西城繁华地段，占地面积15000平方米，建筑面积6600平方米，累计投入5000多万元。是一座系统展示石油知识和胜利油田开发历程的综合性展览馆。科技展览中心设有油田发展史、勘探开发和科技成就三个展厅，全面展示了胜利油田四十年的发展历史、勘探开发历程和取得的科技成就。厅内陈列着各类标本、实物、模型和史料2000余件，有游客可参与操作的演示模型等，内容丰富多彩。科技展览中心自2000年6月向游人开放以来，受到了各界人士的广泛关注和赞誉，成为一处高品位的旅游景点。科技展览中心是胜利油田发展历史的缩影，是中国石油工业景观的再现。

揽翠湖旅游度假区：位于东营市东、西城中间，占地3700多亩，累计投入建设资金达3.5亿元。度假区内已初步建成四大区域：水上活动中心区、生态植物观光区、特色商务休闲区、中老年康体活动区；区内有水面400亩，树木160万株，绿地60万平方米，拥有高尔夫球场、拓展基地、花卉蔬菜观赏园、植物科普园、果品采摘园、水上乐园、生态餐厅、温泉洗浴等项目与景点，景区建设初具规模。委托北京清华规划设计院对整个景区做总体规划，凭借其优越的地理位置和良好的自然生态环境，打造一个集商务休闲、生态观光、康体娱乐、温泉疗养等诸多元素于一体的精品景区。

民丰湖休闲娱乐区：位于垦利新城区，占地面积5000亩，取“物阜民丰”之意。北接行政新区，建有三星级酒店、外商俱乐部、文化广场等配套设施。建有植物园、儿童游乐场和水上乐园。民丰湖休闲娱乐区以水为脉，以龙为名。卧龙桥、盘龙岛、龙门塔，塔影湖光，精致优雅；龙吟溪、子龙河，亲水凌波，韵味无穷；湖周铺绿抹青，亭、台、水榭、长廊，散布其中，自然天成。长龙卧碧波，玉带系明珠，湖、塔、桥、河相映成趣，构成黄河口一道靓丽风景。

黄河入海口生态农业观光园：位于旅游南线中段，西宋乡万亩蜜桃园腹地，占地面积1.6万亩。该园以万亩蜜桃园、冬枣园、芦苇荡、大水面等自然景观为依托，以建设东营市规模最大的农业观光园区、东营市郊区的重要游憩休闲地、山东知名的现代农业示范区为目标，集观光、休闲于一体的园区。园区内主要建有入口引景区、服务接待区、观光采摘区、静养保健区、科普娱乐区、休闲渔业区、龙湖、芦竹生态迷宫等。2001年,园区内的蜜桃、冬枣等果品已经山东省工商总局注册"黄河口"商标,同年在"世界博览会"上获优质产品称号;2004年,园内生产基地被省农业厅批准为"无公害生产基地"。至2008年底,园区已举办六届桃花节和五届观光园采摘节,取得良好的经济效益和社会效益。

渤海垦区革命纪念馆:位于垦利县永安镇。2006年4月28日开馆,纪念馆主体由山东省城镇规划设计院设计,为主体二层、局部三层仿古建筑,馆体长37米,宽45米,高8米,寓意分别为1937年日本侵华,1945年抗战胜利和8年抗战。中央军委原副主席迟浩田为纪念馆题写馆名。纪念馆总建筑面积3200平方米,总计投资800多万元,设有9个展厅、1个报告厅和部分红色文化设施;藏有图片584幅,实物763件。展厅分为两个部分:一是抗日战争及解放战争革命史部分。主要展示垦区抗日根据地的创建,党政军群工作生活,垦区建设、革命历史人物等方面的资料和实物;二是民俗文化部分。主要展示垦区移民传统民间工艺、民间生活生产工具、民风民俗等资料和实物。渤海垦区革命纪念馆的建设,系统总结回顾了垦区的政治、经济、军事和文化历史,成为重要的爱国主义教育基地、抗日战争纪念场所和国防教育基地,是黄河口旅游的重要景点之一。

中共刘集支部旧址纪念馆:坐落在广饶县大王镇刘集村,2005年6月30日落成开馆,是全省第一个农村党支部旧址纪念馆。该馆是山东省爱国主义教育基地、山东省国防教育基地、东营市党员教育基地。纪念馆总投资230万元,占地面积1300平方米。设支部旧址1处、支部简史陈列展1处。旧址内按当时生活环境条件进行了复原,在白色恐怖的年代,为掩护地下革命工作而特制的掩饰门、地道等设施再现了当年艰苦卓绝的斗争环境及革命先烈不屈不挠的革命精神;简史陈列展馆系仿古建筑,顶部为仿古飞檐,外设走廊。展厅内分图画文字展、文物展两部分,形象介绍刘子久、刘良才等革命先驱的英雄事迹及刘集党支部的革命启蒙作用。刘集支部在早期的革命斗争中,使用和保存了中国首版中文译本《共产党宣言》。这本《共产党宣言》是由陈望道首译、1920年8月出版的,它是迄今为止发现的唯一由农村党组织传播、使用和保存的珍贵文献,属国家一级革命文物。

黄河口湿地博物馆:是全国最大的湿地博物馆,2005年7月建成并投入使用。该馆位于中心城以南,总投资1400万元,占地面积7856平方米,建筑面积3751平方米,具有收藏、展示、科研等多种功能。整个建筑高雅、清新、流畅,既能显示黄河口河海相融形成的独特旅游资源景观,又能体现自然保护区新生湿地生态系统的主要特征。

博物馆设有湿地厅、科普厅、生物多样厅、多媒体教室、标本制作间等,通过沙盘、动植物标本等仿真手段,全面翔实展示黄河三角洲自然保护区湿地生态系统的自然旅游资源的风貌和特征。

(崔江涛)

山东黄河三角洲国家级自然保护区

【概况】 山东黄河三角洲国家级自然保护区于1992年10月经国务院批准建立,是以保护黄河口新生湿地生态系统和珍稀濒危鸟类为主体的湿地类型自然保护区。总面积15.3万公顷,其中核心区5.8万公顷,缓冲区1.3万公顷,实验区8.2万公顷。分为南北两个区域,南部区域位于现行黄河入海口,面积10.45万公顷;北部区域位于1976年改道后的黄河故道入海口,面积4.85万公顷。

山东黄河三角洲国家级自然保护区是中国暖温带保存最完整、最广阔、最年轻的湿地生态系统。同时,黄河携带大量泥沙在这里沉积,年均造陆2万余亩,使这里成为共和国最年轻的土地。

区内鸟类众多,共有鸟类296种,其中候鸟200余种。国家一级重点保护鸟类有丹顶鹤、大鸨、东方白鹳等10种,国家二级保护鸟类有大天鹅、灰鹤等49种。珍稀濒危鸟类逐年增多,每年春、秋候鸟迁徙季节,数百万只鸟类在这里捕食、栖息、翱翔,成为东北亚内陆和环西太平洋鸟类迁徙重要的中转站、越冬栖息地和繁殖地,被国内外专家誉为"鸟类的国际机场"。

区内植物资源丰富,共有植物400种,其中野生种子植物116种。盐地碱蓬、柽柳和罗布麻在自然保护区内广泛分布,芦苇集中分布面积达40万亩,国家二级重点保护植物野大豆集中分布面积达6.5万亩。区内自然植被覆盖率达55.1%，是中国沿海最大的新生湿地自然植被区。

独特的生态环境、得天独厚的自然条件，造就了黄河三角洲自然保护区“新、奇、特、旷、野”的美学特征，被评为中国“最美的六大湿地”之一。黄河三角洲自然保护区越来越引起国内外湿地组织和专家的高度重视，1994年被国家列为湿地、水域生态系统16处具有国际意义的重要保护地点之一，2006年被确定为国家级示范自然保护区。

自然保护区管理局（东营市黄河口生态旅游区管理委员会办公室）内设办公室、人事科、财务科、项目规划科、资源管理科、旅游开发科、执法监察科、科研站和湿地博物馆等9个科室、单位，下设黄河口、大汶流、“一千二”三个管理站。

2008年，保护区管理局围绕生态旅游开发和资源保护管理两大职能，规划实施了一批重点工程，推动自然保护区的建设与发展，提高自然保护区开发保护水平。

【依法保护管理】 一是加大执法检查力度。建立巡护监测制度，规范执法检查程序，加强对资源环境保护管理、建设项目等情况的监督检查，有效遏制了破坏性开发行为。二是项目管理严格规范。依据有关法律法规和规定，严格现场勘察制度，审查申报项目，规范运作程序。三是安全生产工作平稳有序。修订完善《火灾处置应急预案》《野生动物疫病防控应急预案》，落实防火及疫病防控措施，年内无安全生产事故；黄河口管理站被省森林防火指挥部、省林业局评为全省森林防火工作先进单位。黄河“清八”险工小方案治理工程完工并通过验收，调水调沙期间经受住考验。四是湿地恢复工程全面完成。通过修筑、加固围坝等工程措施，扩大湿地面积、保护生物多样性，巩固提高湿地质量和生态功能。五是推进国家级示范自然保护区和数字保护区建设。编制完成《示范自然保护区建设实施方案》，并通过国家林业局主持的专家咨询论证，已上报国家林业局。六是通过国家级自然保护区管理工作评估。8月1~3日，环保部、农业部、国家林业局等7部委组织国内知名专家，对保护区管理工作从基础设施建设、主要保护对象变化动态、能力建设状况等10个方面进行了全面评估。评估组专家一致认为，当地政府高度重视、法规制度健全、基础设施完善、科研成效显著、建设思路清晰、发展前景好。保护区被评为优秀保护区，成为全国先进保护区，国家林业局给予通报表彰。

【黄河口生态旅游区创建为全市第一家国家4A级景区】 10月19日，国家旅游景区质量等级评定委员会验收小组来东营，对黄河口生态旅游区创建国家4A级旅游景区进行现场验收。验收组通过现场检查、资料审查和抽样调查的方式，对黄河口生态旅游区的创建工作做了全面的检查验收，认为黄河口生态旅游区在较短时间取得较大成绩，景区规划合理，利用黄河口这一独特的自然资源，体现了生态旅游的特色；各项设施按照国家规定逐步完善，体现了人性化的设计理念；优化了环境，提升了黄河口整体形象，为以后旅游业持续发展奠定了良好基础。创4A工作准备深入细致，文字材料详实，演示影片生动。同时，验收组对生态停车场、导览系统、旅游网站、星级厕所、垃圾箱、导游管理、游客温馨提示、鸟类放飞场隔离带等8个细节性问题提出合理建议，要求尽快完善提升。

10月25日，全国旅游景区质量等级评定委员会发布第2号公告，批准黄河口生态旅游区晋升为国家4A级旅游景区。黄河口生态旅游区成为全市第一家国家4A级旅游景区。

黄河口生态旅游区是黄河三角洲高效生态经济区重点开发的四大主体产业区之一，是山东省六大重点旅游区之一，入选“中国六大最美湿地”、国家森林公园和国家地质公园，是国家4A级旅游景区，这里有“黄龙入海”、“新生湿地”和“野生鸟类”等旷世奇观，具有发展生态旅游得天独厚的条件。旅游区总控制面积820平方公里，其中规划面积100平方公里，规划年限为8年(2008~2015年)，估算总投资18.7亿元。本着“尊重自然、天人合一”的规划理念，突出河海交汇、新生湿地、野生鸟类三大景观和黄河、湿地、石油三大文化，依据景区核心资源的分布特点，取“九区(曲)黄河”寓意，把整个旅游区规划为湿地生态休闲度假区、入口引景服务区、野生鸟类观赏区、湿地文化科教区等9大功能区。旅游区全部建成后，游客接待量将达到110万人次/年。

生态旅游区《总体规划》进入报批、提升程序。国家林业局在组织专家评审、复审的基础上，已对《总体规划》正式批复，同时，委托中国城市规划设计院对《总体规划》进行提升完善,已完成初稿并进行初审。根据黄河口生态旅游区休闲度假区功能区划,编制湿地高尔夫、湿地植物园、房车营地、温泉疗养度假、山东渤海航空城等5个重点建设项目建议书,并重点推介招商。

【推进重点项目建设】 黄河口旅游码头、汽车营地和游客服务中心项目。项目规划设计方案11月5日提交市规划委员会研究通过;工程建设初步设计方案由同济大学建筑设计研究院完成。至年底,已完成工程招标、监理招标、放线定位、三通一平、地质勘探等前期工作。项目正在建设中,预计2009年9月全部完成。

项目争取工作实现突破。2008年,根据国家、省市有关文件要求和项目筛选的原则和重点,结合自然保护区和黄河口生态旅游区当前开发建设的实际,管理局共筛选出13个重点投资项目。其中自然保护区河口湿地恢复项目是东营市重点调度的37个国债资金项目之一。在国家没有将湿地恢复项目列入08年国债资金扶持项目盘子的情况下,经争取和协调,国家林业局同意拨付245万元对该项目予以支持。经省发改委同意,国家林业局备案,委托规划设计单位编制完成《黄河口湿地保护淡水供给工程项目可行性研究报告》,项目总投资3000万元,其中,国家投资1200万元,地方配套1800万元。

【现有景点提升改造工程】 一是实施了野生鸟类观赏区和天然柳林景区配套工程,共修建木栈道800余米,供游客近距离观赏天然柳林、芦苇湿地、野生鸟类等自然景观;二是鸟类驯养繁育中心配套设施建设,丰富鸟类放飞表演项目。扩建鸟舍150平方米,引进丹顶鹤等珍稀鸟类8种、56只。三是在门景区增设功能齐全的游客服务中心,为游客提供休息、导游、咨询、投诉等综合服务。四是筹资1200万元,对区内南顺河路进行整修,确保旅游通道的便捷畅通。五是改进水冲式厕所,设置残疾人专用通道,安装了隔板和残疾人厕位;制定管理制度,固定专人负责厕所卫生。六是在景区设置由专业护士值守的医疗急救中心,配备医药和必备的医疗器材。七是完善区内标示导向系统。在规划区境界、入口、重要景点、游径端点和禁游地点设立中、英文标注的导游标志。按照国家标准进行“统一规划、统一设计、统一制作”,共设置全景图、指示牌等各类文字简介和标识42块。

【湿地监测工程】 湿地监测项目进展顺利。野外监测设备完成政府采购,建设湿地监测信息中心1处,湿地监测站2处,监测点16个,固定样地27条,固定样线3条,完善了保护区湿地监测体系,为实施湿地动态监测和重点物种保护提供了物质基础和技术保障;国家科技支撑项目黄河三角洲生态系统综合整治技术与模式完成年度课题研究任务,11月8~10日,通过科技部组织的项目中期评估;配合省林业局完成国家林业局重点课题《黄河三角洲和莱州湾湿地水鸟栖息地恢复和重建技术》。

【争取科研项目及资金支持】 2008年,争取省级以上项目课题9个,落实省以上财政资金699万元。其中,新立项项目7个,国家林业局批准立项的黄河三角洲河口保护与恢复工程、自然保护区能力建设和黑嘴鸥繁殖地巡护及生态环境维护等项目3个;黄河河口湿地退化过程及其生态恢复、黄河口湿地生源要素与重金属的生物地球化学过程及其对黄河水沙变化的响应等国家自然科学基金项目2个;省“十大”可持续发展科技示范项目黄河三角洲海岸带湿地保护与修复技术示范项目、省重点生态保护项目黄河河口湿地恢复工程等项目2个。落实湿地监测工程国家资金支持243万元,落实国家科技支撑计划课题项目资金15万元。

【实施鸟类栖息地保护工程】 一是组织实施黑嘴鸥繁殖地保护工程。通过有效控制水位,满足繁殖生态需求的工作措施和严格控制人为干扰的管理措施,稳定并扩大了黑嘴鸥繁殖种群数量,成为中国黑嘴鸥三大繁殖地之一。二是组织实施东方白鹳繁殖地保护工程。制定实施方案,加强繁殖地环境改造和保护工作,优化了东方白鹳的繁殖栖息环境。2008年繁殖数量达到15对,成功孵化雏鸟38只,成为中国重要的东方白鹳繁殖基地。三是组织实施鸟类栖息岛建设工程。在湿地恢复区内通过有效控制水位建设鸟类栖息岛,形成了陆水相间、水位各异的空间格局,鸟类的种类、数量明显增加。四是实施鸟类补食区建设工程。通过建设鸟类投食区和食物种植区,为越冬和迁徙鸟类提供食物来源,扩大种群数量。五是珍稀濒危鸟类驯养救护实现新突破,取得了国家一级鸟类驯养证，为科研和生态旅游开发奠定了基础。

【组建市旅游开发公司】 经市政府同意，市旅游开发公司于2008年8月组建成立，自然保护区管理局局长兼任公司董事长和总经理。公司注册资本金4000万元。至年底，完成公司正式运营前的筹备工作，成立公司董事会和监事会，制定健全公司章程，完成公司产权登记、工商注册、代码证办理、税务登记和银行开户等工作，制定了公司财务、印章管理、办事程序等主要内部管理制度，配备了相关办事人员，各项工作开始步入正轨。 (王忠敏)

高效生态经济的特征

高效生态经济应体现可持续发展理念，具有以下基本特征：一是产业结构生态化。生态农业、循环经济和绿色三产构成生态经济产业主体，产业体系具有多样性、关联性和环境友好的特征。二是经济形态高级化。与传统经济相比，生态经济强调经济建设与环境保护和社会发展的协调。三是经济体系运转的高效性。生产工艺无废少废，生产过程循环利用，整个经济体系是一个有机整体，运转高效集约。四是经济体系的开放性。生态经济作为一个体系，与外部环境、其他经济体之间是高度开放，相互依存，相互作用的。

综合经济管理

- 东营市争取省重点项目数量列全省第五位
- 全市居民消费价格总水平同比累计上涨 3.5%
- 全市有注册商标 3597 件，驰名商标 8 件，著名商标 50 件
- 全市有中国名牌产品 5 个，山东名牌产品 82 个，山东省服务名牌 11 个

发展与计划管理

【概况】 2008年,国际金融危机蔓延,国家宏观政策不断调整。市发改委围绕市委、市政府的工作部署,以开展"争当排头兵"活动为契机,变压力为动力,抓落实促发展,履行部门职责,抓投资促项目,努力打造发展支撑;抓重大政策争取,努力优化发展环境;抓资金筹集,确保重大工程资金需求,为加快推进黄河三角洲开发建设、促进全市经济社会又好又快发展做出新业绩。2008年,市发改委先后获全国东西扶贫帮扶先进单位、全市"争当排头兵"活动先进单位、全市先进基层党组织等称号。

【规划编制】 2008年,市发改委配合省政府制定全省《黄河三角洲高效生态经济区发展规划》。东营市提出的13条建议全部写入省规划,在全省规划确定的4400平方公里率先突破区域中,东营市占1300多平方公里,巩固了东营市作为黄河三角洲开发的主战场地位。根据黄河三角洲开发推进情况和省规划,市发改委对全市规划的"四区一城"、"三路两港一场"和"三网"绿化工程,进一步修改、完善,将黄河三角洲开发战略具体化。

争取和承办省政府在东营市召开黄河三角洲开发政策说明会。11月12~14日石油机械装备博览会期间,组织筹办黄河三角洲高效生态经济区投资政策说明会,邀请国内外嘉宾及国家和省发改委领导近300人参加会议,收到良好宣传效果。市发改委根据国家和省要求,会同有关部门对东营市的功能区划进行研究,提出主体功能区规划方案初步建议并报送省发改委,得到肯定和好评。为与黄河三角洲高效生态经济区规划配套、衔接,市发改委编制了全市铁路建设规划、新农村建设规划等专业规划。

【经济运行监测】 2008年,国家宏观调控政策多,年初,对经济过热、物价上涨实行"双防";年中,对经济增长和物价实行"一保一防";再到实行积极的财政政策和适度宽松的货币政策。前三季度,市发改委根据经济发展走势,分别提出一整套"抓项目,增投资,促发展"的建议,均被市委、市政府纳入决策实施。第四季度,为应对国际金融危机对东营市经济发展造成的不利影响,组织起草并提请市政府出台《关于进一步扩大内需促进经济平稳较快发展的意见》,提出扶持企业、扩大投资规模、优化发展环境的14条措施。制定政策过程中,市发改委密切关注企业原材料、产品价格走势,每2周作一次价格情况通报,多方了解企业生产运行和产品销售情况,保证对策建议的有效性和针对性。依据全面的经济运行分析预测,编制完成全市2008年国民经济和社会发展执行情况与2009年计划报告,并经市政府常务会和市委常委会研究批准。

【推进服务业发展】 一是打造服务业发展良好环境。组织开展建市以来大规模普查式调研,形成全市服务业调研报告,完成打造东营服务业支柱产业,整合旅行社组建旅游企业集团和理顺天鹅湖管理体制等调研报告,为市委、市政府决策提供参考。组织召开建市以来最高规格的服务业发展工作会议,起草并协调出台《关于进一步加快服务业发展的若干意见》《关于加快培育服务业四大载体的意见》《东营市服务业发展绩效考核办法》。修订完善全市服务业发展总体规划,组织市直部门领导,县区分管县区长、发展改革局长,重点服务业城镇主要负责人参加的服务业知识培训。二是推进服务业重大项目。对黄河口旅游码头、黄河口湿地植物园等20个投资亿元以上的重点建设项目,每季度组织召开一次联席会议,对投资和经济运行进行调度。召开30家重点服务业企业负责人座谈会。三是突出打造旅游业,推进黄河口生态旅游区建设。注册成立市旅游开发有限公司,修订完善《黄河口生态旅游区总体规划》,促进全市服务业投资高速增长,总量规模不断扩大,所占比重稳步提高。

【国债项目等重大资金争取工作】 2008年,市发改委根据中央扩大内需、加大投资政策,积极开展国债项目争取工作。一是建立配套联动机制。发挥组织协调、牵头的职责,调动各级各部门、单位积极性,实行集中办公,定时调度,确保及时申报。二是集中协调。各项目责任科室、单位对口做工作,每周汇总情况向省发改委汇报一次;项目上报后,协调项目单位、企业主动进京汇报争取。年内,全市有32个项目进入新增中央预算内投资计划,其中中央投资安排8437万元,省级配套693万元,共9130万元。项目投资计划下达后,市发改委跟上进行资金使用和工程建设监督检查,确保政府投资发挥最大效益。中央检查组在听取东营市的工作进展情况汇报后，对市发改委的工作给予肯定。山东检查组对东营市中央投资项目进行实地核查，给予高度评价。三是确保项目编报质量。重点项目按国家投资扶持方向明确分类，同时督促项目法人、建设单位完善手续，配套建设条件，加快项目推进。经广泛筛选论证，市政府直接调度的重点争取上级支持项目共37个。发改委共协调争取省以上无偿资金1.75亿元。

【实施项目集中开工月活动】 确定3月、6月和9月为项目集中开工月。市发改委安排专人到项目单位，实地了解项目开工前手续办理情况，核实项目资金到位情况，协调、解决项目建设中的难题，确定开工日期，推动项目早落地。开工月活动期间，全市新开工投资5000万元及以上项目142个，总投资572.39亿元。在宏观政策、发展环境偏紧年份，全市固定资产投资增幅达到24.2%，超年初计划6.2个百分点，比全省平均水平高0.7个百分点。

【争取省重点项目数量创历史新高】 2008年，东营市东营风力发电、山东春蕾太阳能电池、科英绝缘双极晶体管、胜通子午线轮胎钢帘线、华泰林纸一体化、东营市城市防汛河道综合治理工程等6个项目列为省重点，项目数量列全省第五位，是历年进入省重点名单最多的一年。

【能源和基础设施项目建设】 大唐风电项目6月开工，安装完成6台风机，已并网发电。德大铁路项目预算可行性研究报告上报国家发改委，被列入国家级"短平快"项目名单，计划2009年开工。荣乌高速公路建成通车。广利港可研报告完成初稿，环评报告、海洋环评报告和海域使用论证报告委托编制，广利港总体规划上报市政府待批。飞机场扩建项目飞行区工程完成，航站楼初步设计争取省发改委批复。中心城生活垃圾处理项目可行性研究报告、环评报告经省发改委和省环保局批复，开展项目初步设计和生活垃圾分析检测、三大主机订货工作，东营市与博奇公司《特许经营权协议》经市政府法制办审定，新厂选址和建设平面规划总方案审查完成。沙营污水处理厂项目按期建成投用，日处理污水9万立方米。东营经济开发区污水处理项目按计划推进。

【黄大铁路开工】 黄大铁路是东营市连接环渤海地区的战略大通道。为推进项目建设，市发改委牵头多次到国家、省及项目控股方神华集团进行协调，解决制约项目开工的河北段土地问题；多次与神华集团高层进行衔接沟通，协助其在东营设立办事机构，支持做好项目开工前的各项准备工作。年内，黄大铁路公司完成注册，铁路控制性工程黄河铁路大桥12月5日举行开工奠基仪式。

【推进大唐东营电厂项目】 大唐东营电厂项目是激活东营港经济开发区的关键工程。市发改委成立专门工作小组协调推进。一是将该项目纳入全省能源发展战略规划，完成环境评价、海洋取水等28个省级支持性批复文件。项目批建关键是压小电厂的额度，支持建大电厂项目。经多方协调，项目涉及"压小电"的东营市、胜利油田、青岛市、大唐国际、"小电"企业等五方签订"压小电"协议。通过省发改委组织的预审查，大唐东营电厂开展前期工作的请示文件由省发改委上报国家能源局。

【支持东营港和东营港经济开发区建设】 一是从产业规划、政策、准入方面引导石化等产业"北移"。组织编制完成临港工业发展规划，明确产业定位、发展重点方向和近期拟建项目。二是服务产业"北移"，从快办理项目立项审批。对新上石化、盐化项目实行政策约束，对"北移"项目积极协调、推动。东营港经济开发区项目建设取得突破性进展。东营亚通石化重油催化裂化、高等级重交沥青、气分配套等4个项目总投资7.8亿元，3月开工；海科公司计划投资43亿元的石化盐化项目7月开工奠基，土建工程开始施工。三是两个5万吨级液体化工码头获批复。两个液体化工码头分别在2月和11月得到省发改委核准。四是服务东营市与中海油的合作。2008年春节后，市发改委起草上报东营市与中海油合作进展和下步打算的情况汇报，提出的5个需解决的问题，全部得到省发改委的认同，并报请省政府把解决问题的意见落实到省有关部门；组织对项目税收问题，进行调研，提出对策建议；参与中海油与省政府合作领导小组会议和东营市有关石化企业的现场调研考察；协助中海油编制2×5万吨级和2×5000吨级液体化工码头及配套陆域灌区工程可行性研究报告。

【落实省支持黄河三角洲高效生态经济区加快发展政策】 在省制定《支持黄河三角洲高效生态经济区加快发展的政策意见》过程中,市发改委全程跟踪,积极沟通、衔接,10余条政策建议全部被采纳。9月2日《意见》下发后,市发改委对"34条"政策逐条分析研究,确定工作任务、争取目标和责任部门,分解细化为137项具体任务,10月6日,市委办、市府办印发《关于对省支持黄河三角洲高效生态经济区又好又快发展政策落实和争取工作进行督查的通知》,并立项督查。

10月16日,省委、省政府以鲁发〔2008〕19号文件正式批复东营市为发展高效生态经济改革试点市。年内,东营市1300平方公里率先突破区域区划方案已完成,高效生态经济改革试点总体方案完成初稿。

【市级重大工程融资】 市级重大项目实施市场化运作筹措建设资金,是市委、市政府交给市发改委的大任务。年初国家实行从紧的货币政策,项目贷款难以落实,广利河、飞机场项目又急需资金,市发改委积极开展工作。年内东营飞机场改扩建项目成为全省开发银行系统2008年第一个启动的贷款项目;争取省开发银行项目短期贷款2亿元和长期贷款9.21亿元,保证了广利河治理工程拆迁补偿和工程建设的实施。争取省工行贷款8亿元,为广利河路桥建设和绿化工程提供充足资金。争取市商业银行工程搭桥贷款3100万元,保证工程建设资金未因开行、工行资金到位晚而断档。与市建设银行达成20亿元城市基础设施建设贷款协议,与市农发行达成黄河口旅游3亿元贷款协议,分别争取光大银行和深圳发展银行授信3亿元贷款额度,有效避免重大城市建设项目因资金问题暂缓而影响全市经济发展的问题。

【城市建设投资发展有限责任公司运行良好】 运作好城资公司,打造投融资平台是市委、市政府交给市发改委的重大任务。一是健全内部管理运行机制。筹建工程招投标办公室,新设财务、资产、开发管理机构,完善工作程序。2008年审核工程项目26个,项目送审额7.2亿元,审核额6.37亿元,审减额0.83亿元。二是开展资产运营。商业银行股权划转工作正履行划转变更手续,东胜精攻股权划转进入法定程序。特许经营权运营探索起步,即将竣工的济南路桥冠名作为东营市城市基础设施冠名权特许经营试点。三是进行土地收储与开发。商贸园三期地块正落实拆迁资金和安置计划等手续办理工作,辛镇村地块完成拆迁并委托市规划院进行控规成果编制,耿井8号和蓝天南地块前期手续全部办理完成,清风湖片区开发完成前期调查摸底工作,与大海集团初步达成合作意向,正进行前期策划。储备"城市之舟"土地2公顷,与华纳集团达成合作开发协议。西班牙风情街规划设计完成,协调油田完成迁占后即可开工。"水城国际"住宅项目预售情况良好,初步叫响"城发"品牌。

【推进文化公园建设】 文化公园作为黄河水城的重大节点工程,建设工程量大,土地储备和补偿任务重,推进工作困难多,特别是拆迁异常复杂,迁占时间与建设工期矛盾突出。市发改委成立专门班子,突破难题,确保项目顺利推进,圆满完成年度计划。黄河国际论坛中心展览部分土建、钢结构主体工程基本完成,累计完成投资3.5亿元,完成年度计划的117%。黄河口大剧院湖心岛填筑工程开工建设,累计填筑土方7.4万方,累计完成投资170万元,完成年度计划的100%。大剧院建筑方案经市规划联席会议审查批准,正开展初步设计。会展中心配套五星级酒店完成土地挂牌出让,方案设计通过市规划委员会审查,地质勘探和场地平整工程基本完成,累计完成投资2620万元,完成年度计划的105%。广场和道路等配套工程顺利推进,4条道路中庐山路、香山路、滨河路完成主路沥青罩面,黄河路辅路完成雨污水管线和路基,三座入口桥桩基工程基本完成,广场驳岸衬砌等基础工程基本完成,累计完成投资4645万元,完成年度计划的122%。

【帮扶单县工作】 落实"政府推动、企业主导、金融支持、市场运作"的工作思路,创新帮扶工作机制,以园区建设为载体,以项目帮扶为重点,以当地优势资源为依托,大力开展招商引资,引导与东营市互补性强的产业产品向单县有序转移。2008年7月市人造板厂到单县(东营)工业园投资设厂,与单县签订协议,落实建设用地,项目建设准备工作有序进行。年内,二期工业园入驻企业5家,项目计划投资额6亿多元。

【支援新疆工作】 组织企业参加喀交会,促成一大批项目签约。东

营市有7家企业落户疏勒，合同投资总额2.9亿元。 （李文波）

国土资源管理

【耕地保护】 2008年，全市国土资源管理工作严格落实政府耕地保护目标责任制，完成耕地占补平衡、补充耕地项目24个，项目总规模1.7万亩，新增耕地0.88万亩；完成新增建设用地有偿使用费土地整理开发项目17个，项目总规模9.7万亩，新增耕地1.3万亩。全年共完成土地整理开发补充耕地2.18万亩，超额完成省下达的土地整理开发补充耕地指标。坚持与“三网”绿化结合，提高土地整理开发项目质量。共实施国家级土地开发整理项目6个，开发整理总规模18万亩，到位无偿资金1.67亿元，整理后可新增耕地2.4万亩。

【土地管理】 在全市开展国有土地清理工作，全市清查农用地473.3万亩，收集各类土地使用合同1232份，并分别提出处理意见和建议，经市政府常务会和市人大常委会研究，市人大常委会专门作出《关于加强国有土地管理的决议》。加强法制建设，拟订《东营市国有农业用地和未利用地使用管理暂行办法》，出台《关于加强改变土地用途和使用条件管理的意见》《关于加强建设项目用地批后监管的意见》，出让土地的管理进一步规范。出台《东营市国有建设用地使用权招标拍卖挂牌出让监督暂行办法》，完善决策和实施公开出让国有建设用地使用权的长效机制。抓好土地资产管理，2008年全市共出让土地220宗，面积5984亩，出让总价款16.3亿元，实现纯收益7亿元。中心城签订土地储备协议26个，面积2046亩，到位出让金9.56亿元，完成年度指标任务的127%。完成地租征收233.8万元，催缴出让金1.0亿元。

【矿政管理】 开展整顿和规范矿产资源开发秩序“回头看”活动，通过省级验收。稳步推进矿产资源整合工作，全市共压减矿山企业42家，压减率78.1%，置换出耕地2000多亩，提前超额完成整合任务。抓好矿产资源补偿费的征收，共征收胜利油田10亿元，小油公司6450万元（其中清欠5450万元），征收面100%。做好矿费返还的争取工作，2008年省返还东营市1.425亿元。全市首次实施2起探矿权、采矿权挂牌出让。探索地热资源综合开发利用新机制，打造“中国地热城”品牌。规范地勘项目的实施，全年实施地勘项目3个，完成投资410万元。做好地矿项目的争取，新争取地勘项目2个，投资额505万元，争取地质遗迹保护项目1个，投资额300万元。制定实施《东营市2008年地质灾害防治方案》，为地质灾害防治工作提供保障。

【测绘管理】 启用C级GPS网和三等水准网成果，统一了全市测绘系统和测绘基准，实现地理信息数据和资源共享。针对东营市地面沉降较严重的问题，在全市布设19个观测点，开展监测周期为4年的地面沉降监测，为维护C级GPS控制网精度和预防地质灾害提供科学的数据支持。对中心城区基础地理信息数据库进行整合，改变东营市长期无符合行业标准的基础地形数据库的现状。开展测绘作业证的注册、核准和新办理工作，开展地图市场检查和丙、丁级测绘产品质量大检查，强化测绘行业管理。落实测绘成果登记与汇交制度，促进测绘成果的利用和共享。

【国土资源执法监察】 加强动态巡查，全市新发现土地违法案件22宗，涉案面积200.08亩，全部及时进行处理。做好“百日行动”的后续工作，对涉及的28宗违法用地全部进行查处，其中，自查自纠11宗，立案17宗，移送纪检监察机关16宗，20人受到党纪或政纪处分，移送司法机关1宗，1人被判处有期徒刑2年，收缴罚款832.9万元。开展闲置土地清理，按国土资源部标准初步认定闲置土地57宗、面积3061.85亩，拟定处置意见，待市政府研究后实施。开展以“刹风治乱”为重点的土地违法违规问题整治专项行动，全市共发现违法用地95宗，面积1093.8亩，其中自行纠正8宗，退回土地205.9亩，政府组织强行拆除9宗，退回土地54.54亩。全市共立案查处51宗，结案11宗，收缴罚款126.7万元，给予党纪处分7人。抓好信访稳定工作，反映到省厅的2起个访案件，市国土资源局领导现场办公，案件得到解决。市国土资源局共受理群众信访事项32件，同比下降38.5%。

【国土资源法制建设】 完成国土资源法律知识宣传教育培训活动，全市共举办培训班41期，培训乡镇和村干部5000多人次，市国土资源局被评为全省法律知识宣传教育培训活动先进单位，并被推荐为全国先进单位。坚持工作创新,一是探索拓宽救济途径,与市仲裁委联合成立国土资源仲裁联络处,及时有效解决国有土地合同纠纷等问题。二是探索土地争议解决模式,通过争取开发项目、联合开发、共同收益的方式,解决了多年的土地权属纠纷案件。坚持源头控访,提高区片综合地价和亩年产值补偿标准,保障了农民利益,市国土资源信访量连年保持全省系统最低,局行政复议和应诉案件连年保持较高的维持率和胜诉率,被评为全省国土资源系统依法行政工作先进单位,并被推荐为全国先进单位。

【开展第二次土地调查】 全市五县区外业调查年底全面完成。基本完成城区及建制镇控制测量、权属调查、地籍测量工作,完成土地调查296.9平方公里,占应完成面积的96.6%。对原城镇系统进行更新升级和补充调查,正进行数据库转换,地籍变更调查修补测及数据入库工作。推进规划修编,新一轮土地利用总体规划修编大纲及专题进一步完善。东营市矿产资源总体规划通过省国土资源厅预审。东营市城乡建设用地增减挂钩规划编制完成,并通过专家组评审。广饶县第一批城镇建设用地增加与农村建设用地减少挂钩试点项目在全省第一家通过省国土资源厅验收。局电子政务及相关系统建设进一步推进,一期项目综合办公系统建成并投入试运行,东营市被省二次土地调查办公室确定为全省三级联网试点单位。

【支持开发区建设】 在全市建设用地指标紧张的情况下,为东营经济开发区和东营港经济开发区分别提供用地指标6000亩和5000亩,保障了开发区用地需求。同时,为开发区及区内企业办理土地抵押登记76宗,融资金额6.25亿元,保障了开发区基础设施和企业项目建设资金。

【优化发展环境】 保障发展。在全省建设用地指标十分紧张的情况下,2008年为东营市争取建设用地指标8600亩,依法对城乡结合部和部分乡镇土地利用总体规划进行局部修改,涉及土地面积10000多亩,储备广利河周边土地近5000亩,有效保障了四大主体产业区用地、黄河水城融资用地和飞机场扩建用地。年底,省国土资源厅同意东营市调整规划10000亩,保证了全市重点项目用地需求。抓好城镇建设用地增加与农村建设用地减少挂钩试点以及建设用地置换,初步解决建设用地指标4100亩。争取未利用地优惠政策,国土资源部规划司领导连续4次到东营市调研,省委、省政府主要领导到国土资源部汇报争取,并就东营市未利用地开发先行先试方面达成共识。年内,国务院将省政府的请示文批转国土资源部,分管副部长批示由部规划司牵头办理。市国土资源局在“争当排头兵”活动中被评为全市先进单位。

服务民生。规范行政审批,出台《国土资源行政审批事项目录》,审批事项由23项清理、归并为16项,办事依据、程序和办理时限更加明确。严格落实服务承诺、一次性告知、首问负责、“绿色通道”等制度。2008年共审批各类事项2834件,受理的报件全部按规定时限和要求办结,全局没发生一起投诉事件。扩大限时办结范围,在原来城镇居民住房用地登记发证限时办结、立等可取的基础上,2008年将土地登记抵押贷款他项权利登记纳入限时办结范围,并取消抵押风险告知环节,提高了办事效率。参与“行风热线”,2008年上线3次,解决群众实际困难和问题30余件,如针对个别开发商不配合,部分城镇居民登记发证难的问题,制定解决办法。

扶持企业。简化项目办理手续。属市级管理权限的在3个工作日内办结,需上报省及国家审批、核准、备案的,在5个工作日内上报有关部门。对总投资5亿元以上的新上技改项目和市政府直接调度的重大项目实行集中会签,一次性解决立项、规划、土地预审等手续。为扩建企业减负。企业利用现有工业用地新上技改项目,在符合规划、不改变用途的前提下,提高土地利用率和增加容积率的,不再增收土地价款。对利用新增工业用地,厂房建筑面积高于容积率控制指标部分,不再增收土地价款。拓宽中小企业抵押、质押权的范围。对困难中小企业开展土地抵押、质押贷款业务的,降低贷款门槛。盘活利用已出让地块,具备地块分宗条件的,可分宗办理国有土地使用证。

2008年东营市土地利用现状分类情况表

单位:亩

全市总计		类 型	东营区	河口区	广饶县	垦利县	利津县
农用地	耕地	387583.3	569990.1	921429.9	624515.9	803944.4	3307463.6
	园地	24677.5	19210.6	34738.4	24658.5	19924.9	123209.9
	林地	16190.3	98929.7	5242	213304.5	24440.2	358106.7
	牧草地	366.8	231942.9	201.7	129209.1	28752.3	390472.8
	其他农用地	325981.2	309071.9	240326.3	343074.2	244188.3	1462641.9
	小计	754799.1	1229145.2	1201938.3	1334762.2	1121250.1	5641894.9
建设用地	居民点及工矿用地	310893.9	152367.6	229203.8	198312	171916.6	1062693.9
	交通运输用地	34577.3	33128.3	27198	28344.5	15541.5	138789.6
	水利设施用地	225192.8	111220.1	27254.4	117406.7	43579.1	524653.1
	小计	570664	296716	283656.2	344063.2	231037.2	1726136.6
未利用地	荒草地	16653.4	99299.3	9800.4	304763.8	38377	468893.9
	盐碱地	251396.2	627778.3	137372.4	463938.7	387361	1867846.6
	其它未利用地	6229.1	3371.1	8194.8	2299.6	8398.2	28492.8
	河流水面	17154.8	42260.6	28330.1	100499	50272.1	238516.6
	苇地	13928.2	353932.8	4021.2	236657.4	15305.3	623844.9
	滩涂	102605.1	555682.7	33496	519117.9	78356.7	1289258.4
	小计	407966.8	1682324.8	221214.9	1627276.4	578070.3	4516853.2
合 计		1733429.9	3208186	1706809.4	3306101.8	1930357.6	11884884.7

2008年东营市土地后备资源统计表

单位:亩

项目／县区	合计	土地类型				
		天然灌木林	天然草地	天然苇地	滩涂	盐荒地
全 市	5251045	144459	559825	500602	1528762	2517397
东营区	508121		15506	165819	326769	
河口区	1964291	48746	319734	252136	596939	746736
广饶县	233827	223	4095	33689	195820	
垦利县	1910892	87236	208402	206800	541207	867247
利津县	633914	8254	31689	22065	191108	380798

(李绍勇)

工商行政管理

【概况】 2008年,市工商局强化监管执法,服务经济发展,夯实队伍基础,各项工作迈上新台阶,促进了黄河三角洲开发建设。

推行食品即时追溯制,提高食品安全监管层次。市工商局在农村市场落实食品经营“四项制度”,针对食品监管中经营者反映的手工台账效率低、效果差等问题,开发了食品电子票控系统,为全市所有食品批发业户安装票控机,建立电子台账,实施食品即时追溯制，既方便了广大食品经营业户，又节省了工商执法资源。处理“三鹿”问题奶粉工作时，市工商局通过该系统对全市“三鹿”问题奶粉的销售情况搜索，用最短时间完成问题奶粉下架。市工商局在大型商场、超市，设立大型食品信息查询机，建立食品追溯监控系统。在农贸市场配备国内先进的检验检测设备，建立农副产品检验检测系统，实现对食品的全方位监管。开辟电视、电话查询终端、红盾信息网、电子显示屏、“政企通”企业信息服务系统等信息发布渠道，确保消费者的知情权和社会监督权。市政府把食品安全监管系统列入为民办事实项目，市财政投资358万元，安装大型查询机53台，小型查询电话1000部，市工商局信息库累计完成食品信息录入325万条。

推进消费维权工作，加强12315消费者申诉举报网络建设，在全系统公开招考业务骨干充实话务服务人员，完善网络功能，建立集受理、查处、监督于一体的12315综合行政执法体系，其执法服务品牌效应日益显现。强化经纪人、粮食、成品油、机动车及运输市场管理，以创建省级文明城市为契机，开展“规范化文明诚信市场”创建活动，提高了市场规范化管理水平。组织市场监管调研活动，开展市场信用分类监管工作。提升网上监管水平，推行“网上办案”、“网上年检”，做好全省电子营业执照发放试点工作，网上办案、网上年检和新版营业执照换发率均实现100%。开展扫黄打非、反假币、打私禁毒、反兴奋剂，集贸市场和废旧物资收购站点整治等专项执法行动，维护了社会稳定。市工商局在市执法部门率先实施《行政处罚自由裁量权实施办法》。9月市政府推广工商局经验做法。推行行政指导制、说理执法制、执法回访制、复议庭审制，对工商工作涉及的76种轻微违法违章行为，设计行政指导文书，采取纠正预防措施，促进和谐执法。

服务地方经济社会发展。加强企业登记窗口建设，落实大受理制和首办负责制，建立分层分类授权登记制度、重点项目提前介入制度、企业联络员制度和服务监督卡制度。针对外部经济环境给企业带来的困难和压力，深化“红盾帮扶”，帮助企业走出低谷。加强商标知识宣传普及，举办推进企业实施商标战略高级讲座，提高全社会商标意识，支持引导企业运用商标战略提升市场竞争力。开展“商标帮扶进农村”活动，引导涉农企业和农民注册、使用农产品商标及地理标志证明商标。参与市政府打造“黄河水城”品牌战略，在最短时间启动“黄河水城”等180件系列商标的申请注册工作。推荐的“黄河口旅游”等18件商标被认定为山东省著名商标。“黄河口旅游”成为全省旅游服务行业唯一著名商标，为打造东营市旅游品牌，提升城市的竞争力创造良好条件。支持企业运用广告战略开拓市场，促进广告业健康发展。开展“守合同、重信用”企业年审活动，提高了企业信用等级。实施合同帮扶，培育发展农村经纪组织、经纪人，发展特色农业，鼓励和发展订单农业，推进新农村建设。

【企业登记管理】 2008年，全市各类企业16247家，个体工商户39204户，同比增长0.07%和下降12.04%。其中：内资企业2940家，私营企业11751家，外资企业556家。新登记内资企业230家，私营企业1975家，外资企业144家。年检各类企业11103家，注销企业396家。

落实省政府鼓励支持服务业发展的政策规定和省工商局《关于支持引导企业内部二三产业分离促进服务业发展意见》。全市有23家企业依法办理企业内部二三产业分离登记，有68家规模较大，具备公司登记条件的个体工商户进行公司制改造。支持油田存续企业深化改革，帮助12家油田存续企业完成改制。做好农民专业合作社登记工作，全市登记农民专业合作社280家。完善登记管理体制，提高“当场登记”效率，营造公平透明、快捷有序的准入环境，登记工作质量和效率有新提高。遵守企业登记标准、程序、要求的“三个统一”，严格落实“一审一核”制，实现企业登记规范运行。为接受社会监督，市工商局在行政审批大厅将企业登记事项、申请格式示范文本、审批内容等逐条列明，通过业务公开栏、滚动屏、触摸屏、电子显示屏等形式公开，营造公平透明、快捷有序的准入环境。规范企业电子档案信息，对全市内资企业、私营企业、外资企业的设立、变更、年检、吊销、注销等电子档案信息进行整理，确保企业电子档案数据的完整性、准确性。

【市场管理】 以创建省级文明城市为契机，巩固创建文明城市工作成果，落实市场巡查制、市场预警制和市场属地监管责任制。制定《东营市工商局创建文明城市工作方案》《创建中国优秀旅游城市工作实施方案》,明确市场开办单位、工商所、科室等单位职责。组织开展中心城区农贸市场专项整治,7月通过省级文明城市验收,8月通过"质量兴省"检查验收,9月通过中国优秀旅游城市测评,完成市委、市政府交办的创建省级文明城市、"质量兴省"和创建中国优秀旅游城市的任务。

开展红盾护农行动,加强农资商品质量抽检工作。市工商局组织开展肥料、种子、农药、农膜等商品质量检测,加大对违法违章案件的查处力度,重点打击仿冒知名商品特有的名称、包装、装潢及企业名称,伪造、涂改产品生产、经营单位名称、地址、有效期及产品质量标志等行为。加强农资产品广告的监管,规范农资广告经营行为,全面清理非法印制、张贴、悬挂、散发的虚假广告。全市工商部门开展"打假冒保春耕"集中执法行动。全市检查农资经营户415户,查处农资市场违法违章行为87起,案值180余万元,取缔无照经营34家,为农民挽回经济损失190余万元。

【实施食用农产品检测】 重点落实"五个机制":一是建立完善食用农产品市场准入机制,严把市场主体准入关和食用农产品准入关。全市7家农产品批发市场开办企业全部建立农产品质量检测室,配备农药残留、食品添加剂等必要的食品安全检测设施和检测人员。建立农产品检测、抽检、公示、不合格农产品退市等制度,市场经营业户与工商部门和市场开办单位签订承诺书。各批发市场建立完善的检测记录和检测档案,检测记录保留2个月以上备查,检测档案必须留存3年以上。二是初步建立完善流通领域食用农产品质量安全预警机制。全市19处农贸市场、超市配备电子显示屏,每天滚动显示农产品检测情况,其他城区农贸市场设立公示栏,及时公示每天检测结果。市工商局在红盾信息网开辟《农产品检测》专栏,每天公示全市56处农贸市场和38家农产品超市上市农产品检测情况。三是建立和完善流通领域食用农产品经营信用机制。在超市、商场、农贸市场建立使用农产品信用档案,按A、B、C、D划分4个信用等级,对不同信用等级食用农产品的经营者实行分类管理。四是完善落实流通领域食用农产品质量安全整治机制。加强日常检测和重点检测相结合,针对不同食用农产品上市季节,加大对市场的巡查和整治力度,对茶叶、蜂蜜、水果、蔬菜、海产品等商品开展标识查验和集中检测。五是建立完善流通领域食用农产品安全责任追究机制。确定商场、超市负责人、市场开办者是第一责任人,执法部门分别与超市、商场、农贸市场开办单位签订食用农产品质量安全责任书。规范和发展农村经纪人队伍,架起农村群众致富的桥梁,构建"市场+经纪人+农户"的促农发展模式。全市农村经纪执业人员2000多人。

【公平交易执法】 开展打击传销工作。发挥"市场巡查制"和"经济户口制"的优势作用,加强对传销行为的排查力度。清查街道、社区60余条(个),清理宾馆、饭店等公共场所1100余处。强化案件投诉举报,在全市工商系统以"12315"申诉举报网为依托,建立市局、县局、工商所三级联打联防机制,掌握传销分子的活动动态。做好创建"无传销社区"工作。按照全省创建"无传销社区"三年规划的要求,开展创建无传销社区(村)活动。年内,东营市未发现传销案件。

开展治理商业贿赂专项执法行动,所办案件涉及医药购销、图书发行、教学辅导材料采购、餐饮娱乐、商贸流通等领域,对建筑领域商业贿赂行为进行重点治理。

组织开展打击假冒、仿冒商标行动。以整治假冒、仿冒市内外知名企业商标、侵犯驰名商标、著名商标专用权及利用知名商品特有的名称、包装、装潢的不正当竞争行为为重点,开展政企联合打假,重点开展打击"傍名牌"执法行动。工商部门与"茅台"、"立邦"、"与狼共舞"等8家商标权利人开展联合维权打假行动,检查各种交易市场40余个,经营业户2200余家。

开展打击非法出版物专项执法行动,重点加强对涉及反动、淫秽违法出版物的检查监控,组织执法检查20余次,出动执法人员900人次,清理图书经销单位、流动书摊500余个。

【经济合同管理】 合同监督管理工作以房地产开发、汽车买卖、旅游考察、加工承揽、农资购销等行业的合同违法行为作为重点,加强对格式合同及中介组织的监管,保护当事人的合法权益,全市合同交易秩序明显好转,整顿和规范了市场经济秩序。

规范管理。一是做好动产抵押登记工作。至11月底,全市办理企业动产抵押物登记207份,担保主债权161.2亿元,解决了企业融资难的问题。二是促进拍卖业健康发展。1~11月,全市举办拍卖会53场,备案审查委托拍卖合同85份,金额2.56亿元,审查成交合同确认书184份。三是推广合同示范文本，规范合同签约行为。全市共发放各类合同示范文本约3万余份，帮助当事人修改完善自行拟订的不规范合同条款260余条，遏制不平等合同条款。四是组织基层合同管理人员的业务培训。11月26日,市工商局举办合同管理专题培训班,培训全市合同管理人员近100人。五是开展合同纠纷行政调解工作，维护合同当事人的合法权益。全市共调解合同纠纷32件,调解合同争议金额12.1万元。六是实施合同帮扶工程,促进“订单农业”健康发展。培育“公司+基地+农户+订单”的产业发展模式，采取合同培训、规范合同签订、监督合同履行等措施,鼓励和发展订单农业。全市涉农企业共209家，以订单方式从事农副产品生产的农户达8万户,确定81家涉农企业为合同帮扶企业,指导并帮助农户签订订单合同,预防并修正霸王条款及不公正条款。在涉农企业中开展“守合同重信用”企业的认定,有21家涉农企业被认定为省、市级“守合同重信用”企业。

完善企业信用体系建设。一是严把“守合同重信用”企业年审关。全市427家企业年审合格,撤销33家年审不合格市级“守合同重信用”企业。二是严把“守合同重信用”企业认定关。全市新申报的38家市级“守合同重信用”企业,经考察公示,全部认定。11月11日，东营市又有27家企业被省工商局、省企业信用协会认定为省级“守合同重信用”企业。至年底,全市有“守合同重信用”企业474家,其中,国家级12家,省级152家,市级310家。三是开展企业信用管理试点工作。将18家试点单位在建立客户信用管理制度、应收账款管理制度等方面做法在全市企业推广。四是开展企业社会责任大讨论活动，增强企业履行社会责任的自觉性。7月2日,市工商局、市文明办、市企业合同信用协会联合举办全市“守合同重信用”企业履行社会责任培训班。省工商局党组副书记、副局长王天仁作中国企业社会责任评价体系研究的报告，全市合同监管人员及260家企业的负责人参加培训，东辰控股集团有限公司代表全市“守合同重信用”企业向社会发出履行社会责任的倡议,与会人员在“强化企业社会责任,共铸诚信和谐文化,争当黄河三角洲开发建设排头兵”横幅签名。五是搭建讨论平台。全市收到企业社会责任大讨论活动论文42篇，市工商局选出15篇论文汇编成册,发放企业学习。活动期间，华泰集团的《以发展践行责任》论文在《经济导报》发表,东辰控股集团有限公司的《责任构建和谐　诚信铸就品牌》等6篇论文在《信用与合同》发表。9月9日在全省企业社会责任大讨论及企业信用建设经验交流会上,垦利县工商局和东辰控股集团有限公司作经验交流。

2008年东营市国家级“守合同、重信用”企业(12家)

胜利油田胜利工程建设(集团)有限责任公司
胜利油田胜利石油化工建设有限责任公司
山东乾元工程集团有限公司
山东金辰建设集团有限公司
中国石化集团胜利石油管理局
山东神驰化工有限公司
东辰控股集团有限公司
万达集团股份有限公司
华泰集团有限公司
科达集团股份有限公司
山东金宇建筑集团有限公司
山东金禹王防水材料有限公司

2008年东营市省级“守合同、重信用”企业(152家)

东营市东建工程有限责任公司
中国石化集团胜利石油管理局胜北社区管理中心
山东海神电子有限公司
中国石油化工股份有限公司胜利油田分公司海洋采油厂
山东富邦房地产开发有限公司
东营市方圆市政工程有限责任公司
山东鑫都置业有限公司
山东鑫都建工有限公司
东营鑫泉拍卖有限责任公司
东营市市政工程公司
山东华凌智能工程有限公司
山东华隆集团有限公司
东营供电公司
东营市华隆建安有限责任公司
东营黄河口拍卖有限责任公司
东营顺通化工(集团)有限公司
中国石化集团胜利石油管理局地球物理勘探开发公司
中国石化集团胜利石油管理局供水公司
中国石油化工股份有限公司胜利油田分公司河口采油厂
山东花园建筑安装工程有限公司
山东宏城信息工程有限公司
山东大禹建设工程有限公司
山东海威数码科技有限公司
山东宏瑞建设工程有限公司
东营市海明威商贸有限责任公司
中国石油化工股份有限公司胜利油田分公司现河采油厂
中国石油化工股份有限公司胜利油田分公司桩西采油厂

中国石化集团胜利石油管理局孤岛社区管理中心
中国石化集团胜利石油管理局地质录井公司
中国石油化工股份有限公司胜利油田分公司孤东采油厂
中国石油化工股份有限公司胜利油田分公司物资供应处
中国石化集团胜利石油管理局测井公司
中国石油化工股份有限公司胜利油田分公司地质科学研究院
中国石化集团胜利石油管理局胜东社区管理中心
胜利油田胜利泵业有限责任公司
中国石化集团胜利石油管理局胜利发电厂
中国石化集团胜利石油管理局海洋钻井公司
中国石油化工股份有限公司胜利油田分公司石油化工总厂
中国石油化工股份有限公司胜利油田分公司胜利采油厂
山东金水建设工程有限公司
山东滨海拍卖有限公司
中国石化集团胜利石油管理局井下作业二公司
山东省建设建工集团东营有限公司
中国石化集团胜利石油管理局井下作业公司
中国石化集团胜利石油管理局运输总公司
中国石油化工股份有限公司胜利油田分公司孤岛采油厂
中国石化集团胜利石油管理局黄河钻井总公司
中国石化集团胜利石油管理局电力管理总公司
中国石化集团胜利石油管理局渤 海钻井总公司
中国石油化工股份有限公司胜利油田分公司东辛采油厂
胜利油田胜利建设监理有限责任公司
东营市陆地科学技术发展有限责任公司
东营市百川工贸有限责任公司
胜利油田胜利水泥厂
山东省东营市百货大楼
胜利油田胜利工程设计咨询有限责任公司
胜利油田胜机石油装备有限公司
中国石油化工股份有限公司胜利油田分公司采油工艺研究院
中国石油化工股份有限公司胜利油田分公司物探研究院
中国石油化工股份有限公司胜利油田分公司油气集输总厂
中国石化集团胜利石油管理局河口社区管理中心
山东海科胜利电化有限公司
山东阳光园林有限公司
山东沃德石油科技有限公司
东营金光安装工程有限公司
山东全成建设工程集团有限公司
胜利油田海兴石油工程服务有限公司
胜利油田新邦建设开发有限责任公司
东营市辛达建筑安装有限责任公司
胜利油田富邦实业有限公司华野分公司
山东胜利新大实业集团有限公司
鑫宇建设集团有限公司
胜利油田胜建园林工程有限公司
东营市尚力基础工程有限责任公司
东营市胜辉木业有限公司
山东万通石油化工集团有限公司
胜利油田胜东园林绿化工程有限责任公司
山东建大建设有限公司
胜利油田供应方圆石油装备有限责任公司
山东万和房地产开发有限公司
胜利油田北方实业有限责任公司
胜利油田东方实业投资集团有限责任公司
胜利石油管理局钻井二公司劳动服务公司
胜利油田畅海石油技术有限公司
山东天海建业有限责任公司
山东欣马酒业有限公司
胜利油田兴通建设工程有限责任公司
胜利油田金色河口科贸中心
东营市福通工贸有限公司
东营市河口区市政工程公司
山东三丰香油有限公司
胜利油田富邦实业有限责任公司
东营腾达建安有限公司
山东胜通集团股份有限公司
山东省垦利县新型电力器材厂
胜利油田固邦石油装备有限责任公司
东方合金铸造厂
东营市角洲石油助剂厂
胜利油田东方氯化石蜡厂
山东省东营市新华印刷厂
山东半球面粉有限公司
正和集团股份有限公司
山东省广饶县兵圣酒业有限责任公司
山东华誉集团有限公司
山东大海集团有限公司
山东金岭化工股份公司
山东凯银集团股份有限公司
山东华星石油化工集团有限公司
山东恒宇橡胶有限公司
东营永盛建安有限责任公司
山东鲁星建筑工程有限公司
东营大地化工集团有限公司
山东红星化工有限公司
广饶县兴田建筑安装有限责任公司
山东永泰化工集团有限公司
山东乐安建筑有限公司
山东恒达橡胶有限公司
利华益集团股份有限公司
利津县建筑安装公司
中国网通(集团)有限公司利津县分公司
利津县金源农机销售有限责任公司
东营市源通建筑工程有限公司
山东利津黄河工程有限公司
利津力能投资有限公司
山东安泰建筑筑路工程有限公司
山东恒丰橡塑有限公司
中国石油化工股份有限公司胜利油田分公司销售事业部
东营旭东园林有限公司
东营市金茂市政工程有限责任公司
胜利油田集兴石化安装有限公司
山东中创钢构有限公司
东营天元塑业有限公司
广饶县水利工程公司
东营市龙达建设工程有限公司
山东奥罗金属制品有限公司
山东大明联合会计师事务所
山东万达地产有限公司
山东万得福实业有限公司
东营振宇水产资源开发有限公司

富海集团有限公司
广饶县福利精制棉厂
山东盛泰橡胶集团有限公司
山东荣兴石油工程有限公司
山东省东营市新华书店
胜利油田胜利软件有限责任公司
山东绿源环境发展有限公司
东营市东辰建筑安装有限责任公司
垦利县水利工程公司
山东惠通科技有限公司
东营方圆有色金属有限公司
山东五洋棉业有限公司
东营美地绿化工程有限公司
东营市天信纺织有限公司

【商标管理】 加大商标战略工程的实施力度，2月29日，市工商局举办推进企业实施商标战略高级讲座，邀请省工商局专家就商标战略和争创驰名、著名商标工作进行讲授。世界知识产权日期间，开展以“实施商标战略、保护商标专用权”为主题的系列宣传活动。4月25日，市工商局、市整规办、市知识产权局等联合召开“2008年东营市知识产权工作新闻发布会”。4月26日，由市整规办牵头，市工商局、市知识产权局、市质监局等知识产权领导小组成员单位在城区开展宣传咨询活动。制作宣传展板10多块，向市民宣传奥林匹克标志保护知识和法律常识。11月27日，组织100多人的商标培训班，聘请省工商局商标处进行培训。“重商标、创名牌”氛围在全市初步形成。2008年新申请注册商标近600件，其中新认定“驰中”、“天信”等驰名商标4件。至年底，全市注册商标总量达3597件。共有“华泰”“凤凰城”等驰名商标8件，“胜利油田”、“黄河口旅游”“高原”等省级著名商标50件。年内，共组织申报山东省著名商标18件，认定著名商标12件，“黄河口旅游”商标成为全省旅游服务行业唯一著名商标。

启动黄河水城系列商标申请注册工作。制定商标注册策划方案，设计出体现东营特色地域文化的“黄河水城”商标图案。为防止第三人注册类似商标，3月向国家工商总局商标局一次性递交注册申请材料。东营市城市资产经营有限公司一次性申请“黄河水城”“黄河水乡”“黄河水都”系列商标180件，涵盖所有的45个商品和服务类别，申请注册保护的商品和服务达1805种。该项工作从正式启动到获国家商标局受理，用时不到3个月。

指导企业注册商标续展，避免损失。全年发出注册商标续展提示书38份。帮助企业提高商标注册效率。指导商标事务机构，为申请注册商标的企业把好申报查询关口，东营市商标注册有效率94.16%，居全省首位。推动企业争创驰名、著名商标，确定一批经济效益好、发展后劲强、市场销路广的争创驰名、著名商标梯队企业，有针对性地进行扶持培育。累计指导9家企业申报中国驰名商标，93家企业申报、续展山东省著名商标。

开展奥林匹克标志专有权保护专项检查。自4月30日起，在全市开展保护奥林匹克标志专有权“百日行动”，出动人员512人次，出动车辆112台次，检查市场29处，检查各类经营企业和个体户1121家，查处侵犯奥林匹克标志案件13起。

严厉打击商标假冒侵权行为。查处有影响的案件2起，一是1月市工商局与垦利县工商局联合查处的刘某某擅自制造侵犯“碧海缘”、“金六福”“扳倒井”等商标专用权案件，查清案件事实后移交公安机关；二是9月市工商局查处的河口区孤岛某副食商店销售侵犯“欣马”注册商标专用权白酒案，共没收“欣马”特曲97桶、防伪标识1000余张。年内，全市共检查各类企业6000余家，查处各类商标违法案件161起，移交司法机关1起。捣毁假冒侵权窝点10个，没收侵权商标标识近3万件，收缴用于侵权的模具印版、设备3套。

2008年东营市已被认定的驰名、著名商标一览表

序号	商标名称	使用商品	商标注册人	荣誉称号及认定时间		备注
				驰名商标	著名商标	
1	华泰	工业用纸	山东华泰纸业股份有限公司	2002年2月		国家工商局商标局认定
2	凤凰城	药品	山东凤凰制药股份有限公司	2007年1月	2001年6月	东营中院判定
3	三A	农用车轮胎、汽车轮胎	东营市盛泰有限公司	2007年1月	2003年8月	东营中院判定

续表-1

序号	商标名称	使用商品	商标注册人	荣誉称号及认定时间		备注
				驰名商标	著名商标	
4	信义及图	汽车刹车片	信义实业集团有限公司	2007年11月	2003年8月	东营中院判定
5	驰中	肉、火腿	山东驰中集团有限公司	2008年4月	2002年9月	重庆中院判定
6	大明及图	生橡胶、塑料管、防水包装物品	中国石化胜利油田大明(集团)股份有限公司	2008年11月	2003年8月	贵州六盘水中院判定
7	天信	布	东营市天信纺织有限公司	2008年11月	2007年8月	黑龙江大兴安岭中院判定
8	天丰及图	太阳能热水器、太阳能光电	山东天丰太阳能制品有限公司	2008年12月	2008年9月	山西朔州中院判定
9	维可得	肉制品	胜利油田维可得食品厂		2000年8月	
10	半球	面粉	山东半球面粉有限公司		2001年6月	
11	挪亚	面包、糕点	东营市挪亚实业有限责任公司		2001年6月	
12	胜利油田	石油勘探、油田开采分析	胜利石油管理局		2002年9月	
13	金途	自行车、三轮车胎	山东永泰化工集团有限公司		2002年9月	
14	大海及图	纺织品加工	山东大海集团有限公司		2002年9月	
15	万全	电线、电缆	万达集团股份有限公司		2002年9月	
16	凯银	自然花卉、新鲜蔬菜、植物种苗	山东凯银集团股份有限公司		2003年8月	
17	华誉	加工过的肉、生熟肉	山东华誉集团有限公司		2003年8月	
18	蓝琼	电源材料	东营市华东线缆集团有限公司		2003年8月	
19	凯银	牛奶、牛奶制品、肉、肉制品	山东凯银集团股份有限公司		2004年6月	
20	欣马	白酒	山东欣马酒业有限公司		2004年6月	
21	碧海缘	白酒	山东省垦利县酒厂		2004年6月	
22	捷灵	润滑油	山东红星化工有限公司		2004年6月	
23	三丰及图	食用油、芝麻油	东营市三丰香油有限责任公司		2005年9月	
24	圣工及图	防火漆、木材、涂料	山东圣光化工集团有限公司		2005年9月	
25	鲁方	铜、电解铜	东营方圆有色金属有限公司		2006年11月	
26	图形	配电控制台、电开关	山东东辰实业集团有限公司		2006年11月	
27	新发	医用饲料添加剂	山东新发药业有限公司		2006年11月	
28	一大早	花生奶	东营市一大早乳业有限公司		2006年11月	
29	老船家	虾酱、鱼制食品	东营老船家水产品开发有限公司		2006年11月	
30	金禹	防水卷材	山东金禹王防水材料有限公司		2006年11月	
31	金路	汽车轮胎	山东金宇轮胎有限公司		2006年11月	
32	盾轮	汽车轮胎	山东永泰化工集团有限公司		2006年11月	
33	胜动	内燃机、柴油机、煤气机	胜利油田胜利动力机械有限公司		2007年8月	
34	蓝海	提供食宿宾馆、餐馆	山东蓝海股份有限公司		2007年8月	
35	东辰图形	新戊二醇、透明质酸	山东东辰实业集团有限公司		2007年8月	
36	双丰	汽车轮胎	山东恒丰橡塑有限公司		2007年8月	

续表-2

序号	商标名称	使用商品	商标注册人	荣誉称号及认定时间		备注
				驰名商标	著名商标	
37	时新	摩托车轮胎	东营市恒达橡胶有限公司		2007年8月	
38	田园	农用塑料薄膜	东营天元塑业有限公司		2007年8月	
39	胜海	高低压开关板	胜利油田胜海电气有限公司		2007年8月	
40	千乘	面粉	东营市千乘粮油有限责任公司		2007年8月	
41	黄河口旅游	旅行社、旅游安排	山东省黄河口国际旅行社有限公司		2008年9月	
42	黄河王及图	白酒	山东黄河王酒业有限公司		2008年9月	
43	勝东及图	起重机	东营新东方建设机械有限公司		2008年9月	
44	艾瑞斯特及图	电站自动化装置	东辰控股集团有限公司		2008年9月	
45	双王及图	车辆轮胎、翻新轮胎用胎面	山东双王橡胶有限公司		2008年9月	
46	兵 圣	白酒	广饶县兵圣酒业有限公司		2008年9月	
47	海科新源	碳酸二甲酯、丙二醇	东营市海科新源化工有限公司		2008年9月	
48	胜辉及图	家具	东营市胜辉木业有限公司		2008年9月	
49	高 原	石油钻机	胜利油田高原石油装备有限公司		2008年9月	
50	华 鲁	车辆轮胎	兴源轮胎集团有限公司		2008年9月	
51	维果思及图	水果罐头、蔬菜罐头	东营利富得食品有限责任公司		2008年9月	

注:全市有注册商标3597件,驰名商标8件,著名商标50件。

【广告管理】 年初,市工商局会同卫生部门召开由14家新闻单位和23家医疗机构参加的会议,学习《医疗广告管理办法》,严禁医疗机构在未取得医疗广告审批文号前发布一切医疗广告。引导医疗机构提高医疗服务水平,转变靠广告吸引患者就医的观念,协助做好《医疗广告审查证明》审批;引导新闻单位转变经营思路,拓展新的广告业务领域。1月开展医疗广告专项整治工作,对几家发布医疗广告的医疗机构给予行政告诫和罚款。4月下旬,召开全市药品广告整治动员会议,全市新闻单位、规模较大的药品批发零售企业和药品代理商共50人参加,学习《药品广告审查办法》《药品广告审查发布标准》,对药品广告发布管理工作提出要求。

2008年,市工商局对发布保健食品、药品、医疗、化妆品、美容服务及迎奥运广告进行监测。共监测各类广告近10万条,向媒体单位发出《行政告诫通知书》23份。对涉嫌违法的49条广告进行查处,对违法严重的9条广告通过东营红盾信息网曝光。7月下旬,市工商局会同市整规办、市食品药品监督管理局、市卫生局等单位,对全市部分新闻单位广告发布情况进行检查。共检查各级电视台、广播电台12家,检测药品、医疗、保健食品、化妆品、美容服务等五类广告979条次,通报监测情况,在东营红盾信息网曝光涉嫌典型虚假违法广告9条,并交有关单位限期查处。加强奥运期间广告秩序整治,共监测各类广告近5000条次,对网络涉性广告进行严厉打击,向涉嫌违法的网站发出《行政告诫通知书》6份,关停3家网站。对广告的监测结果,各级监测部门定期上报,市工商局每月发布一次《监测动态》,召开联席会议成员单位例会,新闻媒体单位广告负责人列席会议,对监测结果进行通报,提醒和警示各新闻媒体规范广告发布行为。组织对户外广告进行集中治理,共检查户外广告768处,责令限期拆除384块(幅),新登记户外广告近600处。

市广告协会加强行业自律,组织会员单位开展活动,促进全市广告业的健康发展。一是组织会员单位参加全省“2008山东文化产业博览会广告创意大赛”作品参评活动,共征集各类广告作品40件,其中10件作品分获1银、2铜、7优,市广告协会获组织奖;二是10月组织东营市26名广告监管和从业人员参加第十五届中国国际广告节,了解全国广告业的发展水平。做好发展会员工作，至 11 月底，市广告协会会员发展到 300 家。

【市个体私营企业协会】 2008 年，市个体私营企业协会、市工商局在新世纪人才市场组织举办 3 次民营企业人才招聘周和春季、秋季民营企业人才招聘会等大型人才招聘洽谈活动，全市 1638 家知名民营企业提供就业岗位 36000 多个，签订合同意向 19300 余份。组织举办残疾人就业洽谈会和女下岗职工就业洽谈会，帮助 1300 余名残疾青年和 2600 余名女下岗职工实现就业。市个体私营企业协会西城人才服务处举办人才招聘洽谈会 83 场，参会民营企业 7000 余家(次)，签订用人协议 35100 余份(次)。依托各大民营企业集团，聘请清华大学、人民大学、山东大学、石油大学等院校专家教授，对 5000 多名经营管理人员进行合同、商标、市场营销策划等内容培训。举办经营管理和财务管理培训班 8 期，培训个体私营企业负责人及财务管理人员 940 余人；举办数控车床、电气焊等培训班 21 期，培训个体私营企业从业人员 3890 余人。全市各级个体私营协会与会员法律维权服务机构共受理会员投诉 97 件，接受会员法律咨询 12850 余人次，为会员挽回或避免经济损失 253 万余元。市个体私营企业协会与中国邮政储蓄银行东营市分行联合开展"融资解困助推个体私营企业发展"活动，召开新闻发布会、产品推介会和融资洽谈会 20 多场。贷款试点工作在垦利县乡镇展开，为 90 多家个体私营企业发放贷款 800 多万元。发动市个体私营企业协会为 1200 多家企业提建议 3700 余条，发布经营信息和招聘信息 3200 余次。9 月 21~27 日是全国第十三个"光彩服务周"，市个体私营企业协会组织会员为孤寡老人、学生、幼儿奉献爱心，有 50200 余名个体私营业者参与，提供义务服务 20533 人次，让利金额 9.3 万元，捐赠物品折合人民币 20 余万元。中原实业有限公司、挪亚实业有限公司、奥罗集团等 48 家私营企业与 270 余名下岗失业人员签订用工合同。

2008 年，全市个体私营企业协会举办粮食作物、蔬菜、果树种植管理技术及水产养殖技术、合同签订、经纪人必备常识等培训班 12 期，培训致富带头人 960 多人；组织私营企业和个体工商户为地震灾区共捐款 1497 万元。市个私协会 11 月 10 日举办"东营高校大学毕业生'自主创业我先行'创业报告会"，市工商局、个私协会、石油大学及 800 余名大学生参加报告会。向个体私营业者发放《文明市民手册》《市民学习读本》《文明礼仪读本》等宣传材料 5 万余份，利用市场广播喇叭宣传 800 余次，举办骨干培训班 45 期，培训宣传骨干 3600 余人。全年共举办各种形式的法律培训班 14 期，培训会员 1600 余人，提高了个体私营业者的懂法、守法意识。

【市消费者协会】 组织 3·15 活动，搞好宣传咨询服务。3 月 1 日市消费者协会、市工商局召开 3·15 新闻发布会，公布 2007 年"十大投诉案例""十大申诉案件"，发布东营市消协第 1 号消费警示《警惕有毒文具》，公布 2008 年 3·15 活动的总体安排。3 月 12 日，市消协、市电视台、市百货大楼联合举行"益智"60 分消费法知识竞答专场，200 余人参加。3 月 14 日，市消协、市工商局、市质监局、市物价局、市卫生局、市食品药品管理局、东营出入境检验检疫局联合有关部门举行 3·15 国际消费者权益日纪念大会暨宣传咨询服务活动。20 余家行政执法单位和 70 余家企业设立宣传点。投诉台、咨询服务台、真假商品对比台等 100 余个，出动农产品检测车 4 部，食品检测监控微机 2 台，现场为消费者检测和展示，讲解辨假识真知识和接受消费者咨询投诉。

3 月上旬，市消协、市摄影家协会联合进行 3·15 东营采风活动，摄制图片 50 多幅。3 月 14 日，市消费者协会、市工商局对基层"十佳农村投诉站""十佳企业投诉站""十佳 3·15 志愿者"进行表彰，营造社会保护消费者合法权益的氛围。全市各级消协全年受理消费者投诉 1375 件，处结 1375 件，为消费者挽回经济损失 175 万元。市消协组织 83 家单位参与山东省第七届消费者满意单位评选活动，有 68 家企业获"山东省第七届消费者满意单位"称号。

为保护消费者的合法权益，市消协开展"诚信单位"的评选活动。中国网通东营通信分公司等 129 家企业为市级"消费者满意单位"。11 月 14 日市消费者协会和市工商局为东营移动通信公司举办"山东省第七届消费者满意单位"挂牌仪式。10 月，市消费者协会和市工商局印制 2000 本《山东省消费者权益保护条例》单行本在全市发放。10 月 16 日，市工商局、市消费者协会举办贯彻《山东省消费者权益保护条例》音训班，全市工商系统123人参加培训。为纪念《消费者权益保护法》颁布实施15周年和宣传《山东省消费者权益保护条例》，市消费者协会、市工商局举行“纪念《消费者权益保护法》颁布实施15周年暨庆祝《山东省消费者权益保护条例》颁布实施知识竞赛”。为让消费者免受劣质商品之害，市消协强化“消费警示”工作，全年发布《保健讲座多陷阱》《警惕有毒文具》《索要发票很重要》等90余条消费警示，《鲁中晨报》《山东广播电视报》(东营版)《胜利日报》《东营日报》等媒体进行转载。

2008年省级消费者满意单位(68家)

中国移动通信集团山东有限公司东营分公司
胜利油田天鹅湖旅游开发有限责任公司
东营市百川工贸集团有限公司
东营市商业大厦有限责任公司
中国联通有限公司东营分公司
中国(网通)有限公司东营市分公司
东营市新上新广告装饰有限责任公司
东营振华百货发展有限公司
山东海威数码科技有限公司
山东震环日月星国际广告传媒有限公司
东营市陆地科学技术发展有限责任公司
安利(中国)日用品有限公司东营专卖店
山东大明联合会计师事务所
东营市易脉装饰工程有限责任公司
山东金辰建设集团有限公司
东营时代家具有限公司
东营市民建购物广场有限公司
山东天河酒店集团有限公司
山东蓝海股份有限公司
山东家佳祥油脂有限公司
山东双宇装饰工程有限公司
山东环雅矿泉水有限公司
东营市红太阳商贸有限责任公司
东营市攀登进口汽车修理有限公司
东营区世纪新品家具城
东营市曼都商贸有限公司
山东省东营市百货大楼
东营市河口宾馆有限责任公司
中国网通(集团)有限公司东营市河口区分公司
山东欣马酒业有限公司
山东海星集团有限公司海星宾馆
东营市福临餐饮有限公司
东营市河口区邮政局
东营市商业银行股份有限公司仙河支行
胜利油田金色河口科贸中心
胜利油田实业有限责任公司金岛中心超市
东营九龙绿色食品有限公司
山东天润种业有限公司
利津县中心医院
山东省利津县黄河口酒业有限责任公司
山东永明肥业有限公司
东营一大早乳业有限公司
中国网通(集团)有限公司利津分公司
山东恒达橡胶有限公司
山东恒丰橡胶有限公司
中国移动通讯集团山东有限公司广饶分公司
山东凯泽房地产开发有限公司
山东恒宇橡胶有限公司
山东春蕾纺织有限公司
东营市黄海轮胎有限公司
东营渤海房地产开发有限公司
东营金四季商贸有限责任公司
山东昊龙集团有限公司
东营鑫旺汽车销售有限公司
东辰控股集团有限公司
中国网通(集团)有限公司垦利县分公司
山东省垦利县酒厂
东营市一棵树酒水有限责任公司
山东省垦利汽车工业贸易公司
垦利县农村信用合作联社董集信用社
山东胜通集团股份有限公司
山东金茂纺织化工集团有限公司
山东奥罗电气有限公司
东营大振生物工程有限公司
山东天丰太阳能制品有限公司
东营广发汽车销售服务有限公司
东营市金润达润滑油有限公司
东营市华祥工贸有限公司

(毛广涛)

物价管理

【概况】 2008年，全市物价部门队伍得到加强，经市机构编制委员会批准，市及县区物价检查所更名为价格监督检查局，转为行政编制，编制总数62人。全市6个价格监督检查局全部被山东省物价局命名为“省级规范化物价检查局”。价格认证机构建设进一步规范，市价格认证中心由差额事业单位转为全额事业单位，市及县区6个价格认证中心被国家发改委评为“2006~2008年度价格认证机构规范化建设达标单位”。东营市物价局被山东省物价局评为“全省农产品成本调查工作先进集体”“全省行政事业性收费统计工作先进单位”，市物价局党总支被评为全市“先进基层党组织”。

【市场物价】 2008年，东营市物价总水平继续高位运行，全市物价部门采取措施积极应对。一是稳定政府定价和政府指导价。二是落实临时价格干预措施。1月20日，发布实行临时价格干预措施公告，对全市13家大型超市的成品粮、猪牛羊肉及其制品、食用植物油、牛奶、鸡蛋等商品实行调价备案制度，对山东半球面粉有限公司的面粉实行提价申报制度，12月16日解除以上价格干预。四川汶川大地震后，对救灾帐篷、过度安置房及生产帐篷和安置房所需的主要原材料实行临时价格干预措施。6月对电、煤等价格实行临时干预措施,2009年1月20日解除干预。三是加强价格监测和价格预警预报，增设监测点,增加价格监测内容和品种,全市共设价格监测点40个,涉及监测品种200个。四是对主要大型超市商品供应和价格动态进行巡查,及时召开价格提醒告诫会,强化市场价格监管。五是建立物价上涨与提高困难群众最低生活保障标准联动机制。全年居民消费价格总指数呈逐月下降态势,1~12月同比上涨幅度分别为:7.4%、6.4%、6.3%、5.7%、4.0%、3.9%、3.5%、2.5%、2.3%、1.0%、0.1%、-0.8%,累计上涨3.5%。

2008年市区居民消费价格指数表(以上年价格为100)

居民消费类别及名称	指数	居民消费类别及名称	指数
总指数	103.5	四、家庭设备用品及维修服务	101.6
一、食品类	111.1	1.耐用消费品	101.1
其中:粮食类	105.4	2.室内装饰品	100.0
油脂类	112.0	3.床上用品	94.7
肉禽及制品	120.4	4.家庭日用杂品	102.4
蛋类	105.4	5.家庭服务及加工维修服务	127.0
水产品	104.4	五、医疗保健和个人用品	103.2
菜类	103.5	六、交通和通讯	97.3
二、烟酒及用品	100.0	七、娱乐教育文化用品及服务	98.7
三、衣着类	96.0	八、居住	104.4
1.服装	99.0	其中:建房及装修材料	106.8
2.衣着材料	100.0	水、电、燃料	104.0
3.鞋袜帽	86.1		

2008年市区商品零售价格指数表(以上年价格为100)

商品零售类别及名称	指数	商品零售类别及名称	指数
总指数	103.2	2.鞋袜帽	86.5
一、食品类	111.2	3.其它	100.6
1.粮食类	105.0	四、纺织品类	97.1
2.油脂类	112.0	五、家用电器及音响器材类	95.6
3.肉禽及其制品	121.2	六、文化办公用品类	96.5
4.蛋	104.4	七、日用品类	101.0
5.水产品	104.4	八、体育娱乐用品类	99.9
6.菜类	103.5	九、交通、通信用品类	87.8
7.干鲜瓜果	110.9	十、家具类	102.8
二、饮料、烟酒类	100.5	十一、化妆品类	103.5
1.茶及饮料	102.1	十二、金银珠宝类	119.0
2.烟草	100.0	十三、中西医药品及医疗保健品类	102.8
3.酒	100.0	十四、书报杂志及电子出版物类	98.4
三、服装、鞋帽类	96.0	十五、燃料类	118.5
1.服装	99.0	十六、建筑材料及五金电料类	110.2

【清费治乱】 2008年,对全市行政事业性收费进行审验,共审验单位1043家,审验收费金额27.58亿元;对涉及17个部门的69项收费进行清理,提出保留或取消意见。落实《医疗服务价格项目规范》,调整充实新增医疗服务项目专家评审组成员,组织召开专家评审会,修订规范现行医疗收费项目,降低医用耗材代理服务收费标准。出台《关于进一步优化收费环境促进服务业发展的意见》《东营市旅游价格管理办法》,促进服务业发展。

【价格改革】 加强价格调查调研,理顺公用事业价格矛盾,10月8日组织召开供热价格调整听证会,听取各方面对供热价格调整的意见,经市政府批准,调整中心城区供热价格,居民住宅供热价格由19元/平方米调整为24元/平方米,非居民住宅供热价格由22元/平方米调整为38元/平方米,并对有关供热单位和供暖小区价格行为进行规范,实行同城同价。加强电价管理,7月1日调整销售电价,7月1日、8月20日两次调整火力发电上网电价。落实成品油价格政策,6月20日、12月19日两次调整成品油价格。加强房地产价格和物业收费管理,修订完善《东营市物业服务收费管理实施细则》,出台《中心城区物业服务收费指导标准》。加强药品价格管理,核定中标药品零售价格7943个,将其中超过国家最高限价的124个药品价格降到限价之内,减轻患者医药负担780万元。

【监督检查】 落实国家新出台的《价格违法行为处罚规定》,围绕群众反映强烈的热点、难点价格问题,强化市场价格监管,整顿规范市场价格秩序。加大明码标价管理工作力度,利用“3·15”消费者权益保护日和3月“明码标价检查月”,对全市主要经营单位商品和服务明码标价行为进行规范整顿。开展落实临时价格干预措施、惠农价格收费、国土资源收费、成品油及天然气价格、教育收费、药品和医疗服务价格等专项检查,共查处价格违法案件117件,实施经济制裁539.9万元,其中退还用户31.4万元,没收违法所得508.5万元。开通“12358”价格维权热线自动受理系统,共接来电来访351件,其中政策咨询295件,立案查处56件。做好“行风热线”和“网上民声”群众反映问题的处理工作,上行风热线2次,处理问题8个,回复网上民声210件。

【价格服务】 全市价格服务功能进一步完善,服务质量明显提高。加大对垄断行业和公用事业定价成本的监审力度,对天然气、医疗服务、物业管理、供水等成本情况进行监审。做好玉米、小麦、棉花、大豆、生猪成本等常规调查,开展农户种植意向、农户存粮、农民购买生产资料、农户收支和种粮的专项调查,编制《东营市主要农副产品生产成本和收益资料》,指导农业生产和结构调整。巩固完善涉案物品价格鉴定,交通事故财产损失价格鉴证等价格事务工作,全年共受理各类价格认证业务6880起,认证标的额7500万元。 (孙 杰 李树东)

食品药品监管

【药品实时监控系统建设】 2008年,市委、市政府将药品实时监控系统建设列入10件便民实事,投资168万元。市食品药品监管局对466家符合条件的涉药单位进行药品实时监控系统建设,10月16日举行东营市药品实时监控系统启动仪式。市食品药品监管局在药品生产企业建立非现场控制系统,对企业的生产过程实施全程监控,从源头确保药品质量。新建与药品实时监控系统相配套的假劣药品信息查询系统,提高了药品抽验和稽查办案的效率。该项目实现对东营市80%以上药品生产、经营、使用状况的实时动态监控,初步建起质量可控、管理科学、反馈及时的药品质量控制体系。建立药品实时监控系统的做法在全省推广。11月26~27日,省食品药品监管局局长李民到东营对药品实时监控工作调研,《中国医药报》就此进行报道。

【开展兴奋剂专项治理】 联合公安、卫生、海关等7部门制定《关于开展兴奋剂生产经营专项治理的意见》。通过网格化管理、拉网式排查、暗访督查、每周调度通报等措施,开展兴奋剂专项治理工作。制定《药源性兴奋剂突发事件应急处置工作程序》《应急处置责任分工》,成立应急工作领导小组,组织开展全市药源性兴奋剂突发事件应急演练活动。奥运期间,全市未发生药源性兴奋剂事件。

【强化药品日常监管】 围绕药品生产、流通、使用和医疗器械各环节，加大日常监督检查力度，组织开展药品医疗器械安全“隐患治理”、GMP、GSP跟踪检查，元旦、春节、中秋、国庆等重大节日药品市场专项整治，抗震救灾期间的药品医疗器械市场整治及中药饮片、疫苗、刺五加注射液和高风险医疗器械等监督检查活动，净化了药品医疗器械市场秩序。组织开展全市跨区域药品交叉稽查执法和稽查办案技能比武活动。全市共出动执法人员7987人次，检查涉药单位3319家次，查处各类违法案件392起，罚没款198.94万元，销毁假劣药品货值41.2万元。

【药械不良反应监测】 年初，市食品药品监管局与市卫生局联合组织举办全市药品医疗器械不良事件监测培训班，出台《东营市严重及群体药械不良事件应急处理程序》，实行新的、严重的不良反应病例报告制度。全市共上报药品不良反应报告数量3682例，百万人口报告数为2104例，位居全省第一位，其中新的严重的不良反应515例，占报告数量的13.97%，上报医疗器械不良事件120件，报告质量有明显提高。

【开展药品使用质量规范化管理】制定《全市药品使用质量规范化管理实施方案》及实施计划，对全市涉药单位负责人及药剂科主任进行培训，并开展检查活动。至年底，全部完成全市一级以上医疗机构的规范化管理工作。省食品药品监管局在东营市召开现场会，在全省推广东营经验。

【推进农村药品“两网”建设】 组织开展全市农村药品安全监管情况调研活动，确定农村药品安全监管中长期目标任务。加强乡镇监管助理员和村信息员的教育培训工作，发挥其在投诉举报、案件查处、政策宣传、数据调查等工作的作用，农村药品安全保障水平不断提高。

【加强药品抽验和广告监测】 探索药品抽验工作新机制，拓宽委托检验范围，提高了药品抽验不合格率。全市共抽样药品生产、经营、使用单位420家，检验完成药品1859批次，日常监督抽验药品1371批次，检出不合格药品290批次，不合格率为21.15%。加大药品广告监测力度，建立广告监测室，配备先进广告监测设备，实现对全市媒体广告的24小时全程监测和记录。共监测药品、医疗器械、保健食品广告135件，移送违法广告52件。

【严格药品审批审核】 履行服务承诺，规范办事程序，严控审批时限，严把市场准入关。年内未发生投诉事件。共受理药品零售企业开办申请55家，下达同意开办资格批复52家；发放《药品经营许可证》51家，注销《药品经营许可证》34家；办理药品经营许可事项变更133家；组织实施药品零售企业GSP认证现场检查33家，通过认证33家。受理审核《医疗器械经营企业许可证》申请68项，其中新开办44项，变更20项，换证4项。

【完善食品安全责任体系】 市食品药品监管局制定印发《2008年度食品药品安全工作要点及重点工作运行表》，市、县、乡、村层层签订责任状。1月23日，组织召开全市食品药品安全整治新闻发布会，对全市食品药品市场整治情况进行通报。7月，对县区政府及部门食品药品安全工作情况进行半年督查。12月，对2008年全市食品药品安全工作进行考核。

【做好奥运期间食品安全保障】成立卫生、工商、质监、食品药品监管等17个部门单位负责人为成员的“市奥运食品药品安全保障工作协调小组”，组织召开全市奥运食品安全保障暨兴奋剂治理工作会议，制定印发《奥运期间食品安全保障工作方案》，对全市奥运食品安全保障和兴奋剂专项治理工作进行督导检查。奥运会期间，全市未发生重大食品安全事故。

【创建食品安全示范县、示范乡镇】 加强对创建工作的指导和督查，开展公众满意度调查、阶段督查、现场指导等工作，促进创建工作的开展。广饶县通过省级食品安全示范县的考核验收，河口区被确定为2008年度省级食品安全示范县创建单位。县区开展了食品安全示范乡镇创建活动。

【处置婴幼儿“问题奶粉”】按照市委、市政府和上级部署要求，组织开展婴幼儿奶粉安全专项检查活动。坚持实行婴幼儿奶粉检查情况日汇报制度，每天上午编发简报，通报全市婴幼儿奶粉事件处置进展情况。全市共出动检查人员16394人次，检查原料乳生产单位3113家次，售奶站1258家次，未发现有掺杂使假等违法行为。检查乳品生产企业307家次，查封问题奶粉15525公斤；检查食品经营单位17474家次，集贸市场141处，累计下架封存问题奶粉9745.7公斤；筛查婴幼儿10647人，确诊4例因食用问题奶粉导致泌尿系统结石的患儿，经治疗全部康复出院。

【食品市场整治】 坚持实行食品药品安全零报告制度，组织开展元旦、春节、中秋、国庆等重要节日期间的食品市场集中整治活动。11月，在全市开展为期4个月的食品药品安全整治工作。12月8日，按照国家和省的部署，组织开展全市打击违法添加非食用物质和滥用食品添加剂专项整治活动。 (郝立强)

审 计

【概况】 2008年，全市审计机关完成审计(调查)单位(项目)214个，查处违规违纪金额4.96亿元，管理不规范金额29.12亿元，应上缴财政3.91亿元，为国家节支2.87亿元，其中，上缴财政2.44亿元，归还原渠道资金4321万元。市审计局共完成审计和审计调查项目79个，查出违规金额4.13亿元，管理不规范金额24.4亿元，应上缴财政3.2亿元，应归还原渠道资金3863万元，为财政节约1.73亿元。对全市汶川地震救灾资金物资审计结果向全市进行公告，实现东营市审计结果公告零的突破。

【财政审计】 预算执行审计以建立和完善公共财政体系为目标，把政府性资金全部纳入审计范围，加大对预算收支平衡情况，重点支出安排和资金到位情况，预算超收收入安排和使用情况，部门预算执行情况，非税收入征收情况的审计力度。税收征管审计中加大延伸审计力度，通过核实企业申报、缴纳税款情况，检验地税部门的税收征管质量，重点关注房地产行业税收征管情况，涉外企业缴纳土地使用税情况和部分纳税大户的税收缴纳情况。市审计局预算执行审计共审计和审计调查21个项目，涉及61个部门单位，查出违规和管理不规范金额9.56亿元，应上缴财政1.24亿元，应归还原渠道资金0.27亿元。通过审计，对预算执行的总体情况作出分析评价，提出加强非税收入管理，完善政府投资管理体系和建立健全国有资产监管体制等审计意见。

组织实施对垦利县2007年度财政决算及2008年1~6月预算执行情况的审计。对县财政局和地税局审计，重点关注涉农政策的落实情况、土地政策执行情况、教育收费政策执行情况等领导关注、群众关心的热点问题，及县、乡两级的债务情况，延伸审计7个县直单位，2个乡镇，2个纳税单位。共查出违规和管理不规范金额9600万元，应上缴财政1087万元。

【金融审计】 市审计局对山东胜利农村合作银行、山东河口农村合作银行、山东广饶农村合作银行、利津农村信用合作联社和垦利县农村信用合作联社2005~2007年度股利分红及个人所得税缴纳情况进行了审计调查。

【经济责任审计】 以强化对权力的制约和监督为目标，推进经济责任审计工作的制度化、规范化。市委、市政府办公室印发《东营市党政领导干部任期经济责任审计暂行办法》，明确经济责任审计的对象、范围、时限、方法以及评价标准和处理处罚措施，为经济责任审计工作提供了制度依据，省经济责任审计联席会议办公室转发各市纪检、组织、人事等部门参考。在项目安排上，把有资金分配权力的部门单位，资金流量大的部门单位，承担重大项目建设的部门单位的负责人作为审计的重点，关注环保、土地、惠民等政策的落实情况，关注债权债务情况，重大决策事项的程序和效果，尤其是有无因决策失误造成的损失浪费和国有资产流失等问题。全市共对101名领导干部进行经济责任审计，查出违规和管理不规范金额13.66亿元，1名审计不过关的处级干部被市委取消重用资格。市审计局完成经济责任审计项目29个，审计查出违规金额31467万元，管理不规范金额89992万元。市委书记张秋波审阅34份审计报告后，对经济责任审计工作给予肯定。

【政府投资审计】 全市共完成投资审计项目67项，审计资金额22.67亿元，减少损失浪费和节约投资1.38亿元。探索对重大投资项目实施全过程跟踪审计的办法，采取“以阶段审计为主，阶段审计与定点审计相结合”的形式，变单纯的事后审计为全过程跟踪监督。市审计局组织开展对东营港、广利河改造、会展中心等政府重点投资建设项目的全过程跟踪审计，突出对投资效益情况的审计分析，关注工程项目的质量效益、节能降耗、治污减排和环境保护等问题。东营港建设项目是建市以来政府投资最大的单体项目，备受市委、市政府领导关心和社会关注。该审计项目共查处项目管理、资金管理等方面的违规违纪问题金额8843万元,通过督促整改,使被审计单位加强管理,提高政府投资的使用效益。市审计局查出私存私放资金、违规出借工程款、挤占挪用等违规和管理不规范问题资金1.56亿元,减少损失浪费和节约投资1.07亿元。

【专项资金审计和审计调查】 从涉及群众利益的民生问题入手,开展社会保障资金审计,新型农村合作医疗审计和城镇居民医疗保险审计调查;从新农村建设重点工作入手,开展省级财政支农专项资金审计,农村公路建设及养护管理情况审计,能繁母猪补贴及保费补贴审计,大中型水库移民后期扶持资金审计调查;从社会关注的热点、难点问题入手,开展农村义务教育经费保障政策落实情况审计,福利彩票发行和资金管理使用情况审计,国有土地使用权出让收支管理情况审计调查,共查出违规和管理不规范问题金额7.73亿元。

参与省审计厅对东营市2006~2008年城建资金的专项审计调查,配合审计署济南特派办对东营市环保资金的审计,协调审计署广州特派办对中石化审计过程中延伸地方的审计事项,有效化解了多项涉及地方发展的关键性问题。组织全市审计机关23名审计人员开展对抗震救灾资金物资筹集、拨付及管理情况的全过程跟踪审计,涉及财政、民政等部门、单位42个。针对执行管理制度不严格、记账不及时等不规范问题,提出建议19条,促进出台和完善8项制度规定。审计结果受到地方党委、政府的重视。

【内部审计指导】 召开东营市内部审计师协会第二次会员代表大会,完成理事会换届工作,选举产生协会第二届理事会。2008年底,全市共有内审机构269个,其中专职机构110个;内审人员685人,其中专职人员260个。全年共完成审计项目1688个,其中,财务审计734个,效益审计245个,经济责任审计220个,基本建设审计115个,专项审计303个,内控评审49个,风险评估22个。共查出损失浪费金额970万元,增加效益金额43640万元。

2008年全市审计机关主要审计指标情况表

单位:万元

审计单位(个)	审计查出主要问题情况		审计决定处理处罚				审计处理落实情况
	违规金额	管理不规范金额	应上交财政	应减少财政拨款或补贴	应归还原渠道资金	应调账处理额	已上交财政
214	49569	291227	39125	15	21513	72910	24370

(蔡玲)

质量技术监督

【标准化与代码】 2008年,东营市质量技术监督局实施标准化战略,农业标准化、服务标准化、企业标准化等各项工作取得新成效。全市新增国家级农业标准化示范区1个,建成国家级农业标准化示范区7个,省级农业标准化示范区1个,新申报省级服务标准化试点单位7个,培育标准化良好行为企业8家,采用国际标准21项。组织制定国家标准8项,行业标准34项,地方标准2项,农业地方规范14项。备案企业产品标准407项,登记企业产品执行标准1639项,全市企业标准覆盖率达到98%以上。组织开展2期标准化知识培训,参训人数达450余人次。检验组织机构代码证书4505个,新办、变更、换证689个。

【质量监督与打击假冒伪劣】 加快推进"三位一体"产品质量电子监管网建设,169家9大类69种产品生产企业完成入网申请,142家10类重点产品生产企业全部建立质量档案,810家企业纳入电子监管,3家乳制品生产企业纳入视频监管。做好产品质量定检工作,抽检工业产品1230批次,合格率97%,抽检食品484批次,合格率89.3%。在省质监局组织的产品质量监督抽查中，东营市16家饮用纯净水合格率达100%。开展打假治劣活动，围绕关系国计民生、群众反映强烈的产品，开展奥运食品、乳制品、农资、危化品、首批五类消费品生产企业及食品小作坊等专项整治活动，共出动执法人员3600余人次，查处质量违法案件36起，端掉制（售）假窝点4个，查获假冒伪劣商品货值100多万元，挽回消费者经济损失30多万元。通过12365质监热线受理各类投诉举报案件110余起，提供咨询服务570余次，投诉举报案件办结率达到100%。

【生产许可证与质量认证】　加强工业产品生产许可证取证审查和取证后续监管，办理取证、换证56个，注销6个停产企业的工业产品生产许可证，全市工业产品生产许可证累计260个。严格食品市场准入制度，为68家企业办理取证、换证86个，全市食品生产许可证累计238个。为6家企业提供ISO9000、ISO14000、OHSMS18000及HSE等管理体系认证咨询服务，对全市98家质量管理体系认证企业的认证有效性进行监督检查。组织开展汽车轮胎、摩托车轮胎、电线电缆、低压成套开关设备、儿童玩具等强制性认证产品专项检查，集中开展农机产品强制性认证产品的调查摸底和行政执法工作，检查各类销售点40余处。

【计量管理与检定】　推进“能源计量”工程，调整充实7支节能降耗计量服务队，帮助50家重点耗能企业建立完善企业能源计量管理信息系统，培训235名计量管理人员。对全市54家5000吨标煤以上的独立核算用能单位进行计量监督检查，督促21家用能单位建立完善计量管理体系。全市国有大型企业能源计量器具配备率达到98%以上，中小企业配备率在90%以上，重点耗能企业在用强制检定计量器具受检率达到100%。推进“民生计量”工程，开展“计量惠民”行动，开展电线电缆、定量包装商品、农村医疗服务器械、税控加油机、农村集贸市场在用计量器具、电能表和粮食、棉花等强制检定计量器具的监督检查。全年检定、校准各类计量器具86790台，比上年增长10 %，其中强制检定计量器具50269台。抽检定量包装商品1162批次，比上年增长11%。全市集贸市场和加油站计量器具受检率达到93%以上，定量包装商品合格率达到91%以上，计量器具制造企业许可证取证率达到100%。

【宣传教育与科研】　开展信息宣传工作，累计在各类媒体和信息简报刊登稿件3420篇，其中市级以上媒体发表稿件505篇，在东营广播电台播出“东营质量播报”专题新闻48期。消费者权益保护日和质量月期间开展专题宣传活动，制作《名牌之路》《食品安全大于天》《特种设备知识360》等专题节目，发放质量知识宣传材料1.8万份，现场解答群众疑问270条。世界计量日期间，围绕“能源计量与节能降耗和污染减排”“计量与奥运”等主题，开展计量知识现场解答活动，发送宣传材料4000余份。世界标准日期间，围绕“标准与智能绿色建筑”的活动主题，组织开展标准知识“三进”（进企业、进农村、进社区）活动，印发《标准知识汇编》500余册，标准知识明白纸2000多张。开展5个专题调研活动，形成《东营市服务标准化工作调研报告》《关于加强检验能力建设的调研报告》《关于加强食品安全监管工作的调研报告》《关于加强文化建设的调研报告》《关于深化质量兴市工作的调研报告》5篇调研报告。全系统征集科学技术优秀学术论文17篇，有12篇论文获奖，其中，一等奖2篇，二等奖3篇，三等奖7篇。全市质量技术监督系统共在国家级刊物发表论文17篇，省级刊物发表论文15篇，申请国家专利13项。

【纺织纤维质量监督管理】　推进棉花检验体制改革，帮助25家企业完成新检验体制改革并参加仪器化公证检验。开展棉花质量监督工作，为91家棉花收购加工企业建立完善质量档案，棉花生产加工单位建档率100%。组织开展棉花生产企业定检工作，抽检棉花产品118个批次，合格率89%；抽检纤维制品81批次，合格率87.3%，免费检测23个批次3000多件救灾物资。检查籽棉大垛213个，代表重量3.02万吨，检查皮棉145批次，代表重量3122吨，棉花生产加工企业监督检查覆盖率100%。做好棉花公证检验工作，全年完成棉花公检3.7万吨，检验结果与中纤局抽检符合率100%。依法开展棉花、纤维制品执法打假活动，共办理棉花违法案件63起、絮用制品违法案件7起，罚没违法收入40余万元。

【锅炉压力容器特种设备安全监察】　开展特种设备“隐患治理

年”活动，对9大领域的特种设备进行监督检查，累计检查特种设备使用单位865家，检查特种设备27896台，查处隐患设备632台，排除安全隐患586处。开展奥运特种设备安全监督检查，开展重点监控企业和重点监控设备专项整治，车用气瓶安全专项整顿，压力管道专项检查，进京特种设备隐患排查，超期设备集中整顿等专项监督检查活动，共检查特种设备生产、安装、使用单位195家，检查特种设备4338台件，排除隐患292处。加强特种设备检验，共检验特种设备44296台，比上年增长20%，其中定检在用设备12732台，监督检验制造产品1348台，监督检验新上设备14305台。

【质量兴市和名牌战略】 市质量技术监督局制定2008年中国名牌产品、山东名牌产品、山东省服务名牌培育计划，组织全市5家企业的5个产品申报中国名牌产品，43家企业的57个产品申报山东名牌产品，7个单位申报山东省服务名牌。新增山东名牌产品16个，山东省服务名牌4个。全市已有中国名牌产品5个，山东名牌产品82个，山东服务名牌11个。黄河口文蛤通过国家地理标志产品保护专家评审会评审，成为东营市第一个地理标志保护产品，黄河口大闸蟹地理标志保护被国家质检总局受理并公示。

东营市中国名牌产品及生产企业一览表

序号	企业名称	产品名称
1	万达集团股份有限公司	万全牌玻璃丝包绕线组
2	中国石化集团胜利石油管理局动力机械厂	胜动牌12V190系列燃气发电机组
3	东营市天信纺织有限公司	天信牌高支高密纯棉坯布
4	山东半球面粉有限公司	半球牌小麦粉
5	三阳纺织有限公司	三晹牌精梳纱线

东营市山东名牌产品及生产企业一览表

企业序号	企业名称	产品序号	产品名称
1	华泰集团有限公司	1	华泰牌单面涂布白板纸
		2	华泰牌胶版印刷纸
		3	华泰牌书写纸
		4	华泰牌新闻纸
		5	华泰、爽意、亚森牌皱纹卫生纸
2	胜利油田孚瑞特石油装备有限责任公司	6	胜工牌抽油杆
		7	胜工牌给水用聚乙烯(PE)管材
		8	胜工牌油管
3	万达集团股份有限公司	9	万全牌电动潜油泵引接电缆
		10	万全牌聚氯乙烯抗冲改性剂(MBS)
		11	万达宝通牌载重汽车轮胎
		12	万全牌聚酰亚胺薄膜
		13	聚丙烯酰胺
		14	万全牌玻璃丝包绕组线

续表一1

企业序号	企业名称	产品序号	产品名称
4	山东胜通集团股份有限公司	15	SHENGTONG牌层状结晶二硅酸钠
		16	胜通牌子午线轮胎用钢帘线
		17	胜通牌中压玻璃钢复合管道
5	山东圣光化工集团有限公司	18	圣工牌高性能有机硅改性丙烯酸外墙涂料
		19	圣工牌超薄型钢结构防火涂料
		20	圣工牌水性树脂乳液
6	山东凤凰制药股份有限公司	21	凤凰城牌天丹通络胶囊
		22	凤凰城牌金石清热颗粒
		23	凤凰城牌复方川芎胶囊
7	胜利石油管理局无杆采油泵公司	24	SLP牌潜油电泵机组
8	中国石化集团胜利石油管理局动力机械厂	25	胜动牌12V190系列燃气发电机组
9	胜利油田大明新型建筑防水材料有限责任公司	26	大明牌三元乙丙橡胶防水卷材
10	山东欣马酒业有限公司	27	欣马牌白酒
11	山东俊富无纺布有限公司	28	俊富牌薄型纺粘法非织造布
12	东营市天信纺织有限公司	29	天信牌高支高密纯棉坯布
		30	天信牌精梳纱线
13	胜邦塑胶管道系统集团有限公司	31	胜邦牌聚乙烯工程管道
14	华亚(东营)塑胶有限公司	32	南亚牌给水用硬聚氯乙烯(UPVC)管材
15	东营胜利高原有限公司	33	高原牌石油用油井管
		34	高原牌皮带抽油机
		35	高原牌石油钻机
16	山东半球面粉有限公司	36	挂面
		37	半球牌小麦粉
17	山东红星化工有限公司	38	捷灵牌通用锂基润滑脂
18	信义实业集团有限公司	39	信义牌盘式、鼓式汽车用制动器衬片
19	山东大海集团有限公司	40	大海牌棉纱
20	山东金宇轮胎有限公司	41	金宇牌载重汽车轮胎
21	盛泰集团有限公司	42	三A牌载重汽车轮胎
		43	海豚牌胎圈钢丝
22	山东恒丰橡塑有限公司	44	双丰、昌丰牌载重汽车轮胎
23	山东金禹王防水材料有限公司	45	金禹牌聚氨酯防水涂料
		46	金禹牌弹性体改性沥青防水卷材
24	山东凯银集团股份有限公司	47	凯银牌清真预冷分割肉

续表一2

企业序号	企业名称	产品序号	产品名称
25	山东东辰实业集团有限公司	48	艾瑞斯特牌低压开关柜
		49	艾瑞斯特牌透明质酸
		50	艾瑞斯特牌新戊二醇
		51	智能箱式变电站
26	山东省垦利县酒厂	52	碧海缘牌白酒
27	东营市挪亚实业有限责任公司	53	挪亚牌蛋黄派
28	山东天轮钢丝股份有限公司	54	天懋牌胎圈回火钢丝
29	东营市联成化工有限责任公司	55	华泰牌 3一氯丙烯
30	东营方圆有色金属有限公司	56	鲁方牌阴极铜
31	山东三丰香油有限公司	57	三丰牌香油
32	东营正和木业有限公司	58	正和林美牌中、高密度纤维板
33	山东驰中集团有限公司	59	驰中牌肴驴肉
		60	果蔬脆片
34	山东永泰化工集团有限公司	61	DURUN 盾轮牌半钢子午胎
35	兴源轮胎集团有限公司	62	华鲁牌载重汽车轮胎
36	东营市明珠工程有限公司	63	明珠牌预应力混凝土管桩
37	东营市谊海工贸有限责任公司	64	谊海牌门、窗用未增塑聚氯乙烯(pvc一u)型材
38	山东新发药业有限公司	65	新发牌 D一泛酸钙
39	东营华泰纸业化工有限责任公司	66	工业过氧化氢
		67	华泰牌烧碱
40	山东昊龙集团有限公司	68	玉米淀粉
		69	昊龙牌床上用品
41	东营阳光丝业有限公司	70	阳光丝路牌生丝
42	东营金茂铝业高科技有限公司	71	高级微细球型铝粉
43	山东天丰太阳能制品有限公司	72	太阳能热水器
44	胜利油田新大管业科技发展有限责任公司	73	新大牌高压玻璃钢管道
45	胜利油田海洋电气有限责任公司	74	胜海牌低压开关设备(GCK、CPBJ、GGDZ、ARTU、XL一21、SHPZ30)
46	胜利油田金岛实业有限责任公司胜岛石油机械厂	75	胜岛牌油井管
47	山东正和钢塑型材有限公司	76	科创牌塑料门窗
48	山东华帘集团钢帘有限公司	77	华帘牌子午胎用钢帘线
49	山东万通模具有限公司	78	万通牌子午线轮胎磨具
50	山东秦恒科技有限公司	79	秦恒牌墙体保温材料(膨胀聚苯板)
51	山东陆宇塑胶工业有限公 司	80	陆宇牌塑料管材系列产品
52	山东恒宇橡胶有限公司	81	金途牌全钢载重子午线轮胎
53	利津县绿野菇业有限责任公司	82	忠春牌平菇菌种，鸡腿菇菌种

东营市山东省服务名牌一览表

序 号	单 位 名 称	品 牌 名 称
1	蓝海酒店集团	蓝海
2	东营供电公司	电力彩虹
3	东营市市容环境卫生处	橘红舞动，城市洁净
4	东营经济开发区行政审批服务中心	开发无限，服务永远
5	山东广饶农村合作银行	广饶合行
6	中国移动通信集团山东有限公司东营分公司	满意100
7	东营市神舟物流有限责任公司	神舟物流
8	东营市人民医院	百姓医院 健康家园
9	东营市园林绿化处	情在心间 绿满家园
10	东营市供气站	黄河燃气 情系万家
11	河口区“阳光190”社会救助中心	阳光190

【产品质量和食品安全检测中心建设】 市产品质量和食品安全质检中心建设项目的建设规划获批准，单体设计完成。垦利县质监局2800平方米的综合实验楼2008年5月投入使用。河口区质监局建成黄河口产业研发与质检中心投入使用，面积2200平方米，有5大实验室22个单体实验室。广饶县政府划拨2.04公顷土地给广饶县质监局，建设山东省橡胶轮胎及原材料质量监督检验中心和山东省轮辋刹车片质量监督检验中心，两个中心经省质监局批准，正在筹建。

【乳制品专项整治】 “三鹿奶粉”事件发生后，东营市质监系统组织开展乳制品专项整治行动，9月17日开始，安排10名区域监管人员对5家乳制品生产企业实行24小时驻厂监管，对3家企业的重点生产环节安装视频监控，对企业的原料奶和出厂产品进行批批检验。派出工作组和专项督导组赴一线督查指导，措施及时跟进，落实到位。投资5万元完善配套检测仪器设备，开展三聚氰胺项目的检测工作，检验奶制品263批次。 (黄 亮)

安全生产管理

【概况】 2008年，全市安全生产系统落实安全生产责任，加大安全生产教育培训力度，开展“隐患治理年”工作，排查整改事故隐患，有效稳定了全市安全生产形势，实现了省政府下达的控制指标。全市共发生各类生产安全事故1390起，死亡212人，受伤1339人，直接经济损失617.68万元，事故起数、死亡人数、受伤人数、直接经济损失同比分别下降34.28%、5.36%、34.97%和16.22%。按照国家统计口径，反映安全发展状况的二项主要指标进一步下降，亿元GDP事故死亡率为0.1，道路交通万车死亡率为4.38。全市生产安全事故起数、死亡人数、受伤人数、直接经济损失四项指标连续8年全面下降。东营市政府被省政府安全生产委员会授予“全省安全生产工作先进市人民政府”称号。

2008年全市生产安全事故分行业统计表

行业	事故起数		死亡人数		受伤人数		直接经济损失(万元)	
	本年	比上年±%	本年	比上年±%	本年	比上年±%	本年	比上年±%
道路交通	1149	−37.18	201	−8.64	1326	−35.32	287.4	−34.06
消防火灾	235	−16.37	0		0		110.28	−25.17
水上交通	1		7					
工矿商贸	5		4		13		220	
合 计	1390	−34.28	212	−5.36	1339	−34.97	617.68	−16.22

2008年全市生产安全事故分区域统计表

区域	事故起数		死亡人数		受伤人数		直接经济损失(万元)	
	本年	比上年±%	本年	比上年±%	本年	比上年±%	本年	比上年±%
东营区	792	-27.14	50	-18.03	790	-27.32	192.81	-46.96
河口区	145	-49.83	21	-8.07	145	-54.4	17.97	-32.49
广饶县	200	-52.94	73	-6.4	196	-44	316.29	+30.3
垦利县	146	-8.18	20	-9.09	117	-13.97	23.44	-13.09
利津县	87	-35.07	28	-15.15	78	-42.65	46.2	-44.1
其他区域	20	-4.76	20	+185.71	13	-59.38	20.98	-53.81
合计	1390	-34.28	212	-5.36	1339	-34.97	617.68	-16.22

注:其他包括市属工矿商贸、渔业船舶、水上交通事故、东港高速公路等。

【政府监管责任落实】 一是目标管理细化责任。市政府同各县区政府,市政府91个部门、单位负责人签订责任状,明确工作目标和奖惩措施,针对签订责任状单位的职能和工作实际,分类制定考核标准,将省政府下达的各项目标任务细化为8大项,41小项,全部落实到具体责任部门、单位。全市层层签订责任状。二是调整安委会,强化行业监管力度。市政府将市安委会更名为市政府安全生产委员会,调整组成人员,按行业划分组建14个专业委员会,由相应副市长担任专业委员会主任,主要监管职能部门或单位承担专业委员会办公室职能,专业领域的监管职责进一步明晰,政府领导"一岗双责"责任制得到落实。三是完善制度规定明确监管责任。修订完善《落实政府及其有关部门安全生产监督管理责任的暂行规定》,明确了政府及各部门安全监管的责任。四是协调调度推进措施落实。发挥安委会办公室综合协调在推进政府责任制落实中的作用,市主要领导多次听取安全生产工作汇报,带队督导安全生产。市政府安委会办公室建立新闻发布会制度,定期将安全生产工作开展情况及事故情况通过新闻媒体向社会发布。

【源头治理】 全市各级政府、相关职能部门密切配合,狠抓源头治理,全年坚持"两严格""两突出",对47个新建项目实行"三同时"管理。

"两严格":一是严格建设项目准入条件。从2008年起,全市所有城镇密集区内不再批准设立危化品经营企业或项目,市内不再批准设立无储存设施的危化品(包括剧毒物品)经营单位。二是严格建设项目审批程序,严格审查安全设施设计,严格按要求进行试生产备案,严格按设计进行安全设施竣工验收,严格按规定要求建立每个项目的安全许可工作档案。

"两突出":一是突出重点分类管理。在行业领域管理上,突出危化品、烟花爆竹安全生产许可管理,实行"一档四制"监管模式,对全市47家重点监管企业全部建立安全监管档案,实行安全管理制度备案制、重大事项报告制、安全检查月调度制度、定期安全检查制度。二是突出打击非法行为。针对安全生产领域存在的非法生产、经营等行为,采取多个部门共同参与联合执法的形式,加大"打非"工作力度。全市先后开展8次打击危险化学品、烟花爆竹、道路交通运输、建筑施工、黄河口游船等领域非法生产、经营行为。

【隐患治理】 按照省政府统一安排部署,市政府在全市开展"隐患治理年"活动,全年分五个战役,工作做到"四个突出"。一是突出隐患排查责任落实。每次检查和隐患排查,各级政府或政府安委会都按照"属地管理、分工负责"的原则,落实隐患排查治理责任。按照行业和领域确定24个牵头部门,细化、明确了隐患治理的责任分工。二是突出隐患排查治理的重点。突出隐患排查治理的范围为道路交通、危化品、公众聚集场所、水上运输、渔业生产等重点领域,重点突出督促企业隐患排查治理长效机制的建立。三是突出调度和督查。市政府先后6次召开会议进行安排部署和调度,市政府安委会办公室及时汇总相关隐患排查治理信息,编发工作快报,专门组织包县区督导组进行督导，各牵头部门由负责人带队进行督查。四是突出隐患整改。各级政府安委会办公室按照“五落实”的要求，对排查出的重大安全隐患实行分级挂牌督办，促进了隐患整改工作的开展。据统计，全市共排查生产经营单位28329家(次)，查处隐患28967条，其中列入治理计划的重大隐患27条，全部整改完毕。

【“百日”督查专项行动】 4月，国务院、省政府部署开展百日安全督查专项行动，市长张建华、副市长曹连杰专门批示，要求抓出成效。市政府办公室下发《关于开展百日督查专项行动的通知》，市政府安委会召开会议部署，组织7个牵头部门包县区、开发区实行综合督查，22个行业部门进行行业内专项督查。市政府安委会制定《全市安全生产百日督查考评方案》，对基层政府和企业进行定量考核。7个包县区、开发区综合督查组每周督查1次，22个专项督查组成立70个检查组不间断地进行检查。市政府安委会加强工作调度，多次召开综合督查组带队领导和联络员会议，每3天编发1期《安全生产百日督查专项行动工作快报》，及时反映和指导全市督查专项行动的开展。据调度统计，百日督查专项行动期间，综合督查组对43个乡镇、2个开发区、127家企业进行了量化考评督导，22个专项督查责任部门督查企业3803家，查处隐患4934条。

【安全生产“双基”工作】 市政府安委会确定2008年为全市安全生产“双基”工作建设年。制定安全生产“双基”工作建设年实施意见，从县乡政府、部门、企业三个层面提出强化基础工作的具体目标和要求。深入培育典型，搞好结合工作和严格考核，“双基”工作建设年活动收到明显效果：一是基层政府安全监管机构和队伍得到强化。全市安全生产监管队伍增加到296人。二是政府安全投入加大。市政府和广饶县、垦利县政府设立安全生产专项资金。市政府2008年安全生产专项资金对全市11个安全生产隐患整改、培训、应急救援等项目进行扶持，带动了企业2000余万元的配套资金。三是生产经营单位安全生产基础工作增强。各生产经营单位建立完善各项安全规章制度18927条，新增安全管理机构342个，现场管理、应急处置水平得以提高，促进了长效机制的建立。

【宣传教育和培训】 一是发挥新闻媒体作用，营造安全生产社会舆论氛围。各新闻媒体加大安全生产宣传力度，市电视台开辟《安全生产365》专栏，按期播出各行业、领域安全生产工作。报纸、广播电台也开辟专栏，刊播安全生产公益广告，普及安全生产常识，营造出全社会关注安全生产的浓厚氛围。二是调动安全监管职能部门的积极性，营造安全教育培训的氛围。各级安全监管职能部门采取发放明白纸，在新闻媒体开设专栏，举办培训班等形式，宣传和普及安全生产法律法规和常识，在全市开展“百千万安全培训工程”，全年培训百名以上企业负责人，千名以上企业安全管理人员，万名以上职工。2008年，全市新培训企业负责人1020人，安全管理人员2256人，企业员工67000人，特种作业人员1989人。三是借助“安全生产月”活动，营造安全生产宣传氛围。面向基层和企业，组织开展“万达杯”安全生产漫画优秀作品评选活动，收到漫画作品1065幅。开展“正和杯”安全生产应急救援演练大比武活动，组织政府、部门、企业三个层次的应急演练活动达240余次。举办“金岭杯”安全生产有奖征文活动，收到有关安全生产的散文、诗歌、理论文章等186篇。开展“万通杯”安全知识答卷活动，收到答卷8万余份。组织开展安全文化演出、安全生产基层采风、安全生产集中执法等活动，数十万职工受到教育。

【执法监察】 全市重点抓乡镇(街道办事处)、省级经济园区安监机构和执法队伍建设，强化基层执法力量。参照工业增加值建立执法队伍，做到监管任务与人员的对称；调整乡镇其他机构人员充实安监机构，解决编制“瓶颈”和人员缺乏问题；采取委托执法的方式，解决乡镇、园区安监机构执法资格问题；开展示范执法中队创建活动，提高基层执法队伍素质和执法质量。垦利县、广饶县探索实行分片辐射执法、“自查互检”等方式，整合执法资源，提高了执法效果。2008年，全市三级安全生产执法监察队伍共检查企业2727家次，查处涉及安全生产方面的问题和隐患1676条，下达整改指令书1075份。

【事故应急处理】 一是加快安全生产应急救援指挥平台建设。初步形成市、县互联互通的信息网络。二是完善预警机制。2008年初，市气象、安监、公安、质监、海事、海洋与渔业等部门联合建立预警反应联动机制，7次发布预警信息，为防范各类事故做好准备。市政府安委会办公室逐季度分析研究近5年来全市事故发生的规律，确定预警的重点，为做好防范争得主动。三是推进应急救援基地建设。7月29日，省政府批复，依托胜利油田海洋船舶中心建设山东省东营海域搜救中心。山东省东营海域搜救中心的建立，对提高东营海域海上救助能力，防范海损事故的发生具有重要意义。四是建立健全应急救援预案体系。2008年以强化事故预案演练作为重点，将6月作为"安全生产应急救援演练月"，举行"正和杯"安全生产应急救援演练大比武活动，236家重点企业进行演练，增强了应急救援反应能力和实战能力。

东营市安全生产培训机构情况表

单位名称	地址	联系人	电话	邮编	特种作业培训工种	安全培训内容	举报电话
利津县职业教育中心	利津县城北一号路	霍贵昌	5682649	257400	电工、金属焊接切割	非煤矿山、危险化学品	8330190
广饶县中专	广饶县城月河路1号	刘金柱	6450561	257300	电工	非煤矿山、危险化学品、一般行业	8330190
东营市高级技工学校	东营区北二路336号	刘三功	8236919	257091	电工、金属焊接切割		8330190
山东大王专修学院	东营市大王镇高新技术开发区	焦新伟	6881103	257335	电工、金属焊接切割、企业内机动车辆驾驶		8330190
东营市河口区职业教育中心	东营市河口区黄河路46号	齐学功	3651217	257200	电工、金属焊接切割。	非煤矿山、危险化学品、烟花爆竹、一般行业	8330190
东营市新世纪职业技术培训中心	东营区黄河路558号	王振海	7821229	257091	电工、金属焊接切割、企业内机动车辆驾驶、登高架设、制冷作业。	非煤矿山、危险化学品、烟花爆竹、一般行业	8330190
东营市飞天职业技术培训学校	东营市府前大街188号	王洪荣	8081375	257091	电工、金属焊接切割、企业内机动车辆驾驶、起重机械、制冷作业、登高架设。	非煤矿山、危险化学品、烟花爆竹、一般行业	8330190

东营市安全评价机构情况表

单位名称	资质等级	资质证书编号	业务范围	证书资质有效期限	注册地址及通讯方式
东营市开元安全评价有限责任公司	乙级	APJ－(鲁)－021－2009	一类:4.石油加工业，化学原料、化学品及医药制造业，燃气生产及供应业，炼焦业。二类:13.通用设备、专用设备及交通运输设备制造业，电气机械及器材制造业，仪器仪表及文化、办公用机械制造业，通信设备、计算机及其他电子设备制造业，邮政、电信和其他信息传输服务业。	2009.1.19～2012.1.18	东营市府前街190号 王兴坤:0546－8080069 郝宜华:13963350518
东营市胜丰安全科技服务有限公司	乙级	APJ－(鲁)－028－2007	一类:4.石油加工业、化学原料、化学品及医药制造业、燃气生产及供应业、炼焦业。	2007.6.11～2010.6.10	东营市东营区济南路172号 电话:0546－7369519 刘传洪:13905468869

续表

单位名称	资质等级	资质证书编号	业务范围	证书资质有效期限	注册地址及通讯方式
山东九洲安全技术有限公司	乙级	APJ－（鲁）－031－2007	一类:4. 石油加工业,化学原料、化学品及医药制造业,燃气生产及供应业,炼焦业。二类:10. 铁路、城市轨道交通运输业,铁路运输业,航空运输业,水上运输业; 11. 公众聚集场所;13. 通用设备、专用设备及交通运输设备制造业,电气机械及器材制造业,仪器仪表及文化、办公用机械制造业,通信设备、计算机及其他电子设备制造业,邮政、电信和其他信息传输服务业;14. 食品、农副食品、饮料加工业,烟草制品业,纺织业,纺织服装、鞋、帽制造业,皮革、毛皮、羽毛(绒)及其制品业;15. 木材加工及木、竹、藤、棕、草制品业,造纸及纸制品业,家具制造业,印刷业和记录媒介的复制及文教体育用品制造业,工艺品及其他制造业;16. 水的生产和供应业。	2007.11.6～2010.11.5	东城安泰北区 陈树民:13854691577
胜利油田安全环保研究中心	甲级	APJ－（国）－0054－2006	一类:3. 路上石油和天然气开采业,管道运输业;4. 石油加工业,化学原料、化学品及医药制造业,燃气生产及供应业,炼焦业。二类:13. 通用设备、专用设备及交通运输设备制造业,电气机械及器材制造业,仪器仪表及文化、办公用机械制造业,通信设备、计算机及其他电子设备制造业,邮政、电信和其他信息传输服务业;14. 食品、农副食品、饮料加工业,烟草制造业,纺织业,纺织服装、鞋、帽制造业,皮革、皮毛、羽毛(绒)及其制造业;15. 木材加工及木、竹、藤、棕、草制品业,造纸及纸制品也,家具制造业,印刷业和记录媒介的复制及文教体育用品制造业,工艺品及其他制造业;16. 水的生产和供应业。	2006.11.14～2009.11.13	东营市西二路46号 电话:0546－8559873 牛更奇:13905460389 刘灵灵:0546－8781972

（邢金书　孙学江）

统计工作

【概况】 2008年,全市统计系统工作协调推进,为经济社会发展做出积极贡献。市统计局被省统计局表彰为“全省统计系统先进集体”和“2008年度先进市统计局”。一是组织开展第二次经济普查。狠抓组织领导、普查人员、普查经费和办公地点“四落实”,对全市6000余名普查员和普查指导员进行培训，利用报纸、广播、电视、互联网等媒体加强宣传。二是加强机关自身建设和基层基础工作。制定《东营市统计局机关工作人员绩效评价及考核办法》等规章制度,机关管理和工作运行步入规范化轨道。开展“统计带头人”的评选工作,组织干部职工赴国家统计局教育中心培训。与大庆市、盘锦市统计局建立合作关系，促进资源型城市统计部门间的业务交流。在全局开展统计业务轮讲,拓宽知识面。全市乡镇(街道)全部成立和恢复实体型统计站，建成全市基本单位名录库,推广东营区“两库两网一月报”和建设村居统计分站的经验,垦利县“全县一库”在线管理的经验，大王镇统计站精细化管理和陈庄镇统计站档案规范化管理等经验。三是提高统计数据质量。完善数据质量控制办法,对GDP和专业数据实施下算与下管相结合的联审制度,增强数据的匹配性,提高网上直报率，企业联网直报率大幅提高。四是提升统计服务水平。及时向市委、市政府报送《统计分析》《统计分析专报》,反映重大经济情况和突出问题。五是加强信息化建设。对东营统计信息港进行开发、配套、完善、维护，全市乡镇统计站建立统计网页,实现国家、省、市、县、乡、企业六级联网。统计外网全面改版，网上信息量大幅增加，实现信息资源共享。六是统计法制建设取得新突破。开展统计法律法规进机关、进企业、进学校、进社区、进农村的“五进”活动,普法效果明显增强。加大统计执法力度,对贸易餐饮业、工业、科技、劳动工资等专业进行执法检查，公开曝光统计违法案件9起。七是开展文明系统创建和统计文化建设。文明系统创建工作走在全省统计系统的前列，市统计局连续4年被省文明委表彰为省级文明机关，被省统计局表彰为统计系统文明单位，东营统计被市文明委表彰为市级文明行业。丰富发展以"是情信捷"为品牌的统计文化建设，在全社会组织开展征集"四个一"原创文艺作品活动，举办放歌黄河口——统计文化专场文艺演出和"四个一"获奖文艺作品颁奖晚会。八是初步完成国家统计局东营调查队的组建工作。按照全省统计调查体制改革的总体部署，完成东营调查队队长的选拔和班子的配备，充实部分工作人员，制定规章制度，明确局队事权，东营调查队工作有序运转。

(毕建民)

【统计改革】 组织实施国家、省统计局改革项目，按照"调研一批、试点一批、实施一批"的原则，推进统计制度改革。修订完善服务业统计调查制度，制定服务业发展考核制度和服务业重点行业审核办法。强化数据质量理念，完善规范制度建设。落实数据质量控制办法和措施，对GDP和专业数据实施下算与下管相结合的联审制度，确保进度数据与年度数据相衔接，专业数据与综合数据相衔接，县区数据与全市数据相衔接，数据的匹配性不断增强，主要数据的客观性、协调性全面提高。全面提高网上直报率，企业联网直报率大幅提高，大中型工业、限额以上批发零售贸易和餐饮业联网直报率达100%。加强各专业数据的质量控制和评估，完善数据质量控制办法，通过定期抽查、重点检查、数据评估等措施，对各县区上报和企业直报的数据严格审核，数据质量有新提升。

(陈京涛)

【统计信息咨询服务】 一是增强统计服务的时效性。针对上半年物价上涨，尤其是食品价格上涨过快的现状，采取"五日一采价，十日一报送"，加快了监测和报送频率。针对国际市场石油价格的剧烈变动，9月开始由每季度变为每月对主要统计指标进行预调，提出对策建议。二是统计产品更丰富多样，形成新闻发布会、统计信息网、网络访谈等方式。市统计局编辑出版的《辉煌的历程 丰硕的成果——改革开放30年暨建市25周年》一书，反映了改革开放30年和建市25年东营经济社会发展的巨大成就，市委书记张秋波、市长张建华为此书作序。《统计分析》《统计分析专报》及时向市委、市政府反映重大经济情况和突出问题。三是统计分析、统计信息质量有新提高，统计反映发展、评价发展、促进发展的功能得到发挥。市统计局撰写统计分析资料73篇，市委、市政府领导批示16篇，比上年增加8篇。部分统计分析成果被市委、市政府决策采纳，有多篇统计分析和信息被《领导参阅》《东营信息》全文转发。上半年，针对固定资产投资增速回落，尤其是地方固定资产投资回落幅度比较大的状况，统计局向市委、市政府在报送统计分析报告时提出建议，市委书记张秋波在市委工作会议上提出要强力推进固定资产投资工作。统计局承担了县区科学发展考核、服务发展绩效考核和部门服务业考核等工作，乡镇综合实力评价工作促进了区域经济发展。

(陈京涛)

【统计法制工作】 在全市组织开展统计法律进机关、进学校、进企业、进社区、进农村"五进"活动。12月开展全市第三个统计普法宣传月活动，组织全国统计法网上答题，乡镇、企业及统计系统干部职工完成答卷600多份。组织省统计局部署的纪念《统计法》颁布25周年征文活动，东营市有3篇文章入选。参与全市普法宣传百日行活动，组织干部职工进行统计"五五"普法考试。统计执法实现新突破。市统计局组成联合检查组，进行贸易、餐饮企业专项联合执法检查，共立案9起，对5家企业给予警告处罚，对4家企业给予警告并罚款金额4.7万元，对2家不按时交纳罚款的单位由法院实施强制执行。印发《东营市全员统计执法实施办法》，包括18项内容，对统计执法机构与专业科室工作分工、执法程序及对执法人员基本素质要求等进行规定。印发《东营市统计行政处罚自由裁量权标准》，保证统计处罚的客观公正性。组织县区完成统计执法档案评查，参加省统计局和市法制办组织的行政执法案卷评查。

(林 娜)

【第二次经济普查】 市统计局2008年开展前期准备工作。落实普查机构，市、县、乡三级全部成立经济普查领导小组及办公机构；落实普查经费，全市共落实普查经费230万元；落实办公条件，各县区普查办公用房和交通工具得到较好解决；落实普查人员，在全市选调、培训6000余名普查员和普查指导员，建立一支素质过硬、能打硬仗的普查队伍。

选择既有城区又有农村，既有油田社区又有地方村居，第二产业基础扎实第三产业较发达的东营区辛店街道，开展全市经济普查综合试点工作。统计局把强化宣传力度、营造良好氛围作为普查重点工作。在宣传内容上，突出宣传《统计法》《全国经济普查条例》；宣传对象主要面向企业、社区、个体经营户；借助报刊、广播、电视、网络等新闻媒体进行动员，利用标语、横幅、文艺宣传等形式开展宣传。《东营日报》刊登《致全市经济普查对象的一封信》《国务院第二次全国经济普查领导小组办公室关于开展经济普查登记的公告》，市委常委、副市长王玉君题为《全社会动员起来认真搞好第二次全国经济普查》的署名文章。东营人民广播电台自2008年12月24日至31日，每天上午，在新闻频道播放第二次经济普查的目的、意义、内容、要求、相关的法律法规等。东营电视台在2008年12月每周三次播出经济普查公益广告，每天《东营新闻》前播出经济普查宣传口号。东营市政府网站开辟《经济普查》专栏。全市悬挂过街横幅3000余幅，宣传标语近万条。

对全市1955个普查区从事第二产业和第三产业活动的单位和个体工商户进行清查摸底。东营市现有法人单位12101家，多产业法人所属产业活动单位4404家，个体工商户8.86万户，法人、产业活动单位及个体工商户从业人员91.44万人。

（李成军）

黄河三角洲高效生态经济区核心保护区重点区域

1.山东省黄河三角洲国家级自然保护区。位于东营市东北部的黄河入海口、北临渤海、东靠莱州湾，与辽东半岛隔海相望，现有控制面积230万亩，其中核心区87万亩，缓冲区19.5万亩，实验区123万亩。

2.滨州贝壳堤岛与湿地系统国家级自然保护区。位于滨州市无棣县北部，渤海西南岸，现有总面积120.7万亩，其中核心区42.8万亩、缓冲区40.1万亩、实验区37.8万亩。

3.山东昌邑国家海洋生态特别保护区。位于渤海莱州湾南岸、昌邑市防潮坝以北，东起盐场西防潮坝，西至堤河，南至海岸线，北至增养殖区，总面积4.4万亩。

4.潍坊市莱州湾湿地自然保护区。位于莱州湾南岸，东起胶莱河口，西至淄脉河口，北到浅海-6米，南到潮上带以北，总面积162.6万亩。

5.山东大芦湖湿地自然保护区。位于淄博市高青县东部，北到黄河大堤，南至北支新河，东依滨博高速，西至艾李湖，总面积16万亩。

6.平原水库水源地保护区。广南、孤北、耿井、韩店、思源湖、东郊、峡山等平原水库及周边区域。

7.河流水源地保护区。黄河、小清河、广利河、淄河、支脉河、潍河、小沽河、白浪河、弥河、马颊河、胶莱河、漳卫新河、德惠新河、沾利河、徒骇河等河流的区内河道及流域。

农 业

- 全市完成农林牧渔总产值 138.05 亿元
- 实施“三网”绿化工程
- 全市农村自来水普及率达 97.7%，入户率达 93%
- 全市黄河口大闸蟹产量 1 万吨，产值 6 亿元

综 述

【概况】 2008年,东营市以农业发展、农民增收为核心,以推进新农村建设为重点,加快农业产业化进程,优化调整农业产业结构,抓好"双十工程"建设,全市农业和农村经济保持平稳较快发展。

全市完成农林牧渔总产值138 .05亿元,比上年增长5.0 %。其中农业总产值58.66亿元,林业总产值1.41亿元,畜牧业总产值35.35亿元,渔业总产值31.02亿元。农民人均纯收入666.83元,比上年增长13.5 %。全市粮食总产77.08万吨,比上年增长7.4%;皮棉总产13.04万吨,蔬菜总产214.52万吨,分别比上年增加1.52万吨、1.38万吨。农业生产条件不断改善。全市农机总动力210万千瓦,比上年增长3.8%,农机总值19.23亿元,拖拉机保有量达到51522台,新增大中型拖拉机544台,玉米联合收获机达到1056台,新增356台,免耕播种机保有量达到172台,新增101台。全市农用化肥使用量(折纯)11.45万吨,比上年下降12.59%。农村用电量4.38亿千瓦时,比上年增长3.5 %。(丁 莉)

【农业综合开发】 完成2007年农业综合开发项目建设任务,并通过省、市级验收。共实施土地治理项目14个,一般产业化经营项目4个,改造中低产田7800公顷,完成投资7253万元。完成2008年农业综合开发项目计划编报、计划下达和实施方案的编制与批复。2008年全市实施17个农业综合开发项目,计划总投资13507万元,其中省以上投资6049万元。土地治理项目11个,改造中低产田8000公顷,计划投资7140万元,其中省以上投资4760万元;产业化经营项目4个,计划投资3117万元,其中省以上投资1190万元;农业综合开发土地治理(科技推广)项目1个,计划投资50万元,其中省以上投资34万元;农业综合开发龙头企业中央贴息项目1个,计划投资3200万元,其中中央贴息65万元。 (孟庆领)

【高效生态农业】 秸秆综合利用。小麦机收率99.6%,秸秆还田率达99%以上;玉米机收率72%,秸秆直接还田面积55.8万亩;水稻机收率41%。推广免耕播种保护性耕作农机化新技术,全市完成玉米免耕贴茬播种面积43万亩,小麦免耕播种面积3.35万亩。在河口区孤岛镇及垦利县黄河口镇组织召开棉秆田间直接机械粉碎回收示范现场会,全市综合利用棉柴30多万亩。建立各种病虫害综合防治示范区16个,面积91.81万亩;绿色控害示范区5个,面积10万亩。推广绿僵菌生物药剂防治东亚飞蝗30万亩。实施测土配方施肥工程100万亩,全市300万亩耕地实现配方施肥全覆盖,肥料利用率由35%提高到40%左右,每亩可节约化肥使用20公斤,全市可节约化肥使用2万吨,节省农资投入4000万元,每亩增收节支50~60元。重点在大田作物棉花、小麦两种作物推广施用有机肥,这两种作物有机肥施用量较往年平均每亩增加150公斤,达到1200公斤。广饶县引进秸秆生物反应堆技术进行示范推广,化肥施用量减少一半,产量增长20%,经济效益增长30%。设立耕地养分和墒情监测点500个,在全市建立了耕地养分与墒情动态预警监测系统。 (侯元勋)

【农业产业结构调整】 确保粮食安全,推进种植业结构调整,加快粮、棉、菜等农业优势产业的集约化。2008年,全市粮食种植面积162.75万亩,较上年略有增加;棉花种植面积172.7万亩,创历史最高记录,蔬菜种植面积50.63万亩,与上年基本持平。加强良种良法配套,促进优势产业规模化、标准化,提高农产品品质和市场组织化程度。加强广饶县35万亩优质专用小麦良种推广,35万亩优质专用玉米良种推广,85万亩国家棉花良种补贴工作和放心蔬菜工程建设,全市优质专用小麦面积达45万亩,棉花良种覆盖率100%,新建放心蔬菜基地11个,总面积9140亩。推广农业标准化生产,优质农产品原料基地规模和标准提高。2008年新认证"三品"生产基地面积31.6万亩,产品84个,全市无公害农产品、绿色食品、有机食品生产基地达到144.8万亩,认证产品235个。 (戴树云)

【农业龙头企业发展】 2008年,全市农业龙头企业发展到468家,新增26家,其中国家级重点龙头企业3家,新增2家,省级24家,新增9家,市级91家,新增12家,全年实现销售收入135亿元,同比增长7.8%,带动70%的农户进入产业链经营。全市新上扩建农业龙头企业项目37个,市财政扶持华誉集团等7家规模较大、效益较好、带动较强的农业龙头企业项目,扶持资金1500万元。为驰中集团等9家企业争取省财政贴息资金521万元，为华誉集团争取省出口专项资金30万元。协调市农发行等金融部门为44家农业龙头企业续贷21.61亿元，新放贷9.14亿元，支持一大批骨干龙头企业集群发展，培育形成渔业、畜牧、蔬菜、粮棉、林果、生态旅游六大龙头企业集群。

（王红梅）

【农业科技教育】 全市围绕畜牧、水产、冬枣、蔬菜、粮棉五大优势产业，分产业筛选主推技术，依托培训基地、农业龙头企业、农民专业合作组织等农业科技培训网络，进行常规主推技术培训，提高优势产业的技术水平。

2008年，全市举办各类实用技术培训班2017期，培训农民112809人次，完成全年任务的112.8%。其中：农业系统举办培训班324期，培训农民25758人次，完成任务的128.79%；林业系统举办培训班910期，培训农民31000人次，完成任务的103.3%；畜牧系统举办培训班251期，培训农民20558人次，完成任务的102.8%；海洋与渔业系统举办培训班362期，培训农民24493人次，完成任务的122.5%；科技系统（百姓科技）举办培训班170期，培训农民11000人次，完成任务的110%。发放科技明白纸15万余份，科技书籍1万余册，科技光盘1500盘，百姓科技报纸660万份。

3月29日~4月4日，市农业、林业、畜牧、水产等部门各选送50名专业人员，分别到山东农业大学、中国海洋大学进行脱产培训，重点学习了设施蔬菜栽培技术、现代水产养殖实用技术、冬枣栽培管理技术、现代奶牛场前沿技术等。选拔150名农产品加工企业和农村合作经济组织负责人参加山东省新型农民创业培训。

实施农村劳动力转移培训阳光工程，通过订单培训、校企联合培训等模式，开设酒店服务、保安、计算机、加工制造、纺织、汽车驾驶与维修等13个专业的岗位培训，共培训农村劳动力9814人，实现转移就业9538人。

市委组织部、市农业局、市教育局共同组织实施农村党员干部素质提升工程，300名农村党员干部参加农广校中专学历教育。

年内，全市共建成农民科技培训基地60个，其中，农业15个，林业15个，畜牧20个，海洋与渔业10个。

（王　瀛）

【减轻农民负担】 一是市委、市政府印发《关于进一步做好农民负担监督管理工作的意见》（东办发〔2008〕13号），对全市2008年减轻农民负担工作进行部署。实行减轻农民负担目标管理责任制，市政府分管领导与各县区党委、政府签订《减轻农民负担工作目标管理责任书》，出台《东营市减轻农民负担工作一票否决量化考核办法（试行）》，将减轻农民负担工作列入年度考评主要内容。二是统一发放由省减负办印制的农民负担监督卡和专用收据。2008年，全市共发放农民负担卡34.7万份，筹资筹劳专用收据1070份，“一事一议”审报表1270份，生产性费用专用收据1990份。三是执行强农惠农政策，严格落实粮食直补15元/亩和农资综合直补71.78元/亩两个标准。全市共兑付粮食直补资金和生产资料综合补贴5970.96万元。四是严格规范村级“一事一议”筹资筹劳行为。村级兴办公益事业“一事一议”筹资筹劳，实行上限标准，每个农村劳动力每年筹劳不得超过10个标准工日，非劳动力年龄段每人每年筹资不得超过15元；劳动力本人自愿可以以资代劳，工日值标准不得突破10元。严格履行议事程序和审批程序，对超出规定范围，违反议事程序和审批程序，向农民筹资筹劳，加重农民负担的，严肃查处。五是落实减轻农民负担各项制度，即涉及农民负担收费文件审核制，涉农收费和价格公示制，严格执行农村订阅报刊费用“限额制”，涉及农民负担案（事）件责任追究制，农民负担监督卡制度。六是认真清理“三乱”，全市所有宣布取消的收费项目和达标升级活动，得到全面落实，在全省农民负担综合考核中东营市排名第二。

（余青华）

【病虫害综合防治】 2008年，全市农作物病虫草害总体为中等偏重发生，发生面积2034.9万亩次，防治2827.09万亩次，其中病害发生301.28万亩，防治362.56万亩次；虫害发生1019.53万亩，防治1887.14万亩次；草害发生314.49万亩，防治325.39万亩次；夏蝗发生170万亩，防治150万亩；秋蝗发生129.6万亩，防治72万亩；土蝗发生100万亩，防治30万亩。共挽回粮食损失164934.69吨，棉花67511.31吨，油料610.72吨，蔬菜250122.73吨。

全年，共发布病虫害防治信息185条，信息接受人数6500人次，发布病虫情报90期，周报

189期，印发技术资料8000份，培训农民1.4万人次。建立病虫害综合防治示范区16个，面积91.81万亩。建立绿色示范区5个,面积10万亩,其中:蔬菜示范区2个,2万亩；冬枣示范区1个,1万亩;棉花示范区2个,7万亩。组建15个植保专业防治队伍，实施各种农作物病虫害连片专业化防治面积达6.5万亩次，带动群众防治20.1万亩次。推广绿僵菌生物药剂防治东亚飞蝗30万亩,平均防治效果在90%以上。利用生态控制结合农业开发，对全市蝗虫孳生基地35万亩进行了改造和综合治理。(魏志顺)

【农业信息网络工程】 发挥“东营农业信息网”的主导作用,及时对网站内容进行信息更新、维护，2008年共发布信息5000余条。开通“12316”三农服务热线,为农民提供政策、科技、假劣农资投诉举报,农产品市场供应,价格咨询等全方位的即时信息服务。推进全市电话、电脑、电视“三电合一”农业综合服务信息平台建设,组建市级50人的农业技术专家顾问团，县级100人的农业技术专家咨询团，乡级500人的农业技术服务队,村级3000人的农业技术服务队伍,全市有18个乡镇建设农业科技综合服务楼。

(王红梅　王　瀛)

【农业行政执法】 全年集中开展4次农业专项执法行动，共抽取肥料样品242个，种子样品196个,农药样品97个,检查出不合格肥料样品11个,不合格种子样品12个,不合格农药样品15个，查处各类违法案件330起，查处不合格农资188.9吨,货值123.5万元，其中重点立案查处利津涉嫌经营未审定棉种案，河口非法分装“甲禾灵”农药等较大案件。对全市农药生产企业、农药经营批发企业、经营门市部、流动商贩进行专项整治行动。对超市和批发市场的农产品质量和标志使用进行专项执法检查，共抽查蔬菜样品40个,全部合格;检查农产品标志使用商品32种,28种合格,合格率87.5%。推进农资信用体系建设，向农民推荐放心农资产品100余个，创建“放心农资店”56个。年内,市农业部门共受理来电来访27件,其中接受咨询7件,直接办理17件,立案查处3件,结案率达100%。调解处理因劣质种子、农药药害、肥害引起的农业生产事故5件，调处率达100%。(杨春明)

【农村能源建设】 2008年,全市共建设农村户用沼气7000户,全市农村户用沼气用户达到4.4万户。建设“一池三改”示范村20个；建设太阳能示范村48个,安装太阳能热水器2300台;建设利用秸秆作沼气发酵原料示范村216个，推广使用秸秆沼气2020户;建设沼液、沼渣在大棚蔬菜上的综合利用示范村3个。全市共举办农村沼气技术培训班5期，培训农民1000人。建设沼气乡村服务网点20个,全市沼气乡村服务网点达到105个。乡镇沼气协会设立服务场所、零配件仓库和服务电话，分会配备沼气池专用出料车。新添置沼气出料车31部,全市沼气出料车共78部。

(王　力)

【农民专业合作组织建设】 2008年争取市财政资金100万元,扶持农民专业合作社22个,全市新增农民专业合作经济组织66家，总数达344家,固定资产总额3.7亿元,社(会)员6.8万户,入社(会)农户户均年增纯收入比未入社(会)农户高出25%以上。组织编写《东营市农民专业合作社资料汇编》,发放农民专业合作组织和农村基层。开办业务培训班10起,培训人员3000余人次。

(余青华)

【休闲观光农业建设工程】 市府办印发《关于加快发展休闲观光农业的通知》,组织召开全市休闲观光农业建设项目现场推进会议，聘请北京达沃斯巅峰旅游规划设计院编制东营市休闲观光农业总体规划，对县区提报的重点项目进行考核验收,确定18个园区列入市级重点项目补助范围，补贴资金440万元。至年底,全市已建成和在建的园区共40个,注册资金1.82亿元,累计投入资金3.39亿元;有23家委托进行专业设计，规划占地面积33.8万亩，已建成面积11.8万亩,园区规划种植面积7.92万亩，水产养殖7.34万亩，畜牧养殖0.19万亩，林业7.96万亩，农业设施建设171.3万平方米。休闲体验项目中，采摘园6.26万亩，垂钓园4.14万亩,其他0.89万亩。共举办节庆活动13次,累计接待游客97.2万人次,固定从业人员1936人,带动农户1.76万户,营业收入14310万元。(戴树云)

【重点农业企业简介】 山东凯银集团股份有限公司：是集肉类制品、调理制品、特色蔬菜、花卉、有机肥料等领域科研、加工、生产、销售为一体的农业产业化国家重点龙头企业，现拥有经营面积660公顷，资产总额10亿元。凯银产品拥有国家免检产品、山东名牌产品等多项称号，“凯银”商标被评定为“山东省著名商标”。公司通过ISO9001质量体系认证、HACCP认证、无公害食品认证、绿色食品认证和有机食品认证。公司获全国食品安全示范单位、全国畜牧行业优秀企业、全国少数民族特需商品定点生产企业、山东省高新技术企业、山东省守合同重信用企业、山东省消费者满意单位等20余项省、部级荣誉称号；并通过日本农林水产省对偶蹄类热加工企业原料供应商的监督检查。

山东驰中集团有限公司：始建于1993年，是集蔬菜种植及精细深加工、肉类食品综合加工、膨化食品生产、蛋黄派系列产品生产为一体的农业产业化国家重点龙头企业。有员工2600人，拥有资产47980万元。公司通过ISO9001认证、ISO14001认证及HACCP认证。“驰中”商标被认定为著名商标。“驰中”牌肴驴肉、青刀豆、草莓、果蔬脆片被评为“山东名牌”。“山东驰中”被认定为山东老字号。集团蔬菜基地被国家标准化委员会列为全国蔬菜种植标准化示范区，并通过良好农业操作规范GAP认证。公司产品销往全国各地及美国、日本、韩国、欧盟、东南亚等地。近年来，集团通过走“企业+基地+合作组织+农户”的路子，带动周边地区种植蔬菜20万亩，带动种植户3万户。

山东万得福实业集团有限公司：创建于2001年7月，是集大豆加工生产、肉牛养殖加工、新产品开发、国际贸易于一体的农业产业化国家重点龙头企业。有员工1685人，占地面积403亩，总资产4.2亿元。公司通过IS09001:2000质量体系认证、HACCP食品安全认证，拥有自营进出口权，产品远销30多个国家和地区。公司发挥农业龙头企业的带动作用，创建国家大豆标准化示范区和国家肉牛养殖标准化示范区，形成“企业+协会+基地+农户”产业化经营模式，农民与协会签订种植、养殖合同，公司与协会签订回收合同，实行最低保护价回购，农民生产零风险。

（王红梅）

种植业

【概况】 2008年，东营市稳定粮食生产，发展优势产业，克服冰雹、阴雨等不良天气对农业生产的影响，粮食获得丰收，棉花总产创历史最高记录。2008年东营市粮食种植面积162.75万亩，单产473.61公斤，总产77.08万吨，分别比上年增长0.5%、6.9%和7.4%。棉花种植172.7万亩，皮棉总产13.04万吨，比上年增加1.52万吨，创历史新高；亩产75.5公斤，比上年增加8.82公斤，增长13.2%。瓜菜55.38万亩，总产226.97万吨，与上年基本持平。

（戴树云）

【粮食生产】 2008年，全市夏粮播种面积68.81万亩，总产31.62万吨，平均单产459.55公斤，分别比上年增加3.06万亩、3.22万吨、27.59公斤，增幅为4.65%、11.34%、6.39%；秋粮播种总面积93.94万亩，总产45.46万吨，平均单产483.93公斤，分别比上年增加-2.27万亩、2.08万吨、33.03公斤，增幅为-2.36%、4.79%、7.33%。

2008年，继续实施良种补贴项目。共实施小麦良种补贴面积35万亩，比上年增加5万亩；玉米35万亩。按照省政府统一采购程序招标确定，东营市小麦补贴品种为“济麦20”、“济南17”、“邯6172”三个主推优质品种，玉米主推品种为“郑单958”、“金海5号”、“农大108”、“莱农14”。项目区为广饶县共8个乡镇370个村的5.5万个农户，统一供种小麦良种265.5万公斤，玉米良种87.5万公斤。

2007~2008年，在广饶县李鹊乡实施小麦“十、百、万”和玉米“十、百、千、万”高产创建示范工程。6月17日省农业厅组织专家组对小麦“十、百、万”高产创建示范田进行实验实收，万亩方抽取3.58亩，平均亩产530公斤；百亩片抽取3.17亩，平均亩产630公斤；10.3亩高产创建田抽取3.16亩，平均亩产673公斤。将抽样三点加权平均，万亩高产示范田代表产量为531公斤，比三年前平均产量增产62.37公斤。

玉米十亩高产攻关田、百亩示范方、千亩示范方、万亩示范方测产结果分别为908.6公斤/亩、803.8公斤/亩、713.1公斤/亩和607.5公斤/亩。2008年10月6日，省农业厅组织专家组对玉米高产创建10.3亩攻关田进行实打验收，实测产量896.8公斤/亩，创东营市历史最高记录。

引进试验示范新品种、新技术。引进试验“洲元9369”小麦、“超试1号”玉米等新品种。2008年全市小麦生产主要推广“济南17号”、“济麦20”、“济麦21”等优良品种及半精量播种、种衣剂拌种、测土配方施肥、氮肥后移、化肥深施、病虫害综合防治、无公害生产栽培技术。全市玉米生产主要推广“郑单958”、“金海5号”、“浚单20”、“莱农14”、“农大108”等优质专用品种，覆盖面积64.34万亩，占全市玉米种植面积的83.26%。在广饶县推广玉米“一增四改技术”(增加密度，改用密植型品种、改套种为直播、改传统施肥为配方施肥、改人工收获为机械收获)，直播玉米32.6万亩，密度从原来的3800株达到4500株以上，高产攻关田密度达5700株。 （戴树云）

【棉花生产】 2008年，全市棉花面积达到172.7万亩，亩产籽棉204公斤，比上年增加19.14公斤，增长10.4%；亩产皮棉75.5公斤，比上年增加8.82公斤，增长13.2%。籽棉总产35.23万吨，比上年增加3.81万吨，增长12.1%；皮棉总产13.04万吨，比上年增加1.52万吨，增长15.1%。

2008年，棉花面积增加，单产提高，但上半年生产资料价格上涨，下半年受金融危机影响，籽棉价格下跌，棉花生产效益大幅下降。据调查，2008年籽棉价格为4.9元/公斤，比上年减少1.7元，下降25.76%。棉花亩产值为999.6元，比上年减少220.48元，下降18.07%。棉花生产亩物化成本373元，比上年增加45元，增长13.72%。棉花亩效益为626.6元，比上年减少265.48元，下降29.8%。农民人均棉花纯收入为998.28元，比上年减少412.72元，下降29.25%。 （苗兴武）

【瓜菜、油料生产】 2008年，全市瓜菜播种面积55.38万亩，总产226.97万吨，平均亩产4098.4公斤。分别比上年增加0.89万亩、3.05万吨、-11公斤，增长为1.6%、1.36%、-2.6%。其中蔬菜50.63万亩，总产214.52万吨，平均亩产4237公斤，分别比上年增加0万亩、1.38万吨、27.2公斤，增长为0%、0.65%、0.65%。

2008年全市继续实施放心蔬菜工程，新建300亩以上放心蔬菜基地11个，总面积9140亩，建成放心蔬菜店2家。基地通过“三品”认证产品76个，面积7080亩。其中，认证无公害蔬菜产品52个，取得无公害蔬菜产地认证5180亩；认证有机蔬菜产品8个，AA级绿色产品8个，面积700亩；认证良好农业操作规范GAP产品6个，面积1200亩。举办各类蔬菜种植、管理技术培训班106期，培训农民11825人次，培育扶持蔬菜农民专业合作社9个，带动农户1万余户。放心蔬菜基地全年播种总面积16817亩，生产优质放心蔬菜6345万公斤，创产值7614万元。抽检蔬菜基地样品202个，合格率达100%。

蔬菜生产重点推广日光温室西红柿无公害栽培技术，包括选用优良品种、培育无病壮苗、增施有机肥、生物反应堆、熊蜂授粉、CO2施肥等安全生产技术。引进“百利”和“金棚一号”西红柿、“金乡一号”大蒜、“红芯二号”胡萝卜、菊瓜、高温双孢菇等蔬菜新品种。开展设施蔬菜连作障碍防控关键技术研究。

全市蔬菜大棚6.2万亩，总产56.5万吨，平均亩收入11753.2元，产量与上年持平。全市大蒜收获面积12.95万亩，平均亩产蒜薹571.4公斤，总产6.7万吨，蒜头平均亩产996.1公斤，总产12.9万吨。

2008年全市油料面积2.13万亩，总产0.55万吨，平均单产258.22公斤，分别比上年增加-0.83万亩、-0.09万吨、41.33公斤，增幅为-28.04%、-14.06%、19.06%。东营市油料作物零散种植，没有规模生产基地，年际间面积变化不大。 （王文芬）

畜牧业

【概况】 2008年，东营市畜牧系统狠抓重大动物疫病防控和动物产品质量安全，全市畜牧业实现又好又快发展。至年底，全市奶牛、肉牛存栏分别达到4.89万头和28.05万头，同比分别增长8.19%、11.53%；肉羊和生猪存栏分别达到110.78万只和78.24万头，同比分别增长-1.35%、31.21%；肉鸡和蛋鸡存栏分别达到1024.77万只和845.07万只，同比分别增长4.97%、18.73%；全市肉蛋奶总产量54.76万吨，畜牧业总产值37.81亿元，同比分别增长14.76%、15.98%。规模以上龙头企业35家，销售收入55亿元。

【品种改良】 全市加快畜禽品种改良步伐，增强畜禽生产潜力。一是加大政策扶持力度。全市奶牛纳入农业部奶牛良种补贴项目，补贴奶牛冻精3.9万支，每支补贴15元。畜牧局和财政局联合出台《东营市优势畜产品奖励办法》，出资500万元，奖励畜牧标准化生产和优质奶牛冻精推广，其中每支优质奶牛冻精补贴15元，优质性控冻精补贴50元。5个县区全部出台鼓励农户开展品种改良和规模化生产的政策，推动畜禽品种改良和畜牧标准化生产。二是加强良种生产及推广体系建设。全市有畜禽良种生产企业37处，其中种鸡场15处，种猪场8处，良种奶牛场6处，种羊场3处，种鸭场5处。建成牛羊改良站76个，改良网点305个，改良肉牛5.5万头，改良肉羊35万只。

【饲草饲料】 一是加强草原保护与利用。从基本草原划定入手，加强草原建设、保护和利用，在河口区率先完成102万亩基本草原划定，成为全省第一个、全国第七个完成基本草原划定工作的县区。省畜牧兽医局在全省推广东营市做法，农业部将东营市作为典型在全国推广，东营市被农业部授予基本草原划定示范区。二是发展秸秆青贮养畜，推进草畜肉(乳)一体化进程，完成青贮饲料56.5万吨，其中全株青贮38万吨，全市种草养奶牛、肉牛、肉羊的配套比分别达到96%、75%和50%。东营市饲草饲料开发利用和青贮工作走在全省前列，市畜牧局被省畜牧兽医局授予饲料工业先进单位。三是全市饲料工业加工能力达到80万吨，总产量35万吨，产值5.5亿元，同比分别增长14.3%、25%和13%。

【疫病防治】 东营市将重大动物疫病防控作为事关经济发展和人民生命安全的大事，坚持预防为主，依法防控、科学防控、群防群控。一是加强免疫注射，实行程序化免疫与突击免疫相结合。规模饲养场实行在监管兽医监督下3次程序化免疫；农村散养户，实行政府组织2次集中免疫。全年共免疫家禽9030万只次，牛59.28万头次，羊191.44万只次，猪159.98万头次，免疫率100%。二是加强免疫效果检测，把免疫抗体检测纳入考核评估，建立科学评估体系。每次集中免疫结束后20天，对全市所有规模饲养场、部分村户进行高密度的随机采样检测。全年全市共采样检测3.5万份，抗体有效保护率93%，达到农业部标准。三是做好检疫监督，加强对规模饲养场的兽医监管，从动物免疫、用料用药、病死畜禽处理等方面实施全面监督。落实产地报检制度，畜禽养殖、免疫档案管理和动物产地检疫报检实现有机结合。实施屠宰检疫驻场制度，向定点屠宰场、畜禽加工企业派驻检疫员，严把入场查物验证、宰前临床观察、宰后产品检验等各个关口。强化动物产品的市场监督，兽医卫生监督人员与工商管理人员密切配合，保障上市动物产品的健康安全。全市连续10年没有发生重大动物疫情，预防控制工作连续10年在全省名列前茅。

【重点畜牧业企业简介】 山东华誉集团：始建于1988年，是山东省农业产业化龙头企业。有5个公司、20个分场(厂)。公司基地辐射周边4个市，8个县区，39个乡镇，带动养殖户3500户，带动周边良种猪养殖1万头，蔬菜种植面积1万多亩，饲料转化粮食种植面积15万亩，综合产值20亿元。围绕华誉集团产业链从事运输、物资供应的人员1500多人。建有标准化养殖场15处，年出栏肉鸡1500万只。其中年出栏肉鸡300万只的华誉广北出口肉鸡标准化养殖场成为全国出口肉鸡标准化示范区。公司是全国4家南非注册企业之一，35家对日热加工注册企业之一，5家对韩热加工注册企业之一，7家对韩冻鸡加工注册企业之一，2003年为肯德基在17个省市连锁店提供优质鸡肉原料。华誉产品畅销国内22个省市，出口欧盟、东南亚等20多个国家和地区。企业获省文明诚信百佳企业、山东省肉类食品行业30强、山东省循环经济试点企业等称号。“华誉”产品被评为山东省名牌产品，“华誉”商标被认定为山东省著名商标。2008年，山东华誉集团被省政府授予“全省农业产业化优秀龙头企业”称号。2008年，集团实现产值15.31亿元，出口创汇1245万美元。

山东光聚集团：位于广饶县经济开发区，占地380亩，注册资金9830万元。集团下设山东光聚集团有限公司、山东光聚实业有限公司、山东广饶聚龙食品有限公司、广饶友谊商贸有限公司等4个子公司。2007年4月，2000万只肉鸭深加工项目投产，年屠宰2000万只肉鸭，带动全市及周边地区2000多户农民致富。2008年，公司投资3000万元，新建种鸭养殖孵化厂1处，孵化车间1000平方米。引进“樱桃谷”种鸭6万套，孵化设备66套，年孵化鸭苗1200万只，填补东营市种鸭生产的空白。主要产品有半片鸭、鸭脖、鸭爪、鸭头、鸭胗等20多个品种，销往上海、北京、安徽、四川、湖南等13个省市。2008年实现销售收入5.85亿元。

东营万得信食品有限责任公司：是一家肉牛养殖、屠宰加工、储存和销售为一体的股份制公司，是山东省农业产业化重点龙头企业之一。公司通过ISO9000

质量管理体系认证和HACCP食品安全体系认证，牛源基地建设采取“公司+合作社+农户+基地”的合作方式，基地存栏量5000头，年出栏1.5万头。2008年投资1600万元进行肉牛标准化养殖，在垦利县6个乡镇各建1处标准化肉牛养殖示范小区，按“无公害”标准进行标准化养殖，垦利县肉牛存栏量增至15000头以上，新带动养殖农户500户，给农民增收4000多万元。

东营开元牧业集团：始建于2003年3月，注册资金2800万元，下辖东营开元良种奶牛繁育集团有限责任公司、东营澳牛牧业有限责任公司、东营开元乳品加工有限责任公司3个公司。集团养殖场位于广饶县大王镇和丁庄镇，占地面积925亩，其中饲养生产区465亩，饲草示范种植及乳品加工区460亩。建成高标准奶牛场2处，乳品加工车间1处，大型沼气池2座，配套设施齐全，存栏奶牛1500头，其中从澳大利亚、新西兰引进良种奶牛1080头，自繁良种奶牛420头，产奶牛830头，日产鲜奶20吨。2008年，奶牛存栏量3000头以上。开元牧业的发展，带动了东营市奶业及相关产业发展。以开元乳品加工厂(丁庄镇)为中心，周边100公里内存栏奶牛35000头，每天可产鲜奶350吨。 (市畜牧局)

农业机械

【概况】 2008年，全市农业机械总动力210万千瓦，农业机械总值19.23亿元，拖拉机保有量51522台，新增大中型拖拉机544台，玉米联合收获机1056台，新增356台，免耕播种机保有量172台，新增101台，新型、高效、节能、安全、复式作业机械快速增加，全市农机装备水平显著提升，农机作业水平不断提高。全年共完成机播作业面积246.5万亩，机耕作业面积319万亩，机收作业面积140万亩，机电灌溉面积283.5万亩，机械植保面积248万亩，小麦机收率100%，小麦秸秆还田率90%以上，玉米机械化直播率88%，玉米机械化联合收获率72%，比上年增长10.6个百分点，棉花播种、铺膜机械化率90%以上，水稻机械化插秧示范成功，水稻机械收获率45%，东营市主要农作物耕、种、收机械化综合水平超过75%，被省农业机械办公室评为率先基本实现玉米收获机械化先进单位。

全市共落实中央、省、市农机补贴资金1000万元，完成补贴各类农机具2161台。其中大中型拖拉机233台，小型拖拉机137台，玉米联合收获机201台，小麦免耕播种机101台，大棚卷帘机150台，植保机械360台，其它农机具979台。受益农户1032户，带动农民投资农机化3224.1万元。农机合作服务组织健康发展，建立农机作业合作社18个，农机协会10个，农机大户2834个，全年实现农机作业服务产值38.6亿元，利润26.6亿元，农机化为农民人均纯收入贡献率为12.5%。

【农机供应与维修】 全市农机部门贯彻《农业机械维修管理规定》，严格修理工准入和《农机维修技术合格证》的前置条件，开展“星级文明农机维修网点”创建活动。共核发《农机维修技术合格证》460个，办理职业资格证书350人。开展农机市场治理整顿打假护农行动，优化农机供应、维修、服务市场环境，查处伪劣农机产品，受理农机投诉，维护农机使用者的合法权益。

【农机培训与技术推广】 强化对农机校的监管，开展农机驾驶员、科技人员、劳动力转移、劳动技能培训和实施阳光工程，提高全市农机工作者的管理水平和农机手的技术素质。全年共举办各类农机技术培训班120余期，完成培训和复训农业机械驾驶员2700余名，农机技术与技能培训8500人次，农村劳动力转移培训2500人次，阳光工程培训500人次。推广小麦机收——玉米直播，玉米机收——秸秆还田——小麦免耕播种一条龙农机新技术作业模式，完成保护性耕作面积55万亩。其中，小麦免耕播种面积3.35万亩。结合全市蔬菜放心工程建设，在全市大棚集中的广饶县、利津县、东营区建设9个设施农业创新示范点，共安装大棚卷帘机150台，推广微耕机80台，二氧化碳施肥器200台。实施机械化水稻育插秧项目，举办技术讲座10余次，培训300多人次，建立示范点10个，推广机械插秧2000余亩。

【农机管理】 全市农机部门贯彻执行《山东省农业机械化促进条例》，加强农机监理、确保安全生产。严格落实目标管理责任制，将农机监管、维修、推广、培训、服务、安全监理等任务分解，落实到责任单位、责任人。新建农机安全示范县1个，示范乡镇5个，示范村47个，农机安全示范企业6个，示范户470个，东营市被省农机办、省安监局评为农机安全示范活动先进市。开展“文明监理、优质服务”示范窗口创建活动，市农业局被市安委会表彰为全市2008年“安全生产月”活动优秀组织单位。

2008 年全市配套农具拥有量统计表

单位：台、套

合计	犁	旋耕机	耙	播种机	铺膜机	化肥深施机	悬挂式联合收获机		青贮收获机	秸秆粉碎还田机	其它
							小麦	玉米			
97912	38457	4629	20856	19479	10101	395	1072	813	235	623	19336

2008 年全市农机作业情况统计表

单位：千公顷

机耕作业面积	机播作业面积	机收面积	机电灌溉面积	机械植保面积	机械铺膜面积	化肥机械深施面积
213.22	245.14	93.49	189.04	165.35	107.08	51.53

（侯元勋）

林　业

【概况】 2008 年，全市完成造林合格面积 8.8 万亩，完成年度计划的 110%；柽柳封育 5 万亩，完成年度计划的 100%；新建种苗花卉基地 2.1 万亩，完成年度计划的 212%；建设 10 处市级冬枣标准化生产示范园和 15 万亩冬枣标准化生产基地。全市林业总产值达到 12.3 亿元，比上年增长 26.8%。

【林业育苗】 市林业局印发《关于加快林木种苗产业发展的意见》，为全市种苗业发展，提供政策保障和资金支持，激发群众育苗积极性。围绕“三网”绿化工程的实施，推进林业育苗基地建设，全市发展大、中型苗圃 120 家，其中生产经营面积在 100 亩以上的 61 家，1000 亩以上的 8 家。年内全市共完成林业育苗 36642 亩，其中留床 15460.5 亩，新育 21181.5 亩，新育苗完成全年任务的 212%。加大林木良种引进繁育力度，东营区、利津县引进柳树新品种“竹叶柳”，并进行试种和扩繁。东方、胜大、林科分院、黄龙基业等育苗企业建立种质资源汇集圃，汇集品种及无性系 260 余个，进行选育试种和开发当家树种。全市开发“1-107 杨”，“园蜡 1 号、2 号”优质速生白蜡、香花槐、桑树等林木良种 2 万亩。加强种苗生产经营管理，新发放种苗生产、经营许可证各 43 套，使用标签 3500 余份，种苗生产经营秩序进一步规范。加强苗圃管理，有 29 家苗圃成为全市“三网”绿化的重点育苗基地，落实面积 1 万亩。东营市种苗基地的规模化、标准化水平进入全省先进行列，成为全国耐盐苗木的集散地。在全国种苗质量抽查中，东营市所检苗木种类全部达到国家标准。莱芜、德州及天津宝坻区等林业部门来东营市学习。

【经济林建设】 至年底，全市经济林总面积 30.97 万亩，其中冬枣 18.16 万亩。全市经济林总产量 9866 万公斤，实现产值 3.64 亿元。其中冬枣产量 3.5 万吨，实现销售收入 2.2 亿元，分别比上年增长 6.1%和 5.8%。

健全技术推广服务网络，在县区冬枣重点乡镇和专业村聘请专职冬枣技术员 41 名，建立覆盖冬枣主产区的技术推广服务网络。鼓励枣农发展冬枣大棚，全市冬枣大棚保有量 190 个，面积近 400 亩。大棚冬枣比大田冬枣提早成熟，效益提高，增加了枣农收入。

发展桑蚕种养业。阳光丝业有限公司发挥龙头带动作用，统一供应蚕种、蚕具、蚕药，对蚕农进行技术指导，以略高于市场价的价格收购东营市主产区蚕茧，调动了蚕农的积极性，农民自发发展桑园近 2000 亩。在林业部门的引导下，农民顺应市场需求，发展苹果、梨、桃、杏等杂果，全市新发展杂果 3000 多亩。

【森林资源保护】 加强林业资源管理和执法。成立东营市木材检查站，配备 6 名业务骨干，河口区、垦利县、利津县新设森林公安机构，加强“一千二”、“孤岛”、“大汶流”林区派出所的干警力量，全市林业执法人员 116 人。规范林业资源管理。组织对毁林开垦、非法征占用林地、非法改变林地用途等进行清理清查，依法查处非法征占用林地案件2起。落实林木采伐更新管理制度和年森林采伐限额管理制度，针对重点林区、重点地段开展多次执法检查活动，消除非法采伐、毁林开垦苗头23次。全市发放采伐证212份，采伐量1.79万立方米，收取育林费71万元，采伐迹地更新率90%以上，未发生突破采伐限额和年度木材生产计划的现象。林业部门与工商部门联合印发《关于加强木材经营加工监督管理的通知》，对非法收购木材的"黑窝点"和非法运输木材现象进行严厉打击，全年共签发木材运输证2130份，查验木材运输车辆1671车次，规范了木材流通秩序。联合公安、工商部门在全市开展"飞鹰行动"的集中专项行动，对非法加工、经营、利用野生动物等违法犯罪活动进行严厉打击，有效保护了野生动物资源安全。

加大林业执法力度。加大对乱砍滥伐，非法经营、加工、运输木材和非法猎捕、经营、驯养繁殖野生动物等涉林违法犯罪案件的查处力度。全年查处各类林业案件92起，挽回经济损失60多万元。市林业局获"全省林政资源管理工作先进单位"和"全省木材经营加工管理工作先进单位"称号。

做好森林防火工作。按照"谁主管、谁负责"的原则，加强宣传教育，严格火源管理，进行扑火演练，构筑思想认识、火源管理和快速高效的应急扑救"三道防线"。东营市连续8年未发生森林火灾，市森林防火办公室获"全市安全生产先进单位"称号。

【林业有害生物防治】 全市新建固定林业有害生物监测站点5处，健全市、县、乡三级监测预报网络，林业有害生物测报准确率达95%以上。林业部门对美国白蛾等林业有害生物进行防治，有效防治面积27.1万亩，防治率97.7%。在美国白蛾防治工作中，推广以周氏啮小蜂为主的生物防治措施，全市释放周氏啮小蜂100.3万枚，生物防治面积3万亩，效果非常显著。据统计，2008年美国白蛾发生面积比上年减少1.05万亩，疫区面积下降14.8%，其中重点疫区比上年下降18.6%，孤立疫点比上年减少20%，东营市疫区范围和虫口密度逐年降低，实现有虫不成灾的目标。市委书记张秋波对美国白蛾防治工作给予肯定。济南、淄博等市林业部门到东营市学习防治工作经验。

【林业科技推广和服务】 成立东营市林业科学研究所，依托省林科院东营分院和市林业苗圃、珍果园，建立国家现代林业示范市实验基地。各科研机构有针对性地组织科技攻关，做好新技术、新品种的研发、引进和推广，在耐盐树种研究、良种繁育推广、林业有害生物防治和优质苗木繁育等方面实现突破。做好成熟技术的推广，结合千村万户农民科技培训工程，全年举办冬枣、种苗花卉、病虫害防治等培训班900期，培训林农3万人次，发放技术资料4万余份，提高了林业标准化生产水平。

【林业产业化】 全市林业部门创新林业产业化经营体制，以林业产业基地建设为突破，构建龙头企业集群，完善中介组织服务网络，林业产业化经营体系逐步完善，林业经济不断发展壮大。2008年全市林业总产值达到12.3亿元，比上年增长26.8%。

加快林业产业基地建设。一是冬枣基地提升工程。建设10处市级冬枣标准化生产示范园，建成15万亩冬枣标准化生产基地，补植冬枣树4.6万株，配套完善沟渠路15.2公里，新建冬枣保鲜库20座。全市冬枣基地标准化管理水平大幅提高。全年冬枣产量达到3.5万吨，实现销售收入2.2亿元，分别比上年增长6.1%和5.8%。在第五届中国林产品交易会和首届中国枣业大会上，东营市选送的"黄河口"牌冬枣获金奖。二是种苗花卉基地推进工程。新建种苗花卉种植基地2.24万亩，其中新增育苗面积2.12万亩。全市种苗基地面积发展到3.7万亩，拥有大中型苗圃120家，其中经营面积1000亩以上的大型苗圃8家，有29家育苗企业被确定为全市"三网"绿化的重点育苗基地。全市新建花卉生产基地1200亩，高标准花卉展厅7000平方米，智能化花卉栽培温室4.2万平方米，年产高档盆花227.1万株。东营市种苗基地的规模化、标准化水平进入全省先进行列，成为全国耐盐苗木的集散地。

发展壮大林业龙头企业。一是帮助企业争取国家林业贴息贷款。年内组织林业企业编报林业贴息贷款项目7个，落实国家林业贴息贷款1.6亿元。二是组织林业企业参加宣传推介活动。组织14家林业龙头企业参加中国林产品交易会和中国北方(昌邑)绿化苗木博览会，有3个产品获金奖，市林业局被省林业局评为优秀组织奖。组织种苗企业参加全省十佳苗圃评选活动，东营市有2家苗圃获“全省十佳苗圃”称号。全市规模以上林业企业发展到22家，其中省级林业龙头企业4家。

扶持发展林业专业合作组织。围绕冬枣、桑蚕、种苗花卉、速生林等林业优势产业，发展以专业协会、合作社为主要形式的农民专业合作经济组织，提高了产业组织化程度和产业化水平。全市成立市冬枣协会、市桑蚕协会、市插花花艺协会等协会、专业合作组织21家。在冬枣销售季节，市冬枣协会协调胜大超市在41家门店设立“黄河口”牌冬枣专柜，邀请全国45家大型超市代表参加东营市的冬枣系列宣传推介活动。全国有16家大型连锁超市与东营市签订20多万公斤的冬枣供货合同。

【林权制度改革】 按照市政府《关于进一步加强林权制度改革有关问题的通知》要求，县区开展试点工作，共拍卖、承包林地63.8万亩，签订承包合同2.9万份，发放林权证2.1万份。中央《关于全面推进集体林权制度改革的意见》和省委、省政府《关于深化集体林权制度改革推进现代林业发展的意见》下发后，市林业局成立林权制度改革办公室，起草了《关于深化林权制度改革，建立现代林业发展机制的意见》，与市财政局联合拟订了《市级生态效益补偿基金管理办法》，推进林权制度改革。

【林业项目资金争取】 2008年，市林业局抓住省委、省政府加快黄河三角洲高效生态经济区又好又快发展的林业政策措施，共筛选上报6个大的项目，其中沿海防护林建设、国家现代林业示范市建设和自然保护区湿地保护已列入国家林业局重点支持目录，“三网”绿化工程、重点公益林生态效益补偿和林木资源保护列入省林业局重点支持目录。全年争取省级以上无偿资金2945万元，落实世界银行贷款1100万美元，国家林业贴息贷款1.6亿元，为全市林业发展提供了资金支持。

【“三网”绿化工程】 全市共投资8.1亿元，动用土石方11994万方，建设林带2922公里，完成绿化面积27.9万亩，植树2806万株，其中完成路域绿化957公里，水系绿化558公里，新建农田林网70万亩，绿化村庄320个，林业育苗2.1万亩，出圃苗木2300多万株。工程总投资、土石方量、绿化面积和植树株数分别完成2007~2008年度计划的151.8%、165.9%、164.3%和102.4%。

将干线公路和环城路的路域绿化作为“三网”建设的重点，集中实施辛河路、青垦路、东青高速、荣乌高速、东郑国道等干线公路和南二路、庐山路、北外环等环城路的路域绿化，全市重点路域绿化的框架基本形成，生态面貌明显改观。东营市实施“三网”绿化工程建设的做法，得到省委、省政府和国家有关部门高度评价。省林业局多次在全省推广东营市“三网”绿化工程建设经验。河口社区管理中心被国家绿化委员会表彰为“全国绿化模范单位”，垦利县胜坨镇、广饶县稻庄镇被省绿化委员会表彰为“山东省绿化示范乡镇”，东营区神堂村等20个村被省绿化委员会表彰为“山东省绿化示范村”。

2008年全市林业资源统计表

单位：立方米、公顷

指标	年初	本年增减情况			年末
		合计	增	减	
活立木蓄积量	1275096	212816	221916	9100	1487912
林业用地面积	158914.8	-878.5	11186.5	12065	158036.3
1、森林面积	61644.6	1374.5	4009	2634.5	63019.1
其中：防护林面积	21644.9	3392	3438	46	25036.9
2、灌木林地面积	67411.3	-1735	2000	3735	65676.3
3、疏林地面积	22.1				22.1
4、未成林造林地面积	5734.6	1767.5	4878.5	3111	7502.1
5、苗圃地	743.7	210	210		953.7
6、无林地	23358.5	-2495.5	89	2584.5	20863
四旁折实面积	18474.2	712.3	1186.6	474.3	19186.5
农田林网面积	84779.45	3233.7	6506.7	3273	88013.5
沙化土地面积	89571	-713		713	88858

2008年全市经济林面积产量统计表

单位:万亩、万公斤

内容			单位	全市	东营区	河口区	广饶县	垦利县	利津县	济军生产基地	胜利油田
经济林总计			面积	30.97	3.44	9.16	4.8	3.54	7.84	1.64	0.55
经济林总计			产量	9866.05	245	3272.2	1624	1417.55	2120.7	108.1	78.5
经济林总计	果树		面积	27256	1.54	9.14	4.6	3.54	6.24	1.64	0.55
经济林总计	果树		产量	9757.85	190	3262	1610	1417.55	3091.7	108.1	78.5
经济林总计	果树	冬枣	面积	18.16	1.4	7.5	2.52	2.2	2.35	1.64	0.55
经济林总计	果树	冬枣	产量	3193.2	115	2009.6	300	200	382.9	108.1	78.5
经济林总计	桑蚕		面积	3.67	1.9	0.03	0.15	0	1.59	0	0
经济林总计	桑蚕		产量	98	55	10.2	5	0	27.8	0	0

2008年全市林业主要企业概况表

单位:万元

企业名称	资产总值	总产值	利润	地　　址	联系电话
东营黄河口家具实业有限公司	28700	9000	1500	东营市河口区经济开发区海康路297号	0546－3633000
东营阳光丝业有限公司	15000	19000	3300	东营市东营区龙居镇驻地	0546－8112066
东营正和木业有限公司	55554	45000	2280	广饶经济开发区	0546－6922503
山东华泰林业有限公司	3530	1832	413	华泰集团总部	0546－7798189
山东成成木塑有限责任公司	5600	15000	1200	东营市垦利县永安镇政府驻地	0546－2661177
山东悦鑫食品有限责任公司	3020	2300	116	东营市河口区新户乡政府驻地	0546－3187098
山东东方花卉有限责任公司	17333	19600	1474	东营市广饶县大王镇高效生态农业科技园	13854676969

（吴树森）

水　利

【概况】 2008年,市水利局围绕“保障防洪、供水、生态安全,促进人水和谐”的治水战略目标,完成广利河综合治理工程、“三网”绿化、供水服务等市重点建设项目,实施40座农村危桥(闸)修复改造,18处黄河南展区房台拓展,2处万亩田间节水灌溉改造等一批便民、利民工程。完善“旱能浇得上、涝能排得出、碱能改得了”的灌排体系,实施了王庄五干、王庄二干一分干、麻湾二干节水衬砌和新广蒲河、河口生态河、广北运粮河、永新河清淤疏浚及支脉河支流入口配套建筑物等“三渠五河”治理工程,清淤疏浚河渠149.49公里,动用土方554万立方米,完成配套建筑物169座。农村集中供水巩固工程新铺设主管线988.1公里,安装智能化水表1593块,建设水质检测中心6处。全市农村自来水普及率达97.7%,入户率达93%,比上年提高3.6个百分点,基本实现安全饮水。坚持防汛抗旱两手抓,累计引水5.2亿立方米,水库蓄水3.6亿立方米,保障了全市生产生活用水。依法征收各项水利规费8074万元,查处水事违法案件18起,挽回经济损失300余万元。争取国家、省对东营市水利项目资金的支持,全年争取上级补助资金2.1亿元。

【防潮大堤工程建设与管理】 风暴潮防御工作。修改完善防风暴潮预案,与气象、海洋、北海预报台等部门建立联系,及时获取气象、海洋、潮水位预报信息,初步形成预报、决策、预警、预案启动等完整的运行指挥系统。全年发生2米以上风暴潮5次,做到预报及时,决策正确,预案启动迅速,保障了人民生命财产安全。

海堤工程维护管理工作。组织工程技术人员对海堤堤防工程、挡潮闸、引(排)水闸及穿堤涵洞等工程进行全面普查,针对海堤工程存在的隐患进行险情发展趋势分析,对重要隐患段进行勘查和测量,提出对隐患工程处理方案,及时完成部分隐患工程治理,对不能及时处理的落实应急措施,提高了工程防御风暴潮的能力。完善工程管理制度,加强防潮堤工程管理。按照分段管理、责任到人的管理办法,给海堤维护人员落实责任段，制定工程日常检修制度，明确检修项目和内容，建立检查维修日志，确保工程运行安全。

海堤绿化、管理站绿化工程。 共栽植速生白腊4100余株，小龙柏3000株，秋葵5000株，蔷薇2000株，月季1500株，秋葵育苗2亩。在城东海堤种植新疆柽柳3万株，成活率95%以上。按照建设沿海生态防护林的总体要求，实施海堤绿化试点工程，全长1.9公里，面积400亩，筑台田17块，每块10亩，配套排碱沟19条，动用土方22.3万立方米，动用机械810台次，总投资220余万元。

海堤民生工程建设。 建设海堤自来水管线25公里，解决3处管理站和沿线群众生活生产用水问题。为渔业养殖提供可靠水源，抓好防风暴潮工作与养殖用水的结合，及时提落挡潮闸、引排水闸300余次，为养殖户引用海水500多万立方米。

水文地热观测井投入使用。 水文地热观测井工程建设完成，并投入使用。完成粉喷桩520立方米，钢筋砼350立方米，土方1100立方米，完善配套设施。

加大依法治堤力度。 加大对盗窃、破坏防潮堤设施及违法占地、违法取土行为的打击力度，全年办理水事案件8起。重点查处海堤非法营运砂石料车辆，组织干部职工24小时巡逻，协调市政府相关部门，联合辖区边防派出所，对超载非法车辆进行查处。防潮大堤已成为集防潮减灾与旅游观光为一体的景观工程。年内，共接待参观考察团6个，100多人次。

【防汛抗旱】 防汛工作。落实以行政首长负责制为核心的各项防汛责任制，修订9项防汛预案。购置100万元的照明、发电等多种防汛物资，成立62支7898人的防汛抢险队伍，并开展业务培训和防洪演练。对拦河闸进行维护保养，有效清除56处各类阻水障碍物。各项防汛措施落实到位，最大限度减轻洪涝灾害损失，确保全市安全度汛。抗旱工作。坚持防汛抗旱两手抓，早部署，早安排，科学调度，累计引水5.2亿立方米，水库蓄水3.6亿立方米，保障了全市生产生活用水。

【水土保持】 水土保持监督管理。结合水利部在全国开展的开发建设项目水土保持监督执法专项行动，落实水土保持“三同时”制度，对在建的及2003年后建成但未开展水土保持设施验收的项目进行全面调查，对2008年度跨市的大项目进行水保方案评审，对全市在建项目进行水保监督管理。各县区水土保持方案编制工作全面展开。水土流失综合治理。完成垦利大汶流生态修复试点工程及广饶大码头风沙片、河口神仙沟孤北风沙片、垦利胜利风沙片、河口五村风沙片治理项目，共治理水土流失面积24.7平方公里。水系绿化。重点实施灌溉试验站育苗、广利河上游段和支脉河补植等绿化任务。共完成育苗34万株，100亩；植树20.4万株，绿化81.1公里。沿海生态防护林试验项目，种植新疆柽柳3万株，绿化面积14亩，长度10.5公里。编制完成《黄河三角洲（东营）“三网”绿化综合开发工程东营市水利局重点工程详细规划》。

【创建国家级水土保持科技示范园】 自2002年以来，以打造孙武湖高标准的水土保持科技示范园区为目标，开展水土保持综合治理。将园区分为植物种类展示区、水源污染防治区、观测实验区、旅游观光区、青少年教育实践基地等不同功能区。该园于2008年12月3日通过水利部领导及专家的验收，被评为国家级水土保持科技示范园区，这是全国平原地区第一家国家级水土保持科技示范园区。

【水利改革】 市级水管单位改革实施方案经市政府批复。按照管养分离的要求，成立东营市利民水利工程维修养护有限责任公司，承担市属水利工程的维修养护任务。全市有水管改革任务的县区制定改革方案，明确水管单位机构、人员和资金来源。公益性工程的财政补贴得到落实，水利工程维修养护市场逐步形成。

【水利科技】 编制《东营市水文站网规划》，通过省评审委员会专家评审。规划内容基本涵盖东营市水文工作的各个领域，网站布局、投资估算合理，满足东营市经济社会发展对水文信息的要求。在2008年全省水利科技大会上，东营市水利局、河口区水利局被评为全省水利科技工作先进集体，有3人被评为全省水利科技工作先进个人。

【水利执法】 水法宣传。油、地、校、黄河4家联合行动，宣传水法律法规知识，营造良好的舆论氛围。全市设立水法咨询服务站6个，接受咨询42余起，发放各种宣传品、宣传资料5万余份，电视台、广播电台播发新闻报道和公益广告48条，在报纸、网络刊发文章15篇，出动宣传车50辆次，在电视台播放水法宣传字幕42天。组织全市水利系统普法考试，参加480人次。

执法检查和案件查处工作。市水利局成立水行政执法检查工作领导小组和专门督导小组，对五个县区河道管理秩序、河道维护费征收、水资源费征收、水费计收工作开展执法大检查。全年共查处各类水事违法案件96起，挽回经济损失330.2万元，全市水事秩序明显好转。

规费征收。加大规费征收力度，开展企事业单位普查，建立普查企业数据库。对拒不缴纳水利规费的106家企业，依法申请法院强制执行。2008年，征收各项水利规费8074万元。

行政审批。根据市政府的要求，对法律法规赋予的水行政审批事项进行梳理。共查阅水法律3部，法规7部，规章10件，规范性文件30件，形成包括49个小项，23个大项的行政审批项目方案。11月，市行政审批目录在政府网站公布。2008年东营市水利局共受理审批事项31项，批准11项。

调研工作。完成《浅议东营市水利综合执法与实践》《东营市水工程占用补偿费调研报告》2篇调研报告，其中《浅议东营市水利综合执法与实践》在国务院法制办、山东省法制办网站及《山东水利》登载。

规范行政处罚自由裁量权。编制完成《东营市水利局水行政处罚自由裁量权细化标准》，涉及3部法律，4部行政法规，3部地方性法规，4部部委规章，5部政府规章，对52条水法律、法规及规章处罚标准进行细化，细化346条自由裁量权具体标准。

【重点水利工程简介】 王庄灌区续建配套与节水改造工程。是中央预算内资金支持的水利建设项目，位于王庄灌区总干渠下游，长13.6千米，设计灌溉面积10万亩，设计流量40立方米/秒。工程10月25日开工，12月25日竣工，共疏挖整治沉沙条渠6.08千米，疏挖五干渠6.52千米，完成五干渠渠道衬砌1.02千米，维修及新建改造各类建筑物17座，项目总投资1200万元。该工程解决了利津县陈庄镇东北部和东营市渤海农场农业用水困难问题。

广利河治理工程。市水利局作为黄河水城河道治理项目责任部门，承担广利河东青高速至东二路段、东七路至东八路段综合治理工程及上游配套建筑物工程3项任务，总投资5153万元，整体工程11月15日全部完工。东青高速至东二路段工程长4.3公里，工程包括河道清淤、岸坡衬砌及坝顶8米范围内道路整平，完成投资3583万元。东七路至东八路段工程长2.1公里，主要对河道进行清淤拓宽，完成投资927万元。上游配套建筑物工程包括秦家橡胶坝、哨头倒虹吸、哨头生产桥、小赵桥至唐家桥道路等4项内容，完成投资643万元。

灌区节水改造工程。实施麻湾灌区二干节水改造二期工程、王庄灌区续建配套及节水改造工程，共完成投资2933万元，衬砌渠道7.67公里，完成土石方112.07万立方米，新建、改造建筑物69座。其中麻湾灌区二干节水改造二期工程完成投资1733万元，衬砌渠道长度6.65公里，动用土石方33.96万立方米，新建、改建建筑物52座；王庄灌区续建配套与节水改造工程完成投资1200万元，衬砌渠道长度1.02公里，动用土石方78.11万立方米，新建、改建建筑物17座。

2008年全市供水量统计表

单位：万立方米

行政区名称	流域分区	地表水源供水量						地下水源供水量				总供水量
		蓄水	引水	提水	跨流域调水		合计	浅层水	深层水	微咸水	合计	
					调入量	调出流域名称						
东营区	小清河				12800		12800					12800
河口区	徒骇马颊河				9662		9662					9662
垦利县	小清河				15057		15057					15057
利津县	徒骇马颊河				23535		23535					23535
广饶县	小清河	15280			8200		23480	6820	3270		10090	33570
合　计		15280	0		69254		84534	6820	3270	0	10090	94624

2007～2008年全市农田水利基本建设情况表

名　　称	建　设　内　容
河道治理工程	治理广利河、草桥沟、河口生态河、褚官河等4条河道，治理长度71.19公里，动用土石方477.6万立方米，投资7365万元。
灌区节水改造工程	实施王庄、麻湾灌区灌渠衬砌节水改造，衬砌渠道7.671公里，完成土石方112.074万立方米，投资2933万元。工程实施后，扩大灌溉面积1万亩，改善恢复灌溉面积12.8万亩。
田间节水工程	实施利津县利津镇片和广饶县花官乡片2处万亩田间节水改造工程，衬砌农、斗渠36条、34.4公里。
水系绿化工程	绿化骨干河道、沟渠430公里，植树150万株，完成土方260万立方米。
农村集中供水巩固工程	铺设管线988.1千米，安装智能化水表1593块，建设水质检测中心6处。

(成文佳)

海洋与渔业

【概况】 2008年，全市实现水产品总产量51.06万吨，同比增长6%；实现渔业产值56.47亿元，同比增长16.01%；农民人均渔业纯收入1800元，同比增长15.9%。市海洋与渔业局被省海洋与渔业厅授予全省海洋执法监察先进集体、全省渔业工作先进集体、全省渔业安全先进集体，被市委、市政府授予全市政务信息工作先进单位、全市安全生产目标管理先进单位、全市政务督查考核先进单位，被省文明委授予省级文明单位等称号。

【淡水渔业】 全市淡水养殖面积25254公顷，水产品产量8.49万吨，产值7.93亿元。养殖品种以黄河口大闸蟹、黄河口甲鱼、南美白对虾和淡水鱼类为主。其中，黄河口大闸蟹产量1万吨，产值6亿元。黄河口甲鱼产量200吨，产值3500万元。低盐度南美白对虾产量1.39万吨，产值2.76亿元。

【海水增养殖】 全市海水增养殖面积71685公顷，水产品产量25.03万吨，产值18.22亿元。增养殖品种以文蛤、青蛤、四角蛤、泥螺、竹蛏、杂色蛤、海参、三疣梭子蟹、南美白对虾和日本对虾等为主。其中，以海参为代表的海珍品养殖业快速发展，2008年全市新开发海参养殖池塘10160亩，海参总养殖面积30760亩，出产海参900余吨，产值1.44亿元。

【海洋捕捞】 全市投入生产作业的各类捕捞渔船共1322艘，完成捕捞产量8.3万吨，实现产值5.46亿元，主要捕捞品种有鳀鱼、带鱼、黄姑鱼、梭鱼、鲅鱼、毛虾、中国对虾、梭子蟹、虾蛄、四角蛤等。其中，受实施的渔业资源修复行动影响，梭子蟹和中国对虾产量同比有较大增加。

【海洋与渔业资源保护】 全市建立市、县两级海洋环境监测中心(站)6处，定期监测近岸海洋生态环境，对沿海5个陆源入海排污口、海洋生态敏感区等特定海域开展监测，连续6年发布《东营市海洋环境质量公报》。建立东营利津底栖鱼类生态、东营黄河口生态、东营河口浅海贝类生态、东营莱州湾蛏类生态、东营广饶沙蚕生态等5个国家级海洋特别保护区。开展"保护蓝色国土——海盾系列""保护海洋环境——碧海系列"专项执法行动，采取全面检查、专项检查、联合执法相结合的方式，加大对海域工程建设项目和油气开发、养殖用海、入海排污口的检查力度。组织实施2008年度渔业资源增殖放流行动，先后放流中国对虾1亿尾，三疣梭子蟹2500万只，底播文蛤、青蛤等贝类1.1亿粒，增加了近海海区海洋生物存量。

【水产品加工与流通】 全市渔业企业发展到61家，水产加工企业13家，水产批发市场和集散地13处。拥有市级以上渔业龙头企业12家。渔业第二产业产值7.6亿元，第三产业产值15.55亿元。海星集团、蓝田公司、鑫港公司和正汉公司等骨干水产加工企业拓展新业务，企业实力持续增强，西苑、黄河口和广利港海鲜城等大型水产批发市场水产品供销两旺，价格稳中有升。

【渔港渔村建设】 东营中心渔港。位于五号桩神仙沟入海处，规划建设面积3000亩，其中港池面积52万平方米，计划总投资2.85亿元，分期建设。一期工程建设指标全面完成，投资3000万元，主要完成可研报告编制与施工图设计,800米长的渔港码头和1000米港池北坝衬砌等。东营中心渔港被农业部批复为国家级中心渔港，扶持资金3330万元,5月5日，农业部正式批复黄河口中心渔港二期工程初步设计（农办渔〔2008〕25号文)。9月18日,完成黄河口中心渔港二期工程施工与监理招投标工作，施工单位是青岛诚基工程建设有限公司，监理单位是山东省交通监理咨询公司，审计单位是佳境工程管理公司。10月10日,工程开工建设,至年底，完成投资717.41万元,其中,中央资金200万元。

广利渔港。位于渤海莱州湾北岸,广利河、溢洪河交汇处,距东营市政府驻地19公里,是东营市最大的渔港,国家二级渔港。广利渔港港池南北长2400米,东西平均宽200米，水域可利用面积45万平方米,水深一般在-3.0米到-6.0米。渔民村3个,常驻渔民1200人,流动渔民3000余人,常靠渔船900多艘。2008年12月，农业部以农计函〔2008〕162号文，批复东营市广利一级渔港项目，项目计划总投资3128万元，其中，中央利用国债投资2000万元。

【海洋管理】 开展大规模的养殖用海普查登记工作，摸清全市养殖用海的底数，有效落实海域物权制度。推行海域使用权招标拍卖和抵押制度，共招标拍卖海域使用权37案，面积1.4万公顷,抵押海域使用11宗,每年抵押贷款1800万元。全市累计用海项目达到465个，确权海域面积6.34万公顷,确权发证率、海域使用金征收率均达到100%。全市累计征收海域使用金近1亿元，并按规定用于海洋管理。海域滩涂清理整顿工作初见成效，对全市海域滩涂情况进行全面调查摸底,共普查登记海域用海(养殖)项目248宗,5.85万公顷。推进“数字海洋”工作,组织编制《东营市数字海洋工程建设总体方案》,东营市海域使用动态监视监测管理系统建设基本完成,12月通过国家验收,评定为优秀等级。东营“数字海洋”高规格设计、高要求建设,走在全国前列。编制《东营市防风暴潮、海啸、海冰灾害应急预案》《东营市赤潮应急预案》《东营市海上溢油事故应急预案》3个应急预案,将按程序批准后实施。海域勘界工作取得重要阶段性成果,全市县际海域界线全部勘定,与周边市县海域勘界取得重要进展。全市海岸线勘定工作完成,形成《东营市海岸线勘定方案》,并公布实施。开展东营市毗邻海域水深地形测量,编制《东营市毗邻海域水深地形测量报告》,摸清了全市0~20米等深线。积极开展“908专项”工作,对全市近岸海域海洋生态及贝类资源进行调查,编制《东营市海洋生态调查报告》《东营市贝类资源调查报告》。

【渔政管理】 做好渔船年审和伏季休渔管理工作，共年审渔船1185艘,53319马力,保护渔业资源可持续发展。开展“护渔2008”海洋渔业执法行动。共开展执法行动108次,出动执法人员1405人次,渔政船81航次。完成渔用燃油补贴兑付工作。加强涉外渔船管理,为14艘渔船办理韩国专属经济区作业许可，这些渔船累计入渔作业224天，作业559网次,捕捞量652吨。组织开展“渔业执法人员联系渔民户活动”和“创建群众满意的基层站所”等活动，新户站和广利港站被评为全市“群众满意的基层站所”。搞好渔业法律法规宣传培训，组织大型宣传活动3次,出动宣传车30辆次,参加人员120余人次,发放各类宣传材料7000余份。抓好渔业安全生产管理工作,开展“隐患治理年”和“安全生产月”活动。建立防范严重自然灾害预报预警传递和预防机制，全年传递重要天气预报96次，下发安全通知45份。完成近海渔业安全救助通信网升级改造,完成CDMA应急救援通信系统的近海测试工作和全市渔业执法网建设。开展应急预案演练活动,获“正和”杯应急救援演练大比武三等奖和优秀组织奖,受到市安委会的表彰。做好抢险救生工作，组织参与海上抢险救助活动4次，成功救助遇险人员24人。

【渔业科技】 全年完成科技项目4个,其中,东营市海洋与水产研究所承担的“东营市生态调控绿色养虾技术推广”项目,获市渔业丰收奖一等奖，成果达到国内领先水平；东营丰泽生物科技有限公司、利津县渔业技术推广站承担的“黄河口半滑舌鳎池塘及工厂养殖技术研究”项目,获市科技进步二等奖、省科技进步三等奖,成果达到国内领先水平；利津县海珍品增养殖研究所、中国海洋大学承担的“渤海湾西部滩涂地区海参人工育苗及养殖技术研究”项目，成果达到国内领先水平；河口区渔业技术推广站和山东海星集团共同承担的“黄河三角洲地区生态海参育苗及池塘筑礁养殖试验与示范项目”通过市级验收。

全市共举办各类渔业技术培训班340期，培训渔民23430人次，发放各类技术资料32627余份,完成全年任务的117.15%。3月,组织50名水产养殖技术骨干赴中国海洋大学进行7天脱产培训;11月，组织全市30余名有中级以上职称的水产养殖专业技术人员赴烟台大学参加东营市现代渔业“653工程”培训班。利津县被确定为山东省渔业科技入户工程示范县，主要推广南美白对虾健康养殖技术；垦利县被确定为东营市渔业科技入户示范工程示范县，主要推广大闸蟹大规格生态养殖技术和刺参池塘生态健康养殖技术。示范户年均接受培训5次以上，实用技术入户率95%以上。

2008年全市水产业主要企业情况表

企业名称	法人代表	获得称号	主要产品	地址	联系电话	总资产（万元）	总产值（万元）	利税（万元）
山东海星集团有限公司	孙立文	省级渔业龙头企业	海参养殖、加工，贝类养护、加工，海洋捕捞等	河口区仙河镇	3980000	15000	11000	1200
东营振宇水产资源开发有限公司	魏知军	市级渔业龙头企业	贝类水产品养殖、加工、销售等	河口区太平乡	7718121	3178	2400	265
东营通和水产有限公司	常守臣	市级渔业龙头企业	贝类养护、加工和销售等	河口区新户乡	3185888	2400	1100	300
东营市丰泽生物科技有限公司	孙兆任	市级渔业龙头企业	半滑舌鳎、对虾、梭子蟹育苗及养殖销售等	利津县刁口乡	8579366	2600	2100	400
东营市亚东星海水产有限责任公司	王明芹	市级渔业龙头企业	贝类养护、加工和销售，海洋捕捞等	广饶县丁庄镇	13954613521	2000	3360	1100
东营市鑫港渔业有限公司	高俊民	市级渔业龙头企业	虾皮、竹蛏等加工、储运	东营区广利港	8356238	5641	12600	1500
东营市海华水产有限责任公司	王乃余	市级渔业龙头企业	海淡水水产养殖，冷冻水产品销售	河口区河雁路东首	3668506	1163	550	100
东营市正汉海洋食品有限公司	盛岩	市级渔业龙头企业	大闸蟹、海参、对虾精深加工	东营区汾河路158号	8313833	1903	9000	1000
东营市黄河口鳖原种繁育开发有限责任公司	荣若贵	市级渔业龙头企业	黄河口鳖繁育和养殖	广饶县大王镇	6862169	2310	800	300
东营市蓝田水产养殖有限责任公司	李云堂	省级渔业龙头企业	海参养殖，贝类养护、加工销售，海珍品加工销售等	垦利县经济开发区	2521562	3000	9200	1100
东营市海盈水产有限公司	孙长兵	市级渔业龙头企业	泥螺养护、加工和销售等	垦利县红光渔港	13954616157	1200	800	220
东营市玉峰水产加工公司	李玉峰	市级渔业龙头企业	大闸蟹养殖、加工和销售，对虾养殖销售	垦利县永安镇	13589959688	800	1500	300

2008年全市渔港情况一览表

渔港名称	所在县、乡	渔港等级	港池面积（平方米）	岸线长度（米）	码头长度（米）	陆域纵深	陆域面积（万平方米）	年停泊船数	年卸港量（吨）	防灾减灾标准	说明
东营广利渔港	东营区黄河办事处	一级	129.38万	2400	850	3公里	194.77	600	56500	50年	一级渔港建设中
东营中心渔港	河口区仙河镇	中心	49万	2500	800		80	1500	18000	50年	建设中
新户渔港	河口区新户乡	群众			120			200	1000		
刁口渔港	利津县刁口乡	三级	60000	2695	320	2公里	80	200	17500		
红光渔港	垦利县红光办事处	二级	18000	1000	800	600米	3	3000	710		
小岛河渔港	垦利县永安镇	二级	10000	900	600	500米	2.5	2500	510		
支脉河渔港	广饶县清河办事处	三级	12000	3000	590		100	230	8000		

（黄学东）

农 场

【概况】 2008年,市属农场改革正式启动。农场改革发展问题被列为全市改革重点，写入政府工作报告。市农业局拟订全市农场改革发展的基本思路,向市委、市政府呈报《关于农场改革方案的报告》《关于农场改革情况的报告》《关于深化改革加快农场发展的意见》,向省政府呈报了《关于东营市农场改革发展问题的报告》。市政府成立农场改革领导小组,负责农场改革推进工作。

推进农场税费改革工作。市财政自筹70万元,省下拨130万元,共转移支付200万元,税费改革减收补助资金及时发放各国有农场,用于“五项统筹”补贴。其中黄河农场60万元,畜禽良种场9万元,广北农场131万元。仅此一项,农场种地农工人均减负1000元。

民生问题得到改善。重点解决农场职工住房问题。为南郊无房户申报企业经济适用房，完成南郊职工企业经济适用房一期和二期的分配工作，为南郊事业人员协调20套房管部门房。为渤海农场部分困难职工修缮危房,为部分军转干部解决市廉租住房。对全市农场棚户区情况进行统计，编报全市农场棚户区改造项目建议书,争取纳入2009年全国农垦棚户区改造项目计划。协调民政部门，争取资金20万元,用于破产农场生活困难职工特别救济救助；为南郊下岗职工协调解决冬季取暖补贴；与公交公司签订协议，解决南郊职工子女上学问题;协调筹集南郊、渤海两个社区居委会的全年办公经费，保证了居委会的日常管理和社区居民服务等工作。妥善处理农场遗留问题和渤海、南郊两个破产农场的信访稳定问题，农场生产生活秩序稳定。 （王新军）

【广北农场】 2008年,实现国民生产总值16898万元，同比增长10.3%,其中一、二、三产业增加值分别完成8309万元、6650万元和1939万元，同比增长13.4%、8.1%和4.98%。人均收入7244元,同比增长16%,职工人均收入18350元，同比增长6.7%。

农业生产。全场种植棉花31296.6亩,种植葡萄、西瓜、各类小瓜等654亩。种植桑树200余万株,建设养蚕大棚23个,养蚕车间230间，全年放养蚕苗500余张,生产成茧17500公斤,实现产值35万元。发展生态餐饮业,六千年自然养生园第一期工程完工,投资300余万元,建成900平方米的餐饮营业楼开业。新建二分场一队,投资100余万元,新建住宅院落20处，主房屋100间；投资30余万元,对一、二队队内循环路进行硬化，修复对外主要道路。特色种养区初步形成,建成34个蚂蚱大棚；投资100万元,建合同鸭养殖区4处，建养鸭大棚18个;发展葡萄、冬枣等特色种植区370亩。探索立体种植模式,西瓜收获后套种棉花、玉米或芥菜，比单一棉花种植亩增收1800元。全场实施棉花良种推广补贴面积3万亩,补贴资金45万元，小麦直补及农资综合补贴资金5.6万元。种植耐盐小麦5615个品种(系),收获13000多份种质试验材料。进行棉花9个品种(系)的试验推广。省农科院作物所在广北农场进行盐碱地种植耐盐红薯试验，分别在含碱量4‰和7‰的盐碱地种植“鲁533”等6~8个品种（系)。完成西瓜、甜瓜、葡萄的绿色商标申报和认证工作。

工业生产。加强基础设施建设投入,膨胀企业规模。在滨海产业项目区建设11万伏变电站1处,完成70余公里的供电线路及70余台变压器的检查检修工作。广北盐场增设调水线路6.5公里。与内蒙古伊利乳业合作,加工奶粉190吨，与垦利万德福实业有限公司合作生产豆粉500吨。广达建筑安装公司成立外部市场部,全年中标项目7个,实现产值1626万元，施工面积1.5万平方米。大地化工集团实施2万吨湿法炭黑建设项目,投资5.8亿元,新上年产600吨多晶硅生产项目。

工程落实情况。完成“三网”工程任务。动用土方92.6万立方米，植树5.3万株，完成林权改革。完成1.2万亩的农田开发立项和测量工作，项目计划投资540万元。完成运粮河治理改造工程,工程长3.6公里,动用土方30万立方米,修建引水闸、泄水闸等建筑物8座，解决全场15000余亩农田灌溉问题。二分场一、二、四队的东西路建设完成。实施两个低产田土地整理项目,共完成13条排沟和1条东西大渠的清理和加深,扩宽夯实11条生产路和修建12座桥涵,动用土方22万立方米。

民生工程。妥善解决老家属、脱岗职工等问题,维护农场改革、发展、稳定。为退休职工人均增资110元，为职工上调养老保险金基数181元，将职工慢性病治疗

纳入全市门诊慢性病统筹范围。启动分场标准化社区卫生室建设。 （孙良龙 逯高清）

【黄河农场】 2008年，黄河农场实现国民生产总值9600万元，人均收入7900元，职工人均收入23000元。

抓好农业综合管理。加大科技植棉的培训推广力度，普及以品种更新换代为重点的良种工程。针对棉区枯黄萎病发生严重的现状，抓好种植业结构调整，探索适宜农场种植的高效经济作物，按照一场一业、一地一品的发展格局，推进特色种养区建设。拓宽畜牧养殖种类，抓好奶牛场奶牛、肉牛养殖，在二分场畜牧园区开展禽类饲养，在农业开发区开展海水养殖。开展土地开发改造，5000亩中低田改造项目通过验收，完成投资230万元；1500亩土地整理项目完工，投资121万元。组织实施“三网”绿化工程，完成5000亩开发片农田林网的4.9万株植树任务。

改善民生保障体系。职工养老保险金上缴基数上调181元，医疗保险金缴纳基数上调203元，为全场500余名老家属提高场龄补贴。落实遗属补助、老家属补贴、住房补偿等民生保障政策，做好救助重心下移，总场支出救济金15万元。

改善职工居住环境。投资42万元，对总场、中学居住区内循环路进行硬化，治理排水沟。投资2万元，对总场小区、工贸小区进行绿化美化。新建垃圾池，对生活垃圾进行集中处理。推动企业文化建设，配套完善文化设施，组织开展健康向上的文体活动。

（刘福五）

【市畜禽良种场】 2008年，全场实现国民生产总值3900万元，实现利税380万元，全场人均收入1.12万元，职工人均收入2.8万元。完善家庭农场经营机制，延长土地承包期，保持承包合同长期不变，降低土地承包费用，让利于家庭农场职工。落实各项惠农政策，将种粮补贴、棉种补贴和农机补贴及时兑现给家庭农场，在产、供、销方面为家庭农场提供优质服务。实施“三网”绿化工程，动用土方9万立方米，植树2.6万株，将场区公路两旁、水库四周和农田林带全部绿化。组建土地油区工作办公室，为发挥农场数万亩土地资源优势，协调油地关系发挥作用。抓好精神文明建设，全场无职工群众上访事件、社会治安刑事案件和安全生产责任事故，社会治安秩序良好，被市政府评为“人口与计生目标责任考核”先进单位。 （卢方明）

什么是生态经济

生态经济是指具有典型生态系统特征的集约高效的经济发展模式，在产业类型上，形成由清洁生产企业组成的循环经济产业链；在产业布局上，形成由若干生态工业园区组成的生态产业群落；在生产工艺上，无废或少废，实现生产过程再循环、再利用，最终表现为整个经济体系运转的高效集约，经济、社会、生态协调发展。

工业

- 全市规模以上工业完成增加值1676.5亿元,同比增长14.5%
- 全市有15家企业入围中国制造业企业500强
- 东营市工业百强和制造业百强的企业家数均列全省第一位
- 东营市被省政府授予“技改工作先进市”称号

综 述

【概况】 2008年,面对国家宏观调控、煤电油运紧张、流动资金短缺、市场物价波动、国际金融危机等重大考验，全市经贸系统加快产业结构调整,转变经济发展方式,破解企业融资难题,加大技改投入,推进自主创新和节能降耗,提高流通现代化水平，加强经济运行组织协调,工业流通经济保持平稳较快发展的良好势头。

2008年,全市规模以上工业完成现价产值4221.5亿元、增加值1676.5亿元，同比分别增长16.8%和14.5%;实现主营业务收入4205.9亿元、利税1239.1亿元、利润752.7亿元，分别增长34.2%、56.1%和38.1%。地方工业主导地位更加突出。地方规模以上工业完成现价产值3016.3亿元、增加值776.5亿元,同比分别增长23.6%和20.1%；完成主营业务收入2966.6亿元、利税340.4亿元、利润241亿元,分别增长30.5%、36.8%和35.5%。主营业务收入、利税、利润总量分别列全省第6、5、5位，增幅分别列全省第6、2、2位，主营业务收入占全市工业的70.5%。

企业规模进一步扩大。全市规模以上工业企业达到791家，同比净增32家。15家企业入围中国制造业企业500强,12家入围省百强企业,16家入围省工业百强企业。入围山东省百强的企业家数列全省第三位,其中,工业百强和制造业百强的企业家数均列全省第一位。地方30家重点调度企业累计完成主营业务收入1572亿元、利税142.1亿元、利润93亿元，同比分别增长14.4%、17.8%、8.4%,分别占地方工业的49.5%、39.3%和35.7%,拉动地方工业增长8.3、7.7和2.9个百分点。

产业集群化趋势明显。纺纱生产能力200万锭，比上年增加15万锭,其中大海、天信、三阳均达到30万纱锭；轮胎产能3000万条,比上年增加370万条,其中西水、永泰、恒丰橡塑均超过500万条；离子膜烧碱产能64.5万吨,比上年增加16万吨,其中金岭化工、华泰化工均超过20万吨。淘汰一批落后生产能力。八大产业涉及规模以上工业企业632户，完成主营业务收入2528亿元，利税284.6亿元，利润204.3亿元，分别增长30.7%、34.7%和36.4%,分别占地方工业的85.2%、83.6%和84.7%。

【加大工业投入】 组织实施3月、6月和9月三个“项目开工月”活动，期间新开工项目141个,总投资130.8亿元。全年地方规模以上工业实施项目482个，完成投入317.7亿元，同比增长10.2%。其中，亿元以上项目99个,完成投入172.6亿元。方圆集团氧气底吹造锍捕金、盛泰400万套大型专用子午胎车轮、华泰集团45万吨高档铜版纸、明珠石油装备公司10万吨石油装备制造等一批项目竣工投产或开工建设。东营市被省政府授予“技改工作先进市”称号,筛选40个重点技术改造项目争取国家和省支持,总投资208.6亿元,其中,2个项目被列为全省第一批技术改造重点项目，并上报工业和信息化部。争取省重点产品结构调整项目8个,总投资36.6亿元。

【优化产业结构】 改造提升传统产业，发展高新技术产业和先进制造业，产业结构不断优化。地方原油一次加工能力达1640万吨、造纸生产能力180万吨、纺纱200万锭、轮胎3000万条(其中子午胎2640万条)、烧碱64.5万吨。全市规模以上工业高新技术产业完成产值812.3亿元，同比增长34.4%，高新技术产业产值率达到19.2%，比上年提高0.5个百分点。石油机械装备制造业共涉及规模以上工业企业99家，占地方工业的12.5%，完成主营业务收入312.5亿元，利税43.7亿元，利润33亿元，分别增长56.9%、57.8%和66.9%,分别占地方工业的11.5%、14.3%和15.1%，所占比重分别比上年提高4.3、5.7和6.5个百分点。

【以政策引领企业发展】 实施大企业带动战略。制定20强企业培育工作要点，加大扶持力度。全年地方主营业务收入过亿元的企业达310家,其中,10~50亿元的21家,增加3家,50~100亿元的10家，增加1家,100亿元以上4家,增加3家。落实中小企业成长计划。加大对列入省、市成长计划的176家企业的扶持力度，评选出“十佳最具成长性中小企业”，分别给予10万元的奖励扶持。推进企业管理创新。华泰化工被授予省级现场管理样板企业和优等信誉企业,5家企业获省首届和谐劳动关系优秀企业。开展企业家培训。组织企业高级管理培训班5期，提升企业经营管理素质。支持企业实施“走出去”战略，鼓励企业与国内外知名大企业合资合作，设立境外生产企业6家,7家企业市外境内投资项目达40多个。

【加强技术创新】 万达集团、圣光化工技术中心分别被认定为国家级、省级企业技术中心,13家企业技术中心通过市级认定。至年底,全市有国家级企业技术中心2家,省级14家,市级35家;引进国外先进设备50多台套,总价值3.78亿美元。全市中国驰名商标达到8个,年内新增5个,分别是驰中集团的“驰中”商标、大明集团的“大明”商标、天信公司的“天信”商标、天丰太阳能公司的“天丰”商标、信义集团的“信义”商标;省级著名商标50个,比上年增加9个。有中国名牌产品5个;山东名牌产品82个,比上年增加6个。

【推进节能降耗】 严格督查考核。在全市组织开展“节能攻坚月”活动,对节能工作突出的先进单位和企业进行表彰。加强节能监管。对32户省重点耗能企业进行能源审计,组织50户市重点耗能企业开展能效对标活动,集中开展节能执法监察。推进“3个节能20项”工程实施。加快发展循环经济。万通石化集团等5家企业通过清洁生产审核。推行资源综合利用,复审、认定资源综合利用企业17家。推广散装水泥124万吨,中心城推广散装水泥率达95%以上。节能降耗超额完成年度目标任务,节能工作受到省政府表彰。

【中小企业发展】 2008年,实施中小企业成长计划,协调金融系统解决中小企业资金难题,提升中小企业发展水平。至年底,全市规模以上中小企业实现增加值1660亿元,主营业务收入4100亿元,利税1200亿元,利润740亿元,同比分别增长14.5%、28.2%、49%和32.1%。

召开2次贯彻落实《山东省中小企业促进条例》工作座谈会、5次中小企业经济运行调度会,促进中小企业发展。做好2008年成长型中小企业申报确定。更新、完善成长型中小企业网上监测评估系统,启用2008年成长性中小企业网上申报系统,有107家企业进行网上申报,启动2008年市促进中小企业成长计划。完善融资担保服务体系,至年底全市融资担保机构发展到14家,累计担保企业户数3234户,担保笔数4279笔,担保总额69.07亿元。

争取各级中小企业发展专项资金388万元。开展市农行小企业银企业务合作发展会、邮政储蓄银行信贷资金助力小企业发展等活动,累计签订贷款协议18项,贷款金额13亿元,签订贷款意向书132份,意向金额34亿元。

帮助企业解决资金困难。筛选急需流动资金贷款的17户中小企业报省,有15户中小企业的2.4亿元贷款获省经贸委和人行济南分行的批复,并推荐到各商业银行。协调县区设立接续资金,制定实施《东营市中小企业互助资金管理暂行办法》。协调金融机构为4户中小企业解决1470万元接续资金贷款,避免企业因资金链断裂而停产或倒闭。

2008年全市地方工业主要产品产量表

产品名称	单位	1~12月累计		12月		产品名称	单位	1~12月累计		12月	
		本期	同比±%	本月	同比±%			本期	同比±%	本月	同比±%
饮料酒	吨	55862	24.6	4438	-18.7	燃料油	吨	2410275	3.3	194379	26.5
纱	吨	580294	49.1	47807	50.0	石油沥青	吨	2569384	16.7	177855	-58.5
布	万米	38525	47.5	4178	59.3	液化石油气	吨	203473	-22.4	18899	-17.9
印染布	万米	47252	10.7	1358	-65.9	盐酸	吨	120751	23.4	13571	79.9
非织造布	吨	66422	351.3	7498	436.0	氢氧化钠	吨	475623	4.3	36771	-3.0
人造板	立方米	100221		3868		合成氨	吨	60557	-28.4	2784	-52.5
家具	件	293415	-28.2	59714	-11.4	轮胎外胎	条	34189649	53.6	2310885	17.7
机制纸及纸板	吨	1529164	3.6	91719	-24.6	其中:子午胎	条	12740429	11.7	881745	-23.7
其中:新闻纸	吨	1104069	0.9	65426	-27.5	塑料制品	吨	542954	15.6	26411	-57.7
原油加工量	吨	9905808	-3.2	941185	5.7	铜	吨	180541	0.1	14821	-30.8
汽油	吨	1224955	8.2	131632	-17.3	电力电缆	公里	247609	-11.6	34779	43.9
柴油	吨	2881505	23.4	273932	40.8						

2008年全市重点企业集团主要经济指标完成情况表

单位:万元

序号	名称	工业总产值		产品销售收入		利税总额		利润总额		产成品存货		应收帐款		产销率%		两金占用比率%		资产负债率%
		本期	±%	本期	±%	本期	±%	本期	±%	本期	±%	本期	±%	本期	同期	本期	同期	
	合计	15955091	-2.3	15720111	14.4	1421479	17.8	929559	8.4	519165	60.4	591498	12.2	98.2	93.4	26.3	24.7	61.3
1	华泰集团	1049732	3.9	1385575	6.2	151624	1.7	94036	1.8	16217	306.8	69424	8.1	97.7	99.8	27.7	23.4	63.1
2	方圆金属	1222083	12.6	1235898	16.5	142471	136.9	60832	21.6	684	-21.1	0	0.0	98.7	98.6	0.2	0.4	59.3
3	利华益集团	1089330	-39.0	1092803	1.0	56919	-8.5	19118	-3.6	13037	-22.2	27251	51.6	100.3	60.6	10.7	12.4	58.8
4	万达集团	1095974	12.3	1061296	10.0	94589	22.4	76357	19.9	4059	13.0	57361	11.3	99.3	99.1	26.7	29.3	56.5
5	科达集团	1034198	10.1	1023959	9.9	81891	38.5	69763	40.5	28137	62.4	80312	-13.4	98.5	99.2	45.2	50.6	63.0
6	西水橡胶	999804	24.5	995871	37.6	140465	43.8	109283	29.5	53260	34.4	52060	-10.3	99.3	99.9	25.0	33.0	54.2
7	华星集团	956604	-45.9	934749	11.5	32251	46.9	15493	28.9	154544	202.1	14481	242.7	97.7	98.2	45.2	14.1	61.9
8	大海集团	826544	41.3	819178	50.3	136252	73.7	90082	54.2	13684	34.7	26055	-6.8	98.6	96.8	14.5	30.5	71.0
9	正和集团	817844	-39.6	818706	10.3	44596	-6.2	21573	-6.4	28701	-5.0	2670	67.9	100.1	99.2	17.8	24.1	64.4
10	胜利高原	751700	20.8	727870	20.2	69500	-3.1	63028	18.3	87612	148.3	91161	113.1	96.8	97.4	58.0	41.8	80.4
11	富海集团	772136	70.7	686685	45.8	11726	16.1	3121	292.6	2254	-78.8	1801	0.0	95.8	99.9	4.8	19.9	93.4
12	海科化工	569815	123.5	577422	128.6	36627	45.5	23845	54.8	1717	-77.6	2753	130.6	86.9	83.3	5.1	11.5	64.0
13	胜通集团	547094	5.0	535856	4.9	63752	-5.2	53494	-7.9	5025	-47.4	30068	2.8	97.9	98.0	23.2	28.1	48.8
14	垦利石化	517680	-36.9	520148	-21.4	14784	-47.0	2880	-59.5	1760	-49.8	569	/	100.6	81.5	1.7	3.4	81.0
15	东辰集团	513964	4.1	511627	4.2	63895	-12.9	49055	-17.3	8547	2650.9	19882	12.7	99.5	99.5	25.6	18.9	39.4

续表

序号	名称	工业总产值		产品销售收入		利税总额		利润总额		产成品存货		应收帐款		产销率%		两金占用比率%		资产负债率%
		本期	±%	本期	±%	本期	±%	本期	±%	本期	±%	本期	±%	本期	同期	本期	同期	
16	天信纺织	389799	125.5	386087	126.2	35584	52.6	29151	59.1	10860	-16.2	12450	13.6	98.0	98.6	23.8	32.9	56.6
17	石大科技	380091	-41.3	383243	-39.9	24713	-31.0	5596	-76.4	336	-97.4	20573	122.6	100.6	98.5	27.4	22.6	76.1
18	中海化工	337716	-0.4	353716	-1.2	15826	-63.3	5210	-82.7	13771	231.7	-7136	/	100.0	100.0	19.0	343.8	80.3
19	半球面粉	303936	46.7	290872	34.8	19275	555.5	1556	33.2	2289	240.6	9184	/	98.9	96.2	49.2	30.0	70.9
20	金岭集团	263544	9.3	262590	13.9	27031	-38.6	18587	-44.3	3923	67.2	913	461.4	98.0	97.1	10.2	7.5	57.5
21	胜动机械	288214	124.8	259856	126.9	38397	258.6	22781	199.7	6260	-35.6	35465	-26.8	100.7	92.2	2540.6	84.7	8.5
22	信义集团	250063	17.1	248689	18.6	24365	18.6	18966	16.2	5522	-3.0	5416	-2.0	95.7	96.1	10.2	12.9	54.1
23	金宇轮胎	230771	14.7	227258	11.4	20358	30.2	16169	65.0	13301	86.6	13620	61.6	98.5	101.5	29.0	17.9	72.5
24	永泰化工	202320	-9.6	202716	-11.4	27981	-30.9	26333	-21.1	11524	24.5	9529	15.4	94.7	100.5	31.0	27.8	53.7
25	华誉集团	159836	28.9	158238	29.1	8234	31.3	8016	59.7	8060	-9.7	1863	60.2	99.0	99.0	34.2	41.3	67.4
26	驰中集团	140666	-2.0	139812	-2.0	31762	22.1	25461	5.7	13423	793.8	6930	591.6	96.7	99.2	62.1	20.4	51.0
27	顺利化工	116841	26.0	106812	46.9	10632	45.1	6702	16.3	177	-12.1	723	25	100.0	100.0	32.4	27.6	22.9
28	胜辉木业	55046	-16.7	57046	-25.7	6945	-10.9	5134	-27.0	3383	119.3	1892	-86.0	100.0	100.0	94.6	34.8	9.6
29	华鹜植化	40386	45.3	41547	52.8	-1026	/	-1283	/	3784	-5.2	1742	9577.8	102.9	97.8	126.6	9.7	69.5
30	雅美纺织	31360	-21.6	30683	-15.5	429	-73.3	76	-87.9	3314	56.3	2487	-38.5	92.8	89.0	30.6	36.4	84.8

（李良）

石油化工业

【概况】 全市地方石油化工企业坚持科技兴企,加大环保投资,注重产品质量,走以炼化为主,多元经营之路,行业整体实力不断增强,形成利华益集团、垦利石化、正和集团、华星集团、海科公司、石大科技、富海石化、中海石化等一批大型企业集团。利华益集团增上制药、纺织、热电等项目;垦利石化增上建材、纺织、热电、酿酒等项目;海科化工集团增上碳酸二甲脂及生物制药等项目;正和集团增上化工原料、橡胶、塑编、热电、高档密度板等项目。这些企业成为跨行业多元化经营的综合型企业集团,非石化产业的经济总量占企业总量的30%以上,增强了企业抵御行业风险的能力。利华益集团、垦利石化、正和集团、石大科技、海科化工集团跻身全国化工行业百强企业。企业推行国际通行的各类认证体系,部分企业取得ISO9000质量、ISO14000环境、ISO18000职业健康体系、欧洲COS、美国FDA等体系认证。利华益集团、正和集团建有省级技术开发中心,垦利石化、华星集团、海科化工集团建有市级技术开发中心,石大科技公司所属石大科技研究院是国家级重点开放实验室,完成60多项国家、省部级重大科技攻关项目,多次获中科院科技进步奖等奖项。全市原油一次加工能力达1640万吨,其中规模最大的利华益集团一次原油加工能力达550万吨,是国内最大的地方炼化企业。石油化工业主要产品有汽油、柴油、液化气、石脑油、石油焦等,初步形成较完整的产业链。

2008年,全市地方规模以上石油化工企业达64户,实现销售收入739.7亿元,利税50.2亿元,利润28.9亿元,同比分别增长18.8%、12.8%、11.6%,分别占地方工业的24.9%、14.7%、12%。

【重点企业简介】 利华益集团:是以石油化工、制药为核心产业,纺织服装、进出口贸易等产业稳步发展,跨行业多元化经营的股份制大型企业集团;是中国工业企业1000大、中国企业500强、中国制造业500强、中国化工100强、全国大中型工业企业自主创新能力行业10强,山东省企业100强、山东省纳税百强企业。集团资产总额80亿元,由山东利津石油化工厂有限公司、山东凤凰制药股份有限公司、三阳纺织有限公司等10余家子公司组成,拥有商务部授予的燃料油自主进口权和成品油批发经营权。主要从事石油化工、制药、纺织、化纤、服装、丁醇、辛醇、热电、苯酐等产品的生产与经营。

经多年发展,利华益集团建成五大产业平台,即石化、制药、热电与服装纺织、消毒液与环保、对外投资,建有国家级企业技术中心。承担有国家科技重大专项、国家现代中药产业化示范项目、国家火炬计划项目、国家星火计划项目等科技创新项目,获得中国优秀企业、国家火炬计划重点高新技术企业、中国驰名商标、中国名牌品牌,山东省管理示范企业、管理创新十佳企业、企业文化建设创新成果奖、银行业最佳信贷诚信企业、著名商标、名牌产品等荣誉称号。

2008年,集团实现销售收入109.28亿元,利税5.69亿元。

正和集团:是全国化工100强、山东省工业企业100强、山东省200户重点企业集团之一,山东省第59户规范的企业集团。总资产30亿元,员工2018人。集团遵循国家产业政策,发展环境污染少、资源消耗低、经济效益高的产业,促进企业的快速健康发展。形成以正和集团股份有限公司为核心企业,拥有山东正和钢塑型材有限公司、东营正和木业有限公司、山东正和热电有限公司、广饶县化工原料厂等多个子公司、厂和1个省级技术研发中心,集精细化工、石油化工、绿色环保建材、热电联产于一体的大型股份制企业集团。主要生产装置有300万吨/年常减压、100万吨/年催化、100万吨/年DCC、100万吨/年联合加氢等。主导产品有车用清洁汽油、柴油、基础油,石油液化气、丙烯等六大系列上百种产品,各种产品执行并达到国家标准。

正和集团通过ISO9001质量管理体系认证、ISO14001环境管理体系认证和ISO10012计量检测体系认证。获得全国设备管理优秀单位、全国化工清洁文明工厂、山东省管理示范企业、山东省现场管理样板企业、山东省环境保护优秀企业等荣誉称号。

2008年,集团实现销售收入81.9亿元,利税4.5亿元,利润2.2亿元。

垦利石化有限责任公司:始建于1970年,资产30亿元,占地3800亩,注册资本5339万元。下辖垦利炼油厂,东营市宏远纺织有限公司、东营华德利玻璃棉制品有限公司、垦利惠能热电有限责任公司等公司,是一家以石油化工为主业,集石油加工、石油化工、纺织、建材、热电、酿酒、科研为一体的国家大型企业集团。有常减压蒸馏、催化裂化、延迟焦化、催化重整等化工配套装置及35万锭精梳纱纺织项目、2万吨/年离心玻璃棉生产线、3000吨/年传统酿酒、3万千瓦热电联产等项目。主要产品有汽油系列、柴油系列;石油液化气、石油焦等。

公司通过ISO9001-2000质量体系、ISO14001-2004环境管理体系和OHSMS18001-2001职业健康安全管理体系认证。获全国化工环境保护先进单位、山东省环境保护先进企业、国家石油化工百强企业等荣誉称号,跻身中国制造业500强、中国内地1000家最大工业企业之列。被评为山东省节能先进企业,进入全国石油石化千家能源单耗达到国内先进水平之列。

2008年,公司实现销售收入52亿元,利税1.5亿元,利润2880万元。

2008年全市石油化工业主要企业基本情况表

单位:万元

序号	名称	工业总产值		产品销售收入		利税总额		利润总额	
		本期	±%	本期	±%	本期	±%	本期	±%
1	利华益集团	1089330	-39.0	1092803	1.0	56919	-8.5	19118	-3.6
2	华星集团	956604	-45.9	934749	11.5	32251	46.9	15493	28.9
3	正和集团	817844	-39.6	818706	10.3	44596	-6.2	21573	-6.4
4	海科化工	569815	123.5	577422	128.6	36627	45.5	23845	55.0
5	垦利石化	517680	-36.9	520148	-21.4	14784	-47.0	2880	-59.5
6	石大科技	380091	-41.3	383243	-39.9	24713	-31.0	5596	-76.4

盐化工业

【概况】 市盐化工产业以烧碱、氯气、溴、镁、钾深加工产品为核心,主要集中在广饶县、东营区和市开发区。市滨海地区浅层卤水储量74亿立方米,东营区境内地下盐矿储量5900亿吨。金岭、华泰化工、海科胜利电化等盐化工企业逐步发展壮大。全市具备烧碱生产能力64.5万吨/年,并有溴化钾、溴化钠等无机溴化物以及盐化工后续产品,如氯丙烯、环氧氯丙烷、双氧水等生产装置。2008年,全行业实现主营业务收入61.9亿元,利税总额6.5亿元,利润总额4.6亿元。

【重点企业简介】 山东金岭集团公司:组建于1992年,是一家以基础化工为主导产业的国家大型企业。总资产40亿元,员工3000余人。坚持以市场为导向、以效益为中心,实施科技兴业,优化产品结构,拉长产业链条,发展循环经济,实现企业持续快速健康发展,是中国化工500强、中国石油和化工综合效益百强、行业纳税百强、全国工业重点行业效益十佳企业之一。

公司有225万吨/年烧碱、250万吨/年甲烷氯化物、100千吨/年环氧丙烷等装置。主导产品有烧碱、盐酸、二氯甲烷、氯仿、有机硅、苯胺、环氧丙烷、氯丙烯等。企业通过ISO9001质量管理体系认证、ISO14001国际环境管理体系认证、OHSAS18001国际职业健康安全管理体系认证,获国家级高新技术企业、中国优秀企业、中国AAA质量信誉企业、全国行业诚信经营示范单位、山东省守合同重信用企业等荣誉称号。

2008年,公司实现主营业务收入26.4亿元,利税2.7亿元,利润1.9亿元。

华泰化工集团:华泰集团的全资子公司,国家大型企业、东营市重点调度企业,是以盐化工为中心、精细化工、氯碱、热电相配套的综合性大型化工企业。资产20亿元,员工1800余人;下辖东营协发化工有限公司、东营市联成化工有限责任公司、东营华泰热力有限责任公司、东营华泰精细化工有限责任公司、东营华泰纸业化工有限公司5个子公司;产品包括离子膜烧碱、双氧水、氯丙烯、重质碳酸钙、环氧氯丙烷等五大系列二十多个品种,年产量45万吨,产品远销日本、韩国、阿根廷、印度、泰国等。拥有年生产20万吨烧碱、18万吨双氧水、5万吨氯丙烯装置,自备50兆瓦电厂。

公司通过三合一体系认证;获中国诚信经营企业、中国化工企业500强、山东省规范化管理先进企业、山东省现场管理样板示范企业、山东省循环经济示范企业等荣誉称号。

2008年,集团完成产值27.5亿元,实现利税2.83亿元,利润1.93亿元。

海科胜利电化有限公司:属山东海科化工集团有限公司控股的国家中型化工企业,始建于1995年7月,1997年4月建成投产。总资产3.0亿元,员工240人。公司采用山东省第一套国产化离子膜烧碱生产装置,主要生产30%、96%、99%片碱、液氯、高纯盐酸、硫酸钡、次氯酸钠等产品,实现DCS集中控制,自动化程度较高,具有能耗低、无污染、产品纯度高等特点,是国际上公认的一种带有方向性的先进的氯碱生产技术。生产能力为10万吨/年烧碱。

公司具有自营进出口权,通过安全标准化工作审核、ISO9001质量管理体系认证、OHSAS18001职业健康安全管理体系认证和德国专家负责的清洁生产验收。获省级守合同重信用企业、省质量管理优秀企业、省计量确认合格单位、市采用国际标准工作先进单位等荣誉称号。

精细化工业

【概况】 市精细化工业以生产油田化学品为主,其次是农药及医药中间体、涂料、化工新材料、功能高分子材料、表面活性剂、饲料、食品添加剂、造纸化学品、橡胶塑料助剂等,涉及企业200余家。代表性企业主要有万达集团、金岭集团、东辰集团、胜通公司等。石油化工、盐化工和海洋化工的快速发展,为全市精细化工的发展奠定了基础。2008年,全行业实现主营业务收入387.8亿元,同比增长40.3%,占地方工业比重13.1%;实现利税总额50.4亿元,同比增长33.4%,其中利润总额38.5亿元,同比增长33.2%。

【重点企业简介】 万达集团:国家大型企业集团。创建于1988年。资产60多亿元,占地300多万平方米,员工5000多人,涵盖机电、化工、轮胎、地产开发四大产业,拥有十亿工业园、万达高科技工业园和东营市开发区万达高科技工业园3大工业园区。万达机电连续4年蝉联中国电线电缆行业排头兵企业第二位,是国内产销率第一的探测电缆生产企业,潜油泵电缆、电磁线产销率位居国内前三位。电线电缆产能增至1.68万公里。万达化工是国内重要的油用化学品生产基地,是国内产销量最大的MBS、二胺生产企业,成为中国油田用聚丙烯酰胺"五强企业",MBS生产规模5万吨,成为亚洲最大、世界第三大MBS生产商。

企业拥有博士后科研工作站、省级企业技术中心和四大研究所,2008年10月公司技术中心晋升为国家级企业技术中心。建有市轮胎行业唯一的保税仓库。万全商标为中国驰名商标,万全牌聚丙烯酰胺为中国名牌产品,万全牌电动潜油泵引接电缆、MBS塑料抗冲剂、双向拉伸聚酰亚胺薄膜等6种产品为山东名牌产品,万达宝通BOTO品牌为山东省重点培育和发展的出口名牌。企业获全国"五一"劳动奖状、国家重点高新技术企业、中国大型工业企业500强、中国大集团竞争力500强等荣誉称号。

2008年,公司实现主营业务收入106.1亿元,利税9.5亿元,利润7.6亿元。

胜通集团股份有限公司:创建于1997年,是国家级高新技术企业,银行信誉特级(AAA)企业,是一个集精细化工、石油化工、新型材料等新产品开发、技术研究为一体的股份制企业。总资产24亿元,占地140万平方米,员工2300人,下设9个子公司。主要产品有子午线轮胎用钢帘线、高稳定性层状结晶二硅酸钠、油田化学品等。

公司拥有外贸自营权,2001年通过ISO9001-2000国际质量体系认证。有省级星火计划项目8项、国家火炬计划项目5项。获中国CI企业形象优秀单位、全国乡镇企业创名牌重点企业、中国质量服务诚信企业AAA级、中国专利企业等荣誉称号。

2008年,公司实现主营业务收入53.6亿元,利税6.4亿元,利润5.3亿元。

东辰集团有限公司:成立于1994年,是以化工、机电、房地产开发为主导产业的国家免冠行政区划企业、科技部重点高新技术企业。涵盖绿色能源、国际贸易、建筑安装、物流运输等产业,资产27亿元,占地3300多亩,控股东辰生物工程股份有限公司、东辰节能电力设备有限公司、东辰(集团)化工有限公司、巴州东辰有限公司等12个子公司。

公司在全市率先创建产学研结合模式，承担多项国家级开发项目和省、市级科技攻关计划项目。其中，填补国内空白的1个，达到国际先进水平的4个。2008年6月设立博士后科研工作站。在新疆巴州投资建设甲醇项目和溶剂油项目。甲醇项目是山东省民营企业在新疆投资建设的最大工业项目，是新疆地区最大的甲醇生产基地。研发生产新戊二醇、透明质酸、电力变压器、低压开关柜等50多个系列300余种高科技产品。形成以东营为中心，辐射全国的一体化销售网络。其中，透明质酸产品的国内市场占有率49%，新戊二醇39%，透明质酸、新戊二醇、电力变压器等高科技产品远销海外。

公司有多项国家发明专利；有6种产品列入科技部国家重点新产品计划；有3件山东省著名商标；有4个山东省名牌产品。企业通过ISO9001质量体系、ISO14001环境管理体系、OHSAS18001职业健康安全管理体系等认证。获中国制造业企业500强、中国企业集团竞争力500强、中国最大1000家企业集团、国家守合同重信用企业、中国石油和化工双百强企业等荣誉称号。

2008年，公司实现产值51.4亿元，利税6.4亿元。

2008年全市精细化工业主要企业基本情况表

单位：万元

序号	名称	工业总产值		产品销售收入		利税总额		利润总额	
		本期	±%	本期	±%	本期	±%	本期	±%
1	万达集团	1095974	12.3	1061296	10.0	94589	22.4	76357	19.9
2	胜通集团	547094	5.0	535856	4.9	63752	-5.2	53494	-7.9
3	东辰集团	513964	4.1	511627	4.2	63895	-12.9	49055	-17.3

橡胶轮胎业

【概况】 市橡胶轮胎产业主要以生产轮胎企业和生产相关配套产品的企业构成。2008年全市橡胶轮胎业规模以上企业有34家，代表性企业有西水橡胶集团、万达宝通轮胎有限公司、永泰化工、金宇集团、永盛橡胶等。生产相关配套产品的企业有金泰集团、山东天轮、胜通钢帘线、大海集团等。企业经营机制灵活，适应市场的能力较强，银行信用等级均在AA级以上。主要产品有汽车载重轮胎、轻卡轮胎、农用车轮胎、摩托车轮胎、拖拉机轮胎和钢丝帘线、帘子布、炭黑、橡胶助剂、轮胎模具、胶囊等。至年底，全市轮胎总生产能力3000万条，其中子午胎2640万条；生产轮胎外胎3419万条，其中子午胎1274万条。全行业实现主营业务收入194.8亿元，同比增长31.4%，占地方工业比重的6.6%，利税总额24.3亿元，同比增长34.4%，其中利润总额19.9亿元，同比增长34.6%。全年橡胶轮胎出口7.7亿美元，占全市出口总额的39%。

【重点企业简介】 山东西水橡胶集团有限公司：是国家大型村企合一的民营股份制企业，资产50亿元，辖5个产业集团，形成以生产全钢载重子午胎、子午工程胎、钢丝帘线为主，热电、炭黑、轮胎胶囊、车轮为辅的产业集群。载重子午胎产能400万套，工程子午胎3万套。

西水集团形成的“群众凑钱、能人办厂、风险共担，利益均享”的独特发展模式，被誉为“西水模式”。建有同行业一流水平的技术开发中心。农用车轮胎成为时风、巨力、双力、五征等农用车生产厂家的定点配套产品。在全国建立130多个轮胎销售网点，产品远销马来西亚、孟加拉国、黎巴嫩、也门、香港等地。获全国创建文明村镇工作先进单位、山东省先进民营企业、省级文明单位等荣誉称号。

2008年，公司实现销售收入99.6亿元，利税14亿元，利润10.9亿元，同比分别增长37.6%、43.8%和29.5%。

山东金宇轮胎有限公司：是一家专业的汽车轮胎产品研发制造企业，始建于1995年。资产24亿元，有先进的轮胎生产、检测设备和省级技术中心，建立了完善的质量保证体系，所产轮胎质量稳定、性能优越。有年产全钢载重子午线轮胎240万条、工程子午胎2万条的生产能力，向国内28个省区及国外60多个国家提供金宇、金路等系列品牌轮胎。

公司产品通过国家强制性

CCC 产品认证、ISO9001 国际质量体系认证、美国交通部 DOT 认证、欧洲经济委员会 ECE 认证等。产品为山东省名牌产品，金路商标为山东省著名商标。获国家守合同重信用企业、国家信息化 500 强企业、中国石油和化工企业行业出口前百家企业、省橡胶行业 50 强企业等荣誉称号。

2008 年，公司实现主营业务收入 22.7 亿元，利税 2 亿元，利润 1.6 亿元。

山东永泰化工集团有限公司：是以子午胎生产为主导产业，集热电联产、生物制药、科研工贸于一体的大型企业。资产 15 亿元，占地 40 万平方米，员工 2500 人。年生产全钢子午胎 90 万条，半钢子午胎 600 万条，供电 1.8 亿千瓦时。

公司成立现代化的质量检测中心、独立的科研开发机构和信息中心，有进出口自营权，通过 ISO9001-2000 国际质量体系认证，产品通过中国强制性产品（CCC）认证及欧洲 ECE 认证和 DOT 认证，产品畅销全国 20 多个省市及欧洲、东南亚、中东、南美等地，是山东省质量服务诚信 AAA 级企业、山东省农业银行 AAA 级企业和公开授信黄金客户、山东省高新技术企业、山东名牌和山东省著名商标。

2008 年，集团实现主营业务收入 20.3 亿元，利税 2.8 亿元，利润 2.6 亿元。

2008 年全市橡胶轮胎业主要企业基本情况表

单位：万元

序号	名称	工业总产值		产品销售收入		利税总额		利润总额	
		本期	±%	本期	±%	本期	±%	本期	±%
1	西水集团	999804	24.5	995871	37.6	140465	43.8	109283	29.5
2	金宇轮胎	230771	14.7	227258	11.4	20358	30.2	16169	65.0
3	永泰化工	202320	-9.6	202716	-11.4	27981	-30.9	26333	-21.1

机械制造业

【概况】 市机械制造业主要由石油装备制造、汽车配件、电子三大产业组成。形成以胜动集团、高原公司、科瑞公司、孚瑞特公司、信义集团、科英激光电子有限公司等企业为龙头的机械电子产业。主要产品有内燃机、金属铸件、抽油杆、抽油泵、石油钻机、刹车盘、刹车片、激光头等。2008 年，全行业实现主营业务收入 541.8 亿元，同比增长 39.4%，占地方工业的 18.3%；利税总额 69.9 亿元，同比增长 39.1%，其中利润总额 54 亿元，同比增长 43.8%。全年石油装备完成出口 5.4 亿美元，占全市外贸出口的 27.4%。

【重点企业简介】 胜利油田高原公司：创建于 1992 年 7 月，为 2005 年 1 月油田改制企业。资产 35 亿元，占地 2000 多亩，有 8 个工业园，20 个分、子公司，员工 2400 多人。

企业主要生产并提供钻井机械、采油机械、油气输送、化工、油田工程等五大类十八个系列产品和服务，是国内最大的石油装备制造企业。产品主要销往胜利、大庆、大港、长庆等国内油田，远销美国、加拿大、阿根廷等 15 个国家和地区。生产的连续式抽油杆获国家科技型中小企业创新基金；井下驱动螺杆泵为国家重点新产品；多项产品获国家专利；胜利油田在公司设立机械博士后工作站。企业通过美国 ISO9001：2000 和美国石油学会 API SpecQ1 质量体系认证，抽油泵、钻杆、套管 3 种产品获 API 会标使用许可证。钢质连续抽油杆、电潜螺杆泵填补国内空白，皮带抽油机、双头螺杆泵达到国际先进水平，轨道钻机、特殊螺纹套管、螺杆钻具等达到国内领先水平，连续式抽油杆、皮带式抽油机和电潜螺杆泵达到世界领先水平，智能抽油机列为省重大科技专项。钻机、抽油机产能国内第一，潜油泵国内第二，皮带抽油机、连续抽油杆国内独家生产。套管等 15 项产品获 API、5CT、5D 等八项产品认证证书，公司成为中国在 API 注册认证最多的企业。

2008 年，公司实现主营业务收入 72.8 亿元，利税 7 亿元，利润 6.3 亿元。

信义集团公司：是专门从事摩擦材料及产品研发、生产和销售的集体企业，是国内汽车制动系统产品生产规模最大的企业之一，国家重点高新技术企业，国家汽车及零部件出口基地企业，

2007年度中国大企业集团竞争力500强企业，中国汽车零部件百强企业，山东省200家重点工业大企业集团，山东省汽车工业重点企业，省级认定的技术中心、工程技术研究中心企业。

公司主导产品为刹车盘、制动片及制动器总成。形成轿、微、轻、客、中、重型汽车等六大系列国内主流车型主机配套和国外OEM产品的工业生产体系，占国内主机配套市场份额达60%以上，名列国内同行业第一。

2008年，公司实现销售收入24.9亿元，利税2.4亿元，利润1.9亿元。

胜动集团：占地面积40万平方米，员工2100人。设5个主要生产厂，4个控股子公司，2个相对控股子公司。拥有国内一流的加工中心、数控机床、热处理设备、内燃机检测试验系统等设备，年生产检测设备700多台。主要业务为燃气发电机、柴油机制造、石油工程机械的制造与修理，已形成年30万千瓦、6亿元的生产能力。燃气发电业务达到年装机10万千瓦、年发电6亿千瓦时的规模。燃气发电机销往全国29个省市地区。

集团1996年通过ISO9001国际质量体系认证，生产的燃气机产品获国家科技进步奖，2次获国家质量管理奖。有20多项国家专利。

2008年，集团实现主营业务收入26亿元，利税3.8亿元，利润2.3亿元。

2008年全市机械制造业主要企业基本情况表

单位：万元

序号	名称	工业总产值		产品销售收入		利税总额		利润总额	
		本期	±%	本期	±%	本期	±%	本期	±%
1	高原公司	751700	20.8	727870	20.2	69500	-3.1	63028	18.3
2	信义汽配	250063	17.1	248689	18.6	24365	18.6	18966	16.2
3	胜动集团	288214	124.8	259856	126.9	38397	258.6	22781	199.7

纺织服装业

【概况】 纺织工业是市工业发展和出口创汇的传统支柱产业，主要形成2条产业链，一是以纱、布、印染布、床单、床罩、抽纱、工艺品等为主的产业链；二是以精梳纱、高档面料、服装为主的产业链，以大海、天信、三阳、雅美、宏远等企业为主体的产业链条逐步延伸。全市棉纺生产能力达200万纱锭。其中大海、天信、三阳均达到或超过30万纱锭。2008年，生产纱58万吨，布38525万米、印染布47252万米、非制造布66422吨，实现销售收入294亿元，增长58.4%，占地方工业的9.9%；利税总额42.6亿元，增长89.4%，利润总额32.5亿元，增长94.7%。纱线、坯布、服装、桌布、床上用品、地毯、装饰靠垫等10多类50多个品种产品出口香港、韩国、南非、德国、巴拿马等地，全年纺织服装出口额10995万美元。

【重点企业简介】 东营市天信纺织有限公司：始建于1986年，为集纺纱、织布、家纺加工、棉花加工、进出口贸易于一体的发展型企业。占地500余亩，拥有30万枚环锭纺，3000头气流纺，400台宽幅喷气织机（210台进口）、20000锭合线生产线、2条丝光棉生产线、年产标准4件套100万套床品的生产规模。

公司自1996年拥有自营进出口权和两纱两布进出口权，1998年建立企业自备保税仓库，2002年被海关总署批准为AA类进出口企业，2006年被青岛海关授予诚信企业。通过ISO9001质量管理、ISO14001环境质量和OHSAS18000职业建康安全一体化体系认证。“天信牌”高支高密纯棉坯布为中国名牌产品和中国驰名商标，棉本色纱为国家免检产品，精梳系列纱线为山东省名牌产品，涤粘中长仿毛面料列入国家创新项目，涤粘中长高支纱线列入省创新项目，棉、真丝大提花坯布获国家优质创新奖，皮马棉100支缎纹坯布获国家优秀设计奖。企业获全国棉纺色织行业50强、出口创汇百强、最具竞争力20强企业、山东省管理示范企业等荣誉称号。

2008年，公司实现主营业务收入38.6亿元，利税3.6亿元，利润2.9亿元。

大海集团：始建于1988年，资产36亿元，职工5000余人，占地3000亩，是一个集纺织、印染、棉花加工、铝粉、铝银浆、房地产开发、进出口贸易、产学研相结合的国家大型企业集团。下辖17个子(分)公司，包括印染、纺织、化纤3个工业园区，1个高新技术园区，进出口公司拥有自营进出口权和自备型保税仓库。

企业通过ISO9000国际质量管理体系认证、ISO14001环境管理体系认证。主要生产各类纯棉纱线、坯布、印花布、染色布、床上用品、服装等十大类近千个品种；年生产棉纱30000吨、坯布2000万米、印花布1亿米、染色布2500万米、床上用品1500万套、高档服装面料5000万米。"大海"牌系列产品为山东省著名商标和山东省名牌产品。产品销往美国、日本、韩国等30多个国家和地区。

2008年，集团实现销售收入81.9亿元，利税13.6亿元，利润9亿元。

三阳纺织有限公司：是集棉花加工、纺纱、倍捻、织布、服装、国际贸易等于一体的大型纺织集团。注册资本1亿元，员工3900余人。辖山东三阳天丰纺织有限公司、山东三阳恒丰线业有限公司、东营三阳优世富服装有限公司、三阳纺织(香港)有限公司等4家子公司，设立上海营销中心、洛杉矶办事处等分支机构，形成集中贸易管理、一大营销中心、四大外贸支柱、十大内贸基点的营销网络系统。

公司有2万吨皮棉加工、36万锭精纺、5000头气流纺、200台苏拉倍捻、500台喷气织机和500台套服装加工的生产能力。主要生产高支精纺和高档面料等系列产品，销往国内及欧美、亚非等30多个国家和地区。

公司通过ISO9001:2000、ISO14001:2004和OHSAS28001-2001三大管理体系认证。高支精梳纱线为中国名优产品。"三旸"牌精梳纱线为中国名牌和国家免检产品。获山东省重合同守信用企业、省设备管理先进企业、山东省制造业信息化示范企业等荣誉称号。

2008年，公司实现销售收入14亿元，利税4030万元，利润1263万元。

2008年全市纺织服装业主要企业基本情况表

单位:万元

序号	名称	工业总产值		产品销售收入		利税总额		利润总额	
		本期	±%	本期	±%	本期	±%	本期	±%
1	天信集团	389799	125.5	386087	126.2	35584	52.6	29151	59.1
2	大海集团	826544	41.3	819178	50.3	136252	73.7	90082	54.2

造纸及林木加工业

【概况】 造纸业是全市的优势产业。2008年，全市有规模以上造纸企业5家，实现主营业务收入110.5亿元，增长1.4%；利润总额9.5亿元，增长0.6%；利税15.5亿元，增长2.2%；纸及纸板生产能力180万吨。华泰集团是市造纸行业的典型，2008年，华泰集团机制纸及纸板产量152.9万吨，同比增长3.6%；华泰新闻纸生产能力达120万吨，成为全球最大的新闻纸生产基地。华泰集团入围山东造纸行业"十强企业"，并进入中国企业500强。

【重点企业简介】 华泰集团：是集造纸、化工、印刷、热电、林业、物流运输、商贸服务于一体的全国500强企业，全球最大的新闻纸生产基地。总资产150亿元，员工1万余人。年生产机制纸能力180万吨，化工及造纸助剂100万吨，年承接印刷能力50万色令，日印刷800万对开张。

企业建有国家级企业技术中心、国家级实验室、行业首家博士后科研工作站、泰山学者岗四大科研平台。研发出"超低定量新闻纸"等8个国家级新产品；"废纸生产低定量高级彩印新闻纸"等技术成果获国家科技进步二等奖。投资80亿元，引进4条国际一流的高档新闻纸生产线，新闻纸年生产能力120万吨，占全国市场总额的1/3，成为全球最大的新闻纸生产基地。产品填补国内高档新闻纸的空白，结束了中国高档新闻纸依赖进口的历史，并远销美国、英国、德国、东盟等地。国家统计局发布的首届全国大企业集团竞争力500强排名第3位，全省纳税百强企业排名第29位，上市公司行业综合排名第1位。获全国守合同重信用企业全国五一劳动奖状、全国质量管理先进企业等荣誉称号，并获行业第一个中国驰名商标、行业标志性品牌、中国新闻纸市场用户满意首选第一品牌等10多个“第一”。

华泰集团投资22.8亿元的年产40万吨高档彩色胶印新闻纸生产线、与世界500强斯道拉·恩索集团合作建设的年产20万吨SC纸项目均正式投产运营。

2008年，集团实现主营业务收入138.6亿元，利税15亿元，利润9.4亿元。

食品加工业

【概况】 食品加工业是全市具有发展前景的主导产业，形成5条产业链。即以畜禽加工品为核心的畜禽产品加工产业链，代表企业有华誉集团、驰中集团；以蔬菜制成品为核心的绿色食品加工产业链，代表企业有凯银集团；以大豆分离蛋白为核心的大豆产品深加工产业链，代表企业有万德福植物蛋白有限公司；以冬枣及制成品为核心的果品深加工产业链，代表企业有冬映红枣业有限公司；以小麦粉和食用植物油为核心产品的粮油加工产业链，代表企业有半球面粉有限公司、利津振利油料有限公司、家佳祥食用油有限公司。2008年，食品加工业实现主营业务收入197.5亿元，同比增长32.8%，占地方工业的6.7%；利税总额25.1亿元，同比增长75%，其中利润总额16.4亿元，同比增长63.9%。全年农副产品出口额3722万美元。

【重点企业简介】 山东华誉集团：集种禽繁育、鸡苗孵化、肉鸡饲养、蔬菜生产、饲料生产、肉鸡加工出口贸易于一体的综合性企业集团。资产5亿元，职工3000人，辖5个公司、20个分场(厂)。年进出口贸易额2600万美元，年实现产值12亿元。基地辐射周边4个市、8个县区、39个乡镇，带动养殖从业人员3500户，年出栏肉鸡3500万只。带动周边良种猪养殖量1万头，蔬菜种植面积1万多亩，饲料转化粮食(大豆、玉米)种植面积15万亩。

集团建立SQF2000CM国际食品质量安全保障体系，实现肉鸡产品从餐桌到生产场的可追溯。集团检测中心对肉鸡的疫病、食品的微生物、药残等进行严密化验检测，年检测样品3万多个，检测能力达到50多个国家、省市和地区的检测要求。集团是全国4家南非注册企业之一、全国35家对日热加工注册企业之一、5家对韩热加工注册企业之一、7家对韩冻鸡加工注册企业之一，为肯德基的配销17个省市提供鸡肉原料。产品畅销国内22个省市，出口日本、韩国等20多个国家和地区。华誉产品为山东省名牌产品，华誉商标为山东省著名商标。企业获山东省农业产业化重点龙头企业、省文明诚信百佳企业、山东省肉类食品行业30强等荣誉称号。

2008年，集团实现主营业务收入15.8亿元，利税8234万元，利润8016万元。

山东驰中集团有限公司：“山东老字号”企业。成立于1998年，注册资本6080万元，是集蔬菜种植及精细深加工、肉类食品综合加工、货物及技术贸易进出口为一体的农业产业化国家重点龙头企业。主导产品有速冻、保鲜、冻干、调理蔬菜等出口蔬菜系列产品，VF果蔬脆片系列产品。驰中牌肴驴肉、烧牛肉等肉类系列产品。产品销往全国各地及欧美、日本、韩国、东南亚等国家和地区。

公司获国家专利22项，其中发明专利8项。承担有12项科研项目，实施的冻干果蔬、调理蔬菜深加工产业化项目被列入国家级星火计划项目，承担的《FD(冻干)食品生产技术研究与开发》项目取得省级科技成果鉴定证书。公司建立山东省蔬菜深加工工程技术研究中心、保护地栽培蔬菜研发中心；实施的“有机蔬菜产业化推广”项目列入山东省星火计划项目。企业通过ISO9001、ISO14001、ISO22000等认证，“驰中”商标为中国驰名商标，“驰中”牌肴驴肉、“驰中”果蔬脆片为山东名牌，“驰中”牌青刀豆、草莓为山东名牌农产品。

2008年，公司实现主营业务收入14亿元，利税3.2亿元，利润2.5亿元。

山东半球集团：省农业产业化重点龙头企业。始建于1956年，总资产1.2亿元，员工600余人。公司面粉年加工能力50万吨；面条年加工能力4万吨；塑编生产车间年加工能力1500万条；面包糠生产车间年加工能力5000吨。

公司装备工艺属国内领先水平。企业通过ISO9001、ISO14000、HACCP食品安全卫生管理体系“三合一”综合认证；获准使用计量保证能力合格标志(C标志)。“半球”牌为省著名商标，其系列面粉连续8年为山东省名牌产品，获全国首批“放心面”称号，产销量连续7年居全省同行业首位，产品畅销全国23个省市。公司获全国文明经营先进单位称号，并保持山东省粮办工业“十强”、全国面粉加工“十大”企业称号。

2008年,公司实现主营业务收入29.1亿元,利税1.9亿元,利润1556万元。

2008年全市食品加工业主要企业基本情况表

单位:万元

序号	名称	工业总产值		产品销售收入		利税总额		利润总额	
		本期	±%	本期	±%	本期	±%	本期	±%
1	华誉集团	159836	28.9	158238	29.1	8234	31.3	8016	59.7
2	驰中集团	140666	-2.0	139812	-2.0	31762	22.1	25461	5.7
3	半球面粉	303936	46.7	290872	34.8	19275	555.5	1556	33.2

（李　良）

原盐生产及盐务执法

【概况】 2008年,全市盐业生产原盐125.2万吨，完成年计划的104.3%;销售原盐110.5万吨。原盐产、销量同比分别增长21.18%、21.29%。生产溴素2890吨，氯化镁4000吨。生产食盐49656吨,同比增长34.97%。全市盐行业累计实现现价工业总产值3.29亿元,实现现价销售产值3.15亿元，比上年同期分别增长52.44%和54.45%。市、县区批发企业实现商品销售收入2.7亿元，实现利税总额2784万元,比上年同期分别增长61.82%和48.32%。

【行业管理】 市府办下发《关于进一步加强盐业管理的通知》,为依法保护和合理开发利用盐资源、加强盐业运输和销售管理及严厉打击涉盐违法犯罪活动提供政策支持。市盐务局制定《全市制盐工业结构调整实施意见》,印发《关于进一步加强原盐质量管理的通知》,组织县区盐务局和重点制盐企业到昌邑、莱州等市参观原盐生产，在广饶县盐化工业集团总公司召开生产现场会。在春季、秋季生产旺季,市盐务局每月对原盐生产情况进行全面检查，及时通报检查情况，提高了制盐企业的质量意识。

培植新经济增长点，海产养殖工作见成效。东营盐业公司投资的寒亭央子养殖基地的半滑舌鳎长势良好,投资利润率达40%以上。东营盐业公司与烟台市盐务公司合作，在福建省章浦海区进行北参南养试验，海参长势良好。市晶化公司销售原盐3.6万吨，实现销售收入1233万元,上缴税金106.97万元,实现利润75万余元。

【食盐专营】 *加强宣传*。在“3.15”消费者权益日宣传活动，全市设宣传咨询台5个，出动宣传车17辆次,宣传人员78人次，接待咨询群众3.2万人次，发放宣传材料3万余份。与市卫生局下发《关于开展第十五届防治碘缺乏病日活动的通知》,出动宣传彩车34辆，执法、专营人员176人次,印发宣传材料8.8万份,设咨询台13处,接受咨询人数1万余人。

严格计划管理。把计划执行的考核由季度考核改为月考核、季通报，将各县区公司季度购进食盐情况用文件通报，并抄送县区政府。组织召开4次食盐专营工作调度会,以落实食盐计划。加强调查研究,3月组织对全市碘盐普及情况进行专项调查，宣传普及碘盐的政策、法规和知识,了解碘盐普及情况和网络建设情况。

保障食盐安全。5月26日，下发《关于确保食盐市场供应和食盐安全的通知》,重点对抗震救灾期间和奥运会期间的食盐供应和安全保障工作进行部署。6月10~12日，市盐务局对食盐批发企业及广饶精制盐厂的食盐安全工作进行专项检查，提高了食盐安全水平。2008年,全市共购进食盐10859吨,其中,小包装食盐7033.3吨,同比分别增加764吨、232吨。分别完成年计划的110.81%和111.64%。

【盐政执法】 3月3~8日，举办全市第八次盐政执法人员培训班,43人参加培训。推进盐政执法规范化建设,防止公路“三乱”发生。9月9日,在利津举行全市盐业系统治理公路“三乱”快速反应机制演练。

开展集中整治活动。元旦、春节期间，开展为期3个月的食盐市场整治。出动执法人员1720人次，查处盐业违法案件64起，没收私盐44.16吨，罚款43190元。与市整规办、质监局、公安局联合下发《关于开展全市盐业市场秩序专项整治活动的通知》。6月15日起，开展为期2个月的优化盐业市场经济秩序活动，出动盐政执法人员2708人次，查处盐业违法案件371起，查没私盐206吨。10月20~25日，开展全市秋季盐业市场集中整治专项行动。出动执法车辆40余辆次，执法人员150余人次，查处盐业违法案件36起，查获私盐11.58吨，罚款17260元。10月制定《东营市盐务局食盐安全整治工作方案》，整治工作自11月1日开始，2009年2月结束。

加强盐政执法工作调度与监督检查。召开4次全市盐政执法工作调度会，确保盐政执法工作的正常开展。每季度对县区盐政执法工作进行监督检查，发现问题立即纠正。2008年，全市共查处涉盐违法案件1084起，没收私盐427.21吨，卤水3092方，端掉私盐窝点8个，罚款60.59万元。

【重点企业简介】 东营市春兴盐化有限公司：位于河口区，拥有年产原盐20万吨、溴素750吨生产能力。2008年，公司生产原盐13万吨、溴素480吨，实现工业总产值2840万元。被评为2008年度全省盐业系统先进企业。

东营市海宏盐化有限公司：位于垦利县，拥有年产原盐18万吨、溴素700吨生产能力。2008年，公司生产原盐10万吨、溴素360吨，实现工业总产值1862万元。被评为2008年度全省盐业系统先进企业。 （吴树生）

黄河三角洲高效生态经济的产业体系

黄河三角洲高效生态经济在产业选择上，坚持生态和谐、高效增长、协调发展的特色，着力构建现代产业体系，努力建成我国重要的先进制造业基地、精细化工基地、区域性交通枢纽、现代物流中心和休闲度假观光胜地，成为山东重要的经济增长极、全国最具活力的高效生态经济示范区。

具体到东营，以“四区一城”为主要载体，重点培育建设八大产业基地，搭建具有黄河三角洲高效生态经济鲜明特色的产业体系。一是发挥资源优势，重点发展生态畜牧业、生态渔业和特色园区，着力培育设施农业、节水农业和休闲观光农业，建设生态高效农业基地；二是以“三网”绿化和沿海防护林带等重点工程为抓手，全面推进林业生态体系、产业体系和生态文化体系建设，建设生态林示范基地；三是强化油气资源开采，依托胜利油田和近海海洋石油开发生产，建设国家石油能源基地；四是大力发展石化产业、盐化工业、精细化工业，延伸产业链条，建设现代化学工业精细化工基地；五是发展石油装备制造业，建设石油装备制造业基地；六是加大新能源利用力度，进一步开发风能、太阳能、地热及生物质能发电，建设新能源基地；七是发展先进制造业、高新技术产业和高端服务业，建设高端产业基地；八是以黄河口生态旅游区为核心，开发、整合黄河三角洲生态、历史、工业发展等旅游资源，建设生态休闲度假基地。

交通 邮政 电力

- 荣乌高速公路东营段全线贯通
- 全市县道综合好路率达 91%，乡道综合好路率达 80%
- 东营汽车总站正式投入运营
- 东营供电公司实现连续安全生产 6307 天，安全生产记录保持全国同类型供电企业第一位

交 通

【概况】“三路两港一场”重点交通工程建设。2008年,荣乌高速公路广饶段工程在全省率先达到通车条件,9月28日省内全线竣工通车。黄大铁路黄河特大桥举行开工仪式,黄大铁路正式开工建设,计划3年内建成通车。德龙烟铁路线路走向和东营新火车站选址方案基本确定,计划2009年开工建设德州至大家洼段。东营港扩建工程完成投资14亿元,2×3万吨级散杂货码头工程完工,7020米的引桥工程全线贯通。2×5万吨级液体化工码头通过省发改委核准立项,工程可行性研究报告编制已完成。东营市与中海油总公司签署合作建设东营港协议,启动2×5万吨级和2×5千吨级液体化工码头、陆域堆场和罐区等工程可行性研究报告的编制。编制完成广利港总体规划修改稿,编制工程可行性研究报告。东营机场老跑道沥青混凝土盖被工程和新跑道加长工程完工,新建滑行道、滑行道加厚以及助航灯光、站坪消防、通导工程等完成施工计划,新航站楼桩基工程施工图设计、招标等前期工作全部完成。交通运输调度管理中心内外装修工程基本完工。环渤海高等级公路东营机场至生态旅游区段建设前期工作进展顺利。

交通基础设施建设。全市新改建农村公路611公里,是年初市政府计划的359%,完成投资2.6亿元;新增通油路行政村10个,复通村120余个,直接受益3万余人。改造农村公路桥梁37座,完成投资5555万元。农村公路绿化645.4公里,植树314.15万株,完成土方2359.3万立方米,完成计划任务的127%。探索农村公路建设和养护管理的长效机制,出台《农村公路管理养护办法》《农村公路建设管理办法》《农村公路检查考评办法》,对农村公路实行统一领导、分级管理,建立以县乡两级政府为主的管理养护体制,农村公路管理由部门行为改为政府行为。2008年全市县道综合好路率达91%,乡道综合好路率达80%,分别比上年提高2%和1%。全市实现万人占有公路43.5公里,通村率99.2%,两项指标均为全省第一名。东营市连年被评为全省农村公路养护先进市。加快“四位一体”运输站所建设进度,陈官乡、永安镇、董集乡等6个“四位一体”乡镇交管所建成并投入使用,北岭乡、盐窝镇、龙居乡等6个乡镇客运站建设改造工作进展顺利。

行业管理。加强道路运输市场监管,制定《东营市出租车服务质量信誉考核暂行办法》,实施出租车服务质量信誉考核,实现定性考核向定量考核的转变。率先在出租车行业内实现出租车服务质量信誉考核IC卡记分管理,规范出租车经营行为,提高了车辆运营档次和服务水平。在东营至广饶客运线路开展改革试点,成立客运法人公司,实行公司化管理。在全市线路班车、公交车、出租车推行信誉考核办法,将考核得分与经营期限、经营资质挂钩,提高了客运车辆和从业人员的服务意识。开展运输市场秩序集中整治活动,采取多种方式查处违法违章经营行为,全年共查处超员客车29辆,分流旅客62人次;查处超限超载的货运车辆754辆,卸货2000余吨;查处非法载客的“黑的”271辆,“黑摩的”15辆,电动三轮车59辆,维护了良好的交通运输市场秩序。公交行业投资2100余万购置的67辆新式公交车全部投入营运,30辆中型班线客车投入东营至广饶线路。新开辟3条公交线路,开通黄河入海口旅游专线车,购买7部豪华巴士,在101线路开通“观光巴士”。东营汽车总站设立“东营市游客集散中心”,为东营市旅游业发展和创建全国优秀旅游城市提供支持。

支援汶川地震灾区救灾物资运送保障工作。投入货运汽车152辆,客车7辆,组织运送救灾物资8批次,运输板房1342套,帐篷204顶,彩条布30000平方米,完成救灾物资运输任务。奥运会前完成青岛浒苔抢运任务,组织工作人员52人,自卸车20辆,装载机2辆,清运浒苔6000余吨。市交通局被省浒苔抢险指挥部授予“青岛浒苔抢险铁军称号”。 (薄纯贞)

【荣乌高速公路东营段全线贯通】荣乌高速公路项目在东营市境内全长96.3公里,其中与东青高速公路、东营大桥重合60公里,需新建36.3公里,主要集中在广饶县、利津县境内。其中广饶段长13.63公里,利津段长22.67公里,设计标准为双向四车道,路基宽度为28米,全线桥涵设计荷载采用公路–I级。2008年,市公路局根据市委、市政府构建大交通格局的战略部署,把加快荣乌高速公路建设作为一项重大任务,科学调度,精心组织,确保工程按期完工。7月10日达到交工通车条件,9月28日竣工通车。

至此，荣乌高速公路在东营境内全线贯通。

【“路网”改建工程】 2008年，市公路局负责的四项路网改建工程全部竣工通车。一是博新路面粉厂至永青路口路面翻修工程，全长24公里，采用平原微丘区一级公路建设标准，路基宽度23.5米，行车道宽度22米，投资9000万元。二是东滨路利津西北绕城大中桥路面工程，全长13.5公里，采用平原微丘区二级公路建设标准，路基宽度16.5米，行车道宽度15米，投资4500万元。三是河辛路乐安桥至临淄界段路面翻修工程，全长12公里，采用平原微丘区一级公路建设标准，路基宽度30.5米，行车道宽度23米，投资4000万元。四是东青路垦利城区改线段大中桥路面工程，全长8公里，采用平原微丘区一级公路建设标准，路基宽度24.5米，行车道宽度23米，投资3500万元。

【公路养护】 推进精细化、预防性养护，实施“五大养护工程”，开展公路“养护365”行动，加强高速公路和桥梁养护，构筑安全畅通、和谐高效的公路网络。围绕奥运会、残奥会的召开，开展“平安奥运、和谐交通”活动，加大国省干线公路和桥梁的日常养护巡查力度，重点加大危旧桥梁的监控和改造力度，对路面病害及时发现、及时处理。7月，全省公路养护施工现场会暨山东公路学会公路养护专业委员会技术交流会在东营市召开。投资3100万元对东青路分红河桥等12座危桥进行改造。加强高速公路养护工程管理，分析路面病害，制定处治方案，贯彻落实桥梁养护“四个一”、“桥梁动态监管”、“桥梁动态报告”制度，突出经常性检查、定期安全排查和危桥监控，建立、完善桥梁档案，桥梁监控率达100%，保证了道路完好畅通。

【路政管理】 一是重点抓超限超载车辆的治理工作，公路局与公安、交通部门联合，开展流动治超，扩大检查范围，重点查处绕道、闯卡、聚集堵路和无固定检测站路段的非法超限超载车辆，逐步建立并完善治超工作长效机制。二是加大高速公路运营管理和车辆闯岗逃费的集中治理力度，开展高速公路通行秩序治理整顿活动，确保高速公路的安全畅通，提高高速公路经营管理和服务水平。三是加强执法队伍建设，开展执法队伍整顿活动，推行准军事化管理，分层次、分批次开展路政执法人员培训，培训覆盖面达100%。严格规范执法行为，严禁随意执法、越权执法，着重解决“重管理，轻服务”和以罚代管现象，杜绝公路“三乱”事件发生，赢得上级和社会各界对路政管理工作的理解和支持。全年路政巡查90.2万公里，发生路政案件414起，查处率和结案率均为100%，路赔回收753万余元，路产回收率96%。

【规费征收】 加大公路规费征稽力度，强化征管措施，改进征收服务，确保公路规费足额征收。推广与车管部门建立车辆信息资源共享的经验，探索推行与公安交警、交通等部门开展联合执法的稽查模式，联合法院严厉打击各种拖欠、逃缴养路费行为。推行上门服务、电子支付等便民措施，为车主缴费提供便利。全年各项公路规费收入完成5.75亿元。

2008年全市公路情况统计表

项　目	指标
通车总里程	8012.5公里
公路密度	101.1公里/百平方公里
高速公路	181.13公里
一级路	326.58公里
二级路	551.25公里
三级路	355.65公里
四级路	6597.91公里

(市公路局)

【铁路运输】 东营火车站有4条运营线路，在东营至济南、杭州之间往返。2008年，东营火车站共发送旅客42.6万人，货运量6.55万吨，发送列车730次。

【水路运输】 2008年，全市有水路运输企业38家，其中，油品运输企业3家，普通货物运输企业6家，旅游船运输企业2家，浮桥企业5家，其它水运企业大多从事胜利油田海上工程辅助作业。全市有营运船舶104艘，浮桥6座，船舶总载重41400吨，总功率85858千瓦。全市水运企业资产总值9.1亿元，总产值3.2亿元，从业人员8000余人。

【航空运输】 东营飞机场开通2个航线，分别为东营至北京、上海，均为每日一班。2008年，东营机场旅客吞吐量5.72万人次，货邮吞吐量504吨，实现安全飞行1008架次。

【交通产业发展】 2008年，全市有等级客运站16个，营运客车

660 辆，开通长途客运线路 167 条，营运线路覆盖全国 13 个省、3 个直辖市，41 个地级市。汽车综合性能检测站 6 家，机动车行业整车维修业户发展到 170 户，同比增长 15%，维修量 20.35 余万人，同比增长 5.2%。机动车驾驶员培训学校 19 家，培训机动车驾驶员 2.1 万人，从业资格人员 0.3 万人。乡镇通班车率 100%，行政村通班车率 100%，自然村通班车率 98%。全市高档客车 329 辆，中档客车 164 辆，县级以上客运线路上中、高档客车占整个运力的 93.9%。集装箱、专业运输车辆大幅增加，车辆逐步向高档化、舒适化、专业化发展，道路运输实现由数量增加向质量增长转变。东营汽车总站正式投入运营，日均旅客发送量 6500 余人次，跨地区的长途客车全部集中在总站发车，结束了中心城区长途客运站点布局分散的历史。东营至南京旅客列车延伸至杭州，并由临客转为正常运行车次。

2008 年，全市营业性公路客运量 1442.3 万人，客运周转量 159552.2 万人公里，货运量 6262 万吨，货运周转量 815112 万吨公里，分别比上年增长 18.2%、14.4%、25.6%、25.0%。全市港口实现吞吐量 60 万吨，水路货运量 78 万吨，水路货运周转量 7850 万吨公里，同比分别增长 3.4%、11.43%、10.56%。全市各项规费征收增长 6.5%。

【运输企业简介】 东营市公交公司：隶属市交通局的副县级事业单位，主要承担全市公共交通客运任务。干部职工 985 人，营运车辆 566 辆，生产用地 8 处，固定资产原值 15062 万元，净值 7305 万元。拥有营运线路 71 条，线路里程 1673 公里，市区线路日运行班次 3297 个，日运送乘客 15 万人次，基本形成以中心城区为中心，辐射东营区、垦利县、利津县、广饶县及东营区主要乡镇和油田主要生活区的公交客运网络。2008 年，市公交公司完成营运里程 2746.9 万公里。市公交公司先后获全省交通系统先进集体、全市交通系统先进集体等称号，所属 8 路车组获省级“工人先锋号”称号。

东营交通运输集团有限公司：主要经营公路客货运输、旅游、出租客运、汽车修理、驾驶员培训、房地产开发、物业管理、制作发布广告、汽车销售、轮胎销售、成品油零售、建材批发等业务，具有国家客、货运二级经营资质，通过 ISO9001 质量管理体系认证。公司资产总额 4.2 亿元，注册资本金 4000 万元，设总部职能部室 12 个，辖汽车分公司 6 个，汽车站 12 个，全资、控股、参股子公司及实体单位 10 个。客运线路 163 条，客运班车 428 辆，日发班次 1200 余个，日均旅客发送量 13000 余人次，线路直达北京、上海、天津、杭州、哈尔滨等 14 个省外城市及省内各地市，营运里程达 12500 公里。货运车辆 177 辆，货物运输通达全国各地。

2008 年，公司投资 1.05 亿元建成东营汽车总站，7 月 18 日启用，为东营市一级公路客运站。车站主楼及候车大厅占地 9.5 公顷，建筑面积 37000 平方米，主体楼 17 层，售票厅 1200 平方米，停车场 50000 平方米，发车位 45 个，进站营运客车 530 余辆，运营线路近 200 条，日发班次 550 余个，日均旅客发送量达 6500 余人次，是东营市规模最大，日发班次最多，集客运、旅游、出租、车队、餐饮、住宿、货物快递、商贸为一体的现代化综合汽车客运站。年内更新车辆 40 辆，增加座位 172 个，新增客运线路 1 条；新增客运班车 1 辆，新增旅游包车 6 辆，增加座位 272 个。全年行驶总里程 7926 万公里，发送旅客 409.27 万人次，公司总收入 2.25 亿元，实现利税 722 万元，上缴各项规费 1800 万元。

出租车公司：全市有出租车公司 10 家，出租车 3201 辆，从业人员 6000 余人。其中中心城区 5 家，分别为交运出租、鑫通出租、宏运出租、胜通出租、垦利兴运出租，拥有车辆 2799 辆。河口区 3 家，分别为安运出租、金正出租、安通出租，拥有车辆 262 辆。广饶县 2 家，分别为宇通出租、立兴出租，拥有车辆 140 辆。全市出租车行业与道路班线客运、城市公交客运相互补充，以满足不同层次人群的乘车需求。 （薄纯贞）

邮　政

【概况】 2008 年，东营市邮政局独立运行 10 周年。10 年来，全市邮政业务收入增至 11670 万元，比分营初期增长 2 倍以上。

2008 年，市邮政局下辖三县一区邮政局，有职工 290 人，92 个网点遍布城乡，邮路长达 6523 公里，形成以东城邮政枢纽为中心，内达城乡，外联全国、全省的一、二级干线的综合邮政通信网络。建成邮政“11185”综合服务平台，全方位提供业务查询、用户投诉以及电话预定各项邮政业务等功能。初步构筑起以金融类、邮务类和速递物流类等三大业务板块为主，较为现代化的邮政产品、营销和服务体系。

2008年，全市邮政业务总量累计完成17104.44万元；业务收入完成11670万元，完成年度计划的100.5%。其中储蓄业务完成收入4335万元。速递业务完成收入1307万元，物流业务完成收入416万元。函件业务收入1256万元，业务增幅居全省第1位。

【业务发展】 推进营销体系建设。组建123人的专职销售队伍和25个营销团队，整体营销水平有很大提高。1~11月，全省营销业绩前100名骨干中，东营邮政局占3名；全局营销骨干人均业绩居全省前列。以项目营销为抓手，服务中小企业和油田市场开发，建立中小企业有效名址库，深入推进油田市场全面开发，积累一批邮政业务优质客户群。在全省率先启动"自邮一族"服务，加盟商达20余家，发展会员客户600余户。

邮政金融体制改革取得新成果。东营邮政储蓄银行在全省率先挂牌成立，全市11个一类网点、27个二类网点全部组建完成。改革期间，市邮政局密切邮银协作，确保队伍稳定，实现金融业务的持续发展。

金融类业务。以项目营销、方案营销为重点，突出代收代发，中间业务规模不断扩大。加快金融渠道建设，全市新增POS机32台，新增ATM机17台，布放商易通303台，邮政金融服务环境得到优化。

速递物流专业化经营。速递物流专业化经营改革启动，推进业务重组和市县速递物流业务整合。根据全省速递物流专业化经营改革方案，制定《东营市邮政速递物流一体化改革方案》，各项工作按省公司方案要求推进。翌年1月1日，东营速递物流正式启动专业经营。

速递物流类业务。推进"农友之家"建设，2008年建设"农友之家"27个，规范建设三农服务站710个，占全市行政村总数的40%。

邮务类业务。运作"黄河口大闸蟹幸运邮天下"和"东营风光邮资图邮资封"两个重点项目。门票业务取得突破性进展，审批天鹅湖景点门票业务，黄河入海口景区门票业务达成合作意向，并申报省公司立项。报刊发行业务收入1257万元，收订报刊流转额4278.71万元。集邮业务收入2035万元，开展服务奥运活动。电子商务业务收入206万元，增幅列全省第2位。机要通信连续11年实现质量全红。

【网点建设】 推进投递网络改造。制定《2008年全市投递网建设方案》，争取省公司支持投递网点改造建设资金221.9万元，投递网配套设备投资21.9万元，加强市区普邮投递网建设工作，增强投递服务能力。以活动促服务，组织开展"投递质量服务月"、"爱心邮路"、"三比两争" 等活动，增强了投递人员的服务意识和责任意识。

加强速递网能力建设。对市速递公司原有揽收和投递段道进行合理调整，成立电动车同城投递部，开通县区城区"次晨达"业务，确保所有出口省内次晨达邮件能赶发当日有效车次。成立西城东赵投递部，对东城投递室和封发室生产场地进行扩建改造，对大王EMS旗舰店、西城速递分拣投递室进行改造，优化了县区速递网络。

加快营业网点改造。对全市生产场地进行改造扩建，安装全方位全天候的安全电子监控设施，将信报箱建设纳入政府城市建设规划，年底实现城市支局外部标示达标率100%，市内标示达标率90%的目标。

【企业管理】 加强人力资源管理。狠抓劳动用工管理。规范劳动用工，全市人员招聘实行集中管理，有效控制人工成本，压减用工总量的2%，劳务人员收入水平增长6%。完善绩效考核与分配管理。注重以正向激励为主，重点奖励超额增收。加强教育培训工作，实施员工素质提升工程。开展全员轮训、点名考试、职业技能鉴定考试及高技能人才培训工作，努力提高员工技能。2008年，举办各个层面的培训班84期，参加培训3650人次，人均培训2次以上，培训面达100%。

细化财务管理。建立成本费用管控体系，细化成本费用管控措施。加强代办费管理，规范业务费计提及支付办法，从按比例计提支付方式改为审核后据实列支方式，并直接支付到职工个人账户；推行成本费用集中管理、集中采购、集中支付模式；推进全面预算管理，把所有经营单位和成本费用发生部门纳入预算管理。加强资金管理。推行现金集团账户管理，强化调控力度，提高使用效益；加强现金预算管理，按每月编制现金预算；加大追缴欠费和压缩存货的工作力度，至年底，用户欠费率为1.23%。加强会计审计及检查工作，规范成本管理和会计核算，配合物价部门完成邮政资费检查。

安全服务管理。实行安全责任制、"一票否决"制。市区28处储蓄网点报警系统与110联网，取消储蓄网点夜间值班制度；投资8.4万元，对速递、物流、投递、转运生产场地安装3套24路监控设备；开展标准化建设和投递服务质量月活动，提高管理服务水平。2008年全市邮政用户满意度达92.56分。 （唐静静）

电 力

【概况】 2008年，东营供电公司所属110千伏及以上变电站23座，主变容量311.95万千伏安，输配电线路长度1300公里。东营市全社会用电量139.44亿千瓦时，同比增长6.67 %；公司全年售电量60.3亿千瓦时，同比增长18.25%；综合线损率3.37%。城市电网供电可靠率达到99.94%，综合电压合格率99.79%；农村电网供电可靠率99.9%，综合供电电压合格率98.7%。公司连续第三年获全国"安康杯"竞赛优胜企业，再次获全国实施用户满意工程先进单位称号，并获山东电力集团公司先进单位、改革开放30年全国企业文化优秀单位、山东省先进基层党组织、山东省思想政治工作优秀企业、全市"实践科学发展观，争当黄河三角洲开发建设排头兵"活动先进单位等称号，公司"竞合共赢文化"被评为全国企业创新文化优秀案例。

【安全生产】 公司从维护公共安全和社会稳定出发，坚持"安全第一，预防为主，综合治理"的方针，把安全生产放在突出位置，做到人员的百分之百，全员保安全；时间的百分之百，每一时、每一刻保安全；力量的百分之百，集中精神、集中力量保安全。严格落实各级安全生产责任制，开展"安全生产百日督查"、"两个排查"和"安全隐患排查治理专项行动"等活动，加强隐患排查和治理，防范安全风险。加快电网设备技术改造治理，投资7319万元，改造变电设备47台(套)，改造110千伏输电线路4条，配电线路23条次，更换配电变压器20台，提高了电网设备健康水平。完成20项应急预案修订，公司应急管理体系进一步完善。组织开展"迎奥运、保供电"应急演练，参加全省抗震救灾实兵拉动演练。电网经受胜利电厂停机、全省限额用电、奥运保电等考验，圆满完成2008中国(东营)国际石油装备与技术展览会等重大政治活动、重大节假日的保电任务。至年底，公司实现连续安全生产6307天，安全生产记录继续保持全国同类型供电企业第一位。

【城乡电网建设】 公司围绕市委、市政府"三路两港一场"、"四区一城三网"建设规划和黄河三角洲开发建设战略，将2008年确定为"电网建设年"，争取资金，加快电网建设步伐。开工建设东营首座500千伏输变电工程，改善东营电网的网架结构。220千伏学堂站二期扩建工程竣工投产，220千伏永安输变电工程安装竣工。建成投运110千伏港城、范家、南一、临海、城南、南田输变电工程和东七二期扩建工程。开工建设220千伏史口、胜坨、广利输变电工程和110千伏杜邦、中海输变电工程。全年新增110千伏及以上变电容量110.9万千伏安，新增输配电线路377公里，电网供电能力进一步增强。实施"新农村、新电力、新服务"农电发展战略，投资3.19亿元完善和强化县区电网网架，满足县域经济发展的电力需求。加快新农村电气化建设，提高农村电网的安全运行水平，全市新建电气化乡镇4个，新建268个电气化村，80个标准用电村，广饶县建成新农村电气化县。

【有序用电】 2008年，受电煤供应紧张、奥运环保停机等综合因素影响，山东出现自1996年以来最为严峻的电力供应紧张情况。5月13日至9月上旬，全省实行限额供电，东营电网累计限电112天。面对多年未遇的严重缺电局面，公司向山东电力集团公司汇报，争取更多的负荷指标。自7月8日，东营电网负荷指标基数由110万千瓦调整到125万千瓦，部分缓解全市经济发展和胜利油田生产建设供电压力。加强供电形势分析，配合市政府、市经贸委制订有序用电方案，出台《东营市迎峰度夏有序用电方案》，组织客户错峰避峰，严格执行停电提前告知制度，基本做到限电不拉路，确保城乡居民生活、重要部门和高危客户用电，实现电力有序供应。

【奥运保供电】 北京奥运会和残奥会期间，公司把奥运保电作为一项重大政治任务。严格落实市委、市政府和山东电力集团公司的工作部署，执行行政和奥运保电双人双岗24小时值班、领导带班制度，落实输配电线路属地化管理责任，实现"确保奥运供电万无一失”的目标。公司系统派出23名技术骨干,出色完成北京奥运保电任务,其中3人获国家电网公司奥运电力保障先进个人称号。

【服务全市经济社会发展】 坚持“四个服务”的宗旨,开展“彩虹连奥运、服务促和谐”优质服务主题活动,深化“电力彩虹”名牌服务。推进营销管理现代化建设,需求侧监测中心主站及地方电厂热电联产监控系统上线运行。加快营业服务网点建设,高标准更新营业厅服务环境和硬件设施,建成并投运开发区和金辰路营业部。优化内部机构,增设营配合一的东城供电部和东营港供电部,努力构建方便、规范的优质服务体系。配合广利河改造,及时组织迁移涉及线路杆塔,为工程进展赢得时间。主动接管非公司供电,到市政府上访的管理难度大、效益低的客户,筹资为客户改造线路和配电设施,维护社会稳定。开展行风“飞检”和互查,加强营销人员业务技能培训,规范窗口服务。以客户为中心,开展停电计划效能监察,提高综合检修水平,减少停电对社会造成的影响。参加“行风热线”,开展客户走访活动,召开客户关系委员会会议,加强与客户和社会各界的沟通。严格执行市物价局、市经贸委联合制定的尖峰分时电价调整政策。推广电费充值卡和手机短信查询业务,设置自助售电机,方便居民客户。公司获山东省质监局电能计量授权。2008年,公司及各县区公司在全市行风评议中全部获得第一名或免评。

【企业管理】 从增强责任意识、加强执行力建设入手,开展“强化责任·精益管理”主题教育活动,倡树高度负责的工作精神,精益化管理的理念深入人心,提高了工作标准、工作质量和执行力。修订完善业绩考核体系,公司班子成员和职能部室实行履职考核,增强管理的责任感和主动性。全年安排绩效计划1736项,停电计划383项,立项督查督办重点工作82项,加大检查考核和督查督办力度,确保完成公司工作。搞好财务预算管理工作,细化成本指标控制,公司经济运行处于良好的受控状态。以全员培训为基础,科学制定培训计划,改进培训内容与方式,建立内部培训师队伍,培训工作的针对性、实效性得到提高。结合实际工作,广泛开展岗位练兵、技能竞赛,员工岗位技能普遍提升。科技进步和创新工作成效显著,3项技术革新获国家专利,3项科技项目获山东电力科技进步三等奖,4项QC成果获山东省优秀QC成果。

2008年东营市地方电厂状况统计表

电厂名称	所在地址	电厂性质	装机容量(万千瓦)	年发电量(万千瓦时)
胜利电厂一期	东营区	自备	44	266046.95
胜利电厂二期	东营区	公用	60	349348.8
永泰热电	广饶县大王镇	公用	2.4	3553.3
西水热电	广饶县稻庄镇	公用	8	19151.35
正和热电	广饶县开发区	公用	1.2	2634.59
利津热电	利津县城关镇	公用	1.2	4261.25
万达热电	垦利县胜坨镇	公用	2.4	5278.71
华泰热电	广饶县大王镇	自备	33	138332.34
金岭热电	广饶县大王镇	自备	9.8	41572.32
国能生物发电厂	垦利县董集镇	公用	3	15545.26
贝斯特尾气电厂	广饶县开发区	公用	0.3	1949.73
广饶石化热电	广饶县开发区	自备	0.6	2578.89
垦利石化热电	垦利县	自备	0.6	964.91

续表

电厂名称	所在地址	电厂性质	装机容量(万千瓦)	年发电量(万千瓦时)
天信热电	东营区	自备	1.8	6470.73
联成热电	东营区	自备	3.6	28993.38
华星热电	广饶县大王镇	公用	1.2	6841.5
垦利惠能热电	垦利县	公用	2.4	4009.46
利津力能热电	利津县城关镇	公用	4.8	12706.31
恒丰热电	广饶县大王镇	公用	0.6	739.08
华泰清河热电	广饶县丁庄镇	自备	2.4	14194.26

(崔风亮　成 江)

黄河三角洲高效生态经济区的产业布局

发挥区域内未利用土地资源丰富的优势,发展生态产业和循环经济,依托“四点”,建设“四区”,打造“一带”。四点,即东营、滨州、潍坊、莱州四个港口,要强化东营港的区域中心港地位,加强莱州港区建设,加快滨州港、潍坊港扩能。四区,即东营、滨州、潍坊北部、莱州四大临港产业区,初步规划面积约4400平方公里,要依托港口和铁路交通干线,加强基础设施建设,大力发展临港物流和现代加工制造业,推动生产要素的合理流动和优化配置,促进产业集群式发展。一带,以四个港口为支撑,以四大临港产业区为核心,以其他经济技术开发区、特色工业园区和高效生态农业示范区为节点,形成西起乐陵、东至莱州的环渤海南岸经济集聚带。

信息化建设

- 在全市推广协同办公系统
- 开展“信息化下乡”活动
- 2008 年，全市有各类无线电台站 224 万部(含手机、小灵通等)

信息产业

【概况】 2008年，全市政务信息化成效显著，城市信息化上新水平，农村信息化实现新突破，社会信息化全面提升，信息产业实现又好又快发展，信息化和工业化加速融合，“信用东营”建设纵深推进，实现“占据一个新的制高点，继续走在全国前列”的工作目标。原国信办、国家信息产业部对全国301个中小城市的信息化水平进行综合排名，东营市列佛山、苏州、珠海之后，居全国第4位。东营市在全省信息化工作会议上做典型交流，市信息产业局被省政府评为全省信息化工作先进单位。市信息产业局被评为全省信息产业先进单位，市电子信息产业园和软件园分别被授予省级产业园区。国家工业和信息化部确定东营市为全国信息化行业代表，通过《中华人民共和国国情咨询》刊载信息化建设经验。全市农村信息化水平显著提升，被中国社科院列为信息化先进地区国情调研课题。

政府网站建设成效显著，连续第5年获全省优秀政府网站称号，5县区政府网站在全省140个市、县中均位居前20名。信息产业发展实现新突破，电子产品制造业、软件业、信息服务业销售收入达到102.8亿元，同比增长17.2%，发展增幅位居全省第2，总量排名大幅上升；争取国家“倍增计划”和省电子信息产业资金扶持项目总数、总投资额、贷款额、贴息额均居省地级市首位。

【协同办公系统全面推广】 协同办公系统整合城域网可用资源和各项业务应用，在机关之间及机关内部，实现行政办公和日常事务处理的信息化。按照“试点先行、政策驱动、统筹规划、稳步推进”的原则，协同办公系统在全市全面推广。完成市直部门、单位52个多用户系统和58个单机系统用户的安装调试，组织市直有关部门、单位开展系统使用培训，为系统的全面推广应用创造条件。完成市级与县区级平台的对接，在全市实现办公系统资源的共享。组织移动、联通参与办公系统建设，实现协同办公系统的移动应用。

【政府信息公开】 2008年，组织市政府及所属96个部门和公共企事业单位，5个县区政府及所属266个部门、单位，43个乡镇、街道办事处，制定完成政府信息公开指南和公开目录，面向社会全面发布。完善政府信息公开平台，在政府门户网站开设政府信息公开专栏，涵盖政务要闻、政府文件、政策法规、公告公示等18个方面内容，及时发布政府信息。加强以报刊、广播电视等传统新闻媒体为载体的信息公开平台建设，健全政府信息公开查阅点、政府信息公告栏、电子信息屏等设施。推动出台《东营市政府信息公开暂行办法》《关于进一步做好政府信息公开工作的通知》等文件，明确政府信息公开工作的任务、形式、程序和时限，健全工作保障体系。

【政府门户网站建设与管理】 2008年，在中国管理科学研究院、中国品牌协会、中国商务报等机构举办的“2008中国行业十大标志性品牌”高峰论坛上，“中国·东营”政府门户网站被推选为“中国城市政府门户网站十佳标志品牌”，全国有北京、大连、青岛等10个城市政府网站获此称号。

网站升级改版完成。新建网站流媒体综合应用系统，实现在线直播、在线访谈、视频点播等视频服务功能；新增场景导航功能，设置婚姻收养、我要落户、我要驾车、我要住房、我要创业、我要办保险6大类栏目，办理场景导航页面设计直观，提供市民办理指南导航服务；升级网站后台内容管理系统和政府信息公开系统，网站前台页面全新设计，新改版的政府网站栏目设置更科学合理，网站服务功能更完善，页面设计更和谐，网站浏览访问更快捷，体现了东营特色，综合绩效水平明显提升。

政务网站管理进一步规范。印发《关于加强托管网站规范化管理的通知》，对40多个托管政务网站实施标准化登记备案，签署托管协议，分清权限，明确责任，保证网站稳定、高效运行。

丰富网站资源，开通新华网东营频道，加入全国城市信息联播平台。围绕全市重大决策部署，构建实践科学发展观，争当黄河三角洲开发建设排头兵、创建文明城市、创建中国优秀旅游城市、关注5.12大地震、2008中国（东营）国际石油装备与技术展览会等10个专题栏目，实现全市重大活动的实时跟踪报道。举办经济发展环境网上评议、“联通杯”第二届黄河口网上书画大赛、“电信杯”首届黄河口网上摄影大赛等活动，增强网站影响力。“网上民声”栏目成为政府与民众、政府与企业沟通交流的桥梁，市直听取意见部门达103个，县级政府网站全部开通“网上民声”栏目，实现部门联动、市县互动。全年，市、县两级共办理网上民生事项10756件，回复率95%。

【农村信息化建设】 2008年，在全市农村推广信息化示范村建设经验，对43个乡镇和1780个行政村网站和村务信息数据进行更新。升级“数字东营”为农民服务工程主站程序，动态数据页面响应速度显著提高，时间缩短到原来的1/5。“黄河口·新农村”网站群实现数字地图导航，公众可便捷直观访问全市所有村镇。中国社会科学院把东营市作为全国农村信息化建设先进地区，组成专题调研组到东营调研，形成4万余字的《东营市农村信息化情况调研报告》，在全国推广东营市农村信息化建设经验。

“农村3S信息化技术的研究与应用”课题是国家十一五科技支撑计划“现代农村信息化关键技术研究与示范项目”课题之一。市信息产业局代表山东省申请“十一五”国家科技支撑计划项目，作为全国唯一地级市承担“东部地区农村信息技术集成与示范”课题，课题研究期3年，投资1800万元，获国家无偿资金支持300万元。东营市依托“数字东营”城域网，建立课题统一的支撑中心，支撑示范村镇、农业企业及行业协会的应用。建成中国利农网电视传输平台、村级网络监控系统、电子农务综合服务平台、“三农”地理信息共享平台、水产养殖水质远程动态监测系统等20个应用系统。百姓科技、养殖追溯系统、数字化养殖、区域监测与控制等现代信息技术在农村得到推广应用。12月12日，科技部党组成员、副部长张来武来东营考察农村信息化示范村和农村3S信息化技术的研究与应用课题支撑中心。

开展“信息化下乡”活动。在全市信息化示范乡镇和示范村开展信息化宣传服务，联合海尔、微软等公司，采取补助电脑购置费和宽带使用费方式，送惠农电脑下乡，直接受益农民1万人以上，提高农村电脑和宽带的普及率。东营市作为信息化下乡工作的代表参加山东电视台“书记、市长直通车”栏目。

【“信用东营”建设】 信用网站建设与管理。制定完善网站管理制度，按栏目时效性实行随时更新制、日更新制、周更新制和季更新制，保证信用门户网站的时效性。增设“个人信用查询”特色栏目，首批征集发布包括律师、会计师、保险推销员、资产评估师、注册监理师及公务员在内的六大类8035人的重点人群信用信息，实现全市重点人群个人信用信息的网上查询。开展企业信用信息第6次更新，对1754家企业和中介组织的25万余条信息进行更新，确保上网企业信用信息的准确、权威。

实施“诚信单位”复查认定。协调食品药品、劳动保障、卫生、通信、金融、建设等部门，组织实施第一批“诚信单位”复查及第三批“诚信单位”认定，对通过认定的六大行业、69家诚信单位在东营信用网站进行公示。出台《2008年“信用东营”建设工作意见》。编写建设“信用东营”工作简报，为领导提供决策信息。组织参加2008第三届中国信用共建论文竞赛活动，2名、2名、5名参赛选手分获大众类征文的二等奖、三等奖、优秀奖，市信息产业局被授予特殊贡献奖。

【社会信息化管理】 加强行业管理。调整市信息化工作领导小组，充实市信息化专家咨询委员会，落实各行业、部门“首席信息官”制度，健全信息化组织体系。出台《关于加强信息化项目建设的意见》，做好全市重大信息化项目的技术论证、编报立项、方案审核等工作，规范信息化项目管理。建立信息化项目的绩效评估机制，征集评选信息化应用优秀项目71个，全市信息化项目库逐步完善。

信息资源共享应用实现新突破。坚持打破行业垄断，促进资源共享，倡导大视野、大信息、大发展的信息化工作理念。金融、税收、工商、质监、食品药品安全等市场监管业务系统信息资源的共享力度加大。交通监控、环境保护、市政管理、社会治安、应急指挥、医疗救助、安全生产等信息资源实现完全共享和及时更新。扩大医疗信息系统覆盖范围，远程医疗逐步开展。市府办转发《市信息产业局等部门关于建立部门间基础地理信息共建共享机制的意见的通知》，基础地理信息资源共建共享机制建设实现突破。数字认证、办公自动化、车辆定位等系统应用在社会各领域逐步开展。城市应急平台建设逐步完善，城市应对突发事件的能力显著提高。

推进信息化法制建设。加大对《山东省信息化促进条例》《电子签名法》《中华人民共和国政府信息公开条例》等法律法规的贯彻实施，将政府投资信息工程项目审查及竣工验收审批、新建专用网络审批等事项纳入《东营市市级行政审批目录》。《东营市电子政务管理办法》进入法制办规范性文件运作程序。

【电子信息技术推广应用】 2008年，申报山东省信息产业发展专项资金项目10个，获省贴息贷款2.1亿元，争取无偿资金200万元。新批省级信息技术推广应用中心5个，有5个项目列入2008年信息技术应用“倍增计划”，项目总投资1.74亿元。争取国家“倍增计划”和省电子信息产业资金项目总数、总投资额、贷款额、贴息额连续第5年居全省各地级市首位。

【电子信息产业园区建设】 申请省级电子信息产业园区，电子信息产业园区成为高端产业发展的主要载体。园区规划8平方公里，以综合类电子、半导体照明、液晶显示、集成电路等为主导产业。年内，引进投资12亿元的高温超导产品、汽车电子产品、无线通信产品项目；投资21亿元的300兆瓦晶体硅太阳能电池项目；投资4亿元的泰克拓普太阳能电池芯片和多晶硅项目。东营软件园成为省级软件园，4万平米的起步区软件大厦投资1.2亿元，完成主体工程建设，胜利软件园、东营北大青鸟培训中心等开工建设，推进软件外包基地工作。

【信息产业发展】 电子产品制造业快速发展，太阳能电池芯片制造及半导体照明封装测试生产项目开工建设，项目达产后年可生产高亮度发光二极管芯片10亿个，封装发光二极管1亿只，生产各类半导体照明灯具20万套。投资7.39亿美元的大规模集成电路项目开工建设。东营光伏太阳能公司销售量达30兆瓦，销售收入突破8亿元，并在欧交所创业板上市。软件产业集群初步形成，以胜利软件、广域科技、超思唯科软件为代表，年销售收入在200万元以上的软件企业达57家，在软件市场尤其是石油软件市场占据一定市场份额。制定实施信息服务业发展专项规划，信息服务业发展实现新突破。通信行业良好运行，人均通信消费水平居全省第2位。

【综合信息技术服务】 发挥东营市作为国家信息化计算机教育认证基地作用，开展信息化培训。组织信息产业部计算机信息系统集成项目经理培训，为企业申请计算机信息系统集成资质创造良好条件。全市有6人获计算机信息系统集成高级项目经理资格，54人获计算机信息系统集成项目经理资格，8家企业获信息产业部颁发的计算机信息系统集成资质，8家企业获计算机信息系统集成暂定级资质。开展市级信息化培训机构认定工作，首批认定市级信息化培训机构14家。申请国家工业和信息化部技能鉴定二级站资质，确定网络应用师、平面设计师等8个专业为鉴定技能。

做好网络维护、设备托管、网站建设等工作，为市直部门单位提供技术服务、网络维护800余人次；为市领导及部门单位制作电子类图像和文字材料20余篇次。审核、登记、解析全市机关事业单位国际互联网域名91个。编发《信息化工作》《网上信息》《“信用东营”工作简报》，为领导决策提供信息服务。以建设有线、无线网络全覆盖的“无缝隙东营”为目标，对城域网进行升级改造，城域网互联网总出口带宽达2000兆，网络实际流量由800兆增至1500兆，提高了网络安全性、稳定性。加大无线网络建设，实现城域网与移动、联通无线网络的互联互通，逐步实现有线与无线网的无缝隙覆盖。

【信息市场管理】 印发《关于加强通信基础设施建设管理工作的通知》《关于进一步加强移动电话短信管理的通知》，加强规范管理，强化技术指导，优化全市通信市场发展环境。在全市通信行业开展迎奥运优化市场经济秩序活动，妥善处理通信市场竞争争议，有效维护公开、公平的通信环境，提高市场监管水平。严格落实安全生产、安全稳定和防汛抗险等任务，将具体工作部署到各运营公司，保障全市通信行业生产安全、稳定有序。加强行风、政风建设，提高服务质量和水平，营造公平诚信的电信服务消费环境。畅通群众投诉渠道，接受广大消费者的监督和建议，妥善处理各类电话投诉、网上投诉和市长信箱投诉。加强应急通信管理，建立健全全市应急通信组织体系，制订《赴北川县灾区通信设施恢复和应急通信保障准备性工作方案》，完善各级应急预案，开展应急演练，应对突发事件的能力显著提高。 （王 新 张振岭）

通信业

【中国联通东营市分公司】 根据国家《关于深化电信体制改革的通告》精神，2008年11月21日，中国联合网络通信有限公司东营市分公司筹备组成立，历时20天，完成原东营联通、东营网通两公司的重组合并。下辖16个分公司，为全市130余万客户提供通信信息服务。公司获全国企业文化建设先进单位、山东省创建劳动关系和谐企业、山东省富民兴鲁劳动奖章、山东省思想政治工作先进单位等荣誉称号。

经营服务工作实现新突破。完成省公司下达的收入、利润指标，各项业务发展迅速。全年宽带净增4.1万户，占市场份额94%。小灵通净增1.2万户，本地电话主线普及率39%，高于全省平均值13.59个百分点，全省排名第3；GSM手机用户市场份额占23.13%，高于全省平均值8个百分点，全省排名第1。各项增值业务增长迅速，固网增值业务收入同比增长10.65%，移动增值业务收入同比增长20.68%。保持重点客户业务融合期间的平稳过渡，全市名单制客户固网收入同比增长13.38%。建立服务质量综合评价体系，实施服务压力传递，科学评估服务水平，逐步形成“窗口为客户、后台为前台”的良性循环，客户满意度不断提升，企业责任投诉明显下降，省公司各项服务考核指标全面完成。

推进信息化“5+1”工程。发挥自身网络、人才、技术等资源优势，争取省公司投资1.2亿元，用于通信网络升级改造、GSM网络建设优化和政府、农村、企业、社区、家庭5个信息化及平安东营工程建设。2008年，实施信息化光缆工程140余项，建设信息化光缆6500余芯线公里，“村村通宽带”比例达90%以上。支持“平安东营”建设，建设完善平安建设视频监控网络平台，成立项目组提供全方位、一站式服务，在全市开通2000多个视频监控点，平安互助网村开通1200余个。政务信息网由乡镇向行政村延伸，乡镇以上政府建站率100%。推进“宽带电脑信息化下乡”活动，农村党员干部远程教育网接入比例达95.21%。提高社区宽带接入率，推动移动、宽带、固话终端产品的融合。推进网络光纤化，加快实施信息化光缆工程，宽带网覆盖所有县区、乡镇和行政村，实现“宽带村村通”。开通“宽带家校通”平台和“宝宝在线”系统，开设“网上课堂”，提升教育信息化水平。作为市政府10件实事之一的市药品实时监控管理系统开通使用，全市近400家医院、药店接入该系统，保障了药品安全。

增强综合通信能力。完成GSM网一期、二期、室内分布系统以及增值、OSS、信息系统等大型移动项目建设，优化网络布局，移动交换端局容量达59.8万门。实施宽带接入扩容、城域网扩容、NGN平台扩容、光进铜退及接入网改造、油区超期服役电源改造、G网配套传输等重点工程项目，满足全市通信需求。完成党政军等重点客户网络双路由改造工程，完善“宽视界”业务平台功能，新建家校通增值业务平台，增强IDC机房安全防护能力，开展3G网络规划和WCDMA试验，为黄河三角洲开发建设提供通信保障。

完成奥运通信保障任务，通信服务能力明显加强。组织志愿者赴灾区进行通信抢险，向灾区调拨通信物资，对灾区漫游用户的话费进行处理，组织员工捐款捐物价值100多万元。（张　鑫）

【中国电信东营分公司】 2008年，中国电信东营分公司超额完成全年各项生产指标，业务收入年增长22.45%，全省排名第三。10月1日起东营CDMA业务的经营主体正式改为中国电信东营分公司，重组后用户达20多万户，实现年收入过亿元。

完成企业重组。CDMA业务交割时数据迁移规模大，制定详尽网络迁移方案，做好资费、客户服务、处理用户投诉、网络交割衔接等工作，没出现1例群体性用户投诉。改造升级中国电信移动网络，加强网络信号覆盖。年内完成移动网一期22个宏基站，10个室内分布建设。整合固网业务和移动通信优势，推进全业务运营，推出更多差异化的融合通信产品和服务，让用户享受新业务带来的通信生活。

搞好客户服务。以客户感知为聚焦点，健全营业厅管理考核和营业员培训的长效机制。通过月度基础管理综合检查及轮岗制度，提升营业人员业务素质和服务能力。东营分公司在省公司组织的营业人员上岗考试中获全省第一；中心营业厅在全省暗访考评中多次获全省排名第一和同城排名第一，非中心营业厅的平均分保持在80分以上，其中辛店营业厅成绩全年保持在全省前两名。政企客户服务满意度、营业厅满意度为全省第一，“我的e家”客户整体满意度全省排名第二。

推进企业文化建设。开展以部门为单位，以工作目标和岗位职责为基础，以“自己提、领导提、同事提”等集体个人互动方式的活动，制定各单位团队建设的目标、高底线。自主创办的企业园地、东营电信期刊成为员工交流阵地。东营分公司在全省举办的动力效益提升竞赛、第二届创优杯营销大赛中均获全省前三名，获山东省总工会评选的“全省创争活动组织先进单位”荣誉称号。

开展社会公益活动。4月与市电台“爱心热线”联合慰问育才小学贫困学生;5月为东城部分小区居民优化电脑程序，免费提供杀毒软件；为汶川地震捐款3万多元。6月到孤儿院看望智障儿童，到老人院看望孤寡老人;7月为四川甘孜州石渠县贫困学生捐助体育器材。8月组织义务献血。 (刘在霞)

【中国移动通信集团山东有限公司东营分公司】 2008年，东营移动公司强化网络支撑，改善客户服务,加强内部管理,促进和谐建设,全面完成各项工作目标,实现企业又好又快发展。

稳步发展业务。针对农村、城区、增值业务、集团客户和行业应用市场,加大业务营销力度,客户规模达161万户。加大农村市场开发力度,在全市建成近2000个农村服务网点。发展行业应用,完成东营区和垦利供电公司无线抄表、市商业银行银信通及东营政务网的专线接入等重点项目,推进“数字化东营”建设。

提升运营能力。运营收入快速增长，全年实现运营收入7.1亿元。增值业务收入和集团信息化收入比重提升，收入结构进一步优化。坚持依法经营、遵章纳税,企业纳税额为1.2亿元,在全市通信行业居首位。

加快网络建设。完成80余处基站的建设，并规划后两年的基站建设，优化偏远地区的信号覆盖,增加市区、县城的基站覆盖密度,缓解高话务基站的负荷分担。新建传输杆路309公里、管道144公里,敷设光缆626公里;完成骨干传输网核心层、汇聚层的设备升级,为新技术、新业务的推广提供可靠平台；完善网络的深度和广度覆盖。完成庆祝改革开放30周年和建市25周年系列大型活动、中国石油大学55周年校庆、首届全国马拉松邀请赛等的应急通信保障。

改善服务质量。开展“金牌服务,满意100”活动,实施以客户为导向的流程穿越，从解决客户关注的热点问题入手，提升客户满意度。2008年,有3个营业厅被评为省级“星级营业厅”,2个营业厅被授予省级青年文明号，企业连续5届获省级“消费者满意单位”称号。

履行企业社会责任。组织员工向南方遭受冰雪灾害地区捐款38860元;汶川地震发生后,企业员工捐款30万元。开展短信助残、无偿献血、义务植树、送科技文化下乡等社会公益活动。2个集体被评为省级工会“模范职工小家”,2个集体被评为省级青年文明号,2个集体和5名个人获省级奥运工作先进集体和先进个人称号。公司获全市信息产业发展先进单位、全市工会工作先进集体、创建劳动关系和谐企业活动排头兵等称号。 (王 伟)

无线电管理

【概况】 2008年,全市有各类无线电台站224万部(含手机、小灵通等)，人均台站拥有率120%，“全球通”(GSM)基站、CDMA基站、小灵通(PHS)基站、短波电台、船舶电台等无线电台站的数量均大幅增加。换发电台执照324个,设备检测139部。监测车2部,监测设备35台,检测设备21台，监测机房面积200平方米。市无线电管理处在全省无线电监测技术竞赛中获信号源测向定位团体第一名,2人在全省无线电对讲机清理整顿工作中受表彰,1人获全省奥运会、残奥会无线电保障工作先进个人。

【无线电基础设施建设】 2008年，将省无线电管理办公室配置的高山站在西城安装，为确保高山站天线设备的稳固性，把西城铁塔高度由原来的80米降为70米。为使高山站设备有良好安装场所，按机房建设规范对西城原有房间改造,建成80平方米的机房1座,机房通信、防雷接地、铁塔防雷接地等指标通过市气象局检测验收。高山站仅用3天完成安装，设备功能应用和数据测试一次成功。高山站主要设备通过省组织的初验,完成设备监控、联网测试等工作。检测监测设备设施保养维护及时有效。建章立制，严格责任，安排专人定期对无线电检测监测设备、设施进行保养维护,建立健全设备资料、账卡,保证设备、设施账账相符、账表相符、账实相符,提高国有资产的完好率和利用率。

【频率台站管理】 深化无线电行政审批制度改革，实现审批程序网上监督。审定行政审批事项5项,在政府门户网站发布。在市无线电管理网站开通行政审批信息反馈等栏目,拓宽群众监督渠道。全年受理设台及报废申请21件，审批19件，导入数据库资料338

份,新办电台执照 169 份,更换电台执照 155 份,受理报废申请 9 件,技术处理报废设备 52 部,收回频率 26 个。

年审验证首次实现量化管理。从电台手续健全、电台工作、制度建设、遵守法律法规、频率占用费缴纳、无线电管理专管员 6 个方面量化检查内容,制定检查标准。检查 36 家设台单位,检测电台 139 部,验证 1169 个,发放验证签 660 个,人机证见面率达 95%,收回过期执照 77 份。

对无线电管理专管员进行远程培训。培训 10 天,内容包括无线电管理的法律法规和业务知识,83 名无线电管理专管员参加培训,成绩全部合格。

【无线电稽查】 开展宣传活动,营造良好社会氛围。4 月 12 日第五个"平安东营"建设法制宣传活动期间,接待群众无线电管理咨询 60 多人次,受理无线电有害干扰投诉 1 起,发放无线电管理法律资料 800 多册。开展《山东省无线电管理条例》实施两周年的宣传。在国家级刊物发表文章 9 篇、省级刊物 3 篇、市级刊物 10 余篇。

完善规章制度,优化发展环境。建立健全服务承诺制,对无线电台站审批、行政许可、备案及便民服务事项等,印制便民手册,向社会公开承诺。建立完善首问负责制、问责制等制度,将责任落实到具体岗位、工作人员,对不履行或不正确履行职责,影响发展环境建设,损害企业和群众利益的,对直接责任人问责。

规范行政执法自由裁量权,对无线电管理行政执法工作中 6 大类 40 项行政处罚内容进行细化,其规范文本通过政府法制部门初审。

联合市公安局、工商局和质监局成立无线电对讲机清查整顿小组,组织检查 64 家设台单位、180 部对讲机,其中 74 部未办理任何设台手续,属擅自设台行为。对违规对讲机限期设台单位办理使用手续,纳入正常管理。

【无线电监测】 建立无线电频谱监测月报会商制度,提高监测月报质量。日常监测详细记录监测频段的各个信号,并与数据库资料进行比对,对可疑频点进行分析、测向、排查,保障工作成效。在全省月报通报中获较好等次,多次被省无线电管理办公室表扬,无线电频谱监测模型、"四个科学"等经验在全省推广。

做好日常监测工作,监测 4207 多个小时,完成监听监测记录 2.6 万字,在春节等节假日和全国"两会"等重大活动期间,坚持 24 小时值班制度,保障无线电通信秩序。完成对东营经济开发区执法局等五家新设台单位的 10 余对频率监听,为孤东采油厂 5.8G 微波、东营永安飞机场扩建新设台站电磁环境进行测试,给垦利、利津广电局 MMDS 系统电磁环境测试等出具测试报告 4 份。对新设台单位申报资料进行审查,到东营区电力公司、广饶立兴出租汽车公司等 4 家单位检测设备技术指标,检测设备 20 余部。

做好奥运火炬传递、北京奥运会及残奥会期间无线电安全保障。7 月 19 日到 9 月 18 日,坚持 24 小时监测,监测发现 1 例私设业余电台和 1 例私设超短波电台,对 2 例私设电台行为依法处罚。保障各类重大考试,查处作弊行为 9 起,查获设备 5 部、车辆 1 辆、涉案人员 9 名。其中,高考期间对全市 6 个考区、11 个考点电磁环境进行监测,发现作弊嫌疑信号 2 起,采取技术手段制止。国家司法考试期间监测 2 天,发现作弊嫌疑信号 1 起。在东营飞机场机场周围 10 公里内,严格控制台站设置,及时查处违规设台行为,做好东营飞机场无线电安全保障。在首届黄河口全国马拉松邀请赛、首届国际石油装备与技术展览会等大型活动中做好无线电安全保障。

选派 3 人参加山东省无线电监测技术竞赛,获信号源测向定位团体第一名,1 人获基础理论与专业知识测试项目三等奖。

(马洪卿)

城建环保

- “黄河水城”规划建设取得阶段性成果
- 2008 年全市城市基础设施建设投资 17.97 亿元
- 众成房地产公司开发建设的“格林星城”项目被评为“国家康居示范工程”
- 全市有 18 个乡镇成为国家级环境优美乡镇，513 个村成为文明生态村

城市规划

【规划编制】 2008年,开展“控规编制年”活动,按照“划分片区、无缝拼接”的原则,加快控规编制步伐,编制完成中心城8个地块约43平方公里的控制性详细规划,调整完善中心城已编制控规,实现近期建设用地控规全覆盖。配合省建设厅开展黄河三角洲城镇体系规划的前期调研和纲要审查,编制完成东营市域城镇体系规划。编制完成中心商务区生态办公区、高档商住区、黄河植物园片区、新世纪广场及胜利大街核心区的详细规划和城市设计。

组织编制2008年、2009年住房建设计划和2008~2012年住房建设规划,为完善全市住房供应结构,推进住房保障体系建设提供规划依据;做好中心城公共服务设施规划配套,组织中心城农贸市场、教育设施专项规划的编制和审查;编制完成东营市中心城热力规划、中心城支路网及对外交通规划研究。完成东营港经济开发区、东营经济开发区的发展战略研究和总体规划修编;完成滨海新材料园分区规划、综合服务区控制性详细规划、起步区修建性详细规划、绿地水系概念规划等规划编制。12月27日成立城乡规划协会,规划研究有了新载体。

【规划管理】 成立黄河水城及重点项目小组、规划方案评审小组和建筑方案评审小组,召开小组会100余次,审定项目40多个,保证了审批效率,提高了审批质量。按照“划片包干”的原则,重新确定科室分工,形成各科室按管理区域划分审批项目的新格局,实现首问负责。健全工作调度制度,形成一周一例会、一月一小结、一季度一调度、半年一总结、年终全面考核的工作调度体系。召开局业务办公会36次,市规划联席会议7次,市城市规划委员会2次,形成集体讨论、民主决策的机制。

东营经济开发区规划分局实现网上审批,对建设工期紧的项目提前介入,对建设项目的总平面和建筑设计方案等提前规划审查,缩短审批时间。东营港经济开发区规划分局倡导“管理就是服务”的理念,将现场办公和送证上门常态化,为到园区落户的企业提供优质服务,被评为2008年度东营港经济开发区先进单位。

按照市纪委《关于进一步加强发展环境建设的意见》要求,实行规划审批的再次提速,兑现5日工作承诺。每周六上午召开业务办公会,周一报建单位就能知道审批结果;每周五下午为现场办公、送证上门日,为重点建设项目、园区、企业提供规划咨询及审批服务;推行局长接待日制度,每周三上午局领导到市行政审批大厅与群众交流。年内受理项目1847件,答复咨询5280人次,核发规划证件471件。

【推进“阳光规划”】 制定规划公示时间进度安排表,加大批前、批后公示力度,统一规划公示牌的内容格式,先后完成锦程佳园、格林星城等10余个项目的公示;加大网上公示力度,局业务办公会议纪要在网上公示;创办《东营规划简报》,利用东营日报、政府网、规划信息网等载体反映最新规划动态。印制《黄河水城规划画册》,在东营日报设立《城水共融的家园,人水相谐的梦想——黄河水城特色专家谈》专刊,扩大“黄河水城”的影响。启动《东营城乡规划志》编纂,全面梳理建市以来规划工作;为解决报建单位因不熟悉规划审批流程而造成效率低下的问题,开展规划建设项目报建培训,举办2期培训班,培训120多家单位、240余人。

【“黄河水城”规划建设取得阶段成果】 “黄河水城”建设是2008年全市的重点工程,市规划局完成广利河下游段近50公里的河道蓝、绿线划定和工程规划设计。打造“三园一区一岸线”的规划设计,各项设计经市规划委员会、市政府常务会、市委常委扩大会研究通过,满足了工程建设需要。完成黄河国际论坛区域、广利河、东营河和老广蒲河的管线综合规划,保证工程施工和油田管线设施的安全避让。开展“黄河水城”总体规划和水系、景观绿地、生态旅游、用地开发等6个专题规划的编制。

开展黄河水城风貌特色研究,召开“黄河水城”特色专家研讨会,为推进“黄河水城”建设提供科学规划依据和指导方法。推进清风湖风景区建设。清风湖风景区是“黄河水城”建设规模最大、标准最高的地段之一,市规划局年内完成东二路水系橡胶坝、潍河路防洪挡墙、明月湖河湖贯通、清风湖环流泵站工程。

(规划局)

城乡建设

【概况】 2008年,全市城市基础设施建设完成投资17.97亿元,中心城主要实施“黄河水城”建设工程。至年底,全市城市用水普及率99.54 %,城市建成区绿化覆盖面积57.59公顷,绿化覆盖率36.8%,人均城市道路面积26.81平方米,城市污水处理率76.91%,生活垃圾无害化处理率90.05%,城市燃气普及率99.8%,城市集中供热普及率93.3%。村镇建设完成投资24.7亿元,基础设施投资4.8亿元,新增住宅建筑面积76.2万平方米、公共建筑面积43.5万平方米、生产性建筑面积100万平方米,全市城镇化率达57.7%。

【城市基础设施建设】 2008年,中心城重点加快推进“黄河水城”建设,实施体育公园、文化公园、科技公园、清风湖景区及广利河岸线工程建设。实施广利河上游段水利配套工程、明潭湖公园和秋月湖公园建设及东城污水管线改造工程建设,各项工程均按期完成年度建设任务。县区重点实施道路、公园、生态园建设改造,环城水系建设,供热、给排水配套建设和天然气管线改造等工程。

【城乡环境综合整治】 开展接待场所、市容“六乱”、农贸市场、城市重要景区、住宅小区、交通秩序、建筑施工环境等重点环节及场所的整治,重点解决城区乱搭乱建、乱贴乱画、乱摆乱放、占路经营、马路市场现象,及城中村、背街小巷、农贸市场、商贸聚集区基础设施落后,车辆带泥上路等问题,为“科达杯”第一届黄河口全国马拉松邀请赛、建市25周年、2008年中国(东营)国际石油装备与技术展览会等大型活动创造良好市容环境。加强县区污水处理设施建设管理,广饶县污水厂完成大修且运行正常,利津县污水厂提前建成并正式运行,垦利县污水厂、河口区污水厂按期正式运行。市中心城生活垃圾处理场、河口区生活垃圾处理场被中国城市环境卫生协会分别评为Ⅰ级、Ⅱ级生活垃圾处理场。村镇整治力度明显加大,抓好4个省级试点镇、18个省级试点村和100个市级试点村的环境整治,村镇环境得到很大改善。

【建筑业】 2008年,加大行业指导力度,引导建筑业企业做大做强,企业市场竞争力明显增强,经济效益显著提高。全年实现建筑业产值191.1亿元、增加值40.1亿元、利税17.6亿元,分别比上年增长41.56%、21.52%和46.67%;出省施工产值30亿元,比上年增长50%。全市建筑业企业发展到330家,从业人数10.9万人。建筑业主要经济指标在全省的位次由上年第10位升至第9位。广饶县再次蝉联“山东省建筑业十强县”称号。培训各类管理、技术人员和一线工人3万余人,建设执业师由上年的2493人增加到4049人。

【建筑市场管理】 开展全市建筑市场综合执法检查活动,对6家违法单位实施处罚,对72家违法单位进行立案上报,对8家欠缴规费单位进行催缴。市建委、市公安局、省滨海公安局联合开展建筑市场专项整治行动,遏制转包、分包、挂靠、出借出卖资质证照及不严格履行合同约定、拖欠工程款和农民工工资等违法行为。将专项检查纳入综合执法检查范围,解决多头执法、重复检查、执法扰民等问题。

强化行政审批服务,对外服务事项由21项增至43项,现场办理业务由9项扩大为20项,减少13类建设项目管理手续提报资料50项。取消市外企业进入东营施工备案保证金,实行农民工工资、工程投标保证金交存限额制度,减轻企业资金压力。推行政务公开,充实完善各类审批、许可、备案及便民服务事项等,并向社会公开承诺。组织开标160场次,招标项目530个,建筑面积150万平方米,中标造价25亿元。应公开招标工程招标率100%,应进入有形建筑市场招标工程招标率100%。工程勘察设计、施工图审查、工程监理、工程造价、城建档案管理等工作得到加强。

【勘察设计】 2008年,全市有勘察设计单位46家,其中甲级企业7家,乙级企业23家,丙级企业16家。从业人员2907人,其中高级职称825人,中级职称943人,初级职称639人。执业注册人员396人,其中一级注册建筑师29人、二级注册建筑师32人,注册工程师182人,注册岩土工程师11人,注册咨询工程师28人,其他注册工程师275人。全行业完成工程勘察合同额7212万元、工程设计合同额43663万元、工程承包合同额136958万元、工程技术管理服务合同额6862万元;境外工程完成合同额4840万元。全行业累计拥有专利68项,承接编制国家、行业及地方标准设计图籍、技术标准28项。

【工程管理】 规范城市规划区内建筑工程施工许可管理、胜利油田工程质量监督和竣工验收备案管理。改进、简化工程招标程序，规范基本建设程序，制定市建委行政处罚工作规程。深化住宅工程质量通病专项治理，推行住宅工程质量分户验收，强化工程质量检测，工程质量稳中有升。全年监督工程1256项，建筑面积445万平方米，造价60.49亿元，竣工工程合格率保持100%，完成500项工程的竣工验收备案。7项工程获省“泰山杯”奖、31项工程获市“金洲杯”奖，126项工程被评为全市“质量诚信、用户满意”示范工程。

组织开展全市勘察设计市场、建筑节能设计、工程抗震设防专项检查。开展初步设计审查和施工图审查备案，完成初步设计审查33项，建筑面积45万平方米；完成施工图审查871项，建筑面积387万平方米；完成施工图审查备案291项，建筑面积163万平方米；市外勘察设计单项工程备案52项，其中省外勘察设计单项工程备案10项。城市基础设施配套费、建筑企业养老保障金、工程定额测定费、工程质量监督费、墙改基金等行政性费用完成年度目标任务。至年底，市城建档案馆收集工程档案5281卷，接待查档780人次，借阅档案1650余卷。

【开展公用建筑的抗震性能复查】 完成全市学校教学楼、幼儿园、体育场馆等的抗震性能普查，普查建筑面积181万平方米；完成医院门诊楼、住院部、综合楼、卫生防疫站等工程的抗震性能普查，普查建筑面积56.7万平方米；完成火车站、飞机场、大型商场、广播电视、粮食、供水等生命线工程的抗震普查，普查建筑面积99.9万平方米；完成桥梁普查82座。

【标准与造价管理】 制定出台《关于妥善处理建设工程材料价格风险的通知》《房屋建筑工程竣工结算登记实施意见》和《工程造价信息员管理办法》，工程造价管理规范化体制逐步建立。全市38家造价咨询企业累计完成工程项目7000余项，完成收入4000多万元，上缴税收220万元。组织206人参加造价员培训班、921人参加考试、1200人提交《全国造价员证》申报材料。解答定额疑问187项，协调处理工程造价纠纷3起，维护了社会和谐稳定。

【安全生产】 严格落实安全生产责任制，强化安全生产和经营许可管理，建设领域安全生产保持平稳。修订建筑施工和燃气、热力安全事故应急预案，开展应急救援演练活动，安全事故应对能力进一步提高。以安全生产“百日行动”为契机，强化日常监管和重大节假日的监督检查，建设领域安全生产总体平稳。着力建立长效机制，加大清欠力度，全市解决拖欠农民工工资893万元。创建省级安全文明示范工地5个、省级安全文明工地20个、市级安全文明小区2个、市级安全文明工地53个。

从燃气工程的勘察、设计、施工、监理、验收等方面把关，加强对新建、改建、扩建的燃气工程的审查验收，确保燃气工程质量。建立应急救援指挥机构，成立13支应急救援专业队伍，组建11人的应急救援专业人才库；组织专家对10家燃气企业排查出的重大安全隐患进行会诊。加强经营许可管理，全年有12家企业取得《燃气经营许可证》，5家企业取得《供热经营许可证》。推进热计量改造工作，全市新建住宅供热分户控制达到100%。推广利用地源热泵技术，市金辰建设有限公司1.8万平方米的商场项目和市经济技术开发区3.9万平方米的软件园等项目采用地源热泵技术取暖制冷。

【工程监理】 2008年，全市监理企业发展到20家，从业人员1883人，其中取得总监从业资格62人、注册监理工程师293人、一级注册建造师17人、注册造价工程师42人、注册咨询工程师9人、高级工程师328人、工程师859人、技术员460人，专业技术人员占总从业人员的97.4%。全年办理施工许可证36件，监理工程200余项，工程监理覆盖率100%。为5家工程监理企业办理资质升级、增项转报手续，为1家企业办理资质材料申报及转报手续，为24名监理员办理从业能力证书变更手续。

【房地产企业管理】 2008年，全市有房地产开发企业122家，其中一级资质2家，二级资质6家，三级资质17家，四级资质47家，暂定资质50家。全年办理升级或建议升级企业23家，降级或建议降级企业10家，注销或不予延续企业8家，新审批企业13家。对企业不按规定缴纳建设规费、发生质量投诉等不良经营行为的，根据规定记不良行为记录并在资质管理中严格把关。

【建筑节能】 建筑节能工作全面完成省政府下达的“禁实”任务。

全市新型墙材生产、应用占建筑墙材总量的比例均达100%。加强工程建设各方主体执行建筑节能标准情况的全过程监管，全市新建建筑执行节能设计标准的比例达100%。4项工程被评为省级建筑节能示范工程。

【县城建设】 广饶县乐民小区二期工程竣工并交付使用，河辛路两侧容貌整治、乐安大街改造整治工作扎实推进，体育馆、综合馆建设工程完成主体工程，“一市一场”工程投入使用。迎宾路东延和顺安路建设工程建成通车。河口区投资13.7亿元，实施环城水系、河安小区配套工程、油田职工住房、城区道路改造建设、城市天然气管线集中改造等重点项目和便民实事工程。新增水面面积42万平方米、绿化面积28万平方米、城市排水管线5.2公里，城镇居民居住环境明显改善。利津县投资4710万元，实施东津生态园、翠园湖二期、三里河改造、三里河周边公共绿化、津三路改造、垃圾处理场一期、环城水系北段与宫家干渠连接、污水处理厂及进厂管线等8项重点工程。垦利县实施永丰河——溢洪河导污管线、永馆路东段绿化、新一路建设、新区道路建设工程等全部竣工。

【村镇建设】 加强村镇规划编制，对6个小城镇总规、15个小城镇详规和25个300人以下村庄规划进行编制或编修，中心镇详规覆盖率达95%左右，其他建制镇达80%。全年完成村镇建设投资24.7亿元，基础设施投资4.8亿元，新增住宅建筑面积76.2万平方米、公共建筑面积43.5万平方米、生产性建筑面积100万平方米，全市城镇化率达到57.7%。搞好村镇整治，村镇环境有很大改善。全市新建农民集中居住区13处、优秀农村住宅1000套、农村特困群众安居工程685套。在垦利县先期试点开展农村危房改造，成为全省建设工作的一个典型。

【抗震救灾】 2008年汶川特大地震发生后，市建委组织干部职工支援灾区抗震救灾，累计捐款90余万元，引导建设系统企业认购安置房216套，价值150万元。组织施工企业做好灾区农民工的安抚，对需返乡的帮其购买车票，协调结清工资170余万元；对坚守工作岗位的妥善安排生产、生活。援建工作开展后，市建委负责过渡性安置房的援建任务。组织4名班子成员、400多名干部职工和企业人员赴川援建，安装安置房1702套，提前16天完成省里下达的任务。市建委抗震救灾前线指挥部被省委、省政府授予“全省抗震救灾英雄集体”称号；市建委被省建设厅授予“援建成都安置房工作先进集体”，被市委、市政府授予“支援四川抗震救灾先进集体”；市建委61人次受到上级表彰。 (尚冠华)

市政公用事业

【概况】 2008年，市政公用事业管理局全面完成承担的重点工作、重点工程，城市基础设施承载能力进一步增强，市政运营和管理水平不断提升，城市生态环境进一步改善，为民服务质量进一步提高。年内，市政局先后获全国青年文明号、全国交通建设系统工会工作先进集体、全国美国白蛾防治工作先进集体等称号40余项。由市市政局提请市政府申报的清风湖风景名胜区被省政府批准列为“省级风景名胜区”。

【市政公用设施管理】 2008年，市中心城道路总长度达387千米，面积1044万平方米，桥梁60座，形成较完善的城市路网框架；路灯10150基(30563盏)，雨污水管线778千米，排水泵站32座，排水能力255立方米/秒。市市政工程设施养护管理处直接管辖城区主次干道27条、长度85千米，桥梁34座，雨、污水泵站12座，排水管线185千米，路灯4432基(14268盏)，建成路灯监控系统，实现路灯控制的自动化、智能化。强化市政设施的维修养护，对所辖34座桥梁进行安全检测，市政设施完好率和路灯亮灯率保持98%以上。北一路照明工程获“全国市政金杯示范工程奖”。加强城市防汛工作，提前检修排水泵站，疏通排水管网，备足备齐防汛物资，落实防汛队伍，确保城市安全度汛，市政局被评为2008年度全省城市防汛工作先进集体。新世纪广场管理保持高水平，全年承担接待任务30余次，投资32万元，完成新世纪门外墙大修工程。

【城市供水】 市自来水公司供水范围北至北一路、西至东二路、南至南二路、东至观海栈桥，供水面积80余平方公里，拥有640万立方米水库1座，日供水能力10万立方米。服务人口近13万人。2008年，市自来水公司供应自来水2050万立方米、直饮水1.2万立方米。购置水质快速检测仪，严格水质检测，定期向社会公布水质状况，水质综合合格率、水压合格率100%。投资180万元购置1200千瓦大型发电机组，作为水厂备用电源，增强供水保障能力。落实自来水厂安全防范十条规定，对水源、水厂实行全封闭式管理，增设红外线对射仪和监控摄像头，组织液氯泄漏处理、水库防投毒等应急演练，确保供水安全。投资540万元，沿南一路、北一路铺设供水主管线7千米。配合“黄河水城”建设，完成跨广利河4条供水主管线改造工程。完成南郊水厂水质深度处理工艺改造工程的可行性报告并通过专家论证，该工程被列入2009年全市便民实事。

【城市供热】 市供热管理处供热面积500万平方米，有4处区域供热锅炉房、37座换热站，总供热能力356兆瓦，一次供热管线双线约45.3千米、二次供热管线双线约289千米。完成2007~2008供暖及集中供热任务，供热效果良好。克服2008年前三季度煤源紧张、煤价高涨、运力不足等困难，千方百计储备燃煤，供暖前完成燃煤储备12万吨。投资2100万元，实施北一路以北供热工程，在登州路供热站内临时建设2台热水锅炉，沿北一路铺设DN700供热管网至东三路西侧，解决北一路以北入住居民的供暖问题。投资480万元，对滨州路供热站和胶州路供热站4台20吨锅炉进行大修。提前对供热设备和管网进行全面检修保养，协调物价部门完成供热价格调整。供热收费网点增加到8个，实现银联卡缴费，用户缴费更为便捷。加大供热抢修力量，供热客户服务中心24小时接听、办理用户咨询、报修和求助电话。11月14日开始供暖，至年底供热运行安全平稳。

【城市供气】 市供气站全年供应天然气900万立方米，用户近4万户。提供打卡充值服务67077户(次)，入户安全检查11.5万户(次)，入户维修5700户(次)，发放各类宣传资料16万份，在50个居民小区设置安全用气宣传栏，实现连续八年安全供气无事故。建成启用东城天然气销售维修服务中心，向市企业经济适用房(惠州小区)供气。投资30万元，安装天然气减压供气装置，具备利用车载压缩天然气应急供气的能力。投资630万元，实施东营经济开发区中心商务区供气管网工程，铺设天然气主管网8千米。

【市容环境卫生】 中心城清扫保洁面积1487万平方米，日产垃圾498吨，公厕57座。市市容环境卫生处直管清扫保洁面积428万平方米。加大道路机扫力度，实施城区路面洒水降尘作业，清扫保洁效果稳步提高。垃圾清运实现日产日清，全年清运生活垃圾15.8万立方米、建筑垃圾3000立方米。清理化粪池216个(次)，清运污物650立方米、污水6500立方米。维修垃圾方箱137只、保洁三轮车690车次，清理疏通地下池292个(次)，清理乱贴小广告3000余张，处理带泥上路事件36起，清理带泥上路污染路面70处(面积21万平方米)。修缮公厕设施，对三村等公厕实施改造，管辖的31座公厕保持国家一、二级标准。

【园林绿化】 中心城绿地总面积2832万平方米，建成区绿地面积2712万平方米，建成区绿化覆盖面积2956万平方米，建成区公园绿地面积885万平方米，建成区绿地率、绿化覆盖率、人均公园绿地面积分别为37.14%、40.49%和17.57平方米。市园林处直管绿地510万平方米，绿地养护初步实现科学化、精细化，管养水平逐步提升。全年栽植各类苗木100余种30余万株，引进植物102种，扩繁盆栽苗木18万株。对接管的市安居工程区域道路绿地进行全面整治。制定下发《东营市中心城2008年度美国白蛾防治工作实施方案》和《中心城林木蛀干害虫防治工作实施方案》，中心城美国白蛾、蛀干害虫防治效果明显。市园林绿化质量检测中心对外出具检测报告160余份，在环城水系设置取样检测点，严密监测水质动态。园林科研工作富有成效，发明的树木康复贴获国家专利，《白蜡树害虫发生危害及防治研究》获省科技进步三等奖，《美国白蛾爆发机制及生态调控技术研究》《滨海盐碱地区城区内水体治理关键技术研究》分获市科技进步一等奖和三等奖。

【公共服务】 全年办理人大代表建议和政协委员提案48件，代表、委员满意率100%。受理“网上民声”问题310个，全部及时回复。市政“111”指挥中心全年接听用户有效电话1100余个，严格按服务承诺办结。为地震灾区累计捐款21万余元、捐赠洒水车1部，选派1人赴四川参加灾后重建。分6个专题在全局开展“双基建设年”活动，基层建设进一步加强。把提高服务质量作为全局工

东营市邮政局

DONG YING SHI YOU ZHENG JU

副市长曹连杰(中)视察中邮直复营销中心

副市长曹连杰为专用邮资图邮资封揭牌

东营市邮政局自1998年10月12日独立经营，至2008年独立运行10周年。10年来，全市邮政业务收入增长至11670万元，较分营初期增长2倍以上，实现经营规模的有力扩张和发展水平的整体提升。

分营以来，为解决重速度规模、轻质量效益以及收入不实、管理粗放等发展中的问题，东营邮政坚持实事求是、与时俱进，围绕“在发展中调整，在改革中前进”的思路，合理调整增长速度，努力夯实发展基础，不断丰富业务内涵。在发展好“函、包、汇、发、储”传统业务，承担普遍服务和机要通信、党报党刊发行、义务兵通信等特殊服务的同时，开办同城快递、邮送广告、电子汇兑、商业信函、代办类业务及物流配送、农资分销、小额质押贷款等新业务，极大方便了油城人民的生产和生活，为地方经济发展提供了良好服务。

近年来，市邮政局党组根据省公司总体部署，结合地方经济发展，大力推进邮政体制机制改革，稳步实施公司化治理，积极推进企业转型，大力开展自主创新，加快实施传统企业的现代化改造，初步构筑以金融类、邮务类和速递物流类三大板块业务为基础，能满足市场需求的较为现代化的邮政产品、营销和服务体系，及与发展相适应的网络平台和管理体系，实现了要素资源的优化配置，提高了市场化水平。加快推进邮政经济融入地方经济社会发展，积极延伸服务“三农”“农友之家”“农友俱乐部”建设及邮政为农村提供的多元化、社会化服务，在农村经济社会中发挥了越来越重要的作用；投递网点、信报箱及直复营销中心建设提高了服务社会的能力与水平。坚持统筹规划、突出重点，集中财力办大事，努力解决历史遗留问题，多形式、多渠道为基层减负，增强了各专业、各生产单位的自我发展能力。坚持发展成果惠及广大员工，通过完善考核体系、加大正向激励、推广“五小建设”等措施，逐步改善员工生产生活条件，切实维护员工利益，不断提高收益水平，企业向心力和凝聚力明显增强，营造员工与企业共同发展的和谐氛围。

经过十年不懈努力，全市邮政业的发展基础进一步夯实，整体实力、企业形象和服务水平全面提升。目前，市邮政局下辖三县一区邮政局，有职工290人，92个网点遍布城乡，邮路长达6523公里，形成了以东城邮政枢纽为中心，内达城乡，外联全国和全省的一、二级干线的综合邮政通信网络。建成邮政“11185”综合服务平台，全方位提供业务查询、用户投诉及电话预定邮政业务等功能。2008年全市邮政业务总量累计完成17104.44万元；业务收入完成11670万元，完成年度计划的100.5%。

市邮政局被市总工会授予“职代会先进星”“东营市依靠职工办企（事）业先进单位”称号；获省公司“工人先锋号”等称号，市邮政局工会获全国总工会“模范职工之家”称号；有8个邮政支局获“农村支局模范职工小家”称号；3个县邮政局、市邮政局均获“山东邮政劳动关系和谐企业”称号。

标准化投递队伍

争当排头兵活动动员会

中秋节为福利院孤残军人送去月饼

邮政独立运营10周年文艺汇演

东营区财政局

DONG YING QU CAI ZHENG JU

党组书记、局长 隋向村

“乡财县管乡用”改革稳步推进

在全市率先推行涉农补贴“一本通”

组织职工趣味运动会

2008年，全区实现财政收入267429万元，其中，地方财政收入128800万元，完成预算的108.74%，同比增收23233万元，增长22.01%；当年地方财政收入加返还性收入11367万元、财力性转移支付收入7310万元、专项转移支付收入6962万元、上年结余702万元，财政总收入为155141万元。全区财政支出完成144322万元，完成预算的120.31%，同比增加24910万元，增长20.86%；当年财政支出加上解上级支出10194万元、结转下年支出569万元，财政总支出为155085万元。收支相抵，累计净结余56万元。

（一）开源节流，地方财政收入再上新台阶

综合运用财政政策手段，发挥财政资金杠杆作用，增强经济发展动力，拓宽财政收入来源渠道。一是支持经济发展方式转变；二是加固财税政策服务平台；三是推进优化税收结构试点；四是加大综合治税力度。

（二）成果共享，民生财政建设迈出新步伐

坚持保重点、压一般的原则，从严控制日常支出，进一步优化支出结构，把更多的财政资金向社会事业薄弱环节倾斜，向困难群体倾斜，解决好涉及群众根本利益的突出问题。2008年投入教育、卫生、社保等保障和改善民生的资金2.68亿元，实现了统筹城乡发展的“四个全覆盖”，即：城乡困难群众最低生活保障全覆盖、城乡困难

区财政局组织股级职位竞争上岗

举办干部业务培训班

家电下乡试点惠及广大农村群众

岗村共建 结对帮扶

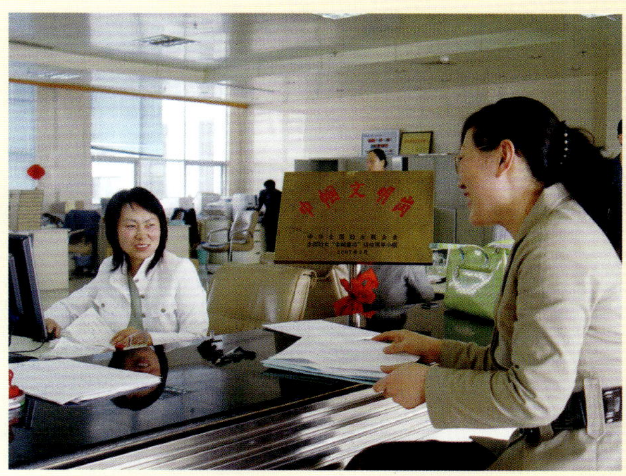
优质服务迎奥运 巾帼争当排头兵

群众大病医疗救助全覆盖、城乡义务教育免学杂费和贫困生救助全覆盖、农民和城镇居民医疗保险全覆盖。

（三）突出重点，城市承载能力实现新提高

投资1070万元，成功举办2008中国（东营）国际石油装备与技术展览会。2008年对38家招商引资及油田改制企业兑付扶持企业发展资金3909万元。2008年用于广利港、新区和胜利工业园等重点项目建设的资金达4.2亿元，有力地推动了市区重点项目的顺利实施。

（四）统筹兼顾，财政支持"三农"推出新举措

扩大公共财政覆盖农村的范围，改善农业生产条件，提高农民生活水平。投入资金3.85亿元，重点支持"三网"绿化工程、黄河南展区房台淤筑工程、农村新能源建设、农业综合开发、农田水利、农业科技等项目建设。对涉农补贴和农村低保资金，率先推行"惠农一本通"社会化发放形式，保障资金的安全运行。

（五）改革创新，财政体制改革开拓新局面

更加积极稳妥地推进财政体制改革，完善有利于科学发展的财税制度，健全财力与事权相匹配的财政管理体制，把日常财政收支纳入法制化、规范化的轨道。完善公共财政体系，建立起更加统一、完整、规范的公共财政预算和支出管理体系，提高财政收支活动的透明度，增强预算分配的科学性、预算执行的严肃性和资金使用的有效性，财政管理水平全面提升。

党组书记、主任 王明钦

东营区油区工作办公室

DONG YING QU YOU QU GONG ZUO BAN GONG SHI

领导班子

文体活动

捐款

宣传安全生产

东营区油区工作办公室是区政府对油田工作的业务主管部门，现有正式职工54人，其中班子成员7人，内设人秘、财务、油地、工农、能源、运销、检查7个股室，1个油田物资稽查大队（隶属于区油区办副科级事业单位）。

近年来，东营区油区办在区委、区政府领导下，发扬不怕苦、不怕累精神，勇于进取，开拓创新，工作每年上新台阶，各项工作均取得显著成绩。通过原油体制改革，取得了显著的经济效益；通过与公安分局联合执法，油区治安得到明显改善，取得显著的社会效益，困扰油地双方多年的油区治理难题得到较好解决。东营区油区办先后获得全省文明单位、全省油区工作先进单位、东营市油田帮扶乡镇工作先进集体、东营市关心国防建设“十佳”单位、市级文明单位等荣誉称号；获得全区综合考核先进单位、招商引资先进单位、软环境建设先进单位、平安建设工作先进集体等荣誉称号。

东营区油区办通过各项制度改革，努力挖潜增效，不断提高管理水平，原油运输、工农共建、油地结合、精神文明建设等工作均取得新突破，得到油地有关各方的普遍赞扬，为全区经济和社会事业的发展做出积极贡献。

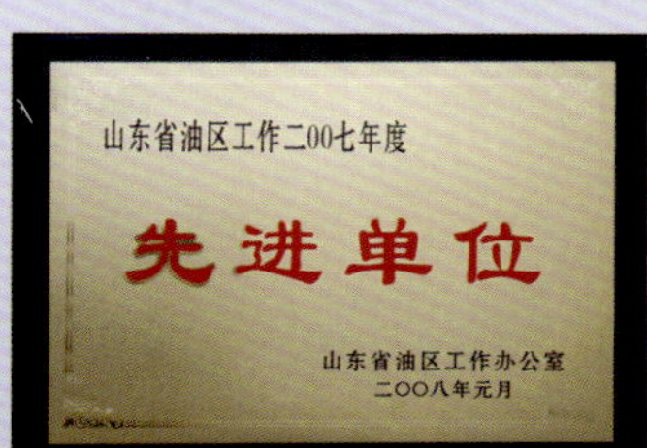

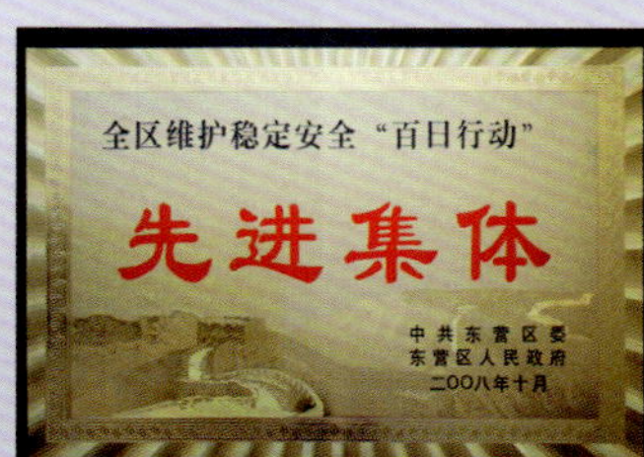

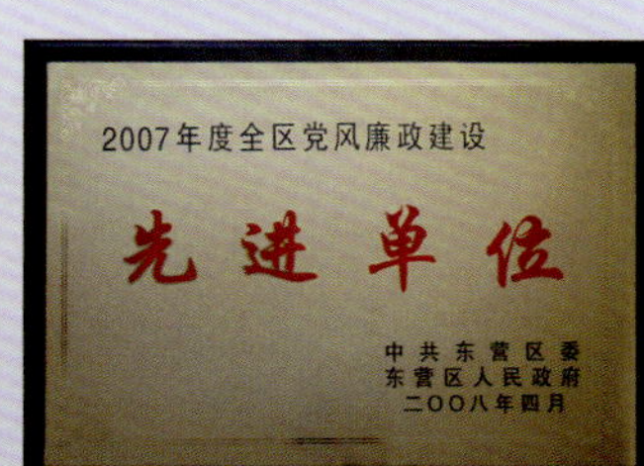

东营区供电公司

DONG YING QU GONG DIAN GONG SI

总经理 王爱国

领导班子

公司领导深入万通化工了解用电情况

公司工会领导慰问赴京奥运保电职工家属

全区电网建设工作调度会

交纳特殊党费，重温入党誓词

凌空“飞燕”

东营区供电公司成立于1985年，现有35千伏变电站7座，主变12台/75.6兆伏安,35千伏输电线路9条/67.85千米，6~10千伏配电线路39条/490.5千米，0.4千伏线路747千米，担负全区4镇6个办事处、221个行政村（居）65000户居民和500余家企事业单位的供电任务。

多年来，公司以“一强三优”现代公司为目标，以创一流同业对标为主线，高举“市场和服务是企业生命线”的旗帜，遵循“始于客户需求，终于客户满意”的服务理念和“努力超越、追求卓越”的企业精神，大力实施“彩虹工程”，加快电网建设，各项事业稳步发展。电量由2000年的2060万千瓦时增加到2007年的5.8亿千瓦时，增长了27倍多。利税由2001年的79.77万元增加到2007年的1263万元，成为全区的纳税大户。

公司先后获中国诚信经营先进单位、全国电力行业企业文化先进单位、山东省劳动关系和谐企业、富民兴鲁劳动奖状、山东省精神文明先进单位、山东省一流县供电企业、山东省无违章先进单位、山东省安全生产集体、东营市AAA信用企业、东营市“五一”劳动奖状、 全国精神文明建设先进单位等称号，顺利通过ISO9000质量体系认证，至2008年连续八年在全区行风测评中荣获第一名或免评。

新的世纪，新的使命。东营区供电公司将以十七大精神为指导，全面落实科学发展观，以创一流同业对标为主线，以强化管理为手段，大力实施“电网建设年”活动，积极推进和谐企业建设，以崭新的姿态促进企业发展，为加快建设“一强三优”现代公司、促进经济社会又好又快发展做出新的更大贡献。

“基层”服务队筑起一道亮丽风景线

安全教育警示日活动

政委 尚其华

局长 陈军

市委副书记刘曙光到河口分局调研

东营市公安局河口分局成立于1984年2月，建局之初与胜利油田公安处河口分处合署办公，1996年8月与油田公安机关分设，现有机关室所队9个，派出所7个，正式民警198 人。辖区面积2365平方公里，海岸线长254.37公里，实有人口23万人。

近年来，河口公安分局围绕改革、发展、稳定的大局，深入学习实践科学发展观，一手抓维护稳定，一手抓队伍建设，取得了公安工作的全面进步。先后获全省优秀公安局、省级文明单位等荣誉

市委常委、政法委书记张秀香到河口分局视察“打黑除恶”工作

河口区举行冬季严打整治出警仪式

加强居民小区治安巡逻

河口警方及时将查获的被盗电脑返还群众

东营市公安局河口分局

DONG YING SHI GONG AN JU HE KOU FEN JU

省长助理、省公安厅厅长曲植凡（后右二）视察110指挥调度工作

省公安厅副厅长于长安（右一）到治安检查站检查环京护城河安全保卫工作

称号，交警大队被评为全国优秀公安基层单位，巡警大队被评为全国模范职工小家，车管所被命名为全省青年文明号。

目前，东营市公安局河口分局以学习贯彻科学发展观为契机，深入推进公安信息化、执法规范化、和谐警民关系“三项建设”，为维护全区社会稳定，争当黄河三角洲开发建设排头兵而不懈努力。

法制宣传赶大集

河口分局民警上街宣传法律法规

分局民警夜查网吧

查扣被盗自行车

河口分局举行奥运安保演练

东营市河口区油区工作办公室

DONG YING SHI HE KOU QU YOU QU GONG ZUO BAN GONG SHI

党组书记、主任 王树村

王树村 男，1962年10月出生，汉族，山东东营人，中共党员，大专学历。1979年8月参加工作，任四扣中学教师；198[illegible]年9月加入中国共产党；1988年9月任河口区监察局科员；1990年3月任河口区冷藏厂副厂长；1995年11月任河口区海洋与水产局办公室主任；1999年4月任河口区海洋与水产局副局长；2000年11月任河口区义和镇副镇长；2003年6月任河口区义和镇党委副书记；2006年12月任河口区油区办副主任；2007年11月任河口区信访局局长；2008年12月至今，任河口区油区办党组书记、主任。

团结奋进的领导班子

学习实践 基层调研

载歌载舞 朝气蓬勃

深入基层 春暖人心

东营市河口区油区工作办公室是隶属河口区政府的正科级事业单位，主要职责包括：油地结合共建、工农关系协调、油区能源管理、油区秩序综合治理和石油天然气管道保护的监督和管理等。下设办公室、综合管理股、工农股、财务股、油气开发管理办公室（河口油气开发中心）5个内设机构及仙河管理中心、孤岛管理中心、河口区油田物资稽查大队3个副科级事业单位。合署办公的河口区油地结合办公室（正科级事业单位）下设调研股、协调股。

2008年，区油区办以“实践科学发展观,争当黄河三角洲开发建设排头兵”活动为契机，以科学发展观为统领，以强化油区工作职能、形成独具特色的油区文化为主线，以服务油地军港四方结合、完善油区秩序治理长效机制、规范工农赔偿结算程序、拓展能源生产空间、创建学习型机关为重点，结合职能特点，狠抓工作监督与落实，不断创新工作机制，转变工作作风，切实担负起“四方共建”的协调服务责任，为构建“平安油区”“和谐河口”做出积极贡献。先后获省级文明单位、平安东营建设先进单位、精神文明建设目标考核先进单位、综合考核先进单位等荣誉称号。

在今后的工作中，河口区油区办干部职工将团结一心、开拓奋进、不断创新，以邓小平理论和党的十七大精神为指导，深入实践科学发展观，不断强化油区职能，努力形成独具特色的油区文化，创新工作思路，完善油区秩序治理长效机制，规范工作程序，创建节约型、学习型、廉洁型、服务型机关，为构建油地军港和谐共建的大油区格局做出积极贡献。

团结协作　和谐发展

实战演练　精兵强将

办公大楼

万达集团 WANDA GROUP

董事局主席、总裁、党委书记 尚吉永

万达集团创建于1988年，现已发展成为拥有总资产80多亿元、占地300多万平方米、员工5000多名，涵盖轮胎、机电、化工、地产开发四大产业的国家大型企业集团。企业先后获全国“五一”劳动奖状、中国制造业500强、中国最大500家企业集团、中国大企业集团竞争力500强（第六名）等荣誉称号。

多年来，万达集团逐步构筑起“政产销学研金”六位一体的创新体系，2000年创建了省级企业技术中心，并先后设立了机电、化工、橡胶、微电子材料等四大研究所；2006年5月，被国家人事部批准设立博士后科研工作站；2008年10月，被国家发改委等5部委认定为国家级企业技术中心，逐步形成“研制一代、生产一代、储备一代”的良性循环。公司拥有多种自主知识产权的高科技产品，多个项目被列入国家星火计划、国家火炬计划和国家高技术产业化示范工程，百余种产品获国家专利，多种产品获国际、国内科技进步创新奖。

公司生产的探测电缆、MBS、二胺产销量均居国内首位，聚丙烯酰胺产销量居国内第二；潜油泵电缆、电磁线产品产销量居国内前三位。万达宝通载重汽车轮胎、MBS等6种产品被评为山东名牌，万达宝通BOTO品牌成功入选山东省重点培育和发展的出口名牌，“万全”牌聚丙烯酰胺产品被评为中国名牌，“万全”牌商标被认定为中国驰名商标，拥有名牌总数位居东营市首位。产品遍及国内30多个省、市、自治区，并远销美、欧、亚、非等100多个国家和地区。

今后，万达集团将紧紧围绕“抓龙头产业、创知名品牌、做百亿强企、铸百年万达”中长期战略发展目标，进一步解放思想、抢抓机遇，全力做实、做新、做强、做大四大产业，努力把企业建成国际化、开放型的现代化企业集团，为黄河三角洲开发建设做出新的更大贡献。

地址：东营市垦利县行政办公新区万达大厦
电话：0546-8745908
传真：0546-2061318
Http：www.chinawanda.com
Email：wanda@chinawanda.com

万达珍宝（印尼）电缆有限公司开业典礼

万达宝通全钢载重子午线轮胎硫化生产线

亚洲最大的MBS塑料抗冲剂生产线

DAHAI
DAHAI GROUP
大海集团

刘福海
山东大海集团有限公司董事长
中国优秀企业家
山东省富民兴鲁劳动奖章获得者
山东省劳动模范
市人大代表

山东大海集团始建于1988年，公司现拥有总资产50亿元，职工5000余人，是一个集产、供、销、科、工、贸为一体，跨行业、跨地区、跨国际的综合性大型企业集团。2008年，公司实现销售收入81.86亿元，利税9.45亿元。

大海集团实力雄厚，生产设备居国内一流，生产规模和经济效益居全国同行业前列，具备生产高技术含量、高附加值产品的能力，产品结构合理，主要生产各类纯棉纱线、坯布、印花布、染色布、化工制剂、铝粉、铝银浆、帘子布、离子膜烧碱、液氯等10类近千个品种，年生产棉纱90000吨、坯布9500万米、印花布1.5亿米、染色布1500万米、高档服装面料1000万米、化工制剂4000吨、铝粉18000吨、帘子布15000吨、离子膜烧碱20万吨。大海牌系列产品是山东省著名商标和山东省名牌产品，以其档次高、质量好、规格全等优势，覆盖美、日、韩等30多个国家和地区。企业通过ISO9000国际质量管理体系认证、ISO14001环境管理体系认证。先后获全国诚信守法乡镇企业、中国质量万里行全国试点单位、山东省重合同守信用企业、产品质量国家免检企业、中国工业行业排头兵企业、山东省消费者满意单位等荣誉称号。

在未来的发展中，大海集团将以科学发展观为指导，按照建立现代化大型企业的要求，不断加大科技投入，加快产业结构调整和升级步伐，不断提高自主创新能力，迅速做大纺织、印染、化工、房地产等主导产业，逐步实现由传统型企业向现代化企业的转变，实现企业的战略转移和科学转轨，努力建成世界一流的企业集团。

市委书记张秋波到大海纺织车间指导工作

大海房地产公司开发的高档智能化楼盘大海鑫天地

大海热电厂

化工厂离子膜烧碱项目

地址：山东　东营
邮编：257091
电话：0546-8317678
传真：0546-8317678
网址：http://www.dahai-group.com

东营市烟草专卖局

DONG YING SHI YAN CAO ZHUAN MAI JU

东营市烟草专卖局（公司）成立于1983年12月，下辖东营区、河口区、垦利县、利津县、广饶县5个区县烟草专卖局（营销部），现有干部职工416人。近年来，东营市烟草专卖局（公司）在市委、市政府和省局（公司）党组的正确领导下，认真贯彻落实党的十七大、十七届三中全会精神，紧紧围绕建设“严格规范、富有效率、充满活力”的东营烟草和“为山东烟草走在全国前列做出贡献”的工作目标，以解放思想为动力，以转变经济增长方式、提高经济运行质量为中心，以打击涉烟违法网络为保障，以队伍建设和党风廉政建设为促进，积极践行“两个至上”行业共同价值观和“和•创”的黄河口文化理念，各项工作取得了新的成绩，保持了又好又快的持续健康发展势头。2008年，共销售卷烟76716箱，实现利税2.35亿元，实现利润1.85亿元，人均销量10.7条，单箱销售额15162元。共查处涉烟违法案件1293起，查获非法卷烟1008万支，案值432.3万元。其中 “5.21”涉烟违法网络案件涉案金额达1462万元，被公安部、国家烟草专卖局确定为挂牌督办案件。

东营市烟草制品零售点合理布局听证会

文明执法，树立良好社会形象

河口区西华村为市局（公司）送锦旗

市局（公司）向四川灾区捐款30万元

烟草专卖车队

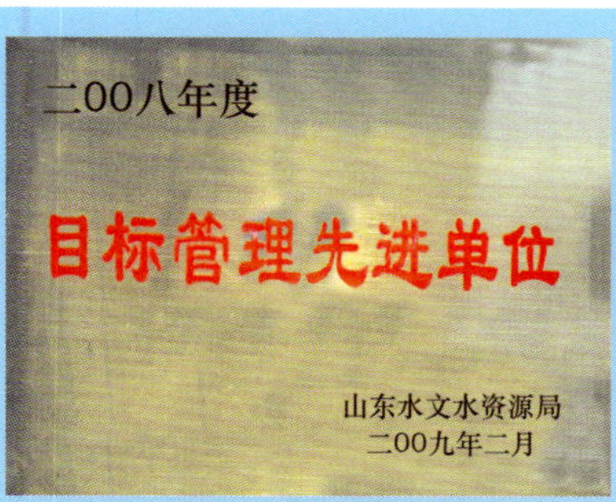

黄河口水文水资源勘测局

HUANG HE KOU SHUI WEN SHUI ZI YUAN KAN CE JU

党总支书记、局长　张建华

张建华　1952年1月出生，男，汉族，中共党员，本科学历，高级工程师，黄河口水文水资源勘测局党总支书记、局长。1971年11月参加工作，先后在黄河水利委员会三门峡库区水文水资源局、利津水文站和黄河口水文水资源勘测局工作，历任利津水文站站长、黄河口水文水资源勘测局党总支书记、局长等职务。

黄委会主任李国英、河口管理局局长贾振余、水文局局长张建华视察河口

河道测量

GPS测量

黄河口水文水资源勘测局创建于1951年，主要担负黄河下游道旭至河口130公里河段的淤积断面监测及渔洼至河口口门段河势测绘；黄河河口段水情观测；黄河三角洲北起洼拉沟口门，南至小清河口门14000平方公里的滨海区断面淤积测验，海洋要素调查等任务。

该局下设办公室、财务科、研究室3个职能科室和河道、浅海2个直属勘测队。现有职工61人，其中高级工程师4人，工程师15人、技师10人。具有国家乙级测绘资质和国家乙级水文水资源调查评价资质，拥有海洋调查船和内河测验船各1艘，拥有Trimble5700 GPS全球定位系统、Trimble AG GPS122信标机、南方公司NGD—60 GPS信标机、徕卡TC—1800全站仪、美国产BaTHe—500MF测深仪、SDH—13D测深仪、绘图仪以及常规测量仪器数台套，可承揽河道测验、江河湖库淤积测验、大地测量、水下地形测量、水文测验、海洋要素调查、工程物探、水利工程可行性论证、水资源监测、水旱灾情分析等项目。

几十年来，黄河口水文水资源勘测局在河口治理规划、黄河防汛、黄河三角洲开发、胜利油田石油开采等方面作了大量工作，为国家建设和黄河三角洲发展做出了应有的贡献。曾多次与国家海洋局、中国水科院、海洋大学、华师大、海科所、胜利油田、美国俄勒岗大学等单位合作开展黄河口研究，积累了丰富的黄河口和滨海区资料。

热诚欢迎社会各界委托或合作进行有关项目的研究。

海洋调查船黄河86轮

东营市保险行业协会

DONG YING SHI BAO XIAN HANG YE XIE HUI

东营市保险行业协会成立于2002年9月，是经山东保监局审查同意并在东营市民政局登记注册的东营市内商业保险业的行业性自律组织，是各会员自愿结成的非营利社会团体法人，目前共有会员单位26家。东营市保险行业协会自成立以来，认真履行自律和服务职能，积极主动开展工作，促进了全市保险业的快速健康发展，赢得了政府部门、监管机关、会员单位和社会各界的肯定和认可，连年被东营市民政局评为优秀社团。

会长　温玉明

2008年，东营市保险行业协会重点开展了以下工作：一是开展市场自律，规范市场秩序。以加强车险市场自律为重点规范产险市场秩序，以治理销售误导为重点规范寿险市场秩序，以加强银邮代理保险市场自律为重点规范中介市场秩序，有效促进了我市保险市场秩序的好转。二是开展诚信建设，提高服务质量。召开第三届“保险之星”、“十大保险明星”表彰大会，树立了行业诚信榜样；开展服务质量年活动，组织保险公司客服工作座谈会和现场观摩活动，顺利完成了服务质量规范测评工作。三是反映行业呼声，维护会员权益。向山东保监局报送了《关于促进全省保险业又好又快发展的意见和建议》，向东营市政府报送了《保险业经营情况调研报告》，客观全面地反映了行业呼声，为政府部门制定保险业发展规划提供了依据。四是强化协调职能优化发展环境。与东营仲裁委联合召开保险仲裁工作座谈会；与市交警支队联合召开规范道路交通事故处理工作座谈会；加强与公安机关的联系沟通，推动了反保险诈骗联合行动的深入开展五是完善调解机制，化解保险纠纷。全年共处理客户投诉33件成功调解3起保险索赔纠纷案件，保障了保险公司和消费者的合法权益，为维护社会稳定、建设和谐东营发挥了积极作用。六是加强宣传工作，树立行业形象。组织召开新闻媒体座谈会；以保险基础知识宣传为重点，在各新闻媒体总计刊（播）发各类新闻宣传稿件160余件，实现了“电视里面有形象、广播里面有声音、报纸上有文章”的宣传工作目标。同时，东营市保险行业协会在代理人管理、信息统计、公益事业等方面也都取得了新的进展。

秘书长 郭苏盟

2009年，东营市保险行业协会将以邓小平理论和“三个代表”重要思想为指导，深入学习实践科学发展观，认真贯彻落实《山东省人民政府关于促进我省保险业又好又快发展的意见》和全省保险工作会议精神，紧紧围绕全市工作中心，奋发有为，开拓创新，为推动全市保险业又好又快发展做出新的贡献。

市委常委、副市长曹连杰为东营市“保险之星”颁奖

山东保监局副局长巩庆军到东营调研人身保险市场运行情况

东营市保险行业协会秘书处员工为汶川地震灾区捐款

东营市保险业开展预防职务犯罪警示教育活动

中国人民财产保险股份有限公司东营市分公司

PICC PROPERTY AND CASUALTY COMPANY LIMITED DONGYING CITY BRANCH

全省系统“喜迎国庆、冲刺60亿”汇报展示

保险业务宣传

公司与中国重汽集团签订战略合作及车贷险业务合作协议

中国人民财产保险股份有限公司是中国人民保险集团公司（PICC）旗下标志性主业，在国内外同业市场享有卓著声誉。2003年11月6日，公司在香港联交所成功挂牌上市，成为中国内地大型国有金融企业海外上市“第一股”。凭借综合实力，公司相继成为北京2008年奥运会、2010年上海世博会保险合作伙伴，为北京奥运会和上海世博会提供全面的保险保障服务。2008年6月26日，国际权威评级机构穆迪公司授予公司中国内地企业最高信用评级A1级。

中国人民财险保险股份有限公司东营市分公司直属中国人民财产保险股份有限公司山东省分公司，是为服务黄河三角洲的建设、胜利油田的开发于1983年10月成立的。公司机关内设财务中心、承保中心和理赔中心三个业务中心，车险、财产险和责任意外险三个产品线，办公室、人力资源部、信息技术部等服务部门。至今，已成立三县、两区、十七个支公司、营业部，业务范围和服务网络遍及全市。

2008年，东营市分公司实现保费收入36739万元，同比增长14.28%；实收保费36971万元，同比增长11.46%;简单赔付率56.91%，综合赔付率67.14%；累计实现利润总额3043万元；市场份额为44.31%，比2007年同期增长2.57个百分点，公司业务增幅高于东营财险市场平均增幅7.23个百分点。赔款支出2.2亿元，全年上缴税金1917万元，城建税110万元，教育费附加55万元，经营活动现金净流量7674万元，现金流系数为2.51。

经营的主要险种有机动车辆保险，企业财产保险、小企业和工商户财产保险、计算机保险、现金保险、金锁系列家庭财产保险、个人贷款抵押房屋保险、雇主责任保险、公众责任保险、医疗责任保险、职业责任保险、供电责任保险、旅行社责任保险、承运人责任保险、产品责任保险、物流责任保险、工伤责任保险、林木保险、奶牛保险、办公室综合保险、加油站综合保险、合家欢乐组合型产品、沿海内河船舶保险、渔船保险、建筑安装工程保险、团体人身意外伤害保险、学生幼儿意外伤害保险、航空旅客人身意外伤害保险、交通意外伤害保险、进出口货物运输保险等。新推出家财一卡通家庭财产保险、e-cargo电子商务货运保险、能繁母猪等政策性农业保险。

中国化工集团副总经理
华星集团总裁　聂仁卿

山东华星石油化工集团有限公司是一个集石油化工、产品深加工及国际贸易于一体的全国大型化工企业，是原国家经贸委清理整顿后保留的全省21家地方炼厂。公司组建于1994年，属中国化工集团控股企业。目前，公司共拥有资产51亿元，占地面积160多万平方米，职工1200余名。主要产品有成品油系列、沥青系列、液化气、聚丙烯、硫磺、MTBE等50多个品种。公司现有100万吨/年常减压装置一套，100万吨/年和30万吨/年重油催化装置各一套，200万吨/年DCC装置一套，25万吨/年气分装置一套，5万吨/年聚丙烯装置一套，1.5万吨/年硫磺装置一套，5万吨/年MTBE装置一套，2.5万千瓦热电厂一座。2008年完成产值95.66亿元，实现销售收入93.47亿元,利税32251万元。

多年来，公司坚持“以员工为根本，以顾客为中心，以创新求卓越，以诚信求发展”的经营发展理念，狠抓企业管理，创新经营，企业取得了稳步、健康和快速发展。先后获中国原油加工及石油制品制造行业销售收入前百家（前十位）、中国石油和化工行业销售收入前百家、中国化工分行业50强企业、中国最大1000家工业企业、中国石油化工行业综合经济效益100强、中国民营企业500强、中国化工500强、中国化工500大、中国优秀企业、山东省企业100强、山东省工业企业100强、省AAA级信用企业、山东省高新技术企业、省级守合同、重信用企业、AAA级文明信用企业等荣誉称号。

按照公司的“十一五”发展规划，公司将围绕“油头化尾、油化并举、做大油头、做强化工”的发展定位和“诚信立业，造福社会”的企业宗旨，创新发展，重点发展石油化工、化工原料及新材料项目，力争走出一条科技含量高、经济效益好、成本消耗低、产品配套合理的炼化一体化的新型工业化发展路子，为建设美丽富饶的黄河三角洲做出应有的贡献。

山东华星石油化

SHAN DONG HUA XING SHI YOU HUA

副省长郭兆信对华星集团的企业发展尤其是环保工作给予充分肯定

中国化工集团党委书记杜国盛到华星集团指导工作

中国化工集团总经理任建新到华星集团指导工作

华星集团威风锣鼓队

华星集团员工拔河比赛

华星集团丰富多彩的文化生活

华星集团年产200万吨DCC装置

华星集团年产100万吨重油加氢精制装置

华星集团年加工100万吨的常减压装置

华星集团年产5万吨的聚丙烯车间外景

华星集团年发电量2.5万千瓦热电厂

工集团有限公司

GONG JI TUAN YOU XIAN GONG SI

华星集团年产5万吨MTBE装置

华星集团年产25万吨气分装置

华星石油化工集团有限公司全景

山东金岭集

SHAN DONG JIN LING JI

金岭集团公司董事长　赵曰岭

山东金岭集团有限公司创建于1992年，是一家以基础化工、热电联产为主导产业的国家大型企业。现拥有总资产40亿元，员工3000余名。多年以来，公司始终坚持以市场为导向、以效益为中心，实施科技兴业，优化产品结构，拉长产业链条，发展循环经济，实现了企业的持续快速健康发展，现已形成年产甲烷氯化物25万吨、烧碱23万吨、有机硅12万吨、环氧丙烷10万吨、苯胺6万吨、氯丙烯2万吨的生产规模，热电装机容量10万千瓦,是中国化工500强、中国石油和化工综合效益百强、行业纳税百强、全国工业重点行业效益“十佳”企业之一。获国家级高新技术企业、中国优秀企业、全国行业诚信经营示范单位、山东省AAA特级信誉企业、山东省质量管理先进企业、东营市突出贡献企业等荣誉称号。

为进一步增强整体实力，实现跨越发展，公司抓住黄河三角洲开发建设的战略机遇，依托当地资源优势，在东营经济开发区规划建设以盐化工为基础的循环经济产业链，着力打造技术水平先进、生产布局集中、资源配置合理、规模效益突出的现代化循环经济园区。总投资40亿元的60万吨离子膜烧碱、60万千瓦热电联产项目已经开工投建。今后，公司将在科学发展观的指导下，抢抓机遇，集中优势，不断发展科技含量高、市场前景好、发展空间大、带动能力强的化工项目，并大力开发房地产业和酒店服务业，进一步拓宽经营领域，壮大企业规模，增强发展后劲，推动企业又好又快发展，以实际行动争当黄河三角洲开发建设排头兵。

公司董事长赵曰岭愿以诚信和双赢的理念，与国内外各界朋友精诚合作，共创辉煌。

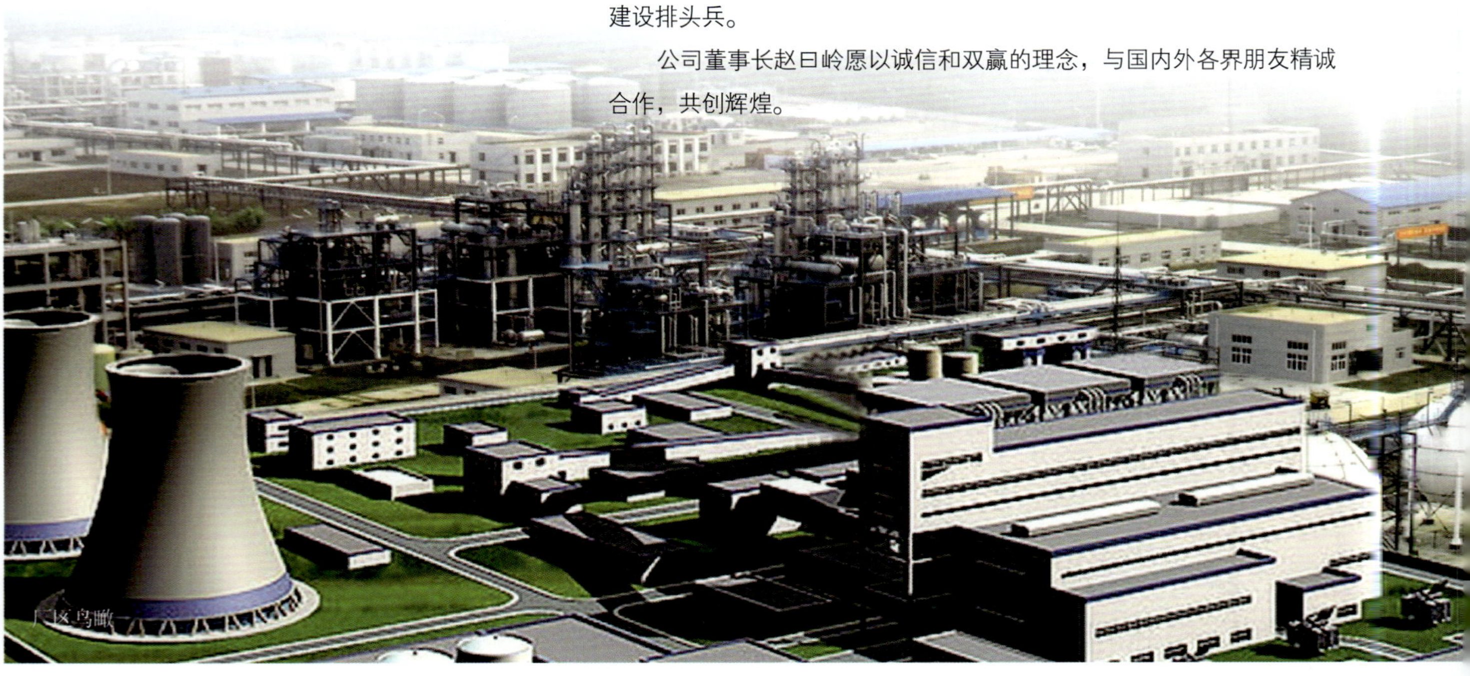

团有限公司

TUAN YOU XIAN GONG SI

市委书记、市人大常委会主任张秋波到公司视察

市委副书记、市长张建华到公司有机硅项目建设工地视察

60万吨离子膜烧碱、60万千瓦热电联产项目开工奠基

集团公司办公楼

金岭国际大酒店、金岭水岸华庭住宅区

地址：山东省东营市广饶县大王镇
电话：0546-6881881 6882976
传真：6881882
网址：www.shandongjinling.cn

东营华东房地产开发有限公司

DONGYING HUADONG REAL ESTATE DEVELOPMENT CO., LTD.

项跟臣

东营华东房地产开发有限公司总经理

中国优秀创新企业家

十大创新鲁商

公司于2001年3月1日正式成立，注册资金2000万元，是具备四级资质的房地产开发企业，公司于2007年12月顺利通过ISO9001质量体系认证。公司现有工程管理人员30余人。其中具备高级职称人员6人，中级职称人员8人，初级职称人员12人。下设东营尚城智能工程有限公司、东营信义工程造价咨询有限公司；经营范围包括：房地产开发与经营、智能安装工程施工、商品房销售、工程造价审计及招标代理。

东营华东房地产开发有限公司于2003年开发承建广饶西苑商城，建筑面积为3810平方米;2004年开发建设的一期“房管小区”总投资1045万元,建筑面积5800平方米；2005年开发建设的佳乐购物广场，占地19833平方米,房屋总建筑面积34000平方米，是广饶商业建筑体现“人文关怀”的一个新亮点；2006年12月成功以每亩45万元价格在垦利县城竞得土地50亩，成为当年垦利“地标王”，于2007年开发建设的垦利县高档社区“茗瑞华府”,该项目地处垦利县城区黄金地段，占地31709平方米，建筑面积39860平方米，总投资6175万元；2007开工建设的广饶县房管小区二期工程“房管局综合楼”，该工程总投资3000万元,2007年下半年开发建设的广饶县经济适用房——康居花园工程，总占地面积17.5万平方米,总建筑面积242355平方米,总投资2.3亿元，建设住宅楼60栋，1750户，该项目是广饶县委、县政府为解决中低收入家庭立项建设的小区，小区建设仅利用14月的时间就达到了入住交付条件；2008年6月，承建广饶县孙武路回迁营业楼，建筑面积13010平方米，总投资1800万元；2008年9月与山东君睿置业有限公司签署协议合作投资2亿元开发广饶银座购物广场，诸多建设项目以其优良的品质，完善的环境和配套，赢得了市场的认同，并取得了良好的社会效益。

省市重点项目及经济适用住房建设督查组到康居花园工地现场视察指导工作，对华东房地产公司建设工程质量及进度给予高度评价。

东营市市委书记张秋波、广饶县委书记赵豪志及广饶县委、县政府领导班子到华东房地产开发建设工地现场视察指导工作。

广饶县房产管理局局长刘广生带领相关单位及企业到华东公司建设工地指导交流。

- 被东营市房产管理局评为“2008年度全市房地产行业诚信企业”
- 被中共广饶县委、县政府评为“2008年度重大贡献企业”
- 被中共垦利县委、垦利县人民政府授予“突出贡献奖”“纳税大户”
- 多年被广饶县房产管理局授予“优秀房地产企业”等称号

……

爱生活 I LIFE | 愛華東

我们倡导 “健康丰盛的人生”

工作不仅仅是谋生的手段，

工作本身应该能够给我们带来快乐和成就感。

在工作之外，

我们鼓励所有的员工追求身心的健康，

追求家庭的和睦，追求个人生活内容的极大丰富。

TEL:6681777 6782888

东营广饶县迎宾路226号

山东凯泽房地产开发有限公司

SHAN DONG KAI ZE FANG DI CHAN KAI FA YOU

凯泽名苑开工奠基仪式

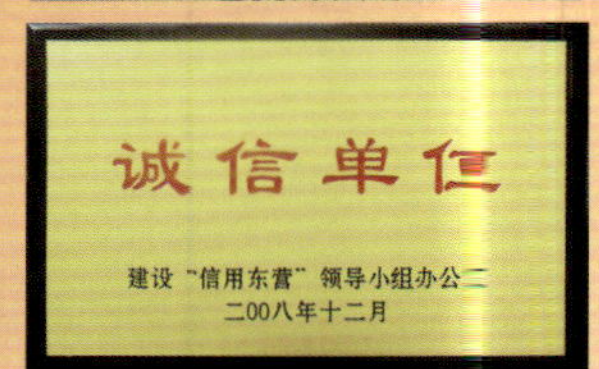

公司办公楼

XIAN GONG SI

山东凯泽房地产开发有限公司成立于2000年，是一个集房地产综合开发、经营于一体的综合开发企业，公司注册资金3600万元，现有各类技术人员27人，其中高级职称8人、中级职称4人、初级职称15人，年开发能力20万平方米，2005年通过了ISO9001质量标准体系、OHSAS18001职业健康安全体系、ISO14001环境管理体系一体化国际体系认证。

公司弘扬“诚信、奋进、创新、拼搏”的凯泽精神，以先进的经营理念，科学的管理制度和良好的信誉，先后开发了西苑别墅区、综合文化市场、西苑小区工程、阳光花苑小区、馨苑名家、凯泽花园。正在开发管理同和小区、凯泽名苑、惠泽园居住区，工程开发施工合格率100%。连续获第六届、第七届省消费者满意单位称号，开发的阳光小区15#楼、馨苑名家5#楼等工程被评为山东省“质量诚信、用户满意”示范工程。

2007年开发凯泽名苑小区，公司确定高品质、低价位的市场定位，精心策划，加强组织管理。2007年8月3日，“凯泽名苑”盛大开盘，首期推出的714套房源开盘4天成交600多套，创造了广饶县房地产开盘销售成交的新记录。

公司牢固树立“诚信重诺”观念，加强社会责任感，以“讲诚信，守承诺” 的凯泽文化，努力为社会打造绿色、环保、生态的居住环境，建设精品社区。

透视图

凯泽名苑花园洋房

惠泽园

惠泽园效果图

山东宇通集团
SHANDONG YUTONG GROUP

董事长、总经理 杨晓东

山东宇通集团成立于2004年6月，总注册资金1.2亿元，总资产3.9亿元。经营产业涉及公路及市政公用工程施工、汽车站经营、城乡公交、城市公交、旅客运输、出租客运、机动车驾驶员培训、车用压缩天然气设备改装及天然气销售、燃气工程施工及安装。集团公司具有公路工程、市政公用工程施工总承包二级资质，机动车驾驶员培训综合类一级经营资质，长途旅客运输一类班线经营权，汽车客运站二级运营资质，民用天然气和车用压缩天然气经营权。现有职工700余人，拥有各种专业技术人员300余人。集团下属企业有山东宇通路桥集团有限公司、广饶汽车总站有限公司、山东宇通集团公交有限公司、山东宇通集团运输有限公司、山东宇通集团出租汽车有限公司、广饶宇通驾驶员培训有限公司、广饶政通城市公交有限公司、山东宇通房地产有限公司、山东宇通燃气有限公司和城南、城北、大王三座高标准的车用压缩天然气加气站。集团公司成立以来，本着为政府分忧、百姓解难的原则，搞好公路施工的同时，大力发展天然气、公交、出租车、车站等与民生相关的产业。路桥集团先后完成红旗路拓宽改造工程、东港高速公路大修工程、飞机场跑道工程等二级以上优质工程50多个。城乡公交年发送旅客450万人次，方便了广饶人民的出行。宇通燃气年供应天然气580万立方米，缓解了油品供需矛盾，提高了城区居民的生活质量。建设的高标准驾校年培训驾驶员15000余名，实现了学员全部考试的本地化，圆了众多百姓的驾车梦。宇通出租的成立结束了广饶县城没有出租车的历史，提升了广饶居民的出行档次，成为广饶县的一道亮丽风景线。广饶汽车总站的启动，加快了广饶人力物力的流转，塑造了广饶的新形象。各下属公司蓬勃发展，为广饶的经济建设和百姓生活质量提高做出了突出贡献。

集团将秉承“诚信敬业、创造卓越、合作共赢、和谐发展”的企业精神，以品牌得信誉，以信誉拓市场，着力打造实力雄厚、管理科学、技术领先，以路为主、多业并举的现代化企业集团。

市委常委、广饶县委书记赵豪志到施工现场调研

广饶县政协主席杜惠林组织部分老干部现场观摩

全省17地市公路专家前来视察公路建设情况

广饶县天然气工程开通仪式

车用压缩天然气

城市公交车

宇通出租

城乡公交

驾驶员培训

路桥工程

TEXTILE GROUP AOYA

澳亚纺织集团

SHANDONG AOYA TEXTILE GROUP

门瑞营 澳亚纺织集团董事长、总经理
广饶县十六届人大常委会常委

澳亚纺织集团始建于1999年，是一家集棉花收购、加工、纺纱、织布、进出口贸易于一体的大型企业。目前公司拥有精纺30万纱锭，日本丰田特宽幅喷气织机466台，建筑面积20万平方米，员工3000余人，总资产10亿元。公司可年生产高支精梳棉纱12000多吨，高支密纺丝绸床品面料3000万米，产品主要畅销欧美市场。公司实现销售收入15亿元，利税1.6亿元，出口创汇6000万美元。

公司秉承“科技兴企”的发展理念，与多处高校合作成立了自己的技术研发中心，不断开发新技术、新产品，自主研发的织机智能化控制系统达到国际领先水平。公司的发展受到各级党委、政府和社会各界的认可，先后被授予”中国诚信经营企业”” 中国首届信用管理企业”” 山东省设备管理先进单位” 等多项荣誉称号，董事长、总经理门瑞营同志被选为广饶县十六届人大常委会常委。

集团公司根据当前国家产业政策，不断延伸产业链条，2008年开工建设高档家纺成品加工项目，该项目总投资3.2亿元，建设现代化车间3.6万平方米，引进瑞士产彩绣飞梭绣花机1000台，自动绗缝机800台，项目达产后，新增产值11亿元，利税1.2亿元。澳亚纺织集团力争在2010年实现销售收入50亿元，利税3.6亿元，成为纺纱织布、家纺产品、进出口贸易于一体的现代化龙头企业。

日本丰田特宽幅喷气织机

纺织协会领导班子到澳亚视察

东营市委书记张秋波到澳亚纺织视察

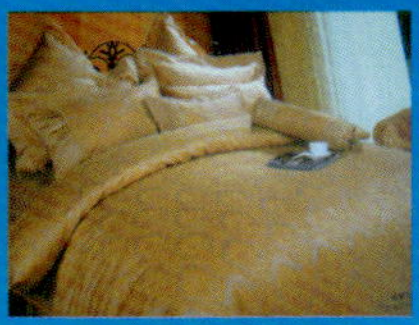

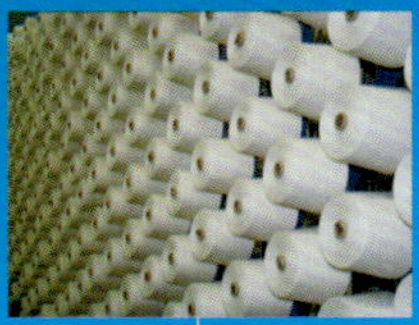

AOYA TEXTILE

山东省滨海公安局

SHAN DONG SHENG BIN HAI GONG AN JU

滨海公安局党委书记、局长兼东营市公安局党委副书记、第一政委　高桂亭

滨海公安局党委副书记、政委 左明亮

山东省滨海公安局系省公安厅的直属局，受省公安厅和胜利石油管理局党委双重领导，行使地级市公安机关的职权，全面负责油田生产区、办公区、生活区的治安保卫工作。下设基地、河滨、海滨、滨东、滨南、滨西、滨北、临盘等8个公安分局，43个派出所。目前，全局共有正式公安民警1204名。同时与胜利油区保卫处实行一体化管理，指导油区消防、护卫、物资稽查等工作，统一领导油田65个保卫组织1400余名保卫干部，20个消防中队近1000名消防队员，26个护卫大（中）队3700余名护卫队员，230个专职巡逻队伍7260名巡逻队员，9个物资稽查中队200余名稽查队员，以及9000余人的群防群治队伍。2008年，是油田公安保卫工作不平凡的一年，也是滨海公安机关和油田各级保卫部门战胜困难、迎接挑战、开拓创新、持续发展的一年。一年来，在省公安厅、管理局党委的坚强领导下，坚持以科学发展观为统领，围绕北京奥运安保这一中心任务，突出维护稳定、油区治安、基层基础、队伍建设四个重点，保稳定，护生产，创平安，促和谐，圆满完成了各项工作任务，为油田改革发展、生产建设和职工群众安居乐业创造了和谐稳定的社会治安环境，做出了新的贡献。年内，公安保卫部门涌现出先进集体200余个，先进个人1000余名。滨海公安局被省公安厅命名为“全省优秀公安局”，被胜利油田表彰为“文明建设先进单位”。

省委书记姜异康与现场执行警卫任务的局长高桂亭握手

省长助理、省公安厅党委书记、厅长曲植凡，党委委员、副厅长于长安到滨海公安局视察工作

市委书记张秋波，市委副书记刘曙光，管理局党委副书记、工会主席李忠华，市委常委、政法委书记张秀香到滨海公安局看望一线执勤民警

滨海公安局局长高桂亭(中)与“全国公安系统奥运安保工作先进个人”获得者郭新农(右一)交谈

反恐演习时，消防指战员抢救伤员

举办纪念改革开放30周年暨庆元旦、迎新春文艺晚会

国家级文明小区的靓丽一角

胜利石油管理局胜中社区管理中心

SHENG LI SHI YOU GUAN LI JU SHENG ZHONG SHE QU GUAN LI ZHONG XIN

胜利石油管理局胜中社区管理中心创建于1997年11月29日，主要承担西城中心城区46个油田职工住宅小区的规划建设、物业四保、卫生服务、学前教育、社区文化、部分市政设施及部分改制企业移交人员的管理服务等职能。

胜中社区坚持以科学发展观为指导，以服务油田和区域和谐发展为己任，认真履行“保障企业生产，服务职工群众，维护社区稳定”的职能，坚持“精细美”的标准，发扬“细实严恒”的作风，扎实推进和谐社区建设，先后获全国青年文明社区和模范职工之家、省级文明单位、山东省思想政治工作优秀企业、平安山东建设先进单位、普法依法治企工作先进集体和文化先进社区等荣誉称号。

发展恰如春潮涌，攀登正未有穷期。抓住中国石化集团公司将社区建设成为“油田勘探开发的大本营和打造上游长板的重要基地”的机遇，围绕建设“管理有序、服务优质、环境优美、文明和谐”现代社区的目标，胜中社区坚持在继承中创新，在创新中发展，在发展中提升，奋发有为向前进，与时俱进创和谐，意气风发迈向美好明天。

丰富高雅的社区文化活动

胜利石油管理局副总经济师、社区管理中心主任韩希忠（左三）到小区现场检查指导工作

社区党委书记徐向业（前排右一）陪同中国企业联合会领导在社区检查指导工作

先进的小区治安监控系统

胜利油田东胜集团股份公司

DONGSHENG GROUP CO.，LTD. OF SHENGLI OILFIELD

党委书记　臧卫宁

总经理　孙永壮

胜利油田东胜精攻石油开发集团股份有限公司成立于1993年6月29日，以石油、天然气勘探、开发为主营业务，是国内陆上石油行业第一家以股份制形式，油地结合开发难采储量的油公司。

公司从自筹资金钻探第一口井开始，已相继对33个区块进行了开发，并按区块所处地域成立了13个油公司，分布在山东省6市14县（市、区）内。至2008年底，东胜公司探明含油面积297.66Km^2，探明石油地质储量2.23亿吨，以低渗和稠油油藏为主，年生产原油能力90余万吨。员工3200余人。

公司以充分利用国外石油资源为目标，积极参与国际竞争，不断拓展合作领域，在蒙古国进行石油勘探、开发，目前形成年原油生产能力10万吨。

公司推崇“精益求精，攻坚必胜”的企业精神，致力于企业文化建设；崇尚创新意识，追求精细管理；倡导团队精神，打造和谐队伍。公司凭借先进的体制机制，良好的人文环境，精干的组织机构，高效的管理手段，高素质的员工队伍，实现了规模、产量、效益的持续增长。

目前，公司以“开拓新的资源接替，提高储量动用率和油田采收率，追求长期效益和贡献国家，奉献社会，造福职工”为指导思想，以经济效益为中心，以精细管理为途径，充分调动各方面积极性，紧紧围绕实现胜利油区百万吨油公司这一目标，深入贯彻落实科学发展观，解放思想，锐意进取，振奋精神，应对挑战，努力开创公司科学发展、和谐发展的新局面。

精益求精　攻坚必胜

公司精神	精益求精　攻坚必胜
管理理念	事责权利相统一　激励约束相结合　规范创新相促进
团队理念	从信任到默契　以协作求卓越
执行理念	主动负责　跟进提升　慎终如始

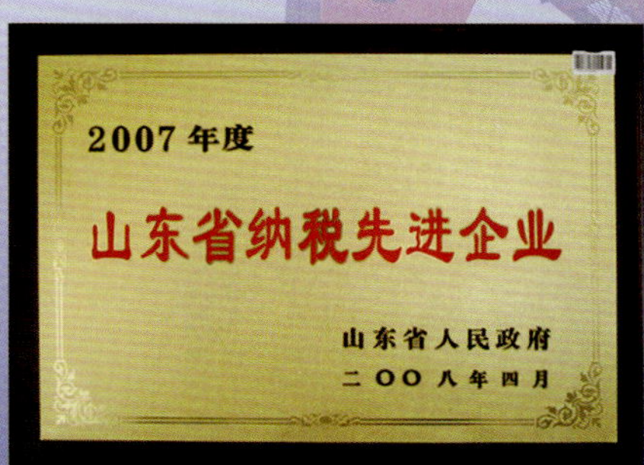

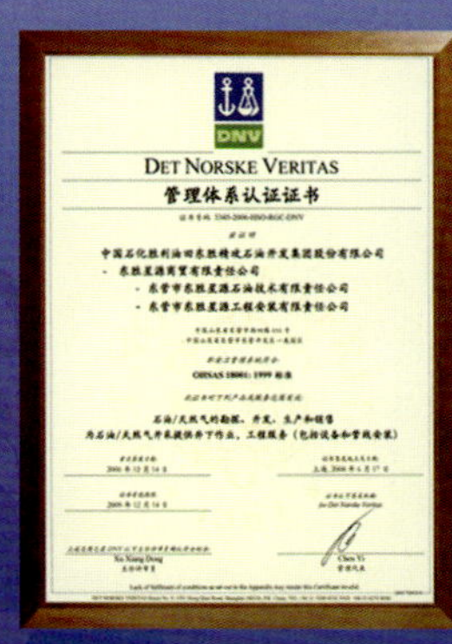

胜利油田采油工艺研究院

SHENG LI YOU TIAN CAI YOU GONG YI YAN JIU YUAN

院长、党委副书记　王世虎

王世虎　男，中共党员，教授级高级工程师，中国石油大学（华东）石油工程专业博士研究生，现任胜利油田采油工艺研究院院长、党委副书记。先后主持或参与完成20项省部级科研项目的攻关，获得省部级科技进步奖9项，申请专利15项，发表论文32篇，先后获"中石化拔尖人才""中石化第二批第三层次学术技术带头人"等荣誉称号。

党委书记、副院长 石超英

石超英　女，中共党员，教授级高级政工师，北京师范大学企业管理专业硕士研究生，现任胜利油田采油工艺研究院党委书记、副院长。所涉足的科研攻关和管理工作领域不断取得创新成果或突破性进展，为油田的改革发展做出突出贡献。所完成的科研成果及个人事迹1995年在北京参加"第四届世界妇女大会"展览。先后获"全国先进女职工""中国企业文化建设先进个人"等荣誉称号。

中石化集团总经理、党组书记苏树林到采油院视察

采油院院长王世虎陪同上级领导在施工现场

采油院全景

胜利油田采油工艺研究院成立于1984年5月，其前身为1965年11月成立的九二三厂井下作业指挥部新技术研究大队。主要承担采油工程新技术的研究、引进、推广，重大采油工程方案和采油工程规划编制，及采油工艺发展战略研究，是胜利油田勘探开发的重要技术参谋部，是集团公司重点研究院。全院现有员工669人，其中专业技术人员499人；教授级高工7人，高级职称158人；享受政府津贴专家4人，中石化有突出贡献专家和学术带头人5人，胜利油田第一层次学术技术带头人9人，胜利油田高级专家8人。目前形成了“七个研究所、六个研究中心、一个分院”的科技攻关主体。配套建成了设备先进、功能齐全的机械采油等10个专业实验室，其中稠油开采等5个实验室被列为胜利油田重点实验室，三次采油实验室被列为集团公司重点实验室，井下安全阀检测实验室通过API认证，采油工艺专用材料检测实验室通过国家计量认证。ISO9001质量管理体系和HSE管理体系通过认证。拥有多功能压裂防砂施工车等重大实验装备和各类仪器设备401台（套）。建院以来，共承担局级以上科研项目554项，获奖科技成果443项，其中国家级奖20项、省部级奖111项。获专利281项，其中国家发明专利和美国专利21项。经过多年的研究攻关与配套集成，形成了一批具有国际国内领先水平的专有技术和专利技术，不断完善发展了适应不同类型油藏开发需要的采油工艺技术体系，为胜利油田开发提供了有力技术支撑。据不完全统计，三年来，采油院共获文明建设、思想政治工作、科技创新、安全生产、厂务公开、党风廉政、综合治理等先进单位荣誉称号30多个，连续多年被评为胜利油田文明建设先进单位，2009年被评为山东省文明单位。

采油院党委书记、副院长石超英走访慰问老同志

采油院新型多功能压裂防砂一体化泵车投入使用

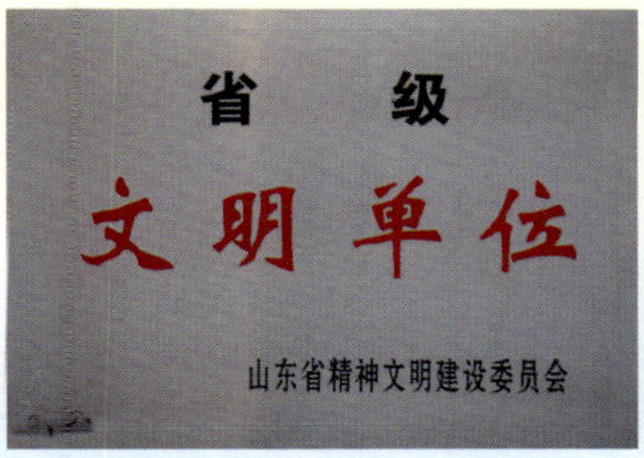

胜利油田地质科学研究院

SHENG LI YOU TIAN DI ZHI KE XUE YAN JIU YUAN

胜利地质
SHENGLI GEOLOGY

党委书记　孙喜新

院长　刘显太

地质科学研究院（简称地质院）成立于1964年7月27日，主要承担国家、中石化及胜利油田勘探开发重大科研项目与新技术攻关，油气田勘探研究与开发方案编制，油田油、气、水、岩石资料测试和分析，是胜利油田唯一的集勘探、开发于一体的综合研究机构，被誉为油田“地质参谋部”，是中石化重点研究院。

地质院现有职工1246人，其中博士后8人，博士70人，硕士364人；具有高级职称的300人，其中教授级高工16人；享受政府特殊津贴专家2人，省部级专家6人，油田高级专家11人。设28个三级单位、8个机关部室、5个直属单位和5个四级单位；拥有勘探、开发及测试三大分支研究机构，已建成中国石化提高采收率研究中心、山东省提高油气采收率工程技术研究中心和6个油田重点实验室。拥有勘探开发大型专用仪器设备260余台套，固定资产原值6.09亿元，净值2.3亿元。

建院以来，地质院共获局级以上科技进步奖768项，其中国家级20项、省部级137项。特别是“十五”以来，丰富发展了陆相断陷盆地隐蔽油气藏勘探、陆相水驱油藏剩余油富集等新理论，配套完善了20项技术系列，其中2项跻身中石化核心技术行列，5项确定为中石化专有成套技术，4项列入“胜利技术品牌”，初步构筑起具有胜利特色的勘探开发理论技术体系，有力地指导了胜利油田乃至渤海湾地区的勘探开发，实现了胜利油田连续26年新增探明储量过亿吨，连续24年原油产量保持在2650万吨以上，连续12年保持储采平衡，为我国石油勘探开发理论的丰富完善和胜利油田持续稳定发展做出了积极贡献。

多年来，地质院充分发挥理论、技术、人才等方面优势，先后承担新疆、江苏和阿尔及利亚、墨西哥等多个国内外技术

中国石油职工思想政治工作研究会科研分会第十次年会在胜利地质院召开

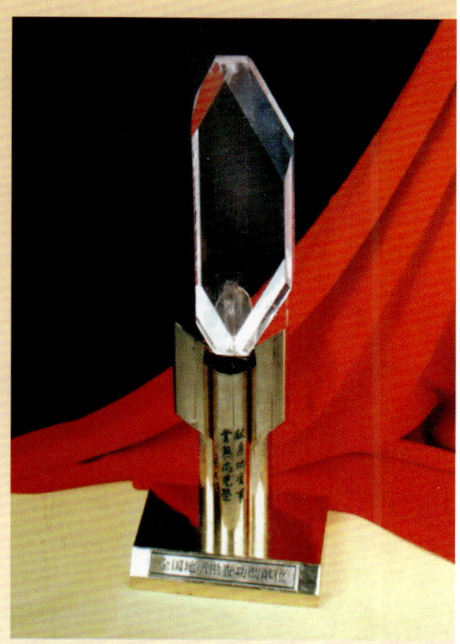

全国地质勘查功勋单位奖

服务项目，成功打响了“胜利地质”品牌。1992年获首批“全国地质勘查功勋单位”称号，1996年获国家甲级工程咨询单位资格，2000年被接纳为国际咨询工程师联合会成员协会会员；继1995年整体通过国家计量认证之后，2004年石油地质测试中心通过国家实验室认可；自2001年以来，连年荣获省级文明单位称号，多次被评为集团公司和油田先进科技集体；2008年被授予全国首家“品牌文化示范单位”和“改革开放30年全国企业文化优秀单位”。

今后，地质院将着眼“百年创新、百年胜利”愿景，围绕“提高规模储量发现率、提高储量动用率、提高油气采收率”三大工作目标，大力弘扬新时期胜利地质精神，锐意进取，和谐发展，向建设“国内领先、国际一流”地质科学研究院目标不断迈进！

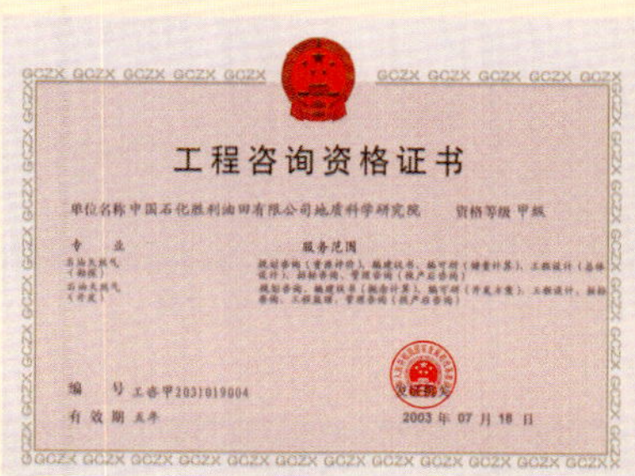

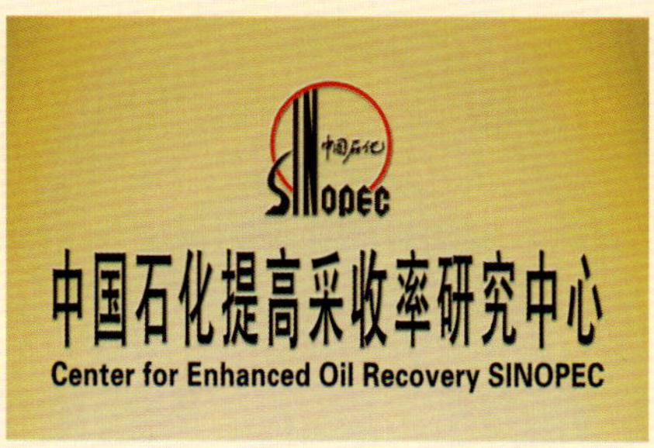

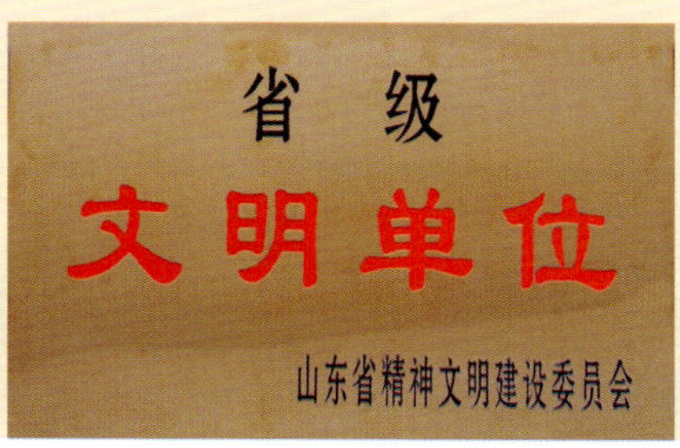

胜利油田胜利工程建设(集团)

SHENG LI YOU TIAN SHENG LI GONG CHENG JIAN SHE (JI TUAN)

领导班子

胜利石油管理局综合办公楼

胜利油田胜利工程建设（集团）有限责任公司拥有公路工程、水利水电工程、市政公用工程、房屋建筑工程4个总承包一级和公路路面工程、地基与基础工程、建筑装修装饰工程、消防工程、钢结构工程5个专业承包一级施工资质，同时具有对外经济合作经营资格、对外援助成套项目实施企业A级资格和进出口企业经营资格。

公司具有高等级公路、大型桥梁、大型高层工业与民用建筑、大型水库、大型污水处理厂、净水厂海堤、机场、码头、建筑装饰、电梯安装、消防设备安装、钢结构工程、园林绿化、建筑智能化工程等综合施工能力和境外工程承包、境内国际招标、相关设备和材料出口、外派劳务等综合经营能力。

公司始终发扬“争先、求实、服务、奉献”的企业精神，坚持“质量第一、用户至上”的服务宗旨和“优、快、诚、信、好”的经营方针，开拓创新，不断进取，在质量、工期、成本、服务、管理等方面赢得了社会各界的好评。

公司先后获山东省质量管理奖、中国500家最大规模和最佳经济效益企业、中国建筑施工企业100强、全国优秀施工企业、“八五”全国建设管理先进单位、全国“守合同、重信用”企业、全国工程建设质量

中国土木工程詹天佑奖——四川川九路

中国土木工程詹天佑奖——江苏连徐高速公路

中国建筑工程鲁班奖—沪宁高速公路

中国钢结构金奖——胜利石油钢管ERW工程

有限责任公司

YOU XIAN ZE REN GONG SI

管理先进单位、中国公路建设行业优秀施工企业、全国优秀水利施工企业、银行信用AAA级企业、税务管理AAA级企业、国际声誉质量奖等荣誉称号。1995年通过了ISO9002质量体系认证，2003年通过了质量、职业安全健康、环境三体系整合认证。

目前，公司正向“技术现代化、管理科学化、经营国际化的一流企业集团”的目标迈进，愿以一流的质量、一流的技术竭诚为广大客户服务。

中国建筑工程鲁班奖——济南经十东路

国家优质工程银奖——东胜大厦

国家市政金杯示范工程——济南西区景观湖大桥

辉苑小区高层住宅楼群

中国建筑工程装饰奖——胜利宾馆

亚洲第一大平原高坝水库——纯化水厂堤坝

中国建筑工程鲁班奖——胜利大桥

西五路跨铁路桥

物探研究院青年科技创新成果发布交流会

物探研究院科技大会

胜利油田物探研究院

SHENG LI YOU TIAN WU TAN YAN JIU YUAN

物探研究院文化建设推进大会

物探研究院中青年专家大课堂

胜利油田物探研究院是中国石化胜利油田的下属二级单位，成立于2001年 月，是中国石化重点科研院所之一，是中国石化内部最大的地震资料处理解释、地质综合研究单位；主要从事石油勘探资料处理、解释和地质综合研究。现有在职人员１０６０人，大学以上学历的占６５％；特别聘请刘光鼎、李庆忠、马在田3位物探界院士为学术顾问。

物探研究院的计算机装备CPU总数达6500多个，运算速度达到每秒40万亿次；配备有多套世界先进的地震处理软件；与同济大学、石油大学及英国爱丁堡大学等高校合作建立“油藏综合地球物理实验室”等实验室。

近年来，全院认真落实科学发展观，提升核心竞争力，瞄准“国内一流、国际知名”的目标，致力于物探技术的创新和发展，在人才队伍、物探技术、计算机装备、企业文化建设等方面有了长足的发展，培养了一大批物探地质和计算机技术高级人才，拥有地震处理解释、油藏综合地球物理、计算机信息技术等一系列强项技术，为油田勘探开发做出应有的贡献。

物探研究院多次被评为山东省文明单位、中国石化文明单位、胜利油田文明建设先进单位、科技工作先进单位。

物探研究院大型计算机机柜

物探研究院研究大楼

胜利油田石油开发中心

SHENG LI YOU TIAN SHI YOU KAI FA ZHONG XIN

石油开发中心是胜利油田专业从事难动用储量开发的二级单位，2003年1月30日组建，4月7日注册成立，2007年1月上市委托胜利油田分公司管理。

石油开发中心所辖生产工作区主体位于山东东营、德州、滨州3个地市，管理乐安、王庄、滨南、新滩、利津、大王庄、渤南、商河、盐家、阳信、义和庄、陈家庄等12个油田中的27个区块。

石油开发中心成立以来，以科学发展观为统领，以打造油田新的经济增长点为目标，发扬“难动敢动、迎难而动”的文化精神，科学规划，精心运筹，强化运行，加快发展，各项工作取得了长足进步。6年累计生产原油215万吨，实现销售收入69.15亿元。同时，探索发展了具有油公司特色的管理体制、经营机制和市场化运作模式，创新集成了居国际领先地位的配套石油开采工艺技术，锻造了适应难动用储量开发的员工队伍，实现了超常规、跨越式发展，为下一步发展准备了条件。

在新的历史时期，石油开发中心将围绕“科学发展、和谐发展”，致力于百万吨建设，积极为油田和地方经济发展贡献更大力量。

中石化集团公司总经理、党组书记苏树林到中心垦东12视察

石油开发中心代表队五运会上展英姿

石油开发中心第一口井草104－1井开钻，标志着难动用开发正式启动

建成的石油开发中心垦东12海油陆采平台

石油开发中心大型防砂施工

胜利石油管理局热电联供中心

SHENG LI SHI YOU GUAN LI JU RE DIAN LIAN GONG ZHONG XIN

党委书记　刘豫龙

主任　杨国军

胜利石油管理局热电联供中心成立于2007年6月，位于渤海之滨、黄河尾闾的黄河三角洲，是胜利石油管理局所属的二级单位，担负油田171个小区16.6万户居民、152个油田单位（不包括临盘社区、龙口基地）及东营、滨州两市部分单位的供暖服务任务，总供暖面积1994.75万平方米。下设7个部室，3个直属单位，10个三级单位，58个基层队，共有职工2424人。中心除热电联供系统外，现有在用锅炉房40座，锅炉165台，合计2245.5吨，其中蒸汽锅炉64台、444.5吨；热水锅炉101台、1799吨。有大型燃煤锅炉31台，燃浆锅炉6台。在用换热站170座，50KW以上大型水泵462台，大型风机75KW以上的74台，大型除尘脱硫设备34套，电除尘设备1套，磨机3台，制浆系统3套及附机1套。

回顾过去，热电联供中心干部职工发扬“辛苦我一人，情暖万家春”的热力精神，以“送万家温暖，净油城蓝天”为宗旨，坚持打造“学习型、经营型、数字型”队伍，积极进取，奋发有为，不断夯实发展基础，理顺机制体制，热力专业化水平大幅提高，整体实力不断增强。展望未来，热力联供中心将以昂扬的精神、坚定的信念，向着“和谐热力、行业领先”的奋斗目标前进，着力打造“胜利热力”服务品牌，用心血和汗水创造灿烂美好的明天。

入户维修

胜利石油管理局供热专业化改革交接会议

设备维护

中国石化股份胜利油田分公司技术检测中心

ZHONG GUO SHI HUA GU FEN SHENG LI YOU TIAN FEN GONG SI JI SHU JIAN CE ZHONG XIN

中国石化股份胜利油田分公司技术检测中心(以下简称中心)位于东营市东营区西二路480号，是我国石油、石化系统最具技术实力和检测规模的综合性技术检测机构之一。中心成立于1991年2月，下设8个机关科室、15个业务站（所）及综合服务中心和治安保卫中心。中心共取得各类资格证28个，拥有各种职(执)业资格证书215个。中心被冠名为“国家安全生产胜利油田石油设备检测检验中心”，成为石油石化行业首家取得国家安全生产检测检验机构甲级资质的检验机构；以整体名义取得了国家实验室认可资质证书，有9个检测和校准实验室纳入了该项资质；中心被确定为“山东省安全生产技术支撑体系专业中心非矿山实验室与重大危险源监控实验室”；8个专业站（所）为中石化集团公司的技术检测机构；2个单位获得中石化业务授权；2个实验室为胜利油田重点实验室。拥有先进仪器设备上千（台）套。中心秉承“科学、准确、公正、高效”的企业文化核心内涵，发扬“科学创新　追求卓越”的胜利检测精神，先后承担完成了70多项部（局）级科研课题，60余项成果获得局级以上科技奖励，多项研究成果达到国际先进水平或居国内领先地位。

原子吸收

“粉煤灰处理采油废水及灰水再利用技术研究”成果达到国际先进水平

胜利技术检测中心办公楼

海洋石油船舶中心

胜利船舶 SHENGLI SHIPPING

HAI YANG SHI YOU CHUAN BO ZHONG XIN

船舶坞修

海洋石油船舶中心是胜利油田唯一的专业化船舶保障、海洋应急单位，主要承担保障支持油田海洋石油勘探开发安全生产、清洁生产的重任；同时海洋石油船舶中心作为“山东省海上东营安全生产应急救援中心”，担负东营、滨州、潍坊等地海域的海上应急抢险任务。中心现有职工1240人，其中船员564人，应急消防和抢险救助等专业人员180人。拥有多用途工作船、全回转浮吊、油轮、溢油回收船、机动货驳、挖泥船等船舶27艘，目前正在建造的溢油回收船和8000马力多用工作船各1艘；拥有冲锋舟、围油栏、撇油器、消防车，及全地形抢险车、水力“冷切割设备”、破拆工具和逃生救生器材等多种溢油应急、水路抢险救助装备和设施。中心在龙口和桩西分别有基地一座，龙口基地主要承担港口服务、船舶修理、办公指挥、后勤保障、生活居住等任务，桩西基地主要承担应急支持、岸基保障、物资供应等任务，各类设施完备，功能齐全。

授牌仪式

应急演习

全地形抢险车

水力冷切割设备

释放围油栏

安全守护

平台就位

海上消防

主要产品

胜利石化总厂办公楼

胜利石油化工总厂

SHENG LI SHI YOU HUA GONG ZONG CHANG

石油化工总厂位于东营市东营区史口镇、龙居镇和垦利县郝家镇交界处。占地面积2.3平方公里。1985年5月开始兴建，1990年8月正式投产。有机关科室12个、三级单位26个、四级单位17个，三级党委1个、党总支4个，党支部42个，党员701人；代管胜利石油管理局多种经营实体——天宇集团公司。主业用工2160人，其中大学以上学历334人，高级职称108人、中级职称244人。拥有8套炼油装置，固定资产净值5.4亿元。主要产品有汽油、柴油、液化气、石脑油、硫磺、沥青、石油焦等。

2008年，石油化工总厂干部职工发扬艰苦奋斗的创业精神，抓住安全生产和加快发展不放松，生产经营和改革发展取得了丰硕成果。面对原油价格持续攀升、炼油化工竞争日趋激烈、成品油质量升级任务艰巨等严峻挑战，石油化工总厂领导班子贯彻党的十七大精神和“三个代表”重要思想，以科学发展观统领全局，坚持发展不动摇，坚持维护职工的切身利益，及时调整思路，化解矛盾，规避风险，团结带领广大干部职工锐意改革，加快发展，总厂综合竞争实力明显增强，文明建设成效显著，各项工作平稳推进，做到了生产稳定、队伍稳定、大局稳定。

石化总厂厂区全貌

胜利油田孤岛采油厂

SHENG LI YOU TIAN GU DAO CAI YOU CHANG

油田领导到采油厂指导工作

运用聚驱技术进行油田开发

活动注汽站

具有石油特色和孤岛特色的企业文化活动

孤岛油田开发建设40周年文艺晚会

2008年5月17日，召开孤岛油田开发建设40周年庆祝大会

孤岛采油厂是胜利油田分公司所属从事石油天然气勘探开发的二级单位，位于山东省东营市河口区，辖区陆地面积1050平方公里，管理孤岛、垦利、垦西、孤南、河滩5个油田，含油面积141.22平方公里，石油地质储量4.99亿吨。自油田投入开发以来，累计生产原油1.61亿吨。2008年，生产原油365万吨，是中石化最大的三次采油基地。

2008年，孤岛采油厂以“树孤岛品牌、建百年油田”为远景目标，持续推进“2341”发展战略，积极开展“抓源头、促清廉”“双学双增”“机关干部跟班劳动”和“岗位明星”评选活动，进一步密切了党群干群关系，基层建设水平不断提高，采油厂获山东省文明单位、中石化红旗采油厂、集团公司“抓源头、促清廉”活动先进集体等荣誉称号。

厂机关办公楼

胜利石油管理局渤海钻井总公司

SHENG LI SHI YOU GUANG LI JU BO HAI ZUAN JING ZONG GONG SI

党委书记　王军

王军 男，汉族，1967年出生，山东垦利县人，1990年7月参加工作，1993年8月入党，硕士研究生，高级政工师。历任井下作业公司团委、组织科干事，局团委组织青工部副部长，局团委副书记、渤海钻井总公司党委副书记等职务，现任渤海钻井总公司党委书记。

经理　张大奋

张大奋 男，汉族，1955年出生，山东龙口市人，1972年12月参加工作，1979年12月入党，大学专科学历，高级工程师。历任胜利油田32529钻井队工人，32406钻井队副队长、队长，胜利油田钻井四公司生产办公室副主任、副经理、经理，黄河钻井总公司副经理、党委常委副经理，胜利油田塔里木钻井公司经理、党委副书记，局西部工委党委常委、副主任。现任渤海钻井总公司经理、党委副书记。

科技应用

70691队承钻的亚洲第一深井川科1井开钻典礼

海南油地共建联欢会

文明建设表彰大会

钻井作业

胜利石油管理局渤海钻井总公司，成立于1997年5月15日，位于山东省东营市河口区，是集钻井生产、后勤服务于一体的大型综合性石油钻探公司。公司机关设17个职能科室和8个直属单位，下设钻井一公司、钻井二公司、钻前公司、固井公司、管具公司、钻井设备维修中心、综合服务大队、工程运输一公司、工程运输二公司、华龙实业公司10个单位。现有职工7763人，党员4059人。拥有70LDB、ZJ50DB、30DB、45型、32型等钻机53部，具备年钻井180万米的生产能力。公司主要担负胜利油田黄河以北钻井施工任务。外部市场主要分布在海南、吉林、埃及、蒙古、阿塞拜疆、哈萨克斯坦等国内外市场。公司多次被评为管理局文明建设先进单位、思想政治工作先进单位、基层建设先进单位；公司获全国企业文化建设优秀单位、山东省理论教育工作先进单位、山东省富民兴鲁劳动奖状、山东省劳动关系和谐企业、山东省职业道德建设先进单位等荣誉称号。

总公司机关大楼全景

胜利石油管理局地质录井公司

SHENG LI SHI YOU GUAN LI JU DI ZHI LU JING GONG SI

公司书记王其敬在外部市场调研

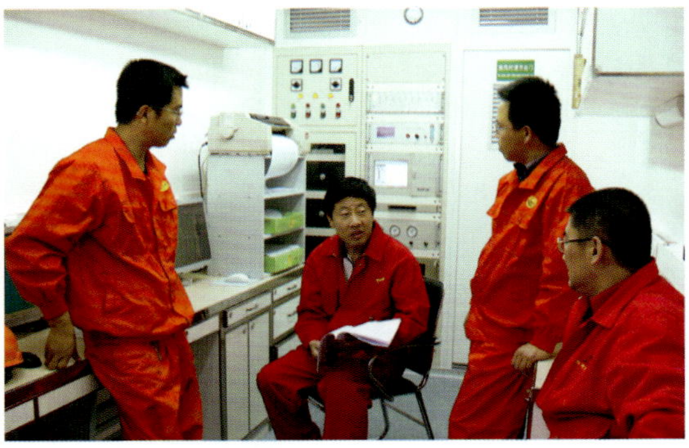

公司经理翟慎德在录井小队调研

研究解释中心技术人员在进行地层分析对比

录井数据工程师进行现场录井技术服务

中国石油化工集团公司胜利石油管理局地质录井公司位于东营市，成立于1984年。胜利油田地质录井公司是一家集钻井地质设计、工程测绘、录井技术服务、无线信息远程传输、录井设备研制开发、录井资料后期解释评价、职工教育培训于一体的专业化录井公司，是目前国内规模最大、技术装备最先进、综合实力最强的专业化录井公司之一。

胜利录井拥有一流的录井工程师600多人和一大批具有丰富实践经验的工程技术人员；拥有一批基础知识扎实、业务技术水平高、外语能力强的高素质复合型人才。

胜利录井拥有国际、国内领先水平的录井系统和自主研发的体积小巧、性能强大的小型录井仪，并拥有地化录井仪、定量荧光录井仪、PK仪、快速色谱分析仪、水分析仪、工程测绘设备、油藏描述工作站、DMTCoreScan数字岩心扫描仪和YXCJ－Ⅳ岩心图像扫描等整套先进的录井、测绘及分析化验设备，能满足不同地域、不同井别的录井技术服务。

公司致力于胜利录井品牌建设，学习借鉴国际大公司的管理经验，各项管理与国际接轨。1998年9月获得ISO9002质量认证，2001年在国内录井行业率先取得ISO9000系列2000版的国际质量认证；建立健康、安全、环保（HSE）管理体系，服务人员经过严格的专门培训，能提供从陆地到海上，从直井到各类水平井、开窗侧钻井，从资料处理解释到后期的地质综合研究等技术服务，能适应不同条件和环境下的全天候录井作业。

近年来，胜利录井倡导“观念随着市场变、机制随着市场建、精力围着市场转、工作围着市场干”的新理念，实施了“以市场磨砺品牌，以品牌占有市场”的互动市场开拓模式，基本形成了胜利录井队伍在国际、国内和油田本土三足鼎立的市场格局，为国内外客户提供了精细化、超价值的专业化服务，全力打造国内外录井市场的旗舰品牌。

如今，“胜利录井”的品牌文化含量和公众认知度与日俱增，胜利录井人正以科学发展观为统领，按照“领先发展、科学发展、和谐发展”的总体思路，围绕“创建国际一流录井公司”的共同愿景，以崭新的精神风貌和饱满的工作热情创造和谐美好的未来！

胜利油田胜利化工有限责任公司

SHENG LI YOU TIAN SHENG LI HUA GONG YOU XIAN ZE REN GONG SI

胜利油田胜利化工有限责任公司组建于2001年3月，原为胜利石油管理局控股子公司。2007年2月完成改制。公司注册资本1768万元，资产总额15222万元。公司下属12家分公司（厂），年销售收入1.5亿元。2004年，公司通过了ISO9001和英国皇家UKAS质量体系认证。

公司主要生产油气开采用化学品、钻井用化学品、油气集输用化学品、水处理用化学品、提高采收率用化学品及社会用化学品6大类100多种产品，并提供专业化的油气开采、集输、水处理、提高采收率和新型钻井液等技术服务。

公司组建以来，大力实施科技创新战略，针对油田勘探、开发、集输和水处理等生产领域的需求，重点开展了适应不同油田的破乳剂开发、低含水稠油降粘、三采采出液净化处理、原油破乳脱水及污水处理等技术研究，并形成了具有公司特色的配套技术和工艺。着眼于公司的长远发展，相继引进开发了纳米增注剂、石油磺酸盐和聚醚类表面活性剂等高新产品。同时，对破乳剂、缓蚀剂、降粘剂等老产品进行了改良和升级换代。紧密结合油田原油生产，探索形成了常规酸化、堵水调剖、低渗透油田纳米增注等技术服务方面成熟的配套技术。

2002年5月，胜利石油管理局将稻香小区整体移交公司管理。公司以稻香小区为基础，积极筹建胜利化工园区，为公司搭建创业发展的平台。园区占地75万平方米，以油田化学品的规模化、专业化为方向，积极向中间体、日用化工、自动化仪表等领域拓展。目前，公司专业化水处理药剂、破乳剂、钻井药剂生产车间已入驻园区，油田化学品的年生产能力达1.5万吨。

为进一步扩张公司经济总量，2008年1月，公司投资兴建了2万吨/年石油磺酸盐项目，该项目于2008年10月建成投产。“石油磺酸盐”驱油剂产品是科技部和中石化“863”高新技术攻关项目，产品主要用于老油田三次采油。产品生产技术在国内同行业领先，达到了国际前沿技术先进水平，并具有独立自主的技术产权，被列为该项目的示范基地。

新建设的2万吨年石油磺酸盐项目罐区

2万吨年石油磺酸盐项目

破乳剂车间

工人在记录控制数据

对新进大学生进行入厂教育

胜利油田钻井工程技术公司

SHENG LI YOU TIAN ZUAN JING GONG CHENG JI SHU GONG SI

党委书记　李佃鑫

经理　盛明仁

钻井工程技术公司组建于1997年5月，主要为国内外油田勘探开发提供定向井、水平井等特殊工艺井及优质钻井液科研攻关和现场技术服务，并面向全国石油系统提供钻井专业技术培训和多种安全资质培训。公司位于东营市东营区钻井路7号，占地面积25.27万平方米。

至2008年底，钻井工程技术公司下设定向井公司、泥浆公司、钻井职工培训中心3个三级单位，5个科级单位，4个直属科级单位。共有正式职工1099人，其中教授级职称4人，高级职称73人，中级职称249人。公司固定资产原值2.62亿元，固定资产净值1.47亿元，拥有专业化仪器设备213台（套），可同时为70台钻机提供定向井、水平井技术服务和50台钻机提供泥浆现场技术服务，具有年完成定向井、水平井900口，泥浆技术服务井500口的技术服务能力，拥有国际IWCF和IADC井控、国际HSE、国内防硫化氢、浅海石油作业“四小证”安全培训等15种培训资质。公司成立以来，共完成局级及以上科研项目98项，其中2项成果获得国家科技进步奖，9项成果获得集团公司奖励，87项成果获得局级奖励。公司已成熟配套了6大特殊工艺井钻井技术，形成了10余种类型的定向井、水平井井眼轨迹控制技术；研制出10多项钻井液、完井液体系及泥浆新工艺。其中，FEWD地质导向钻井技术、超薄油藏水平井钻井技术、海油陆采大位移井钻井技术和强抑制性水基钻井液、纳米钻井液处理剂、聚合物钻井液、可循环泡沫钻井液、双保型钻井液等居国内领先水平。

2008年，公司技术服务领域主要分布在胜利油田、新疆、川东北、冀东、鄂尔多斯等油区，并为墨西哥、伊朗、土库曼斯坦等国家部分油区提供水平井和钻井液技术服务。公司经营收入达到5.32亿元，实现利润5036万元。公司“胜利定向井技术”被评为胜利油田技术品牌，“钻井培训”被评为胜利油田“十大”服务品牌。公司被中国企业文化促进会授予全国企业文化建设优秀单位荣誉称号；“定向文化”荣获山东省企业文化建设创新成果奖。

中国工程院院士沈忠厚（右四）和顾心怿（右三）到公司指导工作

公司技术服务人员进行钻井液现场试验

公司技术服务人员奋战在墨西哥施工一线

胜利油田鲁明油气勘探开发有限公司

SHENG LI YOU TIAN LU MING YOU QI KAN TAN KAI FA YOU XIAN GONG SI

鲁明公司一届职代会

鲁明公司第一届职工运动会

鲁明油气勘探开发有限公司是2008年3月由胜利油田大明（集团）股份有限公司的油气产业整合重组成立的油公司，作为胜利油田分公司的二级单位进行管理，主要从事低品位、难动用油气藏的勘探开发。公司总部位于东营市济南路大明大厦，下设机关部室12个，直属中心2个，子公司13个，现有员工2061人。

目前，管理一个油田和九大区块，分布在济阳、商河、高青等11个县区。其中，胜利油区范围内累计探明含油面积79.2平方公里，石油地质储量6220万吨，天然气面积32.5平方千米，天然气储量40.81亿立方米；合作区块含油面积70.4平方公里，石油地质储量6138万吨。自开发以来，胜利油区已累计生产原油486万吨，生产天然气3900多万立方米。公司油气生产能力达到60万吨。

经过多年探索和发展，在低渗透油藏、稠油出砂油藏、高凝油等难动用储量的开采上积累了丰富的经验，在压裂施工、水平井滤砂管完井、酸洗防砂一体化和蒸汽吞吐热采、电磁炉加热等方面的工艺技术日趋成熟，在胜利油田的低品位、难动用油气藏勘探开发上发挥着越来越重要的作用。

鲁明济北公司联合站

压裂施工现场

胜利医院门诊病房大楼

胜利石油管理局胜利医院

SHENG LI SHI YOU GUAN LI JU SHENG LI YI YUAN

胜利石油管理局胜利医院是一所集医疗、预防、保健、教学、科研于一体的大型综合性三级医院。“胜利石油管理局老年病医院”为医院第二名称，同时挂“东营市传染病医院”的牌子，是东营市医疗保险和工伤保险定点医院及农村合作医疗定点医院。

医院开放床位800张，年门诊量42万人次，年住院病人2万人次。东营市传染病医院、胜利石油管理局结核病防治所、精神卫生康复中心、老年病医院是油田和东营市独有的特色专科。

医院拥有双梯度1.5T超导型磁共振、多层螺旋CT、直线加速器、C型臂、数字胃肠X光机、DR、CR等大型医疗设备。实现病人诊疗的全程计算机管理，病房大楼拥有中心供氧、中心吸引和先进的ICU、CCU监护病房，为各类病人提供优质服务。

医院先后获全国和山东省结核病防治工作先进单位、省职业道德建设先进单位、省卫生行业文明单位、省医疗保险定点医疗机构先进单位、省医疗保险定点医院目标规范化管理先进单位、省卫生系统诚信建设先进单位、省结核病防治工作先进单位、省“AAA”诚信定点医院、管理局文明建设先进单位等荣誉称号。

开展为群众义诊服务

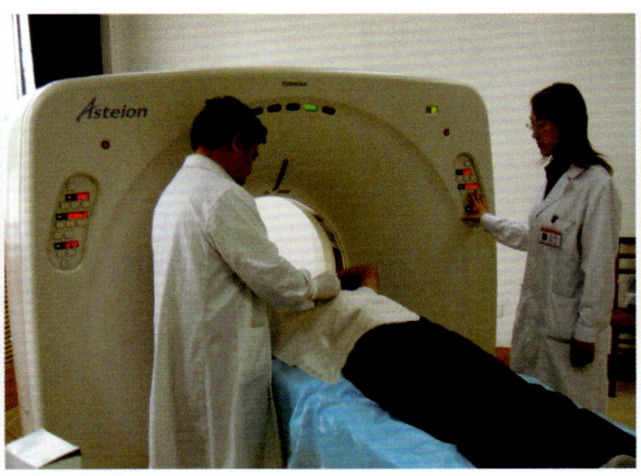

多层螺旋CT

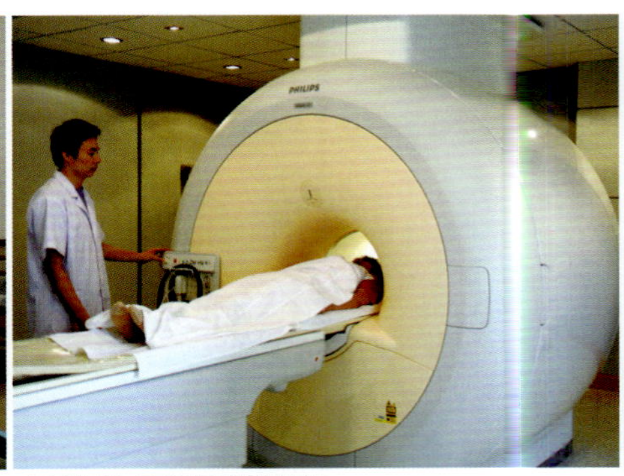

双梯度1.5T超导型磁共振

胜利油田仙河投资发展有限公司

SHENG LI YOU TIAN XIAN HE TOU ZI FA ZHAN YOU XIAN GONG SI

胜利油田仙河投资发展有限公司成立于2007年12月，注册资金2000万元。公司下设党政工作部、经营管理部和财务资产部3个部室及东营市恒发工贸有限公司、东营市仙河暖通有限责任公司、胜利油田顺达劳务服务有限公司、山东翔云建筑工程有限公司4个控股子公司，以及房屋租赁管理公司、石油技术开发分公司等2个分公司。公司业务涉及房屋租赁、建筑安装、房地产开发、园林绿化、农贸市场开发与经营、印刷、汽车修理、铝合金加工、暖气片生产销售、油田内外贸易、劳务输出等。

公司自成立以来，始终秉承“效益优先、卓越发展、诚实回报”的企业宗旨，不断拓宽经营发展渠道和领域，为油田建设与发展和地方经济繁荣做出了积极贡献。

仙河商业区规划鸟瞰

2008年元宵节宣传

汽修厂

山东东青高速公路东营管理处

SHAN DONG DONG QING GAO SU GONG LU DONG YING GUAN LI CHU

处长、党支部书记　王学孟

王学孟 男，1957年9月出生，中共党员，大学文化，现为山东东青公路有限公司副总经理、东营管理处处长、党支部书记，高级经济师。1976年12月参加工作。历任垦利县公路站财征股长、垦利县公路局副局长、辛河路斗柯收费站站长、东营市公路局征稽办主任。2000年到东青公路有限公司工作，历任东青公路有限公司东营管理处副处长、东青公路有限公司收费运营部主任、东青公路有限公司东营管理处处长、东青公司副总经理。

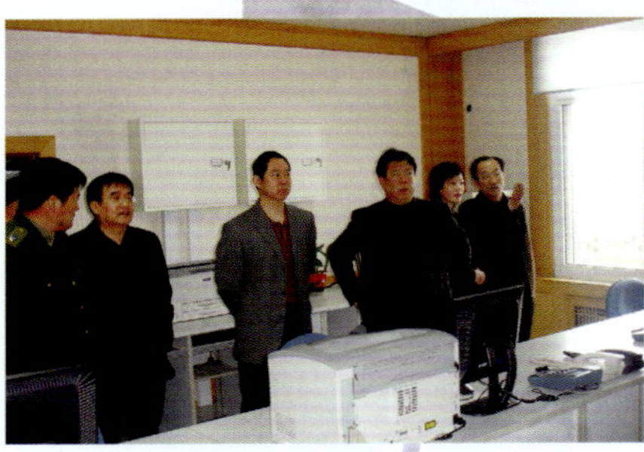

上级领导到管理处视察工作

与各单位签订目标责任书

做好文明服务 喜迎八方来客

一流的高速公路监控管理

山东东青高速公路东营管理处位于东营市南二路1469号，成立于2000年8月，现有正式员工144名。管理处下设东营北、东营南、李庄、广饶4个收费站。机关设办公室、计划财务科、工程资产科、收费运营科等科室，建立健全了党支部、工会、共青团等组织。2005年4月15日东青高速公路全线实现全省联网收费，5月10日实现计重收费。2008年1月1日，东青高速公路服务区归东营管理处管理。

东营管理处所辖路段，北起垦利镇五一村，中经东营市东西城之间，南至广饶县大王镇。管养路段62.8公里，设计行车速度100公里/小时。该路由山东省公路管理局、胜利石油管理局、东营市和潍坊市四方筹资，是山东省第一条采取股份制形式建设与管理的高速公路。成为东营到达济南及胶东半岛的一条便捷、快速的黄金通道，作为山东“五纵连四横，一环绕山东”高速公路主体框架中“一纵”（东营至红花埠）的重要组成部分，促进了黄河三角洲和“海上山东”两大跨世纪工程的实施及胜利油田的开发建设。

管理处自成立以来，认真贯彻省市有关高速公路的政策、条例，响应省公路局“与时代同步，与文明同行”的号召，发扬“团结、自律、创新、发展”的公司精神，以“奉献东青路，服务全社会”为宗旨，始终坚持“抓班子、带队伍、树形象、创效益”的工作方针，内强素质，外树形象，以建设一支团结实干、能打硬拼的领导班子，造就一支政治觉悟高、业务能力强、自身要求严的“四有”职工队伍为基础，健全规章制度，狠抓文明优质服务，发扬艰苦奋斗的精神，上下一心，齐抓共管，开拓创新，与时俱进，争创高速公路文明大通道！

2001~2006年，东营管理处均被授予东营市交通系统先进单位和精神文明建设先进单位荣誉称号。

山东汇海医药化工有限公司

SHAN DONG HUI HAI YI YAO HUA GONG YOU XIAN GONG SI

董事长 赵叶青

总经理 曹晶明

乙酰乙酸甲酯

山东汇海医药化工有限公司是山东金城集团于2005年投资兴建的子公司。公司以开发生产基础化工原料为主，是集研发、生产、销售、服务于一体的高新技术企业，占地面积400余亩，投资总额2.5亿元。

公司位于东营市河口开发区，地理位置优越。所处的东营市河口开发区，已被纳入国家级环渤海经济开发区；交通便利，紧靠即将建成的环渤海高速公路和东营港。公司拥有一支高素质的科研队伍和职工队伍。

公司主要产品有双乙烯酮、乙酰乙酸甲酯、乙酰乙酸乙酯等。

汇海公司致力于双乙烯酮及下游产品的研制和市场开发。同时面向社会寻求在医药、维生素、营养添加剂等领域的合作，共同组建世界级的产品生产基地。

山东欣马酒业有限公司
SHANDONG XINMA DISTILLERY CO.,LTD.

自动化灌装流水线

纯粮酿酒车间

董事长、总经理　徐宝庆

徐宝庆　1968～1969年任垦利县永安中学教师；1970～1979年为军马场四营工人、化肥连排长；1980～1984年任军马场供销公司秘书；1985～1990年11月在军马场宣传科先后任干事　副科长、科长；1990年11月～1992年12月任济军开发局政治处副主任；1992年12月～2003年12月任济军生产基地食品综合加工厂党委副书记、济军生产基地酒厂党委副书记、党委书记；2004年1月至今任山东欣马酒业有限公司董事长兼总经理。

山东欣马酒业有限公司（原济南军区黄河三角洲生产基地酒厂、原济南军区军马场酒厂）是一家具有40多年酿酒历史的纯粮白酒生产企业，年生产白酒能力2000吨，所生产的"欣马"牌纯粮系列白酒，选用优质玉米、高粱、大米、小米、小麦等为原料，采用传统的纯粮固态发酵工艺和现代化酿酒技术，经自然发酵精酿而成，产品具有窖香浓郁、绵甜醇厚，尾净余长，喝了不上头的特点，独树一帜，深受广大消费者的青睐，公司产品年年畅销。

公司秉承"以质量求生存，以信誉求发展"的企业发展理念，本着"对客户负责，对消费者负责，对社会负责"的高度责任感，严把产品质量关，"欣马"白酒以可靠的质量和良好的信誉赢得了市场。公司被山东省评为白酒业综合实力"三十强"企业、守合同重信用企业，连续五届被评为山东省消费者满意单位。"欣马"商标为山东省著名商标，"欣马"牌白酒为山东名牌产品。中央军委原副主席张万年上将于1991年和1993年分别为公司题词："团结奋进，振兴酒厂""奋发进取，更上一层楼"。济南军区原司令员张太恒上将1994年视察酒厂时，欣然题词"欣马酒香，飘溢四方"。中央军委副主席徐才厚上将任济南军区政委时也到公司视察指导工作。

欣马酒业以"立足东营，辐射山东，放眼全国"为发展战略，稳妥快速地开拓市场。目前，公司的销售网点遍及东营、滨州、济南、淄博、潍坊、青岛等地区；未来几年，遍布省内外的销售网络将逐渐形成。为提高企业的核心竞争力，2008年投资新上一台节能环保型锅炉和一条自动化的灌装流水线，新建成占地面积1200平方米的大型钢构成品库房和一个标准化的月饼生产车间，为企业的长期发展奠定了坚实的基础。面对新的历史发展机遇，欣马酒业将以名牌战略为载体，以质量管理、技术创新、市场营销和宣传推广作为核心任务，用前所未有的激情和斗志向创造国内一流白酒企业的目标阔步前进！

欣马特曲

欣马五粮

著名商标证书

山东欣马酒业有限公司：

经审定，你单位注册并使用在酒上的"欣马及图"商标为山东省著名商标，有效期三年。

荣誉证书

山东欣马酒业有限公司：

你单位入选2007年度山东省食品行业综合实力（白酒）三十强企业，特发此证。

山东名牌

山东欣马酒业有限公司：

你公司(厂)的欣马牌白酒　产品，认定为山东名牌产品，

特发此证书。

有效期2005年10月至2008年10月

地址：山东省东营市河口区孤岛镇共青团路158号
邮编：257231　电话：0546-3691889 3698054
传真：0546-3691671　网址：www.sdxinma.com

中央军委原副主席、国防部长迟浩田到公司检查指导工作

济南军区司令员范长龙到公司检查指导工作

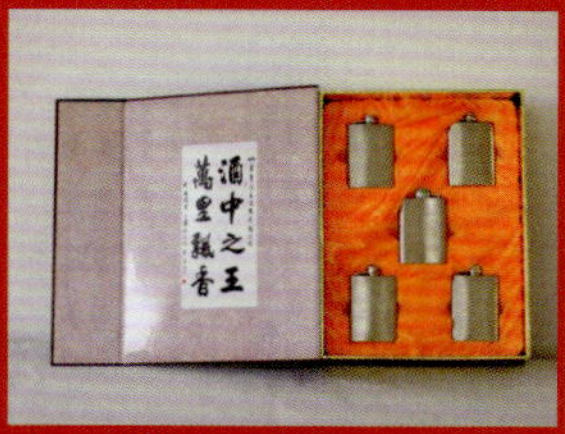

53%vol黄河王贡酒

60%vol黄河王贡酒

38%vol黄河王五粮(济南军区特制)

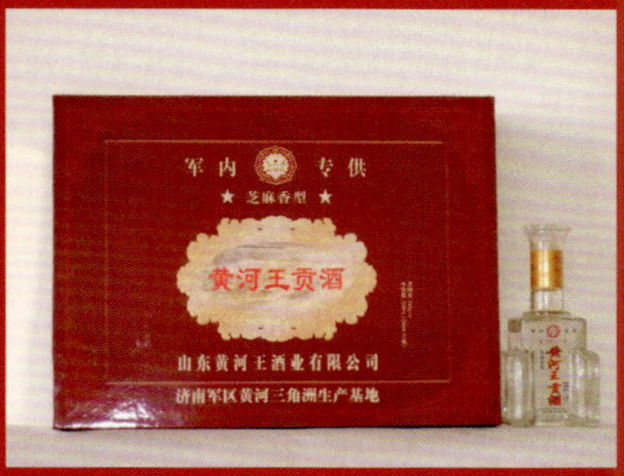

54%vol黄河王贡酒

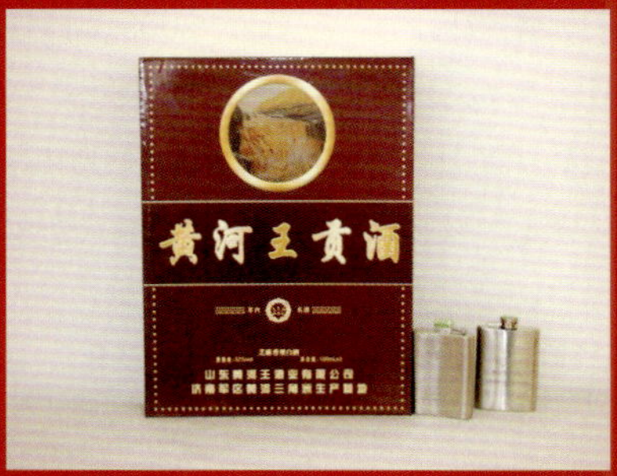

山东黄河王酒业有限公司

SHAN DONG HUANG HE WANG JIU YE YOU XIAN GONG SI

山东黄河王酒业有限公司隶属济南军区黄河三角洲生产基地，位于东营市孤岛镇，交通便利。拥有员工500人、发酵池400多个。公司坚持纯粮固态发酵、严格遵循传统工艺，严格挑选酿酒原料，以先进的质检技术和完善的质量管理体系管理产品质量。相继开发出了“黄河王”牌高档芝麻香型系列、高中档五粮系列、中低档特曲及大曲系列白酒。

“黄河王”牌芝麻香型系列白酒经特殊工艺精酿而成，集清香之幽雅、酱香之细腻、浓香之芬芳、芝香之悠长，是当今鲁酒创新的典范。“黄河王”牌五粮、特曲、大曲系列白酒，选用高粱、大米、糯米、小麦、玉米经科学配比，采用传统工艺，产品以“三香”和“三正”的突出浓香风格而著称。

公司首批获得白酒行业QS证书，顺利通过了ISO9001：2000、ISO22000：2006、ISO28001:2001、ISO14001：2004的认证，荣获“山东省著名商标”，是东营市重合同、守信用企业，消费者满意单位。“黄河王”牌系列白酒被评为山东轻工名牌、山东省优质产品、山东白酒创新品牌、山东省优质产品。

“弘扬白酒民族产业文化，发扬马场艰苦创业精神”，黄河王人愿与社会各界朋友密切合作，共创美好未来！

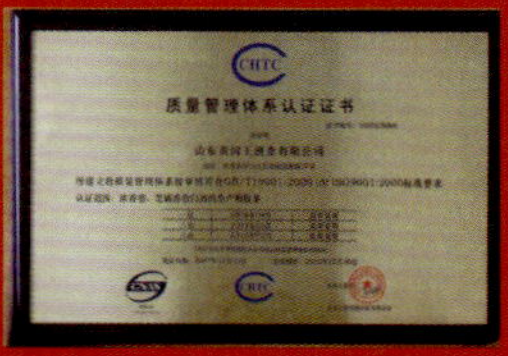

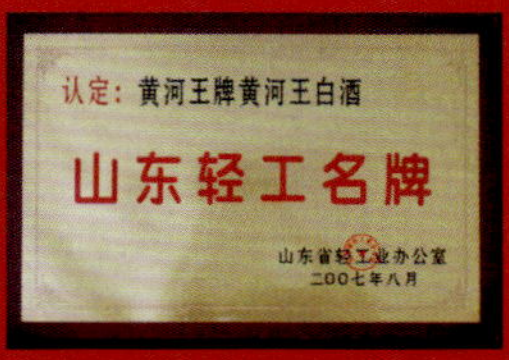

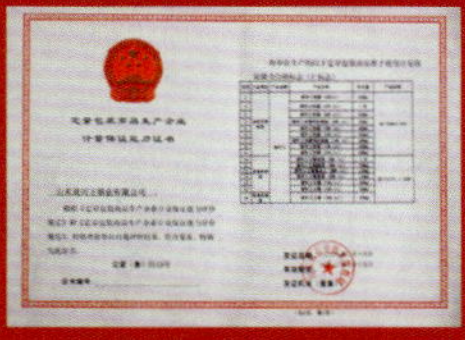

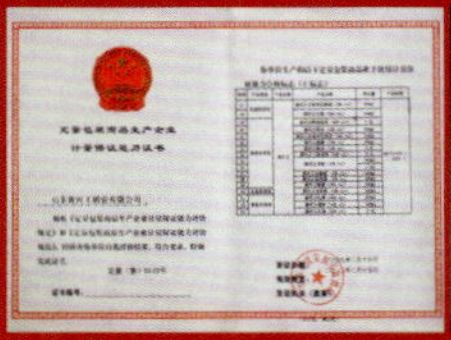

中国联通东营市分公司

ZHONG GUO LIAN TONG DONG YING SHI FEN GONG SI

党委书记、总经理 杨辉勋

杨辉勋 男，1963年4月出生，中共党员，香港理工大学工商管理专业MBA硕士，高级工程师。历任胜利石油管理局河口采油厂水电大队通讯队队长 胜利石油管理局河口采油厂水电大队电话站站长、胜利石油管理局通讯公司河口分公司经理、胜利石油管理局通讯公司电信管理科科长、胜利石油管理局通讯公司总工程师、中国联合通信有限公司东营分公司副总经理、中国联合通信有限公司东营分公司总经理。2008年12月，原东营联通与东营网通融合重组 任中国联合网络通信有限公司东营市分公司筹备组组长。2009年3月，任中国联合网络通信有限公司东营市分公司党委书记、总经理。

中国联合网络通信有限公司东营市分公司（简称东营联通），是2008年10月15日根据国家关于电信业重组的相关政策由原东营联通、原东营网通合并成立的国有控股大型通信企业。

重组后的东营联通在承担党政军机要通信、战备通信、抢险救灾、普遍服务等任务的基础上，实现了包括固话、宽带、移动在内的全业务运营。新公司在业务种类、营业网点、用户规模和网络资源等方面确立了新的核心竞争优势。融合后，下辖16个分公司，现有员工2200余人，是东营市覆盖范围最广、规模容量最大、技术实力最强的基础通信运营企业，是加快本地信息化建设的主力军和信息化建设的领航者。

重组后的东营联通推出核心品牌“沃”，涵盖东营联通所有产品、业务、服务等多个领域，塑造全新品牌个性，为广大用户带来耳目一新的人性化沟通体验。该品牌表达了对创新改变世界的惊叹，体现出东营联通敢于创新、不懈努力、始终向前的精神理念，寓意东营联通在新的历史起点上，一方面为广大用户提供更为优质的通信服务，另一方面积极联合产业链众多的合作伙伴，共同开发国民经济和信息社会化的沃土。

重组后的东营联通于2009年1月7日获得了第三代移动通信——WCDMA运营牌照，包括无线上网卡、手机音乐、手机电视、手机搜索、可视电话等五大亮点业务在内的3G应用，将陆续实现商用。WCDMA技术产品成熟度和网络速度具有难以比拟的优势，全球70%的3G用户使用WCDMA业务，其下行速率高达14.4Mbps。东营联通以打造高品质网络作为支撑业务发展的基础，累计投资1亿余元，新增近300个基站，全面改善2G网络覆盖水平，有效承载3G网络运营，为全市人民展现一个精彩纷呈的“沃”世界。

融合创造新优势，3G实现新发展。满载通信人的荣耀与梦想，东营联通开启了新的辉煌航程。东营联通将不辱使命，勇挑信息化主力军重任，以全新的姿态展现新形象、新品牌和新服务，为全市经济发展和社会进步做出新的更大的贡献！

作的重中之重,提出“感动服务”的目标,实施“定期函告用水量和水质化验结果;迁移遮挡通行视线树木,沿路设置便民休息座椅座凳;设立24小时售气服务点”等六项“感动服务”举措,取得明显成效。开展服务品牌创建,在全市首批21个市直机关服务品牌中,推出“市政连心桥”等8个服务品牌,市园林处“情在心间,绿满家园”和市供气站“黄河燃气,情系万家”2个服务品牌,被授予“山东省服务名牌”称号。

【参与“黄河水城”建设】 主要包括广利河岸线、明潭公园、秋月湖公园、老广蒲河截污导污、东城污水管线改线等工程。广利河岸线工程,实施明泓闸至黄河路段、东二路至东四路段岸线建设及东二路至登州路段综合治理,全长10527米,完成驳岸衬砌、挡土墙建设、人行道铺装、护栏安装、亲水平台建设及河道清淤、土方调运等工程,投资7920万元。明潭公园工程,占地34.93公顷,完成土方调运、石屑铺装、假山石安装、驳岸修砌、绿地建植、沙滩建设、给排水管线铺设、运动场建设及园内道桥配套,投资4980万元。秋月湖公园工程,占地57公顷,完成土方回填、驳岸衬砌、石屑铺装、木栈道建设和绿地建植,投资1000万元。老广蒲河截污导污工程,新建泵站两座,改造泵站一座,沿老广蒲河两侧敷设西一路至西五路截污导污管线7.28千米,投资3000万元。东城污水管线改线工程,铺设自登州路污水泵站至市第二污水处理厂DN1000-1200砼压力管线7320米,投资2700万元。

【参与西城交通环境整治】 该项目是市委、市政府确定的2008年10件便民实事之一,经油地双方研究确定,实施云门山路(南一路-南二路)、庐山路(北一路-北二路)、庐山路泵站及管线配套、锦华西区道路配套、黄河路西延(西四路以西247米)等工程,西城路网结构得到改善,排水能力明显增强。

【实施沙营污水处理厂扩建完善工程和市生活垃圾处理场整治扩建工程】 污水处理厂扩建完善工程,在原6万吨/日曝气生物滤池改造完善的基础上,新增6万吨/日处理能力。该工程5月中旬试运行,10月调试正常,日处理污水7~9万吨,出水水质达到国家一级B标准,累计投资1.4亿元。垃圾处理场整治扩建工程,对老填埋区进行综合整治,完成新填埋区建设,安装渗滤液处理设备并投入运行,处理后水质达到国家一级排放标准,投资2700万元。(薄纯全 郅伦山 马向东)

城市管理

【概况】 2008年,全市城管执法工作以争当黄河三角洲开发建设排头兵活动和创建文明城市、创建中国优秀旅游城市、“黄河水城”建设为抓手,以全国马拉松邀请赛、国际(东营)石油装备与技术展览会、第十一届全运会城乡环境综合整治等重大活动为契机,加强队伍建设,提高城市管理水平,各项工作有新突破。被授予全省城乡环境综合整治先进单位、全省先进行政执法局、全省规范化管理先进单位、全市“争当排头兵”先进单位、奥运安保先进单位、依法行政先进单位等荣誉称号。

【规划监察】 2008年,中心城监察在建项目470个,面积319.98万平方米,围墙及管线74372米。查处违法建设381个,面积15.92万平方米,立案处罚53起,中心城预防违法建设项目1300余个,均依法作出处理。实行严格工作区域管理责任制,坚持全天候、立体式、全覆盖的巡查,项目动工、监察到位、处理及时。针对城中村突击建房,强制拆除对抗性强、群众损失大的情况,探索前置执法的新路,每个城中村确定一名信息员,摸准打算建房的情况,主动入户做工作,帮助符合规定的完善手续,对不符合规定的提前告知,把问题解决在萌芽状态。对规划审批的项目建立档案,实行放验线、打基础、建设、竣工4个环节跟踪监察,保证审批项目按批准规划实施。

【城乡环境综合整治】 2008年,市执法局在创建文明城市、创建中国优秀旅游城市、城乡环境综合整治等活动中,组织全市城市管理行政执法力量,集中开展以“六乱”为重点的集中整治。清理乱摆摊点、店外经营8900家,取缔马路市场7个;暂扣三轮车80余辆;清理建筑垃圾5万余方、砂石料1万余方;清理乱贴乱画11700余处3446平方米;清理乱停乱放车辆4151辆,查处带泥上路车辆385辆。拆除影响市容市貌的破损广告牌689块3000余平方米。

针对砂石料乱堆乱放、新建小区别墅区乱搭乱建、户外广告随意设置、市容市貌脏乱差的实际，开展为期4个月的四项整治活动，拆除单立柱广告牌5块，门头牌匾2000余块，督导责任单位清理卫生死角931处，清运无主垃圾3.14万方，清除乱涂乱画14100平方米，查处乱停乱放车辆3700余辆，规范早夜市74家，清理店外、占道经营20000余次，取缔乱摆摊点6400余个。

【依法行政】 2008年，市执法局以执法责任制为抓手，规范执法行为，落实执法责任制，打造一支“政治合格、作风过硬、纪律严明、业务精通、廉洁高效”的执法队伍。建立岗位职责，明晰责任，健全《东营市城市管理行政处罚程序暂行规定》《先行登记保存、扣押及没收物品管理规定》等60余项规章制度，明确案件审理、投诉处理、听证复议、房屋拆迁、来访接待等46项工作流程，有效避免违章不立案、立案不处罚、处罚不执行的问题。梳理行政处罚权149项、强制措施2项。对149项行政处罚自由裁量权，细化参照标准，汇编成册，解决同类案件处罚尺度不一的问题。执法管理做到出示证件、敬礼、下发《责令限期改正通知书》“三不缺”；立案处罚做到调查取证、告知权利（听证）、遵守时效、依法送达、行政救济、罚缴分离“六不漏”，执法亮证率、敬礼率达95%以上，告知法律文书送达率达98%以上，杜绝喊话式执法管理的模式。至年底，共立案处罚380余起，纠正违章3.7万起，全年未发生行政败诉、复议变更处罚决定案件。

【市政拆迁】 2008年，市执法局组织实施广利河、东营河、老广蒲沟、明潭湖假日公园、体育公园及庐山路等20余处障碍物拆除工程，拆除房屋11400平方米、围墙5480米，清理菜地126.5亩，清理砂石料、建筑垃圾18840立方米，依法清理擅自栽种的苗木12400株，迁移水、电、气、暖线路17条。东营区执法分局牵头拆除辛镇村旧址房屋，拆迁面积60余万平方米，保障了黄河水城建设施工，实现零投诉、零复议、零上访的“三无”目标。

【创建“城市卫士”服务品牌】 2008年，市执法局围绕“树立行政执法形象，打造政府服务品牌”的目标，开展创建“城市卫士”服务品牌活动。确定品牌名称和标识，提炼“和谐创新服务奉献”的品牌精神和“创新管理和谐执法”的品牌价值观，将品牌使命、品牌愿景、品牌内涵等汇编成册，作为特色文化建设的教科书，以指导“城市卫士”品牌的创建。全体执法人员将“城市卫士”的品牌为行为准则，身体力行品牌的内涵，工作效率得到提高，服务态度、服务质量明显改善。市直机关党工委召开新闻发布会，推广市执法局经验做法，“城市卫士”被评为首批市直机关服务品牌。

（李新民 付明勇 王慧玲）

房地产开发与管理

【概况】 2008年，市房管局围绕全市中心工作，突出民生保障，强化行业管理，加强自身建设，提高服务水平，全市住宅与房地产业持续稳定健康发展。市房管局获得全市“实践科学发展观，争当黄河三角洲开发建设排头兵”活动先进单位、维护稳定安全“百日行动”先进单位、“平安东营”建设先进集体、创建机关服务品牌工作先进单位等荣誉称号。

【城市房地产开发】 2008年，贯彻国家房地产市场宏观调控政策，加强房地产项目开发经营权管理和商品房预售许可管理。组织开展房地产在建项目销售清理检查，检查开发企业83家、在建项目43个。制定《东营市房地产开发企业信用考评办法》，对开发企业实行“五星级”信用评价和动态管理，鼓励支持信用等级高、品牌意识强的开发企业做大做强，努力打造诚信房产品牌。为防止金融危机造成资金链断裂对房地产市场形成冲击，研究政策措施，创新房地产抵押贷款登记模式，提高开发企业融资能力，为10家开发企业协调融资7亿多元。住宅产业化促进工作实现突破，山东众成房地产公司开发建设的“格林星城”项目被建设部评为“国家康居示范工程”。年内，全市累计完成各类房屋施工面积484万平方米，新开工面积235万平方米，竣工面积194万平方米，完成投资48.6亿元。

【城市居民住房保障】 实施城市居民住房保障和旧住宅小区维修改造是市委、市政府确定的2008年度便民实事。市房管局组织1262套市直首期经济适用住房建设和销售，至年底600多户居民入住，惠州小区被评为“山东省优秀住宅小区”。完成500套市直二期经济适用房建设和销售。清理腾退100套小户型住房作为中心城实物配租廉租住房房源，为52户符合条件的家庭实施实物配租，低保家庭实现应保尽保，廉租住房保障扩大到城市低收入家庭。做好400套市直廉租住房建设前期准备，落实建设资金4000万元，其中争取国家补助资金400万元。推进中心城旧住宅小区维修改造工程。投资500万元，对中心城5个旧小区进行改造，完成道路罩面、花砖铺装、绿化补植、楼宇对讲系统修复、雨污管网清理、健身器材安装等工程，实现“路面平整、下水通畅、功能齐全、环境优美”的维修改造目标。

【住宅小区物业管理】　2008年，市委、市政府将规范小区物业管理列入着力研究推进的重点改革事项。市房管局组织推进落实，鼓励县区及油田因地制宜，探索物业管理有效机制，物业管理的探索和实践走在全省前列。完善物业管理政策措施，加大对物业服务市场的监管力度。推行“菜单式”收费模式，会同市物价部门制定《中心城区物业服务收费指导标准》《东营市物业服务收费管理实施细则》，9月1日起施行。制定《东营市物业管理市场准入和退出管理办法》，对物业服务市场准入条件、服务市场退出程序作出明确规定。依法注销13家不履行物业服务合同、业主投诉较多的物业服务企业的资质，清除出物业服务市场。以市直安居工程居住区为重点规范小区管理。11月起，集中规范和整顿市直安居工程的12个居住小区物业管理工作，居住区管理秩序恢复正常，居住环境得到改善。做好市直直管住宅小区和办公用房管理，确保日常维修养护及时到位。

【房屋拆迁管理】　加强对房屋拆迁项目许可、拆迁计划、拆迁程序、补偿安置、拆迁单位的监督管理，提高拆迁管理工作规范化水平。全市全年计划拆迁项目12个，总拆迁面积47.22万平方米，实际实施拆迁项目8个，总拆迁面积17.98万平方米，房屋拆迁市场规范平稳。

【房地产交易与权属登记】　以便民利民为原则，加强房地产交易服务市场建设，提升管理服务水平。投资1200余万元，建成2000平方米的高标准西城房产交易大厅，配套完善人性化管理服务体系硬件、软件，建设为西城单位、个人办理房产交易业务提供便利交易场所。根据“总体规划、分步实施”的思路，对原有房地产市场信息管理系统全面升级，确定开发建设商品房网上预售及合同备案、房产档案数字化加工等7个系统模块，实现预售许可网上申请、网上认购、网上签约和登记备案。完善市行政审批大厅房产窗口服务，对东、西城房产交易大厅服务窗口进行整合，推行主动式服务，建立完善科级干部业务值班、疑难问题集体会商、重点业务绿色通道、预约业务上门服务、客户现场监督评价等制度。市房产档案室被省档案局评为“省一级档案室”。全年累计办理市区范围内各类房屋初始登记220宗，登记面积223万平方米；转移登记9800宗，登记面积153万平方米；他项权利登记5850宗，登记面积190万平方米；变更登记460宗，登记面积103万平方米；批准预售许可项目48个，预售面积46万平方米；租赁登记备案1680户，备案面积16万平方米。

【房地产中介服务】　会同市工商等部门下发《东营市房地产经纪机构清理整顿工作实施方案》，全面展开整顿规范工作，累计调查房地产经纪机构77家，对存在违规行为的经纪机构进行集中整顿，限期整改，责令5家机构补办相关手续。全年累计办理房地产价格评估业务2700宗，估价面积37万平方米；房地产测绘业务8500宗，测绘面积580万平方米。

【支援抗震救灾】　2008年7月中旬至12月底，市房管局派出2批鉴定工作队20人，赴四川省绵阳市开展震损房屋安全鉴定工作。鉴定队累计鉴定受损房屋966栋，188.28万平方米，约占绵阳市鉴定房屋总量的20%，全部按要求出具受损程度和安全等级意见书，为绵阳市实施震损房屋加固改造和维修补偿提供科学依据。组织全市房管系统干部职工向四川地震灾区捐款26万元。

（王　峰）

环境保护

【概况】　2008年，全市环保工作以治污减排为主线，以中心城环境综合整治和环保模范城市复核为重点，加强能力建设，完善监管机制，进一步改善环境质量，圆满完成工作任务。获环保部北京奥运会残奥会环境质量保障工作先进单位、中国环境报新闻宣传报道二等奖、全市维护稳定安全生产“百日行动”先进单位等荣誉称号。

【环境质量】　2008年，全市环境质量进一步改善，城市生活污水集中处理率83.5%，城市生活垃圾无害化处理率100%。公众满意率明显提高，10月10日《人民日报》发布环保部关于城市环境综合整治考核最新结果，东营市等6个城市公众满意率大于90%。

环境空气质量　2008年，东营市城区环境空气中二氧化硫(SO_2)年均值为0.053毫克/立方米，二氧化氮(NO_2)年均值为0.035毫克/立方米，可吸入颗粒物(PM10)年均值为0.090毫克/立方米。环境空气质量状况为优良的天数共349天，优良率为96.14%。三项监测指标均达到GB3095-1996《环境空气质量标准》二级标准要求，环境空气质量良好。

大气降水　东营市年降水量为610.7毫米，降水pH值在6.10~7.20之间，无酸雨出现。

水环境质量　1、全市地表水中，黄河水质达到GB3838-2002《地表水环境质量标准》Ⅲ类水质标准；广利河不超过GB3838-2002《地表水环境质量标准》Ⅴ类水质标准，符合功能区划要求；小清河、支脉河、淄河、广蒲河、东营河、广蒲沟、溢洪河、挑河、神仙沟、阳河、预备河、织女河、草桥沟、太平河、褚官河等15条河流水质均超过GB3838-2002《地表水环境质量标准》Ⅴ类水质标准，主要污染物为化学需氧量、氨氮、石油类。2、东营市主要饮用水源地市自来水公司、耿井水源、孤河水库监测指标全部符合GB3838-2002《地表水环境质量标准》中Ⅲ类标准。城市饮用水源地水质达标率保持100%。3、东营市近岸海域水质均达到相应功能区划要求。

声环境质量　1、2008年度对全市居民文教区（一类区）、商业混杂区(二类区)的环境噪声监测表明，功能区的昼间和夜间噪声监测值均达到标准。2、2008年城区主要道路交通噪声平均值为66dB〔A〕，达到国家标准。3、全市210个测点的环境区域噪声昼间平均等效声级均符合相应功能区划的要求。

【环境管理】　严把建设项目准入关。加强新改扩建项目及敏感项目、敏感区域项目审批管理，全年共审批建设项目500个，拒批污染重、能耗高的项目32个，验收建设项目277个；开展未批先建项目专项检查活动，查处环境违法企业117个，有效控制新污染源的产生。推进省级经济开发区区域"环评"，全市7个省级经济开发区全部通过区域"环评"，成为全省率先完成省级开发区区域"环评"工作的城市。

建立健全突发环境污染事故应急体系。做好环境突发事故应急工作，加强汛期环境污染防治，针对污染事故特别是安全事故发生后的次生突发环境污染事故，编制专项应急预案并组织演练，增强突发环境污染事故的应急处理能力。

建成由企业污染源在线监控、城市环境空气自动监测站、地表水自动监测、污水处理厂4部分组成的自动监控系统，为污染减排提供重要支撑。

【建设全市"二级四大"环境自动监控系统】　安装仪器149台(套)。56家企业安装污染源在线监控仪器73台(套)，其中，在41家企业安装废气仪器42台(套)；在31家企业安装废水仪器31台(套)。6家污水处理厂安装仪器12台套，其中省控重点企业3家，安装仪器6台套。城市环境空气自动监测站有9个子站，1个中心站；有仪器63台套。有3个地表水自动监测断面，仪器6台套。

【放射源管理】　6月15日，召开全市辐射安全年度检查暨伴生放射性污染源普查监测工作会议，部署辐射安全年度检查、电磁辐射污染源和放射性污染物申报(变更)登记等工作，并对工作人员进行培训。4月25日至5月底，开展"迎奥运，保平安"辐射安全大检查，对《放射性同位素与射线装置安全和防护条例》等法律法规执行落实情况，放射源使用的安全连锁系统、报警系统、监控系统运行情况，值班记录等10项内容进行检查，纠正违法或不规范行为12起。按照"谁用源谁负责"的原则，对35家用源单位下发《辐射工作安全责任书》，明确其法人或主要负责人为放射源安全的第一责任人，落实放射源安全管理措施和责任。全年共安全处理废弃放射源130枚，全市辐射安全许可证办理率达100%，废旧放射源安全处置率达100%。

【治污减排工程建设】　2008年重点实施电厂脱硫工程建设、炼油厂硫回收设施建设、工业废水深度处理、石油开采废水处理等工业减排重点工程，胜利电厂一期脱硫工程、利津力能热电脱硫装置建成投运；实施华泰清河造纸废水深度处理、正和集团污水处理回用等项目；加大城镇污水处理厂建设力度，市污水处理厂三期工程和垦利、利津、河口污水处理厂投入运营,达标排放。年内实施治污项目50多个,累计投入10亿多元。

【污染治理】 沙营污水处理场三期工程投入运营,处理能力12万吨/日,实现达标排放;东营经济开发区污水处理厂进展顺利,将于2009年4月底建成;市生活垃圾处理场改扩建工程全部完工,日处理能力500吨;垃圾渗滤液处理装置正常运转,处理能力达国家一级标准;胜利电厂脱硫工程一期10月底通过验收,二期工程建成;市医疗废物处理中心建设工程投入运营;广利河综合治理工程加紧施工,清水进城后水质可实现根本性好转。

淘汰污染重、能耗高、效益差的落后产能,拆除27.88万千瓦的火电小机组和广饶东兴水泥立窑生产线,关停华泰纸业股份公司8.5万吨/年的草浆生产线,取缔小化工、小炼油等土小污染企业92家。完善排污许可证制度,严查无证排污,全市重点企业排污许可证发放率达100%。实施总量减排认证制度,建立重点污染源减排台账。全面实施中心城环境综合治理活动。对中心城及周边地区污染源进行拉网式普查,排查各类企业300多家,形成《中心城环境污染情况调查报告》,绘制中心城主要污染点源分布图,制定工作方案,明确整治目标、治理时限、责任分工针对性措施。治理周围工业企业污染源,取缔企业1家,关闭停产4家;有15家企业经停产整顿、12家企业经限期治理实现稳定达标,4家企业因整改不达标停产整顿,6家企业受到顶格处罚;有23家企业三年内完成搬迁,4家企业分别在东营经济开发区滨海新材料园、东营港经济开发区建设同类大项目,实行先建后迁。在省环保局的支持下,依法查处影响东城空气的寿光市渤海化工园区,使长期污染中心城空气的化工异味问题得到解决。

【环境监测】 对黄河、广利河、小清河等18条主要河流、耿井水源等5个城市主要饮用水源地的水质进行例行监测,完成东营市近岸海域海水水质监测任务,对影响全市环境质量的华泰集团等49家重点污染源进行随机监测,全年获有效监测数据15万余个。投资280万元新建4个大气自动监测站,全市大气自动监测站达15个,及时发布环境空气质量日报、周报、预报。编制完成《2007年度东营市环境质量报告书》,发布东营市环境质量简报及饮用水源地环境质量报告各5期、东营市重点污染源监测公报1期。编制完成环境影响报告书7个,环境影响报告表86个。完成科研课题2个,分获省科技进步三等奖和市科技进步一等奖。

【环境监察】 开展"整治违法排污企业保障群众健康"环保专项行动,对排污单位污染治理设施运转及达标排放情况,城市污水处理厂运营及排污达标情况,新、改、扩建建设项目环境影响评价执行情况,土(小)污染企业取缔情况等进行集中检查,开展环保专项检查行动8次,出动检查人员1700余人次,检查企业900余家(次),油田钻井现场1700余个(次),油井作业现场1600余个(次),联合站2800余个(次),纠正环境违法行为30余起,立案查处环境违法行为10起。加大环境违法行为查处力度,出动环保执法人员4500余人(次),对油区、小清河流域、石化等重点区域和重点行业进行巡查。制定《2008年高、中考期间环境噪声污染监管巡查方案》,监察支队成立3个巡查组,昼夜巡查,有效维护了广大考生的环境权益,确保了中、高考工作的顺利进行。加强北京奥运会环境安全保障工作,对重点热电和化工企业监察,监督企业污染治理设施正常运转。严格落实排污申报核定制度,加大排污费征收工作力度,依法、全面、足额、及时征收排污费,全市征收排污费6691万元。做好环境信访,全年受理各类环境信访案件320起,其中反映大气污染的176件,反映水污染的81件,噪声污染的41件,其他22件。案件处结率98%,群众满意率95%以上。

【环境法制】 落实《行政处罚法》《行政许可法》《行政复议法》的规定,严格按照法定权限实施监督、审查、行政处罚等执法行为。年内组织听证会4次,确保环境行政处罚决定的准确性。对环保法律、法规、规章规定的行政处罚条款进行梳理,按照不同违法行为的事实、性质、情节、社会危害程度和当事人主观过错等因素划分若干行为等级,将不同的违法行为等级与处罚裁量等级对应,形成行政处罚自由裁量权的基准制度。年内,审理行政处罚案件立案查处各类环境违法案件149起,处罚金额521.1万元,没发生1起败诉案。对5起行政处罚案件,因当事人拒不执行,依法申请法院强制执行,打击环境违法行为。

【环境宣传】 结合环保模范城市复核，印发《市民环保手册》8000余份，加大环保宣传力度。对全市70多家重点排污企业的厂长(经理)集中进行环保知识培训，增强治污主体的责任感、使命感和紧迫感。以世界环境日、绿色奥运、抗震救灾、节能减排等活动为契机，举办"六·五"世界环境日环保专题广场晚会，开展"节能减排进家庭、进社区，建设绿色新家园"、"环保金点子"征集、"十佳节能环保家庭"评选活动等，编制《东营环境保护》16期，向社会发放3.65万份。开展绿色学校、绿色社区创建活动，又有11所学校、5个社区被评为市级"绿色学校"、"绿色社区"。至年底，全市建成市级"绿色学校"51家、"绿色社区"51家；省级"绿色学校"23家、"绿色社区"14家，国家级"绿色学校"1家。

【生态建设】 圆满完成2003~2007年度生态省建设目标责任书考核，建档500余卷，通过省政府组织的考核验收。制定2008~2012年生态省建设市长目标责任书指标体系，为完成新一届责任书奠定基础。开展生态县、环境优美乡镇、文明生态村创建活动。广饶县、垦利县基本达到生态县建设指标要求。全市有18个乡镇成为国家级环境优美乡镇，占乡镇总数的50%；513个村成为文明生态村，占行政村总数的29%。开展清洁生产审核，有7家企业通过省环保局验收。组织农村环境综合整治规划项目上报，上报农村工矿企业污染治理、农村污水垃圾处理、畜禽污染防治等4大类140个项目。开展土壤污染状况调查，历时8个月，对全市144个点位、102个项目进行取样监测，获有效数据2万多个，首次摸清全市土壤污染现状，为开展土壤污染防治工作打下基础。 (王宏伟)

黄河三角洲高效生态经济的发展模式

高效生态经济力求"高效"与"生态"的统一，探索既高效又生态的发展道路，是一种全新的经济发展模式。这种模式可以概括为：在发展过程中，转变经济增长方式，通过科技进步和产业结构优化，以尽可能少的自然和社会资源，创造尽可能多的社会经济福利；通过生产模式的科学选择，减少经济发展对生态环境的破坏；通过体制创新和经济、社会组织优化，提高经济运行的效益和质量，培育资源节约型、质量效益型、生态保护型的生态经济体系；建立起既能使经济高速增长，又能使资源永续利用、生态良性循环的新的经济发展模式，最终使以人为中心的自然—社会—经济复合系统得到持续、协调发展。

国内贸易

- 全市实现社会消费品零售总额254.6亿元，增长23.27%，增幅为全省第五位
- 实施“家电下乡”工程，农村销售家电比上年增长45%以上
- 全市建成覆盖城乡的农资经营服务网络
- 全市建成76家城乡放心粮油食品示范店

商　业

【概况】 2008年，全市流通工作努力提高流通经济运行质量，推动骨干流通企业的“三项改造”、家电下乡和社区商业“双进”工程，提高流通现代化水平，实现流通经济的又好又快发展。

全年流通业实现增加值111.3亿元，同比增长16.4%。其中批发零售企业实现增加值81.68亿元，增长17.5%；住宿餐饮业实现增加值29.62亿元，增长13.4%。流通业增加值占GDP比重5.4%，占服务业比重27%，较上年均有提高。全市批发、零售业实现商品销售额353.9亿元，增长17.5%。星级住宿和限额以上餐饮业实现营业额11.3亿元，增长42.4%。全年实现社会消费品零售总额254.6亿元，增长23.27%，增幅高出全省平均水平0.27个百分点，为全省第5位。

骨干企业带动作用明显。2008年全市限额以上流通企业217家，较上年增加27家。限额以上企业实现零售额111.4亿元，增长36.7%。12家重点调度企业实现营业收入52.1亿元、利税3.67亿元、利润2.28亿元，分别增长20.94%、8.9%和16.1%。[illegible]家连锁餐饮企业实现营业额6.5[illegible]亿元，增长36.2%。百货大楼、银座购物广场、胜大超市、商业大厦、五一集团实现营业收入均超过5亿元，振华商厦3.9亿元。上述6家企业累计营业收入占重点调度企业的74.2%。

2008年全市流通行业主要企业经济指标表

单位：万元、人

序号	单位	营业收入		利税总额		利润总额		资产总额		负债总额		从业人员	
		本期	同比%	本期	同比%	本期	同比%	本期	同比%	本期	同比%	本期	同比%
1	东营烟草公司	99146	16.44	23524	3.55	18506	27.18	33662	14.94	980	-89.12	416	6.94
2	东营百货大楼	87373	13.71	2926	12.54	401	24.53	29868	14.00	3967	-3.53	1125	0.00
3	市商业大厦有限责任公司	56845	112.00	806	2.03	104	25.30	14643	4.89	12379	5.36	700	0.00
4	东营银座购物广场有限公司	86913	22.03	6164	-24.98	3155	-36.54	45401	38.33	30094	50.96	5500	71.88
5	东营市五一集团	56200	20.10	401	33.22	-26	-388.00	24664	5.88	19352	8.15	3596	38.36
6	东营民建购物广场有限公司	5877	19.87	241	18.14	34	-2.86	1791	136.60	1540	192.78	100	11.11
7	东营振华百货发展有限公司	39145	24.31	1578	76.51	433	111.20	18289	7.84	17220	7.98	1350	232.50
8	东营东虹商贸有限责任公司	4523	69.27	-33	-76.43	-88	-52.43	3153	32.15	3667	30.04	73	19.60
9	东营大昌工贸有限责任公司	5487	14.29	236	29.67	129	63.29	4056	5.08	2703	-21.33	246	4.68
10	胜大超市	60240	4.50	793	13.80	440	4.71	29403	30.03	25001	31.85	3085	8.25
11	广饶佳乐购物广场	8985	15.88	213	266.41	4	101.40	4704	10.10	4648	10.46	680	3.03
12	东营医药公司	15469	4.90	-111	71.90	-354	38.33	10146	4.09	13163	6.09	500	0.00
合计		521480	20.94	36738	8.90	22758	16.10	216627	16.37	131047	8.3	17298	34.98

【现代流通方式快速发展】 连锁经营、物流配送、电子商务等现代流通方式得到较快发展，大型超市、专卖店等成为继传统百货业态后零售业的主要业态。企业经营范围由以百货、超市为主扩展到文化用品、家具等领域，连锁步伐逐步加快。至2008年底，全市大型超市达25个，物流配送中心8家。其中胜大超市新增门店11家，发展势头强劲。蓝海酒店集团在外地开设酒店7家，综合实力在全国酒店集团中位列第27位，在山东省名列第1，成为全市餐饮龙头企业。

【商贸流通企业“三项改造”】 36个投资3000万元以上的重点流通项目完成投资23.5亿元,增长17%。银座购物广场东城店、银座家居、美亿家家具广场、民建时尚购物广场等重点项目投入运营。现代农副产品综合批发市场、市百货大楼利津店等开工奠基,西郊物流中心、胜利利群购物广场等项目建设继续推进。

【实施“家电下乡”工程】 2008年,实施“家电下乡”试点工程,提高农民生活质量,促进城乡经济协调发展。全年累计销售家电20419台(部),销售额3234万元。其中冰箱14169台,销售额2631万元,占试点产品销售额的81.4%;彩电5858台,销售额573.6万元;手机377部,销售额28.36万元;洗衣机15台,销售额12792元。农民获补贴372万元,补贴到位率95%,位居全省前列,惠及农民15824户。新增销售网点80余个,促进家电销售大幅增长,农村销售家电比上年同期增长45%以上。

【开拓市场扩大销售】 面对2008年国内国外经济形势变化,指导企业调整战略布局,合理定位市场,采取多种方式扩大销售。制定《开拓市场工作方案》。产销对接实现新跨越。开展“地产品购销服务月”等主题活动。召开地产品产销对接会,百货大楼与兄弟食品公司等9家流通企业与生产企业达成合作意向,涉及地产品品种46个,合计协议金额1.8亿元。零售企业设立地产品专柜或专区;银座购物广场、胜大超市与冬枣、韭菜生产基地建立稳固产销关系,胜大超市加入全国采购同盟,推进全市更多优秀地产品进入市内外连锁经营网络。

【社会商业管理】 2008年,全市有拍卖企业9家;从业人员229人,拍卖师30人;举办拍卖会116场次,成交额4.8亿元,其中,房地产成交额4.4亿元,文化艺术品成交额0.1亿元,财产权利成交额0.2亿元,实现佣金总额844万元。拍卖场次、成交额同比分别下降13.4%和7.5%;佣金总额同比下降23.2%。

全市有典当企业12家,年内新设1家;实收资本2.06亿元;办理典当业务1920笔,典当余额9715万元,典当总额46694万元,比上年分别增长9%和136%;实现利税784万元,同比增长48%;实现利润495万元,同比增长56%。

全市有成品油经营批发企业7家,其中2008年新设5家。利华益、富海、中海、神驰、海科、石大科技等主要地方炼化企业取得成品油批发资质,增强抵御市场风险能力,在抗击雪灾、抗震救灾、奥运期间做出贡献。全市有加油站290家,其中2008年新建1家,实现经营量65万吨。

全市有煤炭经营企业117家,其中,批发企业66家,零售企业51家。2008年新设14家,实现经营量560万吨。

【整顿和规范市场秩序】 整治食品药品。检查原料乳生产单位3113家次,售奶站1258家次,未发现掺杂使假等违法行为;检查乳品生产企业307家次,查封问题奶粉15525公斤;检查食品经营单位17474家次,集贸市场141处,累计下架封存问题奶粉9745.7公斤;筛查婴幼儿10566人,确诊4例因食用问题奶粉导致泌尿系统结石的患儿。

检查涉药单位3123家次,查处违法案件342起,没收违法所得56.84万元,没收药品货值17.84万元,罚款121.79万元,销毁假劣药品货值27.85万元。检查医疗机构43家,下达监督意见书49份,立案查处36件。

打击商业欺诈整治。重点整治收受药品回扣、开口费、入场费等行为。打击虚假违法广告,监测各类广告近10万条,向媒体单位发《行政告诫通知书》23份。打击商标侵权行为,查处商标违法案件161件,捣毁假冒侵权窝点10个,没收侵权商标标识近3万件。

开展反不正当竞争执法检查,查办案件20件。农资市场整治查处各类违法案件330起,查处不合格农资188.9吨,货值123.5万元。知识产权保护检查专利产品500件,立案6件,受理知识产权纠纷投诉3起。检查网吧3980家次,查处违规经营行为75起。收缴盗版音像制品8618盘(盒)、图书报刊1523册、电子游戏软件4500多张。全市共检查音像店380家次,收缴盗版音像制品1.6万余张,电子出版物5630张万张,取缔游商地摊12个。检查印刷复印企业136家次,查处违规印刷单位13家。软件市场查处企业9家。娱乐市场检查经营业户60余家。建筑市场整治。检查78项工程,对29家违法单位行政处罚,罚金522.08万元。

检查建筑工地879个次,下发《责令限期改正通知书》99份,《责令停止施工通知书》45份。监督工程1173项,下发质量隐患通知书93份。

查补国税款285万元，罚款、滞纳金132万元。发票专项整治查补税款838万元，罚款13万元，滞纳金52万元。补地税罚款1654万元；清理漏征漏管户805户，查补税款514.95万元。

查获烟草违法案件1213起，其中5万元以上案件15起，查获卷烟905万支，案值167万元。查处涉盐违法案件1084起，没收盐产品427.21吨，罚款60.59万元。受理价格举报件351件，立案查处56件。查处价格违法案件116件，实施经济制裁499.4万元，没收违法所得468万元。

【重点企业简介】 东营市百货大楼：成立于1986年10月，是东营市重点培育的服务业骨干企业，省重点流通调度企业。设西城店、东城超市、西单家具广场等营业网点3处。固定资产26868万元，员工2000余人，营业面积近4万平方米，经营商品20大类，10万余种。企业坚持“顾客至上、信誉第一”的经营理念，先后获得省级先进企业、省商业百强企业、省级消费者满意单位、省百城万店无假货活动示范店等荣誉称号。2008年，企业实现销售总额8.7亿元，同比增长13.7%。

胜大超市：首家胜大超市成立于1996年1月。多年来超市以“服务社区，方便百姓，奉献真诚”为办店宗旨，重点围绕解决百姓的“菜篮子工程”，以经营方式多样化、连锁网络城乡化、物流配送现代化、企业管理科学化和服务内容系列化为核心，形成东西城横向发展，黄河南北纵向突破的局面。在全市及县区开设连锁超市47家，营业面积73000多平方米，销售额年均增长20%以上。2008年，实现商品销售额6亿多元，拥有专业物流配送中心，商品集采集配率同比增长40%。是年企业当选中国连锁经营协会理事单位。

东营振华百货发展有限公司：系烟台市振华百货集团股份有限公司的子公司，辖东营振华商厦、振华量贩超市。振华商厦2005年由振华集团与东营东赵实业公司合作兴建，投资3亿元，注册资本800万元，资产17715万元，建筑面积8.4万平方米，员工1600余人。大厦九层，内设东营首座1.5万平方米的现代化室内智能停车场，集购物、娱乐、休闲为一体，是东营市单体规模最大的综合性商贸大厦。振华商厦以高端品牌引领消费，以时尚品牌引领潮流。2008年，实现销售额3.9亿元，同比增长24.3%。

（于 萍）

供销合作

【“放心农资”连锁配送网络建设】 是2008年市委、市政府确定为民办的十件便民实事之一，至年底建设任务全面完成。项目共建设市级农资龙头配送公司1家，县（区）农资配送中心5处，乡镇农资中心超市38家，村级便民店380家；项目投资1.6亿元，新建改建营业面积4.67万平方米；增加社会就业岗位780个。该项目构建起以市、县（区）配送中心为龙头、乡镇中心超市为依托、村级便民店为终端的覆盖全市城乡农村的农资经营服务网络。

【农产品经营服务】 2008年，重点建设标准化生产基地2处，其中，广饶早春拱棚胡萝卜标准化生产示范基地20亩，其产品成为上市最早的胡萝卜，且商品成品率由原来的60%提高到80%以上，平均每亩单季收入4100元以上，与常规生产相比，亩均增收3400余元，带动附近农户增收1000余万元。河口区新盛冬枣标准化生产示范基地建设核心示范园50亩，其产品全部达到绿色A级，带动附近枣农实施标准化生产2000亩，促进农民增收600余万元。

以市、县区供销社为主体建立法人实体公司3家，成为两级供销社参与农产品经营载体。开展农产品对接活动，设立黄河口特优农产品营销专区2处，设立黄河口特优农产品旅游商品代理处1处；与山东银座、上海联华、大润发等大型超市达成合作经营协议，协议金额3.2亿元。市标准化生产示范基地建设，为农民增收发挥了重要作用。

【农村社区综合服务中心建设】 市供销社按建设精品社区的要求，对社区服务中心从地址选择、图纸设计、规划布局、项目设置到功能配套等进行严格把关和精心指导。2008年建设农村社区综合服务中心5处。

【开展农村合作金融试点】 2008年初，市供销社筛选确定广饶县畜牧肉鸡合作社、广饶县丰泰胡萝卜合作社、河口区禽类养殖协会、利津县丰源食用菌合作社4家合作社作为合作金融试点单位。至年底，全部筹建成立农民资金互助合作社，并开始试运行。这种内部资金信用互助合作，解决了社员最短时间内对资金的需

求，并在合作生产基础上进行信用合作，使社员成为更稳定的利益共同体。（杨树旺）

粮油购销

【概况】 2008年，全市粮油加工流通企业75家，其中规模以上企业45家；全市粮油食品经营网点575个，其中粮油超市97个。全市社会粮食流通经营量218万吨，其中粮油收购量95万吨，销售93万吨；实现工业增加值2.7亿元，销售收入41.9亿元，实现粮食流通的平稳运行。

【完善全市粮油储备体系】 完善地方粮油储备结构。2008年初，及时完成1000吨小包装面粉、700吨大豆色拉油应急储备，与3家粮油加工企业和60家供应网点签订应急保障协议，建立长效监管机制，增强应急保障能力。落实全市4.9万吨地方储备粮轮换计划，由各储备库适时组织轮换，加强库存督查，控制轮换节奏，确保储备粮安全和轮换效益。对小包装面粉、大豆色拉油应急储备，实行动态管理，及时推陈储新。发展储备经济。发挥市级储备库优势，投资1600万元扩建储备仓容3万吨，实现当年开工建设当年投入使用的目标。代存国家储备粮达8万吨，年可增收储备补贴400多万元。实施地方食用油储备管理办法和地方粮食储备库监督管理办法，规范完善职工收入分配机制和工作监管机制，对全市地方粮食储备库实施财务审计，强化监管，促进地方粮食储备库规范化建设。4家地方粮食储备库全部为市级粮食会计基础工作规范化管理示范单位，其中2家获省级示范单位。实施农村粮食产后减损安全保障试点工程。5月31日，全市1000个农户储粮示范仓前全部发放到户，逐户签订协议，全部储备新粮；开展技术培训和现场推介活动，发放2000套光盘、5000份宣传资料，推动了农户粮食储备和新农村建设。

【健全全市粮油供给体系】 规范建设城乡放心粮油食品店。筹资50万元，采取以奖代投方式，带动社会投资160多万元，按照“八统一”标准(即统一门头店标、经营设施、粮油配送、名牌标价、规章制度、服务承诺、经营台账、监督管理)，对城区固定营业面积30平方米以上、乡村20平方米以上的粮油食品店进行改造，建成76家城乡放心粮油食品示范店。健全粮食执法机制。贯彻《粮食流通管理条例》，加强市县粮食执法机构、队伍建设，建立执法制度、标准和规范，开展专项监督检查和集中整治活动，依法维护粮油市场秩序。建立粮油质量卫生检测中心，通过省级计量认证，为粮食执法提供科学检测平台。探索建设有形粮油批发市场的新路。搞好市场论证和选址，制定集批发、仓储、加工、物流于一体，档次高、规模大、功能全、能带动和辐射周边地区的粮油批发市场建设方案。加强与全国粮油批发市场投资经营大户联系，为建设黄河三角洲粮油批发市场做准备。

【支援抗震救灾】 优先落实1000吨面粉、300吨小包装大豆色拉油、200吨大米救灾物资，保障救灾前线之需；全市粮食流通系统捐款29.90万元。山东半球集团捐献价值20万元的40吨优质挂面支援四川地震灾区。

（李善俊）

物资购销

【物资经营】 市属物资企业主要经营废旧金属、旧车交易和报废车辆的回收拆解。市废旧金属市场是废旧金属经营业户的集散场所，市场内设发改委、油区办、公安、工商等部门组成的联合管理办公室，为驻场业户办理各种行政管理手续，并通过场地租赁、治安保卫、流通关系协调等，为业户开展配套服务。2008年，废旧金属市场实现交易额88万元，同比下降51.9％。

市顺昌机动车辆回收拆解有限责任公司主要进行旧车交易和报废车辆的回收拆解。通过建立旧车经营网点，扩充旧车交易规模，旧机动车辆集中交易市场初具规模。至年底，有旧车经营商户50多家。顺昌公司与市供销部门合作，通过对机动车报废大户主动上门登记、收缴等措施，将报废车辆回收、拆解，使可使用零部件再利用。

【职工安置】 2008年，重点解决破产企业职工的工作和生活困难。物资总公司协调劳动保障部门为改制企业职工设立个人缴纳养老保险费账户，由以企业为单位缴费改为个人缴费。物资总公司筹资1.5万元，重新铺设楼房污水管道，解决职工居住区内污水管道常年堵塞的问题。对市属物资企业机电、燃料等9个职工居住区住户的冬季取暖问题调查摸底，为符合条件的485户职工家庭申报冬季取暖补贴。

【企业改革】 2008年,重点推进进入破产程序的机电公司的清算,主要进行了机电公司破产财产的评估、变现、拍卖等。机电公司原办公楼的变现涉及清算事宜。但因外租期未到影响变现,经多方协调,年内,租户已迁出,达到资产变现要求,清算组委托中介机构对机电公司的原资产报告进行重新评估。

对原物资系统个别无法实施破产的困难企业,实施"先安置后清算"的办法改制,企业与职工解除劳动合同。 (延春华)

医药营销

【概况】 2008年,市医药公司完成商品销售额23173.3万元,完成全年计划的108.5%,比上年增加5219万元,同比增长29%;上交税金243万元。全市医药系统文明诚信药店增至30处,医保定点药店达35处。

【药品营销】 2008年,努力扩大市场份额,加大回款力度,保证各大医疗单位的药品供应。药品零售单位发挥自身优势,加强内部管理,增加医保和慢性病定点药店的销售份额,实现应有的社会效益和经济效益。基层药品配送工作积极进行货源调剂,参与社区卫生院的药品招标,配送工作向东营区所属医疗单位延伸,扩大配送范围,稳固了市场份额。

【GSP认证工作】 2008年,市医药公司在药品经营中严格按照GSP规范标准运作。6~12月,公司所属医药药材站、益生堂、河口分公司、广饶分公司相继通过省食品药品监督管理局GSP认证检查验收,为企业合法正常经营,促进企业健康发展奠定良好基础。 (李维国)

石油营销

【概况】 2008年,东营石油分公司改造加油站3座,完成投资439.6万元。开展宣传推广非油品经营,在全系统内加油站提供便利店等服务项目。全年成品油经营总量45.45万吨,其中成品油销售总量31.01万吨,零售10.75万吨。润滑油销售1239吨,实现利润3115万元,连续5年实现利润过2000万元。

【零售经营】 公司设立零售管理中心,下辖加油站63座。其中在营45座,员工342人。2008年销售总量10.7万吨,其中汽油5.5万吨,柴油5.2万吨。IC加油卡全年充值2.8亿元,消费2.5亿元。为提升中国石化加油站品牌形象,提高零售市场的竞争力,投入专项资金对系统内重点站进行形象改造。增加加油站服务功能,拓展非油品业务,促进主业经营,使加油站由提供单一加油服务逐步向多元化服务发展。

【开展非油品业务】 2008年7月,开展非油品业务。累计开设便利店55家,培育精品店3家,大型店18家;增设汽车服务项目3个,快餐项目1个。全年非油品业务累计实现营业额669.04万元。

2008年全市加油站基本情况表

分类	按类型			按区域				
	大型站(年加油3000吨以上)	中型站(年加油1000~3000吨)	小型站(年加油1000吨以下)	市区	河口区	广饶县	垦利县	利津县
座数	10	29	6	14	1	16	6	8

2008年全市石油系统成品油购销情况表

单位:万吨

分类	汽油	柴油	润滑油	煤油	燃料油
购进	8.98	22	0.125	0	14.3
销售	8.98	22	0.125	0	14.3

(于明

烟草专卖

【概况】 2008年，东营市烟草专卖局(公司)销售卷烟76716箱，同比增长3.37%，实现利税2.35亿元，同比增长21.88%，实现利润1.85亿元，同比增长23.23%，人均销量10.7条，单箱销售额15162元，同比增长12.95%。

【卷烟经营】 细化零售客户业态分类标准、服务策略和指导方针，出台《目标客户群卷烟品牌上柜的指导意见》《客户经理服务手册》等制度，规范客户服务体系，扩大电子结算范围，降低物流运行成本，发挥网络培育品牌、引导消费、服务客户、科学管理的功能。电子结算率达81.78%；每天电子结算成功率95%以上。强化品牌培育能力。运用品牌导入期、成长期、成熟期、衰退期的四级管理模式，进行市场划分和品牌测评，加强对全国性重点骨干品牌的吸引和培育力度，重点关注鲁产品牌的培育。省外品牌占总销量的比重达39.45%，百牌号集中度达99.17%，销售名优烟比重达71.99%。坚持把销量增长重点放在关注农村市场需求、挖掘农村市场潜力上，把提升结构的重点放在引导消费、拉动需求上，实现销量与结构的双赢。全年销售一、二类烟10108箱，占总销量的13.18%。完善需求预测体系，扩大信息点工作规模，加强工商协同营销，构建消费者数据库，推行智能终端零售户试点，实现预测对象从零售户向消费者、市场的延伸，提高了市场真实需求预测和把握水平。与山东、上海、云南、武汉等数家工业企业确定战略合作伙伴关系，预测准确率85.64%，订单满足率82.47%。

【治理整顿卷烟市场】 优化烟草专卖执法体系。市委、市政府将卷烟打假纳入“平安东营”建设、整顿规范市场经济秩序和全市打击走私工作体系。召开全市整治货运站和高档卷烟经营场所专项行动总结大会、治理高档卷烟经营场所专题会议和《卷烟零售户合理布局实施方案》听证会。探索两法衔接新途径，完善公检法烟联合执法长效机制。抓好涉烟违法网络的打击。以破网追刑工作为重点，以判刑人数为衡量指标，围绕打击非法经营大户和破除非法销售网络，会同有关部门重新修订《专项行动方案》，出台《全市进一步整顿规范高档卷烟经营场所实施方案》，开展以大中型宾馆、星级酒店、名烟名酒店为重点的高档卷烟经营场所的清理整顿。查获涉烟违法案件1293起，5万元以上大要案件16起，符合公安部、国家局标准的网络案件2起，查获各类违法卷烟1008万支，总案值432.3万元。移送公安机关拘留涉烟违法分子36人，逮捕9人，判刑10人。其中，“5.21”网络案件，被公安部、国家烟草专卖局确定为挂牌督办案件，涉案金额1462万元，涉案人员25人，已刑事拘留8人，批捕3人。加强县级局建设。制定《东营市县级局建设实施意见》《专卖管理所工作规范》，统一工作要求和岗位职责，开发专卖管理所应用软件，建立职责明晰、职能衔接、监管到位、规范高效的“查处管核”运行机制，突出县级局的执法主体地位。合理布局零售户，许可证换发前召开《全市卷烟零售户合理化布局方案》听证会，在全市公示，并做好方案报批备案、预案制定和贯彻落实，为许可证换发、合理调控与管理零售终端提供依据。

(王　力)

黄河三角洲高效生态经济区(东营)的战略布局

在战略布局上，立足黄三角、面向环渤海、依托大腹地、放眼全世界，着力推进东进、西扩、南融、北接。东进就是向东打开出海通道，冲出渤海湾，连接东北亚，融入经济全球化；西扩就是以济南省会城市圈为依托，向西拓展市场，开辟港口腹地；南融就是向南融入山东半岛城市群，打造先进制造业重要板块；北接就是向北对接天津滨海新区，主动接受辐射，促进开放开发。

财政税务

- 2008 年全市境内财政收入完成 413.86 亿元，同比增长 20.94%
- 2008 年全市国税收入 257.02 亿元，同比增长 24.78%
- 2008 年全市地税收入 59.32 亿元，同比增长 12.71%
- 全市纳税大户

财 政

【概况】 2008年，全市境内财政收入累计完成413.86亿元，比上年同期增长20.94%。分级次看，中央级完成295.42亿元，增长21.03%，省级完成47.49亿元，增长25.01%，市级以下地方财政收入完成70.95亿元，完成年度预算的104.66%，比上年同期增长18.01%，增幅居全省第7位。其中，市本级财政收入完成32.53亿元（含两个开发区），完成预算的102.81%，比上年同期增长15.24%。

2008年，全市地方财政支出完成89.72亿元，完成年初预算的113.12%，调整预算的91.8%，比上年同期增长17.62%，其中市本级财政支出完成36.48亿元，完成年初预算的95%，调整预算的83.16%，比上年同期增长9.85%。东营市连续24年实现财政收支平衡，为全市经济和社会发展做出积极贡献。

2008年全市地方财政收入情况表

序号	项 目	收入额（万元）	比上年增长（%）	序号	项 目	收入额（万元）	比上年增长（%）
1	增值税	94349	14.47	11	车船使用税和牌照税	4070	93.53
2	营业税	142223	28.69	12	耕地占用税	3772	136.49
3	企业所得税	64958	12.74	13	契税	29377	29.16
4	个人所得税	17214	2.86	14	国有资本经营收入	26501	54.21
5	资源税	1870	44.18	15	行政性收费收入	35876	37.5
6	城市维护建设税	108685	8.07	16	罚没收入	11585	-2.69
7	房产税	17428	-2.4	17	国有资源（资产）有偿使用收入	11430	156.28
8	印花税	9750	18.99				
9	城镇土地使用税	48947	7.07	18	专项收入	66108	4.68
10	土地增值税	11376	21.81	19	其他收入	4012	131.77

2008年全市地方财政支出情况表

序号	项目	收入额（万元）	比上年增长（%）	序号	项目	收入额（万元）	比上年增长（%）
1	一般公共服务	149058	8.68	8	环境保护	25728	55.68
2	公共安全	40314	5.01	9	城乡社区事务	164165	7.28
3	教育	199763	12.74	10	农林水事务	94620	29.99
4	科学技术	15607	29.21	11	交通运输	7491	3.72
5	文化体育与传媒	9175	6.95	12	工业商业金融等事务	55371	78.91
6	社会保障和就业	53345	18.48	13	其他支出	39509	32.67
7	医疗卫生	42833	25.57	14	地震灾后恢复重建支出	238	

【组织财政收入】 2008年，受国际金融危机影响，国际国内经济形势复杂多变，原油价格大幅下滑，企业经营困难，全市财政收入增幅持续回落。采取多种措施增加财政收入。

加强与税务部门配合，多次召开联席会议，全面掌握全市经济运行情况，强化调度分析，及时解决组织收入中遇到的困难和问题，增强对税收的调控，保证了各项税收均衡入库。

加强非税收入征管，用足用活非税收入相关政策，对排污费、基金等主要非税项目采取专人催收、重点调度、联合执法等征管措施，确保依法足额征收。

依托“金财工程”，构建信息

数据资源共享平台，形成对税源全方位、及时、动态的监控体系，为应收尽收提供信息保障。

完善收入增长考核办法，市对县区，县区对乡镇，政府对征管部门层层落实任务，调动各级各部门组织收入的积极性，县区级收入增长迅速，收入质量明显提高。

【优化财政支出结构】 2008年，优化财政支出结构，大力筹集资金用于民生和社会事业建设，仅市级财政，全年新增民生支出达1.1亿元，保障了社会事业发展和党委政府重大决策的落实。

按照积极财政政策“扩内需、保民生、促消费”的要求，着力增加低收入群体的收入，提高城乡低保、农村五保集中供养、残疾人救助、农民医疗保险补助等7项补助标准，支持完善全市多层次、广覆盖、高标准的社会保障体系。

支持新农村建设，市级财政年内支农支出2.92亿元，加大对农业基础设施、农业综合开发、农业产业化等方面的投入，为全市新农村建设提供财力支撑。

坚持教育优先发展，完善义务教育经费保障机制和教育救助体系，提高农村中小学公用经费保障和困难学生资助标准；筹集资金1000万元，支持农村中小学低标准建材校舍改造工程，新建改造校舍19万平方米；落实资金7386万元，全部解决市直义务教育学校历年基建债务；安排资金1146万元，启动全市农村义务教育债务化解工作。

支持奥运安保、打黑除恶和交通安全设施建设，为化解社会矛盾提供财力保障，维护了社会稳定。加强抗震救灾资金的筹集和管理，保证全市承担的灾后重建工作顺利进行。

【支持经济发展】 2008年，各级财政部门把支持经济发展作为重要工作，围绕黄河三角洲开发总战略，创新支持方式，促进东营经济又好又快发展。在支持投融资方式转变方面，市财政局制订《“四区一城”融资平台建设实施方案》，搭建市场化运作、科学化发展的融资平台，支持“三路两港一场”和“四区一城三网”等重大项目建设，服务黄河三角洲开发建设。在扶持企业发展方面，针对国际金融危机冲击下全市企业面临的困难，市财政筹资4000万元，设立中小企业互助资金和市场开拓资金，成立小额贷款公司，为有效防范和化解中小企业资金链条断裂等风险发挥重要作用。为缓解煤电油运紧张局面，市财政筹措专项资金350万元，支持发电企业生产。安排资金7350万元，重点支持技改创新、节能减排和循环经济发展，加快调整产品结构、拉长产业链条、培育产业集群的步伐。安排资金1500万元，设立文化产业发展资金，着力推进文化产业发展。

各县区制定出台扶持企业发展的政策措施，帮助企业解决实际困难，共克时艰。支持市属经济发展方面，以两个开发区为重点，在体制、政策、资金上给予倾斜，着力培育以高新技术为骨干的财源增长点，为建立良性梯次财源体系打下坚实基础。支持县域经济发展方面，继续实施“突破利津”战略，落实中央、省、市促强扶弱的财税激励政策，引导县区重视发展质量、经济效益和产业结构，转变经济发展方式，县域经济发展取得新突破。

【完善财政运行机制】 各级财政部门把深化改革、强化管理，作为提升理财水平的关键，以改革化解矛盾，以管理破解难题，取得新突破。

部门预算改革。完善部门预算基础信息库，规范单位基本支出预算内容、范围和渠道，建立科学的定员定额标准体系和项目预算审核机制，提高部门预算管理水平。

国库集中支付改革。建立国库单一账户体系和应急支付机制实现资金的全程动态监控，扩大国库集中支付范围，4个县区实现上线运行。

完善政府采购管理制度。以规范运作为重点，建立政府采购信息公开机制，提升政府采购公开透明度。市本级政府采购金额达10.1亿元，节约资金1.1亿元，节支率9.82%。

健全财政投资评审机制。建立初审、复核、认定三级审核制度，提高了评审质量和效率。全年市级完成项目概预算评审值11.7亿元，节省财政支出1.05亿元。

加强国有资产管理。将城资公司注册资本金及政府贷款纳入财政监管范围，规范财务管理程序，提高资金的使用效益。推行市直车辆保险管理改革，完善车辆“互助自保”办法，比参加商业保险节省财政资金430万元。

（徐冰消）

国家税务

【税收收入】 2008年，受国际金融、经济形势影响，原油价格暴涨暴跌，胜利原油国际价格7月4日高达127.92美元/桶，11月中旬后跌破40美元/桶，最低为29.52美元/桶。人民币兑美元汇率持续升值，胜利原油人民币价格与美元价格上涨幅度相差近15个百分点，造成税收增长与油价上涨不同步。加上政策性减收因素较多，影响了税收收入。上半年全市国税收入保持较快增长，进入三季度后，经济形势急剧变化，收入增幅呈现明显回落趋势，年底出现负增长。

至年底，全市国税系统共组织国内税收收入257.02亿元，同比增长24.78%，增收51.06亿元。税收收入规模创历史新高。其中，胜利油田税收195.05亿元，同比增长29.32%，增收44.22亿元；市内税收61.97亿元，同比增长12.4%，增收6.84亿元。分级次看，中央级收入204.27亿元，同比增长23.5%，增收38.87亿元；省级收入37.77亿元，同比增长36.44%，增收10.09亿元；市级以下收入14.98亿元，同比增长16.29%，增收2.10亿元。

2008年国税收入完成情况表

单位：万元

项　目	年度计划	免抵调计划	总计划	累　计　收　入			
				收入	占计划%	比上年同期±%	比上年同期±额
一、税收收入合计	2068500	20300	2088800	2622356	125.54	26.07	542331
（一）国内税收收入	2068500	20300	2088800	2570217	123.05	24.79	510562
1、国内两税	1453160	20300	1473460	1875646	127.30	29.76	430200
其中：(1)国内增值税	1408100	20300	1428400	1829593	128.09	32.04	443992
其中：直接收入	1408100		1408100	1809293	128.49	33.22	451202
免抵调库收入	20300		20300	20300	100.00	-26.21	-7210
(2)国内消费税	44870		44870	46053	102.64	-23.05	-13792
2、营业税	0		0	0	0	0	0
3、企业所得税	574180		574180	653364	113.79	14.82	84329
4、涉外企业所得税	547390		547390	621399	113.52	14.48	78608
5、个人利息所得税	26790		26790	31965	119.32	21.80	5721
6、车辆购置税	9940		9940	9819	98.78	-31.66	-4548
（二）海关代征	31410		31410	31388	99.93	1.89	581
其中：增值税			0	52139		155.96	31769
消费税			0	52135		155.99	31769
二、出口退税			0	4		0.00	0
其中：增值税			0	-67890		2.07	1380
消费税			0	-67756		2.09	1385

2008年国税收入分级完成情况表

单位：万元

项　目	年度计划	免抵调计划	总计划	累　计　收　入			
				收入	比上年同期±%	比上年同期±额	占计划%
国内税收收入	2068500	20300	2088800	2570217	123.05	24.79	510562
一、中央级总计	1656826	15225	1672051	2042651	23.50	388691	122.16
二、省级总计	276721	0	276721	377725	36.44	100879	136.50
三、市级以下总计	134953	5075	140028	149841	16.29	20992	107.01
其中：(一)市本级	37306	2025	39331	40244	21.33	7076	102.32
(二)县区级	97647	3050	100697	109597	14.54	13916	108.84

【税收管理】 加强企业所得税管理。通过举办纳税人培训班、印发宣传资料、开展调研分析等形式，确保新企业所得税法贯彻落实到位。坚持和巩固查账征收与核定征收相结合的所得税管理方法，对1614户企业实行核定征收，占全部企业所得税纳税人的21%。全年完成企业所得税65.34亿元，增长14.83%，增收8.44亿元。深化税收分析预警系统和纳税评估系统运用。利用税收分析预警系统对企业指标数据进行综合采集、分析，发现税收征管中的薄弱环节。利用纳税评估系统对预警问题较多的重点指标，分类采取措施解决，促进税收管理水平的提高。

2008年，受理纳税人预警信息7233条，反馈率和解除率均达100%，评估1548户次，增加税收9496万元。加强增值税、消费税管理。金税工程高质量运行，全年认证专用发票102.8万份，采集销项发票100.9万份，有效监控企业销售收入和进项税抵扣。开展海关完税凭证及红字发票开具情况检查，实施农产品、商贸企业专项评估，共查补税款、罚款2486万元。以石化企业原油加工量和成品油收率为主要指标，建立石化企业成品油税收评估模板，提高了成品油税收管理水平。

【税务稽查】 全市各级国税部门坚持依法治税，从严查处的原则，以查处大要案为突破口，打击税务违法行为，维护正常的纳税秩序。加强对房地产及建筑安装业、烟草行业、石油化工行业、制造业、纺织行业的税收专项检查。对利用海关完税凭证进行偷骗税的企业进行专项整治。开展对大型企业的税收检查。加强举报案件的受理、管理及转办、督办工作，规范税收秩序。全年稽查系统共查补税款、罚款、滞纳金9486万元。

【纳税服务】 全市各级国税部门坚持税收工作宗旨，丰富和完善服务手段，优化纳税服务。减轻纳税人负担，取消办税业务31项，附列资料375项，实现窗口对外、内部运作、信息共享的工作机制。推行办税公开，通过税务网站、办税指南、政务公开栏等渠道，将纳税人的权利与义务、纳税服务、办税程序、最新政策等14个大类55项内容全部公开。规范税收执法，依托税收执法管理信息系统，全面落实执法责任制。组织开展税收执法检查和执法监察，认真执行重大税务案件集体审理制度，维护纳税人的合法权益。充分发挥12366纳税服务热线和东营国税网站交互式服务功能，为纳税人提供实时便捷的在线服务，受理电话咨询、网上咨询5500余个。落实各项税收优惠政策，全年落实出口退税政策6.8亿元；积极向上级反映情况，促使国家税务总局出台对石化企业购进燃料油已缴消费税准予抵扣的政策，地方石化企业减征消费税2.2亿元以上；做好高新技术企业认定工作，对已认定的高新技术企业，落实按15%的税率征收企业所得税的优惠政策；做好增值税转型和成品油消费税改革的准备工作。

【税收宣传】 围绕“税收·发展·民生”主题，开展税收宣传月集中宣传活动，开展企业所得税QQ轻松聊、“中邮专送传税法”等活动。在市实验中学晨阳分校建立税收宣传教育基地，广泛普及税收知识。开展“聚焦国税”征文活动，评出一、二、三等奖稿件33篇，宣传国税工作，壮大宣传声势。做好日常税收宣传工作，参加国家税务总局开展的全国税收宣传短信大赛、“税收·发展·民生”征文、“图话税宣”有奖征集活动等。征求纳税人对国税部门工作的意见和建议，围绕新企业所得税法实施，增值税转型，消费税出口退税政策调整等内容，广泛开展对纳税人的宣传、辅导和培训，提高了企业的实务操作能力保证了国家税收政策的顺利实施。开展纳税信用等级评定工作在《东营日报》和国税网站上公开和宣传，提高了全社会的依法诚信纳税意识。

2008年全市国税系统纳税前50名企业表

单位:万元

序号	单位名称	税额	序号	单位名称	税额
1	中国石油化工股份有限公司胜利油田分公司	1820263	26	山东宝莫生物化工股份有限公司	4901
2	中国石化集团胜利石油管理局	94437	27	胜利油田胜利石油化工建设有限责任公司	4770
3	中国石油化工股份有限公司胜利油田分公司清河采油厂	35837	28	山东石大胜华化工股份有限公司	4492
4	中国石化集团胜利石油管理局石油开发中心	25666	29	东营方圆有色金属有限公司	4401
5	胜利油田鲁胜石油开发有限责任公司	22869	30	云顶石油天然气(中国)有限公司	4370
6	山东石大科技集团有限公司	21956	31	胜利油田金角石油开发有限责任公司	4068
7	山东华泰纸业股份有限公司	16693	32	山东华星石油化工集团有限公司	3939
8	山东电力集团公司东营供电公司	13804	33	胜利油田河口石油开发有限公司	3879
9	山东金岭化工股份有限公司	13132	34	能源开发公司(中国)有限公司	3714
10	中国石化集团胜利石油管理局石油开发中心胜科管理区	12683	35	东营华泰纸业化工有限公司	3581
11	正和集团股份有限公司	11948	36	胜利油田东胜黄河石油开发有限责任公司	3534
12	山东垦利石化有限责任公司	10878	37	胜利油田鲁胜石油开发有限责任公司三分公司	3492
13	能源开发公司(中国)有限公司	10607	38	胜利油田牛庄石油开发有限责任公司	3484
14	东营协发化工有限公司	8217	39	中海石油东营石化有限公司	3120
15	利津石油化工厂有限公司	8157	40	山东石大胜华化工股份有限公司垦利分公司	3094
16	胜利油田胜利工程建设(集团)有限责任公司	7371	41	东营市商业银行股份有限公司	3078
17	山东东营烟草有限公司东营区分公司	7101	42	中国石化集团胜利石油管理局地球物理勘探开发公司	2800
18	东营市商业银行股份有限公司西城支行	6047	43	广饶县供电公司	2768
19	山东海科化工集团有限公司	6005	44	胜利油田鲁胜石油开发有限责任公司一分公司	2715
20	胜利油田胜利工程设计咨询有限责任公司	5759	45	胜利油田胜利动力机械集团有限公司	2695
21	胜利油田中胜石油开发有限责任公司	5721	46	山东东营胜利农村合作银行	2616
22	东营华泰纸业有限公司	5687	47	东营华星阳鸿化工有限公司	2606
23	东营华联石油化工厂有限公司	5415	48	胜利油田东胜精攻石油开发集团股份有限公司	2604
24	山东华泰热力有限公司	5288	49	东营银座购物广场有限公司	2484
25	山东广饶农村合作银行	5170	50	东营市垦东石油开发有限公司	2412

(智俊岭)

地方税务

【税收收入】 2008年，税收征管形势和矛盾错综复杂、增收潜力越来越少、税收压力不断加大，地税部门把组织收入作为第一要务，探索税源管理的有效途径，全面强化税收征管，千方百计挖潜增收，组织收入实现大幅增长。全市各级地税部门组织收入593194万元，比上年同期增收66881万元，增长12.71%。其中，中央级收入53812万元，比上年同期增收2404万元，增长4.68%。省级收入96515万元，比上年同期减收3996万元，下降3.98%。市级以下收入442867万元，比上年同期增收68473万元，增长18.29%。其中：市本级收入240660万元，比上年同期增收38696万元，增长19.16%，占同级财政收入的比重达75%以上，连续15年超额完成各级政府下达的税收任务，为全市经济建设和社会稳定做出突出贡献。

【税收管理】 落实省地税局党组"经济决定税源，管理增加税收"治税思路，坚持围绕税源抓征管，抓好征管促收入，推进科学化、规范化、精细化建设，强化税源管理措施，提升税收征管质效。严把立项关、开工关、施工关、竣工关4个环节，实现对重大建设项目的全过程跟踪控管。落实重点税源管理责任制，实行专人专户管理，建立健全监控台账，及时、全面、准确的掌握重点税源涉税信息，加强对重点税源的管理，重点税源的税收贡献率不断提高。以分级分类管理为重点，落实营业税分行业管理办法，行业监管水平不断提高。争取政府领导和各部门的配合支持，采取典型带动、分类指导、调度考核等措施，做好二三产业分离工作，最大限度维护地方利益。落实营业税管理条例，创新营业税管理的有效方法，对建筑业营业税强化"以票控税"，对房地产业营业税实行"先办税后办证"，对交通运输业营业税强化发票比对，提高营业税征管水平。

针对地税税基萎缩、管辖业户减少的实际，强化税基管理，加强企业所得税管理。强化高收入个人自行申报和后续管理工作，个人所得税实现高幅增长。对符合条件的房地产企业逐户部署清算工作，严格扣除标准，依法进行税收清算，土地增值税管理坚持以保单控税单，强化保险机构代收代扣车船税的管理。社会综合治税工作向多行业、全方位、深层次延伸，涉税信息采集面进一步拓宽，社会综合治税成效显著，涉税信息总量和入库税额均创历史最高水平，在堵漏增收中发挥重要作用。

坚持向政策要潜力、要收入，政策促收效果明显。市地税局加强对资源税、土地使用税、油田内部劳务营业税政策的研究，积极向上争取壮大地方财力的意见建议，得到市委、市政府的高度重视和充分肯定。深入开展以"一税两费"、企业所得税、补提类税金入库情况、转移管理归属企业、减免政策、财产税、发票等为重点的"七清查"，查找征管薄弱环节，明确收入主攻方向，确保应收尽收。

【税务稽查】 重点对企业集团、中介机构、电力电信、餐饮娱乐等组织开展多行业、多形式、多税种的税收专项检查，加大对各类举报案件的查处力度，严厉打击涉税违法行为，稽查质效不断提高集中组织开展个人所得税、房地产、金融保险、中介机构业等专项检查，起到以查促收、以查促管的作用。

【税收执法】 落实执法责任制和责任追究制，严格执法程序，规范执法行为，提高执法水平。贯彻《行政许可法》《税收征管法》及实施细则等法律法规，提高全体干部职工的法制意识和执法水平坚持外部监督与内部监督并举实行阳光办税，健全完善对税收执法行为各个环节的事前、事中事后监督机制，推进监督关口前移，促进了规范执法。

【税收服务】 坚持"服务经济、服务社会、服务纳税人"的服务理念，把税收服务列入重要议事日程。加强调查研究，向市委、市政府提出培植税源、增加收入、发展经济的意见建议，当好参谋助手制定出台《支持农村改革的意见》和《扶持企业发展的意见》，落实中央、省、市扩内需保增长的要求。落实税收优惠政策，扶持下岗职工再就业、高新技术企业、福利校办企业、科技教育事业的发展，培植税源；完善办税服务厅12366系统服务、网络服务三大服务平台，精简办税手续，简化办税程序，开展创建"征纳共盈"纳税服务品牌活动，创新服务载体提高服务水平，地税部门的社会地位和形象明显提升。

【税收信息化建设】 自主开发《税源监控决策支持系统》，强化各类涉税数据的分析和利用，实现以分析促征管，以分析促收入；争取政府支持，实现财税库银联网，网上申报银行由2家增至全市所有银行，为纳税人提供了便利。为强化“大集中”软件应用培训，各级建立健全基础数据录入责任机制、审核机制、考核机制，严格落实税收管理员初审、分管领导复审、单位主要负责人终审的“三审制”，确保了数据安全和网络的稳定运行。

【税法宣传】 地税部门按照依法治税的要求，加大税收宣传力度，推进税收法制建设，优化税收执法环境。持久开展“税收宣传月”、税法知识讲座、报告会等宣传活动，把国家政策、税收法律送到纳税户中，市地税局被评为全省地税系统税收宣传月活动先进单位。利用电视、广播、报刊等新闻媒体，加大宣传力度，全年在市级以上媒体发稿300多篇，营造“依法纳税光荣、偷税漏税违法”的良好舆论氛围。

2008年全市地税系统纳税大户表

序号	企业名称	序号	企业名称
1	中国石油化工股份有限公司胜利油田分公司	26	东营市恒润房地产开发有限公司
2	中国石化集团胜利石油管理局	27	东营新邦房地产开发有限责任公司
3	胜利油田胜利工程建设(集团)有限责任公司	28	利津石油化工厂有限公司
4	胜利油田胜宏置业有限公司	29	中国石化集团胜利石油管理局测井公司
5	华泰集团有限公司	30	胜利油田胜利房地产开发有限责任公司
6	东营市商业银行股份有限公司	31	中国人民财产保险股份有限公司东营市分公司
7	胜利油田牛庄石油开发有限责任公司	32	山东华星石油化工集团有限公司
8	中国农业银行广饶县支行	33	胜利油田鑫联石油开发有限责任公司
9	胜利油田胜利工程设计咨询有限责任公司	34	胜利油田胜利石油化工建设有限责任公司
10	山东华泰纸业股份有限公司	35	中国移动通信集团山东有限公司东营分公司
11	正和集团股份有限公司	36	新发药业有限公司
12	中国石化集团胜利石油管理局石油开发中心	37	中国工商银行股份有限公司东营东城支行
13	东营市房产交易中心	38	山东石大科技集团有限公司
14	胜利油田东胜精攻石油开发集团股份有限公司	39	中国石化集团胜利石油管理局电力管理总公司
15	山东垦利石化有限责任公司	40	中国网通(集团)有限公司东营市分公司
16	山东蓝海股份有限公司	41	中国石油化工股份有限公司胜利油田分公司孤岛采油厂
17	中国石油化工股份有限公司胜利油田分公司东辛采油厂	42	中国石化集团胜利石油管理局井下作业公司
18	中国石化集团胜利石油管理局黄河钻井总公司	43	东营华联石油化工厂有限公司
19	中国石油化工股份有限公司胜利油田分公司现河采油厂	44	中国石化集团胜利石油管理局海洋钻井公司
20	山东众成地产有限公司	45	中国石油化工股份有限公司胜利油田分公司物资供应处
21	山东电力集团公司东营供电公司	46	胜利油田华胜电业建筑有限责任公司
22	中国银行股份有限公司东营分行	47	中国石油化工股份有限公司胜利油田分公司河口采油厂
23	中国工商银行股份有限公司广饶支行	48	中国银行股份有限公司广饶支行
24	中国石油化工股份有限公司胜利油田分公司石油化工总厂	49	中国石油化工股份有限公司胜利油田分公司海洋采油厂
25	中国石油化工股份有限公司胜利油田分公司胜利采油厂	50	中国工商银行股份有限公司东营胜利支行

（王金一）

金融　保险

- 2008年底，全市本外币各项存款1015亿元，增长22%
- 2008年底，全市本外币各项贷款716亿元，增长15%
- 全市有7家银行业金融机构被省银监局评为良好银行
- 全市实现保费收入31.93亿元，同比增长13.75%

金融监管

【概况】 2008年,东营银行业发展更具活力,整体保持高质量运行,巩固了在全省银行业中信用状况最好,资产质量最高,运行状况最佳市的地位,为地方经济平稳较快发展提供了有力支持。至年底,全市本外币各项存款余额1015亿元,较年初增加181亿元,增长22%;本外币各项贷款余额716亿元,较年初增加94亿元,增长15%;实现利润25亿元,增幅为47%。不良贷款整体实现双下降,有7家银行业机构被省银监局评为良好银行。

【风险监管】 一是分析判断研究政策走向,提高信贷政策成熟度。对宏观政策走向进行持续动态跟踪,与地方经济规划相结合,通过会议、文件、监管提示等途径,加强监管政策引导。对全市八大主导产业运行状况进行调研,指导银行业金融机构建立起符合产业政策导向和自身风险偏好的信贷政策,有保有压地加大对地方经济的有效信贷投入,提高对逆经济周期应对能力。二是开辟新思路,努力防范企业资金链断裂风险。制定企业资金链风险处置预案,前瞻性做好大型企业资金链风险防控。在上半年从紧货币政策下,银监局变堵为疏,推动银行综合运用多种表外金融工具,为企业提供融资服务,表外业务取得突破性增长,月均表外业务余额173亿元,较年初增加66亿元,增长62%,成为全市银企应对宏观调控实现共赢发展的有效途径,此举得到省政府领导批示,并派员考察推广东营模式。三是坚持从源头入手,优化风险管理微观环境。引导企业加强全面风险管理,把企业风险管理水平作为银行授信审核的重要内容,推动银企全面风险合作,加强风险管控,实现银行风险防范关口前移。四是强化真实性监管,推进不良贷款科学压降。落实双向问责制,分类推进压降工作,持续监测贷款分类偏离度和迁徙变化,对不良贷款及时摸清底数,为处置工作争取主动。鼓励银行采取多种方式处置不良资产,推动地方法人机构不断提高风险拨备能力。五是深化操作风险管理,巩固深化银行业案防成果。从治本入手构建起案件防控长效机制,从根本上提升银行案防能力。开展为期一个月的操作风险检查,对银行16个方面120多个小项进行全面检查,对案件高发机构集中整治,采用"飞检"模式加强对案发重点部位突击检查,保持对案件治理的高压态势。召开联席会议,强化银行业安保工作,全年无案件发生。

【银行改革】 银监局规划辖区银行业改革,重点抓好组建区域性商业银行,组建农村商业银行,设立村镇银行,引进股份制银行等4项改革,得到市委主要领导批示,被列入着力研究推进的首要改革事项,纳入全市重点推进体系。银行发展环境进一步优化,市委、市政府先后出台银行业在抵债资产处置中规费减免,新入驻机构税费支持,设立中小企业信贷风险补偿机制,健全担保体系建设,放贷奖励等多项支持金融改革发展的优惠政策,为全市银行业发展提供了相对宽松的金融环境。一是城市商业银行深层次改革深入。开展了引进战略投资者前期准备,着力提升法人治理水平。流程银行建设进展顺利,对组织架构重新设计,条线化管理能力显著提升。网点布局实现对县区的全覆盖,跨区域设置机构进入实质运作阶段。二是农村合作金融机构改革进一步深化。产权制度改革进展顺利,股权结构进一步优化,加快了股份制改造进程。广饶农村商业银行组建工作完成可行性论证,得到地方政府和山东银监局支持。密切关注省内新型农村金融机构试点进程,东营市试点工作被纳入全省未来三年规划。三是做好股份制银行引进工作,与多家股份制银行省分行达成分支机构设立意向,带动辖内银行业创新、服务能力的提升。四是其他银行业机构改革不断推进。农行股改工作进展顺利,并争取成为"三农"事业部改革试点。支持农业发展银行扩大农村商业化业务。邮储银行分支机构组建工作完成,成为全省进度最快最好的地区。

【金融创新】 一是推动小企业信贷服务机制创新。召开全市小企业贷款推进会,确立了小企业贷款年度规划并组织签订责任状。小企业贷款"六项机制"建设进一步深化,辖内涌现出一批小企业贷款"特色支行""特色柜台",专营化建设稳步推进,产品体系逐步丰富。市城市商业银行成立小企业贷款管理中心,引进德国微贷核心技术,小企业专营能力进一步提升。农村金融机构开展中小企业信用联盟信贷业务,组建中小企业信用联盟12家,会员企业达到66家,贷款余额20310万元。年末全市小企业贷款户数、余额分别较年初增长290%、26%，高于全部贷款增幅11个百分点。二是改善农村金融服务。鼓励银行向县域延伸机构，推动邮储银行开办小额贷款业务。推动农业龙头企业贷款，大联保体试点等工作。年末全市农业贷款余额103亿元，增加16亿元，增长18%。三是关注民生和舆情，保护好金融消费者合法权益。畅通监管举报渠道，参加地方开展的“行风热线”和“网上民生”，实施“阳光监管”。年内参加“行风热线”2次，网上答复27件，受理信访事项5件，回复政协提案及人大财经委工作安排2件。

【内部管理】 一是开展学习实践活动，东营银监分局被市委、市政府评为“实践科学发展观 争当黄河三角洲排头兵”先进单位。二是提高基础工作质量，创新监管手段。建立统计数据信息交流机制，实现集团客户统计监测，试行推广非现场质量管理与评价系统，年内下发提示、意见24次，非现场监管基础性作用进一步强化。加大现场检查力度，年内共派出检查组16个，累计投入18227个工作日，提出整改意见90条，对25名责任人做出处罚，推动了银行业机构依法合规运行。

【实施银行业“4·10”工程】 立足银行业风险防控与服务两大核心竞争力，在辖内启动“优质服务网点”“优质服务标兵”“风险管理规范示范点”“风险管控培养客户”的东营银企“4·10”工程创建活动。通过这项活动，在全市银行、企业界树立一批服务和风险管控方面的标杆，银行软硬件建设得到提升，风险防范体系进一步夯实，增强了服务及履行社会责任意识。 （韩晓磊）

中国人民银行东营市中心支行

【概况】 2008年，中国人民银行东营市中心支行面对国内外复杂多变的经济金融形势，以科学发展观为指导，把监测分析和引导作为货币信贷工作的着力点。至年末，全市人民币各项存款余额1032.77亿元，新增存款188.34亿元，增长22.3%，新增存款和存款余额分别完成年初任务的238.41%和112.26%；全市人民币各项贷款余额695.87亿元，新增贷款100.55亿元，增长16.89%，新增贷款和贷款余额分别完成年初任务的125.69%和117.35%。

加大窗口指导力度，疏通货币政策传导渠道。制定下发《东营市金融机构执行信贷政策实施效果导向评估制度》等制度，强化银行机构执行国家货币信贷政策的自觉性。9月初组织召开全市农村信用体系建设工作座谈会，推动了区域农村金融生态环境建设。

强化信息调研工作，增强政策执行的前瞻性。探索建立金融研究和重点课题等系列制度，6月开展专题调研月活动，多篇调研报告被《金融时报》《金融发展研究》等刊物采用，分行行长杨子强、市委书记张秋波等领导多次对人行的调研报告作出批示。

推动银企合作。4月、8月和11月，先后组织召开全市年度银企洽谈会、黄河三角洲开发建设与金融支持论坛暨政银企合作洽谈会和全市小企业集中融资（授信）发布会，累计签约494个项目，授信贷款金额381.86亿元，为全市重点项目企业和优质中小企业提供了有力的信贷支持。

加强预警监测，确保金融稳定。建立完善法人机构动态监测制度、重点企业联席会议制度和橡胶轮胎、石油化工等重点行业监测制度，金融风险监测防范工作得到加强。

树立“服务立行”理念，经济发展环境显著改善。开展“提高服务效率，树立央行形象，争当金融服务排头兵”行风建设活动，东营市中心支行被评为全市“实践科学发展观 争当黄河三角洲开发建设排头兵”活动先进单位。优化升级财税库行横向联网系统，提高了财政库款的使用效率。加强现金管理，制定《东营市人民币流通监测管理办法》。9月完成“水稻良种补贴资金”全省首拨，12月完成“农村饮水工程”补贴资金和“奶牛补贴”直拨，拓宽了国库服务的领域和范围。

【外汇外债管理】 2008年，国家外汇管理局东营市中心支局围绕促进国际收支基本平衡，创造性开发了《外汇非现场检查系统》《国际收支统计申报非现场核查系统》，推行出口退税无纸化制度，简化企业出口退税手续，取消省内企业贸易进口异地付汇的备案管理，为企业提供付汇便利。举办外汇政策法规系列讲座6次，培训银行和企业人员近600人，组织人员到13家涉外企业上门送政策法规服务，推广FDI系统、出口收结汇联网核查系统和贸易信贷登记管理系统，支持东营市充分利用外资。

2008年,东营市外汇收支保持稳定增长的发展态势,收支仍为顺差,全市外汇收支总额41.54亿美元,同比增长37.08%,增幅比同期下降46.78个百分点;外汇收入16.91亿美元,同比增长25.09%,增幅比同期下降84.68个百分点;外汇支出24.63亿美元,同比增长46.64%,增幅比同期提高62.36个百分点;收支实现顺差7.72亿美元。办理出口收汇核销15808笔,金额180789亿美元;办理进口核销4929笔,金额187853亿美元;办理外商投资企业外汇登记1.22亿美元,外债转贷款余额5232万美元,其中外债转贷款提款450万美元,还本付息2372万美元;办理境外投资1020万美元,办理境外上市1家。

2008年全市信贷收支情况表

单位:万元

项目＼余额	余额	较年初增加(+、-)	较年初增长(%)	项目＼余额	余额	较年初增加(+、-)	较年初增长(%)
各项存款	10327760	1883439	22.30	(1)工业贷款	2174017	149752	7.40
其中:企业存款	2435949	268918	12.41	(2)商业贷款	252171	10164	4.20
(1)活期存款	1574178	165411	11.74	(3)建筑业贷款	113522	-16487	-12.68
(2)定期存款	861771	103506	13.65	(4)农业贷款	1027662	163014	18.85
储蓄存款	5540720	1133546	25.72	(5)乡镇企业贷款	271291	24474	9.92
(1)活期储蓄	1882471	321877	20.63	(6)三资企业贷款	3650	1500	69.77
(2)定期储蓄	3658249	811669	28.51	(7)私营企业及个体贷款	73089	-26918	-26.92
各项贷款	6958669	1005540	16.89				
其中:短期贷款	4567027	489966	12.02	中长期贷款	2057429	363542	21.46

(任小强)

中国农业发展银行东营市分行

【概况】 2008年,中国农业发展银行东营市分行在全省系统率先开办网银业务和国际业务,信贷业务实现稳健发展。企业综合用信余额31.32亿元,其中:贷款28.3亿元,银行承兑汇票2.461亿元,进口信用证余额5552万元,综合用信余额较年初增加2亿元。存款业务实现突破,各项存款达到5.43亿元,较年初增加0.85亿元。日均企业单位存款5.2亿元,较年初增加0.94亿元,完成省行任务的228.8%。日均同业定期存款2.25亿元,完成省行任务的107.5%。收入盈利能力实现质的飞跃,各项收入实现20947万元,比上年同期增加5901万元。贷款利息收回率为99.41%,同比上升1.08个百分点。账面盈余9730万元,同比增加3147万元,增幅达到47.81%。

【支持粮食收购】 2008年,发放政策性储备粮轮换贷款2300万元,储备油贷款726万元,支持储备企业完成中央、地方储备轮换粮食5.4万吨,入储大豆色拉油700吨。发放商业性粮食购销贷款6000万元,支持企业收购农民余粮,保护了农民利益,稳定了全市粮食市场,确保了全市粮食安全。

【支持棉花收购】 投放2007棉花年度(2007年9月到2008年10月)各类贷款11亿元,贷款形成的皮棉收购量达到70万担,占社会总收购量的70%以上。做好2008年度新棉收购资金供应工作,投放贷款5亿元,支持企业收购新棉,棉花收购资金供应工作达到政府、棉农、企业、银行“四满意”。

【支持农业龙头企业发展】 发放农业龙头企业贷款10亿元,农业龙头企业的带动辐射能力增强。农业产业化龙头企业贷款客户达到37家,占全市市级以上(含市级)农业产业化龙头企业总数的46%,其中全市3家国家级农业龙头企业成为市农发行的贷款客户。

【支持农业小企业成长】 帮助农业小企业解决融资难题，发放贷款3500万元，支持海星集团有限公司、丰泽生物科技有限公司、东营利富得公司等9家特色中小企业发展壮大，促进农业产业结构调整，带动当地农村经济快速发展。

【支持农业基础设施建设】 支持棉花生产基地建设、农业生态环境治理、农村水网、水库除险加固、农村饮水等8个重点项目，贷款余额8.11亿元。通过支持农业基础设施建设重点项目，改善了全市农业生产条件和农村生态环境，为农业产业升级和可持续发展创造了条件。 （赵鹏程）

中国工商银行东营市分行

【概况】 2008年底，中国工商银行东营市分行全行本外币全部存款余额231.5亿元，较年初增加37.8亿元，增幅19.5%，存量四行占比达到33.2%，居第一位；新增储蓄存款26.3亿元、新增信贷资产44.1亿元，四行占比均居第一位；新开人民币法人账户2511户，总量达到8829户，四行占比达到31%；新增资产5万元以上个人中高端客户7774户，总量达到78275户，占全部个人有效客户的11.8%，高于全省平均水平5.2个百分点，列全省第一位；个人中高端客户资产占比78.8%，高于全省平均水平9.1个百分点，列全省第一位。

至年底，全行实现中间业务收入19078万元，同比增加5803万元，增幅43.7%；中间业务收入占营业净收入的比重16.11%，达到良好银行规定标准。中间业务收入总量市内四行占比达38.81%，高出第二名银行17.14个百分点。实现国际结算业务量17.1亿美元，增幅31.68%，四行占比35.23%，高出中行2.3个百分点，位居第一；办理结售汇12.4亿美元，四行占比37%，位居第一；实现外汇中间业务收入6524万元，增幅219%，四行占比50.4%，位居第一；累计办理国际贸易融资26.68亿元，四行占比50.7%，位居第一。全年信用卡有效发卡、银行卡直接消费额、网上银行交易额、电子银行业务收入等均实现大幅增加。

至年底，全行资产损失准备充足率152.25%，不良贷款余额6132万元，不良贷款占比0.25%。连续8年保持不良资产余额和占比全省系统内比最低，东营辖区金融机构内比最低。全年没有发生经济案件，2008年被省行授予内控管理先进分行称号。

2008年，市工商银行在全省服务考评、服务暗访评比中均获第一，全省执行力建设考核获第一名，先后获“优质文明服务先进单位”、“市级文明单位” 等称号。在全省第六届职工业务技术比赛中获团体总分第三名，创历史最好成绩。有1家一级支行获总行级文明建设先进单位（全省3家）。在人民银行东营中支组织的2008年度货币政策执行情况考核中，工商银行被评为第1名。

【支持企业发展】 落实“一保四放开”信贷工作要求，推进战略性业务快速发展。做好项目贷款营销储备，全年对8个项目投放10.28亿元，项目贷款净增4.73亿元，且储备一批贷款项目，为优质贷款的扩大打下基础。优先发展贸易融资，年末本外币贸易融资余额达到22.3亿元，占全部流动资金贷款的29.98%，分流改造了流动资金贷款。营销小企业贷款，全年新营销小企业客户30户，年底有贷款余额的小企业客户达到142户，小企业贷款余额13.4亿元，较年初增加2.4亿元。全力营销票据业务，全年累计完成票据贴现业务量36.4亿元，同比增加8.9亿元，支持了地方企业发展。拓展表外融资渠道，满足优质客户融资需求，全年累计签发银行承兑汇票42.27亿元，同比多签26.1亿元。开立国内信用证21.97亿元，同比增加14.67亿元，办理国内信用证买方、卖方融资18.6亿元。

【支持小企业贷款】 2008年，小企业授信比例银监会口径3.33%，内部口径9.82%，均高于2.97%的规定标准。新增小企业贷款支持客户30户，累计投放16.9亿元，较年初增加2.4亿元。坚持精细化管理、过程控制，制定实施2008年纲要目标举措要点；创造实施“五大营销模式”：以产业链、产品链和客户链为导向的“E”式营销模式，以锁定优质客户为目标的网点阵地营销模式，以客户综合贡献度为基础的综合营销模式，以产品整合为特征的专业横向联动营销模式，以客户价值为基准的上下纵向分层营销模式，在全省率先实行不良资产处置挂牌清收。

【五项措施保增长扩内需】

是全面调查全市重点项目情况。及时掌握东营市列入全省240个重点建设项目的情况，及时建立项目进展情况调度制度。二是落实分工负责制度。与市有关部门沟通，按照项目所在地区对各支行进行分解，全部项目落实到责任支行和责任人，部分项目由市行直接与相关支行落实。三是加快推进2009年储备项目的营销进度。对纳入储备的项目，及时与发改委、经贸委等部门衔接，提前掌握项目投资和审批核准、环评和土地等手续办理进展情况，做好申报的前期工作。四是满足重点客户及小企业合理资金需求。五是正确处理好促进发展和把控风险的关系，严格禁止"两高一资"和低水平重复建设项目贷款。

【与胜利油田签约"联名卡"项目】 11月18日，市工行与胜利油田联合举行胜利油田"联名卡"项目合作签约仪式。"联名卡"项目是工行为胜利油田量身定制的牡丹卡产品，它有牡丹卡所有功能，实现了与社保、公用事业及企业人力资源管理的有机统一，方便了胜利油田居民工作与生活，满足了企业管理的需求，实现金融品牌与企业品牌的融合。联名卡的发行，将通过网上银行、自助服务终端、批量代扣等方式，实现胜利油田水、电、气、暖、物业费的全面代收，扩展了工行代理业务领域。

【"五个规范"推进网点服务渠道建设】 2008年，市工行对全行27个装修改造网点实行"五个规范"（规范网点装修改造、业务流程、员工培训机制、业务宣传、服务考评机制）统一管理，投放ATM 7台，自助服务终端75台，电子银行离柜业务率达33%，同比提高2.9个百分点，营业网点规范化管理达到同行业一流水平，在2008年全省工行组织的服务考评、服务暗访评比中，东营工行均获第一。 （李国良）

中国农业银行东营市分行

【概况】 2008年，中国农业银行东营市分行各项存款余额174.7亿元，较年初增加39.66亿元，同比多增33.15亿元，存款总量是历史上增量最多、增幅最大的一年。贷款投放总量创历史新高，各项贷款余额134.5亿元，较年初增加19亿元，同比多增2.5亿元，银行承兑汇票较年初增加10亿元，同比多增11亿元，两项合计增加信用总量29亿元，同比多增13.5亿元，是农行对当地经济发展贡献最大的一年。实现拨备前利润5.7亿元，同比增加2.7亿元，增幅达到88.24%；全行人均利润57万元，同比增加27万元，全行的创利能力、运行质量和劳动生产率都有大幅提升。实现中间业务收入7819万元，同比增加2509万元，增幅达47.25%。其中：投资银行业务收入2478万元，比同期增加1762万元；银行卡业务收入1938万元，比同期增加337万元；结算业务收入592万元，比同期增加174万元。

年内，中国农业银行东营市分行保持全国农行系统"文明建设先进单位"称号，连续第4年被省银监局评为"良好银行"，被市委、市政府授予"实践科学发展观，支持黄河三角洲开发建设先进单位"、"全市银行业百日优质服务竞赛活动优胜单位"称号。

【多元化交易渠道建设】 新建设自助银行4个，新投放ATM取款机9台，存取款一体机19台，ATM机日均交易量同比提高27笔；新增个人网上银行27498户，企业网银227户，电话银行9463户，增量均超过历史同期最高水平。转账电话、短信通分别完成省行计划的135%、203%。全年自动柜员机累计交易量431万笔，网上银行累计交易量104万笔，仅此两项相当于15个物理网点的交易总量。

【推出惠农卡和农户小额贷款业务】 为落实农行面向"三农"市场定位，扩大"三农"金融服务覆盖面，缓解农民贷款难的问题，2008年9月，市农行在全市发行金穗惠农卡，开办农户小额贷款业务。至年末，全行共发放惠农卡14758张，发放贷款53.5万元。 （林 健）

中国银行东营分行

【概况】 2008年，中国银行东营分行本外币各项存款余额110亿元，较年初增加23.38亿元，其中，人民币存款余额105.95亿元，较年初增加22.67亿元；外汇各项存款余额5914万美元，较年初增加1037万美元。本外币各项贷款余额83.39亿元，较年初增加9亿元，其中，人民币贷款余额78.04亿元，较年初增加10.84亿元；外汇贷款余额7835万美元。国际贸易结算量15.46亿美元，同比增长35.40%。实现净利润30019万元，同比增加11194万元，增幅 59.46%；实现人均利润 65.41 万元，在全省中行系统内名列前茅，获省行绩效考核“优胜单位”称号。市分行被东营市授予“和谐企业”称号，被市总工会授予“全市工会工作先进单位”称号，西城支行成为国家级“青年文明号”，黄河口支行、广饶支行被认定为总行级“青年文明号”。

【内控体系建设】 全行加强“三道防线”内控管理体系建设，加强监督检查，强化员工合规意识，规范业务操作，全行依法合规经营水平得到提升。开展“实施科学发展，全面开展风险与责任意识大讨论”活动，对全行各个风险点进行认真梳理和整改，整改率 100%。东营分行连续 4 年被省审计厅评为“内部审计先进单位”，连续 2 年被省银监局评为“良好银行”。

【服务创新】 探索服务培训创新，聘请专业公司开展“服务与管理提升”培训，组织全行员工进行封闭式培训，成立服务督导专家组，开展后续跟踪督导，完善服务标准，员工服务技能、业务素质明显提高，全行服务水平上新台阶。在市银监局开展的“4·10”活动中，分行营业部、胜建大厦支行被授予“优质服务示范点”称号。

【奥运金融服务】 中国银行是 2008 年北京奥运会唯一银行合作伙伴。作为全市唯一的奥运门票销售网点，东营分行精心组织，熟练办理流程，演练应急预案，全体员工以高度的责任心和一流的金融服务对待每位客户，圆满完成东营市奥运门票销售及奥运金融服务工作，累计销售奥运门票 3700 余张。 （秦林栋）

中国建设银行东营分行

【概况】 至 2008 年底，中国建设银行东营分行全口径存款时点余额 174.14 亿元，新增 34.04 亿元，完成计划的 134%；各项贷款时点余额 103.36 亿元，新增 19.14 亿元；五级分类不良贷款额 6849.47 万元，较年初下降 1561 万元，不良率 0.66%，较年初下降 0.3 个百分点；实现中间业务收入 12370 万元，收入总量居当地四行第 2 位；累计销售个人理财产品 27 亿元，当地同业及全省系统内均列首位；实现主营业务收入 62278 万元，完成计划的 105%，实现税前利润 39790 万元，完成计划的 102%，同比增长 21%。在全省建行系统内名列前茅。年内，东营分行获东营市“诚信单位”称号，胜利支行获“优质服务示范点”和“诚信单位”称号，科技新村支行获“中国银行业文明规范服务示范单位”，省分行级“文明单位”，“优质服务示范点”称号，东城支行被总行授予“中国建设银行奥运金融服务与安全运营保障工作团队奖”。

【服务油城经济】 成立胜利油田“一卡通”任务型服务团队，为近 20 万胜利油田职工提供贴心金融服务。资产业务和中间业务取得较快发展，分别突破 100 亿元和 1 亿元。开展高层营销，扩大市场，通过参加黄河三角洲开发建设与金融支持暨政银企合作论坛，走访客户等形式，向目标客户推介宣传信贷政策、信贷产品，签署总额 28.5 亿元的贷款协议意向书。下发《关于建立行领导分区域协调机制的通知》，强化对业务营销的指导。组织开展优质项目有效储备攻坚战，代发工资攻坚战，“本部做表率，营业部做样板”等特色营销活动，推动资产、负债业务较快发展。

【深化战略转型】 推进网点转型。加强督导和检查，做好转型后的制度执行和行为控制工作，增强员工的营销意识和流程意识。17 个转型网点全部通过省行验收。在省行举办的网点转型演练竞赛中，东营分行代表队获团体第一名。业务结构和客户结构得到优化。中间业务收入占主营业务收入比重 19.9%，比上年同期提升 3.3 个百分点。国际业务客户群体规模扩大，营销国际结算量在 200 万美元以上客户 10 户，完成国际结算量 70914 万美元，同比增长 91.14%。个人高端客户数量稳步上升，全行 AUM20 万元以上客户数量达 12682 户，较年初新增 4514 户，新增 A 级以上对公信用等级客户 57 户。渠道建设富有成效。按照上级行“十统一”的渠道建设规范和标准，完成 2008~2010 年网点规划编制工作，装修改造营业网点 15 个，建设贵宾理财中心 4 个，撤并 6 个低效网点，迁址 2 个网点，优化网点布局，提高了客户服务能力和产品销售能力。

【完善风险管理体制】 强化风险理念教育，组织所属机构参与东营银监分局开展的“4·10”工程创建活动，加快塑造和培育健康的风险管理文化。完善风险管理体制，发挥会计主管、纪检监察特派员、风险经理和客户经理在风险防范方面的作用，从机制上保证风险管理工作的有效性。开展基层机构关键风险点监控检查工作，及时整改发现的问题，增强全行的操作风险控制能力。加大不良资产处置力度，通过责任追究、强化激励、依法诉讼、加快核销等方法，累计处置各类不良资产3820万元，实现不良贷款现金回收2345万元，实现不良资产超值现金回收129万元。 （徐伦锋）

东营市商业银行

【概况】 至2008年底，东营市商业银行资产总额142.66亿元，存款余额118.48亿元，各项贷款余额86.17亿元，按“五级分类”口径计算的不良贷款余额8948万元，不良贷款率1.04%。全年实现经营利润30173万元，实现账面利润22670万元，风险准备金余额达到18223万元，拨备覆盖率达到203.65%。资本利润率和资产利润率分别达到22.44%和1.24%，2008年每股收益达0.41元，每股净资产达到2.12元，股本总额50250.55万元。资本充足率12.31%，核心资本充足率10.81%。连续3年被评为山东省“良好银行”。

【丰富服务手段】 编制《中间业务产品手册》，明确中间业务的发展方向。开办联通、网通代收费业务，与多家保险公司签订合作协议，丰富中间业务开展的载体和平台。成功上线银行卡，制定相对完善的业务推广方案，至年底，发行胜利卡47498张，卡存款余额达2.07亿元，累计消费1.08亿元。加大国际业务开办和创新力度，逐步将国际业务发展成为商业银行新的利润增长点和服务亮点，全年累计完成国际结算量1.92亿美元，实现净利润折合人民币481万元。结合市银监局“4·10”工程，制定完善客户服务的统一规范，增强营业网点的软硬件配备，初步形成高效、快捷、规范、到位的服务品牌。密切与银行同业的业务合作关系，先后取得8家机构21亿元的授信额度，成功获批网上拆借资格，拓宽了资金的来源渠道。

【优化资产质量】 夯实管理基础，对信贷整体管理制度和运行方式重新梳理，制定信贷业务手册，明晰信贷业务操作规程和具体要求，加强信贷管理的制度建设。调整信贷结构，制定信贷投向指引，明确行业投向和客户投向。强化对小企业贷款市场的开拓力度，引入国际先进的小额信贷技术，至年底，微贷特色支行2家，客户经理21名，累计受理贷款申请341笔，审批发放75笔434万元。提升管理水平，逐步改变单纯以额度担保条件为主要标的的授权模式，通过加强客户信用等级管理，把好信贷入口关。成立放款中心，并在西城区域进行试点，强化信贷流程管理，把好信贷发放关。加大不良资产处置，至年底，现金收回不良贷款共计891万元，签发催收通知和签订承诺还款协议1521份。

【加强风险管控】 强化操作风险管理，在全行开展查找风险点活动，发现操作风险薄弱环节30多项，提出操作风险防控建议4大类20余条，印发《关于加强操作风险管理的工作意见》，为防范操作风险提供科学指导。开展操作风险专项检查，对检查情况进行通报，对违规人员进行责任追究。防范信息风险，加强备用机房建设，增加备用机房UPS供电，改造中心机房网络，实现各营业网点网通、电信的双线接入、自动切换。制定重要信息系统应急预案、操作流程、报告制度，并进行应急演练。制定流动性压力测试方案，开展了流动性压力测试工作。

（李德星 盖登攀）

东营市农村信用社

【概况】 至2008年底，东营市农村信用社各项存款余额168.80亿元，较年初增加28.33亿元，各项贷款余额132.02亿元，较年初增加19.78亿元，五级分类不良贷款余额10.36亿元，较年初下降1.37亿元，占比7.85%，较年初下降2.6个百分点。全年实现各项收入16.39亿元，其中中间业务4959万元，实现账面利润2.84亿元。全市农村信用社资产利润率4.21%，资本充足率10.21%，拨备充足率181.10%，三项指标均居全省农信系统第一。辖内广饶合作银行、胜利合作银行、利津县联社获“省级文明单位”称号，广饶合作银行、垦利县联社保持“良好银行”称号，广饶合作银行存贷款项目被评为“省级服务名牌”，广饶合作银行营业部被评为“2008年度中国银行业文明规范服务示范单位”，广饶合作银行被评为“全国精神文明建设工作先进单位”，胜利合作银行东城支行保持“国家级青年文明号”称号。

【人力资源改革】 全市农村信用社进行人力资源改革，基本思想是“以岗定级、以级定薪、以绩付酬”。改革的主要内容:一是按照“以岗定级”的要求,确定“管理、市场营销、操作”等3大岗位20个职级的“职位等级体系”,打破过去的职务序列。二是按照“以级定薪,以绩付酬”的原则,确定各类岗位薪酬结构比例,并将每一个职级内部划分为10个档级,分别确定对应的等级工资系数。三是按照“以绩定奖,突出贡献”的原则,建立绩效管理体系,将员工的业绩与奖惩挂钩。

【新一代银行核心业务系统试点】 2008年5月,全省农村信用社新一代银行核心业务系统试点工作会议在东营市召开,试点工作在东营正式启动。新一代银行核心业务系统在功能上更强大,在实用性上更完善。一是客户信息实现全省集中统一处理;二是实现本外币一体化的集中会计核算,保证账务处理的完整性和准确性;三是涵盖农村信用社的各类业务,其中对基于客户的存、贷款、银行卡等业务通过产品展现,将各类业务及产品与账务核算有机结合;四是实现全省数据集中;五是根据业务核对的不同时机,分级产生完整的会计报表。2008年,已完成新系统的人员培训、数据移植、网络改造和初次模拟演练等工作,为上线奠定了基础。

【支持新农村建设】 全市农村信用社加大支持新农村建设力度,累计发放贷款327.81亿元,贷款余额132.02亿元,其中农业贷款余额96.67亿元,占比73.22%。一是推行信用等级评定工作,共评定文明信用乡镇31个,文明信用企业96个,文明信用村1042个,文明信用户145886个。二是推广“村大联保体”贷款模式,解决农民贷款担保难问题。推行联户联保,又组建养殖、蔬菜种植和海水养殖等行业“村大联保体”14个,成员户数达541个,参加户数占所在村总户数的15.73%,授信金额2361万元。三是组建企业信用联盟,提高金融服务水平。全市农村信用社共建立企业信用联盟15个,成员户数达67家,授信金额达32460万元,涉及行业主要有棉塑制品、棉花加工、精细化工、石油化工和商贸流通等。开办小企业仓单质押、海域使用权质押、林权抵押等新型抵质押类型,为在中小企业打工的农民工免费办理农民工银行卡,并提供免费代发工资业务。开办社团贷款,解决大额资金需求。全市农村信用社共办理社团贷款9笔,金额2.49亿元,有效满足了部分农业龙头企业的大额资金需求。

【开展中间业务】 提升农村信用社的整体服务功能,一是开展各类代收代付业务,实现各类代理手续费收入1291.46万元。二是推广各类银行卡业务,全市农村信用社共布放POS机具和各类自助设备519台,实现银行卡收入178.46万元。三是尝试开办代理理财业务,首期“东营农信稳盈1号”人民币债券理财产品成功销售,开通全市代理销售人寿保险公司分红产品的试点工作。四是成立96668电话银行人工客户服务中心。 (孙怀华)

齐鲁证券有限公司东营营业部

【概况】 齐鲁证券有限公司东营营业部是东营地区设立最早的合法证券经营机构,下设济南路证券营业部、东三路证券营业部、西四路证券营业部、孤岛证券服务部、河口证券服务部等5个营业网点,各营业网点之间利用通讯光缆实现全面联通,投资者在任一网点都可进行交易,做到了“通买通卖,快捷方便”。齐鲁证券与工、农、建、中等四大商业银行建立第三方存管业务,银证合作业务扩大到各县区、各乡镇,方便客户的股票交易和银证业务。

至2008年12月31日,业务总部实现交易量401.61亿元,市场占比为万分之8.70,其中A股和基金实现交易量343.07亿元,权证实现交易量58.54亿元。全年新增客户12837户,保证金余额7.89亿元,比上年减少7.09亿元,客户资产总市值为35.32亿元,比上年减少46.73亿元,完成客户保证金三方存管签约28939户。

(齐鲁证券有限公司东营营业部)

保险业

【概况】 2008年,东营保险行业总体运行良好。一是业务规模不断扩大。全年共实现保费收入31.93亿元,同比增长13.75%。其中,财产保险公司保费收入8.68亿元,增长7.43%;人身保险公司保费收入23.25亿元,增长16.32%。二是业务结构逐步优化。产险公司注重经营效益,调整业务结构,机动车辆保险占比由年初的82.06%下降到年末的78.92%,承保利润总额在全省居于前列。寿险公司重视内涵价值,个险业务实现保费收入9.48亿元,占比为40.78%。按照监管部门和上级公司的调控要求,各寿险公司主动控制由银邮渠道代理的投资类险种，增幅由年中的169.86%下降到年底的84.83%。三是市场主体较快增长。新增保险公司5家，总量达到22家，新增各级分支机构18个，总量达到139个，专业中介法人机构11家。四是服务能力持续增强。全行业为经济社会承担各类风险责任2580亿元，累计支付各项赔款与给付10.4亿元，累计缴税6915万元，各财产保险公司代收代缴车船税5483万元。东营保险业履行社会责任，为汶川地震灾区捐款150余万元。（张树泉）

【中国人民财产保险股份有限公司东营市分公司】 2008年，实现保费收入36739万元，同比增长14.28%；实收保费36971万元，同比增长11.46%；简单赔付率56.91%，综合赔付率67.14%；累计实现利润总额3043万元；市场份额为44.31%，比上年同期增长2.57个百分点；公司业务增幅高于东营财险市场平均增幅7.23个百分点。赔款支出2.2亿元，全年上缴税金1917万元，城建税110万元，教育费附加55万元，经营活动现金净流量7674万元，现金流系数为2.51。6月26日，国际权威评级机构穆迪公司授予东营市分公司为中国内地企业最高信用评级——A1级。

经营主要险种有机动车辆保险、企业财产保险、小企业和工商户财产保险、计算机保险、现金保险、金锁系列家庭财产保险、个人贷款抵押房屋保险、雇主责任保险、公众责任保险、医疗责任保险、职业责任保险、供电责任保险、旅行社责任保险、承运人责任保险、产品责任保险、物流责任保险、工伤责任保险、林木保险、奶牛保险、办公室综合保险、加油站综合保险、合家欢乐组合型产品、沿海内河船舶保险、渔船保险、建筑安装工程保险、团体人身意外伤害保险、学生幼儿意外伤害保险、航空旅客人身意外伤害保险、交通意外伤害保险和进出口货物运输保险等。新推出家财一卡通家庭财产保险、e-cargo电子商务货运保险和能繁母猪等政策性农业保险。

重大理赔案件。4月11日，利津石油化工厂有限公司车间内气压机组汽轮机因工作人员操作失误而报废，出险后其公司速报95518专线，利津支公司接到报案后速派人员查勘现场。经查勘，该事故属于机器损坏保险条款中的工作操作失误造成的机器损坏，属保险责任。保险公司赔付其设备损失186万元。

8月25日，垦利县发生雹灾，垦利县永安镇9670亩棉花遭受雹灾造成部分损失。灾害发生后，保险公司迅速派人赶往现场查勘损失。该灾害属于保险责任，保险公司共赔付垦利县农户288万元。

【中国人寿保险股份有限公司东营分公司】 2008年，共完成保费收入8.05亿元，同比增长18.39%，占全市寿险市场份额的34.64%。公司为180多万人次办理各类人寿保险，累计保费收入47亿元，累计支付各类保险金11亿多元。公司先后获东营市工会工作先进单位、东营市劳动关系和谐企业、平安东营建设先进单位、支持地方经济建设先进单位、全市促进再就业工作示范单位等称号。河口区支公司、城区个险一部被团省委评为“青年文明号”。公司党委书记、总经理燕强被评为东营市首届十大经济人物，客户服务中心杨振兰获总公司级“国寿巾帼建功能手”称号。

重大理赔案件：被保险人郭某某《国寿鸿寿年金保险》、《个人养老金保险》给付案。郭某某，男，1955年1月15日生，广饶县大王镇人，出险时是华泰集团职工。其于2003年10月11日在人寿保险公司投保《国寿鸿寿年金保险》(分红型)，保险金额10万元；于1989年2月28日投保《个人养老金保险》。2008年5月7日郭某某因患胃癌，在广饶县人民医院医治无效死亡。经调查郭某某平时身体健康，从2007年2月起感觉胃部不适，4月13日去山东大学齐鲁医院住院治疗，4月18日做手术，出院后在山东大学齐鲁医院化疗6个疗程，后去北京301解放军总医院进行化疗。2008年4月16日，病情复发。经调查，属保险责任范围。同意给付国寿鸿寿年金保险身故保险金20万元，个人养老金保险身故保险金5085.07元，共205085.07元。

被保险人杨某某、陈某某《建筑工程团体人身意外伤害保险》、《附加意外伤害医疗费用保险》给付案。杨某某，男，1963年1月22日出生；陈某某，男，1974年8月11日出生，系辛兴小区项目部第二工队（天泰公司二项目部的下属公司）员工。2007年6月26日由辛兴小区项目部第二工队在人寿保险公司集体投保《建筑工程团体人身意外伤害》《附加意外伤害医疗费用保险》，单人保额19万元，建筑工程团意险主险保额18万元，意外医疗保额1万元，保险期限339天。2007年9月29日下午15时20分左右,杨某某、陈某某在辛兴小区7号宿舍楼中单元第8层电梯井内拆除模板时,不慎随滑落模板坠入电梯井,送东营鸿港医院抢救,杨某某经抢救无效于2007年10月9日死亡,陈某某因抢救治疗无效于2007年11月12日死亡。经调查,保险公司分别给付2人意外身故保险金18万元,意外医疗保险金1万元,共38万元。

【中国平安财产保险股份有限公司东营中心支公司】 2008年,实现保费收入13335万元,同比增长25.45%,居东营市场第二位。当年共支付赔款6478万元,发挥了分散风险、经济补偿的作用,取得良好的社会效益和经济效益。中国平安宣布启动“你的平安 我的承诺”品牌运动,强化诚信服务教育,全面提升服务质量,为消费者提供高水平、专业化的金融服务。作为该品牌运动的核心内容之一,平安产险承诺:在全国,对赔款金额在1万元以内(含1万元)的车险保险责任事故案件,在客户提交索赔资料齐全有效的情况下,平安保险公司承诺即刻起3个工作日内完成案件审批并通知付款。此举刷新了业内服务的最高标准记录,巩固了平安产险作为行业服务标准引领者的地位。

【中国平安人寿保险股份有限公司东营中心支公司】 2008年实现寿险保费36720万元,其中营销业务新契约保费5821万元,营销续收保费23908万元,团体险业务1477万元,银行代理业务5514万元。开展保险“三进入”活动,贴近客户提供专业及时的保险服务,创新销售模式,结合客户和市场需求,实施科学的产品策略。客服的后援集中项目(保全、契约、理赔)使平安人寿全国作业标准化,内控更加完善,全国统一服务时效承诺,客户无论何时、何地、何种方式都会享受统一的服务。全国统一标准化门店建设,统一集中作业平台,客户满意度大幅提升。理赔服务开展系列温馨理赔服务活动,推出24小时理赔报案热线、理赔10日未结案通知服务、孤儿单客户理赔协助服务等理赔十大服务项目。

【中国太平洋财产保险股份有限公司东营中心支公司】 2008年,实现入账保费11786万元,完成年计划的108.13%,同比增长30.30%,实现了东营中心支公司历史性突破,保费收入首次突破亿元大关,占市场份额的14.22%,较上年上升2个百分点,综合赔付率59.01%,全年累计支付赔款5300万元,应收保费率4.14%,超额完成分公司下达的经营指标。东营中心支公司被分公司授予2008年先进经营单位和合规经营达标单位称号,垦利支公司、客服部被分公司授予先进集体称号。在胜利油田上半年和下半年的产险招标活动中,公司成功中标,共收取总保费1420余万元。

理赔工作。2008年共接受报立案20105件。每天平均受理报立案55件,较上年同期日均增加20件。其中机动车险报案19724件,同期增加7194件;非车险381件,同期增加84件。已决赔案14273件,已决赔款5300万元,简单赔付率为44.97%,比上年同期上升0.33个百分点;案均赔款为3713元,比上年同期减少1266元;结案率为82.59%,比上年同期上升0.87个百分点。

【中国太平洋人寿保险股份有限公司东营中心支公司】 2008年,中国太平洋人寿保险股份有限公司东营中心支公司遵循“诚信天下,稳健一生,追求卓越”的企业核心价值观,以“树立新目标,迈向新征程,确立新思维,开辟新境界”为总体要求,以“抓住重点、突破‘短板’、平衡发展”为工作思路,发展核心业务,积极优化关键指标,提前完成分公司下达的计划任务指标,为东营经济稳定发展做出贡献。

2008年业务经营情况表

渠道	年初计划保费(万元)	年末实现保费(万元)	计划完成率
个险	2970	3012	101%
直销	4350	5677	131%
银保	8800	16214	184 %
续收	7323	7495	102%
合计	23443	32398	138%

理赔案例。2008年9月17日,东营市毓龙航空旅行社有限公司为孙某在内的10人,每人投保旅游人身意外伤害保险10万元,医疗保额1万元,保险期间自2008年9月18日至9月26日。2008年9月26日下午被保险人孙某跟随单位考察团外出考察后乘飞机返回到济南机场时,突发疾病,经抢救无效死亡。根据调查走访,公司于2008年11月6日给予受益人赔付被保险疾病死亡保险金10万元。

被保险人卜某在胜利油田某

公司工作，2006 年 6 月 27 日，卜某投保中国太平洋人寿保险公司长泰安康 A 保险，年缴保费 617 元。2008 年 6 月 8 日晚 9 时，卜某被一辆轿车撞伤，送到胜利医院经抢救无效死亡。公司经调查核实，被保险人卜某因交通事故死亡属实。太平洋寿险东营中心支公司开通限时理赔、快速理赔"绿色通道"，按保险条款约定，7 月 1 日赔付保险金 5 万元。

【泰康人寿保险股份有限公司东营中心支公司】 2008 年，泰康人寿保险股份有限公司实现当年规模保费收入 577 亿元，同比增长 69%。泰康人寿保险股份有限公司东营中心支公司 2008 年实现保费 4.4 亿元，市场占比 18.86%，位居东营保险市场第 2 位。

【天安保险股份有限公司东营中心支公司】 2008 年，东营天安共实现保费收入 3496.23 万元，支出赔款 1931.98 万元，上交各类税收 193.16 万元。落实五项管理举措：一是以产品销售为中心，创新营销策略，健全营销体系，实现业务稳步健康发展；二是精细化管理，强化流程管理，提升管理品质，提高公司核心竞争力；三是坚持理赔体制改革，提升理赔速度，打造 95505 服务平台，推行品牌服务建设；四是坚持合规文化建设，强化责任意识，加强管控措施，切实履行社会责任；五是坚持思想政治工作，加强诚信建设，实施聚心工程，创建和谐发展公司。

【中国大地财产保险股份有限公司东营中心支公司】 2008 年，公司推出电话营销车险业务成立"车友俱乐部"，在业务上取得一定创新；实现县级机构车险全国通赔，理赔服务获得突破。

重大赔案：2008 年 4 月 27 日，中国大地财产保险股份有限公司东营中心支公司承保的东营畅海航运有限公司"聚鑫轮"因大风沉没在距东营港 20 海里处避风锚地。接到报案后，公司及时安排查勘人员赶赴现场了解情况，经调查确认情况属实，按照推定全损支付赔款 240 万元。

2008 年 4 月 6 日，中国大地财产保险股份有限公司东营中心支公司接到报案，山东海科化工集团公司因高温高压渣油外泄爆燃起火，损失严重。公司查勘人员迅速赶到现场查勘，确认该事故属于"火灾"保险责任，赔付 45.86 万元。

【嘉禾人寿保险股份有限公司东营中心支公司】 2008 年，公司超额完成年初制定的各项业务指标，全年实现保费收入 721.7 万元，比上年增长 2.46 倍，规模保费计划达成率 123.58%，个险、团险、银保业务均实现大幅提升。夯实管理基础，有效防范风险。对相关流程进行梳理，明确岗位职责，提高了工作效率和防范风险能力。建设企业文化，提升服务品质。以打造"深受客户信赖的保险公司"为愿景，"以服务树品牌"作为经营战略，打造"最了解客户心理、最能满足客户需求，最能保障客户利益"的保险公司。完善服务体系，提高业务品质。公司以客户服务树立品牌，关注客户需求，以快捷、贴心和细致的服务赢得市场，赢得客户，组织开展客户服务月、理赔爱心天使服务、高考送水等活动，受到客户好评。

黄河三角洲高效生态经济区(东营)的战略定位

在战略定位上，坚持高效生态的基本定位，走生态文明建设道路，构筑现代产业体系，建设高效生态经济示范区。这是黄河三角洲最鲜明的特色，是与长三角、珠三角及环渤海其他城市最显著的区别。总体思路是，深入贯彻落实科学发展观，以改革开放和科技进步为动力，以完善基础设施为先导，以园区经济为载体，推进科学发展、和谐发展、率先发展，建成人与自然更加和谐，经济社会更加协调，生态效益、经济效益与社会效益有机统一，城乡一体化发展的高效生态经济示范区。

科学

- 东营市在 2008 年中国民营科技促进会年会上获 21 项民营科技贡献奖，奖励总数居全国地级市首位
- 全市承担国家级科技项目 37 个
- 举办全市首届黄河口科普论坛
- 举办东营市第十七次社会科学优秀成果奖评选活动

科 技

【概况】 2008年,全市科技工作着力完善区域创新体系，发展高新技术产业,提高自主创新能力,为黄河三角洲开发建设提供科技支撑。东营市连续第三次成为“全国科技进步先进市”,11人被评为全国科技进步先进个人。市科技局被评为全市“实践科学发展观，争当黄河三角洲开发建设排头兵”活动先进单位,被省科技厅评为全省科技系统先进集体。

年内,全市有99个项目入选国家和省科技计划，获支持经费2873万元。鉴定登记科技成果110项,20项获省级以上科技奖励,获奖总数居全省17市的第4位。申请专利2944件，获授权1610件。万达集团被科技部等3部委确定为国家级创新型试点企业,4家企业被确定为省级创新型试点企业。全市民营科技企业发展到820家，完成技术交易额12.17亿元。在2008年中国民营科技促进会年会上,东营市获21项民营科技贡献奖，奖励总数居全国地级城市首位。

筛选论证71个扩大内需自主创新建设项目,3个项目获国家和省支持,2个项目被列为国家科技贷款拉动内需项目。中国石油大学科技园被省政府确定为省级重点服务业园区、被中国产学研合作促进会确定为全国产学研合作创新示范基地，科技奖励改革取得重要突破，在全省率先设立科技成果转化促进奖和科技合作奖,大幅提高奖项的奖金额。

全市新认定高新技术企业27家,高新技术产业产值850亿元,同比增长45%以上。认定登记技术合同2150份,技术交易额12.17亿元。科技创业孵化面积33.7万平方米,在孵企业328家，技工贸总收入4.5亿元。东营石油装备特色产业基地、广饶盐化工特色产业基地通过科技部审核，成为国家火炬计划特色产业基地。省科技厅同意“山东省黄河三角洲可持续发展研究院”建设方案，山东省黄河三角洲可持续发展研究院成为全省重点建设的四大科技平台之一。

2008年全市承担国家级科技项目情况表

序号	项 目 名 称	计划类别	承担单位
1	石油石化装备创新服务平台建设	国家火炬计划	中国石油大学科技园管理委员会
2	东营市制造业企业分包信息系统共性技术开发与应用	国家火炬计划	山东省东营生产力促进中心
3	煤矿低浓度瓦斯发电机组、500GF1－3RW	国家新产品计划	胜利油田胜利动力机械有限公司
4	酵母发酵生产S－腺苷－L－蛋氨酸和综合利用中试开发	国家创新基金	东营市科维生物技术有限公司
5	功能性麦精的生物富集和开发应用	国家创新基金	山东美吉客生物科技有限公司
6	多功能钻井堵漏剂	国家创新基金	东营泰尔石油技术有限公司
7	5－氨基－6－甲基苯并咪唑酮	国家创新基金	东营市天正化工有限公司
8	子午线轮胎及大型轮胎硫化胶囊注射成型制造技术	国家创新基金	东营金泰轮胎胶囊有限公司
9	面向中小企业的共性技术研发服务体系建设	国家创新基金公共技术服务机构补助资金	山东省东营生产力促进中心
10	优质蔬菜产业化技术集成与示范	国家科技富民强县专项行动计划	山东驰中集团有限公司
11	轻量化变截面轮辋乘用车专用无内胎钢制车轮	国家重点新产品	山东盛泰车轮有限公司
12	高效、低毒、无残留甲基三嗪酮新型兽药	国家重点新产品	新发药业有限公司
13	天然抗菌接枝共聚母乳液	国家重点新产品	山东圣光化工集团有限公司
14	VIS油田企业井位部署系统V1.0	国家重点新产品	胜利油田胜利软件有限责任公司
15	甲基环戊二烯三羰基锰	国家重点新产品	山东嘉禾甲基化工有限公司
16	钛酸钾片晶刹车片	国家重点新产品	信义集团公司
17	聚脲弹性体工业地坪材料	国家重点新产品	山东斯泰普力高新建材有限公司

续表

序号	项 目 名 称	计划类别	承担单位
18	基于 GPS－GPRS－RTK 技术的油田 GIS 系统	国家火炬计划	山东鼎创信息技术有限公司
19	VIS 油田企业运行数据平台	国家火炬计划	胜利油田胜利软件有限责任公司
20	生物发酵法生产透明质酸钙	国家火炬计划	东辰控股集团有限公司
21	1000 吨/年新型化学合成法生产叶酸(维生素 B9)产业化项目	国家火炬计划	新发药业有限公司
22	大型连续制备碳酸二甲酯(DMC)工业化技术开发及应用	国家火炬计划	山东石大胜华化工股份有限公司
23	七米宽幅聚酯、聚丙烯纺粘法土工产品	国家火炬计划	山东金禹王防水材料有限公司
24	600 万套/年 UHP 绿色环保高性能轮胎	国家火炬计划	山东永泰化工集团有限公司
25	互穿网络型表面施胶剂	国家火炬计划	山东瑞特精细化工有限公司
26	耐热型高抗冲击韧性金刚石聚晶复合片	国家火炬计划	山东胜通集团股份有限公司
27	新型造纸助留剂	国家火炬计划	东营市华龙化工厂
28	聚脲弹性体管道防腐保护材料	国家火炬计划	山东斯泰普力高新建材有限公司
29	智能 PID 自动温控装置	国家火炬计划	东营汇安高科电子有限责任公司
30	100 万套/年滚型超大无内胎工程车轮	国家火炬计划	山东盛泰车轮有限公司
31	斯太尔王、HOWO 高性能非金属复合材料制动器衬片	国家火炬计划	信义集团公司
32	石油工程技术转移服务平台建设	国家火炬计划	东营高新技术创业服务中心
33	东营石油装备技术服务平台	国家火炬计划	东营市高新技术创业服务中心
34	农业资源管理及科技信息进村入户	国家星火计划	东营市农村信息化工程技术研究中心
35	绿色无公害高产淀粉专用玉米种植技术示范与推广	国家星火计划	山东昊龙集团有限公司
36	100 吨/年高效、低毒、无残留甲基三嗪酮新型兽药	国家星火计划	新发药业有限公司
37	β－消除法低分子肝素清洁生产工程技术研究	国家科技支撑计划	东营天东生化工业有限公司

【高新技术及其产业发展】 2008 年，全市重新认定高新技术企业 27 家，占全省的 8.1%，占黄河三角洲地区的 53.9%。全年高新技术产业产值达到 850 亿元，同比增长 45%以上。重点高新技术产业集群优势明显，石油装备制造业和油田化学品制造业产值均居全省首位。东营石油装备特色产业基地、广饶盐化工特色产业基地被科技部认定为“国家火炬计划特色产业基地”，对全市石油装备和盐化工产业的技术创新产生积极推动作用。

【农村与社会科技】 完善以“百姓科技”为品牌的新型农业科技信息服务体系，在传播农业科技知识、服务农业生产、促进农民增收方面发挥重要作用，成为科技服务新农村建设的重要载体。至年底，该体系覆盖全市 90%以上的村庄，累计实现经济效益近 20 亿元。12 月 12 日，科技部副部长张来武到东营调研，对百姓科技、信息免费服务农民、团购直供等服务运作模式给予肯定。科技日报以《东营农民：年年有一份科技年货》为题进行报道。新农村建设民生科技促进行动和科技支撑农业产业化取得成效，垦利县西宋乡被列入全省首批新农村建设民生科技示范乡(镇)；广饶县“优质蔬菜产业化技术集成与示范”项目、东营区“桑蚕产业化及深加工技术”项目分别被列入国家和山东省科技富民强县项目；“暗管改碱”项目申报科技部重大专项(省长项目)。

【科技交流与合作】 2008 年，市政府、省科技厅共同组织举办“黄河三角洲院士专家行”活动，40 余名院士、专家齐聚东营，开展生态产业技术咨询指导。启动山东“211”高校支持黄河三角洲高效生态经济技术创新示范区(东营)建设行动。市政府与山东大学、中国石油大学、中国海洋大学签订“共建黄河三角洲高效生态经济技术创新示范区(东营)”议定书；

与省农科院签订共建“黄河三角洲高效生态经济技术创新示范区（东营）”协议，与中国科学院烟台海岸带研究所签订科技合作备忘录。

【科研机构建设】 为加强黄河三角洲发展战略规划和生态工程研究，提出“山东省黄河三角洲可持续发展研究院”建设方案。9月，省科技厅批复同意研究院建设方案，经省民政厅登记注册，先期拨付100万元的筹建经费。该院被省政府列入全省重点建设的四大科技平台之一。规范化科研机构建设实现新突破。6家企业科研机构进入省级工程技术研究中心行列，全市此类研发机构总数达23家，覆盖高新技术主要领域。

【中国石油大学科技园“生态谷”建设】 项目占地312.9亩，规划建筑面积21万平方米，总投资5.4亿元。2008年4月16日开始规划设计，9月27日正式动工。至12月17日，首期1.9万平方米的院士专家工作站主体封顶。二期2.3万平方米研发组团完成桩基工程。中澳科技生态城、盐生植物示范园等功能区完成工程设计。园区完成基建投资近2000万元，有13家科研机构签约入驻。中国石油大学科技园被省政府确定为省级重点服务业园区（全省50家，其中科技园区6家）、被中国产学研合作促进会确定为全国产学研合作创新示范基地试点单位（全国13家，其中大学科技园4家）。

【科技成果与奖励】 2008年，全市共取得重大科技成果76项，22项科研成果获省级以上科技奖励，其中2个项目获国家科技进步二等奖。

2008年全市获省级以上科技奖励情况表

奖项	序号	项目名称	完成人	完成单位
国家科技进步二等奖	1	胜利油区复杂断块油田稳产技术	李阳、孙焕泉、王端平、王增林、王光付、许坚、金强、张全胜、孙海宁、何瑞武	中国石油化工股份有限公司胜利油田分公司、中国石油大学（华东）
	2	中国南海西部海域复杂构造安全快速钻井技术	谢玉洪、李嗣贵、黄凯文、董星亮、易平、徐立强、罗宇维、蔚宝华、管志川、张行云	中海石油（中国）有限公司湛江分公司、中海油田服务股份有限公司湛江分公司、中国石油大学（北京）、中国石油大学（华东）、北京奥凯立科技发展有限责任公司、阿派斯科技（北京）有限公司
山东省科技发明三等奖	1	新型抽油机拖动系统研究	王同义、闫敬东、师祥洪、陈军、王观军、龙凤乐	中国石化股份胜利油田分公司技术检测中心、胜利油田采油工程处、中国石化股份胜利油田分公司技术检测中心
山东省科技进步一等奖	1	速生杨节能减排关键制浆技术研究	陈嘉川、杨桂花、尹同远、张凤山、吕庚新、庞志强、孔凡功、刘玉、韩金梅、隋晓飞	山东轻工业学院、山东晨鸣纸业集团股份有限公司、华泰集团有限公司、山东泰山纸业有限公司
	2	七组分井筒多相流动计算技术及应用	孙宝江、李相方、李村和、王志远、秦建民、高永海、齐金涛、曹式敬、宋林松、隋秀香、赵欣欣、李瑞明	中国石油大学（华东）、中国石油大学（北京）
山东省科技进步二等奖	1	高含水油藏区块整体堵调控水稳油技术研究与应用	张煜、王世虎、王海波、郑健、张代森、贾庆升、辛爱渊、薄纯辉、陈德红	中国石化股份胜利油田分公司采油工艺研究院
	2	先进型油井堵水方法研究与应用	戴彩丽、赵福麟、王业飞、冯德成、刘文业、石国新、李耀林、孟令尊、杜殿发	中国石油大学（华东）、东营市石大宇光科技有限责任公司、中国石化胜利油田有限公司胜利采油厂、中国石油新疆油田分公司陆梁油田作业区、中海石油（中国）有限公司湛江分公司、中国石油大庆油田有限责任公司第六采油厂、中国石油冀东油田分公司

续表

奖项	序号	项目名称	完成人	完成单位
山东省科技进步三等奖	1	山东省数字化干部人事档案信息管理系统	李平瑞、蒲建荣、马俊琴、龚守志、霍正立、王月忠	中共山东省委组织部、中共潍坊市委组织部、中共淄博市委组织部、中共东营市委组织部、山东旗帜软件公司
	2	油田勘探开发远程协作技术的研究与应用	李琳、张明安、董琰、杨耀忠、傅瑞军、申红	中国石化胜利油田信息中心、中国石化胜利油田分公司地质科学研究院
	3	汽车轮胎定型硫化成套装备研发与应用	魏修亭、高义新、任晓琪、吴港平、高义山、魏仙林	山东大王金泰集团有限公司、山东理工大学
	4	斯太尔、沃尔沃高性能非金属复合材料制动器衬片	杜东升、杜效德、丁德顺、徐笃永、李广辉	信义集团公司
	5	复合绝缘子沿面微弱电晕带电检测技术	勾松波、刘军、王东、陈文民、董纪国、刘水清	中国石化集团胜利石油管理局电力管理总公司
	6	含油污泥焦化分离处理技术研究	王兆文、任英浩、陈哲、张红进、吕中秀、王英林	东营市环境保护科学研究所
	7	济阳坳陷 Es4 – Ek 成烃与成藏条件研究	张善文、张林晔、徐兴友、刘庆、孔祥星、林会喜	中国石化胜利油田分公司地质科学研究院
	8	济阳坳陷北部馆陶组油气地质与勘探技术	刘魁元、邱隆伟、孙喜新、苏朝光、刘连启、单宝杰	中国石油大学(华东)、中国石化股份胜利油田分公司河口采油厂、中国石化股份胜利油田分公司地质科学研究院、中国石化股份胜利油田分公司物探研究院
	9	聚合物微凝胶调驱配套技术研究及应用	王增林、汪庐山、李希明、冯志强、吕西辉、田玉芹	中国石化股份胜利油田分公司采油工艺研究院
	10	提高聚合物驱效果及三次采油产出液处理技术研究	曹钧合、史建刚、李晓清、纪朝凤、李师涛、张精军	东营胜利高原有限公司
	11	新型直驱式螺杆泵驱动系统研究	李中树、贾志毅、刘志华、勾松波、王东、唐永健	中国石油大学(华东)、胜利油田东胜精攻石油开发集团股份有限公司、中国石油大港油田分公司采油工艺研究院
	12	油气钻探工程中防漏堵漏技术研究	邱正松、魏慧明、吕开河、宋元森、陈钢花、黄达全	中国石油大学(华东)
	13	黄河口半滑舌鳎池塘及工厂化养殖技术研究	王金山、季朝栋、孙兆任、张新、黄光明、刘介禄	东营丰泽生物科技有限公司、利津县渔业技术推广站
	14	老年人髋部骨折与骨保护蛋白的表达及其他代谢指标的相关性研究	陈丹、伊心浩、王玉彬、张诚、丛松霞、索良	胜利油田中心医院
	15	黄河三角洲绿色农产品质量控制技术研究与示范	刘东斌、张继成、李扬、李丽霞、李妍妍	东营市农产品质量监督检测中心

(邓廷辉)

【知识产权工作】 2008年,全市加强知识产权保护工作。下发《东营市"天网"、"雷雨"专项执法行动方案》,成立专项行动工作领导小组,组织流通领域专利执法检查,检查商场10家,检查专利产品1000件,无效专利3件。接待专利纠纷投诉咨询20人次,立案8件,结案6件。在中国(东营)国家石油装备与技术展览会设立知识产权保护办公室,接待咨询20多次,依法处理2起专利侵权案件。世界知识产权保护日宣传周期间,市政府首次召开新闻发布会,通报全市知识产权工作状况。8月1日,中国(东营)知识产权维权援助中心成立,东营市成为全国5个首批获准成立知识产权维权援助中心的地级市。组织参加各类知识产权培训班12次、培训6000多人次。专利申请2944件,增长13.5%,专利授权量1836项,居全省第6位。组织18家企业参加第五届中国国际专利与名牌博览会,参展专利项目26个,5个项目获特别金奖,5个项目获金奖,市知识产权局连续5次获最佳组团奖,规模列全国地级市组团第一名。

知识产权管理。出台《东营市知识产权优势企业培育工程管理办法》,在资金、政策等方面优先扶持企业,全市涌现天信集团、华泰集团、金泰集团等企业,依托自主知识产权培养出一批知名品牌,企业综合竞争力大幅提高,高原公司完成百件专利申请,专利产品实施取得明显经济效益。打造特色园区。培养石油大学科技园、黄河口高新技术企业创业园2家省级专利园区,重点支持中国石油大学科技园区建设,石油大学科技园拥有自主知识产权的企业占石油大学科技园企业总数的80%以上,累计申请专利近千项。孵化出山东赛瓦石油工具服务有限责任公司、山东科瑞机械制造有限责任公司等集团化、规模化的支柱企业50余家,胜利油田利盈石油设备有限公司等中国专利山东明星企业5家。严格知识产权专项资金的使用管理,全年补助项目25个,补助金额310万元,资助专利申请1500余项,补助190万元,促进专利技术的产业化水平。

年内,市知识产权局获全国知识产权试点示范工作先进集体、全国知识产权部门和公安机关知识产权执法保护先进集体、省知识产权先进集体等荣誉称号。广饶县知识产权试点县和华泰集团知识产权试点企业通过省知识产权局验收,石油大学科技园和黄河口高新技术企业创业园区通过省知识产权局试点园区的验收。 (市知识产权局)

地震工作

【地震监测】 加强地震台网建设,提高地震监测预报能力。对东营市数字化地震监测台网进行总体布局。年内建成垦利县测震台、强震台及河口区测震台,完成其他县区2个深井测震台、4个强震台和1个地磁前兆观测台的台址勘选。实施地震台网中心升级改造,建成信息节点任务。实现全省地震监测数据的共享,建成覆盖全市的群测群防网络。

7月,联合市畜牧局、市海洋渔业局规划建设包括41个观测点的震前动物异常信息测报网,成立震前动物异常排查专家小组。排查3起地震宏观异常。制定《东营市地震群测群防管理办法》,将群测群防经费纳入年度财政预算。制作地震速报、防震减灾网络、地震震中分布图及活动构造图等图板,规范地震监测预报程序。制定《东营市地震监测预报短临跟踪方案》,收集、整理地震震情和地震前兆、油水井动态监测网、群测网点和有关渠道的数据、资料,对数据、资料进行分析。建立完善会商制度,提出会商意见并报省地震局分析预报中心。

【地震行政执法】 服务全市重大项目建设,将地震行政执法作为提高城市地震防御能力的大事。修订《东营市地震安全性评价管理办法》并报市法制办,对地震行政执法的范围、必要性做出明确规定。市委、市政府同意市地震局提出的加强抗震设防管理,将抗震设防纳入基本建设程序的建议。加大地震行政执法力度,对3家拒不执法地震安全性评价的建设单位申请法院强制执行。对1家拒不进行地震安全性评价的单位给予处罚。2008年,为22项重大建设项目完成地震安全性评价。完成垦利县、河口区的地震小区划工作。

【地震应急工作】 新建地震应急市政、电力抢修队2支市级专业应急救援队伍,全市专业地震应急救援队达到5支。在胜利油田13个住宅区规划建设26处小型地震应急避难场所,设置指示牌及标志牌104块。至年底,全市建成60个应急避难场所,面积252万平方米,可容纳75万人。全市地震应急避难场所及应急救援队伍数量居全省17个市首位。

配合完成全省地震应急实兵

拉动演练的组织工作。根据省地震局确定的模拟震级，按照一级响应，市应急办、市地震局联合制定全省地震应急演练东营工作方案。11 月 9 日，山东省地震应急实兵拉动演练在东营举行。按照省政府统一安排，东营市迅速启动地震应急预案，紧急召开防震减灾成员领导小组会议，部署应急救援工作。根据抗震减灾指挥部命令，东营市 12 支地震应急救援队伍赶往应急演练现场，与 14 支省地震应急救援队伍联合搭建应急帐篷开展地震应急演练，提高了地震应急能力。

【农村抗震民居工程建设】 2008 年，市政府下发《关于加强农村民居地震安全工作的通知》。把全市村庄按房屋建设情况分为中、好、差三类，在每个乡镇从三类中随机抽取 1 个村庄详细调查，全市共确定调查村 129 个。投资 20 多万元，委托山东信诚建筑规划设计有限公司、东营新汇工程设计有限公司设计适合东营农村的抗震民居图纸。编印《东营市优秀农村住宅设计方案通用施工图集》《东营市农村住宅建设施工指导》《东营市农村民居地震安全工程设计方案通用施工图集》《东营市农村民居地震安全工程推荐方案》等资料，免费发给农民。在 6 个村设立农村抗震民居宣传栏，印制《农村民居抗震知识手册》，介绍农村抗震民居建设、改造、加固技术。在利津县郭屋村建设 300 多平方米的农村民居抗震措施示范模型，并建成 1 处民居展示抗震结构、施工技术和抗震民居建筑技术。东营市农村抗震民居工程被列为全省农村民居地震安全示范工程。10 月 14 日，全省农村民居地震安全示范工程技术交底与现场观摩会在东营召开。

【地震科普宣传】 加强地震科普宣传基地建设，提高社会防震减灾意识。建立 12 家省级地震科普示范学校，认定 32 家市级地震科普示范学校。与市委宣传部、教育局和科协联合开展征集防震减灾优秀作品活动，征集作品 639 份，确定优秀作品，在市地震局网站上开辟了" 防震减灾优秀作品专栏"进行展示。建成地震科普展室和制作 60 多块展板进行宣传。组织学生参观地震科普展览室，观看地震科普专题片。在 5 所学校组织地震应急疏散演练，在十几家学校组织地震科普知识讲座。为地震科普辅导员配备《地震科普知识光盘》，向地震科普示范学校赠送《青少年防灾必读》《青少年地震科普知识读本》《避灾自救手册——地震》《东营市青少年自救手册》等书。

开展地震专题宣传。2 月 29 日、3 月 2 日市地震局与广饶县政府、利津县政府在广饶县商贸城、利津县三里村举行地震科普知识下乡活动。4 月 12 日在东城东三路设立防震减灾法律法规、科普知识宣传站。7 月 28 日，2008 年山东省防震减灾宣传活动启动仪式在东营举行。

（许廷青　孙 莹）

科　协

【实施《全民科学素质行动计划纲要》】 2008 年 3 月，组织召开市全民科学素质工作领导小组第四次会议，总结部署工作。10 月，联合省科协科普部举办首届黄河口科普论坛，交流实施《全民科学素质行动计划纲要》情况，探索新举措、新机制。编发《市全民科学素质知识读本》3000 多册，向公众传播科技文明。各县区、东营经济开发区管委会、东营港经济开发区管委会实施《全民科学素质行动计划纲要》取得阶段性成果。

【城区科普】 完成科普设施、科普队伍建设、科普宣传和科普活动、创建文明社区、科教下乡 6 项创城任务。5 月 17 日，承办 2008 年山东省科技活动周开幕式暨山东“211”高校支持黄河三角洲生态高效经济技术创新示范区（东营）建设行动启动仪式。9 月 1[illegible]日，举办 2008 全国科普日活动召开科技工作者座谈会。与市文明办实施全市“科普社区通”工程，推动“四个一”建设（科普学校、科普宣传站、科普志愿者队伍和科普宣传栏建设），使科学技术惠及公众。与市委宣传部、市直机关工委联合举办“三网绿化与生态文明”的科技主题报告会，300 多名干部受到教育。东营区胜利街道办中山社区等 6 个社区被省科协命名为“全省科普示范社区”，中山社区被评为全省科普支援计划单位。2 个社区画廊被评为“全省优秀城区科普画廊”。

【青少年科普】 举办第 23 届全市青少年科技创新大赛，评出市级奖项 598 个，获省级奖项 3[illegible] 个。举办全市第 14 届青少年信息学奥林匹克竞赛，评出市级奖项 50 个、优秀组织奖 5 个和优秀辅导教师奖 7 名，获省级二等奖 3 项。开展“科普大篷车校园行”活动，5 万多名师生受到教育。组织 1500 名师生免费参观省科技馆。开展“山东省青少年科普报告百校行”活动，邀请中科院高级工程师王宁寰、教授潘厚任，到晨阳小学、育才学校作科普报告。举办全市青少年科技夏令营活动，200多名师生参观西安卫星测控中心、延安革命根据地、大连科技馆等地。评选表彰全市科普示范学校16所、全市科普教育基地2个。组织全国青少年机器人2009年东营赛区选拔赛，选出20多名选手赴北京参赛。

【农村科普】 2008年，组织科技下乡20多次，举办培训班150多期，发放科技资料3万多份，受教育农民7万余人次。培育扶持农村科普示范基地60多处、农技协180个、农村科普带头人400多人。召开全市科普惠农“七个一”服务体系建设现场会，推广垦利镇经验。表彰10个农村科普示范基地、10个农技协和15名农村科普带头人；奖励11个市级科普示范项目。与市残联下达2008年度“科普助残进万家”活动项目计划，建设残疾人从业扶贫基地18个，发展残疾人庭院经济100个，帮扶600户残疾人家庭脱贫致富，带动3000户残疾人家庭年增收10%以上。全省“站、栏、员”建设工作经验交流会在东营召开。垦利县创建成为全省“站、栏、员”建设工作先进县，4项科普活动、6名科普员被评为全省先进。

年内，东营区创建成为全省科普惠农工作先进区，河口区入海口文蛤示范基地被评为全国先进农村科普示范基地，垦利县西宋乡黄河口蜜桃协会被评为全国先进农技协，山东海星集团有限公司总经理李良春被评为全国农村科普带头人。

【企业科普】 与市经贸委联合举办东营首届“万达杯”企业科技创新大赛，收到参赛作品100多件，评出特等奖1件、一、二、三等奖31件和优秀组织奖6个，促进企业自主创新和科技进步。山东秦恒科技有限公司柔性面砖车间、东营阳光丝业股份有限公司缫丝车间、万达集团股份有限公司轮胎半成品车间被省科协评为“第三批山东省科普车间”。

【学术交流与服务】 与市科技局、市海洋与渔业局联合举办以“黄河三角洲高效生态经济建设”为主题的第十三届黄河口科技论坛活动，表彰论坛成果122项，为市委、市政府决策提供参考。与市委组织部、市人事局联合开展全市第十一届科学技术优秀论文评选，评出一等奖22篇、二等奖45篇、三等奖69篇。组织实施3项市级重点学术项目，市科协组织实施的“东营市三网绿化工程综合效益评估研究”项目，被列为省级重点学术项目。

加强对19个市级学会的指导。市心理学会组织4名心理咨询师赴四川灾区提供咨询服务。市水利学会开展流域综合规划修编工作调研活动，发挥参谋作用。市电机工程学会实施科技攻关项目5项、技术革新项目6项。市公路学会邀请国家和省路面专家举办公路养护超薄路面技术培训班。市养蜂学会举办养蜂培训班2期，培训63人次。市医学会完成医疗事故鉴定6例。市药学会举办反兴奋剂集中宣传日活动，为奥运助威。 （曲学勇）

社会科学

【社科研究】 市社科联对承担市级课题的各课题组进行调度和督导，保证立项课题的质量和研究进度。2008年围绕市委的中心工作论证立项22个研究课题，其中重点课题10项，年度课题12项。成立专家招标委员会，对申请竞标课题组要解决的核心问题及对策进行评审，《黄河三角洲经济文化一体化发展研究》《东营市打造高端产业区对策研究》等9项重点课题和《规范初始任用提名差额选任干部对策研究》《深化东营市政务公开对策研究》等8项市级课题成功招标，市委组织部、市纪检委、市委党校、石油大学经济管理学院等17个研究思路清晰、研究力量较强、研究条件优越、配套经费充足的课题组担纲课题的研究工作。

聘请省社科联、山东社科院等专家对2006~2007年立项课题进行鉴定，《东营市海洋经济发展战略研究》和《东营市生态旅游深度发展对策研究》等15项课题通过专家鉴定。围绕重点领域和重点产业提出对策建议，进入党委、政府的决策。市委书记张秋波对2008年结项的《东营市海洋经济发展战略研究》和《东营市生态旅游深度发展对策研究》2个研究课题作出重要批示，责成市发改委、市旅游局等单位研究落实。对2009年度社会科学研究课题进行公开征集。市社科联2项成果分获全市第七届精神文明建设“精品工程”特别奖和精品工程奖，调研报告获全省宣传系统优秀调研报告一等奖。

发挥理论带动作用，组织6

次大型理论研讨活动。与市委宣传部、市委党校、市委党史研究室联合组织"纪念改革开放30周年暨庆祝建市25周年理论研讨活动",收到论文159篇,有83篇论文获奖;组织"社会科学界为黄河三角洲开发建设建言献策"座谈会,山东社科院、石油大学、胜利油田等专家学者提出22条建设性意见;协助省社科联举办为期3天的"改革开放30年与中国特色社会主义——改革开放与中国政治学30年"学术研讨会,全国各地的60名专家学者到东营研讨;组织召开"黄河三角洲经济文化一体化发展"研讨会,与会专家学者提出一些前瞻性和应用性较强的对策建议;与市残联联合组织"牵手残疾人,走进残奥会"理论研讨,促进全市残疾人事业的发展;与市委农村工作办公室、市农业局联合开展"全市农村改革发展理论研讨"活动,收到调研和研讨论文108篇,有83篇论文获奖。

【社科普及】 市社科联确定"弘扬齐鲁文化,规划职业人生"为2008年社会科学普及周活动主题,重点开展社科知识"进学校"系列活动。与市委宣传部、市科技局、市科协联合组织"山东省科学技术普及周"启动仪式。组织市直社科学会制作展板50多块,发放资料2000多份;策划组织3场大型科普报告会,邀请省原政协副主席王修智到石油大学作"齐鲁文化与山东人"大型报告会,邀请市商业银行副行长、著名职业生涯设计专家邢发在东营职业学院和石油大学做"大学生人生职业生涯规划"专场报告会,听众3000多人;与东营电视台联合制作"我的人生我设计"专题电视节目,针对当代大学生在择业就业上的困惑,结合东营现状进行针对性分析和阐述,观众达1万多人次。

组织市直学会围绕业务工作开展活动。市检察官协会在市育才学校、市二中组织防止未成年人犯罪专题讲座,市法官协会在市实验中学组织法律进学校专题报告,市国际税收研究会组织税收执法研究系列讲座,得到社会认可。与市直机关党工委、东营经济开发区联合组织"建设机关和谐文化、打造特色机关服务品牌"讲坛,对市直机关单位中层干部进行培训。

【学会工作】 2008年,指导部分学会的换届。组织市继续教育协会、市国际税收研究会、市检察官协会参加第十九次全国大中城市社科联会议,3个学会被评为全国大中城市先进社科学会。市委宣传部、市社科联对2008年度社会科学普及工作进行表彰,东营职业学院经济系等8个单位和学会被评为先进单位,邢发等22人被评为先进个人,市检察官协会组织的"预防未成年人犯罪"系列讲座被评为优秀项目。

【社科评奖】 2008年6月开始组织举办东营市第十七次社会科学优秀成果奖评选活动,为体现公开公正的评审原则,邀请市纪检委全程监督,将获奖成果上网公示,接受社会监督,11月21日评选工作完成。有114项成果获奖,其中特等奖3项,一等奖11项,二等奖60项,内部探讨优秀奖40项。推荐3项成果参加全省第二十二次社科优秀成果评奖,其中著作《科技信息化与人类新生活》获三等奖。

东营市第十七次社会科学优秀成果获奖情况表

序号	成果形式	成果题目	作者(主编)	工作单位	获奖等级
1	著作	醉墨	陈锡山	黄河口书画艺术研究会	特等奖
2	重点课题	反思、澄清、选择:理论与实践的碰撞——关于东营市多元化纠纷解决机制的调查	王少南等	市中级人民法院	特等奖
3	著作	传奇华泰——华泰集团经营谋略与管理艺术探渊	魏振香等	中国石油大学经管学院	特等奖
4	重点课题	东营市廉政文化建设对策研究	李桂华等	市纪委	一等奖
5	著作	弗洛斯河上的磨坊(英国文学译著)	翟莉	中国石油大学外国语学院	一等奖
6	著作	儿童文学	李汝中	东营职业学院	一等奖

续表 - 1

序号	成果形式	成 果 题 目	作者(主编)	工作单位	获奖等级
7	论文	黄河三角洲文化产业发展资源优势开发模式及对策建议	章猷才	中共山东省委党校	一等奖
8	论文	东营市建设全国石油装备制造业基地研究	王舜增	市委党校	一等奖
9	论文	广饶县工业主导产业发展规划(2007 - 2012)	黄 朴等	中国石油大学经管学院	一等奖
10	论文	论我国自然垄断行业的经济特征及其规制改革	穆丽霞	中国石油大学	一等奖
11	论文	普通高校《音乐欣赏》课教学法探微	吴晨晖	中国石油大学	一等奖
12	论文	人本文化视界下的学校管理创新策略	季俊昌、马艾云	市教育科学研究院	一等奖
13	论文	新课程生物课堂中学生有效探究的思考与实践	杨守菊	市实验中学	一等奖
14	论文	关于法院公信力的现实考量	王建民、张玉英	广饶县人民法院	一等奖
15	重点课题	黄河口生态旅游资源开发研究	陈泽浦等	中共垦利县委	二等奖
16	重点课题	东营市新农村建设中的生态环境问题及对策研究	黄秉杰等	中国石油大学人文学院	二等奖
17	著作	院士与创新	张乐勇等	中国石油大学研究生院	二等奖
18	著作	儒家诚信之德及其现代意义——以四书为中心的阐释	白春雨	中国石油大学人文学院	二等奖
19	著作	高职辅导员工作理论与实践	徐纪尊等	东营职业学院	二等奖
20	著作	即兴伴奏实用教程	宣立华等	东营职业学院	二等奖
21	著作	学习方法与心理健康	刘志春、刘培友	胜利教育管理中心	二等奖
22	著作	市场营销理论与实务	邢绍丽等	山东大王职业学院	二等奖
23	著作	垦利年鉴(2007)	曹光阶等	垦利县党史史志办	二等奖
24	著作	利津县志(珍藏版)	明玉华等	利津县史志办	二等奖
25	论文	关于开展“解放思想,改进作风,全面落实科学发展观”教育活动的实践与思考	集 体	市委宣传部	二等奖
26	论文	构建有中国特色的法官考评制度——关于法官考评制度与评价制度的调研	集 体	市中级人民法院	二等奖
27	论文	关于把我市打造成中国石油机械装备制造业基地的对策与建议	集 体	市经贸委	二等奖
28	论文	夯实和谐社会的根基	张传胜	东营区委	二等奖
29	论文	刑事抗诉实证研究	岳方顺等	市人民检察院	二等奖
30	论文	立足黄三角,融入环渤海,努力把东营市打造成先进制造业集聚区	陈安忠	市经贸委	二等奖
31	论文	坚持以人为本 抓好关键环节 努力构建和谐社会	赵 虹	东营区委宣传部	二等奖
32	论文	关于中心城区服务业发展情况的调查	刘瑞俭	东营区人民政府	二等奖
33	论文	关于我市盐化产业发展情况的调查报告	龙 舰等	市经贸委	二等奖
34	论文	“三网”绿化五年政府行动初探	王建明	市府调研室	二等奖
35	论文	正确处理新时期人民内部矛盾	陈金亮	市委党史研究室	二等奖
36	论文	市场手段在东营市广利河治理中的运用研究	苏保乾等	市府调研室	二等奖

续表－2

序号	成果形式	成　果　题　目	作者(主编)	工作单位	获奖等级
37	论文	关于发展创意产业的思考	臧民杰	市委政研室	二等奖
38	论文	加快黄河三角洲发展的现实思考	徐 静	市委党校	二等奖
39	论文	柔性司法:“和则”对中国司法的文化启示	姬文清	市中级人民法院	二等奖
40	论文	论侵权归责原则在专利侵权领域的适用	牛金臣	市中级人民法院	二等奖
41	论文	论夫妻间的家事代理权	童玉海	市中级人民法院	二等奖
42	论文	投保人告知义务之适用问题研究——以保险人和投保人的利益衡平为视角	曹志海、梅雪芳	市中级人民法院	二等奖
43	论文	宽严相济刑事政策与和谐社会建设	张丰乐	市人民检察院	二等奖
44	论文	课堂多媒体教学存在的问题与对策	刘成新	东营职业学院	二等奖
45	论文	美国1930年代经济大萧条的史诗——评斯坦贝克的小说《愤怒的葡萄》	李晓华	东营职业学院	二等奖
46	论文	试析中国古代司法官责任制度	李晓琴	东营职业学院	二等奖
47	论文	做好新形势下的专业技术人员继续教育工作情况调研	温桂玲	市人事局	二等奖
48	论文	新会计制度下收入确认的差异及纳税调整	王建军	市公路局	二等奖
49	论文	高等学校党风廉政建设与构建和谐校园理论研究	吴文山等	中国石油大学	二等奖
50	论文	论消极心理对跨栏跑教学的影响	师 雪、刘 波	中国石油大学	二等奖
51	论文	对研究生入学考试命题原则的再认识	肖立山、夏从亚	中国石油大学研究生院	二等奖
52	论文	中介语僵化现象的认知分析	刘瑞琴	中国石油大学	二等奖
53	论文	论高校学报编辑彰显大学社会职能的路径	王继洲	中国石油大学	二等奖
54	论文	试析交往伦理的内涵	汪怀君	中国石油大学	二等奖
55	论文	与环境和谐:论庄子的人性观及其现代意义	王永豪	中国石油大学	二等奖
56	论文	试论信息化进程中现代远程教育资源建设	魏洪、齐高岱	中国石油大学	二等奖
57	论文	高新企业自主技术创新的路径选择及区域创新机制建设研究	李永波等	中国石油大学经管学院	二等奖
58	论文	我国经济发展对油价波动的敏感性测度分析	王桂荣、赵桂玉	中国石油大学	二等奖
59	论文	企业售后行为分析与管理研究	高新伟	中国石油大学	二等奖
60	论文	我国政府价格决策听证制度的完善——以案卷排他性原则的引入为突破口	王学栋、孙增芹	中国石油大学	二等奖
61	论文	北欧国家的福利制度改革及其对中国的启示	张红霞	中国石油大学	二等奖
62	论文	论农地持有权——兼论农村土地承包经营权的改造	秦 勇	中国石油大学	二等奖
63	论文	战国中晚期学术文化综合的类型与表现	潘俊杰	中国石油大学	二等奖
64	论文	社会学视野下的民国彩票	王克霞	中国石油大学	二等奖
65	论文	国有资产授权经营信托法制主体设计及其理论基础	李凤霞、秦勇	中国石油大学	二等奖
66	论文	新课程下的数学课堂需要创设怎样的情境	张秀莹、李金亮	胜利第四中学	二等奖

续表-3

序号	成果形式	成 果 题 目	作者(主编)	工作单位	获奖等级
67	论文	幸福教育:一种人性教育的回归	高 峰	胜利第四小学	二等奖
68	论文	维护公平正义 服务和谐社会	李爱群	东营区人民法院	二等奖
69	论文	提高和解率推进执行工作	张怀刚	东营区人民法院	二等奖
70	论文	饮酒后受损,同饮人责任承担问题分析	李秀芹、林慧	东营区人民法院	二等奖
71	论文	据以作出行政行为的案件事实审查强度问题探究	李益民、谢兆忠	河口区人民法院	二等奖
72	论文	以管理机制创新促进教育均衡发展——广饶县的县域教育均衡发展与政府职能保障	褚金光	广饶县教育局	二等奖
73	论文	县域教师流动机制实施框架——城乡义务教育均衡发展的一种构想	马艾云、李保江	山东大王职业学院	二等奖
74	论文	班主任专业培训有效形式探讨	武俊秋、李志欣	利津县教育局	二等奖

(崔树海 周瑞良)

气象工作

【概况】 2008年,全市气象工作以服务决策、农业、汛期和海洋为重点,对全年出现的重大灾害性、关键性、转折性天气做出准确预报,进行及时服务;并圆满完成青岛奥帆赛气象服务工作。

发展气象现代化建设项目,提高气象监测预报水平。黄河入海口自然保护区梯度风观测项目建成并投入运行;建成中国气象局两个环渤海自动气象站;移动气象台投入使用;建成市——县通信备份线路,实现温室小气候中心站和区域自动中心站资料互为备份;集预报预测系统、公共服务系统、综合观测系统、科技支撑系统于一体的"东营市现代气象业务综合应用平台"研制工作初具规模并开始应用;开发完成市级预报评分系统和县级雷电防护技术中心工作平台,并投入应用。

市气象局获全国气象部门局务公开示范点、全国精神文明建设工作先进单位,获全省气象部门综合目标管理考核第一名、全省气象服务先进集体、全省第5届业务知识竞赛团体第一名荣誉,有1人获首届全国气象行业重要天气预报技能竞赛个人全能第一名,被评为全国技术能手,获全国五一劳动奖章;1人获首届山东省"十佳青年气象工作者"。

(薛 凯)

【气象基本业务】 2008年,全市地面测报三项错情率为0.0‰,5人被评为全国优秀测报员,全年旱涝趋势预测基本准确,年内冰雹、大风、高低温和大到暴雨等重大天气过程无一漏报。通信系统故障率为0.0%,气象信息传输及时率100%,农业气象业务无错情。

(刘晋生)

【气象服务】 2008年,针对不同季节和关键时期,向市委、市政府和有关部门提供春、秋播期气象预报2期,小麦产量预报2期,麦收期滚动预报30期,东营市干旱监测分析报告27期,小麦植被指数监测信息和小麦生育期气象条件分析2期,旬(月、季、年)农业气象条件分析27期,气候影响评价和生态质量评价6期,重要气象信息专报12期,大风预报58期,气象灾害预警信号60期,雨情通报120期,每天早晨通过政府网向分管市长及农业局、水利局、公安局等单位发布未来两天预报,向市领导汇报天气预报和气象情报100余次。对1月全市中雪天气、4月首次冰雹天气、7月广饶暴雨天气等重大灾害性天气过程预报准确,服务及时。7月29日,市气象台发布"受台风倒槽影响,7月30日~8月1日,全市将有中等以上强度降水,南风短时北风3–4级,海上6~7级,阵风8级。"的预报;并及时发布2次大风蓝色预警信号。台风影响期间,每小时向市领导汇报天气实况和台风动向,由于预报准确、服务及时、跟踪到位,市领导科学调度,全市没发生安全生产事故。12月10日19时,一艘载有8名船员的运沙船搁浅,市气象台及时为海港和海事处发布当前风和气温的实况及未来天气预报，为营救工作提供气象服务。

市气象局安排优秀预报人员参与青岛奥帆赛气象服务团队，圆满完成奥帆赛和残奥帆赛的气象保障任务。主动与农业、水利、环保等单位合作，为农业生产、油田生产、东营港建设等重大社会政治经济活动提供优质气象服务。（孙忠欣）

【人工影响天气】 2008年，全市新建人工影响天气作业点10个，改造人工影响天气作业点2个，新订购2门高炮，扩大了人工影响天气的规模。共组织17次人工防雹增雨作业，雷达开机监测560余次，发射高炮炮弹1516发，火箭弹40枚，有效增水325万吨，保护区面积累计5552平方公里，避免直接经济损失1.2亿元。（张振涛）

东营市的“四区一城”主体产业区

1.临港产业区。规划控制面积232平方公里。依托东营港经济开发区，实行港区城联动，重点发展石油化工和盐化工、电力能源、现代物流，配套发展关联产业，建成环渤海地区重要的高效生态精细化工产业集聚区和能源供给基地。同步推进港城建设，建设一座现代化滨海新城。

2.生态旅游区。规划控制面积246平方公里。依托黄河三角洲国家级自然保护区，突出“黄河入海、河海交汇、新生湿地、野生鸟类”原生态特色，打造集观光、休闲、度假于一体的生态旅游胜地，打造特色旅游品牌。

3.生态高效农业区。规划控制面积428平方公里，重点建设现代生态渔业示范区、高效畜牧区。现代生态渔业示范区，重点实施宜渔荒碱地开发和养殖池塘整理提升工程，建设黄河口大闸蟹、海参、对虾、浅海贝类护养等标准化养殖示范基地，依靠大型龙头企业带动，实施养殖、加工、物流、科研综合开发，推进一二三产业协调发展，建设全国一流的高效生态养殖基地和良种繁育基地。高效畜牧区，发挥饲草、饲料资源丰富的优势，依托大型龙头企业，发展牛、羊、猪、禽等养殖加工与物流，建成山东省重要的大型现代畜牧业示范基地。

4.高端产业区。规划控制面积210平方公里。依托东营经济开发区和胜利工业园，发挥现有基础较好的优势，完善提高基础设施，加大结构调整力度，重点发展电子信息、汽车及零部件、新能源、石油装备、新材料、有色金属等六大高端产业，积极发展高端服务业，建成黄河三角洲先进制造业和高新技术产业的主要承载区。

5.黄河水城。广利河是贯穿东营市中心城区的主要河道，全长60公里，流经城区段26.5公里，原为城市行洪排涝河道，随着油田开发和城市发展成了一条排污河，严重影响了城市环境和居民生活。从2007年开始实施广利河综合治理工程，以“治污、增绿、活水”为重点，统筹开发广利河的生态功能、经济功能、文化功能，打造文化服务业产业带。以广利河综合治理为龙头，突出湿地生态特色，引入黄河水，贯通现有城市河流、湖泊和湿地，构建“九横十纵”城市主干水系框架，形成河湖相连、河海相通、城水相依、水绿共生、人水和谐的独特城市风貌，打造生态卓越的“黄河水城”。

教育

- 全市有各级各类学校 831 所
- 实施首期农村中小学低标准建材校舍改造工程
- 全国首届“幸福课”名师教学观摩大会暨“幸福教育”教学成果展示会在东营召开
- 中国石油大学

综　述

【概况】 至2008年底，全市有各级各类学校831所，其中幼儿园524所（含胜利油田幼儿园）、小学185所、初中81所、普通高中23所、特殊教育学校2所、中等职业学校10所、技术学院1所、高等院校5所(其中市属高等院校2所)；在校生39.4万人；专任教师2.6万人。

2008年，全市推进素质教育，强化教育管理，规范中小学办学行为，提升教育队伍施教水平，改善城乡教育条件，教育事业步入注重内涵、提高质量的新阶段。

基础教育质量稳步提高。学前三年入园率97%，有3所幼儿园被评为山东省第六届十佳幼儿园，6所幼儿园被评为山东省第九批省级示范幼儿园，全市88.9%的乡镇中心幼儿园、58.2%的学区中心幼儿园、64.3%的小康文明村幼儿园分别达到市级一类及以上标准、市级二类及以上标准和市级三类及以上标准；有省级规范化学校38处，市级规范化学校109处，省、市级规范化学校占全市中小学总数的49.67%；全市普通高中、中等职业学校录取新生20622人，初中毕业生综合升学率为95.51%，比上年增加4.18个百分点。

职业教育加快发展。2008年，全市中等职业学校学历招生6964人；免费专业技能培训招收1596人，其中初中毕业生1137人、高中毕业生459人；高等职业院校招生6323人，比上年增加1245人。东营区职业中专被省教育厅认定为山东省重点中等职业学校。

成人教育取得新进展。2008年，全市各类职业院校和乡镇中心成人学校举办各类培训3.4万余人次。全市高教自考报考9397人次、16164科次，有3427人获4432科合格科目证书；中小学教师自学考试报考430人次，660科次，有350人获344科合格科目证书；46279人参加社会证书考试。成人高考报考5268人，硕士研究生全国统一考试报考1761人。

2008年全市各级各类学校基本情况表

单位：人

学校	校园(个)	毕业生数	招生数	在校生	毕业班学生	教职工	专任教师
1、普通高等教育	5	12595	16467	50186	15023	4690	2918
另：成人教育、网络教育	0	16646	17652	49442	132	0	0
2、普通中等专业教育	1	1399	538	3044	1764	89	43
3、技工学校	1	1414	1266	3718	1770	243	123
4、普通中学	104	36587	38205	114968	35356	12457	10511
高中	23	15445	14036	44907	16238	4867	3307
初中	81	21142	24169	70061	19118	7590	7204
5、职业高中	9	4381	5650	16464	5507	1057	854
6、小学	185	24667	24100	145077	24925	9181	8475
7、特殊教育学校	2	32	34	411	70	90	71
8、幼儿教育	524	21486	19453	59711	20696	5559	3464

【教育投入】 2008年，全市教育经费总收入238525万元，比上年增加22195万元，增长10.26%；全市教育经费总支出231126万元，比上年增加27071万元，增长13.27%。

落实《纲要》提出的“三个增加”情况。政府预算内教育经费拨款(不含城市教育费附加)152115万元，比上年增加12627万元，增长9.05%，增加幅度低于地方财政经常性收入，增加12.82个百分点。其中市直预算内教育经费20026万元，比上年增加2379万元，增长13.48%，增幅低于地方经常性财政收入，增幅0.56个百分点。

中小学生均预算内教育事业费增加情况。普通小学生均预算内教育事业费4422.26元，比上年增加719.26元，增长19.42%；其中市直普通小学生均预算内教育事业费3052.93元，比上年增加500.9元，增长19.63%；农村小学生均预算内教育事业费4152.94元，比上年增加996.40元，增长31.57%；普通初中生均预算内教育事业费6135.61元，比上年增加1236.85元，增长25.25%；其中市直普通初中生均预算内教育事业费4063.62元，比上年增加442.58元，增长12.22%；农村初中生均预算内教育事业费5155.22元，比上年增加787.12元，增长18.02%；普通高中生均预算内教育事业费4803.84元，比上年增加213.13元，增长4.64%；其中市直普通高中生均预算内教育事业费3910.05元，比上年增加419.16元，增长12.01%；职业中学生均预算内教育事业费5119.98元，比上年增加468.96元，增长10.08%。

中小学生均预算内公用经费增加情况。普通小学生均预算内公用经费508.69元，比上年增加144.25元，增长39.58%；其中，市直普通小学生均预算内公用经费605.10元，比上年增加155.41元，增长34.56%；农村小学生均预算内公用经费446.06元，比上年增加300.04元，增长205.48%；普通初中生均预算内公用经费720.41元，比上年增加290.14元，增长67.43%；其中，市直普通初中生均预算内公用经费737.33元，比上年增加201.74元，增长37.67%；农村初中生均预算内公用经费631.03元，比上年增加412.53元，增长188.8%；普通高中生均预算内公用经费457.17元，比上年减少112.39元，下降19.73%；其中，市直普通高中生均预算内公用经费621.85元，比上年增加34.25元，增长5.83%；职业中学生均预算内公用经费550.48元，比上年减少7.06元，下降1.27%。

"两个比例"落实情况。国家财政性教育经费占国内生产总值的比例。2008年，全市地方国内生产总值2065亿元，国家财政性教育经费支出206983万元，占国内生产总值的比例为1%，比上年降低0.15个百分点，低于《纲要》规定4%的目标。预算内教育经费占财政支出的比例。全市全年地方预算内教育经费200192万元，占财政支出897216万元的22.31%，比上年降低1.71个百分点，高于《纲要》规定22%的目标。

【教师队伍建设】 重视师德建设。开展为期3个月的加强师德建设主题实践活动。涌现任兰英、刘红霞等47名师德先进典型人物，整理师德先进事迹材料13万字；举办师德巡回报告会7场，3000多名教师受教育。将教师是否参与有偿家教纳入教师考评考核的重要内容，实行"一票否决"制。组织开展暑期家访活动，有1.5万名教师走访12万个学生家庭。

加强教师培训。2008年，全市投入660余万元专项资金培训教师2万余人次。组织举办全市中小学校长素质教育论坛等培训班9期，全国首届"幸福课"名师教学观摩暨"幸福教育"科研成果展示现场会等大型培训活动20余场次。实施东营名师名校(园)长建设工程。评选出全市首批19名"东营名师"和21名"东营名师提名教师"。重点补充农村教师队伍，2008年全市共招考教师322名，其中县区212名，有155名新教师充实到农村中小学，占县区新招考教师总数的73%。

2008年全市首批"东营名师"情况表

姓名	所在学校	所教课程	姓名	所在学校	所教课程
盖维秀	东营区第三中学	小学数学	李 伟	东营市胜利科技小学	小学语文
崔兴岭	河口第一中学	高中地理	徐 燕	东营市胜利第五十八中	小学语文
韩国华	广饶县第一实验小学	小学语文	薛汝清	东营市胜利第一中学	初中语文
燕居丽	广饶县第一实验小学	小学语文	孙庆民	东营市胜利第五十五中学	初中数学
张天宇	广饶县第一中学	高中数学	王殿凯	东营市胜利第一中学	高中生物
崔玉良	广饶县中等专业学校	机械制图	邵春芬	东营市实验幼儿园	
隆秀美	垦利县第一实验小学	小学数学	宋方报	东营市海河小学春晖分校	小学语文
崔兆武	垦利县实验中学	初中语文	王海青	东营市育才学校	初中语文
汪雪松	垦利县第一中学	高中化学	燕乐法	东营市第一中学	高中政治
李振平	利津县第二实验学校	初中物理			

【农村义务教育经费保障机制改革】 2008年,全市全面建起市、县政府分项目、按比例分担的农村义务教育经费保障机制。年初,市财政局、市教育局联合印发《关于调整完善农村义务教育经费保障机制改革有关政策的通知》。完善教育救助体系,从2008年春季开学起,义务教育阶段家庭经济困难学生生活费补贴由每生每年400元,提高到每生每年小学500元、初中750元。全市全年计划安排补助贫困寄宿生生活费254万元,其中省46万元、市208万元,比上年增长近一倍。提高中小学生均公用经费基本标准,从2008年春季开学起,农村小学生均公用经费由300元提高到320元,初中由400元提高到470元。全年安排公用经费4707万元,其中中央1383万元、省级750万元、市级729万元、县级1845万元,比上年增长12.86%;县域内中小学教师工资统一标准且全额纳入县区本级财政预算,住房公积金、养老保险金、医疗保险和失业保险均纳入年度财政预算。

各县区政府出台《关于实施农村义务教育经费保障机制改革的通知》。农村教师工资全额纳入县级财政预算;免除农村义务教育阶段学校在校生"三费"和预算内生均公用经费的拨付更加规范有序。

【基础教育课程改革】 落实国家课程方案的刚性原则,做好2008~2009学年度中小学教学用书的选用。印发《关于印发东营市2008~2009学年基础教育课程标准实验教学用书目录的通知》和《关于印发东营市2008~2009学年义务教育地方课程教学用书目录的通知》,转发《山东省教育厅关于印发山东省义务教育地方课程安全教育、环境教育、传统文化和人生规划课程实施指导意见(试行)的通知》和《山东省教育厅关于深化基础教育课程改革全面提高教育质量的意见的通知》,促进课程改革工作。

对中小学课程改革加强指导,做好基础教育课程改革的调研,培育和推介课改典型,发挥好课改定点联系学校的辐射带动作用。推进教学方式方法的改革,培养学生的创新精神和实践能力。转发山东省教育厅关于重新确定普通高中课程改革省级定点联系学校的通知,上报普通高中课程改革省级定点联系学校名单。开发校外课程资源,加强地方课程和学校课程建设,创造条件保障综合实践活动课程的开设,加强学生的校内外学习实践活动。

【教育科研】 2008年,全市"十一五"省、市级立项课题共300余项,3000余名教师参与课题研究,占全市中小学专任教师总数的1/6。全市有1项科研课题获全国一等奖,1项科研课题获省一等奖,9项科研课题获市一等奖。

【市直义务教育阶段学校基建债务全部化解】 市直义务教育学校在加快基础设施建设、提高办学条件、改善校园环境等过程中,由于建设任务重、资金到位不及时等原因,出现较大数额基建债务,影响学校正常教育教学活动。至2007年底,市直义务教育阶段学校基本建设欠债7226万元。2008年9月10日,根据市教育局提交的市直义务教育学校基建债务等问题的汇报,市政府常务会议决定由市财政局负责搞好资金测算,计划用两年时间全部解决市直义务教育学校基建债务。至2008年底,市直义务教育学校所欠的基建债务由市财政安排资金全部化解。

【实施首期农村中小学低标准建材校舍改造工程】 2008年,东营市启动实施首期农村中小学低标准建材校舍改造工程,该项目列为市委、市政府2008年度便民实事之一。全年全市改造147所农村中小学低标准建材校舍195459平方米,其中拆除校舍122090平方米,新建校舍72184平方米,维修校舍73369平方米。

【实施农村中小学教学仪器更新工程】 2008年,东营市实施农村中小学教学仪器更新工程,为部分农村中小学配备价值208万元的教学仪器。安排25万元为全市268所中小学校统一安装《山东省教育技术装备管理系统》网络管理软件,初步实现全市教育装备管理信息化。

【农村中小学"两热一暖一改"工程试点】 为改善农村中小学的卫生和生活条件,2008年,东营市启动实施农村中小学"两热一暖一改"工程试点工作,广饶县被确定为2008年全省农村中小学"两热一暖一改"试点县。河口区投资780余万元,为全区14所农村中小学安装791套空调,成为全省第一个实施农村中小学"温暖工程"的县区。

【支援抗震救灾】 2008年,组织全市教育系统师生员工为灾区捐款1071.3万元。为东营市对口支援的绵阳市北川县坝底乡配备价值70万元的课桌椅、讲桌、黑板、双层床等教育教学设施，保证坝底乡1289名学生2008年9月1日前全面复课。开辟灾区学生入学"绿色通道"，安置灾区学生来东营市入学随班就读，全市接收来自地震灾区的89名学生到47所学校就读。

【援疆支教】 2008年7月，选派7名高中教师赴新疆喀什地区疏勒县八一中学开展为期三年的支教工作，这是全市选派的第二批赴疏勒县支教人员。

【《市域教育创新研究书系》出版发行】 2008年7月，全市教育研究与实践的新成果——《市域教育创新研究书系》由济南出版社出版发行。该丛书由《市域教育创新研究与实践——东营市教育科研"十五"课题成果》《学校管理创新研究与实践》《理论·实践：残疾学生实践能力培养研究》《研究·经验·案例：中小学德育新路探索》《生活德育的实践探索》《幸福教育的叙事研究》《教育教学新思维》7本书组成，从不同侧面展现全市教师职业生活的方式和状态，展示全市教育创新研究与实践的风貌。

【全国首届"幸福课"名师教学观摩大会暨"幸福教育"教学成果展示现场会在东营召开】 2008年5月17~18日，中国教育学会教育实验分会新学校研究中心主办，上海教育出版社《小学语文教师》编辑部和山东省课程与教学专业委员会协办，东营市教育科学研究院承办的全国首届"幸福课"名师教学观摩暨"幸福教育"教学成果展示现场会在东营召开。联合国教科文国际农村教育研究与培训中心主任、中国教育学会副会长、原中央教科所所长朱小蔓等专家出席。来自全国各地的800余名与会代表观摩、欣赏全国名师于永正、王崧舟、窦桂梅、贾志敏、薛法根和胜利四小老师朱春梅、吴非讲授的幸福课，聆听专家的精彩点评，观摩胜利四小师生"让幸福溢满校园"大型专题文艺晚会，实地感受胜利四小营建的幸福校园和教育幸福，现场参观"幸福教育"教学成果展示。

【举办第五届"黄河口之秋"全国课堂教学观摩活动】 2008年10月17日，东营市在市实验小学组织举办第五届"黄河口之秋"全国课堂教学观摩活动。本次活动分专家报告、名师课堂教学观摩、青年教师课堂教学研讨3部分，邀请于永正、高林生、付大明、徐云鸿等教育名师和教育专家。于永正讲授《给予树》精彩示范课，其他专家名师展示了精湛教学技艺，传授丰富教学经验，并做专题讲座和学术报告。

【全国城市教育电视台优秀节目、论文评审会议在东营召开】 2008年7月4~5日，全国城市教育电视台优秀节目、论文评审会议在东营召开，中国教育电视协会会长宋成栋等专家出席。本次会议收到作品83部、论文21篇。东营教育电视台被中国教育电视协会授予"全国教育电视台的一面旗帜"锦旗。

基础教育

【学前教育】 2008年，全市有学前教育机构524处，在园幼儿42948人，入园率97%；有省级十佳幼儿园5处，省级实验示范幼儿园22处，市级"十佳"幼儿园20处，市级一类幼儿园47处，市级二类幼儿园52处，市级三类幼儿园62处，乡镇中心幼儿园36处。

2008年市直学前教育基本情况表

园所名称	园所地址	规模（班）	在园幼儿数（个）	教职工数（个）	园长（个）	教师（个）	达标等级
东营市实验幼儿园	东城府前小区216号	16	670	66	2	38	省级十佳幼儿园
东营市海河幼儿园	东城辽河路178号	12	582	62	3	38	省级十佳幼儿园
东营市府二幼	东城北小区讯达街66号	—	—	25	3	12	省级示范幼儿园
东营市康立幼儿园	东营市黄河路35号	4	30	18	2	10	市级一类幼儿园
东营市明月双语幼儿园	东城明月小区	10	280	34	2	22	省级示范幼儿园
东营市妇女儿童活动中心幼儿园	东城南一路301号	7	232	29	3	14	市级一类幼儿园

续表

园所名称	园所地址	规模（班）	在园幼儿数（个）	教职工数（个）	园长（个）	教师（个）	达标等级
东营市英华园学校幼儿园	东营市黄河路558号	5	110	16	1	10	
东营市玉峰幼儿园	东城安和南区院内	17	420	67	2	52	
东营市小哈佛幼儿园	东城安兴北区院内	8	172	30	2	20	
东营市金苹果幼儿园	东城沂河路455号	6	130	22	2	12	市级一类幼儿园
东营市启智幼儿园	东城安泰南区内	7	160	35	1	21	
东营市安盛幼儿园	东城安盛南区内	5	118	18	2	11	

2008年县区学前教育基本情况表

县区名称	园所总数（处）	在园幼儿数（个）	教职工数（个）	园长（个）	教师（个）	达标等级数（处）
东营区	112	7608	654	116	442	40
河口区	35	4469	225	25	185	4
广饶县	149	15285	984	165	756	60
利津县	79	6584	608	57	551	37
垦利县	53	7326	436	59	314	27
合 计	428	41272	2907	422	2248	168

注：被评为市级三类幼儿园以上（含市级三类幼儿园）级别的幼儿园为达标幼儿园。

【义务教育】 2008年，全市有小学185所，比上年减少19所；招生24100人，比上年减少1110人；毕业24667人，比上年增加3256人；在校生145077人，比上年减少129人；男女生比为52:48；适龄儿童入学率100%；巩固率100%；教职工9181人，其中专任教师8475人；专任教师学历达标率99.80%；师生比为1:17.11。

2008年，全市有普通初中81所，比上年减少1所，其中九年一贯制学校38所；招生24169人，比上年增加2468人；毕业21142人，比上年减少3245人；在校生70061人，比上年增加1826人；男女生比为52:48；初中毕业升学率95.51%，其中普通高中招生占65.31%，中等职业学校招生占34.68%。专任教师7204人，专任教师学历达标率（具有专科及以上学历的专任教师占专任教师总数的比重）99.52%；师生比为1:9.73。

【普通高中教育】 2008年，全市有普通高中23所，比上年减少所，其中完全中学13所；招生14036人，比上年减少1011人毕业15445人，比上年减少10[illegible]人；在校生44907人，比上年减少3008人；其中，男女生比为51.69:48.31；专任教师3307人，专任教师学历达标率（具有本科及以上学历的专任教师占专任教师总数的比重）99.21%，比上年提高0.79个百分点；师生比为1:13.58。

2008年市直小学基本情况表

学 校	在校生数	教职工数	专任教师数	地 址	达标等级
东营市实验小学	3222	174	164	东营市运河路200号	省级
东营市海河小学	2195	116	103	东营市海河小区	省级
东营市海河小学春晖分校	1465	74	73	东营市东城安泰南区	

2008年县区小学基本情况表

县区	学校数	在校生数	教职工数	专任教师数	达标等级
东营区	25	15377	943	878	省级:0　市级:5
河口区	15	10237	503	449	省级:0　市级:4
垦利县	30	14701	1102	922	省级:0　市级:7
利津县	45	19068	1400	1237	省级:0　市级:3
广饶县	43	35131	2370	2362	省级:1　市级:13
胜利教管中心(市内)	22	27910	1856	1693	省级:6　市级:7
胜利教管中心(市外)	1	3950	230	226	省级:0　市级:0

2008年市直中学基本情况表

学　　校	在校生数	教职工数	专任教师数	地　　址	达标等级
东营市第一中学	6333	455	392	东营市东三路101号	省级
东营市第二中学	1924	182	144	东营市黄河路199号	市级
东营市实验中学	3536	266	229	东营市辽河路119号	省级
东营市育才学校	3260	220	190	东营市沂河路75号	省级
东营市实验中学晨阳分校	1344	101	95	东营市东城安兴南区	
东营市特殊教育学校	253	90	72	东营市黄河路35号	省级
济军生产基地中学	1933	172	97	济南军区生产基地驻地	市级
东营市艺馨实验学校	197	45	35	东营市东城安兴南区	
东营市英华园学校	889	99	92	东营市黄河路288号	省级
东营市正兴中学	161	28	21	东营市济南路288号	
东营市博远实验学校	515	71	45	利津县陈庄镇	
东营市北大附属实验学校	91	57	25	东营市东城大渡河路150号	

2008年县区中学基本情况表

县区	学校数	在校生数	教职工数	专任教师数	达标等级
东营区	12	6504	890	752	省级:3　市级:6
河口区	7	6791	683	593	省级:1　市级:4
垦利县	9	12022	1406	1002	省级:1　市级:6
利津县	21	17115	1901	1588	省级:2　市级:16
广饶县	18	25181	3047	3019	省级:6　市级:18
胜利教管中心(市内)	19	28234	2768	2134	省级:9　市级:10
胜利教管中心(市外)	6	2473	371	257	省级:2　市级:3

【特殊教育】 2008年,全市有特殊教育学校2所,招生数为34人,毕业32人,在校生411人(含在普通初中、小学随班就读学生32人);教职工90人,专任教师71人,师生比为1:5.79。

【推进素质教育】 2008年,全市落实全省中小学素质教育工作会议精神,严格规范中小学办学行为,引导学校按教育规律和学生成长规律办学施教。规范中小学办学行为。组织办学行为专项督查3次,对50余所学校进行随访督查。向29所学校下达整改通知书,撤销2所学校"市级规范化学校"称号。改革考试评价制度。义务教育阶段学校全面实施日常考试无分数评价,建立初中学生学业考试制度、初中学生基础性发展目标评价制度和初中学校素质教育工作评价制度,深化高中阶段学校招生制度改革。加快基础教育课程改革,提高课堂教学效率和课程实施水平。全市形成胜利第四小学的"幸福教育"、利津县北宋一中的"零作业"改革等素质教育工作先进经验。

【普通高校招生】 2008年,全市有高等院校5所,招收全日制高等教育学生16467人,招生成人教育、网络教育本、专科学生17652人,全日制高等教育在校生50186人,成人教育、网络教育本、专科学生49442人。

【重点教育单位简介】 广饶县英才学校附属幼儿园 始建于1992年,前身为广饶县第二实验小学附设幼儿园,2008年9月更名。占地面积14021平方米,建筑面积7137平方米。有教职工43人,其中专任教师34人,学历合格率100%;在园幼儿12个班、450人。幼儿园坚持以人为本,有一支政治觉悟高、业务素质好的教师队伍,幼儿园保教工作逐步规范化、制度化。2008年,教师在市、县级业务比赛活动中均取得好成绩。撰写论文分获省、市、县一、二等奖;幼儿园课题材料在全国科学教育实验课题交流会做典型发言;组织科学教育活动在全国科学教育实验课题交流活动中获二等奖。注重对幼儿能力开发和素质培养,幼儿体操队获市中小学生健美操比赛一等奖,市全运会体操项目3枚金牌,代表东营市参加全省"爱我家乡"电视大赛获金奖。2008年被命名为省级示范幼儿园。

东营市实验小学 北校区始建于1988年7月。占地48亩,建筑面积17600平方米。南校区占地128亩,建筑面积3万平方米。南北两校区建成多媒体教室,实现班班通。教育教学管理基本实现智能化。学校有77个教学班,学生3635人,教职工202人,其中中学高级教师9人,小学高级教师71人,学历达标率100%。学校实施素质教育,德育工作形成学校、家庭、社会三结合教育格局,推动各项教育教学改革,学校被确定为全国、省、市三级教育科研重点实验基地。开展多项教学实验,减轻学生负担,提高教学质量,走出一条实验立校、科研兴校的教改新路。开展第二课堂活动,发展学生个性和特长。编演的文艺节目在全市历届文艺汇演中均获一等奖,多次在国家、省市电视台播出。学校管乐队连续5次获全市少先队检阅式一等奖,获首届山东省少先队检阅式金奖第一名。学校乒乓球队多次参加全国、省、市的多项乒乓球比赛,均获好成绩。

东营市实验中学晨阳分校 成立于2005年8月。学校占地73.5亩,面积26400平方米,建成教学楼、科技实验楼、体育馆、图书办公楼等现代化学习活动场所。2006年9月1日正式开班,有35个教学班,1400名学生,100名教职工。学校坚持以人为本、以师生发展为中心的办学理念,关注学生成长,关注教师专业化发展,将"习惯养成教育"作为办学思路,确立"习惯成就未来"的校训。有省级教学能手1人,市级教学能手和骨干教师7人,有高级教师职称8人;学生管理以"习惯养成教育"为切入点,通过知、情、意、行4个层面,培养学生良好的行为习惯和学习习惯。开展学生团队活动和社会实践活动,成立第一家晨报小记者站,为山东省税法宣传教育基地。

东营市广饶县第一中学 始建于1951年。高中部分东西两个校区,西校区占地200余亩,建筑面积5.86万平方米;东校区占地610余亩,建筑面积16.69万平方米。2007年7月,组建新广饶一中,由4个校区组成,有教学班197个,在校学生10800人;教职员工891人,专任教师782人,其中特级教师1人,中学高级教师124人,中学一级教师218人。学校教育教学基础设施完善,有教学楼、实验楼、图书科技楼、体育馆、艺术楼等。教学辅助设施设备齐全,有多媒体教室、大型电子阅览室、多功能体育场、学生微机室、语音室等;图书馆藏书近20万册。学校办学水平和教育教学质量稳步提高。22名学生获全国数理化、生物、英语竞赛一等奖，15名学生被清华大学和北京大学录取。每年重点本科录取率占全市40%以上，教学成绩居全市首位。连续13年被评为东营市高中教学质量优胜学校。先后获全国数理化奥赛金牌学校、山东省规范化学校、山东省中学德育工作先进集体等称号。（李志杰）

【东营市胜利教育管理中心】2005年东营市胜利教育管理中心成立。2008年，胜利教育管理中心对所属11所学校进行整合，其中撤并高中学校3所、义务教育学校6所。至年底，东营市胜利教育管理中心有中小学47所，其中小学22所，九年一贯制学校15所，初级中学6所，完全中学4所，在校生63822人；教职工总数8281人，其中专任教师3897人，离退休2947人。

规范化建设有新突破，学校发展更加均衡。胜利教育管理中心申报的3所市级、4所省级规范化学校和6所全市义务教育"十佳"学校、9所市级"实验室及实验教学管理示范学校"通过验收，8所省、市级规范化学校通过复验。至年底，胜利教育管理中心所属学校拥有省级规范化学校17所，占中心全部学校的36%；市级规范化学校23所，市级以上规范化学校比例85%。

教师队伍的教育能力增强，形成梯次分明的骨干教师队伍。教师全员培训率100%，高层次骨干培训5%以上。98名教师在全省或全国优质课比赛中获奖，其中2人代表山东省参加全国教学观摩赛，1人获一等奖的第一名。

素质教育成果显著，教学竞争力大幅增强。信息学奥赛连续21年在山东省获冠军。41名高中生的学科竞赛和创新大赛成绩突出，获重点大学保送资格，其中数、理、化、生物、信息技术5科奥赛，全市共25人获省级一等奖，其中，胜利教育管理中心有24人。全国中学英语竞赛，全市2人进入全省前10名，2人均为管理中心的学生。全国初中化学竞赛全市有12人获奖，中心包揽前9名。全国初中数学竞赛全市有18人获奖，其中，中心14人获奖，并获前11名。学生艺体特长充分发展，有687人次在省级以上参赛中获奖，其中546人次在国家级比赛中获奖。普通高考一本上线率创全省分批次以来最高水平，清华、北大在全市录取12人，其中胜利教育管理中心有7人。

开展教育科学研究，取得显著成果。全年有12项课题被确定为市"十一五"滚动课题，5项课题被确定为省"十一五"滚动课题。在全省教育科研优秀成果评选中，中心有216项获奖，其中一等奖52项，胜利教育管理中心获山东省教育科研先进单位称号。

加强胜利教育文化建设。管理中心聘请清华大学、北京师范大学的专家教授，成立胜利教育文化体系咨询服务团队，开展胜利教育文化体系项目的研究工作。12月27~28日，举办首期胜利教育文化建设激发式培训班，30多人参加培训。

胜利一中高中部的搬迁和锦华小学建设。胜利一中建设完成单体设计方案评审。锦华小学建设年内设计完成总体规划、环境评审等工作。（朱学平）

职业教育

【概况】 2008年，全市(不含油田)有高等职业院校2所，招收学生6323人，在校生15429人；中等职业教育有普通中专学校1所，职业学院附设中专部1处，职业高中（中专)9所，技工学校1所，招收学生7454人，在校生22425人。年内，全市职业教育以加强实验实训基地建设和提高专业教师队伍素质为重点，提高职业院校培养能力，开展学历教育和短期培训，组织各类培训1.9万人次。全年高等职业教育共向社会输送合格毕业生3771人；中等职业教育向社会输送合格毕业生6883人，其中229人对口升入本科、876人对口升入专科院校深造学习，毕业生就业率在96%以上。

【免费专业技能培训】 2008年，继续开展对未升学的初、高中毕业生进行免费专业技能培训，全市有1137名未升学初中毕业生、459名未升学高中毕业生分别在8所培训院校参加培训，促进全市职业教育发展。通过政府采购招标方式为培训学员配送价值57.46万元的课本，全年拨付各培训院校857万元培训经费。

2008 年全市职业院校情况表

院校名称	招生数	在校生数	毕业生数	教职工数	专任教师数	办学规模	学校地址	备注	
东营职业学院	4738	11629	3243	617	455	12000	东营区黄河路 569 号	国办	高职
山东大王职业学院	1585	3800	528	280	208	6000	广饶县大王镇文化路 1 号	民办	
东营市技术学院	1266	3718	1633	251	130	3500	东营区北二路 649 号	国办 国家级重点	技工学校
东营市体育运动学校	54	161	53	89	43	300	东营区东三路 489 号	国办	中职
东营市中等专业学校（东营职业学院中专部）	484	2082	816	185	147	2000	东营区胶州路 21 号	国办 省级重点	
东营区职业中等专业学校	803	2717	771	118	67	3000	东营区北一路 291 号	联办	
河口区职业技术学校	65	294	117	52	37	240	河口区河滨路 677 号	国办	
垦利县职业教育中心	1135	3521	1044	241	182	3000	垦利县新兴路 123 号	国办 省级重点	
利津县职业教育中心	981	2505	392	162	126	1800	利津县利三路 60 号	国办 省级重点	
广饶县中等专业学校	362	1102	648	245	240	1750	广饶县城人民路 236 号	国办 国家级重点	
山东大王职业学院中专部	181	878	724				广饶县大王镇文化路 1 号	国办	
广饶县综合高级中学	589	2028	816	185	147	1600	广饶县丁庄镇驻地	国办	
东营新世纪职业学校	148	617	0	35	21	600	东营区六户镇驻地	民办	
东营市海洋信息工程学校	77	266	100	19	7	600	东营市河口区市场街南首	民办	
东营英华职业学校	317	756	60	44	43	600	东营市黄河路 558 号	民办	
东营市胜利海运职业中等专业学校	992	1780	0	121	83	2000	广饶县大王镇潍高路 169 号	民办	

继续教育

【农村成人教育】　2008 年，完善乡镇中心成人学校办学条件，提高学校办学水平，增强成人教育承载能力。指导、帮助成教中心有针对性地开展农村实用技术推广，提高学校办学水平和办学效益。以东营教育电视台和乡镇成教中心为主阵地，重点加强农民实用技术推广工作。年内培训人员 8 万多人次。

【自学考试】　2008 年，全市高考自考报考 9397 人次、16164 科次，中小学教师自学考试报考 430 人次、660 科次，46279 人参加社会证书考试。有 406 人（含 2007 年下半年 236 人）取得高考自考毕业证书。

2008年全市自学考试情况表

考次	报考人数	实考人数	人数实考率%	及格人数	人数及格率%	报考科数	实考科数	科数实考率%	及格科数	科数及格率%
1月高教自考	1623	1304	80.35	784	60.12	2243	1744	77.75	937	53.73
4月高教自考	3274	2288	69.88	1224	53.50	6220	3890	62.54	1642	42.21
7月高教自考	1697	1306	76.95	630	48.24	2508	1771	70.61	768	43.37
10月高教自考	2736	1922	70.25	1044	54.32	5193	3311	63.76	1431	43.22
4月中学教师自考	232	215	92.67	170	79.07	401	364	90.77	259	71.15
10月中学教师自考	198	189	95.45	175	92.59	259	243	93.82	221	90.95
合　计	9760	7224	74.02	4027	55.74	16824	11323	67.30	5258	46.44

注:毕业生人数:上半年170人,其中本科125人,专科45人;下半年302人申请毕业。

2008年全市成人高校招生报名录取情况表

科类	报考人数	录取人数	录取率(%)	科类	报考人数	录取人数	录取率(%)
专升本　文史、中医类	168	143	85.12	高起本　文史类	52	25	48.08
专升本　艺术类	22	20	90.91	高起本　艺术类	2	1	50.00
专升本　理工类	251	201	80.08	高起本　理工类	67	25	37.31
专升本　经济、管理类	651	517	79.42	高起专　文史类	2043	998	48.85
专升本　法学类	110	99	90.00	高起专　艺术类	47	19	40.43
专升本　教育学类	121	102	84.30	高起专　理工类	735	367	49.93
专升本　农学类	15	14	93.33	高起专　医疗高护西医类	168	84	50.00
专升本　医学类	787	372	47.27	高起专　中医药类	29	19	65.52
合计	5268	3006	57.06				

2008年全市社会证书考试情况表

种　　类	上半年报考人数	下半年报考人数	合　　计
全国英语等级考试	559	471	1030
全国计算机等级考试	2987	3941	6928
大学英语4、6级考试	5379	5434	10813
初中信息技术等级证书考试	8093	19019	27112
餐饮资格证书考试	36	36	72
合　　计	17054	28901	45955

民办教育

【概况】　2008年,全市有各级各类民办学校96所,其中职业学校6处,幼儿园10处,中小学13处,培训学校67处。加强民办学校规范管理,引导民办教育健康发展,贯彻落实《中华人民共和国民办教育促进法》和各项优惠政策,鼓励民办学校走强强联合、同类合作、合并等联合办学的路子。联合市民政局、劳动和社会保障局、公安局对非法办学、非法招生、违规办学的单位和个人进行集中清理、整顿,查处非法办学73家,非法招生16家,纠正违规办学行为12起。　(李志杰)

高等教育

【东营职业学院】　是东营市政府兴办的一所全日制普通高等专科学校。学院占地近3000亩,建筑面积34.2万平方米,教学仪器设备总值5468万元。学院设有文法、经济、教育、艺体、计算机、工业工程、农业工程7个系、1个中专部和1个农业科学研究所，有教职工810人，专任教师658人，全日制在校生13121人，各类成人教育学员2000余人。2004年在全省高校毕业生就业工作评估中获优秀等次，2005年在全省高职高专院校人才培养工作水平评估中获优秀等次，2006年获山东省依法治校示范校称号，2008年获东营市社会治安综合治理先进单位称号。

深化教学改革，提高教学质量。学院以塑造特色品牌、建设精品课程为重点，深化教学改革，加强教学基本建设，推进教学工作开展。完善专业建设总体规划，制定加强重点专业建设的意见，调整优化专业结构，计算机网络技术专业被评为省级特色专业。以促进学生实践操作能力为核心，构建符合高职教育培训目标、适应学生个性发展的课程体系。建成国家级精品课程1门、省级精品课程1门。深化实践教学改革，加强实验实训室建设，新建成18个实验实训室。组织学生参加各类技能大赛，有22人次在省级以上技能竞赛中获奖，其中国家级一等奖1个、二等奖9个、三等奖8个，省级二等奖3个、三等奖1个。3名学生获东营市技术能手称号。1043名学生参加省内专升本考试，其中289人被本科院校录取，报考录取率27.71%。

加强师资队伍建设。学院以教学名师和优秀教学团队建设为突破口，提高教师的业务能力和专业水平。启动教学名师评选，评出院级教学名师8名。以专业建设、课程建设、实验实训建设为平台，打造优秀教学团队，应用化工专业教学团队被评为省级优秀教学团队。实施人才引进、学历提升、继续教育工程，优化师资队伍结构。新录用硕士研究生7人，外聘教师100余名，组织38人报考在职研究生，在读硕士研究生中有1人获博士学位，59人获硕士学位；学院有硕士以上学位人员257人，占专任教师总数的39%；有副高级以上职称的173人，占专任教师总数的26%。

招生就业工作实现突破。完善招生工作机制，落实招生工作责任制，建立覆盖全省、辐射全国12省份的招生工作网络。2008年，学院录取高职新生5070人，报到4416人，计划报到率为94%，录取报到率为85.6%，均位居全省同类院校第一位。招生数比上年增长22%，增幅列全省第一位。探索就业工作新模式，实施就业特色带动战略，以校企合作订单培养为纽带，拓宽就业渠道，提高毕业生就业率。2008年，学院与20余家用人单位签订合作培养人才协议，特别是与东营经济开发区开展的人才对接工程，开启学院与政府部门联动的组团化校企合作新模式。全年举办毕业生大型供需见面会3场，小型专场供需见面会158场，组织毕业生参加全国高校毕业生网上招聘，为毕业生择业搭建起良好平台。学院2008届大专毕业生3210人，正式签约就业1522人，正式就业率56.14%，整体就业率为98.33%，各项主要指标均居全省同类院校前列。

加强思想政治教育，创新学生管理。学生工作走在全省同类院校前列，被评为全省高校学生思想政治教育创新工作“十佳”集体、全省高校学生公寓管理示范单位。《高职辅导员工作理论与实践》获全省高校思想政治工作优秀研究成果一等奖。加强辅导员、班主任业务技能培训，组织全院首届“十佳”辅导员、班主任评选，1名辅导员被评为第二届山东高校“十佳”辅导员。完善以国家助学贷款为主体的帮困助学体系。全年有1200余名在校生获助学贷款663.46万元，发放国家、省政府和市政府奖助学金860余万元，落实学院奖助学金、勤工助学和学费减免等资金200余万元。

建设学术交流平台，提升科研工作水平。成立黄河三角洲旅游文化研究所，为学院开展高层研究提供平台。开展学术交流，全年组织全院性的学术活动2次，中小型学术报告活动40余次。科研实力显著增强，立项市级以上项目16个，其中国家级项目3个，省教育科学“十一五”规划课题7个。

开展社会培训，推进成教工作。2008年招生705人，其中各联办高校网络教育、开放教育本专科招生639人，本校成人函授教育招生34人，与电子科技大学联办在职软件工程硕士学位研究生招生32人。出台《东营职业学院自考本科试点方案》，面向学院在校生招生398人，招收在校生过程性考核生208人。开拓培训市场，组织各类社会培训3096人次，各类社会证书报名考试和学历考试940余场，参考人员2.8万人次。对70名未升学高中毕业生开展免费专业技能培训。

（王晶东）

【中国石油大学】 中国石油大学是教育部直属全国重点大学，是国家“211工程”重点建设的高校，是建有研究生院的56所高校之一,是国家重点支持开展“优势学科创新平台”建设的高校。中国石油大学(华东)是教育部和四大石油石化企业集团（中国石油天然气集团公司、中国石油化工集团公司、中国海洋石油总公司、中国中化集团公司)、教育部和山东省人民政府共建的普通高等学校。1953年建校,时称北京石油学院,1969年迁校山东，改称华东石油学院。1988年,学校更名为石油大学,逐步形成山东、北京两地办学的格局。2005年1月，学校更名为中国石油大学。

学校校园总面积近300公顷,建筑面积100余万平方米,图书馆藏书总量323万册（含电子型图书)。学校建有13个教学学院(部)、研究生院,以及后备军官学院、远程与继续教育学院、培训学院和应用技术学院。全日制在校本科生20000余人、研究生3800余人,留学生200人,函授网络在籍生62000人。学校现有专任教师1509人，其中教授、副教授736人。两院院士5人,博士生导师116人，硕士生导师623人。专任教师中有国家级教学名师1人、山东省教学名师8人,入选国家百千万人才工程3人、泰山学者5人,1人获教育部高校青年教师奖,9人入选“新世纪优秀人才支持计划”,3人被评为全国优秀教师,2人获霍英东青年教师奖,4人入选山东省有突出贡献的中青年专家。建起一支由学术带头人、后备学术带头人、中青年骨干教师、责任教授和学术顾问组成的学术梯队。

中国石油大学（华东）是石油、石化高层次人才培养的重要基地,发展成为一所以工为主,多学科协调发展的大学。有5个国家重点学科,2个国家重点（培育)学科,4个博士后流动站,4个博士学位授权一级学科,32个博士点,99个硕士点,11个工程硕士授权领域,54个本科专业,学科专业覆盖石油、石化工业的各个领域，石油主干学科总体水平处于国内领先地位。学校教育体系完备,以本科生教育为主,各类教育层次结构合理。毕业生就业率连续13年保持在90%以上，为石油石化工业和国民经济建设输送15万名毕业生。2004年被国务院授予“全国就业先进工作单位”称号。

中国石油大学（华东）是石油、石化行业科学研究的重要基地。具有良好的科研条件和稳固而又广阔的科研市场，在基础理论研究、应用研究等方面具有较强实力，建起有本校特色的科技创新体系,在10多个研究领域居国内领先水平，有些达到国际先进水平。学校现有重质油国家重点实验室、油气加工新技术教育部工程研究中心、石油石化新型装备与技术教育部工程研究中心等27个国家及省部重点实验室和研究机构。学校重视科技成果的产业化，校骨干企业山东石大科技集团有限公司、山东石大胜华化工股份有限公司是国家级高新技术企业，也是石油石化行业重要的科研中试及工业试验基地。

教育教学与人才培养。实施教学质量与改革工程，保证人才培养质量。2008年录取本科生5284人，第一志愿录取率93.4%,全日制本科生20476人。录取博士生、硕士生1282人,录取工程硕士、高校教师577人,各类在读研究生总数6024人,其中学历研究生3677人。

教学工作新增4门国家精品课程(含2门国家网络精品课程)和5门山东省精品课程,3个专业入选国家级特色专业，石油工业训练中心成为国家级实验教学示范中心，建成2个山东省实验教学示范中心。推进研究生培养机制改革，实行以科学研究为主导、突出创新教育的导师负责制，加大研究生奖助力度,试行“本硕一体化”培养,完善研究生教育质量保障和激励机制。图书、网络两大公共服务体系建设得到加强，图书馆藏书新增35万册，总量367万册。

创新教育取得良好成效。国家大学生创新性实验计划4个项目被作为典型案例参加首届全国大学生创新论坛获得好评。大学生参加数学建模、创业、英语等竞赛获国家级奖项118项，其中特等奖2项。实施研究生创新工程，1篇博士论文获2008年全国优秀博士学位论文提名,2篇博士学位论文、5篇硕士学位论文入选山东省2008年优秀学位论文，研究生获山东省创新成果奖7项，以第一作者发表的论文被三大系统检索158篇。加强校企联合培养,进入19个研究生企业工作站学生达120多人，启动3个山东省研究生联合培养基地建设。

加强学生教育与管理。通过开展纪念改革开放30周年、支持北京奥运等专题教育活动和宣传抗震救灾精神与奥运精神，加强大学生思想政治教育。通过开展主题教育、心理健康教育、安全教育，加强网络教育阵地和辅导员队伍建设，营造大学生成长的和谐环境。发挥共青团六大活动平台和六大工作体系的作用，提高大学生综合素质。男排获2008~2009全国大学生排球甲级联赛冠军，男子沙排获2008年全国大学生沙排锦标赛专业组亚军、普通组季军。国防生教育管理水平提高，依托培养工作受到部队肯定。加大大学生奖助力度，全年发放各类奖助学金2146万元、勤工助学金370万元、国家助学贷款3277万元。

继续教育与培训工作实现新发展。函授、网络教育全年招生2.3万余人，在籍学生达6.2万人。全年各类培训5000人次，成人国际合作教育规模扩大至315人。完善校、院两级就业工作机制，加强毕业生就业教育和指导，巩固和拓宽就业渠道，以国家四大石油公司为主的多元化就业市场得到扩展。本校2008届毕业生就业率91%，571名毕业生志愿到西部工作。

学科建设。以优势学科创新平台建设为动力，加强学科建设。完成创新平台设备购置计划论证，开展创新团队建设、高层次人才引进、学术交流、机制建设等工作。“211工程”三期建设项目通过教育部审批，进入实施阶段。三期建设项目以学科建设为龙头，以队伍建设为核心，实现重点突破。5个国家重点学科和2个国家重点（培育）学科得到重点建设，6个山东省重点学科通过山东省教育厅中期评估。特色学科的优势突出，领域进一步拓展。

科研工作。以重大科研项目开展为依托，以高层次人才队伍为支撑，加强资源整合和机制创新，加强科技创新体系建设，提高科技创新能力。全年新增纵向课题194项，其中863计划、973计划、国家科技支撑计划、国家自然科学基金项目等国家级课题46项，首次获批教育部重大培育项目1项，纵向课题中经费超百万元重大项目26项。拓展横向科研市场，签订技术合同564项，其中超百万元项目17项。文科科研取得较大进展，获批省部级以上纵向社科科研课题9项，其中国家自然科学基金项目2项。到位科研经费突破2.3亿元，比上年增加4000多万元。获省部级以上奖励37项，其中国家科技进步奖二等奖2项，省部级科技进步奖一等奖6项。重点研究机构建设取得新成果，联合申报的“油气钻井技术国家工程实验室”获发改委立项开始建设，8个重点实验室纳入中国石油天然气集团公司基础条件平台建设规划，6个山东省高校重点实验室通过考核评估。申请专利65项，被SCI、EI、ISTP收录高水平论文327篇。

人才队伍建设。实施人才兴校战略，以高层次人才队伍建设为重点，做好培养和引进。2008年新增教师70人，其中教授2人、博士(后)52人。1名教师获第四届高等学校教学名师奖，资源勘查工程核心课程教学团队入选国家级教学团队，均实现零的突破。1人获批享受政府特殊津贴，1人获“山东十大杰出青年”称号，1人获“山东省有突出贡献的中青年专家”称号，1人获“山东省优秀青年知识分子标兵”称号，新增省级教学建设团队2个、山东省教学名师1人。新增博士生导师21名、硕士生导师42名，导师队伍的年龄、职称、学缘结构得到改善。加强对青年教师的培养，加大教师派出访学、培训力度，做好骨干教师出国研修工作，选派青年教师到国内外名校进行深造，加强新增教师的入校教育和岗前培训，落实青年教师导师制，促进青年教师的业务素质提高。

国内外合作与交流。推进与中国石油天然气集团公司共建4个重点实验室项目，完成设备购置论证。拓宽校企、校地合作，合作企业总数达30家。推进国家大学科技园建设，与东营市、胜利油田联合完成东营基础园管理体制的调整。加强学校董事会、教育发展基金会工作，促进社会力量支持办学。召开董事会第三次工作会议，新增2家董事单位。加强与海内外校友联系，召开校友工作研讨会。

开展国际合作办学，与英国联合培养油藏管理硕士项目完成第五期招生。全年公派出访团组12个，其中17名教师分赴澳、英培训，14名研究生获国家留学基金委批准留学攻读博士学位，8名本科生分赴俄、韩学习。全年聘请长期外籍语言教师20人，接待短期讲学外国专家100余人次。举办国际高等教育与能源学术论坛和中蒙俄学术研讨会。留学生教育实现较快增长，全年招收各类外国留学生277人次。

55周年校庆。学校55周年校庆活动取得圆满成功。举行建校55周年庆祝大会暨董事会第三次工作会议、国际高等教育与能源学术论坛、校友工作座谈会和校庆文艺晚会、焰火晚会等活动，展示学校的形象和实力，增进校企合作，加强校友工作，促进校园文化建设，取得良好的社会效益和经济效益。　（王延涯）

文化体育

- 创作大型吕剧《乡人俚曲》
- 成功举办第一届黄河口马拉松全国邀请赛
- 举办东营市第八届运动会
- 2008年全市有215个村建成农家书屋

文学艺术

【概况】 2008年,市文联团结带领全市广大文艺工作者和文艺爱好者,开展多种文艺活动,涌现一批文艺人才,推出一些文艺精品佳作,为黄河三角洲开发建设提供了文化支持。市文联的“文联万家”服务品牌在市直机关首批服务品牌新闻发布会发布;编辑出版大型图书《和谐东营》,反映全市发展成就;策划举办庆祝东营画院建院20周年活动,展示全市书画创作成就;12月2日成立东营市电视艺术家协会,全市文艺家协会达8个;开通“东营市文联网”网站。市文联获全省文联系统先进集体称号。

文艺创作。市文联编辑出版《黄河口》文学丛刊两卷。全市作者出版长篇小说、散文集、诗歌集11部,全市在省级以上文学刊物发表中短篇小说26部;市及县区作协出版各类文学刊物16期;组织创作戏剧类作品14个,曲艺类作品19个,其中,获国家级奖项4个,省级奖项9个,市级奖项15个。市作协名誉主席卢振中的长篇儿童小说《小蟀神》获山东省第八届精神文明建设“精品工程”文学作品奖、全市第七届“精品工程”特别奖;市作协有3件作品获全市第七届“精品工程”奖。市摄影家协会创办《东营摄影》会刊。市音乐家舞蹈家协会主席苏香兰创编的MTV《记着老百姓》获“CCTV-7形象MTV展播”白金奖。歌曲《争夺第一》获文化部第四届全国校园才艺选拔大赛二等奖;选送优秀民间工艺品参加山东省首届民间工艺品博览会,2件作品获金奖;全市有4件作品在全省首届“泰山文艺奖”评选中获奖。

文艺活动。年内,举办各类书画摄影展览16次。其中,全市纪念改革开放30周年暨庆祝建市25周年大型书画摄影展作为市委、市政府系列庆祝活动之一,展示黄河三角洲开发建设取得的巨大成就。与市纪委举办廉政教育大型书画展,用传统书画形式宣传反腐倡廉内容。组织艺术家到胜利石油开发中心、科英激光电子公司、百川集团等单位开展艺术活动20余次。到济宁、威海、滨州举办书画交流展3次。参与省公安厅、省文联举办的“警魂颂”书画捐赠(募集)活动,捐赠美术精品41幅,市文联代表17市在全省表彰大会上现场捐赠并做发言。组织为抗震救灾捐赠字画362幅,价值150多万元。与市工商局、市消费者协会举办走进“3.15”摄影活动,精选50余幅作品举办摄影展。举办“坤明大厦杯——唱响东营”首届电视歌手大奖赛,发现和培养一批新秀。举办东营市首届钢琴大赛,26人在山东省“施特劳斯”杯钢琴大赛中获奖,市音舞协会获优秀组织奖。举办油地校京剧晚会,近500名票友参加。开展“戏剧进校园”活动,到10多所学校演出并设戏曲课堂,弘扬传统艺术。

人才培养。推荐2名作家成为全省首批(12名)聘用制作家。有2人作品入展第二届全国草书艺术大展,6人作品入展中国书协主办的全国千人千作展,1人作品入展全国首届册页展,2人作品入展连州国际摄影大展,4人作品入选山东省花鸟画进京展,1人作品入选纪念改革开放30周年全国美术作品展,1人获中国美协全国第七届工笔画展优秀奖。市摄影家协会主席黄利平拍摄的《企业老板》在法国媒体发表,获2008中国济南当代国际摄影双年展PPA世界职业摄影商奖。李林、王维清成为2008年山东省摄影家协会德艺双馨会员。在全市评出的5位“文化名人”中,4名市文联协会骨干入选。

【文学创作】 2008年,全市作者在省以上文学刊物发表中短篇小说26部,出版长篇小说、散文集、诗歌集11部,出版各类文学刊物16期。其中王方晨的中篇小说《水洼》获《解放军文艺》优秀军旅文学奖。市作协参与市委宣传部“纪念改革开放三十周年暨东营市建市二十五周年”重点图书《作家笔下的黄河三角洲》的编选工作。完成“黄河口作家群”文学精品丛书(一套10册)组稿。

围绕重大事件组织文学创作。“5.12”汶川大地震和北京奥运会期间,全市诗歌爱好者创写诗歌217首(组)。其中市委书记张秋波创作的《英雄无畏》和《只要人在,就是希望》在《诗刊》《文学报》《山东作家》发表。加强文学阵地建设。年内,市文联编辑出版《黄河口》大型文学丛刊两卷,36万字。上卷重点推出青年作家李玉文的长篇小说《河父海母》(缩写版)和创作谈,该小说获山东省泰山文艺奖;下卷重点推出市青年女作家杨袭的中篇小说《向西,又向北》和创作谈。7月垦利县作协成立,至年底,出版文学刊物《红柳》6期。

推出青年新锐作家。青年作家瓦当、王方晨被推荐进入全省首批(12名)聘用制作家之列。青年女作家杨袭的短篇小说《花姐》

和《菜狗来旺》在《大家》发表，并在省以上刊物发表中短篇小说4部。青年女教师薄尊娥的短篇小说《苇絮飞，大雁也飞》入选中国作家协会儿童文学委员会选编的《2007中国年度儿童文学》；短篇小说《老房子》入选“第3届梁斌文学奖新苗奖全国文学作品征文大赛”获奖作品选集《大地放歌》。青年诗人邵风华的诗歌和评论在《诗刊》和《北大评刊》发表。推荐东营区女作家参加省作协高级研修班学习。

【音乐舞蹈】 2008年，市音乐家舞蹈家协会发展市级新会员12人，省级会员6人。市音乐家舞蹈家协会与市实验中学举办中西管乐经典作品音乐会，演出竹笛、萨克斯、排笛、箫、葫芦丝等乐曲15首，是联合打造精品艺术，推广高雅音乐的一次尝试。举办市首届钢琴大赛暨山东省“施特劳斯”杯钢琴大赛东营赛区的选拔决赛活动，100多名钢琴选手参加比赛，45名选手获6个组别的金、银、铜奖。选派26名选手首次参加山东省“施特劳斯”杯钢琴大赛，5人获金奖、7人获银奖、9人获铜奖、5人获优秀奖，市音乐家舞蹈家协会获优秀组织奖。举办济南军前卫文工团著名男高音歌唱家胡建声歌友会成立暨汶川前线归来见面会。举办“坤明大厦杯”东营市首届电视歌手大奖赛，比赛首次分少儿组、少年组、青年组和中老年组4个组别，年龄跨度4~60岁，近200名选手报名参赛，经初赛、复赛和决赛，39名选手分获金、银、铜奖。东营电视台对比赛进行全程播出。

【美术】 2008年，市美术家协会会员发展到230人，新增省美协会员9人，省美协会员增至30人。1月28日，市美术家协会召开三届二次理事会，增补张令安、任勤斌、张春光3人为市美协副主席，杨洁为秘书长；11月增补于海军为副主席。制定《东营市美术家协会入会制度》《东营市美术家协会创作成果奖励办法》《创收管理办法》《联办活动办法》等制度。

年内，组织举办多项创作与展出活动。参与省公安厅、文联、美协、书协发起的“警魂颂”书画捐赠，市美协捐赠作品41幅。3月在东营组织威海美术作品交流展，展出威海市5位画家作品100余幅。7月在威海举办东营美术作品展，展出东营市16位艺术家作品80余幅。选送作品参加山东省花鸟画进京展。杨长喜、石建勋、李刚、倪丽娟4人工笔花鸟画入选。为抗震救灾捐赠作品77幅。配合市文联、市纪委举办市反腐倡廉书画展览会。举办“联通杯”第二届网上书画大赛，选送作品30余件。组织“桃李缘.湿地情”全国中国画作品提名展，提名170人，收到作品160余幅，有130余幅入展，出版《桃李缘.湿地情全国中国画提名展作品集》。举办谭国信师生作品展，出版《谭国信师生作品集》。与滨州市美协承办“庆祝改革开放30周年——滨州、东营中国画作品联展”分别在东营和滨州展出。

创作成果丰硕。杨长喜的专著《山水画基础教程》出版，主编的书画交流刊物《笔墨丛刊》出版2期，国画作品入选山东省花鸟画进京展。张相三的《中国画名家丛书——人物画家张相三》出版，个人专著《美术高考技巧——速写人物》由安徽出版社出版。石建勋的国画作品入选山东省花鸟画进京展。李刚的国画作品入选山东省花鸟画进京展，改革开放30周年全国美术作品展。孙晓光的国画作品在全国第七届工笔画展中获优秀奖。全市有30人作品入选“桃李缘.湿地情”全国中国画提名展。

【摄影】 市摄影协会鼓励、协助会员举办个人作品展，3月8日会员李林作品《消逝·景观》在北京“798百年印象”画廊展出，摄影协会主席黄利平、会员王维清的作品12月6日在连州国际摄影大展展出。6月21日邀请国内专家学者举办第四届黄河口摄影发展研讨会。6月5日创办《东营摄影》会刊，9月5日出版第二期，为会员搭建起学习交流平台。有多幅作品在省摄影协会举办的“抗震救灾摄影展”展出。组织走进企业、乡镇、油区摄影采风活动，举办展览。10月11日举办东营市首届人体艺术摄影比赛；11月23日邀请著名风光摄影家张吃来东营进行学术交流，展示坝上风光幻灯。7月与滨州市摄影家协会开展交流，进行幻灯作品展示，交流摄影创作体会。黄利平的《Boss老板》在连州国际摄影节展出后，法国艺术类杂志《photographie》对其进行报道。

年内，市摄影家协会获山东省摄影家协会2008年度优秀组织工作奖。黄利平获2008中国济南当代国际摄影双年展PPA世界职业摄影师奖。李林、王维清被评选为2008年度山东省摄影家协会德艺双馨会员。

【书法】 市书协多次组织审稿

会、研讨会，邀请省内外知名书法家对作品进行指导，提升书法创作水平。市书法家协会首次到外地举办书法展获成功。7月19~21日，“大河墨韵——东营市书法小品济宁展”在济宁举办。展出36个人的114幅作品，作品全部托芯装卡纸框，悬挂展出整齐壮观，近千名观众参观展览。组织开展为抗震救灾贡献爱心书法作品捐赠活动，并捐献书画作品43幅，市书法协会副主席丁春松出资10万元，捐献给市慈善总会；积极参加省书协组织的捐献活动，捐献作品78幅。

2008年5月20日，中国书协在北京举行纪念改革开放30周年、启动当代书法名家系统工程全国千人千作展，东营有6人作品入展，入展作者人数列全省前茅。年内，全市有2人作品入展第二届全国草书展；1人作品入展全国首届册页展。

【戏剧曲艺】 2008年，全市创作戏剧类作品14个，曲艺类19个。全市戏剧作品获国家级奖项4个，省级奖项9个，市级奖项15个。其中，王秋林创作的大型清装剧《晴天恨海》获第22届全国田汉戏剧奖二等奖，陈健民创作的快板书《说黄河》获中国曲艺家快板书委员会精品展演贡献奖，市吕剧团创演的大型现代吕剧《潮涌黄河口》获省首届“泰山文艺奖”戏曲作品类评选三等奖，在“纪念改革开放三十周年，首届中国农民文艺汇演”中获丰收奖、家乡戏奖。《乡韵》在“谁不说俺家乡好”省地方文艺电视大赛中获最佳节目奖、最佳表现奖。小吕剧《马书记上任》、戏曲小品《随礼》在省广场文化活动优秀剧目评选、全省基层廉政文艺创作展演中，分获一、二等奖。垦利县吕剧团仝玉光、任立梅等创演的小戏曲《劝赌》在全国小戏曲节获最佳剧目奖、优秀演员、导演和编剧奖。刘永明、田昌发编演的数板反串《夸媳妇》、河口区艺术团吕新江等编演的小品《在希望的田野上》在省地方文艺电视大奖赛中分获最具特色节目奖、最佳原创节目奖。王爱军创作的小品《门当户对》获省小品评比二等奖；利津县吕剧团冯晓霞、于向峰主演的小品《审公爹》获省小品曲艺大赛三等奖；河口区艺术团闫峰、吕新江编演的小品《喜在金秋》在全国首届“新农村、新文化、新风貌”小品展演中获三等奖。

2008年，市戏剧曲艺家协会组织“送乐下乡”活动，义务送戏下乡300余场，“5.12”四川地震发生后，及时创排反映抗震救灾内容的新剧节目到乡村演出。4月市吕剧票友协会组织“戏曲进校园”活动，在全市10多个学校演出；市京剧票友协会组织“送文化下乡”活动演出18场次，承办油地校庆“七一”京剧演唱会等大型活动。

【民间文艺】 2008年5月26日，市民间文艺家协会与垦利县公路局举办繁荣民间文艺座谈会，邀请全市12位专家探讨民间文艺发展思路和方法。利用2周时间，对市民间工艺进行挖掘整理，组织开展对全市优秀工艺品及其工艺的调查、挖掘、整理、考证等工作。组织参加全省泰山文艺奖评选和山东省首届民间工艺品博览会，市5家参展单位的工艺作品中，有2件获博览会金奖。参与书协举办的“难动神韵”大型文艺采风活动，写出7万字的长篇报告文学《胜利大突围》。与《东营市信报》、大川传媒集团组织东营市少儿民间艺术大赛。与垦利县有关部门举办“同唱一首歌”文艺晚会。

（任晓峰）

文体事业

【概况】 2008年，以打造黄河口文化品牌为重点，推动全市文化工作实现新发展。创作大型吕剧《乡人俚曲》，举办第四届吕剧演唱大赛，形成《走笔黄河口》《黄河之水天上来》舞台精品设计方案。组织送戏下乡300余场，丰富了农村文化生活。举办创建中国优秀旅游城市专场晚会、2009新年音乐会、庆祝改革开放30周年廉政京剧晚会。广饶县、河口区成为全省文化信息资源共享工程示范县。实施农村电影放映工程，全年放映电影1.71万场。建成高标准农家书屋215个。举办全市庄户剧团调演等文化活动50余场，参与群众60万人次。第三次文物普查进展顺利，有2项列入第二批国家级非物质文化遗产名录，2所小学成为省非物质文化遗产教育传承基地。完成全市文化产业统计调查，征集文化产业项目45个参展省文化博览会。推进文化体制改革，组建东营市演艺有限责任公司。

体育工作取得新成绩。参加全省14个青少年项目比赛，获金牌22枚，银牌14枚，铜牌15枚。推进第十一届全国运动会东营赛区筹备工作，改造石油大学体育馆。成功举办第一届黄河口马拉松全国邀请赛、东营市第八届运动会。全年销售体育彩票7000万元，其中即开型彩票销量1450万元，为历年最好成绩。实施全民健身工程，为200个行政村建设标准篮球和乒乓球场地；投资50万元购置30套体育健身器材，在县区建成4处社区健身苑、2处篮球广场、2处乒乓球广场、7个乡镇文体活动中心。

2008年，市文化体育局获全国全民健身活动优秀组织奖、全国百大公园健身气功交流展示活动最佳展示奖；市体育总会获全国指弹球运动先进单位称号。花官乡梨园剧团获全国服务基层服务农民文化建设先进集体称号。

【文化市场管理】 坚持抓文化市场的繁荣和管理。对全市网吧进行年审，审核换发新证379家。组织全市文化市场行政执法案卷评比活动，其中《金钰音像店违法音像制品案》获全国优秀文化市场行政执法案卷评比二等奖和全省文化市场行政执法案卷评比二等奖。开展音像市场法制宣传周、奥运保障行动、暑期文化市场集中整治等活动。4月26日举行违法音像制品集中销毁活动，销毁10万余盘非法音像制品。开展反盗版天天行动、打击计算机预装软件、打击网络侵权盗版等行动，查处企业9家。市文化市场稽查队被国家版权局授予“查处侵权盗版案件有功集体”三等奖。开展印刷复制业检查行动，检查印刷复印企业136家次，查处违规印刷单位13家，下达整改通知8份。

在创建文明城市活动中，开展网络文化市场整治，打击网吧接纳未成年人和超时经营等违法违规经营行为，举办2次网吧业主培训班，逐户签订经营责任书，发放《给网吧经营业户的一封信》300份，为中心城区网吧制作未成年人禁入标志200个。对县区网吧实行监控通报制度，强化监督管理。全年检查网吧3980余家次，组织“零点行动”7周次，查处违规经营网吧147家次。

【文化产业发展】 制定《东营市演艺有限责任公司组建方案》，整合演艺资源，打造全市演艺龙头企业。参加文化部、省委宣传部举办的文化产业发展高级研修班，完成全市文化产业统计和调查报告。征集46个文化产业项目参加2008山东文化产业博览会，签订协议、合同18个，涉及金额近2亿元。发展艺术培训业，4000多名考生参加2008年社会艺术水平考级。支持石油大学出版社转企改制，组建出版集团。市图书馆探索“中心馆——分馆”的管理运行模式，成立胜利老年公寓、市人大机关和众成房地产图书流通服务点。市艺术馆到农村、社区和油田单位开展艺术辅导。年内，广饶县中齐文化用品有限公司被评为“山东省文化产业示范基地”。

【群众文体】 元旦、春节期间，开展送文化下乡和全民健身活动近百场次，观众30万人次。5月和10月，国家、山东省文化信息资源共享工程现场观摩会在广饶县召开，广饶县、河口区被省文化厅、财政厅表彰为省文化信息资源共享工程示范县。实施农村电影放映工程，为全市农村社区放映电影1.71万场，其中数字电影放映率30%。在辉煌广场举办23场广场群众文化活动，开展“全民健身月活动”启动仪式和“全民健身与奥运、全运同行”主题系列活动，举办少儿现场绘画比赛、第二届速度轮滑比赛、全市职工乒乓球比赛、全市庄户剧团调演等活动50余场。组织武术套路锦标赛、围棋棋王赛、全国指弹球锦标赛等活动。

至年底，全市组织文化体育活动1200余场次，参与群众90万人次。培训社会文化体育指导员800多人。全市市级文化体育类社会团体发展到87个、民办非企业单位50余个，县(区)级文化体育类社会团体120个、民办非企业单位106个，乡镇、社区群众文化和健身活动站点120个，基本形成市、县(区)、乡镇(社区)三级群众文化体育组织网络。

【专业艺术】 创作大型吕剧《乡人俚曲》，形成《走笔黄河口》《黄河之水天上来》2个舞台精品设计方案。举办第四届吕剧演唱大赛，300余名吕剧选手、艺术爱好者参加，韩云凤、张海霞获专业组、业余组金奖，崔超、范美英等4名选手获专业组、业余组银奖；冯晓霞、张君等10名选手获专业组、业余组铜奖。打造吕剧文化品牌和演艺名牌。参加“谁不说俺家乡好”山东地方文艺电视大赛获多项奖，广饶县创演的《乡韵》参加首届“全国农民文化艺术节”获奖。申报2008年度全省艺术科学重点课题和优秀研究成果，获全省艺术科学重点课题二等奖。

市文体局与市创建中国优秀旅游城市办公室联合举办创建中国优秀旅游城市专场晚会。以《河海风韵》为主题，分序幕、黄河入海、故道神韵、油城新姿和尾声5个板块，节目有舞蹈《长河旭日》、大型鼓乐《欢腾黄河口》、诗朗诵《献给母亲的歌》、新民乐《激情黄河口》等。与市委宣传部举办

2009 新年音乐会，省歌舞剧院民族乐团应邀演出。曲目有管弦乐合奏《黄河入海流》、经典民乐《龙腾虎跃》《喜讯》《夜深沉》《十面埋伏》等，以《喜洋洋》《花好月圆》为结束曲。举办廉政教育书画展颁奖大型京剧晚会，著名京剧表演艺术家耿其昌、张春秋等应邀演出。答谢山东对口支援 10 周年，新疆喀什地区大型民族歌舞《魅力喀什》来东营慰问演出。

【庆祝奥运倒计时 100 天暨 2008 年全民健身月活动】 2008 年 4 月 30 日，在金翰文化中心广场举办东营市庆祝奥运倒计时 100 天暨 2008 年全民健身月启动仪式，开展全民健身项目展示、迎奥运万人签名和国民体质监测活动。市实验中学 808 名学生表演口风琴和第八套广播体操，市老年体协、市青松艺术团、市常乐艺术团、市武术协会、东营职业学院分别展演健身球、柔力球、健身秧歌、腰鼓、太极拳和健美操，8000 余人参加活动。

【文物普查】 2008 年，成立东营市第三次文物普查领导小组，县区全部成立普查机构，普查经费基本到位。举办文物普查培训班，培训 30 名乡镇文物普查骨干。全年普查不可移动文物点 127 处，涉及全市 874 个行政村，实地调查启动率达 56%，普查工作进展居全省前列。与山东大学考古系联合在广饶县南河崖完成为期 2 个月的盐业考古发掘，取得丰硕成果。

【非物质文化遗产保护】 2008 年，成立东营市非物质文化遗产保护中心。吕剧和短穗花鼓舞列入第二批国家级非物质文化遗产名录。东营区牛庄镇中心小学、广饶县陈官乡中心小学获“山东省非物质文化遗产教育传承基地”称号。

【第一届黄河口马拉松全国邀请赛】 2008 年 10 月 11 日，“科达杯”第一届黄河口马拉松全国邀请赛在东营市举行。比赛由山东省体育总会和东营市政府主办，市文化体育局承办。竞赛项目有男女全程马拉松、男女半程马拉松和男女 5 公里全民健身跑。全国各省、自治区、直辖市的 18 支代表队 310 名选手分别参加男、女全程赛和半程赛，东营市 3000 多人参加 5 公里健身跑赛。内蒙古选手张振龙获全程马拉松男子组冠军，成绩为 2 小时 14 分 23 秒，山东省选手徐建和薛峰分获亚军和季军；陕西选手孙腊梅获全程马拉松女子组冠军，成绩为 2 小时 40 分 01 秒，新疆选手努尔古丽·沙吾提和山东省选手范学丽分获亚军和季军；莱芜市选手陈伟获半程马拉松男子组冠军，成绩为 51 分 05 秒，临沂选手温兴隆和山东田径管理中心选手张京波分获亚军和季军；临沂选手卢芳获半程马拉松女子组冠军，成绩为 1 小时 14 分 36 秒，山东体育学院选手邹瑞雪和临沂选手郑阳分获亚军和季军。

【第二届全国指弹球锦标赛】 2008 年 12 月 16~19 日，第二届全国指弹球锦标赛在东营举行。比赛由国家体育总局小球运动管理中心、中国掷球协会主办，山东省体育局小球运动管理中心、东营市体育总会承办，胜利油田体育协会、胜利油田老年体育协会协办。全国 4 个省 16 支代表队 100 多名运动员参加比赛。胜利油田管理局黄河钻井总公司代表队获老年组团体第一名；中国石化胜利油田油气集输总厂代表队、河南濮阳代表队分获男子组和女子组团体冠军。比赛决出老年组单、双人，男子组单、双人，女子组单、双人等组别第一至六名。

【东营市第八届运动会】 2008 年 7 月 15 日~17 日，以“和谐、奋进、健身、辉煌”为宗旨的东营市第八届运动会在广饶一中举行，油地军校 47 个体育代表队近 3000 名运动员参加。本届运动会共设田径、篮球、乒乓球、举重、武术套路、武术散打等 20 个比赛项目，共决出金牌 405 枚、银牌 202 枚、铜牌 176 枚；有 10 人次打破 7 项市最高纪录，16 人次打破 16 项市少年组最高纪录，6 人达到国家一级运动员标准，52 人次达到国家二级运动员标准；12 个代表团获体育道德风尚奖，12 个代表团获优秀组织奖。

【全国“新星杯”优秀运动员调赛暨全国第四届九龄童乒乓球比赛】 2008 年 10 月 2~5 日，全国“新星杯”优秀运动员调赛暨全国第四届九龄童乒乓球比赛在东营举行。比赛由市文化体育局和市教育局联合市实验小学承办。来自全国 6 个省市的 227 名少年儿童参加比赛。比赛分男子甲组团体、女子甲组团体、男子乙组团体、女子乙组团体、男子甲组单打、女子甲组单打、男子乙组单打、女子乙组单打等 8 个项目。经团体 216 场比赛、单打 812 场比赛。青岛东亚一队获男子甲组、男子乙组团体第一名，胜利东胜获女子甲组团体第一名，北京西城一队获女子乙组团体第一名；青岛东亚的魏世皓、路金鑫分获男子甲组单打、男子乙组单打第一名，胜利东胜刘高阳获女子甲组单打第一名，北京西城的王可鑫获女子乙组单打第一名。

（吴宝金　王　辉）

新闻出版

【新闻出版管理】 2008年，全市新闻出版工作重点加强行业监管，严厉打击侵权盗版行为，开展“扫黄打非”行动，推进“农家书屋”工程建设，全市出版物市场健康有序发展。

年初，将“扫黄打非”工作列入社会治安综合治理和“平安东营”建设工作内容，进行综合整治，实行市场执法检查日报制度，组织4次出版物市场明察暗访活动，以省新闻出版局公布的非法出版物为重点，加大防范和查堵力度，确保东营无非法出版物印刷、发行、传播。迎奥运期间，制定《东营市迎奥运净化出版物市场专项行动方案》，召开“我为奥运做贡献，文明经营我争先”动员会。元旦、春节、奥运会期间开展出版物市场整治行动，重点检查三联图书城、东都商厦、高校周边等出版物集中区域，确保出版市场安全。全年出动检查人员2500多人次，检查经营业户1400多家次，收缴盗版图书光盘7万多册张，取缔游商地摊52家，捣毁地下报刊分发窝点1个，注销印刷企业2家，取缔非法记者站1家。市图书电子出版物市场稽查队获全国“查处侵权盗版案件有功集体”三等奖。

加强印刷企业监管。通过印刷企业年审督促企业完善管理制度，实行印前送审和承印登记制度，依法对出版物印件合同进行严格审核，防止承印政治性非法出版物；要求印刷企业建立印制登记簿，对委托印制情况详细登记，记录情况每天报至县区新闻出版局。扶持印刷行业发展，促进企业升级。组织11家企业参加青岛(国际)印刷企业博览会，推选市4名印刷能手参加全省印刷技能大赛；争取省新闻出版局支持，将广饶教育印刷厂升格为出版物印刷企业。华誉集团印刷厂获山东省印刷科技进步奖。

实施“农村书屋”建设工程。按照省新闻出版局建设“农村书屋”要求，市制定2008年建设任务和“十一五”建设规划，确定年内建成215个农村书屋，“十一五”末全市建成890个农村书屋。2008年，成立东营市“乡村阅读”工程及“农村书屋”工程建设领导小组，下发《东营市“农家书屋”建设意见》。至年底，215个村全部建成农家书屋，并通过省新闻出版局验收。　（吴宝金　王　辉）

【《东营日报》】 2008年，报社围绕中心，服务大局，重点策划宣传党的十七届三中全会、奥运会、“争当排头兵”活动、加快黄河三角洲开发建设、纪念改革开放30周年暨庆祝东营市建市25周年、支援抗震救灾、交通秩序综合整治、创建文明城市、创建中国优秀旅游城市等宣传。全年出版报纸255期（第4335期至第4589期）。

建立新闻阅评制度，创办《新闻阅评》，对报纸进行准确、及时、有效的评审，为搞好新闻舆论宏观管理提供有价值的参考意见。

《东营日报(内参)》全年出版11期(总第50期至60期)，张秋波、张建华等市领导22次就内参稿件作出批示，有力推动了有关问题的解决。

市外宣传和对外宣传实现新突破，全年在《人民日报》《大众日报》等重要报刊发表外宣稿件100多篇，在省以上网站转发新闻稿件350余条。2008年获省精品1件、市精品6件。

报业经营良好。加强内部管理，开拓广告市场，创新广告经营模式，实现广告经营指标稳中有升。克服印刷材料特别是新闻纸大幅涨价困难，保证日报和晚报的正常印刷出版，新购置激光照排设备，提高报纸印刷质量。报纸发行与专业发行公司合作，进一步拓展零售渠道，报纸发行数量稳中有升。

党报品牌形象得到提升。承办山东省市地报研究会年会暨2007年度新闻奖评选会、2008全省报业行政物业年会和环渤海七省市自治区记协协作会议等层次较高的行业会议，取得圆满成功。东营日报社作为石油大学的教学实践基地，深化与石油大学人文与社科学院合作，安排18名大学生到报社实习，加深双方的联系与沟通。2008年，有105件新闻作品获省以上奖励，30余人获市以上表彰。　（高汝民）

【《黄河口》】 东营日报社主办。2008年，《黄河口》出版236期(第98期至333期)。注重新闻与资讯的可读性和实用性，突出民生特色和亲和力，打造东营都市生活类报纸。围绕中心工作，做实做细报道。对中国(东营)国际石油装备展进行全方位报道，刊发整版摄影专题。协助市委宣传部举办改革开放30周年暨建市25周年征文活动，开辟专栏、刊发稿件，征文活动获得成功。对重大新闻事件快速反应,做深入报道。四川汶川大地震后,5月13日两个版面刊发相关信息;推出24期《汶川大地震特别报道》，得到读者的关注和好评，北京奥运会期间开辟《拥抱奥运》专版,让读者对北京奥运会有更全面、深入的认识。

关注民生,做活新闻,为群众排忧解难。发挥媒体的舆论监督作用,选题力求贴近社会,寻找群众关心和党委政府重视解决问题进行报道。《安装太阳能邻居楼顶遭了殃》《单价十二元的电热毯谁敢买》《家中自来水变浑，居民外出蹭饭》等报道，引起社会关注,促进问题的解决。组织、策划有看点的稿件,《东营女孩当选奥运会引导员》《失主冒充警察刑讯逼供7小时》《校园暴力：一道教育新课题》等稿件刊发后,受到读者欢迎。 （赵玉武 高汝民）

【《东营电视周刊》】 东营市广播电视局主办,1992年5月27日创刊,是一份4开60版,集新闻、娱乐、生活、信息、节目预告为一体的全彩印刷周报。发行范围覆盖三县两区、中国石油大学、胜利油田单位和社区。2008年,加大专刊和栏目策划力度,向新闻、服务、时尚、财富等新型媒体转变,在油城媒体界树立“活动营销专家”品牌。主办市首届十大经济人物评选活动、市美食节、相亲大会、年度地产家居总评榜、年度汽车总评榜等活动，举办第五届助学、救助白血病大学生、组织抗震救灾募捐等公益活动，媒体公信力得到提升。 （陈 杰）

【《东营通讯》】 市委政策研究室承办的市委党刊。以贴近市委、服务基层,研究政策、引导舆论,交流经验、促进工作为办刊宗旨2008年，新设“争当排头兵”和“纪念改革开放三十周年暨建市二十五周年”专栏,刊发一批有较强指导作用的理论文章、学习体会和经验做法,成为全省有特色、有影响、有较高参考价值的市级党刊。全年编发《东营通讯》12期,撰写编辑部文章12篇,整理常委会议情况通报12篇,编发稿件250多篇，编校文字量120余万字。 （戴昊育）

【《黄河三角洲研究》】 1991年5月创刊，为双月刊,1998年改为季刊，由山东省黄河三角洲经济社会发展研究会主办，编辑部设在市政府调查研究室。刊物宗旨是以党的基本路线为指导，围绕加快黄河三角洲开发这一总目标,深入开展区域研究,探讨黄河三角洲经济、社会、文化发展的理论和实践问题，为黄河三角洲开发广造舆论，提供丰富的参考资料和理论依据。2008年,注重刊发对黄河三角洲开发建设有针对性、指导性文章,在栏目设计、稿件内容、装帧印刷等方面有创新,设有经济改革、城市管理、调查与思考、工作探讨等栏目。全年编辑出版4期,刊出文章95篇、31万字;特刊1期,刊出文章31篇、13万字。 （庄会江）

【《黄河口社会科学》】 《黄河口社会科学》是经省新闻出版局批准,东营市社科联、社科院主办的哲学社会科学综合性、学术性、科普性刊物。办刊宗旨是站在思想前沿、坚守理论阵地、开展学术交流。1991年创刊,2002年正式由季刊改为双月刊,至2008年底出版92期。2008年,《黄河口社会科学》坚持社会科学只有为社会实践服务才有生命力的理念,形成特色、风格。抓好常规性栏目,开设“实践科学发展观,争当黄河三角洲开发建设排头兵”、“社科界为黄河三角洲开发建设建言献策”、“领导论坛”等特色专栏,探讨全市经济社会发展中的实际问题和对策建议。全年出版6期,发表理论文章200余篇。每期发行2000份,交流单位1000多家。第五期刊发纪念改革开放30周年和东营建市25周年专辑。

（崔树海 周瑞良）

【《思想》】 由市委宣传部、市职工思想政治工作研究会主办。1996年12月创刊。双月刊。以理论学习的阵地、传播信息的通道、展示形象的窗口、交流经验的平台、指导工作的良师益友为办刊宗旨,主要有刊首语、东营聚焦、宣传工作、思想文库、实践与思考、走进黄河口、企业文化等栏目。在内容上突出理论性、指导性、地方性、知识性和可读性。全年编辑出版6期,编辑文字量[illegible]0余万字。 （李 炎）

广播电视

【概况】 重点宣传贴紧中心。先后组织学习贯彻十七大精神、牢固树立科学发展观、实施黄河三角洲开发建设战略、“四大主体产业区”、“三路两港一场”、“三网”绿化工程、纪念改革开放30周年暨建市25周年等重大主题宣传,为全市经济社会发展营造良好舆论氛围。汶川大地震发生后，整合采编力量，打破常规连续作战，形成“万众一心，众志成城，抗震救灾”的浓厚氛围。

推进宣传创新。建立新闻阅评制度，增强新闻宣传的针对性和指导性，提高舆论引导水平。按频道专业化、栏目品牌化、节目精品化的要求，电视台增加《民生在线》节目的播出密度，广播电视报、电视二频道进行改版。各台各频道广告干净，格调高雅。市广电局被评为全省未成年人思想道德建设工作先进单位。

社会活动成效明显。组织开展市首届十大经济人物评选、市首届旅游产品博览会、全市行业歌曲大赛等20多场次公益性活动。其中，“爱心人士免费送考”连续举办5年，每年动员100多辆出租车和私家车为困难学子提供“一助一”的接送服务；“牵手寒门学子，搭建爱心之桥”助学活动连续举办5届，募集资金40多万元，帮助180名家境困难的学生上大学。

注重出精品。广播剧《新书记上任》获中国广播剧研究会银奖。电视剧《黄河口之恋》等5件作品入选省精品工程，东营市获优秀组织奖。市广电局获“实施山东省第八届精神文明建设‘精品工程’突出贡献奖”。

加大市外宣传力度。严格落实市外宣传责任制，突出东营经济社会发展的成就经验和工作亮点，争取在中央台和省台上有影响的稿件，扩大东营的知名度和美誉度。市电台在省台用稿量位居全省第2位，电视台位居全省第8位。协助中央电视台拍摄5集大型电视纪录片《黄河入海流》，作为介绍中国文化元素的重点电视片，奥运会开幕前在中央电视台《探索·发现》栏目播出，社会反响强烈。强化主人翁意识，化解新闻风险近20起，维护东营的良好形象。

事业建设。以解决20户以上自然村为重点，推进农村有线电视建设。全市农村有线电视通村率99.6%、入户率79%。落实对弱势群体的有线电视优惠政策，小康文明村入户率80%以上。把发展数字电视作为广播电视的增长点，推出多种型号和价位的机顶盒，建成有线电视综合服务厅，设立展销柜台，有线数字电视用户发展到1.2万户。开通移动多媒体广播电视服务项目，通过CMMB手机等终端扩大广播电视覆盖。广播电视直播车等设施，面向社会开展有偿服务。

社会管理。5月开展广播电视法规宣传月活动。成立全市卫星地面接收设施专项整治集中行动领导小组，市委办、市府办转发《关于加强卫星电视广播地面接收设施管理的意见》，会同市综治办、公安局等部门下发《关于在全市开展“迎奥运·推动平安建设”卫星地面接收设施专项整治集中行动的通知》，对非法生产、销售、安装、使用卫星地面接收设施的行为进行集中查处。

【东营电视台】 市内宣传。2008年，东营电视台坚持正确舆论导向，完成重大活动的宣传报道和电视转播录播任务。配合全市的中心工作，在《东营新闻联播》设争当黄河三角洲开发建设排头兵、创建文明城市、争创中国优秀旅游城市、抗震救灾众志成城、我为奥运添光彩等30多个栏目。汶川大地震发生后，调整节目方案，部署抗震救灾宣传报道，发挥主流媒体在危急时刻引导舆论、鼓舞斗志、服务大局的作用。在创建文明城市和中国优秀旅游城市宣传播出新闻150多条，制作汇报专题片《走向文明》《魅力东营》。现场转播市委争当黄河三角洲开发建设排头兵动员大会实况，《东营新闻联播》设3个专栏，每天播出专题新闻2~3条。倡导民生新闻，社会新闻《零五四六》及专题节目《民生在线》《法治社会》形成相得益彰的电视新闻宣传格局。建立新闻阅评制度，定期对电视新闻进行阅评，提高新闻宣传质量。强化民生宣传，《民生在线》由每周2期增至3期，年底改为5期。开办法制栏目《警方报道》和访谈类节目《第一访谈》。《0546新闻眼》改版扩容，优化节目结构。

对外宣传。东营电视台在山东电视台用稿共727条，其中《新闻联播》发稿418条，头条11个，提要106条。其中，在山东电视台和中央电视台播出重要稿件19篇。东营电视台在山东电视台用稿排名第7位，在《山东新闻联播》排名第5位，在《山东新闻联播》头条、提要居全省各市电视台第1名。与中央电视台联合摄制五集大型电视纪录片《黄河入海流》，分别在中央电视台第10套《探索·发现》栏目和中央电视台1、4、9等频道播出，引起强烈反响。在山东电视台《新闻追踪》节目播发东营“三网”绿化工程的新闻专题10分钟。全国“两会”期间，中央电视台《新闻联播》和《山东新闻联播》对东营代表的发言进行报道。省“两会”期间在山东卫视播发新闻专题报道20余篇，用稿量在各市电视台为第一位。

自身发展。策划拍摄风光片《走进黄河口》、电视散文诗《黄河口抒怀》及MTV《我可爱的东营》。3件作品在山东省第8届精品工程节目评选中获奖。摄制的戏曲电视剧《黄河口之恋》、歌曲《中华玫瑰》分获首届山东省“泰山文艺奖”三等奖。举办纪念改革开放30周年、庆祝建市25周年文艺晚会、中国(东营)国际石油装备与技术展演唱会;举办“唱响东营”电视歌手大赛;举办市第四届播音员、主持人电视大赛;举办“东辰杯”东营市行业歌曲电视展播大赛;承办省文化博览会“东营形象大使”选拔工作,市电视台选送的参赛选手付倩获全省亚军,东营市获优秀组织奖;完成“黄河口文化采风”大型报道暨市首届“文化名人、文化名品、文化名村”评选表彰。创办《东营电视信息》,全年刊发24期,9万余字,刊发信息111篇。开展纪念东营电视台建台20周年系列活动,编辑出版文集《足迹——东营电视20年》,摄制专题片《我们的20年》。

【东营有线电视】 2008年,东营有线电视网络中心完成各项安全播出任务,保持有线电视传输零事故。改进有线电视信号传输方式,由光纤进小区改为光纤进楼,信号质量得到提升。安装完成9100户,安装小区17个,抢修省市主干光缆16次,改造市区主干光缆11处。建设管道10公里,建设检查人井100个。布放各种型号光缆30公里,更换人井盖板30处,埋设管道标志桩(板)500块,处理县区主干线倒杆断缆事故10余起,更换线杆50多根,迁移光缆路线500多米,检查主干线路维护情况,保障省光缆主干线路和市到县区间主干线路的安全。7月对辖区非法卫星地面接收设施进行突击整治,查处非法卫星地面接收设施650余套,规范卫星电视传播秩序。

有线数字电视运营。安装永新视博与天柏两套CA同密系统及苗壮数据广播系统,市有线数字电视能兼容国内主流机顶盒,增强了开放性。制定《东营有线数字机顶盒技术标准》,完成机顶盒的技术测试和招标,确定华为、创维、长虹等十余家机顶盒供货厂家。在东城百货大楼设立数字电视专柜,引导市民购买数字电视机顶盒和付费节目,做好数字电视入户和售后服务。投资50万元在众成都市广场设立有线数字电视展示体验厅,引进更多新节目资源,对数字电视节目进行扩容,满足用户需求。至年底,付费频道销售收入20.59万元,销售机顶盒5022台。 (陈 杰)

【东营教育电视台】 2008年,重点完成全市“两会”、素质教育在东营、争当排头兵、迎奥运阳光体育大擂台、让东营的孩子拥有幸福的童年、抗震救灾、中高考招生、暑假生活、北京奥运、全国第二十四个教师节、全市加强师德建设主题实践活动、纪念改革开放30周年和庆祝建市25周年等新闻报道。制作完成《爱与责任》《成长的故事》《明德》等30余部专题片。为纪念改革开放30周年和庆祝建市25周年,组织举办“我可爱的东营”全市师生大合唱比赛。12支代表队1500多名师生参加比赛。在中国教育电视台、山东卫视、山东教育电视台共播发新闻80余条,专题10部,在山东教育电视台用稿保持全省领先。改建小型播音室1间,购置播音室灯光1套和播音题词器1套,工作条件得到改善。

年内,选送5部作品在山东省优秀教育电视节目评选中全部获一等奖。6部作品在全国城市教育电视台优秀节目、论文评审中全部获奖,其中一等奖5部,二等奖1部。 (李志杰)

【东营人民广播电台】 内外宣传。2008年,围绕全市工作大局,重点策划实施纪念改革开放30周年和庆祝建市25周年、争当黄河三角洲开发建设排头兵、创建文明城市、创建优秀旅游城市、中国(东营)石油装备展览会、四区一城建设、三路两港一场建设、三网绿化工程等宣传报道活动,完成重要会议的播音和重大活动的直播。创作的反映新农村建设题材的广播剧《新书记上任》,获山东省精品奖和全国广播剧评选银奖。

节目宣传。广播电台坚持开门办台,开展对外合作,努力实现广播节目综合化、广播资讯全球化。新闻频道、经济频道、交通音乐频道的早、中、晚三个黄金时段,均有综合资讯大板块节目的支撑。不同频道在节目内容选择各有侧重,满足听众需要。《行风热线》是电台的名牌节目,是党委、政府联系群众的桥梁,认真对待每一期节目,积极为上线领导服务。围绕民生开办《雷锋热线》《律师在线》等便民节目。重新定位广播广告宣传,对原有广告运行清理,对药品讲座进行严格限定,实现广播广告零投诉。

公益活动。制作的奥运公益

宣传——“四海之内皆朋友”，首次在奥运公益宣传中获奖。由交通音乐频道组织的“爱心人士免费送考”活动已坚持5年。新闻频道、经济频道借助《爱心热线》节目，启动儿童读书成长计划，设立爱心书屋，将1500多册图书捐献河口小学；经济频道借助《律师在线》节目开展法律援助行动，为群众追回经济损失数十万元。

事业发展。更新三个频道数字调音台，购置部分数字录音设备，对各频道录播间进行数字化改造，新增对数字安全播出全程监控系统，小型直播车投入使用。建立新闻阅评制度，组织新闻阅评6次、编发阅评简报6期、评出12组优秀节目和18篇优秀稿件。（陈　杰）

档　案

【概况】　2008年，市档案局推进档案资源建设、档案利用、电子文件管理、档案工作目标责任制、依法治档“五个体系”建设，档案业务工作实现新发展。市档案馆晋升为国家二级综合档案馆，市档案局被省档案局表彰为全省档案宣传工作先进单位。

【档案管理考核和培训】　下发做好2008年度档案管理考核工作的通知，对申报晋级和连续三年保持省特级和省一级等次的23家单位进行检查考核。全市有8个档案室晋升为省特级，17个档案室晋升为省一级，6个档案室晋升为省二级。按国家档案局《市、县级国家综合档案馆测评细则》测评标准，对县区档案馆进行指导，五个县区档案馆全部达到国家二级综合档案馆。加强档案人员培训。举办市直档案人员培训班，110人参加培训。协助东营区、河口区、利津县培训档案人员290多人。组织开展岗位练兵和业务比武活动，市直60多名档案员参加。

【档案业务指导】　开展市直机关档案业务指导，印发《关于填报档案工作基本情况调查表》，对市直单位档案工作摸底调查。以协作组为单位，督促市直单位6月底前完成文书档案归档；落实国家档案局8号令，对市建行、市政局等16家单位档案工作进行指导。做好基层统计档案指导，联合市统计局对胜利街道统计站、牛庄镇统计站进行指导，制定《东营市乡镇(街道)统计站档案管理工作暂行办法》。加强档案信息化建设指导，配合数字档案馆建设，做好单位归档目录、电子文件归档与管理的指导。市中级人民法院、东营供电公司等单位初步完成档案目录数据库、原文数据库和声像档案数据库建设，初步建成数字化档案室。指导开发区正汉公司等企业健全档案工作制度，制定分类方案，对档案整理工作进行业务指导。

【民生档案和新农村档案】　与市劳动和保障局联合下发《关于加强社会保险档案工作的意见》，对养老、医疗、失业、工伤、生育五大保险档案进行规范。指导民政、工商部门完善民生档案业务标准，深化民生档案管理和服务的保障体系。与市民政局联合下发《关于加强农村社区档案工作的意见》，对开展农村社区档案工作提出要求，推动新农村档案工作的开展。联合市工商局对全市30多个工商所进行档案工作规范化检查验收，15个工商所达到先进等次，23个达到合格等次。市民生档案和新农村档案工作的经验做法分别在全省民生和农村联系点工作会上作交流发言。

【档案安全管理和利用】　加强档案安全管理，确保档案资料安全。安装更新部分消防设备设施，开展安全警示教育，健全档案安全应急防范机制，搞好安全检查，档案库房每周检查一次，发现隐患及时整改。与市消防支队联合进行消防演练，提高干部职工应对火灾的能力。做好档案信息化过程中的档案实体安全和信息安全保障，确保档案及数据的绝对安全。争创国家二级综合档案馆。成立组织机构，分解工作任务，明确完成时限、工作要求和质量标准。市档案馆6月在全省率先通过国家档案局测评，完成文明城市创建“国家综合档案馆”任务。

选派2名业务骨干参与文明城市和优秀旅游城市创建档案资料整理，整理档案资料515卷(册)。做好档案提供利用，2008年接待来馆查询680人次，电话查询72人次，调阅档案3360卷次，电子档案近1500件。编印2007年度全市档案利用典型实例汇编，收集典型实例253例。编辑专题资料汇编和档案汇编，减少重要档案的调卷频度，减轻档案原件的磨损。

加强档案资源建设。接收创城档案233卷，开元公司档案2224盒，市府办公室会计档案246盒，及市直部门印制的部分资料，接收现行文件120件，已开放利用。完成2007年度全市档案统计及上报。完成市政府档案整理工作。对重要全宗档案进行数字化加工。对人事、教育等12个全宗21万页馆藏档案进行扫描处理。改造东营档案信息网站，调试电子文件在线归档系统。

【档案宣传教育】 加大档案宣传力度，全年编发《东营档案工作》9期，在报刊发表论文、信息8篇（条）。组织完成2005~2007级本、专科学员的面授辅导、论文答辩、注册登记、考试阅卷、毕业证发放等工作，东营教学点被省档案局确定为免检单位。完成市档案学会年审，市档案学会管理经验在全省档案学会年会上进行交流。组织召开市第八届档案学术研讨会，收到论文53篇，评选优秀以上奖31篇。做好档案职称评聘，协助人事部门对12名申报档案馆员职称人员进行评审，代评申报助理馆员职称12人、管理员职称1人。 （王志营）

儒家文化

东营地处齐鲁大地，是古齐文化的主要传承者，同是也是鲁文化的重要组成部分。

东营地区在汉代，曾经出现了一批研究《尚书》并取得很大成就的学者，就是著名的“欧阳八博士”，因其开创者为出生于千乘郡(今广饶)的欧阳生，后世也称其学派为“欧阳尚书学派”。欧阳生的弟子——出生广饶倪家村的倪宽，因精通《尚书》得到汉武帝的赏识，官至御史大夫。

儒家文化中的“仁、义、礼、智、信”等价值观念，与古齐文化中的“尚武”精神相融汇，形成了具有黄河口地域特色的儒家文化，其特点是既具有儒家文化“仁爱”的博大内涵，又具有古齐文化“尚武”精神的刚勇谋略。

儒家文化对东营的影响，不仅表现在著名人物身上，还在很多方面浸透在平民百姓的生活中。如对上级的尊敬和服从，对长辈的恭敬和孝顺，为人处世中的“温良恭俭让”，大是大非面前坚守“道义”和“气节”等等，在东营人很多日常生活细节中都很自然地有所体现。可以说，儒家文化象“润物细无声”的小雨，浸润了东营人的身体和灵魂，为东营的社会生活带来一种和谐、仁爱的基调，是东营社会稳定和谐发展的重要精神支柱。

卫 生

- 东营市成为全省首个“免费婚检”的地级市
- 全市实现农民医疗保险信息化管理
- 东营市成立卫生应急办公室

综 述

2008年,全市卫生部门加强公共卫生和医疗服务体系建设,完善城乡居民医疗保障制度,深化医疗卫生体制改革,加强重大疾病预防控制和卫生监督执法,开展“争当排头兵”和“两好一满意”(服务好、质量好、群众满意)活动,做好抗震救灾卫生救援、手足口病防控、问题奶粉患儿救治等重大突发事件处置,提高卫生服务质量,逐步建成覆盖城乡居民的公共卫生、医疗服务和医疗保障体系。规划建设改造2处乡镇卫生院和75处农村(农场)社区卫生服务,完善社区卫生服务体系,设立社区卫生服务中心33处、社区卫生服务站87处,全部实行“六统一”管理,全市“一刻钟社区卫生服务圈”基本形成。

完善农民医疗保障制度,提高群众健康保障水平,2008年全市参保农民98.88万人,参保率97%;筹集农民医疗保险基金9352万元,支出8562万元,受益农民86.6万人次。加强疾病预防控制和应急工作,提高突发公共卫生事件处理能力,全市没发生重点传染病爆发流行。坚持预防为主,全市全部实行一类疫苗免费接种,一类疫苗免疫接种率99%以上。加强公共卫生监管,开展元旦、春节、奥运会等重大活动的食品卫生整治,全市没发生重大食物中毒事件和食品污染事件。开展惠民医疗服务、单病种限价、辅助检查“一单通”互认等活动,减轻群众医疗负担。加强卫生行风建设,提高医疗卫生服务质量。东营市成为全省首个“免费婚检、政府买单”的地级市。广饶县成为国家卫生县城,丁庄镇、河口街道成为国家卫生镇。

至年底,全市有各级各类医疗机构775家(含胜利油田),医院床位9972张,卫生技术人员10922人,门、急诊人次767.87万人,出院人次39.95万人。全市医疗卫生机构固定资产总值77.54亿元,万元以上设备4231台(件),医疗基础设施建设346.54万平方米,年业务总收入19.44亿元。全市孕产妇死亡率、婴儿死亡率分别为5.76/10万和3.86‰。全市计划免疫疫苗接种率,分别为卡介苗99.73%、脊髓灰质炎99.82%、白百破99.81%、麻疹99.80%、乙肝99.76%、流脑99.81%和乙脑99.85%。全市报告乙类法定传染病16种3265例,发病率174.87/10万,报告丙类法定传染病5种2163例,发病率115.85/10万,无甲类传染病发生。全市0~3岁儿童系统化管理率、孕产妇系统管理率分别为97.4%、96.16%。

【行风建设】 全市卫生系统以制度建设为基础,开展“两好一满意”、民主评议行风、行风治理等主题活动,加强行业作风建设。组织制定“两好一满意”活动标杆和标准,征集各类意见、建议32条,确定重点调研课题8个,组织开展卫生下乡、科普宣传等8项主题活动,让群众感受到活动成效。加强党风廉政建设和纠风工作,市卫生局在全市民主评议行风工作中群众满意度为99.2%,位列公共服务类部门第二名,被省政府纠风办授予全省政风行风建设先进集体称号。履行纠正医药购销不正之风牵头部门职能,在全市11家二级以上医疗机构开展药品联合集中招标采购,签订药品购销合同5100万元,比招标前平均降价7.2%,减轻群众的医药费用负担。

【公共卫生】 2008年,坚持预防为主,制定印发《东营市落实扩大国家免疫规划项目管理实施方案》,开展接种人员专业培训,规范疫苗购进渠道,严格落实冷链运转要求,确保疫苗质量。市财政安排120万元专项资金,用于一类疫苗的免疫预防接种工作补助,全市五个县区一类疫苗免疫接种全部实行免费接种,一类疫苗免疫接种率95%以上,有效防止疫苗控制传染病的爆发和流行。加强以艾滋病、结核病和手足口病等为重点的传染病防治,健全艾滋病检测网络,开展艾滋病健康教育“五进”、重点人群抗体检测、行为干预活动。在人群集中公共场所安放自动售套机12台,在全市星级以上宾馆摆放安全套,加强对艾滋病感染者和病人的管理,定期随访,对艾滋病人实施免费抗病毒治疗,落实“四免一关怀”政策,控制艾滋病的传播和蔓延。

落实手足口病防治措施,成立手足口病防治工作领导小组和专家组,制定完善手足口病防治预案和应急处置预案,严格落实疫情日报告、零报告制度,规范开展流行病学调查和疫点处置,加强医疗专业技术人员培训,严格执行预检分诊、隔离和高危患儿筛选制度,各级医疗机构制定救治方案,实施科学救治,确保治愈率,降低死亡率。与教育、计生、宣传等部门配合,对托幼机构和农村留守儿童进行全面摸底,开展以手足口病防治为主的夏季肠道传染病防治知识宣传，提高群众卫生防病意识，防止手足口病的爆发和流行。至年底，全市共报告手足口病病人482例，较上年同期下降20.7%，无重症病例和死亡病例。

【抗震救灾】 5.12汶川地震发生后，成立抗震救灾卫生救援工作领导小组，组建医疗救护、卫生防疫、医疗救援、卫生监督预备队，储备必要的急救药品、消杀药械和后勤保障物资。至年底，派出9支卫生救援队伍、6部救护车、82名卫生救援人员、携带53万元的救援物资深入灾区开展卫生救援和对口援建工作。其中，5月14日派出的医疗救援车队，是东营市到达灾区最早、工作时间最长、工作条件最艰苦、承担风险最大的救援队伍。转运伤员1186人，救治灾区病人3042人，转运救灾物资、防疫药品16.6吨，安全行车32万公里。完成环境消杀面积88.81万平方米，使用、发放消杀药液4315公斤，健康教育16万人次，疫情监测2.44万人次，为保障灾区群众健康和公共卫生安全作出贡献。市卫生局被市委、市政府授予抗震救灾先进集体称号，市医疗救援车队临时党支部被省委组织部授予支援抗震救灾先进基层党组织，被省人事厅、省卫生厅授予全省卫生系统抗震救灾先进集体称号。全市卫生系统60余人分获国家、省、市级表彰。

【爱国卫生】 开展以城乡环境综合整治、爱国卫生大检查、卫生突击周为主要内容的春季爱国卫生运动。2008年，广饶县创建国家卫生县城通过考核验收。垦利县通过灭鼠、灭蝇、灭蟑省级达标考核。丁庄镇、河口街道建成国家卫生镇。东营区胜利街道办事处、河口区义和镇等7个乡镇建成省级卫生镇，东营区辛店街道周家村、河口区新户乡西村等48个村建成省级卫生村，山东万通石油化工集团有限公司、东营胜利农村合作银行等7个单位建成省级卫生先进单位。有28个单位、2个镇和80个村分别建成市级卫生先进单位、卫生村镇，全市城乡卫生面貌得到改观。农村改水改厕工作稳步推进，至年底，全市农村自来水普及率100%，累计26.77万户农民用上卫生厕所，卫生厕所普及率83.55%。

【社区卫生服务】 制发《东营市城市社区卫生服务发展规划(2008~2010年)》，设立33处社区卫生服务中心和87处社区卫生服务站，全部达到"规划布局、科室设置、设备装备、人员配备、外观标识、规章制度"六统一的要求，基本建成覆盖社区居民的"一刻钟社区卫生服务圈"。加强社区卫生服务机构内涵建设，完善岗位职责、聘用、培训等78项工作制度，实行社区责任医生制度，推行社区责任医生"网格化"服务，规范社区卫生服务工作。出台《政府购买城市社区公共卫生服务的实施意见》，市财政预算安排130万元，选择5处社区卫生服务机构，开展政府购买服务市级试点。市政府出台《关于加快发展城市社区卫生服务的实施意见》，设立政府购买城市社区公共卫生服务、社区卫生服务机构能力建设、社区常用药品零差率销售等专项补助经费，落实人员、编制和医保支持等政策，加快全市城市社区卫生服务发展。至年底，全市建成社区卫生服务机构120处，完成规划建设的95.23%；覆盖城市社区居民90.04万人，覆盖率92.9%；建立居民健康档案720320人份，建档率80%。

【农村卫生】 加强农村卫生服务体系建设，改善农村医疗卫生条件。2008年4月，投资113.8万元，通过政府集中招标采购医疗设备30台件，全部及时发放乡镇卫生院并安装到位。自2007年6月至2008年6月，分两批对24处乡镇卫生院168名卫生技术骨干进行为期半年正规技能培训，培训完成率100%。编制完成村卫生室建设规划，解决偏远地区居民就医难问题列为市政府2008年便民实事项目，投资1682万元，规划建设改造2处乡镇卫生院和75处村卫生室，至11月底项目全部完工。在全省率先开展农村卫生服务机构分级管理，有122处村卫生室被评为A级单位，规范农村卫生服务机构执业行为和服务水平。推进"亿万农民健康教育促进行动省级示范点创建"工作，全市有2个县区、4个乡镇被评为省级示范单位。

【卫生科教】 执行WHO-卢森堡-山东省农村地区卫生人员培训与慢性病控制项目，加强农村卫生人员培训，开展慢性非传染性疾病基线调查、慢性病防治知识宣传普及。2008年4月，全省农村卫生人员培训与慢病控制项目现场会议在广饶县召开。医学科研成绩突出，有4项、8项、7项卫生类科研成果分获市科学技术进步一等奖、二等奖、三等奖，获奖数占社会公益类事业单位获奖数的73%。加大继续医学教育力度，组织开展“1127工程”骨干培训、社区骨干培训、继续医学远程教育、全科医学转岗培训、乡村医生岗前培训及急救人员、麻醉药品与精神药品使用培训等专项培训，培训学员1.2万人，提高了卫生队伍的业务素质。

【学会工作】 开展多种学术活动，营造浓厚医学学术氛围，对消化内科等4个专业委员会进行换届选举，成立医院文化等3个专业委员会，对会员进行重新登记，2008年发展会员1000余人。依法做好医疗事故鉴定，全年受理医疗事故技术鉴定委托23例，完成鉴定21例，抽调外地专家3次。完成人事、公安和保险部门的医学咨询鉴定4起，协助医疗卫生机构调解纠纷6起，解答群众咨询30余起。组织学术会议37个，聘请省以上专家45人来东营讲学，与会人员2000余人。全年召开专科分会委员会议30余次，承办省级学术会议2起、高级医院管理类讲座4次。推荐评选全国优秀院长1名、全省优秀院长2名和优秀医院管理1名，均获表彰。

【卫生支农与卫生下乡】 实施公立医院支援社区卫生服务，提高社区卫生服务机构服务能力，市人民医院等9家二级以上医疗机构与辖区社区卫生服务机构确定支援关系，建立分级医疗和双向转诊制度，完善长效机制。开展万名医师支援农村卫生工程，全市县级以上医疗卫生机构选派经验丰富医师到乡镇卫生院开展服务，提高全市基层医疗卫生机构的服务能力和水平。下发《全市“送医送药送健康”大型主题实践活动实施方案》，参与科技文化卫生“三下乡”活动，开展“送医送药送健康”系列活动，年内组织卫生下乡活动62次，服务群众5.7万人次。投资250余万元，扶持帮扶村实施街道硬化、户户通闭路电视、通自来水等7个富民便民项目，加快该村奔康致富步伐。

【卫生信息化建设】 2008年，建立健全信息化工作体系、完善配套信息化基础设施、加强信息化管理和信息化应用，信息化工作取得明显成效，市卫生局被市信息化领导小组评为全市信息化建设先进单位，市人民医院被评为全省卫生信息化建设先进集体，2人被评为全省卫生信息化建设先进个人。成立局信息宣传中心，配备专职工作人员和办公设施，设立信息化工作专项经费，将信息化工作纳入年终综合目标考核，推行电子政务和协同办公系统，优化工作流程，提高工作效率。健全信息化建设、管理、应用、推广制度，提高干部职工的信息化意识。做好网上民声投诉、咨询等问题办理，受理网上民声256条，回复率100%。开展信息化宣传、调研，2008年在东营政府门户网站采用83篇，采用率100%，位居市直部门第4名。编制完成2008年度《东营市卫生局政府信息公开指南》《东营市卫生局政府信息公开目录》。

【医院管理】 开展医院管理年和医疗质量管理效益年活动，加强对医疗机构各环节、全过程的质量监管，落实医疗安全责任制，保障医疗服务的安全有效。市府办转发《关于做好严重扰乱医疗机构正常医疗秩序行为处置工作的意见》，保障医疗机构、医护人员和患者的合法权益。开展打击非法行医专项行动，加强对民营个体医疗机构的监督管理，净化民营医疗服务市场，年内查处医疗机构213家，没收医疗器械药品总价值及非法所得0.8万元，罚款29.87万元，取缔18家。开展惠民医疗服务、单病种限价、辅助检查“一单通”互认等活动，累计为患者节约医药费用579.79万元。加强临床采供血和血液管理，2008年全市组织无偿献血20460人，全市临床用血全部来自无偿献血。做好问题奶粉患儿筛查救治，在全省率先落实财政补助政策，保障筛查救治工作有效开展，全市累计免费筛查10659人，确诊患儿7例，经救治全部痊愈。

【妇幼保健】 加强妇幼保健，东营市成为全省首个“免费婚检、政府买单”的地级市，为降低新生儿缺陷和传染病、遗传病的发生创造良好条件。对全市医疗机构及从业人员在母婴保健执业许可、妇幼信息监测报告、严禁利用超声等技术手段进行非医学需要鉴定胎儿性别或选择性别终止妊娠等方面进行执法检查，净化母婴保健技术服务市场，确保母婴安全。指导广饶县完成中央财政转移支付公共卫生（乳腺筛查）项目，筛查适龄妇女10000人，发现可疑乳腺癌患者86人，确诊乳腺癌患者5例。加强妇幼卫生信息管理，妇幼卫生信息的网络直报率100%。做好孕产妇和儿童保健，2008年全市孕产妇死亡率和婴儿死亡率分别降至5.76/10万和3.86‰，全市0~3岁儿童系统化管理率、孕产妇系统管理率分别为97.4%、96.16%，农村住院分娩率 99%。东营市在全省妇幼卫生工作研讨会作典型发言。

【干部保健】 调整充实市干部保健委员会，召开全市干部保健工作会，确定市人民医院、胜利油田中心医院、胜利石油管理局胜利医院和鸿港医院为干部健康查体定点医院。加强保健干部业务培训，组织查体医院保健办公室主任参加全省卫生保健培训班，开展市直机关干部健康查体，对 110 个单位 2456 名保健对象进行健康查体。拓展服务范围，为副市级以上领导干部征订《药物与人》《新保健》杂志 152 份，抽调医护人员 100 余人次、救护车 40 余车次，完成 30 余次全市大型活动期间的干部保健任务。

医 疗

【医疗队伍建设】 2008 年，通过引进与培养培训相结合等方式，加强高层次卫生专业技术人员、卫生管理人员、城市社区卫生人员和农村卫生人员队伍建设，开展卫生专业技术人才队伍培训。为局属事业单位公开招考卫生专业技术人员 30 人，其中硕士研究生 11 人，改善全市卫生专业人员队伍结构。按“实际、实用、实效”的原则，对城市社区和农村卫生人员进行以全科医学知识为主的技能培训，1300 余人参加培训。市人民医院燕树义、单宝昌 2 人被评为东营市第三批有突出贡献的中青年专家。至年底，全市有卫生技术人员 10922 人，其中执业医师 3898 人，执业助理医师 693 人，注册护士 3857 人，药剂人员 900 人，检验人员 458 人，其他 1116 人。

【中医工作】 加强中医药服务体系建设，全市所有乡镇卫生院和城市社区卫生服务中心均设中医科、中药房，推行中医适宜技术，促进中医事业发展。制发《关于进一步提高中医药在新农合报销比率的通知》，全市五个县区均提高农民医疗保险中医药报销比率，中药和中医适宜技术补偿标准分别提高 10%和 20%，调动了群众选用中医的积极性。组织广饶县中医院肿瘤专科等 8 个专科及 16 名中医临床技术骨干申报全省中医药服务能力提升工程项目。组织全市 42 名中医专业技术人员参加中医、民族医医师资格考试，20 人通过考试。举办“中医中药中国行”东营站大型科普宣传启动仪式，组织 39 名市级专家进行义诊，义诊群众 900 余人，发放健康保健科普资料 4000 余份，弘扬了中医文化。

【重点医疗机构简介】 东营市人民医院：是一所集医疗、教学、科研、预防、急救为一体的现代化综合医院。占地面积 9.3 万平方米，建筑面积 15.6 万平方米，固定资产 2.3 亿元。1992 年 5 月 1 日正式开诊。被省卫生厅确定为滨州医学院教学医院，与北京医科大学附院、解放军 301 医院、北京安贞医院、山东大学齐鲁医院建立协作关系。

医院职工 870 多人，其中正高级职称 21 人，副高级职称 117 人，中级职称 171 人。博士、硕士 50 多人。设 35 个临床医技科室，25 个行政后勤科室，开放床位 629 张。2008 年门诊量 42 万人次，住院病人 1.75 万人次。拥有 64 排 128 层容积 VCT、数字平板血管造影系统、日立磁共振(MRI)等万元以上大型设备 320 台件。每年开展新技术、新业务 80 多项，有 100 多项科研成果通过省、市级鉴定，1 项获省科技进步三等奖，78 项获市科技进步奖。医院主编、参编医学专著 49 部，获国家专利 78 项，在省级以上医学杂志发表学术论文 2000 多篇。医院获全国百姓放心示范医院、省级文明单位、全省服务业先进单位、全省百姓口碑最佳服务单位等荣誉称号。

东营市第二人民医院：1993 年 10 月成立，位于广饶县大王镇。医院占地面积 4.58 万平方米，建筑面积 2.2 万平方米，开放床位 260 张，是东营市红十字医院，山东大学第二医院、山东省肿瘤医院、解放军第 89 医院技术协作医院，东营市 120 指挥中心急救站，东营市工伤保险、农民医疗保险、城镇居民医疗保险定点医院。

医院有正式职工 257 人，合同制职工 79 人，其中高级职称 27 人、中级职称 82 人。设 4 个外科病区、3 个内科病区及儿科、妇产科等临床科室。开设肝病、胃病、骨伤病、近视眼等专科。有西门子直线加速器、螺旋 CT、美国 GE 彩超等万元以上大型设备 80 余台（件），1.18 万平方米综合病房楼投入使用。医院获山东省十佳诚信医院、省级卫生单位、市级文明单位等荣誉称号。

胜利油田中心医院：位于东营市西城，始建于 1964 年，是三级甲等医院，国家级爱婴医院，山东省住院医师规范化培训基地，滨州医学院附属医院和油田红十字医院。2005 年 3 月 28 日改制成具有独立法人资格的股份制医院。职工 1743 人，占地 32.2 万平方米，拥有床位 1015 张。万元以上设备 710 多台(件)，拥有数字减影血管造影机、DR、CR、螺旋 CT 等国际先进水平的大型医疗设备，设有远程医疗会诊系统。有胸心外科、心血管内科、骨外科、神经外科、神经内科和儿科等 6 个重点专科；建成黄河三角洲地区“心血管疾病诊疗中心”等 13 个医疗中心、重点实验室；成立油田和东营市的骨科、心血管病、肾脏病、麻醉等专业委员会；建立胜利油田博士后科研工作站医院分站。有教授级专家 23 人，高级职称 194 人，研究生 24 人。医院连续 26 年被胜利油田评为双文明先进单位；被卫生部中国健康教育协会确认为首批“全民健康消费诚信单位”，被省卫生厅评为全省县以上医院行风民主评议活动先进单位和山东省卫生系统文明单位。

东营鸿港医院：位于中心城区，是山东大学齐鲁医院技术协作医院，被确定为市城镇职工基本医疗保险定点医疗机构、市城乡居民医疗保险定点医疗机构、区城镇职工基本医疗保险定点医疗机构、市 120 医疗急救定点医院、市干部保健查体定点医院及市台湾同胞定点医疗服务机构。占地 240 亩，规划建筑面积 12 万平方米，床位 1042 张。2007 年 6 月 3 日开诊。分两期建设。医院一期建设开放床位 500 张。

医院有学术报告厅、病理实验室、微生物实验室等设施，建有现代化的手术室、ICU 病房、层流净化产房、静脉用药集中配置中心、中心供应室。有西门子 64 层 CT、飞利浦 1.5T 双梯度核磁共振等医疗设备。医院设职能科室 10 个、临床科室 16 个、医技科室 5 个，40 个学科专业；有博士生导师 9 人、硕士生导师 16 人、教授 35 人、享受国务院特殊津贴者 13 人，其他医务人员近 400 人。日门诊量 500 余人。

【农民医疗保险】 2008 年，省财政对市参保农民补助标准提高到每人每年 24 元，市财政由每人每年 20 元提高到 22 元，县级财政由每人每年 15 元提高到 20 元以上。2008 年始，各县区财政分别按辖区参保农民每人每年不低于 2 元设立大额医药费救助资金，与市级 420 万元救助资金共同使用，增强了参保农民抵御大病风险的能力。全市五个县区全部实现农民医疗保险信息化管理。加强对定点医疗机构的信用等级动态管理，年内新增市级定点医疗机构 5 处，公布减免优惠政策 72 项，市级定点医疗机构达 17 处。推行农民医疗保险现场报销、取消定点医疗机构间转诊手续限制、公立医疗机构药品统一招标(议价)采购和统一价格零售等制度，东营区、河口区和广饶县的常用药品价格平均降幅 20%~30%。2008 年全市参保农民 98.88 万人，参保率 97%；筹集农民医疗保险基金 9352 万元，支出 8562 万元；参保农民住院总费用 16588 万元，农民医疗保险住院补偿支出 6218.45 万元，住院补偿比 37.49%；发放大病补偿金 707.33 万元，大病救助 1077 人，总体补偿比例 31%，缓解了农民群众因病致贫、因病返贫问题。

【农民医疗保险特例选介】 参保人马祖良，男，53 岁，广饶县广饶镇二村村民，2007 年 12 月至 2008 年 11 月因结肠恶性肿瘤先后在广饶县人民医院、东营市第二人民医院和天津肿瘤医院救治，医疗总费用 328361.59 元，其中新农合目录内费用 259031 元，广饶县新农合常规补偿 21968.3 元，东营市市级大病救助 27239 元，县级大病补偿 80308 元，共补偿资金 129515.3 元，目录内补偿比例 50%。

参保人蒋英浩，男，4 岁，广饶县李鹊镇沟头村人，2008 年 3 月至 8 月因先天性心脏病先后在广饶县人民医院、东营市鸿港医院、胜利油田中心医院和上海交通大学二童医学中心医院救治，医疗总费用 73186.72 元，其中新农合目录内费用 70579.67 元，广饶县新农合常规补偿 10894.36 元，东营市市级大病救助 13238 元（包括享受计划生育优惠政策提高救助资金 630 元），县级大病补偿 11787 元，共补偿资金 35919.36 元，目录内补偿比例 50.9%。

参保人燕爱东，男，46 岁，广饶县西刘桥乡燕寨村村民，2008 年 3 月至 8 月因肺癌先后在山东省肿瘤医院、山东省立医院、东营市人民医院和山东肿瘤防治研究所救治，医疗总费用 198107.42 元，其中新农合目录内费用 186504.08 元，广饶县新农合常规补偿 19978 元，东营市市级大病救助 21909 元（包括享受计划生育优惠政策提高救助资金 1043 元），广饶县县级大病补偿 52408 元，共补偿资金 94295 元，目录内补偿比例 50.6%。

参保人张玉亮，男，49 岁，广饶县石村镇大尧村村民，2008 年 1 月至 12 月因肾移植、糖尿病先后在胜利石油管理局胜利医院、广饶县人民医院、乐安糖尿病医院、胜利油田中心医院、广饶镇医院救治，医疗总费用141816.03元，其中新农合目录内费用139371.03元，广饶县新农合常规补偿11847.66元（慢性病补偿2393.66元，住院费用补偿9454元），东营市市级大病救助18019元，广饶县县级大病补偿39930元，共补偿资金69796.66元，目录内补偿比例50%。

医政管理

【卫生监督执法】 加大食品卫生监管力度，组织开展“五小”行业卫生治理、学校周边和人群密集场所食品安全、卫生许可证专项检查等整治活动，出动检查车辆1345辆次，卫生执法人员2156人次，检查各类生产经营单位10256户次，取缔无证经营51家，吊销卫生许可证14家，查处案件38起，罚款7.45万多元。对存在问题的394家餐饮单位（集体食堂）下达卫生监督意见书，责令限期改进并跟踪检查。通过专项整治，全市乡镇政府驻地的小型餐馆、县城以上城市政府所在地区域餐饮单位的无卫生许可证经营查处率100%；乡镇政府驻地以上餐饮单位和集体食堂全部建立原料进货索证和验收制度；对餐饮单位和集体食堂使用病死或死因不明的畜禽及其制品及使用有毒有害物质加工食品行为的监督检查覆盖率达100%；餐饮单位和集体食堂使用的猪肉全部来自定点屠宰企业；食品卫生监督量化分级管理制度实施率97.16%，全市无重大食物中毒事件和食品污染事件的发生。选派11名卫生监督员到青岛奥帆赛执行卫生监督执法任务。

【医疗服务市场整治】 联合市科技、公安、监察等部门下发《转发省卫生厅等部门关于继续深入开展打击非法行医专项行动的通知》，确定以严厉打击无证行医、超范围执业、出租承包科室、使用非卫生技术人员、非法性病诊疗等为重点，开展打击非法行医专项行动，医疗服务市场秩序明显好转。全市出动检查车1000辆次，检查人员2700人次，检查单位819家；处理各类案件185件，取缔无证行医18家、警告89家、责令改正162家、擅自变更执业地点9家；没收医疗器械173件、药品230箱，罚款30余万元。

【卫生应急管理】 2008年5月，成立卫生应急办公室，落实编制和人员，市财政预算安排30万元卫生应急专项经费，配备办公设施，制定完善突发公共卫生事件应急预案，开展全市食物中毒救治和省、市抗震救灾实兵拉战2次应急演练活动，提高了卫生应急实战能力。组建市级反恐怖医疗卫生救援队，配备个人防护设备，保障卫生应急工作的开展。5.12汶川大地震发生后，向灾区派驻救援队伍9批82人次，圆满完成应急救援任务。完善120医疗救援指挥体系，提高院前急救水平。自2008年1月1日零时至2009年1月1日零时，指挥中心接警274433次，调度出车30730次，抢救伤病员24980人次。

【血液管理】 加强采供血机构管理，规范血液和原料血浆的采集、检测和供应。强化血液管理人员的培训，提高业务水平和能力。加大对采供血机构的监督管理，对辖区采供血机构采供血及医疗机构输血科建设、输血管理、血液储存及医疗废物处理等情况进行督导检查，对存在的问题限期整改。全市输血科全部实现微机联网管理，统一使用管理软件。建立1053人的固定无偿献血队伍，全市临床用血全部来自无偿献血。2008年，全市无偿献血人数20460人次，完成全年任务量的170.5%；临床用血总量56577单位，成分用血量56329单位，成分用血比例99.55%。（孙万禄）

卫生防疫

【概况】 2008年，全市报告乙类传染病3265例，死亡3例，发病率174.87/10万，比上年增长2.62%，发病前五位的病种是病毒性肝炎1134例，下降8.6%；肺结核780例，上升1.89%；痢疾671例，上升0.74%；麻疹134例，上升260.49%；猩红热113例，上升100.85%。报告丙类传染病2163例，发病率115.85/10万，比上年上升58.54%，主要是其它感染性腹泻1447例，上升26.9%；手足口病482例，下降20.7%；流行性腮腺炎129例，上升39.57%。无甲类传染病报告。

【计划免疫】 基础免疫，接种卡介苗18467人、脊灰57815人次、百白破58754人次、麻疹19730人、乙肝56158人次，风疹19200人，流脑42699人次，乙脑18837人，接种率保持99%以上。疫苗相关疾病监测，报告AFP 6例，及时进行报告、调查、采样和送检；麻疹疑似病例260例，确诊麻疹阳性118例，风疹阳性132例；

流腮 91 例。脊灰、麻疹、新生儿破伤风、病毒性肝炎、流脑、乙脑、流腮监测系统正常运转。为有效控制麻疹疫情，对年度麻疹疫情发病趋势进行预测分析；加强疫情监测，与麻疹疫情专报系统进行比对，每周一分析；实行零病例报告制度；加强防治技术指导，防止发生三代或四代病例。中央转移支付乙型病毒性肝炎监测项目，7 月在广饶县和河口区启动项目，初步掌握甲乙型肝炎在全市流行特点，年内该项目正常运转。开展入学、入托儿童接种证查验和查漏补种工作。

【霍乱防治】 全市各级疾病预防控制机构成立霍乱防治领导小组和机动队，储备霍乱防治应急药械和消毒药品。5 月 1 日至 10 月 31 日，全市各级医疗机构腹泻病门诊全部开诊，实行每周一上午霍乱零报告制度和腹泻病人数报告制度。全市开展霍乱疫源检索 820 份，腹泻病人 5262 人，未发现霍乱疫情。

【结核病防治】 全市接诊可疑肺结核病人 4258 例，发现活动性肺结核病人 666 例，其中涂阳病人 462 例，涂阴病人 204 例；新涂阳病人 408 例，提前 2 个月完成新涂阳病人发现任务，占承担任务的 114%。对符合免费治疗的 666 例病人全部进行正规化疗管理。实验室间质量控制工作，复检痰涂片 384 张，符合率 100%。涂阳病人治疗转归工作，登记初治涂阳病人 331 例，疗程结束治愈 325 例，治愈率 98.2%；登记复治涂阳病人 45 例，疗程结束治愈 42 例，治愈率 93.3%，全部达到国家规定指标要求。网络直报病人转诊及追踪，全市非结防机构登记报告肺结核及疑似病例 464 例，转诊到位 314 例，转诊到位率 80%。全市需结核防治机构追踪的网络直报肺结核及疑似病例 79 例，追踪 79 例，追踪到位 63 例，追踪率、追踪到位率和总体到位率分别为 100%、79.7%、96%。

【艾滋病防治】 艾滋病宣传教育向社区人群、学生、重点公共场所人员发放宣传材料 7.5 万份。在全市开展市政府确定的 16 类重点人群艾滋病抗体筛查，筛查重点人群 36440 人，发现 HIV 感染者 10 例。采用外展和同伴教育相结合方法，对暗娼开展行为干预和 HIV 抗体检测，深入娱乐场所 153 家，检测 502 人。加强疫情管理和随访工作，采集相关信息，健全感染者和病人档案，建立跟踪管理制度。对艾滋病病人给予免费抗病毒治疗，随访 10 次，做 CD4 检测 7 次。加强艾滋病检验能力建设，建立市、县、乡三级艾滋病筛查检测网络，在山东省内首家采用乡镇建立艾滋病筛查点的做法，全市流动人口艾滋病筛查做法在全省艾滋病防治年会上作经验介绍。

【手足口病防治】 加强疫情分析预警，编写手足口病疫情分析 3 期。自 5 月 1 日起，实行手足口病 24 小时疫情值班制度，5 月 9 日起，每日 9 时前向市卫生局和省疾控中心报告疫情。开展手足口病防治技术指导，联合市教育局对市直 22 所托幼机构明察暗访，下达手足口病防治督导意见 35 份。强化手足口病防治宣传，在市电台作手足口病防治讲座 2 期，向县区发放宣传画册 1.15 万份。设立手足口病防治咨询电话，及时解答市民咨询。共报告 482 例比上年下降 20.7%。

【狂犬病、布病防治】 广饶县 2 月发生 1 例狂犬病患者死亡病例，组织广饶县疾控中心进行调查处理，撰写东营市狂犬病疫情形势分析报告，建议广饶县开展疫点 5 公里范围内犬只强化免疫，对密切接触人群进行应急免疫，强化狂犬病防治知识宣传教育。指导利津县启动全省布病监测点，制定《布病流行病学调查方案》，印制宣传材料 5000 份，布病知晓率调查 3000 人，开展 2 次集中筛查，筛查牲畜接触者 290 人确诊病人 9 例。

【地方病和寄生虫病防治】 开展居民户食用盐检测 1500 份，合格 1449 份，合格碘盐食用率 96.60%，非碘盐 32 份，非碘盐率 2.13%。开展居民生活饮用水水碘调查，采样 1851 份，全部为低碘水。对广饶县高氟区受害情况进行调查，检测水氟 40 份，合格 35 份，合格率 87.55%；尿氟 128 份，合格 114 份，合格率 89.06%。调查 8~12 岁在校儿童 397 人，氟斑牙患者 260 例，患病率 65.49%，16 岁以上成人 8890 人，发现氟骨症患者 1 例。在全市流动人口较多的东营区、河口区进行疟疾防治检查，指导 1 例疟疾患者采用氯伯喹 8 日疗法治疗痊愈。

【慢性病防治】 拟订《关于加强慢性非传染性疾病防治工作的意见》，印发《2008 年东营市慢性非传染性疾病防治工作意见》，开展慢病防治知识宣传，指导广饶县做好卢森堡慢性病防治项目,确定2个全省心血管疾病综合防治试点县。

【突发公共卫生事件应急工作】 加强突发公共卫生事件应急制度建设,编写《公共卫生事件应急指导手册》,包含传染病、灾害事故、职业中毒和消毒杀虫等22个预案,建立突发公共卫生事件和传染病信息报告制度、信息通报制度。组织应急预案的学习培训和演练,开展肠道传染病疫情、食物中毒、地震应急演练。按市卫生局制定的"反恐医疗卫生救援工作设备和药品配备标准",购置现场调查物资、消杀药械、个人防护用品、预防性生物制剂和药品。

【卫生检验检测】 2008年,完成各类体检13542人,其中从业人员健康体检5871人,职业查体635人,学生体检6002人,其他查体1034人,发现阳性40人。检测样品215份,其中餐饮具37份,生活应用水48份,食品96份,消毒产品5份,游泳池水3份,公共场所24份,院内消毒2份。

【支援抗震救灾】 "5.12"汶川特大地震发生后,成立支援四川抗震救灾领导小组,56人递交赴川抗震救灾请战书。干部职工向地震灾区捐款10900元,党员缴纳特殊党费11600元。派出3批12名卫生防疫队员到安县界牌镇和北川县坝底乡开展卫生防疫,是全市首批进入北川县坝底乡的队伍。开展环境消杀20.49万平方米,使用、发放消毒药品1213.2公斤,设立水质监测点89处,疾病监测点61处,流行病学调查80人次,疫情监测491人次。3人在地震灾区入党。筹资3.5万元购置救灾药品、队员生活用品和防疫物资。 (孙向滨)

革命文化

东营人富有革命传统,东营地区是革命老区,长期的革命斗争实践中形成了影响深远的革命文化。东营地区延集村和刘集村在1925年就建立中共地下组织,是山东省最早建立的农村党支部。1926年,中共刘集村党支部学习的《共产党宣言》,是现存最早的《共产党宣言》中译本,全国仅存两本,是国家一级文物。抗日战争期间,境内是著名的垦区抗日根据地,是清河区平原游击战争的可靠后方,有力支援了胶东、鲁南抗日根据地的斗争。党领导抗日军民与日本侵略军在这片土地上浴血奋战,粉碎了日伪军多次残酷的"大扫荡",以巨大的牺牲换来了抗日战争的最后胜利。解放战争时期,东营人民全力以赴支援前线,掀起了参军、支前热潮,为全中国的解放做出了巨大贡献。东营人民爱党爱国、以国为重、不怕牺牲、无私奉献的高尚情操,构成了革命文化的主旋律。

社会生活

- 东营市设立人口和计划生育公益金
- 2008 年全市最低工资标准由每月 610 元调整为 760 元
- 建设农村特困群众安居房 3949 套
- 东营市被评为全国无偿献血先进城市

计划生育

【概况】 2008年，全市人口计生工作以基层基础为重点，以责任目标考核为总抓手，突出“三条主线”、“四个注重”。即围绕稳定低生育水平这条主线，严格执行现行生育政策，严肃查处违法生育行为，依法足额征收社会抚养费；围绕以技术服务为重点的优质服务工作主线，全面加强计生服务机构标准化建设，为育龄群众提供更加优质的服务；围绕宣传教育工作主线，加大宣传力度，努力营造氛围，促进广大群众婚育观念的转变和人口计生政策的落实。同时，注重强化责任落实、利益导向机制建设、队伍建设、综合治理，逐步形成统筹解决人口计生问题的新机制。

2008年全市共出生15768人，至年底全市总人口183.97人，全市人口出生率、死亡率、自然增长率分别为8.59‰、4.86‰、3.73‰，合法生育率为98.9%，出生人口性别比为107，避孕节育措施落实率保持在98%以上；统计合格率保持在98%以上。

2008年全市人口目标完成情况表

单位	出生率(‰)		自然增长率(‰)		合法生育率(%)		统计合格率(%)		避孕节育措施落实率(%)		出生婴儿性别比	
	目标	实际	目标	实际	目标	实际	目标	实际	目标	实际	目标	实际
全市	12.2	8.59	7.4	3.73	97	98.9	95	97以上	98	98以上	109	107.0
东营区	10.27	7.11	7.43	4.22	97	99.0	97	97以上	98	98以上	109	108.4
河口区	12.00	10.29	7.1	5.20	97	99.5	97	97以上	98	98以上	109	104.3
垦利县	12.32	8.13	6.2	2.14	97	97.0	97	97以上	98	98以上	109	108.6
利津县	12.3	7.47	5.8	1.39	97	98.2	97	97以上	98	98以上	109	103.4
广饶县	12.89	10.60	6.89	4.60	97	99.4	97	97以上	98	98以上	109	107.9

【领导保障】 全市各级党委、政府把人口计生工作与经济社会全局统一谋划和部署，确保人口计生工作与经济社会协调发展、共同推进。市委书记张秋波、市长张建华主持召开市委常委会、市政府常务会、目标责任奖惩兑现会、人口计划生育形势分析会，听取汇报，部署工作，提出要求。市政府第10次常务会议批准市人口计生委提出的5条建议。分管副书记、分管副市长听取人口计生工作汇报，帮助协调解决问题。市人大、政协对人口计生工作给予大力支持和有效监督，提出指导意见和建议。

2008年初召开目标责任奖惩兑现会议，表彰先进单位，兑现奖惩，市长、分管副市长分别与县区、农场、市直计生职责部门签订目标责任书，落实责任。各级把人口计生事业投入作为保稳定、促发展的基础性投入，加大财政投入，确保法律法规规定的各项奖励优惠政策、市县乡村人口计生技术服务机构基本建设和队伍建设、人口计生经常性工作等经费的落实，保障了人口计生事业健康发展。

【人口计生基层基础工作】 在全市开展育龄群众基础信息核查，确定清理结果不作为年度目标责任考核奖惩、重点管理、“一票否决”和确定重点帮促单位的依据，只作为新一届党委政府人口计生工作期初数据的政策，落实包乡镇、包村责任制，对照有关证件、资料与公安户籍信息逐人逐项核对，对出租房屋、市场、工地、城乡结合部等重点地区进行拉网式清理。全市共清理出往年出生人口瞒漏报1685人，其中合法生育126人，违法生育1559人，信息纠错987人，补录信息5168条。

落实人口目标责任制，把人口计划指标分解落实到村居、单位，严格执行月统计报告和人口预警制度，及时准确通报婚、孕、育变动信息。加强孕情监控，把问题和隐患消除在萌芽状态，确保完成人口计划。

深化计划生育村民自治。坚持“一章程”(计划生育村民自治章程)、“两书”(村两委与计生人员、村民分别签订协议书)、“一公开栏”(计划生育政务公开栏)、“一监督小组”(成立对《章程》的实施进行经常性监督、既约民又约官的小组)制度，依托计生协会组织发动群众参与村（居）民自治，强化民主决策、管理、监督，引导群众在计划生育中实行自我教育、管理、服务。

抓薄弱村促转化。全市确定73个薄弱村，人口计生部门采取联系重点乡镇，定领导、人员、任务、时间、奖惩的办法，掌握薄弱村育龄妇女基础信息；加强村班子、队伍、阵地、制度建设，强化利益导向机制建设，实行微机信息动态监控，提高基础信息统计合格率，72个薄弱村实现转化，转化率达99%。

【完善人口计生利益导向政策】督促有关单位落实优先优惠政策。全市城乡独生子女父母奖励费全部兑现；落实农村60周岁以上部分计生家庭奖励扶助制度；出台《东营市计划生育家庭特别扶助实施细则》，自2008年1月1日起，对城镇和农村独生子女死亡或伤、病残后未再生育或收养子女家庭的夫妻，实行每人每月80~100元的特别扶助，全部落实到位；独生子女父母退休一次性养老补助金发放取得新进展。

落实市委、市政府出台的利益导向政策。与市财政局联合下发《农村计划生育家庭终生只要一个子女和主动落实绝育措施夫妇奖励制度实施细则》，对农村主动落实绝育措施的夫妇，市、县区财政给予一次性2000元奖励；对自愿放弃二胎指标终生只要一个女孩的夫妇，市、县区财政给予一次性5000元奖励。与市卫生局联合下发《落实计划生育家庭农民医疗保险优惠政策工作方案》，在实施农民医疗保险大额医药费救助补偿时，对农村独生子家庭、双女户家庭和终生只要一个女孩的家庭分别增加5%、10%的优惠。教育、残联、民政部门在农村教育救助、残疾人救助和农村低保家庭救助中也分别增加5%、10%的优惠。妇联、团委在实施"春蕾计划"、"希望工程"等项目时，优先考虑计生家庭。

鼓励县区、乡镇因地制宜制定政策。东营区对终生只要一个女孩的农村家庭，至女儿十四周岁，每月领取双倍独生子女父母奖励费，并对符合条件的夫妻一次性奖励现金2000元，提前三十年纳入奖励扶助范围，按不同年龄段，夫妇两人每人每年分别领取300、400、500元奖励金；实施出生缺陷干预惠民服务工程，免除育龄妇女孕期两次黑白、一次彩超监护费。河口区实施小康妈妈示范工程，为计生家庭提供低息贷款上项目，帮助其实现少生快富。垦利县协调企业优先招收实行计划生育的残疾人，解决计生家庭残疾人就业难问题。

完善利益导向政策体系。市政府设立人口和计划生育公益金，自2008年至2020年每年拨款200万元，主要用于开展独生子女死亡伤残家庭救助及精神慰藉，父母死亡伤残家庭及独生子女、双女户家庭子女大病救助等。

【基层人口计生阵地建设】强化基层工作规范化。下发《东营市计划生育服务站室建设及工作规范》，对县、乡、村三级计生服务站室房屋、设备、人员、工作制度等进行详细规定，使基层人口计生工作有章可循。各级计生服务机构严格执行避孕节育咨询指导、手术知情同意、消毒隔离、随访及常见手术并发症处理等制度，规范技术服务医疗文书，保证服务质量。

组织县、乡技术人员为育龄群众免费健康查体。村级计生人员对服务对象及时进行术后、产后及环情孕情随访服务，发放避孕药具，指导育龄群众落实长效避孕节育措施，最大限度减少意外妊娠和政策外怀孕。加强优生监护工作，全市优生监护率保持在95%以上，其中病残儿父母二胎优生监护率100%，"四项病毒"监测率95%以上。全市出生缺陷发生率控制在3.33‰，提高了出生人口素质。加快推进城市避孕药具管理体制改革及发放方式城乡一体化，扩大免费发放网点，满足育龄群众对避孕节育、生殖保健的多样化需求。强化村级服务阵地建设。市委、市政府把计划生育家庭幸福指导站建设纳入全市便民实事项目，按每村5万元标准为30个村计生家庭幸福指导站建设给予专项补助。

【人口综合治理工作】发挥各职责部门作用。46个市直职责部门把人口计生工作与本部门工作同部署、同考核、同奖惩。成立东营市出租房屋和流动人口综合管理办公室，拟订《东营市出租房屋和流动人口综合管理办法》，加强出租房屋和流动人口的管理和服务。市综治办每半年召开一次联席会议，通报情况，协调解决问题。公安部门严把落户关，按时向人口计生部门通报情况。

加强流动人口计生管理服务。市人口计生领导小组下发《促进流动人口计生工作"一盘棋"格局的意见》，明确各级党委政府、相关部门、流出地、流入地等各方职责，建立完善领导协调机制、经费保障机制、监督考评机制。

强化开发区人口计生工作，理顺完善开发区管理体制。市政府召开2次协调会进行部署，在属地管理基础上强化开发区的管理职能，要求东营经济开发区、东营港经济开发区与辖区企业签订《企业法定代表人计划生育责任书》，建立已婚育龄妇女档案，对新录用人员(包括临时用工)查验计生证明，督促落实避孕节育和其他管理措施，为育龄妇女提供优生优育、避孕节育、生殖健康等服务。要求企业配齐计生专(兼)职工作人员，负责本企业人口计生日常工作，保障必要工作经费。开展辖区流动人口专项清理，完善流动人口婚育信息，促进开发区人口计生管理工作的规范化。

(杨洪彬)

人民生活

【城市居民生活】 2008年，受全球金融危机影响，全市经济增速有所放缓，但总体保持平稳、较快发展态势。城市居民收入稳定增长。全市城市居民人均可支配收入19487.42元，比全省平均水平高出3182元，按可比口径计算，增长15%。从收入构成看，2008年城市居民家庭收入渠道进一步拓宽，收入增长呈现多元化格局。经营性收入、转移性收入、财产性收入成为全年居民增收的突出亮点，全年人均经营性收入1106.44元，增长121.1%，为各项收入增幅之首。人均转移性收入3437.78元，增长18.3%。人均财产性收入354.12元，增长49.6%。

全市居民消费水平不断提高，生活质量进一步改善，消费结构日趋升级，消费水平在上年基础上继续较快增长。全年城市居民人均消费性支出12416.19元，比全省平均水平高出1409元，增长14.2%。被调查的八大类消费支出呈现“五升三降”格局。其中，食品、居住、医疗保健、交通通讯、教育文化娱乐服务同比上升，增幅分别为21.0%、30.5%、51.2%、11.3%和17.0%。衣着、家庭设备用品及服务、其他商品和服务同比下降，降幅分别为4.3%、2.9%和11.9%。

居民消费层次不断提升，生活质量进一步提高。家用电器、现代化交通通信工具等享受性消费越来越普及。年均百户居民拥有彩电126台、电冰箱119台、空调器145台、家用电脑77台、摄像机14架、移动电话185部、家用汽车20辆。

(王桂兰)

【农村居民生活】 2008年，全市把解决“三农”问题作为工作重点，以增加农民收入为核心，统筹城乡经济协调发展，实行人、财、物向“三农”倾斜，全市农民收入迅速增加，农村居民生活水平显著提高。全市农村居民人均纯收入6660.83元，同比增加792.26元，增长13.5%。其中，工资性收入2096.59元，同比增加237.69元，增长12.79%，对农民增收的贡献率30%，拉动农民收入增长4.05个百分点；农村居民家庭经营纯收入4132.54元，同比增加493.23元，增长13.55%，对农民增收的贡献率38.5%，拉动农民收入增长5.2个百分点，占纯收入的比重为62%,与上年持平；财产性收入为270.1元，同比增加25.62元，增长10.48%；转移性收入为161.6元，同比增加35.73元，增长28.39%。

全市农村居民人均生活消费支出4160.37元，同比增长7.16%，消费结构日趋合理。(1)食品消费增加，消费质量有所提高。2008年农村居民食品消费支出1580.86元，同比增长10.38%，占生活消费支出的比重(恩格尔系数)为37%。农民的消费观念由吃饱向吃好方向转变，消费结构向多元化、高营养发展。(2)衣着支出增长较慢，消费上新档次。农村居民衣着消费支出234.17元，同比增长3.85%，占生活消费支出的比重为5%。农村居民衣着消费逐步向追求时尚、时髦和高档方向发展。(3)居住消费支出平稳增长。2008年农村居民人均居住消费支出为813.58元，同比增长3.19%，占生活消费支出的比重为19%。(4)农村居民每百户耐用消费品拥有量发生变化，现代化电器数量有所增长。洗衣机、电冰箱、空调机每百户拥有量分别达63台、46台、11台，分别增加3台、4台、3台；移动电话和彩色电视机每百户拥有量分别达111部、106台，同比增加15部、9台，摄像机、电脑、家用汽车开始进入富裕农户家。(5)交通通讯、文化教育、医疗保健支出均有增长。2008年农村居民交通和通讯消费支出532.19元，同比增长2.51%，占生活消费支出的比重为12%；文化教育及娱乐消费支出432.05元，同比增长3.88%，占生活消费支出的比重为10%；医疗保健消费支出275.3元，同比增长27.71%，占生活消费支出的比重为6%。

全市农村居民生活条件明显改善。居住舒适化程度提高。年末人均居住面积33.49平方米，同比增加1.29平方米。其中，钢筋混凝土结构住房1.36平方米，砖木结构住房28.23平方米。全年新建(购)住房面积快速增长，人均达到0.58平方米。 （刘金明）

劳动与社会保障管理

【概况】 2008年，全市城镇新增就业40598人，其中再就业11426人，分别完成年度任务的123.02%和142.83%；安置困难群体就业2987人，完成年度任务的149.35%。开展各类职业培训3.7万人次，开展创业培训和再就业培训9603人，完成年度任务的152.43%；全市新增农村劳动力转移58709人次，完成年度任务的195.7%；全市城镇登记失业率1.88%，就业局势稳定。

全年各项社会保险费总收入14.89亿元（医疗、工伤含油田），各项社会保险费征缴率均为95%以上。2008年，全市城镇职工养老、医疗、失业保险参保人数分别达到13.18万人、49.32万人和10.71万人，分别完成年度任务的103%、100.65%和104.9%；工伤和生育保险参保人数分别达到37.6万人和28.65万人，完成年度任务的107.4%和100.6%。劳动合同制度三年行动计划目标基本完成，全市劳动合同签订率98.47%。劳动保障"一体执法"和"网格化"、"网络化"建设全面推进，全市所有用人单位信息录入工作基本结束。劳动关系三方协调机制不断完善，劳动仲裁程序更加规范，案件处理质量明显提高。着力解决农民工、社会体制改革等深层次和关系职工群众切身利益方面的问题，促进社会和谐稳定。

【劳动就业】 2008年，市政府下发《关于进一步做好促进就业工作的通知》。劳动和社会保障部门开展"2008公共就业服务品牌创建年"活动，组织再就业援助月、春风行动、民营企业招聘周等就业服务活动，形成以市、县区劳动力市场为龙头，乡镇、街道、社区就业服务平台为载体的就业服务体系。

坚持城乡统筹就业，开展城镇零就业家庭和农村零转移就业贫困家庭就业援助，扩大劳务输出规模，引导农村剩余劳动力向非农产业转移。各级劳动保障部门针对农村劳动力转移就业的需求，组织多层次、多形式的再就业培训和创业培训，提高其自身素质、就业竞争力和自主创业能力。7月举办"创业带头人"特色培训班，产生就业倍增效应。建立以就业服务机构为依托，以政策和资金为保障，以岗位开发、职业培训、就业援助为一体的就业困难群体帮扶机制，及时为"4050"人员、零就业家庭等就业困难群体提供岗位援助；拟订《东营市公益性岗位开发管理意见》，提交市政府研究。对就业需求迫切的人员确定专人帮扶，实行跟踪服务。

就业扶持政策落实到位。全市共为下岗失业人员和灵活就业人员代存档案14237份，为5869人发放社会保险补贴723.8万元，为6850人发放岗位补贴912.5万元，为43917人发放职业培训补贴373.2万元，为3295人发放职业介绍补贴40.6万元，促进了下岗失业人员再就业和农村劳动力转移就业。

加大高技能人才培养力度，组织实施"金蓝领"培训60人，并通过全省技能考核鉴定。推行职业资格证书制度，实施技能资格导航计划，2008年完成职业技能鉴定1.79万人，新增高级职业资格1000人。会同市药监局等部门举办市级技能大赛4项，涉及工种20多个，参赛1500余人次，全市开展竞赛活动的企事业单位有1056家，选出一大批优秀青年技能人才。参与抗震救灾，实施对口就业援助，接收安置灾区90人来东营就业，接收20名技校学生来东营就读。

【社会保障】 健全社会保障体系，出台《关于企业基本养老保险征缴工作的意见》《关于全面推进工伤保险工作的通知》《关于实行慢性病定点医疗定额结算的办法》，拟订《东营市被征地农民养老保险暂行办法》并报市政府审批。在全省首家实施对个体工商户缴纳社会保险实行银行代收的方案，5月20日与市工商银行签订《东营市社会保障卡合作协议》，全市"金保"工程建设取得新进展。5月6日组织开展定点医疗机构优惠服务承诺活动，与2家定点医疗机构签订服务承诺书，惠及全市47万参保职工和31万参保居民，医疗费用下降4.3%左右，年优惠医疗费800余万元。工伤保险以建筑、化工等高风险行业和非公有制经济、农民工参保为重点，开通农民工参加工伤保险"绿色通道"，保障农民工权益。年内农民工参保医疗、工伤人数分别为10万人、6.6万人。企业基本养老保险重点做好新增、已纳入参保范围、中断缴费三类人员的参保缴费。推进城镇居民医疗保险试点，全市参保居民33.35万人，参保率90%，为全省首位；为破产、困难企业退休人员

3851人发放医保手册。企业养老保险做实个人账户基金2667万元按时上解到省。开展扩大失业保险基金支出范围试点，失业保险金发放标准居全省最高。

2008年，全市各项社会保险费总支出3.2亿元。其中，全市城镇企业职工养老、医疗、失业保险分别支出17473万元、4569万元和1124.2万元；工伤、生育保险分别支出7399万元和4080万元；机关事业单位养老保险参保人数58783人，参保率100%，征缴养老保险费38530万元，完成年度任务的112%。全市为12574名离退休人员发放养老金17473万元。全市43个乡镇(街道办事处)、1779个行政村全部开展农村养老保险，参保人数25.18万人，完成年度任务的100.32%。有10104人开始领取养老金，全市结余基金9019.67万元。全市各项社会保险发放及时率、准确率均保持100%，全市有60518名企业退休人员纳入社会化管理，社区化管理率96%。全市社会保险基金累计节余19亿元，增强了基金保障能力和抗风险能力。

【劳动关系协调】　以《劳动合同法》实施为契机，推进劳动合同制度实施三年行动计划，督促各类劳动用工形式须依法签订劳动合同。印发适合建筑、住宿和餐饮业使用的简易劳动合同示范文本和《关于组织开展农民工劳动合同集中签订活动的意见》，指导劳动者和用工单位订立劳动合同，促使全市使用农民工的用人单位与职工签订劳动合同，基本实现三年行动计划的目标。

加大企业工资分配宏观调控力度，引导企业合理增资。市劳动保障部门下发《关于加强企业工资宏观调控，建立健全企业工资正常增长机制的通知》，细化工资增长政策措施。市政府发布2008年企业工资指导线。调整全市最低工资标准和小时最低工资标准。2008年1月1日起将全市最低工资标准由每月610元调整为760元，列全省最高档；非全日制用工小时最低工资标准由5.6元调整为6.9元。发布市部分职位(工种)劳动力市场工资指导价位。年内共发布208个职位(工种)劳动力市场工资指导价位，其中发布主要职位(工种)指导价位160个，即时交易价位和非全日制从业人员工资指导价位共48个；首次对部分职位工资指导价位依照技术等级进行分类，为促进劳动力流动和企业工资集体协商提供依据。

【劳动监察和仲裁】　2008年，开展农民工工资、清理整顿劳动力市场秩序、整治非法用工专项行动等执法检查，共检查用人单位4029户次，涉及职工24.1万人次，发放宣传材料6.5万份。解决拖欠工资421.8万元，会同相关部门为农民工补发工资166.5万元，下达劳动保障监察责令改正书344份，行政处罚决定书23份，通过法院强制执行罚款12万元，责令补签劳动合同26765人，办理用工登记手续9603人，催缴社会保险费2577.4万元，追还风险抵押金3.4万元，维护了劳动者合法权益。全市立案查处劳动违法案件196起，结案196起。全年受理劳动能力鉴定808人次；工伤认定受理1546件，做出1345起；受理行政复议12起，维持11起。

加强矛盾纠纷排查处理。做好重点群体、人员和案件的排查，全年没发生进京到省上访事件。启动群体性事件应急办法处理机制，实行信息直报制度，确保特殊时期的安全稳定。制定《关于构建多元化劳动争议处理机制的实施意见》。全市共受理劳动争议案件986起，处结劳动争议案件927起，按期结案率98.1%，其中调解结案582起，调解率64.6%。其中市处结346起，调解结案230起，按期处结率98.3%，调解率66.4%。全市受理信访案件289起，办结289起。

【金保工程示范城市建设】　2008年，以金保工程示范城市建设为龙头，以公共服务系统建设为核心，以统一的数据中心建设和统一软件的开发推广应用为重点，推进金保工程建设，金保工程服务民生的成效显现。

提高网络覆盖范围，基本实现金保工程业务专网全覆盖目标，形成省、市、县、乡(街道)四级网络。2008年与138家定点医疗机构、25家参保单位、47家社区全部实现联网。推广使用金保工程两大核心应用软件，基本建立涵盖所有劳动保障业务的信息管理系统。年内，市及县区全面启用劳动99三版的12个模块，全市操作系统具备“一点登录，全市查询”的能力。

拓展社会保障公共服务功能。政务网站点击率276万人次，居市直部门首位。网民提民声问题260余条，答复率95%以上。12333电话咨询中心收到电话1.3万个，帮助群众排忧解难。加快推进社会保障卡建设，全市发放社会保障卡3万张。建立覆盖参保单位的社会保险基层网上缴费系统，改进社会保险征缴业务的处理方式，服务参保对象。

（张广远）

民 政

【社会事务管理】 2008年，坚持培育与监督并重原则，对市管209个社团、161个民办非企业进行年检，逐步建起县区民政局、街道办事处(乡镇)、居委会“一级登记(备案)，三级管理”的社区民间组织登记和管理模式。加强边界日常管理，完成利津—东营线、利津—垦利线、广饶—青州线、河口—沾化线的边界联检，对新建48条道路进行规范化命名，普查工作补设、更换城区道路标牌213块，补充完善地名数据信息，推进数字地名城市建设。依法办理结婚登记14768件、离婚登记2727件、收养登记171件，合格率均达100%，东营区、广饶县婚姻登记处被评为全国婚姻登记规范化建设单位，河口区、垦利县婚姻登记处被评为山东省婚姻登记达标单位。

【基层政权和社区建设】 2008年，市委、市政府把加强社区管理服务工作列为着力研究推进的13项改革事项之一。组织开展考察学习和城市社区专题调研活动。把中心城的社区管理划归东营区负责，有效解决城市社区机构不健全、办公无场所、办公经费不足等问题。全市确定50个村按城市社区框架开展农村社区建设试点，探索符合东营市实际的农村社区建设模式，取得良好效果。东营区、广饶县在全国农村社区实验工作经验交流会作经验介绍。加强村务公开民主管理，健全民主决策、民主管理、民主监督机制，河口区六合乡、广饶县丁庄镇被评为全国乡镇村务公开民主管理先进乡镇。

【支援抗震救灾】 汶川特大地震后，民政系统全力做好支援灾区工作。全市成立宣传报道、物资调拨、救灾捐款和综合督导4个工作小组，建立协调联动、昼夜值班、信息报送、责任追究等工作制度，精心组织救灾捐赠活动，加强救灾款物管理，快速有序地向灾区调拨救灾物资。全市累计接收捐款12026.47万元，捐物629.72万元，棉被11828床，棉衣3144件。5月19日，市民政局派出的第一批物资救援队代表市委、市政府和全市人民，在第一时间赶赴绵阳灾区，所运物资是山东省首批运往绵阳灾区的救灾物资。2009年春节前，组织全市民政向四川绵阳市坝底乡运送床、被褥、棉衣、炊具等救灾物资37车，1500套生活用品，折款225万元，走访慰问部分困难群众，让灾区人民过一个温暖、祥和的春节。开展对184户援川东营籍官兵家庭和一线干部职工家属的走访慰问，发放慰问金14.2万元。市民政局被省委、省政府授予“山东省抗震救灾英雄集体”，被省民政厅记集体三等功，被市委、市政府表彰为全市抗震救灾先进集体，李兴民、周丽丽等12人分别被市委、市政府记二等功，评为支援抗震救灾先进个人和优秀党员。

【优抚安置和双拥共建】 落实优抚对象和军休干部各项待遇，军休中心工作进一步理顺，规范、落实机构、人员和活动场所，成立党支部，召开军休干部座谈会。加强优抚基础设施建设，利津县烈士陵园竣工。军供站发挥自身优势服务质量和水平进一步提高。实行“双考”阳光安置和鼓励自谋职业的办法，退伍安置工作成效显著。帮助复退军人解决实际困难，为市直破产企业复退军人发放再就业工资补贴和社会保险补贴111.7万元，发放节日生活补助16.48万元，对市直部分生活困难的复退人员发放生活救助金4000元，为28户住房确有困难的复退军人家庭解决廉租住房，为83名符合条件的复退军人优先解决经济适用房。创新双拥工作形式，开展社会组织拥军活动，帮助“小、散、远”部队解决实际困难。做好奥运安保和日常涉军稳定工作，选派得力人员进京值班，严格落实“五包”责任制，奥运期间全市无一名涉军人员进京到省上访，维护社会稳定，被市委、市政府评为“奥运安保百日行动”先进单位。

【社会福利事业】 开拓福利彩票销售市场，累计销售福利彩票1.48亿元。解决多年困扰市荣军医院发展的场地、资金、环境和规划等问题。以残疾军人(荣军)福利院、儿童福利院和城市“三无老人”福利院为主体的“三院两中心”建设和立项规划进展顺利。慈善事业发展迅速，慈善义工队伍壮大。各级慈善总会开展朝阳助学、夕阳扶老、情暖万家等救助活动，救助各类贫困群众800余人，发放救助款120余万元。救助管理工作进一步规范，妥善救助和安置各类流浪乞讨人员1072人。在文明城市和优秀旅游城市创建中，市民政局承担的7项创建指标全部达到A类标准。争取省级下拨各项社会保障资金6262万元,同比增长20%,争取省级下拨福彩公益金1003万元,同比增长118%。理顺市民政局财务管理,为全市民政事业发展提供财力支持。

【社会救助工作】 2008年,出台完善城乡居民最低生活保障体系、完善农村“五保”对象集中供养体系、提高城乡低保补助水平、农村特困群众安居工程实施意见、抚恤定补优抚对象医疗保障办法等5个规范性文件。

年内两次提高城乡低保补助水平,城市每人每月增加30元,达到330元/月,人均补差218元,位居全省第一;农村每人每月增加20元,达到1420元/年,人均补差85元,位居全省第一。乡镇敬老院更名为乡镇敬老幸福园,按照每人每年3400元的标准集中供养“五保”对象3309人,22处乡镇敬老幸福园被评为省一级敬老院。建设农村特困群众安居房3949套,妥善安置困难群众6713人。开展优抚对象医疗费结算“一站式”服务,维护优抚对象的合法权益。

2008年,全市民政部门发放救助款9393.9万元。其中城乡低保6437.7万元,“五保”1095.5万元,医疗救助1103.9万元,自然灾害救助479.8万元,临时生活救助130万元,朝阳助学、夕阳扶老、情暖万家等慈善救助120万元,福彩公益金专项救助17万元,城市流浪乞讨人员救助10万元,救助各类困难群众8.1万人。

(民政局)

【老龄工作】 养老保障工作得到加强。市老龄办对老年人生活救助金实行“五统一”管理,2008年全市为42568名75周岁以上农村老年人发放生活救助金1638.71万元。对基层老龄工作实行目标考核,开展规范化老年活动室创建活动,命名30个市级规范化老年活动室,为老年人提供良好文化娱乐环境。

开展老年科研。拍摄制作宣传专题片《这里晚霞映满天》。建成老年科技人才信息库,已收录2000余名老年科技人才信息。市、县两级选择棉花“双提双减”试验等14个科研项目,260余人次参与科研活动,部分重点科研项目取得显著成效。棉花缓释肥试验亩增产籽棉25.5公斤,亩增收167.25元,分别增长12.5%、13.1%;棉花品种对比试验,筛选出适合黄河口地区土壤种植的优质品种AR007;黄河口大闸蟹大规格养殖试验,将成蟹由100克提高到155克;奶牛标准化养殖项目,使奶牛平均产奶量由6吨提高到8吨,每头奶牛年均增效7000元,培训奶牛养殖技术员500余人次,带动全市奶牛养殖业发展。

老年维权工作。将老年法规纳入“五五”普法规划、“12·4”法制宣传日和“平安东营”法制宣传月活动内容,组织宣传活动15场次,发放宣传资料2万余份,受教育群众2.5万人次。开展老年法律援助、涉老纠纷调解和司法救助,全市法律援助机构援助老年人29人,调解涉老纠纷37余起,减免律师服务费近3万元。与市法院、公安局、司法局等部门联合开展老年维权先进典型评选表彰活动,市公安分局辛店派出所等20个单位获“全市老年维权示范岗”称号;东营区老龄办等40个单位获“全市老年维权工作先进单位”称号;市法院潘霞等50人获“全市老年维权工作先进个人”称号。落实优待老年人政策,全市60周岁以上老年人免费乘中心城区近50条公交线路的公交车,免费进公园、旅游景点等公共文化娱乐场所。单独居住的老年人家庭享受管道燃气、有线电视安装费和收视费半价优惠。

开展敬老活动。老人节期间,全市为老年人送去慰问金、慰问品等价值480余万元。开展“敬老月”活动,全市244个单位与32处敬老院和233户贫困老年人家庭结成帮扶对子;青年学生、志愿者开展为老服务志愿活动3570余人次;医疗卫生部门为近7万名老年人免费健康查体,建立健康档案。全市237个单位通过茶话会、座谈会、情况通报会等形式,向单位离退休干部职工祝贺节日;91个部门组织老年人旅游活动2736人次;217个单位、村居组织老年门球赛、象棋比赛等197场次;37个企业向老年人或老年服务机构捐款、捐物价值148万元;203个村居组织老年人自娱自乐活动;580余个村居为老年人发放食用油、面粉、棉衣被或生活补贴金。组织模范老人评选表彰活动,东营区宋国联等90名老年人获“模范老人”称号。东营区吴修佩等10名老年人获“东营市十大杰出老人”称号。

(张建国)

红十字会工作

【会法宣传】 编印《中华人民共和国红十字会法》和《山东省实施〈中华人民共和国红十字会法〉办

法》单行本2000多册，将《红十字会法》列入“五五”普法学习内容，印发《中华人民共和国红十字标志使用办法》《中华人民共和国献血法》《山东省遗体捐献条例》等资料3万余份，编印预防艾滋病等知识材料2万余份。征订《中国红十字会报》《山东省红十字会报》800多份，发放给红十字会常务理事和会员单位。在“5·8”世界红十字日、世界急救日、无偿献血日等期间，开展以红十字会法律法规、红十字运动知识、现场卫生救护知识等宣传活动，组织医务志愿者对城乡居民开展医疗咨询、义诊等活动。“12·4”全国法制宣传日期间，开展《中华人民共和国红十字会法》等法律法规宣传。发放红十字会法和实施办法及法律法规手册5000多份、艾滋病防治知识折页4000份、遗体器官捐献宣传手册2000多份、造血干细胞捐献综合知识资料3000多份。

开展执法调研。11月，市人大对全市贯彻落实红十字会法律法规情况开展执法调研，检查组对垦利县工作给予肯定，对部分县区存在的问题提出要求。组织执法人员对全市乱用、混用红十字的医疗机构进行清理检查。强化对申请冠名红十字医院的管理，规范审批程序，做到依法行政，维护法律尊严。

【红十字运动传播】 红十字青少年志愿者、新闻宣传志愿者、红十字雷锋车队等队伍发展到6000多人。志愿者以文艺演出、宣传报道等形式，开展送红十字精神进社区、企业、机关、学校、农村等红十字运动传播活动。黄金时段在电视台、广播、广场大屏幕播放红十字工作信息和红十字救护知识50多次，在报刊发宣传稿件60篇次，编发红十字《工作简报》24期次，利用政府网站和政务网络发送公众信息80多条次，在公共场所摆放急救知识挂图90多幅，制作宣传版面50多块。“人道、博爱、奉献”的红十字精神逐渐被社会认识，促进了红十字运动的传播。

【备灾救灾与救助工作】 2008年初，在全市开展“温暖送万家、博爱在东营”活动，市政府领导带队走访慰问困难家庭；市红十字会为县区6处救助站发放救助物资，市、县红十字会走访慰问贫困家庭500多户；全市发放面粉12吨，食油310桶，衣服700多件、棉被60余床、帽子1500个、救济金25万元。年内支持新农村合作和城镇合作医疗保险资金9万多元，救助和支持残疾和困难学生1200人。4月，联合市计生委对特困独生子女家庭开展救助，发放6000余元的救助物资。“5.·8”世界红十字日期间，在育才学校召开红十字运动传播和救助工作会，走访慰问患病住院教师，对城镇残疾、贫困学生参加新型合作医疗开展救助，为620名学生交纳医疗保险，发放救助金3.5万元。联合市总工会、团市委、市妇联、市民宗办开展“中秋送温馨”活动，为四川绵阳灾区来东营就读学生和特困家庭发放中秋月饼800多斤，食油270桶，衣服50件、羊毛被22床。联合教育部门对乡村学校危房教室改造工作进行调研，支持救助金12万多元改造校舍。“九九”重阳节走访慰问部分敬老院的老人，救助1万多户，救助款物70多万元。

南方冰冻雪灾期间，协调市委统战部、市民宗办组织信教群众募集善款4.8万元，棉衣、被褥等3000多件。争取省红十字会支持艾滋病同伴教育、免费白内障手术费专项资金和物资折款10万多元。新增乡镇级救助站1处，全市有7处乡镇级救助站。做好抗震救灾募捐救援，新增募捐箱40多个，新增捐赠物资仓库2个，红十字博爱基金达1330万元，物资300多万元，提高了红十字会救灾备灾救助能力。

【抗震救灾工作】 2008年5月12日四川汶川大地震发生后，市红十字会13日发出社会募捐救援倡议，14日接到社会第一笔捐款，2人捐款1100元。15日组织志愿者在红十字会接受捐赠，并组织进机关、企业、社区开展募捐宣传，组织开展义演、义卖、房车展等募捐活动30多场次，采用网络、银行、邮寄等募捐形式，拓宽募捐渠道，壮大救援实力。山东半球集团6名红十字志愿者18日奔赴救灾一线，开展对青川县6乡镇的救助，送去面条40吨。连续三批志愿者运送灾区物资387万元。利用新闻媒体和信息网络及时公示捐赠情况，年内全市募集专项救灾款物1316万元，为全省人均捐赠较多地市之一。紧急救援时，拨付100万元现金、387万元的物资，援助部分灾区困难群众。中秋节，为灾区在东营就读的学生送去月饼、秋衣、秋裤、羊毛被等价值1万多元的物品；元旦前为四川地震灾区在东营就读的20名技校生送去保暖内衣、球鞋、奶粉等价值1万多元的物品。自觉接受财务审计部门的监督，定期向市领导和有关部门汇报捐赠和救助利用情况，保证专款专用。对物资进行统一整理，确定专人保管，健全制度和档案。抗震救灾工作受到市委、市政府和省红十字会表彰。

【救护知识培训】 选派市、县24人到中国红十字总会和省红十字会学习救护培训知识，强化师资力量。在市红十字会培训基地举办出国援外人员和市内高危行业人员的救护知识培训4期，在市公安消防系统等高危行业举办救护知识培训10期，共培训748人，其中，有635人获中国红十字会义务救护员资格。在大中专学校采用展板、图片和模拟现场等教学方法，开展卫生救护知识和紧急避险培训，有1700多名医务工作者和大学生参加培训。垦利县红十字会在学校开展救护知识理论和操作模拟培训，1500名学生接受教育。“世界急救日”期间，联合市政广场管理处开展为期一周的“救护知识讲座”活动，8000多人参加活动。

【组织和志愿者队伍建设】 理顺县区红十字会体制，推广垦利县理顺红十字会管理体制的经验。广饶县石村镇、垦利县西宋乡成立红十字会，乡镇级红十字会发展到5个。学校红十字会发展到30个，全市有会员单位320个，会员51600人，其中学生会员4万多人。全市有6人被中国红十字总会评为会员之星、志愿者之星。红十字会组织和志愿者队伍不断发展。全市有遗体器官捐献志愿者26人；造血干细胞志愿者5000多人；有3300多人的采集血样进入中华造血干细胞资料库；有1人与患者配型成功并完成捐献前查体，实现东营市造血干细胞配型捐献工作零的突破，该志愿者成为全市捐献造血干细胞的第一人。启动为贫困家庭送光明工程，免费为部分白内障患者做复明手术和治疗。无偿献血志愿者队伍的壮大，保证了临床用血，东营市被评为全国无偿献血先进城市。

【预防艾滋病知识宣传】 开展大学生预防艾滋病同伴教育，是东营市承担的国际性项目。把预防传染病知识宣传和国际项目结合，培养预防艾滋病同伴教育主持人14人，组织志愿者宣传防病知识，开展预防艾滋病同伴教育活动。世界艾滋病日期间，与市预防艾滋病办公室、疾控中心在东营银座购物广场进行宣传，发放预防艾滋病知识材料4万多份。联合石油大学、职业学院、技术学院开展为期一周的预防艾滋病知识宣传和预防艾滋病同伴教育活动。红十字青少年志愿者利用互动式教学、画展、知识竞猜、网页制作比赛等形式，加深对预防艾滋病知识的了解，增强自我防护意识，培养文明行为和习惯。年内，与境内高校联合举办预防艾滋病同伴教育培训班20期，培训2000多人。有2人被评为全省优秀志愿者、3人被评为先进工作者，红十字会被评为先进集体。

(李玉莲)

残疾人事业

【省委书记姜异康到市残疾人康复培训中心调研】 2008年9月6日，省委书记姜异康在省委常委、秘书长王敏，省委副秘书长、政研室主任孙建功，市委书记、市人大常委会主任张秋波，市委副书记、市长张建华，市委常委、秘书长田振玉的陪同下，到市残疾人康复培训中心进行视察调研，对东营市残疾人工作予以肯定，并提出明确要求。

【创建残疾人工作示范城市】 2008年，省残联将东营市作为全省唯一的创建城市推荐上报中国残联。为确保创城工作顺利开展，市政府成立创城领导小组，在市残联设立创城办公室。出台《创建全国残疾人工作示范城市实施方案》，研究制定10个分方案，在内部自查的基础上，加大创建工作整改力度，9月中国残联检查评估组来东营初评，认为东营市基本符合创建示范城市的各项基础条件。12月组织召开全市创城动员大会，市政府与各县区政府签订创城责任状，创城工作全面展开。

【扶贫救助】 提高重度特困残疾人生活救助标准，11月1日起，一级特困残疾人救助标准由每人每月100元提高到130元，二级由80元提高到100元，全市享受救助的残疾人达7000人，累计救助3.3万余人。向85名贫困残疾学生发放助学救助金93320元，帮助完成学业。特困残疾人居住条件得到极大改善，农村特困群众安居工程所建房屋60%以上由特困残疾人家庭居住。开展百千万残疾人就业创业工程和科普助残进万家活动，累计投资180万元，扶持100户残疾人家庭发展庭院经济，新建残疾人从业扶贫基地18处，扶持残疾人个体从业80户，为3000名残疾人免费订阅科技致富刊物。推进残疾人基本医疗保险，农村残疾人参加新型合作医疗参保率96%，城镇残疾人参加城镇居民基本医疗保险缴费平均比健全人优惠80%。

【残疾人教育和就业】 2008年，针对残疾人实际需求，全市举办各类培训班30余期，免费培训残疾人3056名。选送14名符合条件的残疾人赴滨州职业学院特殊教育系免费接受高职教育，实现全市残疾人教育由普及型教育向高等教育转变的新突破。举办春冬两季残疾人就业现场洽谈会，有85家用人单位提供就业岗位222个，现场签订就业合同37人，达成就业意向145人。年内，全市集中就业3599人，按比例安排就业2059人，农村就业的有2万多人。全市(含三县两区)征收残疾人就业保障金1700万元，比上年同期增长25%，为残疾人事业发展提供了资金保障。

【康复工作】 2008年，加强康复阵地建设，市残疾人康复培训中心由5个服务项目增至12个服务项目，形成集康复、培训、就餐、住宿等为一体的综合服务场所。河口区建成残疾人托管康复中心，利津县建成精神康复中心。聋儿语训学校管理进一步规范，语训质量有较大提高。组织实施白内障复明工程，免费为1000名白内障患者实施复明手术。实施百名聋儿启聪工程和贫困残疾儿童康复救助工程，免费为100名聋儿配戴助听器，为30名智力残疾儿童、30名脑瘫儿童和10名孤独症儿童进行康复救助，为20名精神病患者提供住院治疗、200名患者提供院外药物治疗，为38名贫困肢体残疾儿童实施矫治手术、32名肢体残疾人安装假肢。在农村实施残疾人健康工程，建设标准化康复室23处，为每处配备价值1万元的康复训练器材，让残疾人能就近接受康复训练和治疗。在全市聘请康复员800名，每月4次为残疾人提供康复指导、康复训练等服务。整合社会资源，联合胜利油田中心医院建成贫困残疾儿童定点手术医院，与市妇幼活动中心整合建成弱智儿童康复中心，与胜利医院整合建成残疾儿童日间照料站，与民办力量整合建成市残疾人辅助器具研发中心、爱心园培智学校、东营启蒙特教中心，培育为残疾人服务的社会载体。

【残疾人维权】 发挥20处残疾人维权示范岗的作用，主动为残疾人解疑释惑、排忧解难，信访处结率100%，维护了残疾人的合法权益。无障碍建设组织实施温馨家庭无障碍工程，中心城区基本实现残疾人家庭无障碍化。7月“全省千户无障碍家庭创建”启动仪式在东营举行，推广东营经验做法。11月东营市在中意合作项目无障碍建设总结会上作典型发言。12月19日，东营市在建设部、中国残联联合召开的全国无障碍工作经验交流会上作典型发言，介绍东营创建全国无障碍建设城市的经验做法。

【宣传工作】 在《东营日报》刊发专题报道《绽放倔强的生命之花》，全面回顾全市残疾人体育工作取得的成就，在社会产生良好反响。编写《残联工作信息》34期，在省级以上报刊发稿32篇。组织参加全市法制宣传日活动，发放宣传单2000余份，接受法律咨询近30人次。举办首届特奥运动会、油地聋人男子篮球友谊赛和全市残疾人文艺演出。与市社科联联合开展“牵手残疾人，走进残奥会”主题征文，有66篇论文获奖。启动“牵手残疾人，走进残奥会”短信助残活动，是全省第一个完成任务的地级市。开展“文化助残——精彩奥运我看见”活动。向贫困残疾人发放电视机100台、收音机10台，使贫困残疾人能及时收看收听奥运会、残奥会实况。

【残联基层组织建设】 完成各级残联换届，干部队伍整体素质得到提升。县区和乡镇(街道)残联组织规范化建设全部达标，成为全省第一个残疾人基层组织建设规范化达标市。在村级全部建立残疾人协会的基础上，在112个自然村建成残疾人服务代表室。从解决残疾人最现实、最迫切的问题入手，推广“爱心助残4+1”模式，达到直接、快捷、便利为残疾人服务效果。对全市74名残疾人专职干事进行培训，提高基层残联专职干事的综合素质。广饶县残联专职干事赵晓丽被评为全国优秀残疾人专职干事，东营区残联温海明等9名残疾人专职干事被评为全省优秀残疾人专职干事。开展爱心扶残助残志愿者活动，全市扶残助残志愿者队伍达1万多人。 (张玉刚)

民族宗教

【开展专题活动，推动政策落实】 贯彻国办发〔2008〕33号文件精神，推动民族政策贯彻落实。开展创建“民族团结进步和谐单位”活动，以民族团结进步示范点为平台，推动全市民族团结、社会和谐。组织第八次全市民族团结进步宣传月活动，开展领导下基层调研，市人大、市政协视察民族工作，召开民族宗教形势报告会，召开全市发展民族经济工作经验交流会，开展全市清真食品安全检查。市主流媒体对6项专题活动进行宣传，促进全市民族团结进步。

【完善机制，维护稳定】 做好奥运期间稳定，修订完善《东营市涉及民族宗教方面群体性事件应急预案》，充实调整市维护民族宗教领域团结稳定工作领导小组，执行涉及民族宗教方面群体性事件零报告制度和不稳定因素月排查制度。采取开展矛盾纠纷排查调处、落实“四个一”措施、健全目标责任制等措施，妥善化解12起涉及少数民族因素的矛盾纠纷和突发性事件。联合公安、工商等部门处理少数民族流动人员因经商营业手续不全且抗拒执法案件10多起，配合全市创建文明城市工作的开展。

【整顿清真食品经营秩序】 规范执法行为，建立清真食品安全管理有效机制。组织3次全市清真食品安全检查，发放《山东省清真食品管理规定》和民族习俗常识手册3000余册，对生产经营人员开展民族政策和法律法规的宣传教育，责令下架商品6家、限期整改26处、调整商品摆放位置37处。对清真食品安全管理实行“群团参与，政府执法”，即：前期由市伊斯兰教协会和清真寺管理委员会，组织人员到清真食品经营单位收集信息，市民宗办根据调查情况，按照属地管理原则，进行组织调度，依法及时处置，探索出符合东营实际的清真食品市场管理模式，对维护民族团结和社会稳定发挥重要作用。

【促进民族经济发展】 2008年，市委、市政府出台《关于进一步加强民族工作 促进民族团结进步事业发展的意见》，对全市民族工作的指导方针、工作原则、工作措施等作了明确规定，对发展少数民族经济、文化、教育、体育、卫生等方面提出具体要求。调动油地校对发展民族经济关注、支持的积极性。与财政、金融部门协作，为民族民品企业和少数民族经济发展提供快捷高效服务，创造良好金融政策环境。参与国家兴边富民规划，探索与中西部地区合作发展新途径。促成东营与临夏企业项目实质性合作，举行2次洽谈，拓宽了东营市民族经济发展空间。

培植壮大民族经济。5月28日，会同财政、金融部门及广饶县、垦利县政府，为东营市被列为国家少数民族特需用品定点生产企业的凯银集团和万得福集团授牌；协调金融部门为2家民品企业审核上报流动资金优惠利率贷款额3.3亿元，企业直接受益近680万元。引导2家民品民族企业与6家中小民族企业结对，发展壮大中小民族企业。指导帮助新发展3家少数民族清真食品企业、2家畜牧养殖企业。会同市财政局、人民银行、经贸委到县区民品民族企业和金融部门调研，确保政策落实到位。

【加大贫困少数民族群众帮扶力度】 争取地方政府和民政部门支持，鼓励民族民品企业参与，选择12个少数民族特困户结对帮扶。年内，安排困难少数民族再就业105人，解决贫困学生上学15人，帮助26户困难家庭上项目，实现自己致富。

【宗教概况】 2008年，全市有佛教、道教、伊斯兰教、天主教、基督教5种宗教，信教公民16294人，其中基督教信教公民11998人，穆斯林群众2135人，天主教信教公民137人，佛教信教公民1877人，道教信教公民147人。宗教团体6个，其中市级宗教团体2个（市伊斯兰教协会、市基督教“三自”爱国运动委员会），县区级宗教团体4个（东营区、河口区、广饶县、垦利县基督教“三自”爱国运动委员会）。全市宗教教职人员有54人，其中伊斯兰教阿訇3人；基督教牧师1人，长老12人（聘用1人），传道员39人（聘用1人）。全市年内换发新《宗教活动场所登记证》的活动场所46处，其中基督教活动场所42处，伊斯兰教清真寺1处，天主教活动场所1处，佛教活动场所2处。

【宗教事务管理】 完成全市宗教活动场所换证工作，实现一所一册、电子档案管理。4月会同工商、城管部门对全市宗教用品市场进行治理。指导宗教活动场所依法开展宗教活动，自觉抵制歪理邪说。做好抵御宗教渗透工作，与统战、公安、安全等部门建立信息共享平台，形成联动机制；召开抵御渗透座谈会，落实外来信教人员参加宗教活动登记备案制度，定期检查上报，有效抵御境外利用宗教的渗透活动。依法规范执法文书和执法流程，形成条理清晰、行为规范、实用高效的民族宗教事务管理模式。

拉萨“3.14”事件发生后，组织召开宗教界会议，各宗教团体联合发出“维护和谐、贡献奥运”倡议，得到信教群众支持。4月16日召开全市天主教专题工作会，制定应急预案，加强督导检查，平稳渡过天主教“圣母月”。落实全省奥运安保“6.25”专项工作会议精神，召开全市奥运安保宗教工作会，奥运会期间全市民族宗教领域没出现影响团结稳定和谐问题。

【强化政策宣传培训】 开展全市宗教政策法规宣传月活动，受教育者1万余人。4月参加国家民委举办的民族宗教理论政策和落实科学发展观培训。推荐市县区新任党政领导到省培训。5月22~24日，与市委统战部举办全市民族宗教系统政策法规培训班，160多人参加培训。指导宗教团体和宗教活动场所开展学习教育活动，受教育信众5000多人，增强了宗教界爱国守法意识，促进了和谐社会建设。

【宗教团体自身建设】 完成佛教协会成立筹备工作，对佛教活动场所进行整合。完成市伊斯兰教协会办公楼建设，清真寺美化绿化工程基本完工。开展天主教工作调研，强化日常管理。基督教堂建设完成主体工程。举行宗教思想研讨会7场次，撰写论文10篇，开展特色活动16项，慈善义举23次，带动信众15000余人。1月南方雪灾期间，组织民族宗教界筹集善款4万多元，衣物5000余件。“5.12”四川地震发生后，组织民族宗教界捐款捐物总值139.85万元。 （李 燕）

移民文化

东营市东部、北部地域成陆仅百余年历史。百余年来，随着黄河新於积每一片新土地的诞生，就不断有新的移民来到这片土地上渔猎垦殖。历史上，黄河三角洲地区经历了五次较大的移民。一是元末明初的大移民，从内地往沿海一带迁移大量民众；二是民国时期，30年代民国在黄河口入海口处实行军事屯垦及多次从鲁西南移民，招来大批垦户；三是建国后，50~60年代的军垦、农垦形成的移民，从全国各地迁徙来的知识青年、退伍军人纷纷来入海口安家落户；四是60~80年代，石油开发以来形成的石油开发人员移民；五是1983年东营市建市后，为解决新建市各类人才缺乏问题，从全国各地陆续招聘和调入的各类人员。移民带来的不同地域背景和特色的文化在这里相互激荡、融合，形成东营地区丰富多彩的移民文化。

黄河河务

- 黄河防凌防汛
- 黄河第八次调水调沙
- 全年引水 7.26 亿立方米
- 首次进行河口生态水量调度

【概况】 黄河自西向东横贯东营,流经利津县、东营区、垦利县、河口区4县(区),从清水沟注入渤海,境内河道全长138公里。其中东营麻湾到利津王庄30公里的河道，两岸堤距平均只有1公里，最窄处仅460米。垦利渔洼以下为尾闾河道,河床宽浅,河势多变,河道处于淤积、延伸、摆动的不稳定状态。现行清水沟流路是1855年黄河在河南铜瓦厢决口改道夺大清河从山东利津入海后,在河口地区经过10次大的改道而形成的,至今已行河33年。

据黄河利津水文站统计,东营黄河在1950~1997年间平均年径流量为358亿立方米，含沙量为每立方米24.96公斤，年均输沙量为9.11亿吨,其中约三分之二的泥沙沉积在黄河河道和入海口浅海地区，使入海河道不断淤积延伸,填海造陆,河口地区海岸线平均每年向前推进0.3公里,填海造陆3万~4万亩,成为全国唯一生产陆地的地区。

为确保黄河安全，境内建有临黄堤、南展堤、河口堤等堤防334公里；临黄堤险工23处,坝岸642段；控导护滩工程19处；引黄闸20座,设计引水能力505立方米每秒,7个引黄灌区设计灌溉面积21.75万公顷，平均年引水量10亿立方米左右,为东营市和胜利油田的开发建设做出巨大贡献。

2008年,东营黄河河口管理局积极参与抗震救灾，组成黄河防总第四机动抢险队赴灾区抢险救灾,被全国总工会、山东省总工会授予“工人先锋号”荣誉称号；推进河口治理与研究，完成河口模型基地建设年度任务，启动河口清8入海河段整治工程；完成第八次调水调沙和首次河口生态补水任务；水管体制改革通过水利部验收，利津河务局晋升为一级河道目标管理单位；加强引黄供水调度,确保黄河不断流,保障东营市和胜利油田生产和生活用水；在黄河河务系统率先完成河道清障任务。东营黄河河口管理局再次获得省级文明单位、山东河务局目标管理考核先进单位等荣誉称号。

【支援抗震救灾】 四川汶川地震发生后,全局干部职工捐款70多万元。5月18日,派两批100多人组成黄河防总第四机动抢险队奔赴灾区抢险救灾，全体抢险队员战斗1个月，实施绵竹市石亭江河道疏通和马尾河水库除险2项工程,开挖、填筑、拆除土石方5.7万立方米,完成抗震救灾抢险任务,被全国总工会、山东省总工会授予“抗震救灾重建家园工人先锋号”荣誉称号。河口管理局被市委、市政府表彰为“支援四川抗震救灾先进集体”。

【推进模型基地建设】 落实油田投资，协调政府部门办理用地和建设手续，与施工单位协商签订补充协议,加快施工进度。河口模型试验厅建设工程,2006年11月4日开工建设，至2008年底，土建工程全部完成，钢结构工程完成过半,完成项目投资5150万元,平整场地46501平方米,浇筑混凝土11000立方米；进场各种钢材3000余吨；海域A厅网架全部完成。

【防凌防汛】 2008年,从1月21日始封河，到2月22日河道融通,顺利渡过凌汛。

修订完善防汛预案，进行春季工程普查和国家常备防汛料物检查，督促落实社会团体和群众备料；落实以行政首长负责制为核心的各项防汛责任制，层层签订黄河防汛责任书，落实黄河口部责任制，成立防汛抢险督导组和专家委员会。做好群众防汛队伍的发动、组织和落实,开展防汛技术培训,7月3日在崔家控导工程举办东营市和胜利油田联合防汛演习,提高队伍实战技能。

【黄河第八次调水调沙】 6月19日至7月8日，进行第八次调水调沙,利津站最大流量4140立方米每秒,为1996年8月洪水以来的最大流量。期间及时拆除浮桥,协助地方政府加固生产堤，密切关注工情、水情变化,对五庄、清3控导工程出现的险情，动用机械人力及时抢护,控制险情发展,确保调水调沙洪水顺利入海,圆满完成第八次调水调沙任务,确保黄河安全。

【黄河南展宽区取消防洪功用】 2008年7月,国务院批复《黄河流域防洪规划》。根据《规划》第六章“防洪工程体系建设”第四节“分滞洪工程”中“大功、南展宽区、北展宽区三个蓄滞洪区防洪防凌运用几率稀少,予以取消”的要求，黄河南展宽区将不再具有防洪防凌功用。

【黄河工程管理】 完善运行机制和监督检查体系，强化工程日常管理,做好专项工程实施,提高了工程管理水平。植树10.31万株，成活率90%以上。坚持冒雨顶水、定时打草等制度,动用土石方62.07万方,完成黄河工程养护段资2850万元，其中16个专项全部完成，完成专项投资1070.68万元。加强对北大堤、民坝等不设防堤防的管理，逐段进行整修，杜绝发生失管现象。对王庄、一号坝引黄闸进行景观改造，实施垦利义和、利津东关2处景点工程，在工程管理难度大的南展区建立隔离墙、截土墙、垃圾池，每天收集清运垃圾；工程全部更新标志标牌，工程面貌得到较大改善，管养分离体制改革通过水利部验收。利津河务局晋升为一级水利工程管理单位。

【水量调度】 2008年，黄河利津站径流量147亿立方米，比常年少59%，来沙0.8亿吨，比常年少91%。河口管理局协调用水各方，进行闸门控制调度，加大蓄引力度，及时开闸引水，全年引水7.26亿立方米，为推动全市经济社会发展做出积极贡献。第八次调水调沙期间首次进行河口生态水量调度，为河口三角洲湿地补水1356万立方米，湿地核心区增加水面面积3345亩，入海口附近增加水面面积1.8万亩，进一步改善了河口生态环境。

【水政执法】 开展普法和水法规宣传活动。通过设立水法咨询站、巡回宣传、手机短信、普法和执法相结合等方式，开展水法咨询服务。开展河道巡查，全年立案查处水事违法案件6起，结案6起。开展清除河道管理范围内违章建筑物专项整治活动，市政府下发《关于禁止在黄河河道内种植阻水片林的紧急通知》，发现并制止河道内违章植树25起，清除违章植树3300余株，在河务系统率先完成清障工作，受到黄河委员会嘉奖。实施水行政许可，加强河道管理范围内建设项目管理，达到施工有许可、建设有监督、补偿有协议、竣工有验收、运行有检查审验的要求。其工作经验在黄委河道监管现场交流会上做典型发言。加强水政队伍建设，在执法任务重的河口、垦利两局开展综合执法试点，调剂内部职工充实水政监察队伍，缓解基层水政人员不足的矛盾。

【科技创新】 发动技术人员开展科技与创新，加大河口治理研究力度。全年推荐交流科技论文40篇。开展河口地区陆地生态问题研究、河口地区黄河水沙资源问题研究等4项重大科研课题，初步完成应用技术和理论技术创新项目4项，获省黄河河务局“火花奖”6项。“黄河三角洲地区黄河堤坝生物防护配套技术及生态经济效益评价研究”等3项技术通过省局组织的科技鉴定，其中2项获黄河委员会科技进步二等奖。利津河务局被黄河委员会评为创新工作先进集体。

【产业经济发展】 2008年，黄河河口管理局实现经济总收入3.1亿元，同比增长11%。施工企业进一步壮大。乾元集团完成浙江杭州和海南本地注册，在广州、深圳设立办事处并开展联合投标，签订工程合同额2.7亿元。供水收费比上年增收460万元。利用黄河泥沙拓展南展区房台4743亩，创产值4798万元；更新间伐淤区树株收入154万元。利津河务局依托淤区林木资源，新上木材加工项目。鑫瀚园林公司完成绿化工程4项产值1000多万元；旅游产业起步，垦利“龙之堤”景观竣工。

（蒋义奎　张宗梅）

黄河文化

黄河流域是中华民族的发祥地，孕育形成了中华民族古代文明的主流文化——黄河文明。东营地处黄河尾闾，是黄河最为活跃的河段；东营地域文化也是黄河文化体系的一个重要组成部分。据出土文物考证，广饶县的傅家、营子等遗址属于大汶口文化和龙山文化，其中很多出土文物具有较强的典型性和代表性。大汶口文化和龙山文化是中华民族史前文化即黄河文化的主要源流之一。因此，可以说东营地区的史前文化，就已经融汇在中华民族的主流文化——黄河文化的体系，为中华民族灿烂的古代文明的形成和发展做出了贡献。

石油

- 油田开发管理
- 全市生产原油 2774 万吨，同比增加 3.9 万吨，完成天然气工业产量 7.7 亿立方米
- 安全清洁生产

【概况】 胜利油田现指中国石化集团胜利石油管理局、中国石化股份公司胜利油田分公司的统称。工作区域主要分布在山东省东营、滨州、德州、济南、潍坊、淄博、聊城、烟台等8个市的28个县(区)内,主体位于黄河下游的东营市。按地质构造区划,山东省境内可供找油找气的勘探区域属于渤海湾盆地,主要有济阳、昌潍、胶莱、临清、鲁西南等5个坳陷,总面积约6.53万平方千米,油田已取得探矿权面积4.89万平方千米,其中济阳坳陷和浅海地区是胜利油田勘探开发的主战场。至2008年底,胜利油田共取得探矿权的勘探面积7.06万平方千米,油、气资源总量分别为120.6亿吨、16166.1亿立方米。

胜利石油管理局下设36个二级单位;有3个局属经济实体,5个管理局控股公司,2个管理局派出机构、1个局直属处级机构、1个局全资法人单位,局机关设25个职能处室,9个局直属单位。用工总量93609人,其中正式职工73257人。所属石油专业技术服务队伍:地震队15个,测量队4个,地质队93个,化学、放射性勘探队1个,电测队65个,射孔队31个,钻井队171个,水井队1个,固井队10个,综合录井队60个,管子站(队)10个,井架安装队7个,钻井搬迁队3个,大修井队23个,酸化压裂队2个,试井队2个,油田建筑安装队23个,汽车运输队53个。固定资产原值273.80亿元,净值166.62亿元。

胜利油田分公司下设21个二级单位;分公司机关设15个职能处室,6个直属单位,3个托管单位。有员工105074人,其中正式职工72193人。所辖石油专业队伍:采油队356个,稠油热采注气队28个,采气队7个,输油(气)队88个,井下作业队226个,大修井队18个,运输队77个。固定资产和油气资产总量为1912.12亿元,其中油气资产原值1689.27亿元;固定资产和油气资产净值761.76亿元,其中油气资产净值640.1亿元。

至2008年底,胜利油田共做二维地震测线5442千米、三维地震资料面积3050平方千米,累计探井进尺439万米。已发现75个油田,累计探明石油地质储量48.34亿吨、探明天然气地质储量2299.95亿立方米(含八面河油田)。投入开发70个油田,动用石油地质储量41.5亿吨。有油井24303口,投产气井394口,累计生产原油9.36亿吨,累计生产天然气525.87亿立方米。有注水井7999口,开井6031口,日注水平63.2万立方米。

2008年,胜利油田圆满完成全年各项生产经营任务。油田整体发展水平持续提升,全油田实现总收入1502亿元,实现企业增加值1166亿元,实现利润482亿元,实现税费554亿元。其中,分公司实现总收入1197亿元,企业增加值1080亿元,利润508亿元,税费528亿元;管理局实现总收入305亿元,企业增加值86亿元,税费26亿元,限亏指标控制在年度考核目标之内。

【资源接替成果丰硕】 按照“立足老区、加快新区、强化深层、稳定发展”的整体部署,寻找规模储量和优质储量,深化新老区地质认识,加强“三新”领域风险预探,加快重点潜力区块勘探,取得了“四个突破、六个进展、五个扩大”的丰硕成果。东部浅海青东凹陷在沉寂22年后取得突破,青东12井在沙三、沙四段钻遇良好油气显示,获日产51吨高产工业油气流;东营北带实施的丰深6、丰深10井均获成功,证实该地区盐下扇体含油面积达200平方千米,油气当量在6000万吨以上;东营西部地区滩坝砂岩油藏钻探利57等井,拓展滩坝油藏的广度和深度,形成亿吨级规模储量;西部准噶尔车排子探区取得重要进展,排22井在沙湾组获工业油流,勘探前景良好。全年新增探明储量1.04亿吨、控制储量1.04亿吨、预测储量1.06亿吨,连续6年实现三级储量过亿吨。

【油田开发管理】 突出提高储量动用率和油田采收率,按照“三大调整、两大接替”部署,以“完善水驱、强化三采、拓展稠油、扩大低品位”为主攻方向,坚持科学开发、精细开发、有效开发,开发质量和生产效率显著提高。全年生产原油2774万吨,同比增加3.9万吨,完成天然气工业产量7.7亿立方米。全年新增原油生产能力300.6万吨,产能符合率93%以上,其中滚动建产能80.9万吨,创历史最高水平。全年新增可采储量2882万吨,储量替代率达到1.1,连续12年实现储采平衡。加强老区调整优化、稳产专项治理和日常基础管理,综合应用加密、转驱等调整手段,大幅提高采收率,开发状况不断改善,分公司稀油自然递减率控制在14%以内,综合递减率6.9%,含水上升率控制在0.2以内。

【管理局经济健康发展】 转变发

展理念和发展方式，注重发展质量，提升了经济总量和经济效益。以运输总公司、胜大集团两个长期亏损单位扭亏为标志，管理局所属经营单位全部盈利，经济运行质量实现根本性转变。石油工程板块实现收入241.6亿元，占全局经济总量的79%，同比增加29亿元。其中钻井系统完成进尺439万米，实现收入128.5亿元，同比分别增加23万米和17亿元，创历史最高水平；测录井实现收入12.3亿元，同比增加2.24亿元；工程建设实现收入54亿元，同比增加9.8亿元。生产保障、公共服务能力持续增强，发供电系统实现收入51.2亿元，供水系统实现收入3.71亿元，社会服务板块实现收入21.5亿元，同比均有不同程度增加。外部市场稳步增长，全年实现产值90.57亿元，同比增加16.6亿元。川东北、新疆和海外三大外部市场重组整合后，经营机制得到优化，竞争能力、盈利能力和企业形象显著提高。特别是海外市场取得新跨越，在沙特、蒙古等12个国家执行29个项目，全年新签合同额2.52亿美元，完成合同额1.7亿美元，实现利润1089万美元。电网升级改造、电厂三期扩容、燃料结构调整等重点项目取得新进展。

【经营管理】 健全各项制度，强化内部管理，预算、内控、考核、监控体系不断完善。狠抓“成本、投资、资金”三个管理节点，强化经济活动分析，开展“精细管理、挖潜增效”活动，堵塞漏洞，勤俭节约，完成集团公司下达的5.04亿元降本压费指标。加强信息化建设，完善决策支持、生产指挥、经营管理等系统，提高科学管理水平。推进内部结构调整，将井下作业二、三、四公司整合到上市，将天然气管理中心整建制移交油气集输总厂，油田体制机制框架更清晰。改制分流、清理整顿工作平稳推进，全油田累计71家不同类型的单位和企业实施改制，累计完成清理整顿项目715项，分流人员2.6万人，基本完成集团公司下达的任务。劳资、审计、合同、设备、基建、土地、综合治理、外事、定额、卫生、老年、计划生育等管理工作取得新进展。

【增强自主创新能力】 深化基础理论与重点技术研究攻关和集成配套，加快高新科技成果转化和产业化步伐，科技创新在油田发展中的作用进一步增强。全年组织实施各类科研项目406项，其中获国家和省部级奖励41项，胜利油区复杂断块油田稳产技术等2项成果获国家科技进步二等奖；申请专利146项，获授权136项，在中石化各企业中居首位。隐蔽油气藏勘探理论在成藏动力、输导体系等方面获得新进展，聚合物加合增效、特高含水期水驱油机理等基础研究得到深化。滩坝砂油藏勘探技术取得重大进展，新一轮高精度开发地震技术实现较大突破，砂砾岩油藏开发配套技术更加完善，一批接替储备技术先导试验成效显著。石油工程技术服务能力明显增强，形成系列应对复杂地质条件的地震勘探、储层压裂、油层保护和钻井配套技术，特别是水平井技术应用实现跨越式发展，全年投产水平井410口，同比增加231口，应用水平井总数达到1185口，产油量210万吨。成立中石化提高采收率研究中心，建立提高油田采收率联席会议制度，完善网上勘探开发井位部署系统及业务流程审批系统，科技创新平台进一步完善。

【安全清洁生产】 树立安全、环保、清洁、节能理念，以“安全环保责任落实年”活动为主线，以防范重特大安全环保事故为重点，严格落实各项制度、措施，深化HSE（安全健康环保）培训和管理，加大隐患排查治理，开展第83次岗位责任制大检查，严格执行《安全生产禁令》和《员工守则》，安全环保形势总体稳定。坚持走建设环境友好型企业之路，提高油田清洁生产水平。胜利发电厂一期脱硫工程建成投产，二期项目进入收尾阶段。污染物得到有效处置，全年采油污水回注率90%，外排污水达标率98%，钻井废水合格率、钻井废弃泥浆无害化处理率、作业废液合格率均达100%，未发生重大环境污染事件，各项排放指标得到较好控制。高度重视和加强节能减排，全年节代自用油7.84万吨，分公司和管理局万元产值综合能耗分别为0.358和1.035吨标煤，单位油气综合能耗90.85千克标煤/吨，控制在考核指标之内。

【服务油田职工】 实施民生民心工程，解决职工群众关心的热点难点问题，按计划推进职代会确定的“10件实事”。4万套住房建设规划全面落实，2008年开工1.8万套，其余正办理前期手续，年内完成1.1万套住房销售，取消二手房交易区域和职称限制，职工住房矛盾得到有效缓解。加强一线基础设施改造，全年改造一线基层队159个。社区公用设施维修改造、西城道路改造、污水厂改扩建、广利河综合治理、水质升级改造等按计划进行。实施城镇居民基本医疗保险，10.5万人纳入保险范围。调整职工住房公积金基数，放宽公积金使用限制，为职工提供便利。提高防暑降温和保健津贴发放标准，对部分有害作业岗位人员实施健康监护，职工劳动保护得到加强。深化“三亲情、三联系”活动，累计走访职工群众4.6万人次，发放慰问金及慰问品3741万元。启动子女就业援助机制，1.68万名协解人员实现再就业，再就业率97%。加强平安社区建设，治安环境明显改善，职工群众的安全感显著提高。加大培训力度，扩大培训覆盖面，全年培训各类人员27万人次，比上年翻了一番，职工队伍素质明显提升。

【油地结合工作】 抓住国家和山东省推进黄河三角洲开发建设的历史机遇，把加快油田发展同区域发展有机结合，争取优惠政策，履行自身责任。完善油地共建运行机制和沟通平台，实现油田各项事业与东营市经济相互借势、融合促进、共同发展。2008年，完成油地共建项目30多项，其中共建水土保持生态林4处，共建油区道路53条217公里，东营经济开发区内胜利油田工业园建设、广利河治理改造等项目取得新进展，既促进地方经济发展，又为油田节省大量征地和工程费用，提高了经济效益和社会效益。加快油田职工住宅建设是油地共识，为确保油田职工住宅建设用地供应，加强与市、县两级国土资源管理部门沟通，协调政府储备土地394亩用于锦华西区二期住宅建设。开展油田帮扶地方乡镇工作，有15个二级单位帮扶东营市三县两区15个欠发达乡镇，各帮扶单位采取出工、出料、出机械等形式，支持被帮扶乡镇的经济社会建设，实施一批富民利民项目。开展计算机操作、电气焊技术等技能培训，为被帮扶乡镇培训农民工2000余人，带动农村闲置劳动力就业5000余人。完成油田帮扶油区农村特困群众安居工程，筹措建设资金1000万元，建设安居住房333套，近1000名被救助群众迁入新居。（杨荣才　宋占魁）

黄河三角洲高效生态经济区（东营）的产业支撑

在产业支撑上，以“四区一城”为主要载体，着力打造八大产业基地：一是依托胜利油田和近海海洋石油开发生产，加强与中石化、中海油的合作，打造石油能源战略储备基地；二是依托临港产业区，发展石化、盐化、精细化工循环经济产业链，打造现代化学工业精细化工基地；三是依托石油装备优势企业，提高成套设备研发能力，加强与美国休斯敦等地区的战略合作，打造石油装备制造基地；四是依托“清洁技术与再生能源国际示范城市”建设，发展风能、生物质能、太阳能，推进生态型电厂建设，打造新能源基地；五是依托高端产业区，发展先进制造业、高新技术产业和高端服务业，打造高端产业基地；六是依托生态旅游区和黄河水城，发挥生态旅游资源和黄河口文化独特的优势，打造生态休闲度假基地；七是依托生态高效农业区，重点发展生态畜牧业、生态渔业和特色园区，打造生态高效农业基地；八是依托“三网”绿化和沿海防护林等重点工程，推进林业生态体系、产业体系和生态文化体系建设，打造生态林示范基地。

区县概况

- 东营区举办首届紫椹采摘节
- 广饶县位居全国县域经济百强县第77位
- 垦利县成为中国精细化工出口基地

东营区

区委书记 张传胜
区　　长 赵国芳(女)

【国民经济和社会发展综述】 区名由来 1964年，胜利油田会战时在境内东营村附近建立指挥部;1965年,中共惠民地委、惠民地区专署为服务油田开发建设,成立中共东营工委和东营办事处;1983年东营市成立,1984年1月市辖东营区、牛庄区成立,1987年6月两区合并为东营区。

政区 人口 全区总面积1155.62平方公里，辖4个镇、6个街道,201个村民委员会,54个社区居委会。年底全区总人口61.80万人,男女性别比107:100,人口出生率8.7‰，人口死亡率4.2‰,人口自然增长率4.5‰。

经济概况 全区实现生产总值180.15亿元，按可比价格计算,比上年增长20%。其中,第一产业实现增加值9.66亿元,增长5.7%;第二产业实现增加值92.4亿元,增长20.7%;第三产业实现增加值78.09亿元,增长21%。三次产业比例为5.4:51.3:43.3。全社会完成固定资产投资156.3亿元,比上年增长24.3%。地方财政收入12.88亿元，比上年增长22%。东营区工行、农村信用联社、东营市商业银行年末各项存款余额205.41亿元,其中居民储蓄存款余额101.12亿元,贷款余额127.4亿元。

农业 粮食总产65008吨，棉花总产量12927吨，比上年增长2.2%；油料总产量565吨,水果总产量2.08万吨,蔬菜、瓜类总产量39.73吨，肉类总产量43365.4吨，禽蛋19083.9吨,奶产量10414吨，水产品总产量54926吨。全年造林714公顷,林木覆盖率19.05%。全区农机总动力26.97万千瓦,增长3.6%。

工业 有规模以上工业企业99家，全年实现工业总产值344.05亿元,比上年增长32.8%,销售收入327.94亿元,比上年增长43.6%;实现利税36.02亿元,增长37%,利润24.45亿元,增长38.3%。规模以上工业企业产品销售率95.54%。

建设 环保 交通 2008年房屋施工面积113.88万平方米，比上年增长186.2%,房地产开发投资20.08亿元。商品房销售面积40.73万平方米，比上年增长119.6%。从商品房建设用途看，住宅投资16.08亿元，商业营业用房投资3.09亿元,办公楼投资210万元。县乡村公路通车里程1044.7公里，干线全长170.2公里,油田专用公路318.2公里,年货运量1094万吨,年货运周转量106051万吨公里。

贸易 旅游 全年共实现社会消费品零售总额146.2亿元，按可比口径,比上年增长23.4%。实现进出口总额4.4亿美元,比上年增长46.2%，其中出口总值3.99亿美元,比上年增长52.8%。实际利用外资4820万美元,比上年下降25%。主要旅游景点有天鹅湖公园、清风湖公园、胜利电视塔、胜利油田科技展览中心、华8井纪念碑等。

科教文卫 各级各类学校38所,在校生26141人,其中义务教育学段在校生23100人;教职工1951人，其中专任教师1697人。科研机构47个,各类技术人员4061人,其中中级以上技术职称人员1694人。共取得市级以上各类重要科技成果2项。专利申请量1886件，比上年增长18.5%。文化场所11处,文化大院255处。全区有区属医疗保健卫生机构13个,医院、卫生院床位415张,卫生技术人员552人。

社会生活 城镇居民人均可支配收入19432元，比上年增长15.6%,人均住房使用面积37.22平方米。在岗职工工资总额96868万元，比上年增长4.7%。农民人均纯收入6738元,比上年增长14.07%，人均居住面积38.14平方米。全区城镇企业职工养老、医疗、失业、工伤、生育保险参保人数分别为18405人、29988人、10765人、25790人、6325人。农村参加社会养老保险6万人。全区最低生活保障救助人数10878人，其中城镇3914人,农村6964人。社会福利性收养单位(含敬老院)8个,床位681张,收养646人。

【中国石油装备制造业基地建设】 东营区积极扶植石油装备制造业发展。至2008年底,胜利工业园区投产企业71家,石油装备与技术服务类项目总数突破100家,占园区项目总数的79%。园区涉油企业实现生产总值34亿元,工业增加值8.7亿元,利税3.2亿元,分别占园区经济总量的82%、79%和84%。石油大学科技园胜利园区新增孵化面积1万平方米,总孵化面积达8万平方米。年内,成功举办2008中国(东营)国际石油装备与技术展览会。东营胜利工业园区基本形成集石油装备研发、制造、服务及内外贸于一体的完整产业体系，成为国内各大油田采购体系中的重要组成部分。2008年7月，东营区被中国设备管理协会正式命名为中国石油装备产业基地。

【吕剧入选国家级非物质文化遗产名录】 东营区牛庄镇时家村是吕剧的发源地，时殿元是吕剧的主要创始人。吕剧艺术已有100多年历史，创立之初，在时家村及其周边地区形成以时殿元、谭明伦、崔心庆、崔心悦等吕剧早期艺人及其弟子为骨干的业余演出队伍。建国后，以时家、谭家、东武、东张、大杜、小杜、魏家、牛庄等村为中心，方圆百余里，几乎村村都有吕剧表演团体，人人都会唱吕剧腔调。农闲时节和年节喜庆之日，演唱吕剧娱乐成为习俗。2007年10月，为继承、弘扬和发展吕剧艺术，东营区举办首届中国东营吕剧文化艺术节，获得成功。2008年6月，国务院以国发〔2008〕19号文件公布"第二批国家级非物质文化遗产名录"，其中编号为Ⅳ-116的项目是山东省吕剧院、济南市、博兴县、东营市东营区申报的吕剧。

【东营·龙居首届紫椹采摘节】 东营区以南二路为轴，依托沿路乡村、生态旅游资源，打造南二路逍遥乡村游线路，由西向东有龙居黄河展区生态园、南国风情生态园、揽翠湖旅游度假区、丽日锄禾、森林小木屋、天鹅湖风景区等景点。5月23~25日，东营区人民政府主办东营·龙居首届紫椹采摘节。采摘节整合万亩桑园、万亩速生林等生态资源，以绿色、环保、生态、休闲为主题，分主场区、农家乐展区、紫椹采摘区、黄河风情游览区等4个区块，同时，开展黄河沙滩运动、展区生态农业观光、乡土风情展示等活动，倾力打造龙居"生态名镇休闲宝地"的旅游品牌。年内举办龙居麻湾西瓜品尝节等活动，东营区逍遥游的大环境和大氛围初步形成。

【创建中国优秀旅游城市】 东营市创建中国优秀旅游城市，主要创建工作在东营区。4月18日，东营区召开创建中国优秀旅游城市动员大会，成立创优工作领导小组，制定《创优工作实施方案》，构建强有力的创优组织保障体系，在全社会营造浓厚的创优氛围，对创优现场进行全面整治。7月22~24日和12月25~27日，东营市创优工作分别通过省创优检查组、国家创优检查组进行的初审和终审。东营区为东营创建中国优秀旅游城市做出重要贡献。

【创建省级文明城市】 东营区发挥中心城区在全市创建文明城市中的主力军和排头兵作用，以创建文明城市为总抓手，强化城市建设管理，着力打造最宜人居环境。理顺城市管理体制，坚持以人为本、堵疏结合，坚持文明执法、有情操作，推行人性化、差别化、精细化管理，城市管理质量和成效不断提高。开展城乡环境综合整治，抓好市政基础设施管养，实施城市"六乱"治理、"五小"行业规范、交通秩序、建筑市场等专项整治活动，城市面貌和形象明显改观。9月，东营区被省委、省政府表彰为"省级文明县(市、区)"。

【重点工程建设】 高质量完成新广蒲河综合治理、支脉河南水北调和2万亩国家级农业综合开发、9000亩土地整理、8000亩标准化池塘改造等利民工程，国家一级渔港项目获农业部批复，20万亩小刀蛏海洋特别保护区经省政府批准。完成"黄河水城"建设年度拆迁任务，城区村居改造稳步推进，加快新区基础设施建设和商贸开发，广利港区总体规划通过专家评审，完成地形勘测、数学模型试验、工程可行性报告编制等工作。西郊铁路物流中心1.87公里铁路专用线路基和货场场坪建设基本完成，经济适用房和商贸园三期、现代农副产品批发市场等项目建设取得新进展。

【山东东营商贸园】 2008年，东营商贸园成为"山东省重点服务业园区"。总规划面积160公顷，规划建筑面积140余万平方米，概算总投资40亿元。该园区地理位置及交通条件优越，经营范围涵盖五金机电、装饰建材、商贸餐饮服务等。商贸园各项工作进展顺利。年内，投资2000余万元的金大地建材市场二期工程，投资1000余万元的东赵家居灯饰广场二期工程和投资7000余万元的金达源科技大厦工程建成开工，实现固定资产投资7000余万元，比上年增长140%。至年底，商贸园建成区面积88万平方米，入驻商户1600余家，其中大型灯具、洁具、建材批发城10余家，地板、厨卫、陶瓷等精品专业街7条，从业人员7000余人，销售收入21亿元，比上年增长13%，实现税收7055万元，增幅12.8%。形成以五金建材产品批发零售、餐饮服务等商贸流通企业为主体的服务业发展基地和商贸集聚区。年内，商贸园三期工程作为广利河综合治理工程的一部分，由东营区负责组织实施。该工程规划用地面积75公顷,建筑面积79.9万平方米,概算投资19.6亿元,规划为电子科贸区、商业服务区、商务办公区和住宅区等四大功能区。商贸园管委会加大协调推进力度,完成三期工程项目立项、土地、规划等手续审批工作,完成拆迁手续的审批,市房产局发布拆迁公告并颁布三期工程房屋拆迁许可证,拆迁工作进入实施阶段。三期工程首个项目金大源科技大厦开工建设,建筑面积15000平方米,计划投资7000万元,年内完成主体工程的70%,开工面积14000平方米,完成投资5600万元。

【乡镇街道概况】

辛店街道

党工委书记 盖士杰

主 任 薛松亮

位于西城西北部,总面积82.82平方公里,辖8个村民委员会,10个村转居委会,4个社区居委会,常住人口46557人,人口自然增长率4.85‰。

2008年,全街道实现生产总值24.69亿元(现价,下同),比上年增长35.6%,其中一、二、三产业增加值分别为0.49亿元、10.8亿元、13.4亿元,分别比上年增长9%、42%和34%。工业生产总值36.5亿元,实现利税3.95亿元。全年粮食作物播种面积912公顷,总产6399吨;棉花215公顷,总产108吨;造林22.5公顷,森林覆盖率20.7%。年末大牲畜存栏量1642头,猪存栏6800头,羊存栏9607只,家禽存栏8.5万只,水产品总量1075吨。农林牧渔总产值10055万元。有水库8座,总蓄水能力500万立方米。农业机械总动力8642千瓦,农村用电量608万千瓦时。财政收入5587万元,农民人均纯收入9380元,比上年增加270元。有中学1处,小学3处,在校学生共1856人,适龄儿童入学率100%,有医院1处,电话普及率每百人30部。小康水平指数91%,有11个村达到市级小康水平。

胜利街道

党工委书记 刘俊强

主 任 张金红(女)

位于城区东北部,面积361.7平方公里,辖7个社区居委会,6个村民委员会,人口8.5万人,人口自然增长率4.80‰。

2008年,全街道实现生产总值15亿元,同比增长35%。其中第一产业4351万元,第二产业10.94亿元,第三产业3.63亿元。限额以上工业增加值完成10.29亿元,同比增长18%。工业利税完成4.15亿元,同比增长16%。限额以上企业实现社会消费品零售总额4.16亿元,同比增长30.16%。固定资产投资完成20.74亿元,完成年计划的101.18%,同比增长25%。出口完成3300万美元,完成年计划的94.28%。外商直接投资1028.6万美元。农民人均纯收入8873元,同比增长10%。万元GDP能耗比下降6.5%。实现财政收入3755万元,同比增长30.29%。

黄河路街道

党工委书记 赵树平

主 任 朱华锋

位于西城南部,面积209平方公里,辖9个居民委员会,3个村民委员会,11.2万人,其中非农业户口8.5万人,人口自然增长率8.06‰。

2008年,全街道实现生产总值25.3亿元,比上年增长41.8%,其中一、二、三产业增加值分别达到0.99亿元、11.90亿元和12.41亿元,分别比上年增长11.5%、28.2%、61.6%。工业总产值48.9亿元,实现利税6.79亿元。农林牧渔业总产值2.01亿元,全年粮食作物播种面积563公顷,总产3651吨;瓜菜12公顷,总产535吨;棉花305公顷,总产366吨。全年造林36.5公顷,森林覆盖率19.1%,林业产值26万元。年末大牲畜存栏1237头,猪存栏6402头,羊存栏1.72万只,家禽存栏6.87万只,畜牧业总产值3600万元。水产品总量12000吨,渔业总产1.1万元。有水库3座,总蓄水能力170万立方米。农业机械总动力12650千瓦,农村用电量99.8万千瓦时。农民人均纯收入10045元,比上年增加328元。有中学1处,小学5处,在校学生共1543人,适龄儿童入学率100%,有医院13处,电话普及率100%。小康水平指数100%。

文汇街道

党工委书记 陈桃庚

主 任 张汝淮

位于西城东北部,面积38平方公里,辖10个社区居委会,1个村民委员会,人口12.5万人,人口自然增长率4.93‰。

2008年,全街道实现生产总值32.2亿元。其中第一产业624万元,第二产业9.87亿元,第三产业22.3亿元。地方财政收入7439万元,完成固定资产投资24.9亿元,限额以上工业总产值实现40.43亿元,限额以上工业利税实现4.4亿元。完成进出口额 7317 万美元，利用外资 900 万美元。农民人均收入 8490 元，同比增长 11.05%；农民全部参加合作医疗；适龄儿童入学率 100%；电话普及率每百人 90 部；小康水平指数 98.7%。

东城街道

党工委书记　盖长祥

主　　任　赵恒才

位于城区东南部，东营市委、市政府机关在辖区内，面积 63.3 平方公里，辖 17 个社区，1 个村转居社区，常住非农业人口 8.5 万人，人口自然增长率 9‰。

2008 年，全街道实现生产总值 89192 万元，同比增长 30.24%，其中，第一产业增加值完成 931 万元，同比增长 14.94%；第二产业增加值完成 36767 万元，同比增长 29.92%；第三产业增加值完成 51494 万元，同比增长 30.79%。实现利税 9373 万元，完成地方财政收入 2781 万元，同比增长 30%。新增个体工商户 238 个，同比增长 7.95%；新增民营企业 75 个，同比增长 8.7%；个体、私营企业纳税额 2861 万元，同比增长 7%。

胜园街道

党工委书记　王　勇

主　　任　刘光兴

位于西城西南部，面积 20.8 平方公里，辖 12 个自然村，2 个村转居民委员会，1 个城市社区居委会。常住人口 8553 人，人口自然增长率 7.73‰。

2008 年，全街道实现生产总值 19.4 亿元，比上年增长 30%，其中第三产业增加值 3.7 亿元，同比增长 36.6%。实现地方财政收入 3271 万元，同比增长 40%；人均纯收入 6463 元，同比增长 13%。农林牧渔业总产值 7350 万元，全年农作物总播种面积 923 公顷，粮食播种面积 536 公顷，粮食总产量 3735 吨，棉花总产量 300 吨，肉类总产量 112.1 吨。有中学 1 处，小学 1 处，幼儿园 6 个，在校生 870 人，入学率 100%；医院 1 处。电话普及率 100%，自来水普及率 100%，有线电视入户率 93%，生活用燃气率 86%，基本医疗保险参保率 100%。

史口镇

党委书记　王昌勇

镇　　长　商少华

位于东营区境西南部，面积 80.92 平方公里，辖 47 个自然村，61 个村民委员会，有 12984 户，36948 人，农业户口 33965 人，人口自然增长率 3.85‰。

2008 年，实现生产总值 27.11 亿元，增长 44.8%。其中第一产业增加值 1.68 亿元，同比增长 13.4%；第二产业增加值 21.96 亿元，同比增长 52%；第三产业增加值 3.47 亿元，同比增长 24.1%。限额以上工业企业实现增加值 208272 万元，实现利税 76799 万元。全年粮食作物播种面积 2708 公顷，总产 17179 吨，瓜菜 787 公顷，总产 43831 吨，棉花 1477 公顷，总产 1662 吨（皮棉），种植业产值 15011 万元。全年造林 438 公顷，森林覆盖率 27%。林果总产 1066 吨，林业产值 133 万元。大牲畜存栏 0.78 万头，猪存栏 1.17 万头，羊存栏 1.99 万只，家禽存栏 35.95 万只，畜牧业生产总值 13159 万元，水产品总量 1217 吨，渔业生产总值 1826 万元。有水库 8 座，总蓄水能力 228 万立方米。农业机械总动力 35462 千瓦，农村用电量 54717 万千瓦时。乡镇企业总产值 102 亿元，利税 77000 万元。财政收入 1018 万元。农民人均纯收入 6603 元，比上年增加 773 元。有医院 2 处，中学 1 处，小学 5 处，在校学生 2317 人，适龄儿童入学率 100%。

六户镇

党委书记　马学舜

镇　　长　盖运动

六户镇位于区境南部，面积 327 平方公里，辖 13 个村民委员会，有 4993 户，14481 人，其中女 7995 人，非农业户口 1200 人，人口自然增长率 6.81‰。

2008 年，实现生产总值 13.74 亿元，比上年增长 10.4%。其中一、二、三产业增加值分别为 18398 万元、69659 万元和 49303 万元，分别比上年增长 13.7%、2.4%和 22.7%。工业总产值 26.83 亿元，实现利税 30697 万元。农林牧渔业总产值 34743 万元，全年粮食作物播种面积 1320 公顷，总产 0.89 万吨，瓜菜 1458 公顷，总产 11.92 万吨，棉花 1507 公顷总产 1696 吨，种植业产值 17123 万元。全年造林 310 公顷，森林覆盖率 26%。林果总产 2574 吨，林业产值 574 万元。年末大牲畜存栏 3021 头，猪存栏 7707 万头，羊存栏 3.79 万只，家禽存栏 16.33 万只，畜牧业总产值 9267 万元。水产品总量 1401 吨，渔业总产值 5886 万元。有水库 14 座，总蓄水能力 2000 万立方米。农村用电量 391 万千瓦时。个体私营企业产值 28.02 亿元，利税 17109 万元。财政收入 1144 万元。农民人均纯收入 7288 元，比上年增加 78

元。有中学1处,小学2处,在校学生997人,适龄儿童入学率100%。有医院2处。小康水平指数70%。

牛庄镇

党委书记　秦安忠

镇　　长　孙海军

牛庄镇是吕剧发源地,是省政府命名的东营市5个中心镇之一。该镇位于东营区最南部,面积116.9平方公里,辖42个村,有农业人口32407人,非农业人口8497人,人口自然增长率2.32‰。

2008年,实现生产总值12.01亿元,比上年增长34.8%,其中一、二、三产业增加值分别为18684万元、43846万元和57563万元,分别比上年增长13%、25.4%和52.9%。限额以上工业总产值110245万元,实现利税11573万元。农林牧渔业总产值36286万元,全年粮食作物播种面积2469公顷,总产16379吨,瓜菜1251公顷,总产88777吨,棉花3233公顷,总产3443吨,种植业产值19798万元。全年造林6831亩,森林覆盖率19.7%。林果总产1650吨,林业产值498万元。年末大牲畜存栏7500头,猪存栏8690头,羊存栏32100只,家禽存栏23万只,畜牧业总产值12065万元。水产品总量449吨,渔业总产值599万元。有水库8座,总蓄水能力998万立方米。农业机械总动力51479千瓦,农村用电量331万千瓦时。财政收入1307万元,农民人均纯收入6072元,比上年增加757元。有中学2处,小学4处,在校学生共3197人,适龄儿童入学率100%。有医院3处。电话普及率每百人40部。

龙居镇

党委书记　隋湘滨

镇　　长　卢春玲(女)

位于区境西部,面积106.63平方公里,辖55个自然村,35319人,人口自然增长率0.7‰。

2008年,实现生产总值10.27亿元,比上年增长18%,其中一、二、三产业增加值分别达到17929万元、40132万元、44667万元,分别比上年增长13.4%、1.5%和22.6%。工业总产值13.8亿元,实现利税11728万元。农林牧渔业总产值36270万元;全年粮食作物播种面积1220公顷,总产5968吨,瓜菜1514公顷,总产104777吨,棉花3617公顷,总产4941吨,种植业产值17188万元。全年造林5000亩,森林覆盖率37%。林果总产620吨,林业产值330万元。年末大牲畜存栏10780头,猪存栏6120头,羊存栏38560只,家禽存栏60万只,畜牧业总产值11020万元。水产品总量410吨,渔业总产值326万元。有水库5座,总蓄水能力290万立方米。农业机械总动力46855千瓦,农村用电量800万千瓦时。乡镇企业总产值7.5亿元,利税5108万元。地方财政收入593万元,农民人均纯收入5979元,比上年增加766元。有中学1处,小学5处,在校学生2935人,适龄儿童入学率100%。有医院1处,社区卫生服务站13处。电话普及率每百人21部,有16个村达到小康水平。

(郭大勇　李　鹏)

河口区

区委书记　郑建军

区　　长　聂建军

【国民经济和社会发展综述】 区名由来　1972年,胜利油田在黄河入海口处(现河口城区驻地)设指挥部,称河口指挥部(当时黄河自境内入渤海)。1982年11月,国务院批准设立东营市,在河口采油指挥部(原河口指挥部)驻地设立河口区。

政区人口　全区总面积2365.13平方公里,辖3乡3镇1个办事处,178个行政村,44个居民委员会(含油田)。全区总人口25.08万人(其中暂住人口3.8万人),人口出生率7.69‰、死亡率4.56‰,人口自然增长率3.13‰。

经济概况　2008年,全区实现地方生产总值84.47亿元,按可比价格计算,比上年增长20.3%。第一产业增加值7.23亿元,增长6.5%;第二产业增加值51.24亿元,增长23.7%;第三产业增加值26亿元,增长17.4%。三次产业比例为8.6:60.6:30.8。全社会固定资产投资完成98.95亿元,比上年增长25.7%。实现财政总收入10.66亿元(全口径),增长10.5%,其中地方财政收入5.33亿元,按可比口径增长18%。年末金融机构各项存款余额108.38亿元,比年初增加19.48亿元,其中储蓄存款余额81.72亿元,比年初增加15.04亿元。年末金融机构各项贷款余额30.17亿元,比年初增加1.57亿元。

农 业 全年农林牧渔业实现总产值14.7亿元,比上年增长14.5%。粮食总产1.7万吨,增长19.3%;棉花(皮棉)总产1.98万吨,增长27.6%;油料总产0.14万吨,下降47.29%;水果总产3.09万吨,下降3.3%;蔬菜总产0.95万吨,增长30.6%。肉类总产1.98万吨,禽蛋总产0.52万吨,奶类总产0.7万吨。水产品总产11.1万吨,下降13.95%。全年完成人工造林面积40.27万亩。全区农机总动力20.07万千瓦,增长3.45%。

工业和建筑业 全年实现工业增加值49亿元,比上年增长25.5%。规模以上工业企业86家,实现工业增加值57.12亿元(按生产法计算),比上年增长29.2%;实现主营业务收入224.55亿元,增长46.9%;实现利润13.96亿元,增长44.6%;实现利税22.90亿元,增长45.2%。规模以上工业企业经济效益综合指数达到464.13%,比上年提高95.23个百分点。资质建筑企业29家,完成建筑业总产值103792万元,下降18.6%;实现利税14339万元,下降11.8%。

建设 环保 城市基础设施建设完成投资13.76亿元。城市人均道路面积44平方米,人均绿地面积14.21平方米,建成区绿化覆盖率37.95%。燃气普及率97%,集中供热普及率98%。村镇建设完成投资2.51亿元,下降13%。已建成污水处理厂3座,污水集中处理率达到84%,城市空气质量良好率达到97%,水环境功能区达标率为100%,道路交通声环境质量达到相应功能区划要求。

交通 邮电 公路通车里程1855.2公里,其中省干线公路里程127.7公里。公路旅客运输量为116万人次,比上年增长9.4%。公路货物运输量580.5万吨,增长9.3%。完成邮电业务总量7221.4万元,增长6.2%。其中,电信业务总量146.6万元,增长3.2%;邮政业务总量2174.8万元,增长17.1%。年末固定电话用户3.65万户,移动电话用户28.89万户(包括油田),电话普及率104部/百人,互联网用户2.55万户。

贸易 旅游 全年共实现社会消费品零售总额17.65亿元,比上年增长24.22%。实现进出口总额4452万美元,增长15.2%,其中出口3671万美元,增长18.4%;新签利用外资项目2个,合同利用外资额1379万美元,下降21.2%;实际利用外资1406.5万美元,同比增长17.3%。主要旅游景点有:黄河故道、黄河口石油景区、黄河广场、东营海港、中心渔港、孤北芦苇湿地、孤东围海大堤、西湖公园、仙河蓬莱公园(AA级景区)、孤岛植物园、孤岛果园、新户乡百枣园(AA级景区)、孤岛军马场农博园(省级农业示范点)、万亩槐林。全年接待国内外游客18万人,增长50%,实现旅游总收入7000万元,增长75%。其中,国内旅游收入6300万元,增长58%。

教科文卫体 有中等职业技工学校1所,在校生201人;普通高中1所,在校生2324人;普通中学4所,在校生2750人;小学10所,在校生4831人。2008年,共取得市级以上各类重要科技成果8项。专利申请260件,授权专利207件。有各种艺术表演团体1个,艺术表演场所2个,公共图书馆2个,文化馆1个,档案馆2处。广播人口覆盖率和电视人口覆盖率均为100%。有卫生机构276所,其中,一级综合医院4所、二级医院4所,卫生院5所,村卫生室156所,卫生所30所,其他医疗机构77所;卫生防疫机构1所,妇幼保健机构1所。各类卫生机构共有床位1070张。卫生技术人员1244人,其中,执业医师437人,注册护士650人。有体育馆1座。

社会生活 城镇居民人均可支配收入18131元,增长15.6%;人均消费性支出为12085元,增长10.4%;人均住房使用面积30.12平方米。城镇在岗职工年平均工资27622元,增长15.4%。农民人均纯收入6489元,增长14%;人均生活消费支出4484元,增长6.8%;人均住房面积29.85平方米。全年职工养老、医疗和失业、工伤、生育保险参保人数分别为11049人、22693人、9000人、13445人和5240人,分别比上年增加1173人、5000人、500人、1140人和20人。社会保险基金总收入8614万元,增加1273万元;支出4776万元,增加605万元。新型农村养老保险参保农民32671人。全区最低生活保障救助4129人,其中,城镇低保1384人,农村低保2745人。全区有敬老院5处,收养194人,社会兴办福利机构2处,有28人。社会福利企业4个,安置残疾人员101人。

【城乡面貌发生新变化】 完成城市总体规划编修,组织实施水系景观、抗震防灾、燃气、排水等5项专业规划,城区详规覆盖率88%。完善城市建设融资机制,通过市场化运作、油地共建和多方争取，投资13.7亿元，实施城建重点项目21个。环城水系建设完成年度计划任务，高标准实施西湖公园、城区东西入口、昌盛河景观建设和水系清淤工程，新增水面42万平方米，绿地28万平方米，城市品位不断提升。新建改造河仙路、河聚路、渤海路等城市道路10.4公里，改造城区支路6条，配套雨污分流管线5.2公里，道路框架更加完善。河安小区179座楼盘全部竣工，并分房到户。河口城区及孤岛、仙河油田职工住房建设启动，新增住宅面积95万平方米，居民住房条件得到改善。启动实施文体艺术中心、广电中心、第二殡仪馆、计划生育综合服务楼和人民医院迁建工程，城市功能更加完善。加强城市精细化管理，以创建国家优秀旅游城市和文明城市为契机，加大综合执法力度，区容区貌明显改观。

【农业和农村经济稳步发展】 水产、畜牧及冬枣、棉花等传统产业持续发展，水产品总产量13.5万吨，肉蛋奶产量2.6万吨，冬枣产量2万吨，棉花产量2万吨。特色种植、养殖产业加快发展，建成特色产业村50余个。农业产业化水平进一步提升，新增农业龙头企业8家，新建农民专业合作组织32家；"黄河口文蛤"通过国家地理标志产品保护专家组评审。加强农业基础设施建设，开发整理荒碱地3.5万亩，改造中低产田1.5万亩，疏浚治理河道3条39.6公里，滨海大道绿色生态河、黄河口国家级中心渔港等重大基础设施建设进展顺利。"三网"绿化工程扎实推进，完成路域绿化150公里，水系绿化76公里，农田林网7万亩，新植树木416万株，生态环境明显改善。新农村建设富有成效，编制完成300人以上村庄建设规划，创建市级小康文明村15个；改造供水管网320公里，建设乡村公路50公里，农村生产生活条件进一步改善。

【和谐社会建设取得新进展】 教育事业加快发展，投资1950万元，实施农村中小学取暖工程、校舍改造工程和职教中心改扩建工程，办学条件明显改善。城乡医疗卫生保障体系不断完善，新建社区卫生服务机构28处。支援四川抗震救灾，捐款650万元，建设过渡板房160套。人口和计划生育工作通过国家优质服务先进区验收，文化体育事业繁荣发展，第二次全国经济普查工作进展顺利，人事人才管理水平进一步提高，国防教育、人民防空、民兵预备役和双拥工作不断加强，老年人、残疾人、妇女儿童权益得到保障。

【河口经济开发区】 位于河口区城区南部，始建于1997年10月，2006年3月，被省政府正式批准为省级开发区。至年底，区政府在开发区投资4.5亿元，9平方公里建成区内实现"七通一平"(即供水、排水、路、电、讯、宽带、闭路电视等"七通"及场地的自然平整)。开发区入驻企业74家，计划总投资57亿元，建成投产运营企业67家，其中规模以上企业32家，投资过亿元的15家，解决5800多人就业；涌现出澳纳纺织、汇海医药、黄河口家具、精诚无缝钢管、常青树化工等一批影响力大、带动性强的企业；以金舜钢管、精诚无缝钢管、海润钢管、海蓝德钻具、海鑫钢管为主的石油装备业初具规模。

2008年，开发区已投产工业企业共实现工业总产值27亿元，同比增长30%；工业增加值7.56亿元，同比增长32.5%；实现销售收入26.4亿元，同比增长32.9%；实现利税3.24亿元，同比增长34.7%，其中，实现利润1.9亿元，同比增长33.6%。出口创汇2500万美元，同比增长8.2%。

【乡镇街道概况】

河口街道

党工委书记　李寿年

主　　　任　陈桂林

位于河口区城区，面积477.08平方公里，耕地面积2.6万亩，滩涂面积7万亩，海岸线全长17.3公里，辖22个行政村，30个自然村，5个社区居委会，总人口7.23万人，其中地方人口2.46万人，人口自然增长率4.3‰。

2008年，实现生产总值61096万元，比上年增长20.6%，其中一、二、三产业增加值分别为8820万元、18058万元和34218万元，同比分别增长11.3%、31.3%和17.6%。农作物总播种面积1547公顷，全年粮食作物播种面积361公顷，总产1523吨；瓜菜27公顷，总产773吨；棉花1150公顷，总产1505吨。全年造林230公顷，森林覆盖率10.2%；林果总产524吨，林业产值370万元。年末大牲畜存栏3968头，猪存栏2.8万头，羊存栏2.6万只，家禽存栏12.4万只，畜牧业总产值3200万元。水产品总产量5165吨，渔业总产值6280万元。有水库13座，总蓄水能力2020万立方米。农业机械总动力5.04万千瓦，农村用电量231万千瓦时。乡镇企业总产值13.9亿元，利税1.32亿元。财政收入1703万元，同比增长163.6%。农民人均纯收入6486.6元，同比增长14.04%。有中学4处，小学5处，在校学生共12664人，适龄儿童入学率100%。有医院3处。电话普及率每百人46部。小康水平指数69%，有11个村达到小康水平。2008年，获国家卫生镇、全国减灾综合示范区、省级文明村镇(李坨村)、省绿色社区（海宁社区)等称号。

义和镇

党委书记　王学春

镇　　长　缪金学

位于河口区城区西部，面积129平方公里，耕地7.83万亩。辖46个行政村，有7352户，24590人，人口自然增长率2.6‰。

2008年，实现生产总值61957万元，比上年增长20.5%，其中一、二、三产业增加值分别达到13006万元、28707万元和20244万元，分别比上年增长8%、29.3%和16.7%。工业总产值10.6亿元，农林牧渔业总产值23610万元；全年粮食作物播种面积1473公顷，总产988万公斤；瓜菜153公顷；棉花3000公顷，总产358万公斤；种植业产值11374万元。全年造林500公顷，森林覆盖率25.3%；林果总产7700吨；林业产值662万元。年末大牲畜存栏5320头，猪存栏1.8万头，羊存栏2.62万只，家禽存栏27.3万只，畜牧业总产值5157万元。水产品总量7000吨，渔业总产值4813万元。农林牧渔服务业总产值4345万元。有水库82座，总蓄水能力622万立方米。农村用电量292万千瓦时。乡镇企业总产值13.99亿元，其中个体私营企业产值3.2亿元。财政收入803万元。农民人均纯收入6489元，比上年增加795元。有中学1处，小学4处，在校学生2243人，适龄儿童入学率100%。有医院1处。电话普及率每百人21部。小康文明指数41.3%。有19个村达到小康水平。被评为市级文明单位、全省一级五保供养服务机构（义和镇敬老院)、国家环境优美乡镇。

仙河镇

党委书记　卢洪鹏

镇　　长　张英然

位于河口区东部，面积582平方公里，辖5个自然村，5个村民委员会，有13033户（包括油田)，常住人口37589人，农业人口1333人，人口自然增长率8.9‰。

2008年，实现生产总值35951万元，比上年增长20.6%，其中一、二、三产业增加值分别为5388万元、9618万元和20945万元，分别比上年增长7.5%、35.9%和17.6%。全年实现工业增加值5120万元，比上年增长65.8%。乡镇企业总产值6.2亿元，利税18000万元，其中个体私营企业产值43800万元，利税13810万元。规模以上工业总产值13263万元，实现利税2486.8万元。财政收入1325万元。农民人均纯收入9799元，比上年增加1173元，人均生活消费支出6369元，增长12.7%。全镇人均可支配收入18131元，增长15.6%；人均消费支出12089元，增长10.4%；人均住房建筑面积30.2平方米；城镇在岗职工年平均工资35000元。

农林牧副渔业总产值10800万元；瓜菜1公顷，总产23吨；棉花101公顷，总产94吨；种植业产值1400万元。全年造林1016.7公顷，森林覆盖率15.8%。林业产值173万元。年末大牲畜存栏2082头，猪存栏13442头，羊存栏14082只，家禽存栏77500只。畜牧业总产值250万元。水产品总量4万吨，渔业总产值8970万元。有水库3座，总蓄水能力200万立方米(地方)。农业机械总动力23850千瓦。有中学1处，小学3处，在校学生4270人，适龄儿童入学率100%。有医院2处。电话普及率每百人98部。小康水平指数100%，5个村中有4个村居为市级小康文明村，3个省级卫生村，1个省级绿化示范村，1个省级文明村。获全国环境优美乡镇、国家卫生镇、山东省人居环境范例奖、山东省绿化示范镇、省级文明乡镇称号。

孤岛镇

党委书记　薄纯新

镇　　长　李金峰

位于河口区城区东部，面积159.46平方公里，耕地0.09万亩。辖2个行政村，1.47万户(包含油田人口)，3.78万人，人口自然增长率1.3‰。

2008年，实现生产总值39384万元，比上年增长20.6%，其中一、二、三产业增加值分别为690万元、16971万元和21723万元，分别比上年增长3.5%、25.4%和17.6%。工业总产值67390万元，实现利税11456万元。农林牧渔业总产值1402万元；种植业产值514万元。年末大牲畜存栏2631头，猪存栏1.62万头，羊存栏0.4万只，家禽存栏703万只。畜牧业总产值442万元。水产品总量8000吨，渔业总产值285万元，农林牧渔服务业总产值161万元。有水库3座，总蓄水能力2350万立方米。农业机械总动力4700千瓦，农村用电量18万千瓦时。乡镇企业总产值134659万元，利税22876万元。财政收入1988万元。农民人均纯收入9697元，比上年增加1167元。有中学2处，小学3处，在校学生5751人，适龄儿童入学率100%。有医院2处。电话普及率每百人98部。小康文明指数100%，有2个村达到小康水平。获山东省中心镇、国家卫生镇、全国环境优美乡镇、全国重点镇、全国发展改革试点镇等称号。

太平乡

党委书记 孙学诗

乡　　长 韩　东

位于区境西部，面积141平方公里，辖59个自然村，40个村民委员会，有4099户，12274人，非农业人口757人，人口自然增长率实现2.61‰。

2008年，实现生产总值30787万元，比上年增长20.5%，其中一、二、三产业增加值分别为8690万元、12710万元和9387万元，分别比上年增长11.4%、30.3%和16.7%。工业总产值3.2亿元，实现利税6569万元。全年粮食作物播种面积496公顷，总产0.3万吨；瓜菜45公顷，总产0.2万吨；棉花1949公顷，总产2600吨；农林牧渔业总产值17383万元，种植业产值6582万元。全年造林63公顷，森林覆盖率18.06%，林果总产2701吨；林业产值523万元。年末大牲畜存栏7397头，猪存栏13655万头，羊存栏39682只，家禽存栏30万只；畜牧业总产值5212万元。水产品总量6000吨，渔业总产值3181万元，农林牧渔服务业总产值1885万元。有水库63座，总蓄水能力1000万立方米。农业机械总动力16472千瓦，农村用电量180万千瓦时。乡镇企业总产值3.7亿元，利税7926万元。财政收入527万元。农民人均纯收入6467元，比上年增加793元。有中学1处，小学2处，在校学生1114人，适龄儿童入学率100%。有医院1处。电话普及率每百人15部。

新户乡

党委书记 孟凡吾

乡　　长 徐文棠

位于区境西北部，总面积493.5平方公里，辖35个行政村，有4335户，13627人，其中女6837人，人口自然增长率1‰。

2008年，实现生产总值53407万元，比上年增长20.5%，其中一、二、三产业增加值分别为21200万元、18846万元和13361万元，分别比上年增长9.6%、38.9%和16.7%。工业总产值6.75亿元，实现利税2350万元。地方财政收入2297万元。农民人均纯收入6498元，比上年增加800元。农林牧渔业总产值42437万元。全年粮食作物播种面积208公顷，总产790吨；瓜菜30公顷，总产340吨；棉花2112公顷，总产3398吨；种植业产值8390万元。全年造林186.7公顷，森林覆盖率13.5%，林果总产125万吨，林业产值660万元。年末大牲畜存栏400头，猪存栏2800头，羊存栏4000只，家禽存栏50万只，畜牧业总产值6006万元。水产品总量5万吨，渔业总产值2.6亿元。有水库35座，总蓄水能力1200万立方米。农村用电量82万千瓦时。全年实现工业增加值15126万元，比上年增长45.44%。乡镇企业总产值7.01亿元，利税2350万元，其中个体私营企业产值1.4亿元、利税1749万元。有中学1处，小学1处，幼儿园5处，在校学生(幼儿)1565人，适龄儿童入学(园)率100%。有医院1处。有10个村达到市级小康文明村水平。获全市党员干部现代远程教育工作先进乡镇(街道)、全市农村集中供水工作先进乡镇、全市科普惠农工程先进乡镇等称号。

六合乡

党委书记 朱春光

乡　　长 牟焕民

位于区境南部，面积138平方公里，辖28个自然村，28个村民委员会，有0.46万户，1.52万人，人口自然增长率1.7‰。

2008年，实现生产总值70416万元，比上年增长20.71%，其中一、二、三产业增加值分别为11708万元、38170万元和20538万元，分别比上年增长12.2%、25.1%和17.6%。规模以上工业总产值24253万元，实现收入25054万元。农林牧副渔总产值23893万元。全乡粮食作物播种面积6060亩，总产4495吨；瓜菜1035亩，总产2685吨；棉花61995亩，总产4495吨；种植业产值7068万元。全年造林5000亩，森林覆盖率13.8%，林业产值562万元。畜牧业总产值4224万元。水产品总量6000吨，渔业总产值9663万元。农业服务业总产值2376万元。有水库36座，总蓄水能力1500万立方米。农业机械总动力7.2万千瓦,农村用电量690万千瓦时。乡本级财政收入1153万元。农民人均纯收入6505元,比上年增加793元。有中学1处,小学1处,在校学生1370人,适龄儿童入学率100%。有医院1处。获全国村务公开民主管理先进乡镇、"平安山东"建设先进基层单位、省"五五"普法工作先进单位、市维护稳定安全"百日行动"先进单位等称号。(韩学芝)

广饶县

县委书记　赵豪志

县　　长　田和友

【国民经济和社会发展综述】 县名由来　西汉始有广饶之名。隋改称千乘县,金熙宗天眷元年(1138年)改称乐安县。1914年,因与江西省乐安县重名,复称广饶县。

政区　人口　全县总面积1137.8平方公里,辖6镇、4乡、1个办事处、1个开发区管委会,538个行政村、15个社区、8个居委会。年末全县总人口49.28万人,人口出生率11.0‰,死亡率8.3‰,自然增长率2.7‰。有少数民族30个,534人。

经济概况　全县实现生产总值322.33亿元,按可比价格计算,比上年增长19.2%。其中,第一产业增加值24.76亿元,增长5.6%;第二产业增加值238.04亿元,增长21.4%;第三产值增加值59.53亿元,增长17.0%。三次产业比例为7.7:73.8:18.5。全社会完成固定资产投资160.48亿元,增长25.5%。实现财政总收入22.83亿元,增长24.6%,其中地方财政收入14.4亿元,增长39.6%。税收总收入17.93亿元,增长5.0%。年末金融机构各项存款余额159.94亿元,比年初增加32.19亿元,其中居民储蓄存款余额73.44亿元,比年初增加15.69亿元。年末金融机构各项贷款余额254.44亿元,比年初增加39.85亿元。

农业　全年农林牧渔业实现总产值48.68亿元,比上年增长4.9%。粮食总产47.90万吨,增长2.1%;棉花总产2.58万吨,增长23.7%;水果总产2.35万吨,增长1.7%;蔬菜总产131.07万吨,增长0.4%;肉类总产6.98万吨,禽蛋总产2.03万吨,奶类总产8.68万吨;水产品总产10.35万吨,增长6.7%。全年人工造林面积2978公顷。全县农机总动力85.68万千瓦,增长4.6%。

工业　全县限额以上工业企业达到229家,比上年净增41家,完成工业总产值1091.09亿元,实现主营业务收入1070.42亿元,实现利润95.1亿元、利税130.03亿元。

建设　环保　自来水供水能力21000吨/日,供热面积150万平方米。新建、扩建城市道路面积6.17万平方米,公交营运车辆168标台,垃圾无害化处理能力150吨/日,城市园林绿地924公顷,城市建成区绿化覆盖率41.94%。资质三级及以上建筑企业40家,完成建筑业总产值424053万元,实现利润31200万元。已建成污水处理厂33座,城市污水集中处理率85%。完成环境污染治理项目11个,完成投资额74076万元。城市空气质量良好率86%。

交通　邮电　公路通车里程1756.9公里,其中高速公路通车里程55.4公里。公路旅客运输量和周转量127.76万人、10892万人公里,分别比上年增长28%和25%;公路货物运输量和周转量1595.75万吨、163581万吨公里,均增长25%。民用汽车拥有量56995辆,比上年增长19.8%,其中私人轿车48898辆,增长19.6%。完成邮电业务总量25198万元,增长2.6%,其中,电信业务总量23425万元,增长4.4%;邮政业务总量1773万元,下降16.2%。年末固定电话用户129898户,移动电话用户384100户,电话普及率104.3部/百人,互联网用户35511户。

贸易　旅游　全年共实现社会消费品零售总额33.27亿元,比上年增长24.1%,其中,城市市场实现零售额18.22亿元,农村市场实现零售额15.05亿元。实现进出口总值178162万美元,增长39.1%,其中出口92316万美元,增长36.8%。实际利用外资2932万美元,增长18.1%。外派人员159人次,增长5%。主要旅游景点有南宋大殿、傅家遗址、兒宽墓、五村遗址、营子遗址、柏寝台遗址、冢冢墓群、乐安故城遗址、孙武湖旅游度假区、孙武祠、东营市历史博物馆、中共刘集支部旧址、张太恒上将纪念馆、中共清河地委旧址。全年接待游客人数45万人次,实现旅游收入15000万元,增长25.7%。

教科文卫体　有普通高等院校1所,在校生4060人。中等职业学校3所,在校生5788人。普通高中1所,在校生10800人。普通初中18所,在校生25181人。小学43所,在校生35424人。共取得市(地)级以上各类重要科技成果11项,其中,获得省科技奖励项目26个。专利申请量339件，授权专利241件。有各种艺术表演团体1个，公共图书馆1处，群众艺术馆、文化馆和博物馆各1处，档案馆1处。广播、电视人口覆盖率分别达到100%和100%。有卫生机构24所，其中，医院、卫生院21所，卫生防疫机构1所，妇幼保健机构1所，专科疾病防治院1所。各类卫生机构共有床位2163张，卫生技术人员2271人，其中医师1005人。全县有体校1处，体育馆3座，标准田径场19个，塑胶跑道7处。全年参加省级以上体育比赛获奖牌6枚。

社会生活　城镇居民人均可支配收入17130元，增长17.9%；人均消费性支出为9358元，增长12%；人均住房使用面积28.9平方米。城镇在岗职工年平均工资24774元，增长18.7%。农民人均纯收入6985元，增长14.1%；人均生活消费支出4737元，增长5.1%；人均居住面积31.6平方米。全年职工养老、医疗、失业、工伤、生育保险参保人数分别为54173人、43706人、29987人、42478人、9701人。社会保险费总收入30622万元，增加4402万元；支付各项社会保险基金16171万元，增加1383万元。农村养老保险参保人数100903人。全县最低生活保障救助11826人，其中，城镇低保1886人，农村低保9940人，农村定期救济43人。全县福利彩票销售1500万元，增长23%。收养性社会福利单位10个，床位1272张，收养53人，社会福利企业12个，安置残疾人员314人。

【花官乡梨园剧团获“全国服务农民服务基层文化建设先进集体”称号】　3月20日，在“全国服务农民服务基层文化建设先进集体”颁奖表彰会上，花官乡梨园剧团被中央宣传部、文化部授予“全国服务农民服务基层文化建设先进集体”称号，成为全市首个获此殊荣的剧团。

【中国橡胶轮胎出口基地暨首批11家基地企业落户广饶】　6月3日，广饶县“中国橡胶轮胎出口基地暨首批基地企业”命名授牌大会召开。中国五矿化工进出口商会向广饶县政府和11家首批基地企业授予牌匾。该出口基地是中国五矿化工进出口商会在国内设立的第八个出口基地。

【广饶县名列全国县域经济百强县第77位】　7月6日，第八届全国县域经济基本竞争力与科学发展评价报告显示，在全国基本竞争力百强县(市)中，广饶县列第77位，比上年前移4个位次。

【广饶县获“国家科技进步优秀示范县”称号】　8月，广饶县被科技部授予“国家科技进步优秀示范县”称号，成为东营市唯一获此殊荣的县区。

【孙子文化节荣膺“全国节庆活动百强暨2008年度中国十佳文化节庆”】　11月14~15日，在2008中国节庆总评榜（年度）颁奖盛典上，中国广饶孙子国际文化节荣膺“全国节庆活动百强暨2008年度中国十佳文化节庆”。

【大王镇跨入全国百强镇】　11月，在全国“2008年乡镇可持续发展高峰论坛暨中国乡镇科学发展研究报告发布会”上，广饶县大王镇入围2008年度中国乡镇综合实力500强，位居第98位。在“2008年中国乡镇可持续发展高峰论坛”上，入围“全国乡镇综合实力百强”。　(石丰武 徐宗强)

【广饶经济开发区】　位于县境北部，距县城2公里，面积20平方公里，耕地面积398公顷，有效灌溉面积398公顷。辖15个社区，3万人，其中社区居民2483户，9311人，人口出生率11.31‰，人口自然增长率5.46‰；人口计划生育率100%。

2008年，实现生产总值61.34亿元，比上年增长96%，其中一、二、三产业增加值分别为1935万元、603202万元和8247万元，分别比上年增长8.3%、37.9%和31%。工业总产值242亿元，实现利税31亿元。农林牧渔业总产值5647万元。全年粮食作物播种面积7120.37亩，总产6273万吨；全年造林1200亩，森林覆盖率36%。年末大牲畜存栏0.25万头，猪存栏2800头，羊存栏1000只，家禽存栏19万只。有小学1处，在校学生800人，适龄儿童入学率100%。幼儿园(含托儿所)1处。有医院3处，电话普及率每百人50部。

全年完成社会固定资产投资30亿元，同比增长42%。实施投资过亿元项目10个，科创生物化工、贝特尔车轮、瑞特精细化工等项目相继投产。全区拥有国家级高新技术企业2家，省级研发中心、实验室14个。有8家企业申报山东名牌，中国鹏杰色织公司在新加坡成功上市，建立拟上市企业资源储备库，储备澳亚纺织、贝特尔车轮等5家企业。成立东营市第一家小额贷款公司——广饶瑞丰小额贷款公司，山东省手拉手融资担保公司注册成立。开发区管委会被市政府授予“全市对外开放先进园区”称号。

【乡镇概况】

广饶镇

党委书记　陶家孟

镇　　长　邢少鹏

位于县城驻地，面积107.57平方公里，辖122个行政村，122个村民委员会，有21625户，72629人，其中女36817人，人口自然增长率4.2‰，人口计划生育率99.3%。

2008年，实现生产总值35.4亿元，比上年增长28.5%，其中一、二、三产业增加值分别为3.3亿元、18.9亿元、13.2亿元，比上年增长8.1%、24.5%、41.7%。限额以上工业总产值91亿元，实现利税12亿元。农林牧渔业总产值54856万元。全年粮食作物播种面积11248公顷，总产8.38万吨；瓜菜5225公顷，总产39万吨；棉花102公顷，总产142吨；种植业产值42562万元。全年造林375公顷，森林覆盖率28.1%，林果总产250吨，林业产值184万元。年末大牲畜存栏2099头，猪存栏3.28万头，羊存栏4645只，家禽存栏62.2万只，畜牧业总产值11060万元。农业机械总动力170564千瓦，农村用电量9924万千瓦时。财政收入5015万元。农民人均纯收入7343元，比上年增加845元。有中学2处，小学7处，在校学生共1885人，适龄儿童入学率100%。有医院3处。小康水平指数达到99%，有110个村达到小康水平。

大王镇

县委常委、镇党委书记

杨同贤

镇　　长　西牧山

位于县境东南部，面积122平方公里，有耕地7772公顷，有效灌溉面积7772公顷。辖97个自然村，97个村民委员会，有25386户，91703人，其中女45320人，人口出生率11‰，人口自然增长率4‰，人口计划生育率99.8%。在2008年中国乡镇可持续发展高峰论坛上，入围“全国乡镇综合实力百强”。

2008年，实现生产总值95.8亿元，其中一、二、三、产业增加值分别为35080万元、853677万元和68879万元，分别比上年增长10.9%、0.3%和32.9%。工业总产值480亿元，实现利税473553万元。农林牧渔业总产值73307万元。全年粮食作物播种总面积10255公顷，总产7.6万吨；瓜菜面积1552公顷，总产1.6万吨；种植业产值34737万元。全年造林733公顷，森林覆盖率38%，林果总产6098吨，林业产值295万元。年末牛存栏1.5万头，猪存栏1.4万头，羊存栏12993只，家禽存栏48.7万只，畜牧业总产值17666万元。渔业总产值11700万元。农业机械总动力186927千瓦，农村用电量267850万千瓦时。财政收入85000万元，农民人均纯收入7834元。有中学3处，小学11处，在校学生10130人，适龄儿童入学率100%。幼儿园（含托儿所）21处，入园幼儿3100人，入园率100%。有医院2处。电话普及率每百人92部。

稻庄镇

党委书记　王英明

镇　　长　刘林成

位于县境东部，面积43.9平方公里，有耕地2718公顷，其中有效灌溉面积2680公顷，辖53个自然村，51个村民委员会，有8460户，32478人，其中女16158人，人口出生率12.3‰，人口自然增长率6‰，人口计划生育率99.7%。

2008年，实现生产总值51.39亿元，比上年增长25.9%，其中一、二、三产业增加值分别为21251万元、436857万元和55759万元，分别比上年增长8.9%、26.3%和30.3%。工业总产值204.6亿元，实现利税29.7亿元。农林牧渔总产值31861万元。全年粮食作物播种面积4207公顷，总产30767吨；瓜菜1577公顷，总产14.6万吨；种植业总产值18512万元。全年造林207.5公顷，森林覆盖率27.2%，草莓总产2804吨，林业产值169万元。年末大牲畜存栏2245头，猪存栏9149头，羊存栏10504只，家禽存栏113.8万只，畜牧业总产值11000万元。有水库1座，蓄水能力1000万立方米。农业机械总动力13623千瓦，农村用电量22693万千瓦时。有企业2673个，从业人员25768人，企业总产值234.03亿元，利税31.6亿元，其中个体私营企业实现产值147.34亿元，利税19.1亿元。全年固定资产投资29.8亿元。财政收入5561万元。农民人均纯收入7797元，比上年增加1087元。有中学1处，小学3处，在校学生共3065人，适龄儿童入学率100%；幼儿园（含托儿所）13处，入园幼儿1166人，入园率100%。有医院1处。电话普及率，每百人86部。小康水平指数达到100%，有

51个村达到小康水平。

石村镇

党委书记 宋景夏

镇　　长 赵军元

位于县境北部,面积80.3平方公里,有耕地4658公顷,有效灌溉面积4658公顷。辖49个自然村,49个村民委员会,有11313户,39610人,其中女19948人,人口出生率8.88‰,人口自然增长率2.95‰,人口计划生育率99.1%。

2008年,实现生产总值17.86亿元,比上年增长37.9%,其中一、二、三产业增加值分别为14900万元、126000万元和37700万元,分别比上年增长9.5%、45.1%和29.7%。工业总产值41.7亿元,实现利税8.8亿元。农林牧渔业总产值35571万元。全年粮食作物播种面积8039公顷,总产59725万吨;瓜菜1004公顷,总产75222万吨;棉花190公顷,总产283吨;种植业产值17141万元。全年造林367公顷,森林覆盖率35.03%,林果总产3吨;林业产值153万元。年末大牲畜存栏765头,猪存栏3.8万头,羊存栏1287只,家禽存栏76万只,畜牧业总产值15068万元。水产品总量3600吨,渔业总产值2209万元。有水库1座,蓄水能力400万立方米。农村用电量2200万千瓦时。财政收入1001万元,农民人均纯收入6348元。有中学2处,小学6处,在校学生3638人,适龄儿童入学率100%。幼儿园(含托儿所)9处,入园幼儿965人,入园率99.9%。有医院1处。电话普及率每百人110部。小康水平指数达到98%,有49个村达到小康水平。被评为全国百佳节约型乡镇、平安山东建设先进单位、东营市"百日行动"先进单位、"五个好"乡镇党委,获2007~2008年度"三网"绿化一等奖。

李鹊镇

党委书记 王国文

镇　　长 燕德海

位于县境南部,面积66.44平方公里,有耕地5113公顷,有效灌溉面积5113公顷。辖57个自然村,57个村民委员会,有10658户,37426人,其中女19087人,非农业人口2136人,人口出生率8.04‰,人口自然增长率1.62‰,人口计划生育率99%。

2008年,实现生产总值11.95亿元,比上年增长18.5%,其中一、二、三产业增加值分别为34187万元、44472万元和40935万元,分别比上年增长10.2%、9.2%和40.3%。工业总产值19.3亿元,实现利税6500万元。农林牧渔业总产值51499万元。全年粮食作物播种面积8914公顷,总产71393吨;瓜菜2689公顷,总产33.6万吨;棉花30公顷,总产43吨;种植业产值43899万元。全年造林286公顷,森林覆盖率28.6%,林果总产46吨,林业产值228万元。年末大牲畜存栏3702头,猪存栏7224头,羊存栏5441只,家禽存栏45.8万只,畜牧业总产值6226万元。水产品总量32吨,渔业总产值46万元。农业机械总动力151535千瓦,农村用电量4446万千瓦时。财政收入543万元,农民人均纯收入6367元。有中学1处,小学5处,在校学生3699人,适龄儿童入学率100%。幼儿园(含托儿所)14处,入园幼儿1058人,入园率100%。有医院1处。电话普及率每百人87部。小康水平指数100%,有57个村达到小康水平。被市委、市政府授予平安东营建设模范乡镇称号,被市人事局、市水利局授予全市农村集中供水工作先进乡镇称号。

丁庄镇

党委书记 韩吉光

镇　　长 韩海亮

位于县境东北部,面积363平方公里,有耕地8043公顷,有效灌溉面积8043公顷。辖54个自然村,45个村民委员会,有12466户,41284人,其中女20464人,人口出生率13.85‰,人口自然增长率7.5‰,人口计划生育率100%。

2008年,实现生产总值15.93亿元,比上年增长20.81%,其中一、二、三产业增加值分别为31874万元、83280万元和44116万元,分别比上年增长10.91%、22.6%和25.55%。限额以上工业总产值30.6亿元,实现利税58837万元。农林牧渔业总产值66318万元。全年粮食作物播种面积3614公顷,总产2.64万吨;瓜菜1234公顷,总产2.94万吨;棉花7291公顷,总产9668吨;种植业产值32020万元。全年造林147公顷,森林覆盖率29.7%,林果总产1.32万吨,林业产值156万元。年末大牲畜存栏6890头,猪存栏29193头,羊存栏11014只,家禽存栏94.29万只,畜牧业总产值15393万元。水产品总量47688吨,渔业总产值17506万元。有水库3座,总蓄水能力525万立方米。农业机械总动力78490千瓦,农村用电量3272万千瓦时。有企业69个,从业人员8582人,企业总产值39亿元,利税4.8亿元。全年固定资产投资8.48亿元,财政收入1442万元,农民人均纯收入6955元。有中学2处,小学4处,在校学生共6745人,适龄儿童入学率为100%,幼儿园(含托儿所)18处,入园幼儿1269人,入园率97.5%。有医院3处。电话普及率每百人67部。获全国村务公开民主管理先进乡镇、国家卫生镇、山东省先进基层党组织等称号,被评为山东省最具发展潜力的乡镇。在全县综合考核中位居第三名。

清河办事处

党工委书记　韩吉光

主　　任　韩海亮

距县城55公里,总面积263.8平方公里,其中盐田35.5平方公里,水产养殖面积28.3平方公里,苇草面积30平方公里,浅海水域170平方公里,区域内有海岸线11.8公里。有741户,人口1771人,其中女679人,人口出生率7.9‰,人口自然增长率5‰,人口计划生育率100%。有小学1处,在校学生共223人,适龄儿童入学率100%。幼儿园1处,入园幼儿70人,入园率100%。有医院1处。

2008年,实现地方工农业总产值28950万元,比上年增长17%,其中地方工业产值21569万元,水产业产值2234万元,个体私营经济产值5147万元,同比分别增长16%、30%、16%。人均收入7934元,比上年增长7%。

大码头乡

乡党委书记　李迎雪

乡　　长　王志强

位于县境东北部,面积102平方公里,有耕地6352公顷,其中有效灌溉面积4333公顷。辖21个自然村,21个村民委员会,有10194户,31411人,人口出生率11.2‰,人口自然增长率4.7‰,人口计划生育率99.7%。

2008年,实现生产总值7.46亿元,比上年增长23%,其中一、二、三产业增加值分别为14865万元、38198万元和21508万元,分别比上年增长8%、31.4%和20.6%。工业总产值3.3亿元,实现利税3960万元。农林牧渔业总产值42775万元。全年粮食作物播种面积2937公顷,总产2.13万吨;瓜菜55公顷,总产0.4万吨;棉花4570公顷,总产5867吨;种植业产值17190万元。全年造林350公顷,森林覆盖率14.9%,林业产值73万元。年末大牲畜存栏812头,猪存栏5073头,羊存栏1144只,家禽存栏21万只,畜牧业总产值4092万元。水产品总量16000吨,渔业总产值10116万元。有水库1座,蓄水能力400万立方米。农业机械总动力8.9万千瓦,农村用电量532万千瓦时。财政收入543万元,农民人均纯收入5929元。有中学2处,小学2处,在校学生2613人,适龄儿童入学率100%。幼儿园12处,入园幼儿934人,入园率99%。有医院1处。电话普及率每百人84部。小康水平指数98%,有7个村达到小康文明村水平。

西刘桥乡

党委书记　燕东军

乡　　长　任雪梅

位于县境东北部,面积60.7平方公里,有耕地面积4177公顷,其中有效灌溉面积3990公顷。辖31个自然村,31个村民委员会,有9408户,29703人,其中女14548人,非农业人口1137人,人口出生率11.05‰,人口自然增长率5.1‰;人口计划生育率99.4%。

2008年,实现生产总值5.64亿元,比上年增长11.8%,其中一、二、三产业增加值分别为14670万元、22432万元和19258万元,分别比上年增长8.1%、3.8%和27.2%。工业总产值13.66亿元,实现利税15213万元。农林牧渔总产值30286万元。全年粮食作物播种面积6072公顷,总产43032吨;瓜菜624公顷,总产37863吨;棉花590公顷,总产793吨;种植业产值11825万元。全年造林147公顷,森林覆盖率20.66%,林果总产2280吨,林业产值255万元。年末大牲畜存栏16984头,猪存栏1.2万头,羊存栏9228只,家禽存栏62.66万只,畜牧业总产值9500万元。水产品总量8286吨,渔业总产值6727万元。有水库2座,总蓄水能力100万立方米。农业机械总动力达31673千瓦,农村用电量5760万千瓦时。财政收入429万元,农民人均纯收入5698元。有集幼儿园、小学、中学于一体的乡中心教育学校1处,是全县唯一建成九年一贯制教育园区的乡镇,在校学生2536人,适龄儿童入学率100%。幼儿园(含托儿所)5处,入园幼儿805人,入园率90.02%。有医院1处。电话普及率每百人80部。小康水平指数100%,有31个村达到小康水平。获全市信访工作先进单位、市"五个好"乡镇党委、市科普惠农先进单位、市2008年残疾人工作先进乡镇、广饶县创建小康文明村工作先进乡镇、广饶县社会治安综合治理先进单位等称号。

花官乡

党委书记 古金钊

乡　　长 赵　勇

位于县境北部，面积117.3平方公里，有耕地5224公顷，其中有效灌溉面积4715公顷。辖37个自然村，39个村民委员会，有11411户，38644人，其中女19167人，人口出生率12.63‰，人口自然增长率6.1‰，人口计划生育率99.2%。

2008年，实现生产总值16.82亿元，比上年增长24.2%，其中一、二、三产业增加值分别为19440万元、133225万元和15577万元，分别比上年增长8.4%、26.1%和30.9%。工业总产值84亿元，实现利税14.1亿元。农林牧渔业总产值38860万元。全年粮食作物播种面积5487公顷，总产4.0万吨；瓜菜4047公顷，总产11.7万吨；棉花545公顷，总产687吨；种植业产值16934万元。全年造林167公顷，森林覆盖率24.8%，林果总产30吨，林业产值171万元。年末大牲畜存栏727头，猪存栏8500头，羊存栏1398只，家禽存栏55.5万只，畜牧业总产值15035万元。水产品总量8524吨，渔业总产值5700万元。有水库7座，总蓄水能力1050万立方米。农业机械总动力42120千瓦，农村用电量751万千瓦时。财政收入1128万元，农民人均纯收入7267元。有中学1处，小学5处，在校学生3629人，适龄儿童入学率100%。幼儿园(含托儿所)10处，入园幼儿1396人，入园率96%。有医院1处。被评为中国蒜业十强乡镇、全国环境优美乡镇、全国平安家庭优秀示范区、省明星乡镇、省卫生乡镇。

陈官乡

党委书记 徐美符

乡　　长 吕新军

位于县境北部，面积108平方公里，有耕地4652公顷，其中有效灌溉面积4440公顷。辖26个自然村，26个村民委员会，有7032户，23643人，其中女11745人，非农业人口1037人，人口出生率14.15‰，人口自然增长率6.95‰，人口计划生育率98.49%。

2008年，实现生产总值6.8亿元，比上年增长28.8%，其中一、二、三产业增加值分别为17746万元、27410万元和22834万元，分别比上年增长8.5%、36%和41%。工业总产值4.88亿元，实现利税15514万元。农林牧渔业总产值33077万元。全年粮食作物播种面积4010公顷，总产2.6万吨；瓜菜790公顷，总产2万吨；棉花3613公顷，总产5265吨；种植业产值17045万元。全年造林371公顷，森林覆盖率7.2%，林果总产1098吨，林业产值57万元。年末大牲畜存栏2606头，猪存栏0.3万头，羊存栏8104只，家禽存栏19万只，畜牧业总产值9083万元。水产品总量3450吨，渔业总产值5824万元。有水库1座，蓄水能力900万立方米。农业机械总动力1115万千瓦，农村用电量1133万千瓦时。财政收入352万元，农民人均纯收入6325元。有中学1处，小学1处，在校学生2331人，适龄儿童入学率100%，幼儿园(含托儿所)9处，入园幼儿751人，入园率92%。有医院1处。电话普及率每百人78部。被评为省级卫生乡。

县城区办事处

党工委书记 孙玉香

办事处主任 刘广文

县城区办事处辖7个社区居委会，常住居民15496户，35149人。

组织开展党建规范化示范月和创建全省基层党建工作先进县活动。社区居民和党员为灾区捐款60286元，缴纳特殊党费7160元。开展庆祝建党87周年活动，表彰7个先进基层党组织和20名优秀共产党员。

落实计划生育目标管理责任制。与各单位签订目标管理责任书，完善法人责任制、责任追究制。组织育龄妇女3次健康查体。

加强户籍管理。各社区居委会户口变动136人，完成辖区直管人员和居民信息的计算机录入工作。开展出租房屋和暂住流动人口清理清查活动，清理清查辖区6093户，19654人，登记出租房屋1138间，流动暂住人员1668人。

做好信访稳定，全年组织排查42次，排查矛盾纠纷4起，按责任单位上报1起，调处、处结3起。加强社会治安管理，接处警1264次，抓获违法犯罪嫌疑人38人，破获刑事案件14起，调解民事纠纷106起，调解终结治安案件39起，援助求助人员42起。

完善低保程序。取消低保21户38人，新报批低保51户98人，为9户低保对象核减低保金，为6户低保对象核增低保金，城区有低保户296户651人。

规范社区服务中心运作规

程,运营"890"服务热线,对社区服务资源重新整合。9月,联合驰中集团、威马物业等10家企业在孙武路社区举办失业人员招聘会,接待求职人员882人次,引荐工作岗位267个,推荐下岗职工724人次,实现就业437人次,帮助居民解决生活困难3600余件次。扶持下岗女职工创办"阳光快乐家园"托幼服务实体,在园学生662人。获全国和谐社区建设自主创新先进街道、全市信访工作先进单位、创建国家卫生县城工作先进单位等称号。西苑小区被评为全国"平安家庭"创建示范社区。 (李 永)

垦利县

县委书记 田治颖
县 长 韩利学

【国民经济和社会发展综述】 县名由来 因境域曾被称作垦区和利津洼而得名。

政区 人口 全县总面积2204平方公里。辖9个乡(镇、办事处),333个行政村,7个社区居委会。年末全县总人口21.8万人,其中,城镇人口4.08万人。人口出生率8.83‰,人口死亡率5.86‰,人口自然增长率2.97‰。有14个少数民族,141人。

经济概况 全县实现生产总值160.11亿元,按可比价格计算,比上年增长20.3%。其中,第一产业增加值11.13亿元,增长5.3%;第二产业增加值116.92亿元,增长22.2%;第三产业增加值32.06亿元,增长17.7%。三次产业比例为7.0:73.0:20.0。全社会固定资产投资完成104.63亿元,增长25.4%。实现财政总收入13.5亿元,增长6.5%;地方财政一般预算收入5.95亿元,增长20.2%。年末金融机构人民币各项存款余额102.22亿元,增加21.27亿元。各项贷款余额95.53亿元,增加14.86亿元。

农业 全年农林牧渔业实现增加值11.13亿元,比上年增长5.3%。粮食总产6.99万吨,增长3.9%;棉花总产30481万吨,增长12.0%;油料总产0.1万吨,增长10.2%;水果总产1.02万吨,下降3.7%;蔬菜总产4.04万吨,下降6.2%;水产品总产11.3万吨,增长6.6%。肉蛋奶总产6.17万吨,增长3.9%。其中,猪肉1.45万吨,牛羊肉0.52万吨,禽肉0.28万吨,禽蛋总产1.83万吨,奶类总产2.09万吨。全年完成造林面积742公顷。全县农机总动力40.9万千瓦,增长3.0%。

工业和建筑业 全年实现工业增加值116.92亿元,比上年增长22.2%。规模以上工业企业(年主营业务收入500万元及以上工业法人企业)151家,实现增加值129.1亿元,增长24.1%;实现利润57.88亿元,增长31.6%;实现利税72.03亿元,增长28.5%;工业经济效益综合指数为587.79%,比上年提高87.14个百分点。资质三级及以上建筑企业19家,完成建筑业总产值15.95亿元,与上年持平。

建设 环保 年末城市基础设施建设完成投资14383万元,增长11%。城市人均道路面积33.2平方米,人均绿地面积75.13平方米,建成区绿化覆盖率35.1%。自来水普及率100%,燃气普及率100%,集中供热普及率90%。对149户购置经济适用房的城市低收入家庭补贴资金521.5万元,建设农村特困群众安居房65套。村镇建设完成投资3.28亿元,增长0.9%。建成污水处理厂2座,无害化垃圾处理率100%。城市空气质量良好率97%,水环境功能区达标率100%,道路交通声环境质量在"较好"以上。

交通 邮电 公路通车里程1972公里。公路旅客运输量为111万人次,比上年下降50.0%。公路货运量1721万吨,增长17.8%。航空客运量5.72万人次。完成邮政业务总量146万元,增长29.2%;完成电信业务总量3650万元,下降1.1%。年末固定电话拥有量5.62万部,移动电话拥有量20.5万部,电话普及率达到119.8部/百人。互联网用户1.38万户。

贸易 旅游 全年实现社会消费品零售总额13.04亿元,比上年增长24.1%。其中,县城区6.09亿元,县以下6.95亿元。实现进出口总额2.32亿美元,增长2.5%,其中出口1.60亿美元,增长1.9%;实际利用外资991万美元,增长41%。新批境外企业(机构)2家,协议投资总额1800万美元。外派人员1500人。主要旅游景点有黄河入海口、大汶流草场万顷湿地、民丰湖公园、孤东海堤及海上钻井平台、黄河口农业观光园、黄河大桥。全年接待国内外游客251.4万人次,增长5.6%,实现旅游总收入14.23亿元,增长6.3%。

科教文卫体 全县有高中段学校2所,在校生7229人,普通初级中学7所,在校生9686人,小学29所,在校生11537人。共取得市(地)级以上各类重要科技成果8项。专利申请量288件,受权专利108件。有吕剧艺术表演团体1个,公共图书馆1个,文化馆1个,档案馆1个。广播、电视人口覆盖率均为100%。有卫生机构13所。其中,医院、卫生院8所,卫生防疫机构1所,妇幼保健机构1所。各类卫生机构共有床位659张,卫生技术人员626人。其中,执业医师及执业助理医师249人,注册护士152人。有体育馆3座。

社会生活 城镇居民人均可支配收入17010元,增长15.4%;人均消费性支出9763元,增长10.4%;人均住房建筑面积37.56平方米。城镇在岗职工年平均工资24615元,增长8.8%。农村居民人均纯收入6485元,增长14.0%;人均生活消费支出3914元,增长15.5%。全年职工养老、医疗、失业、工伤、生育保险参保人数分别为23570人、29861人、13661人、24664人、5867人,比上年分别增加2480人、6061人、1043人、5736人和22人。新型农村养老保险参保农民33518人,参加新型农村合作医疗农民15.78万人。全县城镇低保1282人,农村低保7852人。收养性社会福利单位7个,收养540人。社会福利企业9个,安置残疾人员500人。

【工业经济平稳较快增长】 2008年,开工建设工业项目139个,总投资67亿元,其中亿元以上11个。全县规模以上工业企业新增21家,达到151家;完成销售收入546亿元,利税72亿元,分别增长31.2%、28.5%;产值过亿元的企业95家。支柱产业带动作用明显,以石油化工、精细化工、机械加工为主导的新型工业格局初步形成。科技创新步伐加快,全县高新技术产业产值占规模以上工业企业总产值的比重达到50%,建成企业技术中心10家,其中国家级1家。启动黄河三角洲高效生态经济区垦利示范基地建设。名牌战略深入实施,新申报山东名牌产品4个,胜通钢帘线公司通过五星级"中国名企"验收。

【"三农"工作稳步推进】 对"三农"的支持力度不断加大,县财政投入"三农"资金达2.6亿元,同比增长12.2%。棉花、水产、畜牧三大产业规模和效益同步提升,45万亩棉花获得丰收;黄河口现代渔业区4.1万亩起步区快速推进,骨干基础工程完成年度任务的120%、总任务的80%;海参养殖面积新增5000亩,达到1.6万亩,改造标准蟹池5000亩,黄河口国家级海洋特别保护区获国家批复;新建各类标准化畜牧养殖小区28处,共有237处。加快农业产业化,新增省级以上农业龙头企业3家,全县规模以上农业龙头企业发展到25家,万得福集团成为国家级农业龙头企业;农民专业合作经济组织发展到65个。农业生产条件明显改善,1万亩国家级土地整理项目实施,3万亩中低产田改造项目通过国家验收。新创建市级小康文明村10个,达到105个。送戏下乡84场,送电影下乡3100场,建设农家书屋47个,农村文化生活日益丰富。落实小麦直补、农机具购置补贴等惠农政策,稳步推进农业政策性保险试点工作,农民群众得到更多实惠。

【服务业加快发展】 创建省级旅游强县工作取得阶段性成果,西宋乡被评为省级旅游强乡,黄河口镇万尔村被评为省级旅游特色村。配合东营市理顺自然保护区管理体制,市、县共同出资成立黄河口旅游开发公司,搭建起政府主导、市场运作、社会参与的投融资平台,黄河口旅游持续升温。举办桃花节、大闸蟹美食节等节庆活动,开展生态游、农家游为主的乡村旅游。渤海垦区文化苑修建性详规通过专家评审,黄河文化园、郝家绿色观光园等旅游项目加快推进,黄河口生态旅游区、民丰湖休闲娱乐区分别被评为国家AAAA级、AAA级旅游景区,白石温泉生态园等4个旅游景点被确定为省级农业旅游示范点。编修全县市场发展规划,西郊汽车贸易中心、龙翔石材市场入围全市"十大"商品交易市场,垦利信誉楼商厦竣工开业。全县服务业实现增加值29.5亿元,增长24.6%,占生产总值的比重提高3个百分点。

【城乡面貌发生显著变化】 编制完成县城总体规划、西区控制性规划等30余项规划。实施总投资27.6亿元的20项城建重点工程,永馆路东延、青垦路取直、民丰路北延和广兴路建设等道路工程竣工通车,中兴路、永馆路、永兴路等绿化工程完成,水岸佳苑、明珠怡馨园续建等住宅工程竣工,海洋环境监测中心、建行营业楼等新区工程开工建设,九孤线、万盐线等电力线路改迁。城市改造稳步推进,民丰村改造一期工程即将完成,二期工程启动。开展文明城市和国家卫生县城创建活动,推进城市精细化管理,城市文明程度和市民素质显著提高。实施总长度 177 公里的农村公路建设改造工程，全县公路通车里程 1972 公里；总投资 1300 万元的垦利汽车站竣工运营，方便快捷的交通运输网初步形成。加强节能减排工作，实施 15 项节能减排项目，县污水处理厂通过省级验收，争取上级节能减排资金 3826 万元，各项约束性指标全部完成。“三网”绿化工程扎实推进，高标准实施 6 条道路、3 条水系、3 万亩农田林网和 36 个村庄的绿化，全县林木覆盖率提高 1.2 个百分点，生态环境明显改善。

【改革开放更为深入】 在城市管理、城区供热等领域进行探索，为经济社会发展注入活力。投融资体制改革取得重大进展，注册成立黄河口渔业有限公司，县城市资产运营公司融资 3.64 亿元。争取市商业银行在垦利县设立分支机构。招商引资引进项目 80 个，实际到位资金 8.6 亿元，石大工贸 10 万吨/年清洁燃料、石大胜华 5 万吨/年碳酸二甲酯等较大项目开工建设。做好外经外贸工作，实现进出口总值 2.5 亿美元，增长 10.4%，其中出口 1.85 亿美元，增长 17.7%。外派劳务 1099 人。垦利县被中国五矿化工进出口商会命名为中国精细化工出口基地。

【群众生活明显改善】 投资 1 亿元的西区集中供热工程竣工投入使用。年度投资 4790 万元的南展区房台拓展工程加快实施，共淤积房台 17 处。对 149 户购置经济适用房的城市低收入家庭补贴资金 521.5 万元，建设农村特困群众安居房 65 套。农村合作医疗总体报销比例从 20%提高到 25%以上，人口覆盖率 92.5%。城镇居民基本医疗保险参保率 90%。乡镇卫生院上划工作完成。新建农村社区卫生服务站 10 处，改建 5 处。传染病防治工作取得明显成效。五保对象集中供养率 98.3%。素质教育深入推进，教育质量有新提高。实施农村远距离小学生乘车补贴。县政府承诺的为民办实事工程全部完成。

【垦利经济开发区】 规划控制面积 24.15 平方公里，分一般加工工业区、高新技术工业区、油田创业园、石油大学工业园、红旗居住组团五个区块；区内道路框架“六横五纵”，基础设施配套“九通一平”，吸引一批项目进区发展。委托石油大学环科院编制《开发区区域环境影响评价报告书》，2008 年 3 月通过省环保局的区域环境评价。

2008 年，开发区实施纬五路、经六路、广兴路道路建设工程，投资 4000 万元，年底全部完成。开发区标准厂房一期工程建成投入使用，引进入驻项目 2 个，投资 9000 万元的江宇机械加工项目，新建厂房的基础工程完成。

开发区为企业争取资金政策扶持，累计争取无偿资金 1044 万元，其中国家级高技术产业化项目资金 800 万元，省级重大节能产业化项目资金 80 万元，市级重点技改贴息无偿资金 100 万元，市级节能节水项目扶持无偿资金 40 万元，县级民营专项资金 24 万元。

至年底，垦利经济开发区有各类企业 71 家，其中规模以上工业企业 23 家，累计到位固定资产投资 63.84 亿元，形成以胎圈钢丝、钢帘线、石油化工、纺织服装、农副产品深加工等为主导的产业布局。2008 年，开发区实现生产总值 18.4 亿元，同比增长 41%；规模以上工业企业实现工业总产值 66.78 亿元，同比增长 72%；销售收入 66.28 亿元，同比增长 71%；利税 7.5 亿元，同比增长 50%；利润 6.4 亿元，同比增长 57%；完成社会固定资产投资 10.85 亿元，同比增长 44%；开发区实现地方财政收入 3803.5 万元，同比增长 50.63%。

【乡镇概况】

垦利镇

党委书记 高加夫

镇　　长 苟宏水

位于县境中部，属城关镇，面积 164.5 平方公里，辖 80 个自然村，57 个村民委员会；有 95[illegible]7 户，29145 人，其中女 15110 人，非农业人口 5867 人，人口自然增长率 3.98‰。

2008 年，实现生产总值 2[illegible].5 亿元，比上年增长 39.7%，其中一、二、三产业增加值分别为 18556 万元、177593 万元和 38479 万元，分别比上年增长 14.5%、35.0%和 90.3%。工业总产值 51.87 亿元，实现利税 954[illegible]9 万元。农林牧渔业总产值 330[illegible]5 万元。全年粮食作物播种面积 2204 公顷，总产 1.32 万吨；瓜菜 483 公顷，总产 1.01 万吨；棉花 1068 公顷，总产 1282 吨，种植业产值 8865 万元。全年造林 176 公顷，森林覆盖率 19.2%，林果总产 3260 吨，林业产值 371 万元。年末大牲畜存栏 2433 头，猪存栏 1.37 万头，羊存栏 4756 只，家禽存栏 17.7 万只，畜牧业总产值 9146 万元。水产品总量 126[illegible]0 吨，渔业总产值 12514 万元。有水库39座，总蓄水能力1560万立方米。农业机械总动力74779千瓦,农村用电量531万千瓦时。财政收入6085万元。农民人均纯收入7445元，比上年增加922元。镇中学与县实验中学合并，有小学1处,在校学生350人,适龄儿童入学率100%。有医院1处。电话普及率每百人72部。被评为全国环境优美乡镇、第一批山东省特色产业镇、省级卫生镇、山东省新农村建设十佳乡镇,17个村为市级小康文明村。

胜坨镇

党委书记　陈卫奎

镇　　长　于龙飞

位于县境西部，面积181平方公里,59个村民委员会，人口7.45万人，其中农村14456户，52513人，人口自然增长率3.2‰。

2008年,实现生产总值53.3亿元，比上年增长28.7%，其中一、二、三产业增加值分别为24938万元、472096万元和36036万元，分别比上年增长17.3%、28.5%和43.3%。有企业215家，工业总产值270.5亿元，实现利税30.8亿元。农林牧渔业总产值50422万元。全年粮食作物播种面积3289公顷，总产17312吨;瓜菜263.3公顷,总产7308吨；棉花3450公顷，总产3623吨,种植业产值9119万元。全年造林1133公顷,森林覆盖率17%,林业产值1330万元。年末大牲畜存栏3841头，猪存栏51787头,羊存栏12095只,家禽存栏233181只，畜牧业总产值20270万元。水产品总量13966吨,渔业总产值18803万元。有水库40座，总蓄水能力1000万立方米。农业机械总动力96139千瓦,农村用电量665.4万千瓦时。财政一般预算收入7580万元。农民人均纯收入7987元,比上年增加986元。有中学1处,小学11处,在校学生5372人,适龄儿童入学率100%。有卫生院1处,社区服务站31处。电话普及率每百人46部。有31个村达到小康水平。

先后获全国环境优美乡镇、全国最适宜人居名镇、国家卫生镇、全国文明镇等称号，并入围2008年中国乡镇综合实力500强和中国乡镇投资潜力500强。

郝家镇

党委书记　于泮义

镇　　长　李慧芬

位于县境西南部,面积61.67平方公里,辖29个自然村,28个村民委员会；有5463户,16957人;其中女8436人,非农业人口1077人,人口自然增长率2.3‰。

2008年，实现生产总值11.51亿元，同比增长19.1%,其中一、二、三产业增加值分别为8539万元、74231万元和32355万元，同比分别增长11.11%、17.6%和36.8%。工业总产值48.76亿元,实现利税85498.1万元。农林牧渔业总产值14342万元。全年粮食作物播种面积1882公顷,总产10969吨;瓜菜233公顷，总产6920吨；棉花1213公顷，总产1547吨，种植业产值6577万元。全年造林230公顷,森林覆盖率18%，林果总产309吨,林业产值244万元。年末大牲畜存栏5996头,猪存栏6104头,羊存栏10353只，家禽存栏21.3万只，畜牧业总产值6662万元。有水库3座，总蓄水能力200万立方米。农业机械总动力34922千瓦,农村用电量614.85万千瓦时。财政收入1908万元。农民人均纯收入6352元,同比增加841元。有中学1处,小学4处,在校学生1366人，适龄儿童入学率100%。有医院1处。电话普及率每百人53.6部。小康水平指数达到45%，有12个村达到小康水平。被评为山东省农业旅游示范点乡镇。

永安镇

党委书记　刘金忠

镇　　长　韩文第

位于县境东部，面积445平方公里,辖55个自然村,53个村民委员会,有6979户,21268人，其中女10929人，非农业人口1567人，人口自然增长率3.98‰。

2008年，实现生产总值11亿元,同比增长55.5%,其中一、二、三产业增加值分别为17449万元、55151万元和37400万元，同比分别增长18%、61.6%和22.4%。工业总产值23.5亿元,实现利税2.6亿元。农林牧渔业总产值36086万元。全年粮食作物播种面积381公顷,总产1662万吨;瓜菜280公顷,总产9730万吨；棉花6871公顷，总产8245吨,种植业产值9267万元。全年造林50公顷,森林覆盖率10%,林业产值93万元。年末大牲畜存栏2569头,猪存栏5526头,羊存栏7300只,家禽存栏8.6万只,畜牧业总产值2926万元。水产品总量16000吨，渔业总产值23000万元。有水库22座,总蓄水能力1500万立方米。农业机械总动力48619千瓦，农村用电量370万千瓦时。财政收入1883万元。农民人均纯收入5304元,比上年增加701元。有中学1处,小学2处,在校学生2565人,适龄儿童入学率100%。有医院1处。电话普及率每百人30部。小康水平指数达到73%,有14个村达到小康水平。被市委、市政府授予维护稳定安全先进乡镇、全市党员干部现代远程教育工作先进乡镇等称号。

黄河口镇

党委书记　孟泽群

镇　　长　陈其卫

位于县境东北部,面积1179平方公里,辖91个自然村,63个村民委员会,有7606户,25026人,其中女性12762人,人口自然增长率2.6‰。

2008年,实现生产总值6.51亿元,同比增长26.5%,其中一、二、三产业增加值分别为22940万元、19409万元和22803万元,同比分别增长31%、8.7%和41.3%。工业总产值7.3亿元,实现利税6300万元。农林牧渔业总产值41204万元。全年粮食作物播种面积2585公顷,总产1.57万吨;瓜菜210公顷,总产0.43万吨;棉花7000公顷,总产7350吨,种植业产值10135万元。全年造林670公顷,森林覆盖率19.3%,林果总产2257吨,林业产值1081万元。年末大牲畜存栏6226头,猪存栏0.61万头,羊存栏1.1万只,家禽存栏19.2万只,畜牧业总产值2135万元。水产品总量7860吨,渔业总产值13865万元。有水库8座,总蓄水能力700万立方米。农业机械总动力117182千瓦,农村用电量435万千瓦时。个体私营企业产值6.8亿元,利税4900万元。地方财政一般预算收入1001.45万元,同比增长14.5%。农民人均纯收入5386元,同比增加764元。有中学1处,小学2处,在校学生2607人,适龄儿童入学率100%。有医院2处。电话普及率达到每百人55部。小康水平指数38%,有15个村达到小康水平。获全国环境优美乡镇、全市信访工作先进单位、全市安全生产工作先进集体、全市先进渔业生产乡镇等称号。

董集乡

党委书记　杨同起

乡　　长　袁金龙

位于县境西南部,面积66.7平方公里,辖33个自然村,33个村民委员会,有6242户,20659人,其中女人10236人,非农业人口1029人,人口自然增长率0.39‰。

2008年,实现生产总值12.55亿元,同比增长24.6%,其中一、二、三产业增加值分别为9155万元、87571万元和28729万元,分别比上年增长13.9%、27.1%和20.3%。工业总产值59.3亿元,实现利税15.95万元。农林牧渔业总产值8864万元。全年粮食作物播种面积22140亩,总产8946吨;瓜菜1260亩,总产1739吨;棉花29625亩,总产2044吨,种植业产值3815万元。全年造林11公顷,森林覆盖率19%,林果总产500吨,林业产值223万元。年末大牲畜存栏5375头,猪存栏11840头,羊存栏9687只,家禽存栏14.6万只,畜牧业总产值3988万元。水产品总量77吨,渔业总产值838万元。有水库2座,总蓄水能力800万立方米。农业机械总动力4000千瓦,农村用电量482万千瓦时。财政收入2008.5万元。农民人均纯收入6220元,比上年增长14.02%。有中学1处,小学5处,在校学生2081人,适龄儿童入学率100%。有医院1处。电话普及率每百人50部。小康水平指数达到33.3%,有11个村达到小康水平。被评为全省文明乡镇、市级先进基层党组织。

西宋乡

党委书记　周天奎

乡　　长　吕景亮

位于县境东北部,面积75平方公里,辖42个自然村,37个村民委员会,有4683户,5272人,其中女7765人,人口自然增长率2.1‰。

2008年,实现生产总值1.82亿元,同比增长16.9%。其中一、二、三产业增加值分别为7960万元、2750万元和7497万元,同比分别增长8%、21.7%和22.4%。全年粮食作物播种面积319公顷,总产2141吨;瓜菜283公顷,总产7063吨;棉花2221公顷,总产2254吨。全年造林120公顷,森林覆盖率28.6%,林果总产370吨,林业产值428万元。年末大牲畜存栏1832头,猪存栏4471头,羊存栏1671只,家禽存栏18.5万只,畜牧业总产值3200万元。水产品总量5000吨,渔业总产值5300万元。有水库12座,总蓄水能力965万立方米。农业机械总动力34661千瓦,农村用电量346.6万千瓦时。乡镇企业总产值2.22亿元,利税201万元。财政总收入658万元,财政预算收入504万元。农民人均纯收入4617元,同比增长12%。有中学1处,小学2处,在校学生1064人,适龄儿童入学率100%。有医院1处,全乡农村社区卫生服务站13处。电话普及率每百人30部。小康水平指数54.1%,有20个村达到小康水平。

西宋乡所产黄河口蜜桃和冬枣分别被中国绿色食品发展中心认定为绿色食品A级产品,许可使用绿色食品标志。黄河口蜜桃成为东营市第一个通过农产品地理标志登记的农产品,准许在包装物上使用农产品地理标志公共标识。垦利黄河口蜜桃生产基地通过ISO9001:2000标准体系认证,成为省级引智示范基地。西宋乡被评为全国科普惠农兴村计划先进单位、省级新农村建设民生科技示范村镇、山东省最具竞争力旅游强乡、山东省农业旅游示范点、山东省旅游强乡镇。

红光渔业办事处

党工委书记　孙伯彦

办事处主任　孙伯彦

位于县境东部沿海永丰河入海口处,是垦利县政府的派出机构,所辖海岸线北起小岛河口,南至防潮坝明源闸,全长10.3公里。辖3个行政村和红光渔港,有村民1896人,常年作业渔船500余艘。

2008年,新建海参养殖池塘3000亩,协助海宏水产养殖有限公司开展海参吊笼养殖试验获得成功。投放菲律宾蛤苗种600吨,收获成品蛤2800余吨。全年水产品总量9400吨(其中贝类8500吨),实现渔业产值4941.4万元,同比增长2%。渔民人均纯收入7920元,同比增长1.3%。

垦东办事处

党工委书记　翟向军

办事处主任　翟向军

地处垦利县黄河入海口以北,面积550平方公里。黄河流径50公里,海岸线长约30公里,有常住人口10900人(包括孤东采油厂),流动人口3500人。胜利油田孤东采油厂生产区在辖区,原油年产260万吨,约占胜利油田年总产量的1/10,孤岛、海洋、桩西采油厂部分生产区位于垦东境内。2008年,国税、地税征收超过4000万元。

办事处把创建和谐单位作为精神文明建设的重点,投资建设健身娱乐设施,丰富干部职工的精神文化生活,落实每年一次职工健康检查制度,适时召开干部职工座谈会。投资160万元的体育馆建设完成基础工程。在2008年全县开展的"和谐单位"创建活动中,垦东位居全县十大和谐单位第一名。

加强社会治安综合治理,维护社会稳定大局。与孤东采油厂开展"保油田生产、保地方平安、建文明油区、建文明单位"的双保共建活动,连续多年未发生有影响的刑事和涉油案件,实现零上访,零涉法,获全县维护稳定安全"百日行动"先进集体称号。

(陈学慧　张丽丽)

利津县

县委书记　杨同柱

县　　长　李延成

【国民经济和社会发展综述】 县名由来　利津县建于金代明昌三年十二月(公元1193年1月),因邑内有"永利"、"东津"两地而得名。

政区　人口　全县总面积1665.6平方公里,辖5镇4乡,512个行政村。年末全县总人口29.71万人,其中非农业人口39080人。男女性别比101∶100。人口出生率7.27‰,人口死亡率7.74‰,人口自然增长率-0.74‰。有少数民族18个,135人。

经济概况　全年实现生产总值100.05亿元,按可比价格计算,比上年增长15.6%。第一产业增加值16.45亿元,增长5.9%;第二产业增加值58.97亿元,增长16.7%;第三产业增加值24.63亿元,增长20.4%。三次产业比为16.4∶59.0∶24.6。全社会完成固定资产投资54.028亿元,增长20.6%。实现财政总收入67919万元,其中地方财政收入33616万元,按可比口径增长20.1%。税收总收入58072万元,增长9.7%。年末金融机构本外币各项存款余额41.46亿元,比年初增加10.39亿元,其中居民储蓄存款余额26.33亿元,比年初增加66323万元。年末金融机构本外币各项贷款余额326861万元,比年初增加7352万元。全年现金投放22299万元,同比增长78.1%。

农业　全县农林牧渔业实现总产值328761万元。粮食总产8.1万吨,下降20.1%;棉花总产4.4万吨,增长21.1%;油料总产1603吨,下降19.85%;水果总产27610吨,下降7.97%;蔬菜总产42.7万吨,增长12.6%。肉类总产5.3万吨,禽蛋总产5.0万吨,奶类总产1.4万吨。水产品总产7.4万吨,增长5.0%。全年人工造林面积967公顷,林木覆盖率18.1%。全县农机总动力36.41万千瓦,增长3.14%。

工业　全年实现工业增加值78.20亿元,比上年增长15.6%。

规模以上工业企业129家，完成总产值349.97亿元，增长16.49%；实现产品销售收入346.59亿元，增长28.8%；实现利税32.18亿元，增长33.6%；实现利润17.32亿元，增长31.3%。高新技术产业实现产值67.26亿元，增长50%，占规模以上工业总产值的19.2%。

建设 环保 年末人口城镇化率51.5%，比上年提高3个百分点。自来水供水能力2.0万吨/日，供热面积50万平方米，使用天然气人口6.48万人。城市道路总长度72.7公里，公交营运车辆26标台，垃圾无害化处理能力80吨/日，新建城市园林绿地40.7万平方米，城市建成区绿化覆盖率35%，人均占有公共绿地11平方米。资质三级及以上建筑业17家，完成建筑业总产值30049万元，增长43.9%；实现利润1943万元，增长12.97%。组织申报环境污染治理项目43个，检查企业230家次，依法取缔关闭违法企业8家，行政处罚3家。全年共审批项目49个，拒批项目3个。建设项目“三同时”执行率100%。城市空气质量良好率99%，水环境功能区达标率99%。

交通 邮电 公路通车里程1260公里，公路旅客运输量160万人，比上年增长36.8%。公路货物运输量1049万吨，增长7.9%。港口货物吞吐量12万吨，民用汽车拥有量11210辆，增长21.72%，其中私人轿车9800辆，增长10.1%。完成邮电业务总量4361万元，比上年增长11.4%，其中，电信业务总量2860万元，增长6.5%；邮政业务总量1501万元，增长16.2%。年末固定电话用户4.6万户，移动电话用户16.6万户，互联网用户1.1万户。

贸易 旅游 全县共实现社会消费品零售总额188671万元，比上年增长22.5%。其中，城市市场实现销售额57692万元，农村市场实现销售额130979万元。实现进出口总值47730万美元，增长156.8%，其中出口5889万美元，增长3.7%。合同外资额1450万美元，实际利用外资1450万美元，增长17.0%。主要旅游景点有黄河三角洲国家自然保护区、利津黄河大桥风景区、利津县凤凰广场、利津县城欧式商业街、北岭现代农业示范区、黄河口湿地、飞雁滩百鸟乐园等。

教科文卫体 有中等专业学校1所，在校生2505人；普通中学21所，在校生17115人；小学45所，在校生21413人。幼儿园79所，在园儿童6584人。拥有各类专业技术人员8197人。共取得市级以上各类重要科技成果10项。其中，处于国际领先的9项，国内领先1项。专利申请量78件，授权专利71件。有艺术表演团体1个，公共图书馆1个，群众艺术馆、文化馆2个，档案馆1个。广播电视人口覆盖率100%。有卫生机构13所，其中医院、卫生院11所，卫生防疫机构1所，妇幼保健机构1所。各类卫生机构拥有床位840张，卫生技术人员745人，其中执业医师及助理执业医师346人，注册护士195人。有体育馆1座。

社会生活 城镇居民人均可支配收入15408元，增长10.0%；人均消费性支出9223元，增长5.0%；人均住房面积32.7平方米。城镇在岗职工年平均工资23887元，增长23.2%。农民人均纯收入6257元，增长11.3%；人均生活消费支出3527元，下降2.6%；人均居住面积35.9平方米。全县职工养老、医疗、失业、工伤、生育保险参保人数分别为48234人、60522人、10956人、13749人和4143人，比上年分别增加1146人、5720人、2438人、3254人和727人。农村养老保险参保人数23629人。全县最低生活保障救助13076人。其中，城镇低保1979人，农村低保11097人，集中供养五保老人821人。全县福利彩票销售478万元。收养性社会福利单位8个。床位8[illegible]2张，收养723人。社会福利企业2个，安置残疾人员94人。

【新农村建设取得新成效】 发展现代农业，新建26个农业龙头项目，省级、市级农业龙头企业分别新增3家和6家，分别达到6家和18家。新建食用菌大棚350个，蔬菜基地1000亩，标准化畜牧园区18处，改造提升“上农下渔”和滨海渔业基地1.67万亩，林果基地1.5万亩。棉花产量4.4万吨，增长21.1%。国家海洋局批准设立东营利津底栖鱼类生态国家级海洋特别保护区。推进“三网”工程建设，建设路域林带230公里，水系林带35公里，林网化农田8.5万亩，植树78万株。高标准完成3万亩中低产田改造、5.5万亩土地整理、30万亩测土配方施肥。投资3400万元，实施王庄五干治理、永新河治理、1.5万亩节水灌溉、驾屋水库除险、宫家灌区临时泵站、危桥改造等工程，农业综合生产能力进一步提高。实施“放心农资”工程，新建县级农资配送中心1处、乡镇农资超市9处，便民农资店90个，完善农业社会化服务体系。实施粮食减损保障工程,1000户农民用上简便安全的“小康粮仓”。加大农业补贴力度,为群众发放种粮补贴、柴油补贴、农资综合补贴、农机购置补贴共1715万元。投资3610万元,实施85公里农村公路改造和虎滩乡、北岭乡、陈庄镇78个村的饮水安全工程,建设户用沼气池3125个,创建市级小康文明村14个,新建国家级农村信息化示范村10个。

【社会事业协调发展】 加快推进科技创新,组织实施各类科技计划11项,高新技术产业产值占规模以上工业总产值的比重达到20.3%。利津高新技术创业园被评为省级高新技术创业服务中心,并获“全国先进科技创业园民营科技发展贡献奖”。坚持教育优先发展,办学条件明显改善,实验学校综合楼完成年度建设任务,投资2600万元,完成36处农村中小学低标准建材校舍改造;投资193万元,中小学多媒体配备工程竣工并投入使用。推进素质教育,教学水平进一步提高,北宋一中课堂以外“零作业”教学改革经验在全省推广。实施县妇幼保健站扩建、汀罗镇和北岭乡卫生院改造、虎滩乡计生服务站建设工程,新建18处农村社区卫生服务站和76处计划生育家庭幸福指导站,公共卫生和计划生育服务体系更加完善。开展创建文明城市活动,被评为省级创建文明城市工作先进县。开展“送电影下乡”活动,文化事业取得新发展。万元GDP能耗、二氧化硫排放量和化学需氧量排放量同比分别下降5.7%、8%、6%。推进“平安利津”建设,奥运安保任务圆满完成,利津被评为“平安山东”建设先进县。

【“突破利津”取得新进展】 市委、市政府在改善民生、完善“五保五救助”体系等方面给予利津支持,拨付专项帮扶资金7827万元。市直机关第十四批下派工作队40个包村组、26个联系组、5个支教组圆满完成任务,为各帮扶点办实事、办好事3086件,完成重点帮扶项目702个,投入帮扶资金8683万元,帮助63个村建设文化大院和文化广场,为帮扶村硬化道路83公里,改善了群众生产生活条件。全县把握国家扩大内需、全省支持黄河三角洲开发建设和全市“突破利津”等机遇,有8个项目进入国家扩大内需新增投资计划。

【改善群众生活】 城乡居民收入稳定增长,城镇居民人均可支配收入15408元,增长10%;农民人均纯收入6257元,增长11.3%。规范县乡机关事业单位工作人员津贴补贴,工资大幅提高。就业和再就业工作得到加强,城镇登记失业率在2%以内。社会保障体系不断完善,“两个确保”保持100%。为1.3万名城乡低保对象发放低保和生活补助资金1765万元,被评为全省城乡低保规范化建设示范县。医疗保险基本实现城乡居民全覆盖,新型农村合作医疗参保率97%,城镇居民医疗保险参保率90%,报销医药费2470万元,发放医疗救助金50万元。为特困群众,破产和困难企业军转干部、退役志愿兵等发放生活救助和取暖补助资金246万元,为全县9288名75周岁以上农村老年人发放生活救助金360万元,为1606名高中段生活困难学生发放助学金210万元,为1723名特困重度残疾人发放生活救助金190万元,为206名白内障患者实施免费复明手术,建设农村特困群众安居住房210套。县以上财政用于民生支出7171万元。县财政安排对口援建四川灾区资金280万元,募集救灾捐款1301万元,派出医疗、防疫、抢险救援人员39人次,运送500套板房配套物资。

【利华益集团获“改革开放30年山东省功勋企业”称号】 3月1日,在山东省工业调整振兴大会上,省委、省政府表彰改革开放30年来山东省功勋企业和优秀企业,有24家企业获山东省功勋企业称号,66家企业获山东省优秀企业称号。利津县利华益集团获“改革开放30年山东省功勋企业”称号,集团董事长兼首席执行官徐云亭参加会议并领奖。

【万亩海蜇生态养殖获丰收】 县海洋与渔业局实行“走出去招商,引进来发展”的方式,2008年与天津客商李朋乐签订合作合同,共同开发建设万亩海蜇养殖基地。该项目总投资2000万元,建设开发海蜇养殖池塘10000亩,养殖水面6000亩,5月全部完工。投放海蜇苗种2000万头,进行试验养殖。采用池塘生态养殖海蜇法,通过修建饵料培育池培养饵料生物,再经人工将其引进养殖海蜇的池塘,为海蜇提供更多的天然生物饵料。第一茬海蜇亩产100公斤,亩产值1600元,亩纯利1300元。年可养殖三茬,年产海蜇1800吨。

【2008利津发展论坛召开】 10

月 20 日，利津县举行 2008 利津发展论坛项目投资合作说明会暨签约仪式。县委书记杨同柱，县委副书记、县长李延成，县政协主席高振国，县人大常委会副主任刘廷景，副县长田澍雨出席签约仪式，县委常委、副县长燕浩林主持签约仪式，副县长宋学华介绍利津县的投资环境。签约项目有青岛农业大学科教兴县和现代农业建设项目，华能新能源产业控股有限公司投资 5.7 亿元的华能利津风电一期项目，北京理工大学管理与经济学院产业与区域发展研究生实习基地项目，投资 2 亿元的利津澳柯玛采暖工业园项目，投资 1.2 亿元的胜利油田胜动集团沼气发电项目，投资 6 亿元的法国液化空气中国投资有限公司煤气化项目等。21 日，2008 利津发展论坛在利津宾馆举行，来自全国的知名专家学者、经济顾问和企业界人士汇聚一堂，为利津经济社会发展出谋划策。与会专家学者集中观看利津县情电视宣传片，对利津县的发展现状、发展优势、挑战机遇进行分析，对以后的发展提出建设性意见和建议。

【利津经济开发区】 至 2008 年底，利津经济开发区全年实现销售收入 155.6 亿元，实现工业增加值 36.5 亿元，利税 10.5 亿元，地方财政收入 8136.17 万元，同比分别增长 25.2%、21.7%、31.2% 和 4.85%。新上及在建企业 24 个，计划总投资 28.67 亿元，到位固定资产投资 21.68 亿元，超额完成了预定指标，初步形成以石油化工、纺织服装、制药、农副产品深加工为主导的工业经济体系。

进区的主要企业有山东利华益集团、山东凤凰制药股份公司、三阳纺织公司、力能热电公司、华津植物蛋白公司、顺利化工公司、泰山纺织公司、齐赛纺织公司、盛雅纺织有限公司、利富得食品公司等。

主要建设项目有投资 16 亿元的利华益 22.5 万吨/年丁辛醇项目，总投资 2 亿元的澳柯玛采暖工业园项目，投资 6700 万元的铁人抽油杆有限公司搬迁扩建项目，投资 5000 万元的山东大东联石油装备有限公司，投资 7000 万元的利津天仁金属有限公司，投资 3800 万元的利津天普阳光饲料有限公司，投资 3000 万元的腾辉化工香料项目，投资 1500 万元的三木装饰材料公司腻子粉项目，投资 3000 万元的力邦化工 15000 吨/年氯乙酸项目，投资 7.9 亿元的“西湖春天”住宅小区项目等。

【乡镇概况】

利津镇

党委书记　贾学坤

镇　　长　徐光照

位于县境南部，县城驻地，面积 13300 公顷。2008 年底，辖 89 个自然村，87 个村民委员会；有 14217 户，63711 人。人口自然增长率 1.07‰。

2008 年，实现生产总值 19.6 亿元。工业总产值 22.37 亿元，实现利税 12117 万元。农林牧渔业总产值 51087 万元；全年粮食作物播种面积 2377 公顷，总产 12658 吨；蔬菜 203.8 公顷，总产 10088 吨；瓜类 630 公顷，总产 39045 吨；棉花 3378 公顷，总产皮棉 3782.6 吨；种植业产值 16169 万元。年末片林面积 1460 公顷，森林覆盖率 16.1%；林果总产 3800 吨；林业产值 255 万元。年末大牲畜存栏 1949 头，猪存栏 7300 头，羊存栏 10509 只，家禽存栏 83 万只；畜牧业总产值 15631 万元。水产品总产量 8823 吨，渔业总产值 7384 万元。农林牧渔服务业总产值 11648 万元。有水库 17 座，总蓄水能力 380 万立方米。农业机械总动力 57399 万千瓦，农村用电量 855 万千瓦时。财政收入 2376 万元。农民人均纯收入 6500 元，比上年增加 633 元。有中学 3 处，小学 9 处，在校学生共 3483 人，适龄儿童入学率 100%。有医院 1 处。电话普及率每百人 84 部（含手机）。有 64 个村达到小康水平。被省委政法委评为践行社会主义治理年先进乡镇。

北宋镇

党委书记　王俊生

镇　　长　赵　琦

位于县境西南部，距县城 85 公里，面积 12450 公顷。2008 年底，辖 111 个自然村，91 个村民委员会；有 13606 户，45376 人，其中女 22537 人，非农业人口 2058 人。人口自然增长率 0.24‰。

2008 年，实现生产总值 130762 万元，其中一、二、三产业增加值分别达到 25361 万元、89101 万元和 16300 万元，分别比上年增长 18.6%、37%、15%。工业总产值 60.43 亿元，实现利税 54384 万元。农林牧渔业总产值 47997 万元；全年粮食作物播种面积 4011 公顷，总产 22041 吨；蔬菜 2370 公顷，总产 14.04 万吨；瓜类 278 公顷，总产 13060 吨；棉花 2790 公顷，总产皮棉

3488吨；种植业产值28069万元。年末片林面积121公顷，森林覆盖率19%；林果总产9860吨；林业产值159万元。年末大牲畜存栏24378头，猪存栏20048头，羊存栏17560只，家禽存栏232万只；畜牧业总产值12167万元。水产品总产量2231吨，渔业总产值4566万元。农林牧渔服务业总产值3036万元。有水库36座，总蓄水能力480万立方米。农业机械总动力56576千瓦，农村用电量1636万千瓦时。财政收入1866万元。农民人均纯收入6659元，比上年增加475元。有中学3处，小学8处，在校学生4361人，适龄儿童入学率100%。有医院1处。电话普及率每百人71部。有35个村达到小康水平。被评为东营市拥军优属先进乡镇。

盐窝镇

党委书记 刘茂和

镇　　长 李建林

位于县境中部，距县城22.5公里，面积11200公顷。2008年底，辖40个自然村，48个村民委员会；有10306户，36394人；其中女18013人，非农业人口1324人。人口自然增长率2.5‰。

2008年，实现生产总值15.73亿元，比上年增长21%，其中一、二、三产业增加值分别达到33500万元、85800万元和38000万元，分别比上年增长18%、22%、23%。工业总产值48.21亿元，实现利税34628万元。农林牧渔业总产值43314万元；全年粮食作物播种面积2176公顷，总产12093吨；蔬菜1060公顷，总产63123吨；瓜类85公顷，总产3994吨；棉花4040公顷，总产皮棉4475吨；种植业产值20768万元。年末片林面积386.7公顷，森林覆盖率18.8%；林果总产3200吨；林业产值102万元。年末大牲畜存栏18000头，猪存栏4911头，羊存栏85000只，家禽存栏42万只；畜牧业总产值12678万元。水产品总产量4477吨，渔业总产值5408万元。农林牧渔服务业总产值4358万元。有水库14座，总蓄水能力6723万立方米。农业机械总动力37860千瓦，农村用电量2570万千瓦时。财政收入1226万元。农民人均纯收入6052元，比上年增加431元。有中学1处，小学7处，在校学生3319人，适龄儿童入学率100%。有医院1处。电话普及率每百人18部。有39个村达到小康水平。被评为全市残疾人工作先进乡镇、平安东营建设模范乡镇。

陈庄镇

党委书记 王乃全

镇　　长 王泽武

位于县境北部，距县城27公里，面积22000公顷。2008年底，辖72个自然村，95个村民委员会；有16479户，54709人；其中女27533人。人口自然增长率2.87‰。

2008年，实现生产总值15.6亿元，比上年增长25%，其中一、二、三产业增加值分别达到39800万元、35500万元和80700万元，分别比上年增长10%、15%、25%。工业总产值38.86亿元，实现利税23000万元。农林牧渔业总产值57456万元；全年粮食作物播种面积1621公顷，总产8348吨；蔬菜486.87公顷，总产20251吨；瓜类396公顷，总产16659吨；棉花7842公顷，总产皮棉10100吨；种植业产值22305万元。年末片林面积67公顷，森林覆盖率20%；林果总产4600吨；林业产值124万元。年末大牲畜存栏4746头，猪存栏5807头，羊存栏20560只，家禽存栏36万只；畜牧业总产值16836万元。水产品总产量4691吨，渔业总产值9343万元。农林牧渔服务业总产值8848万元。有水库90座，总蓄水能力2500万立方米。农业机械总动力99758千瓦，农村用电量1203万千瓦时。财政收入2365.4万元。农民人均纯收入6322元，比上年增加454元。有中学1处，小学7处，在校学生8938人，适龄儿童入学率100%。有医院1处。电话普及率每百人30部。有28个村达到小康水平。被评为平安东营建设模范乡镇。

汀罗镇

党委书记 崔文凯

镇　　长 牟心田

位于县境东北部，距县城38.78公里，面积27000公顷。2008年底，辖73个自然村，73个村民委员会；有11024户，34590人；其中女17018人，非农业人口2137人。人口自然增长率1.42‰。

2008年，实现生产总值9.03亿元，其中一、二、三产业增加值分别达到32400万元、29500万元和28400万元，分别比上年增长19.3%、20.1%、21.2%。工业总产值32310万元，实现利税2410万元。农林牧渔业总产值47629万元；全年粮食作物播种面积871公顷，总产5259吨；蔬菜560.87公顷，总产22903吨；瓜类64公顷，总产3124吨；棉花5228公顷，总产皮棉6223吨；种植业产值 13403 万元。年末片林面积 650 公顷,森林覆盖率 13.5%;林果总产 2000 吨;林业产值 119 万元。年末大牲畜存栏 10.34 万头,猪存栏 7728 头,羊存栏 89998 只,家禽存栏 7.3 万只;畜牧业总产值 11670 万元。水产品总产量 14000 吨,渔业总产值 11830 万元。农林牧渔服务业总产值 10607 万元。有水库 39 座,总蓄水能力 1754.7 万立方米。农业机械总动力 38006 千瓦,农村用电量 890 万千瓦时。财政收入 1205 万元。农民人均纯收入 6257 元,比上年增加 442 元。有中学 2 处,小学 6 处,在校学生 3622 人,适龄儿童入学率 100%。有医院 1 处。电话普及率每百人 40 部。有 19 个村达到小康水平。

明集乡

党委书记 宫长庆

乡　　长 王新生

位于县境北部,距县城 10 公里,面积 11864 公顷。2008 年底,辖 32 个自然村,38 个村民委员会;有 5759 户,18852 人;其中女 4682 人。人口自然增长率-0.43‰。

2008 年,实现生产总值 2.82 亿元,其中一、二、三产业增加值分别达到 12800 万元、10600 万元和 4800 万元,分别比上年增长 13.8%、17.6%、23.5%。工业总产值 9867 万元,实现利税 592 万元。农林牧渔业总产值 24000 万元;全年粮食作物播种面积 1218 公顷,总产 6559 吨;蔬菜 157 公顷,总产 3009 吨;瓜类 304.67 公顷,总产 9668 吨;棉花 6170 公顷,总产皮棉 6787 吨;种植业产值 11130 万元。年末片林面积 360 公顷,森林覆盖率 16%;林果总产 540 吨;林业产值 87 万元。年末大牲畜存栏 3943 头,猪存栏 6990 头,羊存栏 3824 只,家禽存栏 110562 只;畜牧业总产值 5034 万元。水产品总产量 2550 吨,渔业总产值 5300 万元。农林牧渔服务业总产值 2449 万元。有水库 8 座,总蓄水能力 220 万立方米。农业机械总动力 21837 千瓦,农村用电量 690.9 万千瓦时。财政收入 514.05 万元。农民人均纯收入 5787 元,比上年增加 447 元。有中学 1 处,小学 3 处,在校学生 1764 人,适龄儿童入学率 100%。有医院 1 处。电话普及率每百人 65 部。全乡有 3 个村创建为市级小康文明村。被评为平安乡镇、2008 年平安利津建设模范乡镇。

北岭乡

党委书记 贾密林

乡　　长 崔海滨

位于县境中部,距县城 25 公里,面积 5000 公顷。2008 年底,辖 23 个自然村,35 个村民委员会;有 6756 户,22207 人;其中女 11232 人,非农业人口 978 人。人口自然增长率 1.19‰。

2008 年,实现生产总值 4.8 亿元,其中一、二、三产业增加值分别达到 26720 万元、15432 万元和 6000 万元,分别比上年增长 25.8%、39.2%、18.7%。工业总产值 1.54 亿元,实现利税 1231 万元。农林牧渔业总产值 22563 万元;全年粮食作物播种面积 786 公顷,总产 4818 吨;蔬菜 2404 公顷,总产 164365 吨;瓜类 13 公顷,总产 816 吨;棉花 1643 公顷,总产皮棉 2054 吨;种植业产值 17842 万元。年末片林面积 893 公顷,森林覆盖率 16.9%;林果总产 436 吨;林业产值 66 万元。年末大牲畜存栏 3043 头,猪存栏 3822 万头,羊存栏 21210 只,家禽存栏 2 万只;畜牧业总产值 2201 万元。水产品总产量 170 吨,渔业总产值 2047 万元。农林牧渔服务业总产值 407 万元。有水库 42 座,总蓄水能力 360 万立方米。农业机械总动力 20168 千瓦,农村用电量 407 万千瓦时。财政收入 495.14 万元。农民人均纯收入 6018 元,比上年增加 450 元。有中学 1 处,小学 2 处,在校学生 1980 人,适龄儿童入学率 100%。有医院 1 处。电话普及率每百人 38 部。全乡有 5 个村达到市级小康水平。被评为全市农村安全创建活动示范乡镇。

虎滩乡

党委书记 李俊德

乡　　长 张向阳

位于县境东北部,距县城 29.5 公里,面积 6800 公顷。2008 年底,辖 45 个自然村,40 个村民委员会;有 4808 户,16574 人;其中女 8318 人。人口自然增长率 1‰。

2008 年,实现生产总值 3.2 亿元,其中一、二、三产业增加值分别达到 12096 万元、10087 万元和9817 万元,分别比上年增长 12%、25.1%、37.5%。工业总产值 2.75 亿元,实现利税 3441 万元。农林牧渔业总产值 18522 万元;全年粮食作物播种面积 1767 公顷,总产 9537 吨;蔬菜 45 公顷,总产 2472 吨;棉花 2742 公顷,总产皮棉 3444 吨;种植业产值 8574 万元。林果总产 3750 吨;林业产值 151 万元。年末大牲畜存栏 3200 头,猪存栏 5300 头,羊存栏 5320 只,家禽存栏 15.6 万只;畜牧业总产值 8110 万元。水产品总产量300吨，渔业总产值260万元。农林牧渔服务业总产值1427万元。有水库67座,总蓄水能力344.8万立方米。农业机械总动力23338千瓦，农村用电量275万千瓦时。财政收入506.1万元。农民人均纯收入5700元,比上年增加400元。有中学1处,小学4处，在校学生共1623人,适龄儿童入学率100%。有医院1处。电话普及率每百人42部。有24个村达到小康水平。被评为全省农机安全"十县百乡千村万户"示范活动示范乡镇。

刁口乡

党委书记　韩春强

乡　　长　闫　彬

位于县境东北部,距县城74公里,面积54860公顷。2008年底,辖4个自然村,3个村民委员会;有1045户,4687人。人口自然增长率-1.29‰。

2008年，实现生产总值6.6亿元,其中一、二、三产业增加值分别达到9800万元、52600万元和3600万元，分别比上年增长8.9%、19.5%、80%。工业总产值38.3亿元,实现利税4.3亿元。农林牧渔业总产值16193万元;全年粮食作物播种面积202公顷,总产11吨;棉花3334公顷,总产皮棉3746吨；种植业产值3608万元。森林覆盖率45%;林业产值7万元。猪存栏17225头,羊存栏3780只，家禽存栏3万只;畜牧业总产值1363万元。水产品总产量35000吨，渔业总产值10545万元。农林牧渔服务业总产值670万元。农业机械总动力3227千瓦,农村用电量494万千瓦时。财政收入744.1万元。农民人均纯收入9415元,比上年增加535元。有中学1处,小学1处,在校学生共136人，适龄儿童入学率100%。有医院1处。电话普及率每百人19部。有4个村达到小康水平。　(周尚锋　燕同亮)

东营市推进体黄河三角洲高效生态经济区建设的体制机制

1.在组织领导上,成立了由市委、市政府主要领导任组长的推进黄河三角洲高效生态经济示范区建设领导小组，并设立了实体机构的推进办公室。"四区一城"、"三路两港一场"和"三网"绿化工程实行市级领导责任制,并由专门工作机构负责推进。

2.在投资运作上,按照"政府主导、市场运作"的思路,由政府注资组建了市城市资产经营公司、东营经济开发区和东营港经济开发区国有资产运营公司、东营市旅游开发有限责任公司、黄河口渔业有限责任公司,搭建起了融资和运营平台,吸收金融资金和社会资本参与建设,增强了发展活力。

3.在土地管理上,严格执行国家土地利用政策,按规定使用省政府下达的用地指标，将有限的用地指标实行集中使用，对重点建设项目实行"点供"。在国家批准的范围内实行城市建设用地规模扩大与农村建设用地减少相挂钩的改革试点。

4.在项目引进上,突出抓好产业招商、专业招商,加强与跨国公司、国家大型企业的合作,引进战略合作伙伴,增强辐射拉动力。

人物

- 市级领导干部
- 全国“五一”劳动奖章获得者
- 山东省劳动模范和先进工作者
- 山东省“三八”红旗手

市级领导干部

（时间截止2009年3月）

现任领导

张秋波　山东省委委员，中共东营市委书记、市人大常委会主任、党组书记、市委党校校长，东营军分区党委第一书记。生于1953年10月，男，汉族，山东莱州人，大专学历。1975年6月参加工作，1977年1月加入中国共产党。1975年6月~1979年1月，任掖县县委组织部干事、团县委秘书；1979年1月~1981年8月，任共青团烟台地委干事；1981年8月~1983年1月，任共青团烟台地委宣传部部长；1983年1月~1984年9月，任共青团烟台地（市）委副书记；1984年9月~1986年9月，任共青团十一届中央委员会委员，共青团烟台市委书记、市青联主席；1986年9月~1988年8月，在烟台大学经济管理系经济管理专业干部专修科学习；1988年8月~1989年12月，任烟台市经济委员会副主任（正县级）（其间：1989年8月~1989年12月挂职任招远市委副书记）；1989年12月~1993年1月，任中共烟台市芝罘区区委副书记、区长；1993年1月~1996年6月，任中共烟台市芝罘区区委书记，区武装部党委第一书记，烟台高新技术开发区党工委书记（其间：1992年9月~1994年7月在华东师范大学国际政治与国际关系专业研究生课程班学习）；1996年6月~1997年12月，任山东省政府办公厅副主任、党组成员；1997年12月~1998年2月，任中共聊城地委副书记兼组织部部长；1998年2月~2000年6月，任中共聊城市委副书记兼组织部部长；2000年6月~2001年1月，任聊城市委副书记；2001年1月~2001年2月，任中共聊城市委副书记、代市长；2001年2月~2006年10月，任中共聊城市委副书记、市长；2006年10月~2006年11月，任中共东营市委书记兼党校校长；2006年11月~2007年1月，任中共东营市委书记兼党校校长，东营军分区党委第一书记；2007年1月~2008年1月，任中共东营市委书记、市人大常委会主任、市委党校校长，东营军分区党委第一书记；2008年1月~2008年3月，任省委委员，中共东营市委书记、市人大常委会主任、市委党校校长，东营军分区党委第一书记；2008年3月起，任省委委员，中共东营市委书记、市人大常委会主任、党组书记、市委党校校长，东营军分区党委第一书记。

张建华　山东省委委员，中共东营市委副书记，市政府市长、党组书记。生于1954年7月，男，汉族，山东烟台人，中央党校在职研究生学历。1970年12月参加工作，1973年7月加入中国共产党。1970年12月~1973年12月，任烟台粉沫冶金厂工人、文书；1973年12月~1976年8月，任烟台二锁厂党支部委员、团支部书记；1976年8月~1976年12月，任烟台市（县级）二轻局政工科干事；1976年12月~1983年9月，任中共烟台市（县级）委宣传部干事；1983年9月~1985年8月，在省委党校干部专修科学习；1985年8月~1987年6月，任中共烟台市委组织部干事；1987年6月~1990年3月，任中共烟台市芝罘区委办公室副主任、正科级秘书；1990年3月~1992年11月，任中共烟台市芝罘区委常委、办公室主任；1992年11月~1993年4月，任中共烟台市芝罘区委副书记；1993年4月~1997年12月，任中共烟台市委副秘书长、办公室主任（其间：1995年9月~1997年12月，在省委党校业余本科班经济管理专业学习）；1997年12月~2001年1月，任中共烟台市委常委、秘书长；2001年1月~2002年6月，任中共烟台市委副书记、市纪委书记；2002年6月~2003年2月，任省纪委委员，中共烟台市委副书记、市纪委书记；2003年2月~2003年4月省纪委委员，中共烟台市委副书记、市纪委书记，市政府副市长、党组副书记；2003年4月~2006年9月，任省纪委委员，中共烟台市委副书记，市政府副市长、党组副书记（其间：2001年3月~2004年1月，在中央党校在职研究生班<导师制>经济管理专业学习）；2006年9月~2007年1月，任省纪委委员，中共东营市委副书记，市政府副市长、代市长、党组书记；2007年1月~2008年1月，任省纪委委员，中共东营市委副书记，市政府市长、党组书记；2008年1月起，任省委委员，中共东营市委副书记，市政府市长、党组书记。

刘曙光 中共东营市委副书记。生于1962年11月，男，汉族，山东文登人，省委党校在职研究生学历，工学学士。1983年8月参加工作，1984年11月加入中国共产党。1979年9月~1983年8月，在东北工学院金属材料系金属材料专业学习；1983年8月~1983年12月，在辽宁省委党校青年干部培训班学习；1983年12月~1984年12月，任辽宁省营口锻压机床厂技术员、助理工程师；1984年12月~1985年8月，任共青团辽宁省营口市委青工部干事；1985年8月~1985年12月，任共青团辽宁省营口市委办公室副主任；1985年12月~1986年10月，任共青团辽宁省营口市委宣传部副部长；1986年10月~1987年3月，任共青团烟台市委工农青年部副部长；1987年3月~1993年4月，任共青团烟台市委工农青年部部长；1993年4月~1997年7月，任共青团烟台市委副书记(其间：1995年4月~1996年10月，挂职任栖霞市副市长)；1997年7月~2000年6月，任共青团烟台市委书记（其间：1996年9月~1999年7月，在省委党校经济管理专业研究生班学习)；2000年6月~2002年1月，任山东省科技厅副厅长、党组成员；2002年1月~2002年6月，任省纪委委员，中共东营市委副书记、纪委书记；2002年6月~2006年12月，任省纪委委员，中共东营市委副书记、纪委书记；2006年12月~2008年1月，任省纪委委员，中共东营市委副书记；2008年1月起，任中共东营市委副书记。

李玉卿 中共东营市委常委，胜利石油管理局党委副书记（正职待遇)、纪委书记。生于1953年5月，男，汉族，山东郓城人，中央党校在职大学学历。1971年10月参加工作，1973年12月加入中国共产党。1971年10月~1974年11月，胜利油田胜采指挥部采油一大队注水队工人；1974年11月~1975年4月，任胜利油田胜采指挥部采油一大队政工组宣传干事；1975年4月~1979年12月，任胜利油田党委组织部干事；1979年12月~1980年9月，任胜利油田东濮石油会战指挥部政治部办公室秘书；1980年9月~1981年11月，任胜利油田东濮石油会战指挥部政治部秘书处副科级干部；1981年11月~1982年9月，任胜利油田运输处宣传科副科长；1982年9月~1984年12月，任胜利石油党委办公室副科级秘书；1984年12月至1987年7月，任胜利油田党委办公室副主任；1987年7月~1989年6月，在山东师范大学干部专修科中文专业学习；1989年6月~2000年3月，任胜利石油管理局党委办公室主任（其间：1997年8月~1999年12月，在中央党校函授学院山东分院本科班政法专业学习)；2000年3月~2000年7月，任胜利石油管理局副总经济师兼销售公司经理；2000年7月~2000年9月，任胜利石油管理局副总经济师、销售公司经理兼胜利油田胜利石化产品销售中心经理；2000年9月~2002年12月，任胜利石油管理局副总经济师、销售公司经理，胜利油田胜利石化产品销售中心经理，胜利油田销售公司党委书记；2002年12月~2004年3月，任胜利石油管理局工会主席、党委常委，中国石化胜利油田有限公司董事；2004年3月~2005年12月，任胜利石油管理局党委副书记、纪委书记，中国石化胜利油田有限公司监事会主席；2005年12月~2007年3月，任胜利石油管理局党委副书记、纪委书记；2007年3月~2008年9月，任胜利石油管理局党委副书记（正职待遇)、纪委书记，2008年9月起任中共东营市委常委，胜利石油管理局党委副书记（正职待遇)、纪委书记。

王玉君 中共东营市委常委，市政府副市长、党组副书记。生于1962年10月，男，汉族，山东龙口人，在职研究生学历，管理学硕士。1983年6月加入中国共产党，1985年7月参加工作。1981年9月~1985年7月，在曲阜师范学院政治系政治专业学习；1985年7月~1988年8月，任山东省委讲师团干事、助教；1988年8月~1991年5月，任山东省委宣传部新闻出版处副主任干事；1991年5月~1993年1月，任山东省委宣传部新闻出版处主任干事；1993年1月~1997年3月，任山东省委宣传部新闻出版处副处长、香港华鲁公司信息交流部副总经理（主持工作）；1997年3月~1997年9月，任山东省新闻出版局办公室主任；1997年9月~2001年1月，任山东省新闻出版局党组成员、办公室主任(其间：1998年9月~2000年6月，在山东大学历史系研究生课程进修班学习，结业)；2001年1月~2003年2月，任东营市政府副市长、党组成员；2003年2月~2003年3月，任东营市政府副市长、党组成员，市委组织部部长；2003年3月~2006年12月，任中共东营市委常委、组织部部长；2006年12月~2007年1月，任中共东营市委常委，市政府党组副书记（其间：2004年9月~2007年1月，在中国石油大学<华东>管理科学与工程专业学习，获管理学硕士学位）；2007年1月起，任中共东营市委常委，市政府副市长、党组副书记。

张秀香　中共东营市委常委、政法委书记。生于1951年11月，女，汉族，山东广饶人，省委党校在职大学学历。1971年10月参加工作，1970年11月加入中国共产党。1971年10月~1972年2月，任广饶县工作队队员；1972年2月~1978年2月，任广饶县油郭公社党委委员、妇联主任；1978年2月~1982年1月，任广饶县油郭公社党委组织委员、妇联主任；1982年1月~1983年6月，任广饶县油郭公社党委委员、管委会副主任；1983年6月~1984年6月，任广饶县油郭公社党委副书记；1984年6月~1985年4月，任东营市牛庄区妇联主任，区委组织部副部长；1985年4月~1987年6月，任东营市牛庄区委常委、组织部部长；1987年6月~1990年1月，任东营市东营区委常委、组织部部长；1990年1月~1993年1月，任东营市东营区政府副区长；1993年1月~1993年12月，任东营市妇联主任、党组书记；1993年12月~1995年8月，任中共东营市委委员，市妇联主任、党组书记(其间：1991年1月~1994年12月，在省委党校经济管理专业大专班学习)；1995年8月~2003年3月，任中共东营市委委员，市政府副市长、党组成员(其间：1995年8月~1997年12月，在省委党校经济管理专业本科班学习)；2003年3月~2004年6月，任中共东营市委委员，市政府副市长、党组副书记；2004年6月~2006年12月，任中共东营市委常委，市政府副市长、党组副书记；2006年12月~2007年1月，任东营市委常委、政法委书记，市政府副市长；2007年1月起，任中共东营市委常委、政法委书记。

曹连杰　中共东营市委常委，市政府副市长、党组副书记。生于1953年2月，男，汉族，山东博兴人，中央党校在职研究生学历。1970年12月参加工作，1978年8月加入中国共产党。1970年4月~1973年9月，任博兴县纯化乡曹家村小学民办教师；1973年9月~1975年8月，在北镇师范专科学校中文专业学习；1975年8月~1984年2月，任垦利县第四中学教师、团委副书记、书记；1984年2月~1985年4月，任共青团垦利县委干事、书记；1985年4月~1986年10月，任垦利县委常委、宣传部部长；1986年10月~1988年3月，任垦利县委常委、办公室主任；1988年3月~1993年3月，任垦利县委副书记；1993年3月~1993年7月，任利津县委副书记、代县长；1993年7月~1997年2月，任利津县委副书记、县长(其间：1994年7月~1996年12月，在省委党校业余本科班经济管理专业学习)；1997年2月~1998年9月，任利津县委书记；1998年9月~1999年5月，任中共东营市委委员，利津县委书记；1999年5月~2001年1月，任中共东营市委委员，利津县委书记，县委党校校长；2001年1月~2003年1月，任中共东营市委常委，利津县委书记，县委党校校长；2003年1月~2003年2月，任中共东营市委常委，市政府市长助理、党组成员，利津县委党校校长；2003年2月~2003年3月，任中共东营市委常委，市政府副市长、党组成员，利津县委党校校长(其间:2001年3月~2004年1月，在中央党校研究生院经济管理专业在职研究生班学习)；2003年3月~2005年3月，任中共东营市委委员，市政府副市长、党组成员；2005年3月~2007年

3月，任中共东营市委委员，市政府副市长、党组副书记；2007年3月起，任中共东营市委常委，市政府副市长、党组副书记。

田振玉 中共东营市委常委、秘书长。生于1955年3月，男，汉族，山东东营人，省业余大学学历。1975年7月参加工作，1973年11月加入中国共产党。1973年12月~1976年4月，任垦利县新安公社整党工作队队员；1976年4月~1979年3月，任垦利县新安公社党委副书记；1979年3月~1981年9月，任共青团垦利县委副书记；1981年9月~1983年7月，在曲阜师范学院中文专业干部专修科学习；1983年7月~1983年11月，任垦利县委党校理论教员；1983年11月~1987年4月，任共青团东营市委副书记；1987年4月~1990年4月，任共青团东营市委书记；1990年4月~1991年7月，任共青团东营市委书记，河口区委副书记；1991年7月~1992年3月，任共青团东营市委书记，河口区委副书记兼纪委书记；1992年3月~1993年4月，任市直机关党工委副书记（正县级）；1993年4月~1997年12月，任中共东营市委宣传部副部长，市广播电视局局长、党组书记（其间：1993年7月~1996年6月，在山东干部函授大学本科班经济管理专业学习）；1997年12月~1998年1月，任广饶县委副书记，县长候选人；1998年1月~2000年6月，任广饶县委副书记、县长（其间：1997年9月~1998年7月，在省委党校中青年干部培训班学习）；2000年6月~2002年5月，任广饶县委书记；2002年5月~2003年3月，任中共东营市委常委，广饶县委书记；2003年3月~2004年6月，任中共东营市委常委，广饶县委书记、县委党校校长；2004年6月~2008年1月，任中共东营市委委员，市政府副市长、党组成员；2008年1月起，任中共东营市委常委、秘书长。

马登雨 山东省纪委委员，中共东营市委常委、市纪委书记。生于1952年2月，男，汉族，山东滨州人，大学普通班学历。1969年2月参加工作，1971年9月加入中国共产党。1969年2月~1973年3月，为济南军区6144部队战士；1973年3月~1975年1月，为惠民地区水利局油防专业队指挥部工人；1975年1月~1975年8月，任惠民县清河镇乡古城马村生产队长；1975年8月~1978年8月，在山东大学历史系考古专业学习；1978年8月~1984年11月，任省文化厅文物处干部；1984年11月~1988年3月，任省文物总店副经理；1988年3月~1992年12月，任省监察厅办公室副主任；1992年12月~1993年3月，任省监察厅信访处正处级监察员、副处长；1993年3月~1993年12月，任省纪委信访室正处级检查员；1993年12月~1996年12月，任省纪委信访室（举报中心）副主任；1996年12月~2002年2月，任省纪委执法监察室副主任；2002年12月~2006年12月，任省纪委执法监察室主任；2006年12月~2008年1月，任中共东营市委常委、市纪委书记；2008年1月起，任省纪委委员，中共东营市委常委、市纪委书记。

刘赞杰 中共东营市委常委、组织部部长。生于1959年10月，男，汉族，山东青岛人，大学学历，工学学士。1982年7月参加工作，1988年12月加入中国共产党。1978年10月~1982年7月，在山东建筑工程学院工民建专业学习；1982年7月~1983年1月，任崂山县粮食局粮油加工厂干部；1983年1月~1988年10月，任崂山县建委设计室技术员、副主任；1988年10月~1989年5月，任崂山县建委城建科科长、规划室主任；1989年6月~1992年6月，任青岛市崂山区建委副主任；1992年6月~1994年4月，任青岛市崂山区经济技术开发区管委会主任；1994年4月~1994年5月，任青岛市城阳区区划调整领导小组成员；1994年5月~1994年6月，任青岛市城阳区区委常委；1994年6月~1999年1月，任青岛市城阳区区委常委、副区长；1999年11月~2002年12月，任莘县县委书记；2002年12月~2003年1月，任东营市政府副市长；2003年1月~2003年2月，任东营市政府副市长、党组成员;2003年3月~2005年12月,任中共东营市委委员,市政府副市长、党组成员;2005年12月~2006年1月,任中共东营市委常委、政法委书记,市政府副市长;2006年1月~2006年12月,任中共东营市委常委、政法委书记;2006年12月起,任中共东营市委常委、组织部部长。

赵豪志　山东省委候补委员,中共东营市委常委,广饶县委书记、县委党校校长。生于1965年5月,男,汉族,山东东明人,大学学历,工学学士。1987年7月参加工作,1993年1月加入中国共产党。1983年9月~1987年7月,在山东工业大学第一机械工程系机械制造工艺及设备专业学习;1987年7月~1988年9月,任山东机械学校机械厂技术员;1988年9月~1990年10月,任山东机械学校助理讲师;1990年10月~1991年6月,任省政府经济协作办公室科员;1991年6月~1993年6月,任省政府经济协作办公室副主任科员;1993年6月~1994年6月,任省政府经济协作办公室主任科员;1994年6月~2000年10月,任省经贸委技改处主任科员;2000年10月~2002年12月,任省经贸委投资规划处副处长(其间:2000年6月~2001年4月,挂职任广饶县副县长;2001年4月~2002年12月,挂职任中共广饶县委副书记、副县长);2002年12月~2003年1月,任中共河口区委副书记、副区长、代区长;2003年1月~2006年1月,任中共河口区委副书记、区长;2006年1月~2006年3月,任中共河口区委书记;2006年3月~2006年12月,任中共河口区委书记、党校校长;2006年12月~2007年1月,任中共广饶县委书记、党校校长;2007年1月~2007年3月,任中共广饶县委书记、县人大常委会主任、县委党校校长;2007年3月~2007年12月,任中共东营市委常委,广饶县委书记、县人大常委会主任、县委党校校长;2007年12月~2008年1月,任中共东营市委常委,广饶县委书记、县委党校校长;2008年1月起,任省委候补委员,中共东营市委常委,广饶县委书记、县委党校校长。

成育进　中共东营市委常委、东营军分区政委。生于1958年12月,男,汉族,江苏南通人,大学学历。1978年2月参加工作,1979年7月加入中国共产党。1978年2月~1984年4月,任济南军区守备第二十五团战士;1984年4月~1984年11月,任济南军区守备第二十五团120迫击炮连排长;1984年11月~1985年11月,任济南军区守备第二十五团一营三连副政治指导员;1985年11月~1988年5月,任济南军区守备第一团一营二连政治指导员;1988年5月~1988年9月,任济南军区守备第一团一营政治教导员;1988年9月~1990年9月,任炮兵指挥学院学员;1990年9月~1993年2月,任济南军区守备第一团炮兵一营政治教导员;1993年2月~1995年2月,任济南军区海防第一团政治处主任;1995年2月~1997年1月,任济南军区海防第一团副政委;1997年1月~1998年3月,任济南军区海防第一团政委;1998年3月~2000年6月,为国防大学师团班学员;2000年6月~2001年6月,任莱芜军分区政治部主任;2001年6月~2007年3月,任青岛警备区政治部主任;2007年3月~2007年4月,任东营军分区政委;2007年4月起,任中共东营市委常委、军分区政委。

田青云　中共东营市委常委、宣传部部长。生于1961年11月,男,汉族,山东广饶人,省委党校在职研究生学历,工学学士。1984年7月参加工作,1983年1月加入中国共产党。1980年9月~1984年7月,在山东纺织工学院棉纺专业学习;1984年7月~1985年1月,任东营市工业局科员;1985年1月~1988年5月,任东营市纺织局技术科科员、副科长;1988年5月~1992年11月,任东营市纺织厂副厂长;1992年11月~1996年4月,任东营市纺织厂厂长;1996年4月~1998年1月,任东营市纺织总会副会长、党组副书记,市纺织厂厂长;1998年1月~1998年4月,任东营市纺织总会副会长、党组副书记,市天信纺织有限公司董事长;

1998年4月~1999年1月，任东营市对外经济贸易委员会主任、党组书记；1999年1月~1999年11月，任东营市对外经济贸易委员会主任、党组书记，国际贸易促进会东营市支会副会长（其间：1996年9月~1999年6月，在山东省委党校在职研究生班经济学专业学习）；1999年11月~2001年4月，任东营市对外经济贸易委员会主任、党组书记，国际贸易促进会东营市支会副会长，市招商办副主任，市招商局副局长；2001年4月~2002年9月，任东营市经济贸易委员会主任、党工委书记，国际贸易促进会东营市支会副会长；2002年9月~2004年5月，任东营市经济贸易委员会主任、党工委书记(其间：2003年2月~2003年12月，在山东省委党校第十三期中青年干部培训班学习)；2004年5月~2005年3月，任东营市市长助理，市招商工作委员会办公室(市招商局)主任(局长)、党组书记；2005年3月~2008年1月，任东营市人民政府秘书长、党组成员，市政府办公室党组书记；2008年1月~2008年2月，任市委常委、宣传部部长，市政府秘书长、市府办党组书记；2008年2月起，任中共东营市委常委、宣传部部长。

陈泽浦 中共东营市委常委、垦利县委书记（援疆）。生于1962年6月，男，汉族，山东利津人，大学学历。1982年7月参加工作，1985年2月加入中国共产党。1978年9月~1982年7月在曲阜师范大学政治系政治专业学习；1982年7月~1987年2月任利津县第一中学教师；1987年2月~1987年11月，任东营市委讲师团教师；1987年11月~1989年12月，任东营市委宣传部理论教育科副科长；1989年12月~1994年7月，任东营市委讲师团副团长（正科级)；1994年7月~1997年8月，任东营市委讲师团团长(副县级)；1997年8月~2001年1月，任东营市委宣传部副部长兼市委讲师团团长；2001年1月~2003年1月，任垦利县委副书记；2003年1月~2004年6月，任垦利县委副书记、县长；2004年6月~2008年6月，任垦利县委书记、县人大常委会主任、县委党校校长；2008年6月–2008年9月，任中共东营市委常委(援疆任喀什地委委员、疏勒县委书记)，垦利县委书记、县人大常委会主任、县委党校校长。2008年9月–2009年1月，任中共东营市委常委，垦利县委书记（援疆)、县人大常委会主任。2009年1月起，任中共东营市委常委，垦利县委书记(援疆)。

周燕明 中共东营市委委员，东营市人大常委会副主任（正厅级）、党组副书记。生于1953年5月，男，汉族，山东东营人，大学普通班学历。1970年11月参加工作，1976年8月加入中国共产党。1970年11月~1973年9月，任垦利县化肥厂工人；1973年9月~1976年10月，任垦利县化肥厂工段长、值班长、副股长；1976年10月~1979年10月，在山东化工学院无机化工专业学习；1979年10月~1982年2月，任垦利县化肥厂技术员；1982年2月~1984年1月，任垦利县化肥厂副厂长；1984年1月~1984年4月，任垦利县化肥厂厂长；1984年4月~1991年1月，任垦利县副县长；1991年1月~1993年4月，任东营市政府副秘书长；1993年4月~1993年12月，任东营市政府副秘书长、市经委主任；1993年12月~1994年2月，任中共东营市委委员，市政府副秘书长，市经委主任；1994年2月~1995年2月，任中共东营市委委员，广饶县委副书记、代县长；1995年2月~1997年12月，任中共东营市委委员，广饶县委副书记、县长；1997年12月~2000年6月，任中共东营市委委员，广饶县委书记；2000年6月~2001年1月，任中共东营市委委员，市委秘书长；2001年1月~2008年1月，任中共东营市委常委、秘书长，市直机关党工委书记；2008年1月~2008年3月，任中共东营市委委员，市人大常委会副主任、党组书记(正厅级)。2008年3月起，任中共东营市委委员，市人大常委会副主任(正厅级)、党组副书记。

杨士民 东营市人大常委会副主任、党组副书记。生于1952年12月，男，汉族，山东利津人，省委党校

在职大学学历。1971年5月参加工作,1973年12月加入中国共产党。1971年5月~1975年5月,任利津县土产杂品公司营业员、会计;1975年5月~1978年1月,任利津县土产杂品公司文书、经理;1978年1月~1979年1月,任利津县店子公社党委常委、革委会副主任;1979年1月~1984年7月,任利津县店子公社党委副书记;1984年7月~1985年9月,任利津县陈庄镇党委书记;1985年9月~1990年3月,任利津县委常委、办公室主任;1990年3月~1993年4月,任利津县委常委、副县长(其间:1988年6月~1990年6月,在曲阜师范大学自学考试政治教育专业大专班学习);1993年4月~1995年5月,任利津县委副书记、副县长;1995年5月~1996年4月,任东营市供销社主任、党组书记;1996年4月~1997年5月,任东营市贸易局局长、党组书记,市政府财贸办公室主任(其间:1994年9月~1996年12月,在省委党校经济管理专业本科班学习);1997年5月~1998年4月,任东营市贸易局局长、党委书记,市政府财贸办公室主任;1998年4月~1998年9月,任东营市财政局局长、党组书记;1998年9月~2001年8月,任中共东营市委候补委员,市财政局局长、党组书记;2001年8月~2003年2月,任中共东营市委委员,市财政局局长、党组书记;2003年2月~2003年3月,任中共东营市委委员,市政协副主席,市财政局局长、党组书记;2003年3月~2005年3月,任东营市政协副主席、党组成员,市财政局局长、党组书记;2005年3月~2006年1月,任东营市政协副主席、党组成员;2006年1月~2006年2月,任东营市政协副主席,市人大常委会党组成员;2006年2月~2008年1月,任东营市人大常委会副主任、党组成员;2008年1月起,任东营市人大常委会副主任、党组副书记。

郭丰璞　东营市人大常委会副主任、党组成员。生于1953年9月,男,汉族,山东广饶人,省委党校在职大学学历。1975年12月参加工作,1978年9月加入中国共产党。1975年12月~1978年5月,任广饶县大王供销社售货员;1978年5月~1980年4月,任广饶县大王公社多种经营办公室副主任;1980年4月~1982年1月,任广饶县大王公社刘集管区党总支书记;1982年1月~1984年7月,任广饶县大王公社管委副主任兼刘集管区党总支书记;1984年7月~1988年4月,任广饶县城关镇党委副书记、副镇长;1988年4月~1990年3月,任广饶县大营乡党委书记;1990年3月~1991年4月,任广饶县稻庄镇党委书记;1991年4月~1993年2月,任东营市南郊畜牧场党委副书记、副场长(其间:1989年8月~1992年6月,在中央党校函授学院党政管理专业大专班学习);1993年2月~1994年4月,任东营市南郊畜牧场党委副书记、场长;1994年4月~1997年2月,任东营市南郊畜牧场党委书记、场长(其间:1994年9月~1996年12月,在省委党校经济管理专业本科班学习);1997年2月~2002年12月,任利津县委副书记、县长;2002年12月~2003年1月,任利津县委副书记;2003年1月~2003年2月,任利津县委书记,县人大常委会主任、党组书记;2003年2月~2003年3月,任利津县委书记,县人大常委会主任、党组书记,县人武部党委第一书记;2003年3月~2006年2月,任中共东营市委委员,利津县委书记,县人大常委会主任、党组书记,县人武部党委第一书记,县委党校校长;2006年2月~2007年3月,任中共东营市委委员,市人大常委会副主任、党组成员;2007年3月起,任东营市人大常委会副主任、党组成员。

崔兆武　东营市人大常委会副主任、党组成员。生于1954年3月,男,汉族,山东东营人,省业余大学学历。1976年1月参加工作,1974年5月加入中国共产党。1973年11月~1976年1月,任利津县整党工作队队员;1976年1月~1980年6月,任利津县六合公社党委常委、革委会副主任;1980年6月~1980年10月,任利津县六合公社党委副书记;1980年10月~1982年6月,在山东农学院干部专修科学习;1982年6月~1984年7月,任利津县六合公社党委副书记;1984年7月~1985年3月,任河口区六合乡党委书记;1985年3

月~1987年4月，任东营市河口区政府副区长；1987年4月~1987年6月，任东营市河口区副县级干部；1987年6月~1990年8月，任东营市渤海农场党委副书记、场长；1990年8月~1997年1月，任东营市广播电视局副局长、党组成员，东营电视台台长（其间：1993年6月~1996年6月，在山东干部函授大学本科班经济管理专业学习）；1997年1月~1999年5月，任东营市机电局局长、党组书记；1999年5月~2004年5月，任东营市水利局局长、党组书记；2004年5月~2006年2月，任东营市政府市长助理，市水利局局长、党组书记；2006年2月起，任东营市人大常委会副主任、党组成员。

温晓杰 东营市人大常委会副主任，东营经济开发区管委会副主任。生于1965年7月，女，汉族，山东招远人，大学学历，工商管理硕士。1988年7月参加工作，2002年11月加入九三学社。1984年9月~1988年7月，在山东矿业学院电气工程系工业电气自动化专业学习；1988年7月~1992年12月，任东营市经贸委技术科科员；1992年12月~1993年12月，任东营市经贸委技术改造科科员；1993年12月~1997年5月，任东营市经贸委生产调度室科员；1997年5月~2001年11月，任东营市经贸委企业科副科长(其间:1997年9月~1999年5月，在山东大学工商管理学院政治经济学专业研究生课程进修班学习；2000年6月~2002年5月，参加全市第二期赴国内外高校培训班学习)；2001年11月~2003年7月，任东营市经贸委商贸科副科长；2003年7月~2005年2月，任东营经济开发区管理委员会副主任(选聘)；2005年2月~2008年1月，任东营经济开发区管理委员会副主任（其间：2004年12月~2005年11月，在美国莱特州立大学工商管理专业学习，获工商管理硕士学位）；2008年1月起，任东营市人大常委会副主任，东营经济开发区管委会副主任。

吕雪萍 中共东营市委委员，市政府副市长、党组副书记。生于1955年3月，女，汉族，山东广饶人，省委党校在职大学学历。1972年3月参加工作，1977年8月加入中国共产党。1972年3月~1972年12月，任广饶县广饶镇弓手刘小学教师；1972年12月~1974年7月，任广饶县大格中学教师、团支部书记；1974年7月~1981年3月，任广饶县朱家中学教师、校长；1981年3月~1983年2月，在北镇师专干部专修科政治系学习；1983年2月~1984年7月，任广饶县委组织部干事；1984年7月~1985年12月，任广饶县人事局副局长；1985年12月~1989年2月，任广饶县纪委副书记；1989年2月~1990年1月，任广饶县委常委、宣传部部长；1990年1月~1992年12月，任广饶县政府副县长；1992年12月~1993年10月，任广饶县委副书记；1993年10月~1995年10月，任广饶县委副书记兼县委党校校长；1995年10月~1997年12月，任市妇联主席、党组书记(其间：1995年3月~1996年3月，在山东省委党校中青年干部培训班学习；1994年9月~1996年12月，在山东省委党校经济管理专业业余本科班学习)；1997年12月~2006年12月，任中共东营市委常委、宣传部部长；2006年12月~2007年1月，任中共东营市委委员，市政府党组副书记；2007年1月起，任中共东营市委委员，市政府副市长、党组副书记。

李金昆 中共东营市委委员，市政府副市长、党组成员，东营经济开发区管委会主任、党工委书记。生于1963年2月，男，汉族，山东利津人，省委党校在职大学学历。1981年7月参加工作，1985年5月加入中国共产党。1979年10月~1981年7月，在利津师范师范专业学习；1981年7月~1983年7月，任利津县城关中学教师；1983年7月~1983年10月，任利津县教育局办公室干事；1983年10月~1985年7月，在山东省教育学院中文专业学习；1985年7月~1988年1月，任利津县委办公室秘书；1988年1月~1990年1月，任利津县委办公室副主任；1990年1月~1990年11月，任利津县委办公室副主任兼保密委办公室主任；1990年11月~1991年8月，任东营市政府办公室秘书科科长；1991年8月~1993年4月，任东营市政府行政管理研究室主任；1993年4月~1996年4月，任东营市委办公室副主任(其间：1994年9月~1996年12月，在省委党校经济管理专业本科班学习)；1996年4月~1998年1月，任东营市委副秘书长；1998年1月~1999年6月，任东营市委副秘书长兼党史研究室主任；1999年6月~2001年4月，任东营市委副秘书长，市委政策研究室主任；2001年4月~2003年3月，任东营市政府秘书长、党组成员，市府办党组书记；2003年3月~2004年12月，任中共东营市委委员，市政府秘书长、党组成员，市府办党组书记；2004年12月~2005年3月，任中共东营市委委员，市政府副市长、党组成员兼市政府秘书长、市府办党组书记；2005年3月~2007年11月，任中共东营市委委员，市政府副市长、党组成员；2007年11月起，任中共东营市委委员，市政府副市长、党组成员，东营经济开发区管委会主任、党工委书记。

李中树 中共东营市委委员，市政府副市长、党组成员，胜利石油管理局副局长、党委常委。生于1954年10月，男，汉族，山东沾化人，大学普通班学历。1978年8月参加工作，1982年3月加入中国共产党。1974年9月~1978年8月，在山东工学院电力系统自动化专业学习；1978年8月~1981年11月，任胜利油田孤岛指挥部水电大队技术员；1981年11月~1984年11月，任胜利油田孤岛指挥部水电大队变电队队长；1984年11月~1985年8月，任胜利油田孤岛指挥部水电大队副大队长；1985年8月~1986年8月，任胜利油田孤岛采油厂水电大队大队长；1986年8月~1987年3月，任胜利油田供电公司孤岛分公司经理；1987年3月~1989年12月，任胜利油田滨海采油指挥部水电讯科科长；1989年12月~1990年9月，任胜利石油管理局孤岛采油厂副总工程师兼水电讯科科长；1990年9月~1992年5月，任胜利石油管理局孤岛采油厂副厂长；1992年5月~1995年8月，任胜利石油管理局电力管理总公司副经理；1995年8月~2004年11月，任胜利石油管理局电力管理总公司经理、党委副书记；2004年11月~2006年7月，任胜利石油管理局副局长；2006年7月~2006年9月，任东营市人民政府副市长，胜利石油管理局副局长；2006年9月~2007年3月，任东营市人民政府副市长、党组成员，胜利石油管理局副局长；2007年3月~2007年10月，任中共东营市委委员，市政府副市长、党组成员，胜利石油管理局副局长；2007年10月起，任中共东营市委委员，市政府副市长、党组成员，胜利石油管理局副局长、党委常委。

王吉能 东营市政府副市长、计生协会会长。生于1965年3月，汉族，山东利津人，在职大学学历。1984年7月参加工作，无党派人士。

1982年9月~1984年7月，在滨州师范专科学校数理系数学专业学习；1984年7月~1987年9月，任利津县一中数学教师；1987年7月~1989年7月，在中国科技大学专科升本科师资班数学专业学习；1989年7月~1993年3月，任利津县一中数学教师；1993年3月~1996年1月，任利津县一中副校长；1996年1月~1997年12月，任利津县政协副主席，县一中副校长；1997年12月~2001年1月，任利津县政府副县长，县政协副主席；2001年1月~2005年3月，任利津县政府副县长；2005年3月~2005年4月，任东营市计生协会常务副会长（正县级），利津县政府副县长；2005年4月~2005年5月，任东营市人口计生委副主任，市计生协会常务副会长(正县级)，利津县政府副县长；2005年5月~2006年2月，任东营市人口计生委副主任，市计生协会常务副会长（正县级)；2006年2月~2006年7月，任东营市政协副主席，市人口计生委副主任，市计生协会常务副会长；2006年7月~2008年1月，任东营市政协副主席；2008年1月~2008年12月，任东营市政府副市长；2008年12月起，任东营市政府副市长、计生协会会长。

宗承敏 东营市政府副市长、党组成员。生于1965年11月，男，汉族，山东泰安人，在职大学学

历。1986年7月参加工作，1988年12月加入中国共产党。1983年8月~1986年7月，在泰安师专中文系汉语言文学专业学习；1986年7月~1992年7月，任莱芜市教师进修学校教师（其间:1988年8月－1991年8月，在曲阜师范大学高师函授汉语言文学专业学习）；1992年7月~1993年1月，在莱芜市（县级）教育局工作；1993年1月~1994年1月，在莱芜市教委工作；1994年1月~1996年4月，在莱芜市委办公室工作；1996年4月~1997年8月，在莱芜市委政策研究室工作；1997年8月~1999年8月，任莱芜市委政策研究室农村经济科副科长；1999年8月~2000年11月，任莱芜市委政策研究室政治社会科科长；2000年11月~2002年2月，任莱芜市广播电视局副局长；2002年2月~2003年7月，任莱芜市委政策研究室副主任；2003年7月~2004年5月，任莱芜市委政策研究室主任；2004年5月~2007年11月，任莱芜市委副秘书长、政策研究室主任；2007年11月~2007年12月，任东营市政府党组成员；2007年12月起，任东营市政府副市长、党组成员。

闫树信 东营市政府副市长、党组成员。生于1955年7月，男，汉族，山东垦利人，省委党校在职大学学历。1974年6月参加工作，1982年6月加入中国共产党。1974年6月~1978年3月任垦

利县宁海公社张东小学民办教师；1978年3月~1980年1月在博兴师范学校理科专业学习；1980年1月~1984年9月任垦利县第六中学教务员、团委副书记、团委书记；1984年9月~1986年10月任共青团东营市东营区委干事、副书记、书记；1986年10月~1988年4月任东营市东营区胜利镇党委副书记、镇长；1988年4月~1990年4月任东营市东营区胜利镇党委书记；1990年4月~1991年9月任东营市东营区委常委、办公室主任；1991年9月~1993年4月任东营市农场管理局副局长；1993年4月~1997年2月任东营市农场管理局局长、党组书记(1993年9月~1994年12月在省委党校党政专业续读大专班学习；1995年9月~1997年2月在省委党校经济管理专业本科班学习)；1997年2月~1999年5月任东营市海洋与水产局局长、党组书记；1999年5月~2001年4月任东营市计划委员会主任、党组书记；2001年4月~2004年5月任东营市发展计划委员会主任、党组书记；2004年5月~2004年12月任东营市市长助理，市发展计划委员会主任、党组书记，市体改办主任、党组书记；2004年12月~2007年2月任东营市市长助理，市发展和改革委员会主任、党组书记；2007年2月~2008年3月任东营市市长助理，市发展和改革委员会主任、党组书记，市城市建设投资发展有限责任公司董事长；2008年3月~2008年12月任东营市市长助理，市发展和改革委员会主任、党组书记，市开发性金融合作办公室主任；2008年12月~2009年3月任东营市市长助理，市发展和改革委员会主任、党组书记，市开发性金融合作办公室主任，市推进黄河三角洲高效生态经济区建设领导小组办公室常务副主任；2009年3月起，东营市政府副市长、市政府党组成员。

于树健 中共东营市委委员，市政协主席、党组书记。生于1951年9月，男，汉族，山东文登人，在职大学学历。1969年2月参加工作，1972年9月加入中国共产党。1969年2月~1971年2月，为中央警卫团战士；1971年2月~1982年7月，任中办秘书局干部；1982年7月~1984年2月，任中办人事局办公室干部；1984年2月~1985年7月，任中办机关党委组织处干部（其间：1981年9月~1984年7月，在中南海业余大学秘书行政管理专业学习）；1985年7月~1988年7月，任中办机关党委组织处主任科员；1988年7月~1992年3月，任中办机关党委组织处副处长；1992年3月~1993年12月，任中办机关党委组织处副处长、正处级纪检员；1993年12月~1997年6月，任中办机关党委组织处处长；1997年6月~2000年5月，任中办机关党委助理巡视员兼组织处处长；2000年5月~2001年6月，任中办机关纪委副

书记兼机关党委组织处处长；2001年6月~2003年5月，任中办机关党委副书记（其间：2001年8月~2003年5月，挂职任中共潍坊市委副书记，2003年5月任中办机关党委办公室巡视员）；2003年5月~2006年12月，任中共东营市委副书记（正厅级）；2006年12月~2007年1月，任中共东营市委副书记（正厅级），市政协党组副书记；2007年1月~2007年3月任中共东营市委副书记(正厅级)，市政协副主席、党组副书记；2007年3月~2008年1月，任中共东营市委委员，市政协副主席(正厅级)、党组副书记；2008年1月起，任中共东营市委委员，市政协主席、党组书记。

倪胜希　中共东营市委委员，市政协副主席、党组副书记。生于1954年7月，男，汉族，山东乳山人，大学普通班学历。1978年8月参加工作，1975年1月加入中国共产党。1973年3月~1975年10月，为乳山县黎明公社报道员；1975年10月~1978年8月，在北京大学国际政治专业学习；1978年8月~1986年10月，任山东省纪委干事；1986年10月~1991年5月，任山东省纪委正科级干事；1991年5月~1995年3月，任山东省纪委副处级检查员、正处级检查员；1995年3月~2001年2月，任中共东营市委副秘书长（正县）；2001年2月~4月，任东营市政协副主席、党组成员；2001年4月~2003年3月，任东营市政协副主席、党组成员，市委统战部部长；2003年3月~2005年3月，任中共东营市委委员，市政协副主席、党组成员，市委统战部部长，东营社会主义学院院长；2005年3月~2008年2月，任中共东营市委委员，市政协副主席、党组副书记，市委统战部部长，东营社会主义学院院长，市光彩事业促进会会长；2008年2月起，任中共东营市委委员，市政协副主席、党组副书记。

陈　胜　东营市政协副主席，九三学社省委常委、东营市委主委，市红十字会会长。生于1952年4月，男，汉族，山东利津人，在职大学学历，三级律师。1968年12月参加工作，2001年10月加入九三学社。1968年12月~1979年4月，为浙江省衢州市知青；1979年4月~1979年12月，为利津县陈庄镇知青；1979年12月~1984年12月，任利津县百货公司营业员、采购员；1984年12月~1987年6月，任利津县法律顾问处律师；1987年6月~1991年2月，任利津县司法局副局长(其间：1987年9月~1990年7月，在华东政法学院函授大专班法律专业学习)；1991年2月~1992年2月，任利津县政协副主席、县司法局副局长；1992年2月~1995年5月，任利津县人民政府副县长(其间：1991年9月~1994年7月，在华东政法学院函授本科班法律专业学习)；1995年5月~1998年2月，任东营市人民检察院正县级检察员；1998年2月~2001年12月，任东营市人民政府副市长；2001年12月~2002年5月，任东营市人民政府副市长，九三学社东营市委主委；2002年5月~2005年3月，任东营市人民政府副市长，九三学社省委常委、东营市委主委；2005年3月~2008年1月，任东营市人民政府副市长，九三学社省委常委、东营市委主委，市红十字会会长；2008年1月起，任东营市政协副主席，九三学社省委常委、东营市委主委，市红十字会会长。

王少飞　东营市政协副主席、党组成员，市总工会主席、党组书记。生于1956年6月，男，汉族，山东广饶人，省委党校在职大学学历。1976年5月参加工作，1979年3月加入中国共产党。1974年5月~1976年4月，任广饶县花官中学民办教师；1976年4月~1979年9月，任广饶县花官公社团委书记；1979年9月~1981年9月，任共青团广饶县委常委；1981年9月~1983年4月，任共青团惠民地委学少部副部长；1983年4月~1984年8月，任共青团广饶县委副书记；1984年8月~1984年10月，任广饶县稻庄镇党委书记；1984年10月~1986年6月，在山东大学科社系政治学专业干部专修科学习；1986年6月~1986年10月，任广饶县农委副书记；1986年10月~1989年1月，任广饶县广饶镇党委书记；1989年1月~1989年10月，任广饶县政府副县长；1989年10月~1992年3月，任东营市河口区委常委、副区长；1992年3月~1992年10月，任东营市河口区委副书记、副区长；1992年10月~1993年3月，任东营市河口区委副书记、代区长；1993年3月~1997年12月，任东营市河口区委副书记、区长；1997年12月~1998年9月，任东营市河口区委书记；1998年9月~2001年1月，任中共东营市委委员，河口区委书记（其间：1995年7月~1998年12月，在省委党校经济管理专业本科班学习）；2001年1月~2003年2月，任中共东营市委委员，市长助理、市政府党组成员；2003年2月~2003年3月，任中共东营市委委员，市政协副主席，市长助理、市政府党组成员；2003年3月~2004年5月，任东营市政协副主席、党组成员，市政府市长助理；2004年5月~2008年3月，任东营市政协副主席、党组成员；2008年3月~2008年4月，任东营市政协副主席、党组成员，市总工会主席；2008年4月起，任东营市政协副主席、党组成员，市总工会主席、党组书记。

王景春 东营市政协副主席，市工商业联合会主席，省工商业联合会常委。生于1953年7月，男，汉族，山东利津人，大学普通班学历。1969年10月参加工作，无党派人士。1969年10月~1970年10月，为黑龙江省嫩江铁道兵农场知青；1970年10月~1976年9月，任利津县农业机械厂工人；1976年9月~1979年7月，为山东农业机械化学院农业机械专业学员；1979年7月~1985年6月，任山东省农科院技术员、助理工程师；1985年6月~1986年11月，任东营市经委经贸科科员；1986年11月~1989年11月，任东营市经委经贸科副科长；1989年11月~1992年1月，任东营市对外经济贸易办公室业务科科长；1992年1月~1992年6月，任东营市对外经济贸易办公室副主任；1992年6月~1997年6月，任东营市对外经济贸易委员会副主任；1997年6月~2001年4月，任东营市工商业联合会会长，市对外经济贸易委员会副主任；2001年4月~2003年2月，任东营市政协常委，市工商业联合会主席，省工商业联合会常委；2003年2月起，任东营市政协副主席，市工商业联合会主席，省工商业联合会常委。

张作龙 东营市政协副主席，石油大学机电学院副院长，民革山东省委委员、石油大学支部主委。生于1954年4月，男，汉族，福建仙游人，大学学历，工学硕士。1982年1月参加工作，1994年12月加入民革。1974年12月~1978年3月，任甘肃省平凉地区汽车运输公司驾驶员；1978年3月~1982年1月，在华东石油学院矿机专业学习；1982年1月~1986年9月，任华东石油学院矿机教研室助教；1986年9月~1987年7月，为石油大学北京研究生部学员；1987年7月~1992年12月，任石油大学机械系矿机教研室讲师；1992年12月~1995年9月，任石油大学机械系副主任；1995年9月~1996年11月，任石油大学机械系矿机教研室副主任；1996年11月~1997年7月，任石油大学机电学院副院长；1997年7月~1998年2月，任石油大学机电学院副院长，民革山东省委委员；1998年2月~2003年2月，任东营市政协常委，石油大学机电学院副院长，民革山东省委委员、石油大学支部主委；2003年2月起，任东营市政协副主席，石油大学机电学院副院长，民革山东省委委员、石油大学支部主委。

王新红 东营市政协副主席，胜利石油管理局副总工程师，民盟中央委员、山东省委常委、东营市委主委。生于1964年5月，男，汉族，山东莱西人，在职研究生学历，工学博士，高级工程师。1986年7月参加工作，1999年11月加入民盟。1982年9月~1986年7月，在大庆石油学院勘探系勘察地球物理专业学习；1986年7月~1990年10月，任胜利油田物探研究所西部室工程师；1990年10月~1996年5月，任胜利石油管理局物探公司科技办公室工程师；1996年5月~1998年10月，任胜利石油管理局物探公司规划计划科副科长（其间：1993年7月~1996年9月，在青岛海洋大学海洋地质专业学习，获理学硕士学位）；1998年10月~2001年12月，任胜利石油管理局物探公司科技办公室主任；2001年12月~2002年5月，任胜利石油管理局物探公司科技办公室主任，民盟东营市委主委；2002年5月~2002年9月，任胜利石油管理局物探公司副总工程师兼科技办公室主任，民盟山东省委委员、东营市委主委；2002年9月~2003年2月，任胜利石油管理局物探公司总工程师，民盟山东省委委员、东营市委主委；2003年2月~2005年4月，任胜利石油管理局物探公司总工程师，民盟山东省委常委、东营市委主委(其间：2001年5月~2004年5月，在成都理工大学信息工程学院地球探测与信息技术专业学习，获工学博士学位)；2005年4月~12月，任胜利石油管理局物探公司总工程师（正处级），民盟山东省委常委、东营市委主委；2005年12月~2006年2月，任胜利石油管理局物探公司总工程师，民盟山东省委常委、东营市委主委；2006年2月~2006年5月，任东营市政协副主席，胜利石油管理局物探公司总工程师，民盟中央委员、山东省委常委、东营市委主委；2006年5月起，任东营市政协副主席，胜利石油管理局副总工程师，民盟中央委员、山东省委常委、东营市委主委。十届全国人大代表。

张 惠 中共东营市委委员，市政协副主席、党组成员。

生于1958年10月，女，汉族，山东平度人，省委党校在职研究生。1975年12月参加工作，1980年4月加入中国共产党。1975年12月~1984年7月，任垦利县科委办事员、会计；1984年7月~1985年9月，任共青团垦利县委副书记；1985年9月~1987年7月，在山东广播电视大学东营分校党政干部专修科学习；1987年7月~1988年6月，任垦利县妇联副主任；1988年6月~1992年11月，任垦利县妇联主任（其间：1990年8月~1992年12月，在中央党校函授学院学习）；1992年11月~1995年6月，任垦利县委常委、妇联主任；1995年6月~1995年8月，任垦利县委常委、宣传部部长；1995年8月~1997年9月，任东营市妇联副主席、党组成员；1997年9月~1998年1月，任东营市妇联副主席、党组副书记；1998年1月~1998年9月，任东营市妇联主席、党组书记；1998年9月~2007年3月，任东营市委候补委员，市妇联主席、党组书记（其间：1998年8月~1999年6月，在省委党校第九期中青年干部培训班学习；2000年9月~2003年6月，在省委党校在职研究生班经济管理专业学习）；2007年3月~2008年1月，任中共东营市委委员，市妇联主席、党组书记；2008年1月~2008年2月，任中共东营市委委员，市政协副主席、党组成员，市妇联主席、党组书记；2008年2月起，任中共东营市委委员，市政协副主席、党组成员。

王秀华 中共东营市委委员，市政协副主席、党组成员，市委统战部部长，东营社会主义学院院长。

生于1955年7月，男，汉族，山东垦利人，省委党校在职大学。1992年7月参加工作，1977年8月加入中国共产党。1978年11月~1987年1月，任垦利县胜坨乡皇殿村支部书记、窑厂厂长；1987年1月~1991年3月，任垦利县胜坨乡建安公司党支部书记、经理；1991年3月~1994年5月，任垦利县胜坨乡科技副乡长兼建安公司经理；1994年5月~1994年10月，任垦利县胜坨镇党委副书记、镇长；1994年10月~1995年5月，任垦利县胜坨镇党委书记、镇长；1995年5月~1996年10月，任垦利县胜坨镇党委书记、胜坨实业集团股份有限公司总经理（其间：1993年10月~1995年6月，在省高等教育自学考试文秘专业大专班学习）；1996年10月~2000年3月，任垦利县副县长，胜坨镇党委书记（其间：1997年9月~2000年1月，在省委党校业余本科班经济管理专业学习）；2000年3月~2001年4月，任垦利县委副书记，胜坨镇党委书记；2001年4月~2004年6月，任垦利县委副书记(正县级)，胜坨镇党委书记；2004年6月~2004年7月，任垦利县委副书记、副县长、代县长；2004年7月~2006年1月，任垦利县委副书记、县长；2006年1月~2006年2月，任利津县委书记；2006年2月~2006年3月，任利津县委书记、县人大常委会主任；2006年3月~2008年1月，任利津县委书记、县人大常委会主任、县委党校校长；2008年1月~2008年2月，任东营市政协副主席、党组成员，利津县委书记、县人大常委会主任、县委党校校长；2008年2月~2008年3月，任东营市政协副主席、党组成员，市委统战部部长、东营社会主义学院院长，利津县人大常委会主任、县委党校校长；2008年3月起，任东营市政协副主席、党组成员，东营市委统战部部长、东营社会主义学院院长。

王少南 中共东营市委委员，市中级人民法院院长、党组书记，山东法官培训学院东营分院院长。生于1957年6月，男，汉族，山东龙口人，省委党校在职研究生。1974年12月参加工作，1976年6月加入中国共产党。1974年12月~1979年12月，任解放军68军202师高炮营3连文书；1979年12月~1995年9月，任潍坊市中级人民法院研究室主任、副县级审判员（其间：1985年7月~1988年7月，在全国法院干部法律大学法学专业大专毕业；1993年7月~1995年7月，在中央党校函授学院经济管理专业本科班学习）；1995年9月~2000年1月，任山东省高级人民法院办公室主任、正处级审判员(其间：1996年7月~1999年7月，在省委党校在职研究生班经济管理专业学习)；2000年1月~2002年2月，任东营市中级人民法院院长、党组书记；2002年2月~2003年3月，任东营市中级人民法院院长、党组书记，山东法官培训学院东营分院院长；2003年3月起，任中共市委委员，市中级人民法院院长、党组书记，山东法官培训学院东营分院院长。

马英川 中共东营市委委员，市人民检察院检察长、党组书记。生于1958年10月，男，汉族，河北枣强人，大学学历。1975年8月参加工作，1985年1月加入中国共产党。1975年8月~1978年2月，为河南省南乐县杨村乡李家村下乡知青；1978年2月~1982年1月，在洛阳工学院机械工程系锻压专业学习；1982年1月~1985年6月，任淄博化工机械厂技术员、助理工程师、生产科副科长、车间主任；1985年6月~1987年1月，任淄博化工机械厂副厂长；1987年1月~1988年3月，任淄博牵引电机公司铆焊分厂厂长；1988年3月~1989年12月，在北京对外贸易大学学习；1989年12月~1990年8月，任淄博牵引电机公司工程师；1990年8月~1991年11月，在联邦德国留学进修经贸专业；1991年11月~1992年3月，任淄博牵引电机联合公司副经理；1992年3月~1994年5月，任淄博进出口贸易总公司副总经理；1994年5月~1995年2月，任淄博进出口贸易总公司总经理；1995年2月~1996年8月，任沂源县委副书记、副县长；1996年8月~1997年12月，任淄博市机械工业管理局局长、党委书记；1997年12月~1998年1月，任淄博市淄川区委副书记、代区长；1998年1月~2001年1月，任淄博市淄川区委副书记、区长（其间：1996年4月~1998年4月，在中国社会科学院经济法专业研究生课程进修班学习）；2001年1月~2003年1月，任淄博市淄川区委书记；2003年1月~2004年6月，任淄博市淄川区委书记、区人大常委会主任（其间：2003年3月~6月，在中央党校县委书记培训班学习）；2004年6月~2005年3月，任东营市人民检察院副检察长、代检察长、党组书记；2005年3月~2007年3月，任东营市人民检察院检察长、党组书记；2007年3月起，任中共东营市委委员，市人民检察院检察长、党组书记。

赵福恩 中共东营市委委员，市委党校常务副校长（副厅级），东营行政学院院长。生于1953年3月，男，汉族，山东寿光人，省委党校在职大学学历。1972年12月参加工作，1982年3月加入中国共产党。1972年12月~1978年10月，任垦利县民丰公社民丰完小民办教师；1978年10月~1980年7月，在北镇师范专科学校政治系政治专业学习；1980年7月~1984年7月，任垦利县委党校理论教师；1984年7月~1986年9月，任垦利县委组织部副部长；1986年9月~1990年10月，任垦利县委常委、组织部部长；1990年10月~1991年7月，任垦利县政府副县长；1991年7月~1992年9月，任文登市政府副市长(挂职)；1992年9月~1993年4月，任垦利县政府副县长；1993年4月~1995年11月，任垦利县委常委、副县长；1995年11月~1996年4月，任垦利县委副书记、副县长；1996年4月~1997年5月，任东营市委组织部副部长（其间:1995年9月~1997年12月，在省委党校经济管理专业本科班学习)；1997年5月~1999年1月，任东营市委组织部副部长兼市委组织员办公室主任(正县级)；1999年1月~2002年8月，任东营市委组织部常务副部长兼市委组织员办公室主任；2002年8月~2003年12月，任东营市委组织部常务副部长；2003年12月~2004年1月，任东营市委党校常务副校长（副厅级)，市委组织部常务副部长；2004年1月~2004年2月，任东营市委党校常务副校长（副厅级)；2004年2月~2007年3月，任东营市委党校常务副校长（副厅级)，东营行政学院院长；2007年3月起，任中共东营市委委员，市委党校常务副校长（副厅级)，东营行政学院院长。

张俊海　中共东营市委委员，市政府市长助理、市政府党组成员，市公安局局长(副市级)、党委书记。生于1959年1月，男，汉族，辽宁丹东人，省业余大学学历。

1976年11月参加工作，1984年10月加入中国共产党。1976年11月~1979年1月，任青岛市公安局交通大队一中队民警；1979年1月~1980年12月，任青岛市公安局交通大队直属队班长；1980年12月~1984年11月，任青岛市公安局交通管理处交通科民警；1984年11月~1986年4月，任青岛市公安局交通管理处政工科科员；1986年4月~1987年5月，任青岛市公安局交通管理处团委书记（副科级)；1987年5月~1988年11月，任青岛市公安局交警支队团委书记（正科级)；1988年11月~1992年2月，任青岛市公安局交警支队团委书记(副处级)(其间:1987年9月~1990年7月，在青岛市台东区干部职工中等专业学校法律公安专业学习)；1992年2月~1994年4月，任青岛市公安局交警支队团委书记(正处级)(其间:1992年6月~1994年4月，挂职任青岛市公安局交警支队四方大队副大队长)；1994年4月~2000年4月，任青岛市公安局交警支队副支队长(其间:1992年9月~1995年7月，在解放军通信指挥学院业余大专班军队政工专业学习；1995年7月~1998年6月，在山东干部函授大学经济管理专业业余本科班学习)；2000年4月~2001年12月，任青岛市公安局治安处处长；2001年12月~2005年5月，任青岛市公安局治安警察支队支队长；2005年5月~2006年12月，任青岛市公安局副局长；2006年12月~2007年1月，任东营市公安局党委书记（副市级)；2007年1月~2007年3月，任东营市公安局局长(副市级)、党委书记；2007年3月~2007年11月，任中共东营市委委员，市公安局局长(副市级)、党委书记；2007年11月起，任中共东营市委委员，市政府市长助理、市政府党组成员，市公安局局长(副市级)、党委书记。

聂肇正　东营职业学院党委书记。生于1951年10月，男，汉族，山东广饶人，省委党校在职研究生学历。1971年1月参加工作，1983年12月加入中国共产党。1971年1月~1973年9月，任广饶县大营乡民办教师；1973年9月~1976年8月，在山东大学物理系半导体专业学习；1976年8月~1981年12月，任惠民地区医修厂技术员；1981年12月~1983年3月，任广饶县科协办事员；1983年3月~1985年2月，任东营市委研究室办事员；1985年2月~1986年8月，任东营市委研究室综合科副科长；1986年8月~1987年4月，任东营市委研究室综合科科长；1987年4月~1993年4月，任东营市委办公室副主任；1993年4月~1994年10月，任东营市委副秘书长、信访局局长；1994年10月~1995年8月，任东营市委副秘书长兼党史委主任(其间:1994年10月~1997年12月，在省委党校政治学专业研究生班学习)；

1995年8月~1998年4月，任东营市政府副秘书长，市政府办公室主任、党组副书记；1998年4月~2001年4月，任东营市政府秘书长、党组成员，市政府办公室党组书记；2001年4月~2002年1月，任东营市政府市长助理、党组成员，市职业学院筹建处主任；2002年1月~2004年4月，任东营职业学院党委书记，市长助理、市政府党组成员；2004年4月起，任东营职业学院党委书记。

杜金亮 东营职业学院党委副书记、院长。生于1949年11月，男，汉族，山东寿光人，大学学历，法学学士。1968年11月参加工作，1971年1月加入中国共产党。1968年11月~1971年2月，任沾化县义和公社小学民办教师；1971年2月~1973年8月，在山东大学政治系政治专业学习；1973年8月~1974年3月，任华东石油学院机械系辅导员；1974年03~1978年9月，任华东石油学院团委干事；1978年9月~1979年7月，任华东石油学院团委书记；1979年7月~1983年3月，任华东石油学院马列主义教研室教师；1983年3月~1984年9月，任华东石油学院党委办公室负责人；1984年9月~1990年7月，任石油大学(华东)党委办公室主任(其间：1986年9月~1988年6月，在石油大学社科系思想政治教育专业本科班脱产学习)；1990年7月~1992年9月，任石油大学(华东)社科系党总支书记（其间：1991年5月，兼任石油大学学报〔社科版〕副主编)；1992年9月~2002年2月，任石油大学(华东)社科系主任、党总支书记(其间：1996年1月~1998年6月，兼任石油大学学报〔社科版〕主编)；2002年2月起，任东营职业学院党委副书记、院长。

单连仁 东营市技术学院党委书记。生于1947年11月，男，汉族，山东寿光人，大专学历。1975年7月参加工作，1970年11月加入中国共产党。1970年12月~1975年7月，任垦利县民丰公社农业学大寨工作队员、副队长；1975年7月~1978年11月，任垦利县民丰公社不脱产党委副书记；1978年11月~1980年9月，任垦利县民丰公社党委副书记；1980年9月~1982年7月，在山东农学院干部专修科农学专业学习；1982年7月~1984年4月，任垦利县双河镇党委副书记；1984年4月~1987年1月，任垦利县委副书记、县长；1987年1月~1987年6月，任东营市牛庄区委副书记、区长；1987年6月~1998年4月，任东营市林业局局长、党组书记；1998年4月~1999年6月，任东营市劳动局局长、党组书记；1999年6月~2002年1月，任东营市劳动和社会保障局局长、党组书记；2002年1月~2002年3月，任东营市高级技工学校党委书记，市劳动和社会保障局局长；2002年3月~2004年7月，任东营市高级技工学校党委书记；2004年7月起，任东营市技术学院党委书记。

杨国利 东营市技术学院党委副书记、院长。生于1953年2月，男，汉族，山东冠县人，在职大学学历。1971年12月参加工作，1974年12月加入中国共产党。1971年12月~1973年12月，任胜利油田钻井三大队工人；1973年12月~1975年7月，任胜利油田钻井三大队政工组干事；1975年7月~1978年12月，任胜利油田钻井三大队党委办公室秘书；1978年12月~1981年11月，任胜利油田人事处干事；1981年11月~1983年10月，任胜利油田人事处副科级干部、计划管理组组长；1983年10月~1985年6月，任东营市劳动局干部；1985年6月~1987年10月，任东营市劳动局调配科科长（其间：1986年7月~1988年6月，在中国行政函授大学劳动经济专业学习)；1987年10月~1992年1月，任东营市劳动保险事业管理处主任；1992年1月~1995年3月，任东营市劳动局副局长、纪检组组长、党组成员；1995年3月~1998年6月，任东营市劳动局副局长、党组成员；1998年6月~2002年2月，任东营市技工学校党委书记；2002年2月~2004年7月，任东营市高级技工学校党委副书记、校长（其间：2001年9月~2004年7月，在中国地质大学工商管理专业网络教

育本科班学习)；2004年7月起，任东营市技术学院党委副书记、院长。　(市委组织部干部科)

全国"五一"劳动奖章获得者

董法忠　男，1963年3月生，山东诸城人，大学文化，中共党员，东营市胜利第二中学高级教师。从教22年，其中任班主任15年，始终工作在教学一线。教过八届毕业班，探索出以"启发诱导、讲练对应、重点辅导、全面提高"为特色的教学模式。有多篇教育教学经验论文在全国及山东省获一、二等奖。学科辅导成绩突出，4次获全国化学奥林匹克竞赛优秀辅导员称号。他经常利用休息时间对学生家访，并资助家庭困难的学生。所教班级多次被胜利石油管理局、胜利油田教育培训处评为优秀班集体。2003年因患肺癌做手术，出院后3个月重新走上讲台，所教高三班实现本科录取人数历史性突破，为建校以来高考最好成绩。所在年级被胜利石油管理局评为优秀班组。1995年他被胜利石油管理局记个人二等功，2003年被胜利石油管理局评为师德十佳先进个人，并记个人三等功。2005年被评为东营市知识型职工先进个人，2006年被市政府授予"东营市先进工作者"称号。2008年4月，获全国"五一"劳动奖章。

山东省劳动模范和先进工作者

安晓刚　男，1973年12月生，山东博兴人，硕士研究生，中共党员，市地税局开发区分局管理二科科长。多年坚持以税法为准绳，依法组织税收，既维护税法尊严，又促进税企关系和谐。与市法院联合处理民事商案件，一次性代扣大额税款2080万元，在全国创下先河；清理"零申报"业户，顶住各方压力，一次性清缴税收800万元。连续2年被东营经济开发区管委会评为"十大标兵"；连续3年被市地税局评为优秀公务员并记三等功；被市委、市政府评为包村扶贫工作先进个人和第六届市级劳动模范和先进工作者；被省地税局评为全省地税系统先进工作者并记二等功；被省总工会评为扶贫济困先进个人；被团省委等15部门联合评为优秀青年卫士；被人事部、国家税务总局授予全国税务系统精神文明建设先进工作者称号。2008年4月，获"山东省先进工作者"称号。

李学民　男，1964年9月生，山东广饶人，大专文化，中共党员，高级工，广饶县市容环境卫生处工人。多年从事环卫工作，发扬"宁愿一人脏，换来万人洁"的环卫精神，兢兢业业，任劳任怨，无私奉献，为广饶环卫事业做出突出贡献。在垃圾清运及处理岗位工作的4年，月月超额完成任务，每天早出晚归，在垃圾堆工作多达9小时。一次广饶镇卫生院垃圾中转站出现故障，他第一个跳进污水槽，在2米多深污泥污水中干了4个多小时。哪里任务重、困难大，他就要求到哪里，发挥了党员模范带头作用。2007年8月，他和2名维修工冒雨连续清理街道旁700多个下水道口。4月辛河路城北排污口破裂，他和工友从晚上8点一直干到次日凌晨。在环卫一线工作中，他不叫苦，不喊累，不怕脏。2003年担任副队长后，主动要求清运任务不能少。过年过节让班组其他同志先休息，对困难职工给予力所能及帮助，向困难家庭和社会捐款2000多元。2007年5月，获山东省"富民兴鲁"劳动奖章。2008年4月，获"山东省先进工作者"称号。

张梅生　男，1964年1月生，东营市东营区人，高中文化，垦利石化有限责任公司供电车间电修班长。1991年进入垦利石化公司。1991~2005年，分别参与负责300吨/年白酒、40万吨/年常减压、10万吨/年气体分离、10万吨/年汽油脱硫等项目的电器仪表设备安装调试。2000年在100万吨常减压装置项目的建设中，对6台XJ011系列风机降压启动控制柜技术改革创新，设计新型控制系统，自行安装调试获成功，为公司节约资金18万元，节省维护费用近7万元/年。2003年在40万吨催化加氢项目的施工建设中，围绕7台价值百万元以上的DCS大型机组灵敏度较差的问题进行技术攻关，调整相关部件，提高了电器设备工作灵敏度。负责公司30万锭精梳纱项目中电器图纸的审核及基础供电线路的安装时，探索延长电器元件使用寿命的方式方法、安排基础电缆电线的经济型布局，为公司节约成本近百万元。2007年在第二期5万锭精梳纱项目建设中，对进口设备中的关键质量控制点进行技术改造，安装工程的质量完好率、正常运行率均为100%，综合节约资金近百万元。多年来，他13次获公司优秀职工、先进工作者及岗位能手称号，4次获垦利县先进工作者称号，1994年被评为山东省青年岗位技术能手，2004年4月被评为东营市劳动模范。2007年在垦利县“彩虹杯技术大赛”中，他带领团队获前三名。2008年4月，获“山东省劳动模范”称号。

张振武 男，1966年2月生，山东东营人，硕士研究生，中共党员，高级经济师，东辰控股集团有限公司董事长、总裁。带领东辰集团从资产不足120万元，占地9.9亩的小油漆化工厂，发展成资产22亿元，占地3300多亩，以化工、机电为主导产业，控股10个子公司的国家免冠行政区划企业、科技部重点高新技术企业。企业获中国石油和化工双百强企业、中国最具竞争力“十大企业”、国家守合同重信用企业、全国诚信单位等称号。拥有3项国家发明专利，有5种产品列入科技部国家重点新产品计划，有2个山东省著名商标，4个山东省名牌产品，6种产品被列为山东省“星火计划”和“新产品”项目。响应国家西部大开发号召，在新疆建成最大的甲醇生产基地。实施产业化发展战略，建成国内第二大新戊二醇、透明质酸生产基地，建成甲醇-甲醛-新戊二醇产业链，为公司实现大发展构建大产业框架。公司生产的透明质酸产品、新戊二醇的国内市场占有率分别为41%、46%，透明质酸、新戊二醇、电力变压器等高科技产品遍布全国，远销欧盟、美国、日本等20多个国家和地区。建成省级技术中心，每年加大高新技术投入，创建全国新戊二醇、透明质酸科研所、博士后科研流动站。他关注社会公益事业发展，设立董事会奖励基金。带领公司员工捐助资金600万元。2004年获“东营市劳动模范”称号。2008年4月，获“山东省劳动模范”称号。

吴连山 男，1951年5月生，山东利津人，中专文化，中共党员，利津镇枣园村党支部书记、村委会主任。团结带领村两委班子，引导群众发展经济，走共同富裕道路。投资30万元开挖20万立方水库一座，开发稻田600亩。发动群众入股100万元，购置挖掘机、汽车等，成立利津工程机械股份有限公司，带领群众联合闯市场。发挥地处城郊优势，采取“集体建场、群众建房”办法，规划建设占地7.5万平方米的农贸市场，实现年交易额6000余万元，利税300万元。2006年投资900万元，建起营业面积8000平方米的枣园家具城和蔬菜市场，全村集体固定资产达1500万元，农民人均纯收入1万元。搞好村庄规划建设，建起48户村民住宅楼和66户别墅楼，建设高标准文化大院、健身广场、电子书屋，成立130人的锣鼓队、舞蹈队。枣园村获市级文明单位、市级卫生村、市级小康文明村等称号。他多次被评为市、县优秀共产党员，当选为东营市第五次党代会代表，市第五届、第六届人大代表，利津县第十六届人大常委会委员。2002年获“东营市劳动模范”称号。2008年4月，获“山东省劳动模范”称号。

宋继明 男，1958年9月生，东营市广饶人，中共党员，广饶县稻庄镇西水磨村党支部书记。团结带领全村干部群众发展橡胶产业，探索出一条“群众凑钱、能人办厂、风险共担、利益均享”的全体村民共同富裕的道路。1986年，他带头入股，争取22户家庭筹资17万元，创办3个橡胶加工联合体，当年入股群众获30%红利。1991年,西水磨村的联合体企业发展到13家,户入股率达50%。1992年将13家联合体重组为6家公司,妥善解决工业与农业争资源等问题。在他的倡导下,西水磨村加快产品结构的调整升级,1995年上马第一条农用三轮车轮胎生产线。1999年上马载重轮胎生产线,2001年上马全钢载重子午胎,2005年上马全钢工程子午胎。西水磨村形成以载重子午胎、工程子午胎生产为主,热电、钢丝帘线、碳黑、胶囊为辅的产业链。2007年西水磨村实现产值80亿元,被誉为"中国轮胎第一村"。开展新农村规划建设,提高群众生活质量,建设居民别墅、职工工寓、幼儿园和商品文化街,组建警区,建成职工医院,建设村文化中心,成立金秋庆社,聘请专业人员指导群众开展文艺活动。1998年获"东营市劳动模范"称号。2008年4月,获"山东省劳动模范"称号。

姜文祥 男,1953年5月生,东营市广饶人,大学文化,中共党员,高级工程师,正和集团股份有限公司党委书记、总裁。发挥对公司生产装置多年研究的优势,找准技术革新切入点,大胆实施装置革新改造,主持设计出一套适用的瓦斯气综合利用新技术工艺,每年可增效600余万元。主持完成污水综合处理回收利用、NS提馏塔盘改造等技术革新改造项目近20项,年创经济效益1000多万元。与石油大学成立石油化工研究所,开发石油加工后续高科技、高附加值产品,研究解决生产技术问题。对重油催化生产装置再生汽提、原料喷咀、预提升段及烧焦罐等进行攻关改造,在全国炼化装置中首次采用再生器快分等技术,使装置加工能力提高55%,综合生产能耗降低15%。引进PSA变压吸附制氢技术和大循环比延化焦化技术,运用100万吨/年油煤联合加氢精制项目和120万吨/年延迟焦化项目,取得良好经济效益。引进丙烯酸及丙烯酸酯生产新技术,运用120千吨/年丙烯酸及酯工程,使丙烯酸及酯装置全部实现国产化,打破国外的技术垄断。响应节能减排号召,实施中水回用、蒸汽余热密闭回收、低压瓦斯回收、运转设备节电、酸性气回收、减压系统能量优化等6大项目。2004年获得山东省富民兴鲁劳动奖章。2008年4月,获"山东省劳动模范"称号。

李玉生 男,1957年4月生,东营市利津人,大学文化,中共党员,高级工程师,利华益集团股份有限公司总经理。组织实施"突出主业、多元经营,立足做大做强、实现投资主体多元化"的发展战略,做强做大石油化工,开发建设山东凤凰制药股份有限公司、三阳纺织有限公司等子公司,组建成立利华益集团,成为资产总值60亿元,占地3600亩,员工5000人,跨行业多元化经营的大型企业集团,列入中国企业500强、全国大中型工业企业自主创新能力行业10强,山东省企业100强。参与创立"抓两本,促两高"管理工作法,获山东省企业管理现代化优秀成果三等奖。主持企业改制,建起市场化运行机制。构建以"人和、无私、自主、自觉"为核心价值观的利华益文化体系,凝聚企业发展合力。集团获中国优秀企业、全国安康杯竞赛优胜企业、清洁文明工厂等荣誉称号。主持建设集团技术开发中心(省级),主持开发国家三类中药新药天丹通络胶囊、复方川芎胶囊等创新药物,列入国家火炬计划项目、星火计划项目、现代中药产业化示范项目,获山东省科技进步二等奖。凤凰制药公司成为国家火炬计划重点高新技术企业、中国驰名商标。本人先后获山东省优秀企业家、千名知名技术专家、技术改造先进工作者等荣誉称号。2002年获东营市劳动模范称号。2008年4月,获"山东省劳动模范"称号。

李九玉 男,1960年10月生,东营市广饶人,大学文化,中共党员,经济师,山东神驰化工有限公司总经理。企业组建6年来,带领职工,按照"高起点、超常规、跨越式"的工作定位,实施品牌战略,企业快速、稳健发展。在他的经营管理下,企业获全国诚信经营企业、全国守合同重信用企业、国家级3.15重点保护信誉企业、山东省AAA信用企业等荣誉称号。他获全国优秀诚信经营企业家、东营市优秀企业家、东营区劳动模范等称号。2006年获山东省富民兴鲁劳动奖章。2008年4月,获"山东省劳动模范"称号。

崔志祥 男,1963年1月生,山东滨州人,研究生文化,中共党员,经济师,东营方圆有色金属有限公司董事长。

自1998年担任公司董事长以来,带领全体员工艰苦创业,锐意进取,严细管理,创新发展,不到10年时间,将一个资产7千多万元的中小型企业发展成为全国有色行业前20强,铜行业第6位的大型企业集团。2007年资产达35亿元,年阴极铜生产能力18万吨,实现销售收入106亿元,利税4.5亿元。在他的带领下,方圆公司成为以阴极铜生产为主,集金、银、铂、钯等稀贵金属综合提纯、铜材加工与房地产开发于一体的综合性企业集团。他把企业环保作为生命工程,发展循环经济,实施节能减排战略,向环保要效益,打造环境优美的绿色企业工厂。2007年企业有一个项目被列为节能国债备选资金支持项目,一个项目被列为"省级三个节能100项"重大工程。公司是北京现代循环经济研究院研究基地,国家重有色金属质量监督检验中心高新技术检验基地,省级循环经济示范企业和环境保护优秀企业。公司与中国有色工程设计研究院研发的"氧气底吹造锍捕金"新工艺,被国家发改委列入重点推广项目,具有中国自主知识产权,属国内首创,填补有色冶金领域的空白。投资5000余万元为职工兴建宾馆式公寓,企业向社会捐款近500万元,企业获全国"双爱双评"先进企业、产品质量国家免检、中国企业信誉AAA级单位称号。他获富民强省十佳创业者、东营市功勋企业家等称号。2008年4月,获"山东省劳动模范"称号。

贾秀芳 女,1959年4月生,山东德州人,大学文化,中共党员,高级会计师、经济师,东营市商业大厦有限责任公司董事长。

自2005年担任公司董事长以来,确立"中档定位、发挥优势、错位经营、错位发展"的战略和塑造诚信品牌、追求卓越绩效、打造百年大厦的愿景,带领团队进行二次创业,2006、2007年实现销售利润连创历史新高。胜坨大型超市和大厦河口店的成功运作,使企业外延发展实现突破。她坚持以人为本,以开阔的事业空间,优良的环境机制,打造一支有激情、懂经营、会管理的团队。引领企业文化建设,构建诚信大厦工程,提高企业的信誉度、美誉度。公司先后获省、市文明诚信企业、省、市消费者满意单位、山东省百强企业、山东商业名牌企业等称号。她履行企业家责任,关爱职工,维护消费者权益,热心公益事业。2006年获"东营市劳动模范"称号。2008年4月,获"山东省劳动模范"称号。

贾爱萍 女,1968年4月生,山东莱阳人,大专文化,中共党员,会计师,山东中海化工集团有限公司会计。

1986年到财务系统工作,从普通会计岗位做起,在平凡岗位上做出不平凡成绩。她所在财务集体在1996年济军生产基地会计账务评比和出纳账簿评比中获第一名,在济军生产基地组织的2001年度会计业务评比活动中获第二名。她连续多年被评为优秀共产党员和先进工作者,2008年3月获东营市"三八"红旗手称号。企业规模扩大后,每月分析财务状况和产品销售、生产成本的盈亏,督促检查有关部门和车间对材料、产品的正确计价和费用的控制,每月组织制定储备、生产成本定额和资金调度计划,合理调配资金。每月初做出资金调配调度计划表,月底为总经理和董事会提供成本效益分析报告。每半年写出财务分析报告,年终做出当年利润分配方案和新年度财务预算方案,提交董事会。公司的生产规模膨胀,业务量加大,她凭娴熟的业务技能,在工作中得心应手,取得了好成绩。2008年4月,获"山东省劳动模范"称号。

韩晓明 男,1963年5月生,东营市广饶人,大专文化,中共党员,高级经济师,科达集团股

份有限公司总经理。从一名普通公路和桥梁建设工人做起，1987年提拔为现场技术员。负责组成公司路桥施工技术公关组，进行施工工艺改进、设备技术革新等方面的技术研究，大胆提出并全力推进承揽高速公路建设项目的战略举措，为公司长期发展迈出关键一步。1997年，济聊高速公路德州第三合同段的原施工单位工期严重滞后，时任集团公司常务副总经理的韩晓明临危受命，带领施工队伍日夜奋斗在工地，科学组织施工，推行新工艺、新方法，使一年的工期仅用半年完成，且工程质量评比全线第一，为济聊高速按时通车作出贡献。2000年，科达集团与日本三洋公司合作成立科英公司。为实现当年建设当年投产承诺，他带领一班人，吃住在施工现场配合设计、施工单位改进设计方案和施工方案，检查施工质量、督促工程进度，3万多平方米高标准电子厂房54天建成，整个项目从开工到投产仅用112天，得到日本合作伙伴的称赞。2001年，科达集团与山东省交通厅公路局采用BOT模式、投资建设东营黄河特大桥，他带头研究和推广使用新材料、新技术，黄河特大桥工程项目获“泰山杯”和“鲁班奖”。他组织完成的《预防混凝土耐久性病害综合症技术研究及应用》项目获中国公路学会科技进步三等奖。组织完成的《DVD电子激光头制造工艺技术研究》项目获山东省科技进步三等奖。他先后获第十一届山东省“十大”杰出青年企业家、富民兴鲁劳动奖章、山东省职工职业道德“十佳”标兵等称号。2008年4月，获“山东省劳动模范”称号。

赵瑞明　男，1953年3月生，东营市东营区人，大专文化，中共党员，东营区黄河路街道东赵居委会党委书记。多年团结带领东赵人解放思想，抢抓机遇，发挥优势，促进社区健康发展。居委会固定资产达23亿元，2007年完成社会总产值24.5亿元，实现社会收入4.1亿元，人均纯收入突破19000元。企业实现集团化，居民走向股民化，家家住120平方米的楼房，水、电、气、暖免费供应；60岁以上老人每人每月领取养老金150元，70岁以上老人全部入住老年公寓，实行集体赡养；为社区考入大学的学生每人发放奖学金15000元；村居内幼儿园免费为少儿进行学前教育，企业规模不断壮大，个体私营业户260余家，居民就业率100%。2006年投资6亿元开工建设占地240余亩的鸿港医院和27层的东赵大厦。在他带领下，东赵社区居委会先后获全国模范村民委员会、山东省模范村民委员会等称号，连续7年获东营市“十强村居”称号。他被评为市优秀共产党员、精神文明先进工作者、优秀乡镇企业家；2001年被评为省、市“尊老敬老先进个人”；2004年被评为东营市劳动模范、被省委评为优秀共产党员；2006年被评为山东省“十大孝星”；2006年在全国敬老、爱老、助老主题教育活动中获中华孝亲敬老之星奖。2008年4月，获“山东省劳动模范”称号。

山东省“三八”红旗手

刘美华　女，1966年4月生。东营市人口和计划生育委员会主任。自2000年任东营区副区长、常委副区长以来，分管教育、民政、卫生、计划生育、文化体育、残联等工作，东营区先后获全省规范教育收费示范区、全省教育工作示范区，全国军民共建社会主义精神文明先进单位、全省民政工作先进区、全省和谐社区建设示范区，全国婚育新风进万家活动先进单位、全国计划生育优质服务先进区、全国民间艺术保护先进单位、全省无障碍设施建设示范城、全国残疾人社区康复示范区等称号。她先后被团市委评为新长征突击手；被团省委授予“青春立功”二等功；在防治SARS工作中被省委、省政府记二等功；被市委、市政府评为创建国家环境保护模范城市、国家卫生城市先进个人，并记三等功；被市政府评为农村教育工作先进个人；多次被市委、市政府评为人口与计划生育目标管理先进个人，并记三等功。2008年3月，获山东省“三八”红旗手称号。

于凤云　女，1966年4月生，中共党员，大学学历，东营市劳动保障局劳动工资科科长。有较高的政治理论水平和业务素质，工作任劳任怨，服务意识强。注重企业调研，完善工资分配办法，起草《关于进一步健全企业工资分配三项

基本管理制度的通知》《关于进一步推进加强工资集体协商工作的通知》及2007年企业工资指导线等文件，引导企业合理增加职工工资。推进劳动合同制度实施三年行动计划，全市劳动合同签订率达97%以上，超额完成省劳动保障厅安排的任务。做好军转干部随调家属安置，会同人事部门审核市直军转家属享受自谋职业政策人员的范围，为签订自谋职业协议的军转家属发放一次性自谋职业安置补助费40万元。起草《东营市劳动和社会保障事业发展“十一五”规划》，经市政府审定后发布。2006年先后被省妇联等八部门评为山东省维护儿童权益先进个人，被省劳动保障厅评为全省劳动保障综合统计先进个人，获市“三八”红旗手称号，2007年4月被省劳动保障厅评为省劳动保障信息化建设先进个人。2008年3月，获山东省“三八”红旗手称号。

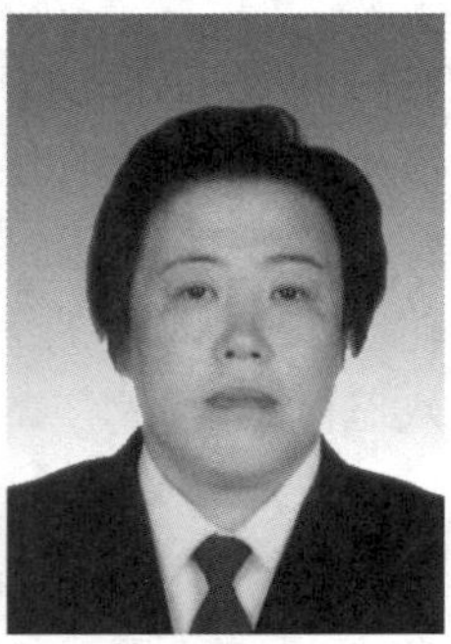

荆建华 女，1961年3月生，中共党员，垦利石化有限责任公司副总经理兼垦利县酒厂厂长、党支部书记。1997年任垦利县酒厂厂长，大胆改革，1998年酒厂便扭亏为盈。2004年销售收入、产品产量比1993~1997年5年的总和还要多，2007年底产品由建厂初期的单一产品发展到200多个品牌，解决50多名下岗职工的再就业。荆建华在生产中注重环保问题，每年环评率达100%。积极参加各种公益活动。在县妇联“春蕾计划”活动中捐助失学儿童3人。2007年酒厂发起“冬暖2007”活动，创办碧海缘“爱心酒”品牌，消费者每购1瓶“爱心酒”，为残障人士捐5元善款。2008年汶川大地震发生后，个人捐款1000元，捐特殊党费3000元。她先后获东营市巾帼创新业“十大”标兵、市优秀女企业家、全市保护消费者合法权益先进工作者、春蕾计划工作先进个人、助残爱心大使等称号，并当选市人大代表；2007年被评为山东省巾帼建功先进工作者，2008年3月，获山东省“三八”红旗手称号。

王鹏兰 女，1965年5月生。1984年在农村信用社参加工作，中共党员，经济师，大学学历。东营胜利农村合作银行党委书记、董事长。她积极推进和深化农村金融改革。担任理事长期间，以东营区联社为基础，组建胜利合作银行。组织实施农村文明信用工程，推行贷款证贷款方式，方便农民贷款，促进农村经济发展。注重发挥信贷资金的导向作用，将信贷投入重点向农业龙头企业和中小民营企业转移，促进农业增产、农民增收。倡导开展“慈善一日捐”、与贫困失学儿童结对子等活动，救助贫助失学儿童，得到社会认可。2007年当选市第六届人大代表、市第四届党代表，被评为省级青年岗位能手、山东省财税金融系统建功立业标兵、市级优秀共产党员。胜利合作银行获省级文明单位称号，领导班子被省联社评为“四好班子”，被东营市总工会授予“五一”劳动奖状，连续多年被省联社评为先进单位，胜利合作银行在全省农村信用社133家联社(合作银行)综合实力排名中为第五名。2008年3月，获山东省“三八”红旗手称号。

刘建美 女，1962年3月生，垦利县实验中学妇委会主任。自参加工作以来，无论从事医务工作还是妇联工作，勤勤恳恳，任劳任怨。作为学校唯一的校医，要为2000多名在校生服务。坚持每年为学生查体一次，建立学生卫生健康档案；秋冬初春流行病多发季节，有时为学生输液从白天忙到深夜，有时为离家远的学生买饭送饭，边输液边给学生做心理辅导，深受师生好评。她参加进修并获国际营养师二级资格证书，指导学校餐厅为师生配备营养餐。不管平时还是假日，领导同事和邻里之间，遇到老人生病，孩子感冒等，她都给予帮助。她先后获县优秀教育工作者、计划生育先进个人、优秀女职工、东营市“三八”红旗手等称号；2004年获垦利县政府嘉奖。2008年3月，获山东省“三八”红旗手称号。

山东省青年“五四”奖章获得者

刘俊强　男，1973年11月生，中共党员，大学学历，农艺师，东营区胜利街道党工委书记。负责筹建的东营阳光丝业有限公司，成为山东省丝绸业首家省级农业产业化龙头企业，实现年产值近亿元。在东营区旅游局工作期间，配合理顺市区旅游管理体制，较短时间健全完善旅游管理职能。任六户镇镇长期间，发展城郊生态经济，六户镇被评为新农村建设示范镇和全国环境优美乡镇。任胜利街道党工委书记以来，注重加强社区建设，构建社区党支部、社区工作站、社区居委会“三位一体”管理模式；“三网”绿化工程成为全市样板工程，完成村两委换届和辛镇村整体搬迁。他先后获省、市、区的突出贡献奖、优秀质量管理企业家、企业管理创新优秀人才、东营市“十佳”青年企业家、山东省“十大”杰出青年农民等称号。2008年4月，获山东省青年“五四”奖章。

山东省杰出青年农民

彭立新　男，1970年6月生，广饶县广饶镇人，大学学历，山东帅佳蔬菜公司董事长、广饶县帅佳蔬菜合作社社长。他自1997年开始，大规模承包土地，种植蔬菜5700亩，成为全国最大的规模蔬菜种植户之一。2001年创办广饶县山药葱姜协会，2003年创办广饶县帅佳蔬菜合作社，为农民提供良种、管理技术、产品销售服务，使会(社)员遍布全县，并辐射寿光、垦利、青州等周边地区，发展会(社)员6000多户。创出“龙头企业+协会(合作社)+农户(农业工人)”新型农业产业化“帅佳模式”，创造近千个就业岗位，带动近7000户农民致富。获山东省“星火”科技带头人、第四届东营“十大”杰出青年、东营市蔬菜生产带头人等称号，并当选广饶县及东营市政协委员。2006年12月被共青团中央、农业部表彰为全国农村青年创业致富带头人标兵，2007年1月当选东营市农村经纪人协会会长，2007年11月当选中国农产品流通经纪人协会常务理事，2007年12月当选首届东营市“三农”工作“十大”典型新闻人物。2008年12月，获“山东省杰出青年农民”称号。

山东省“十佳”少先队员

郭雨萌　女，13岁，共青团员。东营市实验中学校学生会学习部部长、2007级一班班长，东营市第五届少代会代表。她品学兼优，学习之余踊跃参加有意义社会活动，陶冶情操。她全面发展，多才多艺。曾获山东省“奏响新山东”鼓号操创新大赛金奖第一名、全市文艺调演一等奖；参加中央电视台大风车栏目等节目录制，钢琴达十级水平。获2007年度全国好少年儿童、第十二届山东省“十佳”少先队员、平安山东红领巾活动优秀队员、三级雏鹰奖章、东营市“十佳”文明绿色小使者、黄河口“十佳”少年等称号。2008年9月，获“山东省十佳少先队员”称号。

附 录

- 东营市旅游景区建设管理办法
- 2008年东营市国民经济和社会发展统计公报
- 2008年市委、市政府表彰的先进集体和先进个人

东营市科学技术奖励办法

(市政府令第149号)

二OO八年九月三日

第一章　总　则

第一条　为了奖励在科学技术进步活动中做出突出贡献的组织和个人，调动科技工作者的积极性和创造性，提高区域自主创新能力,根据《国家科学技术奖励条例》、《山东省科学技术奖励办法》等有关规定,结合本市实际,制定本办法。

第二条　市人民政府设立市科学技术奖,每年评审一次。

市科学技术奖分为科学技术最高奖、科学技术进步奖、科学技术成果转化促进奖和科学技术合作奖。

科学技术最高奖、科学技术成果转化促进奖和科学技术合作奖不分等级。科学技术进步奖设一等奖、二等奖和三等奖。

第三条　科学技术奖励贯彻尊重知识、尊重人才的方针,鼓励自主创新、产学研结合和科学技术成果推广应用，注重科学技术水平和经济、社会效益。科学技术奖的推荐、评审和授奖,坚持公开、公平和公正的原则。

第四条　市科学技术行政部门负责科学技术奖评审的组织管理工作。

市人民政府设立科学技术奖励委员会，其组成人员由市科学技术行政部门提出，报人民政府批准。

科学技术奖励委员会聘请有关方面的专家、学者,组成专业评审组和行业评审委员会，开展评审工作。

第二章　奖项设置

第五条　科学技术最高奖授予下列个人：

(一)在科学研究和技术开发方面取得重大突破或者在促进科学技术发展中有重大贡献的；

(二)在科学技术创新及成果转化、高新技术产业化及生态产业创新和结构优化升级中，取得重大技术发明、技术创新,并创造巨大经济效益或者社会效益的。

第六条　科学技术进步奖分为经济发展类和社会公益事业类。

经济发展类科学技术进步奖授予下列组织、个人：

(一)在研究开发新产品、新技术、新工艺等方面,或者在运用先进技术改造传统产业中，实现重大科学技术创新，取得显著效益的；

(二)在实施重大工程项目中采用新技术、新材料、新工艺等,取得显著效益的；

(三)在实施管理科学项目中,明显提高决策科学化和管理现代化水平，已取得显著社会效益或者经济效益的。

社会公益事业类科学技术进步奖授予在科学技术传播、医疗卫生防疫、计划生育、环境保护、自然资源调查与合理利用、自然灾害监测预报及防治等科学技术基础性工作和社会公益性科学技术事业活动中，取得重大科技成果,并创造显著社会效益的组织、个人。

第七条　科学技术成果转化促进奖授予在引进、吸收及推广应用先进科学技术成果中，做出突出贡献并取得显著效益的组织、个人。

第八条　科学技术合作奖授予与本市开展国际科学技术合作、产学研结合以及油地校科学技术合作中，做出突出贡献的个人：

(一)取得或者转化先进科学技术成果,成效显著的；

(二)传授先进科学技术,培养人才,成效显著的。

第三章　评审与授奖

第九条　科学技术奖由下列单位推荐：

(一)各县、区科学技术行政部门；

(二)市人民政府有关部门、单位；

(三)胜利石油管理局、中国石油大学(华东)、济军生产基地；

(四)经市科学技术行政部门认定的其他具备推荐资格的单位。

第十条　申报科学技术奖的科学技术成果有下列情形之一的,不予受理：

(一)知识产权有争议的；

(二)科学技术成果的完成单位或者完成人有争议的；

(三)已经获得国家、省、市科学技术奖励的。

第十一条　申报科学技术奖,应当按照行政隶属关系向具备推荐资格的单位提交《东营市科学技术奖申报书》,并按规定提供有关材料。

推荐单位应当对所推荐项目材料的真实性和完整性进行审核,并提供相应的评价材料。

申报科学技术奖的项目,应当在本单位进行公示。

第十二条　市科学技术奖专

业评审组负责对本学科、本专业范围内的参评项目进行初评，并将初评结果报市科学技术奖行业评审委员会。

市科学技术奖行业评审委员会负责对初评结果进行审查，组织科学技术成果主要完成人答辩，并提出授奖建议。

第十三条 市科学技术奖励委员会对授奖建议进行审核，并将审核结果进行公示，公示期限为15天。

对公示内容有异议的，可以在公示期间向市科学技术奖励委员会办公室提出，由市科学技术奖励委员会作出裁定。市科学技术奖励委员会负责确定获奖人选、奖励种类及等级，报市人民政府批准。

第十四条 评审专家及工作人员在评审过程中不得与申报单位、申报人单独接触，不得透漏参评项目的技术内容及评审情况。与参评项目及组织有利害关系，或者与被评审个人有近亲属关系及其他利害关系的评审专家应当回避。

第十五条 科学技术最高奖由市长签署，并颁发荣誉证书和奖金。

其他奖项由市人民政府颁发荣誉证书和奖金。

第十六条 科学技术最高奖授奖人数原则上1名，奖金15万元人民币。

科学技术进步奖奖励总数不超过55项。经济发展类一等奖、二等奖、三等奖奖金分别为7万元、4万元和2万元人民币；社会公益事业类一等奖、二等奖、三等奖奖金分别为4万元、2万元和1万元人民币。

科学技术成果转化促进奖奖励总数不超过5项，奖金为每项2万元人民币。

科学技术合作奖授奖人数不超过5名，奖金为每名2万元人民币。

第十七条 市人民政府根据科技、经济发展需要，适时提高市科学技术奖励经费和奖金数额。

市科学技术奖励经费由市财政列支。

第十八条 科学技术奖奖金应当按照完成人的实际贡献大小分配，不得平均分配，任何单位和个人不得截留、挪用。

第十九条 市人民政府设立专项资金，用于支持获得经济发展类科学技术进步二等奖以上并且能够较快形成较大产业规模、显著提升相关产业技术水平和核心竞争力的科技成果的转化。具体管理办法由市科学技术行政部门和市财政部门制定。

第二十条 获得市科学技术最高奖的人员、省科学技术奖一等奖和国家科学技术奖的首位人员，报经市政府批准，可以授予市劳动模范荣誉称号。

第四章 法律责任

第二十一条 剽窃、盗用他人科学技术成果，或者以其他不正当手段骗取科学技术奖励的，由市科学技术行政部门报市人民政府批准后撤销奖励，追回荣誉证书和奖金。对负有直接责任的人员，由所在单位依法给予行政处分；构成犯罪的，依法追究刑事责任。

第二十二条 推荐单位提供虚假材料，协助他人骗取科学技术奖励的，由市科学技术行政部门给予通报批评，暂停或者取消其推荐资格。对负有直接责任的主管人员和其他直接责任人员，依法给予行政处分；构成犯罪的，依法追究刑事责任。

第二十三条 科学技术奖评审工作人员在评审活动中弄虚作假、徇私舞弊的，由所在单位依法给予行政处分；构成犯罪的，依法追究刑事责任。

第五章 附 则

第二十四条 鼓励社会力量设立面向社会的科学技术奖。社会力量设立面向社会的科学技术奖，应当在市科学技术行政部门办理登记手续，不得在奖励活动中收取任何费用。具体管理办法由市科学技术行政部门制定。

第二十五条 本办法自发布之日起施行。2003年12月30日发布的《东营市科学技术奖励办法》(东营市人民政府令第98号)同时废止。

东营市旅游景区建设管理办法

(市政府令第150号)

二〇〇八年九月三日

第一章 总 则

第一条 为了开发旅游资源，规范景区管理，促进旅游业健康发展，根据《山东省旅游条例》等有关规定，结合本市实际，制定本办法。

第二条 本办法所称旅游景区，是指具有参观游览、休闲度假、娱乐健身等功能，有统一的经营管理机构和明确的地域范围，具备相应旅游服务设施，并提供相应旅游服务的独立管理区。包括风景名胜区、历史遗迹、革命纪念胜地、温泉疗养地、自然保护区、旅游度假区、旅游主题公园、森林公园、地质公园、游乐园、动物园、植物园和水库、湖泊、海滨划定的游览区及工业、农业、经贸、科教、军事、体育、文化艺术等各类旅游景区。

第三条 本市行政区域内旅游景区的规划、建设、保护、经营和管理,适用本办法。

第四条 旅游景区的建设管理，应当遵循政府主导、市场运作、注重保护、科学规划、合理开发和永续利用的原则，落实环境与资源保护制度，维护游客的合法权益，不断提高管理水平和服务质量。

第五条 旅游行政主管部门负责本行政区域内旅游景区建设经营的指导和监督管理工作。

发展改革、规划、建设、农业、林业、自然保护区、国土资源、水利、文体、环保、财政、公安、工商、物价等部门应当按照各自职责，依法加强旅游景区的建设管理。

第六条 市、县区政府将旅游景区的规划、建设和发展,纳入国民经济和社会发展规划,鼓励和扶持旅游景区发展。设立旅游业发展专项资金,主要用于旅游宣传推介、旅游基础设施建设,强化对重点项目的引导、配套和扶持。

第二章 开发建设

第七条 开发建设旅游景区,应当根据旅游业发展总体规划，编制景区总体规划和详细规划。

总体规划主要包括景区现状、性质、范围、功能分区、保护和开发措施、环境容量预测、配套设施、投资与效益估算和专项规划等。

详细规划应当按照景区总体规划编制，主要包括景区开发建设具体方案、资源和景观的具体保护措施、建设控制指标、建设项目选址、重大建设项目的景观设计方案等。

第八条 编制旅游景区规划，应当遵守国家旅游发展规划技术标准,进行环境影响评价,选择具有相应规划资质的单位承担。

第九条 编制旅游景区规划，应当征求上一级旅游行政主管部门意见,通过专家评审后,报本级政府批准实施。

属于市级重点保护范围及投资超过5000万元的景区规划,须经市旅游规划评审委员会评审，报市旅游行政主管部门备案。

第十条 旅游项目建设用地应当符合土地利用总体规划,国土资源部门优先安排用地指标，按规定办理建设用地手续。

第十一条 在市级和市级以上重点保护范围内开发建设新景区,应当按照景区内游览、景区外食宿的原则划分游览区和生活区，并按规定设置配套的环卫设施和其他服务设施，与景区环境相协调。

第十二条 鼓励境内外企业、组织和个人通过独资、参股、合作、合资等形式开发建设旅游景区。

可以实行所有权与经营权分离,以特许、承包、租赁等方式,吸引社会资金参与旅游景区的开发建设和经营管理。

第十三条 旅游行政主管部门应当加强对景区规划实施情况的动态监督管理，及时发现和制止违反规划、破坏景观资源和生态环境的开发活动。

第三章 资源保护

第十四条 利用自然资源开发旅游项目，应当采取严格的保护措施，不得破坏景观、污染环境；利用历史人文资源开发旅游项目，应当保持其特有的历史风貌,不得擅自重建、改建、迁移、拆除。

第十五条 开发建设旅游项目,应当进行环境影响评价,其建筑规模和风格与周围环境相协调,符合适用、美观、安全的要求。

第十六条 在旅游景区内进行建设，施工单位应当保护周围的景物、植被、水体和地貌;工程竣工后,应当及时清理现场,恢复植被。严禁在景区内倾倒建筑弃土和废渣。

第四章 经营管理

第十七条 按照统一规划、属地管理、部门指导、企业自主经营的原则,谁投资、谁受益,推进景区经营企业化。

第十八条 旅游景区经营者应当遵守下列规定：

(一)制定并落实旅游景区管理制度；

(二)设立游客服务中心,为游客提供服务；

(三)设立卫生室,配备专职医务人员；

(四)配备安全管理专(兼)职人员，设置必要的安全设施、设备；

(五)经营涉及公众安全的特种旅游项目,其设施、设备应当经有关法定机构检验，取得合格证后方可投入运营；

(六)完善安全防范措施，对可能危及游客人身和财产安全的场所和旅游项目，设置显著的警示标志；

(七)制定突发事件处置预案，加强应急管理；

(八)按照规定设置标识、标牌、价格表等公共信息图形标志，1A、2A级景区应当用中、英文标注，3A、4A、5A级景区应当用中、英、日、韩四种文字标注；

(九)公开服务收费项目和收费标准，自觉接受旅游、物价等部门的监督管理；

(十)有效保护和管理自然景观、文物古迹、历史遗址及人文景观；

(十一)加强旅游景区环境卫生管理；

(十二)履行其他法定义务。

第十九条 旅游景区经营者应当遵守门票价格管理的有关规定，设置单一门票和联票供游客选择，禁止向游客强行出售联票。调整门票价格，应当提前三个月公示。

景区内导游、拍照等服务价格由旅游景区自定，但须报物价、旅游部门备案，并将所有收费价目及优惠政策、购票须知、营业时间、项目介绍等制成说明牌，悬挂在售票处明显位置，向游客公开。

第二十条 旅游景区应当按照有关规定，对老年人、残疾人、现役军人、青少年学生等特定对象减免门票费。

第二十一条 旅游景区的从业人员应当参加职业技能培训。特定岗位应当具备岗位资格或者职业资格的，必须取得相应的资格证书，持证上岗。

第二十二条 在旅游景区内从事经营活动的单位和个人，须经景区经营者同意，方可办理营业执照，在规定的地点、范围从事经营，并自觉接受景区经营者和工商、税务、卫生等部门的监督管理。

第二十三条 旅游景区设立游客意见箱，公布投诉、咨询电话和信箱，征询游客意见，自觉接受游客和社会监督，及时处理投诉事项，并建立投诉档案。

第五章 质量等级管理

第二十四条 实行旅游景区等级评定制度，未被评定等级的旅游景区，不得使用等级称谓从事经营活动。

第二十五条 在本市行政区域内正式开业接待游客一年以上、具有独立管理和服务机构的旅游景区，可以申请参加质量等级评定。对园中园、景中景等内部旅游点，不进行单独评定。

第二十六条 旅游景区质量等级划分为五级，从低到高依次为1A、2A、3A、4A、5A级旅游景区。旅游景区质量等级的标志、标牌、证书由国家旅游局质量等级评定机构统一制作和发放。

第二十七条 已评定质量等级的旅游景区，优先纳入旅游行政主管部门的旅游宣传促销，优先纳入全市游线范围。

第二十八条 对已经评定质量等级的旅游景区，采取部分复核与重点抽查相结合的方式每年进行复核，三年完成一次全面复核。

第六章 奖惩措施

第二十九条 对在旅游景区开发建设、经营管理、文明服务等方面做出突出成绩的组织或者个人，由政府或者旅游行政主管部门给予表彰奖励。

第三十条 引导、扶持具备条件的景区创建国家A级景区。对成功创建A级景区的，根据创建情况分别给予适当奖励，所需资金从旅游业发展专项资金中列支。

第三十一条 旅游景区服务质量降低或者不符合相应等级标准的，由旅游行政主管部门建议评定机构，依照《山东省旅游条例》第五十二条第一款规定，降低或者取消其等级称谓。

使用不真实等级称谓从事经营活动的，依照《山东省旅游条例》第五十二条第二款规定，由旅游行政主管部门责令停止违法行为，并处以3000元以上30000元以下的罚款。

第三十二条 在旅游景区从事经营和服务有下列行为的，由有关行政管理部门依法处理：

(一)不履行或者不完全履行与游客的合同或者约定的；

(二)不按照国家标准、行业标准提供服务的；

(三)尾追游客、强行推销、哄抬物价、欺诈游客或者强迫游客接受有偿服务的；

(四)对服务范围、内容、标准等做虚假宣传的；

(五)侵害游客合法权益的其他行为。

第三十三条 游客在旅游景区有下列行为的，由有关行政管理部门依法处理：

(一)在景物、设施上乱涂、乱划，损毁景物和公用设施的；

(二)毁坏景区花木的；

(三)乱扔垃圾、乱丢杂物的；

(四)车辆擅自进入景区的；

(五)从事封建迷信活动的;

(六)在禁火区内吸烟或者动用明火的;

(七)违反旅游景区管理规定的其他行为。

第七章 附 则

第三十四条 本办法自发布之日起施行。

东营市行政审批监督管理办法

(市政府令第151号)

二OO八年十一月十四日

第一章 总 则

第一条 为了规范行政审批行为,加强行政审批管理,保护公民、法人和其他组织的合法权益,保障和监督行政机关依法实施行政审批,提高行政效能,改善经济和社会发展环境,根据《中华人民共和国行政许可法》及有关规定,结合本市实际,制定本办法。第二条 行政审批的实施和监督管理,适用本办法。

第三条 行政审批事项分为行政许可和非行政许可两类,实行分类管理。

第四条 行政机关实施行政审批,应当遵循公开、公平、公正的原则,提高办事效率和服务水平。

第五条 市行政监察机关、政府法制机构和行政审批管理机构应当按照各自职责,具体负责本办法的实施。

第二章 行政审批事项管理

第六条 行政审批事项实行目录化管理。市政府各部门、单位(以下简称行政审批实施机关)现行合法、有效的行政审批事项必须全部纳入《东营市市级行政审批事项目录》(以下简称《目录》)。不在《目录》的行政审批事项,一律不得实施。

第七条 《目录》由市政府法制机构会同有关部门统一编制,报经市政府批准后,通过政府公报、政府网站、报刊等渠道予以公开。

第八条 《目录》应当载明下列内容:

(一)行政审批事项名称;

(二)行政审批内容;

(三)行政审批法定依据;

(四)行政审批条件及申请材料;

(五)行政审批受理机关和决定机关;

(六)行政审批程序及期限;

(七)行政审批收费及审验。

第九条 行政机关实施行政审批,必须严格遵循《目录》载明的事项要求,不得擅自增设行政审批条件及申请材料,不得无故拖延行政审批期限,不得违法收费和审验。

法律法规规定由县级以上行政机关实施且已纳入《目录》的行政审批项目,由市级行政机关实施;未纳入《目录》或者明确规定由县级行政机关实施的,由县级行政机关实施。

第十条 市政府法制机构对《目录》实行动态管理。因法定事由,导致行政审批事项增减或者相关内容发生变化的,有关行政审批实施机关应当向市政府法制机构提出变更申请,经市政府法制机构审核把关后报经市政府批准,对《目录》涉及的相关事项或者内容及时调整,并予以公告。

市政府法制机构依照职责,可以依法提出变更建议,报经市政府批准,对《目录》涉及的相关事项或者内容进行修订。

第十一条 《目录》每个年度公布一次,并保证其全面、完整和准确。

第十二条 因行政审批实施机关的原因,应当纳入《目录》的行政审批事项而未纳入,造成行政管理缺失的,由该机关承担相应的法律责任。

第三章 行政审批集中办理

第十三条 行政机关实施行政审批实行集中办理制度。

第十四条 对符合进驻市行政审批服务大厅条件的行政审批事项,应当全部纳入市行政审批服务大厅集中办理。

进驻市行政审批服务大厅集中办理的行政审批事项,由市行政审批管理机构会同市政府法制机构提出建议,报经市政府研究决定。

第十五条 行政审批事项进驻市行政审批服务大厅的行政机关,应当在市行政审批服务大厅设立服务窗口,并向有关工作人员充分授权。

第十六条 行政机关设在市行政审批服务大厅的服务窗口,应当统一受理行政审批申请,统一送达行政审批决定。

第十七条 不符合进驻市行政审批服务大厅条件的行政审批事项,行政审批实施机关应当在本机关集中办理。

第十八条 行政审批事项需要行政机关内设的多个机构办理的,该行政机关应当确定一个机构统一办理。

行政审批事项需经两个以上行政机关办理的,市政府可以确定一个行政机关作为主办机关,负责受理行政审批申请并转告其他行政机关分别提出意见后统一办理,或者组织有关部门联合办理、集中办理,具体的审查方式和程序由联合审查的部门共同确定。

第十九条　市行政审批管理机构应当建立健全规章制度,加强对行政审批服务大厅的监督管理和工作考核,提高服务水平。

行政机关应当实行电子政务,积极推行网上审批和电子系统监察,提高行政审批效率和质量。

第四章　监督检查与责任追究

第二十条　市监察机关、政府法制机构、行政审批管理机构应当采取有效措施,加强对行政审批的监督检查,指导行政机关执行本办法。

第二十一条　市监察机关、政府法制机构和行政审批管理机构应当建立投诉受理、信息反馈、情况通报、督促改正、立案查处等制度,完善联席会议等相关工作机制,畅通电话、信函、传真、网络等受理投诉的渠道。受理投诉的机构、渠道和相关工作制度、机制应当向社会公布。

第二十二条　投诉人可以直接到投诉受理机关进行投诉,也可以通过电话、信函、传真、网络等方式投诉。

投诉受理机关主要通过信息反馈、情况通报、督促改正、立案查处等措施处理各类投诉案件,切实保护投诉人的合法权益。

投诉人具名投诉的,受理机关应当在受理投诉后10个工作日内将处理意见书面告知投诉人。

第二十三条　行政机关违反本办法规定,有下列情形之一的,由市政府法制机构报经市政府批准,责令该行政机关改正,或者依法予以撤销:

(一)擅自实施《目录》之外行政审批事项的;

(二)擅自改变《目录》规定内容,增加行政审批条件和申请资料的;

(三)擅自设立收费和审验项目的;

(四)其他应予纠正的情形。

第二十四条　行政机关不依法实施行政审批的,当事人或者利害关系人可以依法申请行政复议或者提起行政诉讼。

第二十五条　行政机关违法实施行政审批的,由市监察机关对直接负责的主管人员和其他直接责任人员依法给予行政处分。

第二十六条　行政机关应当于每年第一季度向市政府报告本机关上年度实施行政审批的情况,包括实施的行政审批事项、申请审批的情况、审批结果、申请人投诉或者申请行政复议、提起行政诉讼的情况及其结果等。

市政府法制机构负责对行政机关实施行政审批的年度报告进行分析,对有关问题进行调研并提出意见和建议,加强对行政机关实施行政审批行为的监督和指导。

第二十七条　行政机关实施行政审批的情况作为依法行政的重要内容,纳入市政府政务考核。

第五章　附　则

第二十八条　县区人民政府应当参照本办法执行。

第二十九条　本办法自发布之日起施行。

东营市物业服务收费管理实施细则

第一条　为规范城市物业管理服务收费行为,保障业主和物业服务企业的合法权益,根据《中华人民共和国价格法》,《物业管理条例》,国家发改委、建设部《物业服务收费管理办法》,省物价局、建设厅《山东省物业服务收费管理实施办法》,《东营市物业管理暂行办法》等有关规定,结合我市实际,制定本实施细则。

第二条　本细则适用于经工商行政管理机关登记注册,并经物业管理行政主管部门资质认定的物业服务企业对本市住宅及非住宅房提供社会化、专业化服务的收费行为。

第三条　本细则所称物业服务收费,是指物业服务企业接受业主或开发建设单位委托,按照物业服务合同的约定,对房屋及配套的设施设备和相关场地进行维修、养护、管理,维护相关区域内的环境卫生和秩序及为业主提供特约性服务所收取的费用。

第四条　政府提倡业主通过公开、公平、公正的市场竞争机制选择物业服务企业;鼓励物业服务企业开展正当的价格竞争,禁止价格欺诈,促进物业服务收费通过市场竞争形成。

第五条　市政府价格主管部门会同市房产行政主管部门负责全市物业服务收费的监督管理工作。

县区政府价格主管部门会同

同级房产行政主管部门负责本行政区域内物业服务收费的监督管理工作。

第六条　物业服务收费实行菜单式管理。按照完全达到山东省物业管理服务质量规范标准要求实行可自由组合的三级收费指导标准。其中的服务项目共5类，每个类别都有相应的收费标准，业主可根据物业公司的服务项目、水平和质量选择相应的等级，经过业主委员会和物业公司双方协商后，确定具体的收费标准，力争达到“质价相符”。例如，服务达到三级的按三级的标准收费，达到一级的按一级的收费。也可具体选择各服务收费项目，比如可选择一级的秩序维护、二级的保洁、三级的绿化等，由广大业主和相关的行政主管部门进行监督。

第七条　物业服务收费应当遵循合理、公开以及费用和服务水平相适应的原则，区别不同的物业性质和特点，分别实行政府指导价和市场调节价（停车场除外）。

1、普通住宅小区物业管理公共性服务收费实行政府指导价。

2、其余住宅小区以及非住宅物业管理公共性服务收费和其他受业主委托，为业主提供特约性服务的收费实行市场调节价。

第八条　公共性服务基本项目和内容包括综合管理、共用部位、公用设施设备维修养护、秩序维护、卫生保洁、绿化养护管理。

第九条　实行政府指导价的住宅小区物业管理公共性物业服务收费实行三级收费指导标准，由业主、业主委员会与物业服务企业根据小区的实际服务水平对照山东省《物业管理服务质量规范》标准，协商确定，并报价格主管部门备案。

第十条　新建的商品房在销售时，建设单位或其选聘的物业服务企业可与物业买受人通过合同约定管理期限内的物业服务内容、服务标准、收费标准、计费方式及计费起始时间等内容。合同涉及的前期物业管理公共性服务收费标准应当在政府指导价范围内约定。合同管理期限届满时，按本办法第九条办理。

对政府组织开发的经济适用房，其前期物业收费标准由价格主管部门核定。

第十一条　实行市场调节价的物业管理公共性物业服务收费标准，由业主和物业服务企业在物业服务合同中约定，并报价格主管部门备案。价格主管部门和房产行政主管部门应加强对实行市场调节价的物业服务收费行为的规范和引导，促进相关各方合理约定物业服务收费有关事项。

第十二条　物业服务企业在向政府价格主管部门备案收费标准时，应分别提供以下资料：

1、工商营业执照复印件；

2、物业管理资质证书复印件；

3、物业管理委托合同复印件；

4、业主委员会(业主)与物业企业签订的收费协议；

5、东营市公共性物业服务收费标准备案表。

第十三条　业主与物业服务企业可以采取包干制或者酬金制等形式约定物业服务费用。

包干制是指由业主向物业服务企业支付固定物业服务费用，盈余或者亏损均由物业服务企业享有或者承担的物业服务计费方式。

酬金制是指在预收的物业服务资金中按比例或者约定数额提取酬金支付给物业服务企业，其余全部用于物业服务合同约定的支出，结余或者不足均由业主享有或者承担的物业服务计费方式。

第十四条　实行物业服务费用包干制的，物业服务费用的构成包括物业服务成本、法定税费和物业服务企业的合理利润。

实行物业服务费用酬金制的，预收的物业服务资金包括物业服务支出和物业服务企业的酬金。

物业服务成本或者物业服务支出构成一般包括以下部分：

1、物业服务人员的工资、社会保险和按规定提取的福利费等；

2、物业公用部位、公用设施设备的日常运行、维护费用；

3、物业管理区域清洁卫生费用；

4、物业管理区域绿化养护费用；

5、物业管理区域秩序维护费用（包括管理中办理的各种证件费用）；

6、办公费用；

7、物业服务企业固定资产折旧；

8、物业公用部位、公用设施设备及公众责任保险费用；

9、经业主同意的其他费用。

物业公用部位、公用设施设备的大修、中修和更新、改造费用，应当通过专项维修资金予以列支，不得计入物业服务支出或者物业服务成本。

第十五条　实行物业服务费用酬金制的，预收的物业服务支出属于代管性质，为所交纳的业主所有，物业服务企业不得将其用于物业服务合同约定以外的支出。

物业服务企业应当向业主大会或者全体业主公布物业服务资金年度预决算并每年不少于一次公布物业服务资金的收支情况。业主或者业主大会对公布的物业服务资金年度预决算和物业服务资金的收支情况提出质询时，物业服务企业应当及时答复。

第十六条　物业服务收费采取酬金制方式的，物业服务企业或者业主大会可以按照物业服务合同约定聘请专业机构对物业服务资金年度预决算和物业服务资金的收支情况进行审计。

第十七条　物业服务收费采取按建筑面积计算的方式。已办理房产证的，以房产证载明的房屋建筑面积计算，包括套内建筑面积和分摊的共有建筑面积；未办产权证的，以物业买售合同中建筑面积计算。房产证上作为附属物，单独登记面积，业主自用的车库、储藏室不收取物业服务费。

第十八条　物业买受人自物业竣工并交付使用之日起，按物业服务合同约定全额缴纳物业服务费用；纳入物业管理范围的已竣工但尚未出售，或者因开发建设单位原因未按时交给物业买受人的物业，物业服务费用由开发建设单位全额交纳。

第十九条　物业服务企业自用的办公及生活用水、用电等，应单独设表计量，其费用由管理企业承担，不得向业主分摊。

第二十条　安装并使用电梯的物业项目，其设备运行电费和维护检测费用，物业服务企业应单独列帐，公布每月耗电量、电费总额和维护检测费用及分摊办法，并按实际支出费用和约定方式向物业使用人收取。采用中央空调的住宅小区，收费标准由价格主管部门另行核定。

第二十一条　非独立使用的阁楼部分减半收取；住宅小区内的非盈利性公益公用设施按50%收费；住宅小区内的经营设施按150%收费。

第二十二条　物业管理公共性服务收费按月计收，实行先服务后收费，除业主自愿外，不得预收。

第二十三条　物业服务企业应按照《住宅室内装饰装修管理办法》(建设部令110号）的规定加强物业管理区域内的装修管理。装修保证金由装修人或装修人和装修装饰企业与物业服务企业约定，并应在装饰装修管理服务协议中明确，不进行装修的不得收取。在业主装修完毕后，经物业服务企业检查验收合格，装修保证金应自检查合格之日起15个工作日内退还业主。除此之外，物业服务企业不得以任何名目向业主或物业使用人收取押金、保证金。

装修期间产生的垃圾由业主或物业使用人自行清运的，物业服务企业不得收费；委托物业服务企业清运的，清运费标准由业主和物业服务企业协商确定。

第二十四条　物业服务企业为小区居民和车辆办理进出小区的通行证，不得收取费用。物业服务企业也不得向进入物业管理区域为业主提供配送、维修、安装等服务的外来人员收取包括办证费在内的任何费用。

第二十五条　住宅小区内的停车场，可收取车辆停放服务费。车辆停放服务费标准由物业服务企业与业主或业主委员会协商确定后报价格主管部门备案。

第二十六条　物业管理区域内，供水、供电、供气、供热、通讯、有线电视等单位应当向最终用户收取有关费用。物业服务企业接受委托代收上述费用的，可向委托单位收取手续费，不得向业主收取手续费等额外费用。

第二十七条　物业服务企业在物业服务中应当遵守国家的价格法律法规，严格履行物业服务合同，为业主提供质价相符的服务。物业服务企业在实施收费时，应当向价格主管部门办理《收费许可证》。

第二十八条　物业服务企业应按照价格主管部门的规定实行明码标价，在物业管理区域内的显著位置和收费地点，将服务内容、服务标准以及收费项目、收费标准进行公示，自觉接受业主和价格主管部门监督检查。

第二十九条　业主应当按照物业服务合同或协议的约定按时足额交纳物业服务费用或者物业服务资金。业主违反物业服务合同、协议约定逾期不交纳服务费用或者物业服务资金的，业主委员会应当督促其限期交纳；逾期仍不交纳的，物业服务企业可以依法追缴。

业主与物业使用人约定由物业使用人交纳物业服务费用或者物业服务资金的，从其约定，业主负连带交纳责任。

物业发生产权转移时，业主或者物业使用人应当结清物业服务费用或者物业服务资金。

第三十条　物业服务企业已接受委托实施物业服务并相应收取服务费用的，其他部门和单位不得重复收取性质和内容相同的费用。

第三十一条　利用物业公用

部位、公用设施设备进行经营的，应当在征得相关业主、业主大会、物业服务企业的同意后，按照规定办理有关手续。业主所得收益应当主要用于补充专项维修资金，也可以按照业主大会的决定使用。

第三十二条　政府价格主管部门应会同房产行政主管部门，加强对物业服务企业的服务内容、服务标准和收费项目、收费标准的监督。物业服务企业违反价格法律、法规和规定的，由政府价格主管部门依据《中华人民共和国价格法》和《价格违法行为行政处罚规定》予以处罚。

第三十三条　本实施细则由东营市物价局、东营市房产管理局负责解释。

第三十四条　本实施细则自2008年9月1日起执行。原规定与细则不符的，以本细则为准。

中心城区物业服务收费指导标准

东价发〔2008〕89号

2008年9月1日起施行

序号	内　　容	收费标准(元/平方米.月)		
		一级	二级	三级
1	综合管理	0.10	0.08	0.06
2	共用部位、共用设施设备维修养护兵千日用兵一时养养护短备维修保养	0.09	0.07	0.05
3	秩序维护	0.22	0.18	0.13
4	卫生保洁	0.15	0.12	0.10
5	绿化养护	0.14	0.10	0.06
合计		0.70	0.55	0.40

注:1、上述标准最高上下浮动幅度10%；
2、业主委员会的经费按实际缴纳物业服务费的2%与物业服务费一并收取；
3、非独立使用的阁楼部分减半收取;住宅小区内的非盈利性公益公用设施按50%收费;住宅小区内的经营设施按150%收费；
4、业主可在上述五项服务项目中根据具体情况及自身需求选择不同级别、不同种类的服务标准；
5、本办法未涵盖或未有的服务内容所增减的物业服务费用以及达不到服务标准等级要求的,收费标准由业主委员会同物业企业协商确定；
6、物业服务具体收费标准由业主委员会会同相关单位对实际物业服务质量进行考评确定,达不到服务标准的相应核减收费标准。

2008年东营市国民经济和社会发展统计公报

东营市统计局

(2009年2月16日)

2008年，在市委、市政府的正确领导下，全市上下以党的十七大和十七届三中全会精神为指导，深入贯彻落实科学发展观，解放思想，开拓创新，真抓实干，勇克时艰，积极应对经济发展中出现的各种矛盾和问题，扎实推进黄河三角洲开发建设，国民经济保持了健康较快增长，各项社会事业稳步协调发展。

经济总量迈上新台阶。全市生产总值突破2000亿元，达到2052.62亿元，比上年增长13.7%。按常住人口计算，人均生产总值102741元，按年平均汇率折算为14783美元，增长12.9%。第一产业增加值70.08亿元，增长5.0%，对GDP的贡献率为1.2%；第二产业增加值1570.93亿元，增长13.2%，对GDP的贡献率为74.3%；第三产业增加值411.61亿元，增长17.2%，对GDP的贡献率为24.5%。经济结构继续保持“二三一”的格局。三次产业结构为3.4:76.5:20.1。

一、农业

农业生产形势良好。全年粮食播种面积、粮食单产和总产实现“两增一平”。全市粮食总产量72.92万吨，比上年增加1.14万吨，增长1.6%。其中，夏粮总产29.47万吨，增加1.07万吨，增长3.8%；秋粮总产43.46万吨，增长0.2%。粮食播种面积161.89万亩，与上年持平。全年粮食平均亩产450.5公斤，比上年增加7.3公斤，增长1.6%，再创历史新高。棉花作为全市第一大经济作物，播种面积172.7万亩，增长1.5%，棉花播种面积占全年农作物总播种面积的43.9%，总产量13.63万吨，增长17.8%，单产78.9公斤，增长 16%。全市蔬菜产量 216.38 万吨，增长 1.5%；瓜类产量 12.39 万吨，增长 15.0%。

“三网”绿化工程扎实推进。全市“三网”绿化工程共完成投资 8.1 亿元，动用土石方 11994.41 万立方米，建设林带 2922.27 公里，植树 2806.26 万株，实现了“一年大变样”的目标。全市共完成造林面积 8.78 万亩，增长 2.0 倍；新建农田林网控制面积 18.2 万亩，增长 70%。

畜牧业生产得到全面恢复。全市生猪、牛、家禽存栏分别达到 53.26 万头、23.1 万头和 1388.57 万只，分别增长 22.0%、18.8%和 20.0%。生猪、羊、肉牛和家禽出栏分别达到 91.14 万头、186.39 万只、20.88 万头和 4538.15 万只，分别增长 19.3%、6.7%、19.8%和 18.9%。肉蛋奶总产量达到 46.61 万吨，增长 12.2%。

渔业生产平稳发展。全市水产品产量达到 41.82 万吨，增长 5.0%，其中海水产品产量达到 33.33 万吨，增长 10.3%，淡水产品产量达到 8.49 万吨，下降 11.8%。水产养殖面积进一步扩大，全市水产养殖面积达到 145.41 万亩，增长 9.6%。

农村生产条件进一步改善。全市农村用电量 4.38 亿千瓦时，增长 3.5%。化肥施用折纯量 11.45 万吨，下降 12.59%。农业机械总动力 210.02 万千瓦，增长 3.8%。农田水利建设得到加强，有效灌溉面积 239.7 万亩，其中节水灌溉面积 42.68 万亩。新建和改造农村公路 611 公里，新增沼气用户 7000 户。

二、工业和建筑业

工业生产增速放缓。2008 年前 9 个月全市工业经济一直保持了快速增长，为全年工业目标任务完成奠定了基础。进入 10 月份后，受全球金融危机影响，工业经济遇到的困难逐渐显现，表现为：市场需求萎缩，部分中小企业停产、半停产，企业资金周转困难等。全年规模以上工业实现增加值 1676.48 亿元，增长 14.5%，回落 2.4 个百分点，其中地方工业增加值 776.48 亿元，增长 20.1%，回落 16 个百分点。在规模以上工业企业中，轻工业增加值 240.16 亿元，增长 24.1%，重工业增加值 1436.32 亿元，增长 12.8%。

规模以上工业增加值（累计同比）

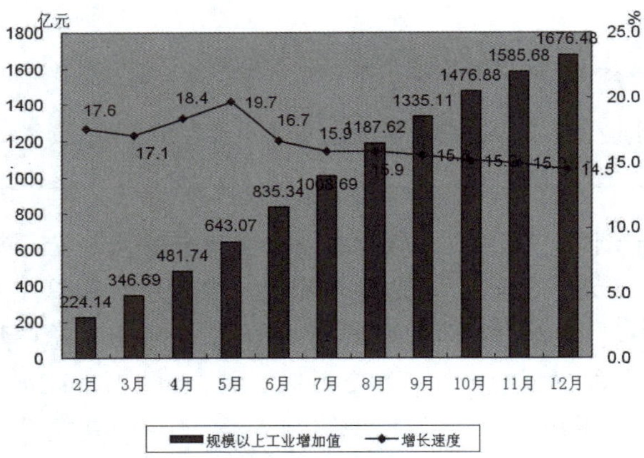

规模以上工业主要产品产量

产品	单位	产品产量	比上年±%
原油	万吨	2774.02	0.1
天然气	亿立方米	7.70	-1.8
原油加工量	万吨	990.58	-3.2
小麦粉	万吨	182.76	46.1
食用植物油	万吨	14.69	3.8
配混合饲料	万吨	25.43	5.0
纱	万吨	58.03	49.1
布	亿米	3.85	47.5
印染布	亿米	4.73	10.7
皮鞋	万双	428.00	47.3
机制纸	万吨	152.92	3.6
纸浆	万吨	118.32	1.7
化肥	万吨	2.50	-22.6
烧碱	万吨	47.56	4.3
轮胎外胎	万条	3418.96	53.6
塑料制品	万吨	54.30	15.6
发电量	亿千瓦时	88.55	-6.4

工业经济效益水平较好。规模以上工业实现主营业务收入 4205.88 亿元，增长 34.2%；利润 752.66 亿元，增长 38.1%；利税 1239.11 亿元，增长 56.1%。工业经济效益综合指数达到 610.8。总资产贡献率 58.1%，资本保值增值率 136.8%，资产负债率 37.2%，流动资产周转率 5.3 次，全员劳动生产率 536258 元/人，产品销售率 98.72%。

建筑业稳步增长。资质以上建筑业企业完成产值 175.38 亿元，增长 1.4%；全员劳动生产率 15.39 万元/人，增长 5.6%。建筑业实现增加值 70.93 亿元，增长 14.2%。

三、固定资产投资

固定资产投资规模不断扩大，投资结构进一步优化。全年完成固定资产投资 873.81 亿，增长

25.1%，其中地方完成固定资产投资692.15亿元，增长23.2%。分产业看：第一产业完成投资34.79亿元，增长48.8%；第二产业完成投资572.77亿元，增长15.5%；第三产业完成投资266.25亿元，增长48.4%，占全社会投资的比重为30.5%，比2007年提高4.8个百分点。房地产开发投资完成67.99亿元，增长7.1%。商品房施工面积727.6万平方米，增长2.0%；竣工面积229.5万平方米，下降7.2%。商品房销售面积244.5万平方米，增长5.3%，商品房销售额61.52亿元，增长1.7%。

四、国内外贸易

消费品市场繁荣活跃。全市实现社会消费品零售总额254.61亿元，增长23.3%。市区零售额189.44亿元，增长23.2%；县及县以下零售额65.17亿元，增长23.6%。批发业实现零售额38.17亿元，增长29.2%；零售业实现零售额170.43亿元，增长22.9%；住宿和餐饮业实现零售额40.32亿元，增长22.8%；其他行业实现零售额5.69亿元，增长4.3%。

对外贸易保持较快增长。全年实现外贸进出口总额411932万美元，增长55.3%，其中进口214698万美元，增长71.6%；出口197233万美元，增长40.7%。全年新批外商直接投资项目25个，合同外资18475万美元，增长6.0%。实际到帐外资金额17961万美元，增长15.0%。全年新签对外劳务合同33份，合同额23468万美元，完成营业额16748万美元；派出劳务人数808人，年末在外务工人员达898人。

五、交通、邮电和旅游

交通运输能力进一步提高。全年道路货运总量6634万吨，增长6.0%，其中营业性6262万吨，增长25.6%；货物周转量84.87亿吨公里，增长8.0%，其中营业性81.51亿吨公里，增长25%；全年道路客运总量2629万人，增长1.1%，其中营业性951万人，增长8.6%；客运周转量18.42亿人公里，增长1.0%，其中营业性13.78亿人公里，增长8.2%。

邮电通信业平稳增长。全年完成邮电业务总量30.79亿元，增长4.6%，其中：邮政1.72亿元，增长5.3%；电信29.07亿元，增长4.6%。年末，固定电话交换机容量52.74万门；移动电话交换机容量374.3万门；固定电话用户数67.68万户；移动电话用户数226.9万户，新增51.64万户；互联网用户数33.01万户；光缆总长度22.4万芯公里。

旅游业加快发展。黄河口生态旅游区顺利跻身国家4A级旅游景区。全年共接待海内外游客429.22万人次，增长30.1%，其中入境游客1.67万人，增长46.5%。旅游总收入28.66亿元，增长39.8%，其中旅游外汇收入1530万美元，增长128.9%。

六、财政、金融和保险

财政收支快速增长。实现全口径财政收入413.86亿元，增长20.9%，其中地方一般预算收入70.95亿元，增长18.0%。地方财政支出89.72亿元，增长17.6%。

金融运行平稳。年末全市金融机构各项存款余额1032.78亿元，比年初增加188.34亿元。其中企业存款243.59亿元，比年初增加26.89亿元；城乡居民储蓄存款554.07亿元，比年初增加113.35亿元。金融机构各项贷款余额695.87亿元，比年初增加100.55亿元。其中短期贷款456.70亿元，比年初增加49.00亿元；中长期贷款205.74亿元，比年初增加36.35亿元。

保险事业稳步发展。全年保费收入31.49亿元，增长13.8%，其中财产险保费收入8.29亿元，增长7.7%；人寿险保费收入23.20亿元，增长16.1%。全年赔款支出5.52亿元，增长15.1%，其中财产险赔款支出4.67亿元，增长14.3%；人寿险赔款支出0.85亿元，增长19.4%。

七、教育和科技

教育事业健康发展。全市共有普通高校5所，在校生50186人，增长12.5%；普通中学104所，在校学生114968人，下降1.0%；中等职业学校11所，其他学院(校)附设中专部5处，在校学生23226人，增长1.5%；小学185所，在校学生145077人，下降0.1%；特殊教育学校2所，在校学生411人，增长10.5%；幼儿园524所，在园幼儿59711人，增长5.3%。适龄儿童入学率100%，巩固率100%。

科技事业取得较大进展。27家企业被认定为高新技术企业，7项产品被评为国家重点新产品，14项产品列入省自主创新产品目录，48项产品被评为省级高新技术产品。技术市场共签订技术合同2150份，成交额12.17亿元，增长15%。专利申请量2944件，授权专利量1836件。

高新技术产业发展加快。规模以上工业高新技术产业实现产值812.26亿元，增长34.4%。高新技术产业产值占规模以上工业总产值的比重19.2%，比年初提高0.5个百分点。

八、文化、体育和卫生

文化事业协调发展。年末全市共有艺术表演团体5个，群众艺术馆1个，文化馆5个，公共图书馆6个，博物馆1个，电影放映单位32个。广播电台5个，广播发射台6个，广播综合人口覆盖率达到100%；电视台6个，电视综合人口覆盖率达到100%；不含油田有线电视用户达到27.2万户。

体育事业蓬勃发展。竞技体育工作实现新发展，参加全省青少年锦标赛获得22金、14银、15铜的好成绩；推进第十一届全国运动会东营赛区筹备工作；成功举办东营市第八届运动会及第一届黄河口马拉松全国邀请赛；大力实施全民健身工程；全年体育彩票销售额达7000万元。

卫生事业健康发展。全市拥有各级各类医疗机构775家，其中医院69家，卫生院35家，疾病预防控制机构6家，卫生监督机构6家。卫生机构床位9972张，其中医院7903张，卫生院1522张，妇幼保健机构150张。卫生技术人员10922人，其中医院7603人，卫生院1633人，其中执业医师3898人，执业助理医师693人，注册护士3857人，乡村医生卫生员2239人。

九、城市建设和环境保护

城市基础设施建设大力推进。"黄河水城"建设顺利实施。实施明泓闸至黄河路段、东二路至东四路段岸线建设及东二路至登州路段综合治理任务，全长10527米，完成投资7920万元。明潭公园工程，占地34.93公顷，完成投资4980万元。秋月湖公园工程，占地57公顷，一期完成投资1000万元。老广蒲河截污导污工程，完成投资3000万元。东城污水管线改线工程，完成投资2700万元。实施了西城交通环境整治项目。实施了云门山路(南一路—南二路)、庐山路(北一路—北二路)、庐山路泵站及管线配套、锦华西区配套、黄河路西延(西四路以西247米)等工程。国家环保模范城复审项目进展顺利。市污水处理厂改扩建工程完成投资1.4亿元，垃圾处理场整治扩建工程完成投资2700万元。

环境质量持续改善。当年完成限期治理项目39项，环境污染治理完成投资26170万元，全市建成7个烟尘控制区，面积126.8平方公里；噪声达标区11个，面积89.6平方公里。城市污水集中处理率70%。工业废水排放总量10620万吨；工业废气排放总量592亿标立方米；工业粉尘排放量2600吨。

十、人口、居民生活和社会保障

人口小幅增长。据1%人口抽样数据推算，年末全市常住人口200.48万人，增加1.39万人。城镇化率为57.77%，比上年提高0.67个百分点。年末公安部门统计的户籍数为58.44万户，人口为183.97万人，增长0.5%，其中：男性人口93.05万人，女性人口90.92万人。全市人口出生率8.59‰、死亡率4.86‰、自然增长率3.73‰；合法生育率为98.9%；出生人口性别比为107。

城乡居民生活水平继续提高。城市居民人均可支配收入19487元，增长15.0%。城市居民人均消费性支出12416元，增长14.2%，其中食品支出3596元，增长21.0%。城市居民恩格尔系数为29.0%，人均现住房建筑面积32.9平方米。农民人均纯收入6660元，增长13.5%。农村居民生活消费支出4160元，增长7.2%，其中食品支出1581元，增长10.4%。农村居民恩格尔系数为38.0%，农民人均居住面积33.5平方米。

就业保持总体稳定。年末城镇单位在岗职工36.83万人，增长4.1%；平均工资33145元，增长10%，其中地方27661元，增长7.0%。新增城镇就业4.1万人，城镇登记失业率为1.88%。

社会保障进一步完善。开展城镇居民基本医疗保险试点，参保率达到90%。建立了物价上涨与提高保障标准联动机制，实行城乡低保人员生活补贴，增加了困难群体冬季供暖补贴；提高了城乡低保、农村五保集中供养、残疾人救助等补助标准。扎实解决困难群众住房问题，新建农村安居房685户，落实廉租房200套，建成经济适用房2436套。

十一、其他

居民消费价格涨幅回落。随着各项调控物价政策的出台，粮油肉菜等农产品价格逐步下降，居民消费价格指数较快回落。全年居民消费价格各月同比涨幅依次为7.4%、6.4%、6.3%、5.7%、4.0%、3.9%、3.5%、2.5%、2.3%、1.0%、0.1%、-0.8%，走出了一条前高后低的曲线，12月份价格为负增长，降至全年最低水平。全年消费价格累计涨幅达到3.5%，比前三季度、上半年和一季度累计涨幅分别回落1.0、2.1和3.2个百分点。

居民消费价格指数(累计同比)

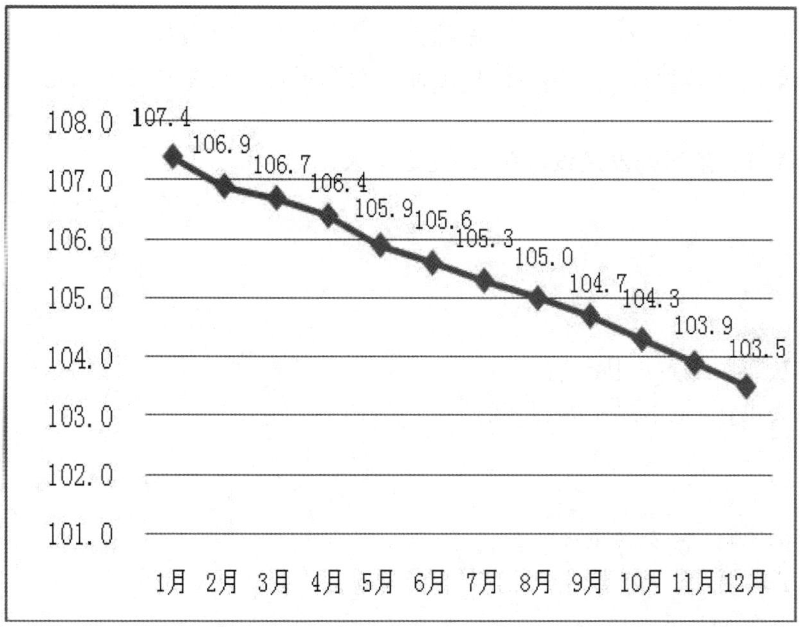

名牌战略和标准化建设取得新进展。年末,全市共有中国名牌产品5个;山东名牌产品82个,其中新增16个;山东省服务名牌11个,其中新增4个。黄河口文蛤通过国家地理标志产品保护专家评审会评审,成为东营市第一个地理标志保护产品,黄河口大闸蟹地理标志保护已经国家质检总局受理并公示。共参与制定国家标准8项、行业标准34项、地方标准2项、农业地方规范14项。

安全生产形势稳定。全年共发生各类事故1390起、死亡212人、受伤1339人、直接经济损失617.68万元,事故起数、死亡人数、受伤人数、直接经济损失分别下降34.28%、5.36%、34.97%、16.22%。

注:1. 本公报所列各项数字为初步统计数。

2. 地区生产总值(GDP)、各产业增加值绝对数按当年价格计算,增长速度按可比价格计算。

光 荣 榜

一、2008年度全市综合考核先进单位和先进个人

(东委〔2009〕6号)

河口区 2008年度经济社会综合评价考核第一名,给予郑建军、聂建军记二等功

垦利县 2008年度经济社会综合评价考核第二名,给予田治颖、韩利学记三等功

东营区、广饶县 2008年度经济发展先进县区

利津县 2008年度实施“突破利津”战略突出贡献奖

市委组织部、市委宣传部、市财政局、市发改委、市经贸委、市政府办公室、市市政局 2008年度目标管理考核一等奖,巴学军、侯岱印、李俊峰、闫树信、陈安忠、杨梦斌、段作亮7名同志记二等功

市委办公室、市纪委机关、市海洋与渔业局、市环保局、市交通局、市公安局、市人事局 2008年度目标管理考核二等奖,李友丰、李桂华、杨同更、李永元、李兆君、赵喆、张寿华7名同志记三等功

市法院、市政协机关、市建委、市农业局、市广电局、市人口计生委 2008年度目标管理考核三等奖,给予徐飞、柴玉宝、崔建华、尚观华、马洪军、刘美华6名同志嘉奖

二、首批“黄河三角洲开发建设排头兵”先进集体

(东委〔2009〕7 号)

东营经济开发区管委会	市发改委	市农业局	市法院	市人行
华泰集团有限公司	山东蓝海集团	垦利县胜坨镇	河口区仙河镇海星村	利津县汀罗镇毛坨村

三、首批“黄河三角洲开发建设排头兵”先进个人

(东委〔2009〕7 号)

李建华	华泰集团有限公司党委书记、董事长
卢国筠	东营供电公司总经理
王泮青	市经贸委副主任、党工委副书记
徐云亭	利华益集团股份有限公司董事长兼首席执行官
尚吉永	万达控股集团有限公司党委书记、董事局主席、总裁
刘建国	黄河河口管理局副局长
王海生	市园林绿化处处长
王孟梅	广饶县丁庄镇王道村党支部书记、村委会主任
王富杰	市公安局特警支队副支队长
李玉玲	市地税局东营港经济开发区分局局长

四、第七届东营市劳动模范

(东政发〔2008〕13 号)

姜寿贵	东营区辛店街道姜家社区居委会党支部书记
王　军	山东万通石油化工集团有限公司董事长
赵爱国	山东欣马酒业有限公司酿酒车间班长
张连武	河口区义和镇大牟村党支部书记
罗　冰	富海集团有限公司董事长
牛文和	广饶县丁庄镇牛圈村党支部书记
吴克孟	山东华泰林业有限公司经济师
高传星	山东广饶农村合作银行高级经济师
吴春雷	山东春蕾纺织有限公司工程师
宋国兴	山东山泰集团有限公司工程师
李振光	山东兴广集团总经理
袁廷树	山东昊龙集团有限公司董事长
王瑞祥	垦利县化肥厂工人
牛明贤	中国工商银行股份有限公司垦利支行行长
李言成	垦利县黄河口镇万尔村党支部书记
王忠民	山东胜通集团股份有限公司总经理
张翠翠(女)	三阳纺织有限公司操作员
刘福堂	利津县盐窝镇东里村农民
徐建民	三阳纺织有限公司总经理
刘翠英(女)	山东金茂纺织化工集团有限公司车间主任

五、第七届东营市先进工作者

(东政发〔2008〕13 号)

赵广聚　　东营区龙居卫生院院长
孙丽云(女)　东营市市区国家税务局一科科长
侯宝顺　　河口区林业局高级农艺师
张　琪(女)　广饶县中医院总护士长
张华祥　　垦利县农业局农业技术推广站高级农艺师
瞿广利　　利津县国家税务局局长
杨桂海　　利津县中心医院主任医师
隋相儒　　东营经济开发区市政局助理工程师
薄学锋　　东营市渔业技术推广站农业技术推广研究员
成学汇　　东营市建委科员
陈宏光　　东营市电视台文艺部主任
刘昌明　　东营市胜利第一中学高级教师
燕乐法　　东营市第一中学高级教师
王继锋　　东营市第二人民医院主治医师
陈新镇　　东营市国家税务局机关服务中心主任
董藏收　　东营市信息产业局政务信息化科科长、系统分析师
杨晓云(女)　东营市公安局信访处处长

六、第四批农业产业化市重点龙头企业

(东政办发〔2008〕43 号)

东营市正汉海洋食品有限公司
东营市广北农场乳品厂
东营万鑫肥料有限公司
东营市河口光大清真肉业有限公司
东营金润种业有限公司
东营市黄河金淤地工贸有限公司
东营正和木业有限公司
东营市亚东星海水产品开发有限责任公司
山东东营巧媳妇食品有限公司
东营智化工贸有限责任公司
东营市玉峰水产加工有限公司
东营市民兴食品有限公司

七、东营市 2008 年度十佳文明市民

(东文明委〔2009〕2 号)

1.刘爱云(女)　市市区国税局职工
2.杨素云(女)　黄河钻井三公司退休职工
3.丁臣功　　垦利县西宋乡北河南村村民
4.张文涛　　市邮政局登州路投递局投递员
5.王景忠　　河口区新户乡中心小学教师
6.戴利君　　东营边防支队船艇大队海警 37014 艇指导员
7.孟玉婷(女)　东营区第三中学教师
8.薛国岳　　利津县人民法院陈庄法庭副庭长
9.陈玉海　　广饶县石村镇大营村党支部书记
10.郭学杰　　垦利县西宋乡中心成人学校校长

八、东营市2008年度十佳文明新事

(东文明委〔2009〕2号)

1.捐献十万抗震救灾巨款不留名	6.校园"姊妹花"学雷锋不留名
2.青年教师演绎《孙武传奇》	7.爱心联盟绽放爱心
3.迷路斑海豹回归大海	8.乡村七子书社展风采
4.年近六旬老人奋勇跳海救人	9.女孩堂堂正正上族谱
5.义卖筹款,支援灾区小伙伴	10.五保老人心系灾区

九、东营市2008年度十佳文明示范窗口

(东文明委〔2009〕2号)

1.广饶县水利综合执法服务大厅	6.市公安局出入境管理处
2.垦利县国家税务局办税服务厅	7.中国农业银行东营市分行营业部
3.东营公交112路车组	8.市法律援助中心
4.中国联通东营市分公司客服中心	9.市地方税务局石化分局
5.河口区"阳光190"社会救助中心	10.市人民检察院控告申诉检察处

十、东营市2008年度十佳文明服务标兵

(东文明委〔2009〕2号)

1.赵晓芳(女)	广饶县国税局大王分局科员
2.吴丽杰(女)	东营交运集团汽车西站客运科科长
3.赵永峰	市公安局交警支队直属一大队副主任科员
4.隋　岗	市公交公司一队驾驶员
5.张　斌(女)	中国联通东营分公司重点客户服务中心客户经理
6.高向玲(女)	利津县中心医院副总护士长、妇产科护士长
7.史小苑(女)	中国移动通信东营分公司客服中心值班长
8.程绍华	胜利农村合作银行东城支行行长
9.徐冬梅(女)	市人口计生委指导中心主任
10.张继霞(女)	东营区林业局造林办主任

十一、东营市2008年度十大孝星

(东文明委〔2009〕2号)

1.裴学优	河口区六合乡上小街村村民	6.李新梅(女)	东营供电公司职工
2.赵　然(女)	垦利县郝家镇敬老院院长	7.佟玉杰(女)	利津县汀罗镇罗家村村民
3.缪怀敏	垦利县永安镇店子村农民	8.刘光美(女)	利津县第二实验幼儿园教师
4.薄纯平	河口区义和镇敬老院院长	9.张　玲(女)	广饶县劳动保险事业处职工
5.董子英	垦利县黄河口镇西增林村村民	10.宋秀英(女)	广饶县广饶镇三角村村民

十二、东营市2008年度十佳少年

(东文明委〔2009〕2号)

1.赵华骧	广饶县第一实验小学	6.李炜琦(女)	广饶县实验中学
2.齐汝玥(女)	东营市海河小学	7.王佳琦(女)	胜利胜采小学
3.张韵清(女)	东营市春晖小学	8.郭凯茜(女)	垦利县第一实验小学
4.刘元熠(女)	东营区第三中学	9.巴瑞宇	利津县第一实验学校
5.郭雨萌(女)	东营市实验中学	10.郑泽瑶(女)	河口区实验学校

索　　引

说 明

一、本索引采用主题分析索引方法，按汉语拼音字母顺序排列。同音字母按声调，首字相同者按后一字音序排列，依次类推。

二、索引名称后面的数字为内容所在页码，数字后拉丁字母a、b、c分别表示该页的左、中、右栏。

三、部类、条目名称用黑体字标明。

四、大事记、人物、附录、光荣榜中具体内容未作索引。

A

B

C

D

J

K

L

M

黄河路街道办事处

HUANG HE LU JIE DAO BAN SHI CHU

积极支援抗震救灾

关心下一代工作扎实有效

黄河路街道主体位于东营市中心城西城南部，东与胜利街道接壤，北起北一路，南与六户、胜园街道相邻，广利河与渤海交汇处的广利港港区也属街道管辖。辖区总面积200平方公里。下辖东赵、南李、南王屋3个村转居社区，耿井、万泉、景屋3个农业村，鑫源、燕山、锦城、汇泉、丰泽5个城市社区，1个渔民村社区广利港社区。总人口11万人，其中，常住人口8万人（农村人口4070人），流动人口3万人。

2008年，黄河路街道以科学发展观统领全局，围绕构建和谐社会总体目标，以经济建设为中心，以维护稳定为基础，突出关注和改善民生、新农村建设、社区管理服务、基层组织建设四项重点，街道经济社会发展取得新成效。全年累计实现生产总值26.34亿元，地方财政收入5200万元。城镇居民可支配收入达到1.95万元,农民人均纯收入突破1万元，群众生活殷实富裕。社会消费品零售总额32亿元,固定资产累计投入23.7亿元，限额以上工业实现增加值7.8亿元，新增个体经商户360户，新增限额调度企业7家。引进大型招商项目5个，到位固定资产投资1.3亿元。渔业生产、海洋捕捞有了新突破，年内捕捞产值突破1亿元。先后获全市关心下一代工作先进集体、全市安全生产工作先进集体、全市农业普查工作先进集体、全市拥军优属先进单位、全市关心国防建设十佳单位等荣誉称号。

发展中的鸿港医院

老汉喜领救济金

南李物流园一角

东营区 辛店街道办事处

DONG YING QU XIN DIAN JIE DAO BAN SHI CHU

党工委书记、人大工委主任　盖士杰

盖士杰　男，1961年2月出生，1985年12月参加工作，大学文化，现任辛店街道党工委书记、人大工委主任。任六户镇党委副书记、西范乡党委副书记、乡长、黄河路街道党工委副书记、办事处主任、文汇街道党工委副书记、办事处主任、文汇街道党工委书记、人大工委主任，200[illegible]年10月任现职。

1996~1998年连续三年被东营区委、区政府评为全区先进工作者；1995年被评为省级“普法工作先进个人”，获省人事厅、司法厅三等功奖励；2008年被评为全市党管武装好书记，受市委、军分区党委表彰；200[illegible]年被评为东营市优秀党务工作者，受市委表彰。

全市农村社区建设现场会在街道召开

省民政厅副厅长李玉亮到居家视察农村社区建设工作

组织干部职工外出参观掀起赶超热潮

合作医疗惠及千家万户

“群众文化月”活动开幕式

出租房屋与外来人口管理站

西苑社区一站式服务大厅

辛店街道地处东营区西北部、西城繁华地段，辖区面积82.82平方公里。辖8个农业村、10个村转居、4个城市社区，辖区常住人口12.7万人，流动人口2.67万人。胜利油田管理局机关驻地及29个二级单位坐落其中，火车站、汽车站、多家金融、商贸企业及我市规模较大的14处市场位于辖区，境内人流、物流、信息流活跃。

2008年，街道以“经济强街、服务兴业、全力打造文明和谐实力街道”为目标，坚持开拓创新、攻坚克难，实现生产总值24.6亿元，同比增长32.6％；实现地方财政收入5587万元，增长31%，实现社会消费品零售总额15.6亿元；完成工业总产值34.5亿元，增长46%，实现工业利税3.95亿元，增长38%；社会固定资产投资完成28.2亿元，增长27%；实现第三产业增加值14.4亿元，增长44%，农民人均纯收入达到9380元，增长10.6%。街道先后获得全省城乡低保规范化建设先进单位、全市维护稳定安全“百日行动”先进单位、平安东营建设模范乡镇（街道）、市广利河综合治理工程先进集体、全区综合考核先进单位等荣誉称号。

长风破浪会有时，直挂云帆济沧海。辛店街道正以排头兵的精神，排头兵的魄力，抢抓机遇、团结实干、积极作为、共克时艰，为黄河三角洲的开发建设再献新功。

农民新居

建设中的宏基管桩有限公司

“三网”绿化工程

招商企业华东线缆厂

文汇街道办事处

党工委书记、人大工委主任　陈桃庚

陈桃庚　1969年9月生，中共党员，本科学历，籍贯山东东营，出生地东营市胜利镇。2005年10月提为正科级，2007年10月至今任现职。

党工委副书记、办事处主任　张汝怀

张汝怀　1968年4月生，中共党员，本科学历，籍贯山东东营，出生地东营市垦利县。2007年10月至今任现职。

国土资源部规划司副司长尹卫平到文汇街道中王屋社区视察节约集约用地情况

区委书记郑建军到文汇街道中王屋社区视察村居改造情况

1989年1月1日设立泰安路街道办事处，2001年3月撤销，设立文汇街道办事处。管辖区域为北一路中心线以北至垦利县边界线，西四路以东至西一路，面积38平方公里。下辖[illegible]个村民委员会，10个社区居委会（其中4个村转居），共有人口12.5万人（含油田、石油大学），其中地方常住人口3.[illegible]万人。现有基层党支部17个，党员541人。因辖区内有石油大学、胜利学院、东营市劳动技术学院、油田一中、胜利电视台等文化机构而得名“文汇”，是一个文化汇集地。先后获全省安置帮教工作先进集体、市级文明信用街道、东营市“五个好”街道党工委、全市维护稳定安全“百日行动”先进单位等荣誉称号。2008年，实现地区生产总值33.07亿元，同比增长51%，实现区级地税收入7439.88万元，同比增长25%；农民人均纯收入实现8567元，同比增长10%。

街道地处西城中心城区东北角，商业及服务设施齐全，有银座一店二店、振华商厦、商业大厦、五一商业集团等大型商场，有东胜大厦、新悦大酒店、大明大厦等星级酒店，有胜利油田中心医院等医疗机构，有东营市商业银行等多家金融机构；是胜利油田的重要生产区和办公区之一，辖区有东辛采油厂（一矿、三矿）、胜利采油厂和大明鲁明公司等油田生产单位，有油水井730余口，有大明集团、井下作业公司、东胜公司、供水公司、长安集团等13个二级单位。东营军分区驻辖区。

东营区城市管理局

DONG YING QU CHENG SHI GUAN LI JU

东营市东营区城市管理局成立于2002年1月25日，正科级事业单位，下设区市政园林管理处和区市容环境卫生管理处2个副科级事业单位，内设局办公室及环卫、绿化、路灯、排水4个监督管理所，行使西城及东城北区的道路环境卫生、道路绿化、道路路灯、城市防汛排水的管理工作。

目前，西城及东城北区按照“政企分开、管养分离”的原则，通过市场化运作由专业化管养企业承担管养任务。工作中，不断强化监督检查，建立健全全覆盖、无缝隙的监督管理体系，全面做好环境卫生管理；以精细化管理为手段，以创造良好的城市生态环境为目标，实现了三季有花、四季常绿的绿化景观；实施城市亮化工程，创造了靓丽的城市夜景；精心部署，科学防范，把城市防汛工作作为促稳定、保和谐的民心工程来抓。城市管理工作实现了专业化、统一化、规范化、精细化，建立起良性运作的长效管理机制，各项市政基础设施管养水平明显提高。中心城区先后获得国家卫生城市、国家环境保护模范城市及省级文明城市和省级园林城市等荣誉称号，东营区城市管理局先后获得区级工作创新奖、市级文明单位、全省城市防汛先进集体等荣誉称号。

鲜艳喜庆的胜利广场

整洁卫生的城市道路

美丽宽广的黄河公园

生机盎然的城市绿化

灯火璀璨的城市夜景

东营区胜利街道辛镇村

DONG YING QU SHENG LI JIE DAO XIN ZHEN CUN

胜利街道辛镇村位于区政府驻地，是东营区最大的城中村。现有1760户，4569人，土地面积15774亩，其中耕地4600亩，生活安置用地1394亩。村民收入主要来源于运输、劳务和经商。2007年，农民人均纯收入8066元。

村庄改造全面完成。2002年，辛镇村村庄改造纳入区政府新区建设，拉开了辛镇拆迁改造的序幕。2003年至2008年间先后进行了三次拆迁，坚持让利于民，依法拆迁，共拆迁2668个院落，拆迁面积33万平方米，赔偿2.5亿元，确保了东营区新区建设和市政重点工程的顺利进行。建设楼房65幢，1887户，2008年村民全部迁入新居。新居实施了物业化管理，村民的生活环境发生了质的飞跃。

经济又好又快发展。立足实际，探索“村企合一”发展模式。2005年5月，成立了东营辛昌置业有限责任公司，下设房地产公司、劳务公司、农业公司、资产运营公司和物业公司。村党支部书记、村委会主任兼任公司董事长，构建了党支部、村委会、公司“三位一体”的经营管理模式。加强了资产运营，与蓝海集团联合建设了蓝海国际饭店，加快安置用地的开发利用。按照集观光、娱乐、休闲、餐饮于一体的特色风景区建设的目标，配套完善了占地2000多亩的辛镇优质果蔬生产基地。2007年末，村集体资产达3.5亿元。加强村民的就业安置，逐步实现了就业转移。

社会保障逐步健全。为全体村民缴纳了农村新型合作医疗保险和意外伤害保险。投资1200万元，建设了胜利老年公寓，70岁以上老年人实现了集中供养。制定了生活补助费发放制度，每年为每位村民发放生活补助费3200元，并根据村集体经济收入状况逐年增加。建立了社区综合服务中心，为

市委书记张秋波视察辛镇

支援灾区村民捐款

辛昌公司成立典礼

幼儿文艺演出

辛镇村原貌

辛镇村现貌

居民提供了便捷服务，社区卫生、幼儿教育等公益事业快速发展。

村级管理日趋规范。辛镇村有党员140名，2006年12月19日成立村级党委，下设房地产、劳务、农业、资产运营、物业5个党支部。村两委成员7人，实现了书记、主任一人兼和全部交叉任职。建立健全了村民议事会等民主管理制度。坚持公平公正公开的原则，村内大小事务征求党员、村民代表的意见，定期召开议事会、党员和村民代表大会，严格落实村务、财务公开，村务管理日趋规范。加强村民教育，倡树文明新风，村民的思想观念、生活方式逐步改变。

随着村庄拆迁改造的完成，辛镇村正在实现从农村到城市、从村民到市民、股民的转变。几年来，辛镇村先后被市区授予小康文明村、创建文明城市工作先进单位、新区建设先进单位、五好村居党支部，2001~2005年全民普法依法治理先进单位等荣誉称号。目前，辛镇村党委带领全体村民为建设文明、和谐的社会主义新农村而奋斗。

老人在胜利老年公寓欢度重阳节

重阳节为老年人表演京剧

辛镇社区新办公楼

河口区六合乡

HE KOU QU LIU HE XIANG

党委书记、人大主席　朱春光

党委副书记、乡长　牟焕民

六合乡位于河口区南部，北与河口城区连接，河口经济开发区坐落境内，辛河路贯穿南北，外环路四通八达，区位优势明显。辖区总面积138平方公里，辖28个行政村，0.4万户，1.5万人。有耕地2.3万亩，滩涂2万余亩，“上农下渔”项目6.3万亩。

近年来，六合乡认真落实科学发展观，深入实施“工业强乡、商贸富乡、农业富民”战略，突出抓好工业发展、渔农项目综合利用、城郊经济发展、小城镇建设、招商引资及民营经济发展，不断加强农村基层组织建设、农村社会保障体系建设、“平安六合”建设，全乡经济社会实现了快速、协调发展。2008年，实现国内生产总值7.0416亿元，比上年增长20.71%，其中一、二、三产业增加值分别达到11708万元、38170万元和20538万元，分别比上年增长12.2%、25.1%和17.6%。规模以上工业总产值24253万元，实现收入25054万元。乡本级财政收入实现1153万元，农民人均纯收入达6505元，增长13.88%。

六合乡注重经济社会的和谐发展，大力加强精神文明建设，积极为群众办实事、办好事，全面推进社会主义新农村建设。几年来，筹集资金5000余万元，建成了全市一流的农村中小学和中心幼儿园，在校学生共1370人，适龄儿童入学率100%；建成了高标准农村敬老院，实现了全乡五保老人集中供养，全乡最低生活保障救助65[illegible]人，新型农村养老保险参保农民6320人；新建乡卫生院和15处农村社区卫生服务站，参加新型农村合作医疗农民达13789人；实施首集市场改造工程，完善了全乡农贸市场体系；实现了村村通有线电视；新修乡村公路100余公里，实现了公路村村通、户户通；实施了小康文明村和文明城市创建，城乡供水一体化、“一池三改”、职工和贫困群众安居工程建设等等，群众生产生活条件得到不断改善，城乡统筹步伐不断加快。六合乡先后获全国村务公开民主管理先进乡镇、省“平安山东”建设先进基层单位、省“五五”普法工作先进单位等荣誉称号。

工业蓬勃发展

新村展风采

南美白对虾喜获丰收

大棚桑葚正月红

城郊服务业

河口区卫生局

HE KOU QU WEI SHENG JU

局长　宋卫华

河口区卫生局为正科级行政单位。现有在岗人员39人，其中行政人员8名，事业人员31名。内设办公室、医政股、卫生法制与监督股3个行政股室，下设卫生监督执法局1个副科级事业单位和区爱国卫生运动委员会办公室、区农村合作医疗管理办公室两个股级事业单位。河口区现有各级各类医疗预防机构272家，其中2级医疗机构4家（油田3家）；每千人占有执业医师1.9人（国家平均1.48人）、床位5.2张（国家平均2.34张）；全区医疗业务用房1526万平米，万元以上大中型设备557台（件）。新型农村合作医疗工作扎实推进，建立了政府主导、群众参与、多方筹资、运转高效的新农合医疗保障体系，人均筹资达到137元，在全市保持第一位，被授予“全省新型农村合作医疗试点工作先进区”。城乡医疗服务体系建设全面加强。对村级医疗机构和乡镇卫生院进行达标建设，建成标准化农村社区卫生服务站90处，城市社区卫生服务中心3处、社区卫生服务站15处。重点传染病防治成效显著，被授予全市防治非典型肺炎工作先进集体，建成了区疾病预防控制中心业务大楼，创建成为全省结核病防治工作示范区，连续14年无重大传染病的暴发流行。卫生改革实现重大突破，二级以下油田医疗机构属地管理、乡镇卫生院上划区级管理试点、卫生监督体制改革顺利完成。卫生监督执法工作扎实推进，卫生监督体系三级网络全面建立，卫生监督执法工作连续3年受到省卫生厅表彰。行风建设取得显著成效，建立药品集中议标采购制度，统一公立医疗机构药品零售价格，实行药价动态公示，药品价格大幅下降。爱国卫生工作深入开展，成功创建为国家卫生城市，孤岛镇、仙河镇、河口街道创建为国家卫生镇，全国“三灭”城市工作顺利通过复审。河口区卫生局先后获全省卫生工作先进集体、全省卫生监督执法工作先进集体、全省结核病控制工作先进集体、市级文明单位等荣誉称号。

全市农民合作医疗保险暨两个体系建设工作会议

合作医疗大病补偿金发放现场

河口区卫生局办公楼

广饶县孙子文化旅游区管理委员会办公室

GUANG RAO XIAN SUN ZI WEN HUA LU YOU QU GUAN LI WEI YUAN HUI BAN GONG SHI

团结奋进、求实创新的领导班子

中央、省、市、县领导参观雕塑园

国家发改委联合考查组检查指导工作

广饶县孙子文化旅游区管委会办公室是县政府直属的监督管理类正科级事业单位。主要职责是根据有关法律法规，研究编制旅游区发展规划和年度开发计划，经县政府批准后实施；负责旅游区开发项目的推介和招商引资；负责旅游区内开发建设单位和经济实体的景观管理、协调及相关服务；负责旅游区内经营项目、游乐设施与活动的审查和管理；会同公安、城市管理行政执法部门做好旅游区内治安保卫和相关行政执法管理工作；参与旅游区外围保护地带的规划和管理。

孙子文化旅游区管委会办公室自成立以来，在县委、县政府的正确领导下，坚持以科学发展观为指导，超前规划，有序开发，高标准建设，高水平管理，景区开发建设实现了又好又快发展。目前，孙子文化旅游区的基础设施基本成形，旅游接待设施也逐步完善。另

省人大常委会副主任时立军调研

省军区领导到文化旅游区视察

市委常委、广饶县委书记赵豪志到工地指导工作

第四届中国广饶孙子国际文化节暨中国第九届中国雕刻艺术节开幕式

闻鸡起舞

后被命名为第七批国家水利风景区、全国平原地区第一批国家级水土保持科技示范园区、山东省十大景视基地，同时被列为山东省“十一五”重点服务项目、黄河三角洲高效生态经济区旅游项目。

2009年7月2日，市委书记张秋波对孙子文化旅游区进行了专题调研，确定把孙子文化旅游区作为全市旅游产业发展的核心景区和主体板块，孙子文化旅游区迎来千载难逢的发展机遇。我们将在县委、县政府的坚强领导下，紧紧围绕市委书记张秋波提出的“以孙子文化为主题，打造国内和世界著名品牌，建设具有唯一性的旅游目的地”的总体目标，坚持解放思想、创新观念、攻坚克难、扎实苦干，高水平策划、高水平建设、高水平开发，倾力打造以兵家文化、军事文化、智谋文化为核心，以参与性、互动性和体验性项目为载体，具有强烈震撼力和影响力，世界唯一的孙子兵家文化体验旅游目的地，谱写“黄河入海流，兵圣故里游”的辉煌篇章。

始计桥

橡胶坝溢流景观

春秋风云雕塑

孙武湖一瞥

军争桥

标志牌

孙武湖航拍

稻庄镇党委书记、人大主席　王英明

稻庄镇党委副书记、镇长　刘林成

广饶县稻庄镇 GUANG RAO XIAN

中国投资环

稻庄镇自古以来，人杰地灵，先后诞生和哺育了清末文豪徐太拙、曲艺文学家西若涛，原山东省委副书记、省政协副主席王修智，原东海舰队原副司令员王世恩中将等一大批志士仁人。2008年，面对复杂严峻的国内外经济环境，全镇上下在县委、县政府的坚强领导下，坚定信心，直面挑战，万众一心，攻坚克难，在破解难题中前进，在化解风险中突破，经济社会在逆境中实现平稳较快发展。2008年全镇实现生产总值51.39亿元，财政总收入5561万元，出口创汇2.87亿美元，农民人均纯收入7797元。先后获得中国投资环境百佳乡镇、百佳中国和谐小城镇、2008山东十佳最具投资环境乡镇等荣誉称号。

新机遇孕育新希望，新挑战激荡新辉煌。2009年，稻庄镇党委、政府确定了“一一三五八”的工作思路，即：坚定不移地瞄准“鼎足全市三强，进军一流名镇”奋斗目标，叫响“在突破稻庄中建功立业，在跨越发展中乘势崛起”口号，突出“新型工业化、城乡一体化、农村城市化”三大重点。深化“做大做强工业、调优调特农业、提升城建、盘活商贸、带动旅游和三产服务业”五项措施。办好八件与群众利益最密切、群众要求最迫切的实事，让群众共享改革发展成果。确保在“保增长、调结构、保民生”的基础上，力争全年生产总值突破66亿元，地方财政收入突破7078万元，农民人均纯收入达到8500元。

快速发展的稻庄镇新型工业集聚区

全省园林绿化暨风景名胜区创建工作会议与会领导到稻庄镇观摩

市委书记张秋波到稻庄镇视察

DAO ZHUANG ZHEN

境"百佳"乡镇

稻庄文化广场

富裕文明的新农村

兴源集团工程巨胎生产线

已成规模的特色农业——草莓

石村镇党委书记　宋景夏

石村镇镇长　赵军元

广饶县石村镇 GUANG RAO XIAN SHI CUN ZHEN

石村镇地处广饶县城以北7.5公里，辖49个行政村，4.2万人，土地面积87.1平方公里。2008年，石村镇获全国百佳节约型乡镇、平安山东建设先进单位、东营市“百日行动”先进单位、全县“五个好”乡镇党委等荣誉称号，被县委、县政府授予“三网”绿化一等奖。全年实现国内生产总值16.1亿元，同比增长57%；全社会固定资产投资2.7亿元，同比增长26%；财政收入1001万元，同比增长50%；农民人均纯收入达到6350元。

石村镇境内荣乌高速、河辛路、青垦路、石大路纵横交错，交通便捷。南靠县经济开发区、北邻正和集团、地处胜利油田腹地，小清河、预备河、老淄河穿境而过，建有广饶县唯一的花卉苗木产业带及大尧、韩疃2大片林基地，区位优势明显，经济支撑强劲。文化积淀深厚，书画、剪纸、烙画等民间工艺，寨村泉顺院、邱二斋故事等传统文化绽放异彩。镇域内畜牧养殖涉及生猪、肉食鸭、肉食鸡等，养殖大户近百家，是广饶县养殖重镇。纺织印染、精细化工、粮油加工、橡胶轮胎、市政工程等规模以上企业20余家。逐步培植起以华茂生态园、特吃一条街为基地的餐饮品牌，完善了以广通、国泰公司为中心的物流综合服务体系，物流和餐饮服务业已经破题，成为石村镇产业发展的一大亮点。

市委常委、县委书记赵豪志到山东东营建文香油有限公司调研

县委副书记、县长田和友到石村镇前初村调研

钰铬纺织公司生产车间

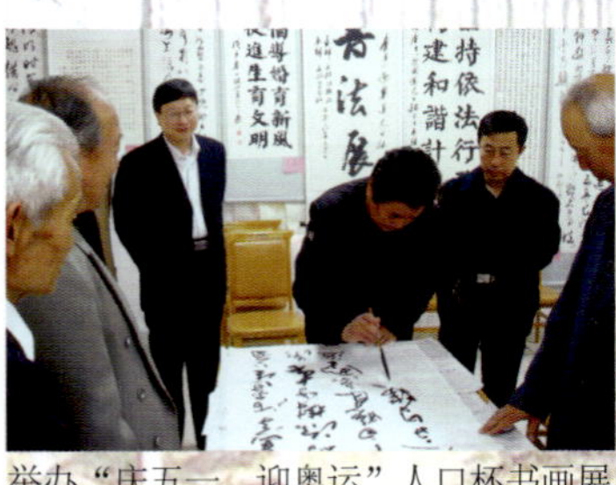

举办“庆五一、迎奥运”人口杯书画展

文化活动丰富多彩

山东华茂生态园

花卉苗木观光长廊

李鹊镇党委书记　王国文

李鹊镇镇长　燕德海

广饶县李鹊镇

GUANG RAO XIAN LI QUE ZHEN

市委常委、县委书记赵豪志到李鹊调研工业

县委副书记 、县长田和友调研李鹊农业

今年以来，在县委、县政府的正确领导下，李鹊镇党委、政府在全镇理清了一个思路，叫响了一个口号，明确了一个目标，即：确立了“工业强镇，农业立镇，三产富民，招商兴镇”的全镇发展思路，叫响了“全党抓经济，重点抓工业，关键抓项目”的口号，提出了“进军全市十强，建设山东名镇”的目标，有力地推进了全镇经济的发展。

一是三大产业更趋优化。农业优势突出。实施并完成“十百万”小麦高产示范田项目，全镇小麦总产达到3.14万吨，单产达到475公斤，总产和单产均创历史最好水平。蔬菜总产达到33.6万吨，肉蛋奶总产达到8274吨。实施“三网”绿化工程，植树48万株；工业增长迅猛。全镇小麦加工规模达到90万吨。全镇在建项目12个，新开工项目11个，建成投产项目2个。总投资达到3.6亿元。实际利用外资58万美元。三产取得破题。借助兴广铁路货运中转站建设，积极搞好物流工业园建设对接，打造粮食、蔬菜、煤炭、石油四个大物流平台。第三产业固定资产投资5200万元，限额以上商贸企业零售额达到862万元。

二是社会事业发展迅速。对教育资源进行了有效整合，实现了两所初中、五处小学的顺利合并，初中综合教学楼和教育综合中心投入使用；新建2处卫生社区，5处标准化卫生服务室；开展计划生育综合整治月活动，加强计划生育工作人员力量和基础设施投入，计划生育合法生育率达到98.64%；关注弱势群体，发放各类救助金活动194万元，建设安居住房8处；深入开展文化先进县和新农村创建活动，共创建新农村示范社区1个，新农村建设示范村2个，市级小康文明村2个，县级小康文明村2个。

三是社会秩序持续稳定。建立矛盾化解和信访排查机制，确保了奥运会和“两会”期间社会稳定；开展“平安李鹊”建设，建立镇村两级治安巡逻队伍，形成对犯罪分子的高压态势；高度重视安全生产，彻底清理清查非法生产烟花爆竹；高度重视环境保护，彻底取缔“土小”企业；高度重视食品药品安全，建立相应的应急处理机制。确保了社会的持续稳定。

2008年，实现国内生产总值11.9亿元，同比增长16.7％；实现地方财政收入543万元，同比增长23.6％；全社会固定资产投资1.85亿元，增长29.4％；其中工业固定资产投资1.4亿元，增长16％；农民人均纯收入6175元,增长10.1％。

科力化工

现代化肉鸭孵化车间

农业龙头企业——中心面粉厂

元旦联欢会

西刘桥乡党委书记　燕东军

西刘桥乡乡长　任雪梅

广饶县西刘桥乡

GUANG RAO XIAN XI LIU QIAO XIANG

工业企业蓬勃发展

城镇一角

奶牛养殖

桑蚕养殖

西刘桥乡位于广饶县城东北部20公里，乡域面积60.7平方公里，辖31个行政村，2.9万人，耕地面积5.2万亩，青垦路、东青高速公路、荣乌高速公路贯穿乡境，具有良好的交通和区位优势。获东营市社会治安综合治理先进乡镇、东营市文明信用乡镇、东营市“五个好”乡镇党委等荣誉称号。

近年来，西刘桥乡高点定位求突破，科学发展创佳绩，全乡经济和社会事业实现持续快速健康发展。2008年，全乡实现生产总值6.26亿元，同比增长26.9%；全社会固定资产投资1.7亿元，完成年度计划的129.8%；财政收入428.5万元，同比增长25.2%；农民人均纯收入5846元，同比增长17.6%。

工业强乡迈出新步伐。通过工业大项目引进和对现有企业改造升级，工业实力显著增强，现已发展企业50家，其中限额以上企业9家，已形成化工、造纸、纺织、橡胶轮胎、加工制造、农副产品加工等六大工业主导产业。特色农业规模不断壮大。共建设桑蚕、山药、奶牛、肉食鸡、肉食鸭、生猪等特色种养小区60余处。基层组织建设更加稳固。实施了“村级事务程序化管理”、“村级工作星级化管理”制度和农村党支部书记抓党建述职工作制度，使基层组织在依法行政、村务政务公开、服务群众等方面增强了可操作性，充分调动了基层干部工作积极性、主动性和创造性。新农村建设日新月异。通过实施村级道路改造、集中供水、卫生社区建设、村级放心店建设、村庄绿化工程，群众生活环境进一步改善，有2个村被评为省级卫生村，7个村被评为市级小康文明村，5个村被评为县级小康文明村。教育园区建设初具规模。通过教育资源整合，建成了全县第一个集幼儿园、小学、初中于一体的九年一贯制学校，教育教学环境进一步优化。精神文明建设成果丰硕。广泛开展十星级文明户、十佳青年、十佳老人、十佳孝子等评选活动，乡风文明进一步提升。

新农村文化广场

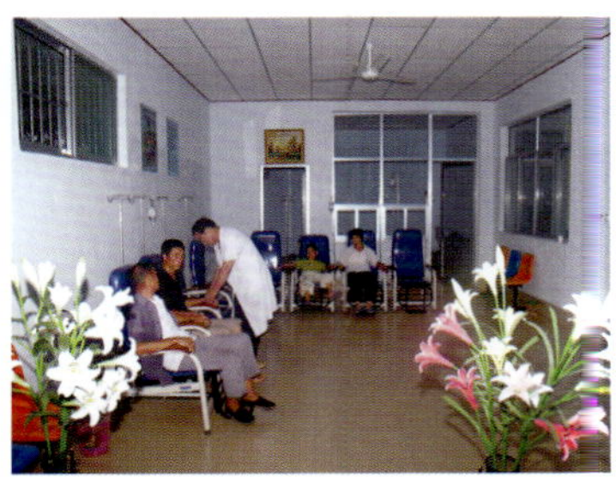
社区卫生服务

田园林网

教育园区

广饶县大码头乡

GUANG RAO XIAN DA MA TOU XIANG

大码头乡党委书记　李迎雪

大码头乡乡长　王志强

这里有着鲁北地区较大的棉花生产与加工基地，这里曾被国家农业部评为“全国庭院经济示范乡镇”，这里连续三年蝉联“山东省食用菌生产先进乡镇”称号，这里是享有“才子村”美誉的教育强乡。

大码头乡位于县城东北25公里处，总面积102平方公里，辖21个行政村，3.2万人。地理条件优越，北依小清河，东临寿光市，引黄济青输水河及荣乌高速公路穿境而过。2008年，全乡实现生产总值7.46亿元，全社会固定资产投资9610万元，地方财政收入543.2 万元，农民人均纯收入5829元。

近年来，乡党委、政府团结带领广大干部群众，立足实际，抢抓机遇，解放思想，加快发展，各行各业蒸蒸日上，全乡经济已形成了农业、工业、建筑业、第三产业“四业并举、整体推进”的格局。以棉花、食用菌、畜牧养殖为主的农业产业化水平不断提升，投资150万元以上的棉花加工纺织企业发展到45家，全乡400型新型打包机生产线企业达到9家。农村基层组织建设不断夯实，深入开展了“争当排头兵”、“环境提升年”和“整治乡村环境，建设美好家园”活动，精神文明建设不断加强，教育、卫生等社会事业繁荣发展，先后获东营市素质教育先进乡镇、东营市社会治安综合治理先进单位、东营市计划生育“三为主”合格乡镇荣誉称号。

展望未来，大码头乡党委、政府壮志满怀、信心十足，力争五年内把大码头乡建设成为主导全市、辐射周边、影响全省的集良种繁育、皮棉加工、棉油清贮、纺织工业、棉品物流等“五位一体”的棉花产业集聚区。

中心初中教学楼

丰源纺织有限公司车间

黄河三角洲棉花物流基地

乡政府驻地全景

副省长王随莲到花官乡调研

市委书记张秋波到荣丰食用菌公司调研

县委书记赵豪志到鹤园乳业公司调研

广饶县花官乡

GUANG RAO XIAN HUA GUAN XIANG

花官乡党委书记 古金钊

花官乡党委副书记、乡长 赵勇

全乡合作组织达到12家

为汶川地震灾区捐款100余万元

花官乡位于黄河三角洲南部，全乡总面积117.3平方公里，辖39个行政村，3.86万人。境内有齐桓公会盟诸侯所筑柏寝台，有兵圣孙武采邑之地乐安故城遗址。

2008年，花官乡紧紧围绕“建设生态高效和谐富美新花官”的目标，坚持以科学发展观为统领，坚定加快发展的信心不动摇，以增加投入促发展方式转变、促经济结构调整、促产业优化升级，努力提升经济社会发展水平。2008年，全乡实现生产总值16.8亿元，同比增长24.2%，财政收入1128.6万元，同比增长25.4%；农民人均纯收入7267元，同比增长14.6%。先后被评为中国蒜业十强乡镇、全国环境优美乡镇、全国平安家庭优秀示范区、省明星乡镇、省卫生乡镇。

梨园剧团受中宣部表彰

华誉5000万只雏鸡孵化场投产

飞亚万吨蔬菜深加工项目建成

三网绿化植树96.6万株

河辛路城区段亮化工程

广饶县陈官乡

GUANG RAO XIAN CHEN GUAN XIANG

陈官乡党委书记、人大主席　徐美符

陈官乡党委副书记、乡长　吕新军

陈官乡位于广饶县境北部，距东营市区20公里，区位优势明显，交通便利，资源丰富。全乡面积108平方公里，辖26个村，2.3万人。近年来，该乡始终坚持“工业兴乡、水利兴农、城镇兴商、畜牧富民、党建兴村”五轮齐动，实现了经济社会又好又快发展，被国家环保总局评为全国环境优美乡镇；被省爱委会评为省级卫生乡、被市委授予“五个好”乡镇党委称号。

新型工业经济迅速崛起。坚持“工业兴乡”战略，不断提高工业项目区承载能力，全乡初步形成了以机械制造、精细化工为主的新型工业格局。总投资逾亿元的山东华通石化装备制造有限公司项目全部达产后，将成为省内最大的压力容器制造企业。

国家级非物质文化遗产——“短穗花鼓”

农业结构调整实现新突破。结合“三网”绿化工程，大力实施“灌排一体化”工程，改善灌排条件，提高土地生产能力；坚持“稳棉增蒜强畜牧”的路子，发展优质棉5万亩，大蒜2万亩，被誉为“棉蒜之乡”，形成了以奶牛、肉牛、肉鸡、肉蛋鸭等养殖为主的畜牧生产格局。

城镇功能日臻完善。按照建设“生态良好、环境优美、小巧别致的亲水型小城镇”的总体要求，拉大小城镇框架，实施美化亮化工程，提高了小城镇建设水平，为居民生活提供了优美环境。

社会事业全面发展。教育园区建设全面完成，全乡形成了1处初中，1处小学的办学格局，教育资源进一步整合；新建卫生院病房楼1处，农民健康保障水平进一步提高；新建农民服务中心1处，实现了“一站式”惠农便民服务，进一步提高了为民服务水平。

中心小学教学楼

广饶利友化工有限公司

山东华通石化装备制造有限公司

广饶县丁庄镇王道村

GUANG RAO XIAN DING ZHUANG ZHEN WANG DAO CUN

王道村村书记、主任　王孟梅

王道村村文书　王中东

王道村地处黄河冲淤积平原，平均海拔4.2米，地势平坦，土质肥沃气侯温和，近水负海，宜农桑而有鱼盐之利。水陆交通十分便利。这些优越的条件给王道村生产、生活创造了良好的自然环境。

王道村位于东青高速公路东侧，北距东营市政府23公里，西南距广饶县城27公里。总面积7.01平方公里。至2008年底，全村841户，人口2923人，设16个村民小组。2008年全村实现地区生产总值9500万元，村民人均纯收入8600元。综合实力居全镇第一。村支部先后出资800万元，自建幼儿园、小学、老年公寓、文化中心、公路等公用设施。国家、省级领导多次进行考察，荣获多项殊荣。

“当干部，要上对的起组织，下对的起群众，中间得对的起自已的良心。”这是村书记王孟梅常说的话。他不辞辛劳，不计报酬，大公无私，忘我工作，任村党支部书35年，不管农村形势如何发展变化，他始终满怀对党的无限忠诚与热爱，始终牢记全心全意为人民服务的宗旨，走出了独具特色科学发展的富民强村之路。

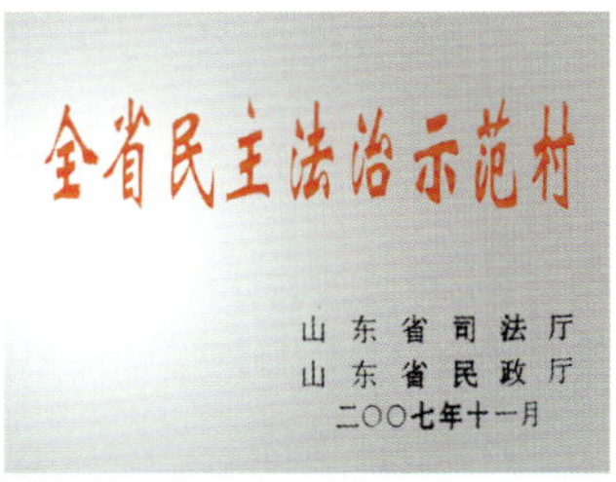

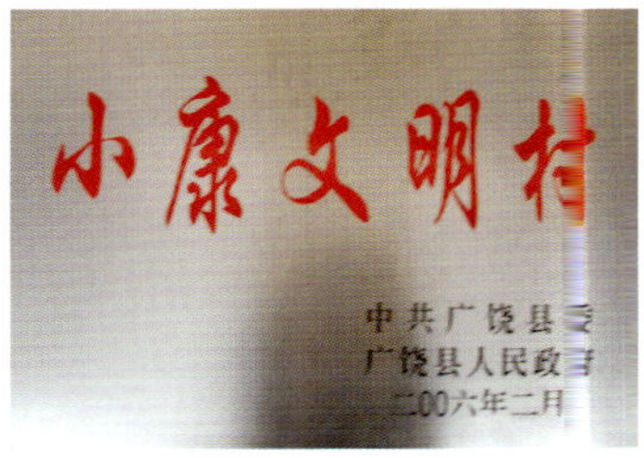

王孟梅参加全国劳模会

王孟梅参加全国供销系统代表会

王孟梅参加东营市成立二十周年庆祝大会暨经贸洽谈会

团结奋进的领导班子

海上捕捞渔船

35年来，他获得荣誉无数，全国劳动模范、东营市优秀共产党员、东营市优秀村党支部书记、广饶人民奖章、黄河三角洲开发建设排头兵先进个人……这是他辛勤挥洒汗水的最好见证，更是党和人民给予他的最高奖赏。在他的带领下，全村经济迅猛增长，先后创建了东营市雪绒花乳制品有限公司、山东王道水产养殖有限公司和广饶县丁庄镇王道村盐场。

防潮坝护坡

奶牛养殖

敬老院

村学校

新居

果园喜获丰收

垦利县海洋与渔业局

KEN LI XIAN HAI YANG YU YU YE JU

农业部渔业局领导视察县黄河口大闸蟹养殖工作

省长姜大明视察县现代渔业示范区建设

黄河口大闸蟹新闻发布会

在北京钓鱼台国宾馆签订黄河口大闸蟹订购合同

黄河口大闸蟹协会成立大会

黄河口大闸蟹论证推介会

争当排头兵活动动员大会

现代渔业示范区开幕式

局代表队参加全县首届职工运动会

副省长贾万志视察县现代渔业建设

垦利县海洋与渔业局下设渔港监督管理站、海洋环境监测预报中心等7个机构，主要行使有关渔港监督管理、沿海滩涂管理、水产资源管理等行政职能，在职职工40人。今年以来，以建设环境优美、质量安全、效益良好、技术规范的现代海洋与渔业强县为总目标，以发展现代渔业为主攻方向，大力实施30万亩生态高效渔业示范区建设，突出抓好海上安全生产、海洋保护与综合管理工作。目前全县水产养殖面积45万亩，捕捞渔船453艘，完成水产品总产量11.33万吨，水产品总产值9.58亿元，占农业产值比重达到41％。全县海参养殖面积突破1.5万亩，占全市海参养殖面积65%以上，建成无公害水产品养殖基地4处，面积达到7.7万余亩，黄河口大闸蟹、海参等7个水产品通过了无公害水产品认证。投资4.5亿元开发建设30万亩全省最大的现代渔业示范区，目前起步区建设已完成投资7600万元，2008年工程建设任务全面完成；投资3000余万元建设海洋环境监测中心，并配备了海洋环境监测仪器，对重点养殖水域进行了动态监测；建设完成了小岛河渔港基础设施配套工程和海上安全卫星定位系统，为海洋经济开发、海洋环境保护和渔民生命财产安全提供了保障。通过近几年的努力，县海洋与渔业工作得到上级部门的肯定，其中，垦利县被评为国家级海域使用管理示范县，2008年共获得1项国家级、6项省级、9项市级、13项县级表彰。

垦利县国土资源局

KEN LI XIAN GUO TU ZI YUAN JU

市国土资源局副调研员、垦利县政府党组成员、
县国土资源局党组书记、局长　刘国庆

垦利县郝家镇国家级土地整理项目开工仪式

近年来，垦利县国土资源局紧紧围绕经济建设这个中心，牢牢把握“保护资源、保障发展、维护权益、服务社会”四条主线，不断强化职工“为民务实清廉，创新高效一流”意识，积极引入科学管理理念，在全国县级国土资源部门率先开展并通过ISO9001质量管理体系、ISO14001环境管理体系和OHSAS18001职业健康安全管理体系三个体系的认证工作，努力建设质量型、环保型、健康型国土资源机关，规范办事程序，提高工作效率，努力开展国土文化建设，通过丰富载体，国土资源管理事业和精神文明建设工作得到不断提升。2008年被中央文明委授予“全国精神文明建设工作先进单位”，2次被国土资源部授予“全国地籍管理先进单位”，连续五年被省精神文明建设委员会授予“省级文明单位”；连续6年被省国土资源厅评为“全省国土资源信访先进单位”，连续四年评为“国土资源执法模范县”；多次被授予“全省国土资源系统先进集体”、“全省国土资源系统优秀办文窗口”、“省级卫生先进单位”以及“平安东营建设先进集体”等荣誉称号。

管理体系文件发布会

参加垦利县首届职工运动会

庆祝第十八个土地日专场文艺晚会

国有土地使用权拍卖

向四川地震灾区捐款

走访贫困户

"国土杯"公务员法知识竞赛

宣传《土地法》

局办公楼

垦利县财政局

KEN LI XIAN CAI ZHENG JU

党组书记、局长　高瑞珉

高瑞珉　垦利县财政局党组书记、局长。1957年8月出生，中共党员，大学学历，注册会计师。历任县供销社会计、县经济委员会财务科科长、县财政局综合预算股股长、副局长兼国资局局长、预算外资金管理局局长，2003年至今任垦利县财政局局长。先后获全国经济普查先进个人、全省财政系统先进个人、全省清产核资先进工作者、全市双拥工作先进个人、全市农村教育工作先进个人等荣誉称号，多次被县委、县政府评为“先进工作者”。

垦利民丰湖

垦利县财政局现有干部职工45人，辖非税征管局、农税征管局、国库集中收付中心、政府采购办4个科级事业单位，下设办公室、综合预算股、经济建设股、财政监督办公室、会计股、农业农税股、国资办等9个职能科室。2008年，在垦利县委、县政府的坚强领导下，全局干部职工紧紧围绕全县经济社会发展总体目标，坚持以依法组织收入为中心，以增强财政公共保障能力为着力点，坚定信心，克难奋进，狠抓落实，财政工作取得新成绩。2008年，全县地方财政收入实现59518万元，同比增长20.2%，连续三年增收过亿元；全县地方财政支出84008万元，同比增长20.6%，各项收支相抵，连续19年实现财政收支平衡。县财政局先后获省级文明机关、全省社会治安综合治理安全文明单位、省级卫生先进单位、全省百优团支部、市级文明单位、全市财政系统先进单位等荣誉称号。

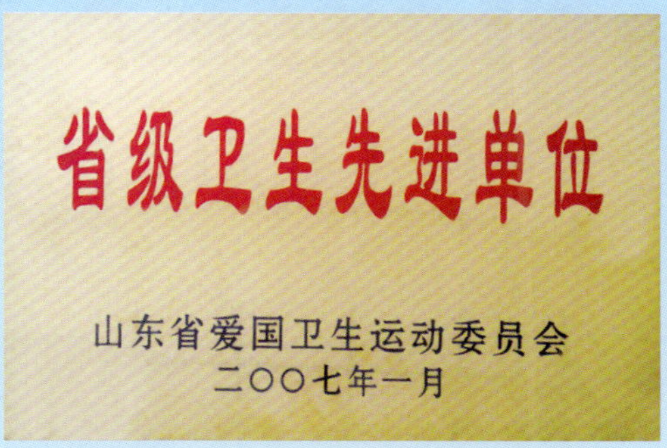

不断夯实工业财源

大力支持渔业发展

财政改革稳步推进

文艺活动丰富多彩

垦利县人民检察院

KEN LI XIAN REN MIN JIAN CHA YUAN

垦利县检察院检察长刘忠太发言

垦利县检察院历任检察长

举行文艺节目演出

2009年3月20日，垦利县召开垦利县人民检察院荣获全省第三届“十佳”基层检察院授牌暨表彰奖励大会

垦利县人民检察院地处垦利县城区振兴路85号，占地40亩，办公楼面积5000平米。现有在职干警50人，平均年龄37岁，具有研究生学历2人，本科学历36人，具有法律职称30人，班子成员7人，科级以上干部7人。办案车辆13台，办公微机50台，办案用笔记本电脑15台。

2008年11月25日，垦利县纪念检察机关重建30周年庆祝大会召开

垦利县检察院开展以“关注民生、体察民情”为主题的“检察长大接访”活动

垦利县开展“廉政教育报告会”活动 图为垦利县检察院副检察长李玉军到井下作业公司进行廉政教育

垦利县交通局

KEN LI XIAN JIAO TONG JU

县领导视察农村公路改造

县政协领导视察汽车站

垦利县交通局位于黄河入海的地方—东营市垦利县，现有在职干部职工65人，下设2个股室和11个事业单位。主要负责全县交通发展规划的制定和组织实施，县乡路的修建、管理和养护，落实国家交通行业管理的法律、法规和政策等，宏观调控管理全县的运输车辆、运输市场、汽车维修业、水路运输和水上安全监察。

近年来，垦利县交通局大力加强交通基础设施建设。投资近5.5亿元，修筑“村村通公路”1617公里，实现村村公路、村村通客车分别达到98%、95%以上。全县公路通车里程、公路密度分别达到1971.6公里、84公里，县、乡综合好路率达到了83.9%。全县拥有道路运输企业25家，客运量、货运量分别达到110.5万人、1721万吨。实现营业收入7.69亿元，比上年同期增长18%。全县客货运输步入快速健康发展的轨道。

在科学发展观的指导下，县交通局强化队伍建设，抓服务、促管理，行业文明程度迅速提高，全系统连续7年被授予省级文明行业称号，先后获得各级奖励370多项，服务交通、奉献社会已成为他们的座右铭。

面对成绩，垦利交通人并没有满足，在《垦利县交通局“十一五”规划》的宏伟蓝图指引下，正以更加雄健的步伐、昂扬的斗志，向更高的目标冲击，努力使垦利这颗镶嵌在黄河三角洲上的明珠更加璀璨迷人。

团结务实的领导班子

交通工作会议

职工军训

交通运输管理调度中心

垦利县卫生局

KEN LI XIAN WEI SHENG JU

垦利县卫生局局长　张英伟

垦利县卫生局领导班子

垦利县卫生局内设办公室、规划财务股、医政股3个股室和爱卫办、农村合作医疗办公室、监督执法所3个事业单位，在编职工30人。辖县人民医院、县疾病控制中心2个局直属单位和7处乡镇卫生院。全县卫生系统共有在职干部职工756人，其中专业技术人员645人，具有中专学历280人，大专以上学历288人，具有中级职称210人，高级职称27人。全县卫生技术人员人均服务人口333人，其中乡镇卫生院人均服务人口581人。

近年来，在县委、县政府的正确领导下，在上级业务主管部门的指导帮助下，县卫生局党组带领广大干部职工，紧紧围绕农村卫生、疾病控制、新型农村合作医疗、爱国卫生、卫生行业作风建设等重点工作，发扬“团结奉献、敬业精业、诚信务实、为民健康”的垦利卫生精神，大胆创新，扎实工作，推动全县卫生工作迈上了新的台阶。卫生工作连续3年在全市名列前茅。县卫生局先后荣获“省级卫生先进单位”等9项省级荣誉称号；2008年被省爱卫会授予全国灭鼠、灭蝇、灭蟑先进县城荣誉称号；获全市双文明单位、农民医疗保险工作先进单位等40余项市级荣誉称号；获全县为民办十件实事先进集体、妇女儿童工作先进单位等30余项县级荣誉称号。在保障全县人民群众健康、促进全县经济社会的快速协调发展方面，发挥了积极的作用。

市人大副主任温晓杰到垦利县调研合作医疗工作

垦利县卫生局组织医疗队下乡义诊

垦利县卫生局送医送药送健康医学知识讲座

新建社区卫生服务站启用

北川中心卫生院向垦利县援川医疗卫生队赠送锦旗

垦利县援川医疗卫生队启程赴川支援坝底乡医疗服务体系建设

垦利镇

KEN LI ZHEN

科普农资放心店让群众放心

垦利镇是垦利县城关镇，全镇土地面积164.5公里，57个行政村，农业人口2.9万人。全镇人民全面贯彻落实科学发展观，大力弘扬优良作风，着力推进工作落实，按照“服务城区建设，推进经济发展，促进社会和谐”的总体思路，团结一心，迎难奋进，经济社会事业蓬勃发展。2008年，实现生产总值23.5亿元，地方财政收入6085万元，农民人均收入7700元，分别比上年增长39.88%、32.21%和18.04%，综合实力居东营市十强乡镇前列；先后获国家级环境优美乡镇、“平安山东”建设先进单位、全市先进基层党组织、全市“三网”绿化先进单位等荣誉称号。

水稻机械化插秧

“三网”绿化显成效

“三农”大厅

镇财政全额承担农民合作医疗保险金

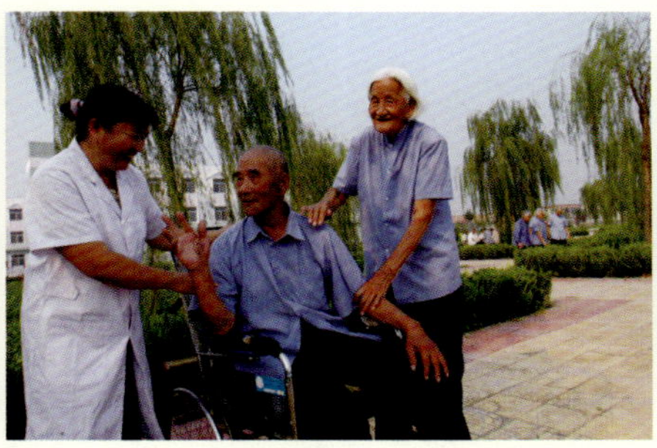

幸福公寓里的幸福老人

为村级组织免费订阅党报党刊

垦利县胜坨镇

KEN LI XIAN SHENG TUO ZHEN

垦利县副县长，胜坨镇党委书记、人大主席　陈卫奎

胜坨镇党委副书记、镇长　于龙飞

胜坨镇位于垦利县西部，是全国重点镇、全国发展改革试点镇。版图面积181平方公里，辖59个行政村，人口7.45万人。2008年全镇实现地区生产总值53.3亿元，农民人均纯收入7987元，财政一般预算收入7580万元。先后获全国环境优美乡镇、全国最适宜人居名镇、国家卫生镇、全国文明镇等荣誉称号，被市委、市政府表彰为首批“黄河三角洲开发建设排头兵”，并成功入闱2008年度中国乡镇综合实力500强和中国乡镇投资潜力500强。

胜坨镇坚定打造山东强镇、名镇的发展目标，坚定不移地实施二次创业，明确将胜坨建成“黄河水城生态园”和“黄河三角洲上的新型工业园”的发展定位，加快南展区、小城区和精细化工园区建设，立足镇情，发挥优势，做大做强新型工业、生态农业和文化旅游业，促进三大产业协调推进、共同发展。

“三网”绿化硕果累累

副省长才利民到胜坨调研

市委书记、市人大常委会主任张秋波到胜坨调研

垦利县委书记、县人大常委会主任田治颖到胜坨调研

垦利县委副书记、县长韩利学到胜坨调研

深入实施“工业强镇”战略，2008年，规模以上企业达到33家，实现工业总产值270.5亿元、销售收入267.8亿元、利税30.8亿元、利润23.3亿元，以轮胎、精细化工、石油机械为主导的新型工业格局初步形成。企业自主创新能力显著增强，万达集团被国家五部委命名为国家级技术中心，实现了全县创建国家级技术中心零的突破。深入实施“一绿、二水、三区、四园”工程，胜坨花园等重点工程竣工并投入使用，一个环境优美、设施配套、功能齐全、独具特色的现代化小城镇初具规模。加快推进“三网”绿化工程，高标准实施农田水利建设，大力发展林业、畜牧两大主导产业，实施了南展区21个村的房台拓展工程，南展区群众生产生活条件显著提高。以“走进新胜坨，亲近母亲河”为发展主题，着力做好生态景观旅游、民俗文化旅游、现代城镇旅游，实施天宁寺、和利时水岛庄园、镇北万亩森林公园、伟嘉园林、南展堤绿色长廊等项目，随着胜坨旅游资源深度挖掘和开发，文化旅游业正逐步成为群众新的增收渠道。

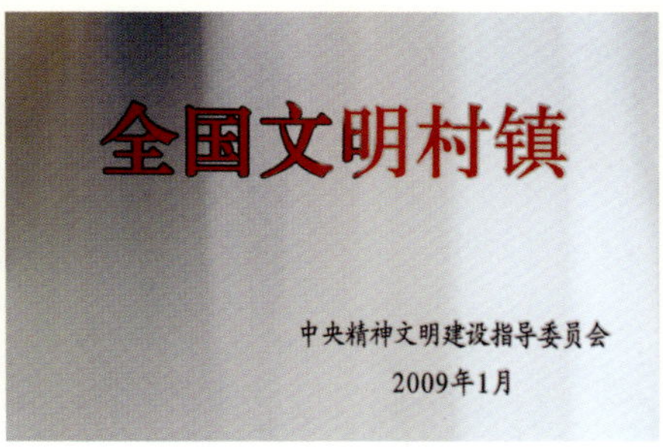

东营市河口区第一中学

DONG YING SHI HE KOU QU DI YI ZHONG XUE

校长　宋卫忠

宋卫忠　男，汉族，1963年3月生，河口区太平乡人。中共党员，高级教师，研究生学历。河口一中校长兼河口区教育局党委副书记。东营市思想政治工作优秀工作者、和谐中国·首届全国中小学校园文化建设百佳优秀校长、全国教育科研杰出校长、全国优秀教育工作者、山东省首届教育创新人物·提名奖获得者。

省教育厅领导来校视察

领导班子

篮球比赛

教学楼

河口一中2008年教师节座谈会

捐款仪式

河口区第一中学成立于1985年，位于黄河三角洲新兴城市东营市河口区海宁路中段，占地8.2万平方米，是东营市重点高中学校、省级规范化学校。学校现有教学班44个，在校生2481人，在职教职工203人。其中，高级教师41人，中级教师52人，任课教师全部为本科以上学历，教职工党员37人。近几年来，学校投资6千余万元，先后建起教学楼、办公楼、综合实验楼、学生公寓、教师宿舍楼，并建有塑胶操场、操场看台、多功能报告厅及学生洗浴中心、校内超市等基础设施，总建筑面积3.2万平方米，校园地面全部绿化、硬化。校园布局合理，环境优美，秩序井然，学校各功能室及教学仪器配备均达到国家Ⅰ类标准，办学条件达到全市一流水平。

多年来，河口一中全面贯彻党的教育方针，积极推进素质教育，规范办学、规范课程，严格落实课程标准。学校坚持以教学为中心，以质量求生存的发展战略，以“一切为了学生，为了学生一切”为出发点，制定了以“以人为本，科研兴校，和谐发展”的办学理念和“民主、和谐、科学、规范”的管理理念，努力为学生的终生发展奠基。学校坚持创建文化品牌、走创新发展之路，学校领导深谋远虑，竭尽心智经营人心、积淀文化，提出“健康工作三十年，幸福生活一辈子”、“健康第一，工作第一”、“视同事为战友，为亲人”的口号，积极营造精诚团结、和谐愉快的工作氛围，关心教职工生活，关注青年教师成长，关爱每一名学生。近几年，河口一中高考本科录取人数连续突破100人、200人、300人、400人，2008年达485人，清华、北大、中央美院、中国美院、南开、同济等名牌大学的录取人数不断增加。

第九届艺术节

近几年，学校被市教育局评为“教学质量优胜学校”7次，被区委、区政府记集体三等功3次，并获山东省学校民主管理先进单位、山东省卫生先进单位、山东省绿色学校、山东省校本培训示范学校、山东省依法治校示范学校等荣誉称号。

山东省垦利第一中学

SHAN DONG SHENG KEN LI DI YI ZHONG XUE

垦利一中位于垦利县经济开发区，占地面积220亩，现有建筑面积86000平方米，70个教学班，在校学生4006名。学校自1958年建校以来，在上级党委、政府的正确领导下，在全县人民的无私支持下，经过历届师生员工的艰苦奋斗、不懈努力，从一所普通中学发展成为东营市首批省级规范化学校、东营市重点中学。

学校有一支结构合理、政治素质高、业务素质强、的教师队伍。在职教职工312人，专任教师277人，其中高级教师76人，中级教师81人，有6人被表彰为全国教育系统劳动模范、全国先进体育教师。受省、市级表彰的教师有26人，受县级表彰的有168人。学校积极进行素质教育探索实践，初步形成独具特色的教育模式,提高教育教学质量，为高校输送优秀学生1万余名。特别是近几年学校教学质量不断提高，2003～2007年共考取本科1875人。2003年高考，本科录取291人；2004年高考，2人考取北京大学，本科录取322人；2005年高考录取340人；2006年高考，1人被北京大学录取，本科录取410人；2007年高考，1人考取清华大学，录取516人；2008年本科录取突破700人，1人被北大录取。培养出省状元1人、市状元8人。有18名学生被清华、北大录取。

学校多次被评为东营市教学质量优胜学校、东营市高中教学质量提高显著学校，并获山东省德育工作先进单位、省青少年工作先进单位、省文明学校、省教书育人先进单位、省中小学德育工作先进集体、省科普示范学校、省级花园式学校、省级卫生先进单位、省级规范化学校、省级绿色学校等荣誉称号。

图书楼

综合办公楼

学生宿舍楼一角

东教学楼

实验楼

篮球场

操场

山东省利津县第一中学

SHAN DONG SHENG LI JIN XIAN DI YI ZHONG XUE

明玮　1960年9月出生，山东省利津县人，中共党员，中学高级教师。2000年9月任利津二中校长，2005年4月调任利津一中校长。先后获全国模范教师（2004年）、全国教育科研优秀教师（2006年）、山东省科研创新校长（2007年）、山东省优秀教师（1995年）、山东省学雷锋学铁人积极分子（1990年）、山东省教学能手（1995年）等荣誉称号。

校长　明玮

利津一中始建于1954年，位于东营市利津县城，分南北两个校区，占地总面积400亩，现有72个教学班、4300名在校生，310名在岗教职工中有专任教师240名，其中高级教师59人，中学一级教师80人，省市县教学能手70人，为东营市重点高中、山东省规范化学校。

近年来，在上级党委、政府和教育主管部门的正确领导下，学校领导班子团结带领全校师生员工，坚持 “依法治校，科研兴校，名师强校，质量立校”的办学方略，以创建省级和国家级示范高中为奋斗目标，坚持以人为本，走内涵发展之路，强化内部管理，狠抓队伍建设，真抓实干，锐意创新，形成了一整套严谨科学的教学管理、教育科研、教师培养和学生管理工作机制，教育教学质量和办学水平显著提高。 近十几年来，先后有10名学生考入清华、北大，连续7年被市教育局表彰为“教学质量优胜学校”。艺术特长教学在全市一枝独秀，是全市唯一连续五年受到市教育局表彰的“艺术体育人才培养先进学校”，有上百名学生考入中央美术学院、中国音乐学院、中国传媒大学、北京电影学院、北京体育大学等名牌艺体院校。尖子生培养和艺体教育已成为学校两大鲜明办学特色。

2005年以来，学校先后获全国百所德育科研名校、中国师德建设示范单位、山东省教学示范学校、山东省电化教学教育示范学校、山东省依法治校示范学校、山东省中小学教师校本培训示范学校、山东省教育科研先进单位、山东省绿色学校、市级文明单位等荣誉称号。

面对新的办学形势和任务，学校将认真落实“依法治校、科研兴校、名师强校、质量立校”的办学方略，深化改革，强化管理，真抓实干，开拓创新，为创建示范高中、打造齐鲁名校而不懈奋斗。

张会峰（北大）

陈爱霞（北大）

马丹（北大）

王小超（北大）

赵钟伟（清华）

李诺（北大）

王超逸（北大）

石萌（北大）

高强（清华）

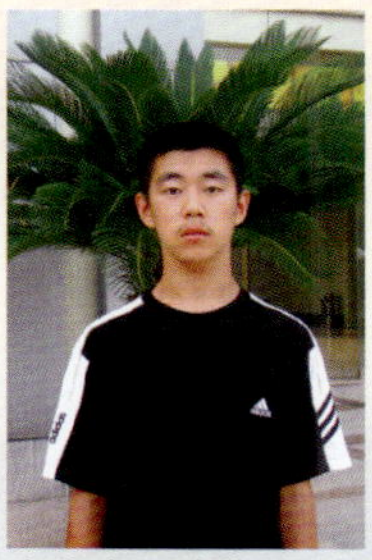
宋晓虎（清华）

广饶县综合高中党支部书记、校长　成永江

成永江　男，40岁，广饶县综合高中党支部书记、校长，广饶县第十六届人大代表。作为教育者，他力主“爱的教育”，认为教师的爱是成功教育的原动力；作为管理者，他推行“教育是一种服务”的理念，引领教职工为学生提供最优质的服务；作为创业者，他坚持特色兴校，立足本职，勇于探索，锐意创新，引领综合高中走出了一条成功的特色办学之路。

市、县领导参加建校50周年庆祝活动

新校综合楼

广饶县综合高级中学

GUANG RAO XIAN ZONG HE GAO JI ZHONG XUE

广饶县综合高级中学始建于1958年，2009年按照广饶县委、县政府部署，由丁庄镇迁至稻庄镇新校址，是一所集普通教育、职业教育于一体的综合性高级中学。除普通高考外，根据学生个性特长开设了机电、化工、财会、护理、生物工程、餐旅等专业课，探索形成“高一并进，高二分流，高三定向，分层次施教，多渠道成才”的独特办学模式。学校坚持“让每个学生都升学、成才”的发展目标，启动文化带动战略，全面推进精细化管理和严格化管理，以全新的理念引领学校教育教学质量不断提升，2004~2008年连续五年累计考取二批以上本科682人；连续五年艺术本科录取率全县第一；连续五年高职本科录取率是省平均录取率的近10倍。

学校合唱队参加校庆演出

工作思路：统一思想促管理，深化教研上水平，突出特色创品牌。

办学目标：高质量，有特色，创一流。

办学理念：尊重个性，发挥特长，以人为本，质量兴校。

学校精神：坚韧、奋进、和谐、卓越

校　训：诚、勤、和、恒

工作作风：把简单的事情做到极致就是境界

学生喜领国家助学金

打造“高职”“艺术”双品牌学校

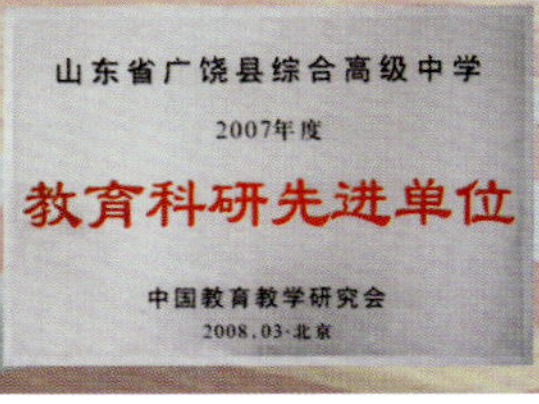

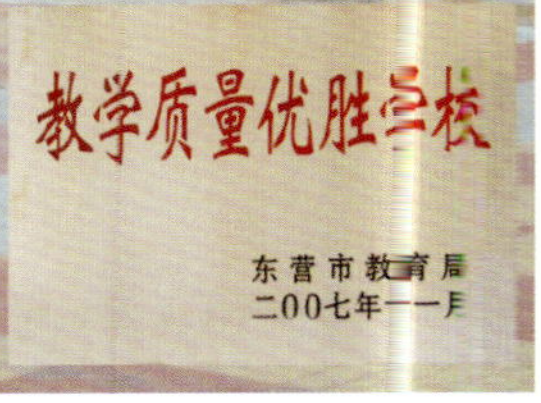

利津县第二中学 LI JIN XIAN DI ER ZHONG XUE

党总支书记、校长　王明普

王明普　男，1963年12月生，利津县北宋镇人，1984年参加工作，大学学历，中共党员，中学高级教师。历任利津四中教师、利津一中教师、教研组长、教导副主任、教导主任、利津县教育局副科级督学兼教研室主任、教育局副局长、教育局副局长兼正科级督学、县政协常委，现为利津县第二中学党总支书记、校长、利津县人大常委会委员。

在20多年的教育生涯中，他忠诚事业，奋发有为，教育教学业绩突出，先后获全国优秀教师、全国物理竞赛山东省优秀指导教师、山东省优秀青年知识分子、山东省优秀农村教育工作者、东营市教学能手、东营市百名教育科研骨干教师、东营市首批优秀青年科技人才、东营市优秀共产党员、利津县劳动模范、利津县十佳青年等荣誉称号，近七年连续考核优秀，多次获县委、县政府嘉奖。

学生诵读《弟子规》

学生军训

学生自写班级日记《岁月留痕》出版

二中教师参加"我可爱的东营"师生大合唱获二等奖

利津县第二中学始建于1952年，是利津县境内第一所中学、东营市重点高中、省级规范化学校。学校现有63个高中教学班，4000名在校生，287名教职工。

近年来，在上级的正确领导和社会各界的关心支持下，学校领导班子团结带领全体师生员工，以"让每一个学生都获得成功"为办学理念，大力推行"少教多学、当堂达成"的课堂教学模式，弘扬"团结拼搏，自强不息"的团队精神，扎实推进素质教育，凝神聚力，干事创业，营造了风气正、心气顺、干劲足的浓厚氛围，教育教学质量快速提升，近三年均被评为东营市教学质量优胜学校、东营市体育艺术人才培养先进学校。在2006年、2007年高考取得优异成绩的基础上，2008年高考再谱辉煌篇章：一是重点本科过线人数万人比14.98，二批以上本科过线万人比61.44，均名列全市重点高中第一名。二是文化课重点本科、二批以上文化课本科过线人数较上年分别增长33.3%和45.57%；三是在中考入学尖子生人数很少的情况下，高分段人数在全县的比例与入学相比有大幅提高，4名同学考入同济大学和南开大学。学校管理和建设不断有新突破，各项工作保持持续快速健康发展的良好势头，综合竞争力显著增强，荣获推行《国家体育锻炼标准实施办法》先进单位、山东省教书育人先进单位、山东省教学改革先进集体、山东省学校德育工作先进单位、山东省电化教育示范学校、山东省绿色学校、山东省心理健康教育先进学校、山东省优秀教育网站等称号。

目前，利津二中正以打造实验式、示范性齐鲁名校为中长期奋斗目标，与时俱进，开拓创新，向着美好的明天迈进。

东营市正骨医院

DONG YING SHI ZHENG GU YI YUAN

全国优秀中医医院院长—东营市正骨医院院长　毛春华

东营市正骨医院是一所以治疗骨伤、骨关节病为特色的国家二级资质非营利性民营医院。医院占地40余亩，建筑面积1.5万平方米，开放床位150张，临床医疗科室20余个，职工160余人，年门诊量4万余人次，年均住院4000余人次，服务范围辐射东营市及淄博、潍坊、滨州等地市。

医院集科研、教学、临床于一体，在创伤急救、颅脑外科、骨伤治疗、显微外科（断肢再植等）、胸腹部手术、骨关节炎、股骨头坏死、各类风湿病、椎间盘突出症、创伤康复及颈肩腰腿痛等伤病治疗方面取得了显著成绩，每年开展手术3000余例。医院坚持科技兴院战略,大力开展科研创新，先后研制多种制剂，获国家发明专利10余项，在国家级杂志发表论文20余篇。

省卫生厅领导到医院视察

医院设施齐全，设备先进。拥有东软螺旋CT、500mA X光机、柯达CR、日本东芝彩超、瑞典产射频治疗仪、美国施乐辉关节镜、美国杰西等离子射频汽化仪等大型医疗设备数十台；作为目前全市唯一一家工伤康复试点医疗机构，拥有Mofles训练系统、减重步态系统、平衡能力量化系统、语言康复治疗仪等先进康复设备百余套；医院设有标准化病房，每间病房配有独立的卫生间及电话、电视、空调，配备中心供氧、中心吸引和床头呼叫系统，卫生间配有多种设施，方便病人。

全市120网络急救医院

医院是东营市工伤康复定点医疗机构，东营市农民医疗保险、城镇居民医疗保险市级定点医疗机构，东营市城镇职工基本医疗保险定点医疗机构，东营市工伤保险定点医疗机构，人身意外伤害保险定点医院，交通事故定点医院，东营市120急救网络医院、东营人寿保险定点医院、广饶县残疾人康复技术指导中心。

医院秉承“自强、创新、诚信、为民”的医院精神，勇担社会责任，惠泽于民，开展了百万元爱心救助医疗活动等慈善活动，树立了良好的社会形象，赢得了良好的社会美誉。2009年医院抓住卫生改革大好时机，锐意改革，积极进取，争取实现新的跨越。

百万元爱心救助医疗活动启动仪式

医院外景

东营市精诚无缝钢管有限责任公司

DONG YING SHI JING CHENG WU FENG GANG GUAN YOU XIAN ZE REN GONG SI

董事长兼总经理 刘志刚

常务副省长王仁元(左二)到公司视察

东营市精诚无缝钢管有限责任公司是一家大型股份企业，专业生产中厚壁、低合金热轧无缝钢管。公司注册资金1800万元，计划总投资2.4亿元，其中一期工程投资1.2亿元。2005年5月16日落户东营市河口区经济技术开发区，占地面积135亩，现有职工200余人。各类工程技术人员58人，其中高级工程师20人，中级38人。

精诚无缝钢管采用国内先进的Φ140热轧无缝钢管机组，主导产品为煤矿用液压支柱无缝钢管及机械行业用结构用无缝钢管。可根据用户的不同技术要求，组织生产20#、35#、45#、27SiMn、Q345B、37Mn5、40Cr、35CrMo、42CrMo、45Mn2等钢种ф114-ф194系列国标、非标无缝钢管。可满足客户的多样化产品需求，年生产能力达10万吨。

东营市精诚无缝钢管有限责任公司自2006年投入生产以来，运用独特的内部和市场管理，开拓创新市场，形成遍布全国的销售网络和大中型直供用户。培养了一批熟练掌握无缝钢管生产技术的技术员，结合本地廉价的劳动力、人才等优势及河口区经济政策的扶持，成为在行业内具有较大影响力的无缝钢管生产厂。以通过ISO9001：2000质量认证管理体系为契机，通过技术改进，以优良的产品质量赢得客户。产品销售全国23个省、市、自治区，并出口韩国、印度、日本、台湾及东南亚各国等地。为树立企业环境和安全管理的良好形象，达到节能降耗、减少污染、降低成本的目标，精诚无缝钢管在2008年通过ISO14001环境质量体系认证和OHSAS18001职业健康和安全管理体系认证，为企业的进一步发展打下坚实基础。

在注重开拓市场的同时，精诚无缝钢管加强基础设施的建设。建成厂房及配套设施总建筑面积5.1万平方米，其中厂房3万平方米，成品管仓库1万平方米，职工集体宿舍、食堂8000平方米，办公楼3000平方米。

公司以先进的企业管理理念为主导，坚持“以人为本、质量至上、精诚合作、精益求精”的企业理念，发扬“精诚人、钢品质、金信誉”的企业精神，以“恪守信誉、谋求长远发展、合作共赢”为目标，以“满足客户要求、服务地方经济”为己任，愿与社会各界、业内同仁携手并进，为美好明天共同奋斗。

环形炉进出钢机械手

延伸

定径

矫直

切管头

冷检

打包

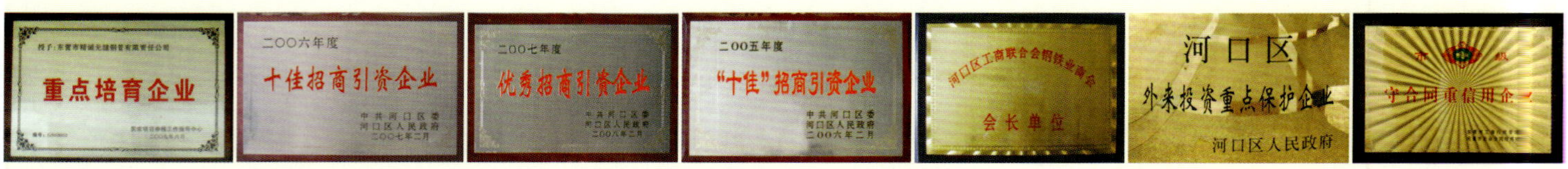

金辰建設

专注品质 用心建设

董事长兼总经理 周北平

山东省希望工程圆梦行动贡献个人
2006年垦利县经济社会发展贡献奖
山东省优秀企业家
山东省职业道德十佳标兵
山东省富民兴鲁劳动奖章
东营市政协委员
东营市劳动模范

公司位于东营市东城东三路237号，注册资金5187万元，法人代表周北平。公司拥有职工1780余人，技术人员占职工总数的80%，其中高、中级专业技术人员186人。金辰员工凭着精湛的技术和开拓创新的精神，用集体智慧先后向东营市民呈献文汇小区、金辰花园、府前小区、辉煌庄园、聚豪苑C座和E座、龙熙新都豪苑、雅仕方舟俪墅、辰兴花园、永兴花园、瑞辰花园等精美住宅。公司还向东营市民推出了一系列优秀的商业楼盘，其中包括金辰花园针织副食批发市场、辉煌庄园商业街、辉煌商城C座G座、安慧商城A座B座、金辰美食大街、垦利辰兴商贸园等优秀商业楼盘。公司代建东营市直机关安居工程、市直二期企业经济适用房、胜利油田经济适用房以及石油大学职工住宅等优秀工程。经过多年的不懈奋斗，公司打造出独具特色的金辰品牌。公司推出的楼盘备受广大市民喜爱，赢得了社会各界的好评与认可。

公司承建的工程先后获得全国“物业管理优秀小区”1个、全省无质量通病示范工程2项、省级“泰山杯”奖1项、省“质量诚信、用户满意”工程7项、省级安全文明小区1项、省级安全文明工地9项、山东省花园式小区1项、市“金洲杯”奖工程22项、市级安全文明工地27项、市级花园式小区2个；公司先后获全国守合同重信用企业、全国房地产地产行业争创“三优”先进单位、“中国质量万里行”定点单位、中国环渤海房地产环境友好企业、中国淮海经济区房地产行业贡献奖、全省“建设系统职工代表大会先进星单位”、山东省“房地产开发综合实力50强”企业、山东省“AAA特级信誉”企业、山东省银行业“最佳信贷诚信客户”、山东省第七届消费者满意单位、山东省建设系统安康杯优胜企业、山东省建设工程质量管理先进单位、山东省建设系统劳动关系和谐企业、全市促进就业工作先进单位和2008年山东最受业主尊敬的开发商等荣誉称号。

金辰瑞辰花园

雅仕方舟俪墅

楼盘开盘

地址：东营市东城东三路237号
电话：0546-8090266

辉煌大厦

东营开元良种奶牛繁育集团有限责任公司

DONG YING KAI YUAN LIANG ZHONG NAI NIU FAN YU JI TUAN YOU XIAN ZE REN GONG SI

农业部副部长危朝安（中）在副省长贾万志陪同下视察开元奶牛公司

副省长贾万志（右一）在市委书记张秋波陪同下视察开元奶牛公司

东营开元良种奶牛繁育集团有限责任公司组建于2003年3月，拥有“山东省东营良种奶牛繁育中心”和“东营澳牛牧业有限责任公司”两个良种奶牛、肉牛牧业基地。两基地分别位于广饶县大王镇、丁庄镇，总占地925亩，其中饲养生产区465亩，饲草示范种植及其他用地460亩。两个基地已投入建设资金5000多万元，现存栏良种奶牛1823头，其中在产奶牛近800头，日产鲜奶超过16吨。2008年4月，被山东省农业厅等11部门批准为“山东省农业产业化重点龙头企业”。

按照奶牛标准化养殖要求，公司在两个基地分别建设了标准化牛舍、运动场，并配备了必要的辅助设施，为奶牛提供舒适的环境；配备了世界先进水平的利拉伐挤奶设备和意大利产斯达特自动搅拌饲喂设备，实现了挤奶标准化和TMR全混日粮饲喂自动化；配备了先进的配种繁殖设备和疫病防治先进仪器，实现了配种繁殖标准化和疫病防治、卫生保健标准化，使奶牛年均受胎率达到90%，年繁殖率80%以上，犊牛成活率达到90%以上。奶牛健康状况良好，发病率、死亡率极低。经省农科院多次检测，两基地所产鲜奶乳蛋白达3.3%、乳脂率达3.8%。

公司坚持奶牛场清洁生产，走生态牧业循环经济之路。在两个基地建设了沼气工程，利用奶牛粪便 、污水生产沼气，利用沼气发电，解决奶牛场生产生活用气能源，在彻底化解奶牛场污染的同时，实现了废物利用，变废为宝。还建设了年产万吨有机肥料厂，使用沼气副产品—沼渣沼液生产固态、液态有机肥料，利用有机肥料发展绿色农业，为牛场生产环保、无公害、绿色、有机奶奠定良好基础，形成了开元特色的生态牧业循环经济模式。

为加快发展，公司今后3年着重实施和完善东营澳牛牧业肉乳兼用牛养殖项目、山东开元生物有机肥项目和东营开元奶牛专用饲料加工项目。计划到2010年将存栏荷斯坦、娟姗、德国弗莱维赫等良种奶牛、肉乳兼用牛3000头，存栏优质肉牛2000头，年产鲜奶1.2万吨。东营开元良种奶牛繁育集团有限责任公司将成为全市乃至全省规模最大、质量最好的良种奶牛繁育基地、良种肉牛养殖基地和奶牛专用饲料加工基地。

奶牛场

东营力大王农畜产有限公司

DONG YING LI DA WANG NONG CHU CHAN YOU XIAN GONG SI

2004年11月19日，市委书记石军、市长刘国信到刘坨场指导工作

2007年8月6日，副市长吕雪萍到公司指导工作

2008年3月12日，省畜牧局副局长刘凤军到公司指导工作

2007年10月17日,省畜牧局无公害畜产品产地认定检查组到场指导工作

公司会议

本公司为台湾独资企业，成立于2002年7月，投资330万美元，现阶段经营生猪养殖；计划经营农畜产品、饲料加工及农产品科技研发。公司自成立以来，得到市、区两级政府的大力支持，拨付污水处理专项补助款90万元、能繁母猪存栏补助10万元。

经营理念：公司秉承市场竞争、科学管理，诚信经营的理念，以先进技术为基础，引进优良品种，实施规模化养殖降低成本，提供市场优质放心肉，使消费者有多重选择，保障消费者权益，为本地居民提供就业机会，追求百姓、政府、企业三赢。

现阶段发展：2002年7月与胜利油田通海工贸有限公司租赁养猪场，设计存栏数5000头，2003年12月满栏。2003年4月与河口区政府签订协议书，计划建设饲养1200头母猪规模的养殖场，面积150亩。现存栏母猪1900头，总存栏18500头，2008年出栏肥猪23835头，实现产值3463.48万元，为东营地区最大的生猪养殖龙头企业。

职工篮球赛

未来展望：公司经可行性评估后，计划设立生猪养殖二、三场、饲料加工厂、生猪屠宰场、肉食品深加工厂及农产品科技研发等产业。

获奖表彰：2002～2005年，公司被河口区政府评为“十佳招商引企业”；2006年，被山东省工商行政管理局评为“投资山东最佳企业”；2008年，被山东省台办评为“文明诚信百佳台资企业”，被河口区委、区政府评为“农业对外开放先进单位”。

2006年8月29日，山东省电视台记者到公司采访

2007年8月8日，中央电视台记者到公司采访

接待室

奶牛场

河口区仙河镇东港村

HE KOU QU XIAN HE ZHEN DONG GANG CUN

村委书记 于宝和

村领导班子（王新明、于宝和、张忠敏）

东港村位于仙河镇政府驻地西北约15公里处，全村有55户、167人，耕地面积210亩。该村原属新户乡东六合村，1995年因遭受风暴潮灾，部分村民迁至仙河镇，同时归仙河镇管辖。该村以畜牧养殖、农作物种植为主，是仙河镇的畜牧养殖专业村，主要饲养牛、羊、猪等，部分村民从事商业、饮食业及芦苇加工业。全村正逐步摆脱贫穷落后的局面，2004年，全村总产值96万元，人均纯收入2895元。

街道现貌

农田现貌

房屋现貌

村委会现貌

广饶县福利精制棉厂

GUANG RAO XIAN FU LI JING ZHI MIAN CHANG

广饶县福利精制棉厂厂长 王洪江
东营市优秀民营(乡镇)创业企业家
东营市劳动模范
东营市优秀企业家

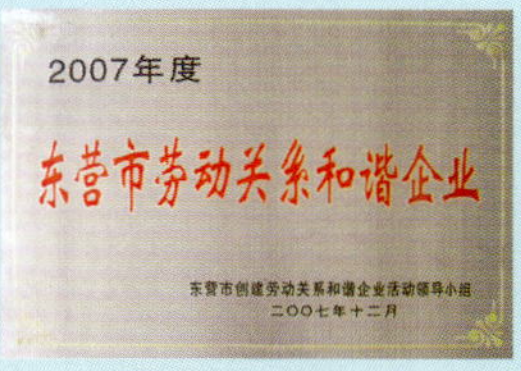

漂洗

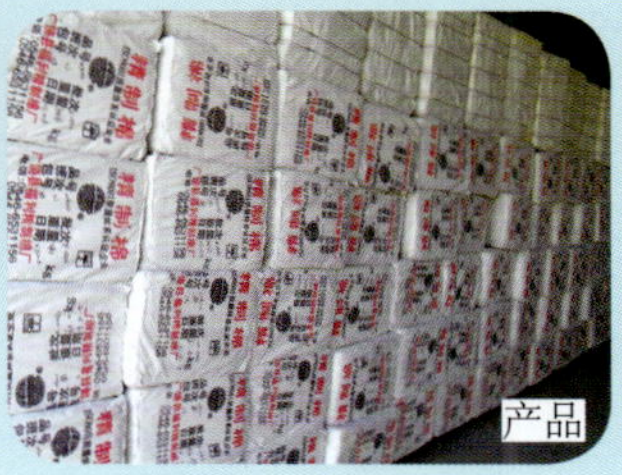
产品

广饶县福利精制棉厂始建于1987年(原名广饶县化纤厂),位于广饶县丁庄镇老政府驻地,注册资金360万元,是一家集精制棉加工、销售、货运为一体的集体企业。

2005年,企业投资1500万元新建精制棉生产线一条,投资500万元建设污水处理厂一处;2006年,投资300万元建设污水处理一沉池,投资200万元建设现代化职工公寓一处;2007年,投资1800万元建设污水深度处理及污泥脱水工程。企业拥有固定资产6800万元。

企业现有职工200多人,其中专业技术人员60人,拥有万吨精制棉生产线两条,4000M³/D污水处理厂一处,是全国最大的精制棉生产厂家之一,全国CMC行业协会理事单位。2008年,企业累计生产精制棉11560吨,实现产值23140万元,上缴利税1350万元。

企业生产,技术力量雄厚,工艺设备先进,检测手段完备,产品规格齐全,性能可靠,各项主要质量指标均属国内同行业之首。2002年企业在同行业率先通过ISO9001:2000国际质量体系审核认证。企业生产的"广顺"牌精制棉是以优质棉短绒为原料,经脱脂、漂白、干燥等工艺精制而成的白色棉纤维,主要适用于生产硝化棉、醋酸纤维素、羧甲基纤维素(CMC)、羟乙基纤维素(HEC)、羟丙基纤维素(HPMC)、微晶纤维素(MCC)等纤维素产品,是纤维素醚类、脂类及其它衍生物的主要原料。产品远销华北、华东、东北等地区及印尼、泰国、印度等东南亚国家,深受用户信赖。

以打造"和谐企业、百年企业"为目标,以"造福一方、带动地方经济发展"为己任,企业得到地方政府和百姓的一致好评。2004年至今,企业先后获省质量效益型民营企业、省重合同守信用企业、山东省消费者满意单位、农合行AAA级文明信用企业、市诚信企业、市劳动关系和谐企业等荣誉称号。厂长王洪江被评为东营市劳动模范、市优秀民营(乡镇)创新企业家、市企业管理创新优秀人才,东营市优秀企业家,当选东营市第四次党员代表大会党员代表。

随着医药、食品等行业的发展,高档纤维素产品市场空间越来越大,市场前景十分广阔,利润空间相当可观,2009年企业计划投资5000万元,新上年产4000吨高档纤维素生产线一条。建成投产后,年产值8000万元,上缴利税800万元,实行精制棉厂产业链的延伸,走纵向一体化发展之路。

地址:广饶县丁庄镇老政府驻地
电话:0546-6531156
网址:www.grjzm.com

山东中明会计师事务所东营分所
山东中明工程咨询公司

SHAN DONG ZHONG MING KUAI JI SHI SHI WU SUO DONG YING FEN SUO
SHAN DONG ZHONG MING GONG CHENG ZI XUN GONG SI

总所副董事长兼东营分所所长　巴树青

巴树青　男，1969年10月出生，中国注册会计师、中国注册税务师、高级会计师、应用会计与金融理学硕士研究生。历任东营市审计师事务所资产评估部主任、审计质量监管部主任、办公室主任；东营市注册会计师考试办公室副主任等职。现任山东中明工程咨询有限公司董事长，山东中明会计师事务所副董事长、总审计师兼东营分所所长。兼任东营市经济鉴证类社会中介组织联合会副会长、常务理事；东营市工程造价咨询协会常务理事；东营市内部审计师协会特邀理事；东营仲裁委员会仲裁员等社会职务。

巴树青自参加工作以来，多次受到东营市财政局、市人事局、市审计局、市建委等单位的表彰和奖励；1997年参加某涉外经济纠纷案审计工作成绩突出，受到东营市委政法委表扬。

山东中明会计师事务所有限公司系经山东省财政厅批准，省工商局注册登记的股份性质的会计师事务所，总部设在济南，并在济南、东营、兖州三地设有分所。具备：（1）大型企业审计资格 ；（2）资产评估资格；（3）工程造价咨询甲级资质；（4）从事发起设立股份有限公司相关业务资格；（5）金融相关审计业务资格；（6）税务代理资格；（7）招标代理乙级资质；（8）房地产评估资格；（9）土地估价资格；（10）政府采购代理甲级资格（11）企业破产案件管理人资格；（12）司法鉴定资格；（13）仲裁委仲裁鉴定资格。

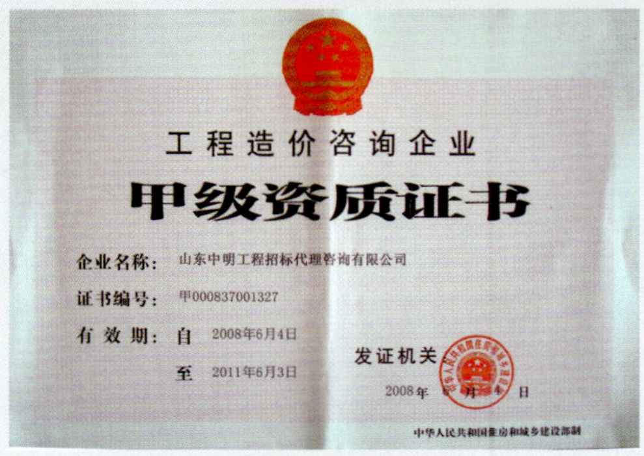
工程造价咨询企业
甲级资质证书
企业名称：山东中明工程招标代理咨询有限公司
证书编号：甲000837001327
有效期：自 2008年6月4日
至 2011年6月3日
发证机关
2008年 月 日
中华人民共和国住房和城乡建设部制

山东中明会计师事务所东营分所是经山东省财政厅批准，山东中明会计师事务所在东营市设立的独立核算的分支机构。现有从业人员39人，其中中国注册会计师17人（会计学博士1人，金融学硕士1人）、中国注册评估师6人，中国注册税务师10人、注册造价师8人、注册监理师2人、注册房地产估价师3人。

本所2006年度业务收入列全省会计师事务所、资产评估机构第11名（共670家），2005年9月被省政府国有资产管理委员会评为“十佳中介机构”。是山东省规模较大的会计师事务所之一。

东营港全过程审计项目

山东中明工程咨询有限公司是2003年6月经山东省工商行政管理局核准登记注册的综合类工程经济中介鉴定机构。注册资本500万元、拥有办公场所1100平方米。公司成立以来，先后取得了国家住房和城乡建设部颁发的“工程造价咨询甲级资质”、省建设厅颁发的“工程招标代理机构乙级资格证书”；财政部颁发的“政府采购代理甲级资格”；国家发改委颁发的“工程咨询资质”。现有从业人员26人，其中：高级工程师10人；高级会计师6人；会计师7人；工程师6人。从业人员中具备招标代理执业资格的12人，注册造价工程师13人，注册房地产估价师3人，注册监理师2人。

地址：东营市西城北二路787号风尚国际大厦四楼
电话：0546-7662840、8221008
E-mail:zmd.sd@163.com
网址：www.zhongmingcpa.cn

办公楼外景

《东营年鉴》2009卷特邀编委

主　任 叶益民　翟建平

副主任 王少飞　张俊海　巴洪斌　王西峰

成　员（以姓氏笔画为序）

于保和　门瑞营　马友范　巴树青　毛春华　王世虎　王延光　王志强　王国文
王孟梅　王学孟　王明钦　王明普　王春亭　王树村　王洪江　王爱国　冯志强
左明亮　田　波　申友青　石子强　任雪梅　刘召华　刘兆胜　刘志刚　刘国庆
刘忠太　刘林成　刘虎青　刘显太　刘晋伦　刘福海　吕新军　孙永壮　孙庆荣
孙浦华　安　立　师祥洪　成永江　牟焕民　纪葆东　许仕生　宋卫华　宋卫忠
宋国忠　宋宜四　宋振生　宋景夏　张　卫　张大奋　张利华　张建华　张英伟
张洪起　张海臣　李　凯　李士勇　李永元　李军章　李安夏　李佃鑫　李连顺
李建华　李明选　李新华　杜金亮　杨万里　杨同更　杨国军　杨振永　杨晓东
杨辉勋　邱守仁　陈　军　陈卫奎　陈广风　陈召华　陈永胜　陈守田　陈安忠
陈绍良　陈桃庚　周北平　周洪明　尚吉永　尚观华　帖晓鹏　明　玮　姜文祥
荆向辉　赵　勇　赵曰岭　赵叶青　赵树平　项跟臣　徐光文　徐向业　徐宝庆
耿民喜　聂仁卿　郭苏盟　郭登勇　高加夫　高绍林　高桂亭　高瑞珉　崔建华
常准诚　康树武　曹晶明　梁海华　盖士杰　盛明仁　隋向村　隋湘滨　黄梅芳
董金梅　董昭凯　董继俊　蒋树珍　韩希忠　翟世勇　翟慎德　臧卫宁　樊　华
潘文海　薄官和　鞠丕华　魏玉玲　魏秀明

《东营年鉴》2009卷协办单位

济南军区黄河三角洲生产基地

东营军分区

东营市公安局

东营港经济开发区

东营市胜利石油管理局石油大学油地校结合办公室

东营市建设委员会

东营市油区工作办公室

东营市地方税务局

东营市人民政府外事与侨务办公室

东营市第一中学

东营区供电公司

东营区辛店街道办事处

东营市公安局河口分局

河口区油区工作办公室

中国农业银行东营市分行

东营市商业银行

东营区胜利街道办事处辛镇村

万达控股集团有限公司

山东大海集团有限公司

中国联合网络通信有限公司东营市分公司

山东省滨海公安局

中国石化股份胜利油田分公司石油化工总厂

中国石化股份胜利油田分公司海洋石油船舶中心

胜利油田胜中社区管理中心

胜利油田孤岛采油厂

胜利油田物探研究院

胜利油田地质科学研究院

胜利油田胜利采油工艺研究院

胜利油田石油开发中心

胜利油田技术检测中心

胜利油田热电联供中心

胜利油田胜利医院

胜利油田渤海钻井总公司

胜利油田地质录井公司

胜利油田东胜精攻石油开发集团股份有限公司

胜利油田胜利工程建设（集团）有限责任公司

胜利油田钻井工程技术公司

胜利油田鲁明油气勘探开发有限公司

胜利油田胜利化工有限责任公司

胜利油田仙河投资发展有限公司

云顶石油天然气（中国）有限公司

山东欣马酒业有限公司

山东黄河王酒业有限公司

山东澳亚纺织有限公司

图书在版编目（CIP）数据

东营年鉴.2009 /东营市史志办公室编.
—北京：中华书局，2009.10
ISBN 978—7—101—07011—8

Ⅰ.东… Ⅱ.东 … Ⅲ.东营市—2009—年鉴
Ⅳ.Z525.23

中国版本图书馆CIP数据核字(2009)第166722号

责任编辑：朱　慧

东营年鉴2009
东营市史志办公室编
*
中 华 书 局 出 版
(北京市丰台区太平桥西里38号 100073)
Http://www.zhbc.com.cn
E-mail:zhbc@zhbc.com.cn
东营市大志广告设计有限公司激光照排
深圳市朗前印刷设计有限公司印刷
*
787×1092 1/16 28.5印张 887千字
2009年9月第1版 2009年9月第1次印刷
印数:1-3000册 定价:158.00元

ISBN 978—7—101—07011—8

创新思路谋发展
建设和谐新辛镇
新区菜篮子超市